# 嶽麓秦簡研究論文集

研究论文集

陈松长 主编

上海辞书出版社

图书在版编目(CIP)数据

岳麓秦简研究论文集／陈松长主编. —上海：上海辞书出版社，2023
ISBN 978-7-5326-6129-9

Ⅰ.①岳… Ⅱ.①陈… Ⅲ.①简(考古)-中国-秦代-文集 Ⅳ.①K877.54-53

中国国家版本馆 CIP 数据核字(2023)第 185703 号

# 岳麓秦简研究论文集

陈松长 主编

责任编辑 赵 航
装帧设计 黄 骏
责任印制 王亭亭

出版发行 上海世纪出版集团
上海辞书出版社®(www.cishu.com.cn)
地　　址 上海市闵行区号景路 159 弄 B 座(邮政编码：201101)
印　　刷 上海展强印刷有限公司
开　　本 787 毫米×1092 毫米 1/16
印　　张 44.5
字　　数 860 000
版　　次 2023 年 10 月第 1 版 2023 年 10 月第 1 次印刷
书　　号 ISBN 978-7-5326-6129-9/K · 1251
定　　价 298.00 元

# 前言

2007年12月，岳麓书院为筹建“中国书院博物馆”，首开国内高校收藏秦汉简牍的先例，从香港古董市场上抢救性入藏了一批简牍。2008年8月，香港一名不愿留名的收藏家将其收藏的少量简牍（经清理有76个编号）无偿捐赠给岳麓书院。这批简牍在经过荆州文物保护中心以方北松研究员为首的团队进行保护和科学检测后，被确定为与长沙走马楼西汉简和荆州谢家桥西汉简质地相同的西汉之前的文物，后又经以李学勤先生为组长的简牍专家仔细鉴定，被确定为秦简。后来这批简牍被合并称为“岳麓书院藏秦简”（简称“岳麓秦简”），从而拉开了岳麓秦简研究的序幕。

2022年1月，《岳麓书院藏秦简（柒）》正式出版，标志着岳麓秦简的整理工作基本完成。岳麓秦简整理团队经过近15年的艰苦努力和认真研读，在学界和上海辞书出版社的大力支持下，终于完成了这项备尝奋斗艰辛与研读喜悦的整理和研究工作。回想这些年来，整理研究出版中的种种记忆犹在昨日，大多令人感动而值得怀念。

2006年12月，在纪念饶宗颐教授九十华诞的学术研讨会上，承香港中文大学张光裕教授的推荐和引导，我们得有机缘见到这批简牍的少量标本；2007年11月，在香港召开的第六届中国书法史论国际研讨会期间，我们再次看到这批简牍的保存状况，得以有机会与香港的古董商人商议这批简牍的购藏事宜。可以说，没有张教授的关照和协助，就没有岳麓秦简的今天。

这批简牍入藏岳麓书院之初，正值隆冬，是湖南特别冷的时节，湖北荆州文物保护中心的保护团队在岳麓书院延宾馆简陋的大堂内，冒着严寒，认真揭取简牍的场面至今记忆犹新。而在长沙百年不遇的冰冻时节，简牍鉴定组成员克服冰冻期间交通停摆的困难，来长沙参加这批简牍的鉴定经历更是非常罕见。诸如，刘绍刚教授乘飞机抵达长沙，却因地面结冰而在飞机上坐等三个小时；张光裕教授则有在冰天雪地的长沙三进火车站，又因列车停运而三次返回住处，最后不得不反向先到北京，再从北京飞回香港的辛苦经历。如今回想起来，深感不易。

在启动岳麓秦简整理初期，彭浩先生鼎力支持，毫无保留地给我们介绍简牍整理的经验，既给我们引荐简牍拍照的摄影专家来长沙拍摄，又在百忙之中抽出时间来岳麓书院亲自指导示范这批简牍的清理拍摄，从而保证了这批简牍资料所有数据及时以各种形式得以保存，为岳麓秦简整理的展开做出很大的贡献。

2008 年春季，时任上海辞书出版社社长的张晓敏先生更是第一时间率队来岳麓书院商谈出版事宜。在岳麓秦简整理尚未获得任何研究资助的时候，张社长率先提出拨付 10 万元整理经费，并承诺无偿出版岳麓秦简的所有资料，确保了《岳麓书院藏秦简》的迅速整理和有序出版。

在我们整理出版《岳麓书院藏秦简（壹）》的时候，还得到日本东京大学大西克也教授的关注和支持，他慷慨提供一台日本红外线扫描仪给整理小组，从而开启了中国简牍整理历史上全面启动红外线扫描整理简牍的新阶段。

在整理岳麓秦简的过程中，我们始终坚持集体研读。在岳麓秦简每卷内容整理初步完成后，我们都会举行释文修订的国际学术研讨会，其间国内外不少关注岳麓秦简的知名学者都不辞辛苦，来到长沙参加学术研讨。更令人感动的是，东北师范大学的王彦辉教授更是主动提出将《岳麓书院藏秦简（陆）》的释文修订会移师长春召开，首开岳麓秦简整理释文修订会在长沙之外召开的先例，受到参与学者的高度赞扬。

随着这批简牍整理研读的逐步展开，每一卷的公布出版，都得到海内外学术界的积极响应，并掀起了一波又一波研究岳麓秦简的热潮。更为难能可贵的是，在《岳麓书院藏秦简（贰）》出版后不久，以日本大阪产业大学大川俊隆教授为首的学术团队就翻译出版了该书的日文版，在日本学术界迅速掀起岳麓秦简《数》的研究高潮。德国汉堡大学的劳武利教授将《岳麓书院藏秦简（肆）》翻译成德文并在德国正式出版，在西方学术界也迅速掀起岳麓秦简与秦代法律制度研究的热潮。华东政法大学更是以学术研讨会的形式与岳麓秦简整理团队紧密合作，双方连续几年共同举办"出土文献与法律史研究"学术研讨会。

随着岳麓秦简研究的展开，在国内外学术期刊上不断有岳麓秦简研究的文章发表，2009 年第 3 期的《中国史研究》更是以专栏形式发表了一组有关岳麓秦简的研究文章。15 年来，有关岳麓秦简研究的专著和学术论文以及硕博士论文不断涌现，更有以岳麓秦简《数》研究为题的博士论文获得全国百优博士论文者。可以毫不夸张地说，岳麓秦简的整理研究，一直是这十多年以来被海内外学者高度关注的研究热点之一。

现在，岳麓秦简的整理已经基本结束，而有关岳麓秦简的研究却方兴未艾。为纪念这段学术研究的历程，我们特编辑了这本《岳麓秦简研究论文集》，从目前学界已发表的 400 余篇论文中遴选出60篇，在获得作者同意入选的基础上按卷编辑，同时诚邀一直从事岳麓秦简研究、著作等身的杨振红教授撰写“综论”，全面评述这10多年来有关岳麓秦简的研究动态，并将其置于卷首，以便大家对岳麓秦简的研究有一个整体的认识。

15年，在学术研究的长河中仅仅是很短的一段时间，但对一个人的学术生涯来说，又是一个不算短的历程。本书的编辑出版，既是对岳麓秦简近15年来学术研究成果的一个小结，也是对我们一路走过的学术历程的一个简短回顾，同时也是对未来继续从事岳麓秦简研究的一个新的起点和展望。

本书的编辑具体由我的在读博士唐强负责，责任编辑赵航先生更是费心费力，专业而负责。可以说，本书能顺利出版，多得力于两位加班加点的无私奉献。当然，由于时间紧促，书中错误在所难免，作为主编，我诚挚地期望大家多多指正。

陈松长（湖南大学岳麓书院教授）

2023年10月14日星期六

# 目录



## 综论



## 第一卷

## 第二卷



## 第三卷



## 第四卷

## 第五卷



## 第六卷

## 第七卷

# ·综论·

# 20世纪以来重大秦简发现——岳麓书院藏秦简的内容与价值

◎ 杨振红(南开大学中国社会史研究中心暨历史学院)

2007年12月,湖南大学岳麓书院从香港古玩市场抢救性购藏了2 000余枚秦简,共2 199个编号,C字头残片709片。2008年8月,香港一位不愿留姓名的收藏家又将其购藏的76枚秦简捐赠给岳麓书院。经对比鉴定,这两批简应为出土于同一地的同一批简,故合并整理。这就是著名的"岳麓书院藏秦简",简称"岳麓秦简"。这批秦简在陈松长、朱汉民教授带领的岳麓书院藏秦简整理团队的共同努力下,经过14年多的艰苦工作,至2022年1月全部整理完成,简牍的彩色图版、红外线图版、释文、注释等共分七卷,由上海辞书出版社分批出版,①公之于世。

由于是购藏而非考古发掘出土的简牍,岳麓书院持科学谨慎态度,委托有关机构,使用扫描电子显微镜、能谱分析仪、X射线衍射仪、红外光谱仪、差热分析仪等现代科学仪器进行检测,确定这批简与湖北荆州谢家桥汉墓竹简、湖南长沙走马楼汉代竹简的竹材年代相近,而与现代竹材数据不合。② 近十数年来,中外学者将岳麓书院收藏简的内容、书体、形制与传世文献,以及考古发掘出土的秦汉简牍进行深入、全面的比较研究,也进一步验证它们之间存在极强的关联性和一致性,当为秦简无疑。

岳麓秦简的文字基本书于竹黄一面,但在竹青即简背一面发现了"☑(廿)七年质日""卅四年质日""卅五年私质日""为吏治官及黔首""☑梦书""数""为狱訵状""为气(乞)

① 朱汉民、陈松长主编:《岳麓书院藏秦简》(壹)(贰)(叁),分别由上海辞书出版社2010、2011、2013年出版;陈松长主编:《岳麓书院藏秦简》(肆)(伍)(陆)(柒),分别由上海辞书出版社2015、2017、2020、2022年出版。后文均简称为"岳麓+卷册号",如《岳麓壹》。另,释文修订本还可见:陈松长主编:《岳麓书院藏秦简(壹—叁)释文修订本》,上海:上海辞书出版社,2018年;陶安:《岳麓秦简〈为狱等状四种〉释文注释(修订本)》,上海:上海古籍出版社,2021年。编号、残片数据见陈湘圆:《秦及汉初简牍所见郡县属吏研究》,湖南大学博士学位论文,2023年,第22页。

② 参见陈松长等著:《岳麓书院藏秦简的整理与研究》,上编"岳麓秦简的整理报告"、"一、岳麓秦简的入藏整理概况"、"二、岳麓书院藏秦简的检测报告"(方北松、童华执笔)、"四、岳麓书院藏秦简的鉴定意见",上海:中西书局,2014年,第3—8页。

鞫奏状”“为覆奏状”“亡律”“律”“令癸·丁”等文字，它们应是相应文献的原有标题。其内容包括：《质日》、《为吏治官及黔首》、《占梦书》、《数》、奏谳书、律、令等。其中，《质日》165枚简、《为吏治官及黔首》87枚简、《占梦书》48枚简，共计300枚简，收录于《岳麓壹》。《数》231枚简，收录于《岳麓贰》。“奏谳书”252枚简，整理者命名为《为狱等状四种》，收入《岳麓叁》。“亡律”“田律”等二十余种律及“内史郡二千石官共令”等秦令共391枚简，收入《岳麓肆》。“卒令”“廷令”“内史仓曹令”等令337枚简，收入《岳麓伍》。“祠令”“安台居室、居室共令”“四谒者令”等令及“杂律”等个别律共274枚简，收入《岳麓陆》。“郡卒令”“尉郡卒令”“辞式令”等令265枚简和前六卷遗漏的整简32枚，共297枚简，以及可与前六卷缀合的残片、无法缀合的残片等，收入《岳麓柒》。经过整理缀合后的整简共有2 082枚，残片85片。今后随着研究的深入，一些残片或可缀合，得到的整简数量会相应有所增加。

表1　《岳麓书院藏秦简》七卷收录各类简情况一览表

<table>
<tr><th></th><th colspan="3">简　　数</th><th>（柒）补遗漏整简</th><th>合计</th><th>（柒）补遗漏残片</th></tr>
<tr><td rowspan="3">（壹）</td><td>质日</td><td>165</td><td rowspan="3">300</td><td rowspan="3">4</td><td rowspan="3">**304**</td><td rowspan="3">15</td></tr>
<tr><td>为吏治官及黔首</td><td>87</td></tr>
<tr><td>占梦书</td><td>48</td></tr>
<tr><td>（贰）</td><td colspan="3">231</td><td>3</td><td>**234**</td><td>13</td></tr>
<tr><td>（叁）</td><td colspan="3">252</td><td>5</td><td>**257**</td><td>24</td></tr>
<tr><td>（肆）</td><td colspan="3">391</td><td>17</td><td>**408**</td><td>15</td></tr>
<tr><td>（伍）</td><td colspan="3">337</td><td>3</td><td>**340**</td><td>3</td></tr>
<tr><td>（陆）</td><td colspan="3">274</td><td></td><td>**274**</td><td>15</td></tr>
<tr><td>（柒）</td><td colspan="3">265</td><td></td><td>**265**</td><td></td></tr>
<tr><td>**合计**</td><td colspan="3"></td><td>32</td><td>**2 082**</td><td>85</td></tr>
</table>

岳麓秦简的内容不仅可以和传世文献以及已公布的秦简牍等文字资料相互印证、补充，而且还有大量首次发现的内容。因此，无论从简牍数量还是内容的珍贵性来说，岳麓书院藏秦简都可与湖北睡虎地11号秦墓竹简、①湖南湘西里耶秦简②等相媲美，为20世纪以来秦

① 1975年12月在湖北省云梦县睡虎地秦墓中出土。图版本见睡虎地秦墓竹简整理小组编：《睡虎地秦墓竹简》，北京：文物出版社，1990年。

② 2002年6月在湖南省湘西土家族苗族自治州龙山县里耶镇里耶古城1号井等出土，共37 000余枚，目前公布了两卷。湖南省文物考古研究所编著：《里耶秦简（壹）》，北京：文物出版社，2012年；湖南省文物考古研究所编著：《里耶秦简（贰）》，北京：文物出版社，2017年。

简的重大发现之一。岳麓秦简的整理速度和质量在简牍整理史上也值得称道。

## 一、岳麓秦简的年代与出土地

### （一）岳麓秦简的年代

岳麓秦简的抄写年代应主要为秦王政至秦始皇时期。这批秦简所包含的六部分内容，因文本性质和内容的不同，成书、书写或抄写年代也有所不同。

#### 1.《质日》

在岳麓秦简所包含的六部分内容中，书写年代最为明确、不需争议的是《质日》。三份《质日》均有标题：《☐七年质日》《卅四年质日》《卅五年私质日》，分别为秦始皇二十七年（前220）、三十四年（前213）、三十五年（前212）。[①]《质日》是日历备忘录文献，其性质决定它们是《质日》的主人在这三年中逐日书写的。但目前看到的简本是原本还是抄本，则不得而知。

#### 2.《为吏治官及黔首》

《史记·秦始皇本纪》记载，秦始皇二十六年统一中国后，建立"皇帝"称号和制度，更改了一系列名号，其中包括"更名民曰'黔首'"，即将"民"改称"黔首"，并推行"书同文字"政策，统一、规范用字。[②] 里耶出土的8－461号木牍记载了更多秦始皇更名号、书同文字的内容，[③]学界称之"更名方"。这些成为秦简牍断代的重要线索和手段。

《为吏治官及黔首》中出现了7处"黔首"、1处"民"，与《为吏治官及黔首》文本性质类似的湖北江陵王家台秦简《政事之常》、北京大学藏秦简《从政之经》、睡虎地秦简《为吏之道》中却不见"黔首"一词。几个文本中内容类似的语句，《为吏治官及黔首》作"黔首"，其他本子却作"民""士"。例如，《为吏治官及黔首》"三曰举事不当则黔首䜛（憰）指（50－3），四曰喜言隋（惰）行则黔首毋所比（51－3）"句，《从政之经》作"三曰兴事不当，兴事不当则

---

① 《☐七年质日》"七"前的字残断，但根据其中的干支日历可确定为"廿"字。陈松长：《岳麓书院所藏秦简综述》，《文物》2009年第3期。

② 《史记》卷6《秦始皇本纪》，北京：中华书局，2014年，第307—308页。

③ 湖南省文物考古研究所编著：《里耶秦简（壹）》；陈伟主编，何有祖、鲁家亮、凡国栋撰著：《里耶秦简牍校释（第一卷）》，武汉：武汉大学出版社，2012年，第156—157页。

民锡(傷)指矣。四曰喜言隋(惰)行则士毋比”,《为吏之道》则作“三曰兴事不当,兴事不当则民傷指。四曰善言隋(惰)行,则士毋所比”。① 此外,参照里耶秦简更名方,可发现《为吏治官及黔首》还使用了“事”“毚”“县官”“奴婢”②“罪”等秦更名号、书同文字后的用字用语,但也出现了一些秦书同文字前的用字用语,如1处以“胃”表{谓}、③1处以“尌”表{树}、④2处以“赏”表{偿}、1处以“吏”表{事}、⑤1处以“貣”表{贷}。

虽然里耶秦简更名方规定:“吏如故,更事。”⑥即“吏”的写法不变,“吏”不再表{事},而改以“事”表{事}。但抄写年代明显为秦统一前的睡虎地秦简中已出现“吏”“事”并用以表{事}的情况,简文中绝大多数“事”写作“吏”,但《日书甲种·土忌》中却出现了2处表{事}的字写作“事”,⑦表明秦统一以前已经出现以“事”表{事}的写法。《为狱等状四种》案例六为秦王政二十二年左右抄写,也以“事”表{事}(详见本节第五部分)。由此可推,秦统一后颁布书同文字令,并非首创以“事”表{事}的写法,而是将其作为规范用字推行到全国。

《为吏治官及黔首》中表{偿}的“赏”字出现在简83-1“亡器齐(赍)赏(偿)”句。里耶秦简更名方规定:“赏如故,更偿责。”⑧即奖赏义仍用“赏”字,偿债义改用“偿”字。睡虎地秦简表{偿}的字全部写作“赏”,而基本为秦统一后简的里耶秦简、龙岗秦简全部写作“偿”,佐证了更名方的规定。岳麓秦简中虽然绝大部分都以“偿”表{偿},但也出现了14处

① 参见肖永明:《读岳麓书院藏秦简〈为吏治官及黔首〉札记》,《中国史研究》2009年第3期;许道胜:《岳麓秦简〈为吏治官及黔首〉的取材特色及相关问题》,《湖南大学学报(社会科学版)》2011年第9期;朱凤瀚:《北大藏秦简〈从政之经〉述要》,《文物》2012年第6期;林素清:《秦简〈为吏之道〉与〈为吏治官及黔首〉研究》,武汉大学简帛研究中心主办《简帛》第8辑,上海:上海古籍出版社,2013年,第307页注1;等。

② 参见王辉:《简帛为臣居官类文献整理研究》,中山大学博士学位论文,2012年,第41—42页;游逸飞:《里耶8-461号“秦更名方”选释》,见魏斌主编《古代长江中游社会研究》,上海:上海古籍出版社,2013年,第76—77页;陈伟:《秦简牍校读及所见制度考察》,第一章第二节“‘臣妾’‘奴妾’与‘奴婢’”,武汉:武汉大学出版社,2017年,第10—18页,初刊于简帛网2017年1月27日。

③ 赵岩:《秦汉时期“貣”“贷”二字分化合流考》,“第十四届全国古代汉语学术研讨会”论文,2018年8月14—16日,第536—544页,后刊于陈斯鹏主编《汉语字词关系研究(二)》,上海:中西书局,2021年。

④ 何余华:《出土文献{树}的用字差异与断代价值论考》,《汉字汉语研究》2019年第3期。他认为《为吏治官及黔首》抄写于新旧规范过渡的始皇廿六年前后,故改字不彻底。

⑤ 石洋:《“貣”“贷”别义的形成——秦时期借贷关系史之一页》,中国文化遗产研究院主编《出土文献研究》第20辑,上海:中西书局,2021年,第212—250页。

⑥ 陈侃理:《里耶秦方与“书同文字”》,《文物》2014年第9期。

⑦ 参见赵平安:《云梦龙岗秦简释文注释订补——附论“书同文”的历史作用》,《新出简帛与古文字古文献研究》,北京:商务印书馆,2009年,第376—377页。

⑧ 陈侃理:《里耶秦方与“书同文字”》。

以“赏”表{偿}的情况：除了本篇的1处外，还有4处出现在《为狱等状四种》中，4处出现在《数》中，5处出现在律令简中。其中如后所述，《为狱等状四种》中的4处均出现在秦统一前的案例中，与里耶秦简更名方的记载相一致，但出现在律令简中的5处：

1. □赏(偿)予者。受者当收者殹(也)，以收赏(偿)主，乃收余∟。予者唯收罪殹(也)，环(还)之。当购有(又)购之，奏之。令183(《岳麓陆》)

2. •田不急时欲令[田]徒及车牛给它事，而以田急时以它徒赏(偿)，许之；其欲以车牛赏(偿)，有(又)许之。•县官田令甲227(《岳麓陆》)

3. 不求赏(偿)钱以糴，有等比。•曰：可。 •县官田令[丙]一247(《岳麓陆》)

如本节第五部分所证，岳麓秦简律令简的抄写年代全部在秦统一后。而且，材料1中同时出现了2次“予”字，材料2、3中同时出现了“县官田令”。里耶秦简更名方规定：“[鼠]如故，更予[人]。”①“王室曰县官。公室曰县官。”因此，以“予”表{予}以及使用“县官”一词，均可佐证这三条令是秦统一后抄写的，但也未将表{偿}的“赏”字改为“偿”字。

秦书同文字的另一项举措是在保留“貣”表求借义的用法之外，另新造“贷”字表借予义。②《为吏治官及黔首》中出现了3例“貣”：“毋多贳貣”(32－1)、“眩貣弗息”(73－3)、“貣穜食弗请”(77－3)。32－1应是借入之义，告诫官吏不要多向百姓赊债、借贷。73－3因“眩”义及上下句子文义不甚清晰，暂且不论。77－3中的“貣”则是借予、贷予之义，此句意为贷予百姓种食时却不请示，其句式与78－3“寒者毋衣弗请”相同，③它表明此处也未遵照秦书同文字令更改为“贷”。

《为吏治官及黔首》中保留了秦书同文字以前以“赏”表{偿}、以“貣”表借予义的写法等用字用语，应和律令简中出现类似情况一样，或是书手疏忽造成的；或是当时对于一些字词的要求并不十分严格，书手仍保留了一些秦统一前的用字习惯；或者这批简并不是正式的官文书，所以更改并不严格彻底。结合其他几部分简的考察，笔者更倾向于第三种可能。

因此，虽然《为吏治官及黔首》出现了6处秦统一以前的用字，但综合来看，仍应认为其抄写时间晚于秦统一前的《政事之常》《从政之经》《为吏之道》，应为秦统一、更名号、书同文字以后。特别是《为吏治官及黔首》简87有“欲毋罪”。陈伟依据里耶秦简考证，秦代用“罪”取代“辠”发生在始皇三十年五月至三十四年六月之间。④《岳麓柒》下条令中写作“罪”：

---

① 陈侃理：《里耶秦方与“书同文字”》。

② 赵岩：《秦汉时期“貣”“贷”二字分化合流考》，载陈斯鹏主编《汉语字词关系研究(二)》；石洋：《“貣”“贷”别义的形成——秦时期借贷关系史之一页》，第212—250页。

③ 石洋认为只有73－3可能是借予之义，笔者与其看法有所不同。

④ 陈伟：《秦简牍校读及所见制度考察》，第1章第3节“‘辠’与‘罪’”，第19—25页，初刊于简帛网，2016年11月27日。

4. ●尉议：中县有罪罚当戍者及阳平吏卒当戍者，皆署琅邪郡；属邦、道当戍东故徼者，署衡山郡。001 ☐它如令。绾请，许。而令中县署东晦（海）郡，泰原署四川郡，东郡、参（叁）川、颍（颍）川署江胡郡∟，南阳、002 河内署九江郡，南郡、上党、属邦、道当戍东故徼者，署衡山郡。 ☐003（《岳麓柒》）

简 002 中的“绾”指丞相王绾。秦始皇二十八年巡狩时，绾尚为丞相，三十四年秦始皇“置酒咸阳宫，博士七十人前为寿”时，已由李斯任丞相。[①] “置酒”“为寿”当在正月旦，则改“辠”为“罪”当在三十四年正月之前。此外，《为吏治官及黔首》中含“黔首”“㱙”“县官”等秦统一后用字的简，看不出有刮削过的痕迹以及拥挤、空白等现象，表明它不是在原来的文本上削改的，而是重新书写的。

但从文本内容来看，此篇应成书于秦统一前。因为从目前所见文本可以看出，它明显是用新名号直接生硬地替换掉旧名号，从而破坏了文章原有的雅驯。例如，第三栏的两段：

5. 审智（知）民能，02－3 善度黔首力，03－3 劳以衛（率）之，04－3 正以挢之，05－3

6. 一曰视黔首渠惊，35－3 二曰不安其朝，36－3 三曰居官善取，37－3 四曰受令不偻，38－3

材料 5 中的“善度黔首力”和材料 6 中的“一曰视黔首渠惊”，《为吏之道》中分别作“善度民力”和“一曰见民（倨）敖（傲）”。从文章的角度来说，《为吏之道》本显然与上、下句更相配，文章看起来更工整、对仗。由此可反推，秦始皇更名号时《为吏治官及黔首》中的这两句仍应作“民”，秦更名号令颁布后才生硬地直接以“黔首”替换掉“民”字，从而造成现在这样不规整的情况。但《为吏治官及黔首》文本又与《为吏之道》有许多不同，它和《政事之常》《从政之经》《为吏之道》既有联系又有区别，这意味着这种区别在秦更名号以前就已经存在了，因此应成书于秦更名号前。

### 3.《占梦书》

《占梦书》同样出现了秦统一前后文字并用的情况，这使得学者对其抄写年代的意见产生分歧。游逸飞因《占梦书》简 34、35 出现“邦门”，简 45 出现“大父”这样秦更名号以前的用语，推测《占梦书》的抄写时代可能早于里耶秦简更名方，也早于岳麓秦简《质日》《为吏治官及黔首》。[②] 田炜、翁明鹏、王贵元则因《占梦书》出现秦书同文字后的规范用字“事”“财”

① 分见《史记》卷 6《秦始皇本纪》，第 316、325 页。

② 游逸飞：《里耶 8－461 号“秦更名方”选释》，魏斌主编《古代长江中游社会研究》，第 77—78 页。

“酒”,认为《占梦书》当抄写于秦统一后。①

首先,关于“事”字。岳麓简整理者将《占梦书》简 03“甲乙梦开臧事也”、简 04“壬癸梦生事也”、简 05“宫事”中表{事}的字隶定为“事”,应是误释。三枚简的图版都不太清晰,但仍可以看出三字字形与同篇的两个“吏”字(简 08“吏梦企匕上”、简 32“为复故吏”)写法差异不大,与抄写年代明确为秦统一后的《质日》简中“事”的写法则明显不同,因此上述三个字释作“吏(事)”更为妥当。

表 2　岳麓秦简、睡虎地秦简{吏}{事}字对比表

| | {吏} | | {事} | | | |
|---|---|---|---|---|---|---|
| 岳简《占梦书》 |  08 |  32 |  03 |  04 |  05 | |
| 岳简《质日》 | | |  廿七年 10 |  廿七年 49 |  卅四年 04 |  卅四年 05 |
| 睡简《日书甲种》 | | |  3 贰 | 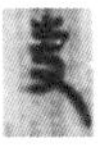 129 背 |  130 背 |  136 背 |
| 睡简《语书》 | 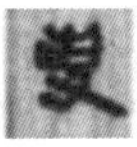 9 |  10 |  9 |  9 |  10 | |

其次,《占梦书》中除了出现 2 处“邦门”(简 34、35)外,还出现了 2 处“邦端”(简 35、36)、1 处“邦巫”(简 35)。“邦”应是秦更名号的重要对象。里耶秦简更名方中出现了 4 条关于“邦”名称的更改:“骑邦尉为骑□②尉,郡邦尉为郡尉,邦司马为郡司马。”“毋曰邦门,曰都门。”之所以会做这样的更改,应是因为秦灭六国、实现统一后,“邦”只能指秦始皇所建立的统一的新国家,而原来诸侯等称“邦”者均不能再称“邦”。《占梦书》中出现 5 次“邦”,表明其是秦未统一、未更名号以前抄写的。

再次,秦简中只有《占梦书》中出现以“亓”表{其},且出现十余次,只有 1 次写作“其”,其他秦简包括睡虎地秦简等秦统一前的简则均作“其”。

---

① 田炜:《论秦始皇“书同文字”政策的内涵及影响——兼论判断出土秦文献文本年代的重要标尺》,见《“中研院”历史语言研究所集刊》第 89 本第 3 分,台北,2018 年,第 427—429 页;翁明鹏:《岳麓秦简〈占梦书〉的抄写年代考辩》,见臧克和主编《中国文字研究》第 30 辑,北京:社会科学文献出版社,2019 年,第 84—93 页;王贵元:《从出土文献看秦统一后的用字规范》,《语文研究》2021 年第 3 期。

② 笔者推测此字为“都”字。参见拙文:《从秦“邦”“内史”的演变看战国秦汉时期郡县制的发展》,《中国史研究》2013 年第 4 期。

续次，里耶秦简更名方规定：“曰产，曰族。”宫宅潔认为这是命令将“生”改为“产”字，①可从。岳麓秦简中只有《占梦书》和《数》中有“生”字，其他四部分内容的简均未出现“生”字。《占梦书》出现了 4 次“生”，但同时也出现了 3 次“产”。明确为秦书同文字以前抄写的睡虎地秦简和《为狱等状四种》秦统一以前案例都是既有“生”字，也有“产”字。由此可推，秦书同文字以前并存同一意义的“生”“产”两字，大概和改“辠”为“罪”的理由一样，②因“生”的字形和“王”“主”相近，故秦书同文字时废“生”字，而全部改用“产”字。

再续次，陈松长曾论《占梦书》的文字形态特征较《质日》《为吏治官及黔首》更为丰富独特，保存了较多战国古文的形体，许多字的形体尚未完全定型。③

因此，综合来看，《占梦书》应是秦统一以前的抄本，即便岳麓秦简许多内容是秦统一后书写或抄写的，但《占梦书》的拥有者并没有根据秦始皇更名号、书同文字的诏令，对《占梦书》的用字、用语进行修改。这应与《占梦书》的文献性质有关，《占梦书》不是官方颁行使用的行政、律令文书，而是私人性质的著述、藏书，当时可能没有硬性要求必须将这类文献按照更名号、书同文字的诏令进行修改。

#### 4.《数》

《数》简 122 中出现 1 处“走马”，简 134、136 中 6 处“乡”均写作“卿”，简 202、203 中 4 处“偿”均写作“赏”。而里耶秦简更名方规定：“走马如故，更簪褭。”④“赏如故，更偿责。”“卿如故，更乡。”⑤田炜因此认为《数》应该是战国时期的数学书，其抄写年代也在战国。⑥ 其说可从。

这里还可补证四点。第一，《数》中出现了 19 次“大半”（分见简 21、22、25、54、55、56、57、89、90、91、94、95、109、116、122、123、156、192）。睡虎地秦简中也作“大半”。而《岳麓伍》简 116 中作“泰半”，里耶秦简中除 9－134+9－262 和 9－715+9－18499 两枚简作“大

---

① 宫宅潔「序論—嶽麓書院所藏簡《秦律令(壹)》解題—」、宫宅潔編『嶽麓書院所藏簡《秦律令(壹)》譯注』、東京、汲古書院、2023 年、24 頁。

② 《说文》辛部：“辠，犯法也。从辛自。言辠人戚鼻苦辛之忧。秦以辠似皇字，改为罪。”段玉裁注：“此志改字之始也。古有叚借而无改字。罪本训捕鱼竹网，从网，非声。始皇易形声为会意，而汉后经典多从之，非古也。”段玉裁：《说文解字注》第 14 篇下，北京：中华书局，2013 年，第 748 页。笔者标点。

③ 陈松长：《岳麓秦简〈占梦书〉的文字特征试论》，收入陈松长等著《岳麓书院藏秦简的整理与研究》，下编第 4 章第 3 部分，第 152—162 页。

④ 陈松长、贺晓朦：《秦汉简牍所见“走马”“簪褭”关系考论》，《中国史研究》2015 年第 4 期。

⑤ 陈侃理：《里耶秦方与“书同文字”》。

⑥ 田炜：《论秦始皇“书同文字”政策的内涵及影响——兼论判断出土秦文献文本年代的重要标尺》，见《“中研院”历史语言研究所集刊》第 89 本第 3 分，第 423—424 页。

半”外，其余20处均作“泰半”。由此可推，秦书同文字时，将“大半”也统一规范为“泰半”，而《数》使用的仍是规范前的“大半”。

第二，《数》中出现了3处表借予义的“貣”字：

7. 貣（贷）人百钱，息八钱，今貣（贷）人十七钱，七日而归之，问取息几可（何）？曰：得息三百七十五分钱百一十九。其方：卅日乘[①] 143

8. 凡以赢不足有（又）求足，耤（藉）之，曰：貣（贷）人钱三，今欲赏（偿）米，斗二钱，赏（偿）一斗，不足一钱，【赏（偿）二斗】有（又）赢一钱，即直（置）一斗、二斗，各直（置）☐ 203

第三，如前所述，秦书同文字，将“生”改为“产”。《数》中出现了3次“生”，未见“产”字，可证其应是秦书同文字前的抄本。

第四，从文字形态来看，《数》的字体相较秦统一后文字，甚至与《为狱等状四种》中秦王政时期案例的字体比，古篆的特征都更为明显。下面以“走马”“马”为例。

数 12

为吏 71

为狱 31

为狱 68

为狱 89

岳麓柒 42

可以看出，《数》中“走马”两字的写法与岳麓秦简中其他文献的“走马”“马”明显不同，篆体特征更强。

### 5. 为狱等状四种

《为狱等状四种》整理者分为15个案例，但案例八似为两个案例（详见后文）。其中案例一、二、三、六、七、十、十四共7个案例，均出现明确的年代信息，为秦王政时期，最早为秦王政十八年，最晚为秦王政二十五年。案例中使用的也均是秦统一前的用字用语，如案例七中出现“客舍”，而里耶秦简更名方规定：“毋曰客舍，曰宾【飤】舍。”案例十中出现“壄”，而里耶秦简更名方规定：“以此为野。”可以互相参证。

案例四“芮盗卖公列地案”中未出现年份，仅出现“二月辛未”“十一月己丑”“十余岁

---

① 陈松长主编：《岳麓书院藏秦简（壹—叁）释文修订本》遗漏“乘”字，此为肖军伟指出。

时”等信息。[1] 但简文中出现了大量秦统一前的用字用语，如出现 1 次“民”、3 次表｛偿｝的“赏”、7 次表｛予｝的“鼠”、2 次“猪”、1 次“王室”、1 次“大守”、1 次“詑”。“民”“赏”等前文已述，关于“大守”和“詑”，里耶秦简更名方规定：“大如故，更泰守。”[2]“更詑曰謾。”表明“大守”“詑”也是秦统一前所用称呼和字。这些用字用语表明，此案当发生在秦统一前。证人材在证词中追述案件始末时提到“十余岁时”，当指秦王政十余年。这一说法排除了案件发生在秦王政十几年的可能性，那么，此案只能发生在秦王政二十至二十六年之间。这七年间共有三个年份同时出现“二月辛未”“十一月己丑”，即：秦王政二十一年、二十二年、二十六年，[3]因此，此案的年份应是这三年中的一年。

案例五“多小未能与谋案”中也未出现年代信息，但罪犯多供词中提到：“以十年时，与母儿邦亡荆”(090)。“十年”当指秦王政十年。[4] 下文官吏“问”中提到：“多初亡时，年十二岁，今廿二岁。”(091)“鞫”辞中也说：“多与儿邦亡荆，年十二岁，小未能谋。今年廿二岁”(092)。表明逃亡时间已经过了十年。此案起首说：“十二月戊午，军巫閒曰：攻荆庐溪……故(?)秦人邦亡荆者男子多。”(088)表明多是在十年后的十二月戊午被抓。若简单计算的话，十年加十年，应为秦王政二十年，但秦王政二十年十二月没有戊午日，而其前后的十九年和二十一年十二月均有戊午日。因此，多被抓时应在这两年中一年的十二月戊午日，但必须同时满足多在秦王政十年逃亡时年满十二岁、被抓时年满二十二岁这两个条件。简文中 3 次出现“邦亡”也证明是秦王政时期。[5]

案例八“譊、妘刑杀人等案”应包括两个案子，因简残损严重，未出现年代信息。第一个案子出现了“十月癸酉”“九月丙寅”两个日期，秦始皇在位期间同一年内出现以上两个日期的只有二年和二十八年，整理者认为第二类卷册的案序似按时代顺序从晚向早逆排，位于卷首的本案应属秦始皇二十八年。[6] 第二个案子出现了“九月丙辰”与“己卯”，秦始皇在位期

---

① 整理者从前后案例的时代推测，“二月辛未”为秦王政二十二年二月二十六日，“十一月己丑”为秦王政二十二年十一月十三日。“十余岁时”未出注。陈松长主编：《岳麓书院藏秦简(壹—叁)释文修订本》，第 145 页注 6、第 146 页注 3。

② 陈侃理：《里耶秦方与“书同文字”》。

③ 秦朔闰表，参见李忠林：《秦至汉初(前 246 至前 104)历法研究——以出土历简为中心》，附“秦至汉初(前 246—前 104)朔闰表”，《中国史研究》2012 年第 2 期。

④ 整理者注释：“以：表示行动的时间，相当于‘在’‘于’。”“以十年时”表示“于十年前”的意思。陈松长主编：《岳麓书院藏秦简(壹—叁)释文修订本》，第 149 页注 3。笔者对此理解不同。案例七的“以十岁时死”，整理者注释：“于十年前死。”但两处用法实不相同，一个用“年”，一个用“岁”，故含义也不同。

⑤ 整理者从前后案例的时代推测“十二月戊午”是秦王政二十二年十二月十三日。陈松长主编：《岳麓书院藏秦简(壹—叁)释文修订本》，第 148 页注 7。

⑥ 陈松长主编：《岳麓书院藏秦简(壹—叁)释文修订本》，第 154 页注 5。

间九月同时出现“丙辰”与“己卯”的年份有秦王政五年、十年、二十年和秦始皇三十年、三十一年。这两个案子笔迹相近，或为同一人所写，时代应接近。简文中也未出现能够反映秦统一前后的用字用语，但根据下列简：

9. 请：自今以来，诸县官上对、请书者，牍厚毋下十分寸一ㄥ，二行牒厚毋下十五分寸一，厚过程者，毋得各过 120 其厚之半。为程，牍牒各一ㄥ。不从令者，赀一甲ㄥ。御史上议：御牍尺二寸ㄥ，官券牒尺六寸。•制曰：更尺一寸牍 121 牒。 •卒令丙四 122（《岳麓伍》）

“尺二寸”和“尺六寸”应是秦统一后实行水德而规定的牍牒尺寸，为此废弃了“尺一寸牍牒”。《为狱等状四种》第二类卷册长度为 25 厘米，因此应为秦统一前的尺寸。加之，《为狱等状四种》中的案例基本都是秦统一以前，因此或可推测这两个案例的年代分别为秦王政二年和五年。

案例九“同、显盗杀人案”中完全没有出现时间信息，但出现了 2 次表{事}的“吏”及“詑”“黔首”各 1 次。以“吏”表{事}及“詑”都是秦统一前所用字，但简文中又出现了统一后的称谓“黔首”，那么，该如何看待此简呢？整理者注意到，简 148“此黔首大害殹（也）”，“黔首”两字挤在一个字大小的简面上，似乎是将“民”字削掉，改写为两个字造成的。简 147“同、显　大害殹（也）”，“显”与“大”之间有大约一个字大小的空白，红外线图版隐约可看到墨迹，根据简 167 和 148 文例，或许是削去“民”字造成的。① 由于《为狱等状四种》中秦王政时期的案例使用的均是秦统一前的用字用语，却未见刮削、修改的痕迹，只有此简进行了修改，由此或可推测，此案审理和上奏文书的时间可能跨秦始皇二十六年更名号、书同文字前后，此前写作“民”的地方，此后或刮削掉，或削改为“黔首”。

案例十一“得之强与弃妻奸案”仅出现一个时间信息“元年四月”，整理者推测是秦王政元年。② 杨旭依据里耶秦简考证，“当阳”在秦始皇三十七年时尚为乡，而此案中的“当阳”为县，秦于秦始皇三十七年的次年即秦二世元年将当阳降格为乡的可能性较小，因此此案的“元年四月”是秦王政元年的可能性较大。③

案例十二“田与市和奸案”中没有年代信息，但简文中出现了秦更名号以前的爵名“走马”，因此应是秦王政时期的案例。

案例十三“善等去作所案”因缺乏考察的信息，略而不论。

---

① 参见朱汉民、陈松长主编：《岳麓书院藏秦简（叁）》，“前言”；陈松长主编：《岳麓书院藏秦简（壹—叁）释文修订本》，第 156 页注 7。

② 陈松长主编：《岳麓书院藏秦简（壹—叁）释文修订本》，第 160 页注 8。

③ 参见杨旭：《秦“当阳”废县为乡与岳麓秦简的两处断代》，待刊。

案例十五“绾等畏耎还走案”也出现了明确的时间“廿六年九月己卯朔”，为秦统一当年。简文中也未出现能反映秦统一前后的用字用语。因这一年闰九月，故九月是此年的倒数第二个月，因此肯定在秦统一后。

综上，《为狱等状四种》收录的16个案例，除1例年代不详外，其余都在秦王政元年到秦始皇二十六年间，其中有2例发生在秦始皇二十六年、1例跨秦统一前后、1例发生在秦统一后。秦王政时期案例使用的均是秦统一前的用字用语，而跨秦统一前后的案例中不仅未出现秦统一前的用字用词，而且发现了削改统一前用字用语的痕迹。这些现象表明：《为狱等状四种》不是国家统一编辑颁行的，而是南郡官吏自行编辑、随时增补的，以作为行政司法参考手册使用。秦统一后，也没有对此前的文书进行修改，仍原样保留了此前的用字用语，只是在将跨秦统一前后的那份文书编辑进去时，对更名号前使用的字词进行了削改。似乎这类文书的收录编辑工作在统一当年的最后一个案例后就停止了。①

表3 《为狱等状四种》案例发生情况

| 案例 | 奏谳时间 | 案件所涉时间 | 报 | 秦统一前后称谓 |
|---|---|---|---|---|
| 一 | (秦王政)廿五年六月丙辰朔癸未 | 四月辛酉、五月甲辰 | 廿五年七月丙戌朔乙未 | 前：鼠(予)11次、邦亡3次、灋(废)②<br>前后均用字：辠14次 |
| 二 | (秦王政)廿五年五月丁亥朔壬寅 | 二月甲戌 | 廿五年六月丙辰朔己卯 | 前：荆邦人、它邦人2次、邦亡2次、走马2次<br>前后均用字：辠 |
| 三 | (秦王政)廿三年四月 | 廿三(二)年九月庚子、廿一年五月丁未 | | 前：民 |
| 四 | (秦王政廿一年或廿二年) | 二月辛未、十一月己丑、十余岁时、乃往九月、十一月 | | 前：民、赏(偿)3次、鼠(予)7次、詑、大守、猪2次、王室、走马<br>前后均用字：辠2次 |
| 五 | (秦王政廿一年) | 十二月戊午、十年、(廿一年) | | 前：邦亡3次、小走马<br>前后均用字：辠 |

---

① 水间大辅的视角和结论有所不同。他基于案例三至七没有记录上级批复的“报”，推测南郡案例是身为南郡官吏的墓主人根据工作需要编制的，为私人备忘录，南郡以外的案例则是国家为了提供司法参考向全国分发的。出现新案例后，将其加在册书开头。墓主退休或死后，不同类型的数卷册书被编缀成一卷，随葬在墓中。水間大輔：「張家山漢簡『奏讞書』と嶽麓書院藏秦簡『爲獄等狀四種』の形成過程」、『東洋史研究』第75卷第4號、2017年；中译文《张家山汉简〈奏谳书〉与岳麓书院藏秦简〈为狱等状四种〉的形成过程》，徐世虹主编《中国古代法律文献研究》第11辑，北京：社会科学文献出版社，2017年，第91—119页。

② 里耶秦简更名方：“灋如故，更废官。”陈侃理：《里耶秦方与“书同文字”》。

续　表

| 案例 | 奏谳时间 | 案件所涉时间 | 报 | 秦统一前后称谓 |
| --- | --- | --- | --- | --- |
| 六 | (秦王政廿二年) | 廿一年、□月己未、七月丁亥、八月癸丑、辛未、丁丑、十月己酉(廿二年)、乙亥 | | 前：卿(乡)、邦尉、邦侯<br>前后均使用字：事 |
| 七 | (秦王政十八年后) | 十八年八月丙戌、七月 | | 前：赏(偿)、卿(乡)、鼠(予)22次、客舍、小走马、走马<br>前后均用字：辠3次 |
| 八 | 第一个案例：秦王政二年后 | 十月癸酉、九月丙寅(二年) | | |
| | 第二个案例：秦王政五年后 | 九月丙辰、己卯(五年) | | |
| 九 | (跨秦始皇二十六年前后) | | | 前：吏(事)2次、訑<br>后：黔首(有削改痕迹) |
| 十 | (秦王政廿年前后) | 廿年十一月己未、五年 | | 前：民、吏(事)、壄(野)、客舍、材(财)<br>前后均用字：辠3次 |
| 十一 | 秦王政元年 | 元年四月 | | 前后均用字：辠 |
| 十二 | (秦王政时期) | | | 前：走马、辠2次 |
| 十四 | (秦王政)廿二年八月癸卯朔辛亥 | 四月乙丑 | | 前：赏(偿)、訑、壄(野)4次、邦亡4次、叚2次①、貣(贷)6次 |
| 十五 | (秦始皇)廿六年九月己卯朔 | | | 前后均用字：辠 |

注：上表括号内年份为推算得出年份。

## 6. 律、令

### (1) 律的抄写年代应均为秦统一以后

岳麓秦简明确为律的简文中出现了大量"县官""黔首"等秦更名号、书同文字以后的用字用语。下举数例：

10. ●田律曰：租禾稼、顷刍稾②尽一岁不觱(毕)入，及诸貣它县官者，书到其县官，盈卅日弗入，及有逋不 106

11. ●田律曰：有辠，田宇已入县官，若已行③以赏予人而有勿(物)故，复(覆)治，田宇

① 里耶秦简更名方："叚如故，更假人。"陈侃理：《里耶秦方与"书同文字"》。
② 整理者此处原以逗号断开，此为笔者改。
③ 整理者此处原以逗号断开。此从宫宅潔編『嶽麓書院所藏簡《秦律令(壹)》譯注』(142頁)改。

不当入县官,复畀之其故田宇。114

12. ●尉卒律曰：缘故徼县及郡县黔齿〈首〉、县属而有所之,必谒于尉,尉听,可许者为期日。所之 132

13. ●行书律曰：有令女子、小童行制书者,赀二甲。能捕犯令者,为除半岁繇(徭),其不当繇(徭)者,得以除它 194

14. 置吏律曰：敢任、①除战北、奊、故徼外盗不援及废官者以为吏及军吏、御右、把钲鼓志及它论官者 215(以上均见《岳麓肆》)

以上材料中分别出现了“诸”“县官”“予人”“故徼”“黔首”“制书”“废官”等词语。“县官”等为秦更名号、书同文字以后所用字词已见前述,关于“诸”“故徼”“制书”,里耶秦简更名方规定:“者如故,更诸。”②“王譴曰制譴。”“承【命】曰承制。”“受(授)命曰制。□命曰制。”“边塞曰故塞。毋塞者曰故徼。”《史记·秦始皇本纪》也载,秦始皇建皇帝称号时改“命为‘制’”。③ 由此可知,这些字词均是秦统一后所更,这些律条的抄写年代均在秦更名号、书同文字之后。

（2）秦王政时期颁布的令在秦统一后均经过改写

收录在《岳麓书院藏秦简》(肆)(伍)(陆)(柒)的律令简中,出现了五年、十三年至廿五年等年份,应是秦王政年号。

15. 【●】五年十一月戊寅,令耐辠以下狱已断而未过六包〈旬〉者,得以赏除。过六旬不得除。其戍,虽已行,环(还)之。过六旬 191(《岳麓伍》)

16. ●十三年六〈三〉月④辛丑以来,明告黔首：相贷资缗者,必券书吏∟,其不券书而讼,乃勿听,如廷律。前此 301 令不券书讼者,为治其缗,毋治其息,如内史律。302(《岳麓肆》)

17. ●十四年四月己丑以来,黔首有私挟县官戟、刃没〈及〉弓、弩者,亟诣吏。吏以平贾(价)买,辄予钱。令到盈二月弗 005(《岳麓陆》)

18. 十四年七月辛丑以来,诸居赀赎责(债)未备而去亡者,坐其未备钱数,与盗同灋。066(《岳麓肆》)

19. ●十九年八月辛丑,丞相请：恒以傅时识(试)畴司御∟、医∟、鼓人∟、执癠(剂)、鬻骚。医之新傅∟、不中识(试)者,夺 044(《岳麓柒》)

---

① 整理者原未断,此顿号为笔者所加。

② 陈侃理:《里耶秦方与“书同文字”》。

③ 《史记》卷 6《秦始皇本纪》,第 304 页。

④ 注释：秦王政十三年六月丙寅朔,没有辛丑日,根据上条简,“六月”当为“三月”之误(第 307 页)。

20. ●廿年五月己巳,[1]尉言:有赀赎欲解爵以除,[许]之,[当]次所解爵如令。御史[请],[2]许。 ●五035(《岳麓柒》)

21. 廿年后九月戊戌以来,取罪人、群亡人以为庸,虽前死及去而后沓者,论之如律。076(《岳麓肆》)

22. 廿四年十一月丙辰,御史下丞相。●自令以来,新[地][吏]……☒083(《岳麓陆》)

23. 廿五年五月戊戌以来,匿亡人及将阳者,其室主匿赎死罪以下,皆与同罪。亡人罪轻于045(《岳麓肆》)[3]

24. 廿六年正月丙申以来,新地为官未盈六岁节(即)有反盗,若有敬(警),其吏自佐史以上去繇(徭)使,[4]私谒之030(《岳麓伍》)

材料15-23无疑是秦王政时期颁布的,但抄写年代却应在秦更名号、书同文字以后。例如,材料16有"黔首",[5]17有"黔首""县官""予",材料18有"诸",材料21、23均有"罪"。如前所述,这些称谓均是秦统一后所更新名号和规范用字。这意味着这些令在秦始皇时期仍是行用的令。特别值得注意的是材料21、23的"罪",如前所论,秦始皇三十年五月至三十四年正月间颁令将"辠"改为"罪",因此,这两条令的抄写年代当在这个时期。

需要讨论的是材料24。文献中没有记载秦始皇颁布更名号、书同文字诏令的具体时间,王贵元、李洁琼考察认为在秦王政二十六年七月至八月十三日之间。[6] 笔者认为当在秦王政二十六年五月左右(另文论考)。材料24因颁布于二十六年正月丙申,无论何种看法,都属于秦统一前颁布的令。

(3)秦始皇二十六年统一后颁布的诏令

在令简中还出现了"廿七"至"卅年"等年份,这些令应是秦始皇二十六年统一中国后颁布的新令。例如:

25. 廿七年三月乙卯,[7]御史言:留书,数书同日偕留,皆犯令殹(也)。其当论者,皆不当相逮(沓),其驾(加)者亦不032(《岳麓陆》)

---

① 整理者原未断开,此为笔者所加。

② 整理者原作冒号,此为笔者改。

③ 此外,《岳麓秦简(肆)》简297"廿年二月辛酉,内史言:里人及少吏有治里中,数昼闭门不出入。请:自今以来敢有□来□□□☒",日期为秦王政二十年二月辛酉,但这一日期与历表不合。查看图版,简牍上半截右边字迹残,年、月的数字均无法辨识,整理者释文当有误。

④ 整理者原未断开,此为笔者所加。

⑤ 陈伟已根据材料16的"黔首",推测此令是秦始皇二十六年以后抄录时改用的称谓。见陈伟:《秦简牍校读及所见制度考察》,第一章第二节"'臣妾''奴妾'与'奴婢'",第17页。

⑥ 王贵元、李洁琼:《秦〈书同文〉告令颁布具体时间考》,《学术研究》2021年第1期。

⑦ 整理者原未断开,此逗号为笔者所加。

26. 为詐(诈),便。●臣昧死请。制曰:可。●廿九年四月甲戌到胡阳。　　●史学童詐(诈)不入试令●出廷丙廿七 255(《岳麓陆》)

27. 赎子,其前卅年五月除者勿免,免者勿复用。214(《岳麓肆》)

28. ☐卅二年已雠 C1-8-2+C1-8-3 背(《岳麓柒》)

材料 28 的文字书于简背,意思是秦始皇三十二年已校雠过律文。因此,虽然不是律令本身,但却可以反映其正面所写律令在秦始皇三十二年时仍行用。

《岳麓肆》一条令中出现了以"酉"表{酒}的情况:

29. ●材官、趋发、发弩、善士敢有相责(债)入舍钱、酉(酒)肉及予者,捕者尽如此令,士吏坐之如乡啬夫,赀丞、令、381 令 史、尉、尉史各一甲。丞相下,尉布,御史议,吏敢令后入官者出钱财、酒肉,入时共分(饮)食及出者,皆【赀】二甲,责费。382[①](《岳麓肆》)

这两枚简的编联应当没有太大疑问。简文中没有年代信息,但从简 381 表{酒}的字写作"酉"、简 382 中却写作"酒"、简 381 中还有秦书同文字后的用字"予"推测,简 381 中的"酉"字应是漏改或误写造成的。

《岳麓肆》收录了两条分别为"泰上皇"即庄襄王和昭襄王时颁布,在"二年""三年"时重新启用的令:

30. 泰上皇时内史言:西工室司寇、隐官践更多贫不能自给糧(粮)。议令县遣司寇入禾,其县毋(无)禾 329 当貣者,告作所县偿及贷。西工室伐榦沮、南郑山,令沮、南郑听西工室,致其入禾者及吏(事)移西 330 工室。●二年曰:复用。331(《岳麓肆》)

31. 昭襄王命曰:置酒节(即)征钱金及它物以赐人,令献,丞请出;丞献,令请出。以为恒。●三年制曰:344 复用。345[②](《岳麓肆》)

整理者认为此二年、三年为秦二世二年、三年。[③] 但陈伟认为,从秦末形势与南阳郡、南郡归属,以及可能出于同一座墓葬的其他简册年代来看,这两条先王之令"复用"的时间应分别是秦王政二年、三年。[④] 岳麓秦简中除了这两条存疑的材料外,找不到明确为秦二世二年、三年的材料,且材料 30 中保留了秦统一前以"吏"表{事}的写法,或许可以进一步佐证陈伟的观点。

---

① 笔者对标点有改动。

② 两条令的释文参见陈伟:《岳麓书院藏秦简先王之令解读及相关问题探讨》,《"中研院"历史语言研究所集刊》第 88 本第 1 分,台北,2017 年,第 61—84 页。

③ 整理者在"三年"下注释:"秦二世三年(公元前 207 年)。"陈松长主编:《岳麓书院藏秦简(肆)》,第 228 页注 59。另参陈松长:《岳麓秦简中的两条秦二世时期令文》,《文物》2015 年第 9 期。

④ 陈伟:《岳麓书院藏秦简先王之令解读及相关问题探讨》,第 61—84 页。

## 结论：岳麓秦简六种文献的年代、性质及其他

岳麓秦简包含了六类文献，六类文献的成书、书写或抄写年代有所不同。三份《质日》的标题简上均有确切年份，分别为秦统一后的始皇二十七、三十四、三十五年。《卅五年私质日》的“私”字表明它是一份私人性质的《质日》，是一份供自己使用、以便查考每日日程的日历类备忘录。其他两份《质日》因同葬于一座墓中，性质应相同。《为吏治官及黔首》应成书于秦统一前，与时代更早的《政事之常》《从政之经》《为吏之道》有渊源承继关系。其使用的基本上都是秦更名号、书同文字后的字词，表明其抄写年代肯定在秦统一后，特别是其中“罪”的写法，可进一步将抄写年代缩小到始皇三十年五月至三十四年正月之间。但文本并没有经过重新编辑、改写，只是生硬地用秦统一后的新名号、新用字替换掉旧名号、旧用字。由此可知，其不是李斯所作《苍颉篇》、赵高所作《爰历篇》、胡毋敬所作《博学篇》那样在秦统一后由秦王朝组织编纂、颁行全国的国家级读本。从用字用词和书体来看，《占梦书》和《数》应都是秦统一前的抄本，秦统一后也未像《为吏治官及黔首》那样更改其中的旧名号、旧用字，因此私的属性更强。《为狱等状四种》收录的应都是秦王政元年至二十六年的案例，其中一个跨统一前后的二十六年案例明显有用新名号削改旧名号的痕迹，而统一前的案例则一律使用旧名号、旧用字，未作任何削改替换。这意味着它不是官文书，而是私人搜集编纂的，并随时代不断增加，直至秦统一后的那件案例结束，未再增加。律、令部分都是秦统一后抄写的，简文中出现的最晚年份为秦始皇三十二年，但即便是秦王政时期颁布的律、令，也全部使用的是新名号、新用字。

从目前岳麓秦简的整体研究情况来看，尚未发现明确晚于秦始皇三十五年的简，因此，秦始皇三十五年或可视为整个岳麓秦简的年代下限。《为吏治官及黔首》和律、令简在基本使用新名号、新用字的情况下，也出现了个别旧名号、旧用字，这种情况在出土于秦洞庭郡迁陵县廷遗址的里耶秦简官文书中却几乎难以觅见。再考虑到岳麓秦简为墓葬出土简，其中包含私人记录使用的“私质日”，《占梦书》《数》和《为狱等状四种》秦统一前的案例在秦统一后也未用新名号、新用字进行更改，这些都指向一个结论：即这批简是私人抄录、私人使用、私人收藏的，故对文字的要求不像正式的官文书那样严格，并且可以随葬在墓中。但无论是《质日》所记录人物的活动，还是其他文献记录的内容，例如，《为吏治官及黔首》为官吏守则，《数》为丈量田地、征收赋税等官府经济活动时需要使用的数学计算参考手册，《为狱等状四种》为法律文书模本，律、令为官吏必备的法律知识，这些都表明墓主人生前为南郡官吏，需要并有条件收集、抄录这类文献。从性质上来说，岳麓秦简和睡虎地秦简极为相似，睡虎地秦简《编年记》（或名《叶书》）记录的年份截至秦始皇三十年，但其随葬的文书几乎都没有使用新名号、新用字，就是因为它们是私人拥有的，又随葬于墓中，

不会为人所知。

## （二）岳麓秦简的出土地：《质日》主人治所所在

根据三份《质日》记载的办公地点和出行记录，学界均认为竹简应出土于秦南郡（治所在今湖北荆州）的墓中，墓主人是南郡官吏，但对于墓葬具体所在及墓主人身份的认识却有所不同。①

《☐（廿）七年质日》四月二十九日行程，起点为江陵（29“癸卯起江陵”），途经下雋（33“己酉宿下雋”），终点为州陵（34“庚戌到州陵”）：

江陵→下雋→州陵

《汉书·地理志》中，江陵（治今湖北江陵②）、州陵（治今湖北洪湖东北）均为南郡属县，下雋为长沙国属县。③《岳麓叁》中两个州陵上谳的案子，均由南郡“报”（回复），可证秦时州陵亦为南郡属县，因此，介于江陵和州陵之间的下雋秦时也应属南郡，治今湖南岳阳。④《卅五年私质日》中，《质日》主人三十五年往返咸阳，去时途经当阳（02 四月“己未宿当阳”）、销（03“庚申宿销”）、箬乡（04“辛酉宿箬乡”）、邓（05“甲子宿邓”）：

当阳→销→箬乡→邓

从里耶秦简来看，邓（治今湖北襄阳西北）位于南阳郡南界，毗邻南郡。⑤ 因此，箬乡、

---

① 参见陈伟：《岳麓书院秦简〈质日〉初步研究》，《中国出土资料研究》第 16 号，（日本）中国出土资料学会 2012 年，第 71—85 页。史达：《岳麓秦简〈廿七年质日〉所附官吏履历与三卷〈质日〉拥有者的身份》，《湖南大学学报（社会科学版）》2016 年第 4 期；等等。

② 若不特别注出，地望均依据朱汉民、陈松长主编《岳麓书院藏秦简（壹）》注（第 47—106 页）。

③ 《汉书》卷 28《地理志》，北京：中华书局，1962 年，第 1566、1639 页。

④ 关于“下雋”地望，历来有不同说法。《岳麓秦简（壹）》采纳《中国历史地图集》的“湖南通城说”（第 58 页）。李都都、郭涛持“湖南岳阳说”。（李都都：《岳麓秦简〈质日〉释地九则》，湖北省社会科学院组编《楚学论丛》第 2 辑，武汉：湖北人民出版社，2012 年，第 66—77 页；郭涛：《岳麓书院藏秦“质日”简交通地理考》，《历史地理》第 30 辑，2022 年。）笔者赞同岳阳说。《水经注·江水》条：“又东至长沙下雋县北，沣水、沅水、资水合，东流注之。”郦道元注：“凡此诸水，皆注于洞庭之陂，是乃湘水，非江川。”（郦道元著、陈桥驿校证：《水经注校证》卷 35《江水》，北京：中华书局，2007 年，第 802 页。）沣水、沅水、资水三水会合东流入洞庭湖处在下雋县北，由此可以定位下雋县应在今湖南岳阳洞庭湖西三水汇流处。

⑤ 《汉书·地理志上》中，邓县属南阳郡（《汉书》卷 28 上《地理志上》，第 1564 页）。里耶秦简 9－2076：“十月辛丑，南阳守衍下县：听书从事，以律令道次传，别书。都官、南阳尉、都吏☐☐ Ⅰ ☐县及诸☐在县界中者，各下之。邓下南郡守。书到相报。宛、新野、比阳、阳成（城）、雉各Ⅱ言书到，署旁曹发。以邮行。它如律令。邯郸书。／俱手。Ⅲ（后略）”（陈伟主编：《里耶秦简牍校释（第二卷）》，武汉：武汉大学出版社，2018 年，第 414 页）此文书表明，邓在秦时也属南阳郡。南阳郡守命邓县将文书传递给南郡守，应是因为邓位于南阳郡的南界，与南郡距离最近。

销、当阳当都是南郡辖地。据《汉书·地理志上》，南郡有当阳县（治今湖北荆门西南）。① 但此时当阳或为乡。②《岳麓叁》案例六有"除销史丹为江陵史"句，销县的史转任为江陵县史，可证销与江陵同属南郡辖县。此外，《卅五年私质日》三月还有连续四天"治销"的记录（简40、41、42、43）。里耶秦简J1［16］52：

鄢到销百八十四里，销到江陵二百卌里（节略）③

鄢，《汉书·地理志下》南郡属县"宜城"条本注："故鄢，惠帝三年更名。"④因此，鄢在秦时已为南郡属县，治今湖北宜城南。鄢应在销的北面，既然鄢属南郡，销属南郡则无疑。学界关于销的地望存在争议。从当阳、销到邓是一条南北向道路，《质日》主人从当阳到销花费了一天时间，表明其路程较近，因此，销为湖北荆门子陵岗遗址的说法较为可信。⑤ 也正因为当阳与销距离较近，可能是汉代撤废销县的原因。"箬乡"的"箬"当读作"都"或"若"，《汉书·地理志下》南郡属县有若县，⑥应在今湖北钟祥市西北胡集镇南丽阳村一带。⑦

此外，《为狱等状四种》收录的10个有郡县信息的案子中，有6例可确定发生在南郡（参见下列表4），占了绝大多数。这一现象或许与墓主人为南郡人有关。换言之，《为狱等状四种》或许是以南郡的法律文书为核心特意收集的。事实上，出土于湖北江陵的张家山247号汉墓竹简《奏谳书》也有这一倾向。⑧ 这或许可作为岳麓秦简是秦南郡江陵一带出土简的佐证。

---

① 《汉书》卷28上《地理志上》，第1566页。

② 北大藏秦里程简中为"当阳乡"："销到当阳乡九十三里，到江陵界卅六里。"（04－060）"当阳乡到江陵百廿三里。"（04－072）辛德勇认为在《简册》写录时，当地尚未置县，但秦始皇陵封土北侧的刘家寨出土有"当阳克"和"当阳颤"陶文，说明当阳乡至秦末已经升格为县。郭涛据里耶秦简16－52记有同一线路上的县名却未记"当阳"，推测岳麓秦简《质日》中的当阳不排除是"当阳乡"省称的可能。郭涛：《秦代南郡属县订补》，《江汉考古》2020年第5期。杨旭进一步依据里耶秦简9－3166简证明秦始皇三十七年时当阳尚为乡。杨旭：《秦"当阳"废县为乡与岳麓秦简的两处断代》，待刊。

③ 湖南省文物考古研究所：《里耶发掘报告》，长沙：岳麓书社，2006年，第198—199页。

④ 《汉书》卷28下《地理志下》，第1566页。

⑤ 参见周振鹤：《秦代汉初的销县——里耶秦简小识之一》，其著《看山是山》，上海：上海人民出版社，2019年，第54—55页；蒋文：《岳麓秦简〈三十五年质日〉地理初探》，复旦大学出土文献与古文字研究中心网，2011年4月5日；等。

⑥ 《汉书》卷28上《地理志上》，第1566页。

⑦ 陈伟：《秦简牍校读及所见制度考察》，第218—221页，初刊于简帛网，2011年4月4日。

⑧ 另参见水間大輔「張家山漢簡『奏讞書』と嶽麓書院藏秦簡『爲獄等狀四種』の形成過程」、『東洋史研究』第75卷第4號、2017年；中译文《张家山汉简〈奏谳书〉与岳麓书院藏秦简〈为狱等状四种〉的形成过程》，徐世虹主编《中国古代法律文献研究》第11辑，第91—119页。

表 4 《为狱等状四种》案例的案发地和辖郡

| 案　　例 | 谳 | 案中涉及地名 | 管辖：郡报 |
| --- | --- | --- | --- |
| 一 | 州陵 | 沙羡 | 南郡 |
| 二 | 州陵 | 京州 | 南郡 |
| 三 | 江陵 | 孱陵、醴阳 | （南郡）① |
| 四 | 江陵 | | （南郡） |
| 五 | | 荆庐溪 | |
| 六 | | 销、江陵 | （南郡） |
| 一一 | 当阳 | | （南郡） |
| 一二 | 重泉、夏阳 | | |
| 一三 | 杨台苑 | | |
| 一四 | 胡阳 | 南阳、新野 | 南阳 |

## 二、岳麓秦简法律简的形式与内容

在20世纪70年代中期以前，传世文献遗留下来最早的系统法典是《唐律疏议》。1975年睡虎地11号秦墓竹简中大量法律简的发现改变了这一状况，将已知中华法典（虽然只出土了部分内容）的时代提前了八百余年。② 在此后的半个世纪中，我们又陆续发现了几批重要的秦及汉初法律简。这些法律简按时代顺序排列分别是：睡虎地11号秦墓竹简、岳麓书院藏秦简、张家山247号汉墓竹简、睡虎地77号汉墓竹简、③胡家草场汉简、④张家山336号汉墓竹简。⑤ 这

① 括号中为笔者推测，而非简文。

② 关于中华法典的形成时代，学界意见不尽相同，笔者持秦汉时已形成法典说。参见拙文：《从〈二年律令〉的性质看汉代法典的编纂修订与律令关系》，《中国史研究》2005年第4期，收入拙著《出土简牍与秦汉社会》，桂林：广西师范大学出版社，2009年，第36—82页。

③ 熊北生、陈伟、蔡丹：《湖北云梦睡虎地77号西汉墓出土简牍概述》，《文物》2018年第3期。年代为汉文帝后元七年（公元前157）。

④ 李志芳、蒋鲁敬：《湖北荆州市胡家草场西汉墓M12出土简牍概述》，《考古》2020年第2期；荆州博物馆、武汉大学简帛研究中心编著：《荆州胡家草场西汉简牍选粹》，北京：文物出版社，2021年，“前言”，第3页。年代为汉文帝后元时期。

⑤ 荆州博物馆：《张家山汉墓竹简（三三六号墓）》，北京：文物出版社，2022年。整理者在“前言”中推测年代为西汉早期，并指出：“《汉律十六章》是继《二年律令》之后新出的西汉法律文本。它较《二年律令》新增囚律、迁律、厩律和朝律。其他律章名虽见于《二年律令》，但律条多有增删和补充。最明显的是，不再出现《收律》，相关律条皆删去‘收’和‘收孥相坐’的刑罚，是汉文帝时期刑制改革的直接反映。”因此，《汉律十六章》的年代应在文帝刑制改革之后。

些简牍的发现，为探讨战国秦汉法律体系及其发展提供了丰富的第一手资料。

目前整理出来的岳麓秦简法律方面的整简共 1 545 枚，占全部整简 2 082 枚的 74%多，是岳麓秦简的主体。睡虎地 11 号秦墓出土的法律简包括《秦律十八种》201 枚、《效律》60 枚、《秦律杂抄》42 枚、《法律答问》210 枚、《封诊式》98 枚，共 611 枚。张家山 247 号汉墓出土的法律简包括《二年律令》526 枚、《奏谳书》228 枚，共 754 枚。张家山 336 号汉墓出土的法律简包括《功令》184 枚、《汉律十六章》375 枚，共 559 枚。岳麓秦简法律简的数量，约是睡虎地法律简的 2.53 倍、张家山 247 号汉墓法律简的 2.05 倍、张家山 336 号汉墓法律简的 3.72 倍，是目前所出秦及汉初简牍中法律简数量最多的。法律是反映国家意志、治国理念、国家体制最权威、最直接的材料，因此其价值在各种出土文字材料中无疑是最高的。特别需要指出的是，岳麓秦简主要是秦始皇在位时期的简牍，而这一时期正是秦从诸侯国走向统一中国的关键时期，因此它对于复原、研究秦的法律面貌及与战国秦汉社会转型的关系尤为重要。

岳麓秦简法律简从内容方面可大分为三类：奏谳书、律、令。

## （一）奏谳书（《为狱等状四种》）

如前所述，《为狱等状四种》目前共整理出 257 枚简，其中 252 枚收入在《岳麓叁》中、5 枚漏简收入在《岳麓柒》中。整理者将其整理为 15 个案例，但案例八“譊、妘刑杀人等案”似为两个案子。简 137－140 是关于名叫譊的人“刑人”和名叫妘的人“杀人”的案子，但简 141“九月丙辰，隶臣哀诣隶臣喜，告盗杀人。问：喜辞如告。• 鞫：审。己卯，丞相、史如论磔☐”，则是关于隶臣哀控告隶臣喜“盗杀人”的案子。虽然两个案子都由“丞相、史如”（中间是否应断开仍需考证）最终定案，但显然不能合并为一个案例。[①] 因此，这部分简涉及的至少是 16 个案例。

这些案例的年代在秦王政元年至秦始皇二十六年。简的形制有所不同，整理者分为四类：第一类材质为竹，简长 27.4~27.5 厘米，宽为 0.6~0.7 厘米，三道编绳，有 7 个案子，内容属于狭义的奏谳文书。第二类也是竹简，简长 25 厘米，宽 0.5~0.6 厘米，三道编绳。书体与

---

① 整理者已注意到这一点，在注释中说：“简 141（即 0455）仅据揭取位置插入此处，疑其为案中所引用的判例。（略）暂归并为《譊、妘刑杀人等案》，以待后考。”苏俊林、刘庆等则明确主张将其另立为一案。参见苏俊林：《秦汉时期的“状”类司法文书》，武汉大学简帛研究中心主办《简帛》第 9 辑，上海：上海古籍出版社，2014 年，第 305—306 页；刘庆：《也论秦汉司法中的“状”文书》，《国学学刊》2015 年第 4 期；等等。

第一类明显不同。案例九、十是县级长官向郡府推荐破案立功的狱史或令史，建议提拔为卒史，并附以详细的侦查记录，与张家山汉简《奏谳书》案例二十二相类。案例十一、十二为乞鞫案，与张家山汉简《奏谳书》案例十七相似。案例八、十三的简残损严重，性质无法判断。其中案例八简137、139、140的背面分别有文字："为狱訁□状"（137背）、"为气（乞）鞫奏状"（139背）、"为覆奏状"（140背）。第三类为案例十四，为木简，简长22.9厘米、[①]宽0.8厘米，也是狭义的奏谳文书。第四类为案例十五，残损也较为严重，为竹简，简长22.9厘米、宽0.6厘米。整理者最初因这些案例汇编与张家山汉简《奏谳书》有相似之处，故将其暂名为《奏谳书》。[②] 但后来根据简137、139、140的简背文字，将这批简命名为《为狱等状四种》。[③] 整理者的命名实际上等于将这批简定性为各类"状"的汇编，一些学者对此提出异议。如苏俊林提出，三个标题均出现在一个案例共5枚简中的4枚简背，用4枚简的标题来命名252枚简，有"以少定多"的嫌疑，无法体现整批简的性质。因此，应以"奏谳文书"来命名这批简，然后再以"奏谳书""为狱訁□状""为气（乞）鞫奏状""为覆奏状"等作为二级标题来进行分类。[④]

从司法程序角度，可以将这些文书分为以下四种类型：第一，以"敢谳之"起首的奏谳案例。包括案例一至七、案例十四，共8例。第二，乞鞫案例。包括案例十一、十二，共2例。第三，请示皇帝批准判决。目前仅有1例，即案例十五。第四，县向郡推荐破案立功的狱史或令史，建议提拔为卒史，附详细的侦查记录。包括案例九、十，共2例。其余案例因残损严重，无法判定其性质。[⑤]

因《岳麓叁》简的内容、格式与张家山汉简《奏谳书》类似，因此，判断这部分简的性质最好的参照系是张家山汉简《奏谳书》。张家山汉简《奏谳书》也并非都是典型的奏谳案例，22个案例可以分为六种：第一，以"敢谳之"起首的典型奏谳案例，共有13例，即案例一至十

---

① 陈松长主编《岳麓书院藏秦简（壹—叁）释文修订本》（第136页）误作29厘米。此为吴雪飞提示。

② 陈松长：《岳麓书院所藏秦简综述》，《文物》2009年第3期。

③ 岳麓书院藏秦简整理小组：《岳麓书院藏秦简〈为狱等状四种〉概述》，陶安执笔，《文物》2013年第5期；朱汉民、陈松长主编：《岳麓书院藏秦简（叁）》，"前言"。

④ 苏俊林：《岳麓秦简〈为狱等状四种〉命名问题探讨》，甘肃简牍博物馆、西北师范大学历史文化学院编《简牍学研究》第5辑，兰州：甘肃人民出版社，2014年，第9—14页。胡平生赞成苏俊林的意见，并提出以"司法文书"或"司狱文书"来命名。胡平生：《岳麓秦简（三）〈为狱等状四种〉题名献疑》，中国文化遗产研究院主编《出土文献研究》第14辑，上海：中西书局，2015年，第27—30页。

⑤ 劳武利将这些案例分为"对判决持有疑义类别的案例"（案例一、二、五、六、七、十四，共6例）、"需要上级机关批准的案例"（案例三、四，共2例）、"上诉复审"（案例十一、十二，共2例）、"案件侦办官员的推荐"（案例九、十，共2例）四类。劳武利：《秦的刑事诉讼案例汇编：为狱等状》，朱喆琳译，周东平、朱腾主编《法律史译评》第4卷，上海：中西书局，2017年，第28—69页。

三。第二，案例十四是南郡守、守丞、卒史审理名叫“平”的安陆狱史舍匿无名数大男子案，判平“耐为隶臣，锢，毋得以爵当、赏免”后，“上奏七牒”报告中央。案例十五、十六也应属于此类性质。第三，案例十七为乞鞫案。第四，案例十八为“南郡卒史盖庐、挚、朔、叚（假）卒史瞗复攸庳等狱簿”，为“复（覆）狱”案。① 第五，案例十九、二十均是以“异时”卫法、鲁法治狱的案例。第六，案例二十二正如整理者所指出与岳麓秦简案例九、十相似，为咸阳县应“令”的要求，推荐“得微难狱”的狱史“补卒史”。而在案例二十二最后一枚简228简的背面写有“奏谳书”三字。② 就目前所知的情况来看，张家山汉简《奏谳书》的案例类型基本可以涵盖《岳麓叁》。因此，“奏谳书”的篇题虽然未必能够十分准确涵盖这类文书的性质，但在目前情况下，相对来说以“奏谳书”来命名这批简最为合适。限于篇幅，笔者拟另文论考，此处不赘。

## （二）律

岳麓秦简中的法律简是睡虎地秦简法律简之后的又一重大发现，对于秦律研究尤为重要。睡虎地秦简中虽然包含《秦律十八种》《秦律杂抄》《效律》《封诊式》《法律答问》等多种形式的法律内容，但却没有传世文献作为秦法律主体内容叙述的《盗》《贼》《囚》《捕》《杂》《具》六篇篇名。③ 岳麓秦简则极大地弥补了这一缺憾。岳麓秦简中出现了数十个律名，其中一些是律章名，一些则是律条名。以下21个律名应为律章名：

盗律、④贼律、亡律、杂律（含“内史杂律”）、具律、兴律、关市律、田律、仓律、金布律、置吏律、傅律、行书律、尉卒律、司空律、徭律、戍律、发征律、奔敬（警）律、狱校律、索律。

---

① 参见杨振红：《“南郡卒史复攸庳等狱簿”再解读》，徐世虹主编《中国古代法律文献研究》第8辑，北京：社会科学文献出版社，2014年，第90—114页。

② 彭浩、陈伟、工藤元男主编：《二年律令与奏谳书——张家山二四七号汉墓出土法律文献释读》，上海：上海古籍出版社，2007年，第331页。本文均用此版本，不再另行出注。

③ 《晋书·刑法志》：“是时承用秦汉旧律，其文起自魏文侯师李悝。悝撰次诸国法，著《法经》。以为王者之政，莫急于盗贼，故其律始于《盗》《贼》。盗贼须劾捕，故著《网》《捕》二篇。其轻狡、越城、博戏、借假不廉、淫侈、逾制以为《杂律》一篇，又以《具律》具其加减。是故所著六篇而已，然皆罪名之制也。商君受之以相秦。”（《晋书》卷30《刑法志》，北京：中华书局，1974年，第922页。一说，“《网》”当为“《囚》”）睡虎地秦简中虽没有出现六篇篇名，但正如整理小组所说：“《答问》解释的范围，与这六篇大体相符。”（睡虎地秦墓竹简整理小组：《睡虎地秦墓竹简》，第149页）笔者也曾进行补充论证。参见拙文：《秦汉律篇二级分类说——论〈二年律令〉二十七种律均属九章》，《历史研究》2005年第6期，收入拙著《出土简牍与秦汉社会》，第13—15页。

④ 岳麓秦简中虽未出现明确的《盗律》律条，但律令条文中屡次出现“以盗律论”“盗律论”等，如《岳麓伍》简238、242、245等，可知当时有《盗律》章名。

其中不仅出现了《晋书·刑法志》所载秦律六篇中的四篇:《盗》《贼》《杂》《具》,而且还出现了以往文献中从未出现过的《奔敬(警)律》《狱校律》《索律》三篇。

表5 秦及汉初简牍所见律章名

| 序号 | 律 名 | 睡虎地秦简 | 岳麓秦简 | 兔子山汉简① | 张家山247汉简 | 胡家草场汉简 | 睡虎地汉简 | 张家山336汉简 |
|---|---|---|---|---|---|---|---|---|
| 1 | 告律 | | | ● | ● | ● | ● | ● |
| 2 | 盗律 | | ● | ● | ● | ● | ● | ● |
| 3 | 贼律 | | ● | ● | ● | ● | ● | ●(补)② |
| 4 | 囚律 | | | ● | ●③ | ● | ● | ● |
| 5 | 亡律 | | ● | ● | ● | ● | ● | ● |
| 6 | 捕律 | | | ● | ● | ● | ● | ● |
| | 捕盗律④ | ● | | | | | | |
| 7 | 收律 | | | ● | ● | | | |
| 8 | 杂律 | | ● | ● | ● | ● | ● | ● |
| | 内史杂律 | ● | ● | | | | | |
| | 尉杂 | ● | | | | | | |
| 9 | 具律 | | ● | ● | ● | ● | ● | ● |
| 10 | 兴律 | ●⑤ | ● | ● | ● | ● | ● | ● |
| 11 | 效律 | ● | | ● | ● | ● | ●作"校" | ● |

① 张春龙、张忠炜:《汉律体系新论——以益阳兔子山遗址所出汉律律名木牍为中心》,《历史研究》2020年第6期。

② 整理者在《汉律十六章释文注释》"说明"中说:"简文有贼律条文,章名简已残损,现据《二年律令》简五四拟补。"荆州博物馆:《张家山汉墓竹简(三三六号墓)》,第161页。

③ 《二年律令》中并未出现"囚律"章名。但《晋书·刑法志》所引魏律《序》说:汉律"《囚律》有诈伪生死","《囚律》有告劾、传覆",新制订的魏律"故分为《告劾律》","《囚律》有系囚、鞫狱、断狱之法……宜别篇,故分为《系讯》《断狱律》",李均明据此推断"凡汉律中有关诈伪生死、告劾、传覆、系囚、鞫狱、断狱的条款,皆可能属于《囚律》",因此,整理者归入《具律》的简93－118均应属《囚律》。[李均明:《〈二年律令·具律〉中当分出〈囚律〉条款》,《郑州大学学报(哲学社会科学版)》2002年第3期]周海锋注意到《长沙五一广场东汉简牍(贰)》第688简:"•囚律:诸治狱者,各以其告▨",与《二年律令》简113前半部分吻合:"治狱者,各以其告劾治之。敢放讯杜雅,求其它罪,及人毋告劾而擅覆治之,皆以鞫狱故不直论。"故认为两者有源流关系,可佐证李均明关于《二年律令》中有《囚律》的观点。(周海锋:《〈长沙五一广场东汉简牍(贰)〉选读》,简帛网2018年12月26日)

④ 《捕律》应与《捕盗律》有渊源或隶属关系,详见后文。

⑤ 参见王伟:《〈秦律十八种·徭律〉应析出一条〈兴律〉说》,《文物》2005年第10期。

续 表

| 序号 | 律 名 | 睡虎地秦简 | 岳麓秦简 | 兔子山汉简 | 张家山247汉简 | 胡家草场汉简 | 睡虎地汉简 | 张家山336汉简 |
|---|---|---|---|---|---|---|---|---|
| 12 | 关市律 | ● | ● | ● | ●(□市) | ● | ● | ● |
| 13 | 厩律 | | | ● | | ● | ● | ● |
| | 厩苑律① | ● | | | | | | |
| 14 | 复律 | | | ● | ● | ● | ● | ● |
| 15 | 钱律 | | | ● | ● | ● | ● | ● |
| 16 | 迁律 | | | ● | | | ●(□律) | ● |
| 17 | 朝律 | | | ●(狱律) | | ● | | ● |
| 18 | 田律 | ● | ● | ● | ● | ● | ● | |
| 19 | 户律 | | | ● | ● | ● | ● | |
| 20 | 置吏律 | ● | ● | ● | ● | ● | ● | |
| | 除吏律② | ● | | | | | | |
| 21 | 赐律 | | | ● | ● | ● | ● | |
| 22 | 市贩 | | | ● | | ● | ● | |
| 23 | 置后律 | | | ● | ● | ● | ● | |
| 24 | 秩律 | | | ● | ● | ● | | |
| 25 | 均输律 | | | ● | ● | ● | ● | |
| 26 | 仓律 | ● | ● | ● | | ● | ● | |
| 27 | 爵律 | | | ● | ● | ● | ●(旁律) | |
| | 军爵律③ | ● | | | | | | |
| 28 | 徭律 | ● | ● | ● | ● | ● | ● | |
| 29 | 行书律 | ● | ● | ● | ● | ● | ● | |
| 30 | 金布律 | ● | ● | ● | ● | ● | ● | |
| 31 | 傳律 | ● | ● | ● | ● | ● | ● | |
| 32 | 尉卒律 | | ● | ● | | ● | ● | |
| 33 | 奔命律 | ●?(魏奔命律) | | ● | | ●(旁律甲) | ● | |

① 《厩律》应与《厩苑律》有渊源或隶属关系。

② 黄盛璋提出《置吏律》和《除吏律》实为同一个律,为两个时期所修。黄盛璋:《云梦秦简辨正》,《考古学报》1979 年第 1 期。

③ 《爵律》与《军爵律》应有渊源或隶属关系。

续 表

| 序号 | 律 名 | 睡虎地秦简 | 岳麓秦简 | 兔子山汉简 | 张家山247汉简 | 胡家草场汉简 | 睡虎地汉简 | 张家山336汉简 |
|---|---|---|---|---|---|---|---|---|
| 34 | 腊律 | | | ● | | ● | ● | |
| 35 | 祠律 | | | ● | | ● | ● | |
| 36 | 司空律 | ● | ● | ● | | ● | ● | |
| 37 | 治水律 | | | ● | | ● | ● | |
| 38 | 工作课 | | | ● | | ● | ● | |
| 39 | 传食律 | ● | | ● | ● | ● | ● | |
| 40 | 葬律 | | | ● | | ● | ● | |
| 41 | 外乐律 | | | ● | | ● | | |
| 42 | 史律 | | | ● | ● | | ● | |
| 43 | 赍律 | ●(仅有律名) | | ● | | | ● | |
| 44 | 诸侯秩律 | | | ●(旁律) | | | | |
| 45 | 蛮夷复除 | | | | | ● | | |
| 46 | 蛮夷士 | | | | | ● | | |
| 47 | 蛮夷律 | | | | | ● | | |
| 48 | 蛮夷杂 | | | | | ● | | |
| 49 | 上郡蛮夷閒(间) | | | | | ●(旁律乙) | | |
| 50 | 戍律 | ● | ● | | | | | |
| 51 | 发征律 | | ●① | | | | | |
| 52 | 工律 | ● | | | | | | |
| 53 | 工人程 | ● | | | | | | |
| 54 | 均工 | ● | | | | | | |
| 55 | 属邦 | ● | | | | | | |
| 56 | 除弟子律 | ● | | | | | | |
| 57 | 游士律 | ● | | | | | | |

① “发征律”亦见于里耶秦简 9－732+9－644:“□年四月丁未,御史丞臣去疾请史〼Ⅰ·发征律曰:戍去其宿宿它宿及不〼Ⅱ。”

续　表

| 序号 | 律　名 | 睡虎地秦简 | 岳麓秦简 | 兔子山汉简 | 张家山247汉简 | 胡家草场汉简 | 睡虎地汉简 | 张家山336汉简 |
|---|---|---|---|---|---|---|---|---|
| 58 | 中劳律 | ● | | | | | | |
| 59 | 臧(藏)律 | ● | | | | | | |
| 60 | 公车司马猎律 | ● | | | | | | |
| 61 | 牛羊课 | ● | | | | | | |
| 62 | 敦(屯)表律 | ● | | | | | | |
| 63 | 奔敬(警)律 | | ● | | | | | |
| 64 | 狱校律 | | ● | | | | | |
| 65 | 索律 | | ● | | | | | |

《晋书·刑法志》述魏明帝命陈群、刘劭等“删约旧科,傍采汉律,定为魏法,制新律十八篇”,引魏律《序》曰:“凡所定增十三篇,就故五篇,合十八篇,于正律九篇为增,于旁章科令为省矣”,提出“正律”概念,与“旁章科令”相对应。① 程树德将“正律”之外的律称之为“单行律”,为其后大多数学者所接受,但也有学者对汉代存在“正律”“旁章”分类持怀疑态度,认为这是魏律编纂者的价值判断或分类,还有学者认为“旁章”就是《晋书·刑法志》所说“叔孙通益律所不及,傍章十八篇”的“傍章”。② 益阳兔子山汉简、胡家草场汉简和睡虎地77号汉墓竹简的出土表明,汉初律确实存在“狱律”“旁律”等分类,应对应《晋书·刑法志》所说的“正律”“旁章”。秦律尚未见到明确的类似分类,但岳麓秦简中出现了“内史旁金布令”的令名,这里的“旁”是何含义尚不明确。“金布令”与“金布律”相对应,是有关金布方面的“令”,益阳兔子山汉简、睡虎地汉简中“金布律”均属“旁律”,胡家草场汉简中也属“旁律甲”,那么,岳麓秦简“内史旁金布令”的“旁”是否与此有关,指“旁令”呢? 还是指相对于“内史”而言的旁郡? 目前因材料太少,难以判断,期待有更多的新材料出土。

相对于汉初律,秦律一个重要的特色是出现了以行政建制命名的律名,如睡虎地秦简和岳麓秦简中均出现了“内史杂律”,这里的“内史”显然应指《汉书·百官公卿表上》所载“周官,秦因之,掌治京师”的秦内史官。③ “内史杂律”应是针对内史制订的《杂律》,适用于内

① 《晋书》卷30《刑法志》,第925页。

② 参见拙文:《秦汉律篇二级分类说——论〈二年律令〉二十七种律均属九章》,《历史研究》2005年第6期;《汉代法律体系及其研究方法》,《史学月刊》2008年第10期。均收入拙著《出土简牍与秦汉社会》,第1—35、83—125页。

③ 《汉书》卷19上《百官公卿表上》,第736页。

史。岳麓秦简中还出现了“内史律”的律名：

32. ●十三年六〈三〉月[1]辛丑以来，明告黔首：相贷资缗者，必券书吏ㄥ，其不券书而讼，乃勿听，如廷律。前此301令不券书讼者，为治其缗，毋治其息，如内史律。302（《岳麓肆》）

33. ●十三年三月辛丑以来，取（娶）妇嫁女必参辨券ㄥ。不券而讼，乃勿听，如廷律ㄥ。前此令不券讼者，治之如内史188律。●谨布令，令黔首明智（知）。 ●廷卒□189（《岳麓伍》）

材料32中“内史律”三个字出现在一枚简上，可以确定当时确实有这一名称，并据此可证材料33的编联是正确的，188简最后的“内史”两字也应和189简的“律”字合称为“内史律”。

材料32、33中同样引人注目的是与“内史律”相对的“廷律”。“廷律”之“廷”应指“廷尉”之“廷”。“前此令不券书讼者，为治其缗，毋治其息，如内史律”，意味着“内史律”是较早制订施行的法律，而“廷律”为新制订的法律。这一变化反映的应是秦从诸侯国向统一的中央集权郡县制国家过渡时期的法律制订和管辖状态，亦即秦国经历了以内史治理为中心向以廷尉治理为中心的转变过程，这个过程当就发生在秦王政亲政以后。岳麓秦简中出现大量“廷内史郡二千石官共令”“廷内史官共令”等令也应是这一变化的反映。秦最初是以内史为疆域的核心进行治理的，因此法律的制订也以内史为中心，故称之为“内史律”。此后随着兼并战争的扩大，开始不断在新吞并、占领地区设郡进行统治，这时就需要超越内史治理模式，建立以秦廷中央为中心的模式，兼治内史和郡等二千石官。廷尉官的设立或重用以及“廷律”的制订应就是在这样的背景下产生的。秦从诸侯国发展为统一的中央集权制国家经历了一个漫长的过程，政治体制、法律制度等都随之发生剧烈变革，郡县制的产生、推广普及以及君主中央权力的加强应是最主要的两项内容。睡虎地秦简下条《置吏律》应是反映这一变化的更早材料：

34. 县、都官、十二郡免除吏及佐、群官属，以十二月朔日免除，尽三月而止之。其有死亡及故有夬（缺）者，为补157之，毋须时。 置吏律158[2]

这是一条关于官吏免除时间的法律规定。律条中的“县”应指内史所辖县，“都官”为中央官，“十二郡”应指秦当时所设的所有郡，共12个。如果当时全国通用一部法律，那么，律中完全没有必要一一说明适用对象，它一一点出法律适用对象，反证当时县、都官、十二郡都有

---

① 见宫宅潔编『嶽麓書院所藏簡《秦律令（壹）》譯注』、307頁。

② 整理者注释：“秦所设郡数逐步增加，据《史记》，秦只有十二个郡的时期，至少应在秦始皇五年以前。”睡虎地秦墓竹简整理小组编：《睡虎地秦墓竹简·秦律十八种》，“释文注释”，第56页。

自己的法律。从"县"排在第一位可以推测,当时应以内史为主导制订法律,故没有出现内史的名字,出现的是其下属机构——县。因此,其出台的时间应早于材料32、33的秦王政十三年。岳麓秦简中许多律令,正如材料32、33一样,是反映秦制变化的重要材料。

同理,秦简中的"尉杂"应和"内史杂"一样,应为针对"尉"制订的《杂律》,岳麓秦简中的"尉卒律"则是适用"尉"的《卒律》。这也可以从令中既有"郡卒令",又有"廷卒令""尉郡卒令"得到佐证,它们意味着"郡卒令"是适用郡或郡制订的卒令,"廷卒令"是廷尉制订的卒令,"尉郡卒令"则是适用尉和郡或由尉、郡两个机构制订的"卒令"。因此,"尉杂"和"尉卒律"可能就是传世文献所说的"尉律"。[①]"尉"的问题较为复杂,限于篇幅,此处略而不论。

张家山336号汉墓竹简出土的"汉律十六章",章数虽然和益阳兔子山汉简"狱律十七章"、胡家草场汉简"十四章"、睡虎地77号汉墓竹简"□律"十五章有所差别,但性质应当一致。相较以上汉初简,秦简中出现的"狱律"章名明显要少,尤其是睡虎地秦简,只出现了《兴律》《效律》《关市律》三个章名,但出现了与《捕律》关系密切的《捕盗律》,[②]与《厩律》关系密切的《厩苑律》,部门机构型《杂律》如《内史杂律》《尉杂》,因睡虎地秦简时代稍早,或者可以看作是秦早期律的形态。岳麓秦简相对多一些,出现了《盗律》《贼律》《亡律》《杂律》《具律》《兴律》《关市律》七种律章名。岳麓秦简中出现的狱律章名虽然只有汉初的一半左右,但从内容上来看,诸如《告律》《捕律》《迁律》等绝大多数狱律律章或类似律章在岳麓秦简时代已经存在。例如,下简中出现了"告不审律":

35. 者,购金二两,其不审,如告不审律。六百六十钱以下及不能审钱数而告以为亡,购020(《岳麓肆》)

而在张家山汉简《二年律令·告律》中明确出现有关"告不审"的律条:

36. 告不审及有罪先自告,各减其罪一等,死罪黥为城旦舂,黥为城旦舂罪完为城旦舂,完为城旦舂罪☐127(张家山《二年律令》)

材料36很可能就是吕后二年时期的"告不审律",它应源于材料35岳麓秦简所说"告不审

---

① 《说文解字·叙》:"汉兴,有艸书。《尉律》:学僮十七已上始试,讽籀书九千字乃得为史。又以八体试之。郡移太史并课,最者,以为尚书史。书或不正,辄举劾之。今虽有《尉律》,不课,小学不修,莫达其说久矣。"徐锴曰:"《尉律》,《汉律》篇名。"许慎:《说文解字》第十五上,陶生魁点校,北京:中华书局,2020年,第493页。

② 睡虎地秦简《秦律杂抄》简38－39为"捕盗律":"•捕盗律曰:捕人相移以受爵者,耐。•求盗勿令送逆为它,令送逆为它事者,赀二甲。"张家山《二年律令·捕律》中有关于"捕盗贼"购赏等律"捕盗贼、罪人,及以告劾逮捕人,所捕挌(格)斗而杀伤之,及穷之而自杀也,杀伤者除,其当购赏者,半购赏之。杀伤152"。岳麓秦简《为吏治官及黔首》中不仅出现了"【士】吏捕盗"(09－3)句,而且,《为狱等状四种》案例二就是关于南郡州陵县奏谳求盗尸等人"产捕群盗"应当给多少"购金"的案子,此案发生在秦王政二十五年。这些材料表明,秦时即便没有《捕律》,也有了作为其源头的《捕盗律》。

律”。由此可反证，岳麓秦简时期的秦律中一定有《告律》章。

再如，益阳兔子山汉简、睡虎地汉简、张家山 336 号汉简“狱律（正律）”中均有《罨（迁）律》，睡虎地、岳麓秦简中虽然没有出现《迁律》章名，但出现了大量涉及“迁”的律令。例如，岳麓简下列简：

37. 诸䙴（迁）者、䙴（迁）者所包去䙴（迁）所，□□□□䙴（迁）处所①，去亡而得者，皆耐以为隶臣妾，不得者，论令出 071 会之，复付䙴（迁）所县。䙴（迁）者、䙴（迁）者所包其有罪它 072 县道官者，罪自刑城旦舂以下②已论报之，复付䙴（迁）所县道官ㄥ。䙴（迁）者、䙴（迁）者所包有罪已论③当 073 复诣䙴（迁）所，及罪人、收人当输④而弗诣弗输者，皆䙴（迁）之。有能捕若诇告当复诣䙴（迁）所 074 及当输不输者一人，购金二两。083⑤（《岳麓肆》）

是关于迁、迁者所包犯逃亡罪等，仍要迁之等规定。此外，《岳麓伍》中出现了不少“遷吏令”，“遷吏”的“遷”为“辵”部，与《罨律》之“迁”写作“罨”不同。⑥ 这在汉初仍然如此，表明秦汉时期“罨”与“遷”含义不同。

秦及汉初律篇结构虽然不像后世《晋书・刑法志》等记载的那样，秦的正律由六篇、汉的正律由九章构成，《九章律》的形成应晚至西汉后期，但秦及汉初律并非杂乱无序，其制订有很强的内在逻辑和联系。例如，有关“告”的事项，会出现在各种场合，与各种律产生关联。下列简 005 背面有《亡律》的律篇名：

38. 主匿亡收ㄥ、隶臣妾，耐为隶臣妾。其室人存而年十八岁者，各与其疑同灋，其奴婢弗坐。⑦ 典、田 003 典、伍不告，赀一盾。⑧ 其匿□□归里中，赀典、田典一甲，伍

---

① 整理者原释文作：“亡□□得，罨（迁）处所”，此从宫宅潔编『嶽麓書院所藏簡《秦律令（壹）》譯注』（109 頁）改。

② 整理者原作句号，此为笔者改。

③ 整理者原以逗号断开，中国人民大学法学院法律史料研读班《岳麓书院藏秦律令简集注（四）》（邬文玲、戴卫红主编《简帛研究二〇二二・春夏卷》，桂林：广西师范大学出版社，2022 年，第 198 页）未断开，但未出注。笔者亦认为不当断。此句义为：“判迁刑的人及判迁者所包有罪（应指再次犯罪）已经论处应当再次送到迁所，罪人、收人应当输送却未送官未输送的人，都要迁之。”其间不能断开，否则文法不通。

④ 整理者原释作“论”，此从宫宅潔编『嶽麓書院所藏簡《秦律令（壹）》譯注』（109 頁）改释为“输”。

⑤ 纪婷婷、张弛将 074 简与 083 简编联（纪婷婷、张弛：《〈岳麓肆・亡律〉编联刍议》，李学勤主编《出土文献》第 13 辑，上海：中西书局，2018 年），此从。

⑥ 参见周海锋：《岳麓书院藏秦简〈迁吏令〉研究》，邬文玲、戴卫红主编《简帛研究二〇一九・春夏卷》，桂林：广西师范大学出版社，2019 年。

⑦ 整理者此处作逗号，此为笔者改。

⑧ 整理者此处作逗号，宫宅潔编『嶽麓書院所藏簡《秦律令（壹）》譯注』（109 頁）改作句号，从。

一盾。[1] 匿罪人虽弗敝(蔽)貍(埋),智(知)其请(情),舍其室,004□□□吏遣,及典、伍弗告,赀二甲。005A

亡律 005B(《岳麓肆》)

虽然这条律涉及到两处"不告"情形下的处罚条款,但律的主旨却是关于"主匿亡收、隶臣妾",所以此律被归入《亡律》,而没有归入《告律》中。再如,下列《金布律》:

39. ●金布律曰:市衢术者,没入其卖殹(也)于县官,吏循行弗得,赀一循〈盾〉。县官有卖殹(也),不用 124 此律∟。有贩殹(也),旬以上必于市,不者令续〈赎〉䙴(迁),没入其所贩及贾钱于县官。典、老、伍人见及或告之 125 而弗告,赀二甲。有能捕、[2]告赎䙴(迁)辠一人,购金一两∟。卖瓦土毄〈墼〉粪者,得贩卖室中舍中,租如律令。126(《岳麓肆》)

其中,不仅涉及"告",还涉及"捕"的问题,但因其主要论及市贩卖之事,所以被归入《金布律》中。

《奔敬(警)律》《狱校律》《索律》的律名仅见于岳麓秦简,不见于传世文献和其他出土文字资料,但传世文献中有与《奔敬(警)律》有关的记载。《汉书·丙吉传》载:丞相丙吉的驭吏是边郡人,"习知边塞发犇命警备事,尝出,适见驿骑持赤白囊,边郡发奔命书驰来至"。颜师古注:"犇,古奔字也。有命则奔赴之,言应速也。"[3]沈家本:"犇命书,告急之书也。警备事,即警事也。魏氏既与烽燧同律,其为专属于军中告急之事可推而知,'与上言变事'非一事矣。"[4]由此可知,《奔警律》是关于征发奔命警备非常的法律。《奔警律》不仅和"奔命"有关,三国魏新设的"警事律"也应源于此。[5] 睡虎地秦简中出土了《魏奔命律》,益阳兔子山汉简和睡虎地 77 号汉墓竹简中也发现有"奔命律"的律篇名,奔警律和奔命律的关系及演变值得深入探讨。

岳麓秦简文中还出现了一些律名,它们应不是律篇名,而是归属于律篇之下的律条名。例如,"不质律"的律名出现于下列《金布律》中[6]:

---

① 整理者此处作逗号,此为笔者改。

② 此顿号为笔者所加。

③ 《汉书》卷 74《丙吉传》,第 3146 页。

④ 沈家本《历代刑法考·汉律摭遗》卷 1《目录》,邓经元、骈宇骞点校,北京:中华书局,1985 年,第 1376 页。

⑤ 参见拙文:「嶽麓秦簡을 통해 본 秦漢시기"奔命警備"관련 법률」、『東洋史學研究』第 142 輯、首爾:韓國東洋史學研究會、2018 年;中文《从岳麓秦简看秦汉时期有关"奔命警备"的法律》,姚远主编《出土文献与法律史研究》第 7 辑,北京:法律出版社,2018 年。

⑥ 相关研究有贺旭英:《秦汉"质钱"小考》,中国文化遗产研究院主编:《出土文献研究》第 14 辑;王勇:《岳麓秦简〈金布律〉关于奴婢、马牛买卖的法律规定》,《中国社会经济史研究》2016 年第 3 期;等等。

40. •金布律曰：黔首卖马、牛，勿献廷。县官其买殹（也），与和市若室，勿敢强∟。买及卖马、牛、奴婢它乡、它县，吏198为（?）取传书及致以归□□。弗为书，官啬夫、吏主者，赀各二甲；丞、令、令史弗得，赀各一甲。其有事关外，以私马、199牛、羊行而欲行卖之，及取传卖它县，县皆为传，而欲徙卖它县者，发其传，为质。黔首卖奴卑（婢）、200马、牛及买者，各出廿二钱以质市亭。皇帝其买奴卑（婢）、马，以县官马、牛、羊贸黔首马、牛、羊，及买以为义201者，以平贾（价）买之，辄予其主钱。而令虚质、毋出钱、过旬不质，赀吏主者一甲，而以不质律论∟。黔首自202告，吏弗为质，除。黔首其为大隃取义，亦先以平贾（价）直之∟。质奴婢、马、牛者，各质其乡，乡远都市，欲徙203（缺简）①（《岳麓肆》）

据此可知，买卖奴婢、马、牛，买卖双方必须向官府"质"，一个数量单位缴纳质钱22钱。质，《说文》贝部："质，以物相赘。"②"质"是买卖奴婢、马、牛等大件商品时在官府进行交易备案登记。因为奴婢、马、牛和房屋、田地等不动产一样，是国家统计家訾的重要内容，因此，其所有者发生变动时要进行备案登记，以便国家随时掌握百姓的财产变化情况。"质钱"则是向国家缴纳的大件商品交易备案登记费，不是商品交易税。"不质"应指不按规定备案登记或不缴纳备案登记费。虚假备案登记或不在规定时间内备案登记，也按照"不质"论处。下列律条也表明，关于质和赍、租（应指市租）等的法律规定均在《金布律》。

41. •金布律曰：官府为作务、市受钱，及受赍、租、质、它稍入钱，皆官为缿，谨为缿空（孔），嬃（须）毋令钱121能出，以令若丞印封缿而入，与入钱者叁辨券之，辄入钱缿中，令入钱者见其入。月壹输122缿钱，及上券中辨其县廷，月未尽而缿盈者，辄输之，不如律∟，赀一甲123（《岳麓肆》）

张家山汉简《二年律令·金布律》则基本沿袭了秦律：

42. 官为作务、市及受租、质钱，皆为缿，封以令、丞印而入，与叁辨券之，辄入钱缿中，上中辨其廷。质者勿与券。租、质、户赋、园池入钱，429县道官勿敢擅用，三月壹上见金、钱数二千石官，二千石官上丞相、御史。（后略）430（张家山《二年律令·金布律》）

由此可推，"不质律"不是律篇名，而是《金布律》篇下的具体律条。

下面将岳麓秦简中出现的律条名及推定的所属律章名以表的形式表示：

① 标点在整理者及宫宅潔编『嶽麓書院藏秦簡《秦律令（壹）》譯注』（第221—222頁）基础上，有所改动。
② 许慎：《说文解字》第六下，陶生魁点校，第201页。

表 6　岳麓秦简律条名及所属律章

| | 律条名 | 所属律篇 | | 律条名 | 所属律篇 |
|---|---|---|---|---|---|
| 1 | 告不审律 | 告律 | 5 | 送道亡故徼外律<br>舍匿罪人律<br>舍罪人<br>自出律 | 亡律 |
| 2 | 盗未有取吏赀灋(废)戍律<br>盗绐人律 | 盗律 | | | |
| 3 | 行訞律<br>彼陈(被阵)去敌律<br>挢(矫)制不害律 | 贼律 | 6 | 强与人奸律 | 杂律[①] |
| | | | 7 | 不质律 | 金布律 |
| 4 | 自爵律<br>不直律<br>纵辠人律<br>失辠人律 | 囚律 | 8 | 行制书不署急而留之律<br>弃制书律 | 行书律 |

## (三) 令

岳麓秦简中发现了大量的令,主要收录在《岳麓伍》《岳麓陆》《岳麓柒》中。以往学界对秦汉时期令的概念、令的分类和起源有不同认识,笔者曾做过学术史梳理,请参看。[②] 笔者把岳麓秦简中的令主要分为以下五类:[③]

**第一类**,以机构命名。其中又分:A.单一部门所用令,如廷令、内史户曹令、公车司马令、四谒者令等。下举一个“廷令”的例子:

43. ●令曰:制所遣(谴)而当论者,皆赀二甲。辠重于遣(谴),以律令论之。吏所举劾【以闻】及上书者,有言殹(也),其所劾、言者,节(即)214 当治论,皆毋以譴(谴)论。　●廷甲第廿一 215(《岳麓伍》)

B. 多个部门共同适用的令,如“廷内史郡二千石官共令”(共出现 8 处),应指廷尉、内史、郡、二千石官共同适用的令。这类令除“廷内史郡二千石官共令”外,还有:“□郡二千石官共令”“廷内史官共令”“内史郡二千石官共令”“内史官共令”“安台居室、居室共令”“四司空共令”“食官共令”“给共令”等。下举一例:

---

① 此从王萍意见。

② 参拙文《从〈二年律令〉的性质看汉代法典的编纂修订与律令关系》,《中国史研究》2005 年第 4 期,收入拙著《出土简牍与秦汉社会》,第 36—45 页。

③ 学界关于岳麓秦简“令”的研究有,陈松长:《岳麓秦简中的令文格式初论》,《上海师范大学学报(哲学社会科学版)》2017 年第 6 期;宫宅潔「廷内史郡二千石官共令」、宫宅潔編『嶽麓書院所藏簡《秦律令(壹)》譯注・考證篇』、515—527 頁;等等。

44. ■廷内史郡二千石官共令·戊　　●今庚63(《岳麓陆》)

**第二类**,以规范对象命名。如“卒令”“辞式令”“祠令”“田令”“金布令”“迁吏令”“迁吏归吏群除令”等。下举两例:

45. ●令曰:制书下及受制有问议者,皆为薄(簿),署初到初受所及上年日月、官别留日数、传留状,与对皆(偕)上。不100从令,赀一甲。　　●卒令乙五101(《岳麓伍》)

46. ●制书下及受制有问议者,皆为薄(簿),署初到初受所及上年日月、官别留日数,傳[1]留状,与對(对)皆上,不从215令,赀一甲。　　●卒令乙五216(《岳麓陆》)

有意思的是,这两条的内容基本相同,区别只是材料45有“令曰”,而材料46没有,后者可能是书写者省略了。整理者对两条释文的标点有所不同,当以材料45为是。可以看出,令名多有对应的律名,如“祠令”对应“祠律”,“田令”对应“田律”,“金布令”对应“金布律”。这样来看的话,“卒令”或许对应的就是“尉卒律”的“卒律”。

如上所见,岳麓秦令中有“迁吏令”,此外有“迁吏归吏群除令”:

47. ●令曰:有发繇(徭)事(使)为官狱史者,大县必遣其治狱冣(最)久者,县四人,小县及都官各二人,乃遣其余,令到已前282发(?)者,令卒其事,遣诣其县官,以攻(功)劳次除以为叚(假)廷史、叚(假)卒史、叚(假)属者,不用此令。●县盈万户以上为283【大】,不盈万以下为小。　　●迁吏归吏群除令丁廿八284(《岳麓伍》)

或许“迁吏令”的完整名称即为“迁吏归吏群除令”。

**第三类**,为前二者合一的令,即既冠机构名又属对象名,如:“廷卒令”(或简称“廷卒”)、“尉郡卒令”、“郡卒令”、“四司空卒令”、“内史旁金布令”。下举一例:

48. ●令曰:遣吏市者必遣真官啬夫、吏、令史,不从令,赀各二甲。　　●内史旁金布令乙四260(《岳麓伍》)

如前所述,“内史旁金布令”中的“旁”字是何含义对于秦律令分类来说至关重要。

**第四类**,具体的令条名,如“备盗贼令”“史学童诈不入试令”。下举一例:

49. ●令曰:盗贼发不得者,必谨薄(簿)署吏徒追逐疾徐不得状于狱,令可案,不从令,令、丞、狱史主者赀各一甲。288备盗贼令廿三289(《岳麓伍》)

**第五类**,保留制订程序、具有决事比功能的令。一些令文中有“言”或“请”、“(丞相)议”、“制曰其如某言”或“许”、“比”等内容。如下简:

50. ●泰山守言:新黔首不更昌等夫妻盗,耐为鬼薪白粲,子当为收,柀(彼)有婴儿未

---

① 整理者注释“或以为‘传’的讹写”。此说是。

可事，不能自食，073 别传输之，恐行死。议①令寄长其父母及亲所，勿庸别输。丞相议：年未盈八岁者令寄长其 074 父母、亲所，盈八岁辄输之如令。琅邪（琊）郡比。　　●十三☐ 075（《岳麓伍》）

此令缘起是泰山郡守上言，说名叫昌、爵不更的新黔首夫妻，因盗罪被判耐为鬼薪白粲，他们的儿子应被收，但儿子尚幼，不能自食，如果和父母分开传输的话，担心他路途上会死掉。请议让儿子寄养在父母或其他亲属那儿，不分开传输。丞相商议的结论是：年龄不满八岁的婴幼儿若被收，都先寄养在他们的父母或亲属那儿，满八岁以后再按规定输送到收所。琅邪郡比照执行。此令条省略了“制曰：可”或“许”等内容。而下条令则有这部分内容：

51. ●尉段言：郑言：令曰：黔首、冗募群戍卒有貣直（值）千钱以上弗能偿，令戍新地。郑卒前令 018（缺简）其家弗能偿，日皆未备∟。段言：日未备而遣戍，不便∟。日备而弗能入，令戍荆新地如令。请 019 之。制曰：其如段言。它有等比。　　●十六 020②（《岳麓柒》）

此简中的“郑”应指内史郑县，治今陕西渭南市华州区。尉段接到郑县的上书，说“令”命黔首、冗募等戍卒借贷价值超过千钱却无力偿还者，罚戍荆新地。这应是秦新出台的令。但这些戍卒“日皆未备”（缺简，似乎指他们正行之戍日期未满）。段因此言：日未备而让他们戍新地不便，建议在“日备”后还无力偿还的，才让他们遵令戍新地。请求皇帝指示。皇帝制曰：就按照段说的办。其他郡县有同样情况的照此办理。此段中有“请之”“制曰：其如段言”之语，却缺少“议”的环节。但将这类令梳理一下，就可以看出此类令出台的一般程序。

以上两条令，一条针对泰山郡一对夫妻判罪后收子处理问题，一条针对郑县戍卒无力偿还贷款，令戍新地、但日未备的处理问题。两条令都是针对某一地区的某一小案，但却出现在岳麓秦简所属南郡记录的令中，就是因为这两条令都是“比”，有参比处理作用。

以上五种类型的令，有的先以甲、乙、丙、丁等天干排序，然后再以一、二、三、四等数字排序，正规的序号为“第乙七十六”“第戊卌一”等，但很多情况下省“第”字，连续排列的话也多省去天干，直接写数字号。值得注意的是，有的序号后在天干数字后会标示“●今”等字样，如上举材料 44，写作：“●戊　　●今庚”，应是指以前此令排序为“戊”，现改为“庚”。③ 目

① 整理者此处以冒号断开。笔者认为不应断，故删。

② 笔者对标点有改动。

③ 宫宅潔曾从岳麓秦简律令简“抄写背景”角度论及“今庚”问题。宫宅潔「序論—嶽麓書院所藏簡《秦律令（壹）》解題—」、『嶽麓書院所藏簡《秦律令（壹）》譯注』、東京：汲古書院、2023 年、第 29 頁。

前看到的分组最多的令到“令癸”，即《岳麓陆》简 274 正、背面；数字到七十六，即《岳麓伍》简 145“尉郡卒令第乙七十六”。此外，还有一些令没有标示天干，直接署数字序号。这类令是否均省略了天干还有待进一步研究。

## 三、岳麓秦简全方位展示了中国重大转折时期——秦统一的历史

秦原本是一个“僻在雍州，不与中国诸侯之会盟，夷翟遇之”的落后小国，[1]但后来却不断发展壮大，最终打败六国，统一中国，建立起中国历史上第一个统一的、以皇帝为核心的中央集权郡县制国家，实现从三代宗法分封的宗主制国家向皇帝专制集权的官僚制国家的重大转型，奠定了此后两千年帝制国家的基础，对中国历史影响深远。因此，研究秦发展壮大的历史、原因及其影响，是中国史乃至世界史研究的重大、基本课题。然而，过去受限于传世文献资料的匮乏，我们只能从《史记》等文献的约略记述，了解秦文明和国家建设发展的粗略梗概。秦五百余年发展过程中的重大事件和变革，很多就像下列记载一样浓缩为一句话：

> 文公十三年（公元前 753），初有史以纪事，民多化者。二十年，法初有三族之罪。武公十年（公元前 688），伐邽、冀戎，初县之。宣公初志闰月。献公立七年（公元前 378），初行为市。十年，为户籍相伍。孝公初年，鞅之初为秦施法，法大用，秦人治。十四年（公元前 348），初为赋。惠文王立二年（公元前 336），初行钱。武王二年（公元前 309），初置丞相，樗里疾、甘茂为左右丞相。昭襄王立四年（公元前 303），初为田开阡陌。三十五年，初置南阳郡。秦王政十六年（公元前 231），初令男子书年。二十六年，初并天下为三十六郡，号为始皇帝。[2]

然而，还有更多的重大事件和变革却觅不到踪影。幸运的是，在两千余年后的 20、21 世纪，睡虎地秦简、里耶秦简、岳麓秦简等秦简牍资料的发现，极大地弥补了这一缺憾，让我们对秦统一前后的历史有了更深切、细致的了解和认识。下面简略论述岳麓秦简对于秦史研究的价值和意义。

### （一）秦国家制度建设：以“券书”制度为例

古代的“券书”将现代合同、票据、凭证等功能合而为一，在行政运作、经济活动、社会生

① 《史记》卷 5《秦本纪》，第 255 页。
② 摘自《史记》卷 5《秦本纪》、卷 6《秦始皇本纪》。

活中发挥着重要作用。但关于券书制度起于何时,应用于哪些方面,在传世文献中却无从详考。另一方面,如前文所引,秦的户籍制度始于秦献公十年,秦王政十六年才令男子登记年龄,但关于婚姻是否有登记制度,始于何时,也无从知晓。岳麓秦简中发现了两条相关法令(前引材料32、33),为解决上述问题提供了新资料。简文中的"十三年"显系秦王政十三年(前234)。由这两条资料,我们知道在这一年三月辛丑日(五日),秦颁布了一系列关于"券书"的法令作为制度施行,其中包括但应不限于如下内容:第一,"相贷资缗"即借贷钱财必须由吏主持订立券书,在此令发布前未订立券书而发生纠纷的,国家只按照以往《内史律》的规定,督促借贷者偿还本金,但不负责追偿利息。由此反推,在此令发布以前,社会上已经存在借贷订立券书的现象,但属于自发、自愿行为,国家尚未公布正式法令,将其作为制度推行。第二,"娶妇嫁女"必须订立券书,亦即建立正式的婚姻缔结制度,只有立券书的婚姻才能得到国家的承认和保护,不立券书发生纠纷时,国家不予受理。此前《内史律》并未强制规定结婚必须订立券书。

岳麓秦简中有不少关于"券"的简,可以看到当时券书应用极广。国家征收租税要立券书,《数》中"租误券""禾税""租禾""枲税"均是关于"误券"的算题。张家山汉简《算数书》名为"误券"的算题,内容为"租禾误券",应与《数》上述算题有继承关系。官府登记、出纳财物、金钱,征发人力、物资,官府、民间买卖物品、借贷等,都要订立券书,并有严格的制作、登记、传递、管理等规定。例如,《贼律》规定:

52. ●贼律曰:为券书,少多其实,人户、马、牛以上,羊、犬、彘二以上及诸误而可直(值)者过六百六十钱,皆为225大误;误羊、犬、彘及直(值)不盈六百六十以下及为书而误、脱字为小误。小误,赀一盾;大误,赀一甲。误,毋(无)所害226□□□□殹(也),减辠一等。227(《岳麓肆》)

制作券书时,登记人户、马、牛的数量出现误差,无论多少,羊、犬、彘出现两个以上误差,以及所有误差值换算为钱超过660钱,均被视为"大误",要受"赀一甲"的处罚;误差值不超过660钱,或者券书中出现错别字、脱字等情况,则被判为"小误",要受"赀一盾"处罚。如果未造成危害,减罪一等。

《田律》规定:

53. ●田律曰:吏归休、有县官吏(事)①乘乘马及县官乘马过县,欲貣刍稾、禾、粟、米及买叔(菽)②者,县以朔日111平贾(价)受钱ㄴ,先为钱及券,缿以令、丞印封,令③令

① "(事)"从陈伟《岳麓秦简肆校商(壹)》(简帛网,2016年3月27日)补。

② 整理者直接释作"菽",此从宫宅潔編『嶽麓書院所藏簡《秦律令(壹)》譯注』改。

③ 整理者原以顿号断开,此从宫宅潔編『嶽麓書院所藏簡《秦律令(壹)》譯注』改。

史、赋主各挟一辨，月尽发缿令、丞前，以中辨券案112雠（雠）钱，钱辄输少内，皆相与靡①除封印，中辨臧（藏）县廷。113（《岳麓肆》）

吏"归休"（回家休假）以及乘乘马的官吏路过县，想要借贷刍稾等饲料或禾、粟等粮食以及买菽，县要以每月初一定的"平价"借贷或卖给他，将钱装入"缿"（类似后世的零钱罐，只能放入，不能取出）中，并制作三辨券，令史及"赋主"各持一辨，月底时在县令、丞面前打开缿，以中辨券上的数字核对缿中的钱数，数字吻合，将中辨券交由县廷保管。

《徭律》规定：

54. 繇（徭）律曰：岁兴繇（徭）徒，人为三尺券一，书其厚焉。节（即）发繇（徭），乡啬夫必身与典以券行之。田时先行富244有贤人，以闲时行贫者，皆月券书其行月及所为日数，而署其都发及县请∟②。其当行而病及不存，245署于券，后有繇（徭）而聂（蹑）行之。节（即）券繇（徭），令典各操其里繇（徭）徒券来与券以畀繇（徭）徒，勿征赘，勿令费日。246其移徙者，辄移其行繇（徭）数徙所，尽岁而更为券，各取其当聂（蹑）及有赢者日数，皆署新券以聂（蹑）。247（《岳麓肆》）

县要给徭徒每人制作一份三尺券，征发徭徒时，乡啬夫要亲自和里典根据券书征派。县每月制作券书，登记行徭的月份、天数。应当行徭但因病无法行或外出不在，要在券书上署明，以便日后补行。将此次应行徭的人登记在券书上，称作"券徭"，由里典拿着徭徒券派发给徭徒。如果徭徒要迁往他处，县要将其行徭情况通知所迁官府。

民间也广泛订立券书，以作为约束双方遵守约定的凭据。在《为狱等状四种》案例一"癸、琐相移谋购案"中，州陵县校长癸等追捕"群盗盗杀人"的治等八人，治等逃到沙羡县界内，被沙羡士伍琐等抓获。琐等不知治等犯了什么罪，无法"诣告"（押送到官府起诉）治等。癸等以将赏金"购"分给琐等为条件，让琐等将罪犯移交给癸等，由癸等押送到州陵县起诉，为此癸等和琐等也以订立券书作为协议保障。

---

① 整理者在"靡"后加"（磨）"，认为"靡"通"磨"。但"靡"本身为分散、细碎之义，此处用作动词则为弄散、弄碎。不必通"磨"。《说文》麻部："靡，柀靡也。"段注："柀，各本作'披'，今正。柀靡，叠韵字。（略）盖其字本作柀，从木，析也，写者讹从手。柀靡，分散下垂之貌。《易·中孚九二》曰：'吾与尔靡之。'孟、王皆曰：'散也。'凡物分散则微细。（略）又与亡字、无字皆双声。故谓无曰靡。"段玉裁：《说文解字注》，第十一篇下，第588页下栏。笔者标点。

② 整理者在"请"后加"（情）"，认为"请"通"情"。陈伟认为应读如原字，"县请"指在一些特别情形下，县在向上级请示之后而兴发的徭役，可从。参见陈伟：《岳麓书院藏秦简〈徭律〉的几个问题》，《文物》2014年第9期。

## （二）秦对新占领地区的统治

### 1. “从人”与秦对故诸侯国反抗势力的追剿、镇压

秦展开兼并战争，吞并天下，无疑会遭受到以关东六国为代表的各诸侯国人的顽强抵抗。秦对这些武装反抗力量是如何处置的？岳麓秦简中有不少关于“从人”的法令，①为此提供了第一手资料。下面这条材料极具代表性：

55. ●叚（假）正夫言：得近〈从〉人故赵将军乐突弟、舍人袑等廿四人，皆当完为城旦，输巴县盐。请论轮〈输〉袑等013 ☑②代、齐从人之妻、子、同产、舍人及其子已傅、嫁者比故魏、荆从人。●御史言：巴县盐多人，请014 令夫轮〈输〉袑……代。代、③齐从人之妻、子、同产、舍人及其子已傅、嫁不当收者比故魏、荆从人之015【妻】、子、同产、舍人及子已傅、嫁者，已论，轮〈输〉其完城旦舂洞庭，洞庭守处难亡所苦作，谨将司，令终身016 毋得免赦，皆盗戒（械）胶致桎传之；其为士五（伍）、庶人者处苍梧，苍梧守均处少人所，疑亡者，戒（械）胶致桎传017 之，其夫、妻、子欲与，皆许之。有等比。 ●十五018（《岳麓伍》）④

此令出台的契机是假廷尉正请示：抓获“从人”故赵将军乐突的弟弟、舍人二十四人，应判完城旦刑，输送到巴县制盐，请求批准，并比照处置“故魏、荆从人”的方式论处代、齐从人的妻、子、同产、舍人。御史因巴县制盐人多，建议将判完城旦舂者输送到洞庭郡，夺爵为士伍和庶人者输送到苍梧郡。御史的建议获得秦始皇的批准。

关于“从人”的含义，学界意见不同。从材料55的内容来看，“从人”应指“故赵将军乐突”，袑等二十四人为乐突的弟弟、舍人，即《岳麓伍》简020、025中所说“从人属、舍人”。乐突为“故赵将军”，而后文提到“代、齐从人”以及“故魏、荆从人”，可知他们均是秦统一对象的各诸侯国人。秦在秦王政十九年（前228）灭赵、二十二年灭魏、二十三年灭荆（楚）、二十

---

① 学界相关研究有，李洪财：《秦简牍“从人”考》，《文物》2016年第12期；吴雪飞：《〈岳麓简五〉所见“从人”考》，简帛网，2018年4月13日；拙文：《秦“从人”简与战国秦汉时期的“合从”》，《文史哲》2020年第3期；温俊萍：《岳麓秦简所见“从反者”发覆》，邬文玲、戴卫红主编《简帛研究二〇二一·春夏卷》，桂林：广西师范大学出版社，2021年；单印飞：《都吏新解》，《出土文献》2022年第3期；等等。

② 简前段残断，整理者根据文义补“【廿四人，故】”。但从简015“代”下有重文符“=”来看，似有些冒险，故改作断简符。

③ 此段简残损，整理者根据文义补“【等廿四人，故】”。基于和上条注同样的理由，改释为表示残损不清楚字数的省略号。

④ 释文标点参见拙文：《秦“从人”简与战国秦汉时期的“合从”》，《文史哲》2020年第3期。

五年灭代、二十六年灭齐。赵被灭后,赵公子嘉率其宗族自立为代王,“故赵将军乐突”很可能追随代王嘉继续反秦,故被称作“从人”,而此令中也因此出现“代”。

里耶秦简和岳麓秦简中还出现了“三族从人”。“三族从人”当指被判为“夷三族”刑者的“从人”。① “夷三族”刑只适用于谋反等颠覆国家罪,②本人和三族亲属均要被杀,其亲属、舍人等则根据身份和罪行处以不同刑罚。嫪毐即被判夷三族刑,其同党“卫尉竭、内史肆、佐弋竭、中大夫令齐等二十人皆枭首。车裂以徇,灭其宗。及其舍人,轻者为鬼薪。及夺爵迁蜀四千余家,家房陵”。③ 由此可推,秦把跟随故国君主反秦的故诸侯国将领等同于“三族从人”,在秦统一期间及统一后,都对“从人”及其妻、子、同产(从人属)、舍人进行大规模搜捕,处以严厉刑罚。“从人”简从一个侧面反映了秦在统一过程及统一后,一直面临着如何应对和处理故诸侯国残余反抗势力的问题。但从结局来看,秦始皇死后,这部分势力仍发展为倒秦的重要力量。

### 2. 新地、新地吏、新黔首

如前所述,秦通过长期战争,不断蚕食、吞并以六国为首的各诸侯国领土,最终实现统一。那么,秦对新占领地区是如何进行统治,采取什么手段将新占领地区迅速转化为秦进一步向外扩张的坚实后方?秦对原诸侯国人采取怎样的态度和措施?以往我们仅能从传世文献中窥知鳞爪,新发现的秦简牍材料则为考察上述问题提供了丰富的第一手资料。睡虎地4号秦墓6号木牍中第一次出现“新地”一词,在已公布的两册里耶秦简中各出现1处“新地吏”,张家山汉简《奏谳书》一则案例“南郡卒史复攸庳等狱簿”中则出现了“新黔首”一词。岳麓秦简中关于“新地”“新地吏”“新黔首”的材料则大大丰富。④ “新地”指秦新占领的六国或周边蛮夷领土,“新黔首”指新纳入秦统治之下的新地原住民,“新地吏”则指在秦新地官府中任职的官吏。

---

① 周海锋:《〈里耶秦简(贰)〉初读(一)》,简帛网,2018年5月15日。

② 陈乃华:《秦汉族刑考》,《山东师范大学学报(社会科学版)》1985年第4期。

③ 《史记》卷6《秦始皇本纪》,第227页。

④ 学界已有不少关于“新地”“新黔首”“新地吏”的研究,如于振波:《秦律令中的“新黔首”与“新地吏”》,《中国史研究》2009年第3期;孙闻博:《秦汉帝国“新地”与徙、戍的推行——兼论秦汉时期的内外观念与内外政策特征》,《古代文明》2015年第2期;沈刚:《简牍所见秦代对南方新占领地区特殊统治政策探析》,西北师范大学历史文化学院等编《简牍学研究》第6辑,兰州:甘肃人民出版社,2015年;于振波、朱锦程:《出土文献所见秦“新黔首”爵位问题》,《湖南社会科学》2017年第6期;张梦晗:《“新地吏”与“为吏之道”——以出土秦简为中心的考察》,《中国史研究》2017年第3期;董飞:《秦王朝“新地”治理研究——以故楚地为中心》,西北大学博士学位论文,2021年;陈光:《简牍所见秦新地统治政策——兼论秦朝骤亡的原因》,《古代文明》2022年第3期;等等。

为了有效控制“新地”，秦首先通过“屯戍”、“更戍”、“罚戍”（惩罚有“赀赎责貣”等而无力偿还的人戍边）、罚吏（对渎职或犯轻型罪的官吏，可以以任“新地吏”为条件，免于行政处罚或刑罚）以及迁徙罪犯等方式，保卫新地安全（戍卒），维持新地统治秩序（新地吏），保证劳动力（戍卒、徒隶）。岳麓秦简中发现了大量关于上述内容的法律规定。例如：

56. 有赀赎责①貣当戍新地，其年过六十岁者，勿遣。年十七岁以上及有它罪而当戍故038徼，高不盈六尺七寸者，皆作县[以]当戍日，勿遣行戍。当屯戍、更戍故徼，其高不盈六[尺]039七寸者，亦勿行。　●十八040（《岳麓柒》）

“当屯戍、更戍故徼”不同于罚戍，是秦成年男子要履行的屯戍、更戍义务（服役对象、方式、时长因阶层等有所不同）。“有赀赎责貣当戍新地”应是屯戍、更戍制度的补充。前引材料51记载了罚戍的一项具体规定：黔首、冗募等戍卒借贷千钱（或同等价值）以上无力偿还者，“令戍新地”。

其次则通过约束新地吏，整顿吏治，避免激化秦人与原六国民即新黔首的矛盾，以稳固统治。下面列举两则典型材料。

57. ●新地吏及其舍人敢受新黔首钱财、酒肉它物，及有卖买、叚②赁、貣于新黔首而故贵赋〈贱〉039其贾（价），皆坐其所受及故为贵赋〈贱〉之臧（赃）、叚赁费、貣息，与盗同灋。其贳买新黔首奴婢、畜产040及它物，盈三月以上而弗予钱者，坐所贳贾〈买〉钱数，亦与盗同灋。（略）041（略）　●廿一044③（《岳麓伍》）

此令规定，禁止新地吏和他们的舍人接受新黔首的钱财、酒肉等财物，在与新黔首进行买卖、借用器物、雇佣、借贷时，不能故意抬高或压低价格，否则按盗罪论处。赊买新黔首奴婢、畜产等大件商品，超过三个月不付钱，也按盗罪论处。

58. ●新黔首未习事，吏治或[泰]严，恒事殴（也），而恶与言及詈辱（辱）之，长吏弗智（知）及弗智（知）及弗督论ㄴ。新☐111皆篓〈苦〉勮（剧）之，多以其故，难有言于吏，甚不善。其令吏善以交，理律[令]☐112□□谍（謑）訽詈新黔首，赀一甲；殴〈殴〉笞，赀二甲；丞、令弗得，坐之，减焉☐113④（《岳麓柒》）

---

① 整理者在“责”字后均加“（债）”，认为当读作“债”。但从文义来看，此处“责”不误，义为欠人债务，与后文的“叚”“貣”一样。前文已证，岳麓秦简律令简均是秦统一后抄写的，原来混用的“叚”“假”、“貣”“贷”、“责”“债”等一般都按照书同文字令进行过改写。

② 整理者在“叚”字后加“（假）”，认为当读作“假”。但从文义来看，此处“叚”不误，义为借予，与后文的“貣”一样。“貣”为求贷之义，而非贷予的“贷”。040简“叚”亦同。参见石洋：《里耶秦方“叚如故更假人”新解》，中国文化遗产研究院编《出土文献研究》第18辑，上海：中西书局，2019年，第114—128页。

③ 笔者对标点有改动。

④ 笔者对标点有改动。

此令谈到新地普遍存在吏治过于严酷的情况，新黔首不了解秦制、律令，官吏缺乏耐心，动辄辱骂殴打他们。新黔首深受其苦，畏惧新地吏，有事也不敢言。秦命令官吏要善待百姓，否则要依据情形和职务进行处罚。

再次，秦采取刚柔相济的政策，一方面对新黔首严加防范，控制、约束、监督他们的行为，一方面试图通过改变习俗、观念，驯化他们成为秦的顺民，以巩固其在新地的统治基础。下条令便是典型材料：

59. ●新黔首或不勉田作、缮室屋，而带剑、挟兵曹耦（偶）出入，非善谷（俗）殹（也），其谨禁御之。公大夫以上乃得带剑，048 而不得挟它兵及大刀长尺五寸以上者，官大夫以下不得带剑、挟兵、长刀。县令、令史、乡啬夫、里即赀 049 新黔首，以此令告，有挟剑、兵、长刀者亟诣吏，辄入县官∟。已布令，丞、令、令史、有秩吏分曹索（索）之，有挟剑、050 兵、长刀弗诣吏者辄捕，罨（迁）其郡恒罨（迁）所，皆辄行之。罨（迁）未行，其人及亲、所智（知）能为捕坐此物当罨（迁）者二人，051 除其家罨（迁）。其毋罨（迁）除殹（也），而能捕坐此物当罨（迁）者二人，购钱五千，其典、田典、伍人见，若虽弗见，人或告之，【而弗】☐ 052 捕、告，赎罨（迁），其弗见、莫告，赀一甲。（略）053①（《岳麓柒》）

此令谈到有些新黔首不好好耕作、修缮房屋，却携带兵器结伴出入，认为这是很不好的风俗，要严格禁止监管。公大夫爵以上才可携带剑，但不允许携带其他兵器和长一尺五寸以上的长刀，官大夫爵以下则连剑也不得佩带。不允许佩带的兵器要全部上交国家，违反者立即逮捕，其本人和亲属均要被迁，伍人、里典、田典若未发现或有人告发后放任不管，也要受处罚。秦显然将这些结伙携带兵器的新黔首视为潜在的反秦力量，故严令加以防范，令中 3 次出现"辄"（立即之义），反映了秦统治者对于这一现状的极度担忧和要立即进行控制的迫切心情。

### 3. "故塞""故徼"与边疆少数民族地区

岳麓秦简有不少关于"故塞""故徼"的法令。② 里耶秦简更名方记载：

---

① 笔者对标点有改动。

② 学界关于"故塞""故徼"已有不少研究，如陈伟：《"江胡"与"州陵"——岳麓书院藏秦简中的两个地名初考》，《中国历史地理论丛》第 25 卷第 1 辑，2010 年；游逸飞：《里耶 8－461 号"秦更名方"选释》，魏斌主编《古代长江中游社会研究》，第 86—87 页；琴載元：《漢初關外郡設置與其源流》，《中國古中世史研究》第 38 輯，首爾：冠嶽社，2015 年；邹水杰：《秦代属邦与民族地区的郡县化》，《历史研究》2020 年第 2 期；张韶光：《试论简牍所见秦对边缘地区的管辖》，《史学月刊》2020 年第 8 期；尚宇昌：《"故塞""故徼"的由来与秦并天下》，《中国边疆史地研究》2022 年第 1 期；李威霖：《秦"故徼"考论》，《中国历史地理论丛》2023 年第 2 期；等等。

边塞曰故塞。毋塞者曰故徼。

据此,“故塞”“故徼”是秦统一后更定的新名号,即原来的“边塞”统一后改称作“故塞”,原来边境没有“塞”的,改称作“故徼”。从岳麓秦简的法令来看,“故塞”“故徼”可连称为“故塞、徼”,后面接“蛮夷”。如:

60. ●捕以城邑反及非从兴殹(也),而捕道(导)①故塞、②徼外蛮夷来为閒(间)③,赏毋律。∟今为令∟:谋以城邑反及道故塞、徼外170蛮夷来欲反城邑者,皆为以城邑反。(略)171(略)　●廷卒乙廿一172(《岳麓伍》)

因此,“故塞、徼”隔绝的仍是区别于“华夏”的“蛮夷”。这表明,秦统一过程中以及统一后的一段时间内,虽然突破了原有边塞、徼的界线,极大地拓展了疆界,但其统治仍局限在设立“郡县道”的地区,大量“蛮夷”地区仍在秦统治之外。此外,岳麓秦简中还出现了“徼中”的概念。

61. 诱隶臣、隶臣从诱以亡故塞、徼外蛮夷,皆黥为城旦舂;亡徼中蛮夷,黥其诱者,以为城旦舂;亡县道,耐其诱者,以为隶臣。101道(导)徼中蛮夷来诱者,黥为城旦舂。其从诱者,年自十四岁以上耐为隶臣妾∟,奴婢黥顏〈颜〉頯,畀其主。102(《岳麓肆》)

“徼中”显然在秦疆域之内,但其中仍居住着未归附的“蛮夷”。也就是说,当时在秦疆域内仍存在着“夷夏”杂居的情况,尤其是边疆地区。材料60规定,“道(导)故塞、徼外蛮夷”来“内”作间谍,挑唆城邑反叛的,与内地“以城邑反”同罪。材料61表明,秦对引诱隶臣逃亡到“故塞、徼外蛮夷”“徼中蛮夷”“县道”处罚不同。“亡故塞、徼外蛮夷”无论是引诱者还是被引诱者,均判为“黥为城旦舂”;“亡徼中蛮夷”,只有引诱者而不包括被引诱者被判为“黥为城旦舂”,逃亡到秦治下的“县道”,只判引诱者耐为隶臣。

由这些法令可知,当时秦虽然实现了统一,但境内外的“蛮夷”仍是与秦政权相抗衡的重要力量,威胁着秦的统治。秦始皇三十二年开始南攻百越、北伐匈奴,向周围拓边,一个重要目的就是解除周边蛮夷的威胁。岳麓秦简多条律令涉及故徼外蛮夷入盗事宜,下举两个例子。下条《奔警律》表明,当时“奔警”主要针对的是“故徼外盗”,即前引《汉书·丙吉传》所说“边塞发犇命警备事”:

62. ●奔敬(警)律曰:先粼黔首当奔敬(警)者,为五寸符,人一,右在【县官】,左在黔首,黔首佩之节(即)奔敬(警)∟。诸挟符者皆奔敬(警)故177徼外盗彻所,合符焉,以譔(选)伍之。黔首老弱及瘩(癃)病,不可令奔敬(警)者,牒书署其故,勿予

① “道”通“导”从武汉高校读简会《〈岳麓书院藏秦简(伍)〉研读记录(三)》(简帛网,2018年7月5日)意见改。材料61简102同。

② 整理者此处未断开。此为笔者改。下同。

③ “閒”后“(间)”为笔者所加。下同。

符。其故徼县道178各令,令守城邑害所,豫先分善署之,财(裁)为置将吏而皆令先智(知)所主。[1] 节(即)奔敬(警),各亟走所主,[2]将吏善办治179之。老弱瘩(癃)病不足以守∟,豫遗重卒期足以益守,令先智(知)所主。180(《岳麓肆》)

下列《行书律》则规定,县向皇帝"请制",只有发生"故徼外盗"事,可以"以邮行"方式递送文书,其余一律不允许擅自以邮行。

63. ●行书律曰:县请制,唯故徼外盗,以邮行之,其它毋敢擅令邮行书。197(《岳麓肆》)

故秦对"蛮夷"极为重视,采取各种措施加以防范。首先是在故塞、徼地区派戍卒守卫。从前举材料4可窥知一斑。

●尉议:中县有罪罚当戍者及阳平吏卒当戍者,皆署琅邪郡;属邦、道当戍东故徼者,署衡山郡。001 ▨[它]如令。绾请,许。而令中县署东晦(海)郡,泰原署四川郡,东郡、参(叁)川、颖(颍)川署江胡郡∟,南阳、002河内署九江郡,南郡、上党、[属]邦、道当戍东故徼者,署衡山[郡]。 003(《岳麓柒》)

此令命南郡、上党郡以及属邦、道负有戍卫任务者,前往衡山郡东故徼戍守。当时的衡山郡应是未归化蛮夷较多的郡,故需专门派戍卒把守。

其次,加强对缘边地区百姓的控制。下列尉卒律规定:

64. ●尉卒律曰:缘故徼县及郡县黔齿〈首〉、县属而有所之,必谒于尉,尉听,可许者为期日。所之132它县,不谒,自五日以上,缘故徼县,赀一甲,典、老弗告,赀一盾;非缘故徼县殹(也),赀一盾,典、老弗133告,治(笞)□□。尉令不谨,黔首失令,尉、尉史、士吏主者赀各一甲,丞、令、令史各一盾。134[3](《岳麓肆》)

百姓要去其他县,必须先向尉申请,尉批准并与其约定返回日期后,才可出县境。不申请,私自出境,缘故徼县处罚为赀一甲,重于非缘故徼县赀一盾。

再次,禁止百姓与境外蛮夷进行"筋角皮革"贸易。下条令规定:

65. [禁][黔][首][毋][得][买][故]徼外蛮夷筋角皮革,不从令者,以其所买筋角皮革直(值)贾(价),与盗出禁故徼72关同灋∟。有盗出入禁其关出入而弗得,赀府啬夫、吏主者各二甲,丞、令、令史各一甲。●十六——73(《岳麓陆》)

---

① 整理者原断为分号,笔者改为句号。参见拙文:《从岳麓秦简看秦汉时期有关"奔命警备"的法律》,姚远主编《出土文献与法律史研究》第7辑。

② 整理者原断作:"各亟走,所主将吏善办治之。"此从宫宅潔編『嶽麓書院所藏簡《秦律令(壹)》譯注』(203頁)改。

③ 笔者对标点有改动。

百姓买故徼外蛮夷筋角皮革，按其价值，与"盗出禁故徼关"同法。

## （三）秦郡县制的展开：以秦郡与"中县道"为例

秦废除分封制，全面推行郡县制，是秦与三代最重要的区别和特色之一，为其后两千年帝制奠定了地方行政的基本模式。但关于秦郡县制起源、发展的细节，因史籍阙如，有很多不清楚的地方。例如，《史记·秦始皇本纪》载，秦统一天下后，"分天下以为三十六郡"。《史记集解》裴骃案：

三十六郡者，三川、河东、南阳、南郡、九江、鄣郡、会稽、颍川、砀郡、泗水、薛郡、东郡、琅邪、齐郡、上谷、渔阳、右北平、辽西、辽东、代郡、巨鹿、邯郸、上党、太原、云中、九原、雁门、上郡、陇西、北地、汉中、巴郡、蜀郡、黔中、长沙凡三十五，与内史为三十六郡。[1]

裴骃的说法与《汉书·地理志》记载基本吻合。但自清以来，学界对于秦统一后所设郡是否为三十六个，包括哪些郡，一直争讼不决。[2] 里耶秦简中出现了河内、泰山、洞庭、苍梧、衡山、庐江、东海等郡名，均是不见于传世文献的秦郡名。岳麓秦简则提供了更丰富的秦郡资料，[3]其中以前引材料4和下条材料最为集中：

66. ●诸相与奸乱而𠨕(迁)者，皆别𠨕(迁)之，勿令同郡。其女子当𠨕(迁)者ㄴ，东郡ㄴ、参(叁)[4]川ㄴ、河内ㄴ、颖(颍)川ㄴ、请(清)河、082 河閒(间)ㄴ、蜀巴ㄴ、[5]汉中ㄴ、□☒ 083 乱，不从令者，赀二甲。　●十七—— 084(《岳麓伍》)

笔者将岳麓、里耶等秦简中明确出现的郡名和裴骃《史记集解》所记三十六郡名进行比较，做成下列表格。

---

① 《史记》卷6《秦始皇本纪》，第307、308页。

② 学术史参见辛德勇：《秦始皇三十六郡新考》，《文史》2006年第1、2辑；周群：《秦代置郡考述》，《中国史研究》2016年第4期；等等。

③ 参见陈松长：《岳麓书院藏秦简中的郡名考略》，《湖南大学学报(社会科学版)》2009年第2期；陈伟：《"江胡"与"州陵"——岳麓书院藏秦简中的两个地名初考》，《中国历史地理论丛》第25卷第1辑；欧扬：《岳麓秦简"毋夺田时令"探析》，《湖南大学学报(社会科学版)》2015年第3期；欧扬：《岳麓秦简秦郡史料补议》，《中国历史地理论丛》2020年第2期；等等。

④ "(叁)"为笔者所加。

⑤ 此简中"蜀巴"两字之间未像其他郡名之间一样以钩识符断开。邹水杰据此认为，秦灭巴国后，长期以"属邦"形式管理，直至统一前夕，才将巴地纳入郡县体制，并入蜀郡，为"蜀巴郡"。秦统一整合三十六郡时，巴才独立为郡。邹水杰：《岳麓秦简"蜀巴郡"考》，邬文玲、戴卫红主编《简帛研究二〇一八·秋冬卷》，桂林：广西师范大学出版社，2019年，第114—126页。杨长玉则持不同意见。楊長玉「蜀巴一關連する諸問題の考證一」、宮宅潔編『嶽麓書院所藏簡《秦律令(壹)》譯注・考證篇』、477—499頁。

表 7　秦简郡名与《史记集解》对照表

| 序号 | 郡　名 | 《史记集解》 | 岳麓秦简 | 里耶秦简 | 睡虎地秦简 | 龙岗秦简 |
| --- | --- | --- | --- | --- | --- | --- |
| 1 | 内史 | ● | ● | ● | ● | |
| 2 | 三川 | ● | ●叁川 | ●叁川 | | |
| 3 | 南阳 | ● | ● | ● | | |
| 4 | 南郡 | ● | ● | ● | ● | ● |
| 5 | 琅邪 | ● | ● | ● | | |
| 6 | 太原 | ● | ●泰原 | ●泰原 | | |
| 7 | 巴郡 | ● | ● | ● | | |
| 8 | 蜀郡 | ● | ● | ● | | |
| 9 | 辽东 | ● | ●潦东 | | | |
| 10 | 陇西 | ● | ● | | | |
| 11 | 汉中 | ● | ● | | | |
| 12 | 九江 | ● | ● | | | |
| 13 | 颍川 | ● | ●颖川 | | | |
| 14 | 泗水 | ● | ●四川 | | | |
| 15 | 东郡 | ● | ● | | | |
| 16 | 上党 | ● | ● | | | |
| 17 | 渔阳 | ● | ●鱼阳 | | | |
| 18 | 邯郸 | ● | | ● | | |
| 19 | 雁门 | ●鴈门 | | ●雁门 | | |
| 20 | 河内 | | ● | ● | | |
| 21 | 泰山 | | ● | ● | | |
| 22 | 洞庭 | | ● | ● | | |
| 23 | 苍梧 | | ● | ● | | |
| 24 | 衡山 | | ● | ● | | |
| 25 | 庐江 | | ● | ● | | |
| 26 | 东海 | | ●东晦 | ●东晦① | | |

① 此表收录的郡均为明确出现郡名者。晏昌贵考证里耶秦简中的郡名共有三十二个，除此表所列 25 个有明确的郡名者外，还考证有陇西、北地、上郡、九原、江胡、四川（泗水）、即墨、请（清）河、代郡、渔阳、潦（辽）西、汉中、鄣郡、象郡。晏昌贵：《秦简牍地理研究》，武汉：武汉大学出版社，2017 年，第 116—188 页。其中绝大部分可以确认，但亦有少部分尚存疑问。

续 表

| 序号 | 郡　名 | 《史记集解》 | 岳麓秦简 | 里耶秦简 | 睡虎地秦简 | 龙岗秦简 |
|---|---|---|---|---|---|---|
| 27 | 定陶 | | ●定阴 | | | |
| 28 | 清河 | | ● | | | |
| 29 | 河间 | | ●河閒 | | | |
| 30 | 江胡 | | ● | | | |

里耶、岳麓秦简中可以确定的郡名有三十个，其中十九个与《史记集解》记载相符。岳麓秦简不仅佐证了里耶秦简记录的七个新的秦郡名，而且揭示了以往未知的四个全新的秦郡名：定陶、清河、河间、江胡郡。特别是江胡郡，完全不见于传世文献。由于岳麓秦简的年代下限在秦始皇三十五年，里耶秦简的年代下限在秦二世二年，因此，可以确定以上三十个郡均应属于秦统一时所分三十六郡。如果直至秦二世二年时，里耶、岳麓秦简所揭示的河内、泰山、洞庭、苍梧等十一个郡都存在，就可以反推，秦后来向南、北扩疆时并没有对郡的设置进行过调整，而是在原有三十六郡的基础上，增加桂林、南海、象郡等新郡。

岳麓秦简中还多次出现“中县”“中县、道”，①除前引材料 4 外，《岳麓肆》下条律对于了解“中县”的范畴提供了更多信息：

67. 郡及襄武∟、上雒∟、商∟、函谷关外人及䙴（迁）郡、襄武、上雒、商、函谷关外 053 男女去，阑亡、将阳②来入之中县、道，无少长，舍人室，室主舍者，智（知）其请（情），以律䙴（迁）之。典、伍不告，赀典一甲，伍一盾。不智（知）其 054（《岳麓肆》）

“中县、道”与“郡”和“襄武、上雒、商、函谷关外人”相对。《汉书·地理志下》中，襄武属陇西郡。秦时“中县”的概念内涵、来源、地域范畴及与秦关的设置等问题，均值得深入探讨。

## （四）秦始皇“理想国”之理论来源：以二十六年十二月戊寅令为切入点

长期以来，人们都认为自秦孝公以来，秦历代君主都深受法家思想的影响，全面推行法家政治，秦始皇亦不例外。瞿同祖甚至提出中国古代法律之儒家化说，认为“秦、汉的法律

① 相关研究参见：欧扬：《岳麓秦简“毋夺田时令”探析》，《湖南大学学报（社会科学版）》2015 年第 3 期；邹水杰：《岳麓秦简“中县道”初探》，“第七届出土文献与法律史研究学术研讨会”论文，湖南长沙，2017 年；等等。

② 整理者此处用逗号断开，此为笔者改。

是法家所制定的，其中并无儒家思想的成分在内”，汉武帝独尊儒术后，始以儒家思想改变法律面貌，以礼入法。① 这一说法盛极一时。20 世纪后期，随着睡虎地秦简的发现，一些学者结合秦始皇刻石铭文内容，认识有所转变。如《剑桥中国秦汉史》说：“秦帝国可以很恰当地被认为是泛称为法家的思想和行政技术的最高体现。但这并不像人们通常假设的那样就可以说，法家是秦国容许的唯一的意识形态。”②笔者也提出，法家所主张的“法”并非狭义的法律（law），而是以法律为主体的广义的法令制度。秦汉律所蕴含的家族主义和等级观念从其建立伊始就已经存在，而非法律儒家化的结果。③ 岳麓秦简的发现为探讨秦的统治思想提供了更丰富的资料。

《岳麓伍》收录了一条秦始皇二十六年十二月戊寅（二十六日）颁布的法令。

68. ●廿六年十二月戊寅以来，禁毋敢谓母之后夫叚（假）父，不同父者毋敢相仁为兄、姊、弟∟，犯令者耐隶臣妾。而 001（缺简）毋得相为夫妻，相为夫妻及相与奸者皆黥为城旦舂。有子者毋得以其前夫、前夫子之财嫁及入姨夫及予 002 后夫、后夫子及予所与奸者，犯令及受者皆与盗同灋。母更嫁，子敢以其财予母之后夫、后夫子者弃 003 市，其受者与盗同灋。前令予及以嫁、入姨夫而今有见（现）存者，环（还）之；及相与同居共作务钱财者，亟相 004 与会计，分异相去。令到盈六月而弗环（还）及不分异相去者，皆与盗同灋∟。虽不身相予而以它巧詐（诈）005 相予者，以相受、予论之。有后夫者不得告辠其前夫子∟。能捕耐辠一人购钱二千，完城旦舂辠 006 一人购钱三千∟，刑城旦舂以上之辠一人购钱四千。女子寡，有子及毋子而欲毋稼（嫁）者，许之。谨布令，令黔首尽 007 ☑【智（知）之，毋】巨（歫）辠。有□□除，毋用此令者，黥为城旦。●二 008④（《岳麓伍》）

此令规定，禁止称呼母亲的后夫为假父，不同父者不得相认为兄弟姊妹，禁止有子的女子将

① 参见瞿同祖：《中国法律与中国社会》，北京：中华书局，1981 年，“导论”，第 270—346 页；《中国大百科全书·法学卷》，瞿同祖撰“礼”条，北京：中国大百科全书出版社，1990 年。

② 崔瑞德、鲁惟一编：《剑桥中国秦汉史——公元前 221—公元 220 年》，北京：中国社会科学出版社，1992 年，第 88 页。

③ 参见拙文：《从出土秦汉律看中国古代的“礼”“法”观念及其法律体现——中国法律之儒家化说商兑》，《中国史研究》2010 年第 4 期，英文版：The Concepts of “*Li*（礼）” and “*Fa*（法）” as well as their Legal Expression in Ancient China as Seen in the Excavated Qin and Han Documents: A Discussion on the Theory of Confucianization of Ancient Chinese Law, *Journal of Ancient Civilizations*（《世界古典文明史》杂志），Volume 30, 2015。最近，齐继伟通过考察岳麓秦简中的“为不善”罪，进一步论证秦律所表现的社会等级性和家族伦理性。齐继伟：《简牍所见秦代“为不善”罪——兼述秦代法律与伦常秩序》，《史学月刊》2022 年第 1 期。

④ 笔者对标点有改动。

前夫或前夫子的财产带到后夫家或赠予姘夫，子女亦不得赠予母亲的后夫、后夫子财产。此令出台前赠予的财产必须退回，与母亲后夫同居或共财者必须分家。有后夫的人不能告发前夫子的罪。禁止强迫寡妇再嫁。违法者最重可判弃市刑（死刑之一种）。

中国历代王朝虽然都提倡贞洁观，特别要求女子恪守贞操，但限于女子社会地位和整体社会生活水平，都极少出台法令强行隔绝女子初婚与再婚家庭的亲情联系，并对违令者判以极重的刑罚。秦始皇在统一当年即出台这样一项极端悖离人情和社会现实的法令，应与秦始皇幼年经历有关。史载，秦始皇母亲赵太后与嫪毐淫乱，生二子，嫪毐曾自称秦始皇"假父"。嫪毐在秦王政即位之初，曾与传说中赵太后的另一位情夫吕不韦控制朝政。秦王政九年（前238），平定嫪毐之乱。次年，免相国吕不韦，后赐死。

但秦始皇出台戊寅令，并非完全基于幼年心灵创伤，而是其构建"理想国"举措的一部分。这可以从秦始皇刻石铭文等窥见一斑。秦始皇统一后，曾五次巡游天下，在名山上勒石纪功。其中，二十八年泰山刻石有文曰：

> 贵贱分明，男女礼顺，慎遵职事。昭隔内外，靡不清净，施于后嗣。

三十七年会稽山刻石铭文也说：

> 饰省宣义，有子而嫁，倍死不贞。防隔内外，禁止淫泆，男女絜诚。夫为寄豭，杀之无罪，男秉义程。妻为逃嫁，子不得母，咸化廉清。大治濯俗，天下承风，蒙被休经。皆遵度轨，和安敦勉，莫不顺令。黔首修絜，人乐同则，嘉保太平。①

以上两块铭文都花了一定篇幅，歌颂秦始皇在教诲男女忠贞、移风易俗方面的贡献。秦始皇急于在统一之年即颁布系列移风易俗法令，并在刻石中大肆宣扬，是因为秦始皇追求信奉的"理想国"的要求之一就是要修礼仪教化。

秦始皇的"理想国"并非法家设计、构想的，而是自夏商周以来主流意识形态中的宇宙观、古史观、国家观、道德观长期融通后形成的，其思想主要表现为儒家的大一统天子理论。这一理论以天为盖、地为舆、天圆地方的宇宙观为基础，天帝为宇宙的主宰，天子为天帝在地上、人间的代言人。只有统一天下，才能成为天子，才能达到"理想国"的状态。这个状态就包括礼义教化的完美无瑕。故《礼记·王制》说司徒之职：

> 司徒修六礼以节民性，明七教以兴民德；齐八政以防淫，一道德以同俗；养耆老以致孝，恤孤独以逮不足；上贤以崇德，简不肖以绌恶。②

就是要"节民性""兴民德""以防淫""一道德以同俗"。事实上，秦始皇统一后所采取的许

① 分见《史记》卷6《秦始皇本纪》，第312、333页。

② 孙希旦：《礼记集解》卷13《王制》，沈啸寰、王星贤点校，北京：中华书局，1989年，第361页。

多措施，都可以溯源到这套理论。例如，里耶秦简更名方所载秦始皇将“王室”“公室”改称“县官”，即源于《礼记·王制》天子居县内、官天下的四海九州天下观：

凡四海之内九州。州方千里，（略）天子之县内，（略）天子百里之内以共官，千里之内以为御。①

同样，里耶秦简更名方所载秦始皇将“王马”改称“乘舆马”，也源于《独断》所说“天子以天下为家，不以京师宫室为常处，则当乘车舆以行天下”②的天下国家观。

东汉时，经官方讨论确定的儒家理论经典《白虎通·巡狩》论述了王即天子巡狩的目的、内容、意义：

王者所以巡狩者何？巡者，循也。狩者，牧也。为天下巡行守牧民也。道德太平，恐远近不同化，幽隐不得所者，故必亲自行之，谨敬重民之至也。考礼义，正法度，同律历，叶时月，皆为民也。《尚书》曰：“遂觐东后，叶时月正日，同律度量衡，修五礼。”③

秦始皇五次巡行天下，应就是在这一思想影响下的举动。秦统一后的各项举措也应是对这套理论的实践。《巡狩》说王者巡狩是“敬重民”的最高表现。秦始皇在泰山刻石上说自己“亲巡远方黎民”，强调其巡狩是为了远方黎民。“黎民”之“黎”，段玉裁注：“古亦以为黧黑字。”④“黎民”与“黔首”同义，皆取黑义。他在刻石中屡屡提及自己治民的功绩，如琅邪刻石说“黔首是富”“忧恤黔首”“黔首安宁”，之罘刻石说“振救黔首”。

《白虎通·巡狩》说王者巡狩是“恐远近不同化，幽隐不得所”。秦始皇刻石则一再强调其在施行教化、移风易俗方面的贡献，并宣称其已实现大化。如琅邪刻石说“匡饬异俗”“远迩辟隐，专务肃庄”；东观刻石说“黔首改化，远迩同度”。⑤ 戊寅令就应属匡俗、改化的具体举措。

《白虎通·巡狩》说“考礼义，正法度，同律历，叶时月”是王者巡狩的几项主要内容。“考礼义”的情况已如前所述。关于“正法度，同律历，叶时月”，《史记·秦始皇本纪》载，秦始皇“推终始五德之传”，以为秦代周火德，故为水德，于是“改年始，朝贺皆自十月朔。衣服旄旌节旗皆上黑。数以六为纪”，符、法冠、舆、步等尺寸皆取“六”。因水德对应“法”，故“刚毅戾深，事皆决于法”。同时“一法度衡石丈尺。车同轨。书同文字”。⑥ 睡虎地、岳麓等秦

① 孙希旦：《礼记集解》卷13《王制》，沈啸寰、王星贤点校，第315—316页。
② 蔡邕：《独断》，四部丛刊三编景明弘治本，第1页，笔者标点。《史记》卷9《吕太后本纪》裴骃《集解》所引蔡邕说略不同（第521页）。
③ 班固撰集、陈立疏证：《白虎通疏证》卷6《巡狩》，吴则虞点校，北京：中华书局，1994年，第289页。
④ 段玉裁：《说文解字注》，第七篇上，第333页上栏。
⑤ 以上刻石铭文分见《史记》卷6《秦始皇本纪》，第314、319、314、320页。
⑥ 《史记》卷6《秦始皇本纪》，第306—308页。

简的大量资料可以佐证上述记载。因此,秦始皇的许多统一措施并不单纯出于现实需要,很大程度上是为了附会古帝王致太平乃巡狩之义。

由此观之,秦始皇对于天下国家的设计、认知主要来源于融汇阴阳五行等百家思想的儒家思想。在当时人的观念中,儒家代表的“王道”和法家代表的“霸道”是国家治理的两种境界。正如法家自己所宣称,其主张的核心是法、术、势,是取得霸道的手段,是无法实现理想的“王道”之后退而求其次的选择。自以为德兼五帝的秦始皇,显然不满足于这样的境界。①

## 四、结　　语

历史研究的一个重要任务和目的是探求各种文明的差异以及造成差异的原因。秦统一中国以及秦始皇所创设的秦制对中国的影响是显而易见、毋庸置疑的,秦史也因此在中国史乃至世界史研究中具有特殊、重要的意义。秦史研究的发展无疑需要依赖大量新资料的发现。无论从其内容还是数量而言,岳麓秦简都无愧于20世纪以来重大秦简发现这一定位。它为我们提供了秦始皇当政时期的大量文献,包括南郡一名官吏三年的日程备忘录《质日》、官吏守则《为吏治官及黔首》、占卜类文献《占梦书》、官吏实用数学手册《数》,以及包含十数则案例的《为狱等状四种》和大量的律、令等法律文书。它在多方面佐证、弥补或修正了传世文献和其他出土文字资料的记载,为秦史研究登上一个新的高度奠定了坚实的材料基础。

秦始皇在位三十七年。在人类历史长河中,在中华民族数千年的文明发展史中,三十七年都如白驹过隙,不值一提。但因为是秦始皇执政的三十七年,这三十七年又显得格外重要,不能也无法为人们所忘却。在这三十七年中,秦吞并六国,建立起中国历史上第一个统一的、以皇帝为中心的专制主义中央集权郡县制国家,无论是从统一的角度而言,还是从皇帝制度、郡县制等角度而言,对此后中国的影响都无疑是巨大而深远的。就个人对历史的影响而言,在人类文明史上,也难有几人能与秦始皇相匹敌。然而,这样巨大的功业,在秦始皇死后就迅速土崩瓦解,这也使得这段历史格外具有戏剧性,而为后人所津津乐道。岳麓秦简

① 参见拙文「“嶽麓秦簡(伍)”에 보이는 여성의 가족 재구성 관련법령과 嫪毐의 난」,『中國古中世史研究』第51輯、2019年;中文版:《〈岳麓书院藏秦简[伍]〉有关女子重组家庭的法令与嫪毐之乱》,杨振红主编《简牍学研究》第8辑,兰州:甘肃人民出版社,2019年;英文版:The Statute Regarding the Remarriage of Women in The Qin Bamboo Slips in the Collection of Yuelu Academy (Vol. 5) and the Scandal of Lao'ai, *Bamboo and Silk*, Volume 5, 2022;拙文:《“县官”之由来与战国秦汉时期的“天下”观》,《中国史研究》2019年第1期。杨振红、尚宇昌:《“乘舆”“舆地图”“舆田”与战国秦汉时期的天下国家观》,*Bamboo and Silk* 待刊。

展示了秦始皇执政时期的更多细节，这些细节真切地反映出秦的法律是何等繁密酷烈。秦对官府行政运作乃至百姓私人生活的每一个细节都制定了严密的法律，仿佛国家是一部庞大的精密仪器，无论是官府还是个人都要按照国家制定的轨迹运转，不能逾越，否则当事人就要受到法律制裁。最受后代诟病的相收司连坐法，更让人无所措手足，无论是官吏还是百姓随时都可能因他人犯罪甚至过失而陷入被刑罚的境地。如此整齐划一、繁密苛细的法律，显示制订它的主人带有明显的理想主义色彩。秦始皇要成为超越五帝三王的天子，要将儒家勾勒的乌托邦式的理想王国原样落实到现实世界中来，采取的就是这种不顾苍生的残酷暴烈方式，人民就是他实现自己梦想的工具。这样的统治必定无法长久，秦速亡的根本原因即在于此。

附记：本文写作过程中，得到邹水杰、朱腾、孙闻博、吴雪飞、符奎、苏俊林、王安宇、单印飞、齐继伟、杜晓、王萍、尚宇昌、杨旭、肖军伟、石佩、罗凡、胡熠诸君的帮助，特此致谢！

# 岳麓书院所藏秦简综述及其修订

◎ 陈松长(湖南大学岳麓书院)

经初步整理,岳麓书院藏秦简一共有编号2 100余个(另外还有香港收藏家捐赠76个编号的秦简),其中相对比较完整的有1 300余枚。

这批秦简绝大部分是竹简,只有少量木简(30多个编号)。比较完整的简长度大致有三种,一种30厘米左右,一种27厘米左右,还有一种是25厘米左右。简宽0.5~0.8厘米。编绳分为两种,一种是三道,即上、中、下各一道编绳;一种是两道,即在简的中间系两道编绳,简上多有编绳的残痕。从这些编绳的残痕状况可以看到,这批秦简的编联有两种情况,即一种是先抄写再编联的,因为一些残存的编痕将文字的笔画遮盖住了;另一种是先编联再抄写的,因为系联编绳的位置内完全没有文字的痕迹,显得干净而整齐。

竹简文字都抄写于竹黄一面,但在几枚简的背面发现有"卅四年质日""□□年质日""律""数"等文字,这显然具有篇名的性质。

这批竹简的抄写文字显示出多种不同的风格特征,显然不是某一个抄手所能独立完成,因此我们初步判断这批秦简是由多位抄手所抄写,而不是墓主人本人所抄录的。

这批秦简的主要内容大致可以分为七大类:

一是《质日》

二是《为吏治官及黔首》

三是《占梦书》

四是《数》书

五是《奏谳书》

六是《秦律杂抄》

七是《秦令杂抄》

岳麓秦简各类简示例

下面我们分别择要做些介绍和分析。

第一类的内容和形制都与湖北《关沮秦汉墓简牍》中所刊出《历谱》相同,[①]由于这种所谓历谱的主要功能是记事,所以已有学者改称之为“日记”。这批简上有篇名,就叫《质日》。

从形制上看,这部分《质日》大致可以分为两类,一类简长约 30 厘米,宽 0.5 厘米;另一类则简长约 27 厘米,宽 0.6 厘米左右。从所抄写的干支和记事文字来看,两者也有很明显的区别。例如,其中有七枚是抄写了月份、朔日干支和月份大小的:

627:十一月戊申　端月丁未　三月丙午　五月乙巳　七月甲辰　九月癸卯

575:十月戊寅　十二月丁丑　二月丙子　四月乙亥　六月甲戌　八月癸酉

545:十一月丁卯大　正月丁卯小　三月丙寅小　五月乙丑小　七月甲子小　九月癸亥小

611:十月戊戌小　十二月丁酉大　二月丙申大　四月乙未大　六月甲午大　八月癸巳大

600:后九月壬辰小　戊戌　甲辰　庚戌　丙辰　壬戌

166:十一月辛卯大　正月庚寅小　三月小　五月小　七月小　九月小

092:十月小　十二月小嘉平　二月大　四月大　六月大　八月大

其中第 611 号简的背面有墨丁,书写有“卅四年质日”五字。在编号为 602 号简上还残存着“【廿】七年质日”几个字。在 166 号简背也有墨丁,记有“卅五年私质日”六字。

我们通过张培瑜先生所编的《中国先秦史历表》检索可知,[②]这里记载了秦始皇二十七年、三十四年和三十五年的月份干支。其中二十七年的朔日干支完全可以对应,而三十五年则只抄了十一月和正月的朔日干支,我们根据这两个朔日干支可知这两枚简上所抄录的乃是秦始皇三十五年的朔日干支和月份大小。我们从抄写的字体来看,其中二十七年和三十四年的字体比较接近,简长也基本相同,因此可归为一类。三十五年的抄写字体比较草率,简也比较瘦长,属于另一类。

从这三份日志中我们可以判断,这批秦简的抄写时代,最迟应该是在秦始皇三十五年,也就是公元前 213 年。它比《睡虎地秦简·编年记》中所载的秦始皇三十年略晚,但这只是我们所知道的最晚时代而已。我们从许多简文内容来看,其中还抄录了“昭襄王”时的、“泰上皇”(即秦庄襄王)时的律令条文,另外还有许多明确的纪年,如秦始皇十一年、十三年、十四年、十九年、廿年、廿五年、廿六年、三十年等。因此我们大致可以判断,这批秦简应该不是

---

① 湖北省荆州市周梁玉桥遗址博物馆编:《关沮秦汉墓简牍》,北京:中华书局,2001 年。

② 张培瑜:《中国先秦史历表》,济南:齐鲁书社,1978 年。

一人一时所集中抄录，它应该有一个比较长的抄写记录过程。

第二类名为《为吏治官及黔首》，它是一种宦学读本。这类简一共有80余枚简。其内容和形式，都与睡虎地秦简中的《为吏之道》基本相同，很可能是当时为官入仕的必学教材，如：

1541：为人君则惠为人臣忠为人父兹为人子孝为人上则明为人下则圣为人友则不争能行此终

0072：日视之□□毋舍风庸为首精正守事劝毋失时攻成为保审用律令兴利除害终身毋咎

这种箴言式的文句，完全是用儒家的伦理道德在规劝人们怎样为人处世，怎样才能做到"终身无咎"。

这批简中还有明确的"吏有五善""吏有五过"的内容，与睡虎地秦简的《为吏之道》大致相同。为方便比较，我们且节录如下：

吏有五善：一曰忠信敬上；二曰精廉无旁；三曰举吏审当；四曰喜为善行；五曰恭敬多让；五者毕至，必有天当。

吏有五过：一曰夸而史；二曰贵而企；三曰擅□割；四曰犯上不知其害；五曰闲士贵货贝；五者毕至，是胃（谓）过主。

这两节，在睡虎地秦简《为吏之道》中作：

吏有五善：一曰忠信敬上；二曰精廉无谤；三曰举事审当；四曰喜为善行；五曰恭敬多让；五者毕至，必有大赏。

吏有五失：一曰夸以世；二曰贵以大；三曰擅□割；四曰犯上弗智（知）害；五曰贱士而贵货贝。

两相比较，内容基本相同，只是个别语词有点差别而已，其中"吏有五善"仅有三个字不同，而"吏有五失"则可互校者略多一些。其中如"贵而企"在睡虎地秦简中作"贵以大"，释文读为"泰"，注释曰："泰，骄傲，古书也写作汰。"①现在这批秦简中写作"企"，《说文》"企，举踵也"，《汉书·高帝纪》"日夜企而望归"。企是举踵远望不屑它顾的一种神情描写，因此，放在这里是用来形容"贵"的神态，似乎比读"大"为"泰"的解释还形象一些。此外，睡虎地秦简"吏有五失"后面没有结语，这批秦简中的"五者毕至，是胃（谓）过主"在形式上正可与"吏有五善"的结语相呼应，这样也显得比较完整。因此，我们也可以这样推断，睡虎地秦简中可能是抄漏了这一句，因而给人以行文体例上下不太对称的感觉。

---

① 睡虎地秦墓竹简整理小组编：《睡虎地秦墓竹简》，北京：文物出版社，2001年，"释文注释"第169页。

第三类是有关梦占的内容，因为它不是具体某一天的梦占记载，与睡虎地秦简《日书》中的《梦》完全不同，而是对所梦对象的占语式解读，而且还有几枚是关于梦占的理论阐述，因此我们暂称之为《占梦书》。

秦简《梦书》是现在所知最早的梦书文献。据文献记载，占梦早在商周时代就很盛行，先秦文献中多有梦占的记载，《汉书·艺文志》中就记载了《黄帝长柳占梦》《甘德长柳占梦》两书，但都没传世。现在所知存世最早的梦书都是在敦煌遗书中发现的《梦书》残卷、《解梦书》残卷、《周公解梦书残卷》、《新集周公解梦书》等，这些都是唐人的抄本了。因此，秦简《梦书》的发现，对解读中国传统文化中的占梦与解梦的发展脉络就有非常重要的价值和意义。

这部分一共有40余枚简，简长约30厘米，有三道编绳，抄写分两种形式，一种是不分栏抄写的，大约有5枚，内容是关于梦占的理论解释，如：

0102：其类，毋失四时之所宜，五分日、叁分日夕，吉凶有节，善羛有故。甲乙梦□臧事也，丙丁梦忧[也]，

1514：戊己梦语言也，庚辛梦喜也，壬癸梦生事也。甲乙梦伐木，吉。丙丁梦失火高阳，吉。戊己[梦]

1526：宫事，吉。庚辛梦□山□钟，吉。壬癸梦行川为桥，吉。晦而梦三年至，夜半梦者二年而至，鸡鸣梦者

另一种是分两栏抄写的，有三十多枚，如

1500：梦衣新衣乃伤于兵　　梦见熊者见官长。

1512：梦见项者，有亲道远所来者。　　梦身生草者，死沟渠中。

1223：梦见羊者，伤欲食。　　梦见豕者，明欲食。

1508：梦以泣洒人，得其亡子。　　梦见李，为复故吏。

第四类是有关算数的书，其中编号为956号简的背面写有一个“数”字，这应该就是这部分内容的篇名，因此我们称之为《数》书。

这部《数》书是现在所知中国数学史上最早的数学文献，其时代比张家山汉简中的《算数书》更早。这批材料的整理公布，必将对中国数学史的研究产生重大影响。

这部分竹简共有230余枚，简长约30厘米，三道编绳，有的分栏抄写，有的不分栏抄写，其内容与张家山汉简中的《算数书》大致相同，许多可以对勘。张家山汉简《算数书》中有乘分术，这批秦简中也有，只是表述中多出了乘法口诀的内容。

乘三分，十二分一也；乘四分，十六分一也。五分而乘一，五分一也，乘半，十分一也；乘三分，十五分一也；乘四分，廿分一也；乘五分，廿五分一也。

而这批秦简中所抄的是：

三分乘四分，三四十二，十二分一也；三分乘三分，三三而九，九分一也；少半乘十三，有少半也。五分乘六分，五六卅，卅分之一也。五分乘五分，五五廿五，廿五分之一也；四分乘五分，四五廿，廿分之一也。

两相比较可以看出，秦简中的乘分术还比较注意乘法口诀的抄录，这也使我们联想到里耶秦简中的乘法口诀木牍。这也许多少说明，秦代对乘法口诀的推广和应用是比较重视的。或许到了汉初，这乘法口诀已是耳熟能详的东西了，所以在张家山汉简中，就可以略而不抄了。

在这批秦简中，还有一些不见于张家山汉简《算数书》的内容，如：

0884：宇方百步，三人居之，巷广五步，问宇几可（何）？述（术）曰：除巷五步，余九十五步，以三人乘之，以为法。以百乘九十

0825：五步者，令如法。一步即阴宇之从（纵）也。

这些新的算数材料，无疑是我们解读秦代算数发展水平的重要资料，也是中国数学史研究中最早的文献资料，具有非常重要的学术意义和研究价值。

第五部分大约是好几份上奏的谳书，它们都是由不同地方（江陵、州陵、胡阳等地）的守丞对有关刑事案例奏谳、审议和裁决的记录。因此，我们参照张家山汉简中《奏谳书》的定名暂时将其定名为《奏谳书》。此外，我们还发现在简 0421 的背面，题有"□覆奏状"的篇题，这是尚不见于其他秦汉简牍的篇题。我们根据简正面所记载的内容判断，这应该也是奏谳书的内容之一。

这部分秦简一共有 150 枚左右，其中有一组木简，简长约 25 厘米，简宽约 0.6 厘米，没有编绳的痕迹，由于多有残断，现编号有 30 余个。我们从比较完整的简上可以看出，这是一件由胡阳丞于廿二年八月癸卯朔辛亥上报的谳书，其内容是一位叫"癸"和叫"学"的人冒充"冯将军毋择子"的名义伪造文书诈骗的案件。下面摘录几条相对可读的简文如下：

1646+1649+2186：廿二年八月癸卯朔辛亥，胡阳丞唐敢谳之，四月乙丑，丞矰曰：君子子癸诣，私

0473：书矰所，自谓冯将军毋择子，与舍人来田南阳，毋择

1044：鞫之，学挢自以五大夫将军冯毋择子，以名为伪私书诣矰，以欲

1650：盗去，邦亡，未得，得审□，敢谳之。• 吏议：耐学隶臣，或令赎耐。

除这一组木简外，其他都是竹简。我们可根据其抄写文字的不同和所奏谳案例的不同将其大致分为几组，其中有一组是由州陵守丞上奏的两份谳书。如：

1219：廿五年五月丁亥朔壬寅，州陵守绾、丞越敢谳之：乃二月甲戌走马塞告曰：盗，盗杀伤走马

1347：廿【五年】六月丙辰朔癸未，州陵守绾、丞越敢谳之：乃四月辛酉枝长癸、求

1003：盗、上造□、士五□□□□□□□治等四人，女子二人告群盗杀人，治等曰群盗

这两份谳书一共有30余枚，比较完整的有近20枚。从其字体来判断，应为一人所抄写。

第六、七部分都是关于秦代的律令内容，在第1659号简的背面有一个单写的“律”字，这应该就是这一部分的书名或篇名。但我们看到，这部分竹简中不仅有秦律，而且还有很多秦令的内容，并且这些律令都是针对某种事件或案例所节抄的一些律令条文。因此，我们参照睡虎地秦简《秦律杂抄》定名的体例，暂将其定名为《秦律杂抄》和《秦令杂抄》。

这部分竹简的数量最多，大致有一千余枚。

秦律的抄写，多先在简端打墨点，然后再抄录某某律曰。如：

1265：●关市律曰：县官有卖买也，必令令史监，不从令者，赀一甲。

经初步整理，这批秦简中抄录的秦律有：田律、仓律、金布律、关市律、徭律、置吏律、行书律、内史杂律、尉卒律、戍律、狱校律、奔敬（警）律、兴律、具律等十余种。其中前十种多见于睡虎地秦简中，后四种则未见之。如奔敬律，就是第一次见到：

1252：●奔敬（警）律曰：先粼黔首当奉敬者，为五寸符，人一，右在（县官），左在黔首，黔首佩之节（即）奔敬（警），诸挟符者皆奔敬（警），故

这些秦律中，有些可与睡虎地秦简中的秦律条文互校互补。如《田律》中有两条基本相同的律文曰：

0993：●田律曰：黔首居田舍者，毋敢醢酒，有不从令者迁之。田啬夫、工吏、吏部弗得，赀二甲。●第乙

1400：●黔首居田舍者，毋敢醢酒，不从令者迁之。田啬夫、吏、吏部弗得，赀各二甲，丞令、令史各一甲。

这两条律文对“醢酒”者的处罚说得非常具体，对身份不同的“醢酒”者，处罚是不一样的：黔首需迁之，田啬夫、工吏、吏部等则弗得迁，“赀二甲”；“丞令、令史”则赀“各一甲”而已。

同样是与“醢酒”有关的田律律文，在睡虎地秦简《秦律十八种·田律》中则抄写的不一样：

百姓居田舍者，毋敢醢酉（酒），田啬夫、部佐谨禁御之。有不从令者有罪。田律

这里的律文只说明“有不从令者有罪”，而没有具体的处罚内容，显然差异很大。因此，两者不仅可以互校，而且可以互相补充。有趣的是，其中一说“黔首”，一说“百姓”，这多少也说明这两条律文的抄写年代有先后的差异。一般说来，“黔首”是秦始皇统一六国后对百姓的一种专称。如果此说可以参照的话，那么，岳麓书院藏秦简中律文摘抄的时间或许在睡

虎地秦简之后，所以才有后出转精的律文细化，才有对“醢酒”者怎样处罚的具体界定。

除秦律之外，这批秦简中第一次出现了大量的秦令。对秦令的抄写，有几种不同的形式，一种是单独抄写令名者，其简端有墨丁，令名后面还有干支编序，如：

0355：内史郡二千石官共令　第甲

0690：内史郡二千石官共令　第乙

0522：内史郡二千石官共令　第丙

0351：内史郡二千石官共令　第丁

0465：内史郡二千石官共令　第戊

0316：内史郡二千石官共令　第己

0617：内史郡二千石官共令　第庚

光是“内史郡二千石官共令”这类比较完整的简就有八枚（还有残缺者）。按古代文书的抄写体例，这种有墨丁者都应该是令的篇名，因此，在它前面应该都有具体的令文条款，但由于这批简的整理尚没展开，所以令文的具体内容尚不太清楚。与此类简的抄写形式相同的，还有“郡卒令”“谒令”“食官共令”等。

第二种是在抄写完一条令文之后，在末尾标注令名，然后再用干支和数字一起编号者，如：

1705：●县官田令甲十六

1775：●迁吏令甲廿八

从这类干支和数字编号可以看出，当时秦令的数量之多是很惊人的。

第三种是在摘抄令文条款之后，没有注明令名，而仅记编号者，如：

1104：官府及券书它不可封闭者，财，令人谨守卫，须其官自请报，到，乃以从事。

●十八

第四种是在抄写完令文后，仅录“廷”“廷卒”和干支或编号数字者，如：

1087：律・谨布令，令黔首明智（知）。　　●廷一

1617：□官官所治，它官狱者治之。　　●廷卒甲二

这里的“廷”“廷卒”当都是“廷卒令”的省写。

经初步清理，这批秦简中，出现的令名有如下20余种：内史郡二千石官共令、内史官共令、内史仓曹令、内史户曹令、内史旁金布令、四谒者令、四司空共令、四司空卒令、安□居室共令、□□□又它祠令、辞式令、尉郡卒令、郡卒令、廷卒令、卒令、县官田令、食官共令、给共令、赎令、迁吏令、捕盗贼令、挟兵令、稗官令。

这些秦令名称和内容，在已公布的秦简和秦代的历史文献中，大都是第一次见到。这无

疑给我们进一步研究秦代律令乃至秦代法制史提供了崭新的材料。

以上所述,是岳麓书院藏秦简内容的简略介绍和粗浅分析。有关岳麓书院藏秦简的整理目前正在逐步展开,对这批秦简的深入而准确的解读还需要很长的时间。因此,也热诚期待着学界同仁和各位的积极参与。

(原文载《文物》2009 年第 3 期)

# 试论岳麓秦简法律文献的史料价值

◎ 陈　伟(武汉大学简帛研究中心)

如何对待非科学考古发掘所得的简牍，是一个重要而相当纠结的话题。前不久，两位美国学者因为一项写作计划，通过电子邮件向国际同行调查相关问题。我在回应如何看待这些资料时写道："来自非考古发掘的简牍材料，真假掺杂。对这些材料，我个人认为：第一，应该把保护、珍惜流散简牍的行为，与谋求利益的行为相区别。第二，应该把收藏流散简牍与对其进行研究相区别。第三，应该对这些材料的真实性、可靠性，以及年代、可能代表的地区，进行尽可能严格的鉴别，不应轻易肯定或否定。对学者而言，流散简牍的学术性应该是更为重要的问题。"对是否阅读、利用这些材料的问题，我回应说："我阅读、参考一些上述简牍材料，也利用其中的一些材料进行研究和写作。比如上海博物馆藏楚简、清华大学藏楚简、岳麓书院藏秦简。经过严格鉴定的流散简牍，在学术研究中，其价值与考古发掘所得的简牍并无原则性区别。反之，在研究中，对流散简牍中重要资料(包括支持和否定某种意见的资料)采取无视态度，恐怕并不真正符合学术工作的规范。"本文即尝试基于这一立场，对岳麓书院藏秦简中法律文献的可靠性、年代及其史料价值，作一些初步探讨。

## 一、前提性讨论：可靠性和年代

湖南大学岳麓书院藏秦简，简称"岳麓秦简"或者"岳麓简"。大部分是在2007年12月，从香港古物市场入藏岳麓书院。2008年8月，一位香港收藏家又捐赠几十枚简。这批简经过整理，共设有2 176个编号，比较完整的有1 300余枚。内容有《质日》《占梦书》《为吏治官及黔首》和《数》书，以及律令和奏谳类文献，也就是法律文献。①

① 陈松长：《岳麓书院所藏秦简综述》，《文物》2009年第3期；朱汉民、陈松长主编：《岳麓书院藏秦简(壹)》，上海：上海辞书出版社，2010年，"前言"第1页。

从2010年开始,《岳麓书院藏秦简》已陆续出版五卷。第一卷包括《质日》(160余枚)、《占梦书》(48枚)、《为吏治官及黔首》(87枚),共300枚简。第二卷《数》书,共231枚简。第三卷《奏谳书》,共252枚简。第四卷共391枚简,其中秦律283枚、秦令108枚。第五卷秦令,共337枚。待出版的大概还有2卷,几百枚简,大部分是秦令。由此可见,在岳麓秦简中,法律文献大概占到三分之二,数量上多于云梦睡虎地秦简法律文献或江陵张家山汉简法律文献。[①]

## (一)可靠性

对入藏竹简,岳麓书院请武汉大学测试中心做过老化程度和竹质降解度检测,判断是与长沙走马楼汉简、荆州谢家桥汉简类似的早期竹材。[②] 2008年元月,多位简牍专家现场鉴定评估,认为这批竹简是珍贵的秦简。[③]

虽然如此,作为购藏竹简,对岳麓简的可靠性仍然不无质疑。[④] 在讨论学术价值之前,我们有必要从内容角度对其真实性予以论证。

### 1. 首次出现的律名

2009年,陈松长先生首次披露岳麓简的基本内容。他说:“经初步整理,抄录的秦律有:《田律》《仓律》《金布律》《关市律》《贼律》《徭律》《置吏律》《行书律》《杂律》《内史杂律》《尉卒律》《戍律》《狱校律》《奉敬律》《兴律》《具律》等十余种,其中前十种多见于云梦睡虎地秦简,后四种则未见,如奉敬律,就是第一次见到。”[⑤]“奉”是“奔”字误释,“敬”读为“警”。[⑥] 在云

① 睡虎地11号秦墓出土简册,见睡虎地秦墓竹简整理小组编:《睡虎地秦墓竹简》,北京:文物出版社,1990年。其中法律文献有《秦律十八种》201枚、《效律》60枚、《秦律杂抄》42枚、《法律答问》210枚、《封诊式》98枚,共611枚。张家山247号汉墓出土简册,见张家山二四七号汉墓整理小组编:《张家山汉墓竹简(二四七号墓)》,北京:文物出版社,2001年。其中《二年律令》526枚、《奏谳书》228枚,共754枚。

② 陈松长等著:《岳麓书院藏秦简的整理与研究》,上海:中西书局,2014年,第4—8页。

③ 陈松长等著:《岳麓书院藏秦简的整理与研究》,第20—21页。

④ 可参看邢文:《秦简牍书法的笔法——秦简牍书写技术真实性复原》,武汉大学简帛研究中心主办《简帛》第8辑,上海:上海古籍出版社,2013年,第449—450页。

⑤ 陈松长:《岳麓书院所藏秦简综述》,《文物》2009年第3期。这里列有16种律,相对于“前十种”,“后四种”所指不明确。同氏所撰《岳麓秦简综述》(《岳麓书院藏秦简的整理与研究》,中西书局,2014年,第95页)列有《田律》《仓律》《金布律》《关市律》《徭律》《置吏律》《行书律》《内史杂律》《尉卒律》《戍律》《狱校律》《奔敬(警)律》《兴律》《具律》14种,“后四种”指《狱校律》《奉敬律》《兴律》《具律》,但列于第九位的《尉卒律》实未见于其他秦律。另应提及的是,该文对“奉敬律”的释文问题改之未尽,以致“奔敬(警)”与“奉敬”并见。

⑥ 参看陈伟:《岳麓书院秦简考校》,《文物》2009年第10期。

梦睡虎地77号汉墓出土的律典中,有“奔命律”,与“奔敬(警)律”律名相当,内容也相关,都是对在紧急状况下快速驰救的规定。《尉卒律》在岳麓秦简之外,也是仅见于睡虎地汉律。睡虎地汉简是2006年11月出土,“奔命律”“尉卒律”的律名,直到2018年才首次披露①。岳麓简则在2006年夏之前,即已面世。② 由于出现时间在先,岳麓简新见律名不可能是抄袭之作,相应律文也不大可能凭空杜撰出来。③

## 2. 首次呈现的律令内容

这方面的例证比较多,谨试举三条:

(1) 岳麓秦简(肆)017号记云:“及诸当隶臣妾者亡,以日六钱计之;及司寇冗作及当践更者亡,皆以其当冗作及当践更日日六钱计之。皆与盗同灋。”④整理者认为这条律文前面有缺简,但大意可知。其中“及司寇”以下一段是说:司寇长期在官府供役(冗作)以及轮番到官府供役(践更)⑤,如果逃亡,都按照应当长期或轮番在官府供役的日期,以每天六钱计算,与盗窃相当金额同等处罚。秦一般民众(黔首)需要践更,通过睡虎地秦简《秦律十八种·厩苑律》13－14号已为学者获知⑥。隶臣妾参与践更,《秦律十八种·仓律》49－52号、54号以及《秦律十八种·工人程》109号等简也有比较明确的记述。⑦ 司。寇的社会地位介于黔首、隶臣妾之间,⑧其参与践更虽然在情理之中,但明确记载则是首次见于岳麓秦简(肆)017号。⑨

与此相关的是,里耶秦简16－5、16－6号所记洞庭守礼令整理者释读作:“今洞庭兵输内史及巴、南郡、苍梧,输甲兵当传者多节传之,必先悉行乘城卒、隶臣妾、城旦舂、鬼薪、白

① 熊北生、陈伟、蔡丹:《湖北云梦睡虎地77号西汉墓出土简牍概述》,《文物》2018年第3期。

② 胡平生:《论简帛辨伪与流失简牍抢救》,中国文化遗产研究院编《出土文献研究》第9辑,北京:中华书局,2010年,第101—104页。对岳麓秦简的早期流传,胡先生指出:“2006年夏,我和一位朋友一起鉴定了一批流散的竹简,最初被认为是汉简。这批简已经在内地和香港走过一个来回了……”可见岳麓简最初露面还更早。

③ 睡虎地秦简《为吏之道》中录有一条“魏奔命律”(22伍－28伍),但在内容上看不出与岳麓简《奔敬(警)律》、睡虎地汉简《奔命律》的联系。

④ 陈松长主编:《岳麓书院藏秦简(肆)》,上海:上海辞书出版社,2015年,第44页。

⑤ 对“冗作”“践更”的理解,参看杨振红:《秦汉简中的“冗”“更”与供役方式——从〈二年律令·史律〉谈起》,卜宪群、杨振红主编:《简帛研究2006》,桂林:广西师范大学出版社,2008年,第84—85页。

⑥ 陈伟主编:《秦简牍合集(壹)》,武汉:武汉大学出版社2014年,第52—53页。张家山汉简《奏谳书》案例十七(秦王政二年之事)更明确记载乐人讲“践更咸阳”。见张家山二四七号汉墓竹简整理小组编:《张家山汉墓竹简(二四七号墓)》,第221—222页。

⑦ 参看陈伟主编:《秦简牍合集(壹)》,第77、82、84—85、111页。

⑧ 孙闻博:《秦及汉初的司寇与徒隶》,《中国史研究》2015年第3期。

⑨ 岳麓秦简(肆)322号说“司寇以下穴〈冗〉作官者”云云,也蕴含司寇有与“冗作官”对应的践更之事。

粲、居赀、赎责(债)、司寇、隐官、践更县者。田时殹(也),不欲兴黔首。”[①]整理者在“隐官”与“践更县者”之间加顿号,以为“践更县者”是上述乘城卒、徒隶和司寇、隐官以外的人。岳麓秦简肆 290 号整理者释文:“【居赀赎】责(债)及司寇、践更者不足,乃遣城旦、鬼薪有重不疑亡者。……”[②]岳麓秦简(肆)329 - 331 号整理者释文:“泰上皇时内史言:西工室司寇、隐官、践更多贫不能自给粮。”[③]也均在“隐官”“践更”之间加顿号,以为践更另有其人。如此处理,践更的主体失去交待。而在黔首、司寇、隶臣妾均参与践更的情形下,无此交代是说不过去的。[④] 如果理解为黔首践更,在里耶秦简 16 - 5、16 - 6 号中,还与“不欲兴黔首”的主旨不合。合理的做法应该是删去“践更”之前的顿号,把“司寇”或“司寇、隐官”看作“践更”的主体。[⑤] 这一处理,可以在岳麓秦简肆 017 号中得到直接支持。反过来也可以认为,岳麓秦简肆 017 号所记内容的可靠性,在里耶秦简 16 - 5、16 - 6 号以及岳麓秦简肆 290 号、329 - 331 号这些曾被误读的简牍中得到验证。

(2)里耶秦简有大量迁陵县下多个官署和三乡使用徒隶劳作的作徒簿,其中最多的是逐日记录、向县廷呈报的簿籍,也有按月汇总的内容,但这种文书作业的根据并不清楚。岳麓秦简(伍)251 - 254 号“内史仓曹令甲卅”记:“及诸作官府者,皆日御薄(簿)之,上其廷,廷日校案次编,月尽为冣(最),固臧(藏),令可案殹(也)。”[⑥]里耶秦简作徒簿,大致正是对这条令文的践履。因而,这条令文的可靠性,在里耶秦简常见的作徒簿中得到印证。

(3)岳麓秦简肆 024 - 028 号记云:“亡不仁(认)邑里、官,毋以智(知)何人殹(也),中县道官诣咸阳,郡【县】道诣其郡都县,皆毄(系)城旦舂……令人智(知)其所,为人识,而以律论之。其奴婢之毋(无)罪者殹(也),黥其颜頯,畀其主。咸阳及郡都县恒以计时上不仁(认)邑里及官者数狱属所执法,县道官别之。”整理者将本条律文归之于《亡律》,认为是对逃亡而不知其原籍乡里或所属官府这类特殊情形的处理规定。[⑦] 简文说“毋以知何人”“令人知其所,为人识”,可见整理者把“仁”读为“认”,以“亡不仁(认)邑里、官”为一句,正确可

① 张春龙、龙京沙:《湘西里耶秦代简牍选释》,《中国历史文物》2003 年第 1 期。在下文讨论之外,这段释文的断读尚有可商。参看陈伟:《秦苍梧、洞庭二郡刍论》,《历史研究》2003 年第 5 期。

② 陈松长主编:《岳麓书院藏秦简(肆)》,第 191、225 页。这段律文前面有缺简,整理者注释参照里耶秦简 16 - 5 号,补出“居赀赎”等字。“重”字原释文未释。《国语·晋语一》:“其为人也,小心精洁,而大志重,又不忍人。”韦昭注:“重,敦重也。”有重,为人敦厚、稳重。

③ 陈松长主编:《岳麓书院藏秦简(肆)》,上海:上海辞书出版社,2015 年,第 204 页。

④ 即使将岳麓秦简放在有待证实的位置,参与践更的仍有黔首、隶臣妾。

⑤ 隐官的地位与司寇相当,参看黄展岳:《释“隐官”》,湖南省博物馆主编《湖南省博物馆馆刊》第 7 辑,长沙:岳麓书社,2010 年,第 289—291 页。

⑥ 陈松长主编:《岳麓书院藏秦简(伍)》,上海:上海辞书出版社,2017 年,第 181—182 页。

⑦ 陈松长主编:《岳麓书院藏秦简(肆)》,第 46—48、75 页。

从。这条律文可以帮助我们订正睡虎地秦简中的两处释读。《秦律十八种·金布律》94－96号简："亡不仁其主及官者，衣如隶臣妾。"整理者在"亡"后加顿号，解释"不仁"说："不忠实对待，此处即所谓犯上。"语译说："逃亡或是冒犯主人、官长的臣妾，按隶臣妾的标准给衣。"[①]《法律答问》63号简："将上不仁邑里者而纵之，可(何)论？当毄(系)作如其所纵，以须其得；有爵，作官府。""不仁邑里者"，整理者语译为"在乡里作恶的人"。[②] 对照岳麓秦简肆024－028号，不难知道前者是说逃亡而不清楚主人或所属官府，后者是说押送不清楚乡里的人，即岳麓秦简肆024－028号所说"中县道官诣咸阳"或"郡县道诣其郡都县"。1975年底出土以来一直被误解的两条简文，由于岳麓秦简肆024－028号而得到正确释读，说明岳麓秦简的可靠。

## (二) 年代

岳麓简的年代，陈松长教授曾根据0993号简指出："黔首"是秦始皇统一六国后对百姓的一种专称，岳麓秦简中律文摘抄的时间或许在睡虎地秦简之后。[③] 后来在讨论两条先王之令时又说：关于岳麓秦简的时代下限，他曾在《岳麓书院所藏秦简综述》一文中，根据当时研读"卅五年私质日"简的分析排序，初步断定这批秦简的时代下限可能是秦始皇三十五年(前212年)。但现在这个认识必须修订了，因为他们在研读即将出版的《岳麓书院藏秦简(肆)》中的律令条文时，至少已发现两条可以确定为秦二世时期的令文。[④] 但若从秦末形势等方面考察，这两条先王之令复用的时间应该分别是在秦王政二年、三年。[⑤]

岳麓简纪年资料，大致分法律文献和个人文书两类。业已刊布的法律文献，年代比较早的几件在秦王政初年[⑥]，即：

(1) 奏谳书案例十一(岳麓秦简叁171－187号)，秦王政元年之事

---

① 睡虎地秦墓竹简整理小组编：《睡虎地秦墓竹简》，"释文注释"，第42页。

② 睡虎地秦墓竹简整理小组编：《睡虎地秦墓竹简》，"释文注释"，第108页。

③ 陈松长：《岳麓书院所藏秦简综述》，《文物》2009年第3期。

④ 陈松长：《岳麓秦简中的两条秦二世时期令文》，《文物》2015年第9期。《岳麓书院藏秦简(肆)》第226页注释34、第228页注释59亦有类似说法。"初步断定这批秦简的时代下限可能是秦始皇三十五年"的文句，并不见于《文物》所刊《岳麓书院所藏秦简综述》一文，而见于同氏所撰《岳麓秦简综述》及陈松长等著《岳麓书院藏秦简的整理与研究》第91页。

⑤ 陈伟：《岳麓书院藏秦简先王之令解读及相关问题探讨》，第61—84页。

⑥ (2)(3)两例的年代，参看陈伟：《岳麓书院藏秦简先王之令解读及相关问题探讨》，(台北)《"中研院"历史语言研究所集刊》第88本第1分，2017年，第61—84页。岳麓秦简肆289号称"泰上皇元年以前隶臣妾及……"，因后文残缺，不可详考。

(2) 泰上皇之令(岳麓秦简肆 329－331 号),秦王政二年复用

(3) 昭襄王令(岳麓秦简肆 344－345 号),秦王政三年复用

(4) 五年十一月戊寅令(岳麓秦简伍 191 号)

年代最晚的一件在秦始皇三十年,即岳麓简肆 212－214 号"置吏律",其中说"其前卅年五月除者勿免"。

在个人文书方面,主要是《二十七年质日》《三十四年质日》《三十五年质日》。《三十五年质日》记载,记主三十五年四月己未从南郡启程,丙子抵达咸阳;乙酉开始返回,五月壬寅"宿环望"。这是这次旅行、也是这年《质日》的最后一条记载。记主很可能就死于五月壬寅之后不久。① 把这两方面资料结合起来看,岳麓秦简法律文献应是抄录于秦王政时期以及统一称帝后一段时间,秦始皇三十五年(前 212)是其下限。

## 二、推进秦汉律体系的复原

秦汉时期的律章,传世者吉光片羽。清末民初,沈家本的《汉律摭遗》和程树德的《汉律考》,标志着文献辑佚的巅峰。1975 年出土云梦睡虎地秦简、1983 年出土江陵张家山汉简,都含有相对原始、系统而丰富的律文抄本,引发海内外学界对于秦汉律令研究的热潮。

出土秦简的睡虎地 11 号墓虽然下葬于秦始皇三十年(前 217),但其中法律文献却抄写于秦统一六国之前。② 张家山汉简《二年律令》大概抄写于吕后二年(前 186)。③ 岳麓秦简法律文献的年代介于二者之间,对秦汉律令体系的复原具有重要价值。这可以从三个方面来看:

### (一) 增加多个新的秦律篇名

睡虎地秦简《秦律十八种》,是整理者按照认定的 18 个律篇命名的。王伟先生认为先前归于"徭律"的 115 号简最后一字"兴"也是律名,这条简文是"兴律"。④ 岳麓秦简肆 238－239 号所记"兴律"与之大致类似,证实了王伟先生的推测。因而《秦律十八种》实有 19 种,即:

---

① 陈伟:《岳麓书院秦简〈质日〉初步研究》,《中国出土资料研究》第 16 号,(日本)中国出土资料学会 2012 年,第 71—85 页。

② 参看陈伟主编:《秦简牍合集(壹)》,"序言"第 1—2 页。

③ 张家山二四七号汉墓整理小组编:《张家山汉墓竹简(二四七号墓)》,第 133 页。

④ 王伟:《〈秦律十八种·徭律〉应析出一条〈兴律〉说》,《文物》2007 年第 10 期。

田律、厩苑律、仓律、金布律、关市律、工律、工人程、均工、兴律、徭律、司空律、军爵律、置吏律、效律、传食律、行书律、内史杂律、尉杂律、属邦律。

睡虎地秦简《秦律杂抄》还有 11 个律篇名，即：除吏律、游士律、除弟子律、中劳律、藏律、公车司马猎律、牛羊课、傅律、敦表律、捕盗律、戍律。

岳麓秦简所见律名 20 种，即亡律、田律、金布律、尉卒律、徭律、傅律、仓律、司空律、内史杂律、奔敬（警）律、戍律、行书律、置吏律、贼律、具律、狱校律、兴律、杂律、关市律、索律。

这三组秦律篇名中，田律、仓律、金布律、关市律、兴律、徭律、司空律、置吏律、行书律、内史杂律 10 种同时见于《秦律十八种》和岳麓秦律。“戍律”同时见于《秦律杂抄》和岳麓秦律。对于《秦律杂抄》的“除吏律”，整理小组指出其与《秦律十八种》中《置吏律》相似，但两者没有共同的律文。[①] 黄盛璋先生则认为：《置吏律》和《除吏律》，“显为两个时期所修，而实为同律”。[②]《秦律杂抄》“除吏律”1 号简“任法（废）官者为吏赀二甲”，[③]岳麓秦简肆“置吏律”215－219 号有类似内容，[④]印证了黄先生的推测。这样，秦统一前后的律篇名称，目前所知比较确定的共 28 种。通过这样的简单梳理可见，岳麓秦简的出现使人们对秦律种类的认识更加全面。

西汉前期出土的律典，张家山汉简《二年律令》已系统刊布，睡虎地汉律的篇名也已全部披露。前者篇名有贼律、盗律、具律、告律、捕律、亡律、收律、杂律、钱律、置吏律、均输律、传食律、田律、关市律、行书律、复律、赐律、户律、效律、傅律、置后律、爵律、兴律、徭律、金布律、秩律、史律，共 27 种。[⑤] 后者篇名有盗律、告律、具律、贼律、捕律、亡律、杂律、囚律、兴律、关市律、复律、校（效）律、厩律、钱律、迁律、金布律、均输律、户律、田律、徭律、仓律、司空律、尉卒律、置后律、傅律、爵律、市贩律、置吏律、传食律、赐律、史律、奔命律、治水律、工作课律、腊律、祠律、赍律、行书律、葬律，共 39 种。[⑥] 其中收律、秩律 2 种不见于后者，囚律、厩律、迁律、仓律、司空律、尉卒律、市贩律、奔命律、治水律、工作课律、腊律、祠律、赍律、葬律 14 种不见于前者。西汉前期的律名，目前所知比较确定的共 41 种。

秦律篇名与西汉前期律名相同的，有田律、仓律、金布律、关市律、兴律、徭律、司空律、置吏律、效律、传食律、行书律、傅律、尉卒律 13 种。秦“奔警律”与西汉“奔命律”近似，已如前

---

① 睡虎地秦简整理小组编：《睡虎地秦墓竹简》，北京：文物出版社，1990 年，“释文注释”第 79 页。

② 黄盛璋：《云梦秦简辨正》，《考古学报》1979 年第 1 期。

③ 睡虎地秦简整理小组编：《睡虎地秦墓竹简》，“释文注释”第 79 页。

④ 陈松长主编：《岳麓书院藏秦简（肆）》，第 139—140 页。

⑤ 张家山二四七号汉墓竹简整理小组编：《张家山汉墓竹简（二四七号墓）》。其中“关市律”的“关”字，据睡虎地汉律补足。

⑥ 熊北生、陈伟、蔡丹：《湖北云梦睡虎地 77 号西汉墓出土简牍概述》，《文物》2018 年第 3 期。

述。此外,西汉“爵律”“厩律”“工作课律”,大约与秦“军爵律”“厩苑律”“工人程”有关。岳麓秦简“索律”,整理者以为“当是‘捕律’的秦代称法”。① 看汉简“捕律”内容,岳麓秦简仅存的那条“索律”难以看出与之有什么关联,而《秦律杂抄》“捕盗律”有可能是汉“捕律”前身。可以认为,岳麓秦简的出现使人们对在律篇层面汉律之于秦律的延承,有了更多的了解。

## (二)增加大批新的秦律条文

就新出现的律篇而言,其所包含的律条大多是首次面世。其中有的律篇只见有一条律文,如索律(肆 276－277 号简)、贼律(肆 225－227 号简)、狱校律(肆 232－236 号简)、杂律(肆 242 号简)、奔警律(肆 177－180 号简)。有的律篇条文比较多,“尉卒律”有 5 条,“亡律”则可能有一二十条之多。

在已知律篇方面,也出现较多新的律条。如岳麓秦简肆刊布的“田律”六条,有五条(106－108、109－110、111－113、114、173－174)不见于《秦律十八种》;“金布律”七条,有五条(116、118－120、124－126、127－131、198－206)不见于《秦律十八种》;“徭律”七条(147－150、151－153、154－155、156－159、244－247、248－252、253－256),皆不见于《秦律十八种》。

值得注意的是,岳麓秦简肆 121－123 号所记“金布律”,是关于收钱入銗的规定。类似表述曾见于《秦律十八种》中的《关市律》。陈松长先生认为后者有误。我们倾向于认为,相关内容在不同律篇出现,这其实是早期律典的一个特点,即《晋书·刑法志》所说的“虽大体异篇,实相采入”。②

## (三)呈现某些律条异文

岳麓秦简有的律文,虽然曾见于睡虎地秦简,但文字有所不同,形成异文。如《秦律十八种·田律》12 号简:“百姓居田舍者毋敢盬(酤)酉(酒),田啬夫、部佐谨禁御之,有不从令者有辠。”大致相同的律文在岳麓秦简中出现两次。其中岳麓秦简肆“田律”115 号写作:“黔首居田舍者毋敢醘〈酤〉酒。不从令者迁之。田啬夫、吏、吏部弗得,赀各二甲,丞、令、令史各一甲。”《史记·秦始皇本纪》记秦始皇二十六年,“更名民曰‘黔首’”。岳麓秦律因而

① 陈松长主编:《岳麓书院藏秦简(肆)》,第 159—160、175 页。

② 参看陈伟等著:《秦简牍整理与研究》,北京:经济科学出版社,2017 年,第 79—81 页。

把“百姓”改为“黔首”。在对当事人和责任人的处罚方面,后者记述更为具体。①

《秦律十八种》“置吏律”157－158 号简:“县、都官、十二郡免除吏及佐、群官属,以十二月朔日免除,尽三月而止之。其有死亡及故有夬(缺)者,为补之,毋须时。”岳麓秦简肆“置吏律”220－222 号前一部分略同,但开头一句写作“县、都官、郡免除吏及佐、群官属”。显然是因为这个时候郡数已多,所以删去旧律“郡”前的“十二”两字。②

## 三、开启秦令研究的新局面

秦令在传世文献和睡虎地秦简中,缺乏存在的确切证据。在对睡虎地秦简法律文献进行分析时,大庭脩先生认为:“秦令的存在与否,目前尚不明了。”③张建国先生曾举睡虎地秦律中“不从令”“犯令”等表述,认为这些律其实是令。④ 对此存在不同理解。⑤ 张家山汉简《奏谳书》收录的秦代案例中,有以“令”或“令曰”引导的令文,秦令的存在才得到公认。⑥

岳麓秦简中,包含有大量的令文。据估计,岳麓秦简中律令简册在 1 000 枚以上,其中律文约占四分之一,令文约占四分之三。⑦ 这些令大多比较完整,往往还带有令名,是研究秦令制订、编纂及其内容的珍贵资料。

这里尝试指出两点:

第一,对于岳麓秦简伍中的“廷卒乙廿一”,整理者已指出:这个令名共出现 5 次,内容均涉及“道徼外来为间及来盗略人”这类犯罪,令文规定了对这类犯罪者及其窝藏者的处罚规定、对捕告者的购赏标准、对相关人员讯问方式等。⑧

在文末题名“廷卒乙廿一”的五条令文,按整理者排定的顺序大致分别是 168－169 号、170－172 号、173－175 号、176－178 号、181－184 号。整理者列在第二位的 170－172 号简

---

① 陈松长:《岳麓书院所藏秦简综述》,《文物》2009 年第 3 期。0993 号简(即肆 115)。

② 周海锋:《秦律令研究——以〈岳麓书院藏秦简(肆)〉为重点》,湖南大学博士学位论文,2016 年,第 131 页。

③ 大庭脩:《秦汉法制史研究》,(东京)创文社,1982 年,第 15—17 页;徐世虹译:《秦汉法制史研究》,上海:中西书局,2017 年,第 10—11 页。对大庭脩先生此语原意有不同理解,参看徐世虹等著:《秦律研究》,武汉:武汉大学出版社,2017 年,第 75—76 页。

④ 张建国:《帝制时代的中国法》,北京:法律出版社,1999 年,第 27—31 页。

⑤ 广濑薰雄:《秦汉时代律令辨》,徐世虹编《中国古代法律文献研究》第 7 辑,北京:社会科学文献出版社,2014 年,第 120—123 页。

⑥ 案例一八:“令:所取荆新地多群盗,吏所兴与群盗遇,去北,以儋乏不斗律论。”案例二二“令曰:狱史能得微难狱,上。”参看张建国:《帝制时代的中国法》,第 19—20 页。

⑦ 参看周海锋:《秦律令研究》,第 1—2 页。

⑧ 陈松长主编:《岳麓书院藏秦简(伍)》,“前言”第 1—2 页。

记云："●捕以城邑反及非从兴殹（也）而捕道故塞徼外蛮夷来为间赏毋律。今为令：谋以城邑反及道故塞徼外蛮夷来欲反城邑者，皆为以城邑反。智（知）其请（情）而舍之，与同罪。弗智（知），完为城旦舂。以城邑反及舍者之室人存者，智（知）请（情），与同罪；弗智（知），赎城旦舂。典、老、伍人智（知）弗告，完为城旦舂；弗智（知），赀二甲。●廷卒乙廿一。"其中开头一句交代令文制定的背景，为其他各条所无。其后对"以城邑反"以及连坐者予以界定，构成其他相关令条的前提。因而这条令文很可能是在同名五条令文的首条，其他四条记述具体规定的令文接于其后。

同一份令文而分成至少五条书写，存在两种可能：一是令文颁布时即是如此，二是传抄者出于某种目的而分开抄录。无论如何，这对令文编纂、命名、传达的研究，乃是十分重要的现象。

第二，岳麓秦简肆中的两条先王之令（329－331号"泰上皇之令"；344－345号"昭襄王之令"），均在后世得到"复用"。复用的具体时间，整理者认为是在秦二世二年、三年，我们改订于秦王政二年、三年[①]。这涉及令的有效期问题。前朝之令是否必须经过后王授意才得以继续使用，是这两条先王之令的"复用"记录带来的新问题。

## 四、丰富秦律令的细节性认知

与睡虎地秦律、张家山汉简《二年律令》不同的是，岳麓秦简律令包含比较多的细节性规定，提供了有关当时社会的政治、经济、法律以至习俗等方面丰富而有趣的具体知识，让后人的研读饶有兴味。以下试举四例说明。

### （一）囚衣

岳麓秦简肆167－168号："●司空律曰：城旦舂衣赤衣，冒赤毡，枸椟杕之。诸当衣赤衣者，其衣物毋（无）小大及表里尽赤之。其衣裘者，赤其里【而】反衣之。……"[②]"城旦舂衣赤衣"等表述，在睡虎地秦简《秦律十八种·司空律》147－149号中已经出现。岳麓秦简叁所记案例十中，一位叫譽的杀人犯，特意买一件赤衣，放在作案现场，企图把侦查思路引向城旦舂[③]，就是这种囚服制度的反映。但是，"诸当衣赤衣者"以下一段文字，目前仅见于岳

---

① 陈伟：《岳麓书院藏秦简先王之令解读及相关问题探讨》，第61—84页。
② 陈松长主编：《岳麓书院藏秦简（肆）》，第123页。释文引述有改动。
③ 朱汉民、陈松长主编：《岳麓书院藏秦简（叁）》，上海：上海辞书出版社，2013年，第185—191页。

麓秦简。

《说文》:“表,上衣也,从衣从毛,古者衣裘,以毛为表。”《新序》卷二:“魏文侯出游,见路人反裘而负刍。文侯曰:胡为反裘以负刍?对曰:臣爱其毛。”反裘,是把毛面向内穿。由于跟当时穿皮服通常毛面朝外习惯相反,因而让人诧异。《司空律》如此规定,当是因为毛面(表)不便染色的缘故。整理者释文把“反”字释为“丈”,除了字迹不够清晰之外,大概也与不熟悉古人衣裘的风俗有关。

## (二)刑具

岳麓秦简伍 220－223 号:“•诸当衣赤衣冒擅(毡)、枸椟杕及当钳及当盗戒(械)而擅解衣物以上弗服者,皆以自爵律论之。……诸当钳枸椟杕者,皆以钱〈铁〉。当盗戒(械),戒(械)者皆胶致桎梏。”①整理者释文以“皆以钱〈铁〉”与下文连读,并把“钱〈铁〉”下的“当”读为“铛”,颇费解。几个“当”字层次分明,应断读。这让我们得知,当时钳枸椟杕这些刑具,都规定用铁制作。

盗械的含义一直不明朗。《说文》:“梏,手械也。”“桎,足械也。”联系简文看,似可认为:“械”是指桎梏以及用以约束手足。“盗械”则是以“胶致桎梏”,使之更加坚固。

## (三)狱奏

岳麓秦简伍 112－119 号是关于文书格式的长篇令条。其中说到:“其狱奏殹(也),各约为鞫审,具傅其律令,令各与其当比编而署律令下曰‘以此当某某’。及具署辠人毄(系)不毄(系)。”

秦汉奏谳文献往往呈现固定的格式。如张家山汉简《奏谳书》案例十四云(段落后括号内标署对应的律文)②:

> •八年十月己未,安陆丞忠刻(劾)狱史平舍匿无名数大男子种一月。平曰:诚智(知)种无数,舍匿之,罪,它如刻(劾)。种言如平。问:平爵五大夫,居安陆和众里,属安陆相,它如辞。
>
> 鞫:平智(知)种无名数,舍匿之,审。(“鞫审”)

① 陈松长主编:《岳麓书院藏秦简(伍)》,第 141—142 页。释文引述有改动。
② 张家山二四七号汉墓竹简整理小组编:《张家山汉墓竹简(二四七号墓)》,第 218—219 页。

当：平当耐为隶臣，锢，毋得以爵当赏免。（“当”）

●令曰：诸无名数者，皆令自占书名数。令到县道官盈卅日，不自占书名数，皆耐为隶臣妾，锢，勿令以爵偿免，舍匿者所与同。以此当平。（“以此当某某”）

现在我们知道，这类文书就是基于这一规定制作的。

对秦汉奏谳类文献中的“奏”，存在不同认识。张建国先生针对张家山汉简《奏谳书》的书名指出：“我们现在所看到的这部《奏谳书》似乎是一个合成词，也就是说，除了谳的部分案例外，还有奏的部分文案，也许我们可以分别称它们为‘奏书’和‘谳书’，所以不妨在理解上将它们视为两类。”①看到这条秦令，可知张建国先生对奏书的理解是正确的。

### （四）实官的保安

秦人把存放草料的廥、存放粮食的仓、存放兵器车辆的库称为“实官”。对实官的保安措施，睡虎地秦简《秦律十八种・内史杂》195－196号已有陈述，岳麓秦简肆169－170号“内史杂律”有更细致的规定：“内史杂律曰：刍稾廥、仓、库实官积，垣高毋下丈四尺。它蘠（墙）财（裁）为候，晦令人宿，候二人。备火，财（裁）为池□水官中，不可为池者财（裁）为池官旁。”②在“垣”（即围墙）之外，其他的墙上要修建岗亭，夜晚派人值守；在官署内开凿水池以防备火灾，官署内不便开凿的在官署旁边开凿。这些具体安排，前所未闻。

## 五、结　　语

通过分析岳麓秦简的一些法律条文可见，这些简册虽然不是来自科学的考古发掘，但它们属于秦人的真迹，可靠性当可肯定。其中律令文献大约抄录于秦王政时期至秦始皇三十五年。这些资料对于秦汉律令的复原和一些细节的了解，具有珍贵的价值。

王国维先生指出：“古来新学问起，大都由于新发见。”“今日之时代，可谓之发见时代。”③睡

---

① 张建国：《汉简〈奏谳书〉和秦汉刑事诉讼程序初探》，《中外法学》1997年第2期。参看彭浩、陈伟、工藤元男主编《二年律令与奏谳书——张家山二四七号汉墓出土法律文献释读》，上海：上海古籍出版社，2007年，第330—331页；陶安：《〈为狱等状四种〉标题简“奏”字字解订正——兼论张家山汉简〈奏谳书〉题名问题》，见徐世虹主编《中国古代法律文献研究》第8辑，北京：社会科学文献出版社，2014年，第22—48页。

② 陈松长主编：《岳麓书院藏秦简（肆）》，第124页。释文引述有改动。

③ 王国维：《最近二三十年中中国新发见之学问》，《王国维文集》第4卷，北京：中国文史出版社，1997年，第33—38页。

虎地秦简、张家山汉简中法律文献的问世，推动了过去30多年间中国古代法制史研究的繁荣。岳麓秦简以及随后睡虎地汉简法律文献的陆续刊布，已经并将在较长时期内持续引起新的研究热潮。李斯《谏逐客书》："是以太山不让土壤，故能成其大。河海不择细流，故能就其深。"目前，秦汉史、秦汉法制研究资料严重不足的局面尚未根本改变，在对流散简牍的可靠性进行严格审查之后加以充分利用，应该是有利于学术发展的无奈但又无可回避的选择。

（原文载《武汉大学学报（哲学社会科学版）》2019年第2期）

# 岳麓秦简所见秦刑事诉讼程序的历史价值

◎ 肖洪泳(湖南大学法学院)

虽然史传"治国皆有法式",但因史籍文献的阙如,秦(代)的法律制度一直是法史学研究最为薄弱的领域。睡虎地秦墓竹简的出土,其中所发现的大量法律文献为秦(代)法律制度的研究洞开了神秘的大门。此后随着龙岗秦简、里耶秦简等的相继出土,秦律的面貌日益变得清晰起来。但是这些出土法律文献除了睡虎地秦简中的《封诊式》《法律答问》载有秦(代)司法运行的一些零散记载而外,鲜有关于秦(代)刑事诉讼程序的完整体现。张家山二四七号墓出土的汉代竹简不仅有力推进了汉代法律制度的研究,而且其中《奏谳书》所见的三个秦王(始皇)嬴政时期的案例,为秦(代)刑事诉讼程序的了解奠定了重要的基础。岳麓书院藏秦简所发现的大量司法案例,①则为我们进一步深入认识和分析秦(代)的刑事诉讼程序提供了最好的出土文献上的支持。如果放眼于中国古代法律制度的宏观发展历程,我们可以发现,秦(代)刑事诉讼程序的基本规定对中国后世所产生的历史影响是相当深远的,具有极其深厚的历史价值。

## 一、刑事侦查的缜密

睡虎地秦简《封诊式》与张家山汉简《奏谳书》所见秦(代)司法案例,已经充分反映出秦

① 本文所引用司法案例部分的简牍释文是由日本国立东京外国语大学亚非语言文化研究所陶安(Arnd Helmut Hafner)副教授负责整理完成的。根据陶安先生的初步整理成果来看,岳麓秦简中所见司法案例的体裁形式与张家山汉简中的《奏谳书》颇为相似,主要也是司法奏谳方面的案例记载,而且这些司法案例基本上都发生在秦王嬴政时期或者秦朝统一之后。其中较为完整的司法案例计有 11 个,较为残损不全的司法案例亦有五个。11 个较为完整的案例中,有七个属于向上级机关请示解答疑问的"谳书"性质的,有两个属于被告人请求上诉的,有一个属于向上级机关奏报司法官吏办理案件的具体情况并为其请求嘉奖的,有一个属于不能明确归属类型的。而在五个残缺不全的案例中,除了一个非常明显属于向上级机关奏报案件办理情况并为办案人员请求嘉奖外,其余四个不能完全肯定属于什么类型。此外,文中因引用睡虎地秦简文献颇多,为考虑行文需要,故不一一作为注释予以标明出处,所引用的文献来源为文物出版社 1978 年出版的《睡虎地秦墓竹简》,特此说明并致谢意。

(代)刑事侦查的缜密,岳麓秦简所见司法案例进一步为此提供了佐证。从这些出土文献的有关记载来看,官府在发现犯罪或者接到报案后,首先必须立即派人赶赴现场进行侦查和勘验。睡虎地秦简《封诊式》中的“贼死”“经死”“穴盗”“出子”等,官府都是在接到有关报案后,立即派遣令史前往现场进行勘验。张家山汉墓竹简中的《奏谳书》第22个案例,即“女子婢被刺案”,大约发生于秦王政六年,说的是一个叫婢的女子“但(掸)钱千二百,操簦,道市归”,在巷中被人用刀刺伤背部,并被推倒于地上,所持钱亦被抢劫一空。案发后,里典赢迅速赶到咸阳县衙报案,官府立即派遣狱史顺、去疢、忠、大□等人前往调查。岳麓秦简的一个“魏盗杀安、宜等”的司法案例,也是在发现安、宜以及一个不知名的女子被杀后,官府即令狱史彭沮、衷前往现场。而在另一个“喜盗杀人”的司法案例中,虽然因为该案的记载已因竹简残缺而只能知其一二,但在弃妇毋忧缚死其田舍而为大女子婴等人报案后,官府也立即派狱史前往现场。由此可见,秦(代)在刑事案件发生后,当事人、基层管理人员以及其他相关人员都可以向官府报案,而官府接到报案后应立即派人前往现场进行侦查和勘验。至于派往侦查的司法官吏,睡虎地秦墓竹简《封诊式》中的例证皆为“令史”,而张家山汉简与岳麓秦简所记的司法案例则皆为“狱史”,这二者之间究竟存在着什么样的关系,还有待进一步的史料佐证。

侦查人员赶到现场后,立即需要着手的是对现场进行勘验,即所谓的“诊”。岳麓秦简“魏盗杀安、宜等”的司法案例中,狱史彭沮、衷到达现场后,立即对安、宜以及不知名的女子的死亡现场进行了勘验,发现“死(尸)皆在内中,头/颈有伐刑痏”,①而且如果不是由于竹简的残缺,应该还有对被害人死亡现场有着更为详细的勘验记录。从张家山汉简《奏谳书》所记载的“女子婢被刺案”来看,对犯罪现场的勘验实在是相当细致的。狱史顺等人不仅认真查看了刺在被害人背上的刀,“铁环,长九寸”,而且也在被害人婢被刺而推倒的地方找到了一张荆券,“婢债所有尺半荆券一枚,其齿类贾人券”。② 后来顺等人侦破不力,官府派遣新的狱史接替其侦查,正是充分比对犯罪现场所发现的刀与荆券,方才逐步锁定犯罪嫌疑人并进而侦破此案的。岳麓秦简还有个司法案例多为残简所载,虽然缺漏甚多,但还是能够充分反映出秦(代)对于现场勘验的详尽要求。这个案例大致记载的是当时可能作为士卒的得、绾等人在与反寇作战的过程中,由于畏懦而退却,从而引发的刑事责任问题。官府在听取了相关士卒的申述后,对得、绾等人当时退却作战的现场进行了非常细致的勘验:“诊、

① 陈松长主编:《岳麓书院藏秦简(叁)》,上海:上海辞书出版社,2013年,第185页。引文中的“伐”“刑”两字,原简字迹漫漶不清,乃为陶安先生整理时所补释。

② 张家山二四七号汉墓竹简整理小组编:《张家山汉墓竹简(二四七号墓)》(释文修订本),北京:文物出版社,2006年,第109页。

丈、问：得等环（还）走四十六步，□等十二步，术广十二步，垣高丈。忌等死时，得、绾等去之远者百步。”①正是依据这样细致的现场勘验，最后得以认定得、绾等人的畏懦退却之罪。睡虎地秦墓竹简《封诊式》中对犯罪现场进行勘验较为典型的案例有三，即《贼死》《经死》和《穴盗》。在这三个案例中，官府对犯罪现场的基本情况、死者的形状、衣着以及犯罪留下的各种痕迹等，都进行了极为详细的勘验和记录。可以说，《封诊式》作为当时规范司法官吏办案的标准文本，其所载案例大多具有假设的色彩，而岳麓秦简所见司法案例则是当时官府办案的真实记录，实属《封诊式》关于现场勘验的真实写照。

在案件侦破的整个过程中，侦查人员还要对有关的当事人以及证人或目击人进行全面的讯问。在“女子婢被刺案”中，狱史顺等人在听取婢的陈述后，追问了婢几个重要的问题：一是讯问婢为何没有注意到后面跟踪的人；二是讯问婢从市场赶回家里的途中，有没有遇到什么人；三是讯问婢有没有什么与之争斗、怨恨或者其他熟人作案的可能。此外在婢被刺而醒来呼喊被盗的时候，一个叫龀的女子闻声出来，发现婢的背部插有一把刀，狱史顺等人亦对作为目击人的龀进行了讯问。岳麓秦简“魏盗杀安、宜等”的司法案例中，狱史“触等尽别谮（潜）讯安旁/田人”，②也就是对被害人安的生活周边的有关人员分别派人逐一暗访和讯问，直到无人能够提供有用的线索时才再转而寻找其他的侦破途径。其后简文颇有残缺，但仍可较为清楚地看出，案件的最后侦破仍是从讯问其他相关人员打开缺口的。如果在讯问的过程中，侦查人员发现有关人员的供述前后不一或者有所疑问和矛盾，还会进一步加以追问，即所谓的“诘”。这样通过反复的讯问与诘问，再结合现场勘验的具体情况以及所取得的有关证据，就可以为案件的进一步侦破提供有力的支持。

此外，从上面这些分析的案例来看，秦（代）对于侦查过程中所取得的证物要求进行严格的鉴定，对于可疑的人员要求收押，对于新引出的证物要求搜寻并加以鉴定，对于不能自圆其说的当事人或有关人员要求拷讯，对于加害人或者被告人要求扭送或拘传至官府以及对其家属、财物要求封守，对于现行犯和在逃犯要求抓捕归案等，都有着非常详尽的法律规定，充分体现出秦（代）刑事侦查程序的成熟。中国秦汉以后刑事侦查的日趋完善尤其是司法检验技术的发达，无疑受到了秦律相当深刻的影响。

## 二、审讯与判决的分离

审讯与判决是刑事诉讼程序的核心环节。审讯是指刑事案件起诉到官府后，司法官吏

① 陈松长主编：《岳麓书院藏秦简（叁）》，第240页。

② 陈松长主编：《岳麓书院藏秦简（叁）》，第186页。

对有关人员的讯问和诘问以及对有关证据的审查，大致由“讯”“诘”“笞掠”“鞫”这些程序所构成。讯问和诘问的对象不仅包括刑事案件的当事人，也包括所有与案件相关的证人以及刑事侦查人员。审查的对象主要包括刑事案件的有关证据以及各种勘验笔录等。审讯的目的在于充分查明犯罪事实是否成立，有些类似于今天的法庭调查，既关系到犯罪行为人是否应该受到刑事制裁，也关系到司法官吏的法律适用是否正确。

审讯首先从双方当事人以及有关人员到庭并查明其身份以及详细听取其口供或证词开始，这就是所谓的“讯”。睡虎地秦简《封诊式》所载“凡讯狱，必先尽听其言而书之，各展其辞”，充分表明审讯案件，必须双方当事人均到庭进行陈述，法官在听取当事人陈述时还要详细加以记录。岳麓秦简所载司法案例大多为下级向上级奏谳的疑难案件，为了说明疑难问题所在，对于初审的审讯过程有着比较详细的记载。譬如在“识、婉争沛产”一案中，在婉以“自告”方式起诉到官府之后，司法官吏不仅认真听取了婉与识的各自陈述，而且传令与此案有着一定关系的第三人，亦曾为沛舍人的建、昌、喜、遗等人出庭对质，同时还仔细听取了两个方面的证人证词：一是沛于妻子死后再免妾婉为庶人并以之为妻，主要有证人快、臣、拳、嘉、颉等；二是沛生前曾为家奴识娶妻并许诺赠予识以肆、室，主要有证人狗、羽等。在讯问完这些当事人以及有关人员之后，还传唤了基层管理人员乡唐、佐更两人。从该案的记录过程来看，司法官吏正是通过认真而全面的讯问程序，从而准确掌握了识、婉争执财产的来龙去脉，为本案的最终判决奠定了基础。

为了避免司法官吏的先入为主，从而确保犯罪事实的准确认定，秦律还严格要求司法官吏在讯问过程中不能随便发问，只有在当事人以及相关人员言辞已尽但问题没有交代清楚，或者其供词呈现出自相矛盾或者难以自圆其说的情况下，司法官吏才能够针对性地提出质疑，即所谓的“诘”。诘问的时候，还要将当事人及有关人员的辩解记录下来，如果还有不清楚或者相矛盾的地方，则要继续诘问下去，直到当事人以及相关人员无话可说为止。在“识、婉争沛产”一案中，司法官吏讯问完毕当事人以及所有相关人员之后，方才对识加以诘问：“沛未死虽告狗、羽，且以肆、舍客室鼠（予）识。而后不鼠（予）识，识弗求。已为识更买室，分识田、马，异识。沛死时有（又）不令。义已代为户后，有肆宅。识弗当得，何故尚求肆室曰：‘不鼠（予）识，识且告婉？’”①面对如此细致的讯问与颇有针对性的诘问，识最终承认了自己争夺财产的恶行。

通过讯问与诘问，司法官吏往往能够对案件的基本事实作出比较准确的判断，因此秦律对于刑讯逼供，一般不予以鼓励。睡虎地秦简《封诊式》有着明确的记载：“治狱，能以书从

---

① 陈松长主编：《岳麓书院藏秦简（叁）》，第159页。

迹其言,毋治(笞)谅(掠)而得人请(情)为上;治(笞)谅(掠)为下;有恐为败。”只有在当事人回答问题不实或狡辩、多次欺骗或改变口供、拒不认罪等情况下,方才允许依法拷打。而且经过刑讯取得口供,必须以爰书详细加以记录,睡虎地秦简《封诊式》对此亦有相当明确的记载:“诘之极而数訑,更言不服,其律当治(笞)谅(掠)者,乃治(笞)谅(掠)。治(笞)谅(掠)之必书曰:爰书:以某数更言,毋(无)解辞,治(笞)讯某。”因此在秦律中,刑讯逼供受到非常严格的限制,也是司法官吏判决可靠性的衡量标准。岳麓秦简中载有一个“田与市和奸”的案例,狱史相多次听说田与市有着男女奸情,因此令毋智前往现场当场捕获,在没有刑讯的情况下,田与市即已认罪。但是后来田不知因何缘故,在一审判决后再次提起上诉,不承认与市之间的奸情。司法官吏在二审中详细讯问了田、市、相、毋智等相关人员,发现田与其他人的供词或证言不相吻合,而且一审也没有对其进行刑讯逼供,于是当场发问田:“夏阳吏不治谅(掠),田、市认奸。今覆吏讯市,市言如故狱,田云未奸,可(何)解?”①田无法辩解,最终被驳回上诉。

由“讯”而“诘”,再在迫不得已的时候加以“治(笞)谅(掠)”,然后认真审查所搜集到的各种证据和勘验笔录,最后进入犯罪事实的认定阶段。从张家山汉简《奏谳书》所载司法案例来看,“鞫”是司法官吏对案件调查和审讯的结果,亦即对犯罪的过程和事实加以简明扼要的归纳总结。岳麓秦简所见司法案例也充分反映了“鞫”所具有的这一特征,即使是在第二、三审中,“鞫”仍然是上级司法机关对下级司法机关所认定的犯罪事实予以重新认定。譬如“得之强奸弃妻未遂”一案中,第一审的审讯结果记录为:“其鞠(鞫)曰:‘得之强与人奸,未蚀。审。’”②第二审的审讯结果记录为:“其鞫曰:‘……欲强与奸,未蚀。乞鞫不审。审’”③第三审的审讯结果记录为:“鞫之:‘得之乞鞫不审。审。’”④由此可见,“鞫”的内容主要在于对犯罪事实进行认定,所以其末尾一定还要缀上“审”或者“皆审”之类的字样,以表明犯罪事实已经调查清楚并已为审讯的司法官吏所确认。

认定犯罪事实之后,司法官吏就会引用法律的明文规定,对被告人做出有罪、无罪以及如何适用刑罚的判决,这在秦律中被称为“论”。岳麓秦简所见司法案例与张家山汉简《奏谳书》中的司法案例大致相同,无论是从一审还是上诉审来看,秦(代)刑事诉讼的庭审程序主要都由两个阶段组成:一是认定犯罪事实的“鞫”,二是适用刑罚的“论”。只有在犯罪事实已经认定成立的前提下,才能对被告人议决应该适用的刑罚,即作出最终的判决。“得之

① 陈松长主编:《岳麓书院藏秦简(叁)》,第209页。
② 陈松长主编:《岳麓书院藏秦简(叁)》,第197页。
③ 陈松长主编:《岳麓书院藏秦简(叁)》,第197页。
④ 陈松长主编:《岳麓书院藏秦简(叁)》,第201页。

强奸弃妻未遂”一案中，一审的司法官吏在认定得之强奸弃妻未遂的前提下，“丞□论耐得之为隶臣”。[①] 而对那些疑难案件，一审的司法官吏即使已经查明并认定了犯罪事实，但必须依法向上级司法机关奏谳以后才能确定刑罚的适用，那就不能直接进入“论”这一判决环节。至于认定犯罪事实的“鞫”与适用刑罚的“论”是否都由同样的司法官吏全部完成，还是由不同的司法人员分别完成，从岳麓秦简的记载来看目前还无法肯定。张家山汉简《奏谳书》所载的“黥城旦讲乞鞫”的案件，开始是由腾审讯的，但后来铫又参与进来，然而最终作出判决即“论”的却是昭、敢、铫、赐四人，腾没有出现，所以廷尉也仅指出“昭、铫、敢、赐论失之”，而根本没有言及腾在审讯过程中的法律责任。这当然不能认为“鞫”与“论”在秦（代）已由不同的司法人员分别完成，但没有参与“论”的司法人员不承担判决结果的法律责任，则是相当明显的。

由此可见，秦时的审讯虽由“讯”“诘”“笞掠”“鞫”等程序组成，但“鞫”作为最终确定其审讯结果的程序，非常类似于我们今天犯罪事实的认定。只有在犯罪事实认定以后，才能进入真正的判决环节，即所谓的“论”，相当于我们今天法律或者刑罚的适用。从岳麓秦简与张家山汉简《奏谳书》所见司法案例来看，“鞫”与“论”的确属于两个各自独立的程序阶段。我们甚至可以发现，上诉之所以称之为“乞鞫”，只是由于被告人或其家人对于犯罪事实认定的质疑，即对“鞫”的质疑或否定。而疑难案件的奏谳，则往往是初审司法机关对法律或者刑罚的适用所感到的疑问所致，是对“论”的怀疑。至于“鞫”与“论”这两个阶段是否由不同的司法官吏分别进行，目前还无法做出比较准确的判断。但从张家山汉简《奏谳书》所载的“黥城旦讲乞鞫”一案来看，即使并不意味着“鞫”与“论”是由不同的司法人员所进行的，至少也表明秦时的“失刑”“不直”“纵囚”之类的司法责任仅及于参与判决即“论”的司法官吏。正是对犯罪事实的认定与法律或刑罚的适用有着这样的程序划分，深深奠定了中国古代审讯与判决相分离的制度根基，甚至发展到宋代，还形成了相当严格的审、判分离制度，即鞫谳分司制。宋代在中央大理寺、刑部设详断官（断司或鞫司）负责审讯，设详议官（议司或谳司）负责检法用律。在州府设司理院，由司理参军（鞫司）负责审讯人犯、传集人证、调查事实等审判事务，由司法参军（谳司）负责检索法律、定罪量刑。这种审讯与判决严格相分离的制度，可以使审讯与判决两个环节相互牵制和监督，尤其是谳司检法用律时一旦发现犯罪事实的认定存在问题，还可以承担起驳正的责任。宋人当时就对这一制度具有相当高的评价：“鞫之与谳者，各司其局，初不相关，是非可否，有以相济，无偏听独任之失……”[②]即使

---

① 陈松长主编：《岳麓书院藏秦简（叁）》，第197页。

② 杨士奇：《历代名臣奏议》，上海：上海古籍出版社，1989年，第2852页。

今天来看，这种审讯与判决相分离的制度，仍可资为我们所借鉴。

## 三、疑难案件的奏谳

自张家山汉简《奏谳书》面世以来，关于汉代疑难案件谳治的制度，引发了史学界与法学界的高度关注和深入研究。① 《汉书·刑法志》曾载有"高皇帝七年，制诏御史：'狱之疑者，吏或不敢决，有罪者久而不论，无罪者久系不决。自今以来，县道官狱疑者，各谳所属二千石官，二千石官以其罪名当报之。所不能决者，皆移廷尉，廷尉亦当报之。廷尉所不能决，谨具为奏，傅所当比律、令以闻"。这一诏令终为《奏谳书》的出土所证实。

《奏谳书》总计载有 22 个司法案例，其中 17 个案例属于汉初，三个案例属于秦，两个案例属于春秋时期鲁、卫两国。从具体内容来看，全部案例大致可以分为两类：一类是下级机关已经办理完毕的案件，可能有着某些理由需要上报上级机关；另一类则是下级机关所办理的案件，因为犯罪事实的认定或者刑罚的适用存在某些疑问而需要请示上级机关予以解答或批复。张建国先生对此有着相当敏锐的判断："我们现在见到的这部《奏谳书》看来似是一个合成词，也就是说，除了谳的部分案例外，还有奏的部分文案，也许我们可以分别称它们为'奏书'和'谳书'。"② 他认为那些文书末尾有着"为奏当十五牒上谒""为奏二十牒"或者"敢言之"之类文字的大致都属于"奏书"，其上奏的目的仅在于向上级机关说明案件的办理情况而不是请求上级机关予以解答疑问或批示案件如何办理。而"谳书"与"奏书"一样虽然也要向上级机关上报，但上报的目的是要求上级机关解答疑问，所以文书末尾一般都会缀上"疑……罪"或者"敢谳之"之类的文句。蔡万进先生对此观点进行了批评，他认为"奏谳"一词在汉代不仅属于连称，是一个规范的固定用语，而且颇见于史籍，所以"奏谳书"也属于汉代国家正式收录和颁行的司法案例，"那种认为《奏谳书》是由'奏书'和'谳书'两类组成的观点是站不住脚的"。③

这两种观点哪种更为准确，岳麓秦简所见司法案例的发现，也许可以为我们提供一些新

---

① 具有代表性的研究主要有李学勤：《〈奏谳书〉解说（上）》，《文物》1993 年第 8 期；李学勤：《〈奏谳书〉解说》，《文物》1995 年第 3 期；彭浩：《谈〈奏谳书〉中的西汉案例》，《文物》1993 年第 8 期；罗鸿瑛：《汉代奏谳制度考析》，《现代法学》1996 年第 5 期；张建国：《汉简〈奏谳书〉和秦汉刑事诉讼程序初探》，《中外法学》1997 年第 2 期；［日］池田雄一：《关于汉代的谳制——谈江陵张家山〈奏谳书〉的出土》，《中央大学文学部纪要》史学科第 40 号，1995 年；蔡万进：《张家山汉简〈奏谳书〉研究》，桂林：广西师范大学出版社，2006 年。

② 张建国：《汉简〈奏谳书〉和秦汉刑事诉讼程序初探》，第 48—57 页。

③ 蔡万进：《张家山汉简〈奏谳书〉研究》，第 35 页。

的线索。其中 11 个较为完整的案例中,有七个属于向上级机关请示解答疑问的“谳书”性质的,有两个属于被告人请求上诉的,有一个属于向上级机关奏报司法官吏办理案件的具体情况并为其请求嘉奖的,有一个属于不能明确归属类型的。而在五个残缺不全的案例中,除了一个非常明显属于向上级机关奏报案件办理情况并为办案人员请求嘉奖外,其余四个不能完全肯定属于什么类型。但足以引起我们注意的是,在简号为 0448－1 的简背面,有着“为狱□状”的字样,其简正面似乎是某人向官府控告某士伍杀人的犯罪事实之类的记录。颇为奇怪的是,在简号为 0421 的简的背面,亦有“□覆奏状”的字样,而其简正面的记录应该与 0448－1 所记录的是同一个案例,大致是说丞相等人已经指令该案如何办理。同一个司法案例,居然在分别记载不同程序、内容的简背留下“为狱□状”“□覆奏状”之类的题名,是否意味着刑事诉讼程序的不同阶段各自所采用的不同文书？而在简号为 0494 简的背面,还有一个“□乞鞫奏状”的题名,从该简正面所留下的“狸不可起,怒,以刀□/□弃刀……”这样的语句来看,大致可以推断这是一个记录狸杀人或伤人的司法案例,大概狸不服一审判决而提请上诉,故而在简背写有“□乞鞫奏状”的题名。这不仅充分说明秦汉时期的上诉,必须通过原审司法机构向上奏报,而且也表明在不同的刑事诉讼程序阶段,下级司法机关如果要向上级司法机关报告案件的有关办理情况,所采用的正是“奏状”这样的文体。可惜的是,那些向上报告请求解答疑问而且记录比较完整的疑难案件,在简的背面却没有发现“谳状”之类的题名。我们是否可以这样推断,向上请示疑难案件的“谳”由于内容和形式都不会存在大的变化,因此已经定型为固定的文书格式而无须专门标明文体,而向上奏报案件的有关办理情况则因为内容与形式的多样性而随程序阶段的变化而不一？而且,“状”作为一种陈述事实或意见的文书,与整体性的“书”相比较而言,无疑是个别而零散的。但将岳麓秦简所见司法案例与张家山汉简《奏谳书》中的司法案例加以比较,我们可以发现二者之间大致有着同样的面貌。这是否意味着秦(代)的“奏谳”制度由于处在创建阶段故而还无法进行系统而完整的总结,而汉初的“奏谳”制度则已充分吸收了秦(代)的丰富经验,司法官吏可以全面搜集资料并加以整理,从而将一个个零散的“奏谳”书状集结为一部“奏谳书”？这个推断如果成立的话,那么张建国先生关于“奏谳书”应分为“奏书”和“谳书”两类的划分则是颇有道理的。

当然最为引人注目的还是,岳麓秦简所见司法案例的发现,将汉代的奏谳制度往秦(代)大大追溯了一步,为我们全面认识秦汉时期奏谳制度的历史发展提供了相当宝贵的资料。岳麓秦简中较为完整的 11 个司法案例中,疑狱奏谳方面的有七个。从这七个案例的具体内容来看,其所适用的奏谳程序大多与张家山汉简《奏谳书》中的司法案例相似。一般而言,下级司法机关受理案件经过审讯、诘问等一系列司法程序,如果对被告人是否构成犯罪、构成何种犯罪以及如何适用刑罚等问题存在疑问，就应该向上级司法机关奏谳请求指示。这一奏谳文体一般也都会在开头与结尾附上“敢谳之”之类的文句，具体行文则是首先陈述初审的具体情况，指出案件的疑难所在，然后以“疑……罪”为文尾而请求上级司法机关作出指示。上级司法机关收到奏谳案件以后，就会派人加以复查，然后就被告人行为的定性与刑罚的适用进行讨论，这就是所谓的“吏议”。“吏议”一般都会出现两种不太一样的观点，因此最后是上级司法机关作出最终裁决，并将这一裁决通报给请求奏谳的下级司法机关，即所谓的“报”。可惜的是，作为最终裁决的“谳报”仅有两个案例可以清楚反映出来：一个是“癸、琐相移谋购”的案例，大致是由州陵县奏谳而由南郡最终决谳的；另一个是“君子子癸为伪书”的案例，是由胡杨县奏谳的案件，其末尾仅有“谳报”的结果而无决谳的机构。其他的案例，则都没有奏谳的最终裁决结果。结合张家山汉简《奏谳书》中的司法案例，并从岳麓秦简“癸、琐相移谋购”一案的决谳结果来看，秦（代）的奏谳制度应该已经初步形成“县—郡—廷尉”这一逐级上报的基本方式。

由此我们可以看到，张家山汉简《奏谳书》中反映出来的奏谳制度，基本上渊源于秦，因此认为“狱疑奏谳制度在西汉初年正式形成”的观点肯定需要加以修正。① 如果说汉代的奏谳制度有着与秦不同的地方，主要还是在于奏谳的时间发生了一定的变化。秦严格依据法家思想治国，赏罚分明且有时，无论是案件的受理、审判、上诉或奏谳，都是根据刑事诉讼程序本身的时限要求予以完成。岳麓秦简所见司法案例能够清晰反映出初审机关向上奏谳的具体时间的案件大概有三个：“猩、敞知盗分赃遇赦”一案的奏谳时间是二十三年四月，“癸、琐相移谋购”一案的奏谳时间是二十五年五月（该案有两份大致相同的文书记录，另一份显示的奏谳时间是二十五年六月），“君子子癸为伪书”一案的奏谳时间是二十二年八月。从这三个具体案件的奏谳时间来看，秦时的奏谳时间是没有什么限制的。而张家山汉简《奏谳书》中的司法案例，能够明确奏谳时间的也有五个左右，但奏谳时间大皆集中在秋七月、秋八月，已经透露出一种“秋后问囚”“秋冬行刑”的味道。从岳麓秦简到张家山汉简这一奏谳时间的变化，似乎也说明了《后汉书 · 陈宠传》的记载的确不为妄语：“秦为虐政，四时行刑；圣汉初升，改从简易。萧何草律，季秋论囚。”汉初虽然继承了秦律，但对于秦（代）“四时行刑”独任法律的刑事政策却有所保留，尤其自董仲舒运用阴阳五行学说确立起正统的意识形态之后，“司法时令”逐渐成为汉代奏谳制度的理论基石，疑难案件的秋后请谳制度日益规范起来。而秦时自下而上的逐级奏谳制度，也随着国家政权组织层级划分的日渐复杂化而逐渐发生变化，决谳的权力日益向中央司法机关甚至皇帝集中。唐代“三司推事”制度

---

① 蔡万进：《张家山汉简〈奏谳书〉研究》，第 153 页。

的确立，明清会审制度尤其是朝审、秋审制度的推行，更是将重大疑难案件以及死刑案件的最终裁决权力集中到了中央。而这些发展变化，无疑都与秦时的司法奏谳制度有着千丝万缕的历史联系。

## 四、结　　语

秦以法家思想治国，形成于汉代的《盐铁论》认为其“法繁于秋荼而网密于凝脂”，甚至“劓鼻盈累，断足盈车，举河以东，不足以受天下之徒”，颇让后世皆以秦律之残酷而诟病不已。然自睡虎地秦简面世以来，大量的出土文献日益表明，秦律虽然繁密，但残酷之说恐失偏颇。尤其从秦（代）刑事诉讼程序的基本规定及其司法实践来看，秦律刑事侦查的缜密、审讯与判决的分离、疑难案件的逐级奏谳，无不充分体现出其对犯罪事实认定的严密性以及刑罚适用的准确性。在这个意义上，如果说秦律的确有着比较残酷的基本面貌，那也是在立法上所体现出来的“重刑主义”；至于在司法上，秦律对司法官吏的要求并不是鼓吹重刑威慑主义，而是主张严格依据法律的明文规定定罪量刑。这种严格司法的制度与实践，尽管深刻反映了君主专制主义环境下“法自君出”的政治需要，但同时亦为司法行为的展开提供了十分明确的标准，设置了不可逾越的障碍，从而使得先秦时期那种法律秘密状态下的罪刑擅断主义得到了相当大的纠正。更为可贵的是，秦（代）依据法家思想建构起来的刑事诉讼程序，通过汉代的继承和发展而深刻影响了后世，其所具有的历史价值无疑是值得高度重视的。

（原文载《湖南大学学报（哲学社会科学版）》2013 年第 3 期）

# 岳麓秦简中的几个令名小识

◎ 陈松长(湖南大学岳麓书院)

岳麓秦简中出现了大量秦令,有些还是从未见于文献的令名,怎么解读这些令名,是我们始终绕不过去的问题。下面谨就本人的研究所及试作一些探讨:

## 一、共　　令

岳麓秦简中出现了很多"共令"(见图1)。

1. 0355: ■ 内史郡二千石官共令　　第甲
2. 1131: ■ 廷内史郡二千石官共令　　● 第庚　　● 今壬
3. 2165: ■安台居室居室共令　　● 甲
4. 0174: ■食官共令　　● 乙
5. 0126: ■　给共令　　● 乙①

"共令"其名,在秦汉及以后的律令文献中都没出现过。一般认为:共者,同也,皆也。《说文》"共,同也"。②《论语·子罕》"可与共学,未可与适道"。③《史记·高祖本纪》"天下共立义帝,北面事之"。④ 可见"共"都是一同、共同的意思,故日本学者广濑薰雄就认为,它可能是多个官署对于事项的共通的令。例如,"内史郡二千石官共令"是内史与郡二千石官共同所使用的令,"内史官共令"是内史所有的官吏共同使用的令。⑤ 但照此理解,尚有不可解释处。"内史郡二千石官"可以理解为内史、郡二千石官两类官员,而"廷内史郡二千石

① 引用的简文中有一部分是正在整理中的岳麓秦简,尚未刊布,下同。

② 许慎:《说文解字》,北京:中华书局,2005年,第59页。

③ 《论语·子罕》,《十三经注疏》,北京:中华书局,1980年,第2491页。

④ 《史记·高祖本纪》,北京:中华书局,1963年,第370页。

⑤ 参广濑薰雄:《秦汉律令研究》,汲古书院,2010年。文中的引述是王园红根据日文本翻译,故不打引号。

官”则是廷、内史、郡二千石官三类官员，这样将两类或两类以上的官吏共同使用的令叫“共令”的话，还是可以理解的。这也就是说，所谓的“共令”就应该是两类或两类以上的官吏或官署共同使用的令，但岳麓秦简中还有“内史官共令”“食官共令”。这里的“内史官”如果还可以理解为内史的所有属官共同使用的话，那“食官”就好像不可直接理解为食的属官了，这里的“食官”显然只能是一种官吏的名称，那为什么也称“共令”呢？另外，所谓“给共令”，“共”字前就一个字，不管这个字的所指是官署还是特定的一种行为，都没有谁跟它一同或共同去操作的可能。

因此，我们认为，这里的“共令”应该不是一同、共同的意思，而应该读为“供”。《左传·僖公三十年》“行李之往来，共其乏困，君亦无所害”。[1]《经典释文》“共，本亦作供”。[2]《汉书·百官公卿表》“少府，秦官，掌山海池泽之税，以给共养，有六丞”，颜师古注“大司农供军国之用，少府以养天子也”。[3]《说文》“供，设也。从人，共声。一曰供给”。[4] 很显然，“共”读为“供”，乃典籍中常见现象。因此我们认为，所谓“共令”也许并不是一个词，而应该分开理解，“共”者，提供也，“共”也就是一个介词，只是它的宾语前置罢了。这样，简文中的“食官共令”就是供食官遵守使用的令。所谓的“内史郡二千石官共令”也不是内史、郡二千石官共同使用的令，而应该是供内史、郡两千石官所遵守使用的令。

如果这种理解正确的话，那么，这里面有两个层次需要讨论。

一是这种令并不是针对某一具体事项所颁布的令，而是供不同官吏和官署在具体的行政管理过程中遵守的令。这种令并不是单独的一条令，而应该是一批令。也许正因为如此，岳麓秦简中有关“内史郡二千石官共令”才都用干支来排序而没有具体令数的记录。

0355：■内史郡二千石官共令　　第甲

0465：■内史郡二千石官共令　　第戊

0316：■内史郡二千石官共令　　第己

0617：■内史郡二千石官共令　　第庚

0690：■内史郡二千石官共令　　第乙

0351：■内史郡二千石官共令　　第丁

0522：■内史郡二千石官共令　　第丙[5]

---

① 《左传·僖公三十年》，《十三经注疏》，北京：中华书局，1980年，第1831页。

② 陆德明：《经典释文》，北京：中华书局，1983年，第223页。

③ 《汉书·百官公卿表》，北京：中华书局，1962年，第731—732页。

④ 许慎：《说文解字》，第59页。

⑤ 陈松长主编：《岳麓书院藏秦简（肆）》，上海：上海辞书出版社，2015年。

当然，这些简都是篇题简，其前面有墨丁标志也说明这都是一类简的篇题，而不是一条具体的令文。因此，所谓的“共令”并不是具体的令名，我们不应该将其作为具体的令名来讨论，它应该只是某一类令的标题而已。

二是这么多按天干排序的“内史郡二千石官共令”的出现，很显然是一次校对编排的结果。学界曾对秦汉时期有无法典展开过很多讨论，比较一致的意见是秦汉时期并没有经过大规模编撰的法典，而都是以单篇的律令形式存在的法律文本。甚至对秦汉时期有无法律文献的编辑整理都多少有些疑问。现在看来，我们固然尚未发现魏晋以后才出现的所谓法典，但岳麓秦简中的很多材料已足够证明，秦代的律令文献都是多少进行过校对、编辑和整理的。如（图 2）：

0081：■廷内史郡二千石官共令　　●第己　0932：⧄　●今辛

1131：■廷内史郡二千石官共令　　●第庚　　●今壬

这两条“共令”在简尾分别标注了“今辛”“今壬”字样，且其书体也与前面的完全不同。很显然，这是在整理编辑过程中标注的更正记录。应该是在编辑整理的过程中，发现这批共令的排序有错，即原来编排为“第己”“第庚”的两批令应归入第辛、第壬的序列内，所以在后面分别标注“今辛”“今壬”。有意思的是，现在仅存的这两枚“廷内史郡二千石官共令”的排序正好是连着的，前者是“第己”“第庚”，改序后是“今辛”“今壬”，两者正好是有序地向后移两位，说明这批“廷内史郡二千石官共令”肯定是进行过编辑整理和调整的。

目前学界多认为秦汉时期尚没有由朝廷统一颁布的法律编纂物，而只有以单篇别行的方式行世的“律令集合体”。也就是说，“秦汉时没有国家统一颁行的、篇目固定的法律编纂物，而是由单篇律与令篇构成的律令法体系”。① 但从岳麓秦简来看，我们虽然不能说这是在作秦代令典的编辑，但可以肯定地说，我们现在所看到的岳麓秦简中的秦令都是经过有序编排的，它并不是单篇散乱的秦令汇集。

我们说秦令是经过编排整理的，这不仅表现在这些篇题简上的标注和修订中，而且在不是篇题简在令名记录中，也可看到一些肯定进行过整理的信息和痕迹。例如同是“●共令”的简 1926，其简文的最后标注“内史官共令第戊卌一”。这里既标注了这条令的归属，说明它是给“内史官”遵守使用的令，同时又说明它被编排在“第戊”的组别内，而且还标注了这条令是这批令中的第“卌一”条。由此可以想见，就“第戊”组中的“内史官共令”至少有“卌一”条之多。这么多令的汇集，如果没有编辑整理是不可想象的。这里的“内史官共令第戊卌一”的记录应该都是有关内史官令的整理记录，而不应该是秦令本身的原始编号。

---

① 张忠炜：《秦汉律令法系研究初编》，北京：社会科学文献出版社，2012 年，第 93 页。

# 二、“四××令”

岳麓秦简中出现了3个以“四”字开头的令(图3)。

1. 2000：▮ 四谒者令　　　　　　● 丙

2. 2005：● 四司空共令　　　　　● 甲

3. 0153：● 四司空卒令

这三条都是单独的令名简,其前面有长条形墨丁或不规范的墨点,这显然都是标注篇题的符号。

“谒者”,官名,典籍中常见。《国语·晋语四》“谓谒者曰：沐则心覆,心覆则图反,宜吾不得见也”。① 但从没见有“四谒者”的记载。简2005、0153上的“司空”也是常见的官名,但也从没见过“四司空”这类官名,因此这“四”字显然不能与后面的“谒者”和“司空”连读。也就是说,他不应该是“谒者”“司空”这类官名的专属数量词,而应该与后面的官名分开解读。

我们前面已指出,这三条简也是篇题简,作为篇题都是对某一类相同令文的总称。因此,这“四谒者令”应该就是四条、四组或四篇谒者令的省称。也许正因为如此,故其后也以天干给其分篇或分类分组。同理,所谓的“四司空共令”也就是四篇或四组供司空去遵守的令,而“四司空卒令”也就是四篇或四组给司空卒遵守的令。

也许可以互证的是,在岳麓秦简的律令简中就有一枚是专门标注分篇的,且也是“四篇”：

1134：⧄第丁、戊、己、庚四篇

由于简首残缺,我们尚不确定这“四篇”是指哪四篇,但简文中以天干分篇的意思是很清楚的。因此,我们将“四谒者令”中的“四”解读为四篇或四组也就应该不会太离谱。

当然,关于“四司空卒令”中的“卒”也许还有不同的解释,因为在岳麓秦简的所有法律文本中,“司空卒”仅此一见。它也许就等同于岳麓秦简中多见的“郡卒令”或“尉郡卒令”中的“卒”,但我怀疑这“卒”字很可能是“共”字之讹写。因为岳麓秦简中一共才出现两次“四司空”,且都是题篇简,一个是“共令”,一个是“卒令”,总觉得有点奇怪。

此外,这条令名简后应该有天干的编号,但因为根据残存的些许墨迹不能确定是不是字的残痕,所以只好阙如了。

---

① 《国语·晋语四》,上海：上海古籍出版社,1978年,第371页。

另外，值得思考的是，很多学者曾将秦汉的令文分成“干支令”“挈令”和“事项令”三类。① 现在看来，单独将带有干支的令作为一类是不太合适的。我们目前看到的岳麓秦简的秦令中，无论是“挈令”还是“事项令”，很多都是带有干支编号的，因此，以干支的有无来给秦令分类并不太可取。我们认为，所有令名后标注的干支编号，仅仅是各种秦令在整理过程中给予的编号而已。

## 三、卜祝酌及它祠令

在岳麓秦简的篇题简中，还出现了两个有连词“及”的令（图4）。

2154：⧄卜祝酌及它祠令　　●甲

2001：■卜祝酌及它祠令　　●乙

这也是两条篇题简，其中的简2154首残，看不到是墨丁还是墨点，简2001上的墨痕虽然也很虚淡，但还是可以看到墨丁或墨点的痕迹，在这里我们姑且将其作为墨丁标志。

作为篇题简，这两枚简的后面也有天干的排序，即“甲”“乙”两种，这至少也说明这类简有甲、乙两组。

有意思的是，如果将其视为令名，那这令名也是够长的。我们从其“令”字前面的6个字来分析，其中的“卜祝酌祠”4个字可以说都是同性质内容的字词，但“及”是个连词，而“它”是一个作限制用的代词，这6个字合在一起，显然不是一种单独的令名。而只能是跟上述的“郡二千石官共令”一样，都是令文整理者给某一类或某一组令所标注的篇名。也就是说，这条简所标注的实际上不是一条具体的令名，而只是这一组或这一篇有关卜祀祝祷的令文和相关祠令的总合标题而已。

## 四、尉 郡 卒 令

岳麓秦简的篇题简中，可以与“内史郡二千石官共令”相匹配的一组简是题为“尉郡卒令”的简，一共有5枚，且其简尾的天干排序相当整齐。这里先录之如下（图5）：

0619：■尉郡卒令　　●甲

0695：■尉郡卒令　　●乙

0731：■尉郡卒令　　●丙

① 参见广濑薰雄：《秦汉律令研究》第三章，第77—140页。

0742：■尉郡卒令　　　　　　　　●丁

0554：■尉郡卒令　　　　　　　　●戊

我们在岳麓秦简的律名简中，曾发现了5枚“尉卒律”的律名简。① 关于“尉卒”的认知，已有学者作过讨论。我们知道，《睡虎地秦墓竹简》中有《尉杂律》，整理者认为“尉”即廷尉，“尉杂”是关于廷尉职务的各种法律规定。但在岳麓书院藏《尉卒律》中，其内容却似乎与廷尉的关系不大，而是与县尉密切相关。如：

1409：●尉卒律曰：县尉治事，毋敢令史独治，必尉及士吏与，身临之，不从令者，赀一甲。这里明确标明是“县尉”，可见这里所说的尉确定无疑是指县尉而不是廷尉。

也许可以这样说，岳麓秦简中的“尉卒律”的“尉”确是指县尉，但我们现在所讨论的“尉郡卒令”中的“尉”又显然不是指县尉，而应该是廷尉，因为“郡”已是很明确的郡级机构，那位列“郡”之前的“尉”肯定不会低于“郡”的级别。就如前面所讨论的“廷内史郡二千石官”一样，廷、内史、郡都是平级的，都是二千石官，而其中的“廷”就相当于这里的“尉”，也就是廷尉，只是一个称“廷”，一个称“尉”罢了。

既然“尉”和“郡”是平级的机构，那尉、郡之间是应该读断来理解的，这就如“廷内史郡二千石官”应该理解为廷、内史、郡二千石官一样。因此，所谓的“尉郡卒令”就应该读为“尉、郡卒令”，也就是“尉卒令”与“郡卒令”的合称。岳麓秦简中有单独的“郡卒令”而没有“尉卒令”，只有“尉卒律”，这看起来好像不太对称。但按照我们上述的解释，其实这个问题并不存在，因为简文中并不是没有“尉卒令”，而只是整理者在编辑的过程中将它与“郡卒令”合并在了一起，才让人感觉有些困惑。

令名中的“卒”也是一个很值得商榷的词。我们在整理过程中就听到许多不同的意见，或认为应该读为“萃”，即汇集的意思；或以为应该读为“倅”，即副本的意思；或以为就是睡虎地秦简中的“尉杂律”的“杂”；或以为就读本字，就是士卒的“卒”。我们的整理稿采用了读“卒”为“杂”的意见，简注中也仅用“尉杂”二字来解释。② 现在看来，这种解释还是有很大的讨论空间，因为岳麓秦简中本身就有写得很清楚的“杂律”二字，而简文中所有的“卒”没有一个写的是与“杂”字相近或相混的。所以，周海锋曾专文指出《尉卒律》中的“卒”当读为“萃”，指与县尉有关的律文的汇集。③

按，这种解释并不是新解，而是在我们上举的几种解释中选择了一种再加以论证，但将

① 陈松长主编：《岳麓书院藏秦简（肆）》，上海：上海辞书出版社，2015年。

② 陈松长主编：《岳麓书院藏秦简（肆）》，上海：上海辞书出版社，2015年。

③ 周海锋：《岳麓秦简“尉卒律”研究》，武汉大学简帛研究中心主办：《简帛》第11辑，上海：上海古籍出版社，2015年。

“尉卒律”解释为“与县尉有关的律文的汇集”也是不很妥当的，怎么能把律文的名称说成是“律文的汇集”呢？

现在看来，也许我们不必太费周折，就读其本字，也许并无大碍。岳麓秦简的律令简中以“卒”命名的律令除上面所说的“尉卒律”外，还有很多的令名，如卒令乙、卒令丙、廷卒甲、廷卒乙、廷卒令甲、郡卒令、尉郡卒令和四司空卒令等。这些令名如果以“卒”出现的情况看，可以分为卒、廷卒、郡卒、尉郡卒（尉卒和郡卒）、司空卒，其中的廷卒或可理解为县廷，司空也或可解读为县司空，但我们根据“廷内史郡二千石官”来判断，这里的“廷”应该是指郡一级的“廷”。也就是说，这里的廷卒、郡卒、尉郡卒、司空卒可能都是同一个层面上的，而“卒令”的“卒”也许就是廷卒、郡卒、尉郡卒和司空卒之泛称。因此，所谓的“卒令”，也可能就是关于郡一级官署中的卒所应遵守的令文。

大家知道，“卒”在秦汉时期是一个外延很广的专称，既可指士卒，也可指戍卒，还可以是百人为卒，而在郡一级的属官中，“卒史”更是很重要的属官之一。《汉书·陈胜传》“遣故上谷卒史韩广将兵北徇燕”。颜师古注“卒史，曹史也”。① 既然“卒史”可训释为“曹史”，而“曹”又是郡级行政管理中必不可少的常设机构，如岳麓秦简中就有“内史仓曹”“内史户曹”的记录。因此，我认为这里反复出现的“卒令”，很可能就是给郡一级各曹的卒史们颁布的令文。

（原文载《文物》2016 年第 12 期）

① 《汉书·陈胜项籍传》，北京：中华书局，1962 年，第 1797 页。

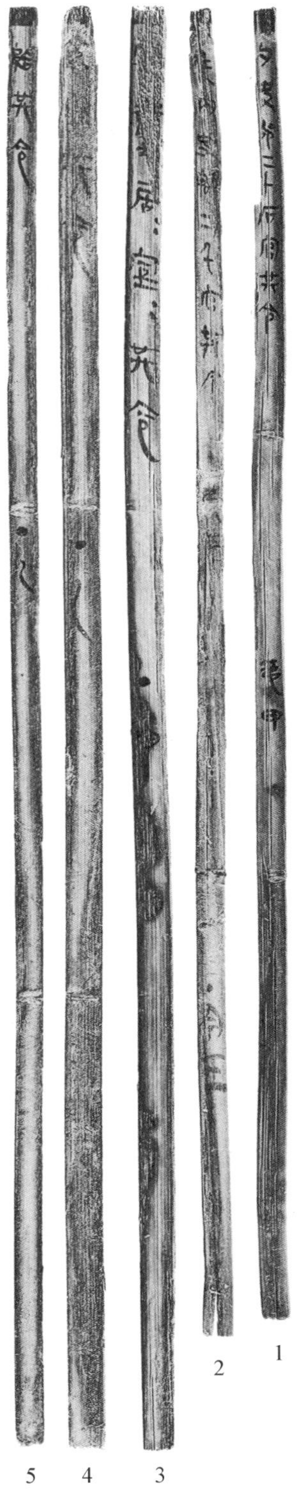

图 1

1. 简 0355　2. 简 1131　3. 简 2165　4. 简 0174　5. 简 0126

图 2

1. 简 0081　2. 简 1131

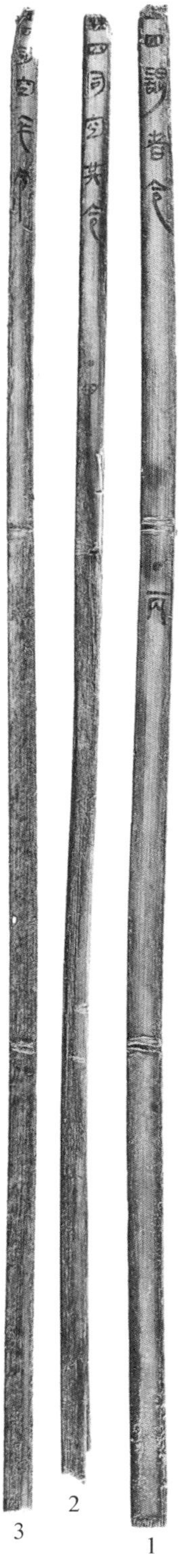

图 3

1. 简 2000　2. 简 2005
3. 简 0153

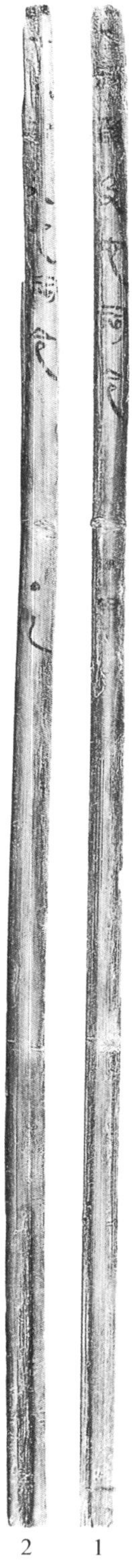

图 4

1. 简 2154
2. 简 2001

图 5

1. 简 0619　2. 简 0695　23. 简 0731
4. 简 0742　5. 简 0554

# 岳麓秦简中的令文格式初论

◎ 陈松长(湖南大学岳麓书院)

秦令是岳麓秦简的重要组成部分。我们在岳麓秦简的整理研读过程中确定秦令的一种简单方式,是观察简文中是否有令名的存在。但遗憾的是,我们所看到的岳麓秦简中,有令名的毕竟不多。那我们该怎样判断简文的内容就是秦令呢?我们认为:秦令的行文格式也应该是我们确定简文是否为令文的重要参考依据。因此,本文试对岳麓秦简中秦令的行文格式做一些粗浅的归类分析和讨论。

## 一

第一类,最容易判断是令文与否的行文格式之一,是简文的起首有明显标注者。这种标注,又可大致分为如下几类:

一是以"令曰"起首者,如:

2028:●令曰:黔首、徒隶名为秦者更名之,敢有、有弗更,赀二甲。

1893:●令曰:治书,书已具,留弗行,盈五日到十日,赀一甲;过十日到廿日,赀二甲。后盈【十】日,辄【驾(加)一甲】。①

这种以"令曰"起首者,经初步统计有40余例。这种例子有的是由1枚简记载,有的是2枚以上的简组成,因此这40余例并不是只有40余枚秦简,而应该是40多条完全可以确定的秦令。当然,如果仔细区分,这一类又可分为简末有令名和无令名者。如上举2例都是简末未附令名者。这种情况在"令曰"起首的简文中其实并不多,其他大部分都是简末附有令名的,如:

① 释文大部分选自陈松长:《岳麓书院藏秦简》(伍)(陆)(柒),上海:上海辞书出版社,2017、2020、2022年。

1162：●令曰：书当以邮行，为检令高可以旁见印章；坚约之，书检上应署，令并负以疾走。不从令，赀一甲。●卒

1169：令丙三

1805：●令曰：邮一行书留半日，赀一盾；一日，赀一甲；二日，赀二甲；三日，赎耐；三日以上，耐。　　●卒令丙五

这些有令名的简文，当然是岳麓秦简中最容易被断为秦令者。但其令名与令文的关系如何？这又是很值得讨论的问题。例如，上举两条“卒令”的内容，都是关于行书的法律规定，那“卒”与行书的关系究竟如何就很值得讨论。

与此类相似的还有一种，如：

1801：县官田有令∟：县官徒隶固故有所给为∟，今闻或不给其故事而言毋徒以田为辞及发

1788：徒隶∟，或择其官急事而移作田及以官威征令小官以自便其田者，皆非善吏殹，有如此者，以大犯

1803：令律论之　　●县官田令甲十八

这类令起首不是说“令曰”，而是说“县官田有令”，且在“令”字后用钩识符号来加以强调，这显然与“令曰”有相同的强调功能。当然，我们也可以将“县官田有令”就理解为“县官田令”，如果是这样的话，那就是岳麓秦简中以令名起首的唯一的例子。

这类以“令曰”起首的令文，其“令”字该怎么理解？这是个很有争议的问题。我们认为，它应该不是作为法律文本中的律令的“令”，它与上揭“县官田令”的“令”也应该不是一回事，它应该是皇帝所颁布的诏令的令。

这一点，我们也许可以从下面一条令文得到佐证：

0519：昭襄王命曰：置酒节（即）征钱金及它物以赐人，令献（谳），丞请（情）出；丞献（谳），令请（情）出，以为恒。●三年诏曰：

0352：复用。①

秦始皇二十六年改命为制、改令为诏的记载大家都很熟悉。准此，这里所谓的“昭襄王命曰”，也就是昭襄王制曰，只是昭襄王时用“命”而不用“制”而已。据此，岳麓秦简中的“令曰”者，其意义或也就等同于这条令文中的“命”；或者按照《史记》的说法，也就是改令为诏的诏令。

如上所述，“命”和“令”都是秦始皇二十六年改制前的用语。那么，凡是“令曰”者是否

① 见拙文《岳麓秦简中两条秦二世令文》，《文物》2015 年第 9 期。

就全是秦始皇二十六年以前的诏令令文呢？仔细检查所有“令曰”起首的令文，似乎又不尽然，如：

1168：●令曰：吏及黔首有赀赎万钱以下而谒解爵一级以除［及］当□□□

同样是以“令曰”起首，但令文中又出现了“黔首”一词。有关“黔首”与“百姓”的区别，也是人们区分秦代简牍文献时代早晚的代表性语词，一般都认为“黔首”也是秦始皇改制之后的用语。如果照此推断，那这里的“令曰”就不太可能是秦始皇改制前的用语。但有点疑惑的是，岳麓秦简的令文中，没有一条是以“诏曰”起首者，而岳麓秦简的律令部分比睡虎地秦简的时代略晚，又大部分是秦始皇改制之后所抄写，那为什么会出现这么多与改制不符的用语呢？我们推断，这也许是由当时的法律文书抄写的诸多因素决定的，或者说这也许是由于皇帝改制与全面实施之间还需要有一个过程等原因所决定的。

下层官吏在抄写这些法律文书时，或有依其习惯而忘记更改者，或因皇帝改制的全面实施程度有限，故远处南郡的下层官吏所抄写的这些秦令文本并不像正式的法律文本那样严格规范，等等。总之，不管是哪种原因，这里的“令曰”也就是所谓“制曰”或“诏曰”的意思。或有人认为，秦始皇二十六年后律令文本的抄写，凡秦始皇改制之前的一些特定语词都会在抄写时改过来，如将“令”改为“诏”，将“庄襄王”改写为“太上皇”之类，但我们觉得这是太理想化的一种推测而已，实际上是不太可能的。

二是以“制曰”起首者，如：

1737：●制曰：吏上请、对，奏者皆传（傅）牒牍数，节不具而却。复上者，令其牒牍毋与前同数，以为恒。　　●廷卒乙

岳麓秦简中出现了10余次“制曰”，但用以起首者，仅此一例而已。这里直接称为“制曰”，说明此令是始皇帝统一全国之后所发出的诏令；也就是说，其抄写的时间应该是在秦始皇二十六年之后。

值得注意的是，虽是以“制曰”起首，但在其令尾还注明了“廷卒乙”的令文编号，说明这条诏令在当时已经编入了“廷卒”令之中。

三是以“制诏御史”起首者，如：

1009：●制诏御史：吏上奏当者，具傅所以当者律令、比行事。固有令，以令当各署其所用律令、比行事。

以“制诏御史”起首的令文在岳麓秦简中出现了三次，这种格式也曾两见于《二年律令·津关令》，如：

492：制诏御史：其令扜（扞）关、郧关、武关、函谷【关】、临晋关，及诸其塞之河津，禁毋出黄金，诸奠黄金器及铜，有犯令。

493：制诏御史：其令诸关，禁毋出私金□。或以金器入者，关谨籍书，出复以阅，出之。籍器，饰及所服者不用此令。

这种皇帝直接诏令御史的令文，无疑是很容易判断的令文格式之一。跟这种格式相同的还有一种"制诏丞相"，如：

1129：●制诏丞相斯：所召博士得与议者，节有逮，告劾，吏治者辄请之，尽如宦显大夫逮。斯言罢

1130：博士者，请辄除其令。

这是直接诏令丞相李斯的令文。这里的"丞相"，在《二年律令·津关令》中换成了"相国"，如：

500：制诏相国、御史，诸不幸死家在关外者，关发索之，不宜，其令勿索(索)，具为令。相国、御史请关外人宦为吏若繇(徭)使，有事关中，

501：[不][幸][死]，县道各(?)属所官谨视收敛，毋禁物，以令若丞印封椟槥，以印章告关，关完封出，勿索(索)。椟槥中有禁物，视收敛及封。①

可见，皇帝直接诏令丞相、御史是很常见的事，虽然我们现在看到的这类令文不是很多，但这毕竟保存了令文的最初格式。

## 二

第二类容易判断是令文与否的格式是简文之后有注明令名者，如：

j66－6：☑者。　●迁吏令

这是一条前面残缺，唯独在简文最后留有令名的简文。从图片上看，"令"字已到达简末，后面已没有再写文字的可能。但我们还不能确定这条令文是否全部结束了。因为在岳麓秦简中，简末只注明令名者就此一例，其他都是在令名后还附注有天干编号和数字编号者。而且大多是兼有天干和数字编号者，单独附注天干编号的也只有几例，如：

1791：及戍者。　　　　●迁吏令甲

1616：诸当以赏免除辠人，狱已断盈六月而弗以免除人者，止，毋行其赏。　●廷甲

1856－1+1794：节吏有请，若上书者，有言殴。其所请言节已行而后有请(情)□其等者，必尽具写其前所已行。

① 张家山二七四号汉墓竹简整理小组：《张家山汉墓竹简(二四七号墓)》(释文修订本)，北京：文物出版社，2006年，第85页。

1785：与奏偕上，以为恒。　　●廷卒乙

这是完全可以确定简末只有天干编号的几个例子，其他大多数则都是在天干编号后再加注编号者，如：

1775：视事毋过五日，过五日，赀二甲。　　●迁吏令甲廿八

J52：当治论皆毋以谴论。　　●廷甲第廿一

1713：日以来。　　●廷卒乙廿

1173：●恒署书皆以邮行。　　●卒令丙二

这种简末的令名标注，可以很容易帮助我们判断：凡用这种格式抄写的令文，肯定是秦令而非秦律。当然，这种简末标注令名的格式也有与简首标注“令曰”或“制曰”的格式在同条令文中共存者，如：

1805：●令曰：邮人行书；留半日，赀一盾；一日，赀一甲；二日，赀二甲；三日，赎耐；过三日以上，耐。　●卒令丙五十

1737：●制曰：吏上请∟、对∟、奏者，皆传（傅）牒牍数，节（即）不具而却，复上者，令其牒牍毋与前同数，以为恒。　●廷卒乙

应该说，这种两者共存的格式，更是我们最容易判断其内容是否为秦令的格式的标准。值得注意的是，这种简末的令名标注其实并没有一种固定的格式。其具体表现是：

1. 令名的表述或可省略“令”字，例如：

1791：及戍者。　　●迁吏令甲

2126：☐　　●迁吏甲卅

很显然，2126号简上的“迁吏甲卅”应该是直接省略了“令”字。所谓的“迁吏甲卅”只能是“迁吏令甲卅”的省称。

再如：

1774：以次为置守学佴。　　●迁吏卅三

其中的“迁吏卅三”也应该是“迁吏令卅三”的简称。准此，我们也可以对下面的一些简称做出明确的判断，例如：

1736：庸吏收钱为取就不为旁钱。　　●廷甲十九

1964：一岁而勿均　　●廷己八

这里所标注的“廷甲十九”和“廷己八”的令名就应该是“廷令甲十九”和“廷令己八”的省称。同理，我们在简文中常见的所谓“廷卒”令名简，如：

1699－1：禁市贩。　　●廷卒甲廿七

1684：其赐。　　●廷卒己廿一

其中的“廷卒”都应该是“廷卒令”的简称。但有趣的是，在岳麓秦简中，也出现过“廷卒令”的全称者，如：

1116：□　　　　　　　　　　　　　　　　　　　●廷卒令甲

由此更可证明，简文中大量出现的“廷卒”这类的令名，其全称也就是“廷卒令”，这与上揭“迁吏”即“迁吏令”的省称是同一种表述方式。

2. 令名后面的编号记录并不统一，表现为四种方式：

一是令名后只有天干编号者，如上面所例举的“廷卒令甲”“廷甲”“迁吏令甲”之类。

二是令名后面的天干编号后又加数字编号者，如上举“廷卒甲廿七”“迁吏甲卅”之类。

三是令名后没天干编号而只有数字编号者，如：“迁吏卅三”。

这种方式或许是一种特例，因为在我们检索过的所有令名简文中，仅有两例是没有天干编号的。除此之外，还有：

1883：备盗贼令廿三

因此，我们很怀疑这两条令名是漏抄了天干的编号。如果这种怀疑可以成立的话，那么这也许不应该算是一种特定的方式。

四是令名后的天干编序有加“第”字者，如：

1780：赀二甲，废。丞令、令史、官啬夫弗得，赀二甲。　●内史仓曹令第乙六

1920：骖乘∟。它执法官得乘傳马覆狱行县官及它县官事者比　●内史旁金布令第乙九

从令名的理解上看，加不加“第”好像无关紧要，因为都是同样的令名，也有不加“第”字者，如：

1921：溥。有不以实者而弗得，坐，如其稗官令。　　　　●内史仓曹令甲卅

1768：●令曰：遣吏市者必遣真官啬夫、吏、令史，不从令者，赀各二甲。　●内史旁金布令乙四

由此可见，简末的令文标识中，有无“第”字也许本身并没有太多的意义，它或许仅仅是天干编号表述的强调而已。

## 三

第三类可以判断为令文的简文格式是简末标注有数字编号者。这种数字编号均与简文隔有一定的距离，然后以墨点标识后再标注数字编号。如：

0550：●自今以来敢有盗取蜀、巴、洞庭犀牛者，黥为城旦舂。　　　●六

1017：【●】自今以来有诲传言，以不反为反者，辄以行訞律论之，其有不□者，徙洞庭，洞庭处多田所。●十三

1123：●诸有辠当䙴输蜀巴及恒䙴所者，辠已决，当传而欲有告及行有告，县官皆勿听而亟传，诣

0966：䙴输所，勿留。　　●十九

这种简末所标注的数字编号，应该是秦代令文的标志之一。我们之所以这么认为，其理由大致有以下几点：

其一是现在所看到的秦汉律文中，无论是睡虎地秦简、龙岗秦简、岳麓秦简还是张家山汉简，都没有看到在律文之后用数字编号者。

其二是上揭岳麓秦简的许多令文中，在简末令名的天干编序后大都附有数字编号，因此，这种数字编号应该是秦代令文在汇集整理过程中的具体编号。

其三是这类简文的简首多有墨点标示，而且还有一些秦汉令文中所特有的专用语词可以帮助我们进行律令与否的区分和判断.如例中简首的“自令以来”“诸”等语词就是秦汉令文中用于首端的常见语词。

此外，简文中一些令文的特有语词，也可佐证这些简末的数字编号只能是令文的编号而不是律文的编号，如：

1125：●制诏御史：闻狱多留或至数岁不决，令无辠者久毄（系）而有辠者久留，甚不善。其举留狱上

0968：之ㄴ。御史请：至计，令执法上冣者各牒书上其余狱不决者，一牒署不决岁月日及毄（系）者人数为

0964：最偕上御史，御史奏之，其执法不将计而郡守丞将计者，亦上之。制曰，可。●卅六

它们的简首是墨点标识，接着是“制诏御史”这样明确的令文代表用语，简末还有“制曰：可”之类的皇帝批复用语。这一看就是一条令文，故其简末的数字编号也只能是这类令文的编号而已。

## 四

第四类比较容易判断的令文格式是以“某某言”起首者，如：

0346：●御史丞相言：置发弩啬夫，固以泰射辞于弩事者补之，謹，勿令乘，计皆识射其执法府。　　●廿五

1036：•定阴(陶)忠言：律曰：显大夫有辠当废以上勿擅断，必请之。今南郡司马庆故为冤句令誁(诈)课，当

1010：废官，令以故秩？为新地吏四岁而勿废，请论庆。制书曰：诸当废而为新地吏勿废者，即非废。

0346号简的“御史丞相言”只有御史丞相向皇帝请制的内容，但后面没有“制曰：可”之类的批复。因此，这也许是一条没有抄全的令文，只抄录了请制的文字而已。但作为令文的标志之一是其简末已标注了数字的编号。根据我们上面所讨论的简末仅标注数字编号的令文格式推断，这也应该是作为一条已经确定的令文而抄录下来的，只是后面漏抄了“制曰：可”的批复文字而已。

1036号简比较完整，其内容大致如下：先是定陶县令忠上奏曰，有律规定，凡显大夫有罪当废以上不能擅自论断，必须请示。现有南郡司马庆，以前的冤句县令以巧言诈课，当废官。令以故秩为新地吏四岁而不废官，请示有关庆的论处是否可行。制书曰：凡当废而为新地吏勿废者，即不要废其官。

这种令的行文格式，在张家山汉简《二年律令·津关令》中多次出现，如：

简516：相国上长沙丞相书言，长沙地卑湿，不宜马，置缺不备一驷，未有传马，请得买马十，给置传，以为恒。•相国、御史以闻，请

简517：许给买马。•制曰：可。

简523：丞相上备塞都尉书，请为夹溪河置关，诸漕上下河中者，皆发传，及令河北县为亭，与夹溪关相直。阑出入、越之，及吏

简524：卒主者，皆比越塞阑关令。•丞相、御史以闻，制曰：可。①

两相比较，只是起首的“某某言”有所不同而已，“言”之后的内容都是郡县级官吏在自己的职权范围内面对各种事项和问题向上请示诏令的内容，然后是皇帝在批阅之后再发布诏令。值得注意的是，岳麓秦简上的是“制书曰”，而《二年律令》上的都是“制曰”，这多少也说明这种请求诏令的格式也许在岳麓秦简中还不是非常规范。

已有学者指出，这种格式的令文是制诏的形式之一。

关于秦令的制定手续，日本学者大庭脩关于汉代制诏的研究是可以适用的。也就是说，根据大庭脩的研究，汉代的制诏可以分类为以下三种形式：

第一种形式：“皇帝根据自己的意志下达命令。”

---

① 张家山二七四号汉墓竹简整理小组：《张家山汉墓竹简(二四七号墓)》(释文修订本)，北京：文物出版社，2006年，第87—88页。

第二种形式："官僚在自己被委任的职权范围内，为了完成自己的任务向皇帝献计献策，皇帝认可之后，作为皇帝的命令予以公布。"

第三种形式："皇帝根据自己的意志下达命令，但是下达命令的对象只限于一部分特定官员，特定官员的答申是必要的。"①

很显然，这里所说的第二种形式就是我们所讨论的这种令文格式，这种格式其实也就是所谓"事项令"的一种典型格式。

这类令文格式中，还有一条很特殊的令文。其内容如下：

0587：泰上皇时内史言：西工室司寇、隐官、践更多贫不能自给粮。议：令县遣司寇入禾其县，毋禾

0638：当貣者，告作所县偿及贷。西工室伐干沮、南郑山，令沮、南郑听西工室致。其入禾者及吏移西

0681：工室。●二年曰：复用。②

从令文的格式看，这也是属于"某某言"一类的诏令形式，但这里是"太上皇时内史言"，即前朝的内史所报告。而后面的批复也不是"制曰：可"，而是"二年曰：复用"。这里的"二年"我们的理解是秦二世二年，也有人认为是秦始皇二年，但不管是哪个"二年"，那"复用"二字说明这条令所报告的内容并不是当今内史所呈请皇帝颁布诏令的内容，而只是转引前朝曾出现过的某一事项，呈请当今皇帝批准其仍然具有法律效用而已。

## 五

第五类较容易判断的令文格式是以"自令以来"起首者，如：

1017：【●】自今以来，有诲传言以不反为反者，辄以行訞律论之，其有不□者，徙洞庭，洞庭处多田所。　　●十三

1706+1784：●自今以来，禁毋以壬癸哭临，葬以报日。犯令者，赀二甲。●廷卒乙十七

按，"自今以来"作为一个法律上表示时间起止的特定术语，是秦令中习见的起首语之一。不仅如此，这"自今以来"的特定术语也常见于上请皇帝诏令的请辞中，如：

1786：●数言赦，不便。请：自今以来，节(即)为令若有议为殴(也)，而当以赦为

① 转引自广濑薰雄：《秦汉律令研究》，东京：汲古书院，2010年，第92—93页。引文由王园红翻译。

② 见拙文《岳麓秦简中两条秦二世令文》，《文物》2015年第9期。

根者，皆以其赦令出之明日为根，曰：某年某月某

1713：日以来。　　　　　　　　　　　　　　　　●廷卒乙廿

大家知道，所谓“请”字都是上请皇帝下发诏令的特定语词，而“自令以来”作为“请”的起首语，显然是令文的专门用语。因此，凡有“自令以来”起首者，肯定都是秦令而不是秦律。

## 六

第六类可以判断为令文格式者，是行文中有“某年某月某日以来”，如：

1357：●十四年四月己丑以来，黔首有私挟县官戟、刃没〈及〉弓、弩者，亟诣吏，吏以平贾（价）买，辄予钱。

1897：☐□□□□后捕诇告者。廿年八月乙巳以来，皆以捕死辠

1025：●廿六年十二月戊寅以来，禁毋敢谓母之后夫叚（假）父，不同父者，毋敢相仁（认）为兄、姊、弟∟。

秦代的法律文献中，凡出现“某年某月某日以来”的行文，基本可判断其就是令文，因为在岳麓秦简中的“廷令”中有明确的规定。见上述1786、1713号简。

这虽然说的是赦令要注明“某年某月某日以来”，但其他诏令的具体实施也离不开这种具体时间点的界定。上揭三例中，1357号简和1025号简上所记的具体时间在起首，而所言的“某年某月某日以来”，很明显是诏令颁发实施的时间界定点，因此，一看就是一条令文的起首。此外，这类，“某年某月某日以来”的行文格式也会出现在所谓“事项令”的中间，如1897简上所记。该简虽然简首残缺，但其“廿年八月乙巳以来”也是很明显的令文格式，可以很好地帮助我们去判断其令文与否。

（原文载《上海师范大学学报（哲学社会科学版）》2017年第6期）

# 岳麓秦简中的对、请、奏文书及相关问题探论

◎ 陈松长(湖南大学岳麓书院)

在岳麓秦简中,有一条针对“对、请、奏”这三类上行文书的牍牒尺寸、容字、编联等简牍形制方面的事项所颁布的令文,由11枚简组成,内容完整,为进一步认识秦代官府文书的简牍形制特征提供了崭新的材料。为便于讨论,我们且先录简文如下:

1698:●诸上对、请、奏者,其事不同者,勿令同编及勿连属ㄴ,事别编之。有请,必物一牒,各徼(彻)之,令易〈易〉智(知)。其一事

1707:而过百牒者ㄴ,别之,毋过百牒而为一编,必皆散,取其急辞,令约,具别白易〈易〉智(知)殹(也)。其狱奏殹(也),各约为鞫

1712:审,具傅其律令,令各与其当比编而署律令下曰:以此当某某,及具署罪人毄(系)不毄(系)。虽同编者,必章□

1718:之,令可别报、縈却殹(也)。用牍者,一牍毋过五行,五行者,牍广一寸九分寸八,

1729:四行者,牍广一寸泰半寸,●三行者,牍广一寸半寸。●皆谨调讙〈护〉好浮书之,尺二寸牍一行毋过廿六字。●尺

1731:牍一行毋过廿二字。书过一章者,章□之ㄴ。辞所当止皆腏之,以别易〈易〉智(知)为故。书却,上对而复与却书及

1722:事俱上者,縈编之,过廿牒,阶(界)其方,江(空)其上而署之曰:此以右若左若干牒,前对、请若前奏。●用疏者,如故。

1814:不从令及牍广不中过十分寸一,皆赀二甲。

1848:请:自今以来,诸县官上对、请书者,牍厚毋下十分寸一ㄴ,二行牒厚毋下十五分寸一,厚过程者,毋得各过

1852:其厚之半。为程,牍牒各一ㄴ。不从令者,赀一甲ㄴ。御史上议:御牍尺二寸ㄴ,官券牒尺六寸。●制曰:更尺一寸牍

1702：牒。　　　　　　　　　　　　　　　　　　　　　　●卒令丙四①

令文起首就说明，这条令所规范的对象是“上对、请、奏”这三类文书，故我们先讨论一下这三种文书的异同。

首先，从简文所表述的意义看，“上对、请、奏”应为上对、上请、上奏的一种省称。也就是说，这三类文书都是上行文书，且都是上呈至皇帝批阅的文书。这在另一条令文中有明确表述：

1773：●制曰：吏上请∟、对∟、奏者，皆傅牒牍数。节（即）不具而却，复上者，令其牒牍毋与前同数。以为恒。　　●廷卒乙②

“制”乃皇帝所下的制书，皇帝专门为“吏上请、对、奏者”下制书，可见这三种文书的重要性。而且，在该制书中，请、对、奏之间都有钩识符号，说明这是三种互有关联而又各自独立的文书。而将“请”排在“对”之前，则表明对、请、奏这三类文书虽互有关联，但其前后顺序并没有严格规定。这三种文书或因其都有向皇上呈递的特点，故可称之为“上对”“上请”“上奏”文书，但就文书的性质而言，其本体应该就是“对”“请”“奏”。这一点，在出土和传世的秦汉文献中都能找到书证：

●令曰：制书下及受制有问议者，皆为薄（簿），署初到初受所及上年日月、官别留日数、传留状，与对皆（偕）上。不从令，赀一甲。　　●卒令乙五③

这是岳麓秦简中的记载，简文中的“与对皆（偕）上”就是要将“对”这种文书与“簿”一起向上呈递。又，《汉书·董仲舒传》：“前所上对，条贯靡竟，统纪不终，辞不别白，指不分明，此臣浅陋之罪也。”④

这里所说的“上对”，就是向上呈递的“对”书，与前引简文的语义相同。其实，“对”这种文书本身就是从先秦文献中臣子或谋士回答主公或国君所提出的问题或接续对话时的一个专用语词引申而来的，其本义也就是对话的“对”。如《汉书·公孙弘传》：“敢问子大夫：天人之道，何所本始？……其悉意正议，详具其对，著之于篇，朕将亲览焉。”⑤

臣子或谋士将对话的内容记录下来上呈给主公或国君，也就成了一种专门的文书。而与“对”有别的“请”，则是另一种专门请求君主批复的报告文书，在秦代法律文献中多径称为“请”。如岳麓秦简中记载：

---

① 陈松长主编：《岳麓书院藏秦简（伍）》，上海：上海辞书出版社，2017 年，第 105—108 页。

② 陈松长主编：《岳麓书院藏秦简（伍）》，第 129 页。

③ 陈松长主编：《岳麓书院藏秦简（伍）》，第 101 页。

④ 班固：《汉书》第 56 卷，北京：中华书局，1962 年，第 2514—2515 页。

⑤ 班固：《汉书》第 56 卷，第 2614 页。

节(即)吏有请若上书者,有言殹(也)。其所请、言节(即)已行而后有(又)有请、言其等者,必尽具写其前所已行,与奏偕上。以为恒。 ●廷卒乙①

这条令中出现了3个“请”,其中第一个“有请”与“上书”并列,显然这个“请”字已不单是一个请示的动作,而是一种请示的报告书,后面的两个“请言”当是请示报告的具体内容。令文的末尾强调“与奏偕上”,也就是说,所谓“有请若上书者有言”,要与“奏”一起向皇上呈递。

“对、请、奏”作为三种文书的专名,除了直接上呈皇帝之外,在秦汉时期也是常见的三种上行文书,出土秦汉简牍中多见其使用痕迹。《里耶秦简(壹)》中就多次出现“请”与“奏”,如:

请程∟问之迁陵(8-536)

可有请尉府(8-1311)

它坐它如奏(8-1446)

其谨桉致更上奏夬展薄(簿)留日毋腾却它(8-1564)②

“对”作为一种向上回复的文书专名,在《敦煌汉简》中也时有所见,如:

请千秋士吏张长宾龙勒移书召幸君愿长宾为记

段长宾记 告幸君

教具对③ 1007

弃市乐见□事兴霸德安汉不所坐不同即上书对具④ 1751

这两个“对”字都已明显具有了文书的性质。

由是可知,秦汉时期,“请”“对”作为上行文书的专名是很常见的,但或以“上奏文书”来统括这三类文书可能并不准确。⑤ 根据岳麓秦简中的这条令文来判断,“上请、对、奏”是三种通用并行的上行文书,三者的性质和功能各不相同,不能互相替代。而所谓的上奏文书,一般的理解有广义和狭义之分,广义的上奏文书包括所有上呈皇帝的文书,而狭义的则指单独的上奏报告。这种报告当有特定的格式和要求,可以是简单的说明,而上奏的具体内容则会以附件的形式附在报告书后一起上奏。如秦汉出土文献中常见的“奏谳书”中的“谳书”,其本身就是报请郡以上官府审核论断的所谓“乞鞫”的案例或司法文书,它并不是上奏文书

① 陈松长主编:《岳麓书院藏秦简(伍)》,第130页。

② 湖南省文物考古研究所:《里耶秦简(壹)》,北京:文物出版社,2013年,第38、66、71、77页。

③ 吴礽骧、李永良、马建华释校:《敦煌汉简释文》,兰州:甘肃人民出版社,1991年,第103页。

④ 吴礽骧、李永良、马建华释校:《敦煌汉简释文》,第184页。

⑤ 李均明:《秦汉简牍文书分类辑解》,北京:文物出版社,2009年,中就只有“上奏”文书而没有“请”“对”这两种文书。

本身，而仅仅是上奏文书的一个附件，或者说一个组成部分。

其实，与一般理解不同的是，本令文中所说的“奏”书并不是一般意义上的上奏文书，而是专门有所指的所谓“狱奏”文书。简文特别注明“其狱奏殹（也）”，其目的很显然，就是要说明令文中所说的“奏”书并不是一般意义的上奏文书，而是“狱奏”文书，也就是各种狱案论决而需上奏的文书。

“狱奏”一词罕见于传世文献，但其词义自可寻绎。《左传·庄公十年》：“小大之狱，虽不能察，必以情。”所谓“小大之狱”也就是各种诉讼案件。又《汉书·张汤传》：“（张汤）并取鼠与肉，具狱磔堂下。”颜师古注：“具为治狱之文，处正其罪而磔鼠也。”准此，“狱”既可指狱案，也可指治狱的论决文书，故简文中的所谓“狱奏”，也就是各郡县要上奏报批的狱案和论决文书。这种解释在接下来的简文中得到了说明和验证：即凡“狱奏”文书，要各自简约概括鞫讯的内容，同时要附上律令条文作为论决的依据，并要各自将狱案和相关的论罪文书编联在一起，且要在所附的律令下注明该狱案参照的律令，而且还需注明该案的犯罪人员是否还在拘系中。

从这样具体的律令规定中可以看出，这条令文中的所谓“奏”书确实不是一般的上奏文书，而是专指需要上奏的各类大小狱案的“狱奏”文书。究其实，这类“狱奏”文书很可能就是秦汉简牍中所常见的“奏谳”文书，只是一般的“奏谳”文书是县一级向郡府奏请鞫审论判的狱案文书，而令文中的“狱奏”文书则是一种由郡府一级向皇帝奏请核准并下发诏令的狱案文书。以此类推，令文中所说的“对、请”文书虽然各自的性质和功能不同，但从其与“奏”书并列言之的情况看，它们应该是与“奏”书密切相关的两种文书。也就是说，这三种文书都应与郡县官吏将狱案呈请皇上亲自治狱有关。

有意思的是，令文中的“请、对、奏”三种文书虽都与治狱有关，但这条令文却收在“卒令”里面，与那些有关秦代官府文书的传递与管理类的“行书”令文归在一起。这说明本令文所强调的重点并不是如何治狱，而是治狱文书制作的规范化问题。由此也可想见秦代在“官吏治狱繁”的背景下，对治狱文书的制作是何等的高度重视，尤其是这类要上呈皇帝批阅的上奏文书，自然更要有严格的规定。细绎简文，这条令文对这类“狱奏”文书形制的严格规定具体表现如下几个方面：

## （一）凡“请、对、奏”文书都必须一事一报

凡事有不同者，不能同编或联属上报，必须根据所报呈的事项分别编联。凡有请书，也必须一事一牒，各自分列清楚，务求明了易知。所谓“其事不同者，勿令同编及勿连属∟，事

别编之”。这应该是对“狱奏”文书的基本要求，凡为狱案，自当一事一份“狱奏”文书，不能混杂。这里值得注意的是，令文接着将“请”书单列，并规定是“有请，必物一牒，各徶（彻）之，令易〈易〉智（知）”。即凡有请书，必须一物一牒，各自罗列清楚，令其容易知晓。

这里值得关注的有两点：

1. “物”字所指是什么？整理小组认为指具体的事物，[①]这可能是一种很无奈的解释。其实，“物”也就是“事”，《公羊传·隐公元年》“渐进也”，何休注“渐者物事之端，先见之辞”，可知“物事”为同义复词。又《吕氏春秋·先识》：“（晋威公）去苛令三十九物，以告屠黍。”高诱注：“物，事。”可知所谓“必物一牒”，也就是必须一事一牒，不可杂乱。

2. 关于“牒”字，《说文解字·片部》：“牒，札也。”段玉裁注：“厚者为牍，薄者为牒。牒之言枼也，叶也。”按，牒解为札，自无异议，但段注认为“薄者为牒”未免臆断之嫌。牒在简文中共出现5次，它确多与“牍”相对应而存在，但其与牍的差别主要并不是厚薄的问题，而是宽窄和容字多少问题，其中最能说明“牒”字含义的是编号为1848号简中的“二行牒”，说明“牒”上所抄文字都是两行或两行以下的，故“牒”又或称之为“简”，而“牍”则是抄有三行以上文字的木版。这也许才是牍牒区分的根本所在。

## （二）“狱奏”文书的“用牍”规定

针对“狱奏”文书制作和形制要求，简文对这类文书的载体进行了详细的规定，这是秦简牍中第一次见到以律令的形式详细规定“狱奏”文书的“用牍”制度。有关简牍的形制研究，很多学者曾作过探讨。最早是王国维的《简牍检署考》，[②]他曾借助传世文献中的记载对汉简形制进行了分析；后有陈梦家在《汉简缀述·由实物所见汉代简册制度》中作过更为详细的探讨；[③]20世纪70年代后，随着大量简牍材料的出土，胡平生撰写了《简牍形制新探》一文，重新对竹简、木牍以及相关材料的形制进行了新的探讨和研究。[④] 此外，李均明还就西北汉简中比较完整的单行、双行简和一些简牍的容字问题作过专门的研究。[⑤] 这些研究对认识和了解秦汉简牍的形制都大有帮助，但这些研究多使用汉简材料，至于秦简牍的形制特征，则因出土材料的缺乏而语焉不详。近20年以来，出土的秦简牍资料大增，我们可以结

---

① 陈松长主编：《岳麓书院藏秦简（伍）》，第153页。
② 王国维：《简牍检署考》，上虞罗氏云窗丛刻本，1914年。
③ 陈梦家：《汉简缀述》，北京：文物出版社，1980年。
④ 胡平生：《简牍形制新探》，《文物》2000年第3期。
⑤ 李均明：《秦汉简牍文书分类辑解》，北京：文物出版社，2009年。

合里耶秦简和睡虎地秦简对这条令文中的有关规定做一些解读。

简文中所说:“用牍者,一牍毋过五行。”所谓“用牍者”,也就是用牍来抄写制作“狱奏”文书的情况,接下来的用牍规定,在里耶秦简中可以得到充分的证明。

《里耶秦简(贰)》中刊布了一组由12块木牍组成的狱案文书①,详细记载了从秦始皇三十三年到三十五年追缴阳陵士五毋死、盐、衷、不识等人赀钱而上呈洞庭郡的事件。这组文书所记除了当事人不同之外,其他内容基本相同,故其抄写形式也基本相仿,其正面大都是与“司空腾敢言之”相同的内容,反面则是不同经手人所做的经手记录,我们从其正面所抄写的格式看,除第12块只有四行之外,其他都可归为五行书,其中有5块是标准的五行书。另有6块六行者,其实也可算在五行书之列,因为其最后一行多是另一个抄手所补录,且年份也不相同,故可大致推断,秦代作为狱案文书使用的木牍,应以五行为标准。而且,其牍的宽度都约为4厘米,小于简文规定的“一寸九分寸八(约4.36厘米)”。当然,里耶秦简可能并不是标准的“狱奏”文书,故其用牍的尺寸或可有些宽松,其牍的宽度不太标准也很正常。

至于四行者或三行者的牍宽规定,也可在里耶秦简中找到对应的材料,如《里耶秦简(贰)》彩版第九页中的第982号牍就是一枚抄写了四行文字的木牍,而同页编号为986的木牍则是一枚三行木牍,两者的宽度明显不同,按照岳麓秦简的规定,均在“一寸大半寸”(约3.85厘米)和“一寸半”(约3.46厘米)的尺寸范围之内。

除了用牍的宽度之外,简文对奏牍的长度和每行所抄的字数也进行了规定。据令文可知,作为奏牍的长度可分两种,一种是“尺二寸”(约27.7厘米),一种是尺牍(约23.1厘米)。其文字抄写,前者一行不超过26字,而后者一行不超过22字。从传世文献和出土简牍资料来看,这应该也是专门针对“狱奏”之牍所作的规定,因为传世文献的记载和出土简牍实物大都不能与此规定完全吻合。

有关传世文献中记载的简牍容字问题,骈宇骞先生曾作过归纳曰:

> 《仪礼·聘礼》疏引“服虔注《左氏》云:古文篆书一简八字”,《汉书·艺文志》述刘向校今文《尚书》曰“简或二十二字,或二十五字”,《仪礼·聘礼》疏引“郑注《尚书》三十字一简之文”,《穆天子传·序》云“汲冢书一简四十字”等。从上述文献记载来看,少者只容八字,这显然是因为所用之简较短,或书写的字大而字与字间间隔较宽所致。书写22~40字的简,一般属正常抄写。②

按,骈先生所引文献都没有记载具体的简长或简宽,故其所说的“正常抄写”也仅仅是

① 湖南省文物考古研究所:《里耶秦简(贰)》,北京:文物出版社,2017年,第1—6页。
② 骈宇骞、段书安:《二十世纪出土简帛研究概述》,北京:文物出版社,2006年,第82页。

对上引文字记载的折中说法。陈梦家先生曾在《汉简缀述》中对武威汉简中的《仪礼》简进行过详细的分析和研究，得出的结论是“每一简的容字多少，大致是有规定的，但因不同书手和竹木简性质之异，使得各篇每简字数并不能一律相等”。①

以上所述或许都是典籍文献的简长和容字情况，我们也可选取同样是法律文献的出土简牍来作一个比较。如睡虎地秦简的法律文献中，简长 27 厘米的《效律》简容字是 27～30 字，简长 27.5 厘米的《秦律十八种》简容字是 36～47 字，而龙岗秦简中保存完整的法律文献简的简长为 28 厘米，但其容字仅 24 字。可见其简长约“尺二寸”的简，容字并不一致。再如前引里耶秦简中法律文书的木牍，牍长都在 23 厘米以内，相当于简文中所说的“尺牍”，但其每行所抄的文字数量各不相同，多在 25 字以上。由是可见，岳麓秦简中这条令文所规定的用牍标准，或是专门针对所谓“狱奏”文书所做的规定，而我们现在尚未发现这种标准的“狱奏”文书，或是这种规定可能并没有非常严格地执行过。

## （三）有关“上对”“却书”的具体规定

所谓“书却”，即上奏的狱书被退回，而简文中的“却书”也就是被退回的狱书。这里规定的是，当上奏的狱书因种种原因被退回之后，如果要重新上奏，就要有“对书”，并且要与退回来的狱书和补充修改的事项一起再上奏，且要编联好。如果超过了 20 牒，就要题署这份奏书的右边或左边的若干牒是以前的对书、请书或狱奏之书。由此也可印证前面的推断，即简文中所讲的“对书”并不是一般意义的上对之书，而是就狱案审核过程中直接回答皇帝就狱案有关问题进行询问的答复之书。

简文在明确了“对”书和“却”书的相关规定后，抄录了一篇比较完整的“请”书。其所请的内容是关于诸县官，也就是各郡县官府上呈的对书、请书，如果是用牍，其厚度不能少于十分之一寸；如果用牒则不能少于十五分之一寸；如果超过这个标准，也不得超过其规定的厚度之半，牍牒均适用，如有不从令者，赀罚一甲。

但有意思的是，这份请书所请示的是牍牒的厚度问题，与前面所述用牍的长宽和容字问题没有直接关系，而且御史所议和皇上的诏令也没正面回答牍牒的厚度问题，而是单独规定了牍牒的长度问题。这也许可以这么理解，即请书中有关牍牒的厚度问题可能已经确定，御史觉得无需再议，倒是有关牍牒的长度问题还需明确，故报请皇上，是否规定“御牍”为“尺二寸”，而“官券牒”为“尺六寸”，结果皇上制命曰：牍牒全部更为尺一寸。也就是说，皇帝

---

① 陈梦家：《汉简缀述》，第 300 页。

的批复是所有的牍牒长度都更改为“尺一寸（约25.3厘米）”，那前面所说的“尺二寸牍”和“尺牍”也都要改为“尺一寸”。由此也可看出，秦代在简牍形制规定方面尽管在努力规范，但实际上仍无法取得完全一致。

这里还值得注意的是简文中的“御牍”一词，整理小组认为，“御，供奉皇帝之物。御牍，或是供皇帝专用的牍”。[①] 这可能还不是确解，皇帝应该主要是批阅牍牒而已，没有必要使用所谓“御牍”。其实，这条令文中所强调的是“狱奏”所用牍的形制规定，令文最后作为“制曰”的对象，也应是指这类“狱奏”文书的牍牒规范，因此颇怀疑这个“御”字是“狱”字的误写。古音中“御”是鱼部疑母字，“狱”是屋部疑母字，两字的声母相同，韵部是阴入对转的关系，古音很近，抄写者因音近而误抄的可能性也存在。因此，如果我们将“御牍”理解为“狱牍”之误，那简文内容的上下衔接也就自然得多，其令文的解读也就更晓畅一些。

（原文载《文物》2020年第3期）

---

① 陈松长主编：《岳麓书院藏秦简（伍）》，第154页。

# 岳麓秦简所见秦比行事初探

◎ 欧　扬(湖南大学法学院)

初读岳麓秦简其中一类简文之后,往往有读者将其定性为案例文书,但综合分析形制、书体、简背划线及反印文字等因素,可知这类简文与律令在同一卷册。① 这类简文渊源于公文书而性质为法律。岳麓秦简某组令文记载了秦人将秦法律规范统称为"律令比行事",而上述的那类简文正是"比行事",简称"比"。秦比行事大致相当于文献记载的汉代决事比。本文试对岳麓秦简所见秦比行事进行简要介绍和初步探析。

## 一

岳麓秦简较为典型的比行事,见下文:

0640:县恒以七月粼牒书署当卖及就食状,须卒史属粪兵,取省以令,令案视。当就食,其亲、所智(知)

0635:者,卖之。隶臣妾、城旦、城旦舂司寇、鬼薪白粲及毄城旦舂老、瘁(癃)病、毋赖不能作者,遣就食蜀守。☑

0526:当就食,其亲、所智(知)欲买,勿令就食,许其归,罪,不得卖。

0319:•东郡守言:东郡多食,食贱,徒隶老、瘁(癃)病、毋赖,县官当就食者,请止,毋遣就食。它有等比。•制曰:可。

前三简是令文,其内容大致是规定县每年七月收集并整理相关资料,集中"隶臣妾、城旦、城旦舂司寇、鬼薪白粲及毄城旦舂老、瘁(癃)病、毋赖不能作者",并将这些徒隶遣

① 《岳麓书院藏秦简(叁)》前言第五节提到"南阳尉史禹入粟除埒(守)"案,整理者认为"似为诏令与案例的复合文书",因形制不合而未收入第三卷。参见朱汉民、陈松长主编:《岳麓书院藏秦简(叁)》,上海:上海辞书出版社,2013年,"前言"第1页。

至蜀郡就食。该令文属于“内史郡二千石官共令”，规定内史辖中县[①]将相关徒隶遣至与之邻近的蜀郡就食。《汉书·高帝纪上》：“（汉二年）关中大饥……令民就食蜀汉。”汉王令关中民就食蜀汉两郡，是其对秦制的借鉴。遣送相关徒隶就食的律令也适用于函谷关以东地区。第四简以墨丁起首，彰显其形成时间独立于前三简记载的原令。东郡守在原令颁行之后上言本郡粮价低贱，原令所举“隶臣妾”以下须遣蜀就食者，东郡守简述为“徒隶老、瘁（癃）病、毋赖，县官当就食者”，请示不予遣至律令规定的邻近某郡就食。此行政请示获可之后，其内容被朝廷颁布全国，从而其性质由公文书转化为比行事。“它有等比”的意思是其他官署遇到等同情况时须比照此事处置，此类格式语是比区别于公文书的特征。此比行事被编入原令后，成为该令的重要组成部分，并且在一定程度上修订了原令的规定。

岳麓秦简所见另一比行事的相关简文如下：

0624：如下邽庙者辄坏，更为庙便地洁清所。弗更而祠焉，皆弃市。各谨明告县道令丞及吏主

J47：吏，五日壹行庙，令史旬壹行，令若丞月行庙□□□⧄

0549：丞相议。

0467：祠焉。廷当：嘉等不敬祠，当……

0055(2)-3：•泰上皇祠庙在县道者……

0327：令部吏有事县道者循行之，毋过月归(?)，当缮治者辄缮治之，不□□者□□□□有不□□

0617：■ 内史郡二千石官共令　　　第庚

从形制和书体等方面分析，简0467属于这一组令文，从内容上看也吻合。此令的其他内容是关于“祠庙”的规定，虽有残断，但现已释读的内容足证其是一事关“祠庙”的比行事，含刑案文书术语“廷当”，又见具体人名“嘉”及犯罪行为描述“不敬祠”，可以肯定此比的内容源自实际刑案公文书。

在出土文献中，令中含比并不罕见。例如，武威汉简王杖十简令中的比：

河平元年，汝南西陵县昌里先年七十受王杖，頯部游徼吴赏使从者殴击先，用诉，地大守上潚。廷尉报：罪名明白，赏当弃市。[②]

---

① 关于岳麓秦简所见中县道及其与内史的关系，参见欧扬《岳麓秦简“毋夺田时令”探析》，《湖南大学学报（社会科学版）》2015年第3期。

② 甘肃省博物馆、中国科学院考古研究所编：《武威汉简》，北京：中华书局，2005年，第140页。

简0467和王杖十简令中之比有一定相似性：第一，都源于刑案奏谳文书；第二，都被编入令文中。所以这两则比的性质为法律，与令文其他部分法律效力相同。编入比的令文颁行之后，发生等同的情况必须参照此令中之比去处理。

## 二

除了王杖十简令，秦汉出土法律文献中还可见不少比。岳麓秦简及其他出土材料所见的比如何分类，不同类别的比分别具有哪些特征，见下文讨论。

比与公文书两者之间存在明显区别。以下引一则典型的案例文书：

《张家山汉简·奏谳书》案例一二

●河东守潚（谳）：邮人官大夫内留书八日，詐（诈）更其徼（檄）书辟留，疑罪。●廷报：内当以为伪书论。①

公文书如司法文书或行政请示文书，其内容是特定一时一事的处置情况，如不经朝廷官署的编订和发布，是无法适用于其他案件或情况的。

上引《奏谳书》案例一二是河东郡疑罪“谳”文书以及廷尉回复即“廷报”文书的抄录。该案处置完毕，这两份文书即成为成案或称判例的组成部分，在以后的司法实践中不起作用，即使其内容为《奏谳书》编辑者抄录，其性质也就是公文书写作范本。

比与公文书的性质不同，前者是秦汉时代的法律形式之一。官吏不能随意在决狱时援引普通的成案文书，只能援引中央认可的比类法律。这说明，普通的成案或称判例不是秦汉时代的法律，因此不能把西方法学中与“成文法”概念相对的“判例法”概念生搬硬套到秦汉法律史，如果一定要套，则秦汉的比都是中央编定，符合西方“成文法”概念的定义。

比与公文书之间存在联系，其内容都可见刑案奏谳文书术语和具体人名等，如王杖十简令中比的“廷尉报”与《奏谳书》案例一二的“廷报”是同类文书名。这是因为比的内容主要源自公文书，但两者的性质截然不同。

秦汉出土法律文献所见典型的比如下：

材料一：《张家山汉简·奏谳书》案例三的部分内容

人婢清助赵邯郸城，已即亡从兄赵地，以亡之诸侯论。今阑来送徙者，即诱南。●

① 张家山汉墓竹简整理小组：《张家山汉墓竹简（二四七号墓）》（释文修订本），北京：文物出版社，2006年，第97页；彭浩、陈伟、工藤元男主编：《二年律令与奏谳书——张家山二四七号汉墓出土法律文献释读》，上海：上海古籍出版社，2007年，第349页。

吏议：阑与清同类，当以从诸侯来诱论。①

材料二：《睡虎地秦简·法律答问》第五九简

廷行事：吏为诅伪，赀盾以上，行其论，有（又）废之。②

材料三：《睡虎地秦简·法律答问》第三八、三九简

告人盗百一十，问盗百，告者可（何）论？当赀二甲。盗百，即端盗驾（加）十钱，问告者可（何）论？当赀一盾。赀一盾应律，虽然，廷行事以不审论，赀二甲。③

材料四：《张家山汉简·二年律令·津关令》第五〇二、五〇三简

九、相国下：内史书言，函谷关上，女子厕传从子虽，不封二千石官，内史奏。诏曰：入，令吏以县次送至徙所县，县问，审有引书，毋怪。☑有等比。●相国、御史复请。制曰：可。④

上引四则材料都含有比，《礼记·王制》"必察小大之比以成之"，郑玄注："已行故事曰比。""故事"是已处置完毕的事例、案例，"行"即颁行、施行。"已行故事"，即事例、案例处理完毕，并且被官方颁行。

上引《法律答问》两则材料所见"廷行事"即是比。"廷行事"就是廷尉已行故事。"比""事"密切联系而不可分，有时"事"字用作决事比的量词，辞例见下表：

表 1　"比"不同时代的辞例

| | | |
|---|---|---|
| 秦 | 岳麓秦简 | 当各署其所用律令**比行事**。（某组令文） |
| 秦 | 睡虎地秦简《法律答问》 | **廷行事**：吏为沮伪，赀盾以上，行其论，有（又）废之。⑤ |
| 汉 | 《汉书·刑法志》 | 孝武即位……律令凡三百五十九章，大辟四百九条、千八百八十二**事**，**死罪决事比**万三千四百七十二事。……所欲活则傅生议，所欲陷则予死**比**。⑥ |

① 张家山汉墓竹简整理小组：《张家山汉墓竹简（二四七号墓）》（释文修订本），第 93 页；彭浩、陈伟、工藤元男主编：《二年律令与奏谳书——张家山二四七号汉墓出土法律文献释读》，第 339 页。

② 睡虎地秦墓竹简整理小组：《睡虎地秦墓竹简》，北京：文物出版社，1990 年，第 107 页。笔者在"廷行事"之后加了冒号。

③ 睡虎地秦墓竹简整理小组：《睡虎地秦墓竹简》，第 102 页。

④ 彭浩、陈伟、工藤元男主编：《二年律令与奏谳书——张家山二四七号汉墓出土法律文献释读》，第 314—315 页。笔者补释"等比"前之"有"字，并认为"从子虽"之"虽"是人名，因为不存在跨越两份文书的"即使（虽）……也"假设关系。释文标点有改动。

⑤ 睡虎地秦墓竹简整理小组：《睡虎地秦墓竹简》，第 107 页。

⑥ 班固：《汉书》，北京：中华书局，1962 年，第 1101 页；王先谦：《汉书补注》，上海：上海古籍出版社，2008 年，第 1545 页。

| | | |
|---|---|---|
| 东汉 | 郑玄注《礼记・王制》 | 已行故事曰**比**。① |
| 东汉 | 郑玄注《周礼・秋官・士师》引郑众 | 郑司农云：八成者，**行事**有八篇，若今时**决事比**。② |
| 东汉 | 王充《论衡・程材》 | 法令**比例**，吏断决也。（按：例，事例。比例即比事。）③ |

上引四则材料所见比，可分为两大类：

第一类，律令篇章之外的比。中央官署以制诏等方式赋予某些已成案例以法律效力，使其成为被称为比的法律，官吏须在决狱时援引。岳麓秦简的某令规定司法官吏上呈的刑案"奏当"文书中必须抄录所适用的"律令比行事"（某组令文）。这些比尤其是"廷行事"与当下的"最高人民法院发布指导性案例"之间存在几分相似之处，但不能认为两者存在对应关系。

此类的典型是材料一、二、三。材料一中的司法官吏写作议罪意见文书时，援引"人婢清"这一决事比，④吏适用"比"时分析："阑与清同类。"其实阑是来诱者而清是从诱者，从行为上说阑来诱与清之兄来诱同类，南从诱与清从诱同类，所以此处"清"是指代"清"决事比。"阑与清同类"，即阑案与"清"决事比属同类，阑案罪人的定罪应适用"清"决事比。《法律答问》两则"廷行事"材料，其中材料二以"廷行事"起首，类似"某律曰""某令曰"的格式，可窥见秦决事比的条文形态。材料三的编写者以"虽然"两字指出在特定问题上律和"廷行事"两类规定的内容不合。这揭示了秦司法官吏适用法律以决狱时，已面临梳理不同种类的法律规定之间关系的问题。⑤

第二类，律令篇章之内的比。将重要的比编入律令篇章，是秦汉朝廷修订律令的基本方式。材料四是典型，岳麓秦简之简 0319、简 0467 和王杖十简令中之比亦属此类。其中材料四独立成为一新令条即《津关令》第九，不似简 0319、简 0467 是编入原已存在的令中。笔者根据图版补释材料四"有等比"之"有"字，此格式语"有等比"的意思是以后其他官署遇到等

---

① 孔颖达：《礼记正义》，上海：上海古籍出版社，2008 年，第 555 页。

② 孙诒让：《周礼正义》，北京：中华书局，2013 年，第 2787 页。

③ 黄晖：《论衡校释》，北京：中华书局，1990 年，第 541 页。

④ 20 世纪 90 年代初期李学勤和彭浩指出"人婢清"以下为"比"，张家山汉简整理小组采纳了他们的意见。参见李学勤《〈奏谳书〉解说（上）》，《文物》1993 年第 8 期；彭浩《谈〈奏谳书〉中的西汉案例》，《文物》1993 年第 8 期。

⑤ 睡虎地秦简整理小组《法律答问》篇前"说明"第四自然段"秦吏以案例破法"的表述，见睡虎地秦墓竹简整理小组：《睡虎地秦墓竹简》，第 93 页。这个表述值得商榷，笔者观点见正文。

同的情况须比照此事处置，功能正如前述简0319的格式语“它有等比”。“有”字前的残断部分可能含“它”字，但“有等比”的释读已足以确认材料四性质，即被编入令的比，属于普遍适用的法律，不必再疑惑为何《津关令》编入了一条所谓“案例”。

表2　出土文献所见两类“比”

| 类　别 | 性　质 | 典　型 |
| --- | --- | --- |
| 律令篇章之外的比 | 法律的一类，独立于律令，发生类似情况，官吏须适用之 | 《奏谳书》案例三吏议文书所引“人婢清”决事比，《法律答问》“廷行事”及“行事”诸条 |
| 律令篇章之内的比 | 法律的一类，律令的组成部分 | 岳麓秦简之简0319和简0467，王杖十简令中之比，《二年律令·津关令》第九 |

## 三

出土文献中的律令篇章内外都存在比，这也可得传世文献之证。《汉书·刑法志》：

孝武即位……律令凡三百五十九章，大辟四百九条、千八百八十二事，死罪决事比万三千四百七十二事。①

成帝河平中，复下诏曰……今大辟之刑千有余条，律令烦多，百有余万言，奇请它比，日以益滋。②

“孝武”段意为：律令共有三百五十九章，律令篇章中大辟之刑有四百九条，律令篇章中大辟之比有千八百八十二事。律令篇章之外的死罪决事比有万三千四百七十二事。

这种解读的理由：第一，根据“成帝”段“大辟之刑千有余条”，可知“大辟四百九条”指大辟之刑四百九条。第二，此段唯一未标名目的数字“千八百八十二事”，应是承上“大辟四百九条”省“大辟”一词，否则不知所指。由此，可确定“大辟四百九条、千八百八十二事”在律令篇章中。第三，“千八百八十二事”和“死罪决事比”的量词都是“事”，则前者必指“大辟之比”。

由此可知，汉武帝时期的法律体系可粗略分为律令篇章内、外两部分，两者都含涉及死刑的“比”，内有“大辟之比”，外有“死罪决事比”，同为死刑而此称“大辟”彼称“死罪”，且分别计数，可见当时两者区分明确。

“成帝”段“律令繁多，百有余万言，奇请它比，日以益滋”。颜师古注：“奇请，谓常文之外，

① 班固：《汉书》，第1101页；王先谦：《汉书补注》，第1545页。笔者将“千八百八十二事”之前的标点符号改为顿号。

② 班固：《汉书》，第1103页；王先谦：《汉书补注》，第1548页。

主者别有所请以定罪也。它比，谓引它类以比附之，稍增律条也。”①颜氏认为“奇请”在律令“常文”外，而“它比”滋长导致律条逐渐增多。笔者认为引文先言律令，次述“奇请它比”，可见“奇请它比”在律令之外，因此其数量增长不直接导致律条增多。“奇请它比”和武帝时“死罪决事比”都独立于律令篇章。以上笔者对《汉书·刑法志》两段引文的解读可归纳为下表。

表3 《汉书·刑法志》所载西汉中后期法律体系

| 时　代 | 律令篇章之内 | | 律令篇章之外 |
|---|---|---|---|
| 孝武即位 | 大辟四百九条 | 千八百八十二事（按：大辟之比） | 死罪决事比万三千四百七十二事 |
| 成帝河平中 | 大辟之刑千有余条 | | 奇请它比，日以益滋 |

汉代决事比编入律令篇章见《史记·酷吏列传》：“‘君为天子决平，不循三尺法，专以人主意指为狱。狱者固如是乎？’周曰：‘三尺安出哉？前主所是著为律，后主所是疏为令，当时为是，何古之法乎！’”整段对话被限定的语境是皇帝决狱，皇帝“所是”的宾语是“狱”即刑案。杜周指出皇帝恣意决狱而形成决事比，在修订法律时这些比被编入律令篇章，因此相当多的律令条文源于皇帝“当时为是”。张汤搜集“上所是”的刑案形成的决事比，进而“著谳决法廷尉絜令”（《史记·酷吏列传》），即证实杜说。《晋书·刑法志》：“汉时决事，集为令甲以下三百余篇。”这条记载以“决事”为令文唯一来源，此“决事”不仅指司法案件还包括行政请示事项。这些记载揭示了秦汉修改法律的主要方式是将比编入律令篇章，比在秦汉法律体系的发展过程中起了重要作用。

汉代法律的修改在西汉中后期之后形成固定模式，律固定为六十篇，此后法律修订的基本方式是集比入令。杜说可证这一点，律篇固定前“前主所是著为律”，之后则“后主所是疏为令”，例如张汤集比为令。东汉时此模式愈发彰显，见下表：

表4　东汉中后期的法律体系

| 文献出处 | 汉　律 | 汉　　令 | 汉决事比 |
|---|---|---|---|
| 《晋书·刑法志》 | 六十篇 | 汉时决事，集为令甲以下三百余篇 | 司徒鲍公撰嫁娶辞讼决为法比都目，凡九百六卷 |
| 《资治通鉴·魏纪三》 | 六十篇 | 令三百余篇 | 决事比九百六卷 |

① 班固：《汉书》，第1103页；王先谦：《汉书补注》，第1548页。“奇”有正文之外余文或正数之外余数的含义。《管子·禁藏》：“所以富民有要食民有率，率三十亩而足于卒岁，岁兼美恶亩取一石，则人有三十石，果蓏素食当十石，糠秕六畜当十石，则人有五十石，布帛麻丝、旁入奇利未在其中也”。

根据上文的讨论，可大致复原秦汉时代实际案例演变为普通律令条文的过程。随着法律的不断修订，部分公文书被颁布为比，其中一种情况是案例公文书成为独立于律令的决事比，如“廷行事”，而另一种情况是公文书直接被编入律令篇章，如张汤编“廷尉絜令”。律令之外的比，有部分会被编入律令。新编入律令的比还会存有与公文书的联系，如可见特定人名、具体年月日等，随着法律逐步修订，这些联系会消失，比条款就转为普通的律令条文。杜周指出“前主所是著为律，后主所是疏为令”，又《晋书・刑法志》称“汉时决事，集为令甲以下三百余篇”，可见相当多的律令条文源自比。然而无论出土文献还是传世文献中，律令篇章中的比虽不罕见，但比例较低，大部分律令是没有决事比特征的，因此必然存在带有比特征的条款逐渐转化为普通条款的法律修订过程。部分律令条文有修订的痕迹，如岳麓秦简多见一类律令条文，其内容不含具体日期、人名和请示、奏谳文书格式，但最末有“它有等比”之类的格式语，这揭示了该律令条文内容源自比。

根据岳麓秦简的新出材料，可知传世文献记载的汉代律令比合编模式以及汉律令篇章内外都有决事比类法律的现象，皆滥觞于秦。另外，前文探讨的岳麓秦简所见两则比是在卷册内与律令合编的，这揭示了秦法律的修订同样以集比入律令为基本方式。

（原文载《出土文献研究》第 14 辑，中西书局，2015 年）

# 读岳麓秦简论秦汉户籍制度

◎ 张荣强（南开大学历史学院）

## 一

《岳麓书院藏秦简（壹）》收录的《为吏治官及黔首》与睡虎地出土的《为吏之道》性质一样，是一部秦代宦学教材。① 该篇书写形式分上下3栏或4栏，整理者编号为1532、1530的两枚简内容衔接，第二栏的文字分别为：

案户定数（简1532）

移徙上椯（端）（简1530）②

睡虎地《为吏之道》中没有相关内容的表述。"案户"亦即我们常说的案比造籍，汉代初年的《二年律令·户律》就有"恒以八月令乡部啬夫、吏、令史相杂案户，户籍副臧（藏）其廷"的规定③。"定数"，则指造籍后的各种户口统计，《管子·度地》篇载战国时期的法令制度：

令曰：常以秋岁末之时，阅其民，案家人比地，定什伍口数，别男女大小，其不为用者辄免之，有锢病不可作者疾之，可省作者半事之；并行以定甲士当被兵之数，上其都。

学界对《管子·度地》篇的成书时代有争议，但多数学者力主是战国时期的作品。所谓"定什伍口数，别男女大小"，不仅指对每户家庭的分类统计，也包括在此基础上做出的以里、乡乃至县为单位的统计。近几年出土的秦汉简牍中可以见到这方面的内容。张春龙披露的里

① 岳麓简的整理者最初将此篇命名为《官箴》（见陈松长：《岳麓书院所藏秦简综述》，《文物》2009年第3期），后发现1531号简背面有题名，遂改以现名。有关其性质的探讨，见陈松长：《岳麓书院藏秦简〈为吏治官及黔首〉略说》，中国文化遗产研究院主编：《出土文献研究》第9辑，北京：中华书局，2010年。

② 朱汉民、陈松长主编：《岳麓书院藏秦简（壹）》，上海：上海辞书出版社，2010年，彩色图版第35页、红外线图版第141页。

③ 张家山二四七号汉墓竹简整理小组：《张家山汉墓竹简（二四七号墓）》（释文修订本），北京：文物出版社，2006年，第53页；个别释文又据邬文玲的意见做了订正，见《张家山汉简〈二年律令〉释文补遗》，《简帛研究二○○四》，桂林：广西师范大学出版社，2006年。

耶一号井新出户籍类简：

简 37(9－1531)：

(1) ▨伍长

(2) 大女二人

小男一人

小女一人

(3) 四人

简 47(9－2299)：

南里户人官夫(大夫)布▨

口数六人▨

大男子一人▨

大女子一人▨

小男子三人▨①

战国至秦汉时期,民众按课役身份区分为“小”“大”时,“小”指 14 岁以下,“大”指 15 岁以上,涵盖了“老”的范围。这种以户为单位,分别按大男、大女、小男、小女统计的方式,也和里耶护城壕出土的秦代南阳里户版分栏原则相一致。② 在每户家庭集计的基础上,官府再逐级做出里、乡乃至县的户口统计。2008 年江陵松柏汉墓出土的 48 号木牍中有：

(上栏) • 二年西乡户口薄

户千一百九十六

息户七十

秏户卅五

相除定息卌五户

大男九百九十一人

小男千卌五人

大女千六百九十五人

小女六百卌二人

---

① 张春龙:《里耶秦简中户籍和人口管理记录》,收入《里耶古城 · 秦简与秦文化研究》,北京：科学出版社,2009 年;又发于简帛网,2009 年 11 月 16 日。

② 里耶户版分为上下 5 栏,我曾提出其 1~4 栏的著录格式依次为大男、大女、小男、小女,第 5 栏则是老男、老女以及备注(见《湖南里耶所出“秦代迁陵县南阳里户版”研究》,《北京师范大学学报(社会科学版)》2008 年第 4 期;收入《汉唐籍帐制度研究》,北京：商务印书馆,2010 年,第 8—15 页)。我现在对第 5 栏的内容有了新的认识,俟后专文讨论。

(下栏)息口八十六人

秏口卌三人

相除定息口卌三

●凡口四千三百七十三人

“息户(口)”“秏户(口)”分别指繁衍滋生和减耗的户、口数。这是江陵县西乡的统计。同出53号木牍又有南郡下辖各县的统计:

江陵,使大男四千七百廿一人,大女六千七百六十一人,小男五千三百一十五人,小女二千九百卅八人。●凡口万九千七百卅五人。延大男八百卅(?)九人,延大女二百八十九人,延小男四百卌三人,延小女三百六十八人,延口千九百卅(?)九人,其千五百卌七人外越。

宜成,使大男四千六百七十二人,大女七千六百九十五人,小男六千四百五十四人,小女三千九百卅八人。凡口二万二千七百五十九人,其廿九人复,二百卌四人涅中。

临沮,使大男二千三百六十人,大女四千廿六人,小男二千四百一十一人,小女千九百七人。延大男一人。凡

安陆,使大男四百七十五人,大女八百一十八人,小男五百五十八人,小女三百六十九人。●凡口二千二百廿人,其二百廿九人复。

(以下尚有沙羡、州陵、显陵、便侯国、邔侯国、襄平侯中卢诸县(国),书式基本一致,不再抄录)①

大、小(男女)中又有“使”“延”的不同,对此我们另文讨论。里耶秦简和岳麓秦简同属于秦始皇统一前后的资料,松柏汉墓的年代在汉武帝早期,②看来秦及汉初的户口统计一直遵循着“定什伍口数、别男女大小”的规定。

上引《管子·度地》篇接着又说:“其不为用者辄免之,有锢病不可作者疾之,可省作者半事之。”清人丁士涵指出,“疾之”乃“废之”之误,“废之”与“免之”同义,指的都是伤残严重者不服徭役。事实上官府免除役使的范围很广,③就普通民众来说,除了残疾者外,至少还包括“免老”“小”的人群。后一句“可省作者半事之”,俞樾解释说“此言虽有疾病,不能多作,犹可少作,故半事之也”。④ 看来《管子·度地》这几句以及后面说的“定甲士当被兵

① 朱江松:《罕见的松柏汉代木牍》,载荆州博物馆编《荆州重要考古发现》,北京:文物出版社,2009年。

② 荆州博物馆:《湖北荆州纪南松柏汉墓发掘简报》,《文物》2008年第4期。

③ 《周礼·地官》载乡大夫职掌:“以岁时登其夫家之众寡,辨其可任者。国中自七尺以及六十,野自六尺以及六十有五,皆征之。其舍者,国中贵者、贤者、能者、服公事者、老者、疾者皆舍。”郑众注:“舍者,谓有复除舍不收役事也。”

④ 丁士涵、俞樾之说见黎翔凤:《管子校注》卷18《度地》,北京:中华书局,2004年,第1061页,注7、注8。

之数”，都属于对特定人群诸如残疾、免老、小乃至傅籍者的统计。而我们在江陵松柏汉简中，也发现有“南郡免老簿”“南郡新傅簿”“南郡罢㾙簿”等簿籍，其中“罢㾙簿”确实分别统计了“可事”“不可事”的人数。[1]

简1530“移徙上椯（端）”一语颇费猜测。“移”“徙”同义，都是指移民：《国语·齐语》有“相地而衰征则民不移”，韦昭注“移，徙也”；下引《二年律令·户律》亦谓“有移徙者”云云。第四个字图版作“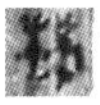”，整理者释为“椯”没有问题，但将其理解成“端”的借字就不好解释了。按“椯”，《说文·木部》：“椯，棰也。从木，耑声。一曰椯度也，一曰剟也。”段玉裁《说文解字注》说“椯与剟双声”，朱骏声《说文通训定声》称椯“假借又为剟”。对“剟”字，《说文》解释说“剟，刊也。从刀，叕声”；《尔雅序》“剟其瑕砾”，邢昺疏：“剟，削也。”“椯”“剟”同假，也是刊削、删除的意思。[2]《后汉书·殇帝纪》载延平元年（106年）七月，刘隆指责郡国“覆蔽灾害，多张垦田，不揣流之，竞增户口”，“揣”（椯）亦即删籍的意思。我们知道，古代官府对民众的迁移有着严格的管理，战国时期的《商君书·垦令》篇就提出“使民无得擅徙”的说法。民户在迁移时，必须到官府办理户籍变更手续，睡虎地《法律答问》记载这样一个判例：

> 甲徙居，徙数谒吏，吏环，弗为更籍，今甲有耐、赀罪，问吏可（何）论？耐以上，当赀二甲。[3]

“数”即名数，也就是户籍。[4] 居延汉简有“户籍藏乡”[5]之语，参诸下面的论述，秦及汉代户籍的正本都是放在乡里。所以，这里的“吏”指乡吏。百姓迁移时要到乡里移籍，在乡吏没有“更籍”的情况下，民户私自迁移要受耐刑或罚金的处罚。《二年律令·户律》对移籍的细节也有规定：

> 有移徙者，辄移户及年籍爵细徙所，并封。留弗移，移不并封，及实不徙数盈十日，皆罚金四两。

乡吏在办理移籍手续时，要将民户的户籍和年籍封缄好，在规定的时间内转到迁入地。在此之前的《户律》说“副藏其廷”，秦汉时期的户籍一式两份，正本藏乡，副本呈县。乡吏迁走户籍的正本后，县署也要将民户记录从副本上注销，此即为“椯”。这是迁出地的情况，迁入地

---

① 荆州博物馆：《湖北荆州纪南松柏汉墓发掘简报》，《文物》2008年第4期。

② 王念孙：《广雅疏证》卷3下《释诂》：“揣者，《说文》‘椯，剟也；剟，刊也’，刊与除同义。”

③ 睡虎地秦墓竹简整理小组：《睡虎地秦墓竹简》，北京：文物出版社，1990年，第127页。下引睡虎地秦简皆出此书，不再注明。

④ 《汉书》卷1下《高帝纪》“民前或相聚保山泽，不书名数”，颜师古注“名数，谓户籍也”；又卷46《石奋附子庆传》“元封四年，关东流民二百万口，无名数者四十万”，颜注“名数，若今户籍”。

⑤ 谢桂华、李均明、朱国炤：《居延汉简释文合校》，北京：文物出版社，1987年，第144页。

的官吏则要在接受户籍后，为其办理入籍手续。湖北荆州高台 18 号墓出土的编号为 M18：35 木牍属于告地策的性质，其模拟人世间公文行政程序，要求原籍地的乡吏将死者“燕”的名数徙安都后，“谒告安都受[名]数，书到为报”。① “上檔”的“檔”指迁出地的削籍，与之对应，“上”就是指迁入地的登录入籍。“移徙上檔”和“生著死削”的说法差不多。

“上”做入籍讲，在传世或其他出土文献中也可以找到例证。《周礼·秋官》载司民职掌：

> 司民掌登万民之数，自生齿以上皆书于版，辨其国中与其都鄙及其郊野，异其男女，岁登下其死生。

郑玄注：

> 登，上也……下犹去也。每岁更著生去死。②

“登”“上”互训。吐鲁番新出《前秦建元二十年(384)三月高昌郡高宁县都乡安邑里籍》中有多处“新上”的注记，③后世如唐代法律条文中，“上籍”的用语就更多了。④

弄清了“上”的含义，有助于我们更好地理解秦汉时期的户籍内容。《二年律令·户律》中有这样一段话：

> 民欲先令相分田宅、奴婢、财物，乡部啬夫身听其令，皆参辨券书之，辄上如户籍。

邢义田解释说，“辄上如户籍”就是像户籍一样上报。⑤ 我提出过不同看法，认为这句话说的是将田宅、奴婢、财物等变动情况附到户籍上，“上”并非呈报而应作登录、入籍解；并参据“宅园户籍”的命名以及律文“所分田宅，不为户，得有之，至八月书户”的规定，推测秦及汉初的户籍中除家口外，也登载财产主要是田宅的情况。⑥ 但受语言材料的限制，我当时只能借助后世主要是唐代的用语来推测；现在随着岳麓秦简的公布，可以进一步加强我的判断了。

事实上，揆诸“案比”原义，亦可窥见造籍时登记土地的迹象。有关“案比”一语，汉唐间的学者有不同解释，《周礼·地官·小司徒》“及三年则大比”，郑玄注引郑众的说法：

> 五家为比，故以比为名，今时八月案比是也。

认为“比”是指户口编制单位。案“五家为比”，出自《周礼·地官·大司徒》“令五家为比，使之相保”，但“案比”的“比”显然不是这个意思，所以李贤为《后汉书》作注时就没有采

---

① 湖北省荆州博物馆：《荆州高台秦汉墓——宜黄公路荆州段田野考古报告之一》，北京：科学出版社，2000 年，第 222 页。

② 阮元校刻：《十三经注疏》，北京：中华书局，1980 年影印本，第 878 页下栏。

③ 荣新江、李肖、孟宪实主编：《新获吐鲁番出土文献》，北京：中华书局，2008 年，第 176—179 页。

④ 《唐律疏议》卷 12“放婢为良”、卷 14“奴娶良人为妻”等条皆有用例。

⑤ 邢义田：《张家山汉简〈二年律令〉读记》，《燕京学报》2003 年新 15 期。

⑥ 张荣强：《孙吴简中的户籍文书》，《历史研究》2006 年第 4 期，收入《汉唐籍帐制度研究》一书。

用郑众的说法。《续汉书·礼仪志中》载“仲秋之月，县道皆案户比民”，李贤注：《东观纪》曰“方今八月案比之时”，谓案验户口次比之也。《后汉书·江革传》又注：案验以比之，犹今皃（貌）阅也。

李贤比附唐代的貌阅，认为“案比”就是核查民众的形貌。但这种解释也是建立在晋人司马彪“案户比民”说法上的。上举《管子·度地》篇征引的“令曰”是我们目前所见“案比”的最早出处，其明确指出“阅其民”有两项内容：“案家人”和“比地”，后面谈到的也都是户口统计、征发徭（兵）役等与户籍相关的内容，没有涉及田籍的方面。看来，这里的“令”就是专门讲编造户籍的，“比地”既然是造籍的重要环节，户籍中必然有田地的反映。

我们知道，战国时期主要实行国家授田制，这一制度到汉代初年仍在推行。从张家山汉简可以看出，当时的授田制是按照爵位，确切地说是以户主的爵位来分授土地和宅园的，故有学者称其为“以爵名田宅制”。① 既然田宅附俪于户主爵位，为保证国家授田制的顺利推行，就有必要在民户的户籍中载录土地，以备核实。所以这一时期造籍时要“比地”，户籍中登载田宅是应有之义。

问题是，我们为什么没有在秦汉时期的户籍实物中见到登录田宅的例证呢？学界目前所见大致属于这一时期的户籍类材料有 3 批：

（1）2005 年湖南里耶古城北护城壕凹坑出土的“秦代迁陵县南阳里户版”；②

（2）2004 年湖南长沙东牌楼 7 号古井出土的东汉建宁四年（171 年）益成里曹其等“户籍”；③

（3）1996 湖南长沙走马楼 22 号井窖出土的“孙吴嘉禾年间（232—238 年）长沙郡户籍”。④

（3）与（2）时代相近，内容和格式也相差不大。这两批户籍材料之所以不载田宅，或许仍和土地制度的变革有关。汉武帝之后，随着土地兼并盛行和民爵泛授，爵位与田宅的对应关系不复存在，户籍中登录田宅的意义也就消失了。至于里耶出土的秦代户版，其不仅没有登录田宅，甚至连户籍的最主要特征——户主及家庭成员的年龄也不见记载，考虑到这批户版是秦征服楚地之后不久的产物，⑤我们恐怕很难将其视作秦代户籍的典型形式。

---

① 杨振红：《秦汉“名田宅制”说——从张家山汉简看战国秦汉土地制度》，《中国史研究》2003 年第 3 期。

② 湖南省文物考古研究所编著：《里耶发掘报告》，长沙：岳麓书社，2007 年，第 203—208 页。

③ 长沙市文物考古研究所、中国文物研究所：《长沙东牌楼东汉简牍》，北京：文物出版社，2006 年，第 107—108 页；并参见王素：《长沙东牌楼东汉简牍选释》，《文物》2005 年第 12 期。

④ 长沙简牍博物馆、中国文物研究所、北京大学历史学系走马楼简牍整理组编著：《长沙走马楼三国吴简·竹简》（壹）（贰）（叁）（肆），北京：文物出版社，2003—2011 年。

⑤ 参见拙文《湖南里耶所出“秦代迁陵县南阳里户版”》，《北京师范大学学报（社会科学出版社）》2008 年第 4 期。

# 二

陈松长在《文物》2009 年第 3 期发表《岳麓书院所藏秦简综述》一文，公布了一枚编号为 0552 号的竹简：

爽初书年十三岁，尽廿六年年廿三岁。

从图版（右图）上看，文字很清楚，识读没有任何问题。陈伟根据简文的内容，确认了《史记·秦始皇本纪》十六年"初令男子书年"记载的准确性。[1] 我们感兴趣的是，爽"初书年"即始皇十六年（前 231 年）时 13 岁；根据习惯认识，其一入二十六年（前 221 年）就到了 23 岁，简文为什么要说"尽廿六年年廿三岁"呢？不仅新出材料，传世文献中也有这种说法。《史记·仓公传》淳于意在介绍自己年龄时，说自己"年尽三年，年三十九岁也。"这种表述简直与简 0552 如出一辙。弄清所谓"岁尽增年"的问题，有助于我们正确理解古代民众增年的方法以及秦汉户籍中包括年龄在内的各种数据。

"尽"，《玉篇》卷一五《皿部》："终也。"其常与日、月、年等时间词连用，表示一个时间段的结束。这种用例在秦汉简牍中极为常见，如睡虎地《秦律十八种·仓律》就有：

1. 有米委赐，禀禾稼公，尽九月，其人弗取之，勿鼠（予）。
2. 隶臣田者，以二月月禀二石半石，到九月尽而止其半石。
3. 日食城旦，尽月而以其余益为后九月禀所。城旦为安事而益其食，以犯令律论吏主者。减舂城旦月不盈之禀。

睡虎地秦简和张家山汉简的《金布律》中，也分别有"以四月尽六月"授夏衣、"九月尽十一月"授冬衣的规定。这里的"尽月"、尽某月，都是到月底的意思。而里耶秦简中出现的诸如"卅年十月尽九月，群往来书已事仓曹□笥"（简Ⅳ8－1777+8－1868），[2]居延汉简中的"肩水候官地节三年十月以来尽四年九月吏卒廪食名"（简 13·1）、"建昭元年十月尽二年九月大司农部丞簿录簿算及诸簿十月旦见"（简 82·18B）[3]等记载，无疑是秦汉"计断九月"即以当年十月初至来年九月底为一财政年度的直接体现。

---

① 陈伟：《岳麓书院秦简考校》，《文物》2009 年第 3 期。

② 湖南省文物考古研究所编著：《里耶秦简（壹）》，北京：文物出版社，2012 年；录文据陈伟主编：《里耶秦简牍校释（第一卷）》，武汉：武汉大学出版社，2012 年，第 389 页。

③ 谢桂华、李均明、朱国炤：《居延汉简释文合校》，北京：文物出版社，1987 年，第 20、145 页。

简 0552“尽廿六年”，秦始皇二十六年统一天下后“改年始，朝贺皆自十月朔”，[①]即以十月为岁首，“岁尽”应该指九月。我们知道，整个汉代案比造籍的时间都是在八月。有关这方面的记载，不仅见诸汉人注疏以及东汉时期的史料，[②]也见诸上引西汉初年的《二年律令·户律》。而这一做法至少是沿承秦代，睡虎地《秦律十八种·仓律》就有：

小隶臣妾以八月傅为大隶臣妾，以十月益食。

“傅”即傅籍，“言著名籍，给公家徭役也。”[③]秦的刑徒按身高标准分为“小”和“大”，其身份发生变化要在八月造籍时注明。《里耶秦简（壹）》公布的简 8－731：

☐八月□□☐

☐春乡户计。☐

（背）：

☐以邮行，不求报，敢言之。☐[④]

《里耶秦简（壹）》中常见“贰春乡”。推测简文的意思，当是贰春乡在八月造籍完毕后，向县署呈报户口数。以上两枚简的具体年代不清楚，但根据《史记·秦始皇本纪》的记载：“十六年九月……初令男子书年。”如下所说，造籍有一个时间过程，秦始皇之所以选择在这个时间下令，恐怕此时也正值造籍之际。如此看来，八月造籍的制度甚至可以追溯到战国时期。这显然和当时的计帐年度有关。从睡虎地秦简可以看出，战国时期就已采用“计断九月”之制，[⑤]计簿所载的各种资料截至当年的九月；而八月编造户籍，正好可以保证户口数及时而准确地反映到当年的计簿上。

八月不过是秦汉造籍的起始时间。但编造户籍有一个复杂的流程，包括民户占年、官府案比、编定户籍等一系列活动；同时为了能给下一年的赋税尤其是人头税的征收提供依据，所有的造籍作业也必须要在九月底前完成。[⑥] 所以，前引《管子·度地》篇把整个案比定在“秋岁末”这一段时间，《秦始皇本纪》记载秦朝到了“九月”还在做“书年”的工作。我认为，简 0552 说的岁“尽”即九月，就是指官府编定户籍的时间。

---

① 《史记》卷 6《秦始皇本纪》，北京：中华书局，1982 年，第 237 页。

② “八月案比”的说法见诸《后汉书·安帝纪》元初四年（117 年）诏，《续汉书·礼仪志中》及《周礼·地官·小司徒》注引郑众曰等；又有“八月算民”之说，见诸《后汉书·皇后纪序》、东汉《张迁碑》（见高文：《汉碑集释》，开封：河南大学出版社，1997 年，第 490 页）。

③ 班固：《汉书》卷 1 上《高帝纪》，颜师古注，北京：中华书局，1962 年，第 38 页。

④ 陈伟主编：《里耶秦简牍校释（第一卷）》，武汉：武汉大学出版社，2012 年，第 211 页。

⑤ 张荣强：《从计断九月到岁终为断——汉唐财政年度的演变》，《北京师范大学学报（社会科学版）》2005 年第 1 期，收入《汉唐籍帐制度研究》一书。

⑥ 参见拙文《长沙东牌楼“户籍简”补说》，《中国史研究》2008 年第 4 期，收入《汉唐籍帐制度研究》一书。

简0552谓爽"尽廿六年年廿三岁",爽不是在二十六年年初,而是要等到这一年年底爽占年、官府经确认将其登录户籍后,才标志着爽到了23岁。我们不妨再来看一下睡虎地《仓律》的规定:

小隶臣妾以八月傅为大隶臣妾,以十月益食。

秦代官府是按刑徒的课役身分发放口粮数的,同出《仓律》就有"小城旦、隶臣作者,月禾一石半石""小妾、舂作者,月禾一石二斗半斗""隶臣月禾二石,隶妾一石半"的规定。"八月傅为大隶臣妾""十月益食"云云,同样是说小隶臣妾并非在岁初,而是要等到整个傅籍工作完成后,才能按照大隶臣妾的标准给口粮亦即完成身份的转换。①

我们知道,古代官府是通过傅籍来掌握民众身份、年龄的变化。秦始皇十六年"书年"前,民众的课役身份是由身高决定的,只有傅籍后才能完成"小""大"的转换;"书年"之后,同样要经过傅籍实现年龄的转换。由此看来,古代的增年方法并非我们想当然认为是以岁首为标志,过了除夕就增一年;而是以著录到户籍上的时间作为一年的开始,简言之即以傅籍为增年的标志。② 在每岁造籍的情况下,③民众的一年实际上就成了两个相邻傅籍时间的间隔④。

明白了古代傅籍增年的做法,就可以纠正我以前的一个错误认识。我曾根据睡虎地《仓律》"小隶臣妾以八月傅为大隶臣妾,以十月益食"的记载,结合吐鲁番出土的唐代手实牒尾"责当户来年手实"之语,推测秦汉户籍中记载的年龄不是当年八月的数据,而可能是下一年的预计。⑤ 这种解释似乎疏通了《仓律》的文意,但实际上带来了更大的困惑。如果户籍记载的是来年数据,那么据户籍所做的各种户口统计也只能是来年的情况了。然而无论上举松柏汉简《二年西乡户口簿》出现的"息户(口)""耗户(口)",还是安徽天长出土的西汉中期某县《户口簿》、⑥朝鲜平壤贞柏洞出土的《乐浪郡初元四年县别户口多

---

① 睡虎地《封守》篇也有"子小男子某,高六尺五寸"的记载,按照秦律的规定"隶臣、城旦高不盈六尺五寸""为小";换言之,六尺五寸就应该称为"大"了。这里将六尺五寸仍称为"小"的做法,过去的学者将之归结为平民和刑徒傅籍的标准不同;现在看来,更可能是虽然身高达到了成年人的标准还未到傅籍时间的缘故。

② 按清人谓"天之行谓之岁","人之行谓之年"(顾炎武:《日知录》卷23《岁》,黄汝成集释、栾保群、吕宗力校点《日知录集释》本,上海:上海古籍出版社,2006年,第1811页),本文在表述"时间""年龄"两个不同的范畴时,尽量以"岁""年"作出区分。

③ 有关秦汉每岁造籍的说法,参见拙文《孙吴简中的户籍文书》,原载《历史研究》2006年第4期;后收入《汉唐籍帐制度研究》一书。

④ 《里耶秦简(壹)》收录了一枚编号8-550的简:"嫱皙色长二尺五寸年五月典私占浮皙色长六尺六存念卅岁典私占",里典占民众时,既登记年龄,又登记身高。而嫱的年龄被占为五个月,其意恐在强调年龄与身高的对应关系,但正式户籍登录时只能注"一岁"。

⑤ 《孙吴户籍结句简的"事"》,载长沙简牍博物馆、北京吴简研讨班编:《吴简研究》第1辑,武汉:崇文书局,2004年;收入《汉唐籍帐制度研究》一书。

⑥ 天长市文物管理所、天长市博物馆:《安徽天长西汉墓发掘简报》,《文物》2006年第11期。简报推测《户口簿》属于东阳县之物,胡平生提出不同意见,见《天长安乐汉简〈户口簿〉"垣雍"考》,简帛网2010年2月3日。

少集簿》[①]以及江苏尹湾汉墓出土的《集簿》[②]统计的“多前”“少前”“如前”等，只能解释为本年与上一年相比的户口增减情况，不可能是来年的预计情况。而且我们在新出材料中也发现了官府当年呈报的就称为本年而非下年户计的实例，里耶秦简中就有：

卅四年十月戊戌朔辛丑，迁陵守【丞】说敢言之：上卅三年黔首息秏八牒。敢言之。（简 8－183+8－290+8－530）[③]

此时十月为岁首，戊戌朔，辛丑是 4 日。这还是第二年年初呈报上一年户计的例子，而西林昭一公布的一枚长沙走马楼汉简：

五年九月丙辰朔壬申，都乡胜敢言之，狱移劾曰：复移五年计口口四千二百廿七，案阅实四千二百七十四，其卌九口计后。[④]

胡平生指出，这里的“五年”应是长沙王纪年，大致相当于汉武帝元朔五年（前 124 年）。[⑤] 丙辰朔，壬申是 17 日。都乡五年九月中旬呈报的就是“五年计”，并非我原来推想的“六年计”。

现在就能很好地解释这一矛盾了：在秦始皇统一全国（前 221 年）到汉武帝改定太初历（前 104 年）这段时期，十月为岁首，编定户籍又在岁末，两者首尾衔接，很容易给人以预先造籍的假象；真实情况恰恰相反，是这一时期官府确定民众年龄的时间比我们预想的晚了将近一年。所以，户籍登载的就是当年数据。

既然古代增年的标志是以傅籍时间为准，其增年的“节点”会随着造籍时间的调整而发生变动。秦及汉初以十月为岁首的这段时期，民众一直是“岁尽增年”；开篇所引《史记·仓公传》淳于意说的“三年”指汉文帝三年（前 177 年），也是在此期间。至于我们现在习称的“岁首增年”，是后世官府造籍时间变化的结果。

（原文载《晋阳学刊》2013 年第 4 期）

---

① 尹龙九：《平壤出土〈乐浪郡初元四年县别户口簿〉研究》，《木简与文字》第 3 号，2009 年；杨振红、尹在硕：《韩半岛出土简牍与韩国庆州、扶余木简释文补正》，卜宪群、杨振红主编：《简帛研究 2007》，桂林：广西师范大学出版社，2010 年。

② 连云港市博物馆、东海县博物馆、中国社会科学院简帛研究中心、中国文物研究所编：《尹湾汉墓简牍》，北京：中华书局，1997 年，第 77—81 页。

③ 陈伟主编：《里耶秦简牍校释（第一卷）》，武汉：武汉大学出版社，2012 年，第 106 页。

④ 西林昭一：《简牍名迹选》2《湖南篇二》，东京：二玄社，2009 年，第 34—35 页。原释文有误，此据胡平生《新出汉简户口簿籍研究》（中国文化遗产研究院编：《出土文献研究》第 10 辑，北京：中华书局，2012 年）意见改。

⑤ 胡平生：《新出汉简户口簿籍研究》，中国文化遗产研究院编：《出土文献研究》第 10 辑，北京：中华书局，2011 年。

# 岳麓秦简"蜀巴郡"考

◎ 邹水杰(湖南师范大学历史文化学院)

清以来,治沿革地理者,莫不关注秦郡的设置。尤其对于秦三十六郡的问题,引起了广泛而持久的讨论,成为史学界一个古老而常青的话题。近年来由于考古材料不断公布,秦代政区地理的研究出现了许多热点,然分歧甚大,许多秦郡的设置和变迁迄今未有定说。相较而言,虽然蜀郡始置的情况复杂,年代认定困难,但至迟在秦昭王二十七年(前280年)置有蜀郡,已经被出土文献证实。问题是巴郡,《华阳国志·巴志》和《史记·张仪列传》都语焉不详,难以真正认定。虽然置郡的明确证据一直阙如,学者一般认为在司马错、张仪的时代,是设置有巴郡的。① 然最新刊布的岳麓秦简律令中出现了"蜀巴"的郡名,让原本模糊的局面变得更加繁复。本文利用岳麓秦简律令中的相关记载,结合考古资料,分析考订旧有史料,思考和研究"蜀巴郡"的问题,以求教于方家。

## 一、岳麓秦简律令中的"蜀巴郡"

蜀郡作为较早设置的秦郡殆无疑义,但学者早已指出,对于具体置郡的时间和蜀相、蜀守并置的问题,《史记》中矛盾、颠倒、模糊之处颇多。② 而统一前巴郡的记载则更为模糊。《史记》中的《六国年表》《秦本纪》和《张仪列传》均有秦通过蜀郡征服巴地的记载,但有关巴郡设置的文字前后矛盾,互有冲突。《华阳国志·巴志》载:"秦惠文王遣张仪、司马错救苴、巴。遂伐蜀,灭之。仪贪巴、苴之富,因取巴,执王以归,置巴、蜀及汉中郡,分其地为四十

① 谭其骧先生影响很大的《秦郡新考》,即取赧王元年(惠文王后十三年,前314年)置巴郡说。收入其著《长水集》,上册,北京:人民出版社,1987年,第2页。最新的学术史综述参看徐世权《学术史视野下的秦郡研究》,吉林大学博士学位论文,2017年。

② 参见蒙文通《巴蜀史的问题》,《四川大学学报》(社会科学版)1959年第5期。

一县。"[1]有学者也因此认为"巴、蜀及汉中郡"均为其时所置,然《蜀志》记载:"周赧王元年,秦惠王封子通国为蜀侯,以陈壮为相。置巴郡,以张若为蜀国守……三年,分巴、蜀置汉中郡。"[2]说明秦灭蜀国后是封蜀公子为侯以统治蜀地。后文虽说置巴郡,但又接"以张若为蜀国守",文字肯定存在混记或误植。可见常璩所撰二志对巴、蜀置郡的记载存在冲突,不可尽信。[3] 而《史记·张仪列传》只载:"(惠王)卒起兵伐蜀,十月,取之,遂定蜀,贬蜀王更号为侯,而使陈庄相蜀。"[4]只是将蜀王贬为蜀侯,并未记载置巴郡之事。李学勤先生根据荆门包山2号楚墓最后一条纪年简文"大司马悼滑将楚邦之师徒以救郙之岁"中的"郙"即巴国,认定前316年秦灭巴国。[5] 然其时秦楚之战频繁,简文有悼滑将楚师救巴之事,表明秦楚在巴地的争夺,但并不能说明秦当时就灭了巴国,更不能将其作为证据证明秦当时就设置了巴郡。孙华先生分析了秦昭王时三次由蜀地攻楚而非以巴郡为基地的记载,进而指出:"秦灭巴蜀以后,在相当一段时期内,秦都是以蜀统巴,蜀地设郡置守以后,巴地亦无设郡置守的迹象。"他认为至少在"蜀守若伐楚,取巫郡,及江南为黔中郡"的昭襄王三十年(前277年)前,并不存在巴郡,秦楚在巴地的拉锯状况也不适宜在巴地设郡。[6] 孙先生在没有直接证据支持的情况下,仍然推测秦于公元前277年置有巴郡,乃因他并不怀疑昭王时置巴郡的前人成说。[7]

新出岳麓秦简中没有出现蜀郡和巴郡,却明确记载了一个不见于传世文献的"蜀巴郡":

1. 诸相与奸乱而䙴(迁)者,皆别䙴(迁)之,勿令同郡。其女子当䙴(迁)者∟,东郡∟、叁川∟、河内∟、颍川∟、请(清)河∟、河间∟、蜀巴∟、汉中∟、□▨(《岳麓(伍)》,0864+2193[8])

---

① 常璩:《华阳国志校补图注》,任乃强校注,上海:上海古籍出版社,1987年,第11页。

② 任乃强改文句为:"置巴、蜀郡,以张若为蜀守。"他增加"蜀"字的依据是:"按《巴志》文当有。"而将"蜀国守"删改为"蜀守",则只云"当衍"。他在其后以一长注说明改字前后均有难通处。参见常璩:《华阳国志校补图注》,任乃强校注,上海:上海古籍出版社,1987年,第128—130页。

③ 徐中舒先生指出:"《华阳国志》序志篇'司马相如、严君平、扬雄、阳成子元、郑伯邑、尹彭城、谯常侍、任给事等,各集传说以作本纪,略举其隅。'蜀亡后,蜀的历史由蜀人口头传说,经过汉晋时代的文学家加以撰述,其中当然有许多是信史,其中属于辗转传述增益附会之词,也是不能免的。"参见氏著《巴蜀文化初论》,《四川大学学报(社会科学版)》1959年第2期。

④ 司马迁:《史记》,北京:中华书局,1982年,第2284页。

⑤ 李学勤《有纪年楚简年代的研究·包山2号墓简》"郙国与悼滑"条,收入其著《文物中的古文明》,北京:商务印书馆,2008年,第447—452页。

⑥ 孙华:《巴蜀为郡考》,《社会科学研究》1985年第3期。朱圣钟先生认为巴郡政区的形成是一个历史过程,完整意义上巴郡形成的时间在公元前277年前后。朱圣钟《论秦巴郡政区的形成》,《铜仁学院学报》2010年第1期。

⑦ 近年周振鹤、李晓杰所著《中国行政区划通史:总论·先秦卷》(上海:复旦大学出版社,2009年,第447页)进一步申述赧王元年置巴郡说。

⑧ 陈松长主编:《岳麓书院藏秦简(伍)》,上海:上海辞书出版社,2017年,第66页。

从简文“勿令同郡”和各郡名之间起分隔作用的钩识符可知，简文中的“蜀巴”是“蜀巴郡”，①并非“蜀”与“巴”分列。② 对于简文的性质和时代，可从另外几枚单简中得出：

2. 绾请许而令郡有罪罚当戍者，泰原署四川郡；东郡、三川、颍川署江胡郡；南阳、河内署九江郡……(0706)

3. 罪(?)人而当戍请(清)河、河间、恒山者，尽遣戍荆新地。清河、河间当戍者，各戍……(0864)

4. 河内署九江郡；南郡、上党、属邦道当戍东故徼者，署衡山郡。(0383)③

这几枚简虽由于残断不能直接编联，但肯定是互有联系的“罚戍输迁”令文。根据材料2，这条罚戍令是由“绾”上请的。这个绾有可能是《秦始皇本纪》所载二十六年(前221年)至二十八年(前219年)的丞相王绾。据辛德勇先生考证，二十六年秦始皇设三十六郡时，对诸郡做过调整：材料1中出现的河内郡，面积偏小，并入河东郡；材料1和3中出现的清河郡，大概设置于秦王政十四年(前233年)，二十六年受到调整，其东部归入巨鹿郡，西部合为邯郸郡。④ 根据前贤和辛先生的考证，秦统一后的三十六郡中不存在河内郡与清河郡。又里耶秦简显示，廿七年(前220年)二月洞庭守礼的文书中有“今洞庭兵输内史及巴、南郡、苍梧(简16－5,16－6)”，⑤说明统一的翌年即置有巴郡。西安相家巷秦封泥中有“巴左工印”，整批封泥的年代在战国晚期至秦代，⑥这个巴郡的时代有可能在秦统一后。无论如何，秦统一后明确置有巴郡，但不能因此推衍统一前也有巴郡。

简文明确了一个事实，河内郡、清河郡只延续到秦始皇二十六年，“蜀巴郡”最迟在廿七年二月前分出了“巴郡”。虽然绾迟至二十六年才任丞相，但秦时群臣皆可奏请，⑦因此上请

---

① 岳麓秦简肆0635有“遣就食蜀守”之句，但“就食”后应接地名，而非“蜀守”，因此语义上有问题。细审图版，最后释为“守”的字有残，难以辨别。故暂存疑。陈松长主编：《岳麓书院藏秦简(肆)》，上海：上海辞书出版社，2015年，第213页。

② “清河＝间”之间没有钩识符，乃“清河”正好写在简末，而另简开头则以有重文号的“＝间”起首，故没有标识起分隔作用的钩识符。

③ 陈松长：《岳麓书院藏秦简中的郡名考略》，《湖南大学学报(社会科学版)》2009年第2期。需要指出，材料3的简0864在此文中标为简0865，部分文字根据《岳麓(柒)》补入。

④ 辛先生在注中还解释说，戴震认为河内地区在秦三十六郡中应属三川郡，从地域交通联系的角度看更为合理。辛德勇：《秦始皇三十六郡新考》，载氏著《秦汉政区与边界地理研究》，北京：中华书局，2009年，第71—72页。

⑤ 里耶秦简博物馆、出土文献与中国古代文明研究协同创新中心中国人民大学中心编著：《里耶秦简博物馆藏秦简》，上海：中西书局，2016年，第68—69页。

⑥ 刘庆柱、李毓芳：《西安相家巷遗址封泥考略》，《考古学报》2001年第4期。

⑦ 《岳麓书院藏秦简(肆)》简1417载：“●行书律曰：县请制，唯故徼外盗，以邮行之，其它毋敢擅令邮行书。”陈松长主编：《岳麓书院藏秦简(肆)》，上海：上海辞书出版社，2015年，第133页。则县也可直接向皇帝奏请。

文书可能是绾担任丞相之前呈报。另一枚岳麓秦简则显示文书上限发布于统一前夕：

5. ●自今以来敢有盗取蜀巴、洞庭犀牛者，黥为城旦舂。●六。(0550)①

简中蜀巴与洞庭并列，陈伟先生早就推测洞庭郡与苍梧郡是二十五年（前222年）由黔中郡分置。② 里耶秦简卅四年六月的文书中记有“今迁陵廿五年为县”（8－757）和“及苍梧为郡九岁”（8－758），坐实苍梧郡和迁陵县均为廿五年所置。而材料4中的衡山郡，在岳麓秦简“奏谳状”的《癸、琐相移谋购案》中显示，至少在廿五年五月就存在了。③ 这样一来，材料1这份上请文书只可能是二十五年至二十六年之间的文书。综合这些分析可得出，巴蜀地区统一前夕存在的是“蜀巴郡”，统一后才是蜀郡与巴郡分置。

而且岳麓秦简中多次出现“蜀巴”，说明既非孤证，也排除了抄写者笔误的可能：

6. 诸书当传者勿漕，⌞断罪输䙴（迁）蜀巴者，⌞令独水道漕传。（《岳麓（肆）》，0589④）

7. ●诸取有辠（罪）䙴（迁）轮〈输〉及处蜀巴及取不当出关为葆庸，及私载出扜关、汉阳关及送道之出蜀巴畍（界）者，其葆庸及所私载、送道者亡及虽不亡，皆以送道亡故徼外律论之。（《岳麓（伍）》，1105+1124⑤）

8. ●诸有罪当䙴（迁）输蜀巴及恒䙴（迁）所者，辠（罪）已决，当传而欲有告及行有告，县官皆勿听而亟传诣䙴（迁）轮〈输〉所，勿留。　　●十九。（《岳麓（伍）》，1123+0966⑥）

根据材料7，律文明确以“蜀巴界”表示蜀巴郡的行政区界，且郡界上最重要的关口是扜关和汉阳关。扜关又见于张家山汉简《津关令》，属于汉初五关之一。整理小组已经指出，扜关即汉志中的巴郡鱼复县江关。⑦ 王子今、刘华祝先生指出即《史记》中的“扞关”。⑧《史记·楚世家》载：“肃王四年，蜀伐楚，取兹方。于是楚为扞关以距之。”⑨《史记·张仪列传》记惠文王后元十四年（前311年），张仪游说楚王：“秦西有巴蜀，大船积粟，起于汶山，浮江已下，至楚三千余里。舫船载卒，一舫载五十人与三月之食，下水而浮，一日行三百余里，里数虽

---

① 参陈松长《岳麓秦简中的令文格式初论》，《上海师范大学学报》（哲学社会科学版）2017年第6期。

② 陈伟：《秦苍梧、洞庭二郡刍论》，《历史研究》2003年第5期。

③ 奏谳书开头显示时间为廿五年，案件文书中有：“五月甲辰，州陵守绾、丞越、史获论令癸、琐等各赎黥。癸⌞、行戍衡山郡各三岁，以当法。”朱汉民、陈松长主编：《岳麓书院藏秦简（叁）》，简1221，上海：上海辞书出版社，2013年，第13页。

④ 陈松长主编：《岳麓书院藏秦简（肆）》，上海：上海辞书出版社，2015年，第200页。

⑤ 陈松长主编：《岳麓书院藏秦简（伍）》，上海：上海辞书出版社，2017年，第53—54页。

⑥ 陈松长主编：《岳麓书院藏秦简（伍）》，第49—50页。

⑦ 张家山二四七号汉墓竹简整理小组编著：《张家山汉墓竹简（二四七号墓）》（释文修订本），北京：文物出版社，2001年，第206页。

⑧ 王子今、刘华祝：《说张家山汉简〈二年律令·津关令〉所见五关》，《中国历史文物》2003年第1期。

⑨ 司马迁：《史记》，北京：中华书局，1982年，第1720页。

多，然而不费牛马之力，不至十日而距扞关。扞关惊，则从境以东尽城守矣，黔中、巫郡非王之有。”①则扞关是巴与楚之重要边关。汉阳关，《汉书·地理志》“汉中郡褒中县”下有：“都尉治汉阳乡。”《补注》王先谦曰：“《元和志》，汉阳关，在褒中县北九十里，汉都尉治。”②《太平寰宇记》卷一三三《山南西道一》“褒城县”下云：“汉阳关，在县西北，即汉时所立。”③则汉阳关在褒谷南端与金牛道的连接之关口，在蜀郡北边与汉中郡的边界上。④

根据这条律文，蜀巴郡与汉中郡、楚国的边界曾为秦楚边界，临近统一时仍以扞关、汉阳关和秦楚故徼⑤为蜀巴郡界，说明蜀巴郡包括了整个巴蜀地区。律文之所以要如此强调蜀巴郡界，是因为蜀巴郡为秦流放罪人的迁所，律令明确规定逃亡出界按“送道故徼外律”论处。

## 二、秦兵器铭文中的“蜀守”

根据岳麓秦简证明秦统一前夕置有蜀巴郡，但并不能上溯至更早的时期。传世文献和秦兵器铭刻中都只有“蜀守”，既不见“巴守”，也不见“蜀巴守”，意味着秦兵器铭文只能证明蜀郡的存在。如1986年张家界三角坪战国墓出土的秦昭王二十七年“蜀守若戈”：“廿七年蜀守若，西工帀（师）乘，丞□禺。江武库。”⑥陕西历史博物馆藏昭王三十四年“蜀守戈”：“卅四年蜀守□造，西工帀（师）□，丞□，工□。成，十，卬（邛），陕。”⑦1987年青川县白河乡发现的秦王政九年（前238年）“相邦吕不韦戟”：“九年相邦吕不韦造。蜀守金，东工守文居

---

① 司马迁：《史记》，第2290页。
② 王先谦：《汉书补注》，北京：中华书局，1983年影印虚受堂刊本，第772页。
③ 乐史撰：《太平寰宇记》，王文楚等点校，北京：中华书局，2007年，第2616页。
④ 《华阳国志·巴志十》载：“故巴亦有三硖。巴楚数相攻伐，故置扞关、阳关及沔关。”任乃强注曰：“‘阳关’，邓芝为江州都督时所治，见下文。其故址今为江北县之唐家沱。在朝天门下三十里，当铜锣峡西口，有平地与江州连接，故芝驻此，以扞江州。大抵巴弱楚强后，巴先失巫，故置扞关于鱼复（江关），迨楚已得枳，巴乃退扼铜锣、明月、鸡鸣三峡，而作阳关。‘沔关’，无可考见。汉水，古称沔水。巴国备楚，从江道外，惟上庸一隅有逾大巴山下达沔水之路。巴、蜀、秦、楚俱曾互争汉中。疑巴在徙都阆中时，曾奄有苴地，乃因七盘关置守以卫阆中，扞御沔中（即汉中）之敌，故称为沔关耶？”参《华阳国志校补图注》，第29页注8，及《江州三峡图》。如果按照《巴志》所载和任乃强先生此注，则简文应读为“私载出扞关、汉、阳关”，汉关或即沔关，实为川陕界上的七盘关。刘琳先生则引卷五岑彭“破（公孙）述荆门关及沔关”，疑即《水经注·江水》之弱关：“弱关在建平秭归（今湖北秭归）界。”“弱”当是“沔”之误。参见常璩：《华阳国志校注》，刘琳校注，成都：巴蜀书社，1984年，第59—61页注五。
⑤ 里耶秦简8-461载：“边塞曰故塞，毋塞者曰故徼。”湖南省文物考古研究所：《里耶秦简（壹）》，北京：文物出版社，2012年，图第68页，文第32页。
⑥ 王辉、王伟：《秦出土文献编年订补》，西安：三秦出版社，2014年，第61页。
⑦ 王辉、王伟：《秦出土文献编年订补》，第64页。

戈三。成都。蜀东工。”[①]以及民间收藏的秦王政十三年“蜀守颠戈”：“十三年蜀守颠造，西工昌，丞背，工是。”[②]睡虎地秦简中也将迁往蜀地称“迁蜀边县”（《封诊式》，简46、47）。[③] 从铭文来看，至少秦王政十三年前都为蜀郡。

秦兵器中还有“二十六年蜀守武戈”，铭文为：“武。廿六年蜀守武造，东工师宦，丞耒，工□。”王辉先生根据部分学者的意见，将其年代系于秦始皇二十六年。[④] 这样一来，铭文的“蜀守”就与简文的“蜀巴”存在一定程度的矛盾了。但追溯此戈的发掘与研究过程，就会发现这个年代的认定存在问题。

此铜戈出土于小田溪墓葬群中。1972年四川涪陵小田溪发掘了3座战国墓，其中3号墓出土有铜戈。发掘者将铭文释为：“武。廿六年蜀月武造，东工师宦，丞业，工□。”为了认定3座墓葬的年代，发掘者对随葬品进行了分析，得出的结论为：“小田溪3座土坑墓出土的文物，其中一部分是和重庆市巴县冬笋坝及广元县宝轮院两地的船棺葬出土的铜兵器（柳叶剑、短式铜矛、铜钺等）、铜釜甑、铜鍪；陶器中的绳纹釜、绳纹圜底罐等的造型与纹饰属于同一类型。第1号和第3号墓出土的无廓弩机、弩机臂盖与成都羊子山第172号墓出土的弩机、弩机臂盖相同。第2号墓出土的镂空双龙纹铜镜和湖南长沙枫树山第11号墓出土的战国方形透雕蟠螭纹镜形相似，仅图案不同。因此，这3座墓的时代应属于战国时期。”[⑤]发掘者根据墓葬器物的年代和铭文，将戈的年代定为昭襄王二十六年（前281年）。

很快，于豪亮先生将铭文改释为“二十六年蜀守武”，并以秦兵器铭文中“工帀”与“工师”写法的先后分期，结合文献中张若从周赧王元年（前314年）至秦昭王三十年（前277年）均为蜀守的记载，采用排除法，认为铭文中的廿六年，既不是秦惠王二十六年（以前后元合计），也不是秦昭王二十六年，因而将戈的年代定为秦始皇二十六年。[⑥] 此后，童恩正、龚延万先生也将“蜀月”改释为“蜀守”，但他们认为，《蜀志》记载秦昭王廿二年（前285年）才

---

① 尹显德：《四川青川出土九年吕不韦戟》，《考古》1991年第1期。另有黄家祥释文为：“九年相邦吕不韦造。蜀守宣，东工守文，丞武，工极。成都。蜀东工。”参见王辉、王伟《秦出土文献编年订补》，第122页。

② 王辉、王伟：《秦出土文献编年订补》，第124页。此戈照片见宛鹏飞编著《飞诺藏金（春秋战国篇）》，郑州：中州古籍出版社，2012年，第17—20页。

③ 睡虎地秦墓竹简整理小组编：《睡虎地秦墓竹简》，北京：文物出版社，1990年，第155页。

④ 王辉、王伟：《秦出土文献编年订补》，第137页。

⑤ 四川省博物馆、重庆市博物馆、涪陵县文化馆：《四川涪陵地区小田溪战国土坑墓清理简报》，《文物》1974年第5期。

⑥ 参见于豪亮《四川涪陵的秦始皇二十六年铜戈》，《考古》1976年第1期，后收入《于豪亮学术论集》，上海：上海古籍出版社，2015年，第199—201页。

正式废蜀侯而设蜀郡,以张若为郡守;《史记》记载直至昭王三十年,蜀守仍然为张若,故昭王二十六年的蜀守不能为"武"。他们也信从昭王及以前均为"工帀"、至战国末期才改作"工师"的说法,因而同样将此戈定为秦始皇二十六年。① 这两篇文章将"蜀月"改释为"蜀守",②极有利于对铭文的理解,但时代的认定都严重依赖张若为蜀守的文献记载,认为不可能同时存在另一个蜀守武。有关铭文中的"帀"与"师",随着出土秦兵器铭文的增多,可以发现较早的兵器铭文中也出现"工师",如秦惠文王后四年(前 321 年)的"相邦张仪戟"和"十三年相邦仪戈",③尤其是 2010 年发现的昭襄王八年(前 299 年)漆豆,底盘右边有 3 行 15 字的铭文:"八年相邦薛君造,雍工帀效,工大人申。"左边有 3 行 14 字的铭文:"八年丞相殳造,雍工师效,工大人申。"④同一器物上同时所刻铭文,"帀"与"师"并存,说明并不能因此而断定铭文年代的早晚。⑤ 因此,墓葬中随葬器物的年代认定及文化面貌,仍然是此铜戈断代的最重要依据。

---

① 参见童恩正、龚延万《从四川两件铜戈上的铭文看秦灭巴蜀后统一文字的进步措施》,《文物》1976 年第 7 期。

② 有关这两字的释读,长时间内意见并不统一。1974 年清理简报为"蜀月",1981 年徐中舒、唐嘉弘先生文章采用"蜀月";1976 年于豪亮和童恩正、龚延万先生分别发文改释为"蜀守",1985 年陈平先生重申为"蜀守";1979 年四川博物馆发文章辟"皋月"新解,1983 年王家佑、刘盘石先生联名发表文章取"皋月",1983 年饶宗颐先生也采"皋月"说。参见陈平《"蜀月""蜀守"与"皋月"小议——涪陵廿六年秦戈两关键铭文释读辨正》,《文博》1985 年第 5 期。

③ 王辉、王伟:《秦出土文献编年订补》,第 36、40 页。

④ 王辉、王伟:《秦出土文献编年订补》,第 49 页。

⑤ 笔者据有纪年的秦兵器铭文统计,春秋时期的 7 件均写作"左右帀";从惠文君四年(前 334 年)开始,至昭王五十年(前 257 年)的 49 件兵器中,有 19 件作"工师"、13 件作"工帀"、5 件省作"工某"(其中 4 件在昭王卅七年以后);另有豆、鼎、盒共 3 件作"工师",5 件作"工帀";两种写法并未体现明显的时代先后差异。从庄襄王元年(前 249 年)开始至二世元年(前 209)的 37 件纪年铭兵器中,有 4 件作"工师",33 件省作"工某"。说明"工师"的写法难以认定时代,而省作"工某"却是昭襄王晚期、庄襄王至秦王政时代最明显的铭文特点,由此也可证"蜀守武戈"更可能是较早铸造的兵器。陈平先生排比了战国秦戈的形制,他得出:中长胡三穿很可能是秦昭王末年以前秦戈常制,长胡四穿是秦庄襄王和秦始皇时秦戈的特征,可以辅助战国型秦戈的断代。参见陈平《试论战国型秦兵的年代及有关问题》,载《中国考古学研究论集——纪念夏鼐先生考古五十周年》,西安:三秦出版社,1987 年,第 311—321 页。但他的研究是以本戈为秦始皇二十六年标准器的基础上得出,且他也说这只是一个辅助性标准,并非绝对。董珊先生指出易县燕下都出土的十八年漆工戈,形制属于中长胡二穿型,但年代属秦王政而非昭王时代。董珊:《论阳城之战与秦上郡戈的断代》,《古代文明》第 3 卷,北京:文物出版社,2004 年,第 345 页。井中伟先生也指出秦二世元年丞相斯戈为中长胡二穿型。井中伟:《早期中国青铜戈·戟研究》,北京:科学出版社,2011 年,第 235—236 页(感谢王立新先生惠告本条信息)。最近王丹、夏晓燕介绍了荆州博物馆藏一件"秦昭王五十二年"的长胡四穿铜戈,铭文为:"五十二年,蜀叚守竈造,东工师□,丞校,工云。"王丹、夏晓燕:《荆州博物馆藏"五十二年"秦戈考》,《文物》2018 年第 9 期;铭文中"叚"字,参考刘刚《荆州博物馆藏五十二年秦戈铭文补正》,简帛网,2018 年 11 月 6 日。以上都说明陈平先生所说的辅助断代标准并不完全可靠。

除了前述3座战国墓，1980年底在小田溪又发掘了3座土坑墓和1座残墓，发掘简报的结论为："这次发掘的3座土坑墓，较上次3座墓（M1－M3）小，随葬器物也不如那3座墓丰富。随葬器物中几种主要铜器如釜、鍪、釜甑、壶、盆、钺以及陶釜等形制，与上次发掘者相同。这次出土的三角云纹铜壶与1976年湖北云梦出土的铜壶相同。环柄刀与四川犍为、新都战国墓所出相似。二弦纹镜与重庆冬笋坝、四川青川县战国墓所出一样。陶豆与重庆冬笋坝战国墓出土的早期的豆型相似。陶壶在器形上则早于冬笋坝，陶印上两个符号与冬笋坝、昭化宝轮院等地所出铜兵器上符号相似，但组合不同。玉龙佩与中原地区东周时期常见的相似。因此，这3座墓的时间都属战国时期。"①此后，1993年又发掘了9号墓，发掘者认为："小田溪M9为长方形竖穴土坑墓，这种形制的墓葬广泛流行于四川地区战国晚期至西汉初。该墓出土器物以青铜器为主，陶器少而且保存极差；所出器物与前两次发掘一样，绝大多数具有典型的巴蜀式特征，如柳叶剑、短骹式矛、三角援戈、甑、辫绳纹耳釜、鍪以及虎纹、手心纹、鹿纹等装饰。其铜容器组合为釜、甑、鍪、罍、盆；兵器有剑、矛、钺、戈、弩机、箭镞等；陶器有大口圜底釜、小口圜底釜，均为夹砂陶，饰粗绳纹。这类器物常见于四川战国中晚期的巴蜀墓葬中。"②发掘者认为小田溪墓葬群均为战国中晚期墓。2002年，重庆市考古研究所又发掘了11座战国墓和2座汉墓。发掘者将战国晚期巴文化墓分成两组，A组墓葬包括M13、M14、M16－20，随葬品中有楚文化因素，但不见秦文化因素器物，说明秦文化在巴国地域影响力还不强，因此将墓葬年代定为巴、楚战争时期；B组墓葬包括M10、M12、M15、M22，墓葬中有十分丰富的随葬品，大部分体现出明显的巴文化特征，又有楚越文化器和秦、三晋文化特征器物，因此，发掘者认为M22为秦灭楚（前223年）前，而M12属于战国末期至统一秦的墓葬。③ 研究者对墓群中出土部分青铜器作了合金配比分析后指出，本地区在钟类乐器制作方面具有一定的巴文化地域特征。④

之所以在此长篇引用考古发掘简报的分析与结论，是因为我们必须认识到，墓葬中的随葬器物不可能晚于墓葬本身的年代。不同时期的不同发掘者，根据墓葬中的器物及其组合，对小田溪墓葬群的年代分析都认定为战国时期，或者定为秦举巴蜀前后的战国晚期。他们

① 参见四川省文物管理委员会、涪陵地区文化局：《四川涪陵小田溪四座战国墓》，《考古》1985年第1期。又载国家文物局三峡工程文物保护领导小组湖北工作站编：《三峡考古之发现》，武汉：湖北科学技术出版社，1998年，第426—430页。

② 四川省文物考古研究所、涪陵地区博物馆、涪陵市文物管理所：《涪陵市小田溪9号墓发掘简报》，载四川省文物考古研究所：《四川考古报告集》，北京：文物出版社，1998年，第186—196页。

③ 参见重庆市文物考古研究所、重庆市文物局：《涪陵小田溪墓群发掘简报》，载重庆市文物局、重庆市移民局编：《重庆库区考古报告集2002卷·中》，北京：科学出版社，2010年，第1339—1375页。

④ 杨小刚、邹后曦、方刚：《涪陵小田溪墓群出土部分青铜器科技分析》，《文物春秋》2013年第3期。

的断代是有根据的。因此，不能以一个有争议的铭文年代去反推墓葬的年代，[1]而必须将器物组合的文化特点与时代特征和史实考订相结合。段渝、谭晓钟先生结合文献史料进行考订，指出公元前316年秦灭巴时，未曾移师取枳（今涪陵），枳地仍然为巴国余部所据。《秦本纪》所载昭王二十七年，“使司马错发陇西，因蜀攻楚黔中，拔之”，则枳入秦之年为前280年。涪陵小田溪墓葬中有秦戈，有楚式编钟、铜镜，但更多的是巴人固有的文化因素，正是楚、秦长期争夺巴国的战争在巴文化上的具体表现和直接反映。墓葬年代当在楚、秦激烈争夺枳地稍后，即应在秦昭王时，故“武廿六年戈”的年代当为秦昭王之时。[2] 宋治民先生认为小田溪墓葬群是巴蜀文化受外来文化影响的例子。他指出1号墓中的铜罍来自楚文化，弩机、编钟、铺首衔环均为外来之物；2号墓中的铜壶、方形双龙纹铜镜、漆奁等为外来，可能来自楚文化；3号墓中的错银铜壶、铜戈、漆奁为外来之物；4—7号墓的铜壶、铜镜、陶壶等也为外来。[3] 秦、楚文化因素和文化器物在巴蜀文化墓葬中出现，正是秦、楚文化扩张至巴地的反映，而不可能是秦国完全占有巴地几十年后的文化现象。[4] 中国社会科学院考古所在编辑《殷周金文集成》时，将戈的时代定为战国，[5]也是综合墓葬年代的判断。因此，戈的年代不可能晚到秦始皇二十六年，发掘者定为秦昭王二十六年是合适的。

但让学者们倍感困惑的是，如果定昭王二十六年蜀守为武，则蜀守张若何在？这也是于豪亮等学者们将戈改为秦始皇时代的重要原因。近年由于多批秦简的出土，秦代行政文书中存在大量“守官”“假官”的现象，受到学者们的关注。其实秦兵器铭文中也出现过假守督造兵器的情况，如珍秦斋所藏昭王四十八年“上郡叚守鼂戈”：“卌八年上郡叚守鼂造，漆工平，丞冠。上郡武库。广武。”[6]庄襄王元年“上郡叚守暨戈”：“元年上郡叚守暨造，桼（漆）工壮，丞圂，工隶臣□。平陆。九。”[7]说明假守可以督造兵器，而且要刻上假守的名字，以明

---

① 蒋晓春先生将小田溪墓葬群分为M7一组，时代为战国晚期至秦；M1、M2、M3、M4、M5、M9另分为一组，先根据铜戈铭文将M3定在秦代或秦汉之际，M1、M2定为秦代，M4、M5、M9定在秦汉之际。参见蒋晓春：《试论涪陵小田溪墓地的分期与时代》，《江汉考古》2002年第3期。

② 段渝、谭晓钟：《涪陵小田溪战国墓及所见之巴、楚、秦关系诸问题》，《四川文物》1991年第2期。

③ 宋治民：《蜀文化与巴文化》，成都：四川大学出版社，1998年，第265页。

④ 湖北云梦睡虎地秦墓M7，根据椁室上阴刻的“五十一年曲阳士五邦”可知，入葬时间为秦昭王五十一年（前256年）。虽隔白起拔郢只20余年，但与秦始皇三十年（前217年）入葬的M11在随葬器物的文化特征上没有多大差别，体现出秦人墓随葬器物的文化特征。《云梦睡虎地秦墓》编写组：《云梦睡虎地秦墓》，北京：文物出版社，1981年，第68—71页。这是秦在占领地迅速推行秦的文化风俗，移易当地习俗的体现。

⑤ 中国社会科学院考古研究所：《殷周金文集成》第17册，北京：中华书局，1992年，图版编号11368，第449页；文字说明见第84页。

⑥ 王辉、王伟：《秦出土文献编年订补》，第69页。

⑦ 王辉、王伟：《秦出土文献编年订补》，第74页。另有两件秦王政三年吕不韦戈，也出现了“上郡假守定”。

责任。但也有不写假守的情况，1987年登封八方村出土的三号戈铭文为："廿五年上郡守周造，高奴工师闲，丞申，工隶臣□。平周。"①然而前有"二十四年上郡守瘠戟"，后有"二十五年上郡守厝戈"和"二十七年上郡守趞戈"，学者均解释为司马错。② 因照片不甚清楚，如果能看到原物的发表者原释文不误，则"周"也可能是司马错任上郡守时的"假守"。这种现象在秦简牍中常有呈现，也不一定将"守、假"二字在文书中体现出来，现在里耶秦简文书中略举几例于下：

9. 【廿七年四月乙】③亥朔辛丑，琅邪段守□敢告内史、属邦、郡守主：琅邪尉徙治即默☐琅邪守四百卅四里，卒可令县官有辟、吏卒衣用及卒有物故当辟征遝☐告琅邪尉，毋告琅邪守，告琅邪守固留费，且辄却论吏当坐者。它如律令。敢【告主】。④ 郡一书。●以苍梧尉印行事。/六月乙未，洞庭守礼谓县啬夫：听书从事。□□、军吏在县界中者各告之。新武陵别四道，以次传。别书写上洞庭尉，皆勿留。/葆手。(8－657)⑤

10. 廿七年十一月戊申朔癸亥，洞庭段(假)守昌谓迁陵丞：迁陵上坐反适罪当均输郡中者六十六人，今皆输迁陵。其听书从事。它如律令。●以新武陵印行事。痈手。(9－23)⑥

11. 卅三年正月壬申朔戊戌，洞庭段(假)守□谓县啬夫：廿八年以来，县所以令糴粟固各有数，而上见或别署或弗居。以书到时，亟各上所糴粟数后上见存，署见左方曰若干石、斗，不居见□。署主仓发。它如律令。县一书。●以临沅印行事。
二月壬寅朔甲子，洞庭段(假)守齰追县，亟上勿留。/配手。●以上衍印行事。
歇手。(12－1784)⑦

12. 卅四年六月甲午朔乙卯，洞庭守礼谓迁陵丞：丞言徒隶不田，奏曰：司空厌等当坐，皆有它罪，耐为司寇。有书，书壬手。令曰：吏仆、养、走、工、组织、守府门、削匠及

---

① 河南省文物研究所：《河南登封县八方村出土五件铜戈》，《华夏考古》1991年第3期。刘雨、卢岩编著：《近出殷周金文集录》，1198号，北京：中华书局，2002年，第228页。

② 吴镇烽将十九年、二十四年、二十五年、二十七年的五件兵器铭文都解成司马错所造，将本件戈中的"周"改释为"厝"。见吴镇烽编著：《商周青铜器铭文暨图像集成》第32卷，第17287号，上海：上海古籍出版社，2012年，第365页。

③ 此处的年月为唐俊峰所补。参见唐俊峰：《秦汉的地方都官与地方行政》，(台北)《新史学》25卷3期，2014年9月。

④ "告主"二字已残，根据文书格式补。

⑤ 陈伟主编：《里耶秦简牍校释(第一卷)》，武汉：武汉大学出版社，2012年，第193页。

⑥ 陈伟主编：《里耶秦简牍校释(第二卷)》，武汉：武汉大学出版社，2018年，第35—36页。

⑦ 里耶秦简博物馆、出土文献与中国古代文明研究协同创新中心中国人民大学中心编著：《里耶秦简博物馆藏秦简》，上海：中西书局，2016年，第135页。

它急事不可令田，六人予田徒四人。徒少及毋徒，薄移治虏御史，御史以均予。今迁陵廿五年为县，廿九年田，廿六年尽廿八年当田，司空厌等失弗令田，弗令田即有徒而弗令田且徒少不傅于奏。及苍梧为郡九岁乃往岁田。厌失，当坐论。即如前书律令。/七月甲子朔癸酉，洞庭叚（假）守绎追迁陵。/歇手。●以沅阳印行事。七月甲子朔庚寅，洞庭守绎追迁陵：亟言。/歇手。●以沅阳印行事。/八月癸巳朔癸卯，洞庭叚（假）守绎追迁陵，亟日夜上，勿留。/卯手。●以沅阳印行事。/九月乙丑旦，邮人曼以来。/翥发。歇手。（8－755+8－756+8－757+8－758+8－759+8－1523）①

材料9、10显示，秦始皇二十七年六月为洞庭守礼，而同年十一月则为假守昌；材料11中，三十三年正、二月的洞庭假守为齮；材料12中，三十四年六月仍为洞庭守礼，但七、八月则为假守绎，而且可以直接写为"洞庭守绎"。可以发现，正式行政文书中频繁出现的"假守"，并不是汉代那种可以转任为"真守"的"试用"，而是短时间的"代理"。但由于假守是真正行使太守的职权，因此也有可能直接写为"守"。里耶秦简县下诸官啬夫中，有一个叫"武"的仓吏，廿七年十二月丁酉写作"仓武"（8－1551），但端月（正月）丁未则分别写作"仓武"（9－117）和"仓守武"（9－134），廿八年六月又为"仓武"（8－1490+8－1518）。在正式文书中的这种写法，无疑透露出一种信息，即文书职名中的"守"与"假"有时不一定要明确写出来。

回到"蜀守武戈"，如果昭王二十六年的某个时候，蜀守若有公事离开治所一段时间，暂时由武假守。武督造兵器时，正式的铭文应刻上"蜀假守武造"，但也可能直接刻上"蜀守武造"，因而在蜀守若任职的时间内也可能出现蜀守武督造的戈，二者并非完全冲突。"二十六年蜀守武"铜戈还是按墓葬年代断为昭王时期的兵器更为合适。

史籍记载也不支持秦统一后仍然在蜀地铸造兵器的情况。《秦始皇本纪》载二十六年："收天下兵，聚之咸阳，销以为钟鐻，金人十二，重各千石，置廷宫中。"②秦始皇认为通过战争统一了六国，就达到了止战的目的，因而不再需要兵器。在这种情况下，虽不能说天下兵器完全收归咸阳，但蜀郡如何可能继续铸造铜戈？黄盛璋先生也因为"蜀守武"与"蜀守张若"的冲突，强解此戈铸于销兵器之前。③ 而根据岳麓秦简可知，此地临近统一之前为"蜀巴

① 陈垠昶：《里耶秦简8－1523编连和5－1句读问题》，简帛网2013年1月8日。宫宅潔指出，⑧1564简也是该册书的一部分，应置于⑧758与⑧759之间。宫宅潔：《关于里耶秦简⑧755—759简与⑧1564简的编联》，简帛网，2018年03月04日。

② 司马迁：《史记》，第239页。

③ 黄先生还指出"蜀"字与丞相触监造戈（昭襄王十五或十六年）所从"蜀"旁全同，"年"字写法亦同相邦樛斿两戈（惠文君四年）。参见黄盛璋：《秦兵器分国断代与有关制度研究》，吉林大学古文字研究室编：《古文字研究》第21辑，北京：中华书局，2001年，第249页。这种文字写法的相同，正好表明此戈应为较早之器。

郡”，因而不能为“蜀守”。学者对秦兵铭文的搜集与著录，除此戈外，也不见其他秦始皇二十六年的兵器。这也能说明此戈非秦始皇二十六年器。

这样一来，已出土秦兵铭文能够认定的“蜀守”年代下限为秦王政十三年，与岳麓秦简律令中秦王政二十五年的“蜀巴郡”并不存在冲突。

## 三、蜀与蜀巴反映的时代变化

从昭王二十七年直至秦王政十三年，秦兵器铭文中一直只称“蜀守”，管理蜀地。岳麓秦简律令显示，至少在二十五年至二十六年间存在“蜀巴”的郡名，管辖整个巴蜀地区。秦兵器铭文中的“蜀守”是官方用语，岳麓秦简的“蜀巴”是正式法律用语，二者都具有权威性。从时间的维度分析，可能秦时存在“蜀郡”与“蜀巴郡”这种历时态的郡名称谓和辖区的变化，即秦早先只在征服的蜀地置蜀郡，后来由于秦灭巴国，在羁縻统治一段时间后，渐将巴地纳入郡县体制，但并未独立设置巴郡，而是将巴地划入蜀郡，将郡名改称“蜀巴郡”。这个改变的时间可能已是统一前夕。秦对巴地的羁縻统治时期，仍然由巴族君长管理本族部属，君长接受秦中央属邦的管理。①《后汉书·南蛮西南夷列传》载：“及秦惠王并巴中，以巴氏为蛮夷君长，世尚秦女，其民爵比不更，有罪得以爵除。”②说明巴地入秦，巴族君长已归为秦民，接受秦爵，但仍然可以君长的名号管理部属。

徐中舒先生指出：“秦灭巴后，巴族政权就从此崩溃了。代之而起的并不是秦国的郡县制，而是南郡以西的巴濮族与阆中周围的姬姓巴族的氏族制或家族制的大姓统治。这样（或为“这些”之误）政权，也必然要在秦国的卵翼下，才能够存在。同时，他们必须向秦国缴纳贡赋，因此这些部族就不能再称之为巴了。賨就是在这样条件下产生的名称。”③《舆地纪胜》卷159《景物下》“铜梁山”条引陈寿《益部耆旧传》云：“昔楚襄王灭巴子，封废子于濮江之南，号铜梁侯。”④段渝、谭晓钟先生征引这条材料，认为这个“巴子”即镇守枳的巴废王子，

---

① 《睡虎地秦简·法律答问》载：“ • 臣邦真戎君长，爵当上造以上，有罪当赎者，其为群盗，令赎鬼薪鋈足；其有府（腐）罪，【赎】宫。其它罪比群盗者亦如此。”（简113—114）这里的“臣邦真戎君长”，就是臣服于秦的戎族君长，由中央属邦管理。巴族君长在臣服秦后，并非立即由郡管辖，同样由属邦管理。或蜀地在入秦之初也是如此，因而置有蜀侯。另《秦本纪》惠文君十一年载秦“县义渠”，也不废其君，直至昭王时仍然有“义渠戎王”。

② 《集解》引刘攽曰：“巴氏之君，可有爵耳，民何故辄得之？明衍民字。”王先谦：《后汉书集解》，北京：中华书局，1984年影印虚受堂刊本，第994页。

③ 徐中舒：《巴蜀文化续论》，《四川大学学报（社会科学版）》1960年第1期。

④ 王象之：《舆地纪胜》，北京：中华书局，1992年影印岑氏惧盈斋本，第4321页。

小田溪 M1、M2 就与巴王子有关。[①] 文物专家在研究了 M1、M2 出土的编钟、有“王”字的铜钲和錞于等高等级的随葬器物后指出，小田溪墓地可能是战国晚期巴国的王陵所在地。[②] 这就说明巴地在初入秦后的一段时间内，还保留着巴王的称号。

到统一前夕，由于郡县一元化进程的推动，秦将原属邦辖下之巴地纳入蜀郡管理，[③]正式的郡名就改为“蜀巴郡”，但统一后旋即分置蜀、巴二郡。由于“蜀巴郡”存在的时间很短，加上历史传统和习惯的影响，在传世文献中并没有看到“蜀巴郡”。如果没有岳麓秦简中律令的记载，这一过程便不可能复原。

这种情形在其他秦郡上也存在过，如上引蜀守张若攻取的巫郡与黔中郡，在封泥中却存在过“巫黔郡”。周晓陆先生认为，巫郡、黔中郡为楚故郡，秦先下楚黔中，再下楚巫郡，将二者合并称巫黔郡在情理之中。[④] 后晓荣先生认为：“或秦初名黔中郡，并楚巫郡后改称巫黔郡。”[⑤]晏昌贵先生则认为，公元前 280 年司马错攻取楚黔中，三年后张若取楚巫郡及江南地，合而为黔中郡。接下来楚人反攻，拔取临江十五城。可能是秦人在楚攻取“江旁十五邑”后，将黔中郡改为“巫黔郡”。[⑥] 晏先生在对庄襄王之前的秦郡作了全盘考证之后指出，秦郡的发展是一个动态的过程，大致可分为上郡型（沿而未变）、蜀郡型（郡国并行）和河外型（变化重大）三种模式。黔中郡（或巫黔郡）即属河外型，即郡名和辖界均有重大变化。[⑦] 但从传世文献的蜀郡和岳麓秦简所示的蜀巴郡以及统一后分置蜀郡与巴郡的变化来看，蜀郡除了存在有郡有国有蛮夷君长的时间段上之复杂组合，还存在名称和辖界的变化，早期分出汉中郡，统一后又分出巴郡，同样属于有着复杂变迁的郡。

综上所述，根据秦兵器铭文和岳麓秦简的记载，至迟在昭王时代，蜀地开始实施单一的郡县管理体制，设置蜀郡管理县道；小田溪墓葬表明巴地仍然有巴族君长，入秦后应该是接受中央属邦的管理。到统一前夕，巴地划入蜀郡，纳入郡县体制，郡名改为蜀巴郡。统一后，

---

① 段渝、谭晓钟：《涪陵小田溪战国墓及所见之巴、楚、秦关系诸问题》，《四川文物》1991 年第 2 期。

② 参见国家文物局主编：《中国文物地图集・重庆分册上》，北京：文物出版社，2010 年，第 219 页。

③ 郭永秉、广濑薰雄先生根据绍兴出土的“二年属邦守蓐戈”认为：“在绍兴及其附近地区，秦代有一段时间设置过属邦。大致可以作如下推测，这一地区当时为百越所居，秦征服此地后，首先设置属邦，中间经历种种变迁，最后定名为会稽郡。”郭永秉、广濑薰雄：《绍兴博物馆藏西施山遗址出土二年属邦守蓐戈研究——附论所为秦廿二年丞相戈》，载复旦大学出土文献与古文字研究中心编：《出土文献与古文字研究》第 4 辑，上海：上海古籍出版社，2011 年，第 123 页。他们同样揭示了东南边地从属邦走向郡县化的过程。

④ 参周晓陆等《于京新见秦封泥中的地理内容》，《西北大学学报（哲学社会科学版）》2005 年第 4 期。

⑤ 后晓荣：《秦代政区地理》第三章《秦置郡新证》，北京：社会科学文献出版社，2009 年，第 73—74 页。

⑥ 晏昌贵：《睡虎地秦简“十二郡”及相关问题》，载陈伟等《秦简牍整理与研究》，北京：经济科学出版社，2017 年，第 109 页。

⑦ 晏昌贵：《睡虎地秦简“十二郡”及相关问题》，第 113 页。

蜀郡、巴郡分置。巴蜀地区的郡县化过程，是秦边地郡县化的缩影和典型，反映了秦征服边地的艰难过程与统治政策的成功探索。

本文属杨振红教授主持的湖南师范大学历史文化学院岳麓秦简读书班成果之一，得到杨振红、熊贤品、杨超等先生的帮助，特此致谢！

附记：

2019年11月5日，陕西省考古研究院秦咸阳考古队披露了秦汉新城坡刘村墓地M3铜鉴腹部的16字铭文及其图版。铭文为："十九年蜀守斯离造工师某臣求乘工耐。"考古队断为秦昭襄王十九年（前288年），指出"蜀守斯离是器物的督造者"，"本次出土铭文说明，在张若任蜀国守之后、任蜀郡守之前，斯离曾一度担任蜀国守"，体现了秦国的"羁縻政策"。① 但昌武先生重释铜器铭文为："十九年蜀守斯离造，工师狐，丞求乘，工耐。"并指出"蜀守"应当理解为"蜀郡郡守"为宜，"二十六年蜀守武戈"在昭襄王二十六年的可能性更大，进而认为蜀郡当置于昭襄王六年（前301年）。② 吴镇烽先生释铭文为："十九年，蜀守斯离造，工师狢，丞求乘，工耐。"他据《通鉴》胡注指出"斯离"可能是双名，也可能是姓名。斯离继张若之后担任"蜀国守"，职掌是军事性质，不管理蜀国的行政事务。铭文"物勒工名"并不能说明"秦灭巴蜀之后，对蜀实行过羁縻政策"。③

"蜀守"应为但昌武先生所说的"蜀郡守"，但文献中张若一直担任蜀守的记载，也不能简单否定，斯离仍然可能是代理蜀郡守。《史记·秦本纪》："（昭襄王）二十三年，尉斯离与三晋燕伐齐。"斯离此时也不一定就是蜀尉，而有可能是其他的郡尉。

（原文载《简帛研究二〇一八·秋冬卷》，广西师范大学出版社，2018年。本次收入有修订）

---

① 秦咸阳考古队：《西咸新区秦汉新城坡刘村出土"蜀守斯离"督造铜器》，考古陕西微信公众号2019年11月5日。

② 但昌武：《"十九年蜀守斯离"铜器铭文及相关史事考析》，简帛网2019年1月9日。

③ 吴镇烽：《蜀守斯离鉴不能说明秦人对蜀地实行羁縻政策》，复旦大学出土文献与古文字研究中心网站2019年12月11日。

# 岳麓书院藏秦简所见秦郡名称补正

◎ 王 伟(陕西师范大学文学院)

岳麓书院藏秦简的律令文书中出现了大量秦郡名称，陈松长先生《岳麓书院藏秦简中的郡名考略》①(以下简称《考略》)、于薇先生《试论岳麓秦简中“江胡郡”即“淮阳郡”》②(以下简称于文)已经就其中一些郡名作了梳理和考证。现结合秦玺印封泥、里耶秦简以及秦兵器题铭等材料中所见的秦郡名称对以上两位先生未言及之处略作补充。

据《考略》，岳麓书院藏秦简中大致可认定的郡名有22个。即：内史、东郡、南阳、南郡、泰(太)原、参(三)川、颍川、河内、琅邪、九江、上党、河间、苍梧、洞庭、恒山、清河、衡山、泰山、庐江、四川、州陵、江湖郡。另，简文中多次出现的“廿五年”是始皇二十五年，即秦统一六国的前一年。也就是说，含有郡名的这些简文大多是秦统一之前的行政公文。

本文补正之处有以下几点：

## 一、《考略》略去不论而有可说者

以上所列的前十个郡名，陈先生认为是“典籍中常见的秦代郡名”，故“略而不论”。我们认为还有以下几点需要补充：

### 1. 关于泰(太)原郡

岳麓秦简字作“泰原”，秦封泥有“大原守印”③、“大原大府”。④“泰原”就是“大原”，

---

① 陈松长：《岳麓书院藏秦简中的郡名考略》，《湖南大学学报(社会科学版)》2009年第2期。

② 于薇：《试论岳麓秦简中“江胡郡”即“淮阳郡”》，简帛网2009年6月18日。

③ 周晓陆、路东之：《秦封泥集》，西安：三秦出版社，2000年，第259页。

④ 陈晓捷、周晓陆：《新见秦封泥五十例考略》，《秦陵秦俑研究动态》2006年第2期，此文又刊西安碑林博物馆：《碑林集刊》第11辑，西安：陕西人民美术出版社，2005年。

也就是文献所见的“太原”。与这种字形上的差异类似的现象，在秦玺印封泥中也大量存在，如，“泰仓丞印-大仓丞印”“泰官-大官”“泰官丞印-大官丞印”“泰匠-大匠”“泰匠丞印-大匠丞印”“泰内-大内”“泰内丞印-大内丞印”“泰史-大史”“泰医-大医”“泰医丞印-大医丞印”①等。学界一般认为，同一职官印而在字形或名称上的区别，如“泰-大”、“××玺”与“××印”等，这是二者时代早晚的标志，即名“玺”和写作“泰”者属于秦统一之前的写法。

据此我们认为，岳麓秦简中所见的大部分郡名可能是秦统一之前所置郡的名称。这一点也可以从岳麓秦简0083、0163、1219号简文中的“廿五年”中得到佐证。据《考略》，简文中的“廿五年”就是公元前222年，即秦统一六国的前一年。

### 2. 关于参（三）川郡、颖川郡

参川、颍川，文献分别作“三川”“颍川”，据秦封泥“参川邸印”、②“参川尉印”、③“颍川大守”，④可以知文献将“参”误作“三”，将“颍”误作“颍”。

## 二、《考略》论及而有可补正者

### 1. 清河郡

除《考略》所举《齐鲁封泥集存》所收的“清河太守”封泥外，尚可举出上海博物馆所藏的另一枚“清河太守”封泥。⑤ 秦封泥另有“清河水印”，据同类封泥“琅邪水丞”、⑥“四川水丞”、⑦“东晦都水”⑧（文献作“东海”）和玺印“浙江都水”⑨可知，“清河”为秦统一之前所置郡无疑。

---

① 周晓陆、路东之：《秦封泥集》，西安：三秦出版社，2000年。傅嘉仪：《新出土秦代封泥印集》，杭州：西泠印社出版社，2002年；周晓陆等：《在京新见秦封泥中的中央职官内容》，《考古与文物》2005年5期。

② 陈晓捷、周晓陆：《新见秦封泥五十例考略》，《秦陵秦俑研究动态》2006年第2期。

③ 周晓陆、路东之：《秦封泥集》，第251页。

④ 孙慰祖：《中国古代封泥》，上海：上海人民出版社，2002年，第42页。

⑤ 孙慰祖：《中国古代封泥》，第42页。

⑥ 周晓陆、路东之：《秦封泥集》，第266页。

⑦ 刘庆柱、李毓芳：《西安相家巷遗址秦封泥的发掘》TG1：38，《考古学报》2001年第4期。

⑧ 周晓陆等：《于京新见秦封泥中的地理内容》图15，《西北大学学报》（哲学社会科学版）2005年第4期。

⑨ 罗福颐主编：《秦汉南北朝官印征存》0048号，北京：文物出版社，1987年。

### 2. 衡山郡

秦封泥有“衡山发弩”、①“衡山马丞”。② 由琅邪郡有“琅邪发弩”、③代郡有“代马丞印”可证明，“衡山”为秦统一之前所置郡。

## 三、《考略》所论有商榷之处者

### 1. 关于州陵郡

《考略》根据简文中的“东郡守”“南阳守”“河间守”“洞庭守”“南郡假守”等，类推出“泰山守”和“州陵守”指的是“泰（太）守”，泰山、州陵都是秦郡名称。《考略》还将“州陵守”看作是秦统一六国期间的地方临时看守政府的“新地守”。

简文中并未明确出现“州陵郡”或“州陵泰（大）守”字样，所谓的“州陵郡”是《考略》根据简文中“地名+守”的通例“以此类推”出来的，与《汉书·地理志》的记载并不相符。虽然我们不能完全相信文献记载，但文献记载也不能轻易否定，尤其是出土文献已经不止一次地证明班固《汉书·地理志》的记载有很大的可靠性。

所以，我们认为，仅据“泰山守”（《考略》中仅出现一次）和“州陵守”的名称和类推的方法就将“泰山”“州陵”认定为秦郡，而轻易否定《汉书·地理志》“泰山郡，高帝置”以及州陵是南郡辖县的说法，其理由并不充分。

“泰山”“州陵”是否为秦郡名的关键在于两点：

第一，“泰山”“州陵”是否是郡级行政区划名称，如九江、清河、太原、河内等。如果是，则“泰山”“州陵”毫无疑问是秦郡名称，但《汉书·地理志》的记载不支持这种假设，而且以往研究秦郡的学者均未言及，所以“泰山”“州陵”是否是秦郡，仍有商榷的余地。

第二，“守”是否可以理解成“泰（太）守”。像汉中、河间、衡山这样的地名之后加上“守”，当然毫无争议。但因为简文没有出现“州陵郡”或“州陵泰（大）守”字样，而秦出土文献中“地名+守”的例子又有不能理解为郡守的例子存在，如里耶秦简中的“阳陵守”。虽然“阳陵守”可能是“阳陵守丞”之误，但这仅是学者的一种推测，不能用这个推测来推测“州陵守”。

根据我们的对秦代郡、县两级职官材料的把握和理解，认为秦时已经有了比较完备的长官兼摄和临时代理制度。郡一级的长官是守，“假守”就是正式人选未确定之前的临时代理

① 周晓陆、路东之：《秦封泥集》，第254页。
② 陈晓捷、周晓陆：《新见秦封泥五十例考略》，《秦陵秦俑研究动态》2006年第2期。
③ 周晓陆、路东之：《秦封泥集》，第267、259页。

者，秦有元年上郡叚守暨戈、上郡叚守戈，三年相邦吕不韦矛也有“上郡叚守”；里耶秦简有洞庭叚尉、叚卒史。张家山汉简中有“叚大母”“叚母”“叚子”，文献有“假王”等，这些“叚（假）”都与“真”相对，行为的主体与所担任职务之间的关系临时的、合法的，但不是固定的或真实的。如，“假+亲属称谓”就表示二者之间没有名称上所标明的那种血缘关系，这种关系是可以变动的。“假王”就是中央没有正式任命的王，但仍是合法的。正如金少英《秦官考》所说：“赵之‘假相’‘假相国’，其官称应为‘相’与‘相国’。《史记·项羽本纪》正义：‘假，摄也。’南阳有假守腾、其后吴广为假王，项羽为假上将军，亦皆兼摄之义。”①这与岳麓书院0370号简文“郡尉不存，令尉为假守，泰守、尉皆不存，令吏六百石以上及守吏风莫官……”②的规定是一致的。

县一级的官员是令（长）、丞、尉等，最高长官是“令（长）”。在政府公文中，“令”字一般不出现，用“县名+人名”表示县令，如里耶秦简中的“阳陵遬”是指阳陵县令遬；县令的副手是县丞，用“县名+丞+人名”表示，如“迁陵丞昌”。二者同时出现的例子有张家山汉简《奏谳书》中“夷道汵、丞嘉”“江陵余、丞鹜”③等。另张家山汉简《具律》中有“其令、长、丞……其守丞及令、长若真丞存者所独断治论有不当者，令真令、长、丞不存及病者皆共坐之……”④此处的“守丞”与“真丞”相对而言，有力地证明了我们上面的理解是合理的。

据我们观察，与郡一级官吏用“假”表示临时代理不同，秦县及其以下级别的官吏表示行为主体与所担任职务之间临时的、合法的，但不是固定的或真实的关系时，使用的专用词是“守”，表示长官——县令、丞、司空等人员暂时离开的情况下临时指派的负责人，因为“临时性”，所以可能会频繁调换，也可能不止一个人担任。

“县名+守+人名”，表示此人是县令一职的临时代理者，如里耶秦简中的“阳陵守庆”和关沮秦简《历谱简》“丁巳守登”。⑤ 秦出土文献中“县名+守+人名”格式出现较少的原因大概有两点：一是，我们见到的资料有限；二是，县令一般不直接参与处理政府日常的行政文书。这些工作一般都是具有浓厚文书职能的“县丞”全权处理。这样理解也可解释为什么已发现的秦政府行政文书中出现大量的丞的名字。

“县名+守丞+人名”，表示此人是县丞一职的临时代理者，如里耶秦简中的“阳陵守丞

---

① 孙楷：《秦会要订补·附录》，徐复订补，北京：中华书局，1956年，第463页。

② 陈松长：《岳麓书院藏秦简中的郡名考略》，《湖南大学学报（社会科学版）》2009年2期。

③ 张家山二四七号汉墓竹简整理小组：《张家山汉墓竹简（二四七号墓）》（释文修订本），北京：文物出版社，2006年，第91、92页。

④ 张家山二四七号汉墓竹简整理小组：《张家山汉墓竹简（二四七号墓）》（释文修订本），第23页。

⑤ 王辉：《秦出土文献编年》，台北：新文丰出版公司，2000年，第256页。

厨”“阳陵守丞恬”“阳陵守丞欣”“阳陵守丞庆”和“迁陵守丞色”“迁陵守丞都”“迁陵守丞敦狐”等,又如关沮秦简《历谱简》“丙辰守丞登”。① “守丞”是长官——县丞暂时离开的情况下临时指派的负责人,因为“临时性”,所以可能会频繁调换,也可能不止一个人担任。

这种县级“守”与郡级的“假”一样,都是合法但不固定的职位,陈治国认为“守”和“守丞”是一种代理职务,“假”是一种兼职,意见类似。② 这样理解也就能解释为什么里耶秦简中阳陵县和迁陵县的“守丞”人选变换频繁,同一个人可以既可以临时代理县令,又可以临时代理县丞,如关沮秦简《历谱简》中“丙辰守丞登……丁巳守登”;③又如里耶秦简中 J1(9)1 中的“卅四年六月甲午朔戊午,阳陵守庆”和“卅四年六月甲午朔壬戌,阳陵守丞庆”,两简记事日期(戊午—壬戌)仅隔 3 天,经手人同是“庆”。按照我们的理解,“庆”完全可以先担任阳陵县令的代理职务,三天之后再临时代理阳陵县丞的职务。

综上所论,岳麓秦简中的“州陵守”的含义极可能是州陵县的县令代理者。

我们认定“州陵”不是“州陵郡”,而应该是南郡下辖的县,还有以下的三条理由。有关“州陵”的资料,陈松长先生《岳麓书院所藏秦简综述》④(以下简称《综述》)也有提及。为便于下文讨论,现据《考略》《综述》二文,将有关简文罗列如下(数字为简号):

1647+2168+0473+1044+1650:廿二年八月癸卯朔辛亥,胡阳丞唐敢谳之,四月乙丑,丞矰曰:君子子癸诣,私书矰所,自谓冯将军毋择子,与舍人来田南阳,毋择鞫之:学挢自以五大夫将军毋择子,以名为伪私书诣矰,以欲盗去,邦亡,未得,得审□,敢谳之。•史议:耐学隶臣,或令赎耐。(按,这是《综述》一文公布的《奏谳书》中冒充“冯将军毋择子”的诈骗案的木简内容)

1219:廿五年五月丁亥朔壬寅,州陵守绾、丞越敢谳之:乃二月甲戌走马塞告曰盗,盗杀伤走马

1211:五月甲辰,州陵守绾、丞越、史获论:令癸、琐等各赎黥,癸行戍衡山郡,居三岁以当法。……

1347+1003:廿【五年?】六月丙辰朔癸未,州陵守绾、丞越敢谳之:乃四月辛酉枝长癸、求盗、上造□、士五□□□□□□□治等四人,女子二人告群盗杀人,治等曰群盗

0083:廿五年六月丙辰朔己卯,南郡假守贾报州陵守绾、丞越:子谳求盗尸等捕秦男子治等四人

---

① 王辉:《秦出土文献编年》,第 256 页。
② 陈治国:《里耶秦简“守”和“守丞”释义及其它》,《中国历史文物》2006 年第 3 期。
③ 王辉:《秦出土文献编年》,第 256 页。
④ 陈松长:《岳麓书院所藏秦简综述》,《文物》2009 年第 3 期。

0163：廿五年七月丙辰朔己未，南郡假守贾报州陵守绾、丞越：子谳荆长癸等□男子治等告

0061：……州陵守绾令癸与□徙……

0706：绾请许而令郡有罪罚当戍者，泰原署四川郡；东郡、参川、颍川署江湖郡；南阳、河内署九江郡……

0194：泰原署四川郡；东郡、参川、颍川署江湖郡；南阳

0383：河内署九江郡、南郡；上党□(臣)邦、道当戍东故徼者，署衡山郡

0480：□迁其弗见莫告，赀一甲。前此令□□已入关，及阴密□环陷？江胡而未出关及其留在咸【阳】……

0485：同罪其繇使而不敬，唯大啬夫得笞之如律、新地守时修其令，都吏分部乡邑间，不从令者论之。•十九

0556：丞相上庐江假守书言：庐江庄道时败绝不补，即庄道时败绝不逋(补)而行水道。水道异远。庄道者……

第一，从含有“州陵”的几条简文惯用语、内容，以及其他秦简中的行政文书用语格式可以判断，这几条简文是南郡与州陵县之间的往来文书。

词语一：“敢谳之”。这是秦行政文书中上行文书，即下级给上级呈报事项的惯用语。谳的意思是将案情上报、请示。《礼记·文王世子》：“狱成，有司谳于公。其死罪，则曰‘某之罪在大辟’；其刑罪，则曰‘某之罪在小辟’。”郑玄注：“谳之言白也。”孔颖达疏：“谳，言白也。谓狱断既平定其罪状，有司以此成辞言白于公。”《后汉书·孔融传》：“一门争死，郡县疑不能决，乃上谳之。”李贤注：“《前书音义》曰：‘谳，请也。’”

张家山汉简《二年律令·具律》：“县道官、守、丞毋得断狱及灋。相国、御史及二千石官所置守、叚(假)吏，若丞缺，令一尉为守丞，皆得断狱、灋狱。”整理小组注：灋即谳。[①] 误。按，《说文·水部》：“灋，议罪也。”此简文意思是：县级官吏(县道官丞)不能审理和判决案件、不能给犯人定罪。而相国、御史及二千石官(郡守一级)或这些官员所指定的临时代理者可以审理和判决案件，可以给犯人定罪。在里耶秦简中的上行文书的相同位置上用的是“敢言之”，大概因为是秦统一之后的文书，故其行文格式更加规范化。

此外，与“州陵”诸简同属《奏谳书》的案件有冒充“冯将军毋择子”的诈骗案，其简文有“胡阳丞唐敢谳之”云云。胡阳，文献作“湖阳”，是南阳郡辖县。简文是湖阳县丞给南阳郡

① 张家山二四七号汉墓竹简整理小组：《张家山汉墓竹简(二四七号墓)》(释文修订本)，第 23 页。朱红林：《张家山汉简〈二年律令〉集释》，北京：社会科学文献出版社，2005 年，第 87 页。

守的上行文书,使用的是“敢谳之”,与“州陵守绾、丞越敢谳之”的情况一样。这也可以佐证“州陵”是县级行政区划。

词语二:报,即回信、回复。《报任安书》:“阙然久不报,幸勿为过。”《后汉书·孔融传》:“融报曰:‘猥惠书教,告所不逮。’”里耶秦简赀赎文书中多处出现“写上,谒报”“至今未报”“未得报,谒追”字样。[①] 这与睡虎地秦简《行书律》“书廷辟有曰报,宜到不来者,追之”的规定是一致的。

词语三:请许,意即请求允许,也是向上级禀报事项的敬语。

可见,1347+1003 号简文是州陵县上报南郡的文书,0083 是南郡的回复文书。简文中的“州陵守绾、丞越敢谳之……”是州陵县令的临时代理者和县丞将有关案情向上级(南郡假守)禀报有关案情。“南郡假守贾报州陵守绾、丞越……”是南郡临时代理太守给州陵县的回复文书。回复文书中紧接着有“子谳……”意思是你们上报请示的案情……

第二,从 0458 号简文的内容来看,州陵也应该是县一级的行政单位。《考略》认为“州陵守”或许是 0485 号简文中的“新地守”。0485 号简文内容是:

同罪其繇使而不敬,唯大啬夫得笞之如律、新地守时修其令,都吏分部乡邑间,不从令者论之。●十九

简文中的“大啬夫”,据郑实、高敏、裘锡圭等先生研究,其职位最高不会超过县令。[②] 从 0485 号简文中的大啬夫、新地守、都吏分部乡邑间等言辞来看,说的也应该是在新征服的地方设立县之后,对新设县的事务管理。

如果“州陵守”即此简文中的“新地守”,那么其职位最大不会超过县令一级。这样一来,州陵自然不会是郡名了。

第三,“州陵守”不符合秦郡级官吏的名称的命名原则。按照《考略》一文的说法,“州陵守”属于征服六国的战争中临时设置的郡。果真如此,按照秦郡级官吏的名称的命名原则,临时代理的郡守应该叫“假守”,如这批简文中的“清河假守”“南郡假守”“庐江假守”等,还有“元年上郡假守暨”[③]等。可见,“州陵守”不是秦郡名称。

### 2. 关于“江湖郡”

于薇认为岳麓秦简中“江胡郡”即“淮阳郡”。对于这个结论,笔者心怀疑虑,但尚无成

---

① 湖南省文物考古研究所等:《湖南龙山里耶战国——秦代古城一号井发掘简报》,《文物》2003 年第 1 期。

② 裘锡圭:《古代文史研究新探·啬夫初探》,南京:江苏古籍出版社,1992 年,第 432 页。

③ 王辉、王伟:《(秦出土文献编年)续补二》NO.2557,西安:三秦出版社,2006 年,第 216 页。

熟意见。以下仅指出于薇所论中存在的几个问题,敬请批评指正。

第一,于先生说“胡”与“湖”通的例子“在简帛和传世文献中其实是不多见的”。按“胡”与“湖”通的例子甚多,如,陈松长先生《岳麓书院所藏秦简综述》一文公布的1647+1649简文中有“胡阳丞唐”,此“胡阳”即《汉书·地理志》“湖阳”,南郡辖县。又秦封泥有“胡□之□”“胡印”,[①]即《汉书·地理志》京兆湖县。

第二,于文认为0706号简文中的绾“恐怕不是1219、1221简中小小的州陵守,而是秦开国丞相王绾”。按,据我们上文所论,这几条简文是州陵守绾给南郡假守贾的上报文书,简文中的“请许”很明确地说明了此文书的性质;而且同类简文多次出现“南郡假守贾报州陵守绾、丞越”,可见这些简文中的“绾”是同一个人,即州陵县的临时县令。另外,0556号简文有“丞相上庐江假守书言……”只出现了职官名“丞相”,并没有出现“丞相绾”或“绾”,可见秦时的下行文书没有直接署名丞相名的惯例。

(原文载《考古与文物》2010年第5期)

---

① 刘庆柱、李毓芳:《西安相家巷遗址秦封泥的发掘》TG1:67,《考古学报》2001年第4期;陈晓捷、周晓陆:《新见秦封泥五十例考略》,《秦陵秦俑研究动态》2006年第2期。

# 谈秦令中的“共令”和“卒令”

## ——兼论秦令的编纂和分类

◎　凡国栋（湖北省文物考古研究院）

秦汉令的性质、类别、编纂和命名一直是古代法制史研究的重要课题。由于传世文献中汉令的资料相对丰富，历代学者曾就汉令名称作过辑录，并对汉令如何分类、如何命名、如何编纂以及编纂的主体等问题进行过探讨，但是至今并没有达成一致意见。秦令的研究也是如此，不过由于岳麓秦简的渐次公布，目前所见的秦令有20余种，为秦令的研究带来新的契机。

岳麓秦简的法律文书尚未正式公布前，笔者曾撰文讨论过“挈令”的含义及秦汉时期令的编序问题。拙文对“共令”提出的初步解释，有幸得到南玉泉、徐世虹、广濑薰雄等先生的关注和进一步讨论。与此相关的还有岳麓简披露的一批“卒令”，陈松长、邢义田、周海锋等先生就“卒”字的解释提出过意见，但是并未达成一致。本文拟在相关研究的基础上，从令文内容出发来探讨“共令”“卒令”的含义，并就秦令的编纂、分类和命名等问题作进一步的研究。

## 一、共　　令

“共令”见于岳麓简，最早出现于陈松长先生所撰《岳麓书院所藏秦简综述》（以下简称《综述》）一文。文中提到，简牍整理小组经过初步的清理发现这批秦简有令名20余种，包括内史郡二千石官共令、内史官共令、内史户曹令、内史仓曹令、内史旁金布令等。① 笔者在探讨“挈令”的有关问题时候根据《综述》公布的几个令名，认为虽不清楚这些令文的具体内容，但从令名名称出发，疑“共令”和“挈令”可能是相对而言的，“共令”应该是适用于多个官

① 陈松长：《岳麓书院所藏秦简综述》，《文物》2009年第3期。

署所共同遵循的令。[①] 广濑薰雄先生赞同笔者的意见，同时指出“共令”或许是多个官署行事的共通的令，如“内史郡二千石官共令”是内史与郡二千石官所共同使用的令，“内史官共令”是内史所有官吏共同使用的令。[②] 徐世虹先生也在其综述文章中介绍笔者的观点。[③] 曹旅宁先生也认为“共”为“共同使用”之意。[④]

南玉泉先生对共令的关注较早，其论文于 2013 年在台湾发表，2017 年收入徐世虹等编著的《秦律研究》一书。该书在第二章第二节中专门论述“共令”，在大陆发表时应该已经看到陈松长的观点（下文将要介绍），并对陈松长的观点有所回应。对于“四司空令”，南先生首先指出“四司空是指四个司空机构”，并在此基础上论述道：[⑤]

> 既然“四司空令”的主体是多个，那么令名中的“共”作“共同”解也就顺理成章了，按一般的思维惯性应会得出这样的结论。但是“食官共令”“给共令”这两个令名中的“共”作“共同”解显然不通，作“供给”解却是通畅的，这就导致了“共”字的二元分解。“共”字有五解，一作共同解；二通拱，古勇切；三通洪水，胡公切；四通恭；五通供。共令之“共”在这批简牍中或作共，或作供，作其他解释显然不通。因“共”为本字，“供”字后起，故传世典籍与出土简牍多有“共”通“供”之例。

南先生在文中引述一些文献中“共”作“供给”讲的文例证明食官共令是为皇室备膳馐或为诸陵庙寝提供享祭食物的规定，而“给共令”则是为国家机关提供物资的法规。关于“内史官共令”和“四司空共令”的解释，南先生云：

> 内史是秦朝京师长官并同时掌管钱粮仓廪，如将“内史官共令”之“共”作“共同”解，在文字上虽然也通，但内史的职责还有向全国各机关供给物资钱粮，故将“共”仍作“供给”解可能会更合适。进一步分析，“四司空共令”之“共”也可作“供给”解，即向相关部分提供劳役或工程材料等，这样的解释也不影响“四司空共令”的多主体的释义。
> 因此南玉泉先生实际上主张“共”读为“供”，则是将其理解为实词，表示“供给”，作为令名的某某共令都是关于食物、人员物资等供给的令。

---

① 凡国栋：《“挈令”新论》，武汉大学简帛研究中心主办：《简帛》第 5 辑，上海：上海古籍出版社，2010 年，第 464 页。

② 广濑薰雄：《秦汉律令研究》，东京：汲古书院，2010 年。

③ 徐世虹：《出土文献与秦汉令研究》，王沛主编：《出土文献与法律史研究》第 1 辑，上海：上海人民出版社，2012 年，第 74、75 页；《百年回顾：出土法律文献与秦汉令研究》，《上海师范大学学报（哲学社会科学版）》2011 年第 5 期。

④ 曹旅宁：《岳麓秦简令名试解》，简帛网 2018 年 3 月 26 日。

⑤ 南玉泉：《秦令的编辑与“共令”释义》，《国籍简牍学会会刊》第七号，台北：兰台出版社，2013 年；曾收入陈伟编著《秦简牍整理与研究》第八章第一节，北京：经济科学出版社，2017 年，第 135—146 页；修订后收入徐世虹等著《秦律研究》第二章第二节，武汉：武汉大学出版社，2017 年，第 74—92 页。本文引述据后者。

陈松长曾多次撰文论述对“共令”的看法。他在《文物》月刊发表论文指出“食官共令”中的“食官”只能是一种官吏的名称，无法表达两个或多个官署共享之意，故此处“共令”应该不是“共同”之意，而应该读为“供”，为提供之意。“共令”中“共”为介词，两字应该分开理解，“食官共令”为供食官遵守使用的令。“内史郡二千石官共令”是供内史、郡两千石官所遵守使用的令。“共令”是一批供不同官吏、官署遵守的令，它并不是具体的令名，而是某一类令的标题。① 后来，在另一篇文章中再次指出所有的“共令”其实都不是令名，而应该是令文汇总编辑后所给的篇名，因此不应将其与令名混为一谈。②

综上可知，关于共令的解释，目前有三种不同的看法，陈松长和南玉泉虽然都主张将共读为“供”，但是在具体的理解上则又完全不同。因此，南玉泉在文章中这样总结：

> 共令的解读涉及到秦令编辑的类别，如共令作为共同遵守之令成立，秦令在编辑上将多出一个类别；如作“供给”解释，则共令将分别归属在事项令或职事令之中；若作为“供××所遵用之令”解释，则只是应用部门为自己检索方便而添加的标注。故对“共令”的正确解释十分重要。

笔者当年撰文讨论“挈令”的时候，相关令文并未公布，现在有关的令文已经公开发表，因此本文的讨论拟先从令名出发，然后就“食官共令”“安台居室、居室共令”“四司空共令”“给共令”进行具体分析。

## （一）内史郡二千石官共令

《岳麓肆》《岳麓伍》《岳麓陆》三册之中出现的有关“共令”的令名如下：

■内史郡二千石官共令 第甲 肆 307/0355

■内史郡二千石官共令 第戊 肆 312/0465

■内史郡二千石官共令 第己 肆 320/0316

■内史郡二千石官共令 第庚 肆 327/0617

■内史郡二千石官共令 第乙 肆 328/0690

■内史郡二千石官共令 第丁 肆 333/0351

■内史郡二千石官共令 第丙 肆 340/0522

■内史郡二千石官共令☐ 肆 343/1520

---

① 陈松长：《岳麓秦简中的几个令名小识》，《文物》2016 年第 12 期。

② 陈松长：《岳麓秦简中的秦令令名订补》，王捷主编：《出土文献与法律史研究》第 6 辑，北京：法律出版社，2017 年。

■廷内史郡二千石官共令 ●第己 ●今辛　肆 353/0081+0932

■廷内史郡二千石官共令☐　肆 375/J70+J71+J67

■廷内史郡二千石官共令 ●第庚 ●今壬　肆 390/1131

■廷内史郡二千石官共令　●第己●今辛　伍 062/0081+0932

■廷内史郡二千石官共令　●第庚 ●今壬　伍 098/1131

●内史官共令弟(第)戊卌一　伍 268/1926

●内史官共　伍 270/1662

▌廷内史郡二千石官共令　●戊　●今庚　陆 063/J67－3+J70－2+J71－2+J66－3+J74－1

【廷】内史官【共令】弟(第)丙　陆 089/1778

▌食官共令　　●甲　陆 95/2018

■安台居室、居室共令　●甲 陆 115/2165

▌四司空共令　●甲　陆 118/2005

■食官共令　●乙　陆 127/0174

■安台居室、居室共令　●丙 陆 137/2161

▌给共令　●乙 陆 144/0126

☐▌郡二千石官共令　第甲　陆 213/2076

《岳麓陆》213/2076 简首残缺(见图 1),整理者认为按照长度此简首残一字,但从相关简文内容来看,此处应该是"廷内史郡二千石官共令"或"内史郡二千石官共令"。漆嘉敏认为根据简长,简首应该只能有一个空缺,很有可能是"▌",此处应该是"▌郡二千石官共令",并将令名后面的编号补为"第甲",①甚是。

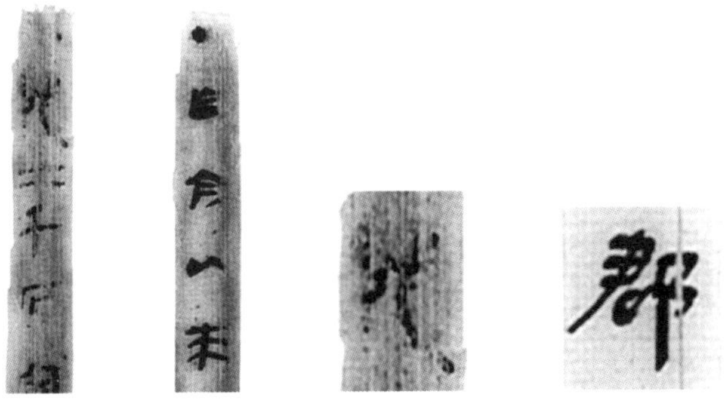

图 1 《岳麓陆》213/2076

① 漆嘉敏:《〈岳麓书院藏秦简(陆)〉第二、三组集释及相关问题研究》,武汉大学硕士学位论文,2021 年,第 67 页。

以上总共有24个有关“共令”的令名，内容分散在《岳麓肆》《岳麓伍》《岳麓陆》三卷之中，而且出现在不同的编联组中。在这些简文中，只有《岳麓伍》268、270两条令名不是另起一行书写，可以明确与其编联在一组的简文一定是属于“共令”的。我们先讨论《岳麓伍》270相关的令文。巧合的是，这条简文在《岳麓肆》中有一条几乎完全相同的内容，只是令名书写略有差异，今将其重新编联后释文誊写如下：

（1）●制诏丞相、御史：兵事毕矣，诸当得购赏贳责（债）者，令县皆亟予之。令到县，县各尽以见（现）钱不禁（肆308=陆068/1918）〚者亟予之〛。不足各请其属所执法，执法调均。不足，乃请御史，请以禁钱贷之。以所贷多少为偿，久易〈易〉期，有（陆069/J33+J62－1）□□□□一□，丞、令、令史、官啬夫吏主者夺爵各一级，无爵者以官为新地吏四岁，执法令都吏（伍269/J38）循行案举不如令〚者〛，论之，而上夺爵者名丞相，丞相上御史。都官有购赏贳责（债）不出者，如县。

●内史官共（伍270/1662）

（2）者，勿令巨辠。令县皆亟予之。■丞相御史请：令到县，县各尽以见（现）钱不禁者亟予之，不足，各请其属（肆309/0558）所执法，执法调均；不足，乃请御史，请以禁钱贷之，以所贷多少为偿，久易〈易〉期，有钱弗予，过一金，（肆310/0358）丞、令、令史、官啬夫、吏主者夺爵各一级，无爵者以其官为□□□□□□　肆373/0391　举不如令者论之，而上夺爵者名丞相，丞相上御史。都官有购赏贳责（债）者，如县。兵事毕（肆338/0668）矣，诸当得购赏贳责（债）者，（肆339/0591）■内史郡二千石官共令　第丙（肆340 /0522）

以上简文，原整理者编联存在问题，先后有周海峰①、王可②、陈伟③等多人提出调整编联的方案，本文采用的是纪婷婷④的方案。两相对照，可知（1）是一条形式和内容较为完备的令条，只是令名后面的干支编号略残。（2）的内容与（1）基本相同，主要差别有两点：一是（2）前面有“者勿令巨辠”这样的文字。岳麓简中类似的文字一般出现在令的结尾，如：

谨布令，令黔首、吏、官徒隶、奴婢明智（知）之，毋（伍028/1112）巨（距）辠。

●十五（伍029/1038）

赏。谨布令，令吏、卒、黔首明焉，毋巨（歫）辠。　●六（陆017/1358）

---

① 周海锋：《〈岳麓书院藏秦简（肆）〉所收令文浅析》，邬文玲、戴卫红主编《简帛研究二〇一八·春夏卷》，桂林：广西师范大学出版社，2018年，第68—69页。

② 王可：《〈岳麓书院藏秦简（伍）〉第三组释文集释及相关问题研究》，武汉大学硕士学位论文，2019年，第44—45页。

③ 陈伟：《“诸当得购赏贳债者皆亟予之令”复原试说》，简帛网2020年5月4日。

④ 纪婷婷：《岳麓秦简“诸当得购赏贳债者皆亟予之令”复原补说》未刊稿。

县道□，令史、乡部啬夫发征黔首，布大书市门、离乡市门㕑（壁），令黔首智（知），毋巨（歫）皋。（陆 201/0105）

二是在“丞相御史请”的后面出现一段脱文，脱文的内容分别出现在两处：“令县皆亟予之”出现在令文的前面，“兵事毕矣，诸当得购赏贳责（债）者”出现在令文的后面。猜测应该是书手抄写过程中发生了错误，根据简文的空白情况作出了补救。因为原编联有误，原接在肆 310 后面的两枚简“赀二甲。肆 311/0357 内史郡二千石官共令第戊（肆 312/0465）”暂时无法安置。不过根据字形可以确定将肆 340 接在肆 339 后面是可行的。因此（2）的令名应该是《内史郡二千石官共令》后接编号为“第丙”。

（1）（2）内容相同而归属有异，周海锋对这种现象给出的解释是因为“内史官共令”与“内史郡二千石官共令”所规范的对象有交叉，“内史官共令”是适用于内史辖区内所有官吏的令条，其中自然包括二千石官。① 我们认为合理解释是，“内史官共令”应该是“内史郡二千石官共令”的省写。下文我们还会举出更多类似的例子来证明这一点，可见当时在令名中普遍存在这种省写现象。

## （二）食官共令

《食官共令》包括甲、乙两篇，按照整理者的编联，内容涉及到 90－95《食官共令甲》（简 095）和 123－127《食官共令乙》（简 127）。

缺简

……引厨□厨禁毋敢私炊及食□丁，犯令者赀（陆 90/0144）二甲。官啬夫、吏主者弗得，赀各一甲，令、丞、令史各一盾。诸食官亦毋敢私炊及食所治食，（陆 91/0128）（缺简） 盐〈监〉循行之。不如令者，赀啬夫、吏各一甲。 •廿二（陆 92/2147）

缺简

☑一甲，以为恒。☑（陆 93/2167）

缺简

杀彘所。 •卌一（陆 94/0115）

■ 食官共令 •甲（陆 95/2018）

•致赐人酒食者或留ㄴ。议：吏将赐酒食留臧（藏）致者ㄴ，酒食臭败不可致者，吏

① 周海锋：《〈岳麓书院藏秦简（肆）〉所收令文浅析》，邬文玲、戴卫红主编《简帛研究二〇一八·春夏卷》，桂林：广西师范大学出版社，2018 年，第 69 页。

盛。•致者留八分日一到过五日(陆123/0130)□以行制书不署急而留之律论之乚。赎罪以下,有(又)以其败不可致者直(值)钱负留者。•官遣致者留及官(陆124/0114)遣赐遅(迟)而留致者乚,皆以此令论之。•致者未到乚,将赐吏径致之,赀二甲。•致者留乚,将赐吏弗举(陆125/0175)

☐遣赐遅(迟)留致者,致者弗举劾乚,以纵罪人律论之。•十(陆126/2152)

■食官共令 •乙(陆127/0174)

其中,《食官共令甲廿二》内容较完整,内容涉及"诸食官亦毋敢私炊及食所治食",大意是禁止食官私自做饭、禁止吃官署所做的食物。《食官共令乙》是一条关于赐人酒食留迟如何处罚的规定。从现存的内容看,并没有涉及到食官的"供给"。简文中的食官,见于《汉书·百官公卿表》:"詹事,秦官,掌皇后、太子家,有丞。属官有太子率更……祠祀、食官令、长、丞。"[①]可见食官是詹事属官。食官的职掌,根据其所属不同,有"飤官""私官""大官/太官"等不同的名称,《岳麓陆》91/0128也明确说"诸食官",可见食官种类很多,是一个较为庞大的机构。朱德熙、裘锡圭指出,秦汉时代掌管饮食的有司大都以"官"为名,"私官"指皇后或太后、公主的"食官"。[②] 陈昭容认为"食官"指代范围比"私官"大。[③] 秦封泥有"大官飤室""右中飤室"和"飤官丞印"等,王伟认为秦封泥中"大官/太官"是总理君王饮食,"私官"负责后宫嫔妃膳食。而"丽山飤官"应即奉常属官"诸庙寝园食官令长丞"之一。[④]

事实上关于《食官共令》篇的编联,周海峰将简96－98也归入《食官共令》,[⑤]从内容来看,这种看法是有一定依据的。

•泰官言:共县所以给假食官器席及簪、箕、籧除(篨)者,恒弗别异、异臧(藏),与它官更器,器不洁清。请:自今(陆96/0132)以来,令共县所以给假食官器者,谨为职(识)别异、异臧(藏),以絜(洁)请(清)为故。行至请(清)室,循行举不从令者,赀【县】(陆97/0131)丞、令、令史、官啬夫、吏各二甲。　　•二(陆98/0113)

简96－98是一条关于泰官的内容。泰官上书说,"共县"(应指给供之县,参下文"给共令"部分)从食官借出的器物(席及簪、箕、籧篨等)常常不注意与其他官署的器物分开放置,

---

① 班固:《汉书·百官公卿表》,颜师古注,北京:中华书局,1961年,第734页。

② 朱德熙、裘锡圭:《战国铜器铭文中的食官》,《文物》1973年第12期;后收入《朱德熙古文字论集(第五卷)》,北京:中华书局,1995年,第86页。

③ 陈昭容:《从封泥谈秦汉"詹事"及其所属"食官"》,西泠印社、中国印学博物馆编《青泥遗珍·战国秦汉封泥文字国际学术研讨会论文集》,杭州:西泠印社出版社,2010年,第61—62页。

④ 王伟:《秦玺印封泥职官地理研究》,北京:中国社会科学出版社,2014年,第119、159、214页。

⑤ 周海锋:《写在〈岳麓书院藏秦简(陆)〉刊布之后(一)》,简帛网2020年4月30日。

造成混淆,器物不干净。于是奏请上级要求今后再从食官借器物,必须小心地做好标记、分开放置,保持清洁为第一要务,不从令者给予处罚。从令文内容可以看出,泰官为食官的下属。

如上所考,秦代食官实际上既有设置给活着的皇帝及其后妃集团供给膳食的食官,也有给死去的陵寝供奉祭祀的食官。《食官共令》是全体食官共同遵守的令,因此这里的共应该是共同之义。

## (三) 安台居室、居室共令

《岳麓陆》令文标题中"安台居室"和"居室"并列,可见该条法令是针对安台居室和居室共同颁布的,其实施的主体是"安台居室"和"居室"。下面结合具体简文来作分析。

□曰:燕、颤䴙、扁(蝙)幅(蝠)尼宫㦤上,其令诸宫皆罗去之,勿令尼㦤,以为恒。且令(陆 111/1938)

缺简

堂上,有不从令者,论啬夫、吏主者各一甲。•六(陆 112/1939)

•宫堂下草中有齐□,辄拔去之,弗去,赀官啬夫、吏主者各二甲。•七(陆 113/2146)

•诸为宫室、官府、寺舍及长垣、大土功者,已成,辄各以其地埶(势)称议为汧、演、渠、堤、冲、衕以备水。(陆 114/2145)

缺简

■安台居室、居室共令 •甲(陆 115/2165)

令文内容稍残,但是有三点意思是明确的。第一条是不要让燕子、颤䴙、蝙蝠等飞鸟停留在宫内的㦤(以巾抹拭漆过的地面)上,如果有的话,就把飞鸟赶走;第二条是说不要让堂下生长荆棘,有的话就要拔去,不从令的要受到处罚;第三条是说宫殿的土木工程完成之后,要根据地势开水渠、堤坝等排水设施。以上三条都和宫殿的日常管理密切相关,没有疑问。

整理者认为安台为官署名,是专管祭祀宫殿建筑的机构。此说大致不误,但并不准确。严格来讲,安台为具体宫殿名,居室才是职官名。安作璋、熊铁基《秦汉官制史稿》指出"居室应是管理宫内房屋的机构,或者宫内建筑,亦由此官负责。"①此说甚是。秦封泥有"居室""居室丞印""居室寺从""居室仓印""居室廥印""居室司空""居室左般"7 种 140 余枚。②

① 安作璋、熊铁基:《秦汉官制史稿》,济南:齐鲁书社,2007 年,第 191 页。
② 刘瑞:《秦封泥集存》,北京:中国社会科学出版社,2020 年,第 267—279 页。

出现频率非常高,足见居室为一官府机构,奏对频繁,而且下设机构众多。[①] 此外,居室还有设置在具体宫殿之内的情况。如"甘泉居室""安台居室""西室居室"。[②] 南越国的出土文字资料也有"居室""长秋居室"的例子,[③]可能也是对汉代中央王朝制度的模仿。其中"甘泉居室"亦见于传世文献,《汉书·百官公卿表》:"少府,秦官,掌山海池泽之税,以给共养,有六丞。属官有尚书、符节、太医、太官、汤官、导官、乐府、若卢、考工室、左弋、居室、甘泉居室、左右司空、东织、西织、东园匠十二官令丞。"可见居室、甘泉居室乃是并列设置,均属于少府的下属机构。而"安台居室""西室居室"之类的封泥则可补《百官公卿表》之阙,证明居室并不仅限于甘泉一宫,安台、西室之类的宫殿均设置有居室之类的机构来管理。

"安台"见于《史记·孝武本纪》"乃令越巫立越祝祠,安台无坛,亦祠天神上帝百鬼,而以鸡卜",《史记·封禅书》《汉书·郊祀志》近同,但安台何在,旧均无说。《三辅黄图》卷五、《长安志》卷四引晋潘岳《关中记》云:上林苑,门十二。中有苑三十六、宫十二、观二十五。其中有"长门宫。钩弋宫、渭桥宫、仙人观、霸昌观、安台观、沧沮观,以上三宫四观在长安城外"。此外,《通典》卷一百四十五汉"巴渝舞":舞曲有矛渝、安台、弩渝、行辞本歌曲,有四篇。其辞既古,莫能晓其句度,亦有"安台"之名。

而在西安相家巷等地出土秦封泥中,有一品类特多者颇为引人注目,包括"安台之印""安台丞印""安台居室"等三类百余枚,[④]而且历史上也曾有"安台左塈"封泥出土。任隆据上引《关中记》认为安台为秦时上林苑观名。[⑤] 周晓陆、路东之、傅嘉仪等则认为,安台应为秦都咸阳的佚名台榭。[⑥] 陈晓捷在认为安台观的得名,应与秦安台有关(汉宫之名多有沿用秦代者),判断秦安台亦应在上林苑中,具体位置似在秦章台宫、兴乐宫之西,即在汉长安城之西侧。[⑦]

值得重视的是"安台居室"的具体位置已经通过考古工作给出了准确的坐标。2004—2012年中国社会科学院考古研究所等单位在秦汉上林苑旧址进行了长达8年的考古调查和发掘,对其中的11处遗址进行了发掘,包括7处高台建筑基址。2005年,在其中编号为上林苑三号遗址出土了"安台居室"铭文的筒瓦,发掘者认为这就是此高台建筑的名称,并且

① 王伟:《秦玺印封泥职官地理研究》,北京:中国社会科学出版社,2014年,第165页。
② 刘瑞:《秦封泥集存》,北京:中国社会科学出版社,2020年,第279、280、509页。
③ 广州汉墓广州市文物管理委员会等编:《广州汉墓》,北京:文物出版社,1981年,第473页。
④ 刘瑞:《秦封泥集存》,北京:中国社会科学出版社,2020年,第501—509页。
⑤ 任隆:《秦封泥官印考》,《秦陵秦桶研究动态》1997年第3期。
⑥ 周晓陆、路东之:《秦封泥集》,西安:三秦出版社,2000年,第212—213页。傅嘉仪:《秦封泥汇考》,上海:上海书店出版社,2007年,第140页。
⑦ 陈晓捷:《学金小札》,《考古与文物》编辑部编:《古文字论集(二)》,西安:考古与文物编辑部,2001年。

推断其他的高台基建筑,“也完全可以是出现在文献中的众多上林苑内台中的一员”。[1] 秦封泥另有“杨台”“章台”等[2],将来或许可以通过考古工作进一步明确其具体位置。上林苑三号遗址为“安台居室”旧址这一观点得到较多学者的支持,特别是印证了陈晓捷先生此前的推断[3]。这是目前位置较为明确的秦代宫殿旧址,并且得到传世文献和出土文献的双重印证。

## (四) 四司空共令

关于“四司空共令”,相关简文如下:

〼……请(?):自令【以来】,诸(?)宫皆徙(?)□,园钥(陆 116/2114)• 内史言:请令县共园有吏徒屏□□……□□作匿所去园毋下百步,有不从令者,赀二甲。(陆 117/0122－1+0122－2)

■ 四司空共令 • 甲(陆 118/2005)

令的内容残缺较多,其中内史所言大致包含两个方面,一是请求在县内吏徒劳作之园内设置屏,另一个是要求作匿所距离园不超过百步。其中“屏”即厕所,《急就章》第二十章:“屏厕清溷粪土壤。”颜师古注:“屏,僻晏之名也。”上述请求应该是从方便吏徒劳作的角度提出的要求。

简文中的司空为职官名。据《荀子 · 王制》,司空的职责为:“修堤梁,通沟浍,行水潦,安水臧,以时决岁虽凶败水旱,使民有所耘艾,司空之事也。”[4]睡虎地秦墓竹简中有《秦律十八种 · 司空律》,是对“司空之事”的法律规定。秦陶文有“都司空”,[5]秦玺印封泥有“左、右司空”王伟指出秦在中央各机构和郡县均设有司空,一些司空类秦封泥出现频率非常高,如“宫司空印”“左司空丞”,反映出左右司空及宫司空掌管宫内外,包括秦始皇陵园等各种土木砖瓦工程的建设,事务非常繁忙。除此之外,秦在左右司空之下还设有主管开采各种矿石

---

① 中国社会科学院考古研究所、西安市文物保护考古所、阿房宫考古队编著:《西安市上林苑遗址三号建筑及五号建筑排水管道遗迹的发掘》,《考古》2007 年第 3 期。中国社会科学院考古研究所、西安市文物保护考古研究院编著:《秦汉上林苑: 2004—2012 考古报告》,北京: 文物出版社,2018 年,第 161 页。

② 刘瑞:《秦封泥集存》,北京: 中国社会科学出版社,2020 年,第 511—512 页。

③ 陈晓捷、穆兴平:《秦汉铭刻丛考》,《秦俑博物馆开馆三十周年国际学术研讨会暨秦俑学第七届年会论文集》,2009 年。

④ 王先谦:《荀子集解》,北京: 中华书局,2013 年,第 198 页。

⑤ 王辉:《秦出土文献编年》,台北: 台湾新文艺出版公司,2000 年,第 313 页。

的机构，门类众多，分工详细。[1]

具体到令名，陈松长认为“四”应与“司空”断读，“四司空共令”当是四篇或四组司空共令的简省叫法，此令应该指四篇或四组供司空遵守的令。[2] 南玉泉认为是四个司空机构的令。鲁家亮根据岳麓秦简肆《亡律》及其他资料指出秦时的“四司空”可能指的是“宫司空、泰司空、左司空与右司空”，均为少府属官。[3] 四司空的具体指代对象恐暂时无法给出准确的结论，但是四司空共令显然不是关于司空供给的令，而应该理解为四个司空机构共同遵循的令。

## （五）给共令

《岳麓陆》中明确属于《给共令》的简文如下：

●皇帝节游过县，县令与一尉共∟，行反（返），丞亦与一尉共，毋并去官。●关内县吏共者，乘车以下毋过五十人。（陆 138/0176）●关外县行所宿，吏共者，乘车以下毋过八十人。●属车置、置食所，乘车以下吏毋过廿人，更驾所，毋（陆 139/2131）过十人。●节车乘传置、中食所，乘车以下吏毋过廿人，更驾所，毋过十人。●关外一县而共，数处（陆 140/2024）□吏佐共。●行所宿，令若丞、尉共者，凡毋过四人。●属车置、置食所，令若丞、尉，毋过二人，更驾（陆 141/2032）所，毋过一人。●节车乘传置、中食所，令若丞、尉毋过二人，更驾所，毋过一人。令、丞、尉将卫卒（陆 142/2049）缺简之，毋过县二人，不从令者，赀二甲。　●廿一（陆 143/2099）■给共令 ●乙（陆 144/0126）

简文是关于皇帝节游过县时，沿途经过各县进行接待的规范。举凡陪同人员、出行工具、饮食场所、休息之所都进行了明确的要求。因此该令名中的共确实可以作为“供给”之“供”来理解。

《给共令》可能与秦封泥中发现的与“共”相关的封泥有关。秦封泥有“都共”“都共丞印”，临潼南杜和刘寨秦遗址均出土“都共工渋”陶文，周晓陆认为“都共”为管理中央供养之官署。[4] 王伟则认为“共”为“共厨”。[5] 今按，与厨相关的秦封泥多见，“共”与“共厨”应该

① 王伟：《秦玺印封泥职官地理研究》，北京：中国社会科学出版社，2014 年，第 165—168 页。
② 陈松长：《岳麓秦简中的几个令名小识》，《文物》2016 年第 12 期。
③ 鲁家亮：《岳麓书院藏秦简〈亡律〉零拾》，王捷主编：《出土文献与法律史研究》第 6 辑，北京：法律出版社，2017 年，第 123—126 页。
④ 周晓陆：《在京新见秦封泥中的中央职官内容——纪念相家巷封泥发现十周年》，《考古与文物》2005 年第 5 期。
⑤ 王伟：《秦玺印封泥职官地理研究》，北京：中国社会科学出版社，2014 年，第 253 页。

无关。秦封泥还有“西共”“西共丞印”“杨台共印”，其中西为陇西郡西县，为秦人发祥地，设有西畤（《史记·封禅书》），宗庙所在。杨台为秦宫名称。宗庙、后宫所在，设置共官，与物资供给有关的可能性更大。

需要指出的是，周海峰将简 119－120 也归入《食官共令》，[①]此说不确。笔者认为当归入《给共令》，简文内容如下：

> ☐医给药节（即）从置所，泰医亦给药㱃（饮）如令，有不如令者赀一甲，其官啬夫、吏主者及丞（陆 119/J73－3+J03）令、令史赀各一盾。县道官吏徒治视献可食物者，各先其治视献五日㱃（饮）除药。县道官给比食官。（陆 120/2162）

上述内容关于泰医。据《汉书·百官公卿表》：“奉常，秦官，……太宰、太史、太卜、太医六令丞”，[②]秦玺印封泥，有“泰医丞印”“泰医左府”“泰医右府”等，[③]泰医即大医，也就是太医。太医属奉常，与食官不是一个系统，此条不应纳入食官共令。简文所云的“置所”应该理解为《给共令》频繁提到的“车置、置食所”。因此这条内容实际上是关于皇帝节游过县时，对太医行为的要求。

### （六）小结

从语言学的角度来说，汉语文献中一个字形表示多个音义的现象是很常见的，其出现的主要原因有四个：词义引申、假借、同义换读、同形字。[④] 而在同一篇文献中某个字的用法并不是固定不变的，在不同的语境下可以有不同的解释，在金文中就存在同人所作器物铭文中同一字表示不同的意思的现象。[⑤] 南玉泉先生拘泥于秦简中“共”字的“二元分解”。虽然凭着直觉认为“四司空共令”“郡内史二千石共令”作为“共同”解也很合适，最后却转向了求其另外的解释。陈松长先生所云“供”作介词的用法，在古汉语也未找到类似的用例。因此，我们认为，除《给共令》的“共”指“供给”外，岳麓秦简所见“共令”之“共”均应理解为“共同”之义。

## 二、卒　令

卒令相关的名称包括《卒令》《郡卒令》《尉郡卒令》以及《廷卒令》《四司空卒令》《安台

① 周海锋：《写在〈岳麓书院藏秦简（陆）〉刊布之后（一）》，简帛网 2020 年 4 月 30 日。
② 班固：《汉书·百官公卿表》，颜师古注，北京：中华书局，1961 年，第 726 页。
③ 王伟：《秦玺印封泥职官地理研究》，北京：中国社会科学出版社，2014 年，第 114 页。
④ 裘锡圭：《文字学概要》，北京：中华书局，1988 年，第 255 页。
⑤ 田炜：《西周金文字词关系研究》，上海：上海古籍出版社，2016 年，第 266 页。

居室四司空卒令》,此外还有《岳麓肆》的《尉卒律》。整理者在注释提出了两种可能:即(1)"'尉卒'或即为'尉杂'的意思。(2)认为'卒'即'卒史'之卒。"①而作为主要整理者陈松长先生的意见显得有些游移不定,但是总体上看应该是倾向于后者的,例如他认为"'尉郡卒令'之中'尉''郡'是平行机构,'尉郡卒令'就应该读为'尉、郡卒令',也就是'尉卒令'与'郡卒令'的合称。"反复出现的"卒令""很可能就是给郡一级各曹的卒史们颁布的令文。"②而对于"四司空卒令",他认为此处"卒"可能有两义:一是可能与岳麓秦简中多见的"郡卒令"或"尉郡卒令"中的"卒"相同,二是"共"字讹写。③

周海峰的观点前后曾有过变化,他最初是这样论述的:④

> 从岳麓秦简《尉卒律》之内容来看,与廷尉关系不大,与县尉倒是密切相关,如1409号简:"●尉卒律曰:县尉治事,毋敢令史独治,必尉及士吏与,身临之,不从令者,赀一甲。"其余四组也均与县尉有关,故统归《尉卒律》下。……从律文可知,《尉卒律》与士卒关联不大,疑《尉卒律》中的"卒"当读为"萃"。古书中,"卒"常通当读为"萃",为聚、集之意。"尉卒律"指与县尉有关的律文汇集。并且进一步说到,"岳麓秦简中以'卒'命名的律令均可做此解"。"萃",如马王堆帛书《易·卒》"亨,王假有庙",今传本"卒"作"萃",初六、六三、九五例此。又《楚辞·天问》"何卒官汤",朱熹《集解》曰:"一作萃。"萃有聚、集的意思,《易·序卦》:"萃者,聚也。"《诗·墓门》"有鸮萃止",毛传"集也"。《礼记·王制》"三十国以为卒",郑玄注:"犹聚也。"据此,《尉卒律》之"卒"可当聚、集解。"尉卒律"指与尉有关的律文的汇集。岳麓秦简中以"卒"命名的律令,均可如是解。

邢义田在周海锋上述观点的基础上提出:⑤

> 日来偶思,以为"卒"除读为"萃",也可读为"倅"。《说文》:"倅,副也。"《周礼·夏官司马·诸子》:"掌国子之倅。"郑玄注:"故书倅为卒。郑司农云:'卒读如物有副倅之倅。'"《礼记·燕义》:"古者周天子之官有庶子官,庶子官职诸侯卿大夫士之庶子之卒。"郑注:"卒皆读为倅。诸子副代父者也。"《汉书·赵充国传》:"发郡骑及属国胡骑伉健各千,倅马什二,就草。"师古曰:"倅,副也。什二者,千骑则与副马二百匹也。"马王堆一号墓遣册有"马五十匹,附马二匹"(《湖南出土简牍选编》简73,页207),附马无疑即倅或副马,为从属、备用或代用之马。《续汉书·祭祀志》"宗庙"条:"凡牲用十八

---

① 陈松长:《岳麓书院藏秦简(肆)》,上海:上海辞书出版社,2015年,第164页。
② 陈松长:《岳麓秦简中的几个令名小识》,《文物》2016年第12期。
③ 陈松长:《岳麓秦简中的几个令名小识》,《文物》2016年第12期。
④ 周海锋:《岳麓秦简〈尉卒律〉研究》,中国文化遗产研究院:《出土文献研究》第14辑,北京:中西书局,2015年。
⑤ 邢义田:《〈尉卒律〉臆解》,简帛网2016年3月23日。

太宰，皆有副倅。"副倅连绵同义。卒既与萃、倅通，似不妨读《尉卒律》为《尉倅律》或《尉副(附)律》。《尉副(附)律》顾名思义是从属、旁附或副加于《尉律》，以补《尉律》所不及者，类似汉初所谓的《傍章》。

刘明哲在其硕士论文中对周海锋、邢义田先生的观点均有所回应，并倾向于支持周海峰先生的看法。① 曹旅宁先生也随时关注研究的进展，其观点前后也存在变化。譬如他最初认为"'廷''廷卒'当都是廷卒令的省称"。并且进一步推论，"其中的尉当指郡尉，掌地方武力；廷可能指县廷，其掌握治安武力；其间的细密区分，要待材料进一步公布方可明了"。② 嗣后在《读〈湖北云梦睡虎地77号西汉墓出土简牍概述〉书后》一文中根据汉律有旁律之说，赞同邢先生的观点。③

周海锋改变其原来的看法，可能是因为受到陈伟先生研究的启发而产生的。陈伟通过睡虎地秦简、张家山汉简《传食律》对读，提出秦简的"卒人"相当于汉简的"诸二千石官"。"卒人"或许是秦郡长官在称"守""泰(太)守"之前的称述。④ 周海锋在此基础上进一步认为"卒人"还包括朝廷的二千石官。

"卒令"即"卒人之令"，适用于所有二千石官的令文。"廷卒令"指适用于中央、内史诸二千石官的令文。"郡卒令"指适用于各郡守的令文。"尉郡卒令"指适用于各郡尉、郡守的令文。⑤

不过，周海锋同时也发现"四司空卒令"中的"卒"不能当"卒人"来解释，而是应该用"卒"的本义解释为劳作的徒隶。

赵斌先生在其硕士论文中对与"卒"相关的律令进行了综合研究。对上述各家的意见均有评述，他认为，岳麓秦简所见几类"卒令"类似行政法，"卒"即处理公务的国家公职人员。⑥

## (一) 卒当读为杂

在上述诸多看法之中，我们认为《岳麓肆》整理者提出的第一种解释是正确的，只是未

① 刘明哲：《岳麓书院藏秦简(肆)集释》，吉林大学硕士学位论文，2018年，第104—105页。

② 曹旅宁：《岳麓秦简所见秦令杂考》，简帛网2009年5月2日。

③ 曹旅宁：《读〈湖北云梦睡虎地77号西汉墓出土简牍概述〉书后》，简帛网2018年4月20日。

④ 陈伟：《"令史可"与"卒人可"》，简帛网2015年7月4日。正式发表时改题为《秦平行文书中的"令史"与"卒人"》，收入中国古文字研究会等编：《古文字研究》第31辑，北京：中华书局，2016年，第446页；另见氏著《秦简牍校读及所见制度考察》，武汉：武汉大学出版社，2017年，第35页。

⑤ 周海锋：《岳麓秦简〈卒令丙〉研究》，王捷主编：《出土文献与法律史研究》第9辑，北京：法律出版社，2020年。

⑥ 赵斌：《秦简"卒"相关律令研究》，湖南师范大学硕士学位论文，2019年，第24页。

加论证，没有学者支持这种看法。我们在仔细梳理秦令的内容的基础上，认识到将“尉卒”与“尉杂”联系起来的看法是正确的。不仅如此，我们认为秦令中的“卒”实际上都可以读作“杂”，“杂”与“共”的用法相同，“杂令”即是“共令”。

“卒”本由“衣”分化，“卒”“衣”二字在甲骨文、西周金文乃至秦汉文字中，形体往往很难区分。① 《说文》：“卒，隶人给事者衣为卒。卒，衣有题识者。”裘锡圭先生从甲骨文字形对其造字本义有如下推测：

> 甲骨文中在“衣”形上加交叉线的“卒”，大概是通过加交叉线来表示衣服已近缝制完毕的，交叉线象征所缝的线。……下部有上钩的“尾巴”的“卒”，如果本来不是“衣”字的异体的话，其字形可能表示衣物已经缝制完毕可以折叠起来的意思。②

田炜先生则认为“衣”形上加交叉线是“五”字，本义是交午，从五得声的“吾”为声旁的字有“交午”“会合”之义，引申而有“禁止”之义。“卒”字在衣襟之间的交叉线表示“交午”之义，示意衣服两衽交午闭合，故有“禁止”“终卒”之义。③

图 2 “卒”字字形演化

我们认为“卒”字（图 2）在衣襟之间的交叉线其实是“文”字。甲骨文之、，像纹画交错的样子，《说文》：“文，错画也，像交文。”因此《说文》“卒，衣有题识者”这种说法可能是正确的。所谓“题识”，即是文。因此“卒”的本义应该是表示衣服上的文理错杂之义（用来

① 裘锡圭：《释殷墟辞中的“卒”和“褘”》，《中原文物》1990 年第 3 期，收入《裘锡圭学术文集·甲骨文卷》，上海：复旦大学出版社，2012 年。李学勤：《〈多友鼎〉的“卒”字及其他》，收入《新出青铜器研究》，北京：文物出版社，1990 年。陈伟武：《银雀山汉简考释读（十则）》，《容庚先生百年诞辰纪念文集》，广州：广东人民出版社，1998 年。

② 裘锡圭：《释殷墟辞中的“卒”和“褘”》，《中原文物》1990 年第 3 期，收入《裘锡圭学术文集·甲骨文卷》，上海：复旦大学出版社，2012 年，第 376 页。

③ 田炜：《西周金文字词关系研究》，上海：上海古籍出版社，2016 年，第 266 页。

“终卒”“士卒”反而是引申义或假借义)。《易·系辞下》:“物相杂,故曰文。”韩康伯注:“刚柔交错,玄黄错杂。”目前古文字学界认为最早的“襍”字见于睡虎地秦简,从衣集声。《说文》:“襍,五采相合也。从衣集声。”段玉裁注:“所谓五彩彰施于五色作服也,引申为凡参错之称。”结合上面的分析来看,笔者认为原来释作“卒”的字实际上应该就是“襍”字(见图3①),为了与衣字区分,后来才另造了从衣集声的“襍”字。

五采相合也。从衣,集声。(组合切)

【字形表】

| 1 秦.睡.秦 198《张》 | 2 秦.睡.秦 23《张》 | 3 汉印征 | 4 西汉.孙子 67《篆》 | 5 东汉.孔龢碑《篆》 |
|---|---|---|---|---|

释义:五采相合也。

释形:从衣、集声。△1 明显从集,△2 把“集”下的“木”形移到“衣”下,后世所承即为此形。

六书:形声。

图3 “杂”字字形演化

卒,精母物部;杂,从母缉部。精从为旁纽,缉物通转。两个字古音看起来有一定的距离,但实际上二者关系密切。萃为从母物部字,和卒、杂古音都很接近,意义相关,而且有通假的实例。卒、萃通假的例子很多,上引周海锋文已经有详细的征引,此不赘。而萃、杂的关系也非常紧密。《易》序卦:“萃者,聚也。”《方言》:“萃,杂,集也,东齐曰聚。”《广雅·释诂》三:“萃,聚也。”《小尔雅·广言》:“萃,集也。”《广韵》:“萃,集也,聚也。”《左传》昭公五年:“既而萃于王卒。”注:“萃,聚也。”《楚辞·九歌·湘夫人》:“鸟何萃兮苹中,罾何为兮木上。”王逸注:“萃,集。”《史记·吴太伯世家》:“(季札)适晋,说赵文子、韩宣子、魏献子曰:‘晋国其萃于三家乎!’”

综上所述,我们认为秦简中的“卒”读为“杂”是一种可行的解释。接下来从几个具体的实例来佐证我们的看法。

## (二)“杂令”即“共令”

卒可以读为杂,那么杂该如何理解呢?秦汉简的“杂”字多见,如:

其乘服公马牛亡马者而死县,县诊而杂买(卖)其肉。《厩苑律》简18

入禾仓,万石一积而比黎之为户。县啬夫若丞及仓、乡相杂以印之。《仓律》21

① 季旭昇:《说文新证》,台北:艺文印书馆,2014年,第644页。

内史杂　　《睡虎地秦简·秦律十八种》

●令曰：吏有论毄(系)，二千石，治者辄言御史，御史遣御史与治者杂受印，在郡者，言郡守、郡监，守丞、尉丞与治(伍123/1174)者杂受印，以治所县官令若丞印封印，令卒史上御史；千石到六百石，治者与治所县令若丞杂受，以令若丞(伍124/1161)[杂]受，以令若丞印封，令吏上御史；五【百】以下印行郡县者，治者受印，以治□☒(伍125/1151)所执法；印不行郡县及乘车吏以下，治者辄受，以治所令、丞印封印，令吏□☒(伍126/1142)

睡虎地秦简整理者对前面两条分别解释为：(1)杂，《国语·越语》注："犹俱也。"(2)杂，《汉书·隽不疑传》注："共也。"对于内史杂，整理者云："关于掌治京师的内史职务的各种法律规定。"今按，俱、共实际上就是共同之义。《玉篇·隹部》："杂，同也。"

里耶秦简有售卖祭品的记录，如简13-300、764记"仓是、佐狗杂出祠先农余彻羊头一、足四卖于城旦赫所，取钱四"。[①] 这里的"杂"也是共同之义。《秦简牍合集》引《汉书·楚元王传》："昭帝初，为宗正丞，杂治刘泽诏狱。"颜师古注："杂谓以他官共治之也。"《汉书·杜周传附子延年传》："廷尉王平与少府徐仁杂治反事。"颜师古注："交杂同共治之也。"赞成"杂"为"共"之意。[②] 王园红先生认为"杂"字不仅有"共同"之意，此外还有"官署里不同的官吏共同处理某项事务"之意。[③]

关于杂的用法，大庭脩先生的说法最具代表性。他指出在汉时"杂"字用于所辖不同的两个以上职官共同担当某事之际，与咨询事项相关的官吏参加的讨论称"杂议"，如"大鸿胪、丞相长史、御史丞、廷尉正杂治巨鹿诏狱"(《汉书·广川惠王传》)；共同审查案件为"杂治"；共同督办工事为"杂作"(《汉书·沟洫志》)，共同选举为"杂举"(《汉书·成帝纪》)。[④]

因此所谓"卒令"，可读为"杂令"，与"共令"的用法应该相同。具体到岳麓简中出现的令名。《四司空卒令》和《四司空共令》除了用字不同以外，规范的对象均为"四司空"，因此显然应该是同一种令。《安台居室四司空卒[令]》在《四司空》之外，增加了"安台居室"，应该是他们共同遵循的令。《郡卒令》《尉郡卒令》包含如下四条内容：

(1) ●令曰：守以下行县，县以传马、吏乘给不足，毋赁黔首马。犯令及乘者，赀二甲，废。　●郡卒令己十二(伍136/1674)

(2) ●令曰：郡守有覆治及县官事当案行及尉事不□者，□□□□□及给(?)。●郡卒

① 张春龙：《里耶秦简祠先农、祠窨和祠堤校券》，武汉大学简帛研究中心主办：《简帛》第2辑，上海：上海古籍出版社，2007年，第394页。

② 陈伟主编：《秦简牍合集：释文修订本(壹、贰)》，武汉：武汉大学出版社，2016年，第58页。

③ 王园红：《"杂封"小考》，《第七届出土文献与法律史研究学术研讨会论文集》，2017年11月，第491—498页。

④ 大庭脩：《秦汉法制史研究》，徐世虹等译，上海：中西书局，2017年，第34页。

令己十三(伍 137/1680)

(3) ●令曰:吏及黔首有赀赎万钱以下而谒解爵一级以除,【及】当为疾死、死事者后,谒毋受爵ㄥ,以除赀赎,(伍 138/1168+1192)皆许之。其所除赀赎[皆许之其所除赀赎]过万钱而谒益【解】爵、【毋受爵者,亦许之,一级除赀赎毋过万】(伍 139/1140)钱,其皆谒以除亲及它人及并自为除,毋过三人。赀赎不盈万钱以下,亦皆【许之。其年过卌五以上者,不得解】(伍 140/C8－1－12+2130)爵、毋受爵,毋免以除它人。年睆老以上及罢瘁(癃)不事从睆老事及有令终身不事、畴吏解爵而当复(伍 141/1692)爵者,皆不得解爵以自除、除它人。鼎者劳盗〈盈〉及诸当捧(拜)爵而即其故爵如鼎及捧(拜)后爵者,皆不(伍 142/1862)得解其故爵之当即者以除赀赎。为人除赀赎者,内史及郡各得为其畍(界)中人除,毋得为它郡人除ㄥ。【中】县、(伍 143/1863)它郡人为吏它郡者,得令所为吏郡黔首为除赀赎。属邦与内史通相为除。为解爵者,独得除赀(伍 144/1789+1804)赎。令七牒。●尉郡卒令第(第)乙七十六(伍 145/1878)

(4) ●令曰:吏从军治粟将漕长挽者,自敦长以上到二千石吏,居军治粟漕长挽所ㄥ,得卖(买)所畬(饮)食衣服物及所以畬(饮)(伍 146/1880)食居处及给事器兵ㄥ,买此物而弗畬(饮)食衣服用给事者,皆为私利。毋重车者,得买以给事,舍,毋过□(伍 147/1879)□□人。丞相、御史言:前军军吏治粟将曹(漕)长挽,吏或不给吏事而务为私利,侵苦卒ㄥ。吏已请行其罚。为(伍 148/1171)牛车ㄥ若一轺车,数者皆为私利。与卒、官属同舍,同舍者菌(卤)、所畬(饮)食物ㄥ、得与畬(饮)食之及得俥(使)为所以给舍事(伍 149/1906)者物ㄥ,非此物,皆为私利。诸不在此令中而买为之,及虽在令中买为而□□,皆为私【利】。□□□钱以上,皆毋(伍 150/1769)行其劳论ㄥ、赐。其毋劳论而有赐及毋劳论、赐者,皆罚戍故徼四岁,有(又)毋行其赐而皆没入其所为私利(伍 151/1669)县官。为私利,私利者与同皋ㄥ。军初到,车军治粟曹(漕)长挽到官治粟,皆用此令ㄥ。军罢去,车军治粟曹(漕)长(伍 152/1666)

□军□为令。奏。制曰:可。布以为恒令。●尉郡卒令乙(伍 153/1163)

周海锋认为《尉卒律》,与廷尉关系不大,与县尉倒是密切相关。曹旅宁则认为和郡尉相关,[①]赵斌也有类似的看法。[②] 按诸令文内容,(1) 是要求太守以下的官员出差到县,如果

① 曹旅宁:《岳麓书院藏秦简伍〈尉郡卒令〉中的郡尉初探》,梁安河、徐卫民主编《秦汉研究 2020》,西安:西北大学出版社,2020 年,第 76 页。

② 赵斌:《秦简"卒"相关律令研究》,湖南师范大学硕士学位论文,2019 年,第 22 页。

传马不足，不能租借百姓的马，违者处罚；(2) 内容残缺，不过涉及到郡守和郡尉；(3) 是关于以爵除赀赎的规定，与军功爵的管理有关；(4) 是对军队后勤保障人员的要求，严禁军粮运输者（治粟将漕长挽者）在军务期间以权谋私、盘剥士卒。四条内容规范的对象既涉及到郡，也涉及到军队（郡尉、县尉），因此《尉卒律》应该是“尉郡卒令”的省称，是规范郡和尉的法令。

## (三)“卒令”与“共令”内部存在内容相同或相近的篇章

我们先从其他学者已近注意到的现象出发开始讨论。

(1) ●十三年六月辛丑以来，明告黔首：相贷资缗者，必券书吏∟，其不券书而讼，乃勿听，如廷律。前此（肆 301/0630）令不券书讼者，为治其缗，毋治其息，如内史律。（肆 302/0609）

(2) ●十三年三月辛丑以来，取（娶）妇嫁女必参辦券∟。不券而讼，乃勿听，如廷律∟。前此令不券讼者，治之如内史（伍 188/1099）律。●谨布令，令黔首明智（知）。●廷卒乙（伍 189/1087）

上述(1)属于“内史郡二千石官共令”，(2)属于“廷卒令”。周海锋也注意到上述两条令文时间和内容的一致性。只是周氏将其作为“卒”=“卒人”=“二千石官”的证据。我们认为这实际上是“卒”与“共”用法相同的证据。类似的例子还有不少，下面这几组更为直接。

(3) ●禁毋敢为旁钱，为旁〚钱〛者，赀二甲而废。县官可以为作【务产钱者，免，为上计如】律。徒隶挽禀以挽日之（伍 210/1782+C－7－10－2）庸（佣）吏（事）收钱为取就（僦），不为旁钱。　●廷甲 十九（伍 211/1736）

(4) ●禁毋敢为旁钱，为旁钱者，赀二甲而废。县道官可以为作嫠（务）产钱【者】，免，为上计如律。　●廿一（陆 206/0179）●徒隶挽禀以挽日之庸吏（事）收钱为取就（僦），不为旁。（陆 207/0189）

(3)(4)两条令文内容完全相同，(3)的令名为“廷甲”，编号为十九，显然为“廷卒令甲”的省称；(4)则是被收入“■郡二千石官共令”。这也是“卒”与“共”用法相同的证据。

(5) □县为候馆市旁，置给吏具，令吏徒守治以舍吏殹（也）。●自今以来，诸吏及都大夫行往来者，皆得舍焉，它（伍 212/1696）【不】得。●有不当舍而舍焉及舍者，皆以大犯令律论之∟。令、丞弗得，赀各一甲。　●廷甲廿（伍 213/1708）

(6) ●县为候馆市旁，置给吏具，令吏徒守治以舍吏殹（也）。●自今以来，诸吏及都大夫行往来者，皆得舍（陆 208/2103）焉，它不得∟。有不当舍［舍］而舍焉及舍

者，皆以大犯令律论之。令、丞弗得，赀各一甲。●廿二(陆 209/0769)

(5)(6)两条令文内容完全相同，(5)的令名为《廷甲》，编号为廿，“廷甲”显然是《廷卒令甲》的省写；(6)则是被收入《■郡二千石官共令》。编号为“第甲”。这也是“卒”与“共”用法相同的证据。

(7) ●令曰：制所遣(谴)而当论者，皆赀二甲。辠重于遣(谴)，以律令论之。吏所举劾【以闻】及上书者有言殹(也)，其所劾、言者，节(即)214/J27 当治论，皆毋以譴(谴)论。●廷甲第廿一(伍 215/J52)

(8) ●御史请∟：制所譴(谴)而当论者，皆赀二甲∟。罪重于譴(谴)，以律论之。●制曰：吏所举劾以闻及上书者，有言殹(也)，其(陆 210/1993)所劾言者节(即)当治论皆毋以譴(谴)，它如请。●廿三(陆 211/J08)

(7)(8)两条令文内容完全相同，(7)的令名为《廷甲》，编号为第廿一，“廷甲”显然是“廷卒令甲”的省写；(8)则是被收入“■郡二千石官共令”。编号为“第甲”。这也是“卒”与“共”用法相同的证据。

(9) ●令曰：吏徙官而当论者，故官写劾，上属所执法，执法令新官亟论之。执法【课其留者，以】发征律论之。【不】(伍 216/1661)上属所执法而径告县官者，赀一甲。以为恒。　□□□第廿二(伍 217/1760)

(10) ●自今以来，吏徙官而论者，故官写劾，上属所执法，执法令新官亟论之，执法课其留者，以发 (陆 212/1948)

(9)(10)两条令文内容完全相同，(9)的令名为“廷□□”，似可以补足为“廷卒甲”(10)则是被收入“■郡二千石官共令”。编号为“第甲”。这也是“卒”与“共”用法相同的证据。

《岳麓伍》第二组与《岳麓陆》第三组中类似的例子很多(参见附表一)。据此可以对两篇编联进行复原研究。可见“郡二千石官共令”与“廷卒令”内容是相同的两组令，因为负责编纂的机构不同，所以令的编号有出入，但是令的排列顺序基本上是一致的。

## (四) 小结

把“卒令”和“共令”联系起来考虑，其实最初只是基于比较浅层的、直观的几条书证。譬如《岳麓陆》中“四司空共令”和“四司空卒令”同时出现。而且《岳麓肆》的《尉卒律》也很容易让人想起睡虎地秦简《秦律十八种》的《尉杂律》和《内史杂》。《岳麓陆》简 266 还出现一条“杂律”。特别是当我们梳理后发现《岳麓伍》第二组与《岳麓陆》第三组的“内史郡二千石官共令”与“廷卒令”内容是相同的两组令后，愈发觉得“卒令”和“共令”之间的联系不同一般。

## 三、秦令的编纂

秦令的编纂涉及的问题很多，有些问题尚无法开展具体的研究，也不可能面面俱到，下面仅结合上文所述谈两个问题。

### （一）廷的指代对象

岳麓秦简令名中多出现“廷”，如“共令”里面出现：

■廷内史郡二千石官共令 •第己 •今辛 （肆353/0081+0932）

■廷内史郡二千石官共令☐ （肆375/J70+J71+J67）

■廷内史郡二千石官共令 •第庚 •今壬 （肆390/1131）

■廷内史郡二千石官共令 •第己•今辛 （伍062/0081+0932）

■廷内史郡二千石官共令 •第庚 •今壬 （伍098/1131）

另外还有廷、廷卒、廷卒令，后面再加干支和数字的形式。那么这“廷”应该指什么呢？曹旅宁认为廷指县廷，①赵斌认为廷泛指县道官、都官、郡府廷尉府及执法府在内的具有司法职能的机构。② 其实更多的学者倾向于是指廷尉，因为睡虎地秦简《法律答问》多见“廷行事”的记载。于豪亮先生早已指出“廷行事”之“廷”是廷尉，“行事”即“决事比”，都是判例的意思。③ 籾山明将《法律答问》的“议”“或曰”“廷行事”与张家山汉简《奏谳书》“吏议”“或曰”“廷报”对比，认为“廷行事”之“廷”是廷尉的简称。④ 但是也有争议比较多的例证。譬如下面这一条简文：

“辞者辞廷。”今郡守为廷不为？为殹（也）。《法律答问》简95

徐世虹先生主持的中国政法大学中国法制史基础史料研读会搜罗了七家意见，⑤其中裘锡圭、田昌五、蔡万进认为“廷”指县廷。南玉泉认为廷原意是指代廷尉，为中央掌管司法审判的机关……后来郡府、县府也称为“廷”。郭洪伯认为郡守府和廷尉府级别相同，适用

---

① 曹旅宁：《岳麓秦简所见秦令杂考》，简帛网2009年5月2日。

② 赵斌：《秦简“卒”相关律令研究》，湖南师范大学硕士学位论文，2019年，第22页。

③ 于豪亮：《秦律丛考》，收入《于豪亮学术文存》，北京：中华书局，1985年，第131—132页。

④ 籾山明著：《中国古代诉讼制度研究》，李力译，上海：上海古籍出版社，2009年，第243页。

⑤ 中国政法大学中国法制史基础史料研读会：《睡虎地秦简法律文书集释（八）：〈法律答问〉61—110简》，赵晶主编：《中国古代法律文献研究》第13辑，北京：社会科学文献出版社，2021年，第49—51页。

相同的诉讼规则,此处的"廷"应理解为廷尉府①。

今按,我们可以看下面四个例子:

(1) •令曰:黔首□□官,作徒隶及徒隶免复属官作□□徒隶者自一以上及居隐除者,黔首居☐(伍251/2142)及诸作官府者,皆日勶薄(簿)之,上其廷,廷日校案次编,月尽为冣(最),固臧(藏),令可案殹(也)。不从令,丞、令、令史、官啬夫吏(伍252/1854)主者,赀各一甲。稗官去其廷过廿里到百里者,日薄(簿)之,而月壹上廷,恒会朔日。过百里者,上居所县廷,县廷案之,(伍253/1921)薄(簿)有不以实者而弗得,坐如其稗官令。•内史仓曹令甲卅254

(2) •新律令下,皆以至某县、都官廷日决。故有禁律令,后为辠名及减益辠者,以奏日决。　　•卒令乙卅二　(陆221/1900)

(3) •新律令下,皆以至其县、都官廷日决。故有禁律令,后为辠名及减益辠者,以奏日决。　　•卒令乙廿二　(伍5-107/1888)

(4) 如下邽庙者辄坏,更为庙便地洁清所,弗更而祀焉,皆弃市。各谨明告县道令丞及吏主(肆0624/321)更,五日壹行庙,令史旬壹行,令若丞月行庙□□□☐(肆322/J47)丞相议:☐(肆323/0549)祀焉。廷当:嘉等不敬祀,当……☐(肆323/0467)

以上各例,(1)是县廷,(2)(3)是出自不同篇章的两条内容完全相同的令,令文所指的廷包括县廷和都官廷,(4)中的廷应是廷尉。因此,南玉泉先生的解释更为合理,秦简中的廷所指并不固定,应该泛指各种司法机构。

需要指出的是睡虎地秦简《秦律十八种》中《尉杂律》的尉,整理者认为指廷尉,《汉书百官表》:"廷尉,秦官,掌刑辟。"是司法的官。尉杂,属于廷尉职务的各种法律规定。"尉杂"是见于睡虎地秦简,共有二条:

岁雠辟律于御史。　尉杂　简199

□其官之吏□□□□□□□□□□□□法律程籍,行者有罪。尉杂　简200

周海锋认为从内容看与岳麓的《尉卒律》关系不大。我们认为《尉卒律》即《尉杂律》,是《尉郡卒令》的省称,里面出现要求到御史处校雠法律的记载也不足为奇。

## (二) 廷与内史二元结构

《岳麓肆》第一组中曾编入如下三枚简:

① 郭洪伯:《"郡守为廷"——秦汉时期的司法体系》,第八届北京大学史学论坛论文,2012年。

■廷内史郡二千石官共令 ●第己 ●今辛 （肆 353/0081+0932）

■廷内史郡二千石官共令☑ （肆 375/J70+J71+J67）

■廷内史郡二千石官共令 ●第庚 ●今壬 （肆 390/1131）

史达先生依据背划线信息将这三条“廷内史郡二千石官共令”在排除在本卷之外，周海锋从字体特征判断也得出同样的结论，同时他还指出另外一个重要原因是见于该卷册的篇名，大部分为“内史郡二千石官共令”。“廷内史郡二千石官共令”与“内史郡二千石官共令”虽然只有一字之差，二者所涵括的范围却有大小之分，甚至有某些本质性的差异。① 周先生的观察是敏锐的，只是未能揭示其后面的原因所在。我们请看如下简文：

（1） ●十三年六月辛丑以来，明告黔首：相贷资缗者，必券书吏∟，其不券书而讼，乃勿听，如廷律。前此（肆 301/0630）令不券书讼者，为治其缗，毋治其息，如内史律。肆 302/0609

（2） ●十三年三月辛丑以来，取（娶）妇嫁女必参辨券∟。不券而讼，乃勿听，如廷律∟。前此令不券讼者，治之如内史（伍 188/1099）律。●谨布令，令黔首明智（知）。●廷卒乙（伍 189/1087）

上述简文，整理者将（1）编入“内史郡二千石共令”中，（2）属于“廷卒令”。（1）（2）均颁布于十三年（可能为秦始皇十三年），其中（1）要求百姓之间的贷款往来必须有“券书”，按照“廷律”，没有券书的诉讼不予受理；此令颁布之前，没有券书而产生的诉讼，按照“内史律”办理。（2）是要求百姓婚嫁必须有“参辨券”，按照“廷律”，没有券书的诉讼不予受理；此令颁布之前，没有券书而产生的诉讼，按照“内史律”办理。

可见，（1）（2）虽然是关于不同事件的要求，但是其处置手段、方法大体相同。总体而言，以秦始皇“十三年”为界，此前的诉讼适用“内史律”，此后的诉讼适用“廷律”。因此，“廷律”极有可能在秦始皇“十三年”才开始编纂产生，在此之前只有“内史律”。因此，以时间轴线从纵向角度的考察，内史律产生在前，廷律产生在后，二者的分水岭在秦始皇“十三年”。那么在始皇“十三年”之后，廷律和内史律是否存在差异呢？我们以表一中的如下一条令文作为对比。

（3） ●令曰：制所遣（谴）而当论者，皆赀二甲。辠（罪）重于遣（谴），以律令论之。吏所举劾【以闻】及上书者有言殹（也），其所劾、言者，节（即）214/J27 当治论，皆毋以譴（谴）论。●廷甲第廿一（伍 215/J52）

（4） ●御史请∟：制所譴（谴）而当论者，皆赀二甲∟。罪重于譴（谴），以律论之。●制

① 周海锋：《岳麓书院藏秦简（肆）所收令文浅析》，邬文玲、戴卫红主编：《简帛研究二〇一八·春夏卷》，桂林：广西师范大学出版社，2018 年。

曰：吏所举劾以闻及上书者，有言殹（也），其（陆 210/1993）所劾言者节（即）当治论皆毋以譓（谴），它如请。• 廿三（陆 211/J08）

（3）（4）是两条内容基本相同的令文。差别在于（4）保留有“御史请”“制曰”等内容，与张家山汉简《津关令》格式类似，这类文字是诏书令的核心要素，而诏书令是秦令产生的重要途径之一。（3）显然是在（4）基础上的进一步提炼，径以“令曰”起首，摆脱了诏书令的格式，有法条化的趋向。

与（3）（4）近似的例子在《岳麓伍》第二组与《岳麓陆》第三组中还有很多（参见附表一）。需要指出的《岳麓陆》第三组中复原的“郡二千石官共令”应该是“内史郡二千石官共令”的省写。因为秦的行政系统自上而下是“内史（郡）—县（道）”，司法系统自上而下是“廷尉—都官”。因此前者所颁布的令名全称一般为“内史郡二千石共令”，有时可省为“郡二千石官共令”“内史官共令”。而名称中加了“廷”的令名则显然不同。由此可见，“内史郡二千石官共令”与“廷卒令”是内容相同但是编撰主体明显不同的两种令。正因为其编纂的机构不同，所以令的编号有出入，内容有增减，但是令的排列顺序基本上是一致的。

## （三）令的分类

关于令的分类，汉令有较为成熟的研究，传统的有事项令、干支令、挈令三分法，笔者也曾提出过两分法的方案。① 南玉泉先生指出不管是二分还是三分都涉及各类别的互相关系。譬如中田薫、宫宅潔、冨谷至等人认为令甲、乙、丙是汉令的总集，而官署令或挈令只是根据需要从中辑录而已。而徐世虹则认为三类令（事项令、干支令、挈令）是平行概念上的划分，不具有统属关系。②

相较而言，关于秦令分类的研究尚处于起步阶段。南玉泉先生结合岳麓简出现的令名进行了分类，他认为秦汉令的编辑存在区别，秦代没有像汉令那样的令甲、令乙、令丙，因此这个分类实际上是个二分法（图 4）。③

① 凡国栋：《秦汉出土法律文献所见“令”的编序问题》，中国文化遗产研究院编：《出土文献研究》第 10 辑，北京：中华书局，2011 年。

② 中田薫、中国政法大学法律古籍整理研究所：《汉律令》，蔡玫译，《中国古代法律文献研究》第 3 辑，北京：中国政法大学出版社，1991 年。冨谷至：《通往泰始律令之路（2）：魏晋的律与令》，收入《日本学者中国法论著选译》（上册），北京：中国政法大学出版社，2012 年。徐世虹：《出土文献与秦汉令研究》，王沛主编：《出土文献与法律史研究》第 1 辑，上海：上海人民出版社，2012 年，第 74、75 页；《百年回顾：出土法律文献与秦汉令研究》，《上海师范大学学报（哲学社会科学版）》2011 年第 5 期。南玉泉：《汉令的编辑》，收入徐世虹等著《秦律研究》第二章第二节，武汉：武汉大学出版社，2017 年。

③ 徐世虹等：《秦律研究》，武汉：武汉大学出版社，2017 年，第 86 页。

- 秦令
  - 事项令
    - 《挟兵令》
    - 《迁吏令》甲廿八(令名+干支+数字)
  - 官署令
    - 单一主体:《内史仓曹令》甲卅(令名+干支+数字)
    - 多个主体:
      - 《内史郡二千石官共令》第甲(令名+干支)
      - 《廷内史郡二千石官共令》第庚(令名+干支)
      - 《四司空共令》《四谒者令》

图4　二分法

结合岳麓简出现的秦令,从令的编纂的角度出发,所谓事项令和官署令的二元结构其实是不存在的。因为事项令实际上都是出自"廷令"或"内史郡共令",所谓事项令只是从令文内容中提炼出来便于称述的名称。陈松长在一篇论文中注意到如下两个令文:

(1) ●史学童詐(诈)不入试令·出廷丙廿七(陆 255/1859)

(2) ●迁吏归吏群除令 丁廿八(陆 284/1904)

陈松长指出:

> "史学童诈不入诫令"(按,诫当改释为试)是一个类似于"新黔首挟兵令"一样的事类令名,本应在其后面加注天干编号或数字编号即可,但这令名的后面又接着加注这条令文的出处:"出廷丙廿七",即此令出自廷令的丙篇第27条,而1904简中的令名是"迁吏归吏群除令",这说明这条令是针对迁吏、归吏和群除者所颁布的令,由此可知,这应该不是一个单一对象或事件的令名,而是对好几类对象颁布的令。①

"史学童詐(诈)不入试令·出廷丙廿七"是一条颇为特别的记载,兹引述如下:

> ●诸吏为詐(诈)以免去吏者,卒史、丞、尉以上上御史ㄥ,属、尉佐及乘车以下上丞相,丞相、御史先予新地远犨害郡,备,【以】(陆 248/1866+J71-3)次予之,皆令从其吏事新地四岁,日备免之,日未备而詐(诈)故为它赀、废,以免去吏,驾(加)罪一等。●今泰史□〼(陆 249/1720)居有赀责(债),谒居新地。已㡿(斥)即入之,徙除它官及自言欲为吏,除书已行而谒毋从除,从除不盈卒岁而自言免㡿(斥)及(陆 250/1798)〼□詐(诈)免避为吏者,徙所官不□官及吏同任为新它(地)吏而皆詐(诈)免避为吏者,及吏欲去其官,自 251/1799(缺简)中县史学童今兹会试者凡八百卌一人ㄥ,其不入史者百一十一人。●臣闻其不入者泰抵恶为吏而与其(陆 252/1807)□繇(徭)故为詐(诈),不肎(肯)入史,以避为吏ㄥ。为詐(诈)如此而毋罚,不便。●臣请:令泰史遣以为潦东县官佐四岁,日备免之(陆 253/1810)日未备而有署(迁)罪,因处之潦东ㄥ。其有耐罪,亦徙之潦东,而

① 陈松长:《岳麓秦简中的秦令令名订补》,王捷主编:《出土文献与法律史研究》第6辑,北京:法律出版社,2017年。

皆令其父母、妻子与同居数者从之，以罚其（陆 254/1871）为詐（诈），使。●臣昧死请。制曰：可。●廿九年四月甲戌到胡阳。●史学童詐（诈）不入试令●出廷丙廿七（陆 255/1859）

令文首先描述了当前法令体系下对诸吏“为詐（诈）以免去吏”的处罚措施，但是仍然屡禁不止，在一次中县组织的参与史学童“会试”的 841 人中，有 111 人考核不通过的现象。于是奏请将这批诈不入试的史学童“遣以为潦东县官佐四岁”的处罚。令文有“奏请”“制曰可”的格式，并且注明，该令于廿九年四月甲戌发布到了胡阳县（秦时属于南阳郡）。结合令文内容看，“史学童詐（诈）不入试令”是对令文内容的概括。“出廷丙廿七”如陈松长所云，即表明该令出自《廷令》的丙篇第 27 条。由此看来，所谓事项令，应该是从“廷丙”之类的“廷令”中辑录的，而廷令或相当于汉代的令甲、乙、丙，是秦令的总集。

“迁吏归吏群除令”可能也是类似的情况，兹先引述简文如下：

●令曰：有發繇（徭）事（使）为官狱史者，大县必遣其治狱冣（最）久者，县四人，小县及都官各二人，乃遣其余，令到已前（伍 282/1885）□者，令卒其事。遣诣其县官，以攻（功）劳次除以为叚（假）廷史、叚（假）卒史、叚（假）属者，不用此令。●县盈万户以上为（伍 283/1886）【大】，不盈万以下为小。　　●迁吏归吏群除令丁廿八（伍 284/1904）

令名为“●迁吏归吏群除令丁廿八”，仅出现一次，整理者认为是有关官吏升迁、告假和任免等内容的令。① 从归属来看，应该和《岳麓伍》所记“迁吏令甲廿八”“迁吏甲卅”“迁吏卅三”“迁吏令甲”“迁吏令”“迁吏□”性质相同。有学者据令文后面的编号推测“迁吏令甲”至少有 30 条、“迁吏归吏群除令丁”至少有 28 条。如果这样的话，这个“迁吏令”的体系也庞大得难以想象。

我们认为这类事项令令名及其后面的干支和编号应该参照“史学童詐（诈）不入试令●出廷丙廿七”这种形式来理解，只是形式上有所省略。因此“●迁吏归吏群除令丁廿八”实际上应该理解为“迁吏归吏群除令”出自“廷内史郡二千石官共令”（廷卒令）的丁篇第 28 号。以此类推，“迁吏令”后面干支和编号也应该如此理解。那么这样理解的依据是什么呢？我们看《岳麓伍》265－268，简文内容作：

□□□，县官不视【事】，若主及曹事有不当及废、乏、留者，尽坐之。虽有叚（假）代为行之，病者与共坐，皆如身（伍 265/1687）断治论及存者之辠，唯谒属所吏官长归乃勿坐。詐（诈）避事，所避唯（虽）毋论，赀二甲，废。以病故▨（伍 266/1869）

□□毋敢过壹，【赍计】过者，令、丞以下均行，詐（诈）避者皆为新地吏二岁。●内史官共令第戊卌一（伍 268/1926）

---

① 陈松长主编：《岳麓书院藏秦简（伍）》，上海：上海辞书出版社，2017 年，第 213 页。

以上三支简标题是“内史官共令”，内容是有关县官视事的规定，从内容上看，其与下引《迁吏令》存在密切的关联：

□者以失期不从其事论之∟。均□教狱史、内〈冗〉佐居新地者，皆令□□□新地日，其繇（徭）使及病，若有它（伍 267/1149+C4－3－7）辠当废以上及唯（虽）不当废，不视事【盈】☐（伍 274/1143）

以上及唯（虽）不盈三，一岁病不视事盈三月以上者，皆免。病有瘳，令为新地吏及戍如吏。有适过，废、免为新地吏 276 及戍者。● 迁吏令甲（伍 277/1791）

【不】视事毋过五日，过五日，赀二甲。 ● 迁吏令甲廿八（伍 271/1775）

☐【故】不视事者，皆弗得数令郡□□□☐ 275

□□□言，县官□书告。为吏官丞、尉以告已尽而取（娶）妻，许归十日，隤以为后岁告∟。病笃不能视事，材（裁）令（伍 278/1882）治病，父母病笃，归旬。 ● 迁吏令□（伍 279/1881）

因此上述《迁吏令》极有可能出自《内史官共令》，而《迁吏令》实际上只是一个省称，完整的令名应该是《迁吏归吏群除令》。《给共令》《县官田令》也应该属于这种情况。

## （四）小结

从令的编纂的角度出发，按照本文的理解，我们将秦令的生成模式及其分类用如下的流程图（图 5）来反映。

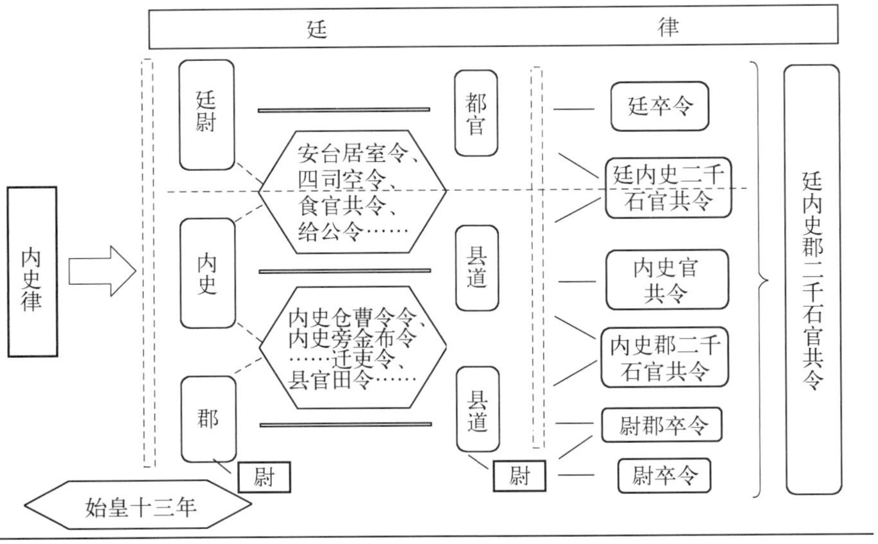


图 5 秦令生成模式与分类

# 四、结　　论

本文在相关研究的基础上，从令文内容出发，就“共令”“卒令”的含义作进一步的探讨。得出了如下几点新的认识：

（1）除《给共令》的“共”指“供给”外，岳麓秦简所见“共令”之“共”均应理解为“共同”之意。

（2）“卒”字在衣襟之间的交叉线其实是“文”字，《说文》“卒，衣有题识者”这种说法可能是正确的。因此“卒”的本义应该是表示衣服上的文理错杂之义，原来释作“卒”的字实际上应该就是“杂”字，为了与衣字区分，后来才另造了从衣集声的“杂”字。

（3）“杂”字用于所辖不同的两个以上职官共同担当某事之际，与“共”的用法相同，因此所谓“卒令”，可读为“杂令”，“杂令”即是“共令”。

（4）《岳麓伍》第二组与《岳麓陆》第三组中分别出自“廷卒令”和“郡二千石官共令”。两篇内容因为负责编纂的机构不同，内容大体相同，略有差异，令的编号也有区别。本文对其内容重加排定，初步复原。

（5）秦简中的廷既可以是县廷、也可以是都官廷，郡廷甚至是廷尉。其所指并不固定，在“廷令”“廷卒令”之类的表述中可以看作是司法机构的代称。

（6）从产生时间上先后上看“内史律”诞生在前，“廷律”极有可能在秦始皇“十三年”才开始编纂产生。

（7）从编撰主体看，秦令存在廷和郡县的二元划分：即以“内史（郡）—县（道）”为代表的行政系统和以“廷尉—都官”为代表的司法系统。二者根据工作需要分别对令进行独立编纂，因为编撰主体不同，相同内容的令在不同系统内的编号也存在差异。

（8）令名中冠以“内史”的令名，其编纂主体应该为以“内史”为代表的行政系统。这类令的全称一般为“内史郡二千石共令”，有时可省为“郡二千石官共令”“内史官共令”。名称中冠以“廷”的令名，其编纂主体应该为以“廷尉”为首的司法系统。这类令的全称一般为“廷内史郡二千石共令”，或省称为“廷卒令”。

（9）所谓事项令，皆出自“廷令”（全称为“廷内史郡二千石共令”），而廷令或相当于汉代的令甲、乙、丙，是秦令的总集。

（10）事项令令名及其后面的干支和编号应该参照“史学童詐（诈）不入试令・出廷丙廿七”这种形式来理解。干支和编号代表的是该令所出“廷令”的干支和编号，而不能理解为该事项令下另有分类和编号。

附表一

| 岳麓伍第二组 | 岳麓陆第三组 |
| --- | --- |
| 诸当以赏免除辠人,狱已断盈六月而弗以免除人者,止,毋行其赏。　•廷甲(伍190/1616)<br>【•】五年十一月戊寅,令耐辠以下狱已断而未过六包〈旬〉者,得以赏除。过六旬不得除,其戍,虽已行,环(还)之。过六旬(伍191/1909)<br>⧄司寇,及有辠耐为司寇,狱已断过六旬不得以赏除者,或亡及有它辠耐为隶臣以(伍192/1891)【下】,而因以狱断未过六旬以赏除免为庶人者,皆当各复故吏(事),不得为庶人,各以计椯籍逐之。•廷甲四(伍193/1685)<br>⧄【赀】二甲,废,弗智(知),典及父母、伍(伍194/2151盒-7-3)【人】赀各二甲,乡啬夫及令、丞、尉赀各一甲,而免乡啬夫∟。或能捕死辠一人,购金七两。•廷甲十(伍195/1889)<br>律曰:黔首不田作市贩,出入不时,不听父母,笱(苟)若与父母言,父母、典、伍弗忍告∟,令乡啬夫数谦(廉)问,捕毄(系)(伍196/1686)【献(谳)廷】,其辠当完城旦以上,其父母、典、伍弗先告,赀其父若母二甲,典、伍各一甲。乡啬夫弗得,赀一甲,令、丞一盾。有(伍197/1621)【犯律者】辄以律论及其当坐者。乡啬夫弗得,以律论及其令、丞,有(又)免乡啬夫。•廷甲 十一(陆198/1620)<br>【自】今以来,殴泰父母,弃市,奊訽詈之,黥为城旦舂。殴主母,黥为城旦舂,奊訽詈之,完为城旦舂。殴威公,完为(陆203/1604)【舂,奊】訽詈之,耐为隶妾∟。奴外妻如妇。殴兄、姊、叚(假)母∟,耐为隶臣妾,奊訽(诟)詈之,赎黥。同居、典、伍弗告,乡啬夫(伍204/1598)<br>⧄　•廷甲　•十三(陆205/1157)<br>【•令曰】:诸犯令者,其同【居】、典、伍或偏告相除,除其当坐者;同居、典、伍弗告,乡啬夫得之,除乡啬夫及令、丞,(伍206/1910)<br>☐论其典、伍☐☐∟,乡【部啬夫】……论其乡部啬夫及同居、典、伍。　•廷甲十四(伍207/1901)<br>黔首有子而更取(娶)妻,其子非不孝殹(也),以其后妻故,告杀、䙴(迁)其子。有如此者,尽传其所以告⧄(伍208/1179)<br>吏自佐以上,毋敢罚黔首。不从令者赀二甲,免。十七(伍209/1694)<br>•禁毋敢为旁钱,为旁〖钱〗者,赀二甲而废。县官可以为作【务产钱者,免,为上计如】律。徒隶挽稟以挽日之(伍210/1782+C-7-10-2)庸(佣)吏(事)收钱为取就(僦),不为旁钱。　•廷甲 十九(伍211/1736) | 诸当以赏免除罪人者,狱已断,盈六月而弗以免除人者,止,毋行其赏。⧄(陆179/0106)<br>(缺简)<br>⧄者,得以赏除,未过六旬而得赏,其戍,虽已行,环(还)之。⧄(陆180/0027)<br>(缺简)<br>罪耐为隶臣以下,而因以狱断未过六旬以赏除免为庶人者,皆当各复故吏,不得为庶人,(陆181/0133)各以计椯籍逐之。•五(陆182/0134)<br>•自今以来,有殴詈其父母者,辄捕以律论,典智(知)弗告,䙴(迁)。乡部啬夫智(知)弗捕论,赀二甲(陆191/0178)而废。弗智(知),典及父母、伍人赀各二甲,乡部啬夫及令、丞、尉赀各一甲,而免乡部啬夫∟。或能捕(陆192/0188)死罪一人,购金七两。　•十(陆193/2104)<br>律曰:黔首不田作市贩,出入不时,不听父母,笱(苟)若与父母言,其父母、典、伍弗忍告∟,令乡(陆194/0770)部啬夫数谦(廉)问,捕毄献(谳)廷,其罪当完城旦舂以上,其父母、典、伍弗先告,赀其父若母二甲,(陆195/1994)典、伍各一甲,乡部啬夫弗得,赀一甲,令、丞一盾。•自今以来,有犯律者辄以律论及其当(陆196/2052)坐者,乡部啬夫弗得,以律论及其令、丞,有(又)免乡部啬夫。•十一(陆197/2134)<br>【自】今以来,殴泰父母,弃市,奊訽(诟)詈之,黥为城旦舂。殴主母,黥为城旦舂,奊訽(诟)詈之,完为城旦(陆198/2014)【舂,殴威公】完为舂,奊訽(诟)詈之,耐为隶妾。……(陆199/1961)⧄同居典、伍弗告,乡部啬夫弗得,城旦舂罪☐同居赀二甲,典、伍、乡部啬夫赀各一甲,耐罪同(陆200/2068-1+2069)<br>⧄断,虽重罪殹(也)而轻断之,勿复论治∟。轻罪殹(也)而重断之,复以律论之,令复(陆202/1380)☐☐校鞫审,献(谳)属所执灋。•十三(陆203/0125)<br>☐犯令者,其同居、典、伍或偏告相除,除吏当坐者∟,同居、典、伍弗告,乡部啬夫得之,除乡部啬夫。(陆204/0155)<br>☐赏(偿)予者。受者当收者殹(也),以收赏(偿)主,乃收余∟。予者唯收罪殹(也),环(还)之。当购有(又)购之,奏之。令(陆183/0135)⧄罪一人,购奴婢二人,完城旦舂、耐罪,购一人。(陆184/0028)黔首有子而更取(娶)妻,以其子非不孝殹(也),以其后妻故告杀、䙴(迁)其子,有如此者,尽传其所以告。(陆185/1943) |

| 岳麓伍第二组 | 岳麓陆第三组 |
| --- | --- |
| □县为候馆市旁，置给吏具，令吏徒守治以舍吏殹(也)。•自今以来，诸吏及都大夫行往来者，皆得舍焉，它(伍212/1696)【不】得。•有不当舍而舍焉及舍者，皆以大犯令律论之ㄴ。令、丞弗得，赀各一甲。　•廷甲廿(伍213/1708)<br>•令曰：制所遣(谴)而当论者，皆赀二甲。辠重于遣(谴)，以律令论之。吏所举劾【以闻】及上书者有言殹(也)，其所劾、言者，节(即)(伍214/J27)当治论，皆毋以諎(谴)论。•廷甲第廿一(伍215/J52)<br>•令曰：吏徙官而当论者，故官写劾，上属所执灋，执灋令新官亟论之。执灋【课其留者，以】发征律论之。【不】(伍216/1661)上属所执灋而径告县官者，赀一甲。以为恒。　□□□第廿二(伍217/1760) | •吏自佐史以上毋敢罚黔首，不从令者，赀二甲，免。它如律令。•十七(陆205/0104)<br>•禁毋敢为旁钱，为旁钱者，赀二甲而废。县道官可以为作婺(务)产钱【者】，免，为上计如律。•廿一(陆206/0179)•徒隶挽禀以挽日之庸吏(事)收钱为取就(僦)，不为旁。(陆207/0189)<br>•县为候馆市旁，置给吏具，令吏徒守治以舍吏殹(也)。•自今以来，诸吏及都大夫行往来者，皆得舍(陆208/2103)焉，它不得ㄴ。有不当舍[舍]而舍焉及舍者，皆以大犯令律论之。令、丞弗得，赀各一甲。•廿二(陆209/0769)<br>•御史请ㄴ：制所諎(谴)而当论者，皆赀二甲ㄴ。罪重于諎(谴)，以律论之。•制曰：吏所举劾以闻及上书者，有言殹(也)，其(陆210/1993)所劾言者节(即)当治论皆毋以諎(谴)，它如请。•廿三(陆211/J08)<br>•自今以来，吏徙官而论者，故官写劾，上属所执灋，执灋令新官亟论之，执灋课其留者，以发(陆212/1948)<br>(缺简)<br>⧄■郡二千石官共令　第甲(陆213/2076) |

(原文载《出土文献与法律史研究》第12辑，法律出版社，2022年)

# 第一卷

# 岳麓书院藏秦简《质日》历朔检讨

## ——兼论竹简日志类记事簿册与历谱之区别

◎ 李忠林（兰州大学历史文化学院）

岳麓书院秦简入藏后很快得以面世，嘉惠学林，善莫大焉。顷读原简，令人欣喜难耐，今不辞固陋，试对《质日》简涉及的历朔资料做初步检讨，并借此说明记事簿册不同于历谱之处，敬希聆教高明。

《质日》共三组，即《二十七年质日》《三十四年质日》和《三十五年质日》。①

《二十七年质日》书于54枚竹简上，其中：1.第1简上端残缺，②未见“廿”字，“七”字亦残；2.共有两处干支书写有误，分别是第15简第6栏丁丑，当为丁亥，第25简第4栏己酉，当为己亥，整理者已经指出，经校对无误；3.从干支序号容易判定，此组《质日》原来共有60枚简（含书写年份的一枚简），发现所得脱失六简：第6、7简之间脱失一简，第32、33简之间脱失两简，第50、51简之间脱失三简。但可以判定第54简为此组《质日》最后一简，其后没有脱失。理由如次：岳麓书院藏秦简三组《质日》均为编册横读式，简分六栏，每栏可书写两个月的干支，而在平朔推步的四分历中一年最多出现一组连大月，③因此六栏之中至少有五栏日干支全部横写，应占简59枚，今第54简第1－5栏，干支依次为丙子、乙亥、甲戌、癸酉、壬申，而第1简第2－6栏干支依次为丁丑、丙子、乙亥、甲戌、癸酉，二者密合。④

《三十四年质日》书于65枚简上，该年有后九月，其中：1.共有三处干支书写有误，分别是第11简第4栏丙申，当为丙午，第12简第5栏丙申，当为丙午，第13简第6栏丙申，当为丙午。整理者同样已经指出，经校对无误；2.从干支序号容易判定，此组《质日》原来共有66

---

① 此为整理者所拟名称，若以原简直读，当分别为《廿七年质日》《卅四年质日》和《卅五年私质日》，本文仍依整理者所拟名称。

② 为方便称引，文中所用简号均为《岳麓书院藏秦简（壹）》一书中的整理序号，而不是原始编号。

③ 这一时期行用四分历，并按平朔推步。

④ 朱汉民、陈松长主编：《岳麓书院藏秦简（壹）》，上海：上海辞书出版社，2010年，第47—65页。

枚简，发现所得第4、5简之间脱失一简，今存65简。3.这一年有后九月，原简第60所书“后九月壬辰小”有误，整理者在注中称：“若依简文‘后九月壬辰小’，则月晦当为‘庚申’，但三十五年历谱十月朔为‘壬戌’，因此‘辛酉’只能上属后九月，‘小’字当为‘大’。”①但第60简第6栏书“壬戌”明显是误记，因为壬戌为三十五年十月朔。另外，第64简下端第6栏处书有“卅年正月甲申射”，原因不明。

《三十五年质日》书于46枚竹简上，内容稍显复杂：1.第1简背面书写“卅五年私质日”，可见它是私人自用的记事簿册，同简正面书写双月月名及大小，第2简六栏分别对应书写上述双月朔干支，而第26简第3－6栏虽然和第1简一样仅书写月名及大小，但暗含了当月的朔干支，这一点从前后紧邻的两个日干支很容易判定。那么何以知道第1简正面书写双月月名及大小的栏位没有暗含朔干支呢？以第3栏为例，在第1简书写“二月大”，第2简书写庚申，第25简书写己丑，两干支算内相差30日，为一大月，显然第1简第3栏“二月大”并不暗含日干支。2.从干支序号容易判定，此组《质日》原来共有60枚简，发现所得脱失14简：第4、5简之间脱失两简，第5、6简之间脱失一简，第10、11简之间脱失一简，第15、16简之间脱失两简，第28、29简之间脱失一简，第34、35简之间脱失三简，第35、36简之间脱失一简，第39、40简之间脱失两简，第40、41简之间脱失一简。但由第46简（最末1简）与第2简相应日干支的密合关系，可以判定第46简后未有脱失。②

经上述初步分析，我们将这三组《质日》简所对应年份朔干支或疑似朔干支用表1列出。其中《二十七年质日》简文基本格式为“某月干支”，其后并未注记当月大小，细审简文文意，似乎不能遽定这一干支就是该月朔干支，如第1简第5栏记“六月甲戌”，不能遂认定“六月”朔干支为“甲戌”，因此表1中以“?”附后标明。但《三十四年质日》简文基本格式为“某月干支大（小）”，仅从文意来看，这一干支当为该月朔干支无疑，《三十五年质日》简文基本格式有“某月干支大（小）”和“某月大（小）”两种形式，由于其中注明了“十一月辛卯大”和“正月庚寅大”，其他10个月的朔干支经简单计算即可确定。“某月干支大（小）”和“某月干支”的细微区别尤当注意。周家台30号秦墓竹简所出《历谱》的历日干支也存在这两种格式，③其中以“某

① 朱汉民、陈松长主编：《岳麓书院藏秦简（壹）》，第88页。

② 朱汉民、陈松长主编：《岳麓书院藏秦简（壹）》，第91—106页。

③ 湖北省荆州市周梁玉桥遗址博物馆：《关沮秦汉墓简牍》，北京：中华书局，2001年，图版1—15。原整理者将这组简定名为《历谱》，但简1—68所书“秦始皇三十四年历谱”实为记事簿册，赵平安先生认为应该是《秦始皇三十四年记》，即墓主的私人日记。参看赵平安：《周家台30秦墓竹简“秦始皇三十四年历谱”的定名及其性质——谈谈秦汉时期的一种随葬竹书“记”》，长沙市文物考古研究所编：《长沙三国吴简暨百年来简帛发现与研究国际学术研讨会论文集》，北京：中华书局，2005年，第315—322页。本文按习惯仍沿用整理者原先的命名，称“历谱”。

月干支"为基本格式的秦始皇三十四年历谱(简 1－68)部分月名后的历日干支明显不是当月朔干支,这一点已被多位学者指出。① 而同墓所出竹简中以"某月干支大(小)"为基本形式的秦始皇三十六年历谱(简 69－79)、三十七年历谱(简 80－91)却被证明为当月朔干支。② 我们认为,将这两种格式区别开来作为一项参考标准是很有意义的,③虽然这种以"日"为单位的记事簿册的历日干支编排不像历书(谱)那样严格,具有一定的随意性,但从《质日》所有人的角度来看,当某月下的干支不一定是该月朔干支时,有意识地通篇不用月"大"月"小"来标记,至少可以避免日期混淆,至于为何会将上月的晦日干支记录在本月月序之下,这涉及到记事簿册的形制,我们下文再行讨论。

表 1　岳麓书院藏秦简《质日》(疑似)历朔一览表

| 《二十七年质日》 | | 《三十四年质日》 | | 《三十五年质日》 | |
|---|---|---|---|---|---|
| 原简文 | 当月朔干支 | 原简文 | 当月朔干支 | 原简文 | 当月朔干支 |
| 十月戊寅 | 戊寅? | 十月戊戌小 | 戊戌 | 十月小 | 壬戌 |
| 十一月戊申 | 戊申? | 十一月丁卯大 | 丁卯 | 十一月辛卯大 | 辛卯 |
| 十二月丁丑 | 丁丑? | 十二月丁酉大 | 丁酉 | 十二月小 | 辛酉 |
| 端月丁未 | 丁未? | 正月丁卯小 | 丁卯 | 正月庚寅大 | 庚寅 |
| 二月丙子 | 丙子? | 二月丙申大 | 丙申 | 二月大 | 庚申 |
| 三月丙午 | 丙午? | 三月丙寅小 | 丙寅 | 三月小 | 庚寅 |
| 四月乙亥 | 乙亥? | 四月乙未大 | 乙未 | 四月大 | 己未 |
| 五月乙巳 | 乙巳? | 五月乙丑小 | 乙丑 | 五月小 | 己丑 |
| 六月甲戌 | 甲戌? | 六月甲午大 | 甲午 | 六月大 | 戊午 |
| 七月甲辰 | 甲辰? | 七月甲子小 | 甲子 | 七月小 | 戊子 |
| 八月癸酉 | 癸酉? | 八月癸巳大 | 癸巳 | 八月大 | 丁巳 |
| 九月癸卯 | 癸卯? | 九月癸亥小 | 癸亥 | 九月小 | 丁亥 |

① 张培瑜、彭锦华:《周家台三〇号秦墓历谱竹简与秦、汉初的历法》,湖北省荆州市周梁玉桥遗址博物馆:《关沮秦汉墓简牍》,第 231—232 页;刘信芳:《周家台秦简历谱校正》,《文物》2002 年第 10 期。

② 张培瑜、张春龙:《秦代历法和颛顼历》,湖南省文物考古研究所:《里耶发掘报告》,长沙:岳麓书社,2007 年,第 735—747 页。

③ 张家山二四七号汉墓所出汉初十七年历谱虽也有以"某月干支"来书写当月朔干支的方式,但每一年的月朔干支连续紧密书写在一枚简上,中间无记事的空隙,显然是备查月朔干支的简易历表,而不是记事簿册,两者性质截然不同。参看张家山二四七号汉墓竹简整理小组:《张家山汉墓竹简(二四七号墓)》(释文修订本),北京:文物出版社,2006 年,第 3—4 页。

《岳麓书院藏秦简(壹)》主要整理者陈松长在首次披露时认为:“我们通过《中国先秦史历表》可知,这里记载的是秦始皇二十七年、三十四年和三十五年的月份干支。其中二十七年的朔日干支完全可以对应,三十四年的正月、三月、五月、七月、九月的朔日干支都因正月误抄而全部抄错了月份。而三十五年则只抄了十一月和正月的朔日干支,我们根据这两个朔日干支可知这2枚简上所抄录的是秦始皇三十五年的朔日干支和月份大小,由此也可判断0602号简上所残年份应就是‘卅五’2字。”[①]这里的0602号简是整理前的原始编号,该枚简最后被编在了《二十七年质日》的第1简。

但是,笔者将三组《质日》中的历日记录与周家台30号秦墓所出竹简《历谱》以及其他相关历朔资料做综合考察后发现,《三十四年质日》所记秦始皇三十四年相关历日、《三十五年质日》所记秦始皇三十五年相关历日均正确无误,为当月朔干支。恰恰相反,《二十七年质日》所记相关历日是否为当月朔干支,却值得怀疑。陈松长所谓“三十四年的正月、三月、五月、七月、九月的朔日干支都因正月误抄而全部抄错了月份”,不知以何为参照,今查《中国先秦史历表》得秦始皇三十四年历朔为“十月戊戌朔,十一月丁卯朔,十二月丁酉朔,正月丙寅朔,二月丙申朔,三月乙丑朔,四月乙未朔,五月乙丑(甲子)朔,六月甲午朔,七月甲子朔,八月癸巳朔,九月癸亥朔,后九月壬辰朔”。[②] 按,《三十四年质日》第1简记“正月丁卯小 三月丙寅小 五月乙丑小”分别与查得的十一月、正月、三月对应相同,而七月朔干支甲子、九月朔干支癸亥与历表所得相同,或许陈氏表述有误。其实,里耶秦简中有秦始皇卅四年六月甲午朔(J1⑨1、J1⑨10)、七月甲子朔(J1⑨3)、八月癸巳朔(J1⑨2、J1⑨4),[③]可部分说明《三十四年质日》简所记三十四年朔干支不误。

事实上,《中国先秦史历表》中的《秦汉初朔闰表》并非毫无瑕疵,仅以秦始皇二十七年历谱为例,其中八月癸酉就与历简不符,里耶秦简J18133:“廿七年八月甲戌朔壬辰……”由于里耶秦简属于公文性质,其中的历朔资料更为可靠。这里举出里耶秦简与《中国先秦史历表》不符是想说明,我们不能用今人推排的历朔表去判定简牍历朔资料的正误,也就是说,即便《中国先秦史历表》秦始皇二十七历朔与《二十七年质日》完全对应,我们也只能大致将这组历简框定在秦始皇二十七年,但不能遽定《二十七年质日》相关历日全部是秦始皇二十七年实朔干支,其实在《中国先秦史历表》,甚至《三千五百年历日天象》出版后,随着一

---

① 陈松长:《岳麓书院所藏秦简综述》,《文物》2009年第3期。

② 张培瑜:《中国先秦史历表》,济南:齐鲁书社,1987年,第225页。这里所录为张培瑜根据当时出土历简考得的汉初历法所排定的一组,由于张氏考得的秦汉初历法朔小余在一个特定的范围内取值,因此会在某些月份出现双解。

③ 湖南省文物考古研究所:《里耶发掘报告》,2007年。后文所引里耶秦简凡未特别注明者,均出自该书,下再出注。

批批历日简牍的出土公布，张培瑜也多次对秦至汉初的历法进行过讨论，并反复重新推排了这一时期的朔闰表。① 从这个意义上讲，张培瑜在推排《中国先秦史历表》时所依据的历法规则（这个历法规则是他从当时所见历简中讨论得到的）已经被后来出土的历简所证伪。当然，由于这一时期的历面朔日围绕真朔，历表中某一年的朔日只会部分而一定不会全部出错，当出土所得某一年的历朔与之相符时，仍然可以据此判定该组历简的年份。亦即，整理者在简文残缺的情况下将这组《质日》定在秦始皇二十七年应该是无误的。

由于岳麓书院藏秦简较为散乱，三组《质日》年份是通过排序后由简文读得的，严重依赖竹简本身的排序，尤其是《二十七年质日》第1简的年份部分明显残缺。在这里我们依据历理试对这三组《质日》年份再做研判，以说明整理者的年份判定是正确的。按照平朔推步原则，同一朔干支在同一月序上的复现，需要经过26、31、36年的周期，其中以31年的周期复现频次最高，而不会在25年或更短的周期复现。比如，“十月甲子”朔出现在某年，下次“十月甲子”朔的出现就只可能在26a+31b+36c（a，b，c取值为包括0在内的自然数）年后了。罗见今、关守义在分析敦煌汉简月朔简时使用了这一周期定理，②罗、关二先生所分析的月朔简均在西汉太初历行用期间，太初历与四分历的朔策和岁实有细微的差值，③但两种历术均采用平朔推步，且闰周同为19年7闰，所以上述周期定理同样适用于四分术各历法。

今检里耶秦简得以下5条历朔资料：

1. 里耶秦简J1⑯5、J1⑯6均书有：廿七年二月丙子朔庚寅……
2. 里耶秦简J1⑨1、J1⑨10均书有：卅四年六月甲午朔戊午……
3. 里耶秦简J1⑨3、J1⑨12均书有：卅四年七月甲子朔辛卯……
4. 里耶秦简J1⑨2、J1⑨4均书有：卅四年八月癸巳朔……
5. 里耶秦简J1⑨1－J1⑨12均书有：卅五年四月己未朔乙丑……

很显然，第1条材料“廿七年二月丙子朔庚寅”与《二十七年质日》第2简“二月丙子”相同，④ 按上述原理即可判定第一组《质日》所记为秦始皇二十七年历日。同理我们可以判定第二组《质日》为秦始皇三十四年历日，当然，第1简背面书有“卅四年质日”是一

---

① 张培瑜、彭锦华：《周家台三〇号秦墓历谱竹简与秦、汉初的历法》，湖北省荆州市周梁玉桥遗址博物馆：《关沮秦汉墓简牍》，第231—244页；张培瑜、张春龙：《秦代历法和颛顼历》，湖南省文物考古研究所：《里耶发掘报告》，第735—747页；张培瑜：《根据新出历日简牍试论秦和汉初的历法》，《中原文物》2007年第5期。

② 罗见今、关守义：《敦煌汉简中月朔简年代考释》，《敦煌研究》1998年第1期。

③ 太初历岁实为365 $\frac{385}{1\,539}$日，朔策为29 $\frac{43}{81}$日；四分术岁实为365 $\frac{1}{4}$日，朔策为29 $\frac{499}{940}$日。两项分别约差0.000 162 4日和0.000 013 1日。

④ 至于何以能事前判定《二十七年质日》中“二月丙子”为月朔干支，详见后文。

显证。[①] 那么第三组《质日》为什么不是26年前的秦王政九年历日，而是秦始皇三十五年历日呢？这是因为这组《质日》中第1简记有“十二月小嘉平”。[②]“嘉平”为“腊”的别称，《史记·秦始皇本纪》载：“三十一年十二月，更名腊曰嘉平。”这一点也得到了出土历简的证明，周家台30号秦墓竹简秦始皇三十四年历谱载“正月丁卯，嘉平视事”，同墓所出秦二世元年历谱载“十二月戊戌嘉平”。[③] 由此可以排除第三组《质日》是秦王政九年历日的可能。

将三组《质日》所当年份考定后，下面试对其朔干支的准确性进行检查。

无独有偶，周家台秦简中也有秦始皇三十四年、三十六年、三十七年历日干支，其中简1－68所记“秦始皇三十四年历谱”跟岳麓书院所藏秦简《二十七年质日》格式一致，也为“月名干支”，未标明大小。值得注意的是，该谱“某月”下所记历日干支并非全为朔干支。笔者不凭借今人推排的历表，仅在出土历朔材料范围内对这组历简进行过探讨，重新考订了秦始皇三十四年历谱，并与同墓所出秦始皇三十六年、三十七年历谱联立，按照四分术的推步原则，尝试给出了“秦始皇三十五年历谱”。[④] 幸运的是，这一结果与岳麓书院所藏秦简《三十四年质日》《三十五年质日》历朔干支完全一致。这说明拒绝使用今人所排历表，仅以出土历朔干支进行推考的方法是可行的，同时也说明《三十四年质日》《三十五年质日》所记秦始皇三十四、三十五年朔干支是完全可靠的。这里需要特别指出的是，尽管目前存在几种秦汉初朔闰表，但我们不能用这些历表去验证出土历简的正误，否则将导致巨大的逻辑矛盾。对于出土文献中的不确定历日干支，只能依靠确然的历点和基本历理进行推导辨析，这一点尤为重要。今试用这一方法验证《二十七年质日》朔干支正误。

秦至汉太初改历前一直行用四分术为学界公认，张培瑜为了将秦至汉初的所有历简容于同一种历法，曾给出过一种非四分术的推步体系，但这仅是一种假设条件下的探讨。[⑤] 所以以四分术为计算法数是基本前提。另外我们还必须保证所选历朔干支为同一种历法推步所得，即这一时段内没有发生过历法变革。根据史书记载，秦统一后历法有所改动，但由于秦王政时期（前246－前222年）的历朔资料仅有7条，[⑥]对是否有过历改不能最终判定，为

---

① 朱汉民、陈松长主编：《岳麓书院藏秦简（壹）》，第67页。

② 朱汉民、陈松长主编：《岳麓书院藏秦简（壹）》，第91页。

③ 湖北省荆州市周梁玉桥遗址博物馆：《关沮秦汉墓简牍》，第94、103页。

④ 李忠林：《周家台秦简历谱试析》，《中国科技史杂志》2009年第3期。

⑤ 张培瑜：《根据新出历日简牍试论秦和汉初的历法》，《中原文物》2007年第5期。

⑥ 这7条材料是：秦王政二年十月癸酉朔、六年八月丙子朔（张家山247号汉墓《奏谳书》），八年秋甲子（《吕氏春秋·序意》），廿年四月丙戌朔（睡虎地秦墓竹简《语书》），廿二年八月癸卯朔（岳麓书院藏秦简），廿五年五月丁亥朔（岳麓书院藏秦简）、六月丙辰朔（里耶秦简）。其中岳麓书院藏秦简的两条材料首次公布于陈松长《岳麓书院所藏秦简综述》一文。

谨慎计,我们不使用这7条资料。值得注意的是,秦始皇二十六年虽在一统之后,但这一年应该用旧历排谱,故仍然不能使用这一年的实朔资料。① 此一事实可由《史记·秦始皇本纪》论定,论证过程可参看拙作《周家台秦简历谱系年与秦时期历法》,此不赘。②

另外,黄一农曾认为秦二世元年有过历改,虽然这次历改于史无据,而且黄一农所推考的"改'正月'为'端月',以突显历法之新"的结论显然与《二十七年质日》第31简"端月丁未"所记不符,③但为使讨论更加严谨,我们同样放弃使用秦二世时期的实际历朔资料。经过这一界定,我们可使用的资料为:

秦始皇廿七年二月丙子朔:里耶秦简J1⑯5、J1⑯6;

秦始皇廿七年八月甲戌朔:里耶秦简J1⑧133;

秦始皇廿八年八月戊辰朔:里耶秦简J1⑨984;

秦始皇廿九年四月甲子朔:里耶秦简未公布残简材料;

秦始皇廿九年九月壬辰朔:里耶秦简未公布残简材料;

秦始皇廿九年后九月辛酉朔:里耶秦简未公布残简材料;④

秦始皇卅年九月丙辰朔:里耶秦简J1⑨81;

秦始皇卅二年正月戊寅朔:里耶秦简J1⑧157;

秦始皇卅二年四月丙午朔:里耶秦简J1⑧152、J1⑧156、J1⑧158;

秦始皇卅三年二月壬寅朔:里耶秦简J1⑧154;

秦始皇卅三年三月辛未朔:里耶秦简J1⑨2、J1⑨3、J1⑨11;

秦始皇卅三年四月辛丑朔:里耶秦简J1⑨1、J1⑨4,J1⑨5、J1⑨6、J1⑨7、J1⑨8、J1⑨10;

秦始皇卅四年六月甲午朔:里耶秦简J1⑨1、J1⑨10;

秦始皇卅四年七月甲子朔:里耶秦简J1⑨3、J1⑨12;

秦始皇卅四年八月癸巳朔:里耶秦简J1⑨2、J1⑨4、J1⑨5、J1⑨6、J1⑨7、J1⑨8、J1⑨9、J1⑨11;

秦始皇卅四年历谱:周家台30号秦墓所出简1-68所书秦始皇三十四年历谱由于存在明显讹误,经研究后调整为:十月戊戌朔、十一月丁卯朔、十二月丁酉朔、正月丁卯朔、二月丙申朔、三月丙寅朔、四月乙未朔、五月乙丑朔、六月甲午朔、七月甲子朔、八月癸巳朔、九月

---

① 秦始皇二十六年共有三条历朔材料:十月甲寅朔、五月辛巳朔、八月庚戌朔(均见于里耶秦简)。

② 李忠林:《周家台秦简历谱系年与秦时期历法》,《历史研究》2010年第6期。

③ 黄一农:《秦汉之际(前220—前202年)朔闰考》,《文物》2001年第5期;《秦王政时期历法新考》,饶宗颐主编:《华学》第5辑,广州:中山大学出版社,2001年。

④ 以上三条历朔材料见于张培瑜、张春龙:《秦代历法和颛顼历》,湖南省文物考古研究所:《里耶发掘报告》,第736页。

癸亥朔、后九月壬辰朔。① 这一调整与岳麓书院所藏秦简《三十四年质日》历朔完全一致，真实可信。这一年有闰，共有十三个月朔干支；

秦始皇卅五年四月己未朔：里耶秦简 J1⑨1－J1⑨12；

秦始皇卅五年历谱：岳麓书院所藏秦简《三十五年质日》所记历日。原简虽只有"十一月辛卯""正月庚寅"两个朔干支，但其他各月大小已经标明，故可简单推定，共十二个月朔干支；

秦始皇卅六年历谱：周家台 30 号秦墓竹简"秦始皇三十六年历谱"。原简部分月朔干支残缺，但经简单计算可以补足，共十二个月朔干支；②

秦始皇卅七年历谱：周家台 30 号秦墓竹简"秦始皇三十七年历谱"。原简部分月朔干支残缺，但经简单计算可以补足。这一年有闰，共十三个月朔干支。③

以上材料，减去重复的不计，凡 62 个月朔干支。

为了确定秦始皇二十七年十月至秦始皇三十七年后九月的全部月序（这关系到下文的排算），还需要将这一时段所有闰年，即含有"后九月"的年份找到。根据前期研究，此一时段可以断定有"后九月"的年份为：秦始皇二十九年、三十一年、三十四年、三十七年。另外由于秦始皇二十六年有闰，结合秦始皇二十九年有闰，可以判定二十七年、二十八年为平年。

下面试用表 2 列出上述 62 个朔干支可能的朔小余取值范围，对于秦始皇二十七年各月可能的朔干支及其小余一并列出，并与《二十七年质日》所记秦始皇二十七年各月名后紧连的日干支进行比勘，凡两相不符者以黑体标出。

表 2 62 条实朔干支相容性分析表

| | 十月 | 十一月 | 十二月 | 正月 | 二月 | 三月 | 四月 | 五月 | 六月 | 七月 | 八月 | 九月 | 后九月 |
|---|---|---|---|---|---|---|---|---|---|---|---|---|---|
| 质日 | 戊寅 | 戊申 | 丁丑 | 丁未 | 丙子 | 丙午 | 乙亥 | 乙巳 | 甲戌 | 甲辰 | 癸酉 | 癸卯 | |
| 廿七年 | 戊寅<br>766<br>744 | 戊申<br>325<br>303 | 丁丑<br>824<br>802 | 丁未<br>383<br>361 | 丙子<br>882<br>860 | 丙午<br>441<br>419 | 乙亥<br>(丙子)<br>0<br>918 | 乙巳<br>499<br>477 | 乙亥<br>58<br>36 | 甲辰<br>557<br>535 | 甲戌<br>116<br>94 | 癸卯<br>615<br>593 | |
| 廿八年 | | | | | | | | | | | 戊辰<br>464<br>442 | | |

① 李忠林：《周家台秦简历谱试析》，《中国科技史杂志》2009 年第 3 期。

② 湖北省荆州市周梁玉桥遗址博物馆：《关沮秦汉墓简牍》，第 99 页。

③ 湖北省荆州市周梁玉桥遗址博物馆：《关沮秦汉墓简牍》，第 99—100 页。

续　表

| | 十月 | 十一月 | 十二月 | 正月 | 二月 | 三月 | 四月 | 五月 | 六月 | 七月 | 八月 | 九月 | 后九月 |
|---|---|---|---|---|---|---|---|---|---|---|---|---|---|
| 廿九年 | | | | | | | 甲子<br>696<br>674 | | | | | 壬辰<br>371<br>349 | 辛酉<br>870<br>848 |
| 卅年 | | | | | | | | | | | | 丙辰<br>278<br>256 | |
| 卅二年 | | | | 戊寅<br>301<br>279 | | | 丙午<br>858<br>836 | | | | | | |
| 卅三年 | | | | | 壬寅<br>208<br>186 | 辛未<br>707<br>685 | 辛丑<br>266<br>244 | | | | | | |
| 卅四年 | 戊戌<br>440<br>418 | 丁卯<br>939<br>917 | 丁酉<br>498<br>476 | 丁卯<br>57<br>35 | 丙申<br>556<br>534 | 丙寅<br>115<br>93 | 乙未<br>614<br>592 | 乙丑<br>173<br>151 | 甲午<br>672<br>650 | 甲子<br>231<br>209 | 癸巳<br>730<br>708 | 癸亥<br>289<br>267 | 壬辰<br>788<br>766 |
| 卅五年 | 壬戌<br>347<br>325 | 辛卯<br>846<br>824 | 辛酉<br>405<br>383 | 庚寅<br>904<br>882 | 庚申<br>463<br>441 | 庚寅<br>22<br>0 | 己未<br>521<br>499 | 己丑<br>80<br>58 | 戊午<br>579<br>557 | 戊子<br>138<br>116 | 丁巳<br>637<br>615 | 丁亥<br>196<br>174 | |
| 卅六年 | 丙辰<br>695<br>673 | 丙戌<br>254<br>232 | 乙卯<br>753<br>731 | 乙酉<br>312<br>290 | 甲寅<br>811<br>789 | 甲申<br>370<br>348 | 癸丑<br>869<br>847 | 癸未<br>428<br>406 | 壬子<br>927<br>905 | 壬午<br>486<br>464 | 壬子<br>45<br>23 | 辛巳<br>544<br>522 | |
| 卅七年 | 辛亥<br>103<br>81 | 庚辰<br>602<br>580 | 庚戌<br>161<br>139 | 己卯<br>660<br>638 | 己酉<br>219<br>197 | 戊寅<br>718<br>696 | 戊申<br>277<br>255 | 丁丑<br>776<br>754 | 丁未<br>335<br>313 | 丙子<br>834<br>812 | 丙午<br>393<br>371 | 乙亥<br>892<br>870 | 乙巳<br>451<br>429 |

注：表中干支下的数值为该月朔小余的取值范围，上面为上限值，下面为下限值。

从上表可以看出，介于秦始皇二十七年十月至三十七年后九月的62个既得实朔干支完全可以容于同一种四分术历法，而《二十七年质日》中的“六月甲戌”和“八月癸酉”与这62个实朔干支不能相容，事实上由前揭里耶秦简“（秦始皇）廿七年八月甲戌朔”就能看出，《二十七年质日》中的“八月癸酉”不是八月的朔干支而是七月晦日干支，这年七月甲辰朔，是大月。同理《二十七年质日》中的“六月甲戌”为五月晦日干支，五月乙巳朔，是大月。至于计算得到的秦始皇二十七年四月乙亥（丙子）朔，在这里的意义是说，仅靠目前掌握的62个实际朔干支还不能将这年四月的朔干支唯一地确定下来，而丙子和乙亥都能与其他实际所得朔干支相容。

按照上面的推理，秦始皇二十七年各月的朔干支当如表3：

表3　可能的秦始皇二十七年历朔干支表

| 十月 | 十一月 | 十二月 | 端(正)月 | 二月 | 三月 | 四月 | 五月 | 六月 | 七月 | 八月 | 九月 |
|---|---|---|---|---|---|---|---|---|---|---|---|
| 戊寅 | 戊申 | 丁丑 | 丁未 | 丙子 | 丙午 | 乙亥 | 乙巳 | 乙亥 | 甲辰 | 甲戌 | 癸卯 |

下面试通过分析《质日》(记事簿册)的形制来进一步说明簿主何以将五月和七月晦日干支分别写在六月和八月月名下。

就目前看到的这种记事簿册而言,周家台30号秦墓竹简"秦始皇三十四年历谱"与本文讨论的岳麓书院所藏秦简《二十七年质日》几近相同,都是编册横读式,用59枚简,每简由上至下分6栏,合计354个栏位,如遇有后九月的年份,闰月另外用简编排,与其他月份的书写方式不同。当然,由于是记事簿册而不是历谱,也不排除不编写最后一天的可能。我们推测古人这样编排的原因是考虑到一年十二个月合354天,如果遇到连大月,则为355天,要另加一枚简,最后一天将被书写在第60枚简最下面的第六栏,这样从编册横读的形式来看,最为整齐精当。因为书写或阅读时,从第一栏十月朔干支起横读该栏59个栏位,这样遍历五组59个栏位,只有第六栏或为59或为60个栏位。同样为了整齐,第1枚简上会书写所有双月月名,即十月、十二月、二月、四月、六月,而在第30或31枚简上书写单月月名,即十一月、正(端)月、三月、五月、七月、九月。在周家台秦简三十四年历谱中单月月名书于第30枚简(发掘所得第29简,中间脱失一简),在本文所论《二十七年质日》中书于第31枚简。① 这样一来,第一栏顺次书写大月"十月"和小月"十一月",第二栏顺次书写大月"十二月"和小月"端月",第三栏顺次书写大月"二月"和小月"三月",各月朔干支都正好在月名之下。但由于这一年中四、五两月连大,在第四栏中虽然可将四、五两月的朔干支恰好写在当月月名下,但五月的晦日干支就只能写在第1枚简(入藏所得第2简,书写年份占去一简)第五栏"六月"月名下,如果簿主将五月的晦日干支书写在第60枚简②的第四栏,这样由于六月、八月为小月,就会出现位于中间书写单月月名简(第31简)的上一简第五、第六栏空白,而第60枚简上第四、第五、第六栏各有一个干支的情况。从周家台秦简三十四年历谱形制来看,簿主可能不愿意做成这种不整齐的样式,主要因为这本身只是一种记事簿册,另外存在备查的历谱为簿主提供各月朔干支。因此在《二十七年质日》中,簿主为书写记事整齐可观计,遂将五月、七月晦日干支记在了六月、八月月名下。

---

① 《二十七年质日》书写年份多用一枚简,但第6、7简之间脱失一简,因此单月月名仍然书写在了入藏所得第31简上。

② 该枚简是虚拟的,当位于入藏所得第54简的下一简。在讨论记事簿册形制时,我们常常不得不在假想的竹简序列和实际所得竹简序列之间游走,而在表述时用"第X简"和"第X枚简"加以区别。

但《三十五年质日》却与上述两组记事簿册不同，由于这组《质日》在第 1 简和第 26 简上已经明确注明了各月大小，所以紧跟其后的干支一定是朔干支，这一点上文已有说明。但观察第 1、2 两栏就会发现，在第 26、28 简之间有意少书两日。该组《质日》的第 4 栏在第 25、26、27、28 简上依次书写戊子（宿郑）、五月小、庚寅、辛卯（宿商街邮），显然“五月小”暗含了该月朔干支己丑，由此判定此四简之间未发生脱失，但第 1 栏第 26 简书有“十一月辛卯大”，而第 28 简同栏位书有“甲午”，中间相差壬辰、癸巳两日，却仅隔一枚简，即第 27 简，虽然该简此栏位残缺不存，但可以肯定此处必定少书一日，同理第 2 栏亦少书一日，这样少书的目的显然是为求得整齐。《三十五年质日》与《二十七年质日》及周家台三十四年历谱不同之处在于，其第 25 简（即书有单月干支大小的上一简）第 1、2 栏出现留白，这是因为十月和十二月为小月所致。由此同样可说明这种形制的记事簿册其月名下的干支一定是朔干支。尽管如此，其少书两日的随意性仍然是有目共睹的。

岳麓书院藏秦简《质日》属于记事簿册性质，从《三十五年质日》第 1 简“卅五年私质日”可知其有公私之分。① 这类记事簿册此前也有出土，如尹湾汉简《元延二年日记》等，当然，周家台所出三十四年历谱也是此类记事簿册。这种记事簿册的特点是以日干支为单位预先占取简面以备记事，由于日志的性质，它尽可能多但不保证全部书写全年日干支，其随意性是很明显的，因此与各个月名紧接的干支并不能简单认定为朔干支。一般说来，当写明月大小，或直接标明“朔”时，才可认定为朔干支，而形如“某月干支”的表述往往不全是朔干支，作为历日资料需要进一步讨论认定。之所以如此，归根结底是因为它并非历谱。

出土简牍所见历谱也较多，如张家山汉简历谱，其中汉高祖十二年历谱书于一枚简上：

> 十月癸未 十一月癸丑 十二月壬午 正月壬子 二月辛巳 三月辛亥 四月庚辰 五月庚戌 六月己卯 七月己酉 八月戊寅 九月戊申②

这种历谱虽然简单，但极可能是当时多见的标准形式，推想古人或者谙熟六十甲子，或者备有六十甲子表，因此只需要知道各月朔干支即可，而无需画蛇添足，在历谱中将全年日干支列出。至于上述“某月干支”能够判定为朔干支是与其历谱性质有关，这与上文所述日志类记事簿册“某月干支”不一定是朔干支截然不同，其道理是自明而显见的。

（原文载《历史研究》2012 年第 1 期）

---

① 朱汉民、陈松长：《岳麓书院藏秦简（壹）》，第 91 页。

② 张家山二四七号汉墓竹简整理小组：《张家山汉墓竹简（二四七号墓）》（释文修订本），第 3 页。

# 岳麓秦简《三十五年质日》地名小考

◎ 陈　伟(武汉大学简帛研究中心)

新近刊布的岳麓书院秦简《三十五年质日》中,有一段从南郡往返咸阳的旅行记录,是有关秦代城邑与交通地理的重要资料。① 本文尝试对其北行一程所经的销、箬乡、丽(郦)等地略作考订。

## 一、销

秦至汉初南郡的销县,传世文献中未留下记载,而在秦汉简牍中屡有所见。按资料发表顺序,先后出现于沙市周家台30号简秦墓364号竹简、张家山247号汉墓《二年律令·秩律》456号简、里耶古井16:52号秦里程木牍以及岳麓书院秦简《三十五年质日》1949、0064、0076、0075与2177+1117号简。②

周振鹤先生根据《二年律令·秩律》销厕身于南郡诸县之中的记载,考定为南郡属县。③ 后又根据里耶里程木牍(16:52)进一步指出:自古至今,从宜城到江陵这条大路始终是重要的交通路线。所以按照销北至鄢184里,南至江陵240里的标志,大概可以将销县定位于今湖北的荆门市北面的石桥驿与南桥之间。④ 王焕林先生认为:"销"上古属齿头音,宵部;"湫"上古属齿头音,幽部。宵幽通转,"销""湫"实为一地。湫见载于《左传》庄公十九

① 朱汉民、陈松长主编:《岳麓书院藏秦简(壹)》,上海:上海辞书出版社,2010年。

② 湖北省荆州市周梁玉桥遗址博物馆:《关沮秦汉墓简牍》,北京:中华书局,2001年;张家山二四七号汉墓竹简整理小组:《张家山汉墓竹简(二四七号墓)》,北京:文物出版社,2001年;湖南省文物考古研究所、湘西土家族苗族自治州文物处、龙山县文物管理所:《湖南龙山里耶战国——秦代古城一号井发掘简报》,《文物》2003年第1期;湖南省文物考古研究所:《里耶发掘报告》,长沙:岳麓书社,2006年。

③ 周振鹤:《〈二年律令·秩律〉的历史地理意义》,《学术月刊》2003年第1期。

④ 周振鹤:《秦代汉初的销县——里耶秦简小识之一》,简帛研究网,2003年12月11日。

年，在今湖北钟祥市北部。[①] 晏昌贵先生认为：销很可能就是东晋南北朝时期的"宵城"或"霄城"县，在今湖北天门市东北笑城遗址或其附近。[②]

里耶里程木牍(16：52)记云："鄢到销百八十四里，销到江陵二百四十六里，江陵到孱陵百一十里，孱陵到索二百九十五里……"鄢、江陵、孱陵与索，大致在南北一线上，销最有可能也在诸地连成的直线之上，而不大可能偏至汉水以东(笑城尤其偏远)。从里耶里程木牍(16：52)看，上述三种推断中周振鹤先生的推断最合情理。

岳麓书院秦简《三十五年质日》为销之所在提供了新的线索。其一，三月癸丑至丙辰四日下，连续记有"治销"，丁巳日下记云："去南归。"岳麓书院秦简《二十七年质日》四月癸卯日下记州陵之行说："起江陵。"显示这位记录者当常住江陵。《三十五年质日》三月丁巳日去销南归的目标也应是江陵。这显示，销与江陵南北相对。在已有三说中，周振鹤先生所云合乎这一条件，王焕林先生所云偏向东北，晏昌贵先生所云则更为偏东。

《三十五年质日》所记的咸阳之行有助于进一步推定销地所在。这次旅行从四月一日(己未)开始，[③]当晚"宿当阳"，次日(庚申)"宿销"，第三日(辛酉)"宿箬乡"。汉当阳县治，在今湖北荆门市南约20里处。[④] 箬乡，当与古鄀国、楚鄀都故城有关，据唐宋史志记载，约在今钟祥市西北胡集镇南的丽阳村一带(详看下文所考)。销当在这两地之间的偏中位置，与周振鹤先生据里耶里程木牍(16：52)所作的推定大致相当。

## 二、箬　　乡

箬乡，整理者无注。箬，疑当读为"鄀"或"若"。清华战国竹书《楚居》6－7号简记"若敖熊仪徙居箬"，9号简记"至庄敖自福丘徙袭箬郢"，整理者即并读为"鄀"。[⑤]

汉晋南郡鄀县，据云是鄀国旧邑、楚都之一。《左传》僖公二十五年："秋，秦晋伐鄀。"杜预注："鄀本在商密，秦、楚界上小国。其后迁于南郡鄀县。"《汉书·地理志上》南郡"若"县下班固原注："楚昭王畏吴，自郢徙此，后复还郢。"其地所在，后世有二说。《水经注·沔水》(卷二十八)记云："沔水又径鄀县故城南，古鄀子之国也。秦、楚之间，自商密迁此，为楚附

① 王焕林：《里耶秦简释地》，《社会科学战线》2004年第3期。
② 晏昌贵：《张家山汉简释地六则》，《江汉考古》2005年第2期。
③ 简文于三月戊午(30日)记："宿□□留。"或许这才是咸阳之旅的第一天，因有残文而难以确认。
④ 参看谭其骧主编：《西汉：荆州刺史部》，《中国历史地图集》第二册，北京：中国地图出版社，1982年，第22—23页。
⑤ 李学勤主编：《清华大学藏战国竹简(壹)》，上海：中西书局，2010年。

庸，楚灭之以为邑。县南临沔津，津南有石山，上有古烽火台，县北有大城，楚昭王为吴所迫，自纪郢徙都之。即所谓鄢、鄀、卢、罗之地也。秦以为县。”约在今湖北宜城县东南的汉水东岸。① 另外一说在唐宋时期比较流行。《史记・楚世家》：“（楚昭王）十二年，吴复伐楚，取番。楚恐，去郢，北徙都鄀。”《正义》引《括地志》云：“楚昭王故城在襄州乐乡县东北三十二里，在故都城东五里，即楚国故昭王徙都鄀城也。”贺次君先生以为“故都”之“都”当作“鄀”，以形近致误；“国故”二字为衍文。②《元和郡县志・山南道二・襄州》“乐乡县”下云：“本春秋时鄀国之城，在今城北三十七里鄀国故城是也。”③《太平寰宇记・山南道四・襄州》“宜城县”下云：“废乐乡县在州南二百二十里。旧管四乡。本春秋鄀国之地，迄今有若乡，在若水之傍。都亭山在县西南，山上有城垒，极峻拔，为隘险之所，一名中城山。鄀水亦名女泉。”④郑樵《通志・都邑部》“周诸侯都”条云：“楚都丹阳。周成王封熊绎以子男之田，盖居于此。至熊达始盛强，僭称王，是为楚武王，迁都于郢。昭王为吴所灭，又迁于鄀。”自注云：“鄀本鄀国，楚并之。在襄阳宜城县东。按今襄州南二百二十里废乐乡县是其地。今有鄀乡，在鄀水傍。又云宜城西南有鄀亭山。”《路史・国名纪》（卷二十五）“鄀”下云：“子爵。旧鄀本商密，秦、楚界上小国。《世本》云允姓国。秦入之。后迁南郡，今襄之宜城西南有鄀亭山，上有城险固。鄀乡，鄀水。”⑤

在传世文献记载的两种说法中，《水经注》一说虽然年代居先，但唐宋史志的记载较为详细，不仅记述了鄀国故城与楚昭王故城的具体里程，还有鄀（若）乡、鄀（若）水、鄀亭山彼此支撑，也可能有更早的文献根据。

《左传》定公六年记云：“四月己丑，吴大子终累败楚舟师，获潘子臣、小惟子及大夫七人。楚国大惕，惧亡。子期又以陵师败于繁扬。令尹子西喜曰：‘乃今可为矣。’于是乎迁郢于鄀，而改纪其政，以定楚国。”对于楚人而言，汉水是防御外敌入侵的天然屏障。《左传》僖公四年召陵之役，齐桓公对楚使屈完说：“以此众战，谁能御之？以此攻城，何城不克？”而屈完对曰：“君若以德绥诸侯，谁敢不服？君若以力，楚国方城以为城，汉水以为池，虽众，无所用之。”对于徙都之前两年吴师入郢之役，《左传》定公四年的一段记载也充分显示汉水在抵

---

① 参看谭其骧主编：《春秋：楚吴越》，《中国历史地图集》第一册，第 29—30 页；《西汉：荆州刺史部》，《中国历史地图集》第二册，第 22—23 页；《西晋：荆州》，《中国历史地图集》第三册，第 53—54 页。

② 贺次君：《括地志辑校》，北京：中华书局，1980 年，第 188—189 页。

③ 《元和郡县图志》，北京：中华书局，1980 年，第 189 页。

④ 《太平寰宇记》，北京：中华书局，2007 年，第 2820 页。“都亭山”当对应于《通志》《路史》“鄀亭山”，“都”恐为“鄀”字之误。石泉师已校改，见石泉：《古代荆楚地理新探》，武汉：武汉大学出版社，1988 年，第 346 页注 121。

⑤ 《路史》卷 25，上海：中华书局，《四部备要》本，第 329 页。

抗吴师中的重要作用：

> 左司马戌谓子常曰："子沿汉而与之上下，我悉方城外以毁其舟，还塞大隧、直辕、冥阨。子济汉而伐之，我自后击之，必大败之。"既谋而行。武城黑谓子常曰："吴用木也，我用革也，不可久也，不如速战。"史皇谓子常："楚人恶子而好司马。若司马毁吴舟于淮，塞城口而入，是独克吴也。子必速战！不然，不免。"乃济汉而陈，自小别至于大别。

从这一地理大势推断，定公六年楚人徙都，不大可能选择濒临汉水东岸的《水经注》所记之地，唐宋文献所载之地在汉水之西的丘陵地带，是相对安全的地方。①

隋唐乐乡县治约在今湖北钟祥市乐乡关村，古鄀国、楚鄀都故城以及秦汉鄀县治所，在其东北三十余里，约在今钟祥市西北胡集镇南的丽阳村（明清丽阳驿）一带。② 岳麓书院秦简《三十五年质日》称"箬乡"，是当时尚未置县，还是县名即称"箬乡"，目前还不能确定。③

## 三、"丽"与"关"

《三十五年质日》记："戊辰（四月十日），宿丽。己巳（十一日），宿□邮。庚午（十二日），宿关。"丽，整理者注释说："县名。即郦县，秦置，治今河南南阳西北。"关，整理者注释说："疑指武关，秦置，在今陕西商洛西南丹江北岸。"或以为方关，位于今河南方城县。④

整理者对"丽（郦）"的定位，可能是根据谭其骧先生主编的《中国历史地图集》。⑤ 不过，据《水经注》，郦有南北二城。北郦在卷三一"淯水"之上，宛城（今南阳市）之北（略偏西）；南郦在卷二九"湍水"之上，宛城之西，接近析县、武关。《史记·樊哙列传》云：

> 破南阳守齮于阳城东。攻宛城，先登。西至郦，以却敌……攻武关，至霸上……⑥

---

① 吴师入郢，系溯淮水而上，汉东地区正是兵锋所向。参看石泉：《古代荆楚地理新探》，第 355—416 页。

② 参看石泉：《古代荆楚地理新探》，第 331 页。

③ 香港中文大学藏河堤简亦有"箬乡"。彭浩先生认为：张家山汉简《二年律令》"秩律"无鄀县。由此或可推知，西汉早期未设鄀县，或仅如河堤简所记，只有箬（若）乡，位于沔水旁。彭浩：《〈河堤简〉校读》，《考古》2005 年第 11 期。

④ 蒋文：《岳麓秦简〈三十五年质日〉地理初探》，复旦大学出土文献与古文字研究中心网站，2011 年 4 月 5 日。

⑤ 见谭其骧主编：《西汉：荆州刺史部》，《中国历史地图集》第二册，第 22—23 页。

⑥ "东"字，《史记》《汉书》均属下读，作"东攻宛城"，不确。

可见秦汉郦县当在南郦。[1] 在这之后二日所宿的“关”，应该是相去不远的武关，而不是宛城东面较远处的方关。返回的时候，经过商（今陕西丹凤县）、析，大致也是相同的路线。

（原文载《历史地理》第 26 辑，上海人民出版社，2012 年）

① 参看《水经注疏》卷 31《淯水》“会贞按”，南京：江苏古籍出版社，1989 年，第 2594 页。

# 岳麓秦简《廿七年质日》所附官吏履历与三卷《质日》拥有者的身份

◎ [德]史 达(海德堡大学汉学系)

在2009年发表的《岳麓书院所藏秦简综述》(以下简称《综述》)一文中,陈松长对岳麓秦简作过初步介绍,并且提了三个很重要的问题:“这批秦简是否出自同一个墓葬?墓主人到底是谁?墓主人与这批竹简的关系如何?”①关于以上问题,学界至今还没有充分的回答。本文将介绍四枚属于岳麓秦简《质日》的漏简。这些简《综述》早已提到,但当时还不清楚它们的归属。现在透过分析简背划线等物质因素,可以确定它们应附于《廿七年质日》的末尾。这为探讨三卷《质日》的关系和它们拥有者的身份提供了新的资料。笔者在本文将利用这些新资料,尝试对陈松长提出的问题提出一些初步的答案。

## 一、岳麓秦简到底出自墓葬还是官署遗址?

为方便讨论,笔者先提一个更基本的问题,即岳麓秦简到底出自墓葬还是官署遗址?因为岳麓秦简不是通过正式考古发掘所得,而是岳麓书院购藏自香港古玩市场,简的来历不详。不过,整理者早已怀疑这批简是从墓葬盗掘,此可从上引陈松长的问题,屡屡涉及“墓葬”和“墓主人”得知。笔者认为,不论从这批简的内容,还是它们整理前的形态,都暗示它们极可能从墓葬盗掘。

第一,从内容而言。

从内容看来,岳麓秦简跟其他从墓葬发掘的文献/写本集(manuscript collections)非常类

① 陈松长:《岳麓书院所藏秦简综述》,《文物》2009年第3期。

似。关于此点，张家山 247 号墓出土的汉简可为我们提供一个比较好的例子。[①] 若对比岳麓秦简、张家山汉简，两批简的简数虽然差得比较远（张家山汉简一共大概 1 200 枚，岳麓秦简一共大概 2 100 枚），但两者法律和数学文献所占的比率基本一样，即三分之二左右。另外，张家山汉简和岳麓秦简都包括至少一种日历文献。除此之外，张家山汉简还包括医学、兵学文献和遣策，而岳麓秦简则包括官箴、占卜文献（参表 1）。

表 1　张家山 247 号墓汉简和岳麓书院藏秦简文献的种类

| | 张家山 247 号墓汉简 | 岳麓书院藏秦简 |
|---|---|---|
| 日历 | *《历谱》（18 枚简） | 《廿七年质日》<br>《卅四年质日》<br>《卅五年私质日》（160 枚简） |
| 法律 A：律令 | 《二年律令》（526 枚简） | *《律令杂抄》（大概 1 400 枚简） |
| 法律 B：刑法案例 | 《奏谳书》（228 枚简） | *《为狱等状四种》（252 枚简） |
| 数学 | 《算术书》（190 枚简） | 《数》（236 枚简） |
| 医学 | 《脉书》（66 枚简） | |
| | 《引书》（112 枚简） | |
| 兵学 | 《盖庐》（55 枚简） | |
| 官箴 | | 《为吏治官及黔首》（87 枚简） |
| 占卜 | | *《占梦书》（48 枚简） |
| 遣策 | *《遣策》（41 枚简） | |

注：加“*”号的标题由整理者拟定。

其实，这两批简的组成部分（即不同内容的文献）皆常见于墓葬出土简牍，不算例外。[②] 值得注意的是，具有类似成分的文献/写本集（manuscript collections）好像在墓葬以外的地方（古井、边塞遗址等等）从没发现。张家山汉简的整理者从《历谱》中的“病免”记载推

① 关于张家山汉简的信息来自张家山二四七号汉墓竹简整理小组编：《张家山汉墓竹简（二四七号墓）》，北京：文物出版社，2001 年。关于岳麓秦简的信息来自朱汉民、陈松长主编：《岳麓书院藏秦简》（壹）（贰）（叁），上海：上海辞书出版社，2010、2011、2013 年。

② 比如睡虎地 77 号汉墓出的竹简。它们“主要可分为质日、日书、书籍、算数、法律五大类”。另外，此墓也出了内容为司法文书与簿籍的竹、木牍。见湖北省文物考古研究所、云梦县博物馆：《湖北云梦睡虎地 M77 发掘简报》，《江汉考古》2008 年第 4 期。

论247号墓的墓主曾任官吏，怀疑"他可能是专精法律的学者"。① 假设这个推论是对的，岳麓秦简很可能也来自一个官吏的墓葬。事实上，与张家山汉简《历谱》类似，岳麓秦简的三卷《质日》同样涉及官吏活动的记载，比如"视事"、②"具事"、③"治"，④因此它们的拥有者应该也是官吏。

第二，从竹简整理前的物质形态而言。

岳麓秦简整理前的物质形态显示，竹简原来好像存放于竹笥。整理者在《综述》提到岳麓秦简入藏时分成8捆，其中"一捆竹简的最外面，还残存有一大块原包裹简的竹篾……因此，我们推测这批简可能是用某种竹笥盛放的"。⑤ "笥"是一种"外形像带盖的扁箱子"。⑥ 简册被盛放于竹笥的习惯在很多战国、秦和汉时期的墓葬中可以找到例子，比如说五里牌406号楚墓、⑦周家台30号秦墓、⑧张家山247号汉墓、⑨印台60号汉墓、⑩定县40号汉墓⑪等。当然，使用竹笥盛放简册这种保存方法，很可能不限于墓葬环境，⑫但现在发现的例子好像都属于墓葬。

---

① 张家山汉墓竹简整理小组：《江陵张家山汉简概述》，《文物》1985年第1期。

② 岳麓秦简《廿七年质日》简10.4；《卅四年质日》简4.2、5.3、22.3、31.4。朱汉民、陈松长主编：《岳麓书院藏秦简（壹）》，第50、68、74、77页。

③ 岳麓秦简《廿七年质日》简49.6；《卅四年质日》简20.3。朱汉民、陈松长主编：《岳麓书院藏秦简（壹）》，第63、74页。

④ 岳麓秦简《卅四年质日》简33.4/5；《卅五年私质日》简16.4、33.4、34.4、41.3、42.3、43.3、44.3。朱汉民、陈松长主编：《岳麓书院藏秦简（壹）》，第78、96、102、105、106页。

⑤ 陈松长：《岳麓书院所藏秦简综述》，第75页。

⑥ 孙机：《汉代物质文化资料图说（增订本）》，上海：上海古籍出版社，2008年，第395页，图87-1。

⑦ 中国科学院考古研究所编著：《长沙发掘报告》，北京：科学出版社，1957年，第54页。据报告406号墓发现的竹简"也许是曾放在竹箧里面的"。"笥"与"箧"有形状上的区别：前者像"扁箱子"，后者"呈长而近椭之形"，见《汉代物质文化资料图说（增订本）》，第395页，图87-1、87-2。

⑧ 湖北省荆州市周梁玉桥遗址博物馆编：《关沮秦汉墓简牍》，北京：中华书局，2001年，第65页，图1、2；第154页。

⑨ 按同墓发掘的遣策（简34）记："书一笥"，可见竹简原保存在笥中。参荆州地区博物馆：《江陵张家山三座汉墓出土大批竹简》，《文物》1985年第1期。

⑩ 郑忠华：《印台墓地出土大批西汉简牍》，荆州博物馆编著：《荆州重要考古发现》，北京：文物出版社，2009年，第207页。

⑪ 河北省文物研究所：《河北定县40号汉墓发掘简报》，《文物》1981年第5期。

⑫ 比如说，秦汉简牍偶尔提到盛放或者运送"课""券""名籍"等官文书的"笥"。见里耶秦简8-906：卅四年迁陵课笥；8-1200：卅三年当计券出入笥具此中；8-1201：仓曹廿九年当计出入券甲笥（湖南省文物考古研究所编著：《里耶秦简》，北京：文物出版社，2012年，图版第127、153页，释文第54、63页）。张家山汉简《奏谳书》案例18简129也提到"御史下书别居它笥"，又简136记"名籍、副并居一笥中"（彭浩、陈伟、工藤元男主编：《二年律令与奏谳书：张家山二四七号汉墓出土法律文献释读》，上海：上海古籍出版社，2007年，第364页）。

那么,既然岳麓秦简来自墓葬,为什么其中没有遣策呢? 上文提到的张家山 247 号墓或许能为此问题带来启示。张家山 247 号墓中虽发现了遣策,但遣策和别的竹简出自墓中不同的位置: 遣策原来位于头箱内紧贴椁室西部挡板的底部;别的竹简放在竹笥内,位于头箱内紧靠南壁板的底部。[①] 这种将遣策和其他文献分开放置的方式,应属当时比较流行的习惯。比如说,张家山 136 号汉墓的遣策也是分开放置的。[②] 此外,也有不少出土了简牍文献的墓葬(尤其是秦墓)并没有发现遣策,比如周家台 30 号秦墓[③]、睡虎地 11 号秦墓[④]。根据考古报告,两座墓的墓主都是下层官吏,[⑤]可证秦官吏的墓葬不一定必出遣策。因此,岳麓秦简的情况基本上有两种可能: 第一,盗墓者盗取将来被岳麓书院收购的简时,没有发现或者没有拿走放置在不同位置的遣策;第二,墓中原来就没有遣策。所以,没有遣策不意味着岳麓秦简并非出自古墓。综上所述,岳麓秦简出自墓葬的可能性至少比较大。

## 二、岳麓秦简是否出自同一个墓葬?

陈松长提这个问题主要可能有两个原因。第一,岳麓秦简入藏时分成大小 8 捆,已不是出土时原来的状态。[⑥] 第二,岳麓秦简中有三卷《质日》(原来称为《日志》),按照形制、书体、出现的人名可以大致分为两种。[⑦] 所以,这批简不出自同一墓葬的可能性是存在的。不过,若仔细分析 8 捆简中简的分布情况,以及《质日》简的内容,应可排除以上两点疑问。

先讲第一点。岳麓秦简入藏时分成 8 捆,如果各捆分别出自不同墓葬,应该会反映在简的分布形态。比如说,假设捆 1 - 4 出自墓 A、捆 5 - 8 出自墓 B 的话,复原简册之后,一个简册应该全属墓 A 或者墓 B 出的简,不可能兼有两座墓出的简。《岳麓书院藏秦简(贰)》《岳麓书院藏秦简(叁)》附录中的"揭取前的简序位置图"和"揭取位置示意图"对此问题很有参考价值。它们证明属于岳麓秦简《数》的简分布于捆 1 - 4、6 - 8,大部分简原来属于捆 4,只有捆 5 完全不包含属于《数》的简。[⑧] 对岳麓秦简《为狱等状四种》的四类简来说,属于第

---

① 荆州地区博物馆:《江陵张家山三座汉墓出土大批竹简》,《文物》1992 年第 9 期。
② 荆州地区博物馆:《江陵张家山两座汉墓出土大批竹简》。
③ 湖北省荆州市周梁玉桥遗址博物馆编:《关沮秦汉墓简牍》。
④ 云梦睡虎地秦墓编写组:《云梦睡虎地秦墓》,北京: 文物出版社,1981 年。
⑤ 湖北省荆州市周梁玉桥遗址博物馆编:《关沮秦汉墓简牍》,第 158 页;云梦睡虎地秦墓编写组:《云梦睡虎地秦墓》,第 70 页。
⑥ 陈松长:《岳麓书院所藏秦简综述》,第 75 页。
⑦ 陈松长:《岳麓书院所藏秦简综述》,第 76—79 页。
⑧ 朱汉民、陈松长主编:《岳麓书院藏秦简(贰)》,第 189—196 页。

一类的简分布于捆 1－5；第二类的简分布于捆 2、3 与 7；第三类的简分布于捆 2、4、7 与 8；第四类的简分布于捆 2、4。捆 6 好像不包含属于《为狱等状四种》的简。① 笔者以前也分析过《岳麓书院藏秦简（壹）》中的《为吏治官及黔首》，发现此简册的简分布于捆 1、2、4、5 与 6。② 如果只看岳麓秦简《数》的话，尚可怀疑捆 1 至 4 与 6 至 8 的简出自墓 A 而捆 5 的简出自墓 B，但从《为狱等状四种》第一类简和《为吏治官及黔首》的例子可知，捆 5 与其他捆从简的分布形态仍有一定关系。也就是说，岳麓秦简入藏时分成 8 捆不支持竹简出自不同墓的假设。

关于第二点，从其他墓葬出土简牍的内容看来，一座墓出土几卷《质日》不乏其例。比如说，睡虎地 77 号墓中甚至发现了 10 卷《质日》。③ 从内证而言，陈伟通过仔细分析岳麓秦简《质日》的内容，指出从三卷《质日》出现的人名来看，它们之间有一定的相互关系。比如说，"爽"与"亡尸"这两个人名同见于《卅四年质日》和《卅五年私质日》。④ 如果将三卷《质日》中出现多于一次的人名收集起来，他们的分布将如下表：

表 2　岳麓秦简三卷《质日》几次出现人名的分布形态

| | 腾 | 爽 | 亡尸 |
|---|---|---|---|
| 《廿七年质日》 | 无 | 无 | 无 |
| 《卅四年质日》 | 10 次 | 2 次 | 3 次 |
| 《卅五年私质日》 | 无 | 1 次 | 1 次 |

从上表来看，不难发现"腾"只见于《卅四年质日》，"爽"和"亡尸"见于《卅四年质日》和《卅五年私质日》。因为《卅四年质日》与《卅五年私质日》之间有人名上的关系，所以很可能属于同一个拥有者（或出土自同一个墓葬）。不过，《廿七年质日》中既不见"腾""爽"也不见"亡尸"，似乎表示其与别的两卷《质日》没有关系。

然而，事实并非如此，《廿七年质日》和其他两卷《质日》也有人名上的联系。未正式发表的岳麓秦简中，有四枚（编号 0687，0625，0552，0415⑤）属于《廿七年质日》末尾的漏简。

① 朱汉民、陈松长主编：《岳麓书院藏秦简（叁）》，第 337—343 页。参朱汉民、陈松长主编：《岳麓书院藏秦简（壹）》，第 203—219 页。

② 史达：《〈岳麓书院藏秦简·为吏治官及黔首〉的编联修订——以简背划线与反印字迹为依据》，黄海译，王沛主编：《出土文献与法律史研究》第 3 辑，上海：上海人民出版社，2014 年，第 99 页。

③ 湖北省文物考古研究所、云梦县博物馆：《湖北云梦睡虎地 M77 发掘简报》，第 35 页。

④ 陈伟：《岳麓书院秦简"质日"初步研究》，简帛网，2012 年 11 月 17 日。

⑤ 原编号误为"0418"。今据整理小组的修订改正。

整理者虽然早已提到过这些简，也发表了释文，但简的归属当时仍然待考。[①] 按照笔者的分析，这四枚简应属于《廿七年质日》，理由有三：

第一，就形制而论，四枚简的形制与《廿七年质日》简完全一致，长约27厘米，宽约6毫米，同有上中下三道编绳，绳的位置也相同（参图1）。[②]

第二，就简背划线而论，四枚简的简背划线与《廿七年质日》最后一枚简（编号54）背面的划线相连（参图2）。从划线推断，简0625与0552之间应有一枚缺简，所以原则上可能简文也有缺漏。然而，也有可能是这枚简早在书写之前已被排除。比如，《廿七年质日》简9与10、简38与39之间，据背划线也应有缺简，但正面内容却显示简文肯定完整。[③] 因此简0625与0552的简文之间是否有缺简，尚未能定谳。

第三，就编绳而论，《廿七年质日》最后10枚简，于正面第二和第三编绳之间，还有一组连贯的编绳痕迹。无独有偶，四枚简中的简0687，正面也有类似痕迹，并可以与简54的绳痕连接起来（参图3）。笔者怀疑，这条编绳的原来作用是在简册卷上时，用以将它捆在一起，但最终好像在简册卷起时被卷入册中，结果在简册正面留下痕迹。

为方便下文的讨论，此处先依照简背划线提示的顺序，移录整理小组新修订的四枚简的释文如下：

0687：廿四年十二月丁丑，初为司空史。

0625：廿五年十一[④]月壬子，徙为令史。

0552：爽初书年十三岁，[⑤]尽廿六年，年廿三岁。

0415：卅年十一月爽盈五岁。

陈松长指出这四枚简如果都与爽有关，则爽"是一位曾做过'司空史''令史'的官"。[⑥] 陈伟也讨论过这些简，认为它们"实际上记有两个人的事迹：记录者与爽。"他还指出，爽在秦始皇廿六年（前221）二十三岁的话，应该在秦王政三年（前244）出生，在秦王政十六年（前231）十三岁的时候"初书"。不过，陈伟也提示了一个问题，即简0552与0415的

---

① 陈松长：《岳麓书院所藏秦简综述》，第77页。这篇文章也包括简0552的局部图版，见第79页，图五。

② 据笔者的分析在已发表和未发表的岳麓秦简中没有别的形制一模一样的简。

③ 孙沛阳：《简册背划线初探》，复旦大学出土文献与古文字研究中心编：《出土文献与古文字研究》第4辑，上海：上海古籍出版社，2011年，第451页。据笔者的分析简10与11、简22与23之间其实没有划线不连贯的现象。参 Thies Staack："Identifying Codicological Sub-units in Bamboo Manuscripts: Verso Lines Revisited"，*manuscript cultures* 8，2015，p.168，图11、12。

④ 原释文为"五"字。陈松长：《岳麓书院所藏秦简综述》，第77页。

⑤ 原释文缺"岁"字。陈松长：《岳麓书院所藏秦简综述》，第77页。

⑥ 陈松长：《岳麓书院所藏秦简综述》，第77页。

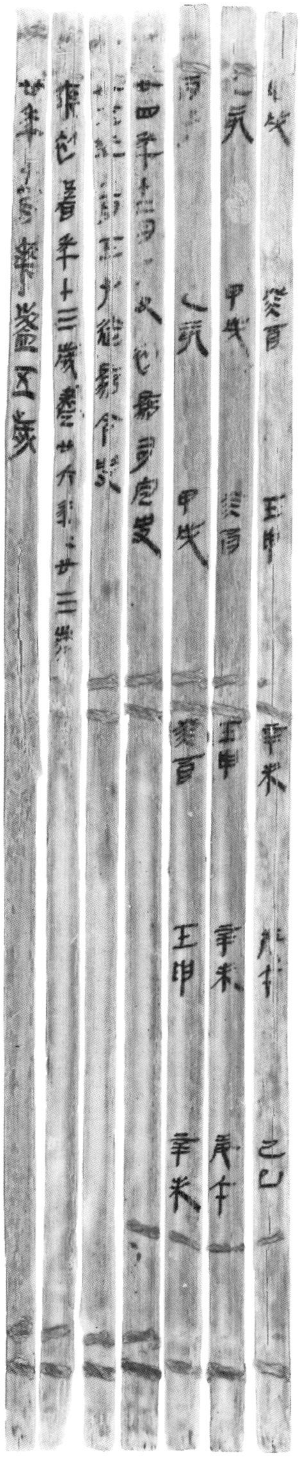

0415 0625 54 53 52
0552 0687

图 1 《廿七年质日》简 52－54 和四枚漏简(正面)

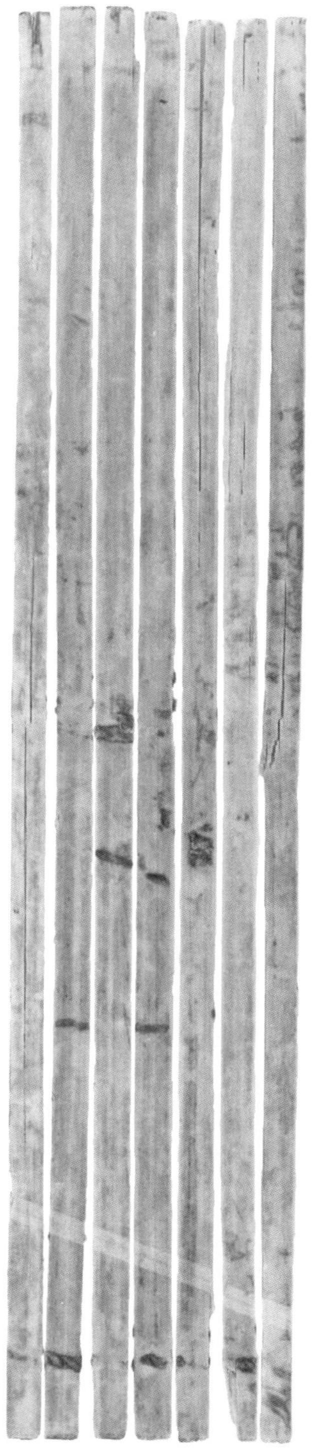

52 53 54 0625 0415
0687 0552

图 2 《廿七年质日》简 52－54 和四枚漏简(背面)

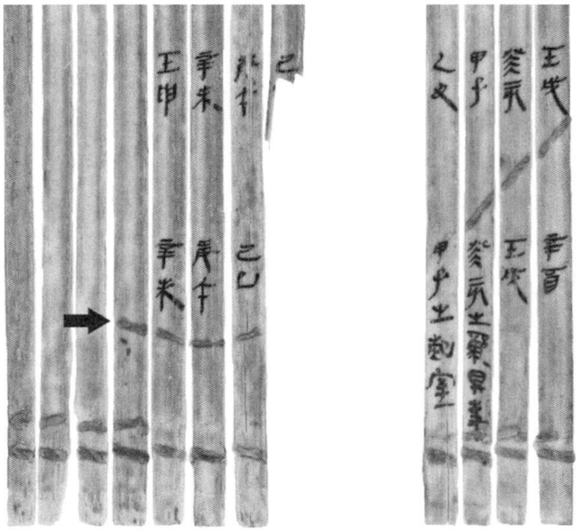

0415 0625 54 53 52 51 缺 缺 缺 50 49 48 47
0552 0687

图3 《廿七年质日》简47－54和四枚漏简（正面局部）

简文似乎成为矛盾：爽如果在秦始皇廿六年（公元前221）二十三岁的话，他在秦始皇三十年（公元前217）不可能只有五岁。为了解决这个问题，陈伟怀疑简0415上的“卅年”用秦国以外的纪年。① 诚然，陈先生解释“卅年十一月爽盈五岁”为“三十年十一月爽成五岁”之意，初读之下确有其理，但笔者在此希望提出一个相对简单的解释：以上四枚简其实都与爽有关，所谓“盈五岁”是“任令史五年”的意思。此用法在秦汉简中屡见，可以参看：

睡虎地秦简《秦律十八种·效律》162－163/《效律》20：故吏弗效，新吏居之未盈岁，去者与居吏坐之，新吏弗坐。②

张家山汉简《二年律令·效律》347－348：唯（虽）不免、送（徙），居官盈三岁，亦辄遣都吏案效之。效案官而不备，其故吏不效新吏，新吏居之不盈岁，新吏弗坐。③

张家山汉简《二年律令·史律》482－483：史、卜受调书大（太）史、大（太）卜而逋留，及亶（擅）不视事盈三月，斥勿以为史、卜。④

《居延汉简》210.29：视事盈三[岁]⑤

---

① 陈伟：《岳麓书院秦简“质日”初步研究》；陈伟：《岳麓书院秦简考校》，《文物》2009年第10期。
② 睡虎地秦墓竹简整理小组编：《睡虎地秦墓竹简》，北京：文物出版社，1990年，释文第57、72页。
③ 彭浩、陈伟、工藤元男主编：《二年律令与奏谳书：张家山二四七号汉墓出土法律文献释读》，第228页。
④ 彭浩、陈伟、工藤元男主编：《二年律令与奏谳书：张家山二四七号汉墓出土法律文献释读》，第302页。
⑤ 谢桂华、李均明、朱国照：《居延汉简释文合校》，北京：文物出版社，1987年，第325页。

《敦煌汉简》244B：视事盈岁①

从简 0625 得知爽二十五年十一月为令史。那么，三十年十一月他任令史正好五年了。虽然简 0415 的简文似乎省略“为令史”“居官”“视事”等说法，但据简 0625 的简文，可以推测简 0415 应该理解为“三十年十一月爽任令史五年”。

据上文物质因素的分析，可见简 0415 属于《廿七年质日》，但这卷《质日》被编写的时候，三十年还算未来，何以会附于廿七年的《质日》呢？笔者猜测，《质日》这种文献最可能的编写过程应该是：先书写干支部分，再将简编在一起，然后书写记事部分；又或者先编后写干支部分，再书写记事部分。但不管是哪一个编写方法，对《廿七年质日》来说，前两阶段应该在二十七年之前完成，最后阶段应该是二十七年中渐渐作成。② 笔者认为，因为四枚漏简背面的划线与《廿七年质日》最后一枚简 54 背面的划线连贯，这些简应该不是后来补编，很有可能一开始就与别的简同时被编在一起。漏简的简文究竟在什么时候书写，因为没有明显的“编绳覆盖简文”现象，比较难说。然而，从字迹看来，简 0687、0625、0552 的简文与《廿七年质日》的干支部分可能是同一人所书。相反，简 0415 的简文好像是另一人或者同一人在另一时候书写。这可以从“年”和“岁”字的不同写法得知（参表 3）。

表 3　简 0687、0625、0552、0415 上“年”和“岁”字的两种字迹

| | 字迹 A | 字迹 B |
|---|---|---|
| 年 | （0687） （0625） （0552） | （0415） |
| 岁 | （0552） （0552） | （0415） |

① 甘肃省文物考古研究所编：《敦煌汉简》，北京：中华书局，1991 年，第 229 页。

② 《廿七年质日》中有不少简的第一或者第四栏的干支部分简文被编绳痕迹覆盖，比如简 3、16、30、31 等的第一栏，简 17、18、28、36 等的第四栏（朱汉民、陈松长主编：《岳麓书院藏秦简（壹）》，第 48 页、第 52—53 页、第 56—57 页、第 59 页）。这好像意味《廿七年质日》是先写后编。不过，笔者怀疑有时候编绳痕迹不反映编绳原来的位置。比如，简 49 第六栏的“事”字下部被编绳痕迹覆盖（朱汉民、陈松长主编：《岳麓书院藏秦简（壹）》，第 63 页）。这个简文属于记事部分，但很难想象《廿七年质日》简是书写记事部分之后才编的。更可能，编好之后编绳有所移动，之后才覆盖了“事”字的下半部分。这种移动的存在也可见于简 11、12（朱汉民、陈松长主编：《岳麓书院藏秦简（壹）》，第 50—51 页）。竹简刚编在一起时，编绳在两枚简上应该处于相等的位置，面貌也应该类似。然而，现在编绳痕迹的位置、面貌已有比较大的区别，似表示编绳的位置已经跟新编时存在一定的变化。因为覆盖现象在干支部分比较常见，干支部分应该是编前书写；而就记事部分而言，笔者还是认为应该是先编后写的。

因为干支部分应该在二十七年之前写成，所以简 0687、0625 和 0552 的简文可能也书写于那个时候。三枚简里，时间最晚的记事是简 0552 的“尽廿六年，(爽)年廿三岁”。“尽廿六年”的意思就是“到二十六年”，[1]这大概就是《廿七年质日》干支部分被书写的时候；甚至可以说，有可能简 0687、0625 和 0552 的简文，是与干支部分同时书写于二十七年之前的。至于简 0415 上的“卅年十一月爽盈五岁”，是三十年才补写的可能性比较大。换言之，它被书写时不太可能涉及未来。

从以上讨论得知，《廿七年质日》最后附有一名叫“爽”的官吏的简略履历。由于“爽”这个名字也出现于其他两卷《质日》，说明岳麓秦简三卷《质日》之间有着内容上的联系。而《质日》的例子也侧面说明岳麓秦简不出自同一个墓葬的可能性很低。

## 三、墓主到底是谁？

岳麓秦简三卷《质日》基本存在两种记事方式：一种提及行动者之名(比如腾、爽、亡尸等)，另一种单单记述行为，不提行动者之名。苏俊林已指出，后一种行动者应该是《质日》的拥有者。[2] 因为三卷《质日》中都出现“爽”，很有可能说明它们的拥有者也是同一人。又前文既述，岳麓秦简很可能出自墓葬，所以《质日》的拥有者应该就是墓主。陈伟认为三卷《质日》“虽然有陈松长先生所指出的竹简形制方面的差异，但其记事部分却很有可能是同一人所书”。[3] 按照笔者的分析，三卷《质日》记事部分的书体还是有一定的差别。不过，这种差别是由于不同人书写还是同一个人在不同时候书写所造成，很难确定。[4] 那墓主跟《质日》中提及的腾、爽、亡尸等人物有什么关系呢？陈伟怀疑墓主是爽的父亲，主要论据是按照他对简 0415 的分析，认为墓主记录了爽哪一年成五岁，意味着他们很可能是父子。[5] 不过，据以上讨论爽是墓主的儿子的可能性好像不大。从与爽、腾有关的记事来说，他们应该是官吏，而被称为“走”[6]的亡尸地位好像比前两个人低。亡尸可能是负责文书传递的隶臣。[7] 笔者估

---

① 陈伟：《岳麓书院秦简考校》，第 86 页。

② 苏俊林：《关于“质日”简的名称与性质》，《湖南大学学报(社会科学版)》2010 年第 4 期。

③ 陈伟：《岳麓书院秦简“质日”初步研究》。

④ 事实上，涉及《质日》拥有者的记事也不一定是他自己写的，有可能是他让一个下属写的(就等于向秘书的口授)。解决这种问题可能需要综合分析所有岳麓秦简的书体，此恐怕远远超过小文的范围。

⑤ 陈伟：《岳麓书院秦简“质日”初步研究》。

⑥ 岳麓秦简《卅四年质日》简 34、53。朱汉民、陈松长主编：《岳麓书院藏秦简(壹)》，第 79、85 页。

⑦ 参里耶秦简 8-133 背、8-135 背、8-373 背等的“走”。湖南省文物考古研究所编著：《里耶秦简》，图版第 30、61 页，释文第 16—17、29 页。

计这些人都是墓主的下属。[①] 周家台30号秦墓出土的《秦始皇三十四年历谱》也有不少类似的记载,部分人物可能是墓主的下属,也有一些人物可能是墓主地位相等的同事或者长官。[②]

笔者认为爽最有可能是墓主的下属,理由是《廿七年质日》上附着他的履历。类似的履历,也发现于里耶1号井,其自名为"伐阅"。[③] 戴卫红分析过"伐阅"的源流,指出"春秋齐国时,对一般的吏员来说,主管部门会将他们在职时的功,即'伐',书写后汇报以供任职或升迁时使用"。[④] 他认为秦汉时代的"伐阅"也是"为升迁或者调任官职前而准备的文书"。[⑤] 那么,理论上谁持有或者收到这种"伐阅"文书呢?第一个可能的对象是"伐阅"中记述的官吏本人,第二个可能则是"伐阅"中记述官吏的长官。因为《廿七年质日》的拥有者应该不会是爽,而根据"伐阅"的性质,与爽地位相当的同事或其下属好像不太可能会拥有括爽的履历,并把它放在自己的质日文书中,所以上述第二个可能似乎更合乎逻辑。也就是说,《廿七年质日》的拥有者,即墓主,最有可能是爽的上司。

如果爽是墓主的下属,《廿七年质日》的漏简或许能为确定墓主的身份提供新的思路。爽的简历说明,他在二十四年时被任命为司空史,二十五年时任令史。因为《廿七年质日》中除了四枚漏简上没有关于爽的记载,有可能爽在二十七年以后才正式成为墓主的属吏,所以他的名字只见于《卅四年质日》《卅五年私质日》。爽成为墓主的属官的事件,可能就是墓主将他的履历附上《廿七年质日》的原因。但不管爽到底什么时候成为墓主的属官,他在三卷《质日》涵盖时段中的职位应该(至少)是令史。换句话说,如果墓主是爽的长官,那就说明墓主的职位应该比令史高。《卅四年质日》中有两条有趣的记载有助进一步确定墓主的身份。三十四年四月庚申记"江陵公归"。[⑥] 整理者怀疑"江陵公"指江陵的县令。[⑦] 这个解释应该正确,岳麓秦简《为狱等状四种》案例14中胡阳县的县令也被称"胡阳公"。[⑧] "公"

---

① 于洪涛也已提出类似的看法,参于洪涛:《秦简牍"质日"考释三则》,《鲁东大学学报(哲学社会科学版)》2013年第4期。

② 比如"守丞登"、"史竖"(简19.2)、"史但"(简28.2)等。参湖北省荆州市周梁玉桥遗址博物馆:《关沮秦汉墓简牍》,第94页。

③ 里耶秦简8-269(湖南省文物考古研究所编著:《里耶秦简(壹)》,图版第54页,释文第26页)。参于洪涛:《秦简牍"质日"考释三则》,第73—74页。

④ 戴卫红:《伐阅之源流与演变》,第232页,北京大学中国古代史研究中心编:《田余庆先生九十华诞颂寿论文集》,北京:中华书局,2014年。

⑤ 戴卫红:《伐阅之源流与演变》,第234页。

⑥ 岳麓秦简《卅四年质日》简25/J31。朱汉民、陈松长主编:《岳麓书院藏秦简(壹)》,第75页。

⑦ 朱汉民、陈松长主编:《岳麓书院藏秦简(壹)》,第75页注1。

⑧ 岳麓秦简《为狱等状四种》简217-218、219。朱汉民、陈松长主编:《岳麓书院藏秦简(叁)》,第225—226页。参里耶秦简8-135。湖南省文物考古研究所编著:《里耶秦简(壹)》,图版第30页,释文第16—17页。

好像是对县令的尊称。[1] “公”在《卅四年质日》还有出现，就是三十四年四月壬寅记“公子死”。[2] 这里的“公”字整理者没加注释，但有可能也指江陵的县令，就是说那一天江陵县令的儿子不幸去世。这个记载好像与上面提到的“江陵公归”有密切的关系。先有江陵县令的儿子去世的记载，之后18天便有江陵县令回来的记载。笔者怀疑因为他的儿子去世，江陵县令应该得到了一段事假，待事假结束后才回来。按照岳麓秦简《律令》和张家山汉简《二年律令》，官吏的孩子去世的话，葬礼结束后，还有15天的事假，之后才必须回官署继续办公。[3] 如果假设江陵县令的儿子去世之后第三天举行了葬礼，葬礼以后江陵县令请了15天的事假，这就可以解释两处记载之间18天的间距。“公子死”的记载应该是《质日》墓主自己或者让下属所作。简文只提到“公”而省略“江陵”，似乎意味着墓主在江陵县任职，而且应该是江陵县令的直接下属。那么，墓主如果是江陵县令的下属而同时自己有至少一位令史（爽）担当其下属，那他最有可能是江陵县的县丞之一。从岳麓秦简《为狱等状四种》案例3得知，秦王政二十三年（前224）江陵县有一位叫“感”的县令而两位叫“文”与“暨”的县丞。[4] 秦王政二十三年和岳麓秦简最早的《廿七年质日》之间只有四年的距离，所以岳麓秦简的墓主是暨或者文都有一定的可能。不过，要验证二十七年和三十五年之间江陵县的县丞到底是不是他们，需要待将来更多资料的出土和公布。[5]

## 四、结　　论

上文笔者讨论了几个与岳麓秦简的来源有关的问题。据笔者分析，可知岳麓秦简：

一、很可能出自墓葬而不是官署遗址；

二、很可能出自同一个墓葬；

---

① 参朱汉民、陈松长主编：《岳麓书院藏秦简（叁）》，第234页注21、第193页注14。

② 岳麓秦简《卅四年质日》简7.4。朱汉民、陈松长主编：《岳麓书院藏秦简（壹）》，第69页。

③ 岳麓秦简《律令》简1884：令曰：吏父母死，已葬，一月；子、同产，旬五日；泰父母及父母同产死，已葬，五日之官。《二年律令》简377：父母及妻不幸死者已葬卅日，子、同产、大父母、父母之同产十五日之官。彭浩、陈伟、工藤元男主编：《二年律令与奏谳书：张家山二四七号汉墓出土法律文献释读》，第238页。

④ 岳麓秦简《为狱等状四种》简044、061。朱汉民、陈松长主编：《岳麓书院藏秦简（叁）》，第119页、第124页。“暨”也见于案例4（简064）和6（简094[2]、095、099、101、102、105、107），参朱汉民、陈松长主编：《岳麓书院藏秦简（叁）》，第145—149页注1。

⑤ 从张家山汉简《奏谳书》案例2（简8）与5（简36）得知，汉高祖十、十一年（公元前197、196）江陵县有一位叫“余”的县令与一位叫“骜”的县丞。彭浩、陈伟、工藤元男主编：《二年律令与奏谳书：张家山二四七号汉墓出土法律文献释读》，第343、337页。

三、墓主很可能曾(至少公元前220—212年)任江陵县丞。

这也意味着,岳麓秦简很可能至少一部分是墓主生前在日常工作中用的文献。岳麓秦简《为狱等状四种》和张家山汉简《奏谳书》等案例集均显示司法是县丞的重要任务之一,因为很多案例都是由县丞治理。这种工作当然需要对法律的深刻把握,所以对岳麓书院所藏的这批简除了案例集外,尚有大量律令的存在,并非偶然。此外,岳麓秦简《数》好像也有助于县丞的管理工作,如赋税的计算等都需要掌握数学。法律、数学文献以外的官箴与占卜文献是否跟墓主的日常工作或者他个人的爱好有关,比较难确定。事实上,也存在岳麓秦简其实不是墓主生前使用的实物,而是特意为随葬制作的明器的可能。① 然而,因为岳麓秦简中不少简皆显示使用过的痕迹(比如改正、补充、核对),笔者认为这个可能性比较小。

上文讨论的重点,是附在岳麓秦简《廿七年质日》上,一位名叫爽的官吏的简略履历。履历被附在质日之后,《廿七年质日》应属首例。不过,将别的文件附在质日最后,可能是秦代比较常见的现象,周家台30号秦墓竹简便暗示了类似的情况。整理者指出《秦始皇三十四年历谱》末尾有四枚空白简(简65-68)。② 这样的空白简应该是为便于附上笔记而编在简册中。另外,北京大学藏秦简的秦始皇三十一年质日末尾也有一个简短的附录。据整理者的介绍,附录"书写有一年中各月份的大小时所在和日夜长短比例"。③ 虽然北大藏秦简质日附录的内容与岳麓秦简《廿七年质日》的内容不同,但似乎说明将别的文件附在质日后好像在秦代的写本文化中并不特别奇怪。岳麓秦简《廿七年质日》为什么会附有一位官吏的履历,还待进一步研究。笔者怀疑,因为年岁和职龄与官吏的地位、薪金、告(假日)等有密切关系④,这种信息对墓主(即爽的长官)来说也算比较重要,所以爽可能在入职时给墓主提供自己的履历,补充这些信息。

后记:本文初稿承师友纪安诺、唐俊峰提供大量宝贵意见,特此致谢!

(原文载《湖南大学学报(社会科学版)》2016年第4期)

---

① 邢义田怀疑张家山汉简《二年律令》是为随葬制作的,参邢义田:《汉代简牍的体积、重量和使用——以中研院史语所藏居延汉简为例》,第21—23页,氏著《地不爱宝》,北京:中华书局,2011年。李婧嵘据《二年律令》的书体、抄写错误等因素的分析提出类似的看法,参 Jingrong Li:"The *Ernian lü ling* Manuscript", Ph.D. dissertation, Universität Hamburg,2014, pp.82-83。

② 湖北省荆州市周梁玉桥遗址博物馆:《关沮秦汉墓简牍》,第17页,第99页注35。

③ 陈侃理:《北大秦简中的方术书》,《文物》2012年第6期。

④ 参张家山汉简《二年律令》的《置吏律》《赐律》《史律》《秩律》等。

# 岳麓秦简《占梦书》的结构略说

◎ 陈松长(湖南大学岳麓书院)

《岳麓书院藏秦简(壹)》①中刊布了《占梦书》的图版、释文和简注。这里,我主要说一说岳麓秦简《占梦书》内容的结构问题。

关于《占梦书》的结构问题,可以从两个层面展开讨论。

第一个层面是关于占梦书文本的形式结构问题。据学者研究②,梦象的占辞大体由梦象之辞、释梦之辞和占断之辞三部分组成。

所谓梦象之辞,就是记述文字。其记述方式一般都是"梦见××××""梦为××××"或"梦×××"。

按,梦象之辞在占梦文献中是必不可少的一部分,上述的几种记述形式在岳麓秦简《占梦书》中都有,如:"梦见桃""梦见饮酒""梦为女人""梦身生草者"③等。

所谓释梦之辞,就是解释梦象,说明梦意的文字。这种释梦之辞,既可排在梦象之辞的前面,如:

> 地为阴者,下冥人也。梦见地者,身安宁。
>
> 城为人君,一县尊也。梦见城者,见人君也。

也可排在梦象之辞的后面,甚至还可排在占断之辞的后面。如:

> 贾人梦车辕折败者,忧遗衣物。何以言之?辕字去衣,故知亡衣物。④

刘文英先生曾指出:

> 释梦之辞在后世的梦书中常常省略不见,这一点,唐以后的梦书非常突出。
>
> 例如:

---

① 朱汉民、陈松长主编:《岳麓书院藏秦简(壹)》,上海:上海辞书出版社,2010年。

② 参见刘文英编著:《中国古代的梦书》,北京:中华书局,1990年。

③ 均见朱汉民、陈松长主编:《岳麓书院藏秦简(壹)》。

④ 均转引自刘文英编著:《中国古代的梦书》,第5、18页。

梦见日初出，名位升。

梦见北斗，有忧。[①]

按，刘先生的这种认识大概是根据传世文献中的梦书佚文与敦煌卷子中的《解梦书》等进行比较后所作出的判断。其实，在现今问世的岳麓秦简《占梦书》中，也完全看不到释梦之辞。这多少说明，释梦之辞并不是在后世的梦书中常常省略，而是一开始就经常不用。至于不用的原因，或正如刘先生所分析的那样，梦象本身就是一种生动具体的形象，不需解释也可以很清楚其梦象的意义，而没有释梦之辞的约束时，占梦者更可随意附会和发挥地进行占断。[②]

所谓占断之辞，就是根据梦象来推断未来吉凶的文字。刘文英先生将占断之辞的具体形式分为四类，他们分别是：

直接判断吉凶者，如：

梦见上床坐，吉。

梦见屋中牛马，凶。

不直接判断吉凶，只说明所预兆之内容者，如：

梦见乘车上城，富贵。

梦见先祖入市，生贵子。

直接判断吉凶，又具体说明吉凶内容者，如：

梦见买地，大吉，富贵。

梦见虎所逐者，必疾病，凶。

对同一梦象的吉凶提出附加条件来决定预兆结果者，如：

梦见照镜，明吉、暗凶。

梦见雨落，春夏吉，秋冬者凶。[③]

按，上述四类占断之辞在岳麓秦简《占梦书》中都有，如：

春夏梦亡上者，凶。梦亡下者，吉。

梦歌于宫中，乃有内资。

梦燔（繁）洛（露）遂（坠）隋（堕）至手，毄（系）囚，吉。

梦身柀[④]枯，妻若女必有死者，丈夫吉。

---

① 刘文英编著：《中国古代的梦书》，第25页。

② 刘文英编著：《中国古代的梦书》，第6页。

③ 详见刘文英编著：《中国古代的梦书》，第7页。

④ “柀”，一部分。《睡虎地秦简·秦律十八种·司空》：“其日未备而柀入钱者，许之。”偏枯，偏瘫也，半身不遂之义。《庄子·盗跖》：“禹偏枯。”成玄英疏：“治水勤劳，风栉雨沐，致偏枯之疾，半身不遂也。”

不仅如此，岳麓秦简《占梦书》中还有一类特殊的占断之辞，即根据不同的梦象来预测所需要祭祀的不同的鬼神，如：

梦见羊者，伤①欲②食③。　　梦见豕者，明④欲食。

［梦］见犬者，行⑤欲食。　　梦见汲者，疠⑥、租⑦欲食。

相类似的占断之辞在岳麓秦简《占梦书》中共有一组十句，这从数量上足以说明这类占断之辞不是某种偶然现象，而应该是秦代占梦书中一个比较特殊的占断内容，只是这些内容在汉魏以下，特别是唐以下的占梦书中因某种原因没有传承下来而已。

通过上述的比较分析，我们初步可以确定，岳麓秦简《占梦书》的文本的形式结构大致可分为梦象之辞与占断之辞两部分，完全没有释梦之辞，而占断之辞中还有一类不见于后世梦书中的特殊占断对象，即对不同鬼神的祭祀。

需要说明的是，这种占梦书文本的形式结构表现在岳麓秦简中，绝大部分都是分栏抄写的，尽管这分栏抄写的体例不是非常严谨，但形式结构是基本相同的。相对于这种分栏抄写的结构形式来说，岳麓秦简中还有一类是通栏抄写的。这类形式的简不多，现存的共有 6 枚，除了其中编号为 1465 号简的内容仍然是具体的占梦之辞外，其他 5 枚是前后文义基本可以连读的一段关于占梦理论的阐述。其大致内容如下：

1523+1522：若昼梦⑧亟发，不得其日⑨，以来为日⑩；不得其时，以来为时；醉饱而梦、雨、变气不占。⑪ 昼言而莫（暮）梦之，有

---

① “伤”，读为“殇”，鬼神名。《包山楚简》第 225 号简：“举祷于殇。”《小尔雅·广名》：“无主之鬼谓之殇。”

② “欲”，需要。《文子·微明》：“心欲小，志欲大。”

③ “食”，祭献，享祀。《后汉书·王涣传》：“民思其德，为立祠安阳亭西，每食辄弦歌而荐之。”《篇海·类编·食货类·食部》：“食，飨也，故祭名血食。”

④ “明”，当读为“盟”，神名。《睡虎地秦简·日书甲种》：“利以兑（说）明（盟）组（诅）。”《包山楚简》211：“思攻解于盟诅。”朱德熙、裘锡圭、李家浩曾指出：“盟诅，似指盟诅之神。”

⑤ “行”，路神名，即行神。《礼记·月令》：“〔孟冬之月〕其祀行，祭先贤。”

⑥ “疠”当读为“厉”，山神名。《礼记·祭法》：“大夫立三祀，曰族厉、曰门、曰行。”注：“厉，主杀罚。”“司命与厉，其时不著。今之民家，或春秋祠司命、行神、山神，门、户、灶在旁，是必春祠司命，秋祠厉也。或者合而祠之。”或为疠鬼名。《睡虎地秦简·日书甲》52 背 3：“一室人皆养（痒）体，疠鬼居之，燔生桐其室中，则已矣。”

⑦ “租”当读为“诅”，鬼神名。《睡虎地秦简·日书甲种》：“利以兑（说）明（盟）组（诅）。”《包山楚简》211：“思攻解于盟诅。”

⑧ 昼梦，即白日梦。《周礼·春官》：“占梦，掌其岁时，观天地之会，辨阴阳之气。以日月星辰，占六梦之吉凶。一曰正梦、二曰噩梦、三曰思梦、四曰寤梦、五曰喜梦、六曰惧梦。”其中“寤梦”与“昼梦”相类。

⑨ “不得其日”，即不知道做梦的具体日子。

⑩ “以来为日”，即以前来占梦的日子为准。

⑪ 简 1513 上有“梦一腊五变气，不占”。两者可参校。

1525：□□□□□□始□□之时，亟令梦先，春曰发时，夏曰阳，秋曰闭，冬曰臧，① 占梦之道，必顺四时而豫②

0102：亓（其）类，毋失四时之所宜，五分日③、三分日夕④，吉凶有节，善羛⑤有故。甲乙⑥梦开臧事也，丙丁梦忧也，

1514：戊己梦语言⑦也，庚辛梦喜也，壬癸梦生事⑧也。甲乙梦伐木⑨，吉。丙丁梦失火高阳⑩，吉。戊己［梦］

1526：宫事⑪，吉。庚辛梦□山铸？钟，吉。壬癸梦行川为桥，吉。晦⑫而梦三年至，夜半梦者二年而至，鸡鸣梦者【一年而至】。

由于竹简的残损比较厉害，我们在编联后发现这段文字前后都有残缺。尽管这样，我们也大致可以知道，这是一段简短的梦论，主要是阐述了梦的起因和“占梦之道”的原则和方法等。其中特别值得注意的是，这段梦论主要通过五行理论来分析梦象的吉凶，这多少反映了秦代五行理论盛行的一个方面。将五行理论用之于梦占，这既是对周人以星象占梦方式的拓展，也是区别于后世梦论的一个重要方面。⑬

对这段梦论文字的讨论，直接涉及我们对岳麓秦简《占梦书》结构的另一个层面，即对

① 王符《潜夫论·梦列》：“春梦发生，夏梦高明，秋冬梦熟藏。此谓应时之梦也。”据此，简文中的“春梦发时”当是“发生”之误。另，从文例上看，“时”也可能是衍文。

② “豫”，备也。《淮南子·说山训》：“巧者善度，知者善豫。”高诱注：“豫，备也。”

③ “五分日”，或是日分五段之义。《隋书·天文志》：“昼有朝、有禺、有中、有晡、有夕。”

④ “叁分日夕”，指将一夜分成三段。下文有“晦而梦三年至，夜半梦者二年而至，鸡鸣梦者”可证。

⑤ 《字汇补·羊部》：“羛与义同。”“义”通俄，奸邪也。《广雅·释诂二》：“俄，邪也。”《左传·文公十八年》：“掩义隐贼，好行凶德。”俞樾《群经平议》：“义，贼也。皆不善之事，故掩盖之隐蔽之也。”

⑥ “甲乙”，或指春季。《礼记·月令》：“孟春之月，日在营室，昏参中，旦尾中。其日甲乙。”又，“甲乙”或指日干，《睡虎地秦简·日书》：“甲乙梦被黑裘衣寇（冠），喜，入水中及谷，得也。丙丁梦口，喜也，木金得也。戊己梦黑，吉，得喜也。庚辛梦青黑，喜也，木水得也。壬癸梦日，喜也，金得也。”下文的“丙丁”“戊己”“庚辛”“壬癸”等干支的意思都同此。

⑦ “语言”，指言语，犹口舌也。《放马滩秦简·日书乙种》：“此日行，卅里遇言语。”《周家台秦简》“占约结，有后言语”。

⑧ “生事”，发生事端。《逸周书·周祝》：“故忌而不得是生事，故欲而不得是生诈。”孔晁注：“生事谓变也。”

⑨ “伐木”，指与木有关的活动。木在五行上属春。

⑩ “高阳”，指高而向阳之地。《孙子·地形》：“通形者，先居高阳，利粮道，以战则利。”张预注：“居高面阳。”《后汉书·冯衍传上》：“凿岩石而为室兮，托高阳以养仙。”

⑪ “宫事”，指古代妇女在家庭中承担的女工、养蚕及其他室内劳作等。《大戴礼记·夏小正》：“执养宫事。执，操也；养，长也。”王聘珍解诂：“宫，蚕室也。事，谓蚕事。”按，从五行的角度来考虑，戊己应该是梦与土有关的事，因此，颇疑“宫事”当是兴建宫室之类的土木之事。

⑫ “晦”，日暮。《周易·随卦》：“君子以向晦入宴息。”

⑬ 详见王勇：《五行与梦占》，《史学集刊》2010 年第 4 期。

《占梦书》的篇章结构的认识。

刘文英先生曾指出："中国古代的梦书一般在书前都有小序或短论。小序说明编撰的目的、经过，短论实则是一篇简短的梦说。梦书正文的结构，几乎没有例外地都是按天、地、人的顺序，分类编排各种梦象的占辞。"①

基于这种认识，我们在进行简文的编排时，首先将这段梦论的文字置于篇首，它无疑是统领全篇的一篇简短的纲领性占梦导论。

在确定这篇梦论置于篇首之后，其他占梦文字的分类和组合则颇难确定。尽管刘先生曾指出，梦书的正文都是按照天、地、人的顺序排序，但具体落实到文本中，就很难判断，例如敦煌卷子梦书中的《新集周公解梦书》完本中，就分出了廿三章，他们分别是：

天文章第一

地理章第二

山林草木章第三

水火盗贼章第四

官禄兄弟章第五

人身梳镜章第六

饭食章第七

佛道音乐章第八

庄园田宅章第九

衣服章第十

六畜禽兽章第十一

龙蛇章第十二

刀剑弓弩章第十三

夫妻花粉章第十四

楼阁家具钱帛章第十五

舟车桥市章第十六

生死疾病章第十七

冢墓棺材章第十八

十二支日得梦章第十九

十二时得梦章第廿

① 详见刘文英编著：《中国古代的梦书》，第4页。

建除满日得梦章第廿一

恶梦为无禁忌等章第廿二

厌攘恶梦章第廿三

很显然,这种分类远不是所谓天、地、人的顺序就可概括的,其中许多都有交叉重复。例如,所谓的山林草木就应该是地理的内容之一,而龙蛇、六畜禽兽等内容也可归为一类等。因此,所谓的天、地、人的排序,仅仅是最粗略的说法而已。而且,这种分类都是根据梦象之辞的内容来决定的,如果完全参照这个分类标准去分类组合岳麓秦简《占梦书》,我们就有点无所适从。例如我们现在置于篇尾的那组与鬼神祭祀有关的梦占,如果根据其梦象之辞来决定的话,就完全不是同类项,如上述的“梦见豕者,明欲食”和“梦见汲者,疠、租欲食”就一指动物一指人类,本应分别归类,但其占断之辞却是同类的,即都是要去祭祀神灵。因此,我们就只好根据其占断之辞来归类组合,将这种特殊的梦占内容作为一组置于篇尾。

有鉴于此,我们在篇章结构的组合中,除了主要参考其梦象之辞外,我们还主要考虑了如下两个因素,一是其抄写的分栏格式,二是其占断之辞的内容。例如,在大致分类时,我们先把具有时间概念的春夏、秋冬的占梦内容归在一起,又由于春夏秋冬的季节与天象有关,故按照天、地、人的顺序将其排在梦论之后的篇首位置。同时,我们又根据其分栏抄写的内容和占断之辞的内容,将内容大致相同的排在一起。如占断之辞中出现了三个“乃有内资”,这样,我们就将这三枚简排在一起。

岳麓秦简《占梦书》的文本的分栏抄写,给内容结构的组合复原带来了很大的困惑,如果按照《睡虎地秦简·为吏之道》①的排序方式来读的话,就应先读上栏,再读下栏,这样读,有些是可行的,如:

1518:春夏梦亡上者,凶。　　梦夫妻相反负者,妻若夫必有死者。

1495:梦亡下者,吉。　　梦身被枯,妻若女必有死者,丈夫吉。

这两枚简的内容就完全可以先读上栏,再读下栏。但遗憾的是,许多简并不可以这样读,如那组特殊的与祭祀神灵有关的占辞,就只能一枚简一枚简的通读才内容连贯。此外,还有一枚编号为1465,通栏抄写的占文,在很大程度上搅乱了这分栏抄写的格局,因此,在全文的结构处理上,我们只好兼顾抄写格式和简文内容来将就处理,将全文的篇章结构大致分成以下三大部分:

一是梦论的部分,它由5枚通栏抄写的简组成,排在篇首。

二是有关梦占的内容,它由35枚简组成,大致按照天、地、人的顺序排列,排在篇中。

---

① 参见睡虎地秦墓竹简整理小组编:《睡虎地秦墓竹简》,北京:文物出版社,1990年。

三是有关祭祀神灵的梦占内容，它由6枚简组成，排在篇尾。

最后是两枚尚无法归类的与占梦有关的简，作为附录放在最后。

以上是我们在整理岳麓秦简《占梦书》的过程中，对有关内容结构处理的一些认识，其中还有许多的困惑，还期望大家多多指教。

（原文载《国际简牍学会会刊》第7号，〔台湾〕兰台出版社，2013年）

# 五行与梦占

## ——岳麓书院藏秦简《占梦书》的占梦术

◎ 王　勇(湖南大学岳麓书院)

湖南大学岳麓书院2007年底从香港回购的珍贵秦简中有40余枚是与梦占有关的内容,这是我国现存最早的梦书文本,使我们得以窥见秦代梦书的原貌,对于研究古代的梦占迷信及秦代风俗都是非常重要的资料,本文仅就书中所载占梦理论做一阐释。

## 一

岳麓书院藏秦简《占梦书》简长约30厘米,其书写分两种形制。第一种是连简书写的,共5枚,兹录简文如下:

1523+1522(残):若昼梦亟发,不得其日,以来为日,不得其时,以来为时。醉饱而梦雨,变气不占。昼言而莫(暮)梦之,有

1525:□□□□□□始□□之时,恒令梦先。春曰发时,夏曰阳,秋曰闭,冬曰藏。占梦之道,必顺四时而豫

0102:其类,毋失四时之所宜,五分日、叁分日夕,吉凶有节,善羛有故。甲乙梦开臧事也,丙丁梦忧[也],

1514:戊己梦语言也,庚辛梦喜也,壬癸梦生事也。甲乙梦伐木,吉。丙丁梦失火高阳,吉。戊己[梦]

1526:宫事,吉。庚辛梦□山铁钟,吉。壬癸梦行川为桥,吉。晦而梦三年至,夜半梦者二年而至,鸡鸣梦者

这部分简显然有残损,前三枚简之间文义并不连贯,1526号简文义也未尽,但从其内容可以看出这是一篇简短的梦论,目的是说明梦的起因以及占梦的基本原则。

从"若昼梦亟发,不得其日,以来为日,不得其时,以来为时"看,在秦人的占梦活动中,

做梦时间原则上是必不可缺的考虑因素。如果实在已经记不清做梦的具体日子、时辰,仍需以前来占梦时的日子、时辰作为参照。之所以如此,是因为秦人认为梦的产生与时节的变化有关。"□□□□□□□始□□之时,恒令梦先。春曰发时,夏曰阳,秋曰闭,冬曰藏。"季节不断循环往复,每个新的季节来临时,就会有相应的梦象在人的头脑中出现。春天是万物生发的季节,草木萌生,呈现出欣欣向荣的景象;夏天是明亮温暖的季节,万物华实,骄阳似火;秋天、冬天是成熟收获、收藏的季节,气候肃杀、寒冷,梦中的景象理应与对应的时节相类。这就是秦汉时期人们所谓的"时梦",东汉王符《潜夫论·梦列》云:"春梦发生,夏梦高明,秋冬梦熟藏,此谓时梦也。"

由于梦象与时象之间有着密切的联系,是否顺时自然就成为了占断梦兆吉凶的关键。故而秦简《占梦书》一再强调"占梦之道,必顺四时""毋失四时之所宜"。简 1522 又指出了所做之梦不能进行占断的情况,"醉饱而梦雨,变气不占"。这一原则与岳麓书院藏秦简《占梦书》解梦部分的"梦一腊五变气,不占"(简 1531)可互相印证。这里的变气当指变化的节气,《韩非子·解老》有"四时得之以御其变气"。之所以"变气不占",应该与在这种情况下无法建立起时象与梦象之间的联系有关。秦人相信不同时节做的梦有不同的预兆。"甲乙梦开臧事也,丙丁梦忧[也],戊己梦语言也,庚辛梦喜也,壬癸梦生事也。"这里所谓的甲乙、丙丁、戊己、庚辛、壬癸可能指不同的季节。《吕氏春秋·孟春纪》称"孟春之月,日在营室,昏参中,旦尾中,其日甲乙";《孟夏纪》称"孟夏之月,日在毕,昏翼中,旦婺女中,其日丙丁";《季夏纪》称"中央土,其日戊己";《孟秋纪》称"孟秋之月,日在翼,昏建星中,旦毕中,其日庚辛",《孟冬纪》称"孟冬之月,日在尾,昏危中,旦七星中,其日壬癸"。《占梦书》解梦部分有"春梦□登丘陵,缘木生长,燔桑,吉"(简 0031),"春夏梦亡上者,凶"(简 1518),"秋冬梦亡于上者,吉;亡于下者,凶;是谓□凶"(简 1527),其中的"春梦""春夏梦""秋冬梦"可与此对应。

对于做梦日期与梦中景象的联系,秦简《占梦书》主要采用了五行学说进行解释。五行学说历来与时令思想结合紧密,睡虎地秦简《日书》便有五行与十干相配的内容:"丙丁火,火胜金;戊己土,土胜水;庚辛金,金胜木;壬癸水,水胜火。"①《占梦书》正是依据五行之序将十干日分为了五组,将做梦日期与梦中景象糅合在一起,如果梦象与当日之行相协调则为吉兆。"甲乙梦伐木,吉。丙丁梦失火高阳,吉。戊己[梦]宫事,吉。庚辛梦□山铁钟,吉。壬癸梦行川为桥,吉。""甲乙"在五行为木,因此在这两天梦见"伐木"及其他与"木"行相应的事务都是吉兆。"丙丁"在五行为火,因此在这两天梦见"失火"及其他与"火"行相应的事务

① 吴小强:《秦简日书集释》,长沙:岳麓书社,2000 年,第 210 页。

都是吉兆。“庚辛”在五行为金,因此在这两天梦见“铁钟”及其他与“金”行相应的事务都是吉兆。“壬癸”在五行为水,因此在这两天梦见“行川”及其他与“水”行相应的事务都是吉兆。“戊己”在五行为土,尽管《大戴礼记·夏小正》“执养宫事”,王聘珍解诂“宫,蚕室也。事,谓蚕事”。从五行的角度来考虑,戊己应该是梦与土有关的事,因此简文中的“宫事”当是兴建宫室之类的土木之事。

除了季节、日子外,做梦的时辰对于占梦同样非常重要,因为它决定了梦兆应验的时间。“晦而梦三年至,夜半梦者二年而至,鸡鸣梦者”文义未尽,从逻辑上分析,“鸡鸣梦者”后当可补“一年而至”。夜半、鸡鸣都是古籍中常见的记时名词,以鸡鸣记时还见于睡虎地秦简《编年记》“甲午,鸡鸣时,喜产”。据于豪亮先生研究,秦简《日书》中有关于十二时制的记载,“秦汉民间普遍使用的是十六时制,十二时制只为历法家等少数人所使用”。① 按十二时制,夜半相当于现代时间的二十三点至次日凌晨一点,鸡鸣相当于现代时间的凌晨一点至三点。晦做时辰名此为首见,《说文·日部》云:“晦,月尽也。”段玉裁注:“引申为凡光尽之称……《公羊》曰:晦,昼冥也。《谷梁》曰:晦,冥也。”晦字从日,在此当指入夜后的最初一段时辰。因此,简文的意思为在晦时做梦,梦兆会在三年内应验;在夜半时做梦,梦兆会在两年内应验;在鸡鸣时做梦,梦兆会在一年内应验。晦、夜半、鸡鸣都是夜间时辰,属于正常的睡眠时间,而且在补上“一年而至”后,简文的意义也比较完整。颇疑秦简《占梦书》中的“叁分日夕”就是将夜晚时间分为晦、夜半、鸡鸣三段,其中晦是入夜后的最初一段时辰,夜半指深夜时分,鸡鸣是天亮之前的一段时辰,其范围要大于在十二时制中对应的两个时辰。在这三段时间内,做梦时间越接近天亮,其梦兆应验的时间就越短。至于其他时辰做梦的应验时间,秦简《占梦书》没有记载,可能并不是亡佚了,而是因为白日梦不属于正常的情况,并不普遍。

## 二

中国古代关于梦书的明确记载,最早见于《晏子春秋·内篇杂下》。春秋时代晏子请占梦者为齐景公占梦,占梦者“请反具书”。这里的反读作“翻”,具为“其”之形误,“其书”显然是占梦之书。战国以后梦书逐渐增多。《晋书·束皙传》载太康年间汲郡魏襄王墓出土竹书中有《琐语》十一篇,乃“诸国卜梦、妖怪、相书也”。《汉书·艺文志》著录有《黄帝长柳占梦》《甘德长柳占梦》,《隋书·经籍志》录有西汉京房《占梦书》。惜这些早期梦书都已亡佚,其中的占梦术已不可知。岳麓书院藏秦简《占梦书》为我们提供了关于秦人占梦术的真

① 于豪亮:《秦简〈日书〉记时记月诸问题》,《于豪亮学术文存》,北京:中华书局,1985 年,第 160 页。

实记录，从以上对书中梦说部分的分析看，秦人占梦主要是参照做梦时间与梦中景象，同时通过五行学说将两者结合起来，两者相应则为吉，否则为凶。

现在一般学术界都把五行思想的来源定得较晚，并且常常算在邹衍身上，如梁启超《阴阳五行说之来历》、顾颉刚《五德终始下的政治与文化》。但从文献资料看，尽管五行的概念和内容的定型化是比较晚的事情，但五行思想一直弥漫在春秋战国时代，是当时人们的普遍观念。在春秋时期的数术占卜中，就往往以五行的配合来阐释吉凶因果，用五行生克来揭示胜负之理。《左传》昭公九年记载裨灶对子产论“火”（心宿二）与楚、“水”与陈之间的关系，昭公十七年梓慎论火与宋、陈、郑、卫关系及卫为颛顼之虚，“其星为大水”，并据之预言水火灾害的发生。《左传》哀公九年记载晋赵鞅卜问是否应该救郑。史墨说：“盈，水名也。子，水位也。名位敌，不可干也。炎帝为火师，姜姓其后也，水胜火，伐姜则可。”救郑必须伐宋，而史墨根据五行相胜说，主张不救郑而伐齐。

作为一种社会思潮，占梦术不能不受各种生活观念的影响。春秋战国时期是我国古代五行学说的重要发展时期，这种学说对于占梦自然会起到不小的影响。关于以五行学说占梦的事例，同样可追溯到春秋时期。《左传》昭公三十一年载：“十二月辛亥朔，日有食之。是夜也，赵简子梦童子裸而转以歌。旦，占诸史墨，曰：‘吾梦如是，今而日食，何也？’对曰：‘六年及此月也，吴其入郢乎，终亦弗克。入郢必以庚辰，日月在辰尾。庚午之日，日始有谪。火胜金，故弗克。’”史墨在这里尽管是以日、月、星、辰的变化来解释此梦，但其中已经掺杂了五行相胜之说。杜预注：“午，南方，楚之位也。午，火；庚，金也。日以庚午有变，故灾在楚。楚之仇敌唯吴，故知入郢必吴。火胜金，金为火妃（配），食在辛亥，亥，水也。水数六，故六年也。”

尽管梦象千变万化，但在《吕氏春秋》中，思想家曾为“五”并列出种种匹配的事物和现象，这说明战国时期人们已经普遍接受和相信“五行”可以归纳和整理宇宙间的一切。用五行学说来占梦发生于春秋，随着春秋战国时期越来越多的自然和社会现象被用来与五行相配，至秦简《占梦书》出现之时，五行学说已经成为解释一切梦象的内在理路和基本原则。

岳麓书院藏秦简《占梦书》中运用五行学说来占梦的方法在以前出土的秦简中已有反映，但没有《占梦书》表述得清楚明白。睡虎地秦墓的两种《日书》都附有“梦”篇，主要讲禳除恶梦之法，但乙本开头是以十干占梦，可以在一定程度上印证与补充秦简《占梦书》记载的占梦术。其内容为：“甲乙梦被黑裘衣寇（冠），喜，人（入）水中及谷，得也。丙丁梦□，喜也，木金得也。戊己梦黑，吉，得喜也。庚辛梦青黑，喜也，木水得也。壬癸梦日，喜也，金得也。”①饶宗颐先生

① 吴小强：《秦简日书集释》，第 236 页。

指出壬癸梦日的日字当作“白”，并解释说“黑为水，甲乙木，梦见黑，黑亦为水，水生木，故为得。庚辛为金，梦见黑为喜者，木水相得，因火生木故也。壬癸为水，梦白有喜者，白即金，金生水，故有得。”①

睡虎地《日书》“梦”简同样是参照做梦时间和梦中景象，根据五行学说，结合所梦人物的衣色与做梦日子来占断吉凶，尽管初看起来所梦衣色所预示的吉凶与当日之行色并不完全吻合。这应该是因为秦简《占梦书》所阐述的是占梦的总体原则，至于其具体应用当然更为复杂，会有不少变化。事实上，秦汉时期对于所谓“时梦”的解释，并不简单在于所梦景象与当日之行的完全一致，而需要明白五行在各个时候的王、相、休、囚、死等关系。《潜夫论·梦列》“五行王相，谓之时”，汪继培笺“《周礼》占梦：掌其岁时，观天地之会，辨阴阳之气。郑注：阴阳之气，休王前后。《白虎通·五行篇》云：木生火，火生土，土生金，金生水，水生木。是以木王、火相、土死、金囚、水休。”《五行大义》也说：“五行体休王者，春则木王、火相、水休、金囚、土死，夏则火王、土相、木休、水囚、金死，六月则土王、金相、火休、木囚、水死，秋则金王、水相、土休、火囚、木死，冬则水王、木相、金休、土囚、火死。”在一定时间内，尽管五行中只有当令的行是“王”，力量最大。但为其所生的行处于“相”，生其的行处于“休”，同样是有一定力量的。

在睡虎地《日书》“梦”简中，“甲乙”日属木行，黑为水，五行中水生木，因此甲乙日梦见着黑色衣冠说明有喜事。“壬癸”日属水行，白为金，五行中金生水，因此壬癸日梦见白色的东西也说明有喜事。“庚辛”日属金行，五行中金生水，因此“庚辛”日梦见黑色的东西同样说明有喜事。尽管“戊己梦黑，吉，得喜也”不好解释，但大体上所梦衣色与当日之行色一致或相生便为吉喜是不错的。而简中记载的所从之事同样按五行分类，“梦被黑裘衣寇(冠)，喜，人(入)水中及谷，得也。”这是因为黑为水，所以梦黑者到水里及山间溪谷中会有所收获。同样青为木，因此梦青黑者如果从事与“木”、“水”行相应的事，将会有所收获；金为白，梦白者如果从事与“金”行相应的事，也将会有收获。

## 三

中国古代占梦术起源很早，殷代甲骨卜辞中就有关于占梦的确切记载。但最初占梦往往不太注意梦境的具体内容，占梦所得的吉凶结果也与梦境没有直接联系。殷人占梦主要

① 饶宗颐：《秦简中的五行说与纳音说》，陕西省考古研究所、中国古文字研究会等合编：《古文字研究》第 14 辑，北京：中华书局，1986 年。

是通过占龟甲来判断吉凶，甲骨上特定的裂纹具有特定的含义，同时也预示着梦的吉凶，至于所做的梦只是作为占卜的前提条件而存在，很多甲骨卜辞中根本就没有写上梦境的具体内容。如《甲骨文合集》17397 载："贞：王梦，不唯有左？王占曰：勿[唯]有左。贞：王梦，唯有左。"

周人占梦的重点也不在于分析和解释梦象。《周礼·春官》云："占梦，掌其岁时，观天地之会，辨阴阳之气，以日月星辰占六梦之吉凶。"这套占梦系统比较复杂，但具体如何进行，根据先秦占梦的实例也还能看出点梗概。《史记·龟策列传》载：宋元王二年有神龟向元王托梦求救，元王召卫平占释。"卫平乃援式而起，仰天而视月之光，观斗所指，定日处乡。规矩为辅，副以权衡。四维已定，八卦相望。视其吉凶，介虫先见。乃对元王曰：'今昔壬子，宿在牵牛。河水大会，鬼神相谋。汉正南北，江河固期，南风新至，江使先来。白云壅汉，万物尽留。斗柄指日，使者当囚。玄服而乘辎车，其名为龟。王急使人问而求之。'"这里的"式"同"栻"，是一种木制的占星仪器。卫平先是抬头看月象有无变异，又以北斗所指的方向确定日在天上的位置，接着用规矩测算有关星宿排列的路线、度数。这样"式"的上方可以根据星象确定东西南北，下方则有八卦图与之对应。其解释也是先述日月星辰，首先确定做梦的时间在壬子日，进而确定对应宋国的星次在牵牛星所在位置，再考虑到天上银河正南正北、地上江河正在汛期，南风刚刚吹来，说明大江的使者已经到了宋国地盘；天上白云都拥向银河，表示使者被挡住了去路；"斗柄指日"意味着使者遇到了灾难。最后才有一点梦象分析，指出梦见的东西穿着玄色的衣服乘着有帐盖的车子，正是乌龟的颜色和龟盖的形象。从而推断给元王托梦的是一只神龟。

由于早期占梦主要借用龟卜、占星等其他占卜方式以占梦，如果没有专门的知识和方法，便无法解释梦象和说明梦意，因此春秋以前的占梦活动基本上局限于史官与神职。在殷周时期，占梦是观察国家吉凶、决定国家大事的重要工具，是官方宗教神学的重要组成部分，设有专职的占梦班子职掌其事。《周礼·春官》载，"占梦，中士二人，史二人，徒四人"。占梦官隶属太卜管辖，而太卜的职司是总管"三易、三兆、三梦之法"。

以日月星辰占梦的习俗在春秋战国时期还能看到，但占梦作为一种占卜方式，春秋时期已经开始摆脱其他占卜方式，走上独立发展的道路。《左传》《国语》《史记》所记春秋战国时期的梦例和占例，很大部分都是通过分析梦象来占释。如《左传》僖公二十八年记载，城濮之战前"晋侯梦与楚子搏，楚子伏己而盬其脑，是以惧。子犯曰：'吉。我得天，楚伏其罪，吾且柔之矣'"。这里晋文公梦见楚王伏在自己身上咀嚼其脑，十分恐惧。子犯为其占梦，说楚王虽然伏在晋侯身上，但晋侯仰卧，脸朝天向上，因此意味着晋侯可以得天之助。楚王面向下，是服罪的表示。楚王咀嚼晋侯的脑要用齿，是为刚；晋侯之脑，是为柔。这又显示着以柔克刚的含义。子犯的解说完全是依据梦象。而从这里的占卜者为大臣子犯以及《左传》昭公七年“晋侯梦黄熊入于寝门，子产占”，昭公二十五年“宋元公梦太子栾即位于庙，且召六卿占”，《越绝书》“吴王夫差梦黑犬走而嗥，召群臣占”等看，春秋时期的占梦活动已经突破了史官与神职的限制，体现了一种世俗化的倾向。

战国以后，占梦在整个宗教神学领域的地位不断下降，以至从官方的一种宗教活动完全成为民间世俗的迷信，随着一批世俗占梦家相继走上历史舞台，占梦越来越显示出独立的占卜方式，而以梦象分析作为其最典型的标志。《庄子·齐物论》中说：“梦饮酒者，旦而哭泣；梦哭泣者，旦而田猎。”由于梦所预兆的人事，通过对梦象的认识就十分清楚明白，一般梦者甚至都可以据之自占。《史记·秦始皇本纪》载：“始皇梦与海神战，如人状。问占梦，博士曰：‘水神不可见，以大鱼蛟龙为侯。’”这位占梦的博士可能就是秦始皇身边的占梦之官。他对秦始皇所做之梦的解释，也不过是以梦象简单附会而已。

秦简《占梦书》梦论部分中用五行观念糅合时象与梦象的占梦方法，与周人以日月星辰占梦相比无疑大大简化了，只需考虑梦象与时日五行的协调与否，不再涉及日月星辰的运行与变化，因而更易于操作，在一定程度上适应了与当时占梦世俗化的趋势。但它仍然是借用其他占卜方法来占梦，在原则上与周人以日月星辰占梦的方法也是一致的。占梦的本来意义就是根据梦象预卜吉凶，以占龟取兆或以日月星辰占梦，还是以五行学说占梦，都是占梦在特定历史阶段所采取的借代形式。

汉代以后，对梦的解释基本都围绕梦象而展开。《潜夫论·梦列》叙述汉代的占梦原则，说：“夫占梦必谨其变故，审其征候，内考情意，外考王相，即吉凶之符，善恶之效，庶可见也。”梦境“清洁鲜好，貌坚健，竹木茂美，宫室器械新成，方正开通，光明温和，升上向兴之象皆为吉喜，谋从事成。诸臭污腐烂，枯槁绝雾，倾倚征邪，劓刖不安，闭塞幽昧，解落坠下向衰之象皆为(下有脱字)，计谋不从，举事不成。妖孽怪异，可憎可恶之事皆为忧。图画衃胎，刻镂非真，瓦器虚空，皆为见欺绐。倡优俳儛，侯小儿所戏弄之象，皆为懽笑。”事实上，历来各种梦书及其残卷、佚文都按梦象分类编排占辞。告诉人们的，主要都是有什么样的梦象，将预兆什么样的事变；哪些梦象是吉兆，哪些梦象是凶兆；什么情况下是吉兆，什么情况下是凶兆。只有敦煌出土《新集周公解梦书》的第十九章《十二支日得梦章》，第二十章《十二时得梦章》，第二十一章《建除满日得梦章》是以时日占梦。这是对秦及秦以前占梦术的继承，但由于没有五行学说作为基础，却与该书其他部分矛盾重重。

（原文载《史学集刊》2010 年第 4 期）

# 读岳麓书院藏秦简《为吏治官及黔首》札记

◎ 肖永明(湖南大学岳麓书院)

岳麓书院藏秦简中,有80余枚简的内容属于宦学读本,①其中包含了不少有关秦代政治思想的信息。对于材料匮乏的秦代政治思想史研究而言,《为吏治官及黔首》(下文简称《为吏》)弥足珍贵。以岳麓书院藏秦简《为吏》、睡虎地秦简《为吏之道》等出土材料与传世文献相互对照、相互补充,可以加深我们对秦代政治思想的认识与把握。

## 一、《为吏》与《为吏之道》属秦代官箴的不同抄本

陈松长先生在《岳麓书院藏秦简内容综述》一文中比较了《为吏》和《为吏之道》中"吏有五善""吏有五过"的内容,指出二者有不少内容基本一致,只是在具体表述中个别词语有所不同。② 这类情况在《为吏》还有不少。如《为吏》中有一段文字:

一曰不祭(察)所亲则韦(违)数至;(1550)

二曰不智所使则以权索利;(1551)

三曰举事不当则黔首挢指;(1565)

四曰喜言隋(惰)行则黔首无所比;(1568)

五曰善非其上则身及于死。(1567)

吏有六殆,不审所亲。(1566)

不祭所使亲人不固。(1552)

相近的文字在《为吏之道》中作:

一曰不察所亲,不察所亲则怨数至;

① 本文所涉及的岳麓书院藏秦简的释读,全部由陈松长先生提供,在此谨致谢忱。《为吏治官及黔首》取名,亦依据陈松长先生之说。

② 陈松长:《岳麓书院藏秦简内容综述》,《文物》2009年第3期。

二曰不智(知)所使,不智(知)所使则以权衡求利;

三曰兴事不当,兴事不当则民伤指;

四曰善言隋(惰)行,则士毋所比;

五曰非上,身及于死。①

两相比较,我们可以看到两段文字内容基本相同。但《为吏之道》只是列举了五种危险的情况,《为吏》则明确地以"吏有六殆"对几个方面加以统括,纲目清楚,内容较《为吏之道》有增加,而语言更为简洁,省略了几处重复的文字。

当然,《为吏之道》中也有一些重要的内容不见于《为吏》。如"中不方,名不章;外不员(圆)"②之说与"内方外圆"这一重要观念相关,在王家台秦简《政事之常》中也有"员(圆)以生枋(方)"之语。③ 但相关表述并未出现于《为吏》。又如"怒能喜,乐能哀,智能愚,壮能衰,恿(勇)能屈,刚能柔,仁能忍,强良不得"④一段涉及修身处世的重要原则,有深刻的思想内涵,但《为吏》并没有相关内容。又如在《为吏之道》中有"处如资(斋),言如盟……不时怒,民将姚去"⑤之语,《政事之常》中也有相同内容,只是文字与排列顺序略有差异。⑥ 但其中内容基本上未见于《为吏》。⑦

同时,《为吏》中也有不少重要内容不见于《为吏之道》。如"道无近弗行不到(925),事无细弗为不成(1583)"一语,强调应该不厌卑近,实行其事,其中富含哲理。但在《为吏之道》中未见类似内容。这类情况较多,下文还会多次涉及。

从整体上看,虽然《为吏》与《为吏之道》内容存在不少差异,但二者的核心内容重合之处甚多,思想倾向也非常接近。因此大致可以说,二者属于秦代官箴在传抄过程中产生的不同版本。

《为吏之道》的出土大大增进了我们对秦代政治思想的认识,但仅仅有《为吏之道》尚不足以充分说明其中所倡导的观念在当时的流传情况。而《为吏》出现之后,这两种内容大同小异的材料不仅在文字方面可以相互参校,而且在内容也完全可以互为佐证。据此我们可以大胆猜想,《为吏之道》与《为吏》中的核心内容,当属当时官吏必读的守则,往往辗转传抄,有多种内容大致相同的抄本流传。由于《为吏之道》的年代下

---

① 《睡虎地秦墓竹简》整理小组:《睡虎地秦墓竹简》,北京:文物出版社,1990年,第169页。
② 《睡虎地秦墓竹简》整理小组:《睡虎地秦墓竹简》,第167页。
③ 王明钦:《王家台秦墓竹简概述》,艾兰、邢文编《新出简帛研究》,北京:文物出版社,2004年,第26—49页。
④ 《睡虎地秦墓竹简》整理小组:《睡虎地秦墓竹简》,第167页。
⑤ 《睡虎地秦墓竹简》整理小组:《睡虎地秦墓竹简》,第171—172页。
⑥ 王明钦:《王家台秦墓竹简概述》,第26—49页。
⑦ 其中有一处文字非常接近:《为吏之道》中"孰道毋治"一语,《为吏》作"郭道不治"(1578)。

限在秦始皇三十年，[①]而岳麓书院藏秦简的年代下限则为秦始皇三十五年，结合《为吏》与《为吏之道》，我们可以看到在秦统一之初以及此前一段时间内官吏在日常的行政活动中所奉行的准则与规范，具体地了解体现于当时实际政治运作层面的政治观念与伦理原则。

## 二、《为吏》中的“黔首”与《为吏之道》中的“民”

比较《为吏之道》与《为吏》可以发现：《为吏之道》中未见“黔首”之称，而《为吏》则仅见一处有“民”字，“听间勿塞，审智民能”（313）。除此之外，《为吏》与《为吏之道》内容接近的语句，《为吏之道》中作“民”字的，《为吏》全部作“黔首”。如《为吏之道》中“一曰见民杲（倨）敖（傲）”，[②]《为吏》作“一曰视黔首渠骜”（1497）；《为吏之道》中“善度民力”，[③]《为吏》作“善度黔首力”（1491）。除上述情况外，《为吏》中还另有两处出现“黔首”之称。[④]

据《史记·秦始皇本纪》载，秦始皇二十六年（前221）统一六国后，“更名民曰‘黔首’”。[⑤]《为吏》“黔首”之称，可以视为实施秦始皇“更名”措施的结果。从《为吏之道》普遍称“民”而不称“黔首”到《为吏》主要称“黔首”，可能正好反映了“更名民曰‘黔首’”的过程。当然还不能据此确定《为吏》的书写时间。因为据王念孙的考证，“黔首”一词最早使用并不始于秦统一之后。在《战国策·魏策》《吕氏春秋·大乐》《韩非子·忠孝》等文献中，就有“黔首”之称。“诸书皆在六国未灭之前，盖旧有此称，而至秦遂以为定名，非始创为之也。”[⑥]根据此说，则秦始皇更名只是将原来已经使用的“黔首”确定为正式名称而已。

值得注意的是《为吏》既称“黔首”，同时又存在称“民”之处。在同一材料中的这种混称也许可以说明，在当时称“民”与称“黔首”并无严格区分。与此可以互为印证的是，秦始皇二十八年的泰山刻石称“黎民”，同年的琅邪刻石则称“黔首”。[⑦] 据此我们可以推断，“民”与“黔首”之称，也并没有相应的褒贬之分。以前学界对于秦始皇“更名民曰‘黔首’”之举有不同认识，有人认为称“黔首”意在提高“民”的地位，也有学者认为“黔首”地位低于“民”，是一种歧视性的称呼。但从《为吏》中“民”与“黔首”混称的情况看，“更名民曰‘黔首’”可能的确像一些学者所说的，只是纯粹的名称上的变化，并不寓含特别的褒贬之意。《说文·

---

① 《睡虎地秦墓竹简》整理小组：《睡虎地秦墓竹简》，第3页。
② 《睡虎地秦墓竹简》整理小组：《睡虎地秦墓竹简》，第169页。
③ 《睡虎地秦墓竹简》整理小组：《睡虎地秦墓竹简》，第167页。
④ 值得注意的是，《为吏之道》中“善言隋（惰）行则士毋所比”，《为吏》作“喜言隋（惰）行则黔首无所比（1568）”。
⑤ 《史记》卷6《秦始皇本纪》，北京：中华书局，1959年，第255页。
⑥ 王念孙：《广雅疏证》卷4上，北京：中华书局，2004年，第110页。
⑦ 《史记》卷6《秦始皇本纪》，第243—245页。

黑部》:“黔,黎也……秦谓民为黔首,谓黑色也。周谓之黎民。”《广雅·释诂》卷四上:“黔首、氓,民也。”郑玄注《礼记·祭义》“明命鬼神,以为黔首则”时说:“黔首,谓民也。”孔颖达疏:“黔,谓黑也。凡人以黑巾覆头,故谓之黔首。”[①]上述训释疏解都没有提及“黔首”有何特别含义,仅仅把“黔首”作为“黎民”“民”的另一种称呼而已。

基于以上考察,我们大致可以推断,虽然诏令改“民”为“黔首”可能与秦始皇自认为对应于水德,尚黑色,以黑色为正的观念有关,但是“更名”实际上只是秦统一六国以后重新确立、统一名物制度的诸多措施之一,“黔首”名称本身并未被赋予特别的含义。

## 三、《为吏》杂糅诸家与秦代的思想专制

《为吏》全部内容不足 2 000 字,但其中有多处语句直接引自先秦典籍,也有一些内容与典籍有着明显的承袭关系。兹举数例加以说明:

(1) 胜人者力,(1544)

自胜者强。(1545)

智人者智,(1546)

自智者明。(1548)

这些文字出自《老子》第三十三章。今本《老子》中作“知人者智,自知者明。胜人者有力,自胜者强”。[②] 二者文字基本一致,仅语句顺序略有不同。

(2) 祸与畐(福)邻(1529)

此语出自《荀子·大略》。在《为吏之道》中有“过(祸)去福存”[③]一语,侧重点与之略有差异。实际上,无论是“祸与福邻”还是“祸去福存”都可以视为对《老子》中“祸兮福之所倚,福兮祸之所伏”[④]观念的进一步推衍。

(3) 临财见利不取苟富,(1501)

临难见死不取苟免。(854)

在《为吏之道》中也有相同的表达。此语基本意思与《礼记·曲礼上》“临财毋苟得,临难毋苟免”[⑤]相同。

---

① 郑玄注、孔颖达疏:《礼记正义》卷47《祭义》,北京:中华书局,1980年,第1595页。

② 王弼注《老子道德经》第33章,上海:上海书店《诸子集成》影印本,1986年,第19页。

③ 《睡虎地秦墓竹简》整理小组:《睡虎地秦墓竹简》,第168页。

④ 《老子道德经》第58章,第125页。

⑤ 《礼记正义》卷1《曲礼上》,《十三经注疏》,第1230页。

（4）恭敬让礼（1567）

龚（恭）敬多让（1575）

这些文字与《礼记·曲礼上》“君子恭敬、撙节、退让以明礼”①基本一致。

（5）为人君则惠，为人臣忠，为人父兹，为人子孝，为人上则明，为人下则圣，为人友则不争，能行此，终。（1587）

在《为吏之道》中也有类似的内容：“以此为人君则鬼，为人臣则忠；为人父则兹（慈），为人子则孝；能审行此，无官不治，无志不彻，为人上则明，为人下则圣。君鬼臣忠，父兹（慈）子孝，政之本医（也）；志彻官治，上明下圣，治之纪医（也）。”②这两段文字当与《礼记·大学》中“为人君，止于仁；为人臣，止于敬；为人子，止于孝；为人父，止于慈；与国人交，止于信”③之说有渊源关系。《礼记·大学》作者对君臣父子各种社会角色都提出了相应的原则规范，以之作为治国平天下之根本。《为吏》继承了这一观念，其思路相当接近。

（6）欲人爱之必先爱人（1496）

此语与《国语·晋语》中“欲人之爱己也，必先爱人”④表述基本相同。

（7）毋信谗言（1491）

此语源自《诗经·小雅·青蝇》：“营营青蝇，止于樊。岂弟君子，无信谗言。”⑤同时，《为吏》“让大受小”（1562）一语，也可以从《诗经》中找到影子。《诗经·小雅·角弓》谈到受和让的问题：“受爵不让，至于已斯亡。”⑥

（8）上交不胜乐（1577），

下交不胜忧（1580）。

此语所涉及的问题及基本观点源于《易·系辞下》：“君子上交不谄，下交不渎。”⑦

（9）饮食用节（1548）

多言多过（1574）

这些劝告与《周易·颐》卦中的彖辞“君子以慎言语，节饮食”⑧之说如出一辙。

可以看出，《为吏》大量引述《诗》《易传》等典籍，先秦诸子中儒家、道家等不同流派的思

① 《礼记正义》卷1《曲礼上》，《十三经注疏》，第1231页。
② 《睡虎地秦墓竹简》整理小组：《睡虎地秦墓竹简》，第169—170页。
③ 《礼记正义》卷60《大学》，《十三经注疏》，第1230页。
④ 《国语》卷10《晋语四》，上海：上海古籍出版社，1978年，第358页。
⑤ 郑玄注、孔颖达疏《毛诗正义》卷14《小雅·青蝇》，《十三经注疏》第484页。
⑥ 《毛诗正义》卷14《小雅·青蝇》，《十三经注疏》，第491页。
⑦ 王弼、韩康伯注、孔颖达疏：《周易正义》卷8《系辞下》，《十三经注疏》，第88页。
⑧ 《周易正义》卷3《颐》，《十三经注疏》，第41页。

想在其中都有体现,杂糅诸家的思想特色表现得相当明显。这一点,《为吏》与《为吏之道》颇为一致。[①] 二者的这一特色是与先秦思想运行的过程相对应的。先秦诸子百家在长期的争鸣的过程中,其思想相互补充、融合渗透。到战国末期,在理论、学术层面出现了兼采儒、墨、道、法、阴阳诸家之学而形成的《吕氏春秋》。《为吏》与《为吏之道》的杂糅诸家则可以视为诸家之学的相互渗透在实际运用层面的体现。二者在不同层面上形成了相互的映衬。

同时,借助于《为吏》与《为吏之道》,我们还可以进一步了解先秦的思想学术向社会传播渗透的情形。《为吏》与《为吏之道》中倡导的思想观念是用于指导官吏行为的原则,因此就有可能对社会的实际政治活动产生一定程度的影响。从《为吏》《为吏之道》中可以看到,在当时的具体政治操作过程中,儒、道诸家的思想的影响应当是相当大的。

但是需要注意的是,这种局面的持续时间相当有限。不能仅仅凭出现于秦统一之前或统一之初的《为吏》和《为吏之道》就肯定儒家、道家思想在整个秦代政治思想中的地位。实际上,秦统一之初与秦代末年的政治思想差别很大。

《史记·秦始皇本纪》载:秦始皇三十四年(前 213),丞相李斯建言"史官非秦记皆烧之。非博士官所职,天下敢有藏《诗》、《书》、百家语者,悉诣守、尉杂烧之。有敢偶语《诗》《书》者弃市。以古非今者族。吏见知不举者同罪。令下三十日不烧黥为城旦"。制曰:"可。"[②]

对照李斯的建议我们可以推断,既然《诗》、《书》、百家语都是焚毁的对象,[③]那么多处引述《诗》与百家之语的《为吏》必当在朝廷禁止之列。各级官吏不仅不可能以之作为行动指南,而且还担负着禁毁、举报这类文字、言论的义务。也就是说,《为吏》在秦始皇三十四年之后就不可能再发挥为官箴言的作用了。

结合《为吏》与《为吏之道》和有关史料的记载,我们可以推断,秦代的政治思想大致以秦始皇三十四年为界,分为前后两个阶段:前一阶段,虽然尊崇法家,但是在实际的政治运作过程中并未完全形成思想一统的局面,在法家之外,先秦诸家特别是儒家的思想仍然有相当大的影响。[④] 这一点,《为吏》和《为吏之道》为我们提供了具体的材料。秦始皇在各处的

---

① 学界对《为吏之道》兼采诸家之学的特点多有讨论。参见高敏《秦简〈为吏之道〉中所反映的儒法合流倾向——兼论儒法诸家思想融合的历史演变》,《云梦秦简初探(增订本)》,郑州:河南人民出版社,1981年;俞志慧:《秦简〈为吏之道〉的思想史意义——从其集锦特色谈起》,《浙江社会科学》2007 年第 6 期。

② 《史记》卷 6《秦始皇本纪》,第 255 页。

③ 王充认为秦"燔五经之文"却"不燔诸子",见王充《论衡·书解》《论衡·佚文》诸篇,此说为赵岐《孟子题辞》、刘勰《文心雕龙·诸子》等所袭取。但此说并无确切根据。关于这一问题钱钟书先生有过讨论,见钱钟书:《管锥编》第一册,北京:中华书局,1979 年,第 261—263 页。

④ 余英时先生认为:"秦代'以法为教''以吏为师'的政策并未能完全截断儒家的教化思想伏流。"见余英时《士与中国文化》,上海:上海人民出版社,1987 年,第 175 页。

刻石中儒家思想成分也透露出不少相关的信息。[1] 同时,李斯在建议禁《诗》、《书》、百家语时所述的理由也让我们从另一个角度看到了当时思想界的情形:"私学而相与非法教,人闻令下,则各以其学议之,入则心非,出则巷议,夸主以为名,异取以为高,率群下以造谤。"[2]后一阶段,秦始皇"别黑白而定一尊",实行思想专制,确立了法家思想的绝对统治地位,其他诸家之学多遭禁罢,甚至有焚书坑儒的惨剧发生。在这一阶段,《为吏》《为吏之道》等兼采经典及"百家语"文字的材料,已经失去了存在的合法性,成为朝廷禁毁的对象。

秦祚虽短,其政治思想却存在上述两个阶段的区分。目前学界多关注秦代政治思想不同层面的差异,但较少注意其不同阶段的特点。了解秦代政治思想的阶段区分,有益于我们更为准确地把握秦代政治思想。

## 四、《为吏》对"敬""慎"的强调与秦末的贪暴之吏

《为吏》有多处谈到"敬"或"恭敬"。如:

敬长兹(慈)少(1566)

恭敬毋亡(1551)

恭敬让礼(1567)

龚(恭)敬多让(1575)

敬上勿犯(1554)

忠信敬上(928)

谨敬侍之(1571)

欲人敬之必先敬人(1543)

类似的表述,在《为吏之道》中也可以见到不少。如"敬上勿犯""忠信敬上""龚(恭)敬多让"就同样见于《为吏之道》。据统计,"敬"字在《为吏》中出现 10 次,在《为吏之道》中出现 9 次,频率相当高。

"敬",《说文》解释为"肃",是指严肃认真的态度。"敬"发自内心,其外在表现为"恭",即谦让有礼:"在貌为恭,在心为敬。"所以往往"恭""敬"连称。"敬"是先秦儒家特别重视的一个范畴,在先秦儒家典籍中反复论说。《论语·颜渊》:"君子敬而无失,与人恭而有

---

① 顾炎武《日知录》甚至以此认为"秦之任刑虽过,而其坊民正俗之意固未始异于三王也"。见黄汝成:《日知录集释》卷 13"秦纪会稽山刻石"条,长沙:岳麓书社,1994 年,第 468—469 页。

② 《史记》卷 6《秦始皇本纪》,第 255 页。

礼。”《论语·公冶长》:“有君子之道四焉:其行己也恭,其事上也敬,其养民也惠,其使民也义。”《论语·季氏》:“君子有九思:视思明,听思聪,色思温,貌思恭,言思忠,事思敬,疑思问,忿思难,见得思义。”《礼记·曲礼上》:“君子恭敬、撙节、退让以明礼。”可以看出,“敬”被认为是儒家君子必须具备的品质,是儒家理想人格的重要内容。

儒家的“敬”不是抽象的道德原则,而是体现于日常活动的行为方式。《论语·卫灵公》:“事君,敬其事而后其食。”《论语·学而》:“道千乘之国,敬事而信,节用而爱人,使民以时。”“敬”往往是与具体的“事”相联系的。

《为吏》强调恭敬、礼让、忠信,很明显是对儒家思想的吸取。《为吏》旨在对官吏灌输立身行事的准则,强调“敬”,就是要求人们在行政处事时存有恭敬之心,谦逊有礼,认真谨慎,不怠慢,不妄为,减少行政理民过程中的失误。与“敬”的要求相联系,《为吏》中还有多处谈到“慎”“谨”,反复强调一种谨小慎微的心态:

慎谨坚固(1516)

戒之慎之(1572)

慎之慎之(924)

谨之谨之(1588)

杨(炀)风必谨(925)

这种谨慎也正是“敬”的要求在具体行为中的体现。

显然,按照《为吏》“敬”的要求所培养的官吏,应该是恭敬礼让、小心谨慎、具有儒者之风的谦谦君子。前文所谈到的儒家思想的影响,在这里表现得相当明显。但是,耐人寻味的是,我们在史籍中常常看到的秦代官吏却完全是另外一种形象。

据《史记·张耳陈余列传》载,秦末的范阳令,在任十年之中,“杀人之父,孤人之子,断人之足,黥人之首,不可胜数”。[①] 范阳令这种凶残暴戾的表现,与《为吏》的要求恰恰形成了明显的对照。但在当时,类似情况似乎并不罕见,如《史记·李斯列传》谈到的秦二世时期各级官吏虐杀、残害老百姓的情形就令人触目惊心:“刑者相半于道,而死人日成积于市。”[②]正是因为秦末各地官吏与百姓之间的对立异常尖锐,百姓普遍视官吏如仇敌,所以陈涉振臂一呼,“王楚之地,方二千里,莫不响应,家自为怒,人自为斗,各报其怨而攻其仇,县杀其令丞,郡杀其守尉”。[③]《汉书·食货志》在总结秦政之弊时说:“贪暴之吏,刑戮

---

① 《史记》卷89《张耳陈余列传》,第2574页。
② 《史记》卷87《李斯列传》,第2557页。
③ 《史记》卷89《张耳陈余列传》,第2573页。

妄加。”①

史籍的记载难免会受到史家立场和观点的影响，汉代人对秦暴政的描述可能会带有某种情感倾向。但是，秦政的暴虐却是不可否认的事实，而作为国家机器组成部分的各级官吏正是秦代暴政的最终执行者。可以说，正是依靠遍布全国各地的官吏，暴虐的政策才得以实施，成为盘剥、残害百姓的具体行动。

为何《为吏》的要求与史籍所载的秦代官吏的表现之间会有如此强烈的反差？这正是上文提到的秦代政治思想的前后变化的结果。统一之初，秦始皇雄心勃勃，自许“忧恤黔首，朝夕不懈”，大谈“圣智仁义”，追求“男女礼顺，慎遵职事”的图景，对官吏也有要求：“方伯分职，诸治经易。举错必当，莫不如画。”②《为吏》的基本精神是大致与此相吻合的。而当时的各级官吏从整体上说还不至于过于暴虐。

但随着法家思想的绝对统治地位确立，统治者强调严刑峻法、刻薄寡恩，从最高统治者到各级官吏，严责重罚，恣意妄为，甚至形成了一种“税民深者为明吏”“杀人众者为忠臣”③的导向。此时，《为吏》所倡导的“宽俗（容）忠信”（1552）、“恭敬多让”、“爱人”等种种价值观念已经被弃置不顾。《史记·李斯列传》谈到，在秦王朝“法令诛罚日益刻深”之际，李斯为取悦秦二世，在上书中发挥申不害“有天下而不恣睢，命之曰以天下为桎梏”之语，鼓动秦二世进一步恣肆放纵。“恣睢”二字，与“恭敬”“谨慎”的要求恰成反衬，也道出了秦末统治思想的实质。到此时，《为吏》所要求的恭敬多让、小心谨慎的品质已经与时代氛围格格不入，暴戾恣睢、凶残狠毒则成为官吏的常态。史籍中残民虐民、暴戾恣睢的秦代官吏形象，在时间上主要与这一阶段对应。

在秦始皇二十九年的之罘刻石中有如下文字：

> 六国回辟，贪戾无厌，虐杀不已。皇帝哀众，遂发讨师，奋扬武德……烹灭强暴，振救黔首，周定四极。④

在这里，秦始皇以消弭暴虐、拯救黔首自诩。但形成巨大反讽的是，他所建立的王朝在贪戾暴虐方面相对于六国而言是有过之而无不及，仅仅存续十余年就被天下百姓推翻。历史的诡谲，的确发人深省。

（原文载《中国史研究》2009年第3期）

---

① 《汉书》卷24《食货志上》，北京：中华书局，1962年，第1137页。

② 《史记》卷6《秦始皇本纪》，第245页。

③ 《史记》卷87《李斯列传》，第2557页。

④ 《史记》卷6《秦始皇本纪》，第249页。

# ·第二卷·

# 岳麓书院藏秦简《数》的主要内容及历史价值

◎ 肖 灿 朱汉民(湖南大学岳麓书院)

湖南大学岳麓书院在 2007 年 12 月从香港古董市场收购了一批简,经检测鉴定为秦代简。2008 年 8 月,书院又接收到少量捐赠简,已确认与之前收购的简是同一批出土的简。① 在这批简中,有一部分简的内容是关于算数的,而编号为【0956】简的背面写有一个“数”字,因此定名为《数》。②

## 一、《数》的一些基本情况

目前整理出的《数》竹简共有 220 余枚(以有整理编号的简计数),还有部分竹简残片仍在拼缀整理中。每枚完整竹简长约 30 厘米,有上中下三道编绳。

文字书于竹黄一面,正文一般写在上下编绳之间,偶有文字写在上编绳以上部位的,如:【0839】简头端的“汆”字,应该是题名;或者有若干字写于下编绳以下部位的,如:【0460】简尾端的“步”字,【0776】简尾端的“(卅)六分升廿七”(其中“卅”字被编绳遮盖),可能是当时的书写者不愿为了语句末尾的几个字而另写一简。有些简的文字分栏抄写,如【0852】简:“**荅十九斗重一石。麻廿六斗六升重一石。叔(菽)廿斗五升重一石。**”这也许是因为其内容之间为并列关系。

从字体看来,全书是由一人抄写的。个别字在书中出现不同写法,如:“法”与“灋”。

《数》中出现的符号有以下几种:

重文号和合文号“=”,如【0954】简的“**田广十六步大半=(半)步,从(纵)十五步少半=(半)步**”,表示重复的文字;【0978】简的“=”,为“大夫”合文;数字的合文均未见加合文

---

① 陈松长:《岳麓书院所藏秦简综述》,《文物》2009 年第 3 期。

② 之前公开发表的文章中称为《数书》,现更称为《数》。

号，如：卌（四十）、𠦃（七十）。

钩识"ㄴ"，用作断句，如【2066】简"**粢一石十六斗大半斗ㄴ。稻一石**"；在题中数字连续出现时多用以点断上下句，避免误读，如【0949】简"**以半为六ㄴ，三分为四ㄴ四分为三**"。

墨点"●"，用作断句，如【0939】简的"**三步一斗，租八石。●今误券多五斗**"；【0776】简"**以粟求菽、荅、麦，九之，十而成一。●以米求菽、荅、麦，三之，二成一**"。

《数》中出现的符号，均见于张家山汉简《算数书》，用法也大致相同。①

《数》算题的结构组成及语法句式与张家山汉简《算数书》相近，现已整理出的完整算题大多由这样几部分构成：已知条件、求解的问题、答案、解题方法。但从目前的整理情况看来，有一些算题只见到已知条件和答案，还有的算题无记录解题方法的术文，这或许不是算题的原始状况，可能与这批简的保存不好有关。在《数》的算题中只发现少数算题有题名，如："禾程""少广""衰分之术""赢不足"等，与此对照，张家山汉简《算数书》的 92 个完整算题中现存 69 个题名，②也就是大多数算题有题名，算题也因此显得有独立性，且便于称引。

对《数》算题的内容稍作归纳，我们发现《数》算题呈现"组群"特点：第一，有些算题只是改变题设条件的数据，其他叙述则是一样的，而且条件数据的设计有难易程度的变化，如果是由易到难排序，则可以给阅读者循序渐进的训练；第二，同类型同算法往往有多道算题，题设条件涉及生产生活的种种情况，使阅读者能够学会对抽象算法的实际应用。《数》看起来就像一本用心编排的教材。

如何复原《数》的编次是个难题，原因在于这批秦简是从古董市场收购的，而在清洗揭取绘图的过程中我们发现竹简已在流转的过程中打乱了出土时的存放顺序和系联关系。

在整理过程中，我们发现《数》的许多算题与张家山汉简《算数书》《九章算术》的算题十分相似，有的就连题设数据都相同，因此下面在介绍《数》算题的主要内容时，也会特别指出这些相似的算题。

## 二、《数》算题的主要内容

### （一）"方田"类算题

此类算题是关于土地面积计算的。现存算题包含三种平面图形土地面积的计算。

---

① 彭浩：《张家山汉简〈算数书〉注释》，北京：科学出版社，2001 年，第 3 页。
② 彭浩：《张家山汉简〈算数书〉注释》，第 12 页。

（1）计算矩形土地面积的算题。例如：

**【0764】□①广三步四分步三，从（纵）五步三分步二，成田廿一步有（又）四分步之一。**

**【1742】田广六步半步四分步三，从（纵）七步大半步五分步三，成田五十九步有（又）十五分步之十四。**

**【0829】［田］广十五步大半半步，从（纵）十六步少半半［步］，成田卅二步卅六分步五。述（术）曰：同母，子相从，以分子相乘。**

从这组算题可见上文指出的《数》算题的"组群"特点。为简约起见，以下不再成组列举这种只改变数据的算题组群。

【0829】算题答案应为"成田一亩卅二步卅六分步五"，原简文没有"一亩"两字，当是简文脱漏。算题涉及分数加法及分数乘法，同类题型亦见于《九章算术》的"方田"章以及张家山汉简《算数书》之"大广"，只是记述算法的术文在表述上有些差别。

（2）计算箕形土地面积的算题。箕形即等腰梯形，例题是：

**【0936】箕田曰：并舌嶂（踵）步数而半之，以为广，道舌中丈彻嶂（踵）中，以为从（纵），相乘即成积步。**

《九章算术》之"方田"章也收录有箕形土地面积算题，所给的计算方法是"并踵舌而半之，以乘正从，亩法而一"，②与《数》算法相同。张家山汉简《算数书》中未见箕形土地面积算题。

（3）计算圆形土地面积的算题。例题是：

**【0812】周田卅步为田七十五步。**

此题与《九章算术》"方田"章第三十一题可对应，"今有圆田，周三十步，径十步。问为田几何，答曰，七十五步"，③两题的数据都是相同的，不过《九章算术》的"圆田"算题有多余的题设条件，实际上只需要知道周长，就可求出圆面积。

（4）其他值得注意的算题。

有"宇方"算题一例，其实质虽然仍是关于矩形的计算，但算法明显是"启从（纵）术"的运用。算题题设条件描述的内容也很特别，不见于张家山汉简《算数书》和《九章算术》。此题简文如下：

---

① 在《岳麓书院藏秦简〈数书〉中的土地面积计算》一文中，此处释读为"方"，因原简字迹残损不宜释定，故按出土文献整理惯例改为符号"□"。肖灿、朱汉民：《岳麓书院藏秦简〈数书〉中的土地面积计算》，《湖南大学学报（社会科学版）》2009年第2期。

② 郭书春汇校：《汇校九章算术》（增补版），沈阳：辽宁教育出版社，2004年，第17页。

③ 郭书春汇校：《汇校九章算术》，第18页。

**【0884】宇方百步，三人居之，巷广五步，问宇几可（何）。其述（术）曰：除巷五步，余九十五步，以三人乘之，以为法；以百乘九十**

**【0825】五步者，令如法一步，即陲宇之从（纵）也。**

依据算题术文写出解答算式为：

$$每人居间长 = \frac{宽的分母 1 \times 面积的分子(95 \times 100)}{宽的分子(100 - 5) \times 面积的分母 3} = \frac{95 \times 100}{(100 - 5) \times 3} = 33\frac{1}{3}(步)$$

从算式可以很明白地看出此题是运用“启从（纵）术”解答的，简单地说，就是分数除法中的“颠倒相乘”的法。当然，本题也可用边长百步除以三，即得答案。

还有“里田”算题一例，也很重要。

**【0947】里田述（术）曰：里乘里，里也，因而参之，有（又）参五之，为田三顷七十五亩。**

简文所记的是把边长以里为单位的土地面积换算为顷亩的方法：把一平方里乘以三，再连乘三次五，得出三顷七十五亩，相对《九章算术》之“方田”章记录的算法要简单一点。张家山汉简《算数书》中也有“里田”一节，其内容包含了书院秦简《数》中的“里田术”，并扩展出另一种计算方法。

## （二）“粟米”类算题

1. 记录各种谷物体积重量换算关系的算题，例如：

**【0780】黍粟廿三斗六升重一石。• 水十五斗重一石。粝米廿斗重一石。麦廿一斗二升重一石。**

在张家山汉简《算数书》和睡虎地秦简中，也见到这类记录，是按体积测算谷物重量的标准。彭浩先生在《张家山汉简〈算数书〉注释》里对此有过论述：“……估计秦代的粮仓管理者普遍采用体积测算法来确定库存。”①

2. 记录各种谷物之间换算关系的算题，例如：

**【0791】粢千石为稻八百卅三石三斗少半斗，稻千石为粢千二百石。**

**【0974】以粟求毁（毇），五十母廿四实；以毁（毇）求粟，廿四母五十实。粟一升为米五分升三；米一升为粟一升大半升。**

**【0987】米一升为毁（毇）十分升八；米一升为菽、荅、麦一升。以粟求粺，卅七之，五十而成一；以粺求粟，五十之，卅七而成一。**

---

① 彭浩：《张家山汉简〈算数书〉注释》，第 8—9 页。

张家山汉简《算数书》的“粺毁(毇)”“粟为米”“粟求米”“米求粟”“程禾”算题中记载有此类粮食比率,对应数据基本是相同的。

《九章算术》之“粟米”章所列各种粮食比率与《数》相应记载基本相同。

《睡虎地秦墓竹简·仓律》中有关粮食互换比率的规定①与《数》相应记载基本相同。

3. 应用题。例如:

**【2173】粟一石为米八斗二升,问米一石为粟几(可)何?曰:廿斗**

## (三)“衰分”类算题

衰分,即配分比例,就是按一定比率进行分配。《数》归入此类的算题,其算法与张家山汉简《算数书》的相关算题以及《九章算术》之“衰分”章算题的算法都是相同的。

1. 有的算题在张家山汉简《算数书》和《九章算术》中皆有对应,例如:

**【0937】☐钱,今贷人十七钱,七日而归之,问取息几可(何)?曰:得息三百七十五分钱百一十九。其方:卅日乘**

**【0759】☐□以为法,亦以十七钱乘七日为实,实如法而一。**

(注:经计算,此题已知条件应包括“贷百钱,月息八钱”,或同等数据。)

对比张家山汉简《算数书》的“息钱”算题:“贷钱百,息月三。今贷六十钱,月未盈十六日归,计息几何?得曰:廿(二十)五分钱廿(二十)四。术曰:计百钱一月,积钱数以为法,直(置)贷钱以一月百钱息乘之,有(又)以日数乘之为实,实如得一钱。”②

再比照《九章算术》之“衰分”章第二十题:“今有货人千钱,月息三十,今有货人七百五十钱,九日归之,问息几何。答曰:六钱四分钱之三。术曰:以月三十日,乘千钱为法。以息三十乘今所货钱数,又以九日乘之,为实,实如法得一钱。”③

不难看出,三者为同一题型。

2. 有的算题内容在张家山汉简《算数书》中没出现,却见于《九章算术》。例如:

**【0978】大夫、不更、走马、上造、公士,共除米一石,今以爵衰分之,各得几可(何)?大夫三斗十五分斗五,不更二斗十五分斗十,走**

**【0950】马二斗,上造一斗十五分五,公士大半斗。述(术)曰:各直(置)爵数而并以为法,以所分斗数各乘其爵数为实,实如**

---

① 睡虎地秦墓竹简整理小组编:《睡虎地秦墓竹简》,北京:文物出版社,1990年,“释文”,第44—45页。

② 彭浩:《张家山汉简〈算数书〉注释》,第67—68页。

③ 郭书春汇校:《汇校九章算术》,第115页。

参照《九章算术》的“衰分”章第一题：“今有大夫不更簪裊上造公士，凡五人，共猎得五鹿。欲以爵次分之。问各得几何。”①

3. 有的算题只见于张家山汉简《算数书》而《九章算术》里没有。

特别有意思的是一道“妇织”题，《数》妇织算题简文如下：

**【J09】有妇三人，长者一日织五十尺ㄴ，中者二日织五十尺，少者**

**【J11】三日织五十尺，今威有攻（功）五十尺，问各受**

**【0827】几可（何）？曰：长者受廿七尺十一分尺三ㄴ，中者受十三尺十一分尺七ㄴ，少者受九尺十一分尺一。述（术）曰：各直（置）一日所织**

张家山汉简《算数书》中题名为“妇织”的算题则是：“**有妇三人，长者一日织五十尺，中者二日织五十尺，少者三日织五十尺，今织有攻（功）五十尺，问各受几何尺？其得【54】曰：长者受廿（二十）五尺，中者受十六尺有（又）十八分尺之十二ㄴ，少者受有（又）十八分尺之六。其术曰：直（置）一直（置）二直（置）三，而各几【55】以为法，有（又）十而五之以为实，如法而一尺。不盈尺者，以法命分。• 三为长者实，二为中者，一为少者。　杨已雠【56】**。”②

两者比较，算题的题设条件完全是一样的，但算得的结果却不同。经过计算，《数》算题的答案是正确的，其算法术文虽然缺损（暂时未发现可缀合的残片），但仍能从“各直（置）一日所”几个字推断出原算题的解答算式如下：

$$\text{长者织布数} = \frac{\text{长者日织数}}{\text{长者日织数} + \text{中者日织数} + \text{少者日织数}} \times \text{今需织布数}$$

中者少者得布数依此类推。其实就是按织布速度的比率分配任务，正确的速度比率应是长者 1、中者$\frac{1}{2}$、少者$\frac{1}{3}$，将比率数值带入算式，长者得$\frac{1}{1+\frac{1}{2}+\frac{1}{3}}\times 50 = 27\frac{3}{11}$（尺）；同理算出中者得 $13\frac{7}{11}$（尺）；少者得 $9\frac{1}{11}$（尺）。张家山汉简《算数书》之“妇织”算题的错误在于，它把三位织妇的速度比率误取为长者 3、中者 2、少者 1，这要么是通分错误，要么是没弄清织布速度与织布总量织布时间的关系。

4. 还有的算题内容是张家山汉简《算数书》和《九章算术》中都没有的，例如：

**【0820】卒百人，戟十、弩五、负三，问得各几可（何）？得曰：戟五十五人十八分人十，弩廿七人十八分人十四，负十六人十八分人十二。其**

---

① 郭书春汇校：《汇校九章算术》，第 105 页。

② 彭浩：《张家山汉简〈算数书〉注释》，第 64 页。

## (四)“少广”类算题

归于此章的《数》简文主要是对“少广术”的叙述,例如:

【0942】**少广。下有半,以为二,半为一,同之三,以为法,亦直(置)二百卌步,亦以一为二,为四百八十步,除,如法得一步,为从(纵)百六十[步]。**

这部分内容与张家山汉简《算数书》的“少广”算题相比,两者大致相同,文字上略有差异。再与《九章算术》之“少广”章的第一题至第九题的“术曰”部分对比,也是大致相同的。

另有几个少广术应用题,如:

【1833】**田广五分步四,启从(纵)三百步,成田一亩,以少广求之。**

## (五)“商功”类算题

“商功”章的算题是有关各种体积的计算的。《数》的这部分体积算题包括有:长方体、横截面为梯形的直棱柱体、正四棱台、正圆台、正四棱锥以及一种被称为“除”形体的体积计算。例如:

正四棱台(方亭)体积算题。

【0959】**方亭,下方四丈,上方三丈,高三丈,为积尺三万七千尺。**

正圆台(圆亭)体积算题。

【0766】**员(圆)亭上周五丈,下[八]丈,高二丈,为积尺七千一百六十六尺大半尺。其术曰:耤上周各自下之后而各自益**

(注:原简文为“下丈”,经计算知,应为“下八丈”。)

张家山汉简《算数书》的体积算题则包括这些形体:羡除(墓道)郓都(楔形)刍童及方阙(上下底为矩形的长方台体)旋粟及困盖(圆锥体)、圆亭(正圆台)、井材(圆柱体)。

《数》的体积算题以及张家山汉简《算数书》的体积算题在《九章算术》里均有同类题型收录。《数》记录的“除”的体积算题是一种上广、下广、末广相等的特例,并且,也不能从简文叙述的算法判断当时已发明非特殊“除”形体的求解公式。而从张家山汉简《算数书》的“羡除”算题解法却能看出,它运用了与《九章算术》中接近的方法。

## (六)“均输”类算题

“均输”类算题主要是关于行程佣工及分派徭役等问题的,算法涉及等差数列。可归入

“均输”类的《数》算题例如：

**【0819】【0828】有人□禀米五斗于仓，仓毋米而有糙，糙二粟一，今出糙几可（何）？当五斗有（又）十三分斗十。仓中有米，不智（知）**

（注：【0819】简与【0828】简拼合为一简。）

此题可对照《九章算术》之“均输”章第六题：“今有人当禀粟二斛。仓无粟，欲与米一菽二，以当所禀粟。问各几何。”①

再例如：

**【0943】凡三卿〈乡〉，其一卿〈乡〉卒千人，一卿〈乡〉七百人，一卿〈乡〉五百人，今上归千人，欲以人数衰之，问几可（何）归几可（何）？曰：千者归四[百]**

**【0856】五十四人有（又）二千二百分人千二百•七百者归三百一十八人有（又）二千二百分人四百•五百归二百廿七人有（又）二千二百分人六百。**

虽然在张家山汉简《算数书》和《九章算术》中都找不到与之内容相似的算题，但此题是求解按人数多少摊派兵役的问题，可以视为“均输”类算题。

## （七）“赢不足”类算题

“赢不足”即“盈不足”，是盈亏类算题。《数》中归入此类的较完整算题例如：

**【0413】赢不足。三人共以五钱市，今欲赏（偿）之，问人之出几可（何）钱？得曰：人出一钱三分钱二。其述（术）曰：以赢、不足互乘母**

这道算题如若依照“盈不足”算题的标准叙述模式应写成“今有三人共以五钱市，人出二，盈一；人出一，不足二。问人之出几可（何）钱”，而题中的“三人”“五钱”本应是“盈不足”一类的算题该求解的问题。

再看另一例题：

**【0790】赢、不足，其下以为子，子互乘母，并以为实，而并赢、不足以为法，如法一斗半。**

将此题比照《九章算术》之“盈不足”章第四题的术文“盈不足术曰：置所出率，盈不足各居其下。令维乘所出率，并以为实。并盈不足为法。实如法而一”，②可以断定两者叙述的是同一解题方法。现在依照这种方法解【0413】简的算题。所出率：2，1。盈不足：1，2。用所出率互乘盈不足：$2\times2=4$，$1\times1=1$。并以为实：$4+1=5$。并盈不足为法：$1+2=3$。实如

① 郭书春汇校：《汇校九章算术》，第243页。

② 郭书春汇校：《汇校九章算术》，第303—309页。

法而一：每人应出钱数 $=5\div3=\frac{5}{3}$。可以看出，上述解答与【0413】简文中记录的“得曰：人出一钱三分钱二。其术曰：以赢不足互乘母”是符合的。

在张家山汉简《算数书》中，盈不足术出现于“分钱”“米出钱”“方田”三个题名的算题里，并且也是写为“赢不足”。

## （八）“勾股”类算题

在《数》中有“勾股”算题一例，简文如下：

【0304】**［今］有圆材薶（埋）地，不智（知）小大，斫之，入材一寸而得平一尺，问材周大几可（何）。即曰，半平得五寸，令相乘也，以深**

【0457】**一寸为法，如法得一寸，有（又）以深益之，即材径也。**

比照《九章算术》之“勾股”章的第九题：

**今有圆材埋在壁中，不知大小。以锯锯之，深一寸，锯道长一尺。问径几何。答曰，材径二尺六寸。术曰，半锯道自乘，如深寸而一，以深寸增之，即材径。**①

显然，两者实为同一题。

## （九）“乘分”类算题

《数》中的这类简例如：

【0778】**三分乘四分ㄴ，三四十二，十二分一也；三分乘三分，三三而九，九分一也；少半乘十，三有少半也；五分乘六分，五六卅，卅分之一也。**

张家山汉简《算数书》中与此对应的内容出现在“相乘”里：

**乘三分，十二分一也；乘四分，十六分一也。五分而乘一，五分一也，乘半，十分一也；乘三分，十五分一也；乘四分，廿分一也；乘五分，廿五分一也。**②

与张家山汉简相比，《数》的表述中多出了乘法口诀的内容。

岳麓书院陈松长先生对此的看法是：“两相比较可以看出，秦简中的乘分术还比较注意乘法口诀的抄录，这也使我们联想到里耶秦简中的乘法口诀木牍，这也许多少说明，秦代对乘法口诀的推广和应用是比较重视的，或许到了汉初，这乘法口诀已是耳熟能详的东西了，

① 郭书春汇校：《汇校九章算术》，第 412—413 页。

② 彭浩：《张家山汉简〈算数书〉注释》，第 40 页。

所以在张家山汉简中，就可以略而不抄了。”①

或者也有这样的缘由：如前文所述，因为《数》是一本教科书，所以写出乘法口诀方便初学者，就像现如今我们教小学生算术时也常常这样做。

## （十）未归入以上类别的算题

1. “禾程”类算题。《数》中的这类算题例如：

【0388】**取禾程，三步一斗，今得粟四升半升，问几可（何）步一斗？得曰：十一步九分步一而一斗。为之述（术）曰：直（置）所得四升**

【0537】**取程，八步一斗，今干之九升。述（术）曰：十田八步者，以为实，以九升为法，如法一步，不盈步，以法命之。**

2. “枲田”类算题。《数》中的这类算题例如：

【0900】**舆田租枲述（术）曰：大枲五之，中枲六之，细七之，以高乘之为实，直（置）十五，以一束步数乘之为法，实如法得**

【0475】**枲舆田九步少半步，［细］枲高丈一尺，三步少半步一束，租十四两八朱（铢）廿五分朱（铢）廿四。**

“禾程”类算题与“枲田”类算题与张家山汉简《算数书》的“取程”“取枲程”算题相似。

3. “误券”类算题。《数》中的这类算题例如：

【0939】**租误券。田多若少，耤令田十亩，兑田二百卌步，三步一斗，租八石。•今误券多五斗，欲益田。其述（术）曰：以八石五斗为八百。**

张家山汉简《算数书》的“误券”“租吴（误）券”算题与此题同类。

在这里要提到一点，就是编号为【0956】的简。因为它的背面写有一个“数”字，所以书名定为《数》，而【0956】正面简文是：“**为实，以所得禾斤数为法，如法一步。**”虽然目前尚不能确定哪支简为【0956】简的前段文字，但我认为可以从“**以所得禾斤数为法**”一句判断此简可能为“误券”类算题简文。若真如此，“误券”类算题应出现在《数》首章或末章，从内容推测，“禾程”类算题与“枲田”类算题也可能与“误券”类算题编在一起的，它们都是关于农作物产量租税一类的算题。

4. 其他算题。例如：

【0883】**营军之述（术）曰：先得大卒数而除两，和各千二百人而半弃之，有（又）令十而**

① 陈松长：《岳麓书院所藏秦简综述》，《文物》2009 年第 3 期。

一ㄴ,三步直(置)戟,即三之,四直(置)戟,

【1836】即四之,五步直(置)戟,即五之,令卒万人,问延几可(何)里? 其得

此算题不见于张家山汉简《算数书》和《九章算术》。

## 三、结论与评价

小结前文,我们在对岳麓书院藏秦简《数》进行了初步的整理研读后,主要得出如下几点看法:

### (一)《数》中保存有很多古算法的最早例证

我们在《数》算题中见到了很多重要古算法的记录或运用,诸如:启纵术、里田术、盈不足术、勾股(或是旁要术)等等。毋庸置疑,算法的发明成熟以至广泛应用是需要一个时期的,由于岳麓书院藏秦简所属年代的下限被初步确认为秦始皇三十五年(前 212 年),那就可以推断,《数》中保存的这些古算法可能产生于周秦之际甚至更早。

《数》记载的古算法很值得注意,例如"启纵术",彭浩先生在《张家山汉简〈算数书〉注释》一书中有过考证:"……历来认为这种算法是刘徽在《九章算术注》'经分'中提出的……"①《数》中的"宇方"算题证明了"启纵术"在周秦之际已被运用。再如,从《数》的"勾股"算题可以看出,中国数学史上发现勾股定理的一般定义的时间可能不晚于周秦之际,或者也有可能是当时人们已掌握了相似三角形相应线段成比例的原理(疑为"旁要"术)。

基于这些例证,我们对周秦之际的数学发展水平会有最新的认识,中国数学史的相关部分也将改写。

### (二)《数》与张家山汉简《算数书》及《九章算术》有着紧密的联系

《九章算术》的写成大约在公元 50—100 年之间,②张家山汉简《算数书》成书年代的下限是西汉吕后二年(前 186 年),③《数》的成书年代可能比张家山汉简《算数书》要早些。前文已列举大量例证,《数》的很多算题可与张家山汉简《算数书》及《九章算术》的算题对应,

① 彭浩:《张家山汉简〈算数书〉注释》,第 115 页。

② 钱宝琮主编:《中国数学史》,北京:科学出版社,1964 年,第 33 页。

③ 彭浩:《张家山汉简〈算数书〉注释》,第 4 页。

有的实为同一题，这说明，三部数学著作之间有着紧密的联系。

《数》算题在《九章算术》里再现时，其题设模式、叙述语言更为清晰准确。例如：《数》算题“**周田卅步，为田七十五步**”，在《九章算术》里对应的是“**今有圆田，周三十步，径十步。问为田几何，答曰，七十五步**”。① 对比发现，《九章算术》中改“周田卅步”为“圆田，周三十步”，更清楚的表述了田地平面形状是圆形、此圆形周长是三十步的语意，明确区分了“圆”为圆形、“周”为“周长”的概念；再者，《九章算术》的“圆田”算题明显分成已知条件求解问题答案三部分，是成型的算题叙述语言，这也是《九章算术》里算题的共同特点，而《数》算题的叙述语言并无固化模式。此类例子还有很多，这说明从《数》到《九章算术》的发展与完善。

## （三）《数》可能是秦代的算数教材

前文提到过，初步整理后的《数》算题有些呈现“组群”特征，同类算题的条件数据有易有难，还见到有算题写出方便教导初学者的乘法口诀，这些都是教学用书的特点。目前，我们尚未在《数》的完整算题中发现有术法计算等方面的确实错误，偶有文字脱误，也能看出是当时书写者的笔误。可见，《数》是一本严谨的数学著作，很可能经过仔细编纂校订，这也是作为教材必须具备的。

《数》是现存中国数学史上最早的文献资料，反映了周秦之际的数学发展水平，对数学史研究有重要意义。

（原文载《中国史研究》2009 年第 3 期）

① 郭书春汇校：《汇校九章算术》，第 18 页。

# 岳麓书院秦简《数》“马甲”与战骑装具史的新认识

◎ 王子今(中国人民大学国学院)

岳麓书院藏秦简《数》中可见“马甲”简文。“马甲”,应是战争中马的护卫装备。岳麓简《数》所见“马甲”可以看作最早的关于马用铠甲的文字信息。此所谓“马甲”可能用于骑兵的乘马,也可能用于系驾战车作为牵引动力的骖马。有迹象表明,前者的可能性是比较大的。如果这一判断成立,则“马甲”简文包含的历史文化信息对于骑战马具史研究有重要的价值。以往关于中国甲骑装具出现年代的认识,可以因此更新。如果“马甲”作为战骑装具的推想成立,则有益于充实对于秦骑兵作战实力与装备水准的认识。

## 一、岳麓书院秦简《数》所见“马甲”简文

岳麓书院藏秦简《数》0970 正简文出现“马甲”。据朱汉民、陈松长主编《岳麓书院藏秦简(贰)》发表的释文:

马甲一,金三两一垂,直(值)钱千九百廿∟,金一朱(铢)直(值)钱廿四,赎死,马甲十二∟,钱二万三千卌。①

岳麓书院简《数》有关“马甲”的简文,是迄今我们看到的涉及“马甲”的最早的文字资料。

已有多位学者以行政史和物价史视角讨论过“马甲”简文及相关信息,涉及甲价及秦“赎”的制度。于振波考察了甲盾比价及相关问题,②彭浩就此亦关注了秦时金与钱的换算比率,③许

① 朱汉民、陈松长主编:《岳麓书院藏秦简(贰)》,上海:上海辞书出版社,2011 年,彩色图版第 13 页,红外线图版第 78 页。

② 于振波:《秦律中的甲盾比价及相关问题》,《史学集刊》2010 年第 5 期。

③ 彭浩:《两条有关秦代黄金与铜钱换算的资料》,简帛网,2010 年 10 月 29 日。

道胜、李薇就释文提出了意见,[①]陈伟则据此简文与里耶秦简对照,论说秦时"赎"的制度。[②] 论者高见,多有创意,均明显推进了秦史与秦文化研究。

现在看来,关于"马甲"本身对于骑乘史、军事史的意义,可能还有继续考察的学术空间。也许对"马甲"的研究,可以深化对军事史、军事装备史和军事交通史相关问题的认识。

## 二、曾侯乙墓出土"马甲"

在湖北随州曾侯乙墓的发掘中,我们看到有关"马甲"的实物资料。

据发掘报告介绍,该墓出土了"人甲"和"马甲"。"马甲"应是"骖马的防护装备"。发掘报告执笔者指出,"这批人甲、马甲(片),是历年来出土的甲胄(片)最多的一次。过去在江陵、长沙等地出土过甲片,皆已散乱,多只一件,主要为人甲。而这次出土的既有人甲又有马甲,并未完全失去编联关系,因此人甲已经完全复原,马甲也摸清了主要情况,这些不只对复原过去已出土的甲胄提供了佐证,而且对研究当时的车战中骖马的防护装备,提供了实物资料"。

发掘报告还写道,出土时,"大部分马甲位于这批皮甲胄的上部,散落残损,失去编联关系,仅下部有两件还保留有马甲的残胄及部分胸、颈甲、身甲,……""马甲由胄、胸颈甲及身甲等部分组成。除胄为一整片外,胸颈甲及身甲由各式甲片用丝带编缀而成。甲片为皮胎经模压成型,开孔髹漆,髹漆一般的三层以上,漆色有红、黑,有的黑地上用红漆绘几何纹样。有的几何纹样虽不多,但图案却有稀疏大小之别。"[③]出土马胄由整块皮革模压而成,弧度贴合马面形态,耳目和鼻部留有穿孔,眉部外凸。顶部正中"压成圆涡纹","其间填以金黄色粉彩","两腮压成凸出的大块云纹状"。马胄不仅整体内外均髹黑漆,"外部又用朱漆彩绘龙兽纹、绹纹、云纹和圆涡纹""两颊凸起部位,以朱漆为地,用金黄色粉彩描绘图案。这些图案用笔纤细,异常精美"。[④]

杨泓认为,这是"遮盖辕马全身的厚重皮甲",是"由厚重的髹漆皮甲片编成"的"很完备的保护战车辕马的马甲"。[⑤] 与发掘报告所谓"骖马的防护装备"相较,似后者比较合理。但推想辕马的"胄"以及"胸、颈甲",依然是必要的装备。

---

① 许道胜、李薇:《岳麓书院秦简 0957、0970 号释文与说明》,简帛网,2010 年 11 月 3 日。

② 陈伟:《里耶秦简所见秦代行政与算术》,简帛网,2014 年 2 月 4 日。

③ 今按:推测文意,似欲说"密疏大小之别"。

④ 湖北省博物馆:《曾侯乙墓》上册,北京:文物出版社,1989 年,第 342—394 页。

⑤ 杨泓:《骑兵和甲骑具装二论》,饶宗颐主编《华学》第 3 辑,北京:紫禁城出版社,1998 年 11 月版,收入《中国古兵与美术考古论集》,北京:文物出版社,2007 年,第 155 页。

在战争形式由车战向骑战转换的历史时期，“马甲”的形制和作用也会发生若干变化。

年代更早的“甲”的发现，有宝鸡石鼓山1号西周早期墓出土的铜甲，均为“弧形薄片状，残甚”。M1：13－1残长23.5厘米、残宽19厘米；M1：13－2残长40厘米、残宽21厘米，M1：13－3“筒状，似腿部形状，疑为包裹腿部的护甲”。① 发掘简报执笔者推定所谓“包裹腿部的护甲”，应指人甲。有学者推测可能用于马的防护。从遗物尺寸看，作为马腿的“护甲”似乎也是可能的。

## 三、包山2号楚墓出土“马甲”

包山2号楚墓被判定为“公元前三、四世纪之际下葬的一座楚国贵族墓葬”。② 其中出土物包括2件“马甲”。据发掘报告，“皮革胎已腐烂，残剩漆膜。部分漆膜内残留有稀疏的毛孔。两面共髹漆二层，内髹黑漆，外髹红漆。所有甲片均有宽0.7厘米的压边，并有供编联用的孔眼，孔径0.6厘米。整甲用马胄、胸颈甲、身甲三部分组成”。马甲背面有红色漆书文字“郙公”“嬴”等。

有学者指出，“包山二号墓的下葬年代为公元前316年，是目前已经发现的少数纪年楚墓之一。其他墓葬的年代关系已经清楚，特别是四、五号墓的下葬年代为公元前290年左右，已近公元前278秦将白起拔郢之年”。③ 因年代相近，这一发现或许可以为研究岳麓书院藏秦简《数》所见“马甲”提供若干可参照信息。

包山2号楚墓马甲“身甲长150厘米，每侧宽约60厘米”，④如是战马装备，骑士身体屏蔽的部分，即其“人甲”已经予以保护的部位不必再使用“马甲”。此制作没有考虑负重量的减省，似乎是不好理解的。但是“马甲”制作之精美以及墓主地位之高贵，如背面红漆书文字有可能标示“某公”之身份等，推想此“马甲”并非实战装具，是具有一定的合理性的。当然，亦不能排除作为仪仗之车系驾马匹的防护方式的可能。

## 四、有关“马甲”“马铠”的历史记录

历史文献有关“马甲”使用的文字，较早见于汉末至魏晋战争史的记录。

---

① 石鼓山考古队：《陕西宝鸡石鼓山西周墓葬发掘简报》，《文物》2013年第2期。

② 彭浩、刘彬徽、胡雅丽、刘祖信：《包山楚简文字的几个特点》，湖北省荆沙铁路考古队：《包山楚墓》上册，北京：文物出版社，1991年，“附录”二六，第580页。

③ 湖北省荆沙铁路考古队：《包山楚墓》上册，第345页。

④ 湖北省荆沙铁路考古队：《包山楚墓》上册，第219—223页。

《三国志》卷27《魏书·王昶传》记载，王昶往江陵击孙吴，“贼大将施绩夜遁入江陵城，追斩数百级。昶欲引致平地与合战，乃先遣五军案大道发还，使贼望见以喜之，以所获铠马甲首，驰环城以怒之，设伏兵以待之。绩果追军，与战，克之”。① 所谓“铠马甲首”，似与我们讨论的“马甲”有关。《晋书》卷44《卢钦传》写道：“武帝受禅，以为都督沔北诸军事、平南将军、假节，给追锋轺卧车各一乘、第二驸马二乘、骑具刀器、御府人马铠等，及钱三十万。”既称“人马铠”，语义已经比较明确。

《晋书·石虔传》记载：“斩首七千级，俘获万人，马数百匹，牛羊千头，具装铠三百领。”《晋书·桓伊传》也写道：“初，伊有马步铠六百领，豫为表，令死乃上之。表曰：‘臣过蒙殊宠，受任西藩。淮南之捷，逆兵奔北，人马器铠，随处放散。于时收拾败破，不足贯连，比年营缮，并已修整。今六合虽一，余烬未灭，臣不以朽迈，犹欲输效力命，仰报皇恩。此志永绝，衔恨泉壤。谨奉输马具装百具、步铠五百领。并在寻阳，请勒所属领受。’”②所谓“马步铠六百领”，即“马具装百具、步铠五百领”，由此可知前引《石虔传》“具装铠”，也应当就是“马铠”。

南北朝时期，“马甲”“马铠”的使用已经相当普及。《魏书·蠕蠕列传》：“诏赐阿那瓌细明光人马铠二具，铁人马铠六具。”③《北史·蠕蠕列传》：“诏赐阿那瓌细明光人马铠一具，铁人马铠六具。”④《隋书·行志下》：“仁寿四年，龙见代州总管府井中。其龙或变为铁马甲士弯弓上射之象。”《隋书·李景传》：“有龙见，时变为铁马甲士。”⑤《北史·李景传》也有同样的记载。⑥ “人马铠二具，铁人马铠六具”并说，后者明确强调“铁”，说明亦有其他质料的“人马铠”。很可能是皮质“铠”。而“铁马甲士”称谓，亦体现铁甲用于战马的普遍。

五代时期可见有关“马甲”的记载。《旧五代史·汉书一·高祖刘知远纪上》记载：“明宗与梁人对栅于德胜，时晋高祖为梁人所袭，马甲连革断，帝辍骑以授之，取断革者自跨之，徐殿其后，晋高祖感而壮之。”⑦《新五代史·汉本纪·高祖刘知远》也写道：“昔晋高祖俱事明宗为偏将，明宗及梁人战德胜，晋高祖马甲断，梁兵几及，知远以所乘马授之，复取高祖马殿而还，高祖德之。”可知“马甲”连缀以“革”。当时“人马铠甲”还有以贵金属“组绣”装饰的情形，以“耀日”之“光”，形成对敌军的精神威慑。⑧ 如《新五代史·唐臣传·周德威》：

---

① 《三国志》，北京：中华书局，1959年，第749页。
② 《晋书》，北京：中华书局，1974年，第1255、1944、2119页。
③ 《魏书》，北京：中华书局，1974年，第2300页。
④ 《北史》，北京：中华书局，1974年，第3260页。
⑤ 《隋书》，北京：中华书局，1973年，第669、1530页。
⑥ 《北史》，第2604页。
⑦ 《旧五代史》，北京：中华书局，1976年，第1322页。
⑧ 类似形式，较早有《后汉书》卷87《西羌传》关于羌人暴动的记载：“时羌归附既久，无复器甲，……或执铜镜以象兵。”

“景仁所将神威、龙骧、拱宸等军，皆梁精兵，人马铠甲饰以组绣金银，其光耀日，晋军望之色动。”①

宋代仪仗形式和军事生活中多见“马甲”装备。《宋史·仪卫志六》的记述比较具体：“甲骑具装，甲，人铠也；具装，马铠也。甲以布为里，黄絁表之，青绿画为甲文。红锦褖，青絁为下裙，绛韦为络，金铜鈌，长短至膝。前膺为人面二，自背连膺，缠以锦腾蛇。具装，如常马甲，加珂拂于前膺及后鞦。”②《宋史·兵志九》：“自今诸军各予铠甲十、马甲五，令迭披带。”《宋史·兵志十一》：“诏：‘马甲曩用黑髹漆，今易以朱。’”“马甲”已经是“军士”“随身军器”，亦被看作通常“器械”，“靖康初，兵仗皆阙，诏书屡下，严立赏刑，而卒亦无补。时通判河阳、权州事张旗奏曰：‘河阳自今春以来，累有军马经过，军士举随身军器若马甲、神臂弓、箭枪牌之类，于市肆博易熟食，名为寄顿，其实弃遗，避逃征役。拘收三日间，得器械四千二百余物。”然而很可能质量十分精良的“马铠”，作为“内帑珍异”储备。《辽史·耶律吼传》：“既入汴，诸将皆取内帑珍异，吼独取马铠，帝嘉之。”③为了保证骑兵轻捷的机动能力，曾经装备“轻甲”，采用皮质材料。《宋史·毕再遇传》：“更造轻甲，长不过膝，披不过肘，兜鍪亦杀重为轻，马甲易以皮，车牌易以木而设转轴其下，使一人之力可推可擎，务便捷不使重迟。”④

辽兵制，“马甲”有“皮铁”二种。《辽史·兵卫志上》：“辽国兵制，凡民年十五以上，五十以下，隶兵籍。每正军一名，马三匹，打草谷、守营铺家丁各一人。人铁甲九事，马鞯辔，马甲皮铁，视其力；弓四，箭四百，长短枪、䤬𨱎、斧钺、小旗、锤锥、火刀石、马盂、粆一斗、粆袋、搭钅毛伞各一，縻马绳二百尺，皆自备。”⑤

《金史·仪卫志二》有关仪仗制度的内容中，说到“人马甲”，“铁甲、兜牟、红背子、剑、绯马甲”“皂皮人马甲”“铁人马甲”“绿皮马甲”“黑马甲全”“马甲”“甲马”。前句“绯马甲”“皂皮人马甲”与“铁甲”并说，又可见“铁人马甲”“马甲”的说法，可知皮质“马甲”也是使用的。⑥

---

① 《新五代史》，北京：中华书局，1974 年，第 99 页，第 260 页。

② “时范质为大礼使，以卤簿清游队有甲骑具装，莫知其制度，以问于谷。谷曰：‘梁贞明丁丑岁，河南尹张全义献人甲三百副、马具装二百副。其人甲以布为里，黄絁表之，青绿画为甲文，红锦绿青絁为下裙，绛韦为络，金铜玦，长短至膝。前膺为人面二目，背连膺缠以红锦腾蛇。马具装盖寻常马甲，但加珂拂于前膺及后秋尔。庄宗入洛，悉焚毁。’质命有司如谷说，造以给用。”可以对照理解。《宋史》卷二六九《陶谷传》：北京：中华书局，1977 年，第 9237—9238 页。

③ 《辽史》，北京：中华书局，1974 年，第 1258 页。

④ 《宋史》，北京：中华书局，1977 年，第 3470、4854、4919、4921、9237—9238、12187 页。

⑤ 《辽史》，第 397 页。

⑥ 《金史》，北京：中华书局，1975 年，第 932、939、951—952 页。

# 五、杨泓有关战马装具史的创论

兵器史及军事装备史研究大家杨泓曾经全面考察了“防护战马的‘装具’铠”出现和普及的历程。他写道：“‘射人先射马’，骑兵丧失了战马，就难以进行有效的战斗了，因此有必要对战马施加防护装具。在汉代只有皮革制成的‘当胸’，到了曹魏以后才开始出现了马铠——具装，已是十六国时的产品，在南北朝时成为骑兵部队普遍拥有的装备。”这正与前引史籍文献提供的史料信息大体一致。杨泓说：“因此，在十六国南北朝时期的坟墓里，常常放置有模拟甲骑装具的陶俑。”他指出，“用草厂坡一号墓的一组骑兵俑，①和比它早约六百年的杨家湾汉墓的骑兵俑相比”，可以看出“显著的不同”，其中突出的一点，“是战马全身披着马铠——具装”。这是“我国古代的骑兵又发展到了一个新的阶段”的重要“标志”。“当时骑兵的主力是人、马都披铠甲的重装骑兵——甲骑装具。甲骑装具大量涌现在战争舞台上，正反映了当时以部曲私兵为军队核心力量的制度，这正是从东汉末年开始，经魏晋十六国到南北朝时期，这种世族门阀制度和氏族军事组织结合在一起的产物。”据杨泓结合考古文物资料的研究，“防护战马的具装铠，披系在战马身上以后，除了眼睛、鼻子、四肢和尾巴以外，其余的部分完全可以得到铠甲的保护”“一直到隋代，甲骑装具都是军队的核心。铠甲的质料有皮革制成的，也有用钢铁锻制的，一般是人铠和马具装配套，人披皮甲，马具装也用皮质；人披钢铠，马具装也用铁制，而且颜色也是一致的”。② 对照史籍记载，大概“一般是人铠和马具装配套，人披皮甲，马具装也用皮质；人披钢铠，马具装也用铁制”的情形确实也并不形成绝对的规律。我们确实看到，前引《宋史》所谓“马甲易以皮”，《辽史》所谓“人铁甲九事，马鞯辔，马甲皮铁，视其力”，都说明了这一情形。

基于对军事史的熟悉，杨泓分析了战国末年骑兵在战争中的作用。他指出，这时骑兵已有了较适用的铠甲，但是缺乏保护战马的装具，虽然在先秦时已有很完备的保护战车辕马的马甲，由厚重的髹漆皮甲片编成，在随县曾侯乙墓中曾有实物出土。③ 但是这种遮盖辕马全

---

① 原注：陕西省文物管理委员会：《西安南郊草厂坡村北朝墓的发掘》，《考古》1959 年第 6 期。

② 杨泓：《骑兵和甲骑具装》，《文物》1977 年第 10 期。收入《中国古兵器论丛》，北京：文物出版社，1980 年，第 94—104 页；《中国古兵器论丛》（增订本），北京：中国社会科学出版社，2007 年；《中国古兵与美术考古论集》，北京：文物出版社，2007 年，第 146 页。杨泓还指出，“人和马都披上了铠甲，增强了保护自己的能力，提高了战斗力。尤其是对付那些没有铠甲的步兵，就可以比较容易地取得胜利。但是，有一利也有一弊。沉重的铠甲，加重了战马的负担，使它难于持久战斗，而且由于负重而行动迟缓，在一定程度上还会失去了骑兵拥有的轻捷迅速的特点。”

③ 原注：“湖北省博物馆：《曾侯乙墓》，北京：文物出版社，1989 年，第 342—349 页”。

身的厚重皮甲，完全不合于骑兵战马的作战要求，而且因为缺乏真正的马鞍和马镫，更无法使身披铠甲的战士能控御同样披有铠甲的战马，那只有等到约五个世纪以后，高马鞍和马镫都已被使用，人和战马都披有铠甲的重装骑兵的身影，才出现在中国古代战场上，开始了一个以重装骑兵——甲骑装具为军队主力兵种的新的历史阶段。

杨泓是在《骑兵和甲骑具装二论》中提出这一认识的。然而他也注意到了三国时期关于"马铠"的两例文献资料。即《太平御览》卷三五六《兵部·甲下》引录曹操和曹植的两种文书："《魏武军策令》曰：'袁本初铠万领，吾大铠二十领。本初马铠三百具，吾不能有十具。见其少，遂不施也。吾遂出奇破之。是时士卒练，不与今时等也。'""《曹植表》曰：'先帝赐臣铠黑光、明光各一具，两当铠一领，炎炼铠一领，马铠一领。今世以升平，兵革无事，乞悉以付铠曹。'"①杨泓以为，这是当时"颇希罕的装具"。②

推想曹植所说的"明光""铠"，实战中可能可以产生前引《新五代史》所说"人马铠甲""其光耀日"，以致使敌军"望之色动"的效应。

## 六、甲骑装具史的新认识

现在看来，岳麓书院秦简《数》所见"马甲"如果是战骑装具，则"保护战马的装具"的出现年代，可以提前。如果秦军骑兵部队装备"马甲"，其战斗力可以得到新的理解。秦的甲胄被研究者看作构成"秦统一六国的物质基础"的条件之一，③"马甲"的特殊意义自然也值得重视。如此，则"甲骑装具"与"以部曲私兵为军队核心力量的制度"存在确定关系，"是从东汉末年开始，经魏晋十六国到南北朝时期，这种世族门阀制度和氐族军事组织结合在一起的产物"的意见，似乎也应当予以修正。

岳麓书院秦简《数》所见"马甲"是战骑装具的推测，有这样的认识基础，即假若此"马甲"是战车系驾马匹使用，则杨泓所谓"辕马"和《曾侯乙墓》执笔者所谓"骖马"的装具不必相同，而左右"骖马"的装具也不必相同。而岳麓书院藏秦简《数》简文说到"马甲"的价格，似只有一种统一的数字，即："马甲一，金三两一垂，直(值)钱千九百廿。"

---

① 《太平御览》卷三五六《兵部·甲下》引《魏武军策令》《曹植表》，文渊阁《四库全书》，北京：中华书局，上海涵芬楼影印宋本1985年10月复制重印本，第2册第1636页。"士卒练"作"士卒精练"，"炎炼铠"作"环鏁铠"。

② 杨泓：《骑兵和甲骑具装二论》，饶宗颐主编《华学》第3辑，北京：紫禁城出版社，1998年，收入《中国古兵与美术考古论集》，北京：文物出版社，2007年，第149—161页。

③ 石子政：《秦律赀罚甲盾与统一战争》，《中国史研究》1984年第2期；张卫星、马宇：《秦甲胄研究》，西安：陕西人民出版社，2004年，第392页。

当然,提出这样的推断,还应当解决杨泓所提出的问题:“因为缺乏真正的马鞍和马镫”,则“无法使身披铠甲的战士能控御同样披有铠甲的战马”。杨泓说,“只有等到约五个世纪以后,高马鞍和马镫都已被使用,人和战马都披有铠甲的重装骑兵的身影,才出现在中国古代战场上,开始了一个以重装骑兵——甲骑装具为军队主力兵种的新的历史阶段”。但是他又是明确认可《太平御览》卷三五六引《魏武军策令》所谓“本初马铠三百具,吾不能有十具”以及《曹植表》所谓“先帝赐臣……马铠一领”的历史真实性的。即使这确实是当时“颇希罕的装具”,如果真的“因为缺乏真正的马鞍和马镫”,则“无法使身披铠甲的战士能控御同样披有铠甲的战马”,那么袁绍和曹操的部队则不可能装备“马铠”,曹操也不可能将“马铠”赐予爱子曹植,让他面对战场骑乘危险。看来,“马甲”“马铠”与“真正的马鞍和马镫”的关系,也许并不构成必须共同使用的组合条件。当然,早期“马镫”的发现,也不能排除今后获得考古新的出土信息的可能。①

早期“马甲”“马铠”可能确实设计制作尚不完备,如杨泓所说,“结构完善的马铠——具装,已是十六国时的产品,在南北朝时成为骑兵部队普遍拥有的装备”。但是,在岳麓书院秦简《数》书写的时代,“马甲”有确定价位,并列入司法知识体系,成为“赎死”的标定价值单位。“马甲”应当已经较为普遍地使用,其形制大致规范,并且已经为当时社会至少应用《数》这种文书的社会层面以上的人们所熟悉。从这一角度考虑,作为“甲骑装具”而非战车系驾马匹的防护装备的可能性也比较大。当然,要印证这种推定,还有待于考古新资料的发现。

本文撰写,得到北京大学历史学系朱凤瀚教授的提示和长春师范大学韩钢、中国人民大学孙闻博的帮助,谨此致谢。

(原文载《考古与文物》2015 年第 4 期)

① 参看王子今:《木镫试论——骑具发展史中一种特殊形态的考察》,西北大学考古学系、西北大学文化遗产与考古学研究中心编:《西部考古》第 1 辑,西安:三秦出版社,2006 年,第 370—378 页。

# 从岳麓书院藏秦简《数》看上古时代盈不足问题的发展

◎ 邹大海(中国科学院自然科学史研究所)

盈不足方法是中国古代一项非常重要且有世界意义的数学成就。中国传统数学最重要的经典《九章算术》(以下简称《九章》)的第七章名“盈不足”,专门介绍它的各种形式及其用法,这是传世文献关于盈不足方法的最早记录。钱宝琮认为《九章》的成书在东汉,其第八章“方程”已用到的负数未出现在“盈不足”章中,主张“盈不足”章的写成在东汉以前。① 而按刘徽注《九章》序的说法,《周礼》“九数”是《九章》的前身,②郑众解释的“九数”中有“赢不足”,③“赢”“盈”相通,“赢不足”当即“盈不足”,那么盈不足不只在东汉以前,而应该在西汉以前甚至先秦就已产生。而如果按刘徽关于《九章》最后成书于耿寿昌的说法(这也是现在主流的看法,论证也最为充分),④则盈不足在西汉后期偏早的公元前1世纪中叶已经形成系统的知识,其产生时代自然更早。出土文献为我们追溯盈不足的渊源和检验刘徽的记载提供了判据。

1983年底至1984年初湖北江陵张家山247号墓出土的《算数书》中有盈不足类问题,墓主约于公元前186年去世,⑤盈不足方法的下限据此可推到公元前2世纪。⑥ 笔者曾指出《算数书》没有出现盈不足术的完整表达,其盈不足问题的解法应看成是此前已有盈不足方

---

① 钱宝琮:《中国古代数学史话》,北京:中国青年出版社,1957年,第8、30页。

② 郭书春汇校:《九章筭术新校》,合肥:中国科学技术大学出版社,2014年,第3页。

③ 孙诒让:《周礼正义》,北京:中华书局,1987年,第1010页。

④ 邹大海:《秦汉量制与〈九章算术〉成书年代新探——基于文物考古材料的研究》,《自然科学史研究》2017年第3期。

⑤ 张家山二四七号汉墓竹简整理小组:《张家山汉墓竹简(二四七号墓)》,北京:文物出版社,2001年,“前言”,第1页。

⑥ 彭浩:《中国最早的数学著作〈算数书〉》,《文物》2000年第9期。

法的应用或变通，[①]后又将《九章》和《算数书》中有关盈不足问题的材料相结合，再参考其他文献，对上古时代盈不足方法进行一个较为系统的考察，为它出现在先秦的观点提供了支持。[②] 现在又有多种新出现的秦简数学著作，其中岳麓书院藏秦简《数》和北京大学藏秦简《算书》甲种都发现有盈不足问题，为考察其早期发展提供了不可多得的素材。由于北大秦简《算书》目前只公布了零星的材料，[③]本文主要利用《数》讨论盈不足问题的早期发展。

## 一、《九章》中盈不足问题的类型

为便于讨论，本文先对《九章》盈不足问题的类型做一简单的介绍。[④]“盈不足”章共有20个问题，其中前面8个问题本身是典型的盈不足问题，直接套用3种盈不足方法中的一种求解；后12个问题中有11个显然是通过变通化为盈不足问题后，再用盈不足方法来求解的；还有一个问题（第15题）则是否用盈不足方法求解，值得再做讨论。

前8个题目都具有如下的形式：

设有若干个（家）人一起出钱买某项物品，已知每人（每家）出钱数为 $a_1$ 时，总钱数比该物品的价钱盈（多余）或不足 $b_1$ 钱，或恰好够买该物品；而每人（家）出钱数为 $a_2$ 时，就不足或盈 $b_2$ 钱，或恰好够买该物品。问该物品的价钱、一起购买该项物品的人数（家数）分别是多少？

这8个题目分为3组，每组对应盈不足方法的一种类型。第1—4题都属于同一类型：两次每人（家）出钱数分别导致一个盈数和一个不足数，我们不妨称之为一盈一不足型。前3个问题都只有答案不列方法，而在第4个问题的答案之下列有共同的方法：

> 盈不足术曰：置所出率，盈、不足各居其下。令维乘所出率，并以为实。并盈、不足为法。实如法而一。有分者，通之。盈不足相与同其买物者，置所出率，以少减多，余，以约法、实。实为物价，法为人数。

---

① 邹大海：《初观〈算数书〉》，《中国文物报》，2001年3月4日，第7版。邹大海：《出土〈算数书〉初探》，《自然科学史研究》2001年第3期。后来，古克礼（Christopher Cullen）亦注意到《算数书》中有关“分钱”条的解法不完整。Cullen C：*The Suàn shù shū* 筭数书‘*Writings on reckoning*’：*A translation of a Chinese mathematical collection of the second century BC*, *with explanatory commentary*, Cambridge：Needham Research Institute，2004，p.81.

② 邹大海：《从〈算数书〉盈不足问题看上古时代的盈不足方法》，《自然科学史研究》2007年第3期。

③ 重印按语：北大秦简已于2023年5月由上海古籍出版社出版，其中关于盈不足问题的内容支持本文的结论。

④ 这一介绍参考了拙文《从〈算数书〉盈不足问题看上古时代的盈不足方法》而有所调整。

其一术曰：并盈不足为实。以所出率以少减多，余为法。实如法得一人。以所出率乘之，减盈、增不足即物价。①

《九章》把每人（家）出钱数 $a_1$、$a_2$ 称为所出率，$b_1$ 和 $b_2$ 分别称为盈和不足，所给出的解法称为盈不足术。此术可以用现代的方式表示如下：

用算筹摆放数字阵：$\begin{matrix} a_1 & a_2 \\ b_1 & b_2 \end{matrix}$，把对角线上的数分别相乘，其和作为被除数，称为实：

$$a_1b_2+a_2b_1\cdots\cdots\cdots\cdots(1),$$

再把 $b_1$ 和 $b_2$ 相加，作为除数，称为法：

$$b_1+b_2\cdots\cdots\cdots\cdots\cdots\cdots(2)。$$

实除以法（“实如法而一”），

$$(a_1b_2+a_2b)\div(b_1+b_2)\cdots\cdots(3),$$

《九章》没有说明此商的含义。据刘徽对第 9 题的注释，它是“不盈不朒之数”，也就是使得所出总钱数比物价不多不少的每人（家）出钱数。

求两次假设的每人（家）出钱数（所出率）之差，作为除数，亦称为法：

$$a_1-a_2\cdots\cdots(4)。$$

上面所得的实（1）和法（2）分别除以此法，得到：

$$物价=(a_1\ b_2+a_2\ b_1)\div(a_1-a_2)\cdots\cdots\cdots\cdots(5),$$

$$人数(家数)=(b_1+b_2)\div(a_1-a_2)\cdots\cdots\cdots\cdots\cdots\cdots(6)。$$

之后，《九章》又给出了另一个算法：先按公式（6）求出钱的人数或家数，然后用 $a_1$、$a_2$ 分别乘之，再减去盈钱数 $b_1$ 或加上不足钱数 $b_2$，都得到该物的价钱：

$$[(b_1+b_2)\div(a_1-a_2)]\times a_1-b_1=[(b_1+b_2)\div(a_1-a_2)]\times a_2+b_2\cdots\cdots\cdots\cdots(7)。$$

“盈不足”章第 5 题两次假设（$a_1$、$a_2$）都导致盈数（$b_1$、$b_2$），第 6 题则两次假设（$a_1$、$a_2$）都导致不足数（$b_1$、$b_2$）。这被归为同一类型，可称两盈两不足型。在后一问题下有统一的术文。其方法相当于：与上面的一盈一不足型相对应，

$$实=|a_1b_2-a_2b_1|,法=|b_1-b_2|,$$

$$每人(家)应出钱数=|a_1b_2-a_2b_1|\div|b_1-b_2|\cdots\cdots\cdots\cdots\cdots\cdots(8),$$

① 郭书春汇校：《九章算术新校》，第 287—288 页。

$$物价=|a_1b_2-a_2b_1|\div|a_1-a_2| \cdots\cdots(9),$$

$$人数=|b_1-b_2|\div|a_1-a_2| \cdots\cdots(10)。$$

另有一种方法求物品价钱:

当 $b_1$、$b_2$ 都为盈时,

$$物价=(|b_1-b_2|\div|a_1-a_2|)\times a_1-b_1=(|b_1-b_2|\div|a_1-a_2|)\times a_2-b_2\cdots\cdots(11),$$

当 $b_1$、$b_2$ 都为不足时,

$$物价=(|b_1-b_2|\div|a_1-a_2|)\times a_1+b_1=(|b_1-b_2|\div|a_1-a_2|)\times a_2+b_2\cdots\cdots(12)。$$

上述公式采用绝对值记号是为便于现代人理解的符号表示法,它仅反映古人是从较大数中减以较小数("以少减多"),并非意味着古人有绝对值的概念,下同。

"盈不足"章第 7 题的两次假设中一次(假设 $a_1$)导致盈数($b_1$),一次(假设 $a_2$)导致适足(不多不少);第 8 题则一次(假设 $a_1$)导致不足数($b_1$),一次(假设 $a_2$)导致适足。两种情况被归为一种类型,可称为一适足型,第 8 题答案之后统一给出了术文。术文相当于:对于盈适足的情形,$a_1>a_2$:

$$人数=b_1\div(a_1-a_2)\cdots\cdots(13);$$

$$物价=[b_1\div(a_1-a_2)]\times a_2\cdots\cdots(14)。$$

对于不足适足的情形,$a_1<a_2$:

$$人数=b_1\div(a_2-a_1)\cdots\cdots(15);$$

$$物价=[b_1\div(a_2-a_1)]\times a_2\cdots\cdots(16)。$$

由于使出钱总数不多不少的每人(家)出钱数即已知的导致适足的每人(家)出钱数,所以此术中没有对应于式(3)的计算方法。

对于其他种类的算题,古人做两次假设得到相应的盈、不足之数(或适足的情形),转化成以上几种盈不足问题中的一种类型,用上述方法来求解。"盈不足"章的大部分都是这种算题,这是很自然的,毕竟实际问题的情境丰富多变。我们发现,在出土算书中,典型盈不足问题的数量只占很少一部分,大部分盈不足问题都是通过做两次假设转化为典型盈不足问题后,再用盈不足方法求解的。下面我们参照《九章》"盈不足"章的问题和方法类型,对《数》中盈不足问题进行校释,在此基础上讨论早期盈不足问题的特点和这类知识的发展。

# 二、岳麓秦简《数》的盈不足问题

岳麓书院藏秦简《数》，是湖南大学岳麓书院从香港文物市场收购的一批秦简中的一部数学著作。这批秦简中的最晚纪年是公元前212年，整理者认为《数》的形成不晚于此年。① 关于岳麓秦简《数》的盈不足问题，整理者清理出13个编号的简和3个残片，其中11个编号简和3个残片拼合成4个算题，2枚编号简失去上下文，但被整理者据残文推测其内容属于盈不足问题。由于《数》保存得并不好，原书具体有多少个问题不清楚，但应不会佚失很多。这4个算题是：

1. 赢不足。三人共以五钱市，今欲赏(偿)之，问人之出几可(何)钱？得曰：人出一钱三分钱二。其述(术)曰：以赢、不足互乘母　0413

2. 凡以赢不足有(又)求足，耤之，曰：貣(贷)人钱三，今欲赏(偿)米，斗二钱，赏(偿)一斗，不足一钱，〔赏(偿)二斗〕☑　0920

   ☑有(又)赢一钱，即直(置)一斗、二斗，各直(置)☑　C410104

   赢、不足其下，以为子₌，(子)互乘母，并以为貣(实)，而并赢、不足以为法，如法一斗半。　0790

3. 米一斗五钱，叔(菽)五斗一钱，今欲以一钱买二物，各得几可(何)？曰：米得一升三分升二，叔(菽)得八升三分升一。术(術)以　0499

   赢不足求之。☑　0026

4. ☑ 斗九钱，桼十☑　C020107

   ☑七钱，叔(菽)十斗☑　2197

   ☑斗，用八钱，问各几可(何)？曰：稻六斗　0799

   ☑〔术〕曰：直(置)稻九，不足一其下，桼七，直(置)赢☑　2198

   ☑一其下，叔(菽)五，直(置)赢三其下，桼不足☑　2179

   ☑乘桼七，同之卅，为稻貣(实)，以叔(菽)三乘叔(菽)五∟，十五为桼貣(实)，以稻不足一乘叔(菽)五为貣(实)，同赢　0496

   不足☑　C100108

   ☑五以为法，如法各得一斗。　0497

2枚失去上下文的残简是：

---

① 朱汉民、陈松长：《岳麓书院藏秦简(贰)》，上海：上海辞书出版社，2011年，“前言”，第1页。

5. ▨不足以为法，如法而得一钱。　0905

6. ▨一述(术)曰，以七十钱为法，以三钱乘▨　1655①

简文后的印度-阿拉伯数码表示竹简的编号。可以看出，前4条各为一个算题。第1题的现存文字在一枚简上，术文不完整，当有一记有余下术文的缺失简。第2、4题是完整的(不考虑残损)。第3题术文中的“赢不足求之”记第0026号残简上，但在“之”字后还存有2至3字的空白，②所以术文很可能到此结束，故此题很可能也是保存完整的。第5条的“不足”说明很可能是盈不足问题，第6条可能是也可能不是，存疑。后两条可供讨论的空间不多，我们关注前4条。

## 1. 化简为繁的盈不足问题

前两条可以归为一类，都是用更复杂的盈不足方法解决非常简单的除法问题。

第1个问题前面的标题“赢不足”标识它是盈不足问题。这个问题本来非常简单，就是3个人共出5钱，求每人出多少钱。这只要用5钱除以3即可。可是古人却用盈不足术求解。可惜术文不完整，不能直接反映古人的具体算法。不过，我们可以从第2题的术文得到启发。尤其值得注意的是，利用盈不足术求解，必须先有两次假设的人均出钱数，然后才可以套用此术来求解，而第1条的术文不先做假设，而是先直接给出盈不足的术文，这显然不能对问题有针对性。笔者推测，一种可能性是此题的术文是先写一般性术文，然后再做两次假设，得到赢、不足两个数，最后套用此前的术文来求解。另一种可能性是，原题先有两次假设得到赢、不足两个数，然后才给出盈不足方法的术文；但从原题流传到《数》中这个问题的过程中，某个环节的传抄出现了文字脱落，脱落文字包括“并以为实，并赢、不足以为法”，也可能还包括“如法一钱”。此题虽然术文缺失，没有明确表达出两次假设后产生的结果，但显然由术文残存文字“赢、不足互乘母”可以推断它是一盈一不足型问题。

第2题有因竹简残断而缺失之文，整理者据上下文和残痕做了校补，是正确的。题首“凡以赢不足有求足”，说明作者意在提供由盈、不足两种情况下的已知数据，求“适足”之数的一类方法，其中“凡”字强调了方法的普遍意义。作者是通过一个有具体数据的问题来表达这个方法的。这个问题是说，向某人借了3钱，现在不还钱而还米，米的单价为每斗2钱，要求应还多少米。这跟第1题一样简单，本来也只要以2除3即得答案。但作者也不直接用除法，而是用盈不足术求解。他先是假设还米1斗，则只相当于2钱，因而比所借之款3

---

① 萧灿：《岳麓书院藏秦简〈数〉研究》，北京：中国社会科学出版社，2015年，第120—126页。括号内的文字系注明通假，或重文符号代表的字。下引《算数书》原文亦如此。

② 朱汉民、陈松长：《岳麓书院藏秦简(贰)》，第147页。

钱不足 1 钱；再假设还 2 斗，则相当于 4 钱，因而比所借之款 3 钱赢（盈）1 钱。然后，他就可以套用盈不足方法求解。

术文“各直赢、不足其下，以为子，子互乘母，并以为实”明确提到以赢数、不足数作为子，“子互乘母”；而第 1 题中术文的残文也是“以赢、不足互乘母”，由这种一致性可见第 1 题中的赢数、不足数也应视为子。这证明了我们以前对《算数书》盈不足问题中“子”之所指的判断：把赢（盈）数、不足数称为子、把假设数称为母。①

第 2 题求解的具体做法是先用算筹摆放假设的 1 斗、2 斗（实际只用算筹摆放 1、2，单位斗并不表示出来），它们的下面分别摆放赢（盈）数 1（钱）、不足数 1（钱）。然后两子、两母交叉相乘，所得两积求和作为被除数，如（1）式，赢数与不足数求和作为除数，如（2）式，相除得到应还米数为 1 斗半，②如（3）式。

第 1、2 两题本是简单的除法问题，而且还都是整数除法，《数》却要用盈不足方法，真是迂回曲折。值得注意的是，盈不足方法的使用中，最后步骤也是做除法，第 2 题中此步骤的除法甚至与直接求解所做的除法完全相同，都是 $3\div2$。这说明用盈不足术并不是为了避免四则运算中相对较难的除法。所以，无论从何种意义上讲，这两个问题的作者用盈不足方法求解都是舍近求远。因此，他们这样做的目的绝不在于说明如何解决具体问题，而是在于说明如何使用盈不足方法。换一个角度看，这表明了盈不足方法在当时的重要性和广泛适用性。

## 2. 取极端假设值的盈不足问题

第 3 题已知米的单价为每斗 5 钱，菽的价格为 5 斗才 1 钱，即单价为每斗 $\frac{1}{5}$ 钱。要用 1 钱去同时买这两种东西，问每种东西各买了多少？题文中没有给出所买米、菽的总量。如果用 1 钱全部买米，所得米为 $(1\div5)$ 斗 $=\frac{1}{5}$ 斗，即 2 升；如果全部买菽，所得菽为 5 斗。那么，只要所买米的数 $x$ 在 $\frac{1}{5}$ 斗（即 2 升）之内，就可以算出所买菽的数量为 $y=(1-5x)\times5$ 斗 $=5(1-$

---

① 邹大海：《从〈算数书〉盈不足问题看上古时代的盈不足方法》。有如此称谓的原因应该是，盈数和不足数是式（3）（5）和（6）中分子的组成部分，故称之为子；假设数是计算式（5）（6）中分母时所用的基本数据，故称之为母。本来在计算式（3）中分母时，也用到赢数和不足数，但由于这两个数已被称为子了，所以就不再称为母。

② 原文为“如法一斗半”，是“实如法而一，得一斗半”的省略，意思是用实除以法（做“实如法而一”的运算），得到结果一斗半。日本的中国古算书研究会认为“半”为衍字，实为误解。其说见：中國古算書研究会編：「嶽麓書院藏秦簡『數』訳注」，京都：朋友書店，2016 年，第 188 頁。

$5x$)斗。这样的米、菽数量有无穷多时,用不到盈不足术来求解。而答案给出的米、菽之数的和正好是1斗,所以整理者在"买二物"之后校补"共一斗",是不错的校勘。当然,也有可能原文省略"共"字。校补后,此题就由不定问题变成了定解问题,与题中给出唯一的答案相一致。

值得注意的是,根据前面的考察,此题术文只有"术以赢不足求之"几字,没有更多的文字。这提示了两点:一是这个问题古人是用盈不足术来求解的,所以在具体的解题过程中,作者一定会先做两次假设得到赢数和不足数,然后套用盈不足术求解。二是作者无意写出利用盈不足术求解过程的具体步骤和细节,这说明编作者认为前面已经交代了这类算法的步骤和具体细节,假设读者已经学会了这种方法的运用,不必再做重复。那么古人到底是怎么做假设,然后如何使用盈不足方法求解的呢?

肖灿采用每次假设要么全为米,要么全为菽;郭书春则提出可以做任意的假设数。① 单就解决这一问题而言,当然是可以做任意假设数的(但要在0到总数10斗之间),但这往往会使得解题的步骤和计算比较复杂。对此,我们可以将它与《算数书》中的"米出钱"条相对照:

> **米出钱** [1]粺米二斗三钱,粝米三斗二钱。今有粝、粺十斗,卖得十三钱,问粝、粺各几何?曰:粺七斗五分三,粝二斗五分二。术曰:令偕(皆)粺也,钱赢二;令偕(皆)粝也,钱不足六钱少半。同赢、不足以为法,以赢乘十斗为粝,以不足乘十斗为粺,皆如法一斗。[2]米斗一钱三分钱二,黍斗一钱半钱,今以十六钱买米、黍凡十斗,问各几何?用钱亦各几何?得曰:米六斗、黍四斗,米钱十、黍钱六。术曰:以赢(盈)不足,令皆为米,多三分钱二;皆为黍,少一钱。下有三分,以一为三,命曰多二少三,并多而少为法,更异直(置)二、三,以十斗各乘之,即贸其得,如法一斗。②

这一条含有两个部分,各为一个题目及其解法,我们加入"[1]"和"[2]"做区分。这两个题目的题设并没有出现盈和不足这样的条件,而是在解法中做两次假设,得到盈和不足两个数,从而把问题化为盈不足问题,再用盈不足术求解。

两个问题在做假设时,每个问题的两次假设都取极端值(每种粮食可能的最大值),实际可以理解为4次假设。例如第1个问题:假设都是粺(10斗)时有盈钱数2,就意味着粝不取值(按现代的说法即取值为0)③会导致盈钱数2;假设都是粝(10斗)时有不足钱数$6\frac{1}{3}$,就意味着粺不取值(取值为0)会导致不足钱数$6\frac{1}{3}$。所以两次假设可以理解为针对

---

① 萧灿:《岳麓书院藏秦简〈数〉研究》,第123页。

② 原文有舛误,此处引文据笔者在前人基础上所做的校勘。见邹大海:《从〈算数书〉盈不足问题看上古时代的盈不足方法》。

③ 日本中国古算书研究会在注释《数》第3题时,已把没有米、菽,理解分别为米、菽为0。见中國古算書研究会编:「嶽麓書院藏秦簡『數』訳注」,第190頁。

每种粮食各做两次假设：粺为 10 斗时盈钱 2，粺没有（取值为 0）时，不足钱 $6\frac{1}{3}$；粝没有（取值为 0）时盈钱 2，粝为 10 斗时不足钱 $6\frac{1}{3}$。这样就可以分别用盈不足方法来求解。此题的术文不仅有实和法的计算，而且有要用法除实的说明，相当于将上面的（1）、（3）两式进行变通。也就是说：求每项东西时，原来要把两个假设数与盈、不足数交叉相乘得到两个积求和作为实的，现在只算其中一个积就作为实（被除数）：那么在（3）式中做除法时，也就有相应的不同。当然，一旦确定了实，在（3）式中用实除以法，则是一样的。下面对计算过程做一解释。

第 1 题的具体的计算过程表示如下：

盈、不足求和，为法：$2+6\frac{1}{3}=\frac{25}{3}$ ……对应（2）

粝实：$10\times2=20$ ……对应（1）

粺实：$10\times6\frac{1}{3}=\frac{190}{3}$……对应（1）

粝的数量：$20\div\frac{25}{3}=\frac{12}{5}=2\frac{2}{5}$（斗）

粺的数量：$\frac{190}{3}\div\frac{25}{3}=\frac{38}{5}=7\frac{3}{5}$（斗）

第 2 个问题的计算可以套用第 1 题的方法，但因为已知条件中出现了分数，所以作者在计算过程中做了变通，下面我们把变通前后求米、黍体积的步骤分别列出，以便理解：

| 套用第 1 题方法的计算过程 | 实际变通后的计算过程 |
|---|---|
| | 盈（多）数 3 分之 2 含分母 3，把 1 作为 3，故盈数 3 分之 2、不足数 1 分别作为 2、3。 |
| 盈、不足求和，为法：$\frac{2}{3}+1=\frac{5}{3}$…… 对应（2） | $2+3=5$ |
| 米实：$10\times1=10$ …… 对应（1） | $10\times3=30$ |
| 黍实：$10\times\frac{2}{3}=\frac{20}{3}$ ……对应（1） | $10\times2=20$ |
| 米的数量：$10\div\frac{5}{3}=6$ ……对应（3） | $30\div5=6$ |
| 黍的数量：$\frac{20}{3}\div\frac{5}{3}=4$ ……对应（3） | $20\div5=4$ |

这里的变通，在把法扩大到 3 倍的同时，也把两个实都扩大到 3 倍，以法除实来求米、黍的体积，其答案跟不变通时求得的相同。这种变通，避免了后面多处出现的分数运算。

由上面的分析可知，《算数书》此条原文关于计算两种粮食（粺和粝，米与黍）的算法是完整的。但第 2 个问题所求的还有买米和黍所需要的钱数，其求法在《算数书》中没有一字涉及。因此，虽然由米和黍的多少可以计算出相应的钱数，但作为算法，《算数书》的文字却是不完整的。另外，从表述形式看，第 2 题中叙述解法的文字对法的计算是一种普遍性的描述（“同赢、不足以为法”“并多而少为法”），而描述实的计算则用到问题的具体数字（“以赢乘十斗为粝，以不足乘十斗为粺”“更异直二、三，以十斗各乘之，即贸其得”），但如果把相应的数字换为一般的用语也是成立的，所以这种方法实际也是具有普遍性的。

《算数书》此条的两个问题与上引《数》第 3 条的问题同属共买两种粮食问题——已知总钱数和所买两种粮食总数，求所买每种粮食的数量，有时还要求每种粮食所花钱数。我们认为既然《算数书》的同类问题采用做极端情况下的假设的方法，这种方法又颇为简易，而《数》之完全省略具体算法则很可能是因为算法简易的缘故，因此我们认为《数》的这个问题，也采用这种方式的可能性是比较大的。下面我们将谈到上引《数》第 4 条有更多的迹象是采用了这种做假设的方式。

因此，我们可以对照《算数书》按极端情况做假设，复原《数》第 3 条的算法如下：

假设所买 1 斗（10 升）全为米，则所需钱数为：$5\times1=5$，比已知总钱数 1 多（赢，盈）4；假设所买 1 斗（10 升）全为菽，则所需钱数为：$\frac{1}{5}\times1=\frac{1}{5}$，比已知总钱数 1 少（不足）$\frac{4}{5}$。

参照《算数书》“米出钱”条，《数》这个问题的解法可复原如下：

| 套用“米出钱”条第 1 题方法 | 实际变通后的计算过程 |
| --- | --- |
| | 不足数 $\frac{4}{5}$ 有分母 5，以 1 作为 5，则不足数为 4，盈数为 $5\times4=20$ |
| 盈、不足求和，为法：$4+\frac{4}{5}=\frac{24}{5}$ | $20+4=24$ |
| 米实：$10\times\frac{4}{5}=8$ | $10\times4=40$ |
| 菽实：$10\times4=40$ | $10\times20=200$ |
| 米的数量：$8\div\frac{24}{5}=\frac{5}{3}=1\frac{2}{3}$（升） | $40\div24=\frac{5}{3}=1\frac{2}{3}$ |
| 菽的数量：$40\div\frac{24}{5}=\frac{25}{3}=8\frac{1}{3}$（升） | $200\div24=\frac{25}{3}=8\frac{1}{3}$ |

这类问题可以视为盈不足问题中的一个特例——盈、不足中有一项是缺失的或者说是0。

## 3. 用盈不足方法求定解的不定问题

下面我们来看《数》的第4条。整理者指出,残片C020107与第2197号简、第0799号简应属于同一枚简,第2198号残简与第2179号残简可以拼缀为一枚简,残片C100108与第0497号简可以拼缀为一枚简。除第0496号简外,这个问题的其他简几乎都由残简拼缀而来,殊属不易。现存文字有残缺,但只要稍事校补,其意义就很清楚。整理者曾参考笔者的意见,提供了校补和解释方案。其校补结果是:

> [稻十]斗九钱,桼十[斗]七钱,叔(菽)十斗[五钱,今欲买三物共十]斗,用八钱,问各几可(何)? 曰:稻六斗,[桼三斗,叔(菽)一斗。述(术)]曰:置稻九,不足一其下;桼七,直(置)赢一其下;叔(菽)五,直(置)赢三其下,桼不足[一乘稻九,以叔(菽)三]乘桼七,同之,卅,为稻实;以叔(菽)三乘叔(菽)五,十五,为桼貣(实);以稻不足一乘叔(菽)五为[叔(菽)]貣(实),同赢、不足,五,以为法,如法各得一斗。①

这个题目的意思是,稻谷、桼谷和菽各10斗的价格分别为9钱、7钱和5钱。如今要用8钱买这三种物品一共10斗,问每样分别买多少?答案是稻谷、桼谷和菽分别买了6斗、3斗和1斗。这是一组确定的答数。不过,由已知条件可以推知,这其实是不定问题。下面用现代的方法考察一下:

不妨设买到的稻谷、桼谷、菽分别为$x$、$y$、$z$斗。那么有

$$x+y+z=10\cdots\cdots(17),$$

$$9x/10+7y/10+5z/10=8\cdots\cdots(18)$$

第(18)式可化为:

$$9x+7y+5z=80\cdots\cdots(19)$$

由于$x$、$y$、$z$每一个都不小于0,而它们的总和为10,所以它们之中任意一个都不大于10,即:

$$0\leqslant x\leqslant 10\cdots\cdots(1*),$$

$$0\leqslant y\leqslant 10\cdots\cdots(2*),$$

① 萧灿:《岳麓书院藏秦简〈数〉研究》,北京:中国社会科学出版社,2015年,第125—126页。

$$0 \leqslant z \leqslant 10 \cdots\cdots (3*),$$

由(17)式得：$z = 10 - y - x$，代入第(19)式，得下式：

$$4x + 2y = 30,$$

故有：$y = 15 - 2x \cdots\cdots (20)$

又有：$x = 7.5 - 0.5y \cdots\cdots (21)$

由(2＊)考察(20)得：$y = 15 - 2x \geqslant 0$，推出 $x \leqslant 7.5$，结合(1＊)得 $x$ 的取值范围：

$$0 \leqslant x \leqslant 7.5 \cdots\cdots (4*);$$

由(1＊)考察(21)得：$x = 7.5 - 0.5y \geqslant 0$，推出 $y \leqslant 15$，包含了(2＊)，所以这不能重新确定 $y$ 的取值范围。

由(17)式得：$x = 10 - y - z$，代入(19)，得：

$$10 - 2y - 4z = 0,$$

化简、移项得：$y = 5 - 2z \cdots\cdots (22)$

又得：$z = 2.5 - 0.5y \cdots\cdots (23)$

考察(22)，因为 $y = 5 - 2z \geqslant 0$，所以 $z \leqslant 2.5$，结合(3＊)，可得

$$0 \leqslant z \leqslant 2.5 \cdots\cdots (5*)。$$

考察(23)，因为 $z = 2.5 - 0.5y \geqslant 0$，所以 $y \leqslant 5$，而 $5 < 10$，由此可以在(2＊)中 $y$ 的取值范围之内确定一个更小的范围：

$$0 \leqslant y \leqslant 5 \cdots\cdots (6*)$$

由(17)得 $y = 10 - z - x$，代入(19)，得：

$$2x - 2z = 10,$$

化简、移项得：$x = 5 + z \cdots\cdots (24)$，

又得：$z = x - 5 \cdots\cdots (25)$

由(24)有：$x = 5 + z \geqslant 0$，推出：$z \geqslant -5$，这包含了(3＊)和(5＊)，所以它对于进一步确定 $z$ 的取值范围不起作用。

由(25)有：$z = x - 5 \geqslant 0$，推出：$x \geqslant 5$，与上面的(4＊)结合，可以重新确定 $x$ 的取值范围为：

$$5 \leqslant x \leqslant 7.5 \cdots\cdots (7*)$$

综上可知：

$$5 \leqslant x \leqslant 7.5 \cdots\cdots (7*)$$

$$0 \leqslant y \leqslant 5 \cdots\cdots (6*)$$

$$0 \leqslant z \leqslant 2.5 \cdots\cdots (5*)$$

那么在区间[5,7.5]内任取一个 $x$ 值，即可联立（17）（19）解得一组 $y$、$z$ 的值：

$$y = 15 - 2x \cdots\cdots (20),$$

$$z = x - 5 \cdots\cdots (25)。$$

由于 $x$ 可取无穷多个值，所以相应的 $y$、$z$ 也有无穷多组值。也就是说，这个问题的解有无穷多组。这是典型的不定问题。类似地，由 $y$ 或 $z$ 在上述各自的区间内任取一值，则一定有其他两个变量的一组对应值，从而亦可推出问题有无穷多组解。

古人的问题取整数的较多，我们考察一下问题的整数解。

我们来看第（20）式：$y=15-2x$。

由于 $2x$ 是偶数，所以 $y$ 必然是奇数。我们取 y 的值，然后分别求相应的 $x$ 和 $z$。根据（6∗）式，$y$ 只能取 1、3、5 三个数。

当 $y=1$ 时，有 $x=7$，$z=2$，这组解可记为（7，1，2），此为第一组解；

当 $y=3$ 时，可得第二组解为（6，3，1）；

当 $y=5$ 时，可得第三组解为（5，5，0）；

本题的答案中说“稻六斗”，可见只取了第二组解。

本题“术曰”以下文字，可试校如下：

根据竹简的照片①，第 2179 号简的“不足”以下有残失部分，其中可用来写字的空间能写四五个字。0496 简开头有残失部分，其中可用来写字的空间能容纳三四个字。基于这种情况，结合前面第 2198 号简的末尾和第 2179 号简的开头的文字“粢七直赢一其下”，可以将 2179 号简末的“不足”校改为“赢”，然后在第 2179 号简末和第 0496 号简首补“一乘稻九以叔三”（“一乘稻九”属于第 2179 号简，“以叔三”属第 0496 号简），或“一乘稻九有以叔三”（“有”字或“以”字开始属于第 0496 号简，之前属于第 2179 号简）或“一以乘稻九有以叔三”（“一以乘稻九”属于第 2179 号简，“有以叔三”属于第 0496 号简）。这三种方案没有本质区别。

下面是据第一种方案复原术文的文本，其他方案可照此给出。

---

① 萧灿：《岳麓书院藏秦简〈数〉研究》，第 127 页。

曰：直（置）稻九，不足一其下；桼七，直（置）赢一其下；叔（菽）五，直（置）赢三其下。桼赢一乘稻九，以叔（菽）三乘桼七，同之卅，为稻貣（实），以叔（菽）三乘叔（菽）五，十五为桼貣（实），以稻不足一乘叔（菽）五为貣（实），同赢、不足五以为法，如法各得一斗。0497

按上文，可将相关数据做如下排列：

| | | |
|---|---|---|
| 稻　九 | 桼　七 | 菽 五 |
| 不足 一 | 赢　一 | 赢 三 |

然后古人进行下述运算：

| | |
|---|---|
| 桼赢数 1×稻 9+菽赢数 3×桼 7=30 | 为稻实 |
| 菽赢数 3×菽 5=15 | 为桼实 |
| 稻不足数 1×菽 5=5 | 为菽实 |
| 桼赢数 1+菽赢数 3+稻不足数 1=5 | 为法 |

以法 5 除稻实 30、桼实 15、菽实 5，分别得到稻、桼、菽的数量为 6、3、1 斗。

上述计算程序中，法的计算显然是由在针对两次假设的盈不足术中将两次假设导致的两个结果（盈和不足）求和的方法推广而来；而各实的求法则虽然与盈不足术的计算程序有某些相似之处，但显然存在很大的差距，尤以桼实和菽实的求法为甚。古人解决这个问题的计算程序，我们看不出有什么道理。实际上如果我们把已知的数据随便更改一下，用这样的计算程序只有在非常偶然的情况下才碰巧得出满足已知条件的答案，更不用说得到问题的全部正确解。比如我们把三种物品的总体积改为 20 斗，总钱数改为 17 钱，则按上面的步骤算出的结果并不满足已知条件。因此，我猜想，古人在设计这个问题的时候，可能就是先有答案和题设的一部分，然后拟合出术文和其他数据的。

必须注意的是，本题要得到盈、不足这些数据，必须先做假设，那么这样的假设是怎么来的呢？

上前提到《九章》《算数书》都有做假设时都取极端情况下的数据的例子，上引《数》也应如此。因此，可设想此题也是这样做假设的：假设全为稻，那么买 10 斗稻谷需要 9 钱，已有的 8 钱就不够，还差 1 钱；假设全为桼，那么买 10 斗桼需要 7 钱，已有的 8 钱就有余 1 钱；假设全为菽，那么买 10 斗菽需要 5 钱，已有的 8 钱就有余 3 钱。这与简文“直稻九，不足一其下；桼七，直赢一其下；叔（菽）五，直赢三其下”的数据正好对应。所以我们的设想应是正确的，这也说明上面将整理者校补的“不足”校改为“赢”是正确的。事实上，对于共买三物的问题，如果不做极端情况下的假设，假设好一物的数量后，另两物的数量虽然可用二元一次方程组确定，从而可以算出总钱数是盈多少或不足多少，但解这二元一次方程组本身就很费事，所以计算起来会很麻烦，而假设取极端情况下的数据，则一下可得赢或不足的数据，非常简单。当然，本题是不定问题，作者求出其中一组而不知有其他的解，这是古人在数学上的缺陷。

## 三、《九章》"玉石"问题的归属与"盈不足"章选材的一致性

《九章》的"盈不足"章第15题没有使用盈不足方法的明显痕迹，它是否应归入"盈不足"章成了一个疑问。这个问题如下：

> 今有玉方一寸，重七两；石方一寸，重六两。今有石立方三寸，中有玉，并重十一斤。问玉、石重各几何？
>
> 荅曰：玉一十四寸，重六斤二两。
>
> 石一十三寸，重四斤十四两。
>
> 术曰：假令皆玉，多十三两。令之皆石，不足一十四两。不足为玉，多为石。各以一寸之重乘之，得玉、石之积重。①

此题是说，一立方寸玉的重量为7两，一立方寸的石重量为6两。一边长为3寸的正方体石头中有一块玉，总重11斤。要求其中玉、石各有多重。

术文假设都是玉，得到总重量比实际重量多（盈）13两；再假设都是石，得到总重量与实际相比不足14两。接下来的话"不足为玉，多为石"不好理解。从字面上看，应该是不足数14两为玉的重量，多余的数13两为石的重量。这两个重量之和为27两，显然与题设中的11斤相去甚远，但接下来术文又说要以一寸之重乘之，得到玉、石的重量，那么前面说的"不足为玉，多为石"应该是指体积而非重量。这也正与答案相合。那么为什么由表示重量的不足14两得到玉的体积为14寸，由表示重量的多13两得到石的体积为13寸呢？这不太容易看清楚。刘徽对术文做注说：

> 立方三寸是一面之方，计积二十七寸。玉方一寸重七两，石方一寸重六两，是为玉石重差一两。假令皆玉，合有一百八十九两。课于一十一斤，有余一十三两。玉重而石轻，故有此多。即二十七寸之中有十三寸，寸损一两则以为石重，故言多为石，言多之数出于石以为玉。假令皆石，合有一百六十二两。课于十一斤，少十四两。故曰不足。此

① 郭书春汇校：《九章筭术新校》，合肥：中国科学技术大学出版社，2014年，第294—295页。

不足即以重为轻,故令减少数于石重,即二十七寸之中有十四寸,寸增一两也。[1]

这是说,立方 3 寸是指立方体边长为 3 寸,其体积是 27 立方寸。由玉、石一立方寸分别为 7 两、6 两,可得一立方寸玉、石重量之差为 1 两。假设都是玉,总重量为 27×7 两 = 189 两,跟 11 斤(每斤 16 两,共 176 两)相比多 13 两。说明总体积 27 立方寸中有 13 寸,每立方寸减少 1 两,总减少量就是相比于所有的石比被当成玉时实际重量的减少量,所以,术文说的"多为石",是说这多余的 13 两是由石被当成玉而多出来的重量。假设都是石,总重量为:27×6 两 = 162 两,比 11 斤的实际总重量少了 14 两,所以把它称为不足。这个不足之数是由于把重的玉当成了轻的石导致的,所以让从(内含玉的)石头的总重量 11 斤中减去(由假设全为石而算出的总数 162 两这个)较少之数,其差这就是在总体积 27 立方寸中有 14 立方寸,其中每立方寸增加 1 两,而导致相比于所有的玉当成石时,实际重量增加的总重量。

刘徽的注,由结果 13 寸石计算第一次假设导致多 13 两,由结果 14 寸玉计算第 2 次假设导致不足 14 两,其实没有完美地解释我们上面提出的问题。不过,他提示我们一种思路,即多余的 14 两,全是由于把石当成了玉造成的,每立方寸玉 7 两比每立方寸石 6 两多 1 两,则每立方寸石当作玉计算时就多算了 1 两,所以多 14 两,就意味着多算的石之体积为:14÷1 = 14(立方寸),这也是石的总体积。同样地,不足的 13 两,全是由于把玉当成了石导致的,每立方寸玉当作石要少算 1 两,所以由不足的 13 两,可知被当作石的玉的体积就是:13÷1 = 13(立方寸),这也是玉的总体积。

《九章》本文对解法的陈述,没有用到盈不足方法的明示。刘徽的注文,也是如此。沈康身认为《九章》此题及其刘徽注都没有用到盈不足法则,"而是粟米章的其率法则"。[2] 郭书春亦认为它不应该放到"盈不足"章,他猜测此题之所以被编入"盈不足"章"大约是编者的疏忽"。[3] 下面我们参照出土算书,从另一个角度来考虑它。

术文做了两次极端情况下的假设,与上述《数》和《算数书》的相关问题类似,可以视为对同一东西的数量做两次假设。如果都视为对玉的假设,第一次假设玉为 27(立方)寸,多(盈)13 两;第二次假设玉不取数,或者说取为 0(立方)寸,不足 14 两。那么用盈不足术计算玉的体积时,应先这样摆放数字:

| | | |
|---|---|---|
| 27 | 0 | (立方寸) |
| 13 | 14 | (两) |

① 郭书春汇校:《九章筭术新校》,第 295 页。

② 沈康身:《〈九章算术〉导读》,武汉:湖北教育出版社,1997 年,第 491、521 页。

③ 郭书春:《〈九章算术〉译注》,上海:上海古籍出版社,2010 年,第 307 页。

然后这样计算实：

$$27\times14+0\times13=27\times14(\text{立方寸两}①)\cdots\cdots\text{实(被除数)}$$

不过，没有证据表明当时有数字零的概念，但与之对应的空缺、无等概念还是有的，所以古人很可能只是摆放空位来代替它，相应地也就不去计算 0×13，也就没有此乘积与乘积 27×14 相加的步骤，求实的运算就简化为只计算一条对角线上两个数的乘积。因此，整个计算过程应相当于：

27　　　（立方寸）

13　14　（两）

27×14 = 27×14（立方寸两）　……实（被除数）

13+14 = 27　（两）　……法（除数）

27×14÷27 = 14　（立方寸）　……玉的体积

同样地，两次都视为对石的假设，则第 1 次假设石不取数或者说取 0（立方）寸，多 13 两；第 2 假设石为 27 寸，不足 14 两。那么按盈不足术，古人很可能这样计算石的体积：

　　27　（立方寸）

13　14　（两）

27×13 = 27×13（立方寸两）　……实（被除数）

13+14 = 27　（两）　……法（被除数）

27×13÷27 = 13　（立方寸）　……石的体积

不过，上述含有“27　　　（立方寸）”的两行，也可能古人一开始都省去了。

算出玉、石的体积后，就可以根据每立方寸玉的重量 7 两、每立方寸石的重量 6 两，得到它们的重量：

玉：14×7 两 = 98 两 = 6 斤 2 两

石：13×6 两 = 78 两 = 4 斤 14 两。

从上面的分析可以看出，作为重量的盈数、不足数的两数，就分别等于石、玉体积的（立方）寸数。因此，这个问题并不是没有用盈不足术，而是用到了它，但术文没有叙述过程，只记录了结果。

事实上，上面讨论的《算数书》“米出钱”条正是按我们上面所说变通后的方式处理的，而且还对具体的做法进行了叙述。参照其术文，古人不必列出将四个数据摆成四边形，而很可能是这样计算玉、石的体积的：

① 括号内所注单位是便于现代人的理解，并非意味着古代有“立方寸两”之类的概念。下同。

$$13+14=27\text{（两）}\cdots\cdots\text{法（除数）}$$

$$27\times14\text{（立方寸两）}\cdots\cdots\text{玉的实（被除数）}$$

$$27\times13\text{（立方寸两）}\cdots\cdots\text{石的实（被除数）}$$

那么，玉的体积为：$27\times14\div27=14$（立方寸）

石的体积为：$27\times13\div27=13$（立方寸）

这一计算步骤，实际是把我们上述的变通作法中分开进行的两组步骤，合二为一了。此时是先求法，然后求两个实，再以此法除两实得到答案，显得更为简洁。《九章》此题的做法，也应该是如此得来。此题术文之所以没有用到盈不足方法的明显迹象，是因为术文省略很多计算步骤。但无论如何，术文仍是对使用盈不足方法的计算步骤所做的简化。

另一方面，我们上面对刘徽注释的变通，则提供了获得盈不足方法的思路。此问题的术文，也可能是利用这种更基础的思路得到的。再者，用盈不足方法来解其他种类的应用问题，其做法是两次假设导致盈或不足两个数据，而这是盈不足这种知识的一个特征。因此，我们认为《九章》把这个问题列入"盈不足"章，既是有意为之的，也是合乎道理的，这说明《九章》"盈不足"章在选材上具有高度的一致性。

## 四、从秦简《数》看盈不足问题的早期发展

刘徽注《九章算术》时写的序言说，"周公制礼而有九数，九数之流，则九章是矣"，"往者暴秦焚书，经术散坏。自时厥后，汉北平侯张苍、大司农中丞耿寿昌皆以善算命世。苍等因旧文之遗残，各称删补。故校其目则与古或异，而所论者多近语也"。[①] 他认为先秦时"九数"即已发展成为一本《九章》，但秦始皇焚书事件导致它散坏了，汉代张苍（前 252 年以前—前 152）、耿寿昌（活动于公元前 1 世纪中期）收集其残存材料，采用不少当时的用语进行删补而整理成他所见到的《九章》，此《九章》的科目便与先前的版本稍有出入。郑玄引郑众（？—83）注《周礼》"九数"云："九数：方田、粟米、差分、少广、商功、均输、方程、赢不足、旁要。今有重差、夕桀、勾股也"。[②] 这里的"今有"二字显示，不像重差、夕桀、勾股这样汉代才产生的数学门类，"赢（盈）不足"等是先秦已有的数学分支。综合郑众和刘徽的记述，可以推出《九章》的"盈不足"章源自它在秦代和先秦的祖本。所以，盈不足问题和算法理应出现在秦代和先秦。《算数书》公布以后，笔者曾据以论证"盈不足方法极有可能在先秦时期

① 郭书春汇校：《九章筭术新校》，第 3 页。

② 孙诒让：《周礼正义》，北京：中华书局，1987 年，第 1010 页。

就已经出现了”。[①]《数》的盈不足问题提供了更直接的证据。

《数》中有6条盈不足的内容,其中4条含有相对完整的算题。《数》的下葬时代在公元前212年左右,实际的编成年代应该更早,在秦统一以前也是可能的。所以《数》直接证明我们据《算数书》把盈不足方法往前推是有道理的。《数》的现存材料只包括一盈一不足型问题和在解法中做两次假设的类型,后者包括做极端情况假设的类型,但《数》不包括两盈两不足型和一适足型问题。后两类在秦代和先秦的存在不能由《数》得到证明。鉴于现存的《数》并不完整,所以这倒不意味着下葬时《数》的全本一定没有这种两种类型的盈不足问题。值得注意的是,《数》将简单的除法问题复杂化,用盈不足方法求解,《数》还有一个用盈不足方法求解的不定问题,属于前所未闻的特殊类型,反映出当时盈不足问题呈现了多样化的情形,这不仅说明盈不足方法是早已有之的,而且说明在编作者看来,这是一种基本的方法,可以用于解决各种不同类型的应用问题,有的类型已超出了我们以前想象的范围。又由于一适足型本身比一盈一不足型简单,两盈两不足型也只要在一盈一不足型上做一些变通就可以得到,加之一盈一不足术并非直接凭经验和直觉可以得到,而是一定程度上经过推导的结果,类似的推导当然可以用于其他两种类型,所以在《数》的产生时代(不一定是简本《数》本身)出现这两种类型的盈不足方法的可能性还是很大的。这也与刘徽关于《九章》在先秦的祖本已有盈(赢)不足这类科目的记载相一致。

《数》和《算数书》都用“赢”而不用《九章》的“盈”,与郑众注《周礼》“九数”所列的科目“赢不足”一致。两种出土算书都没有《九章》的“所出率”一词,也没有与之相应的“所分率”或“所得率”,而是用“母”字来表达,或者只用具体的数据而不用一般性词语;《数》和《算数书》把盈数和不足数称为“子”。这种用母、子来指称假设数和盈、不足数的方法,没有出现在《九章》中。《数》与《算数书》用语上的共性,说明它们的盈不足问题大体上属于一个知识表达系统。两种算书与《九章》在用语存在的较大差异,说明《九章》与它们的盈不足问题可以视为不同的知识表达系统。由于《数》的盈不足问题没有一个出现在《九章》中,所以《数》虽然比现传汉代编定本《九章》早一个多世纪,但很难说其盈不足问题对《九章》有直接影响的痕迹,换言之,《数》对《九章》的盈不足问题在文本上应该没有直接的影响。《数》的所有盈不足问题都没有出现在《算数书》中,而其知识表达又属于同一系统,这说明盈不足方法当时具有广泛的应用性,且流传较广,这类材料应该很多(北大秦简《算书》也有不同于其他算书的盈不足问题),这也说明《数》之未对《九章》盈不足问题在文本上有直接的影响,并不是值得奇怪的事情。

---

① 邹大海:《从〈算数书〉盈不足问题看上古时代的盈不足方法》,《自然科学史研究》2007年第3期。

笔者曾提出上古时代的算法式数学文献存在经典和非经典两个系统，经典系统可以简单地表示为：原始的“九数”——发展中的“九数”——原始的《九章》——发展中的《九章》——受损的《九章》——修订中的《九章》——现传西汉后期编成的《九章》。非经典的数学文献受经典文献系统直接或间接影响而形成，此类文献数量巨大，因时、因地、因事、因兴趣而编作，借鉴、增删、组合不定，往往随意性较强，传承网络复杂，有的偏重专业、有的偏重应用，有的则兼而有之。经典和非经典的两类文献都处在变化中，它们互相影响，而以前者影响后者居多。①《数》中的盈不足材料虽然表现出说明如何应用盈不足术解决问题的意图，但无意系统地介绍这项知识和方法，应属非经典文献中偏重应用的类型。考虑到《九章》是有长久历史渊源的经典著作，那么可以推知《数》与《算数书》一样，其中的盈不足问题很可能是在《九章》的先秦祖本或其衍生本之间接或直接影响下撰写而成的。

（原文载《内蒙古师范大学学报（自然科学汉文版）》2019 年第 6 期）

① 邹大海：《从〈算数书〉与〈九章算术〉的关系看算法式数学文献在上古时代的流传》，《赣南师范学院学报》2004 年第 6 期。邹大海：《出土简牍与中国早期数学史》，《人文与社会学报》2008 年第 2 期。邹大海：《简牍文献与中国数学史》，江晓原主编：《中国科学技术通史 1：源远流长》，上海：上海交通大学出版社，2015 年，第 191—230 页。Chemla K, Zou D. Parts in Chinese Mathematical Texts. Interpreting the Chapter Form of The Nine Chapters on Mathematical Procedures[M]//Florence Bretelle-Establet, Stéphane Schmitt Eds, Pieces and Parts in Scientific Texts. Cham: Springer International Publishing AG, part of Springer Nature, 2018: 91 - 133.

# 勾股新证

## ——岳麓书院藏秦简《数》相关研究

◎ 肖　灿　朱汉民(湖南大学岳麓书院)

2009年,我们已经发表了几篇文章简要介绍岳麓书院藏秦简《数》的基本情况,也公布了部分算题的照片图版和释文,其中有一例来不及细论的算题"圆材薶地"非常重要,因它为我们了解先秦(或至迟秦朝)时代这类算法的情况提供了时代确切的直接材料。原简释文是:

□有园(圆)材薶(埋)地,不智(知)小大,斫之,入材一寸而得平一尺,问材周大几可(何)。即曰,半平得五寸,令相乘也,以深【0304简】一寸为法,如法得一寸,有(又)以深益之,即材径也。【0457简】

我们发现,在已知的出土简牍数学文献中,没有见到过类似的算题,而在传世文献《九章算术》里则有一例相同的算题,即《九章算术》里"勾股"章的第九题,现摘引如下:

今有圆材埋在壁中,不知大小。以锯锯之,深一寸,锯道长一尺。问径几何。答曰,材径二尺六寸。术曰,半锯道自乘,如深寸而一,以深寸增之,即材径。

比较两道算题,如果忽略题设情景的描述以及语言表达的差别,只从条件、数据、解题方法几方面考察,则两题完全一样,可视为同一题;只是《九章》最终要求的是直径,而秦简《数》最终求的则是周长,要通过先求直径来达到目的。基于此,我们认为《数》所收录的这道"圆材薶地"算题直接说明了《九章算术》里"勾股"章的内容在先秦数学著作中就有渊源,此题为我们研究勾股定理在先秦时期被应用的情况提供了新材料。

下面我们将要述及的内容是:一、对算题的形成年代的推测;二、分析算题简文叙述的算法式所运用的数学原理;三、基于对此算题的分析结果来讨论勾股定理在先秦的应用情况以及此题与《九章算术》"勾股"章算题的关联。

## 一、算题的形成年代

首先毫无疑问的是,“圆材薶地”算题的形成年代不迟于《数》的抄书年代。岳麓书院陈松长先生根据书院秦简中的《质日》所记载的信息推断这批简的抄写年代下限是秦始皇三十五年(前 212 年),①《数》的抄书年代自然也符合这一下限,也就是说“圆材薶地”算题的形成年代下限是公元前 212 年。

接下来要讨论这道算题的形成年代上限。我们推测,这道算题的形成年代已经不是“学在官府”的时代,而是“礼崩乐坏、学术下移”的春秋战国时代(前 722 年—前 221)。做出这样论断的原因在于算题的表述形式。郭书春先生在《试论〈算数书〉的理论贡献与编纂》一文中指出“‘学在官府’的时代,人们根据官方或权威部门的有关规定,以‘程’起首提出若干数学问题”,表述为“程曰……今……问……几何”,待到“‘礼崩乐坏’,学术下移,民间对人们生产、生活中的某些活动的数量关系作了一些约定”,这类数学问题不再用“程”字,而演变为“有……今……问……几何”,以及“今有……问……几何”的表述形式。② 考察《数》里的算题,也见到一部分以“程……”和“有……”起首提出问题的算题。如郭先生的论述,以“程”字开头的算题可能是“学在官府”的时代流传下来的,而以“有”或“今有”开头的算题应该是“礼崩乐坏、学术下移”的年代才出现的,那么“圆材薶地”算题正是用“□有”开头的,表述为“□有……问……几可(何)”的形式,这说明此题可能出现于“礼崩乐坏、学术下移”的春秋战国时代,那么此题的形成年代上限就该在公元前 8 世纪中叶。但是彭浩先生认为此说可疑,他指出,秦汉时期的著作中常见“程”字的这种用法,故不可以此作为断代的依据。我们以为,在推定“圆材薶地”算题形成年代上限时,依据的是算题没有用“程”的表述形式,秦汉时期的著作当然可以沿用“程”的表述,但不用“程”字起首而用“今有”“有”的情况最早应该出现在春秋战国时代,因此“圆材薶地”算题可能的最早形成年代就是春秋战国时代,当然也可能形成于年代上限与下限之间的某一时期。另外,在确定此题的形成年代时,还需考虑此题涉及的算法和数学原理最早出现在什么年代。

---

① 陈松长:《岳麓书院所藏秦简综述》,《文物》2009 年第 3 期。

② 郭书春:《试论〈算数书〉的理论贡献与编纂》,《法国汉学》第 6 辑,北京:中华书局,2002 年,第 505—537 页。本文曾在 The Ninth International Conference on the History of Science and Technic in China(第九届国际中国科学技术史会议,9 - 12 October 2001 City University of Hong Kong)上宣读。

## 二、算题简文叙述的解题方法的数学原理

考察算题简文叙述的解题方法:“……即曰,半平得五寸,令相乘也,以深一寸为法,如法得一寸,有(又)以深益之,即材径也。”将它写为算式:

$$\frac{\text{半平}\times\text{半平}}{\text{深}}+\text{深}=\text{材径},\text{代入数值:}$$

$$\frac{\text{五寸}\times\text{五寸}}{\text{一寸}}+\text{一寸}=\text{二十六寸(即二尺六寸)}$$

可以看出,算题简文叙述的只是算法式,实际上我们并不能从这样的算法式断言它是如何运用何种数学原理求解的。如果依照现在的数学知识,则无论运用勾股定理、相似三角形相应线段成比例原理,或是圆的相交弦定理都能推导出上面的算法式。运用圆的相交弦定理求解的可能性可以排除,因为它在中国传统数学中毫无踪迹,在先秦时期,不可能是“圆材薶地”算题的解题思路。因此,当时此题的解答方法只有两种可能:一是运用勾股定理;一是运用相似直角三角形对应边成比例的性质。

第一种方案可以这样来理解问题的解答方法:由于《九章》“勾股”章第九题与秦简《数》的这个问题的数值和解法都相同,那么考察前者的解法及其刘徽注是有益的。刘徽注说“此术以锯道一尺为勾,材径为弦,锯深一寸为股弦差之一半,锯(道)长是半也”“亦以半增之,如上术,本当半之,今此皆同半差,不复半也”。刘徽是把此题作为已知勾与股弦差求股、弦的问题来对待的。在此题的注中刘徽没有具体介绍如何求解。但此问题与前面的三个问题“引葭赴岸”“立木系索”“依木于垣”同型,而在注“引葭赴岸”“立木系索”两问题时,刘徽利用勾股定理来解决问题。刘徽对“圆材埋地”的注释思路与其解释“立木系索”相同,可以解释为:以锯道长度、直径与2倍锯深之差、直径分别为勾、股、弦,为便于理解,分别以它们的一半为勾设 $a$、股 $b$、弦 $c$。令正方形 $ABCD$ 为弦幂($c^2$),正方形 $EBHJ$ 为股幂($b^2$),那么利用勾股定理,勾的平方($a^2$)= 弦的平方($c^2$)−股的平方($b^2$)= 正方形 $ABCD$−正方形 $EBHJ$=曲尺形 $AEJHCD$(矩幂),它可以化为以股弦差($c-b$)为宽($DF$),以股弦并($b+c$)为长($AG+CD$)的长方形(见图1)。因此,勾的平方($a^2$)= 股弦差($c-b$)×股弦并($b+c$),由此可知,勾的平方除以股弦差就得到股弦并,即 $b+c=a^2/(c-b)$,再加上锯深($c-b$),就是半径的2倍($2c$)即直径。

刘徽对这个问题的解法所作的注用到勾股定理和出入相补原理两个基本的原理。

在传世文献中,勾股定理最早见《周髀算经》。书中记载西周初年数学家商高在回答周

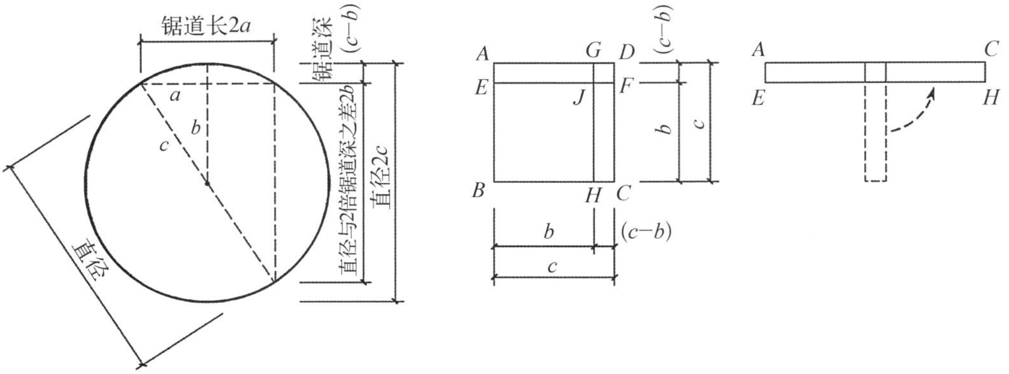


图 1　刘徽的解题方法

公的问题时说:“故折矩,以为勾广三,股修四,径隅五。……故禹之所以治天下者,此数之所生也。”①商高不仅提到勾三、股四、弦五的勾股定理之特例,而且还提到大禹治水就运用了勾股术。书中又记载另一个数学家陈子给出了一个方法,由太阳的高度、太阳在地面的正下方位置到观测者的距离来计算太阳到观测者的距离:“若求邪至日者,以日下为勾,日高为股。勾、股各自乘,并而开方除之,得邪至日。”②这段话说明“陈子不是凑数而是确实知道普遍的勾股定理并且知道开平方法,即 $c=\sqrt{a^2+b^2}$”。③ 陈子活动的年代,科学史家根据天象记录,拟定为公元前 7 至公元前 5 世纪之间,最迟不晚于公元前 4 世纪。④ 由于出入相补原理是最直观、简单的原理,它在中国古代数学推导几何算法中是一个行之有效的基本方法,这个方法在春秋战国时代已经运用,因此前人推论中国人在先秦时期就利用这一原理推导和认识了普遍的勾股定理。⑤

这一观点和秦简《数》“圆材薶地”问题正好可以互相发明。先秦已认识勾股定理和出入相补原理,说明先秦能提出并解决“圆材薶地”问题绝非偶然,当时存在处理这类问题的理论和方法,刘徽利用勾股定理和出入相补原理来解释这一问题的算法,其具体细节可能有

① 钱宝琮点校:《算经十书(周髀算经卷上)》,李俨、钱宝琮:《李俨钱宝琮科学史全集》第 4 卷,沈阳:辽宁教育出版社,1998 年,第 10—11 页。

② 钱宝琮点校:《算经十书(周髀算经卷上)》,第 20 页。

③ 邹大海:《从先秦文献和〈算数书〉看出入相补原理的早期应用》,《中国文化研究》2004 年第 4 期。

④ 章鸿钊:《周髀算经上之勾股普遍定理:“陈子定理”》,《中国数学杂志》1951 年第 1 期。梁宗巨:《世界数学史简编》,沈阳:辽宁人民出版社,1981 年,第 331—332 页。席泽宗、程贞一:《陈子模型和早期对于太阳的测量》,席泽宗:《古新星新表与科学史探索:席泽宗院士自选集》,西安:陕西师范大学出版社,2002 年,第 426—435 页。

⑤ 邹大海:《从先秦文献和〈算数书〉看出入相补原理的早期应用》,第 52—60 页。

出入，但体现了一种渊源有自的数学传统。秦简《数》记录这一问题，不仅说明《九章》的这个问题有着更早的来源，而且它的时间下限为中国人在先秦就认识了勾股定理（更不用说出入相补原理）的观点提供了更明确和直接的支持。

另外，对于“圆材薶地”算题的解答，我们还考虑过第二种可能性，即当时人们有可能利用相似直角三角形对应边成比例的性质解题。如图 2 所示，因为 Rt$\triangle ABC$ 与 Rt$\triangle CBE$ 及 Rt$\triangle ACE$ 相似，如果利用相似直角三角形对应边成比例的性质，也很容易得出“圆材薶地”算题简文叙述的算法式。

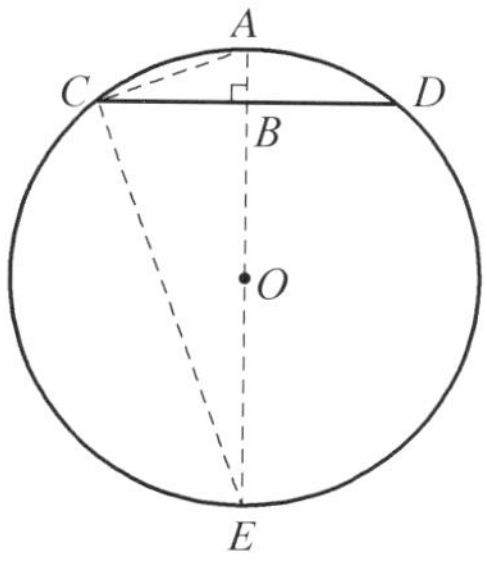

图 2　用相似三角

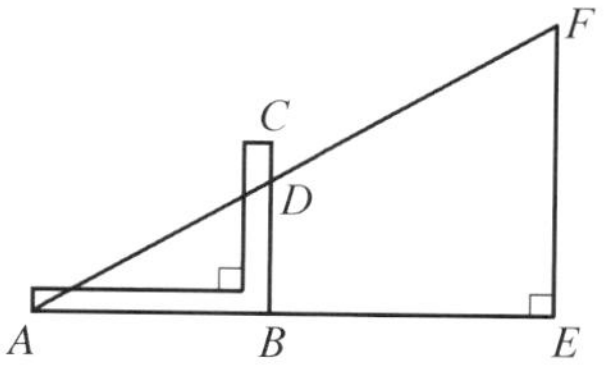

图 3　矩尺测

我们之所以这样推测，是因为西周初年商高至少已认识到有一个公共角的相似直角三角形对应边成比例的性质，而春秋战国时期则认识了直角三角形对应边成比例的一般性质。①《周髀算经》记载：“商高曰，平矩以正绳，偃矩以望高，覆矩以测深，卧矩以知远。环矩以为圆，合矩以为方。”②商高说的“偃矩以望高”，按钱宝琮先生的意见可以解释如下：矩尺 $ABC$，待测高度 $EF$，视线 $AF$，交点 $D$（如图 3）。那么 $EF=BD\times AE\div AB$，这是由Rt$\triangle ABD$相似于 Rt$\triangle AEF$，依据比例关系得出的。其实《九章算术》第九章的第十七题到第二十四题也都是测量问题，也完全可以运用相似直角三角形相应线段成比例的原理解答。如若再考察世界数学史，不难发现，在欧几里得（Euclid）《原本》（*Elements*）第六篇里，就是利用第五篇的比例理论来讨论相似形的。可见，由利用比例来认识相似形，是很自然的思维发展过程。先秦数学中对比例原理的运用已经达到了很高的水平，当时人们有可能把比例观念运用到某些相似几何图形如直角三角形上，通过两个直角三角形在一定条件下相应线段之间存在比例关系的原理来解决问题。③ 再有，《周髀算经》里商高说的“环矩以为

① 邹大海：《中国数学的兴起与先秦数学》，石家庄：河北科学技术出版社，2001 年。

② 钱宝琮点校：《算经十书（周髀算经卷上）》，第 17 页。

③ 邹大海：《中国数学的兴起与先秦数学》，第 115—120、501—506 页。

圆”可能就是圆的内切直角三角形的概念，也就说明当时人们已经知道了直径所对的圆周角为直角的性质。① 既然“相似直角三角形对应边成比例”的性质和“直径所对的圆周角为直角”的性质都可能是已知的，那么图 2 所示的解答方法也就有可能被运用，或者说不能完全排除这种可能。当然，由于上述图 2 中的直角三角形相似，要基于一些在中国传统数学中难以找到根据的几何原理（如同弧所对的圆周角相等，或直角三角形两锐角之和为一直角），所以，我们认为第二种推测只是一种可能性很小的复原方案。

## 三、由算题引出的关于勾股、旁要、《九章算术》的推论

其实我们推测的两种解题思路之间是有联系的。在中国古代数学中，人们认识相似直角三角形对应边成比例的性质和勾股定理的时间都很早。钱宝琮②和刘钝③先生都认为“从旁要取”来测量的《九章》“勾股”章的最后八个问题，可能是古代的旁要，这些问题用到的相似直角三角形对应边成比例的性质，是中国古代“旁要”术的实质。关于“旁要”，韩祥林先生有过论证：“‘旁要’就是利用直角三角形中所容正方形或矩形（腰）两边（旁）的两个小勾股形对应边成比例，来进行间接测量。”“旁要、重差、夕桀都是我国古代的测量术，其实质皆为相似勾股形。”④也就是说“旁要”术利用了相似直角三角形对应边成比例这一性质。《数》的“圆材薶地”算题虽然不是“勾股容方”的典型“旁要”问题，但如按上述第二种方案，它却有可能运用了与“旁要”密切相关的相似直角三角形对应边成比例的性质，那么此算题是不是“旁要”的变化运用实例呢？

《数》的“圆材薶地”算题出现于先秦时期，它又出现在《九章算术》的“勾股”章，而“九章”源于“九数”，其中勾股源于旁要，那么《九章算术》的“勾股”章所收录的算题，会不会包含一些原先是运用“旁要”解答的算题？如果“圆材薶地”算题原属于旁要，那么汉编《九章》把它纳入“勾股”也是可能的。

以上关于“旁要”的说法多是猜测，应该说《数》的“圆材薶地”算题最可能是勾股问题。由于在张家山汉简《算数书》里，没有发现“勾股”类算题，而《算数书》的成书时代在《九章算术》之前，所以有学者认为《九章算术》里“勾股”章的形成时间比较晚，是在《算数书》出

---

① 李俨：《中国数学大纲》，李俨、钱宝琮：《李俨钱宝琮科学史全集》，第 3 卷，沈阳：辽宁省教育出版社，1998 年，第 22 页。

② 钱宝琮：《中国数学史》，北京：科学出版社，1981 年，第 44—45 页。

③ 刘钝：《大哉言数》，沈阳：辽宁教育出版社，1995 年，第 404 页。

④ 韩祥林：《“旁要、夕桀、重差”释义》，《曲阜师范大学学报（自然科学版）》2001 年第 1 期。

现之后才逐步完成的。现在《数》的“圆材薶地”算题说明了勾股问题已出现在先秦时期的数学著作里，算题也较复杂，需要熟练地将勾股定理变化运用。但是在《数》里我们只见到这一个算题属于勾股问题，所以也不能说《数》里已形成“勾股”章。至于《九章算术》里“勾股”章的第九题，也不一定是摘录改编自《数》的“圆材薶地”算题，可能只是有相同的源头。迄今，我们虽已发现《数》的许多算题与《九章算术》的算题相同或近似，但仍不能说《数》对《九章算术》产生了直接影响。关于《九章算术》的成书问题，郭书春先生已提出一些证据说明《九章算术》的主要内容成于先秦。① 邹大海先生则更详细、更充分地论述了《九章算术》的主要内容和方法形成于先秦，②在汉编《九章算术》之前，一定存在很多数学著作，张家山汉简《算数书》只是其中的一种，它对《九章算术》没有直接的影响③，秦简《数》支持这一意见。类似地，我们认为在汉《九章算术》之前一定存在很多数学著作，不能仅凭《数》与《九章算术》有一些相同的算题就断言两者有直接的关联，这个问题很复杂，还需进一步研究。

（原文载《自然科学史研究》2010 年第 3 期）

① 郭书春：《古代世界数学泰斗刘徽》，济南：山东科学技术出版社，1992 年，第 98—105 页。郭书春：《张苍与〈九章算术〉》，刘钝、韩琦编：《科史薪传——庆祝杜石然先生从事科学史研究 40 周年学术论文集》，沈阳：辽宁教育出版社，1997 年，第 112—121 页。

② 邹大海：《中国数学的兴起与先秦数学》，石家庄：河北科学技术出版社，2001 年；邹大海：《出土〈算数书〉初探》，《自然科学史研究》2001 年第 3 期；邹大海：《睡虎地秦简与先秦数学》，《考古》2005 年第 6 期。

③ 邹大海：《从〈算数书〉与〈九章算术〉的关系看算法式数学文献在上古时代的流传》，《赣南师范学院学报》2004 年第 6 期。邹大海：《出土简牍与中国早期数学史》，《人文与社会研究学报》2008 年第 2 期。

# 谈秦简《数》117 简的“般”及相关问题

◎　彭　浩（武汉大学简帛研究中心 荆州博物馆）

《岳麓书院藏秦简（贰）》收录的《数》简 117 释文是：

券朱（铢）升，券两斗，券斤石，券钧般（鞶），券十朱（铢）者[①]☐

这枚竹简残断、失去编联，简文又多是衡制、量制单位，不易理解。

简文的“石”是重量还是容量单位？《数》的整理者认为，简 117“券斤石”即是“记录‘石’的重量时，精确到‘斤’”，[②]把它看作重量单位。

秦和西汉早期，“石”既用作重量单位，也用作容量单位。用作重量单位，如《睡虎地秦墓竹简 · 效律》简 5－6“半石不正，八两以上”、[③]《秦律十八种》简 41 及 43“稻禾一石……为粟廿斗，舂为米十斗”、[④]岳麓书院藏秦简《数》简 108“刍新（薪）积廿八尺一石。稾卅一尺一石。茅卅六尺一石”，[⑤]其中的“石”指重量一百二十斤（秦制）。用作容量单位的例子很多，如《睡虎地秦墓竹简 · 秦律十八种》简 49“隶臣妾其从事公，隶臣月禾二石，隶妾一石半；其不从事，勿稟。小城旦、隶臣作者，月禾一石半石；未能作者，月禾一石。小妾、舂作者，月禾一石二斗半斗……”，[⑥]“禾×石”的“石”是容量单位，非重量和体积单位。[⑦] 主张“石”是重量单位的说法，导致简文“一石二斗半斗”成为重量“石”与容量“斗”并存，无法给予合理解

① 朱汉民、陈松长主编：《岳麓书院藏秦简（贰）》，上海：上海辞书出版社，2011 年，第 93 页。

② 朱汉民、陈松长主编：《岳麓书院藏秦简（贰）》，第 93 页。

③ 睡虎地秦墓竹简整理小组：《睡虎地秦墓竹简 · 效律》，北京：文物出版社，1990 年，“释文注释”第 70 页。

④ 睡虎地秦墓竹简整理小组：《睡虎地秦墓竹简 · 秦律十八种》，“释文注释”第 29 页。

⑤ 朱汉民、陈松长主编：《岳麓书院藏秦简（贰）》，第 90 页。

⑥ 睡虎地秦墓竹简整理小组：《睡虎地秦墓竹简 · 秦律十八种》，“释文注释”第 32 页。

⑦ 张世超：《容量“石”的产生及相关问题》，《古文字研究》第 21 辑，北京：中华书局，2001 年。邹大海认为，这里的“石”是按体积而非重量来量取的。参见氏著《关于〈算数书〉、秦律和粮米计量单位的几个问题》，《内蒙古师范大学学报（自然科学汉文版）》2009 年第 5 期。此说与《数》简 107“【稻粟】三尺二寸五分寸二一石，麦二尺四寸一石”不合，两者的单位不同。

释。在秦和西汉初年的数学著作中有以石、斗做刍稾的计量单位,如张家山汉简《算数书》简 52－53:

传马日二〈三〉匹共刍稾二石,令刍三而稾二。今马一匹前到,问予刍稾各几何。曰:予刍四斗、稾二斗泰(大)半斗。术(術)曰:直(置)刍三、稾二并之,以三马乘之为法,以二石乘所直(置)各自为实。[①]

如前所述,用于刍稾计量的石是重量单位,题中的"斗"是容量单位,不适合用作刍稾的计量,是虚拟的算题。

《数》简 117 所涉及的计量单位,都是两两并列,如"朱(铢)"与"升"、"两"与"斗"、"斤"与"石",即重量单位与容量单位相间排列。如果依次分开排列,即朱(铢)、两、斤、钧;升、斗、石、般。依此,可以判断,简文"石"和"般"都是容量单位,"般"比"石"要大。

简文的"般"应作何解释? 整理者括注为"鞶",未加注释。看来,整理者倾向解释为囊类容器。鞶,字亦作縏,指小囊。《仪礼·士昏礼》:"庶母及门内施鞶,申之以父母之命。"郑玄注:"鞶,鞶囊也。男鞶革,女鞶丝,所以盛帨巾之属为谨敬。"这种小囊是随身佩带,用来盛巾类的小物件。出土的简册中也有"囊"的记载,如信阳楚简 02－12:"緅与索素緂锦之緐襄廿又一。緅与青緂之緐襄十",朱德熙、裘锡圭先生释其中的"緐襄"为"縏囊"。[②] 这种囊是锦质,数量不少,属于遣册中的"集厨之器",不会是随身佩戴用来装小对象的,估计是用来装香料或各种粮食的,容量不得而知。西汉初年的江陵凤凰山一六七号墓遣册,其中记有盛有各种粮食、香料、钱币的囊,如"五谷橐一,绣""绣橐一盛八千金"等,[③]与之对应的实物都是小囊,"五谷橐"中只有少量谷物。上举传世文献的解释和遣册都把"鞶"或"縏"解释为盛物的囊,并非容量单位。

"囊"用作容量单位,在传世和出土文献中有迹可循。《汉书·东方朔传》:"朱儒长三尺余,奉一囊粟,钱二百四十。臣朔长九尺余,亦奉一囊粟,钱二百四十。"[④]"一囊粟"与"钱二百四十"并列,说明"囊"是指容纳一个月俸谷的粮袋,有确定的容量。据研究,此时的东方朔口粮,"至少不应低于每月三斛的正常标准,至多不会高于每月三斛六斗的'斗食'标准"。[⑤] 这似乎表明,"一囊粟"的容量大约是三斛。容三斛的囊,又称"帣"。《说文·巾

---

① 张家山二四七号汉墓竹简整理小组:《张家山汉墓竹简(二四七号墓)》(释文修订本),北京:文物出版社,2006 年,第 139 页。

② 朱德熙、裘锡圭:《信阳楚简考释(五篇)》,《考古学报》1973 年第 1 期。

③ 吉林大学历史系考古专业赴纪南城开门办学小分队:《凤凰山一六七号汉墓遣策考释》,《文物》1976 年第 10 期。

④ 《汉书》卷 65,北京:中华书局,1962 年,第 2843 页。

⑤ 陈仲安、王素:《汉唐职官制度研究》,北京:中华书局,1993 年,第 333—335 页。

部》:“帣,囊也。今盐官三斛为一帣。”

“帣”多见于居延汉简,字或作“卷”。裘锡圭先生曾指出,居延汉简中的一些“卷”字应读为“帣”,即《说文·巾部》解释的容三斛的囊,并以破城子出土的两枚吏卒廪名籍的散简为例说明:

> 破城子出土的两枚吏卒廪名籍的散简,有表示粮食的“卷”字:
>
> 卒陈偃　粟一卷三斗三升　(57·19,《居》3222)
>
> 士吏尹忠　糜一卷三斗三升,自取,又二月食,糜一卷三斗三升,陈襄取。　(57·20,《居》3306,《甲》408)
>
> 第一简的“卷”字《居》未释,第二简的“卷”字,《居》和《甲》都误以为“小石”的合文。居延简所记吏卒月食量多为“三石三斗三升少”,有时也作三石三斗三升,如180·3+180·2(《居》5276)。由此可知上引两简的一卷应该相当于三石。《说文》说盐官以三斛为一帣,用帣装粮食也应以三斛为标准。把上引两简的“卷”读为“帣”,显然是非常适合的。①

裘先生的上述意见已为学界肯定。秦和西汉时期的容量“石”,到王莽改制时称为“斛”,以十斗为一斛,容量也有些变化。《说文》是东汉时期的著作,所记“三斛为一帣”的“斛”,与秦和西汉时期的容量“石”可相对应。按照上述“帣”的资料,《东方朔传》的“囊”或许就是指能容三石的粮袋。

由此可确定,《数》简117的“般”应读为“縏”,训作“囊”,是与“帣”相当的容量单位。简文的升、斗、石、般是从小到大排列的容量单位,容三石的“般”比“石”大,符合简文的内涵。

简117的“券”指契券,即记载在竹木简牍上的交易、钱、物出入等记录,既是交易凭据,也是财务记账的凭证。秦代通行“参(三)辨券”。如岳麓书院藏秦简“金布律曰:官府为作务市,受钱及受赍租、质它稍入钱,皆官为缿,谨为缿空,嫛毋令钱能出,以令若压印封缿而入,与入钱者三辨券之,辄入钱缿中,令入钱者见其入。月壹输缿钱,及上券中辨其县廷;月未尽而缿盈者,辄输之。不如律,赀一甲。”②简文的“三辨券”分别是缴纳市场租金、交易税人持有的缴纳凭证、管理者持有的存根和县廷收入(钱)的凭证。③ 官吏缴纳赔偿金也有“三辨券”,如睡虎地秦简《金布律》简80－81:“县、都官坐效、计以负赏(偿)者,已论,啬夫即以

---

① 裘锡圭:《古文字论集》,北京:中华书局,1992年,第604—605页。

② 陈松长:《睡虎地秦简“关市律”辨正》,《史学集刊》2010年第4期。

③ 柿沼阳平:《战国及秦汉时代官方“受钱”制度和券书制度》,武汉大学简帛研究中心主办:《简帛》第5辑,上海:上海古籍出版社,2010年。

其直(值)钱分负其官长及冗吏,而人与参辨券,以效少内,少内以收责之。其入赢者,亦官与辨券,入之。"①

新近出版的《里耶秦简(壹)》中多见这类券的实物,如:

丙廥粟=二石　令史扁视平

卅一年十月乙酉仓守妃佐富禀人援出禀屯戍士五孱陵咸阴敞ㄥ臣　富手(8-1545)

【整理者说明】左侧刻齿为"二石"。②

卅年九月庚申少内守增出钱六千七百廿环令佐朝ㄥ义ㄥ佐盍赀各一甲史犴二甲

九月丙辰朔庚申少内守增敢言之上出券一敢言之丿欣手九月庚申日中时佐欣行

(8-890+8-1583)

【整理者说明】左侧刻齿为"六千八百二十",齿痕与简文不合。③

简8-1545是迁陵县官仓"丙廥"的一笔支出粟米二石的券,简8-890+8-1583是县少内守增支出六千七百二十钱的"出券"和上报文书。整理者已经指出,两份券书都有刻齿,简8-1545所记的数字与正文对应,简8-890+8-1583略有出入。

《数》简117的内容或许与"券"上的刻齿有关,即"券朱(铢)升,券两斗,券斤石,券钧、般(秎),券十朱(铢)者☑"可能是说用刻齿如何表示铢、升,两、斗,斤、石,钧、秎等的数量。有学者推测,"各级度量衡单位或者都对应着特定的刻齿符号",④可参考。

(原文载《简帛》第8辑,上海古籍出版社,2013年10月)

① 睡虎地秦墓竹简整理小组:《睡虎地秦墓竹简·秦律十八种》,"释文注释"第39页。

② 湖南省文物考古研究所编著:《里耶秦简(壹)》,北京:文物出版社,2012年,"图版"第200页,"释文"第76页。

③ 此简由陈伟等拼合,参见陈伟主编:《里耶秦简校释(第一卷)》,武汉:武汉大学出版社,2012年,第242—243页。湖南省文物考古研究所编著:《里耶秦简(壹)》,"图版"第209、126页,"释文"第78、54页。

④ 肖灿:《对里耶秦简刻齿简调研报告的理解和补充》,简帛网,2012年10月13日。

# 岳麓秦简《数》锻铁、锻铜算题新诠

◎ 许道胜（湖南大学岳麓书院）

《岳麓书院藏秦简（贰）》刊载了一部自名为《数》的珍贵数学竹书，包括236个编号，另加18枚残片。本文拟讨论其中刊载的158（0896）、159（0983）二简。① 简158（0896）是一道锻铁算题，内容为锻铁的重量与消耗的炭之间的比例关系。简159（0983）文字简省，略去了一些关键词，个别文字还有错误，易使人误解为计算铜的重量与其相应的价格之间的关系，其实是计算锻铜的重量与消耗的炭之间的比例关系。因此，将158（0896）、159（0983）二简作先后编联是正确的，而将简159（0983）孤立作解却是错误的。简159（0983）实承简158（0896）而来，二简属同类算题，合观方能得到合理的诠解。下面试作分析，请予批评指正。

段铁一钧用炭三石一钧(一)，【一】斤用【炭】十三斤(二)，【一】两用【炭】十三两。158（0896）②

**诠解：**

（一）段，整理者：通“煅”。煅铁，冶炼熟铁。③

按：整理者的上述意见值得商榷：

其一，“段”“煅”二字是什么关系？依整理者的意见，段、煅二字是通假关系。这种说法不准确。它们应是古今字关系，在“锻锤、锤击”这个意义上，古字写作“段”，今字写作“锻”（异体作“煅”）。④

其二，是关于段（锻）的含义。按整理者的意见（“冶炼”）不甚准确。段（锻）的基本含义是：将金属放在火里烧红后取出，置于铁砧上锻锤成器。简中“锻铁”，即以炭为燃料，置

① 朱汉民、陈松长主编：《岳麓书院藏秦简（贰）》，上海：上海辞书出版社，2011年，第117—118页。

② 朱汉民、陈松长主编：《岳麓书院藏秦简（贰）》，第117页。

③ 朱汉民、陈松长主编：《岳麓书院藏秦简（贰）》，第117页。

④ 洪成玉：《古今字字典》，北京：商务印书馆，2013年，第111—112页。

铁（熟铁）于炭火中烧红，取出，锤打。古代字书谓之“小冶”。许慎《说文解字》殳部：“段，椎物也。”又金部：“锻，小冶也。”[①]段玉裁《说文解字注》：“后人以锻为段字。”又“小冶谓小作炉鞴以冶金……冶之则必椎之……段即锻也。”[②]王筠《说文解字句读》：“段不用火，锻则用火，而其椎之也同，故经典二字通用。”[③]徐锴《说文解字系传》：“椎之而已，不销，故曰小冶。”[④]朱骏声《说文通训定声》：“镕铸金为冶，以金入火，焠而椎之，为小冶。”[⑤]

钧，整理者：衡制单位，三十斤。[⑥]

（二）一，按：据计算结果补。下同。

斤，按：秦衡制十六两为一斤。岳麓秦简《数》简 80（0458）、云梦睡虎地汉简《算术》均载“十六两一斤”。[⑦] 据出土秦权折算，秦一斤约合今半斤。[⑧]

炭，按：据文意补。下同。

计算，整理者：据题意，煅铁与用炭比为 1∶13。[⑨] 按：据岳麓秦简《数》简 81（0303）、简 80（0458），1 石 = 120 斤，1 钧 = 30 斤，则锻铁 1 钧即 30 斤，用炭三石一钧即 3×120+30 = 390 斤，390÷30 = 13，即“【锻铁一】斤用【炭】十三斤”，可见锻铁与用炭之比为 1∶13。下文“两用十三两”同理，不赘述。

铜斤十二者，两得十六分十二，朱（铢）得廿四分钱十二。[（一）] 159（0983）[⑩]

**诠解：**

（一）整理者：简文“铜斤十二者，两得十六分十二”，应校补作“铜斤十二钱者，两得十六分钱十二”。简文“朱得廿四分钱十二”当为“朱（铢）得三百八十四分钱十二”。[⑪] 按：据整理者所言，简文讲的是铜的重量与价格的关系：“铜斤十二者”，即铜 1 斤值 12 钱。因为秦

---

① 《说文解字》卷 3 下，北京：中华书局，1963 年，66 页；卷 14 上，第 294 页。

② 段玉裁：《说文解字注》第三篇下，北京：中华书局，2013 年，第 121 页；第 14 篇上，第 710 页。

③ 王筠：《说文解字句读》卷 6，北京：中华书局，1988 年，第 105 页。

④ 徐锴：《说文解字系传》卷 27，北京：中华书局，1987 年，第 267 页。

⑤ 朱骏声：《说文通训定声》乾部第 14，北京：中华书局，1984 年，第 743 页。

⑥ 朱汉民、陈松长主编：《岳麓书院藏秦简（贰）》，第 117 页，注 2。

⑦ 朱汉民、陈松长主编：《岳麓书院藏秦简（贰）》，第 77 页。湖北省文物考古研究所、云梦县博物馆：《湖北云梦睡虎地 M77 发掘简报》，《江汉考古》2008 年第 4 期，彩版 15：3。

⑧ 国家计量总局、中国历史博物馆、故宫博物院主编：《中国古代度量衡图集》，北京：文物出版社，1984 年，第 112—138 页。

⑨ 朱汉民、陈松长主编：《岳麓书院藏秦简（贰）》，第 117 页，注 3。

⑩ 朱汉民、陈松长主编：《岳麓书院藏秦简（贰）》，第 118 页。

⑪ 朱汉民、陈松长主编：《岳麓书院藏秦简（贰）》，第 117 页，注 1。日本学者的意见与整理者同，参见中國古算書研究會：「岳麓書院藏秦簡「數」譯注」、京都：朋友書店、2016 年、第 225 頁。

制 1 斤 = 16 两，1 两 = 24 铢，①所以铜 1 两值：$12\div16=\frac{12}{16}$钱，1 铢值：$\frac{12}{16}\div24=\frac{12}{384}$钱。这可能是整理者校补简文的依据。

应予注意的是，此简的上一简即简 158（0896），与这里所讨论的简 159（0983），是属于同一算题类型。或者说，要破解简 159（0983），应与简 158（0896）合观，才有助于问题的解决。因此，整理者将 158（0896）、159（0983）二简作先后编联是正确的，这一点应予肯定。

不过，整理者将简 159（0983）看作是独立的、与简 158（0896）无关的算题而孤立理解，认为简文讲的是铜的重量与价格的关系，并顺着这样的思路，对简文作了较大的校改则是有待商榷的。因为简 159（0983）讲的不是铜的重量与价格的关系问题，而是锻铜的重量与所用炭的重量之间的比例问题。

简 158（0896）的诠解已详前。

简 159（0983）略去"段（锻）""炭"等字，乃承前简 158（0896）而省。将简 159（0983）与简 158（0896）合观，并将省略的文字补足，就能很顺利地诠解文意了。简 159（0983）的文意实为：段（锻）铜一斤用炭十二斤，一两用炭十六分十二斤，一朱（铢）用炭廿四分钱（两）十二。简文"朱得廿四分钱十二"，经计算知"钱"字当是"两"字之误（这里的"两"为重量单位，不是货币单位）。

由锻铜 1 斤、用炭 12 斤知，铜、炭之比为 1 ∶ 12，那么：

锻铜 1 两、用炭 12 两，将炭 12 两折算成斤（秦制 1 斤为 16 两），即：

$$12\div16=\frac{12}{16}\text{斤（化简即}\frac{3}{4}\text{斤）。}$$

锻铜 1 铢、用炭 12 铢，将炭 12 铢折算成两（秦制 1 两为 24 铢），即：

$$12\div24=\frac{12}{24}\text{两（化简即}\frac{1}{2}\text{两）。}$$

上述结论，似亦可用铁、铜的熔点加以旁证。一般来说，铁的熔点为 1 535℃，而铜的熔点只有 1 083℃。因为铁的熔点较铜高，所以锻得同样重量的铁和铜，所用炭前者要略多于后者。当然，这里锻铁、锻铜均属"小冶"，即并不需要将铁、铜熔化，而只是烧红至可以锤打即可。尽管如此，锻铁所需用炭仍较锻铜为略高。

---

① 朱汉民、陈松长主编：《岳麓书院藏秦简（贰）》，第 76—77 页。

**附图：**

| 简 158(0896) | | | | 简 159(0983) | | | |
|---|---|---|---|---|---|---|---|
| 常规简影 | | 红外简影 | | 常规简影 | | 红外简影 | |
|  |  |  |  |  |  |  | 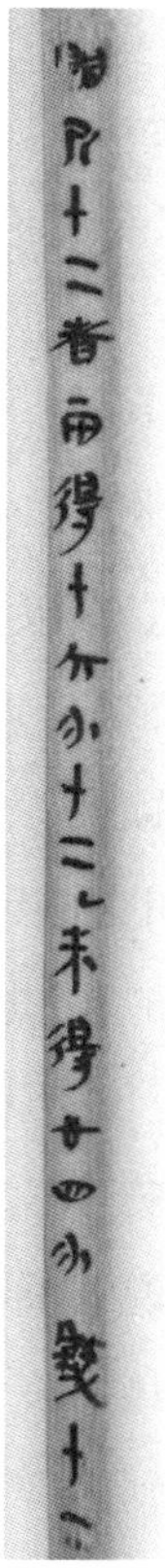 |

（原文载《简帛研究二〇二〇·春夏卷》，广西师范大学出版社，2020 年）

# 岳麓秦简所见"訾税"问题新证[①]

◎ 朱德贵　庄小霞(哈尔滨商业大学经济史研究所;中国社会科学院历史研究所)

秦汉历史文献中出现的"訾",又称为"赀"或"资",指的是资财。[②] 所谓"訾税",顾名思义,就是指官府按照财产之多寡而征收的一种财政税。秦汉时期,由于资产与官吏任免和赋税征课等重大政治和经济问题密切相关,因此,秦汉"訾税"问题一直以来就是中外学者关注的重点问题。

20世纪五六十年代,平中苓次针对陈槃就居延汉简中"礼忠简"和"徐宗简"所提出的"户籍"说提出了质疑,认为"礼忠简"和"徐宗简"系财产税征收的调查记录,但属"算赋申报书"之范畴。[③] 为此,永田英正高度评价了平中苓次对汉代财产税研究的贡献,但对其"算赋申报书"一说并不认同,"礼忠简和徐宗简绝不是平中苓次所说的算赋申报书,而应该是边境吏卒的家庭、财产一类的东西"。[④] 可以说,这是国外学者针对汉代"訾税"研究的一次激烈交锋。[⑤]

自20世纪70年代以来,随着秦汉简牍的陆续刊布,学者们又拓展了对秦汉"訾税"研究的范围。谷霁光强调,汉代之"赋"包括"资赋(亦作赀、訾),从汉武帝开始,这是按户赀出钱的,税率在王莽时是三十税一"。[⑥] 高敏认为,汉代訾算并非"赋",而是财产税。他以居延汉

---

① 本文系黑龙江省哲学社会科学基金一般项目(批准号: 20ZS009)的阶段性成果。

② 《史记》卷102《张释之冯唐列传》"以訾为骑郎"条下《字苑》注云:"赀,积财也。"

③ 平中苓次:「居延漢簡と漢代の財産税」、『立命館大學人文科學研究所紀要』第1号、1953年、第166—182頁。

④ 永田英正:「禮忠簡と徐宗簡について: 平中氏の算賦申告書説の再検討」、『東洋史研究』第28卷第2—3號、1969年、第14—35頁。

⑤ 国内学者仅涉及到汉代的计訾范围等问题。彭信威认为,汉代家訾单指货币财富,而不包括物质财富(参见彭信威:《中国货币史》,上海: 上海人民出版社,1958年,第112页)。吕思勉也对汉代訾产情况作了探讨(参见吕思勉:《秦汉史》,上海: 上海古籍出版社,1983年,第532—535页)。

⑥ 谷霁光:《论汉唐间赋税制度的变化——封建社会前期赋税制度中的地、资、丁、户之间的关系研究》,《江西大学学报(社会科学版)》1964年第2期,收入氏著:《中国古代经济史论文集》,南昌: 江西人民出版社,1980年,第147页。

简中“礼忠简”和“徐宗简”为主,指出了汉代訾税征收中的两个重大问题：一是计訾范围；二是訾税征收的方式——“自占”家訾。① 黄今言系统而全面地阐述了汉代訾算的三个方面：计訾范围与户等差品;訾算征课与“九品混通”的起源;实行訾算的动因和利弊。由此指出,汉代存在訾税,然征收仍存在诸多问题,如自占家訾困难、计訾征税不易普及等。② 与高敏和黄今言等学者的观点相反,田泽滨则认为,秦汉时期根本不存在赀产税,“相反,可以推知其非税更非财产税”。③

21 世纪以来,秦汉訾税问题仍是学界讨论的热点问题,既有支持“訾税”说者,又有反对者。马怡认同汉代存在资产税,“汉代按资产征收的赋税同军费有着明显的联系”,“资产税的税率,汉初是每万钱出 1 算,1 算为 127 钱。”④于振波从“赀家”的政治地位和经济状况方面分析指出,汉代官府在登记和评估资产时,非常注重赀产多的“赀家”,“赀家在经济上比较富裕,就是为了让他们承担更多的经济负担。”⑤杨振红将“算车、船、缗钱”纳入财产税范围,明确指出:“算车、船、缗钱自武帝元狩五年或六年被确定为经常性税目后,至东汉末一直未被废止,它们属财产税范畴。”⑥王彦辉则在赞同田泽滨观点的同时,认为“秦及汉初不存在财产税”。⑦

以上学者尽管在汉代“訾税”的研究方面取得了不菲成绩,但歧义仍旧存在。尤为令人遗憾的是,学术界对秦之“訾税”问题的研究著述更为鲜见。造成这种情况的主要原因在于,以往秦史文献中完全不见有关“訾税”问题的史料记载。因此,秦是否存在“訾税”？秦之“訾税”征收办法又如何？隐匿“訾税”案件又是如何审理的？诸如此类问题一直令史学

---

① 高敏:《秦汉赋役制度考释》,《秦汉史论集》,郑州：中州书画社出版社,1982 年,第 96—99 页。

② 黄今言:《汉代的訾算》,《中国社会经济史研究》1984 年第 1 期;黄今言:《秦汉赋役制度研究》,南昌：江西教育出版社 1988 年,第 182—195 页。这一时期,探讨此类问题的学者还包括：马大英(《汉代财政史》,北京：中国财政经济出版社,1983 年,第 75—76 页)、陈直(《算收家赀与官吏考绩之得算负算》,见氏著:《居延汉简研究》,天津：天津古籍出版社,1986 年,第 27—30 页)、日本学者池田温(龚泽铣译《中国古代籍帐研究》,北京：中华书局 1984 年,第 60—78 页)与楠山修作(「漢代における國家財政について」『史林』第 69 卷第 3 號、1986 年、第 418—434 頁)等。这些学者的研究指向尽管有别,但所持观点与已有研究成果并无太大差别,不再赘述。

③ 田泽滨:《汉代的“更赋”“赀算”与“户赋”》,《东北师大学报(哲学社会科学版)》1984 年第 6 期。

④ 马怡:《汉代诸赋与军费》,《中国史研究》2001 年第 3 期。相关研究还可参看马怡:《秦简所见赀钱与赎钱——以里耶秦简“阳陵卒”文书为中心》,武汉大学简帛研究中心主办:《简帛》第 8 辑,上海：上海古籍出版社,2013 年。

⑤ 于振波:《汉代的家赀与赀家》,卜宪群、杨振红主编:《简帛研究二〇〇四》,桂林：广西师范大学出版社,2006 年;于振波:《简牍与秦汉社会》,长沙：湖南大学出版社,2012 年,第 119—131 页。

⑥ 杨振红:《汉代算车、船、缗钱制度新考——以〈史记·平准书〉为中心》,《文史》2007 年第 4 期,第 61 页。

⑦ 王彦辉:《论汉代的“訾算”与“以訾征赋”》,《中国史研究》2012 年第 1 期。

界困惑不解。《岳麓书院藏秦简(叁)》首次披露了涉及秦“訾税”问题的史料,这些新史料为我们解决秦“訾税”之上述问题带来新的契机。本文拟结合秦汉简牍材料和传世文献专门就秦“訾税”的征收办法和隐匿“訾税”的审理过程等问题作一初步探讨。如有不妥,敬请师友不吝赐教。

## 一

在《岳麓书院藏秦简(叁)》一书刊布之前,由于史料阙如,学术界对秦之“訾税”知之甚少,所以高敏言:“秦时有无对商贾以外的居民征收的财产税,史无明确记载,但汉代似乎是存在这一税目的。”①令人耳目一新的是,《岳麓书院藏秦简(叁)》“识劫娓案”首次向世人公布了一批弥足珍贵的有关秦“訾税”之史料,填补了秦史文献记载之空白。请看如下简文之记载:

1. ▨之十八年八月丙戌大女子娓自告曰七月为子小走马羛占家訾羛当□₌夫建公卒(简108)昌士五积喜遗钱六万八千三百有券娓匿不占吏为訾娓有市布肆一舍客室一公士(简109)识劫娓曰以肆室鼠识不鼠识₌且告娓匿訾娓恐即以肆室鼠识为建等折弃(简110)券弗责先自告₌识劫娓(简111)②
2. 娓以匿訾故即鼠肆室沛未死弗欲以肆舍客室鼠识不告娓不智户(简118)籍不为妻为免妾故它如前(简119)③
3. 娓₌不以肆室鼠识₌且告娓匿訾娓乃鼠识₌即弗告识以沛言求肆室非劫娓(简122)④
4. 不鼠识₌且告娓(简128)匿訾娓即以其故鼠识是娓而云非劫何解识曰□欲得肆室娓不鼠识₌诚恐谓且告娓₌乃鼠(简129)识₌实弗当得上以识为劫娓辠识₌毋以避毋它解辠它如前·问匿訾税及室肆臧直(简130)各过六百六十钱它如辤(简131)⑤
5. 沛死羛代为户后有肆宅娓匿訾税直过六百六十钱(简132)⑥
6. 娓弗鼠识恐谓娓且告娓匿訾以故鼠肆₌室₌直过六百六十钱得皆审疑(简134)⑦

以上是《岳麓书院藏秦简(叁)》“识劫娓案”中所记载的涉及秦“訾税”的几枚珍贵简文。其

① 高敏:《秦汉赋役制度考释》,第96—97页。
② 朱汉民、陈松长主编:《岳麓书院藏秦简(叁)》,上海:上海辞书出版社,2013年,第32页。以下版本皆同。根据《岳麓书院藏秦简(叁)》对案件的书写格式,整理小组将此简前部所缺漏者补正为“【敢潚(谳)】之:十八年八月丙戌”,可从。
③ 朱汉民、陈松长主编:《岳麓书院藏秦简(叁)》,第33页。
④ 朱汉民、陈松长主编:《岳麓书院藏秦简(叁)》,第34页。
⑤ 朱汉民、陈松长主编:《岳麓书院藏秦简(叁)》,第35页。
⑥ 朱汉民、陈松长主编:《岳麓书院藏秦简(叁)》,第36页。
⑦ 朱汉民、陈松长主编:《岳麓书院藏秦简(叁)》,第36页。

中,例4明确载有“訾税”一词。可见,这些史料不仅首次强有力地证明了秦确实存在“訾税”,而且还揭示了困扰学界弥久的秦“訾税”的征收办法。根据以上简文,笔者以为秦“訾税”的征收办法主要分为如下几个步骤:

第一,确定“訾税”征收的对象。例1显示,只有户主才是“訾税”的征收对象。从该案件审理过程看,尽管“婏”是案件的核心人物,但真正上交“訾税”的责任者为其儿子“小走马羛”。之所以“婏”之子“羛”能成为责任者,是由几个主要因素决定的,先请看“婏”的如下陈述:

与羛(義)同居,故大夫沛妾。沛御婏,婏产羛(义)、女姎。沛妻危以十岁时死,沛不取妻。居可二(简112)岁,沛免婏为庶人,妻婏。婏有(又)产男必、女若。居二岁,沛告宗人、里人、大夫快、臣、走马拳、上造嘉、颉曰:(简113)沛有子婏所四人,不取(娶)妻矣。欲令婏入宗,出里单赋,与里人通歙(饮)食。快等曰:可。婏即入宗,里(简114)人不幸死者出单赋,如它人妻。居六岁,沛死。羛(义)代为户、爵后,有肆、宅。(简115)[①]

由上可知,大夫“沛”“御婏”,“婏”为“沛”生育了一男一女,即简文中的“羛”和“姎”,10年以后,大夫“沛”的原配妻子“危”不幸死亡。2年后,“沛免婏为庶人”,并且“妻婏”,又为大夫“沛”生育了一男一女,即“必”和“若”。因此,“婏”为“沛”一共生养了两男两女,大夫“沛”决定“不取(娶)妻矣”。又过了2年,“沛”令作为庶人的“婏”可以“入宗出里单赋与里人通歙(饮)食”。这样,“婏”的庶民身份获得了乡里宗族的认可。6年后,大夫“沛”不幸亡故,长子“羛”遂成为“户爵后有肆宅”,亦即成为户主,并继承了爵位和“肆宅”等财产。

由此可见,尽管“羛”尚未成年,但“羛”已然成为了户主,一个原因是原有的户主及其配偶已亡故;另一个则是“羛”具备了长子之身份。因此,上交“訾税”的责任者当然就是户主“羛”了,而作为母亲的“婏”仅仅“为子小走马羛占家訾”,行使的是代理之职责。

第二,规定了“訾税”征收的范围。由于在传世文献和以往出土材料中秦“訾税”征收之史料阙如,学者们只能从汉代的“訾税”征收范围来推演秦制。

| | | | |
|---|---|---|---|
| | 小奴二人直三万 | 用马五匹直二万 | 宅一区万 |
| 候长觻得广昌里公乘礼忠年卅 | 大婢一人二万 | 牛车二两直四千 | 田五顷五万 |
| | 轺车二乘直万 | 服牛二六千 | •凡訾直十五万 |

(《合校》37·35)[②]

---

① 朱汉民、陈松长主编:《岳麓书院藏秦简(叁)》,第154—155页。

② 谢桂华、李均明、朱国炤:《居延汉简释文合校》,北京:文物出版社,1987年。以下简称《合校》。另外,永田英正对上引这份档案文书进行了详细考察,参见永田英正:「禮忠簡と徐宗簡について:平中氏の算賦申告書説の再檢討」、『東洋史研究』第28卷第2—3號、1969年、第14—35頁;永田英正:「禮忠簡と徐宗簡研究の展開——居延新簡の発見を契機として」、『史窓』第58號、2001年、第97—109頁。

| | | | | |
|---|---|---|---|---|
| | 妻妻 | 宅一区直三千 | 妻 | 妻一人 |
| 三堠燧长居延西道里公乘徐宗，年五十　徐宗年五十 | 子男一人 | 田五十亩直三千 | 男子一人 | 子男二人 |
| | 男同产二人 | 用牛二直五千 | | 子女二人 |
| | 女同产二人 | | | 男同产二人 |
| | | | | 女同产二人 |

（《合校》24·1B）

田八亩，质四千。上君迸王岑物田……

舍六区，直卌四万三千。属叔长……

田卌亩，质六万。下君迸故……

五人，直廿万；牛一头，直万五千；田□顷……

五亩买□十五万；康眇楼舍，质五千。王奉坚楼舍……

王岑田□□，直□□万五千；奴田、婢□、奴多、奴白、奴鼠，并五人……

田顷五十亩，直卌万。何广周田八十亩，质……

五千；奴□、□□、□生、婢小、奴生，并五人，直廿万；牛一头，万五千。

元始田八□□，质八万。故王汶田，顷九十亩，贾卌一万。故杨汉……

奴立、奴□、□鼠，并五人，直廿万；牛一头，万五千，田二顷六十……

田顷卌亩，□□□万；中亭后楼，贾四万。苏伯翔谒舍，贾十七万。

张王田卌□亩，质三万；奴俾、婢意、婢最、奴宜、婢营、奴调、婢利，并……①

以上就是学界常引用的用以说明汉代“訾税”征收范围的史料。不难看出，“汉人计訾的范围，既包括货币财富，也包括牛马、驴车、粮食、田亩、六畜、奴婢以及房屋、珍宝等实物。”②新近刊布的岳麓秦简则正式提供了有关“货币财富”为“计訾”范围的史料，如上引例1显示，尚未偿还的债款也属“计訾”范围。上文所引例1、2、3等数枚简文意指，秦王政十八年（前229）八月，已故大夫“沛”之妻“媛”向官府投案自首，并控告“识”犯有敲诈勒索之罪。“媛”说，由于户主“羛”为其未成年的儿子，故而在七月份“占家訾”的时候，代替“羛”申报了“家訾”。作为户主的“羛”应该向大夫“建”、公卒“昌”、士伍“積”、士伍“喜”和士伍“遗”等5人索要债款，共计“六万八千三百”钱，并且“有券”为证。因为“识”勒索“媛”“市布肆一”和“舍客室一”，否则就控告“媛”犯有“匿訾”之罪，所以“媛”自告“匿不占吏为

① 谢雁翔：《四川郫县犀浦出土的东汉残碑》，《文物》1974年第4期。

② 黄今言：《秦汉赋役制度研究》，第185页。当然，黄今言还引用了《西京杂记》中有关粮食和六畜计訾的史料，参见成林、程章灿：《西京杂记全译》卷4《曹算穷物》，贵阳：贵州人民出版社，1993年，第122—125页。

訾"。考虑到"匿訾"罪的严重性,"婏"遂"以肆室鼠(予)识",并将"建"等 5 人所欠债款之凭证"折弃"。由此可见,赊贷未还之债款也被纳入到了"计訾"范围,更何况牛马、田地、屋舍和店铺?

那么,已故大夫"沛"具体有哪些属于"计訾"范围的财产?"识劫婏案"给我们提供了一些线索,请看"婏"的如下陈述:

居六岁,沛死。羛(义)代为户、爵后,有肆、宅。识故为沛隶,同居。沛(简 115)以三岁时为识取(娶)妻,居一岁为识买室,贾(价)五千钱;分马一匹、稻田廿亩,异识。识从军,沛死。来归(简 116),谓婏曰:沛未死时言以肆、舍客室鼠(予)识,识欲得。婏谓:沛死时不令鼠(予)识,识弗当得。识曰:婏(简 117)匿訾(赀),不鼠(予)识,识且告婏。婏以匿訾(赀)故,即鼠(予)肆、室。沛未死,弗欲以肆、舍客室鼠(予)识。不告婏,不智(知)户(简 118)籍不为妻、为免妾故。(简 119)①

据此可知,已故大夫"沛"家拥有诸如"肆""宅""马""稻田"和奴婢等财产。依据前文所证,这些财产皆应为"计訾"之范围。

第三,规定了"訾税"征收的具体方式。在此,我们必须关注具体征收的时间、家訾的"自占"以及按财产之折价而计征"訾税"三个方面。

首先是"訾税"征收的时间问题。前引例 1 中"婏自告"证言就提到了"七月,为子小走马羛(义)占家訾(赀)(简 108)"。很显然,秦"占家訾"时间为每年七月,这与汉代的"八月算民"之制明显不同。②

其次,家訾的"自占"。所谓"自占",就是向"县官"自行申报资产或人口户籍。这种"自占"制度秦已有之,如"占瘙(癃)"和"自占年"。

匿敖童,及占瘙(癃)不审,典、老赎耐。•百姓不当老,至老时不用请,敢为酢(诈)伪者,赀(简 32)二甲;典、老弗告,赀各一甲;伍人,户一盾,皆罨(迁)之。•傅律。(《秦律杂钞》简 33)③

十六年,七月丁巳,公终。自占年。(《编年纪》二三贰)④

上引《秦律杂钞》简 33 说明,如果申报"瘙(癃)"以及"百姓不当老"而"敢为酢(诈)伪者",

---

① 朱汉民、陈松长主编:《岳麓书院藏秦简(叁)》,第 155—156 页。

② 高敏在分析江陵凤凰山十号墓简牍时说:"汉初的口钱、算赋征收时间可以是八月,但并非固定于每年八月。明白这一点,则所谓'八月算民'的'汉法',并非汉初之制"(参见高敏:《从江陵凤凰山十号墓出土简牍看汉代的口钱、算赋制度》,收入氏著《秦汉史探讨》,郑州:中州古籍出版社,1998 年,第 302 页)。由于岳麓秦简所记尚属孤证,秦訾税的征收可能也非固定于"七月"。

③ 睡虎地秦墓竹简整理小组编:《睡虎地秦墓竹简》,北京:文物出版社,1990 年,第 87 页。

④ 睡虎地秦墓竹简整理小组编:《睡虎地秦墓竹简》,第 7 页。

主管官吏皆会受到法律的惩处。《编年纪》二三贰简也充分证明,秦在申报人口户籍时必须如实上报年龄。由此可见,尽管以上两则史料并未涉及资产"自占",但"自占"制度确已存在。汉承秦制,汉代也有"自占"之制:

市贩匿不自占租,坐所匿租臧(赃)为盗,没入其所贩卖及贾钱县官,夺之死〈列〉。(《张家山汉墓竹简·二年律令·关市律》简260)[①]

●胡丞憙敢潚(谳)之,十二月壬申大夫莳诣女子符,告亡。●符曰:诚亡,(诈)自以为未有名数,以令自占书名数,为大夫明隶,明嫁符隐官解妻,弗告亡,它如莳。(《张家山汉墓竹简·奏谳书》简28-简29)[②]

●令曰:诸无名数者,皆令自占书名数,令到县道官盈卅日,不自占书名数,皆耐为隶臣妾,锢,勿令以爵、赏免,舍匿者与同罪。(《张家山汉墓竹简·奏谳书》简65-简67)[③]

●兵令十三:当占缗钱,匿不自占,【占】不以实,罚及家长戍边一岁。(Ⅱ0114(3):54)[④]

罢榷酤官,令民得以律占租,卖酒升四钱。[⑤]

以上所引典型史料说明两个问题:一是制定了"自占"法律。如材料中就有"以令自占""令曰"和"令民得以律占租"等语句;二是各类财产"自占"制度的施行。如后二条材料则充分证明了汉代官府对具有财产性质的"缗钱"和"罢榷酤官"后的民间酒家实行"自占"制度。

那么,秦是否也存在訾财"自占"制度呢?前引《岳麓书院藏秦简(叁)》"识劫婏案"之简108"为子小走马羛(义)占家訾(赀)"和简109中"婏匿不占吏为訾(赀)"等史料充分证明,秦"訾税"的征收采取了"自占"方式,亦即向"县官"自行申报资产数额。

第三,官府以户为单位并依据一定税率,按财产折价之多寡而计征"訾税"。长期以来,学术界对汉代"訾税"的征收方式多有论述。黄今言说:"家訾不同,户等有别。而户等的差品,一般由家訾的多少来评定的。"[⑥]马怡认为:"按家赀出税,其征收单位自然是户,訾产税

---

① 彭浩、陈伟、工藤元男主编:《二年律令与奏谳书:张家山二四七号汉墓出土法律文献释读》,上海:上海古籍出版社,2007年,第196页。

② 彭浩、陈伟、工藤元男主编:《二年律令与奏谳书:张家山二四七号汉墓出土法律文献释读》,第341页。

③ 彭浩、陈伟、工藤元男主编:《二年律令与奏谳书:张家山二四七号汉墓出土法律文献释读》,第351页。

④ 胡平生、张德芳编撰:《敦煌悬泉汉简释粹》,上海:上海古籍出版社,2001年,第11页。

⑤ 《汉书》卷7《昭帝纪》(北京:中华书局,1962年,第224页)注引三国时期如淳曰:"律,诸当占租者家长身各以其物占,占不以实,家长不身自书,皆罚金二斤,没入所不自占物及贾钱县官也。"注引师古曰:"占谓自隐度其实,定其辞也。占音章赡反。下又言占名数,其义并同。今犹谓狱讼之辨曰占,皆其意也。盖武帝时赋敛繁多,律外而取,今始复旧"。

⑥ 黄今言:《秦汉赋役制度研究》,第187页。可见,黄今言在此敏锐地察觉到秦汉"訾税"的征收与"户"有着密切关系。

是目前所能了解到的汉代惟一一种税项。”[①]其后，随着秦汉简牍的不断披露，高敏、张荣强和于振波等又提出新的观点。于振波指出：“户赋是诸多赋税中的一个单独税目，而非一户内各项赋税的总称。‘卿爵’在免纳田租、刍稾税的同时，却要缴纳户赋。户赋按户征收，刍稾税按田亩面积征收，均以征收饲草为主，主要供应本县之需，与口钱、算赋、田租等等在性质上截然不同。”[②]愚以为，该结论较为妥当，因为汉代户赋的确不是各种税目的合集，而是一种按户征收的独立税目。新近刊布的里耶秦简和岳麓秦简所披露的有关秦户赋的简文为此又提供了新的证据，证明秦户赋既征收实物，又征收货币。[③]

为了说明这种按户征税的历史史实，我们有必要利用相关简牍材料对秦户赋征收问题再作一简略梳理：

卅四年，启陵乡见户、当出户赋者志：☐Ⅰ

见户廿八户，当出茧十斤八两。☐Ⅱ8－518[④]

此则史料是秦始皇三十四年按户征收“户赋”的有力佐证。简文中“当出户赋者志”中的“志”或指“课志”，如“田课志（8－383）”“田官课志（8－479）”“尉课志（8－482）”“乡课志”“禾稼租志（8－1246）”“☐事志一牒（8－42）”，[⑤]以及“贰春乡枝枸志（8－455）”等。尽管后三枚简牍未现“课”字，但“此类‘志’亦按物质属性或事类划分”。[⑥] 愚以为，上引“当出户赋者志”亦为一份按户征收“户赋”的“课志”文书。在这份文书中，有28户“当出茧”，共计有“十斤八两”，亦即户均“六两”。巧合的是，里耶秦简中多次出现“茧六两”的简文：

---

① 马怡：《汉代诸赋与军费》，《中国史研究》2001年第3期。

② 于振波：《从简牍看汉代的户赋与刍稾税》，《故宫博物院院刊》2005年第2期。又，高敏曾据《二年律令》有关户赋之史料云：“汉代的所谓‘户赋’，并不是什么新税目，而是把口钱、算赋的按人头收的‘赋税’改为按户出税和把按顷亩入刍的刍税改为按户征收而已。因为征收方式的改变，故有‘户赋’之名；其征收对象为‘卿以下’的获爵者；从征收量来说，都比原来的口算赋和按授田顷数顷输刍三石要轻得多；故‘户赋’为优待有爵者的税目”（参见高敏：《关于汉代有“户赋”“质钱”及各种矿产税的新证——读〈张家山汉墓竹简〉札记之五》，《史学月刊》2003年第4期）。但是，张荣强却并不认同高先生之观点：“汉代的‘户赋’不仅指狭义的特定群体按户缴纳的赋钱，更应指此等税目的原生形态，亦即一般庶民缴纳的丁口之赋甚或其他杂赋”（参见张荣强：《吴简中的“户品”问题》，北京吴简研讨班编：《吴简研究》第1辑，武汉：崇文书局，2004年）。

③ 邬文玲：《里耶秦简所见“户赋”及相关问题琐议》，武汉大学简帛研究中心主办：《简帛》第8辑，上海：上海古籍出版社，2013年；朱圣明：《秦至汉初“户赋”详考——以秦汉简牍为中心》，《中国经济史研究》2014年第1期。

④ 陈伟主编：《里耶秦简牍校释（第一卷）》，武汉：武汉大学出版社，2012年，第172页。

⑤ 陈伟主编：《里耶秦简牍校释（第一卷）》，第38页。

⑥ 李均明：《里耶秦简“计录”与“课志”解》，武汉大学简帛研究中心主办：《简帛》第8辑，上海：上海古籍出版社，2013年。

茧六两。卅五年六月戊午朔丁卯，少内守☐（8－96）[①]

茧六两。卅五年五月己丑朔甲□☐（8－447）[②]

茧六两。卅五年六月戊午朔乙☐（8－889）[③]

茧六两。卅☐（8－1673）[④]

显而易见，秦官府是按户征收“户赋”的，亦即每户征收“茧六两”。当然，秦户赋除按户征收实物外，也征收货币，如里耶秦简载：“户刍钱六十四。卅五年。☐（8－1165）。”[⑤]又，“☐十一月户刍钱三【百】（8－559）”。[⑥] 可见，秦是按户计征户赋，[⑦]正如于振波所言，户赋其实是一种独立的按户征收的税目。[⑧]

据上引“识劫娩案”可知，这种按户征税的办法同样符合秦“訾税”征收的政策。笔者以为，秦按户计征“訾税”有两点必须引起关注：一是上引岳麓秦简证实，尽管秦“訾税”征收以户为单位，但与户等没有必然的联系；二是《岳麓书院藏秦简（叁）》及汉代文献皆表明，秦汉时期，“訾税”征收的是货币财富，而非实物。如上引“识劫娩案”中所记载的户主“羛”（“羛”尚未成年，其母“娩”代为占訾）因为隐匿了一笔尚未索还的债款（计有 68 300 钱）而被“识”勒索，并恐吓要以“匿訾”的罪名告官。再如上引“礼忠”简说明，户主“礼忠”家拥有“小奴二人，直三万”“用马五匹，直二万”“宅一区，万”“大婢一人，二万”“牛车二两，直四千”“田五顷，五万”“轺车二乘，直万”和“服牛二，六千”等。可见，户主“礼忠”家的财产种类及其折价数目跃然纸上，其“计訾”的范围概有奴婢、牛马、房宅和田地等，总计为“訾直十五万”钱。这些材料充分证明，秦汉“訾税”采取了以户为单位，且按各类资产的价值计征，征收的形态为货币。

令人遗憾的是，关于秦“訾税”的税率问题，尚无明确记载，我们不得而知，但汉代文献给我们提供了一点线索。景帝前元二年（前 155）下诏曰：“……今訾算十以上乃得宦，廉士算不必众。有市籍不得宦，无訾又不得宦，朕甚愍之。訾算四得宦，亡令廉士久失职，贪夫长利。”服虔注云：“訾万钱，算百二十七也。”应劭注曰：“古者疾吏之贪，衣食足知荣辱，限訾十

---

① 陈伟主编：《里耶秦简牍校释（第一卷）》，第 61 页。
② 陈伟主编：《里耶秦简牍校释（第一卷）》，第 151 页。
③ 陈伟主编：《里耶秦简牍校释（第一卷）》，第 242 页。
④ 陈伟主编：《里耶秦简牍校释（第一卷）》，第 376 页。
⑤ 陈伟主编：《里耶秦简牍校释（第一卷）》，第 286 页。
⑥ 陈伟主编：《里耶秦简牍校释（第一卷）》，第 179 页。
⑦ 朱德贵认为：“在汉初户赋是按爵位分等级来征收，其后随着爵制的泛滥，逐渐为以訾征赋的标准所取代。”此观点尚待更多出土资料的支持，参见朱德贵：《张家山汉简与汉代户赋制度新探》，《学术论坛》2006 年第 6 期。
⑧ 于振波：《从简牍看汉代的户赋与刍稾税》，《故宫博物院院刊》2005 年第 2 期。

算乃得为吏。十算，十万也。贾人有财不得为吏，廉士无訾又不得宦，故减訾四算得宦矣。”[①]对此，马大英解释：“课税标准以财产总值钱一万为单位，税率是万分之一百二十七。七字也可能是衍文，即税率是钱一万算百二十。和算赋中的算相同，所以叫作算赋。按注文，不足万者不课税。”[②]笔者以为，该解释可能存在舛误。[③] 因为，马大英将服虔的注释理解为“算赋”的税率了。不难看出，其所依据的史料显然出自《汉官旧仪》。卫宏在《汉官旧仪》中说：“算民年七岁以至十四岁，出口钱人二十三，以食天子。其三钱者，武帝加口钱以补车骑马(逋税)。又令民男女年十五以上至五十六，赋钱人百二十为一算，以给车马。”[④]三国时期的如淳在注释《汉书》时也引用了这一史料。《汉书》卷1《高帝纪》载：“八月，初为算赋。”如淳注曰：“《汉仪注》民年十五以上至五十六出赋钱，人百二十为一算，为治库兵车马。”[⑤]由此，马大英等得出汉代“訾税”税率为“钱一万算百二十”的观点，且这一结论已然成为学界共识。但是，笔者以为，东汉服虔的注释并没有错误，服虔所提出的“訾万钱，算百二十七也”的税率可能是以东汉后期的“訾税”为标准的。之所以有如此之说，主要原因是汉代财产税征收的标准并非执行单一之制，而是各有差品。

《史记》卷30《平准书》载：“异时算轺车，贾人缗钱皆有差，请算如故。诸贾人末作贳贷卖买，居邑稽诸物，及商以取利者，虽无市籍，各以其物自占，率缗钱二千而一算。诸作有租及铸，率缗钱四千一算。非吏比者三老、北边骑士，船五丈以上一算。匿不自占，占不悉，戍边一岁，没入缗钱。”[⑥]《汉书》卷6《武帝纪》载：元狩四年“初算缗钱。李斐注曰：‘缗，丝也，以贯钱也。一贯千钱，出算二十也。’臣瓒注曰：‘《茂陵书》诸贾人末作贳贷，置居邑储积诸物，及商以取利者，虽无市籍，各以其物自占，率缗钱二千而一算。此缗钱是储钱也。故随其

---

① 《汉书》卷5《景帝纪》，第152页。

② 马大英：《汉代财政史》，第75页。

③ 黄今言也说：“按家訾征税——若以通常的万钱一算，算百二十钱，结果是户等不同，訾算有别。”参见黄今言：《秦汉赋役制度研究》，第191页。

④ 卫宏著、孙星衍辑：《汉官六种》，周天游点校，北京：中华书局，1990年，第82页。

⑤ 《汉书》卷1《高帝纪》，第46页。很明显，此处之“初为算赋”指的是人头税。但是有学者指出，此处的“算赋”并非单一税目(参见杨振红：《汉代算车、船、缗钱制度新考——以〈史记·平准书〉为中心》，第43—61页)。笔者以为，这种观点恐误。由于针对“八月，初为算赋”，卫宏《汉官旧仪》和如淳的注解皆已证明，此处“算赋”仅指汉代人头之税，即“人百二十为一算”。高敏对秦之“赋”也作过解释，如《史记》卷15《六国年表》记载，秦孝公十四年“初为赋”，高先生言“‘初为赋’的‘赋’，应当是指后来的口、算赋而言”(参见高敏：《秦汉赋役制度考释》，第65页)。而算车、船和缗钱明显不是人头税，而是武帝时期演变出来的财产税(前文已证)。不可否认，到了汉代，“算”确实已成为征税的一种方式。

⑥ 《史记》卷30《平准书》，第1430页。关于秦汉工商税问题，参见黄今言：《秦汉末业税问题的探讨》，《江西师范大学学报(哲学社会科学版)》1985年第1期。

用所施，施于利重者，其算亦多也。'师古注曰：'谓有储积钱者，计其缗贯而税之。'"[①]据此可知，"算缗钱"和"算轺车"等乃是武帝时期演变出来的具有财产税性质的新税目。上引史料说明，"算缗钱"的税率一般为"一贯千钱，出算二十也"，亦即1 000钱为1算，出税20钱，故税率为2%。[②] 但依据行业之不同，"算缗钱"却各有差品，如商贾"率缗钱二千而一算"，即1%。"诸作有租及铸"却是"率缗钱四千一算"，即0.5%之税率。针对船只课税的前提条件有二：一是"非吏比者三老、北边骑士"者；二是"船五丈以上"。就是说，不足"五丈"之船不需纳税。毋庸置疑，商贾税负最重，其税率为1%；次者为手工业者，其税率为0.5%；而官僚权贵的税负较轻，其税率仅为"訾万钱，算百二十七也"，亦即1.72%。[③] 由此可以推断，汉代"訾税""算缗钱"和"算轺车"等的税率或根据不同行业而有所变化。在此，我们必须注意两点：一是汉代"訾税"的征收以"算"为单位；二是按课税对象的身份或经营项目的规模征收不同的税率。

与此相应，秦的"訾税"税率或许与东汉服虔所说"訾万钱，算百二十七"有所不同。[④] 由于秦王政十八年正与赵国激战，"大兴兵攻赵，王翦将上地，下井陉，端和将河内，羌瘣伐赵，端和围邯郸城。"[⑤]为筹措军费，秦有可能加大赋税征收的力度，提高各种税收之税率。正如王莽新朝所执行的"訾税"政策一样，当时"匈奴侵寇甚"，所以"壹切税吏民，訾三十而取一"。[⑥] 很显然，这种横征暴敛的赋税政策是在特定的政治和军事情况下实施的，并非当时的常制。

接下来，我们再来讨论一下"訾算"问题。马大英将"訾算"中的"算"理解为"和算赋中的算相同"，[⑦]甚至有学者将"訾算"等同于"訾税"，恐误。其实，秦汉文献中的"算"有多种意思：

一是数量或计数之意，非税额数量，正如应劭所说的"十算，十万也"。再如《说文》云："算，数也。"[⑧]因此，景帝诏书中的"訾算"指的是估算各类财产价值数量之多少，而非"訾

---

① 《汉书》卷6《武帝纪》，第178页。

② 前文已经论证，债款、车船、田地、牛马和奴婢等属于"訾税"的征收范围，那么，"算缗钱"自然属于訾产税范畴，也是西汉时期演变出来的一种新的财产税。显然，秦并无此类税目。此税是以货币财富为征收对象，故应纳入财产税之范畴。

③ 马大英等所言"钱一万算百二十"（税率为0.12%），是以《汉官旧仪》中所记之"算赋"来解释訾产税的税率，显然是不正确的。愚以为，林甘泉主编《中国经济通史・秦汉经济卷》（北京：经济日报出版社，1999年，第694页）中的说法是正确的，东汉经学家服虔所注"訾万钱，算百二十七也"中并没有"衍文"。

④ 根据服虔所处的年代，笔者推测，"算百二十七"的税率可能为东汉后期的财产税率。

⑤ 《史记》卷6《秦始皇本纪》，第233页。

⑥ 《汉书》卷24《食货志第四下》，第1184页。

⑦ 马大英：《汉代财政史》，第75页。

⑧ 许慎：《说文解字（附检字）》，北京：中华书局，1963年，第99页。

税”。“訾算”是征收“訾税”的前提条件，只有确定各家庭财产的折价数量，才能为官府征收“訾税”和选拔官吏提供依据。景帝诏文“今訾算十以上乃得宦”中的“訾算十”指的是家庭资产折价后计有 10 算货币财富。按照应劭注文可知，“十算，十万也”，亦即 1 算为 10 000 钱。而东汉服虔在注文中所言“訾万钱，算百二十七也”，则指“訾税”，亦即 10 000 钱应纳税 127 钱。① 因此，“訾算”和“訾税”切不可混为一谈。

二是人头税之意，即“算赋”。前引《汉官旧仪》中的“民男女年十五以上至五十六，赋钱人百二十为一算”；江陵凤凰山西汉简牍中的“市阳二月百一十二算₌卅五钱三千九百廿”“市阳二月百一十二算₌十钱千一百”和“郑里二月七十二算₌卅五钱二千五百廿”等所提到的“算”皆为“算赋”之意。② 为此，裘锡圭解释说：“（江陵凤凰山西汉简牍中的）所谓‘算’的本来意思只不过是征收赋税时的计算单位。‘算’的对象可以是人，也可以是别的东西，例如武帝时曾算车船，算缗，算六畜等等。”③毫无疑问，裘先生注意到了“算”的两层意思，即针对人的“人头税”和针对车船等财产的“算车船”“算缗”等。④

三是官府用以考核官吏的计算单位。陈直、永田英正、于振波和王彦辉等皆已注意到这层意思。⑤ 我们在西北汉简中常见“得算”“负算”等记载，如“☐惊糒多康负算十 · 凡卅七”（E.P.T53：226）、“☐负五算率所负半算奇一算半算”（E.P.T5：8）等，此类简文共计 9 枚，此不一一备举。⑥ 正如陈直所言，汉简中的得算和负算简文“对于用算收方法，奖惩官吏，极为分明。得算负算可以相抵，最多者负至二千二百卅五算，若以一百二十为一算，折合到二十

① 林甘泉主编《中国经济通史 · 秦汉经济卷》（北京：中国社会科学出版社，第 694 页）持此种观点：“汉代有资产税。其税率是每万钱出 1 算，1 算为 127 钱”；贾丽英《秦简〈识劫娩案〉反映的秦代赀产税》（《光明日报》2014 年 9 月 3 日，第 14 版）则指出，秦“訾税”是“按比例征税纳钱的财产税征收办法”。笔者以为，贾丽英的观点恐误，因为东汉服虔所注“訾万钱，算百二十七也”并非随意揣测，而是确有其事。根据前文可知，“娩”“匿訾”额为 68 300 钱，若按东汉服虔的注文，“訾万钱”而 1 算，则计有 6.83 算，那么，1 算若为 127 钱，“娩”所“匿訾税”额应该为：6.83 算×127 钱=867.41 钱。

② 湖北文物考古研究所：《江陵凤凰山西汉简牍》，北京：中华书局，2012 年，第 97、100 页。

③ 裘锡圭：《湖北江陵凤凰山十号汉墓出土简牍考释》，《文物》1974 年第 7 期。

④ 有关秦汉“算赋”的专题研究成果颇多，代表性论著有：永田英正：「漢代人頭税の崩壊過程——特に算賦を中心として」、『東洋史研究』第 18 卷第 4 號、1960 年；永田英正：「江陵鳳凰山十號漢墓出土の簡牘——とくに算銭を中心として」、『鷹陵史學』第 34 號、1977 年、129—157 頁；高敏：《从江陵凤凰山十号汉墓出土简牍看汉代的口钱、算赋制度》，《文史》第 20 辑，1983 年；马大英：《汉代财政史》，第 59—66 页；钱伯泉：《汉初算赋口钱辨》，《中国社会经济史研究》1983 年第 4 期；钱剑夫：《秦汉赋役制度考略》，武汉：湖北人民出版社，1984 年，第 47—65 页；黄今言：《秦汉赋役制度研究》，第 169—245 页；楠山修作：「算と賦との研究」、『アジア文化學科年報』第 15 號、2000 年、第 1—13 頁。

⑤ 陈直：《算收家赀与官吏考绩之得算负算》，第 27—30 页；永田英正：『居延漢簡の研究』、同朋舍、1989 年；于振波：《汉简“得算”、“负算”考》，中国社会科学院简帛研究中心编：《简帛研究》第 2 辑，北京，法律出版社，1996 年；王彦辉：《论汉代的“訾算”与“以訾征赋”》，《中国史研究》2012 年第 1 期。

⑥ 参见甘肃省文物考古研究所等编：《居延新简甲渠候官与第四燧》，北京：文物出版社，1990 年。

六万八千二百钱，罚数相当庞大。”[①]可见，“算”既是政府考察地方官吏行政绩效的一个衡量单位，又是经济惩罚或奖励的一种方法。也就是说，“算”是基础，而用“算”的方法来奖惩官吏和提高行政绩效才是官府的真正目的。

因此，秦汉“訾算”、“算赋”和“得算”、“负算”和“訾税”切不可混同。上引岳麓秦简中的“訾税”简文再次证明，秦汉“訾算”就是为征收“訾税”服务的，所谓“‘算赀’是否征财产税？或者说计赀就是为了征财产税？”等否认秦汉存在“訾税”的观点可以休矣。[②]

第四，官府对拖欠“赀（訾）钱”行为的处理办法。上引岳麓秦简就此问题不见任何明确记载，但湘西里耶等出土的秦简却给我们提供了论证此问题的材料。里耶秦简载：

J1(9)1 A面：卅三年四月辛丑朔丙午，司空腾敢言之：阳陵宜居士五（伍）毋死有赀余钱八千六十四。毋死戍洞庭郡，不智（知）何县署，今为钱校券一，上谒言洞庭尉，令毋死署所县责以受阳陵司空。【司空】不名计，问何县官，计年为报。已訾其家，【家】贫弗能入，乃移戍所，报，署主责发，敢言之。四月己酉，阳陵守丞厨敢言之：写上，谒报，[报]署金布发，敢言之。/儋手。

J1(9)1 B面：卅四年六月甲午朔戊午，阳陵守庆敢言之：未报，谒追，敢言之。/堪手。卅五年四月己未朔乙丑，洞庭叚（假）尉觽谓迁陵丞：阳陵卒署迁陵，其以律令从事，报之。当腾【誊】。/嘉手。以洞庭司马印行事。敬手。[③]

以上是一份完整的秦官府追索“赀钱”的文书。当然，湘西里耶秦简还有很多类似的文书，计有12份，为节省篇幅，此处仅摘录与“赀（訾）钱”相关的11枚木牍简文：

J1(9)2 A面：“卅三年三月辛未朔戊戌，司空腾敢言之：阳陵仁阳士五（伍）不狱有赀钱八百卅六……”[④]

J1(9)3 A面：“卅三年三月辛未朔戊戌，司空腾敢言之：阳陵下里士五（伍）不识有赀余（余）钱千七百廿八……”[⑤]

J1(9)4 A面：“卅三年四月辛丑朔丙午，司空腾敢言之：阳陵孝里士五（伍）衷有赀钱千三百卌四……”[⑥]

J1(9)5 A面：“卅三年四月辛丑朔丙午，司空腾敢言之：阳陵下里士五（伍）盐有赀

---

① 陈直：《算收家赀与官吏考绩之得算负算》，第30页。

② 田泽滨：《汉代的“更赋”“赀算”与“户赋”》，《东北师大学报（哲学社会科学版）》1984年第6期。

③ 马怡：《里耶秦简选校》，中国社会科学院历史研究所学刊编委会编：《中国社会科学院历史研究所学刊》第4集，北京：商务印书馆，2007年，第170—171页。

④ 马怡：《里耶秦简选校》，第166页。

⑤ 马怡：《里耶秦简选校》，第167页。

⑥ 马怡：《里耶秦简选校》，第172页。

钱三百八十四……”①

J1(9)6 A 面:“卅三年四月辛丑朔戊申,司空腾敢言之:阳陵褆阳上造徐有赀钱二千六百八十八……”②

J1(9)7 A 面:“卅三年四月辛丑朔戊申,司空腾敢言之:阳陵褆阳士五(伍)小欬有赀钱万一千二百七十一……”③

J1(9)8 A 面:“卅三年四月辛丑朔丙午,司空腾敢言之:阳陵逆都士五(伍)越人有赀钱千三百卌四……”④

J1(9)9 A 面:“卅三年辛未朔戊戌,司空腾敢言之:阳陵仁阳士五(伍)颡有赀钱七千六百八十……”⑤

J1(9)10 A 面:“卅三年四月辛丑朔丙午,司空腾敢言之:阳陵叔作士五(伍)胜日有赀钱千三百卌四……”⑥

J1(9)11 A 面:“卅三年三月辛未朔丁酉,司空腾敢言之:阳陵溪里士五(伍)采有赀余钱八百五十二……”⑦

J1(9)12 A 面:“卅三年[四]月辛丑朔丙午,司空腾敢言之:阳陵□□公卒广有赀钱千三百卌四……”⑧

学界就其中的“赀(訾)钱”展开了热烈讨论,大体分为三种观点:“訾税”说、“赀罚”说和“欠官府债”说。如高敏指出:“(毋死、不识和不狱等)‘士伍’所欠官府的不是罚款,而是其家庭应缴纳或虽缴纳但为足额的财产税。”⑨高敏的“訾税”说一经提出,即刻引起了学界的高度关注。王彦辉为了论证“在已知的秦及汉初的法律文献和国家优免政策中见不到财产税的名目”之观点,断然否定了高敏的“訾税”说:“如果这个‘赀钱’果真是财产税,说明秦

① 马怡:《里耶秦简选校》,第 173 页。
② 马怡:《里耶秦简选校》,第 178 页。
③ 马怡:《里耶秦简选校》,第 179 页。
④ 马怡:《里耶秦简选校》,第 174 页。
⑤ 马怡:《里耶秦简选校》,第 169 页。
⑥ 马怡:《里耶秦简选校》,第 175 页。
⑦ 马怡:《里耶秦简选校》,第 162 页。
⑧ 马怡:《里耶秦简选校》,第 176 页。
⑨ 高敏:《长沙走马楼简牍研究》,桂林:广西师范大学出版社,2008 年,第 93 页。研究这 12 份有关“赀钱”文书的学者还有李学勤(《中国古代文明研究》,上海:华东师范大学出版社,2005 年,第 294—306 页)、朱红林(《里耶秦简债务文书研究》,《古代文明》2012 年第 3 期)、张俊民(《秦代的讨债方式——读〈湘西里耶秦代简牍选释〉》,陕西历史博物馆馆刊编委会编:《陕西历史博物馆馆刊》第 10 辑,西安:三秦出版社,2003 年,第 288—292 页)、王焕林(《里耶秦简校诂》,北京:中国文联出版社,2007 年,第 89 页)。

始皇时期就已经开始税民赀了，据此理解，把景帝诏中的‘訾算’解释为财产税就顺理成章了……这些戍卒所欠官府的钱属于‘以赀赎罪’的性质。”[①]很明显，此观点前半部分是错误的，上引“识劫婉案”所披露“訾税”简文有力证明了秦已存在“訾税”税目。至于其“赀钱”就是“以赀赎罪”钱之观点，愚以为基本正确。这是因为秦“赀钱”确实具有“赀罚”的性质。张春龙和龙京沙等认为，此 12 份档案中的“赀（訾）钱”就是“以钱赎罪”之钱。[②] 在此基础上，马怡又系统而详尽地考证了这批档案材料，认为这批官方档案中的“赀钱”实为“欠官府债”。[③] 笔者以为马怡的观点最为妥当，因为这 12 份档案中尚有“3 笔不能折算为甲盾的赀钱，是否与上述几种赀罚有关？还是另有来历？从现有资料来看，尚难以判断”。[④] 因此，此处之“欠官府债”除包括赀罚、赀责和赀赎外，或许还有其他名目的欠款。

那么，“其他名目的欠款”是否包含“訾税”欠款呢？为此，我们有必要梳理一下上引里耶秦简中的“赀余钱八千六十四”“有赀钱八百卅六”“有赀钱万一千二百七十一”和“赀钱二千六百八十八”等史料。首先让我们来考察一下秦“赀罚”方面的历史真相。[⑤] 众所周知，秦简中出现了许多“赀一甲”“赀二甲”等有关“赀罚”的记载，那么，这些“赀罚”是实物还是货币？愚以为，秦“赀罚”的并非全是实物。

十二月戊寅，都府守胥敢言之：迁陵丞膻曰：少内巸言冗Ⅰ佐公士僰道西里亭赀三甲，为钱四千卅二。自言家能入。Ⅱ为校□□□谒告僰道受责。有追，追曰计廿八年□Ⅲ责亭妻胥亡。胥亡曰：贫，弗能入。谒令亭居署所。上真书谒环。□□Ⅳ僰道弗受计。亭譺当论，论。敢言之。☑ V8－60+8－656+8－665+8－748[⑥]

这则湘西里耶秦简就是有关追缴欠款的官方文书，其中有两点尤为引人注目：一是“赀

---

① 王彦辉：《论汉代的“訾算”与“以訾征赋”》，《中国史研究》2012 年第 1 期。

② 张春龙、龙京沙：《湘西里耶秦代简牍选释》，《中国历史文物》2003 年第 1 期。

③ 马怡：《里耶秦简选校》，第 163 页。

④ 马怡：《秦简所见赀钱与赎钱——以里耶秦简“阳陵卒”文书为中心》，《简帛》第 8 辑，第 200 页。

⑤ 随着睡虎地秦简的刊布，学术界就秦“赀罚”问题的研究成果颇多，此不赘述。参见石子政：《秦律赀罚甲盾与统一战争》，《中国史研究》1984 年第 2 期；若江賢三：「睡虎地秦墓竹簡に見られる誣告反坐を通して見た貲財に関する一考察」、『アジア諸民族における社会と文化：岡本敬二先生退官記念論集』、國書刊行會、1984 年、第 17—39 頁；高敏：《秦汉徭役制度辨析（下）》，《郑州大学学报（哲学社会科学版）》1986 年第 4 期；张金光：《论出土秦律中的“居赀赎债”制度——兼说赵背户秦墓的性质》，张舜徽主编：《中国历史文献研究（二）》，武汉：华中师范大学出版社，1988 年；曹旅宁：《秦律中所见之赀甲盾问题》，《求索》2001 年第 6 期；水間大輔：『張家山漢簡「二年律令」による秦漢刑罰制度研究の動向』、『中國史學』第 14 卷、2004 年；臧知非：《赀刑变迁与秦汉政治转折》，《文史哲》2006 年第 4 期；宋艳萍：《里耶秦简“阳陵卒”简蠡测》，卜宪群、杨振红主编：《简帛研究 二〇〇四》，桂林：广西师范大学出版社，2006 年，第 121—134 页。

⑥ 陈伟主编：《里耶秦简牍校释（第二卷）》，武汉：武汉大学出版社，2018 年，第 43 页。

三甲”。至今为止,我们所能见到的秦“赀甲”处罚最高为“赀二甲”,此处首见“赀三甲”;二是第一次出了“赀甲”折价的史料。上引僰道县西里有一位名叫“亭”的被处以“赀三甲”,折合“钱四千卅二”。也就是说,每甲价值为 1 344 钱。岳麓秦简进一步证实了这一情况:“赀一甲直(值)钱千三百卌四,直(值)金二两一垂,一盾直(值)金二垂。赎耐,马甲四,钱七千六百八十”。[①] 其中“马甲”尤为贵重,单价为 1 920 钱。由此可以推测,秦律中“赀甲”处罚可能征缴的是货币,而非真正的盔甲。冨谷至专门研究了这种“赀甲”性质的财产刑问题。他指出,秦统一之前,财产刑以提供武器装备的可能性较大;而秦始皇统一之后,缴纳实物的做法就失去了原有的意义,官府就采取了以折钱缴纳的方式了。[②] 愚以为,冨谷至的推测基本正确,但由于时代限制,冨谷至未能看到岳麓秦简。我们知道,岳麓秦简记载的大部分内容为秦统一之前的历史,故而,秦统一之前官府对“赀甲”的处罚有可能也征缴货币。

既然如此,我们还有何证据可证“赀钱”具有“赀罚”之意?

> 赀一甲,直(值)钱千三百卌四,直(值)金二两一垂,一盾直(值)金二垂。赎耐,马甲四,钱七千六百八十。(《岳麓书院藏秦简(贰)》82/0957)[③]
>
> 马甲一,金三两一垂,直(值)钱千九百。金一朱(铢)直(值)钱廿四。赎死,马甲十二,钱二万三千卌。(《岳麓书院藏秦简(贰)》83/0970)[④]

当时秦金 1 两等于 3 锤,1 锤等于 8 铢,1 铢等于 24 钱,1 锤等于 192 钱,1 两等于 576 钱,1 斤等于 5 760 钱(亦即 30 锤);至于赀盾数量,上引秦简显示,1 甲等于 1 344 钱,1 盾等于 384 钱,1 马甲则等于 1 920 钱。

根据以上换算,马怡指出:“在这 12 笔钱里,有 9 笔钱可完整地折算。其中,8 笔赀钱可折算为甲、盾(4 个‘1 甲’、1 个‘2 甲’、1 个‘6 甲’、1 个‘1 甲 1 盾’、1 个‘1 盾’),1 笔赎钱可折算为马甲(1 个‘4 马甲’)。在甲与盾之间,亦可折算。则知‘阳陵卒’们所欠赀钱、赎钱大多与秦律中的赀、赎之甲盾关系密切。特别要指出的是,[简 4]所载‘阳陵仁阳士五纇有赎钱七千六百八十’,正与[简 13]之“赎耐,马甲四,钱七千六百八十”一致,则‘士五纇’的‘赎钱七千六百八十’当为‘赎耐’之钱”。[⑤] 该研究结论表明,这批档案中至少有 9 份档案属“赀罚”类文书,但“另有 3 笔不能完全折算为甲、盾”,“这似乎显示,除了赀甲、赀盾,秦代

① 关于此类问题,参见于振波:《秦律中的甲盾比价及相关问题》,《史学集刊》2010 年第 5 期。

② 冨谷至:「秦漢的刑罰: 其性質和特徵」、『日本東方學』第 1 輯、2007 年、第 1—22 頁。

③ 朱汉民、陈松长主编:《岳麓书院藏秦简(贰)》,上海:上海辞书出版社,2012 年,第 78 页。

④ 朱汉民、陈松长主编:《岳麓书院藏秦简(贰)》,第 78 页。

⑤ 马怡:《秦简所见赀钱与赎钱——以里耶秦简“阳陵卒”文书为中心》,《简帛》第 8 辑,第 199 页。此段引文中之简文编号与本文不同,特此说明。

的赀钱或许还有其他的名目或来源”。①

综上所述,某些学者将“赀钱”和“赀余钱”完全等同于“訾税”,或将之完全认定为“赀罚”、“赀责”和“赀赎”等,都过于武断。愚以为,上引里耶秦简中的“赀钱”除了具有“赀罚”等性质外,或许“还有其他的名目或来源”,譬如“訾税”的欠款。即使这批“赀钱”档案属“赀罚”类文书,其对我们了解秦官府追缴欠款的方式仍具极其重要的启发意义。具体而言,秦官府对拖欠“赀(訾)钱”的处理办法大略有二:

一是县主管“赀钱”事物的“司空”确定拖欠官府“赀钱”者籍贯、姓名和数额,并陈述跨区追款原因。至于拖欠官府“赀钱”者籍贯、姓名和数额,上引简文中的“阳陵宜居士五(伍)毋死有赀余钱八千六十四”、“阳陵仁阳士五(伍)不豺有赀钱八百卅六”、“阳陵下里士五(伍)不识有赀余(余)钱千七百廿八”和“阳陵下里士五(伍)不识有赀余(余)钱千七百廿八”等皆可为证。“县官”跨区追款原因不外乎有如下两个:其一,拖欠官府债款的对象在外地服役。尽管县司空知道所辖县每名服役者之拖欠官府债款的“钱校券”,但拖欠者具体在“洞庭郡”何处服役,司空不得而知,即简文所云“【司空】不名计,问何县官”;其二,“【家】贫弗能入”。

二是县司空追索“赀钱”必须向所在主管部门提出申请。如简 J1(9)1 记载,秦始皇三十三年四月辛丑朔丙午,阳陵县司空“腾”向阳陵县丞申请发文追索“赀钱”。同月,阳陵守丞“厨”即回应“写上,谒报,【报】署金布发”。但是洞庭郡直至第二年还未处理,故而阳陵县守再次发文予以催促,即“卅四年六月甲午朔戊午,阳陵守庆敢言之:未报,谒追,敢言之”。直到第三年(“卅五年四月”),洞庭郡代理郡尉才责成“迁陵丞”调查追索阳陵县宜居士伍“毋死”的所欠官府的“赀钱”。该文书显示,洞庭郡的文书是由洞庭郡司马签发给“迁陵丞”的。可见,秦时同级单位没有追索“赀钱”的权利。

概而言之,“訾税”征收的办法大略分为四个步骤:一是确定“訾税”征收的对象,亦即以户为单位,确定户主为“訾税”缴纳之责任者;二是规定“訾税”征收的范围;三是在一定的时间内,户主依据官府规定的税率和自有财产之折价,然后“自占”家訾,并上交“訾税”;最后,如若出现“黔首”拖欠官府钱财的情况,“县官”会派专职人员极力追缴。

## 二

由于《岳麓书院藏秦简(叁)》“识劫娺案”是迄今为止我们所见唯一反映秦訾税征收纠

① 马怡:《秦简所见赀钱与赎钱——以里耶秦简“阳陵卒”文书为中心》,第 199 页。

纷的史料，加强对这起案件的产生、侦查和审理等环节的全面考察就显得尤为重要。众所周知，与《岳麓书院藏秦简（叁）》中的其他奏谳文书一样，这份奏谳文书完整再现了秦官府处理隐匿"訾税"案件的审理过程。① 现根据"识劫㛊案"之记载，笔者以为秦官府处理隐匿"訾税"案大略分为如下几个步骤：

第一，原告"㛊"到"县官"揭发并陈述由"匿訾"而引发案件之缘由。秦汉时期，案件揭发一般分为两种情况：一种是官吏在职权内举劾犯罪；另一种则是普通人揭发或"自告"，当然，官吏在职权外的揭发也属于"告"之范畴。② 毋庸置疑，"识劫㛊案"中的揭发指的是后者。那么，本案中"㛊"是如何"自告"、揭发和陈述案情的？请看如下记载：

【敢潚（谳）】之：十八年八月丙戌，大女子㛊自告曰：七月，为子小走马羛占家訾。羛当□大夫建、公卒（简 108）昌、士五積、喜、遗钱六万八千三百，有券，㛊匿不占吏为訾（赀）。㛊有市布肆一、舍客室一、公士（简 109）识劫㛊曰：以肆、室鼠识，不鼠识，识且告㛊匿訾（赀）。㛊恐，即以肆、室鼠识，为建等折弃（简 110）券，弗责。先自告，告识劫㛊（简 111）。③

由上可见，"㛊"揭发的时间是秦王政十八年八月丙戌。"㛊"的陈述包含两部分内容：一是"自告"。"㛊"说，尽管儿子"小走马羛"是户主，但儿子尚未成年，故作为"羛"的监护人，代替其子"占家訾"。在"自占"家訾时，有一笔尚未索回的债款未申报，债款总计为 68 300 钱。由于"识"（原为"沛隶"，后放免为民）恐吓告官，"㛊"决定"折弃券"，放弃这笔债款之债权。二是控告"识"敲诈勒索罪。"识"恐吓说，如若不将大夫"沛"（"㛊"之丈夫）答应的店铺和房舍给"识"，"识"就要以"匿訾（赀）"罪告发"㛊"。在不得已的情况下，"㛊"遂"以肆、室鼠（予）识"。所以，"㛊"决定控告"识"敲诈勒索罪，亦即"告识劫㛊"。

那么，"㛊"为什么会"自告"？这是因为，秦汉时期，"自告"者可以依律减轻罪责，如《史记》卷 118《淮南衡山列传》载："吏劾孝首匿喜。孝以为陈喜雅数与王计谋反，恐其发之，闻律先自告除其罪，又疑太子使白嬴上书发其事，即先自告，告所与谋反者救

① 岳麓书院藏秦简整理小组认为，奏谳"文书正文分为四个成分，即'揭发''侦查''廷审''主文'"（参见岳麓书院藏秦简整理小组：《岳麓书院藏秦简〈为狱等状四种〉概述》，陶安执笔，《文物》2013 年第 5 期）。朱德贵也对岳麓秦简中商业纠纷案的审理过程做过相关研究（参见朱德贵：《岳麓秦简奏谳文书商业问题新证》，《社会科学》2014 年第 11 期）。

② 岳麓书院藏秦简整理小组：《岳麓书院藏秦简〈为狱等状四种〉概述》，陶安执笔，《文物》2013 年第 5 期。

③ 朱汉民、陈松长主编：《岳麓书院藏秦简（叁）》，第 153—154 页。为了全面理解秦"匿訾"纠纷案的审理过程，文中不免存在重复引用之处，特此说明。

赫、陈喜等。"①《汉书》卷23《刑法志》载:"当斩右止,及杀人先自告……"颜师古注曰:"杀人先自告,谓杀人而自首,得免罪者也。"②

在秦简中我们还发现了一则"自告"者附带控告他人的史料,如"盗自告□□□爰书:某里公士甲自告曰:'以五月晦与同里士五(伍)丙盗某里士五(伍)丁千钱,毋(无)它(简15)坐,来自告,告丙。'即令【令】史某往执丙(简16)"。③ 可见,这个案例在控告阶段与"识劫婉案"完全一样,先是"公士甲自告"并陈述,然后"公士甲"再控告"丙",亦即"告丙"。另外,"婉"自动放弃价值总计为68 300钱的债权则说明,秦律对隐匿"訾税"的处罚相当严厉,"匿訾"之罪责远大于68 300钱。④

第二,官府对"婉"所陈述之案情进行侦办。其过程主要包括:听取原告、被告以及相关证人的证词,审讯被告以及核实所有证词的真伪三个步骤。

首先,让我们来了解一下原告、被告以及相关证人在"匿訾"案件审理过程中的证词。在《岳麓书院藏秦简(叁)》"识劫婉案"文书中,原告、被告以及相关证人往往使用"曰"。所言证词皆为相关官吏如实记录在案,具有法律约束力,并作为日后庭审(或曰廷审)之依据。如汉简常见"以证不言请出入罪入辞"(《合校》3·35)、"先以证财物故不以实"(E.P.T51:509)、"先以证不请律辨告"(E.P.T52:417)和"先以证律辨告,挢乃讯"等,⑤皆属"爰书自证",但与"识劫婉案"中证人证言恐有相同之处,即保障证言的真实性,如有不实,当依法严惩。所以,证人一般不敢"酢(诈)伪"。⑥ 下面分别看看那"婉"、"识"的陈述以及证人之证言。

---

① 《史记》卷118《淮南衡山列传》,第3097页。再如《后汉书》卷2《显宗孝明帝纪》载:"其未发觉,诏书到先自告者,半入赎。"

② 《汉书》卷23《刑法志》,第1099页。

③ 睡虎地秦墓竹简整理小组编:《睡虎地秦墓竹简》,第150页。

④ 那么,当时68 300钱是一笔多大的财富?里耶秦简《祠律》载:"卅二年三月丁丑朔丙申,仓是佐狗杂出祠先农余彻羊头一、足四,卖于城旦赫所,取钱四□……(简14-300和14-764)";"卅二年三月丁丑朔丙申,仓是佐狗杂出祠先农余彻酒一斗半斗卖于城旦取所取钱一率之斗半斗一钱。令史尚视平,狗手。(简14-698、15-595、14-743)"以及"卅二年三月丁丑朔丙申,仓是佐狗出祠[先]农余彻酒一斗半斗卖于城旦冣所取钱一率之一斗半斗一钱。令史尚视平,狗手(简14-650、14-652)"等(参见湖南省文物考古研究所编:《里耶发掘报告》,长沙:岳麓书社,2007年,第195页)。据此,朱红林指出:"从中可以得知当时的官方市场价,一个羊头价值二钱,四只羊足价值二钱,一斗半猪肉价值四钱,一斗半酒价值一钱"(参见朱红林:《里耶秦简债务文书研究》,《古代文明》2012年第3期)。由此我们可以了解到,"婉"所放弃的是一笔巨大的财富。

⑤ 胡平生:《〈简牍名迹选2〉所刊"走马楼前汉简"释文校订》,张德芳主编:《甘肃省第二届简牍学国际学术研讨会论文集》,上海:上海古籍出版社,2012年,第415—420页。

⑥ 睡虎地秦墓竹简整理小组编:《睡虎地秦墓竹简》,第87页。

“婉”作为原告,陈述了两件事情:一是交代身份;二是控告“识”的理由。与现代刑警侦办案件的程序类似,“婉”首先介绍了自己的身份。“婉”说,本为大夫“沛”之女奴,后来“沛御婉”,并相继生育了4个子女(“羛”“妓”“必”和“若”)。由此,“沛”放免“婉”为庶民,并“妻婉”。“沛”亡故后,长子“羛”成了户主,并继承“沛”的家产(简112-简115)。

接着,“婉”陈述了控告“识”的理由:

识故为沛隶,同居。沛(简115)以三岁时为识取(娶)妻,居一岁,为识买室,贾(价)五千钱分,马一匹、稻田廿亩。异识。识从军,沛死。来归(简116),谓婉曰:沛未死时,言以肆、舍客室鼠(予)识,识欲得。婉谓:沛死时不令鼠(予)识,识弗当得。识曰:婉(简117)匿訾(赀),不鼠(予)识,识且告婉。婉以匿訾(赀)故,即鼠(予)肆、室。沛未死,弗欲以肆舍客室鼠(予)识。不告婉,不智(知)户(简118)籍不为妻,为免妾故。(简119)①

“婉”在这段陈述中首先介绍了“识”的身份变化及其家庭财产情况,然后道出了“识”犯有敲诈勒索罪的根据:“不鼠(予)识(肆、舍客室),识且告婉”隐匿“訾税”。“婉”确实“匿訾”,担心“识”会告发,故而将店铺和房舍给予了“识”,而“识”也确实获得了这些财产,即“且告婉,婉乃鼠”(简129)。最后,“婉”还如实补充说明了其身份情况,因为不知道户籍上登记的“不为(沛)妻”,而是“免妾”,即放免女奴。可见,当事人也知晓在廷审中的陈述不得有丝毫差错。

“识”在应诉“婉”的指控时,也是先介绍自己的身份变化,然后申辩未勒索“婉”的理由:

●识曰:自小为沛隶。沛令上造狗求上造羽子女齡为识妻(简119)。令狗告羽曰:且以布、肆舍客室鼠(予)识。羽乃许沛。沛巳为识取(娶)齡,即为识买室,分识马、田(简120),异识,而不以肆舍客室鼠(予)识。识亦(?)弗(?)求(?),识巳(?)受它。军归,沛巳死。识以沛未死言谓(简121)婉:婉不以肆室鼠(予)识,识且告婉匿訾。婉乃鼠(予)识,识即弗告。识以沛言求肆、室,非劫婉。不智(知)(简122)婉曰劫之故。(简123)②

以上“识”的申辩证词反映出两点:一是按法律程序,交代了身份、家庭组成和财产情况。如“识”说,“自小为沛隶”,经“沛”同意,娶了“上造羽子”之女儿“齡”为妻,并获得了大夫“沛”分配的房舍、马匹和田地等财产;二是申辩“非劫婉”的理由。这里有两点必须注意:其一,大夫“沛”的口头承诺,即“沛未死时言以肆、舍客室鼠(予)识(简117)”;其二,“识”

① 朱汉民、陈松长主编:《岳麓书院藏秦简(叁)》,第155—156页。
② 朱汉民、陈松长主编:《岳麓书院藏秦简(叁)》,第156—158页。

在无法获得已故大夫“沛”口头承诺的訾财后，私下以恐吓（“告媿匿訾”）的手段想获得这批财产。当然，“识”以为抓到了“媿”的把柄（“媿”隐匿“訾税”），断定“媿”不敢告官。但事实是，“媿”宁愿放弃一笔总价达68 300钱的债款，也要指控“识”之敲诈勒索罪。

在原告的陈述和被告的申辩结束后，侦办官吏就要核实其言辞的真实性，一种办法就是找到相关证人。首先是核实“媿”所隐匿资财的来源及数量，侦办人员讯问了大夫“建”、公卒“昌”、士伍“积”“喜”和士伍“遗”，其证言如下：

> ●建、昌、积、喜、遗曰：故为沛舍人。【沛】织（贷）建等钱，以市贩，共分赢。市（简123）折，建负七百，昌三万三千，积六千六百，喜二万二千，遗六[千]。券责建等，建等未赏，识欲告（简124）媿，媿即折券，不责建。（简125）①

以上大夫“建”、公卒“昌”、士伍“积”“喜”和士伍“遗”的证言说明了三个问题：一是债务人与已故大夫“沛”的关系；二是借款用途；三是欠债未还的缘由。原来，大夫“建”等为“沛舍人”，“沛”贷款给他们的目的是“以市贩，共分赢”，但结果是“市折”，亦即生意亏本，导致“建负七百，昌三万三千，积六千六百，喜二万二千，遗六[千]”。由于“媿”掌握大夫“建”等的借款凭证，本可以“券责建等”，但是“识”意欲指控“媿”“匿訾”，故而“媿即折券，不责建”。不难看出，大夫“建”等的证言与“媿”的陈述是一致的，并无抵牾之处。

接着就是讯问与原告“媿”相关的证人，如宗族里人“快”、“臣”、“拳”、“颉”以及“媿”的长女“姎”。这些证人显然支持“媿”的证言，简文曰：“●姎、快、臣、拳、嘉、颉言如媿。（简125）”但是，与被告“识”相关的证人却支持“识”申辩之理由，其中“羽”为“识”妻子的爷爷，“黔”为“识”的妻子，“狗”为媒人。其证言云：“●狗、羽、黔言如识。（简125）”又，原告“媿”的其他几个证人皆为其尚未成年的子女（或已死），故未问讯，即“●羛、若小，不讯。必，死”。由此可见，秦时家族的亲属纽带关系是很紧密的，即使在“县官”作证，也会极力维护家族成员的利益。

那么，“媿”到底是“免妾”，还是“沛后妻”？这就有必要传讯户籍管理部门的官吏。这里面涉及到两个人：一人为乡啬夫“唐”，另一人为乡佐“更”。他们的证言是：“●卿唐、佐更曰：沛免媿为庶人，即书户籍曰：免妾。沛后妻媿，不告唐、更。今籍为免妾，不智它（简126）。”由此可见，“媿”依律是可以成为“沛后妻”的，但由于“媿”未及时告知户籍所在地之官吏，故而仍为“免妾”。

第三，审讯被告“识”。在案件来龙去脉理清楚以后，侦办人员就要审讯被告人“识”，其简文曰：

① 朱汉民、陈松长主编：《岳麓书院藏秦简（叁）》，第158页。

诘识：沛未死虽告狗、羽，且以肆、舍客室鼠识，而后不鼠识，识弗求，已为识更买室，分识田、马（简127），异识，沛死时有不令，羛已代为户后，有肆、宅，识弗当得。何故尚求肆、室曰：不鼠识，识且告婉（简128）匿訾，婉即以其故鼠识，是劫婉而云非劫，何解？识曰：□欲得肆、室，婉不鼠识。识诚恐谓且告婉，婉乃鼠（简129）识。识实弗当得。上以识为劫婉，辠识，识毋以避。毋它解。辠。它如前。（简130）①

在此，侦办人员想确认两个事实：一是"沛"遗言之无效性；二是"识"勒索罪名之成立。"沛"遗言之无效性有两个事实决定，一方面，他人转告之言不能成为具法律约束力的证据，即"沛未死，虽告狗、羽且以肆、舍客室鼠识"；另一方面，已故大夫"沛"的口头承诺也不具法律效力，即"沛死时有不令"。也就是说，"沛"没有立下书面之凭证。最后，"识"承认了自己"实弗当得"，"辠识，识毋以避"。那么，侦办人员是否仅以证人的口头证言为依据呢？答案显然是否定的。

【□□】（狱史触）即将司寇晦，别居千（阡）佰（陌）、徼（徼）道，徼（邀）迣苛视不犾（状）者。弗得（简155）。（《岳麓书院藏秦简（叁）》"魏盗杀安、宜等案"）②

经死　爰书：某里典甲曰："里人士五（伍）丙经死其室，不智（知）故，来告。"●即令令史某往诊。●令史某爰书：与牢（简63）隶臣某即甲、丙妻、女诊丙（简63）。（《睡虎地秦墓竹简·封诊式》）③

在上引岳麓秦简"魏盗杀安、宜等案"中，"狱史触"及其管辖下的"司寇晦"在田间过道和大道上实地盘问和稽查可疑人员，但并未查出杀人者为何人。在睡虎地秦简《封诊式》中，由于官府不知道士伍"丙"为何吊死于家中，随即命令"令史某"前往实地调查"丙"之死因。由此可知，"婉"隐匿"訾税"案的侦办和证据的搜集肯定包含实地调查取证，只不过该份文书未提及罢了。

至此，"婉"指控"识"恐吓以"匿訾"罪名勒索"婉"一案之侦办阶段遂告结束。

第四，廷审。与当代的法院审判有点类似，"婉"与"识"纠纷案的侦办阶段结束后，侦办机构遂将案件移交县廷判决。廷审阶段包括三个主要步骤：

其一，陈述侦办结果，如简文曰："●问：匿訾税及室、肆臧直（简130）各过六百六十钱。它如辞。（简131）"毋庸置疑，该案件适用于盗罪之规定。秦律曰：

"害盗别徼而盗，驾（加）罪之。"●可（何）谓驾（加）罪？●五人盗，臧（赃）一钱以上，斩左止。有（又）黥以为城旦；不盈五人，盗过六百六十钱，黥劓（劓）以为城旦；不盈

① 朱汉民、陈松长主编：《岳麓书院藏秦简（叁）》，第159—160页。
② 朱汉民、陈松长主编：《岳麓书院藏秦简（叁）》，第186页。
③ 睡虎地秦墓竹简整理小组编：《睡虎地秦墓竹简》，第158页。

六百六十到二百廿钱，黥为城旦；不盈二百廿以下到一钱，署（迁）之。求盗比此。[①]

如前所述，"婉"隐匿了一笔高达68 300钱的债款。假设按"訾万钱，算百二十七"计算，则"婉""匿訾税"额为：6.83算×127钱=867.41钱，显然超过了"六百六十钱"。[②] 若县廷审判"婉"之"匿訾税"事实成立，则"婉"应当被判处"黥劓（劓）以为城旦"。

其二，案件陈述完以后，县廷审理并得出了如下结论：

● 鞫之：婉为大夫沛妾。沛御婉，婉产羛、媄。沛妻危死，沛免婉为庶人，以（简131）为妻，有产必、若。籍为免妾。沛死，羛代为户后，有肆、宅。婉匿訾税，直过六百六十钱。先自告，（简132）识劫。识为沛隶，沛为取妻，欲以肆、舍客室鼠识。后弗鼠，为买室，分马一匹，田廿亩，异识。沛死（简133），识后求肆、室，婉弗鼠，识恐谓婉：且告婉匿訾。婉以故鼠肆、室，肆、室直过六百六十钱，得。皆审。[③]（简134）

上引材料透露了以下几个历史信息：首先，在县廷审理阶段，再次陈述了原告和被告的身份、家庭以及财产等情况；二是案件的性质；三是案件双方犯罪行为所适用之法律规定。其中，案件的性质和适用法规才是审理阶段的关键之处。材料中的"皆审"两个字尤为重要，就是说，"婉匿訾税，直过六百六十钱"和"识"勒索"婉"的"肆、室直过六百六十钱"是为不容置疑之事实。[④] 那么，如何对双方定罪和量刑？有两点难住了审判官吏：其一，"识"的罪名如何确定？其二，"婉"是"免妾"还是"沛后妻"？如"识劫婉案"载："疑（简134）婉为大夫妻、为庶人及识辠。毄。它县论。敢潚之。"（简135）

最后，县廷无法给出确切的结论，故而作为疑难案件请示上级机构判决。这里，有两位审判官吏讨论后给出了不同的判决结论，一位官吏建议：判决"婉"为已故大夫"沛"的妻子，而判处"赀识二甲（简136）"；另一位官吏建议：判处"婉""为庶人"，而"完识为城旦，纍足输蜀（简136）"。由此可见，无论"婉"为已故大夫"沛"之妻或为庶人，"婉"皆无刑责。但由于"识"以"婉匿訾税"而勒索"婉"，且"识"为官府所"得"（指被缉捕而非投案），所以，"识"之勒索罪名成立，应依律定罪。

## 三

最新刊布的《岳麓书院藏秦简（叁）》披露了一些有关秦"訾税"的简文，其中，简

---

① 睡虎地秦墓竹简整理小组编：《睡虎地秦墓竹简》，第120页。

② 笔者以为，该份文书所记之案件发生在秦王政十八年，由于此时秦与赵激战正酣，秦为了筹措军饷，"訾税"税率可能比东汉服虔所说的127钱要高。

③ 朱汉民、陈松长主编：《岳麓书院藏秦简（叁）》，第35—36页。

④ 但后面之简文显示，此审理结果仅为定案和量刑主管官吏提供了一个参考意见，并非终审之判决。

130首次清楚地记载着“訾税”两字。毫无疑问，这些新史料不仅彻底否定了“秦及汉初不存在财产税”的观点，而且还拨开了长期困扰学术界在秦汉“訾税”研究方面的迷雾。

第一，秦“訾税”的征收以户为单位，户主才是“訾税”的承担者。尽管《岳麓书院藏秦简（叁）》“识劫㜫案”中的“㜫”是“匿訾”纠纷案的核心人物，但真正承担“訾税”之责者为户主，也就是其长子“小走马羛”。

第二，简文首次披露了债款为“计訾”范围的历史事实。毫无疑问，这则史料不仅拓展了人们对秦汉“訾税”征收范围研究的新视野，而且为深化秦汉财产税之研究提供了坚实的史料基础。岳麓秦简“识劫㜫案”还显示，除了债款等货币财富为“计訾”范围外，大夫“沛”家所拥有的“肆”“宅”“马”“稻田”和奴婢等财产皆为“訾税”征收的对象。

第三，简文首次向世人展示了秦“訾税”征收的具体办法。一是确定“訾税”征收的时间。岳麓秦简“识劫㜫案”显示，秦“訾税”计征的时间为每年的七月。二是采取“自占”的形式。这批秦简证实，秦汉“訾税”的征收实行了“自占”制度，如简108中的“为子小走马羛（义）占家訾（赀）”和简109中的“㜫匿不占吏为訾（赀）”等。三是官府以户为单位并依据一定税率，按财产折价之多寡而计征“訾税”。在此，有必要指出的是，景帝前元二年诏文“今訾算十以上乃得宦”中的“訾算十”指的是家庭资产折价后计有10算货币财富。按应劭之注文可知，“十算，十万也”。而东汉服虔在注文中说的“訾万钱，算百二十七也”，则指的是“訾税”，亦即10 000钱应纳税127钱。可见，“訾算”是“訾税”征收的基础和前提的条件，“訾税”才是“訾算”的目的。因此，“訾算”和“訾税”切不可混为一谈。另外，东汉经学家服虔所提出的“訾万钱，算百二十七也”是正确的，其中的“七”并非“衍文”。

第四，简文披露了有关秦“匿訾”案件审理过程的新史料。该批新史料不仅填补了秦汉“訾税”问题研究的史料空白，而且还进一步加深了人们对秦汉司法审判制度的理解和认识。《岳麓书院藏秦简（叁）》显示，秦在审理“匿訾”案时采取了如下几个步骤：一是“㜫”自告“匿訾”与揭发。二是“匿訾”案件的侦办。侦办人员就原告“㜫”所陈述的内容逐一调查取证。在案件侦办阶段，相关官吏分三个步骤进行取证：听取原告、被告以及相关证人的证词；问讯被告；核实所有证词的真伪。三是侦办人员审讯被告“识”。审讯的目的在于确认“识”以“㜫匿不占吏为訾（赀）”勒索“㜫”之罪名成立。最后就是廷审的程序问题，大略分为四个步骤：宣布“匿訾”案件侦办结果、县廷审理、提出判决意见和疑难案件上报等。

由此“匿訾”案件审理过程可知，秦“黔首”虽然“自占”家訾，但绝大部分人不敢隐匿虚报。这是因为，一方面秦法“密如秋荼”[①]，人们不敢妄自隐匿訾税；另一方面“黔首”相互监督和举报也在一定程度上保障了“自占”制度下国家“訾税”的正常征收。

（原文载《中国经济史研究》2016年第4期）

① 李学勤：《中国古代文明研究》，上海：华东师范大学出版社，2005年，第303页。

# ·第三卷·

# 《岳麓书院藏秦简(叁)》的内容及法律史价值

◎ 张伯元(华东政法大学法律古籍整理研究所)

《岳麓书院藏秦简(叁)》(以下简称《岳麓简(叁)》)于2013年6月由上海辞书出版社出版。全书共收录竹、木简252枚,依据简文中出现的标题命名为《为狱等状四种》。

## 一、关于命名问题

依据原书标题命名为《为狱等状四种》,此四种指的是四种不同的形制。在《岳麓简(叁)》案例八中有标题三个,即简137背的"为狱訆状"、简139背的"为乞鞫奏状"和简140背的"为覆奏状"。状,是陈述意见或事实的文书。编者认为,"为狱訆状"可能是第二类卷册的总标题。"为乞鞫奏状"和"为覆奏状",可能是单案保管或初期编册时的标题。令人感到疑惑的是它们同时出现在同一案例中,对照张家山汉简《二年律令》简116乞鞫案件由二千石官"令都吏覆之",可知"覆"包含乞鞫案件,"为乞鞫奏状"和"为覆奏状"两种标题实质上无异。

在命名的初期,整理者曾主张采用"奏谳书"为标题:"参照张家山汉简中《奏谳书》的定名暂时将其定名为《奏谳书》。"①为此,引起了人们的好奇。"这批秦简中是否有类似张家山汉简'奏谳书'那样的题名简",②若是,汉初所见的奏谳制度当原有所本。由此还提出问题:不知道秦汉时期的奏谳制度区别何在?

秦汉时期的奏谳制度有无区别,的确是个值得探讨的问题,它涉及《岳麓简(叁)》的性质和秦王政时期的司法审理程序。我们将在本文的第二、第三部分做这方面的归总和评述。

整理者在前言中说明本卷定名的缘由是:"我们尊重古代作者(或使用者)的命名方式,

① 陈松长:《岳麓书院所藏秦简综述》,《文物》2009年第3期。
② 李力:《张家山247号墓汉简法律文献研究及其述评》(1985.1—2008.12),东京:东京外国语大学亚非语言文化研究所,2009年,第380页。

并参考银雀山汉简《守法守令等十三篇》的先例，在第二类卷册总标题的‘为狱訁状’加上‘等’‘四种’的限制性词语，去掉因残泐未释之‘訁’字，将本卷所收竹、木简命名为《为狱等状四种》。”

在《岳麓简（叁）》公开出版之后，参与研讨的文章较多不用《为狱等状四种》这个标题，而直接取用《岳麓书院藏秦简（叁）》为书名，这表明《为狱等状四种》的命名尚未得到多数学者的认可。

## 二、《岳麓简（叁）》的内容

前言中指出，《岳麓简（叁）》以秦王政时代的司法文书为主要内容，它从材质、书写体裁等方面着眼，分为四类。

第一类有竹简 136 枚，包括七个案件，即《岳麓简（叁）》中的第一至七则案例。内容都属于狭义的奏谳文书。之所以要在奏谳书前加上“狭义”二字，主要出于案件情节都是由下而上的有关法律适用方面的请示，案例前后又都用了“敢谳之”特征性的标识。

第二类有竹简 73 枚，共六个案件，即《岳麓简（叁）》中的第八至十三则案例。

第三类有木简 27 枚，狭义的奏谳文书，一个案件，即《岳麓简（叁）》中的第十四则案例：学为伪书案。

第四类有残简 9 枚，一个案件，即《岳麓简（叁）》中的第十五则案例：绾等畏耎还走案。

另有数枚残简待考，归为第五类。列表如下：

| 分类序列 | 案例数 | 简数 | 材质 | 简的尺寸（毫米） | | 编绳 | 符号 | 字体 |
|---|---|---|---|---|---|---|---|---|
| | | | | 长 | 宽 | | | |
| 第 1 类 | 七 | 136 | 竹 | 274 | 6~7 | 上中下 | 圆点 | 风格一致 |
| 第 2 类 | 六 | 73 | 竹残 | 250 | 5~6 | 上中下 | 圆点 | 字形方扁 |
| 第 3 类 | 一 | 27 | 木 | 229 | 8 | 上下 | | 字迹粗放 |
| 第 4 类 | 一 | 9 残 | 竹 | 229 | 6 | 上下 | | 自成一格 |
| 第 5 类 | 数枚残简 | | | | | | | |

在一般情况下，中国史书大多按性质、时间、空间等不同情况做出分类，①然而，《岳麓简

① 蔡尚思在《中国历史新研究法》中总结出中国史书的分类方法有 8 种，即按性质、时间、空间、阶层、史体、史文、史家、史观的不同分类。

（叁）》的分类却不宜、也不易这样做，因为《岳麓简（叁）》的出土地点不明，无法知道墓主及墓葬的性质，在此情况下，整理者采用按材质、书写体裁的分类方法，应该说是因材施"分"，颇费心力，别具创意。

为让读者了解《岳麓简（叁）》的案例内容，下面我们试将《岳麓简（叁）》中的15个案例按内容分为：刑事案件、民事案件和行政管理三类。

第一类：刑事案件。在《岳麓简（叁）》的15则案例中，群盗、杀人案有6例，即案例一、二、三、八、九、十。此外有3例是邦亡、勒索及诈伪案，即案例五、七、十四。案件发生在特定的时期，明确案件发生的时空关系对剖析刑事案件是必要的，为此列表如下：

| 案序 | 案　例 | 性　质 | 时　间 | 地点 | 注 |
|---|---|---|---|---|---|
| 1 | 癸、琐相移谋购案 | 群盗盗杀人、谋购 | 秦王政25年 | 州陵 | |
| 2 | 尸等捕盗疑购案 | 群盗盗杀人、疑购 | 秦王政25年 | 州陵 | |
| 3 | 猩、敞知盗分赃案 | 盗墓分赃 | 秦王政21、23年 | 江陵 | |
| 8 | 譊、妘刑杀人等案 | 杀人 | 推断为秦王政28、20年 | | |
| 9 | 同、显盗杀人案 | 杀人 | | | |
| 10 | 魏盗杀安、宜等案 | 杀人 | 推断为秦王政20年 | 栎阳 | ① |
| 5 | 多小未能与谋案 | 邦亡 | 推断为秦王政22年 | | |
| 7 | 识劫婉案 | 敲诈勒索 | 秦王政18年 | | |
| 14 | 学为伪书案 | 诈伪 | 推断为秦王政22年 | 胡阳、新野 | ② |

注：① 案例十栎阳，在今陕西西安临潼东北。简164云："有母、妻、子，在魏。即买大刀，欲复以盗杀人，得钱材（财）以为用，亡之魏。"说的是，（我）有母亲、妻子、子女，在魏国。就买了大刀，想再次抢劫杀人，抢到钱财作为费用，逃回魏国。据史记，魏国灭亡在秦王政22年。若推断此案发生在秦王政20年，那么在秦灭魏之前。案例十中的犯罪嫌疑人既盗杀人，又是个邦亡者。
② 案例十四胡阳、新野，均属南阳郡。

在上表9则案例中，案例一、二、三、七有明确的诉讼、审案时间，分别是：秦王政二十五年、二十五年、二十一年、十八年，而其他5则案例没有标明时间，根据案件提供的相关干支推测，大致在秦王政二十年至二十八年之间。我们知道，秦灭六国，统一天下在秦王政二十六年（前221年），那么从秦王政十八年到二十八年的10年间，正是秦王嬴政戎马千里，兼并天下，建立中央集权秦王朝的前夜。

除案例七、八、九的简文中没有出现地名之外，案例一、二的州陵，案例三的江陵，案例十四的胡阳都属南郡，为故楚地。案例五中的犯罪嫌疑人是邦亡者，简88云："攻荆庐溪□□故（？）秦人邦亡荆者男子多"，说是因为秦攻下了楚地庐溪，秦国人男子多逃亡到故楚地。

由此可见，以上五个案例反映出灭楚之后相当激烈的社会动荡和矛盾。案例八“譊、妘刑杀人等案”和案例九“同、显盗杀人案”都是命案；毫无疑问，要安定社会、稳固政权，当以处理群盗盗杀人案为首务。至于案例一中所说的悬购，那是特定时期所采取的特殊政策；悬购赏金的多少，不应看成是常态。还有邦亡问题，同样如此，必须尽快解决人口的无序流动，稳定人心，最为紧迫的是，防备他邦旧贵族的卷土重来，抑制他邦旧贵族势力的反抗。这方面的案例在张家山汉简《奏谳书》中也有所反映，他邦旧贵族势力不会甘于失败，正所谓树欲静而风不止。

第二类：民事案件。有三则。案例十一“得之强与弃妻奸案”，案例十二“田与市和奸案”和案例十三“善等去作所案”。案例十一、十二反映出战国后期秦国存在着男女不平等、夫妻不平等的现象，男尊女卑，以男为贵的古代传统思想客观存在。而且，强奸、和奸等概念在法律上的确立，影响深远；从案例十一的处断可以看到，是否成奸才是判断强奸案的依据。与睡虎地秦简中“臣强与主奸”的情况虽不同，但法理一致；案例十一中的“弃妻”表明已报告登记，从法律上解除了婚姻关系，强与弃妻奸不受法律保护，必将依法制裁。此类法理认识影响直至《唐律》，《唐律疏议》对婚姻案、奸案的处断有更加详备的法律解释。

不过，值得注意的是，弃妻与“休妻”一语，不能相提并论。① 休妻，此词语出现较晚，源自汉人的“七出”观念，“七出”见于《大戴礼记》《孔子家语・本命解》。虽然我们无法知道得之的妻子是在什么样的情况下被抛弃的，但可以肯定不是因为“七出”的缘故。②

案例十一简175注有时间，为“元年四月”，整理者注：“疑为秦王政元年四月。”秦王政元年，即公元前246年，其时嬴政14岁。距离案例八所推断的秦王政二十八年（前219年），其间已相隔27年之久。此案属地当阳，③属南郡，当为故楚地；其时已为秦实际控制，当然司法，无论刑、民，也都在实际控制之下。

由“弃妻”联想到“娶妾”。包山楚简“疋狱”简89是一则娶人妾的案件，妾者，奴婢也，此案的一种可能是强娶，另一种可能是娶妾违背尊卑等级观念而受到控告。这一点在案例七“识劫婉案”中反映很突出，简131云：“婉为大夫沛妾……沛妻危死，沛免婉为庶人。”婉是大夫沛的妾……沛的妻子危去世后，沛放免婉成为庶人；“籍为免妾”，名籍上是“免妾”。事实是，婉要得以“免妾”，取得“庶人”身份，实属不易。身份不同，社会地位悬绝，相关当事人所处罪也就有所区别，简136云“吏议：婉为大夫□妻，赀识二甲。或曰：婉为庶人；完识

---

① 朱汉民、陈松长主编：《岳麓书院藏秦简（叁）》，第202页。注2：“弃妻，休妻。”此说沿用《法律答问》“休妻不书”的解释。

② 多半出于所谓的“悍”。

③ 当阳，旧称汉置，今岳麓简所示秦国已设为县。

为城旦，𦉺（縶）足输蜀。”郡署属官（或都吏）认为：婉是大夫□妻，判识赀二甲。另外有属官认为：婉是庶人；判处识完为城旦，加上脚镣押送到蜀郡。

案例十三“善等去作所案”，竹简残损严重，说的大致是善等人擅自离开劳作的地方，简209云：“……中去作所，数日复作。”即使几天后又去劳作，也被控告而立了案。

第三类：行政管理。有3则。见案例四“芮盗卖公列地案”，案例六“暨过误失坐官案”和案例十五“绾等畏耎还走案”。

案例四“芮盗卖公列地案”说的是，棺材铺的生意好，大家争着开棺材店。有人就动起了盗卖“公列地”的主意。所谓公列地，这是相对于已租用掉的土地而言。大家争着开棺材店，说明长期战乱，死的人多，给老百姓带来了生离死别的无比惨痛；另一方面在处理“公列地”问题上，公私分明，倒有点像今日防止国有资产的流失。其实，商业用地都是公有的，生意人必须租用；而且得约定期限。简77中说“与期：五日备偿钱”，约定期限：五天内把钱全部交清；如果不交清的话，那么，“以故价取肆”，可以按照原来的价钱拿走店铺。这样的规矩约定俗成，商贸中的这种潜规则看来古已有之。再有，简80云“皆已受棺列，不当重受”，如果已经租用了棺材店铺，就不应该重复租用。这种商业管理方面的规定，带有法规的性质。

案例六“暨过误失坐官案”，当事人暨是一位县级属官，他犯有“过误失”八项罪名而被控告。

案例十五“绾等畏耎还走案”中，这位名叫“绾”的人物，可能是某地方官署的主管，他与手下的26人，在反寇追逼之时，畏缩退却，因而受到上司的追究，被立案审查。

上述二例，在治吏方面的顶真程度着实可供今日之父母官为鉴。

此外，从《岳麓简（叁）》中可以清楚地看到，行政事务常常与司法案件的审断交合在一起，它表明当时的司法与行政并不如今人想象的那样有严格的界线。最明显的事例是案例九“同、显盗杀人案”和案例十“魏盗杀安、宜等案”，它们在案件审结之后，司法文书的末尾分别有这样的上奏文字：“绥任谒以补卒史，劝它吏，卑（俾）盗贼不发。”绥保举并请求上司让他补充担任卒史，以此劝免其他官吏，使得盗贼不敢妄动。案例十文书末尾说：“任谒课以补卒史，劝它吏。”经课试让他补充担任卒史，以此劝免其他官吏。任人唯贤，讲究业绩，以劝它吏，充分发挥了它的正能量。

“今狱史举□……谒以补卒史，劝它吏，敢言之。”这是张家山汉简《奏谳书》案例二十二的末尾一句，与上揭《岳麓简（叁）》案例九、十的情况相似。《奏谳书》案例二十二的发生时间是秦王政六年，早于案例九、十。据此可证，它是秦王政时期司法文书表述形式的特征之一。

## 三、《岳麓简(叁)》的法律史价值

《岳麓简(叁)》揭示了秦王政时期的社会现实、丰厚的法律史料和司法文书制作规程,其史学价值不容小觑。

(1)反映秦王政时期的社会生活及司法状况。上文已经指出,秦王政十八年到二十八年的十年,正是秦王嬴政戎马千里,兼并天下,建立中央集权秦王朝的前夜。特别是秦楚之间的较量不仅表现在政治、军事、外交上,在司法领域的反映也很突出,比如邦亡。所谓邦亡,就是非法越境;在邦国之间激烈交战的时期,邦亡者就有投敌或间谍的嫌疑。案例五"多小未能与谋案"就是这样一则典型案例,案件起因是,秦攻下了楚地庐溪之后,秦国人男子多逃亡到故楚地(简 088)。结果,怀疑男子多有罪,被拘押(简 92)。

在秦王政时期,立足未稳,政权不固,他邦旧贵族的反扑也时有发生。案例十五"绾等畏耎还走案"可能就是这种情况。在反寇追逼之时,作为地方官员的绾畏缩退却,因而受到上司的追究,被立案审查。反寇,即叛乱贼寇,可能是叛军,也可能是他邦旧贵族的武装。

此外,值得一提的是"购"的问题。购,悬赏,出具赏格缉捕。如《史记·季布传》:"项籍使将兵,数窘汉王。及项羽灭,高祖购求布千金,敢有舍匿,罪及三族。"悬赏缉捕的命令是由官府发布的,遇逃犯而实施抓捕,移送官府,获取赏金;相反,舍匿或放走逃犯,其结果将受其咎。在当时激烈的战争年代,秦王政发布"购"赏令,自在情理之中。案例一、案例二说的就是这种情况。①

(2)司法程序的确立及司法文书的规范制作。张家山汉简《奏谳书》中有秦王政时期的案例二则,一则是案例十七,发生在秦王政元年,一则是案例十八,发生在秦王政二十七年,其司法文书的形式与《岳麓简(叁)》大致相同。总的说来,《岳麓简(叁)》中的司法文书的时空相对张家山汉简《奏谳书》要集中得多,文书格式也较统一。

以往,我们在讨论司法程序时都以《张汤传》中所言"讯鞫论报"②为视角,以告劾、讯、鞫、论、报为审判程序。然而,通览睡虎地《封诊式》、《岳麓简(叁)》、张家山《奏谳书》中司法文书所揭示的司法审理过程,却并非全是这样。《岳麓简(叁)》附录一"文书层次表"为我们做了很好的解析。首先分清受理案件的属地,区分清楚受理单位是县级还是郡级。综合

① 关于购赏赏金的具体数目,相关的律令条文有:简 1027、简 1026、简 0599、简 1849 等十余条。见陈松长:《岳麓简"癸、琐相移谋购案"的相关问题琐议》,载《华东政法大学学报》2014 年第 2 期。

② 郭在贻认为:"讯、鞫、论、报四字一义,均为处治罪人之意,师古释论、报二字均未中的。"参见郭在贻:《训诂丛稿》,上海:上海古籍出版,1985 年,第 44 页。

不同性质的各类案件文书表述，一般情况下先由县级审理，然后向上奏谳，其程序是：

1. 申诉，或控告。如案例六开头的“暨自言曰”、案例七开头的“大女子婏自告曰”。

2. 审理，有供词，有查询或诊验、侦查，有驳议（若有乞鞫，则进入复审程序）。《岳麓简（叁）》各案中都有供述部分。案例九简 143 的查询者“潜讯居处、薄宿所，雠”、案例十简 151 的诊验者“•即令狱史彭沮、衷往诊”，侦查者“•触等尽别潜讯安旁田人”。案例十五简 241 中的“•诊、丈、问”，表明它不仅要查验、讯问，而且根据案情的需要作了距离的丈量。

至于乞鞫，如案例十一简 175“•元年四月，得之气（乞）鞫曰”，紧接着便是“•廷史赐等覆之”。张家山汉简《奏谳书》案例十七就是一则处理乞鞫、进入复审程序的典型案件。它们与《法律答问》简 115 的乞鞫必须“狱已断乃听”，是完全绵密相合的。

3. 判决，或称廷审、廷报。如案例一简 018 的“•鞫之。”表明了审理案件的结果。又如案例四简 085“•鞫之，芮不得受列，擅盖治公地”，审理结果是：芮不能租用，不能擅自占有公家土地搭盖店铺。

4. 向上奏谳，或称郡覆。如案例十一简 187 是在“鞫之”之后，郡再予“•覆之”，得出了重新核查、审理此案的结果。案例十二简 206 也用了“•覆之”，表示核实案件。

5. 吏议，或称郡报。如案例一简 024 的“•吏议曰”表明在审议中郡署属官（或都吏）的观点。郡署属官（或都吏）时有不同意见，也有难以作出最后裁决的情况。

与此同时，我们还应看到它与战国楚国的司法文书的巨大差别，其最大差别在程序的确立和标识上。虽然在包山楚简中有受期、疋狱等文书标题，也在某种程度上表明了它的程序，但是是割裂的；即使是案卷类的简文也只是一些案件的案情与审理情况的记录，没有像《岳麓简（叁）》这样的规范性。

秦王政时期的司法文书的规范制作是显而易见的。它基本要求：

1. 必须交代上奏的时间。

2. 上奏则用“敢谳之”表示；在提供案情时大多必须“覆视故狱”。如案例三简 047“•今视故狱：廿一年五月丁未……”案例四简 064 的“•视狱：十一月己丑……”

3. 对奏谳案件的审理还必须核实，如案例二简 035 的“•诊、问如告、辞”，说明诊验、讯问的结果跟控告和犯罪嫌疑人的供词相同。

4. 对奏谳案件的审理必须有所认定，如案例二简 042“•谳固有审矣”表明上谳案件确实是清楚的。与案例八简 141 的“•鞫，审。”用法相同，表示审理结果，事实确凿。除“鞫，审”外，有时还再作核实。

5. 审理中的不同观点用“吏议”表示。如案例十四简 235“•吏议：耐学隶臣。或【曰】：令赎耐。”一种观点认为该判处“耐为隶臣”。另一种观点则主张“赎耐”。

6. 文书结尾往往用“敢言之”,表示冒昧上报。

很显然,文书用符号“ • ”做标识,时常表示自然的分段,更重要的作用在于表示案件的审理程序。在审问犯罪嫌疑人的过程中,将他们的交代用“ • ”标识出来,以示区别。

在这里,我们特别要提示读者注意的是,整理者在附录一“文书层次表”中按文书的内容做了细致的分层,即“文书/程序层次”。“文书/程序层次”是运用体裁分类法而作出的。首先,确定文书的类别有数种:县级奏谳文书(案例一、二、三、四、十四)、(县级?)奏谳文书(案例五、七)、奏谳文书(案例六、十五)、本案(案例八)、附件(案例九、十、十一、十二)。这样看来,无论是县级的,还是不是县级还不能确定的,或者笼统称之为奏谳文书的,都应该归入“奏谳书”,这是确定无疑的。余下的就是“本案”和“附件”两类。称之“本案”的案例八“譊、妘刑杀人等案”,此案竹简残损严重,但有 3 个标题附着在简背,可能正是这 3 个标题认定它是“本案”,只是案情的叙述,而不成为文书。至于案例九、十、十一、十二被视为附件,所谓附件,也就是说它本身不是审理文书,而作为审理文书的附加材料列入《岳麓简(叁)》中。案例九、十竹简残损严重难于判别,以及简文末尾有举荐内容之外,案例十一、十二一是强奸案,一是和奸案,应该说它们的文字表述与奏谳文书差别不大,什么原因也归入附件,令人不明所以。估猜缘由,整理者有将文书分为奏书和谳书二种的可能。

(3) 法律术语的确定和解释是阅读法律文献的基础,《岳麓简(叁)》中有新出的法律术语;也有虽在以往出土的秦汉简牍中出现,但没有引起足够的重视;还有的因为字例不足、理解出现偏差的,新材料的出现丰富了法律术语的特定内涵,得到正确的法律解释。

例如,案例六“暨过误失坐官案”中的“过误失”三字,注云:“疑为过失和误失,分别与后文‘小犯令’和‘大小误’相应(简 105)。失事,即结果失当……‘过’和‘误’表示导致失事的原因。”①尽管在秦汉出土法律文献出现过诸如失事、误券、大误等一些语词,但“过误失”三字连在一起用还是首次见到。当然,究竟应如何解说,尚有斟酌的余地。

又如,“得”字在《岳麓简(叁)》中多见,注云:“得,法律术语,常与‘(先)自告’和‘自出’即自出相对而言,表示官方或第三者捕获或察觉。”②这样的疏解不仅符合律意,而且能使读者避免望文生义。

“黔首”虽非法律术语,但在法律文献中常见。其名一般以《史记·秦始皇本纪》记载,始皇二十六年“更名民曰黔首”为据。今在案例九“同、显盗杀人案”中又有引用。简 147 有句云“同、显……大害也”、简 148 则云“此黔首大害也”。对此整理者作了缜密的考证,认为

① 朱汉民、陈松长主编:《岳麓书院藏秦简(叁)》,第 150 页,注 3。
② 朱汉民、陈松长主编:《岳麓书院藏秦简(叁)》,第 107 页,注 18。

"'显'字与'大'字之间有大约一个字大小的空白处,红外线图版可以隐隐约约看到墨迹。据简167'民大害也'文例,疑空白处原有'民'字。简148'此黔首大'四字的字距与前后文不同,似乎是将'黔首'两字挤到一个字大小的简面上。此两处疑为秦统一全国之后所修改。"①此说考据充分,是可取的。

再举一例,在案例十二简204有"捕校上"一语,"校"字较早见于睡虎地秦简《封诊式》"捕校上来诣之",注云"校,木械。"也有认为可作"核对,核实"解。② 其后,见张家山汉简《奏谳书》简182有"捕奸者必案之校上"一句,结合《岳麓简(叁)》案例12的案情实际,整理者为"捕校上"作训,解作"现场",似可从。

下面,我们列出有关的司法术语,如"累论"与数罪并罚、"伍束符"与伍符、"覆"与核、"覆视"与狱覆、"走马"与趣马簪裊、"冗募"与冗作……不胜枚举,容学者深究。

当然还有一些新的司法术语需要求解,诸如"癸、琐相移谋购案"中的"盗未有取,吏赀灋[戍]"中的灋读为"废"还是直接改作"法"的争论还将持续。

除上述三个方面,《岳麓简(叁)》中所反映出的一系列制度值得关注。诸如悬购制度、举劾制度、属地管辖制度、商业用地制度、户籍制度、宗族制度、赋役制度等,大有开拓研究的空间。

最后,关于《岳麓简(叁)》的编联,可以参见附录三"简序验证资料";资料包括说明、正背对照图版、揭取位置示意图、卷册结构表、简册复原示意图等。不过,因出土情况不明,③此编联资料的参考价值有限。

(原文载《华东政法大学学报》2014年第2期)

---

① 朱汉民、陈松长主编:《岳麓书院藏秦简(叁)》,第182页,注13。

② 张建国:《帝制时代的中国法》,北京:法律出版社,1999年,第292页。

③ 胡平生:《论简帛辨伪与流失简牍抢救》,中国文化遗产研究院编:《出土文献研究》第9辑,上海:中西书局,2010年。

# 岳麓秦简(叁)《为狱等状四种》题名献疑

◎ 胡平生(中国文化遗产研究院)

岳麓秦简已出版三辑,[①]这批竹简内容重要而珍贵,其及时的整理获得了学术界一致的好评,也引起了广泛的关注和热烈的讨论。关于第三辑的名称“为狱等状四种”的问题,岳麓书院博士生苏俊林已发表《岳麓秦简〈为狱等状四种〉命名问题探讨》一文,认为“《为狱等状四种》之名不妥”,其基本观点笔者是很赞成的。本文即是对苏文的支持和补充,不当之处还请方家指正。

岳麓秦简(叁)的“前言”对本辑命名有周详的说明,其第四节专谈命名问题。“前言”说:

《岳麓书院藏秦简(叁)》所收竹、木简以秦王政时代的司法文书为主要内容,从材质、书写体裁等方面可以分为四类,依据原书标题“为狱讠□状”命名为《为狱等状四种》。

“前言”又说:

第二类中有三枚简在背面写有类似标题的字词,即“为狱讠□状”(简137)、“为覆奏状”(简140)、“为气(乞)鞫奏状”(简139)。“状”是陈述意见或事实的文书。……“为”可以训为“治”,应该有“治理”之义。“为狱”则指治理刑事案件等。“为奏”还见于简148“为奏九牒”、简169“为奏十六牒”,相同说法在张家山汉简《奏谳书》也不乏其例。“奏”应该是指向上奉进的文书以及其附件材料,即第二类所常见的给破案立功者的推荐文书。“为狱”“为讠□”“为覆”“为奏”“为乞鞫”与“状”的语法关系可以理解为偏正结构,“状”系中心名词,“为狱”等都是“状”的修饰语,即“为狱”“为讠□”等的“状”。

我们认为,以上的两段话皆有可商之处。前述苏文对该命名的来龙去脉叙述甚详,兹不赘述。其批评命名之不妥指出:

用《为狱等状四种》等名称来命名岳麓秦简中的此批奏谳文书,可能并不太合适。用“为覆奏状”这一小标题来命名,不仅忽视了“为狱讠□状”“为乞鞫奏状”这两个同级

① 朱汉民、陈松长主编:《岳麓书院藏秦简(叁)》,上海:上海辞书出版社,2013年。

别的小标题，而且这批简的内容并非都是“为覆奏状”所能概括的，甚至绝大部分简的内容都要超出“为覆奏状”的范围。或许正是出于此种原因，最终并没有使用《为覆奏状等四种》来命名，而是用《为狱等状四种》来定名。虽然换了一个名称，但是依然犯了与《为覆奏状等四种》相同的命名失误。况且，舍弃两个完整的标题“为覆奏状”和“为乞鞫奏状”，而使用另外一个文字有残缺的标题“为狱訁状”的一半来命名，换句话说，用一个残缺不全的标题作为总篇题，实在令人不解。

苏文批评这一命名的不合适的主要理由是：1. 用“状”来命名有“以少定多”的命名嫌疑。2. 错误参考《守法守令等十三篇》的命名方式。3. “为狱訁状”等三枚标题简的编联位置过于牵强。

后来，苏俊林对秦汉时期的“状”类司法文书进行了更多的研究，先后在武汉大学“简帛网”和《简帛》第九辑上刊出。① 我们也不同意将“为狱訁状”复原成“为狱等状”视为“原书标题”，整理者也并未拿出以“为狱訁状”为原书标题的任何证据。从“为狱訁状”所处的简背情形看，是很难确定其性质的。苏文就认为，这批简不能“单独用‘状’来命名”，已经发现的标题“为狱訁状”“为乞鞫奏状”“为覆奏状”，都不能概括为《为狱等状四种》或者《为覆奏状等四种》。

我们想要指出的是两点：其一，整理者将简137之“为狱訁状”分割为“为狱”与“为訁”两层是不妥的，这样切割不知是何理由，如何理解，完全未见说明。按照整理者的说法，“为狱訁状”是“为狱訁”的“状”，前三字为一词组，那么自然就不能再将“为狱”与“为訁”一分为二了。如果“为狱訁状”是“为狱訁”的“状”，那么这批司法文书是“为狱訁状”“为覆奏状”“为气（乞）鞫奏状”三种“状”而不是四种。

怎样理解“为狱訁状”“为覆奏状”“为乞鞫奏状”的句式结构呢？我们认为，可以有两种解读法：一种是按照“前言”的理解，说“为狱”“为覆”“为乞鞫”与“状”的语法关系可理解为偏正结构，“状”系中心名词，“为狱”等都是“状”的修饰语。在“为狱訁状”一语中，如果不考虑“狱”下的残字，只考虑“为狱”这个词，在文献中是常见的：

1. 《史记·酷吏列传·杜周传》：客有让周曰：“君为天子决平，不循三尺法，专以人主意指**为狱**。狱者固如是乎？”周曰：“三尺安出哉？前主所是著为律，后主所是疏为令，当时为是，何古之法乎！”

2. 《三国志·吴书·陆胤传》：召胤考问，胤为太子隐曰：“杨竺向臣道之。”遂共**为狱**。竺不胜痛毒，服是所道。初权疑竺泄之，及服，以为果然，乃斩竺。

---

① 苏俊林：《秦汉时期的“状”类司法文书》，简帛网，2013年9月11日；后发表于武汉大学简帛研究中心主办：《简帛》第9辑，上海：上海古籍出版社，2014年。

3.《旧唐书·唐临传》:高宗又尝亲录死囚,前卿所断者号叫称冤,临所入者独无言。帝怪问状,囚曰:"罪实自犯,唐卿所断,既非冤滥,所以绝意耳。"帝叹息良久曰:"为狱者不当如此耶!"

"前言"将"为"训为"治","为狱"即治理刑事案件。而根据上述文例,"为狱"应可释为"办案",或者更明确点说是"将罪犯判刑送进牢狱"。不过,径以"为狱"为词,这样来解读"为狱訁"的句式存在两个问题:其一是"为狱訁","狱"下残字难以揣测,此字残存左旁之"言",或推想是"讼"字,"狱讼"固然通顺,但传世与出土的文献中似乎都找不到"为狱讼"这样的辞例。而且"为狱讼"的句式,又似乎与另外两条之"为覆"与"为乞鞫"不尽相同。其二是《前言》讨论"为覆""为乞鞫"时未提到的"奏"字。在"为覆奏状""为气(乞)鞫奏状"中,"为覆奏""为乞鞫奏"自应连读,但"为覆奏""为乞鞫奏"又难以一起成为"状"字的修饰语。我们以为,"为覆奏状"一语,"奏状"应连读,是"为覆"的"奏状";"为乞鞫奏状"一语,"为乞鞫"要连读,"奏状"是"为乞鞫"的"奏状"。"奏状"一语,见于史籍,苏文已举证,如《汉书·景十三王传》"相强劾系倡,阑入殿门,奏状"等。

因此,"为狱訁状""为覆奏状""为乞鞫奏状"的句式结构,还可以有另一种读法,即读为"为""狱訁状"、"为""覆奏状"及"为""乞鞫奏状"。"为"与"狱訁状""覆奏状"、"乞鞫奏状"的关系是动宾结构,"狱訁状""覆奏状""乞鞫奏状"三语,"狱訁"与"状","覆"与"奏状","乞鞫"与"奏状"是偏正结构。"为"是"制作","状"是司法文书,"奏状"是专门向上级呈报的司法文书。"为狱訁状"是制作狱讼文书,"为覆奏状"是制作覆狱的上呈文书,"为乞鞫奏状"是制作乞鞫的上呈文书。"前言"已说到,148 简有"为奏九牒"、169 简有"为奏十六牒",以及张家山汉简《奏谳书》有"为奏"。按,"为奏"应当就是"为奏状"的缩略说法。如果此说成立,则"为狱訁状""为覆奏状""为乞鞫奏状"都应以"为"统领"狱訁状""覆奏状""乞鞫奏状"。

其二,我们赞成苏文所说"为狱訁等状"或"为覆奏状等"都不能概括这批简的全部内容的意见。我们认为,残简所见"为狱訁状""为覆奏状""为乞鞫奏状"都只是整个奏谳司法过程中的文书的一部分,由于我们对秦汉时期的完整的司法程序及文书情况并不是很清楚,因此除了这几种"状"之外,还应该有哪些司法文书我们并不知道;这种种司法文书是否都以"状"命名,还是有其他的称呼也不得而知。这一切都有待新资料的发现与研究。

总之,《岳麓秦简(叁)》的竹简内容,名字称为"为狱等状四种"是不妥的,在目前很难以竹简现有名称命名的情况下,我们赞成将它称之为"司法文书"或"司狱文书"。

(原文载《出土文献研究》第 14 辑,中西书局,2015 年)

# 岳麓秦简《为狱等状四种》命名问题探讨

◎ 苏俊林(湖南大学岳麓书院)

2013年第5期《文物》杂志刊登了《岳麓书院藏秦简〈为狱等状四种〉概述》一文(下简称为《〈为狱〉文》),介绍了《岳麓书院藏秦简(叁)》的相关内容。关于此批秦简的名称,该文提到:

> 《岳麓书院藏秦简(叁)》发表了秦代重要法律文献《为狱等状四种》。《为狱等状》是秦代的司法文书集成,以四种不同形制收录三类司法文书,即狭义的奏谳文书、自称为"奏"的进言陈事文书和复审乞鞫案件的下行文书。
>
> 我们推测"为乞鞫奏状"和"为覆奏状"是在编册之前记在案尾的标题,"为狱訁□状"则很可能是编册后定下的卷册总标题。
>
> 第一、三、四这三类均无背面标题,第二类总标题"为狱訁□状"能否覆盖此三类的记载内容不太清楚。因此,我们在尽可能尊重古代作者(或使用者)命名方式的前提下,参考银雀山汉简《守法守令等十三篇》的前例,在第二类卷册总标题的"为狱訁□状"加上"等""四种"的限制性词语,去掉因残泐未释之"訁□"字,将本卷所收司法文书集成命名为《为狱等状四种》。①

拜读《〈为狱〉文》之后,有感于《为狱等状四种》之名不妥,故撰此文,以求教于大家。

## 一、岳麓秦简奏谳文书名称的演变

早前发表的《岳麓书院所藏秦简综述》一文将《岳麓书院藏秦简(叁)》所收录的司法文

① 岳麓书院藏秦简整理小组:《岳麓书院藏秦简〈为狱等状四种〉概述》,《文物》2013年第5期。该文由日本国立东京外国语大学亚非语言文化研究所陶安副教授执笔。《岳麓书院藏秦简(叁)》(朱汉民、陈松长主编,上海:上海辞书出版社,2013年)一书的"前言"部分对此批秦简的命名也有简单阐述,其所述理由与《〈为狱〉文》相同但不如该文详细。故而本文在引用命名理由时以《〈为狱〉文》为准。

书称为《奏谳书》。该文讲到:“这部分大约为好几份上奏的谳书,都是由不同地方(江陵、州陵、胡阳等)的守丞对有关刑事案例奏谳、审议和裁决的记录。我们参照张家山汉简中《奏谳书》的定名暂时将其定名为《奏谳书》。”①此时岳麓秦简的整理才刚刚开始,尚未进行到奏谳文书部分,故而参照张家山汉简暂将其命名为《奏谳书》也并无不可。

随着岳麓秦简奏谳文书整理工作的深入,整理者发现了《〈为狱〉文》中提到的属于第二类竹木简的 3 个标题:“为狱訁□状”(简 0137)、“为乞鞫奏状”(简 0139)和“为覆奏状”(简 0140)。正是新发现的这 3 个标题,给此批奏谳文书的命名带来了不小的烦恼。因为这些新出标题不见于张家山汉简《奏谳书》,可能已经超出《奏谳书》的内容范围,但它们又与奏谳案件密切相关,确实不好命名。

2011 年 9 月 24 日至 25 日,岳麓书院了召开“岳麓书院藏秦简(叁)国际研读会”。在下发的会议资料《岳麓书院藏秦简〈奏谳状〉研读会参考材料》中,整理者将此批文书定名为《奏谳状》。该资料的《〈奏谳状〉概述》中提到了新发现的“为狱訁□状”(0448 - 1)、“□覆奏状”(0421)、“□乞鞫奏状”(0494)3 个标题,并明确说明:“我们当然不能将‘为狱訁□状’‘□覆奏状’‘□乞鞫奏状’看作这批简牍的‘书名’或‘篇名’。”但其定名理由陈述为:“我们拟定将其命名为《奏谳状》。用‘奏谳’一词的广义词义概括狭义的‘奏谳’以及‘覆’‘奏’等内容,这是因为重视与张家山汉简《奏谳书》的连贯性;‘状’一词是尊重作者(或使用者)的命名方式,也表示整个编纂物仍是由个别的书状构成的一个资料集成。”②《奏谳状》的定名无疑是受到了这三个标题的影响。此《参考材料》提交会议讨论时,有学者明确提出《奏谳状》这样的定名不太合适,还是用《奏谳书》较为妥当。③ 可知将“状”与奏谳书相混淆的命名,当时就有学者表示不能赞同。

此后岳麓秦简整理小组又多次组织会议研读此批秦简。2012 年 1 月整理小组召开的内部读简会中,下发了名为《岳麓书院藏秦简〈为覆奏状等四种〉》(释文稿)的会议资料。此时名称变为《为覆奏状等四种》,其命名理由为:“至于这批简牍材料的命名,我们以尊重作者(或使用者)的命名方式为宗旨,又因原文只有小题,没有大题,原标题未能充分明确,所以参照银雀山汉简的前例,从三种标题中选出覆盖面积较为广的‘为覆奏状’,并按照我们的整理情况加上‘等四种’的限制性词语,将其命名为了《为覆奏状等四种》。”④并注释说明

① 陈松长:《岳麓书院所藏秦简综述》,《文物》2009 年第 3 期。

② 岳麓书院藏秦简整理小组:《岳麓书院藏秦简〈奏谳状〉研读会参考材料》,“岳麓书院藏秦简(叁)国际研读会”会议资料,湖南长沙,2011 年 9 月,第 7 页。这三个标题的编号与《〈为狱〉文》不同,当是后来整理时有所调整。

③ 当时作者有幸旁听会议,记录下了部分讨论内容,但未能记下这位老师的姓名,实为遗憾。

④ 岳麓书院藏秦简整理小组:《岳麓书院藏秦简〈为覆奏状等四种〉》(释文稿),岳麓书院藏秦简读简会内部资料,2012 年 1 月,第 7 页。

是参考了银雀山汉简《守法守令等十三篇》的命名方式。现在这批简牍资料已经出版，其正式名称并不是《为覆奏状等四种》，而是《为狱等状四种》。① 但其命名理由大致相同。

## 二、《为狱等状四种》等命名的失误

岳麓秦简中的这批奏谳文书，前后至少使用了《奏谳书》《奏谳状》《为覆奏状等四种》《为狱等状四种》四种名称。前两种名称还有“奏谳”二字，后两者直接删除了“奏谳”二字。不论出于何种原因，删除“奏谳”二字之后，至少在名称中已经无法看出此批秦简主体部分的内容和性质。值得注意的是，后三种名称中都用了“状”这个词。这无疑是受到了“为狱訁状”“为乞鞫奏状”“为覆奏状”这三个标题的影响。

关于新出简牍中没有标题的简牍该如何命名，目前学界还没有统一的明文规定，但基本上形成了一种约定俗成的原则。具体而言，如果先前出土的同类简牍中有标题，后出简牍在没有标题的情况下，应尽量参考先例使用已有标题。若没有可以参考的先例，则可以自己拟定名称。但所拟定的名称应该能统辖其内容，体现其性质。此即林清源先生所说的“概括篇章大意”“标举主述实物”的定名原则。②

若以此为简牍的命名原则，那么岳麓秦简此批奏谳文书的名称，不论是曾用名还是现用名，都与上述原则不符。此批秦简中有与张家山汉简《奏谳书》性质相同的文书。张家山汉简明确出土了“奏谳书”的标题。整理者也明确注明其为“全书标题，写于末简背面”。③ 既然已经有此类简牍出土，而且其本就有标题，那么岳麓秦简中的此批奏谳文书，是不是可以参考一下，在命名中也使用“奏谳书”的名称？但是整理者并没有使用“奏谳书”这一名称，而是使用了《为狱等状四种》来命名。

那么，是否可以用《为狱等状四种》等名称来命名呢？我们认为，用《为狱等状四种》来命名此批秦简，是有欠妥当的。理由如下：

### 1. 用“状”来命名有“以少定多”的命名嫌疑

单独用“状”来命名——不论是《为覆奏状等四种》《为狱等状四种》，都不能体现整批简牍的性质。此批奏谳文书出现了“为狱訁状”“为乞鞫奏状”“为覆奏状”的标题，但其能确

① 朱汉民、陈松长主编：《岳麓书院藏秦简（叁）》，上海：上海辞书出版社，2013 年。

② 林清源：《简牍帛书标题格式研究》，台北：艺文印书馆，2004 年，第 53—58 页。

③ 张家山二四七号汉墓竹简整理小组编：《张家山汉墓竹简（二四七号墓）》（释文修订本），北京：文物出版社，2006 年，第 112 页。

定的简牍数量极其有限。据《岳麓书院藏秦简（叁）》一书可知，此三个标题涉及"譊、妘刑杀人案"（此案共5枚简）中的4枚简，但此批文书总共有252枚简。用4枚简的标题来命名252枚简，无论如何都缺乏足够的理由。整理者将"为狱訉状""为乞鞫奏状""[为]覆奏状"归入第二类。第二类共有73枚简。[①] 即便我们认为这73枚简属于同一性质的文书——事实上它们是不同性质的文书，但用只占总简数28.97%的简来定名整批简牍，仍难逃"以少定多"的命名嫌疑。虽然第二类文书中出现了小标题，但与此标题同类性质的简数如此之少，又如何能以此来命名252枚简呢？《为覆奏状等四种》《为狱等状四种》的定名，选择其中一个小标题而舍弃了另外两个小标题。这种命名方式不仅有"厚此薄彼"之嫌，更为重要的是还有"以少定多"的命名嫌疑，即以较少的简牍来命名更多的简牍。

岳麓秦简整理小组也坦言："第一、三、四这三类均无背面标题，第二类总标题'为狱訉状'能否覆盖此三类的记载内容不太清楚。"[②]既然"为狱訉状"能否覆盖第二类文书（共73枚简）的内容都难以确定，又如何能在对此标题进行修改之后，用其来命名更多的文书（共252枚简）呢？但最终还是将其作为总标题使用。这确实不是一个足够严谨的命名方法。

### 2. 错误参考《守法守令等十三篇》的命名方式

《〈为狱〉文》说用《为狱等状四种》来命名此批奏谳文书，是参考了《守法守令等十三篇》的前例。即便如此，我们认为这种参考也是不太合适的。

其一，严格意义上讲，"守法守令等十三篇"并不是在没有总标题的情况下对多个小标题的总括性命名，而只是对已有篇题的简称。"守法守令等十三篇"本身出土了带有篇题的木牍，其完整篇题为："守法 要言 库法 王兵 市法 守令 李法 王法 委法 田法 兵令 上扁（篇） 下扁（篇） 凡十三。"[③]《守法守令等十三篇》不过是对此篇题的简称。岳麓秦简出现了三个标题，但是这三个标题是同一级别性质的标题，尚难以用其中一个来命名另外两个。

其二，《守法守令等十三篇》这一简称只是命名守法、守令等十三篇文献的内容，是与《孙子兵法》《孙膑兵法》《尉缭子》《晏子》《六韬》等作为同一级的标题使用的，并不是《银雀山汉墓竹简（壹）》一书的总标题。《〈为狱〉文》却是将《为狱等状四种》作为"为狱訉状""为乞鞫奏状""[为]覆奏状"的上一级标题使用，并以此来命名此批奏谳文书的所有内容。

---

① 关于此批文书的总简数、第二类文书的简数及"譊、妘刑杀人案"的简数等，可参见：朱汉民、陈松长主编：《岳麓书院藏秦简（叁）》，上海：上海辞书出版社，2013年，第1、2、175—176页。

② 岳麓书院藏秦简整理小组：《岳麓书院藏秦简〈为狱等状四种〉概述》，《文物》2013年第5期。

③ 银雀山汉墓竹简整理小组编：《银雀山汉墓竹简（壹）》，北京：文物出版社，1985年。参见该书"图版"部分之"篇题木牍"，第94页；"释文注释"部分之"守法守令等十三篇"的"说明"及"附：篇题木牍"，第127、154页。

由此可知,《〈为狱〉文》虽然称其参考了《守法守令等十三篇》的命名方式,但详细考察之后我们发现,二者明显不是相同意义上的命名方式,有着很大的区别。

### 3. “为狱訁口状”等三枚标题简的编联位置过于牵强。

关于“为狱訁口状”等三枚标题简的编联,《〈为狱〉文》认为:“从标题的位置来看,‘为乞鞫奏状’和‘[为]覆奏状’位于第二类卷册第一案或第二案的结尾,即卷册的中间,而‘为狱訁口状’冠于第一案起首,简一三七应该是第二类卷册第一支简,即从卷尾卷起来后留在最外面的一支简。”①据《〈为狱〉文》所言,此卷简册的编联是参考了背面划线、反印文和揭取位置。但是该文也说到,第二类中有背面划线的是《田与市和奸案》。此案与三个标题所在的案例无关。我们再次核查红外线扫描图片,与此三个标题有关的 4 枚简,其正反两面既无划线,也无反印文。这意味着依据背面划线和反印文是无法确定此四简的编联次序的。

至于竹简的揭取位置,那更不可靠。岳麓秦简发现时就已经散乱,无法准确体现竹简位置。陈松长先生在《岳麓书院所藏秦简综述》中早已讲到:“在整理过程中,我们发现这 8 捆简已经不是出土时的原始状态,因此,尽管我们按照揭取的顺序编号,但编号并不能说明其在墓葬中的原始状况。”②待岳麓秦简完全出版,大家通览岳麓秦简的编号之后,可以知道陈先生所言不虚。

背面划线、反印文和截取位置都无法确定“为狱訁口状”等三枚标题简的编联位置。就“为狱訁口状”简正面内容看,也很难将其作为第二类卷册的首简使用。从标题看,“为狱訁口状”“为乞鞫奏状”“[为]覆奏状”可能是三份用途不同的司法文书。若果真如此,那么三份用途不同的文书为什么一定是合在一起整体编联的?有没有可能它们不是编入同一卷册,而是各自分开编联的?不论如何,“为狱訁口状”等三枚标题简的编联位置都显得过于牵强,将“为狱訁口状”简作为第二类卷册的首简更是缺乏充足的理由。

## 三、结　　语

用《为狱等状四种》等名称来命名岳麓秦简中的此批奏谳文书,可能并不太合适。用“[为]覆奏状”这一小标题来命名,不仅忽视了“为狱訁口状”“为乞鞫奏状”这两个同级别的小标题,而且这批简的内容并非都是“[为]覆奏状”所能概括的,甚至绝大部分简的内容都要超

① 岳麓书院藏秦简整理小组:《岳麓书院藏秦简〈为狱等状四种〉概述》,《文物》2013 年第 5 期。
② 陈松长:《岳麓书院所藏秦简综述》,《文物》2009 年第 3 期。

出“为覆奏状”的范围。或许正是出于此种原因，最终并没有使用《为覆奏状等四种》来命名，而是用《为狱等状四种》来定名。虽然换了一个名称，但依然犯了与《为覆奏状等四种》相同的命名失误。况且，舍弃两个完整的标题“为覆奏状”和“为乞鞫奏状”，而使用另外一个文字有残缺的标题“为狱⬚状”的一半来命名，换句话说，用一个残缺不全的标题作为总篇题，实在令人不解。

骈宇骞、段书安先生将简帛的题记分为书题、篇题、章题三级，并指出：“从目前出土的简帛书籍实物看，就书题和篇题而言，存有篇题者为多数，发现书题者为少数。”①此批岳麓秦简虽然出现了“为狱⬚状”“为乞鞫奏状”“[为]覆奏状”的标题，但是这三个标题最多可以作为篇题看待，很难将其作为书题来命名。在没有更好定名方式的情况下，此批秦简或许可以用“奏谳文书”作为书题来统称，然后再以“为狱⬚状”“为乞鞫奏状”“[为]覆奏状”等作为二级标题来命名各类性质的文书。或者借鉴睡虎地秦简、张家山汉简、银雀山汉简等，只给出各类文书的篇题，而不要求在各文书篇题上再定名一个总标题。不论如何，用《为狱等状四种》来定名此批奏谳文书，都是有欠妥当的。

（原文载《简牍学研究》第 5 辑，甘肃人民出版社，2014 年）

① 骈宇骞、段书安编：《二十世纪出土简帛综述》，北京：文物出版社，2006 年，第 87—88 页。

# 张家山汉简《奏谳书》与岳麓书院藏秦简《为狱等状四种》之形成过程

◎ ［日］水间大辅（日本中央学院大学法学部）

## 前　　言

众所周知，张家山汉简是 1983—1984 年自湖北省荆州市张家山第二四七号墓出土的一批竹简，含有《历谱》《二年律令》《奏谳书》《脉书》《算数书》《盖庐》《引书》等文书。张家山第 247 号墓的被葬者于西汉初期吕后二年（前 186 年）或其后不久死亡并埋葬。据这些文书的内容与随葬品等，被葬者被认为是生前做下级官吏的人物。①

岳麓书院藏秦简是近年发现的秦竹简、木简，由于近年遭盗掘而流失于香港的古玩市场，2007 年由湖南大学岳麓书院收购，2008 年香港一收藏家又将其所购藏的竹简捐赠给了岳麓书院。其中含有《质日》《为吏治官及黔首》《占梦书》《数》《为狱等状四种》《秦律令》等文书。因是盗掘，故出土的地点、情况与经过等情况一切不明，但学界一般据文书的内容推测是出土于墓葬的。但是，是否其所有的文书均出土于同一个墓葬，尚不明。②

在张家山汉简、岳麓书院藏秦简所含的文书中，本文以《奏谳书》《为狱等状四种》为探讨对象。《奏谳书》是春秋时期的卫国、鲁国及秦王政时期至西汉高祖时期的刑事审判记录，共有 22 件案例。据图版，书写《奏谳书》的竹简的上、中、下三部分别有编绳痕迹。出土时，由于受到淤泥及其他随葬品的挤压，竹简已经稍微散乱，但据《张家山汉墓竹简（二四七号墓）》卷末的《竹简出土位置示意图》，出土时的状态近乎卷成一卷册书。可见至迟在随葬时，自案例 1 至 22 的所有竹简似乎编缀成为一卷册书。看《竹简出土位置示意图》就可知，《奏谳书》以案例 1 的开头之简为中心卷起来，案例 22 的结尾之简位于册书的最外侧。案例

① 张家山二四七号汉墓竹简整理小组编：《张家山汉墓竹简（二四七号墓）》，北京：文物出版社，2001 年，"前言"等。

② 陈松长：《岳麓书院所藏秦简综述》，《文物》2009 年第 3 期。

22 结尾之简的背面写有“奏潚(谳)书”的标题。

《为狱等状四种》是秦王政时期、始皇帝时期的刑事审判记录,共有 15 件案例。从简的材质、书体体裁等方面可以分为第 1 群(案例一至七)、第 2 群(案例八至十三)、第 3 群(案例十四)与第 4 群(案例十五)4 种。① 在岳麓书院藏秦简中,2007 年由岳麓书院收购的简用塑料薄膜包成八捆,②属于《为狱等状四种》的简发现于其中 7 捆中。③ 整理者根据文章内容、“反印文”及包裹内部的堆积状态进行原状复原,④各类似乎本来就分别编缀成一卷册书。第 3 群与《奏谳书》一样,以开头之简为中心卷起来,结尾之简位于册书的最外侧,而第 1 群、第 2 群、第 4 群与此相反,均以结尾之简为中心卷起来,开头之简位于最外侧。⑤ 另,这四卷册书是否均出土于同一个墓葬,尚不明。

《奏谳书》是否属于编纂物或书籍,学界意见分歧。籾山明先生认为,《奏谳书》是为了提供司法实务的参考,由中央廷尉整理为编纂物、书籍而向全国分发的。⑥ 广濑薰雄先生认为,《奏谳书》是在由廷尉府编纂的《廷尉故事》传达到各地后,在南郡又编入本郡案例(南郡故事)而制作的书籍。⑦ 虽然两说之间有所差异,但在将《奏谳书》视为编纂物或书籍这一点上是共同的。

相对于此,冨谷至先生认为,《奏谳书》属于“档案简”,其性质与编纂物、书籍不同。他就秦汉时期的册书说:册书有“书籍简”与“档案简”两种,书籍属于前者,账簿等属于后者。书籍简以册书结尾之简为中心,以写有文章之面为内侧卷起来,册书开头之简的背面写有标题。也就是说,阅读时从开头之简依次展开。与此相反,档案简以册书开头之简为中心卷起来,册书结尾之简的背面写有标题,这是因为这样可以顺次附加简。档案简属于未整理的笔

---

① 朱汉民、陈松长主编:《岳麓书院藏秦简(叁)》,上海辞书出版社,2013 年,“前言”。

② 陈松长:《岳麓书院所藏秦简综述》,第 75 页。

③ 朱汉民、陈松长主编:《岳麓书院藏秦简(叁)》,第 337—343 页。

④ 《为狱等状四种》中有些简背面有左右翻转的文字,《岳麓书院藏秦简(叁)》将这些文字称为“反印文”。据孙沛阳先生之见,这些文字并不是位于各简背面的简上文字在埋葬中浸染形成的,而是出土后将相互胶着的简揭剥时,简表面的纤维与墨迹留在其他简背面上的。参见陶安:《岳麓秦简复原研究》,上海:上海古籍出版社,2016 年,第 6 页。

⑤ 据陶安:《岳麓秦简〈为狱等状四种〉释文注释修订本》(上海古籍出版社,2021 年)所载的“卷册复原示意图”可知,第 1 类、第 2 类皆以结尾之简为中心卷起来。相对于此,该书中没有第 3 类、第 4 类的《卷册复原示意图》,但据该书第 180—206 页的“卷册结构表”,在第 3 类中,比起简号较后之简来,简号较前之简排列于册书内侧,而第 4 类中与此相反。由此可知第 3 类以开头之简为中心卷起来,第 4 类以结尾之简为中心卷起来。

⑥ 籾山明:《中国古代诉讼制度研究》,京都:京都大学学术出版会,2006 年,第 278 页;李力译:《中国古代诉讼制度研究》,上海:上海古籍出版社,2009 年,第 244—245 页。

⑦ 广濑薰雄:『秦漢律令研究』,東京:汲古書院,2010 年,第 245—246 頁。

记，只不过是为了整理上的方便而编缀的，处于编辑成书籍以前的阶段。他在以上观点的基础上，据《奏谳书》亦在结尾之简的背面写有标题，认为其属于档案简。① 他发表此观点时，《奏谳书》的收卷方式未公布，后来由于《张家山汉墓竹简（二四七号墓）》出版，才得知《奏谳书》亦确实以开头之简为中心卷起来。

如上所述，《奏谳书》是否属于编纂物或书籍，学界意见分歧。但对于双方意见，分别有如下疑问：

其一，《奏谳书》所含的有些案例，怎么也不能认为是编辑为编纂物的。如下一部分所述，案例二中，江陵县上“谳”于南郡，南郡又上谳于廷尉，但没有记载廷尉对此做出何种批复。谳是向上级机关请示。按当时制度规定，治狱时在不能做出何种判断的情况下，县、道必须上谳于郡，郡上谳于廷尉。在廷尉亦不能做出判断的情况下，必须上奏皇帝请示。既然没有记载对谳的批复，就等于不可知最终做出何种判决。没有记载判决的案例，只得说作为司法实务的参考时，其利用价值很低。特地编纂并分发这么不完全的案例，这是可能有的事吗？

其二，冨谷至先生认为，《奏谳书》属于档案简，档案简以开头之简为中心卷起来，是为了依次附加简。然而，这种观点至少不适合《奏谳书》。从案例一到二十二，《奏谳书》按案例号排列，但如后所述，案例一至五、十四至十六却按年代顺序由近及远排列。按冨谷先生的理解，新案例应该依次附加于册书结尾，故《奏谳书》亦应该由旧案例至新案例排列，但其实不然。

那么，以上两个问题应该如何解释？这不仅是《奏谳书》，而且《为狱等状四种》也有与此一样的问题。笔者认为，这些问题就是弄清《奏谳书》《为狱等状四种》的形成过程的线索。故本文在以上疑问的基础上，拟探讨《奏谳书》《为狱等状四种》的形成过程。

## 一、《奏谳书》《为狱等状四种》的不完全性与制作过程

该部分拟探讨在《奏谳书》《为狱等状四种》中，一部分案例没有记载判决的意义。

### （一）《奏谳书》中的判决

笔者在序言说，《奏谳书》案例 2 中没有记载判决，那么其他案例如何？该部分拟分析

① 冨谷至：『秦漢刑罰制度の研究』，京都：同朋舍，1998 年，第 5—16 頁；柴生芳、朱恒晔译：《秦汉刑罚制度研究》，桂林：广西师范大学出版社，2006 年，第 3—10 页。

《奏谳书》各个案例中如何记载判决。

在进入分析前,有一个需要确认的问题。如前所述,《奏谳书》所含 22 件案例的内容,可一言以蔽之为刑事审判记录。但是它的文书性质或格式并不一样。小嶋茂稔先生以各个案例的格式为据,将 22 件案例分类为第 1 群至第 3 群。① 以下拟按小嶋先生的分类进行探讨。

### 1. 第 1 群

第 1 群是皆以"谳"为内容的案例,②案例一至五均属于此。如下所述,所有案例的文书格式几乎相同。

案例 1:案例 1 的开头云:③

> 十一年八月甲申朔己丑,夷道汾、丞嘉敢潚(谳)之。(第 1 号简)

高祖十一年(前 196 年)八月六日,夷道(今湖北省宜都市西)令汾、丞嘉上谳。案例 1 以此记载开始,以下载有夷道在上谳之前审理本案的结果,然后结尾载:

> 敢潚(谳)之。谒报,署狱史曹发。•吏当:毋忧当要(腰)斩。或曰:不当论。•廷报:当要(腰)斩。(第 6－7 号简)

结尾的"廷报:当要(腰)斩"是对谳的批复,表明"廷"即廷尉批复说本案嫌疑人当处以腰斩。④ "报"是批复之意。这样乍一看来,夷道似乎直接上谳于廷尉,其实不然。当时制度规定,县、道必须上谳于郡。因为夷道隶属于南郡,所以在本案中应当上谳于南郡,南郡又上谳于廷尉。在本案例中,"南郡"一词连一例都没有,上引第 6－7 号简的记载亦然。汪桂海先生认为,本案例中省略了南郡守向廷尉府呈报时的上行之辞,只存留下"谒报"二字。⑤ 按,到"敢潚(谳)之"是由夷道所写,"谒报,署狱史曹发。•吏当:毋忧当要(腰)斩。或曰:不当论"是由南郡所写。"谒报,署狱史曹发"是由南郡所写,又从以下例子可以证明。在《奏谳书》《为狱等状四种》的有些案例中,县、道上谳于郡而且郡不上谳于廷尉;又有些案例中,隶属于内史的县直接上谳于廷尉(后文有述),这些案例中皆在"敢潚(谳)之"之后没有"谒

---

① 小嶋茂稔:「讀江陵張家山出土『奏讞書』劄記」、『アジア・アフリカ歴史社會研究』、第 2 號,1997 年。

② 小嶋先生认为,第 1 类的内容是"南郡属县(夷道、江陵、胡)对中央廷尉的奏谳"。但是,胡不是南郡的属县,而是内史的属县。

③ 《奏谳书》的简号、释文,根据彭浩、陈伟、工藤元男主编:《二年律令与奏谳书》,上海:上海古籍出版社,2007 年。

④ 关于《奏谳书》所见"廷报""廷以闻"的"廷"是指什么,诸家说法不一,但蔡万进先生的观点似乎最有说服力,即"廷"是指廷尉。参见蔡万进:《张家山汉简〈奏谳书〉研究》,桂林:广西师范大学出版社,2006 年,第 152—153 页。

⑤ 汪桂海:《汉代官文书制度》,南宁:广西教育出版社,1999 年,第 88 页。

报，署××发”的语句(《奏谳书》案例三、四及《为狱等状四种》案例一至七、十四)。相对于此，有些案例中内史以外的县、道上谳，廷尉批复，这些案例皆在“敢灋(谳)之”之后有“谒报，署××发”的语句(《奏谳书》案例一、五)。

里耶秦简云：①

四月己酉，阳陵守丞厨敢言之，写上谒报，报署金布发。敢言之。(9-4 正面)

对于“谒报，署××发”，《二年律令与奏谳书》据此记载认为“署××发”是“报署××发”之省。② 其说可从。“谒报，(报)署××发”的意思可以认为是“请求批复。(对此文书的回信中)请写为‘必须由××启封’”。也就是说，“(报)署××发”是发送文书的部门指定回信时的收信部门的语句。

“吏当”的“当”为判决意见之意。“吏当：毋忧当要(腰)斩。或曰：不当论”的意思是，南郡中有个吏主张嫌疑人毋忧的行为应判处“腰斩”(截断腰部的刑罚)，又有个吏主张不应论处。这条记载表明南郡对本案有意见分歧。但是，本案原来由夷道审理，故这两个判决意见可能原来是由夷道提出的，南郡亦不能判断哪个判决意见是适当的。据“廷报：当要(腰)斩”的记载，可知廷尉采用了前者的判决意见。

对谳的批复可以说是事实上的判决。如后所述，案例二十一中，杜县上谳于廷尉，廷尉对杜县的批复(因为杜县隶属于内史，所以直接上谳于廷尉。后文有述)有：

告杜论甲。(第 188 号简)

即廷尉府将批复告知杜县，让杜县“论”嫌疑人甲。“论”是一个广义概念，指刑事案件的全体处理，既指今天所说的判决，又指刑罚执行。③ 此处所说的“论”，具体使用何种意义尚不明，但至少应包含刑罚执行。无论如何，上级机关的批复可以说是近乎命令的，所以可以认为如无特别事项，受到批复的机关必须按批复执行刑罚。

但是案例一中，还不明确廷尉的批复是否事实上的判决。因为据《二年律令》，在嫌疑人所犯之罪为死罪或过失杀人、戏杀人的情况下，县、道无权做出判决，必须向郡呈报，由郡复审。④ 其目的应是，对于县、道审理所获得的案件事实，郡再次进行判断，以谨慎地做出判决。但本案中夷道已上谳于南郡，假使夷道在廷尉批复后必须又向南郡呈报，要费两道手续。在这种情况

---

① 里耶秦简的简号、释文，根据陈伟主编：《里耶秦简牍校释(第二卷)》，武汉：武汉大学出版社，2018 年。

② 彭浩、陈伟、工藤元男主编：《二年律令与奏谳书》，上海：上海古籍出版社，2007 年，第 336 页。

③ 陶安：《试探“断狱”、“听讼”与“诉讼”之别——以汉代文书资料为中心》，载张中秋编：《理性与智慧：中国法律传统再探讨——中国法律史学会二〇〇七年国际学术研讨会文集》，北京：中国政法大学出版社，2008 年。

④ 《二年律令·兴律》云：“县道官所治死罪及过失、戏而杀人，狱已具，勿庸论，上狱属所二千石官。二千石官令毋害都吏复案，问(闻)二千石官。二千石官丞谨掾，当论，乃告县道官以从事。”(第 396-397 号简)

下，郡是否必须履行两道手续而再次审理，尚不明。但至少据今天所知的“谳”案件，上谳于上级机关是因为不能确定应当适用何种律令规定，而不是因为不能确定审理所获得的事实关系的真实性。也就是说，受理谳的上级机关仅审议对律令的解释，事实关系的真实性可能不是其审议的对象。因此，也不能否定郡再次审理的可能性。

案例二：案例二的开头云：

十一年八月甲申朔丙戌，江陵丞骜敢潚（谳）之。（第8号简）

高祖十一年八月三日江陵县丞骜上谳，案例二以此记载开始，以下载有由江陵县审理的结果，结尾云：

敢潚（谳）之。谒报，署中廥发。●吏当：黥媚颜頯，畀禒。或曰：当为庶人。（第15–16号简）

与案例一比较起来，可知这条记载的格式与案例一完全相同，但没有记载“廷报”以下，即廷尉的批复。与案例一一样，也没有记载江陵县上谳于哪个机关，但因为江陵县是南郡的属县，所以应当上谳于南郡。从表面上看，“谒报”以下亦似乎是由江陵县所写的，其实不然。从上引记载的格式与案例一完全相同来看，“谒报”以下仍是由南郡所写的，表明南郡又上谳于廷尉，“吏当”以下的两个判决意见亦应该认为是南郡提出的（当然也有这样的可能性，即这原来是江陵县提出的判决意见）。本案例的记载结束于南郡所提出的两个判决意见，没有记载廷尉对谳做出何种批复。

案例一、四、五均在举出县或郡所做出的判决意见后，继续记载对谳的批复，不换简。然而，案例三中列出两个判决意见后，换简记载批复。案例二的结尾列出两个判决意见后，仅有空白。也许存在这种情况，案例二亦与案例三一样，本来是换简记载对谳的批复的，但该简后来腐朽消失。但如后所述，《为狱等状四种》有些案例也没有记载对谳的批复。因此，似乎并不是案例二中只有记载批复的简偶然腐朽消失了，该简不存在应有其他原因。

案例三：案例三中胡县（今河南省灵宝市西）上谳。与案例一、二比较起来，除了没有“谒报，署××发”的记载这一点以外，到列出两个判决意见，其格式与案例一、二相同，但其后换简云：

十年八月庚申朔癸亥，大（太）仆不害行廷尉事，谓胡啬夫，潚（谳）狱史阑，潚（谳）固有审。廷以闻，阑当黥为城旦。它如律令。（第26–27号简）

案例三的记载结束于此。本案例中亦没有记载胡县上谳于哪个机关，但胡县是隶属于内史的县。据当时制度，隶属于内史的县必须直接上谳于廷尉。① 因此，胡县应直接上谳于廷

① 森谷一树：「『二年律令』にみえる内史について」，载冨谷至编：『江陵張家山二四七號墓出土漢律令の研究論考篇』，京都：朋友書店，2006年。

尉,两个判决意见亦均是胡县提出的。

上引记载是对谳的批复,其记载比案例一详细。据此,太仆公上不害代行廷尉职务,①向胡县批复。此时由于廷尉缺额等某种原因,廷尉大概无法批复。此处的问题是,对胡县的批复中有“廷以闻,阑当黥为城旦。它如律令”的记载。按文字翻译的话,意思就是“廷尉上奏皇帝说:阑(嫌疑人之名)之罪当黥城旦,对其他的人要按律令处理”。那么,为何廷尉府要将本案上奏皇帝?在胡县提出的两个判决意见中,廷尉府已经采用其中一个,而且其批复中也已做出“瀻(谳)固有审”的判断。此语句是指上谳请示的内容在法律上有明确规定,本来无须上谳。② 因此,廷尉府将本案上奏皇帝,也许不是因为不能做出何种判决,而是本案由于某种原因,廷尉府亦没有做出最终判决的权限,故需要请求皇帝批示吧?③

廷尉府请求皇帝批示后,皇帝是否实际做了批示,案例三中没有记载。不过虽然皇帝批示没有下达,廷尉府却特意向胡县告知本案已上奏皇帝,这种情况是难以想象的。因此,上引上奏应该已经通过批准,于是公上不害将它传达给胡县。也就是说,这就是事实上的判决。

案例四:案例四中胡县上谳,廷尉批复。格式与案例一几乎相同。

案例五:案例五中江陵县上谳。记载格式与案例一几乎相同,但非记为“廷报”而是记为“廷以闻”。本案例中亦没有明确记载江陵县上谳于哪个机关,但与案例一、二一样有“谒报,署××发”的语句,并且有“廷以闻”,故可以认为是江陵县上谳于南郡,南郡上谳于廷尉,廷尉又上奏皇帝请求批示。

本案例的结尾云:

• 廷以闻,武当黥为城旦,除视。(第 47－48 号简)

廷尉上奏皇帝说:武(人名)所犯之罪当黥城旦,视(人名)免罪。本案例记载结束于此,没有明确记载皇帝是否批准廷尉的判决意见。然而,考虑到案例三也是这种情况,则是不是可以认为本案例的“廷以闻”以下,事实上记载的是由皇帝批示的内容呢?④

---

① 此处所说的“不害”是指“公上不害”,参见彭浩:《谈〈奏谳书〉中的西汉案例》,《文物》1993 年第 8 期。

② 朱汉民、陈松长主编:《岳麓书院藏秦简(叁)》,第 111 页。

③ 除了本案例以外,《奏谳书》案例五、十四中亦上奏皇帝,并且如后所述,案例十五中亦有上奏皇帝的可能性。这些案例之间有一个共同点,即嫌疑人中有官吏。汉初审理官吏所犯之罪时,廷尉府或者没有做出判决的权限,必须请求皇帝批示。但案例九、十三中,对于官吏所犯之罪,郡守上谳于廷尉,廷尉仅批复,没有关于上奏皇帝的记载。因此,并不是审理所有的官吏犯罪时都必须请求皇帝批示,可能是出于某种原因时才必须请求皇帝批示。

④ 池田雄一先生等将“廷以闻”以下翻译为“• 廷尉上闻于皇帝之后,判决决定为‘……’”,学习院大学汉简研究会翻译为“廷向天子请示,其批复是‘……’”,似乎仍均认为记载的是由皇帝批示的。参见池田雄一编:『奏讞書——中國古代の裁判記録——』、刀水書房、2006 年、第 69 頁;学习院大学汉简研究会:「漢初地方事件九編——江陵張家山漢簡『奏讞書』を讀む——」,『中國出土資料研究』第 6 号,2002 年。

## 2. 第 2 群

案例六至十三均属于第 2 群。第 2 群亦皆以谳为内容，其文书格式相同。作为典型之例，以下举出案例六的全文：

●汉中守潚（谳）：公大夫昌苔（笞）奴相如，以辜死。先自告：相如故民，当免。作少府，昌与相如约，弗免已。狱治，不当为昌错告不孝，疑罪。●廷报：错告，当治。（第 49－50 号简）

第 2 群亦以谳为内容，在这一点上与第 1 群相同，但有以下差异：

其一，文章较短。第 1 群的各个案例分别书写于 7 至 13 支竹简，而第 2 群的各个案例分别书写于 1 至 2 支竹简。

其二，未必使用第 1 群所见的定型语句。在第 1 群的各个案例中，谳之内容结束于“敢潚（谳）之”，其次有些案例中有“谒报，署××发”的语句，然后在“吏当”或“吏议”以下列出两个判决意见，最后在“廷报”或“廷以闻”以下表示廷尉的批复。然而，第 2 群中只不过载有“廷报”以下。

其三，第 2 群中所有案例的开头均有“●××守潚（谳）”，位于郡守上谳之首。

按，据当时制度，犯罪案件原则上必须先由县、道审理。第 2 群中的案例皆开始于郡守上谳，并不意味着该案件先由郡审理，而应是虽然该郡的属县、道先行审理，但因不能做出判断，故上谳于郡。也就是说，与第 1 群不一样，第 2 群中省略了县、道上谳之事以及县、道审理的结果。并且，各个案例的文章较第 1 群为短，还有未必使用第 1 群的定型语句，均令人窥见其中有不少省略。

综上，第 2 群中也有与第 1 群不同的地方，但各个案例中皆记为“廷报”，即廷尉对谳的批复。

## 3. 第 3 群

第 3 群含有各种各样的文书，有些文书与“谳”没有关系。小嶋先生进一步将其分群为甲至丁四群。

（1）甲群

案例十四至十八均属于此。小嶋先生认为，甲群是抄录一般审判事例的文书类。那么，这些案例中如何记载判决？

案例十四：案例十四中，安陆县（今湖北省云梦县）丞忠“劾”该县狱史平隐匿男子种。忠劾于南郡，南郡审理狱史平的罪状，拟定判决意见，请求某个机关或官吏将审理结果与判决意见上奏皇帝。[①] 当时安陆县是南郡属县。劾是官吏实施某种程度的侦查后，向以治狱为职责之一的机关告知其结果。[②] 一般来说，犯罪案件发生后，最初由县、道审理。本案中对于男子种，安陆县审理而做出判决，但对于狱史平，安陆县仅劾，而由南郡审理。其原因不明。

南郡审理后，向某个机关或官吏请求将其结果与判决意见上奏皇帝，但与第 1 群、第 2 群不一样，本案例中不见"谳"与"疑罪"等表达。并且，"当"以下仅举出一个判决意见，而不是列出两个判决意见。因此，请求上奏的原因似乎并不在于不能判断做出何种判决，仍可认为与案例三等一样，是由于某种原因，南郡没有做出最终判决的权限，因而必须请求皇帝批示。本案例的结尾云：

> 八年四月甲辰朔乙巳，南郡守强敢言之，上奏七牒，谒以闻。种县论。敢言之。（第 68 号简）

此记载的意旨是南郡请求上奏皇帝，本案例记载结束于此，没有记载皇帝是否批准。

案例十五：案例十五中，江陵县令忠陈述醴阳县令恢盗官米。忠陈述于南郡，南郡审理之，拟定判决意见。醴阳县不见于《汉书·地理志》等传世文献，今属何地亦未详，但先前的研究皆认为是隶属于南郡的县。[③] 本案亦非由县而由郡审理，但与案例十四不一样，结尾仅有以下记载，而不见请求上奏皇帝的记载：

> 南郡守强、守丞吉、卒史建舍治。（第 74 号简）

然而，本案例的格式与案例十四几乎相同，案例十四亦在上引第 68 号简（请求上奏皇帝的记载）之前有以下记载：

> 南郡守强、守丞吉、卒史建舍治。（第 67 号简）

因此，也可以认为，案例十五中省略上奏语句，或者案例十五是在未书写上奏语句时所写的文书。

案例十六：案例十六的内容大致如下：淮阳郡守偃劾，新郪县（今安徽省太和县西北）的狱史武去向不明，有被杀死的可能性，新郪县却不认真侦查；新郪县令甲、丞乙、狱史丙新到任后，再次审理本案，查明前新郪县令信、髳长苍、公粱亭校长丙、发弩赘均是本案的罪犯，确定

---

① 《奏谳书》案例 14 云："南郡守强敢言之，上奏七牒，谒以闻。"（第 68 号简）据此，南郡向某个机关或官吏送达文书，请求将其上奏皇帝，并不是直接上奏皇帝。此上奏以司法为内容，故或可认为是南郡向廷尉府送达文书，请求将其上奏皇帝。然而，如后所述，本案中南郡并不向某个机关、官吏请求对谳的批复或复審，而不过是请求上奏皇帝。在这种情况下也必须通过廷尉府上奏吗？值得怀疑。

② 宫宅潔：『「劾」をめぐって——中國古代訴訟制度の展開——』，载氏著：『中國古代刑制史の研究』，京都：京都大学学術出版会，2011 年（初刊于 2001 年）；单印飞译：《围绕"劾"——中国古代诉讼制度的发展》，载杨振红、单印飞、王安宇、魏永康译：《中国古代刑制史研究》，桂林：广西师范大学出版社，2016 年。

③ 彭浩、陈伟、工藤元男主编：《二年律令与奏谳书》，第 353 页。

他们的罪名与处罚，拟定判决意见后，将其送到某个上级机关，请求批复。本案例中亦不见"谳""疑罪"等语句，也未出两个判决意见。仍可以认为是由于某种原因，需要委托上级机关做出最终判断。据判决意见，新郪县令信等 4 个嫌疑人所犯之罪皆当死刑，故无论如何，新郪县无权做出最终判决，必须上报于郡。新郪县将判决意见送到上级机关，或者是这种制度使然。若然，新郪县送达判决意见的上级机关就是淮阳郡。但本案例的结尾仅云：

为奉〈奏〉当十五牒上谒，请谒报。敢言之。(第 98 号简)

本案例记载结束于此，即这是新郪县请求上级机关批复的语句，没有记载上级机关做出何种批复。

案例十七：案例十七的内容是：秦王政元年(公元前 246 年)汧县(今陕西省陇县东南)的城旦讲"乞鞫"即请求复审，廷尉审理，将讲判断为无罪，并告知了汧县。本案例中没有记载讲乞鞫于哪个机关。但据《二年律令》，乞鞫是已经受到判决的人向在所县、道提出的，[①]故讲应该是乞鞫于汧县。又据《二年律令》，县、道听取乞鞫的内容，将其写为文书，呈报于郡，郡命都吏办理复审。但是，汧县隶属于内史，故与谳的情况一样，应不是由郡都吏办理复审，而是廷尉府直接收受汧县的呈报，办理复审。[②]

案例十八：案例十八中，对于苍梧郡攸县(今湖南省攸县东北)发生的案件，御史命令南郡复审。南郡派卒史盖庐等人去攸县审理，盖庐等拟定了一个判决意见，即将攸县守令媱、丞魁均处以"赀二甲"，狱史氏处以"赀一甲"，攸县令庳处以"耐鬼薪"。其后实施何种程序，案例十八中没有记载，大概可以认为是南郡守等长吏基于盖庐等人的意见做出判断。[③]

(2) 乙群

案例十九与二十均属于此。十九与二十分别记载了春秋时期卫国与鲁国发生的案件及其处理。这些是否史实均值得怀疑，可以说是以刑事案件及其处理为内容的故事，性质与其他案例不一样。尽管如此，两者也皆有相当于判决的记载。案例十九中，卫君听从史猷的意见，将两个嫌疑人裁断为无罪。案例二十中，柳下季审理一个案件，陈述判决意见，被鲁君采用。

(3) 丙群

案例二十一属于此。如后所述，本案似乎是上谳，但格式与第 1 群、第 2 群不同，而且大半内容是廷尉府关于法律解释的意见，这也是一个特点。

---

① 《二年律令·具律》云："罪人狱已决，自以罪不当，欲气(乞)鞫者，许之。……气(乞)鞫者各辞在所县道。县道官令、长、丞谨听，书其气(乞)鞫，上狱属所二千石官，二千石官令都吏覆之。"(第 114－116 号简)

② 水间大辅：《秦汉时期承担覆狱的机关与官吏》，载武汉大学简帛研究中心主办：《简帛》第 7 辑，上海：上海古籍出版社，2012 年。

③ 水间大辅：《秦汉时期承担覆狱的机关与官吏》，第 289 页。

在本案中，廷尉府先对一个案件做出判决，后来廷史申指出本案中的法律条文解释存在不当，廷尉府对此承认。虽然本案中没有使用谳一词，但事实上应该是上谳。案件发生于杜县（今陕西省西安市东南），逮捕嫌疑人甲的官署说“疑甲罪”（第184号简），而廷尉府确定嫌疑人的罪名与处罚后“告杜论甲”（第188号简），即向杜县告知其内容。虽然此处没有使用“报”一词，但“告杜论甲”显然是廷尉的批复。杜县亦隶属于内史，故应直接上谳于廷尉。

本案中，虽然廷尉承认误判，但没有记载是否实施改判的程序。

（4）丁群

案例二十二属于此。狱史举闒在一个案件的侦查中做出贡献，本案例是咸阳县丞推荐他任命为卒史的文书。该文书的趣旨在于推荐官吏，但其中明确记载了对罪犯具体做出何种判决。①

## （二）《为狱等状四种》中的判决

其次，《为狱等状四种》各个案例是如何记载判决的？以下按类进行探讨。

### 1. 第1群

第1群皆以谳为内容，其记载格式与《奏谳书》第1群几乎相同。例如，案例1开头云：②

●廿[五年]六月丙辰朔癸未，州陵守绾、丞越敢潚（谳）之。（第1号简正）

秦王政二十五年（公元前222年）六月二十八日，州陵县（今湖北省洪湖市东北）守令绾、丞越上谳。案例一以此记载开始，以下载有州陵县在上谳之前审理本案的结果，然后又云：

敢潚（谳）之。（第23号简正）

●吏议曰：癸、琐等论当殹（也）。沛、绾等不当论。或曰：癸、琐等当耐为侯（候），令琐等环（还）癸等钱。绾等【……。】（第24号简、缺第3号简）

州陵县审理的结果以“敢潚（谳）之”结束，“吏议曰”以下列出州陵县所提出的两个判决意见。最后是南郡的批复，如：

[廿五]年七月丙戌朔乙未，南郡叚（假）守贾报州陵守绾、丞越……癸等，其审请琐等。所出购，以死辠购，备鼠（予）琐等，有券。受人货材（财）以枉律令，其所枉当贳以

---

① “已论，孔完为城旦。”（第224号简）“孔”是本案罪犯之名。

② 《为狱等状四种》的简号、释文根据《岳麓书院藏秦简（叁）》。

上，受者、货者皆坐臧（赃）为盗，有律，不当潚（谳）。获手。其赀绾、越、获各一盾。它有律令。（第 25 – 30 号简）

但是，有些案例的格式与案例一有一些差异。例如，案例三开头云：

● 廿三年四月，江陵丞文敢潚（谳）之。（第 44 号简正）

此处省略上谳之日。至于案例四至七，开头皆仅载有"敢潚（谳）之"，省略了上谳的日期、机关、官职与人名。

然而，最值得关注的是，案例三至七中没有记载对谳的批复。案例五、七均与《奏谳书》案例二一样，其记载结束于县提出的两个判决意见之处。案例六的记载结束于县提出的一个判决意见之处。至于案例三、四，其记载均结束于"敢潚（谳）之"，连县提出的判决意见也没有记载。

## 2. 第 2 群

第二群与《奏谳书》第三群一样，含有各种各样的文书。

案例八：因为案例八仅由 5 支竹简构成，而且全都是断简，所以案例的全貌难以掌握。其中云：

● 九月丙寅，丞相、史如论令妘赎舂。（第 140 号简）

这条记载表明丞相（"相"是人名）与史如共同做出判决。丞、史可以推测为是县、道或郡的吏。但是，还不明确这是否是最终判决。

案例九、十：案例九、十与《奏谳书》案例二十二一样，分别是推荐在一个侦查案件中做出贡献的狱史任命为卒史的文书。九、十皆明确载有对罪犯具体做出的何种判决。① 在这两个案件中，罪犯均被处以"磔"这一死刑，但没有记载是由何种机关做出的判决。假使秦亦与汉初一样，县、道没有做出死刑判决的权限，则可推断这两件案件均由郡做出判决。但是，案例九似是发生于栎阳县（今陕西省西安市临潼区北），②栎阳县属于内史，故也许是廷尉府做出的判决。

案例十一、十二：案例十一、十二皆以乞鞫的复审为内容。

案例十一中，当阳县（今湖北省荆门市西南）以强奸罪判处名为得之的人耐隶臣。得之后来逃亡而又被逮捕，因逃亡之罪而又被判处系城旦六岁。秦王政元年（公元前 246 年），得之不服

---

① 案例 9 云："巳（已）论磔同、显。"（第 147 号简正）；10 云："巳（已）论磔魏。"（第 166 号简正）

② "……人，日夜谦（廉）求栎阳及它县。"（第 156 号简正）据此，从事侦查的人在栎阳及其他县寻找罪犯。因此，案件的发生地似是栎阳县。

原审判决而乞鞫。复审本案的廷尉府驳回得之的主张,①同时又判定得之在乞鞫及复审时作虚假证词,因此判处系城旦六岁。得之再次乞鞫,但再次复审的机关亦判定得之作虚假证词,判处系城旦六岁。

本案例中没有记载受理两次乞鞫的机关及办理第二次复审的机关。然而,因为第一次复审由廷尉府办理,所以可以认为受理第一次乞鞫的机关不是做出原审判决的当阳县,而是隶属于内史的某个县。当阳县不隶属于内史,而隶属于南郡。如前所述,乞鞫的复审,原则上由受理乞鞫的县、道所属郡办理,但隶属于内史的县受理乞鞫时,由廷尉府复审。也就是说,得之在当阳县被判处耐隶臣后逃亡,在隶属于内史的县被逮捕,因逃亡之罪被判处系城旦六岁后,向其县乞鞫。相对于此,对于第二次乞鞫,因为办理第二次复审的机关将审理结果告知了当阳县,②所以可以认为是当阳县受理了第二次乞鞫。第一次复审的判决确定后,得之为了服刑于当阳县,被遣返到当阳县,③故再次向当阳县乞鞫。当阳县隶属于南郡,故可以认为第二次复审由南郡办理。

其次,在案例十二中,隶臣田在夏阳县(今陕西省韩城市南)被判处有罪后乞鞫。办理复审的机关驳回其主张,同时又判定田作虚伪的申述,因此裁断应当处以系城旦十二岁,但因赦令而免除,以此告知魏县。田向哪个机关乞鞫,由哪个机关复审,均没有记载。然而,与案例十一一样,办理复审的机关将审理结果告知魏县,并且田服刑于魏县,④据此可以认为田向魏县乞鞫。复审亦应由魏县所属的郡办理,但此处所说的魏县不详是指哪个地方,其隶属于哪个郡亦未详。⑤

案例十三:案例十三仅由两支断简构成,其内容不明。

---

① 本案由“廷”“廷史”复审并做出判决。《岳麓书院藏秦简(叁)》第202页对此处所说的“廷”举出两种可能性,其一是指“廷尉”,其二是指“县廷”。然而,根据乞鞫的复审必须由郡或廷尉办理的规定,难以想象“廷”是指县廷。并且,“廷史”又见于《奏谳书》案例二十一,其中的廷史是廷尉府的属吏。因此,应该认为本案例所说的“廷”是指廷尉。

② “•[谓]当阳啬夫……其毄(系)得之城旦六岁,备前十二岁毄(系)日。”(第186-188号简)

③ 得之被遣返到当阳县,可以认为是因为服刑于当阳县。《奏谳书》案例十七亦然,汧县的乐人讲在雍县判处黥城旦后,服刑于汧县。当时刑徒或者原则上服刑于原住地。讲在逮捕之前居住在汧县。得之在逮捕之前,亦应居住在当阳县。

④ “•谓魏(魏)啬夫……田毄(系)子县。”(第205-206号简)

⑤ 汉代所说的“魏县”位于今河北省大名县西南。战国时期,此地稍微靠西的邺与邯郸,分别在魏国与赵国的统治之下,但秦王政十一年(前236年)及十九年为秦国所占领。因此,此地亦应在几乎相同的时期归入秦国的统治之下。案例十二中没有记载纪年,但如后所述,第2类中似乎是由新案例至旧案例排列。案例十一是秦王政元年的案例,故可以推测排列于下一例的案例十二是其以前的案例,但当时此地未在秦国的统治之下。因此,此处所说的魏县是否指与汉代不相同的地方呢?

### 3. 第3群

案例十四属于此。案例十四以谳为内容,记载格式与第1群几乎相同。开头有秦王政二十二年八月九日胡阳县(今河南省唐河县湖阳镇)丞唐上谳的语句,以下载有胡阳县在上谳之前审理本案的结果,以"敢灋(谳)之"结束,然后列出胡阳县所提出的两个判决意见,最后在"灋(谳)报"以下载有批复。批复机关没有记载,但胡阳县属于南阳郡,故可认为批复机关是南阳郡。

### 4. 第4群

案例十五属于此。案例十五中断简较多,内容多有不明之处。但是,其中有"它县论"(第245号简正)的表达。这是散见于《奏谳书》与《为狱等状四种》中的语句,意思是县上谳时,县对于其他事项已经做出判决。因此,虽然本案例不见"谳"一词,但似是以某个县上谳为内容的文书。并且以其后"臣信(?)"提出判决意见,皇帝批准来看,大概可以认为,本案由县上谳于郡,郡上谳于廷尉,廷尉上奏皇帝请求批示。若此处所说的县属于内史,则县应上谳于廷尉,廷尉上奏皇帝请求批示。

## (三)《奏谳书》与《为狱等状四种》的制作地

综合以上探讨的结果,则可以梳理为以下表格(表1、表2)。"判决"栏中的符号分别表示以下意思。"○":该案例中载有对谳的批复等事实上的最终判决。"△":该案例中虽然限定了一个判决意见,但没有记载最终判决。"×":该案例中仅列出两个判决意见,或一个也没有举出。"-":由于断简、缺简较多,不能判断该案例中是否载有判决。

表1 《奏谳书》

| 群 | 案例 | 年 月 日 | 审理机关 | 判 决 |
|---|---|---|---|---|
| 1 | 1 | 高祖11年8月6日(谳、夷道) | 夷道→南郡→廷尉 | ○? ※1 |
| | 2 | 高祖11年8月3日(谳、江陵县) | 江陵县→南郡→廷尉 | × |
| | 3 | 高祖10年8月4日(报、廷尉府) | 胡县→廷尉→皇帝 | ○ |
| | 4 | 高祖10年12月9日(告、胡县) | 胡县→廷尉 | ○ |
| | 5 | 高祖10年7月24日(谳、江陵县) | 江陵县→南郡→廷尉→皇帝 | ○ |
| 2 | 6 | | ? →汉中郡→廷尉 | ○ |
| | 7 | | ? →北地郡→廷尉 | ○ |

续　表

| 群 | 案例 | 年　月　日 | 审理机关 | 判　决 |
|---|---|---|---|---|
| 2 | 8 | | ？→北地郡→廷尉 | ○ |
| | 9 | | ？→蜀郡→廷尉 | ○ |
| | 10 | | ？→蜀郡→廷尉 | ○ |
| | 11 | | ？→蜀郡→廷尉 | ○ |
| | 12 | | ？→河东郡→廷尉 | ○ |
| | 13 | | ？→河东郡→廷尉 | ○ |
| 3 | 14 | 高祖 8 年 4 月 2 日(谒以闻、南郡) | 南郡→皇帝 | △ |
| | 15 | 高祖 7 年 8 月 12 日(言、江陵县) | 南郡→皇帝 | △ |
| | 16 | 高祖 6 年 7 月 21 日(劾、淮阳郡) | 新郪县→淮阳郡？ | △ |
| | 17 | 秦王政 2 年 10 月 6 日(复审的判决、廷尉) | 雍县※2→廷尉 | ○ |
| | 18 | 始皇 28 年 9 月甲午※3(复审的结束、南郡) | 攸县→南郡 | △ |
| | 19 | 春秋卫 | 史猷→卫君 | ○ |
| | 20 | 春秋鲁 | 柳下季→鲁君 | ○ |
| | 21 | 高祖时期 | 杜县→廷尉 | ○？※4 |
| | 22 | 秦王政 6 年 8 月 17 日(咸阳、推荐) | 咸阳县 | ○ |

注：※1 因为嫌疑人之罪当死罪,所以其判决也有非最终判决的可能性。
※2 乞鞫之前的原判决由雍县做出。
※3 有些观点认为,“九月”是“后九月”或“十月”“八月”之误。参见《二年律令与奏谳书》第 366 页。
※4 对于廷尉府的批复,后来廷史申指出不妥,但没有记载是否据此改变判决。

## 表 2 《为狱等状四种》

| 群 | 案例 | 年　月　日 | 审理机关 | 判　决 |
|---|---|---|---|---|
| 1 | 1 | 秦王政 25 年 7 月 10 日(报、南郡) | 州陵县→南郡 | ○ |
| | 2 | 秦王政 25 年 6 月 24 日(报、南郡) | 州陵县→南郡 | ○ |
| | 3 | 秦王政 23 年 4 月(谳、江陵县) | 江陵县→南郡※5 | × |
| | 4 | 秦王政 22 年 2 月 26 日(令、南郡) | 江陵县→南郡※5 | × |
| | 5 | 秦王政 22 年 12 月 13 日(告？、？县) | ？县→南郡？※6 | × |
| | 6 | 秦王政 22 年 10 月 29 日(劾、江陵县) | 江陵县？→南郡？※5、7 | △ |
| | 7 | 秦王政 18 年 8 月 21 日(告、？县) | ？县→？ | × |

续 表

| 群 | 案例 | 年　月　日 | 审理机关 | 判　决 |
|---|---|---|---|---|
| 2 | 8 | 始皇28年9月29日(论、? 县) | ? | ○? |
| | 9 | (告、栎阳县?) | 栎阳县? →廷尉? | ○ |
| | 10 | 秦王政6年11月10日 | ? →? | ○ |
| | 11 | 秦王政元年4月(乞鞫、当阳县) | 当阳县→廷尉<br>? →? | ○<br>○ |
| | 12 | | 夏阳县→廷尉 | ○ |
| | 13 | | ? | — |
| 3 | 14 | 秦王政22年8月9日(谳、胡阳县) | 胡阳县→南阳郡 | ○ |
| 4 | 15 | 始皇26年9月(?) | ? 县→廷尉? →皇帝 | ○ |

注:※5 虽然案例中没有记为"南郡",但江陵县隶属于南郡,故应上谳于南郡。

※6 案例5中没有记载上谳的机关、受理谳的机关。然而,其中有"它县论"的语句,故无疑是由某个县上谳。本案中,名为多的人曾从秦国逃亡到楚国,后来在秦国攻略楚国"庐溪"时被逮捕,他当何罪成为问题。据岳麓书院藏秦简《二十七年质日》,某人于始皇二十七年(公元前220年)四月二十八日从江陵出发,三日后的五月二日住宿于庐谿,其四日后的五月六日到达州陵。因为江陵与州陵均是隶属于南郡的县,所以可以推测位于两者之间的庐谿亦在南郡境内。上谳的县亦应是隶属于南郡的县之一。琴载元先生认为州陵县的可能性很大。① 但或者可以认为当时有名为"庐溪"的县,由此县上谳。

※7 本案中,名为暨的人被问罪,由于他的请求而上谳。《岳麓书院藏秦简(叁)》第149页推测,暨与案例三的"江陵丞暨"、案例四的"丞暨"为同一人。因为暨在本案中连坐于各种官吏所犯之罪,所以其地位确实适合于县丞。当时,县丞等长吏应当连坐于属下所犯之罪。本案例中载有"它县论"(第106号简),可见上谳之前的原审无疑是由县办理,但该县是否江陵县尚不明。县丞本来以治狱为职责之一,审理县内发觉的案件,但本案的嫌疑人暨似是县丞本人,按理不应自己审理自己。江陵县令与史等或者共同审理,但也不能否定由其他县审理的可能性。

那么,《奏谳书》《为狱等状四种》中为何有载有最终判决的案例与不载有最终判决的案例?

### 1. ×:该案例中仅列出两个判决意见,或一个也没有举出

这两种情况皆仅见于以谳为内容的案例。首先,《奏谳书》案例二及《为狱等状四种》案例五、七的记载,均结束于列出郡或县所提出的两个判决意见之处,没有记载对谳的批复。假使《奏谳书》《为狱等状四种》均是编纂为书籍的,并且是分发给以司法为职责的机关、官吏的,则官吏在以此作为司法实务的参考时应感到困惑,因为这些案例中均没有表示应当采用哪个判决意见。并且,如《为狱等状四种》案例三、四那样,姑且不说对谳的批复,就连两个判决意见都没有记载,像这种案例,作为实务的参考应更不起作用。因此,特地将这种案例采录、编纂为书籍并分发给全国,是难以想象的。

① 琴载元:《秦代南郡编户民的秦、楚身份认同问题》,杨振红、邬文玲主编:《简帛研究 二〇一五·秋冬卷》,桂林:广西师范大学出版社,2015年。

没有记载对谳的批复的案例，只能认为是书写于批复未做出之时。没有记载批复的文书，上谳一方与受理谳的一方均应有之。例如，郡不能判断应当做出何种判决时，就上谳于廷尉，其时郡向廷尉呈送记载谳之内容的文书。这些文书当然不会载有廷尉的批复。并且，郡中亦应制作呈送给廷尉的文书的副本，在收到廷尉的批复之前，对这些副本记载廷尉的批复当然是不可能的事。

《奏谳书》案例二中，江陵县上谳于南郡，南郡上谳于廷尉。如案例二那样，其记载结束于南郡所提出的两个判决意见，并没有记载廷尉的批复，这种文书应仅能够存在于南郡或廷尉。然而，张家山汉简出土于湖北省荆州市，即当时的江陵县，故案例二非由廷尉而是在南郡中制作的可能性极大。当时，南郡治所置于江陵县。南郡将记有谳内容的文书上谳于廷尉，同时为了发送以后亦确认谳的内容，还应制作副本。并且可以认为，郡内的各个相关部门或官吏亦抄写送到廷尉之前的正本或副本，或制作其要旨，以待从廷尉送来的批复。《奏谳书》是墓的随葬品，因此将案例二看成是南郡府正式制作的副本或要旨的原件，是难以想象的，它应是以某种方式参与案例二的南郡官吏按照实务需要制作的，或者又经他人之手转抄。

在《为狱等状四种》中，案例七中上谳的机关、受理谳的机关皆不明，但案例三、四中江陵县上谳于南郡，案例五中亦可以推测隶属于南郡的某县上谳于南郡。在这些情况下，没有记载对谳批复的文书，应仅能够存在于南郡或江陵县及某县（案例五），但案例三至五均可以认为不是分别制作于这些县，而是制作于南郡的。理由是虽然属于第 1 群的各个案例中上谳的县分别不相同，但除了案例七以外，皆由南郡审理是其共同点所在，或可推定由南郡审理。由南郡审理的案例如此集中于此，应该不是偶然的。由此可以认为，第 1 群的制作基础，是南郡收到的属县的谳文书正本或副本以及要旨，或是送达属县的批复的正本、副本及要旨，或是上述文书的抄本。

曹旅宁先生根据岳麓书院藏秦简所含文书的内容相似于睡虎地第 11 号墓、第 77 号墓、张家山第 247 号墓、33 号墓等出土的文书，以及岳麓书院藏秦简中有为郡守府所应用的律令，推测随葬岳麓书院藏秦简的墓主是在南郡郡守府服务的小吏。① 他推测的前提似是岳麓书院藏秦简的所有文书皆出土于同一个墓葬，但如前所述，这些简是否出土于同一个墓葬尚不明。然而，岳麓书院藏秦简中还可窥见被葬者是南郡官吏的记载。《三十四年质日》中列出始皇三十四年（公元前 213 年）全年日干支，各个干支之下简洁记载该日涉及书写者个人或相关人的事情。虽然内容几乎属于官吏职责的事项，但可以认为不是官方文书，而是某个

---

① 曹旅宁：《秦汉魏晋法制探微》，北京：人民出版社，2013 年，第 99 页。

官吏私自记录的各日事情。[1] 其中云：[2]

(四月)壬寅。公子死。(第7号简正)

(四月)庚申。江陵公归。(第25号简正)

(五月)辛巳。监公亡。(第46号简正)

"江陵公"应是指江陵县令，[3]"监公"是指监御史。[4] 监御史是主掌郡监察的官吏，置于各郡。"江陵公"冠以"江陵"这一地名，而"监公"与"公"均没有冠以地名。从"公"与置于郡的监公一样没有冠以地名来看，"公"亦应属于郡吏。并且，从江陵县令称为江陵公来看，"公"亦可认为是指郡中的最高负责人，即郡守。

监公与公均没有冠以地名，原因是对文书的记录者来说，他们均是本人所属行政机关的监公、公，身份不言自明。由此可见，《三十四年质日》的记录者与监公、公同郡。相对于此，江陵县令称为"江陵公"，冠以县名，这表明《三十四年质日》的记录者本人不是属于江陵县的吏。而且，《三十四年质日》记载江陵公"归"，故可知记录者平常在江陵县。江陵县隶属于南郡，而且南郡治所置于此。如此说来，记录者应当是南郡官吏。因此，若《三十四年质日》与《为狱等状四种》第1群均出土于同一个墓葬，则第1群的依据很可能是存在于南郡的文书。岳麓书院藏秦简的出土地点不明，但可以推测《为狱等状四种》第1群出土于当时南郡治所所在地江陵县，即与张家山汉简一样的今湖北省荆州市。

### 2. △：该案例中虽然限定了一个判决意见，但没有记载最终判决

这些案例亦与×一样，所依据的是最终判决尚未产生时制作的文书。例如，《奏谳书》案例十八中，南郡卒史提出一个判决意见，但案例18中没有记载最终做出何种判决。案例十八所依据的应是由卒史制作的文书的正本或副本、要旨等。

但是，△将意见限定为一个，在这一点上与×不同。虽然作为文书确实不完全，但与×不同的是，在司法实务上可以作为某种程度的参考。例如，如前所述，《奏谳书》案例16中新郪县进行审理后拟定一个判决意见，将其送到上级机关，请求批复。虽然没有记载上级机关的批复，但新郪县至少还是做出了一个判断，这对其他机关、官吏来说无疑也是可以有所参

---

① 苏俊林：《岳麓秦简〈质日〉篇的研究》，载陈松长等：《岳麓书院藏秦简的整理与研究》，上海：中西书局，2014年。

② 《三十四年质日》的简号、释文根据朱汉民、陈松长主编：《岳麓书院藏秦简(壹)》，上海：上海辞书出版社，2010年。

③ 朱汉民、陈松长主编：《岳麓书院藏秦简(壹)》，第75页。

④ 朱汉民、陈松长主编：《岳麓书院藏秦简(壹)》，第83页。

考。因此,△是为了提供司法实务的参考而由国家分发,这种可能性也不能否定。尤其在案例十六的情况下,如果其后新郪县的意见被直接批准,不添写上级机关的批复而直接分发的可能性也是存在的。

由此可以认为,这些案例的来源有两种可能。其一,与×一样,是官吏按照实务需要制作的,或是别人转而抄写的。其二,作为提供司法实务的参考,是由国家分发的。

△的案例中,是否既有属于前者,也有属于后者的呢?属于△的案例,有《奏谳书》案例十四至十六、十八与《为狱等状四种》案例六,除了《奏谳书》案例十六以外,全都由南郡审理。如前所述,如案例2那样,《奏谳书》中含有只有南郡或廷尉方可接到的文书,而且《奏谳书》出土于当时所说的南郡。《为狱等状四种》第1类制作于南郡的可能性也很大,而且也有出土于南郡的可能性。由此可以推测,《奏谳书》案例十四、十五、十八与《为狱等状四种》案例六与×一样,均是南郡官吏按照实务需要制作的,或是转而抄写的。

相对于此,在《奏谳书》案例十六中,新郪县审理案件后将判决意见送到上级机关(淮阳郡?),与《奏谳书》的出土地南郡根本没有关系,因而难以想象南郡官吏会以某种方式参与本案,获得接到在本案实务中制作文书的机会。因此,案例十六是否不是由南郡官吏按照实务需要制作的,而是基于提供司法实务参考的需要,由国家分发的呢?

### 3. ○:该案例中载有对谳的批复等事实上的最终判决

载有最终判决的案例可以作为司法实务的参考。由此也可以认为,这些均是为了提供司法实务的参考而向全国分发的。尤其是《奏谳书》第2类(案例六至十三)比其他案例简略,而且记载格式几乎相同。这令人可窥其经过某些编辑。这或是廷尉向全国分发时编辑的痕迹。

然而在另一方面,与△一样,○中又有由南郡审理的案例。从《奏谳书》及《为狱等状四种》第1类皆似乎制作于南郡来看,可以推测○中由南郡审理的案例,不是廷尉向全国分发的,而是南郡官吏按照实务需要制作的,或是转而抄写的。例如,《奏谳书》案例一中夷道上谳于南郡,南郡又上谳于廷尉,其中载有廷尉的批复。案例一可以认为是在南郡收到廷尉批复后书写的,或是批复未做出时先记载批复以外的部分,批复做出后仅添写批复。

另,在《奏谳书》第2群中,南郡的案例连一个都没有。这一点亦表明第2群不是产生于南郡实务。

但是在○中,并不是除南郡审理的外全都是为了提供司法实务的参考而分发的。《奏谳书》案例十九、二十均是春秋时期的案例,但如(一)所述,这些均属于故事,不是可以直接作为司法实务的参考。可以认为这些均不是由国家分发,而是某人根据个人兴趣抄写了当时流传的故事，并与其他案例编缀在一起。

另外，如前所述，《奏谳书》案例二十二及《为狱等状四种》案例九、十，分别是推荐在一个案件侦查做出贡献的狱史为卒史的文书。《为狱等状四种》案例十中由哪个机关审理不明，但其他皆由南郡以外审理。虽然这些案例均明确记载了对罪犯具体做出何种判决，但其内容以狱史经过何种侦查活动解决疑难案件为中心，因此其性质不属于判决例。大概可以认为，这些均是国家为了奖励官吏的侦查活动，且提供侦查活动的参考而分发的。

以上虽然推测的部分较多，但是大致可知《奏谳书》《为狱等状四种》的案例来源有以下三种文书：① 由朝廷分发的；② 在南郡中制作的；③ 根据个人兴趣抄写的。也就是说，《奏谳书》及《为狱等状四种》至少在第2类中，以不同来源的数种文书缀合成一卷册书。如此，下一部分拟探讨《奏谳书》《为狱等状四种》编缀的问题。

## 二、《奏谳书》与《为狱等状四种》的编缀过程

上一部分表1、2的"年月日"栏中，所载是各个案例中一个或几个年月日中最新的。年月日的右边括号内，表示是在此年月日实施的程序。据此可知，《奏谳书》案例一至五及案例十四至十六、《为狱等状四种》案例一至七及案例八至十一，除了没有记载年月日的《为狱等状四种》案例九以外，大都是按年月日顺序由近及远排列的［另，因为当时以十月为岁首，所以如《为狱等状四种》案例五（十二月）早于案例四（二月）］。

但是，《奏谳书》案例四、十六及《为狱等状四种》案例四、五、八本来仅载有月日，如"十二月壬申"，没有明确记载属于哪一年。这些案例的年代均是根据其前后的案例按年月日顺序由近及远排列及干支推定的。① 另，《奏谳书》案例四与五皆是高祖十年的案例，但案例四是十二月九日，案例五是七月二十四日，后者较近（因为是十月岁首）。然而，案例五的七月二十四日是上谳之日，而案例四的十二月九日是案件的告发之日。因此，也不能否定这样的可能性，即案例四的上谳之日晚于七月二十四日。不论如何，《奏谳书》案例一至五及案例十四至十六、《为狱等状四种》案例一至七及案例八至十一，大致是按年代顺序由近及远排列的没有改变。

那么，为何由近至远排列？先看《为狱等状四种》，案例一至七全部是第1类，可见整个第1类大致由近及远排列。相对于此，案例八至十一均属于第2类。第2类中还有案例十

---

① 李学勤：《〈奏谳书〉初论》，《简帛佚籍与学术史》，南昌：江西教育出版社，2001年（初刊于1993年），第201页；朱汉民、陈松长主编：《岳麓书院藏秦简（叁）》，上海：上海辞书出版社，第138、143、177页。

二、十三，这些案例的年代不明，但从案例八至十一由近及远排列来看，这些案例或亦如此。若然，则第2类亦与第1类一样，整体由近及远排列。

《为狱等状四种》第1类、第2类皆以结尾之简为中心，以写有文字的一面为内侧卷起来。也就是说，阅读时从开头之简展开。第1类将最新的案例排列于开头，故可以从最新的案例开始阅读。第2类抑或如此。这也许是因为司法实务需要较多的参照新案例，将它排列于开头即方便阅读吧？与此相反，假使从最旧的案例开始排列，为了看最新案例，就非得将册书展开到最后不可，不太方便。

但是，即使将最新案例排列于结尾，如果是从开头之简卷起来，从结尾展开就可以立刻阅读。然而，这种方式有一个不便之处，即比起从开头展开的方式来，从结尾展开的方式找案例较难。《为狱等状四种》各个案例的开头大致均标有墨点，这些墨点均标在简的上端，位置比其他简首字高一字。阅读时可以以此为目标找案例。而且，开头之简在其墨点之下载有上谳的年月日与机关、官吏等作为案例最基本的信息。为了查找这些信息，比起从结尾开始阅读，从开头开始阅读比较方便。

如前所述，冨谷至先生认为，档案简以开头之简为中心卷起来，依次将新的简附加于册书的结尾，《奏谳书》亦属于这种档案简。然而，据以上可以推测，至少在《为狱等状四种》第1类、第2类的情况下，每次出现新案例不是将它附加于册书的结尾，反而是附加于开头。例如，第1类最初仅有秦王政十八年的案例七。在这种情况下，案例七当然在册书的开头，但其后秦王政二十一年出现了案例六，被附加于案例七的右边，由此案例六成为开头。以后至秦王政二十五年，逐渐附加到案例一。

其次，查看《奏谳书》，虽然案例一至五大致按年代顺序由近及远排列，但案例六至十三均没有记载年月日。案例十四至十六又出现年月日，由近及远排列，但案例十七以后排列没有一定之规，即秦王政二年、始皇二十八年、春秋卫、春秋鲁、高祖时期、秦王政六年。

又，《奏谳书》与《为狱等状四种》第1类、第2类不同，如前所述，它是以开头之简为中心卷起来的。通过结尾简的背面写有"奏瀐（谳）书"可以明确，这并不是收卷方式的错误。以开头之简为中心卷起来，则结尾之简的背面位于册书的最外侧，显现出"奏谳书"的标题。然而，在这种收卷方式的情况下，阅读时只能从结尾展开。为了阅读最新的案例，非展开到开头不可，不便于查找案例。

那么，以上两个问题应该如何理解？其实《奏谳书》是否亦与《为狱等状四种》一样，本来是由数卷册书构成，后来缀合成一卷册书的呢？若然，则可以推测第1群（案例一至五）与第2群（案例六至十三）本来就分别是一卷册书。理由是如前所述，第1群与第2群的格式各自是统一的。这些册书与《为狱等状四种》一样，为了阅读的方便，分别以结尾之简为中心卷起来。第 3 群(案例十四以后)的格式与内容均是各种各样的,故第 3 群可能是本来就被编为若干卷册书,或者所有的案例分别被编为一卷一卷的书册。虽然案例一至五按年代顺序排列,但案例六至十三没有记载年代,而案例十四至十六又按年代顺序排列,但案例十七以后未必按年代顺序排列,是不是由于上述情况呢?

《为狱等状四种》一共由四卷册书构成。《奏谳书》是不是将如《为狱等状四种》那样的几卷册书缀合成一卷了呢? 若然,则《为狱等状四种》反而保留着缀合成一卷之前的形态。

另,如前所述,在《为狱等状四种》中,只有第 3 类以开头之简为中心卷起来。但第 3 类中仅有案例十四,为了阅读它而应该展开全部。因此,不论开头或者结尾,从何处卷起来都应当没有问题。

每次出现新案例,就依次附加到书册上去,从这种理解来看,在对谳的批复等最终判决未做出时,即已经对册书附加案例的场合下,即使此后做出最终判决,对册书添写最终判决,将新写的简插入到书册之中,也是相当费事的。原因是解开编缀简的绳子后又重新编缀。《奏谳书》《为狱等状四种》有些案例没有记载最终判决,《奏谳书》《为狱等状四种》的这种形成过程或是原因之一。

《奏谳书》是不是在已经不再需要追加新案例时,被编缀成一卷册书的呢? 据随葬于张家山第 247 号墓的《历谱》记载,被葬者于惠帝元年(公元前 194 年)六月因病退休(第 10 号简)。假使《奏谳书》是被葬者生前使用的,则可以理解如下: 他任南郡官吏时,《奏谳书》本来是在司法实务中现实使用的,其时由数卷册书构成,如第 1 群、第 2 群及第 3 群以下;然而他退休后不再需要追加新案例,故将这些编缀成一卷册书,作为纪念保留下来。实际上,《奏谳书》所含的案例也限于他退休的惠帝元年以前。他退休后已不需要再从事实务,不需要优先阅读最新案例。因此,将《奏谳书》编缀成一卷册书时,从开头卷起来亦没有问题,不正是如此吗?

当然,还有其他各种各样的可能性。例如,被葬者死亡后,其遗属等人随葬他生前使用的数卷书册时,将其编为一卷册书。还有这样的可能性,即《奏谳书》不是由被葬者使用的,而是由遗属等人作为随葬品制作的。在此情况下,可以认为是遗属等人抄写了被葬者以外的官吏所持有的文书,但其原本可能是已经编缀成一卷册书,或者遗属等人抄写数卷册书后,编缀成一卷册书。如此,假使《奏谳书》是作为随葬品编缀的,则从头尾哪个方向展开更不应成为问题。

## 三、结　　语

如上所述,《奏谳书》《为狱等状四种》有些案例没有记载最终判决。例如,在《为狱等状四种》第 1 类中，最新的案例是秦王政二十五年的案例一、二，其时秦王政十八年至二十三年的案例三至七的批复均应当已经做出。然而案例三至七中却没有批复的记载。也就是说，至少对于这些案例而言，虽然批复已经做出，结果却是不添写，搁置一边。

可以认为，没有记载批复的案例不是国家为了提供司法实务的参考而分发的，而是官吏按照实务需要制作的。然而作为文书的性质，它不正是既非保管于官署中的记录，亦非为多个官吏所阅读，而是属于个人的备忘录吗？正因为如此，即使不添写对谳的批复也没有问题吧。并且，例如《奏谳书》第 1 群中，按照实务需要制作的与为了提供司法实务的参考而分发的，均混合在一起。这种混合的原因，亦可以认为在于第 1 群这一册书具有官吏私人物品的性质。《奏谳书》《为狱等状四种》是由被葬者生前使用的，还是由遗属等人抄写别的官吏所持有的册书而作为随葬品的，尚不明确，但即使是前者，由于《奏谳书》《为狱等状四种》具有官吏私人物品的性质，所以也可以随葬于墓中。

（原文载《中国古代法律文献研究》第 11 辑，社会科学文献出版社，2017 年。本次收录有修订）

# 秦简“识劫𡟰案”发微

◎　王彦辉(东北师范大学)

《岳麓书院藏秦简(叁)》公布了秦王政时期南郡等地所属诸县上谳的15个相对完整的诉讼案例,内容及书写格式与张家山汉墓竹简《奏谳书》类似,整理者依据原书题“为狱□状”将之命名为《为狱等状四种》。其中,第一类所收题为“识劫𡟰案”①属于因恐猲(恐吓)引发的“疑罪”。案情大略如下:故大夫沛死后,沛的免妾𡟰为子“小走马”②羛(义)占家赀“匿訾”,沛的故隶识以此恐吓𡟰,索要沛生前许诺分给他的“布肆”和“舍客室”。𡟰恐惧,遂将“布肆”和“舍客室”给予识。既而反悔,于是自告匿訾,并告识恐猲。县廷审理时对两点迟疑不决:一是沛生前已免𡟰为庶人,并通报宗人、里人以𡟰为妻,但户籍中仍注记为“免妾”,则其身份“为大夫妻、为庶人”?二是识的罪名如何确定?因此向上级机关奏谳。此案从𡟰的投案,控告,到司法部门的侦查、廷审以及奏谳的经过都十分清楚,但供述过程中涉及的一些制度性的问题耐人寻味。本文通过分析案件供述过程,对当时秦的个人财富及家庭经济类型、财产登记制度、里单的性质等问题进行考察。

## 一、大夫沛的家赀情况及其家庭经济类型

《岳麓书院藏秦简(叁)》公布的《为狱等状四种》,整理者没有明确这批秦简可能的出土地,这对我们判断大夫沛的“名县爵里”造成很大困惑。谨查这批案例中出现的地名,涉及南郡、州陵、沙羡、江陵、当阳、醴阳、胡阳、魏、重泉、夏阳等地。其中,南郡为郡名无疑,州陵

---

① 朱汉民、陈松长主编:《岳麓书院藏秦简(叁)》,上海:上海辞书出版社,2013年,第153—162页。按:以下凡引“识劫𡟰案”皆出此本,不复注出。

② 据王勇、唐俐考证,秦代的“走马”相当于汉二十等爵制的第三级“簪袅”。见王勇:唐俐《“走马”为秦爵小考》,载《湖南大学学报(哲学社会科学版)》2010年第4期。走马之前加“小”字,意指继承或授赐爵位者未到傅籍年龄。

的行政级别曾存争议，证之以简文当为南郡的属县。[①] 沙羡、江陵、当阳属南郡，醴阳秦时属洞庭郡，胡阳属南阳郡，魏县属邯郸郡，重泉、夏阳属内史。[②]

醴阳虽属洞庭郡，但在《猩、敞知盗分赃案》中是以证人的履职地点出现的，上谳的机关则是江陵县，故曰"廿三年四月，江陵丞文敢灋（谳）之"，在江陵县廷负责调查此案时，才有"醴阳丞悝曰"[③]的供诉，故这个奏谳文书亦属于南郡。胡阳属南阳郡，但地近南郡，当时的隶属关系还不是很清楚。唯一不能确定的是出现在《田与市和奸案》中魏县、重泉和夏阳，按郡报之的对象是魏啬夫，知此案由魏县上谳，魏县秦时属邯郸郡。案件调查时，被告乞鞫书又提到了重泉和夏阳，其辞曰："重泉隶臣田负斧质（乞）鞫曰：'不与女子和奸，夏阳论耐田为隶臣，不当。'"[④]似乎隶臣田是重泉人，在夏阳论罪，又被发遣至魏县服役。

总之，这批上谳文书大多应属于南郡所属各县对有关案件的奏谳、审议和裁决的记录，如果考虑到大夫沛分给识"稻田"若干的因素，则可大致推定"识劫娩案"亦应是南郡属县审理的案件。若此，我们就可以以大夫识的家庭情况为个案，考察秦时南郡地区的家庭经济结构与户籍登记等问题。

据免妾娩的供词，故大夫沛的家庭属于核心家庭，其妻危死前同居者包括：户人大夫沛，妻大女子危，子小男羛，子小女子姎，隶曰识，妾曰娩。按《二年律令·杂律》的规定，"主婢奸，若为它家奴妻，有子，子畀婢主，皆为奴婢"。[⑤] 这是对主人与婢女通奸产子的身份认定。本案中大夫沛与妾娩的关系不属于奸罪范畴，而是"沛御娩"，依《二年律令·置后律》的规定："婢御其主而有子，主死，免其婢为庶人。"[⑥]即婢被其主所御，意味着两者的关系得

---

① 陈松长以简文中屡见"州陵守"的字样，以为这个"守"当作郡守解，故推测州陵可能是秦国在征服楚地的过程中临时设置的"郡"。见氏著：《岳麓书院藏秦简中的郡名考略》，《湖南大学学报》（社会科学版）2009 年第 2 期。王伟在没有见到简牍图版及简文的情况下就此提出异议，指出陈文以"泰山守"推测"州陵守"的方法不可取，而"'县名+守+人名'，表示此人是县令一职的临时代理者"的情况多见于里耶秦简，因此"岳麓秦简中的'州陵守'的含义极可能是州陵县的县令代理者。"见氏著：《岳麓书院藏秦简所见秦郡名称补正》，《文物与考古》2010 年第 5 期。现在看来，王伟的推断是成立的，因为《癸、琐相移谋购案》是州陵县向南郡上谳的案件，故有"州陵守绾、丞越敢灋（谳）之"的开头语，在郡报中有"南郡叚（假）守贾报州陵守绾、丞越"的用法（朱汉民、陈松长主编：《岳麓书院藏秦简（叁）》，第 103 页），南郡与州陵的隶属关系非常明确。

② 分见后晓荣：《秦代政区地理》，北京：社会科学文献出版社，2009 年，第 396—400、428、272、126、143 页。

③ 朱汉民、陈松长主编：《岳麓书院藏秦简（叁）》，第 119、122 页。

④ 朱汉民、陈松长主编：《岳麓书院藏秦简（叁）》，第 210 页。

⑤ 张家山二四七号汉墓竹简整理小组编著：《张家山汉墓竹简（二四七号墓）》（释文修订本），北京：文物出版社，2006 年，第 34 页。

⑥ 张家山二四七号汉墓竹简整理小组编著：《张家山汉墓竹简（二四七号墓）》（释文修订本），第61 页。

到了主人家庭的认可，婢的实际地位相当于偏妻，所产子的身份当为庶人，按家庭人口登记于户籍，因此，婉所生子男“羛”才能在沛死后代户。

大夫沛的户籍藏乡，与里民同编制，说明户籍类型属于一般民户。但沛的家庭经济结构却很复杂，按婉和识的供诉，沛既从事农业经营，比如析给识“稻田廿亩”；又从事商业经营，有“市布肆一、舍客室一”；并放贷取利，沛生前曾贷给舍人大夫建等从事“市贩”的本钱六万八千三百钱。这种典型的多种经营的家庭经济模式，以往我们或者只能在《史记·货殖列传》中略见一二。比如赵地的卓氏“用铁冶富”，后又在迁徙地葭萌开矿鼓铸，“富至僮千人”；魏人孔氏亦铁冶为业，秦迁孔氏南阳，“大鼓铸，规陂池”，家致富数千金；齐地的刀间“逐渔盐商贾之利”，起家数千万。司马迁称此等“章章尤异者”无不“以末致财，用本守之”。其余“力农畜，工虞商贾，为权利以成富，大者倾郡，中者倾县，下者倾乡里者，不可胜数”①司马迁笔下的农虞商贾畜长基本都是活跃在秦统一前后到汉初几十年间的人物，至于“下者倾乡里者”的经营模式，以往并没有实例的佐证，“识劫婉案”为我们提供了一个解剖乡里尤异者之家的鲜活案例。

沛的社会身份是大夫，在秦爵体系中位于第五级，未见担任官职的记录，但有舍人五人。按“舍人”，裴骃《集解》注李斯为吕不韦舍人引文颖曰：“主厩内小吏官名。或曰侍从宾客谓之舍人也。”②秦二世三年六月，刘邦引兵围宛，南阳守欲自刭，其舍人陈恢谏止，与刘邦约降。师古注曰：“舍人，亲近左右之通称也，后遂以为私属官号。”③即是说，“舍人”可以是私属官称，也可以是侍从宾客，战国至汉初盛行养客之风，大夫沛即便没有担任官职，私养几个宾客也属正常。沛的户籍藏乡，没有注明是“市籍”，但其家赀却很丰厚，仅案件交代的家庭赀产就包括田宅、布肆、舍客室、马、钱、债款等。尽管这不是其家赀的全部，亦可窥知其家庭的富裕程度远非一般自耕农之家所及。这一户在案发前后的动产和不动产项目，据交代的事项可大致估值如下：

1. 市布肆一。整理者释为“卖布店”，即市场上的商铺，价值不详。

2. 舍客室一。整理者释为“出租房”，可通，但不确，似应释为“逆旅”。《说文解字》云：“舍，市居曰舍。”④段玉裁注曰：“馆，客舍也。客舍者何也，谓市居也。”⑤是客舍亦即客馆，当时称私人开设的客馆为“逆旅”。商鞅重农抑末，曾建议“废逆旅，则奸伪、躁心、私交、疑

---

① 《史记》卷129《货殖列传第六十九》，北京：中华书局，1959年，第3277—3282页。

② 《史记》卷6《秦始皇本纪第六》，第224页。

③ 《汉书》卷1《高帝纪第一上》，北京：中华书局，1962年，第21页。

④ 许慎：《说文解字》，北京：中华书局，1963年，第108页。

⑤ 段玉裁：《说文解字注》，上海：上海书店，1992年，第223页。

农之民不行，逆旅之民无所于食，则必农。农则草必垦矣。”[①]此外，魏安釐王二十五年也告相邦曰：“自今以来，叚（假）门逆旅，赘婿后父，勿令为户，勿鼠（予）田宇。”[②]舍客室一，价值几何？在秦统一前后没有相关数据，但四川郫县犀浦出土的东汉残碑所记“苏伯翔谒舍，贾十七万。”[③]可资参考。按：谒舍，颜师古注王莽“又以《周官》税民”条款提到的“谒舍”，引如淳曰：“谒舍，今之客舍也。”[④]东汉残碑建于汉顺帝永建三年（128），距此案奏谳的秦王政十八年（前229）已经350余年，且客舍所在的地点也会有很大差别，所以这个17万钱只能权作参照。计算时，我们可以将布肆和舍客室合并为一项，暂且计值17万钱。

3. 沛生前出贷的债款，合计68 300钱。

另外，大夫沛除了给识娶妻，还为他买了房屋，分了家产。

4. 为识买室，即单纯的“舍室”，或曰居室，价5 000钱。

5. 分马一匹。秦汉时期的马价有不同记载，可以取司马迁所述西汉景武时期的马价为参照。司马迁描述当时商品经济盛况时列举了各种商品价格，其中有“马蹄躈千”一句，对此，历代注家有不同解释，颜师古计算为200匹马，顾胤计算为76匹马，陈连庆先生结合居延汉简、《九章算术》所记马价，认为当从师古说，“则二百匹马，共价一百二十万，每匹为六千钱。”[⑤]

6. 分稻田廿亩。秦汉时期的地价因时因地差异很大，李振宏曾撰《两汉地价初探》及《补论》予以探讨，认为内地“亩价二千”是真实可信的。[⑥] 据此，则稻田20亩，值4万钱。

至此，大夫沛的家赀仅涉案事项就可能高达17+6.83+0.5+0.6+4＝28.93万钱。如果再将没有涉案的家赀考虑在内，其家赀或者当在四五十万钱以上。这样的家庭按当时的户等划分标准，似应达到或接近“大家”的水平。

司马迁在《货殖列传》概述楚地民俗时曾说：“夫自淮北沛、陈、汝南、南郡，此西楚也。其俗剽轻，易发怒，地薄，寡于积聚。”[⑦]故入传的富商大贾覆盖了秦、赵、魏、齐、周、鲁等地域，唯独不见有楚地的“章章尤异者”。大夫沛的家赀情况只能算是“下者倾乡里者”，但也绝非“寡于积聚”。沛所营利的行业不过传统的列肆贩卖和开馆揽客，而非盐铁等新兴产

---

① 高亨注译：《商君书注译·垦令第二》，北京：中华书局，1974年，第32页。

② 睡虎地秦墓竹简整理小组编：《睡虎地秦墓竹简》，北京：文物出版社，1978年，第292—293页。

③ 谢燕翔：《四川郫县犀浦出土的东汉残碑》，《文物》1974年第4期。

④ 《汉书》卷24下《食货志第四下》，第1181页。

⑤ 陈连庆：《中国古代史研究（上）》，长春：吉林文史出版社，1991年，第345页。

⑥ 李振宏：《两汉地价初探》，《中国史研究》1981年第2期；李振宏：《两汉地价补论》，《史学月刊》1990年第3期。

⑦ 《史记》卷129《货殖列传第六十九》，第3267页。

业，却也能积聚几十万家赀，役使一隶一妾，正所谓“能者辐凑，不肖者瓦解”。以往，我们囿于史书所载，以为乡里豪民以农为本多种经营的模式发端于西汉末年，现在看来，随着商品经济的活跃，早在战国末年就已经形成了农商结合的生产方式，诸子所论四民分职，禁民二业或许只是一种价值追求，而非相应政策的社会反馈。

## 二、秦国的户籍登记与财产登记

秦国的户籍制度创立于秦献公十年（前375）的“为户籍相伍”，具体著录格式及内容不可得而详。所幸者，2002年在湖南省龙山镇里耶古城北护城壕的凹坑（编号k11）中发现了一批秦统一前后的户籍简，这批户籍简的图片和释文已于2007年由湖南省文物考古研究所编辑发表，使学者得以窥见秦国户籍登录的样式。以往学界就奴婢是否入户籍的问题争议不休，如今由于里耶户籍简的面世而不证自白。①

按《商君书》的说法，秦的户籍制度是“四境之内，丈夫女子皆有名于上，生者著，死者削”。② 秦王政十六年（前231）又“初令男子书年”。③ 这大概就是我们从传世文献了解的秦的户籍登记制度，岳麓简“识劫婏案”则提供了更多的相关信息。

其一，关于娶妻报官登记的问题。睡虎地秦墓竹简《法律答问》有一则涉及婚姻登记的法律解释：“女子甲为人妻，去亡，得及自出，小未盈六尺，当论不当？已官，当论；未官，不当论。”④律文是说对私逃后被捕获或自首的人妻甲是否按《亡律》论处，法律解释是“已官，当论；未官，不当论”。这个“已官”“未官”的含义，整理者释为“疑指婚姻经官府认可”。尽管这个解释是一种不确定的语气，但还是很容易造成理解上的混乱。“婚姻经官府认可”是否意味着婚姻关系需要经过官府承认其合法性呢？若此，则可得出秦时已经开始实行登记婚制了。今据“识劫婏案”可知，“已官”“未官”，不过是人口登记中有关人口变动或身份变更

① 张家山汉简公布后，笔者根据《户律》的法律规定，即民间分予奴婢、马牛羊等财产时，乡部啬夫、吏主者要“辄为定籍”，以及《奏谳书》收录之“江陵丞骜敢谳之”一案中亡婢媚所谓“楚时去亡，降为汉，不书名数”的供词，做出了西汉初年私奴婢是以人的身份登记于户籍的判断。见拙文：《从张家山汉简看西汉时期私奴婢的社会地位》，《东北师大学报》2003年第2期。对此，也有学者提出了不同看法。见文霞：《试论秦汉简牍中奴婢的户籍问题》，《广东教育学院学报》2008年第2期。里耶户籍简的发现则进一步证实了奴婢入户籍的认识，比如简K27第五栏登记的是“臣曰聚”；K30/45第二栏登记的是“妾曰□”；K2/23第五栏登记的是“臣曰䙤”等。见湖南省文物研究所编著：《里耶发掘报告》，长沙：岳麓书社，2007年，第203—205页。

② 高亨注译：《商君书注译·境内第十九》，第404页。

③ 《史记》卷6《秦始皇本纪第六》，第232页。

④ 睡虎地秦墓竹简整理小组编：《睡虎地秦墓竹简》，第222页。

的法定更籍手续。在本案中，婉的身份发生了两次变化，她原是大夫沛的妾，沛之妻危死后，沛免婉为庶人，是婉的身份由妾转化为庶人。从乡唐、佐更的证词中可知，沛免婉为庶人之事已经报官，故曰“即书户籍曰：‘免妾’”，所谓“已官”是也。沛免婉为庶人两年后，他又召集宗人、里人曰：“沛有子婉所四人，不取（娶）妻矣。欲令婉入宗。”宗人、里人表示认可。至此，婉的身份又从“免妾”转变为沛的妻子。由于其婚姻关系履行的是传统的仪式婚俗，获得宗人同意得以入宗，获得里人认可得以参加里人的宗教祭祀活动。但沛以婉为妻似乎并未报官，故乡唐、佐更曰：“沛后妻婉，不告唐、更。今籍为免妾。”即这次身份变更没有及时到乡部更定户籍，所谓“未官”是也。县廷在奏谳中对婉的身份不能确定其“为大夫妻、为庶人”的理由，主要不是婉与沛的夫妻关系是否合法，而是婉的身份涉及如何对“识”定罪。由此论之，睡虎地秦简之女子甲是否按《亡律》论罪，就是要根据其“为人妻”是否经过官府登记来确定，如果是事实婚姻，但没有在户籍上登记，就构不成逃亡罪；如果已经登记，则要按《亡律》论罪，所谓“亡命”即“无名”，《史记索隐》引晋灼曰：“命者，名也。谓脱名籍而逃。”①

其二，关于主人放免奴婢的问题。据《二年律令・亡律》“奴婢为善而主欲免者，许之”的规定，可以得出秦汉法律允许主人主动放免奴婢的结论。睡虎地秦墓竹简《封诊式・告臣》爰书记录了某里士伍甲以臣丙骄悍，不田作，请求将丙卖给官府的法律文书，县丞要求所在乡部查明“甲赏（尝）身免丙复臣之不殹（也）”。② 据此，可以推测现实生活中存在主人主动放免奴婢的行为，遗憾的是缺少直接的证据坐实这一法律的实效性。今据“识劫婉案”“沛免婉为庶人”已经谒官，并在乡户籍上注记曰“免妾”，这就充分证明在秦汉社会主人放免奴婢是一种经常性的行为。

但是，涉案的另一个人物“识”的身份问题却令人费解，即识在涉案前后的身份在县廷的询问记录中记载得比较模糊。婉在供诉中只是说：“识故为沛隶，同居。沛以三岁时为识取（娶）妻；居一岁为识买室，贾（价）五千钱，分马一匹、稻田廿亩，异识。识从军，沛死，来归。”识的供词与婉大略相同，区别是为自己恐猲婉寻找借口，称沛为识说亲时曾许诺把布肆、舍客室分给识。从整个案件调查记录来看，案发时识的身份是模棱两可的，因为按秦律的规定，奴隶可以娶良人为妻，所以，仅凭沛为识娶妻一事无法判断识的现实身份。但从婉的供诉语气来看，识的身份似乎已经发生了变化，所以才说“故为沛隶”，即“异识”以前为沛隶。“异”即分异，与“同居”相对。“可（何）谓‘同居’？户为‘同居’”，③即同户籍者为同

① 《史记》卷89《张耳陈余列传第二十九》，第2571页。

② 睡虎地秦墓竹简整理小组编：《睡虎地秦墓竹简》，第259页。

③ 睡虎地秦墓竹简整理小组编：《睡虎地秦墓竹简》，第160页。

居。沛为识娶妻以后“异识”，为其买室，分予马、稻田，此即别户析产，则识当已自立门户。据睡虎地秦简的相关记载，战国中后期的秦国社会，奴隶有家室是很普遍的现象，因此，识异居别户也不能作为判断其身份的充分依据。尽管如此，根据案件的调查记录和对识如何量刑定罪产生的分歧，我们还是可以大致推测沛为识娶妻分户之时，或许已经免除了识的奴隶身份，理由是：

第一，从媛的控诉口气看，如果此时识还是沛家的臣，在上谳文书中就当说：“识，家臣”，而不是“故为沛隶”。睡虎地秦简《封诊式》所收《告臣》《黥妾》两个案例，开卷语分别是：

> 爰书：某里士五（伍）甲缚诣男子丙，告曰：“丙，甲臣，桥（骄）悍，不田作，不听甲令。谒买（卖）公，斩以为城旦，受贾（价）钱。”
>
> 爰书：某里公士甲缚诣大女子丙，告曰：“某里五大夫乙家吏。丙，乙妾殹（也）。乙使甲曰：丙悍，谒黥劓丙。”①

如果奴婢的身份已然发生了变化，在追诉此前身份性质时，往往要在句首加一个“故”字。如张家山汉简《奏谳书》所录之“楚时为奴，汉时是否仍为奴案”载，高祖十一年八月甲申朔丙戌江陵丞骜上谳的疑案中，大夫“禒”控告“媚”是自己在高祖六年二月从士伍“点”那里买来的婢，同年三月丁巳日逃亡，后抓获。但媚不承认自己是婢，她在供诉中说：“故点婢，楚时去亡。”因为高祖五年曾下令民自卖为奴婢者皆免为庶人，所以媚认为“自当不当复受婢”。② “拒捕贼伤人案”③载，高祖十年七月辛卯朔甲寅江陵余、丞骜上谳的疑案称，士伍军向校长池告发“大奴武亡”，正从池亭向西逃跑，校长池即与求盗视追捕武，武拒捕，以剑伤视，视也以剑伤武。武供诉曰：“故军奴，楚时去亡，降汉，书名数为民，不当为军奴。”④以此论之，“识劫媛案”中媛称识为“故为沛隶”，则案发时识的身份不当为隶。

第二，秦汉告诉制度规定，“子告父母，臣妾告主，非公室告，勿听”；⑤“奴婢告主、主父母妻子，勿听而弃告者市”。⑥ 即对于家庭或家族内部的“家罪”，法律剥夺了子女对尊长、奴婢对主人的起诉权。如果识的身份在案发时仍然是奴隶，其恐猲媛“匿訾”的前提就不能成立，因此也就不会发生后续的案情。正因为识已经不是奴隶身份，又掌握媛“匿訾”的底细，

---

① 睡虎地秦墓竹简整理小组编：《睡虎地秦墓竹简》，第259—260页。

② 张家山二四七号汉墓竹简整理小组编著：《张家山汉墓竹简（二四七号墓）》（释文修订本），第92页。

③ 按：以上两个奏谳文书的命名采自高恒：《秦汉简牍中法制文书辑考》，北京：社会科学文献出版社，2008年，第345、354页。

④ 张家山二四七号汉墓竹简整理小组编著：《张家山汉墓竹简（二四七号墓）》（释文修订本），第94页。

⑤ 睡虎地秦墓竹简整理小组编：《睡虎地秦墓竹简》，第196页。

⑥ 张家山二四七号汉墓竹简整理小组编著：《张家山汉墓竹简（二四七号墓）》（释文修订本），第27页。

所以才以此恐猲婉。

第三，识在沛死前还曾"从军"，并受赐一级爵位"公士"。秦国历史上存在官隶臣、工隶臣从军获得爵位的事实，睡虎地秦简《军爵律》规定："隶臣斩首为公士，谒归公士而免故妻隶妾一人者，许之，免以为庶人。工隶臣斩首及人为斩首以免者，皆令为工。其不完者，以为隐官工。"①但未见征发私奴婢从军的记载。《商君书·垦令》篇有一项主张或许与本案有关，其文曰："以商之口数使商，令之厮、舆、徒、重者必当名"，②即商家户籍上仆人和奴隶要由政府分配服役。如果这一主张落实为现实中施行的制度，就基本可以确定识从军时的社会身份可能属于"私属"。

《二年律令·亡律》在规范主人放免奴婢行为时规定："奴婢为善而主欲免者，许之，命奴为私属，婢为庶人，皆复使及筭，事之如奴婢。主死若有罪，以私属为庶人，刑者以为隐官。"③即男奴被免除奴隶身份后，在主人犯罪或死亡前，名之曰"私属"，主人可以继续役使之，其身份类似"五甲首而隶五家"之类的隶属之家。从这个意义上说，"私属"还不属于完全的自由人，而是"贱民"，即晁错所论"秦始乱之时，吏之所先侵者，贫人贱民也"④之"贱民"。汉初律大多因袭秦律，识分财异居之后的身份或许就相当于汉初律规范的"私属"。当然，这样推测亦非臆断，因为"私属"这个概念也见于同批次的上谳文书之中，《暨盗杀安、宜等案》就有"廿年十一月己未，私属喜曰"⑤云云，揭发人喜的身份即是"私属"。

至于本案在上谳时，由于婉的身份引发出其与识的关系不能确定，造成吏议时产生分歧，即若婉为大夫沛之妻，则论识罪轻；若婉为庶人，则论识罪重。曹旅宁曾在简帛网发文认为："比较合理的一种推测，案例八的书手在抄写过程中致误。正确的文字可能如下：'冤为大夫沛妻，识为城旦，须足输蜀；或曰：冤为庶人，识赀二甲。'"并以《二年律令》简 69 规定：劫人不管未遂还是既遂，皆磔之为据，认为整理者将"劫人罪"按"盗罪"拟定刑罚的解释不确。⑥ 当然，抄手致误的可能性是存在的，但我们释读简文的首要任务是尽可能地做出符合那个时代法律特性的合理解释，而不是把一时还解释不通的问题简单地归因于抄手。我们认为，曹旅宁之所以轻率地做出这样的判断，是因为对秦国法律分章列目尚处于草创阶段的

---

① 睡虎地秦墓竹简整理小组编：《睡虎地秦墓竹简》，第 93 页。

② 按高亨注，重为童之假借字。见高亨注译：《商君书注译·垦令第二》，第 49 页。

③ 张家山二四七号汉墓竹简整理小组编著：《张家山汉墓竹简（二四七号墓）》（释文修订本），第 30 页。

④ 《汉书》卷 49《爰盎晁错传第十九》，第 2296 页。

⑤ 朱汉民、陈松长主编：《岳麓书院藏秦简（叁）》，第 185 页。

⑥ 曹旅宁：《〈岳麓秦简（叁）〉案例八识劫冤案中奏谳的法律适用问题》，简帛网，2013 年 10 月 22 日。

特点缺少把握,也没有留意到当时存在“公室犯罪”和“家罪”的区别所致。[①] 由于这个话题已经超出了本文的议题,故不拟展开讨论。

其三,关于财产登记问题。汉代存在财产登记的制度,并在“平赀”的基础上划分户等,作为选任官吏、迁豪、摊派临时性徭役的标准和国家推行救荒措施的依据。[②] 至于财产登记制度实行的时代,学界一般是将之与“訾算”联系起来予以考虑的。“訾算”一词见于景帝后元二年五月诏,因此只能将这一制度的始行年代定在西汉初年。《里耶秦简(壹)》保留了两份完整的有关析产的“爰书”,年代分别是秦始皇三十二年和三十五年,记录了迁陵县都乡高里的两户户主申请析产的经过。既然百姓日常的财产转移也需要经过法定程序更籍造册才属合法,则可判断秦代已经实行了财产登记制度。[③] 而“识劫娺案”就是因为娺在“占家訾”时“匿訾”引发的恐猲案。“匿訾”的事项、经过一一记录在案,足以证实财产登记制度实施的上限不会晚于战国末年。[④] 如果考虑到《商君书·去强》篇主张的“强国知十三数”之

---

① 按:整理者将本案按“盗罪”拟定刑罚的解释不误。“劫”有“劫人”“恐猲”二义。“劫人”即“以威势得财”;“恐猲”,《唐律疏议》卷19《贼盗》有解释,即“恐喝者,谓知人有犯,欲相告诉,恐喝以取财物者”(《唐律疏议》,北京:中华书局,1983年,第360页)。唐律中的“恐喝”,汉律称“恐猲”,“识劫娺案”显系属于“恐喝以取财物者”。由于秦汉律目分章尚杂,所谓“《盗律》有劫略、恐猲、和卖买人,科有持质,皆非盗事”(《晋书》卷30《刑法志》,北京:中华书局,1974年,第924页),又存在大量比照性条款,所谓“与盗同罪”“与盗同灋”是也,加以识与大夫沛的主仆关系,所以吏议时按盗罪定罪量刑是成立的。关于吏议时,何以产生“娺为大夫沛妻,赀识二甲。或曰:娺为庶人,完识为城旦”的分歧?其实是由如何论定娺的身份而造成的。娺为沛之妻,识在案发时若尚未将“私属”在户籍上更定为“庶人”,则其与娺的关系属于主仆,主仆之间的财产侵犯在秦代属于“家罪”范畴,尽管识对娺的侵犯属于“恐猲取材”,但按秦的立法精神,奴仆盗主量刑较轻。若娺为庶人,户籍又注记为“免妾”,识与娺的关系就不是主仆关系,而是贱民之间的关系,应按庶人法论罪,量刑较重。《二年律令·盗律》简66规定:“恐猲人以求钱财,盗杀伤人,盗发冢(塚),略卖人若已略未卖,桥(矫)相以为吏,自以为吏以盗,皆磔”(张家山二四七号汉墓竹简整理小组编著:《张家山汉墓竹简(二四七号墓)》(释文修订本),第17页)。本案之所以议罪为“完为城旦”,除了整理者所释以公士爵位减刑一等外,还出于何种考虑,目前尚不清楚,有待进一步探究。

② 参见拙文:《论汉代的“訾算”与“以訾征赋”》,《中国史研究》2012年第1期。

③ 关于里耶秦简两份法律文书的性质,张朝阳在简帛网发文“将其称为民间遗嘱”,笔者证其为析产文书。详见拙文《从户的相关立法谈秦汉政府对人口的控制》,《东北师大学报(哲学社会科学版)》2013年第1期。

④ 本案在县廷查询时确定:“匿訾税及室、肆,臧(赃)直(值)各过六百六十钱。”案件审理时再次提到:“娺匿訾,税直过六百六十钱。先自告,告识劫。”其中的“匿訾税”性质如何,涉及秦汉魏晋时期财产税起征的年代问题。贾丽英认为这个“匿訾税”就是财产税(见氏著《吴简中的“訾”与“户品出钱”——兼论秦汉至三国吴的赀产税》,中国秦汉史研究会第十四届年会暨国际学术研讨会参会论文,成都,2014年8月)。这个意见很有启发性。若此,中国历史上财产税征收的上限或可提早到战国末年。但仔细审阅简文,不难发现本案提到的“訾税”应当属于经营税,仅凭这一孤证暂时还不能轻下结论。因为大夫沛贷给舍人建、昌等的68 300钱,目的是“以市贩,共分赢”,68 300钱“市贩”,按市租税2%计算,应缴纳1 366钱的经营税,已超过秦汉量刑定罪的最高线660钱,故在查询时需要取证。(转下页)

“马、牛、刍稾”之数，则秦国的财产登记之制或许是商鞅变法的举措之一。

至于财产登记的范围，由于学界对简牍资料中记载赀产的簿书性质看法不一，因此给出的事类分歧较大。民国以来，最早蠡测汉代计赀问题的是吕思勉先生，他在《秦汉史》第十五章第一节《秦汉人訾产蠡测》中就根据文献记载，详细考察了汉代的计赀问题，指出：“汉人计訾者，土田不在其列。”①居延汉简发现后，劳干先生指出：“汉世算訾之目见于文献中，今有汉简为证，则不动产所有者为田及宅，而动产中所有者为奴隶、车（牛车及轺车）、牛、马，其他用具衣物，则不在算訾之中。”②其后，学者对汉代计赀事类的统计范围不断扩大，甚至把针对商贾子钱的“算缗令”，以及非常制的做法也罗列其中。如黄今言先生就认为：“汉人计訾的范围，既包括货币财富，也包括马牛、驴车、粮食、田亩、六畜、奴婢以及房屋、珍宝等实物财富。动产、不动产皆含其中。有时甚至衣履釜鬵一类的生活资料，也列在计訾的范围之内。当然，论及家訾时，也往往出现有时言物，有时言钱的情况。但凡是只言钱者，通常是由实物折纳成了货币的缘故。”③与此相左，彭信威先生以为汉人计算家赀，“单指货币财富，而不包括实物财富。”④

综上所述，前人在汉代计赀问题上的分歧主要有二，一是土田是否计入家赀；二是货币是否要求“自占”。关于土田是否入赀的问题，笔者在《出土秦汉户籍简的类别及登记内容的演变》一文曾做过讨论，认为“汉初还在一定程度上继续推行国家授田制，虽然实际中土地所有权的界限已经比较模糊，但在法律规范上还没有把土地视为百姓的私产。”⑤即是说，汉代计赀的范围并非一以贯之。关于货币财富是否通过“自占”的方式计入家赀，学界以往主要是根据汉武帝下达的“算缗令”做出的推测，所谓诸贾人末作贳贷卖买等“各以其物自占，率缗钱二千而一算”。⑥ 但一般庶民的货币财富是否需要进行财产登记，并无可靠

---

（接上页）如果这里的“訾税”属于财产税，就当包括舍客室、布肆等在内。正因为所匿“訾税”并非财产税，所以廷审查证时是将“匿訾税”与室、肆并列的。廷审取证时之所以要落实“匿訾税及室、肆”，是因为“室、肆”曾为识恐猲所得，关系到对识的定罪问题。所以，在审理时才对婉的匿訾和识的恐猲加以分别记录，即“婉匿訾，税直过六百六十钱，先自告”；“识恐谓婉，且告婉匿訾。婉以故鼠肆、室。肆、室直（值）过六百六十钱。”即婉所匿訾，偷税超过了 660 钱；识恐猲婉非法所得的肆、室，按盗罪的规定赃物也超过了 660 钱。

① 吕思勉：《秦汉史》下册，上海：上海古籍出版社，1983 年，第 534 页。

② 劳干：《居延汉简考证》，《“中研院”历史语言研究所集刊》，第 30 本上册，1959 年，第 337 页。

③ 黄今言：《秦汉赋役制度研究》，南昌：江西教育出版社，1988 年，第 185 页；彭信威在《中国货币史》中认为：汉人计算家赀，“单指货币财富，而不包括实物财富”。见氏著：《中国货币史》，上海：上海人民出版社，1968 年，第 112 页。这点已为简牍记录推翻，故不与辩驳。

④ 彭信威：《中国货币史》，第 112 页。

⑤ 参见拙文：《出土秦汉户籍简的类别及登记内容的演变》，《史学集刊》2013 年第 3 期。

⑥ 《史记》卷 30《平准书第八》，第 1430 页。

依据予以证实。今有岳麓秦简“识劫婏案”为证,是秦国时期货币、甚至放出的债款也需要按制“自占”。

据县廷调查,大夫沛生前贷给舍人大夫建、公卒昌、士五(伍)穨、喜、遗六万八千三百钱从事“市贩,共分赢”,立有契券,结果“市折”,未及偿还。秦王政十八年八月,婏“自告”称:“七月为子小走马羛占家訾。羛当□大夫建、公卒昌、士五(伍)穨、喜、遗钱六万八千三百,有券,婏匿不占吏为訾。”匿财不报属于违法行为,所以识才以此要挟曰:“婏匿訾,不鼠(予)识。识且告婏。”以往,我们只能见到国家对商贾子钱末作匿财不报行为的处罚规定,诸如:《二年律令·关市律》:“市贩匿不自占租,坐所匿租臧(赃)为盗,没入其所贩卖及贾钱县官,夺之列。列长、伍人弗告,罚金各一斤。啬夫、吏主者弗得,罚金各二两。”[①]武帝时推行“算缗令”,规定:“诸贾人末作贳贷卖买,居邑稽诸物,及商以取利者,虽无市籍,各以其物自占。”司马贞《索隐》曰:“郭璞云:‘占,自隐度也。’谓各自隐度其财物多少,为文簿送之官也”。若“匿不自占,占不悉,戍边一岁,没入缗钱”。[②] 王莽改制,以《周官》税民:

> 诸取众物鸟兽鱼鳖百虫于山林水泽及畜牧者,嫔妇桑蚕织纴纺绩补缝,工匠医巫卜祝及它方技商贩贾人坐肆列里区谒舍,皆各自占所为于其在所之县官。除其本,计其利,十一分之,而以其一为贡。敢不自占,自占不以实者,尽没入所采取,而作县官一岁。[③]

由此可见,汉初律规定的营业税还局限于“市贩卖”,告缗令则扩大到无市籍的“商以取利者”,王莽时进一步扩大到农业以外的所有营生活动。但这些法令严格说来还属于征收以营利为目的的末业税,据此还不能延伸到庶民百姓财产登记时的匿訾行为。“识劫婏案”第一次揭示了财产登记过程中“自占”匿赀的问题,虽然还不清楚对这种“匿不占吏为訾”如何处罚,但却昭示出当时已经制定了财产登记的程序、内容以及对“占不悉”或曰“自占不以实”的处罚等相关法律。

## 三、关 于“单”

“识劫婏案”传递给我们的另一个惊喜,是案件中提到了“单”这一社会组织。婏在供诉中称:

> (大夫沛欲以婏为妻),告宗人、里人大夫快、臣、走马拳、上造嘉、颉曰:“沛有子婏所四人,不取(娶)妻矣。欲令入宗,出里单赋,与里人通歓(饮)食。”快等曰:“可。”即

---

① 张家山二四七号汉墓竹简整理小组编著:《张家山汉墓竹简(二四七号墓)》(释文修订本),第44页。

② 《史记》卷30《平准书第八》,第1430页。

③ 《汉书》卷24下《食货志第四下》,第1180—1181页。

入宗，里人不幸死者出单赋，如它人妻。

据学界研究，单是一种组织，与僤、墠、坛、弹等音义相通。关于“单”的资料，传世文献仅有只言片字。古印章封泥中虽有不少，但大多都是传世品，性质及断代一时难明，因此借此研究“单”这种组织会有很大风险。汉碑中也有几块残碑记录了一些地方官为民立弹的碑铭，如《昆阳都乡正卫弹碑》《鲁阳都乡正卫弹碑》《酸枣令刘熊碑》①等，但“单”的问题在民国以来并未引起学界的讨论。1973 年在河南偃师缑氏镇郑瑶大队发现了一方石券，刻录了东汉侍廷里于季等 25 人出资购买 82 亩田借给充当里父老者使用的结单经过。黄士斌以《河南偃师县发现汉代买田约束石券》为题在《文物》1982 年第 12 期公布了石券的拓片和释文，同期发表了宁可的研究论文《关于〈汉侍廷里父老僤买田约束石券〉》。由于这方石券的内容涉及汉代的土地制度、社会组织等重大问题，因此一石激起千层浪，引发了史学界很大的研究兴趣。时至今日，除了对碑文的一些概念存在争议外，对“僤”的性质依然众说纷纭。总的来说，大陆学者一般是将之视为古代公社的一种残存。如宁可分析了“僤”与里、社的关系，指出“这种组织，显然有农村公社传统的影响”，侍廷里父老僤就是“出于私人之间组织起来进行生产和生活互助”的私社。② 俞伟超结合传世的数十枚单印和父老僤石券，认为“单—僤—弹”和“里”是规模相当的两种农村基层居民单位，是古代村社组织的延续或遗留。③ 林甘泉先生不赞同俞氏把“单”这种共同体的残余形式看作是相当完整的共同体组织，但也认为汉代的“单”是古代公社组织的一种残余形式，不同的“单”结合的目的不同，但“基本上都是一种互助性质的民间团体”。④ 台湾学者一般不采用“从血缘到地缘”的解释模式，更加注重“僤”的复杂性。邢义田举证了各种形式的“僤”，主张“僤”是汉代私人结合或说结社，“它们结合的原则不一定是血缘的，也不一定是地缘的，可能是基于职业、生活或政治的意念。”⑤杜正胜着意于“人际结合成分的结果”，也认为，汉代的“单”是一种具有特定目的的结社。⑥ 由此可见，两岸学者运用的理论和解释模式尽管不同，但把“单”定位于民间以互助为目的的社会组织形式却是殊途同归的。

---

① 引自俞伟超：《中国古代公社组织考察》，北京：文物出版社，1988 年，第 131—143 页。

② 宁可：《关于〈汉侍廷里父老僤买田约束石券〉》，《文物》1982 年第 12 期。

③ 俞伟超：《中国古代公社组织考察》，第 72—128 页。

④ 林甘泉：《“侍廷里父老僤”与古代公社组织残余问题》，《文物》1991 年第 7 期。

⑤ 邢义田：《汉代的父老、僤与聚族里居——汉侍廷里父老僤买田约束石券读记》，原刊《汉学研究》1983 年第 1 卷第 2 期，收入氏著《秦汉史论稿》，台北：台湾东大图书公司，1987 年，第 226 页；《〈汉侍廷里父老僤买田约束石券〉再议》，原刊《“中研院”历史语言研究所集刊》第 61 本第 4 期，1990 年，第 761—788 页。收入氏著《天下一家——皇帝、官僚与社会》，北京：中华书局，2012 年，第 467 页。

⑥ 杜正胜：《“单”是公社还是结社？——与俞伟超先生商榷》，原刊台湾《新史学》创刊号，1990 年 3 月。收入《古代社会与国家》，改题《汉“单”结社说》，台北：台湾允辰文化实业股份有限公司，1992 年，第 970 页。

"识劫婉案"提到的"单",明确称为"里单",婉"入宗"即要"出里单赋",说明这个"里单"是以宗族关系为纽带结合起来的,沛召集的保人称为"宗人、里人"某某,即被告知的"大夫快、臣、走马拳、上造嘉、颉"即是沛的宗人,同时也是沛的同里之人。婉入宗即入"单",即出里单赋,即享有结单人的权利和义务:一是"与里人通歙(饮)食";二是"里人不幸死者出单赋"。"与里人通歙(饮)食"在其他简牍资料中也称"会饮食",睡虎地秦简《封诊式·毒言》有相关记载,据《毒言》爰书称:某里公士甲等二十人告里人丙有毒言,丙自辩曰:

> 外大母同里丁坐有宁毒言,以卅余岁时署(迁)。丙家节(即)有祠,召甲等,甲等不肯来,亦未尝召丙饮。里节(即)有祠,丙与里人及甲等会饮食,皆莫肯与丙共桮(杯)器。甲等及里人弟兄及它人智(知)丙者,皆难与丙饮食。丙而不把毒,毋(无)它坐。①

从丙的供诉中不难看出,里中与祭祀有关的"会饮食"主要有两种类型,一是家庭祭祀时要召里人"会饮食"。这种聚会可能规模较小,被邀请者应是主人的宗亲邻里等。二是里中有祭祀活动,里人要"会饮食"。当时里中的祭祀可能主要是社祭,社神是先秦时期邑、里中最重要的神祇,奉祀社神的地方称为"社",故邑、里也称为社邑、里社,每年春、秋及岁终举行社祭时,邑里居民不论贫富都要参加,祭后在社下宴饮行乐。陈平早年就曾为里社宰,"分肉食甚均"。② 饮酒方式周时称酬酢,因里人怀疑丙有毒言,所以"皆莫肯与丙共桮(杯)器"。社祭的费用汉代一般由里人分担,高祖十年即令"民里社各自裁以祠"。③ 在"识劫婉案"中,"里人通歙(饮)食"亦当属于社祭或包括社祭宴饮在内,既然参加社祭的前提是"出里单赋",则结单的目的之一是筹集社祭的经费。

结单的另一个目的是里中有丧事发生,要出钱助丧,所谓"里人不幸死者出单赋"。从这个意义上说,里人结单又具有互助的性质。而且,在入单的资格上必须是自由人,婉以前是沛的妾,不能入宗,也不能入单,只有在沛宣布其为自己的妻子并得到宗人、里人认可后方能入单,"如它人妻"。

综上,我们似乎可以说,这个"单"是以宗族血缘为基础,以里为单位组织起来的一种民间组织,所以才称为"里单"。而且里中举行的宴饮活动是"里人通歙(饮)食",说明这个"单"不是少数人出于特殊的目的而结合起来的,应该是一种比较原生态的民间组织,或即宁可先生发微之里、社合一的组织④,与以往所见之东汉时期形形色色的"单"在组织方式与结社目的上并不一致。即是说,我们目前所看到的"单"还只是历史上这种组织的冰山一

---

① 睡虎地秦墓竹简整理小组编:《睡虎地秦墓竹简》,第 276—277 页。
② 《史记》卷 56《陈丞相世家第二十六》,第 2052 页。
③ 《汉书》卷 25 上《郊祀志上》,第 1212 页。
④ 参见宁可:《述"社邑"》,《北京师院学报》1985 年第 1 期。

角,还不能对此轻下结论,否定“从血缘到地缘”的演进路径。①

“识劫娓案”给我们的另一个启示在于,中国自秦以后就是一个典型的帝制农业社会,帝制社会的核心本质是专制,国家对民的控御在其政治力量所能达到的地方,行政统治的触角无所不在。就秦汉时期而言,基层行政组织形式是乡里体制,国家与民众之间不存在西方式的封建或斯拉夫式的公社。尽管如此,民间社会组织也从未绝迹,比如形似而功能不一的“单”,即在历史上附着于“社”又依附于乡里组织,游丝如缕般地存续了很长时间。尤其如“识劫娓案”揭示的以集体仪式和互助目的结成的“单”,在沟通百姓情感,协调乡邻关系,互助解难等方面发挥的作用还有待于进一步发微。

(原文载《古代文明》2015 年第 1 期)

① 林甘泉先生即指出,杜正胜提出的“人际结合成分”的存在,并没有摆脱“从血缘到地缘”这个基本线索的制约。因此,在我看来,似乎没有必要把“人际结合成分”与“从血缘到地缘”的发展“模式”对立起来。见林甘泉:《“侍廷里父老僤”与古代公社组织残余问题》,《文物》1991 年第 7 期。

# 岳麓秦简《为狱等状四种》卷册一的编联

## ——依据简背划线和简背反印字迹复原卷轴原貌

◎ ［德］史达 著 李婧嵘 译（汉堡大学亚非学院中国语言文化系；湖南大学法学院）

## 导 言

岳麓书院藏秦简中有一个诉讼案例集，整理小组将其命名为《为狱等状四种》（下文简称为《状四种》）。其内容与张家山247号汉墓出土的《奏谳书》相似，但从《状四种》简材料、尺寸及书体的不同可见《状四种》与《奏谳书》的差别：它不是仅由一个卷册组成，而是起初就应具有四个独立的卷册。[①] 由于和其他出土的大部分战国、秦汉时期的竹、木简一样，《状四种》的原始编绳已经脱落、朽烂。再加上岳麓书院藏秦简不是经科学考古发掘出土，而是从香港古玩市场购买的，所以要研究卷册的编联情况就更为困难了。虽然《岳麓书院藏秦简（壹）》一书中发表了岳麓秦简入藏时竹、木简位置的照片与示意图，但是这些数据不能提供简在出土环境下原始位置的信息。《状四种》由于缺乏考古发掘，所以复原其卷轴原貌只能依据各支简的形制以及简文内容。学者一般先通过形制分析把竹简分组，然后按照简文内容复原每组简的简序。

本文将讨论竹简背面上的两种现象，即简背划线和简背反印字迹。[②] 它们可以为复原简序提供重要线索。由于这两种现象都出现在《状四种》卷册一（即《岳麓书院藏秦简（叁）》中"第一类"）的简背上，所以本文将以此为例来说明它们对复原简序的重要性。

## 简 背 划 线

从几个方面来看，《状四种》卷册一有其独特之处。第一，卷册一总共有136枚竹简，是

① 朱汉民、陈松长主编：《岳麓书院藏秦简（叁）》，上海：上海辞书出版社，2013年，"前言"第3页。

② 《岳麓书院藏秦简（叁）》的整理者把这种现象称为"反印文"。

岳麓秦简《状四种》中简数最多的卷册。① 第二，尽管该卷册某些简似乎已经遗失，但是缺简数量并不多，因此它的保存状态相对比其他三个卷册要好。第三，也许也是最重要的一个方面，几乎在每支简的简背上我们都可以发现一个有趣的现象，即由左上至右下斜划出的简背划线（见图 1）。②

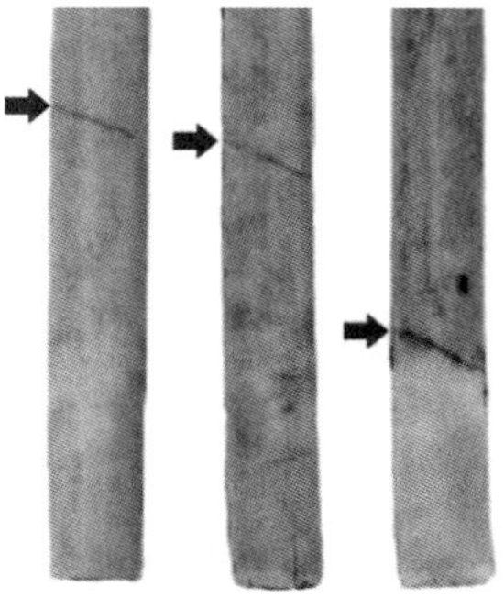

图 1　岳麓秦简《状四种》卷册一中的简背划线

尽管目前仅有少数学者对简背划线予以关注，但是这一现象其实很早就被提到过。据我所知，学界首次提及简背划线是在 22 年前。在 1991 年出版的《包山楚简》一书中，整理者在概述部分提到："有少量竹简背面有刻刀划出的斜线，或墨笔划出的墨线，相邻的简有的可据此依次相接，有的则互不相关。这两种线道可能是在编联之前做的某种记号。"③但是在这里，包山楚简的整理者对简背划线只是附带地提及。在 1991 年到 2011 年间，学界只是偶尔提及简背划线，并未对此予以重视。其中的原因应该是，竹简的整理者极少拍摄和发表简背照片，除非简背有文字记录。

2010 年年底出版的《清华大学藏战国竹简（壹）》和 2011 年初出版的《岳麓书院藏秦简（壹）》，改变了这种状况。这两批简的整理者均发表了所有简的正面和背面的照片。但是，整理者也没有具体讨论简背划线。第一个提出简背划线与竹简编联密切关系的是孙沛阳先生。④ 复旦大学的一些学者在 2011 年 1 月联合发表文章，根据简背划线纠正了清华大学藏战国简《程寤》篇的竹简排序，并且提到了孙沛阳对简背划线的研究。⑤ 这之后李天虹女士在她写于 2011 年 5 月的一篇文章中，详细地谈到了简背划线。她认为这些划线应该是某种记号，并推测简背划线是在制作和准备竹简的过程中形成的，研究这些划线可能有助于确定哪些竹简是取自同一竹材的。⑥ 但是，在文章的补记中她还提到，划线可能也与竹简编联有关系。⑦ 原因是她之后读到孙沛阳的《简册背划线初探》论文拟稿（该论文在 2011 年底发表）。在这篇论文中孙沛阳专门探讨了简背划线的现象。他指出，在包山楚简、郭店楚简、

① 朱汉民、陈松长主编：《岳麓书院藏秦简（叁）》，"前言"第 3 页。

② 从图版照片来看，划线似乎是墨笔划出的。参看朱汉民、陈松长主编：《岳麓书院藏秦简（叁）》，第 317 页。

③ 湖北省荆沙铁路考古队编：《包山楚简》，北京：文物出版社，1991 年，第 4 页。

④ 孙沛阳：《简册背划线初探》，复旦大学出土文献与古文字研究中心编：《出土文献与古文字研究》第 4 辑，上海：上海古籍出版社，2011 年，第 449—462 页。

⑤ 复旦大学出土文献与古文字研究中心研究生读书会：《清华简〈程寤〉简序调整一则》，复旦大学出土文献与古文字研究中心网站，2011 年 1 月 5 日。

⑥ 李天虹：《湖北出土楚简〈五种〉格式初析》，《江汉考古》2011 年第 4 期。

⑦ 李天虹：《湖北出土楚简〈五种〉格式初析》，《江汉考古》2011 年第 4 期。

睡虎地秦简、张家山汉简和银雀山汉简均可见到类似清华大学藏战国简和岳麓书院藏秦简的简背划线。他总结认为，简背划线可以帮助解决一些竹简的编联问题。但是他也强调，划线的提示作用只是辅助性的，并不可孤立运用，因为竹简编联还需综合考虑竹简上的其他信息。① 通过对岳麓秦简《状四种》卷册一的分析，可以验证孙沛阳关于简背划线现象的描述和假设。

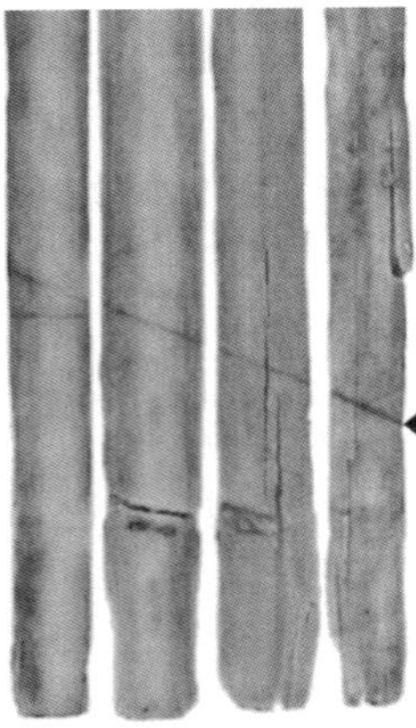

0083 0095 0138 0162

图 2 划过相邻竹简简背的划线

虽然《状四种》没有与之完全相对应的传世文献或者出土文献，但是该案例集里的案例上报文书的结构和刑事诉讼的过程与张家山《奏谳书》的记录极为相似。这种比较可以帮助我们复原《状四种》中的案例。另外，案例中经常出现的不同官员、被告和证人的名字，也可以用来区分不同的案例。根据以上这些简文内容的标准来复原卷册一的不同案例，可以肯定简背划线确实与竹简编联相关。尽管简背划线都是由左上至右下斜行，但是属于同一个案例的竹简上的划线有极为相似的斜率。更为关键的是，如果将这些竹简紧密地平行排列起来，划过相邻简的划线可以相互衔接成一条直线。这样，每支竹简简背的划线似乎都是一条划过相邻竹简简背的直线的一部分（见图 2）。为了区分单支竹简简背的划线与由它们衔接而成的直线，我将在下文中用“线段”一词表示前者，用“划线”表示后者。

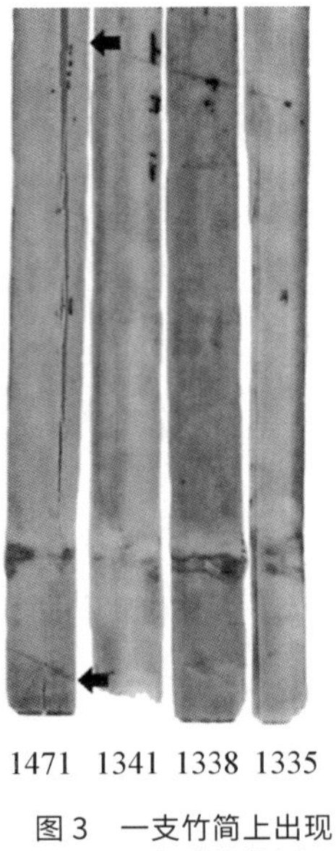

1471 1341 1338 1335

图 3 一支竹简上出现两条线段的例子

实际上，根据简背划线编排竹简，或者根据简文内容来编排竹简，这两种方法得出的简序几乎一致。《状四种》卷册一的划线均位于竹简背面的下三分之一部分，划线一般始于一支竹简距简尾端的三分之一处，然后斜划过约 20 支简，结束于一支竹简的尾端。之后，一条新的划线始于一支简距简尾端的三分之一处。通常情况下，每支竹简简背有一条线段，但是在某些情况下（一条划线尾端/另外一条划线首端），一支竹简上会出现两条线段。图 3 中，我们可以清楚地看到简号为 1471 的竹简简背有两条线段，它们分别属于两条不同的简背划线。

虽然大部分线段都分别与相邻两支简的线段相互衔接，但有些相邻两简的线段也有错开的现象。在某些情况下，我们可推知此处缺少一支或几支竹简，因为正面简文内容不可连读。而在某些情况

① 孙沛阳：《简册背划线初探》，《出土文献与古文字研究》，第 449—462 页。

下，我们并不可以确定是否存在缺简，因为不需要填补竹简，简文内容便可连读。那么，在相邻两简线段错开的情况下，应该根据哪种标准来确定是否存在缺简？是根据竹简简文内容，还是根据简背划线呢？我们可以通过考察岳麓书院藏秦简的《质日》来帮助研究这个问题。由于《质日》简文中含有天干地支，我们可以依据天干地支的连续性来复原《质日》的简序，并确定简文内容是否有残缺。我们发现，实际上在某些简文内容可连读的情况下，相邻两简的线段也有错开的现象（见图4）。据此我们可以得出结论，不能仅仅根据相邻两简简背线段错开的现象来断定此处缺简。

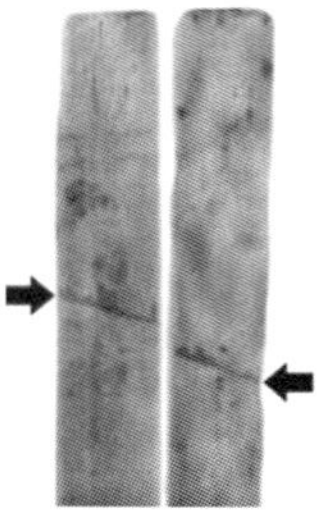
0726 0509

图4
岳麓秦简《三十四年质日》中错开现象的例子

这个结论同时为探究简背划线、竹简编册和书写简文这三者的先后顺序提供线索。《状四种》的简背划线显然应该是在竹简编册之前就已经被划在简背上的。否则，相邻两简简背线段错开的现象就不好予以解释了。进一步的证据是，简背划线有时见于竹简的编绳编联处（比如1317号简），这就表明是先划线，再编册的。

在《状四种》卷册一的很多竹简上，有编绳压字的现象。显然，竹简编册是在书写简文之后。因此，编册是最后一步。但是哪个步骤是第一步？是书写，还是划线？我发现，在有些情况下相邻两简简背的线段错开，但简文连贯。这意味着，在划线之后，某些竹简似乎被剔选出去或者用于其他用途。假如是先书写简文，接着划线，再剔选出某些竹简，那么简文的连续性就无法予以解释了。所以我们可以得出结论，划线早于书写简文。① 因此《状四种》卷册一的制作顺序应该是：划线—书写—编册。

尽管我们已经知道简背划线可以帮助解决竹简编联问题，可是我们不清楚划线的最初目的或者功能。我们可以假设，划线的初衷是为了确定简序。但清华大学藏战国简的简背划线似乎否定了这种假设。清华大学藏战国简中《金縢》篇的竹简也有简背划线。划线极有可能是用刻刀刻划上去的，而非墨笔画出的划线。② 与《状四种》简相比较，虽然《金縢》简划线位于竹简背面的上三分之一部分，而不是下三分之一部分，但其划线与《状四种》卷册一的划线极为相似。学者对《金縢》简依据划线确定的简序与依据简文内容复原的简序相吻合。《金縢》篇的简序是不存在疑问的，因为竹简简背原本就标有简号。那么为什么两种确定简序的方法会同时使用呢？竹简简号的单独使用就已经可以确定简序，尽管这些简号也可能并不是在竹简书写时标注的，而是之后予以添补的。从另一个角度来

① 李守奎先生2012年7月初在*European Association for the Study of Chinese Manuscripts*（EASCM）举行的一次会议上建议，清华简上的划线是竹简制成竹简之前就已经划出的。

② 李学勤、清华大学出土文献研究与保护中心主编：《清华大学藏战国竹简（壹）》，上海：中西书局，2010年，第16—17页。

看，简背划线的功能最初应该并不是用以编联竹简的，因为在竹简多的卷册，很难仅凭简背划线来确定简序、编联竹简。如上文所说，划线只出现在卷册背面的上三分之一部分或者下三分之一部分，划过大概二十来支竹简，之后开始划另外一条划线。如果卷册由四十多支竹简组成，那么它约有两条简背划线。随着卷册长度的增加，依据简背划线复原分散竹简的简序会随之更加困难。比如很多线段的斜率、长度和距离简尾的位置往往非常相似。

总之，虽然简背划线的初衷有可能不是确定竹简的简序，但还是可以用其复原《状四种》卷册一中每一个案例中的竹简简序。如果简背划线可以用来复原每个案例的简序，是否它也可以用以复原《状四种》卷册一中 7 个案例的排序呢？事实上，划线似乎划过每个案例的首简和末简。所以可以尝试通过划线把一个案例的首简与另一个案例的末简连起来。不过，有些地方找不到符合的简背线段。另外，下文将阐述的简背反印字迹现象也反驳这个可能性。《状四种》卷册一中的 7 个案例可能不是在同一制作或书写过程中形成的，所以它们之间的线段不符合。

## 简背反印字迹

在对卷册一简背划线进行研究的过程中，我发现某些竹简简背有文字的印迹。因为这些印迹都是镜面反向式的文字，可以断定它们是其他竹简正面文字的印迹。我把它称之为“简背反印字迹”。根据比较，卷册一的简背反印字迹的确都是这一卷册其他竹简正面文字的反向印迹（见图 5 和附录二）。

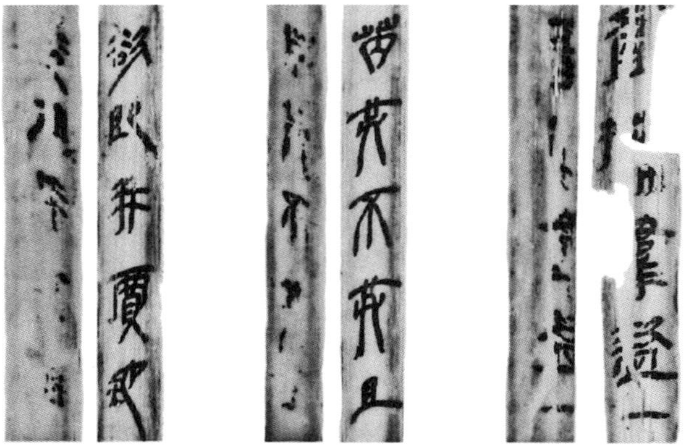

0101背=0001正　　1350背=1488正　　1341背=1342正

图 5　简背反印字迹与对应正文的例子

这些印迹可以用来复原这一卷册的案例排序。仔细研究简背反印字迹,可以总结如下:

- 案例 7 竹简简背的印迹(见 1199、1197、0040 简)与部分案例 7 竹简正面的简文(见 1200、1198 简)和部分案例 6 竹简正面的简文(见 0039 简)吻合
- 案例 6 竹简简背的印迹(见 1205 简)与部分案例 5 竹简正面的简文(见 1208 简)吻合
- 案例 5 竹简简背的印迹(见 0101、1318 简)与部分案例 4 竹简正面的简文(见 0001+0038、1316 简)吻合
- 案例 4 竹简简背的印迹(见 1350、1334、1488、0001+0038 简)与部分案例 4 竹简正面的简文(见 1488 简)和部分案例 3 竹简正面的简文(见 1335、1480、0193 简)吻合
- 案例 3 竹简简背的印迹(见 1218、1341、1338、1480、0096 简)与部分案例 2 竹简正面的简文(见 1219、1342、1339、1348、0095 简)吻合
- 案例 2 竹简简背的印迹(见 1466 - 2、1472 简)与部分案例 1 竹简正面的简文(见 1466 - 1、1473 简)吻合
- 案例 1 竹简简背的印迹(见 1345、0183、1360、1220 简)与部分案例 1 竹简正面的简文(见 1347、0184、1361、1222 简)吻合

假如这个卷册原来是正面朝里卷起的,我们可以推断,案例 7 原应位于这卷卷轴的内部,而案例 1 则位于卷轴外缘。如果将这些简背反印字迹作为复原案例排序假设的证据,那么这个卷册从卷首到卷末的案例顺序应为:

A)案例 1 —案例 2 —案例 3 —案例 4 —案例 5 —案例 6 —案例 7

或者

B)案例 7 —案例 6 —案例 5 —案例 4 —案例 3 —案例 2 —案例 1

但是,这种案例排序有可能是卷册一原始的排序,也有可能是购买时竹简捆绑的排序。或者换一种说法,这些印迹究竟是编绳脱断之前还是之后印在竹简背面的呢?如果是后者这种情况,那么根据简背反印字迹来复原案例排序也就毫无意义。为了解决这个问题,我们应该将卷册一看作一个整体来分析:

案例 1:A-x-x-x-x-x-?-x-x-x-B-C-D-x-E-x-F-x-x-x-A-x-x-?-x-x-?-x-x-x-B-C-D-(33 支简)

案例 2:G-E-x-F-x-H-I-x-J-?-x-K-x-x-(14 支简)

案例 3:x-x-?-x-G-x-x-x-H-I-L-J/M-?-x-K-x-x-x-N-(19 支简)

案例 4:x-x-?-x-x-x-x-L-M/O-?-x-x-x-x-N/P-x-x-x-Q-x-x-x-x-O-?-x-x-x-(28 支简)

案例 5:P-x-x-R-Q-x-x-(7 支简)

案例 6:?-x-x-?-x-x-x-x-R-x-x-x-x-S-x-x-(16 支简)

案例 7：x-x-x-x-x-x-x-S̲-x-x-x-x-x-x-x-x-x-x-T-U-x-x-x-x-T̲-U̲-x-x-x（29 支简）

（总共 146 支简）

在上面的列表中，每个“x”代表的是一支与简背反印字迹不相关的竹简。每个“?”代表的是一支根据简文内容确定的缺简。英文大写字母从“A”到“U”代表与简背印迹相关的竹简：有下划线的大写字母表示背面有印迹的一支简，没有下划线的大写字母表示写有与反印字迹对应的正文的简。比如说，竹简“A”正面文字反向印在竹简“A̲”简背上。假设构成案例 1，2，3，4，5，6，7 的竹简是连续的竹简（这样它们也就构成了一个卷册），我们发现背面印迹的顺序跟正面简文的顺序符合。另外，写有正文的竹简和印有与正文对应字迹的竹简之间的距离在逐渐缩短。它们之间的距离如下：

A→A̲：20 支简；B→B̲：20 支简；C→C̲：20 支简；D→D̲：20 支简；E→E̲：20 支简；F→F̲：20 支简；G→G̲：18 支简；H→H̲：17 支简；I→I̲：17 支简；J→J̲：17 支简；K→K̲：17 支简；L→L̲：16 支简；M→M̲：16 支简；N→N̲：15 支简；O→O̲：15 支简；P→P̲：14 支简；Q→Q̲：14 支简；R→R̲：12 支简；S→S̲：10 支简；T→T̲：6 支简；U→U̲：6 支简。

根据这样的距离关系，写有正文的竹简和印有与正文对应字迹的竹简之间的距离会由 20 支竹简渐次缩短为 6 支竹简。可以说此种排序恰好与卷成卷轴的竹简状态相符，因为从一卷竹简卷轴的外缘到内部，构成卷轴每一层的竹简周长应该不断缩短。所以，位于卷轴内部的写有正文的竹简和印有与正文对应字迹的竹简之间的距离较小，而位于卷轴外缘具有同样关系的两支竹简的距离较大。现在可以确定这个卷册原来确实是正面朝里卷起的，而且案例 7 最初位于这卷卷轴的内部，案例 1 位于外缘。从出现在同一案例中的正文和印迹的关系（如案例 1、案例 4、案例 7）来看，并根据已经通过简文内容和简背划线确定的案例简序，有印迹的简的简序位置总是滞后于相对应的正文简的简序位置。由此我们可以断定，这个卷册开始于案例 1 的首简，结束于案例 7 的最后一简（即上文的案例顺序 A）。也就是说，卷册一是正面朝上、从卷尾卷到卷首的（见附录一的示意图）。我们根据简背反印字迹复原的案例排序与竹简卷轴的常理结构如此吻合，这显然不是巧合。

## 结　　论

从岳麓书院藏秦简《状四种》卷册一的例子可见，虽然竹简没有经过科学考古发掘，而且构成一个卷册的竹简已经完全散落，但是我们仍然可以根据上述的线索来编联竹简。此文提及的竹简简背的两个现象也表明了竹简简背照片发表的重要性。因为学者通过这些发表的照片才有机会研究竹简的相互关系。根据学界长期忽略的简背现象作为研究证据来研究竹简,也许可以解决学界长期以来有争议的竹简编联问题,也能促进对中国古代出土文献更深层次的研究。本文对岳麓书院秦简《状四种》卷册一的竹简简背分析,可以了解该卷诉讼案例集的组织结构,①也从侧面证实了此批秦简的真实性。造假者应该不会煞费心机,也不可能来模仿、伪造上述提及的两种简背现象,尤其是简背反印字迹。

附录一:《状四种》卷册一的复原示意图(从卷轴顶部俯视)

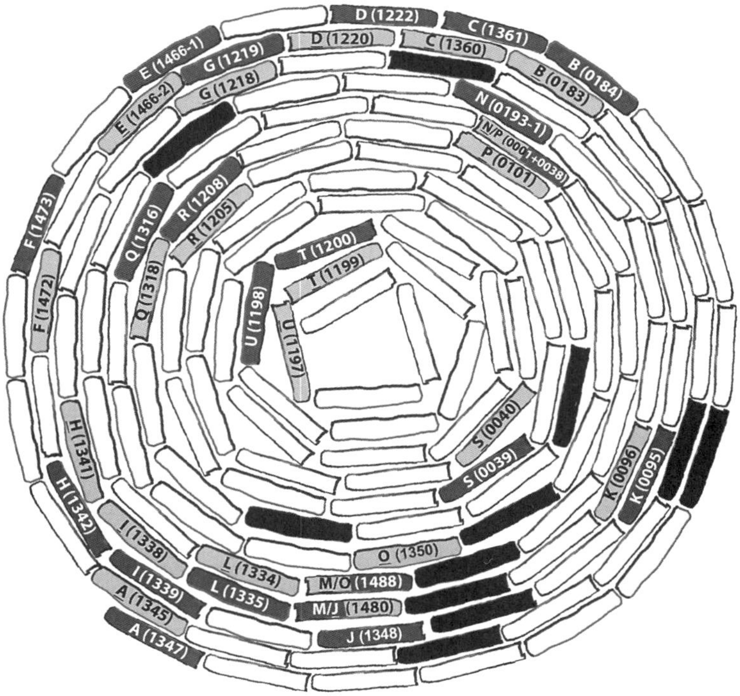


浓灰色背景,白色字母:正文简

淡灰色背景,黑色字母:反印字迹简

黑色:按照简背划线、简背反印字迹或者简文内容假定的缺简

一共 146 支简,其中 11 支缺简

[制图:Thies Staack]

① 《状四种》的 7 个案例可能是按年月顺序编排的。案例 1 是最晚的(秦王政二十五年 6 月,公元前 222 年),案例 7 是最早的(秦王政十八年,公元前 229 年)。案例 2(秦王政二十五年 5 月,公元前 222 年)、案例 3(秦王政二十三年,公元前 224 年)和案例 6(秦王政二十一年,公元前 226 年)也符合年月顺序。案例 4 和 5 中的日期不明朗。

## 附录二：正文简与反印字迹简对应表

| 正文简 | | | 反印字迹简 | | |
|---|---|---|---|---|---|
| 简 | 原始编号 | 案例 | 简 | 原始编号 | 案例 |
| A | 1347 | 1 | A | 1345 | 1 |
| B | 0184 | 1 | B | 0183 | 1 |
| C | 1361 | 1 | C | 1360 | 1 |
| D | 1222 | 1 | D | 1220 | 1 |
| E | 1466－1 | 1 | E | 1466－2 | 2 |
| F | 1473 | 1 | F | 1472 | 2 |
| G | 1219 | 2 | G | 1218 | 3 |
| H | 1342 | 2 | H | 1341 | 3 |
| I | 1339 | 2 | I | 1338 | 3 |
| J | 1348 | 2 | J | 1480 | 3 |
| K | 0095 | 2 | K | 0096 | 3 |
| L | 1335 | 3 | L | 1334 | 4 |
| M | 1480 | 3 | M | 1488 | 4 |
| N | 0193－1 | 3 | N | 0001+0038 | 4 |
| O | 1488 | 4 | O | 1350 | 4 |
| P | 0001+0038 | 4 | P | 0101 | 5 |
| Q | 1316 | 4 | Q | 1318 | 5 |
| R | 1208 | 5 | R | 1205 | 6 |
| S | 0039 | 6 | S | 0040 | 7 |
| T | 1200 | 7 | T | 1199 | 7 |
| U | 1198 | 7 | U | 1197 | 7 |

后记：

岳麓秦简整理小组的主任陈松长先生2011年邀请笔者参与《岳麓书院藏秦简(叁)》的整理工作并提供相关的图版资料，以后也邀请笔者在《湖南大学学报(社会科学版)》发表本文。执笔《岳麓书院藏秦简(叁)》的陶安先生在整理过程中提供《状四种》各案例的释文和他各案例中的简序复原。两位提供的资料为本文研究的基础。特此致谢！

本文的研究成果首次在2012年7月4日European Association for the Study of Chinese Manuscripts(EASCM)于巴黎举行的会议上发表。同月,笔者将未公布的文章也提供给岳麓秦简的整理者参考。整理者在此研究成果的基础上修改未公布《岳麓书院藏秦简(叁)》"第一组"中案例的顺序。因此,《岳麓书院藏秦简(叁)》最后公布的案例顺序与本文复原的顺序相同。另外,由于本文投稿时间《岳麓书院藏秦简(叁)》未正式出版,本文中一些引用《岳麓书院藏秦简(叁)》的信息不正确。原因是,《岳麓书院藏秦简(叁)》正式出版之前有一些改动。比如,整理者改正了一些简的原始编号。请参看朱汉民、陈松长编:《岳麓书院藏秦简(叁)》,上海:上海辞书出版社,2013年,第319页。本次重印将这些引用《岳麓书院藏秦简(叁)》的信息改正而没补充2013年以后的研究成果,特此说明。请参看本文的英文修订本:Thies Staack,"The Neglected 'Backyard' of Early Chinese Manuscripts: How an Analysis of the Verso of Bamboo Slips can enable the Reconstruction of a Manuscript Roll",海德堡大学网上文档存储库,2017年7月7日,https://doi.org/10.11588/heidok.00023213。

(原文载《湖南大学学报(社会科学版)》2013年第3期)

# ·第四卷·

# 《岳麓书院藏秦简(肆)》的内容与价值

◎ 周海锋(湖南大学岳麓书院)

## 一

《岳麓书院藏秦简(肆)》共收录竹简391枚,内容为秦律令,由于这些内容仅仅是岳麓秦简中律令的一部分,故该卷又定名为“秦律令(壹)”。我们根据竹简的内容、字体特征、简背划线和反印文等信息,将这391枚简分为三组:

第一组共计105枚,简长29~30厘米,有三道编痕,简背大多有划线或反印文,其中1991号简背有“亡律”二字,据此,这是一组“亡律”简。

第二组计178枚,简长27.5厘米,存两道编痕,简背无篇题,简背多无划痕。这组简共收录篇名明确的律19种,分别为《田律》《金布律》《徭律》《傅律》《仓律》《司空律》《内史杂律》《奔敬(警)律》《行书律》《置吏律》《贼律》《具律》《狱校律》《杂律》《关市律》《索律》《兴律》《戍律》和《尉卒律》。

第三组共计108枚,长度为27.5厘米,存两道编痕。这组简的书体特征明显,其线条规整,字体扁平,是岳麓秦简中最接近睡虎地秦简书体的一种。这组简中多次出现用天干编序的“内史郡二千石官共令”的令名简,据此,大致可以确认,这是一组“内史郡二千石官共令”简。

## 二

《岳麓书院藏秦简(肆)》所收律令比的内容涉及秦制面颇广,学者们可通过对这批材料的研读,加深或转变对秦代法制的认识。

曾有学者认为秦令并不存在,①张家山汉简《奏谳书》所引秦令的面世以及里耶秦简令

① 大庭脩:《秦汉法制史研究》,林剑鸣等译,上海:上海人民出版社,1991年,第10页。

文的刊布，推翻了这种结论。《岳麓书院藏秦简（肆）》所收令文不仅可以让学者们领略到秦令形态之多样、编排之有序，而且能为深入研究秦令与秦律的关系提供更多资料。

秦代有无法典的问题也是法制史界极为关注的问题，若完全依照西方法典之定义则无法得到肯定的答案。但岳麓秦简中带有天干序号的《田律》的出现，尤其是“内史郡二千石官共令第甲”“内史郡二千石官共令第乙”“内史郡二千石官共令第丙”“内史郡二千石官共令第丁”“内史郡二千石官共令第戊”“内史郡二千石官共令第己”和“内史郡二千石官共令第庚”7 种依照天干顺序有序排列的令文的出现，至少表明秦令是经过统一编纂整理的。

关于萧何制律九章的记载见于《汉书・刑法志》，“汉兴，高祖初入关，约法三章曰：‘杀人者死，伤人及盗抵罪。’蠲削烦苛，兆民大说。其后四夷未附，兵革未息，三章之法不足以御奸，于是相国萧何攈摭秦法，取其宜于时者，作律九章”。① 班固并没有罗列律九章之名。《晋书・刑法志》曰：“汉承秦制，萧何定律，除参夷连坐之罪，增部主见知之条，益事律《兴》《厩》《户》三篇，合为九篇。”②从岳麓秦简看来，萧何制《九章律》的记载是有误的，《兴律》见于岳麓秦简，《魏户律》已见于睡虎地秦简，《厩》律或为《睡虎地秦律・厩苑律》之简称。萧何并非创立《兴》《厩》《户》三律名，而是对此三律做过大幅度的调整。

“汉承秦制”在法律制度上的表现就是汉代对秦律令条文的继承，但是这种承继并非完全照搬。汉律在承袭秦律的基础上的革新是学术界关注的问题，但由于材料有限，以往的秦汉律比较研究未能充分展开。岳麓秦简所见法律条文数量颇大，又多有与张家山汉简相同、相近或相异者，这为秦汉律令的比较研究提供了重要资料。以《亡律》为例，汉初《二年律令》中有《亡律》，睡虎地秦简则未见，而岳麓秦简《亡律》简多达百余支，且内容丰富，为秦汉《亡律》的比较研究提供了方便。岳麓秦简《亡律》中惩罚城旦舂、白粲和城旦司寇三者逃亡的措施均是“黥为城旦舂”。而《二年律令・亡律》规定“城旦舂亡，黥，复城旦舂。鬼薪、白粲也，皆笞百”，③鬼薪、白粲逃亡只要笞一百，比城旦舂逃亡处以黥刑要轻得多。秦汉律中诸如此类之细微差别，既可以看作是法律日趋严密合理的发展趋势，也可视为是汉律相对宽和的表现。

对于同一种犯罪行为，秦汉律在确定刑名和惩处力度上是存在差异的。张家山汉简《二年律令・亡律》：“诸舍亡人及罪人亡者，不智（知）其亡，盈五日以上，所舍罪当黥☐

---

① 《汉书》卷 23《刑法志》，北京：中华书局，1962 年，第 1096 页。

② 《晋书》卷 30《刑法志》，北京：中华书局，1974 年，第 923 页。

③ 张家山二四七号汉墓竹简整理小组编：《张家山汉墓竹简（二四七号墓）》（释文修订本），北京：文物出版社，2006 年，第 30 页。

赎耐；完城旦舂以下到耐罪，及亡收、隶臣妾、奴婢及亡盈十二月以上，赎耐。”①“舍亡人”指给亡人提供住所，与“匿亡人”的性质不同。“匿”是故意隐藏，所以罪行也更重。此律文的大意是：给亡人及犯罪逃亡者提供住宿，如果不知对方为亡人，五日以下可不追究，超过五日，据亡者犯罪轻重给予不同程度的刑罚。岳麓秦简《亡律》中也有相近的内容（图1）：

> 盗贼旞（遂）者及诸亡坐所去亡与盗同灋者当黥城旦舂以上及命者、亡城旦舂、鬼薪、白粲舍人（2011）室、人舍、官舍，主舍者不智（知）其亡，赎耐。其室人、舍人存而年十八岁者及典、田典不告，赀一甲。伍（1984）不告，赀一盾ㄴ。当完为城旦舂以下到耐罪及亡收、司寇、隶臣妾、奴婢、阑亡者舍（1977）人室、人舍、官舍，主舍者不智其亡，赀二甲。其室人、舍人存而年十八岁以上者及典、田典、伍不告（2040）赀一盾。（1979）

两相比较可知，汉律与秦律在此处的规定极为相似，尤其是汉律“完城旦舂以下到耐罪，及亡收、隶臣妾、奴婢及亡盈十二月以上，赎耐”一段，秦律的对应律文为“完为城旦舂以下到耐罪及亡收、司寇、隶臣妾、奴婢、阑亡者舍人室、人舍、官舍，主舍者不智其亡，赀二甲”。二者有不同之处。其一，虽然主舍者所犯罪行一样，但处罚不一样，秦代是赀二甲，汉代是赎耐，汉律的处罚更重。在秦代的刑罚系统里“赀二甲”之上紧接着“赎耐”，岳麓秦简有如下内容：

> 书下官，官当遣（1599）徒而留弗遣，留盈一日，官啬夫吏主者，赀各一甲，丞、令、令史赀各一盾；留一日到二日，官啬夫吏赀二甲，［丞］、（1180）令、令史赀各一甲；过二日到三日，官啬夫吏赎耐，丞、令、令史赀各二甲；过三日官啬夫吏耐，丞、令、令史为（1176）

而在《二年律令》中没有见到赀甲、赀盾的处罚，故不能与秦律的刑罚等级一一对应。由于刑罚等级的缺失，以秦律为蓝本的汉律，

图1

① 张家山二四七号汉墓竹简整理小组编：《张家山汉墓竹简（二四七号墓）》（释文修订本），第31页。

在对某些罪行论罪时,较秦律而言,会出现过重或过轻的现象。其二,汉律将秦律中的“阑亡者”改为“亡盈十二月以上”,但二者表达的意思应相同。岳麓秦简0185号简“阑亡盈十二月而得,耐。不盈十二月为将阳,毄(系)城旦舂”,明文规定阑亡不盈十二月为将阳,言外之意,阑亡是指逃亡超过十二个月者。汉代取消了“阑亡”“将阳”“邦亡”等秦律中常见的逃亡罪名称,一律称为“亡”。据此可修订前人关于阑亡的解释,《睡虎地秦简·法律答问》有“未出徼阑亡”,整理小组引用《汉书·汲黯传》注曰“无符传出入为阑”,①用“阑”的一个义项来解释“阑亡”。事实上所有的逃亡都是无符传出入,不应单指“阑亡”。通过《二年律令》以“亡盈十二月以上”代替岳麓秦简《亡律》中的“阑亡”可知,阑亡就是指逃亡时间超过十二个月者,不足十二个月称为将阳。

## 三

《岳麓书院藏秦简(肆)》为秦代职官、赋税、基层行政制度等方面的研究提供了重要材料。

这一卷书中所见的一些官署、职官名称罕见于传世典籍或出土文献,如1975号简文所载“特库”与“御府”“私官”并列,当为官署名无疑,又可与出土秦封泥“特库之印”、“特库丞印”互相印证。② “左乐”之称未见于史书,秦封泥中有“左乐丞印”,由此亦可推测“左乐”应是官署名。③ 2149号简文将“左乐”与“乐府”并列,既可纠正“汉武帝时始设乐府”④这一传统观点的错误,又可得知“左乐”应是与乐府类似的音乐管理机构。传世史书中有一少府属官名为“斡官”,《汉书·百官公卿表上》载:“初,斡官属少府,中属主爵,后属大司农。”颜师古注引如淳曰:“斡音筦,或作干。斡,主也,主均输之事,所谓斡盐铁而榷酒酤也。”⑤验之出土文献,可知“斡”乃“榦”之讹,“榦官”见于里耶秦简8-1831号木牍“一榦官居宜阳、新城(成),名曰‘右榦官’。为其丞劾(刻)印章曰‘右榦官丞’,次‘榦都廥丞’”。⑥ 岳麓简1349号则同时出现“右榦官”“中榦官”和“左榦官”,三者执掌有何差别是值得思考的。1858号简出现“别离内佐”⑦这一新官名,其执掌也是值得研讨的。0639与

① 睡虎地秦墓竹简整理小组编:《睡虎地秦墓竹简》,北京:文物出版社,1990年,第104页。

② 傅嘉仪:《新出秦代封泥印集》,杭州:西泠印社,2022年,第82页。

③ 傅嘉仪:《新出秦代封泥印集》,第7页。

④ 《汉书·礼乐志》“至武帝定郊祀之礼……乃立乐府”,第1045页。《文心雕龙·乐府》“暨武帝崇礼,始立乐府”,范文澜:《文心雕龙注》,北京:人民文学出版社,1958年,第101页。

⑤ 《汉书》卷19《百官公卿表上》,第731页。

⑥ 陈伟主编:《里耶秦简牍校释(第一卷)》,武汉:武汉大学出版社,2012年,第397页。

⑦ 后续研究发现“别离内佐”当释为“符离冗佐”。

0680号简均出现“器园”“宣深”两个官署名，此二官署名不见于文献，其性质如何很值得探究。

传世典籍中与秦代户赋相关的资料极少，以前的研究者只能以汉推秦，所得结论难免与历史事实有出入。以前一直认为“户赋”征收的是货币，现在看来在秦代户赋也征收实物，如里耶秦简8－518号木牍“卅四年，启陵乡见户、当出户赋者志……见户廿八户，当出茧十斤八两”。① 这一点在岳麓秦简中同样可以得到证明：

●金布律曰：出户赋者，自泰庶长以下，十月户出刍一石十五斤；五月户出十六钱，其欲出布者，许(1287)之，十月户赋，以十二月朔日入之，五月户赋，以六月望日入之，岁输泰守。十月户赋不入刍而入钱(1230)者，入十六钱。(1280)

由上引简文可知，在秦代，户赋缴纳形式有刍、钱、布3种，不入刍则可以缴纳一定数额的钱，缴纳方式十分灵活，很具操作性。

研究秦代的基层行政，不得不谈及里典及老，然关于典、老的名额配置和产生方式在传世文献中少有记载。本书所收的《尉卒律》却有比较翔实的规定(图2)：

●尉卒律曰：里自卅户以上置典、老各一人，不盈卅户以下，便利，令与其旁里共典、老，其不便者，予之典(1373)而勿予老。官大夫以上擅启门者，附其旁里，旁里典、老坐之。置典、老，必里相谁(推)，以其里公卒、士五(伍)年长而毋害(1405)者为典、老，毋长者令它里年长者。为它里典、老，毋以公士及毋敢以丁者，丁者为典、老，赀尉、尉史、士吏主(1291)者各一甲，丞、令、令史各一盾。毋(无)爵者不足，以公士，县毋命为典、老者以不更以下，先以下爵。其或复，未当事(1293)戍，不复而不能自给者，令不更以下无复不复，更为典老。(1235)

图2

① 陈伟主编：《里耶秦简牍校释(第一卷)》，第172页。

这组律文内容不难理解，只是“县毋命为典、老者以不更以下”一句需要解释一下。“毋”一般表示禁止、不要，《说文》“毋，止之也”，《玉篇》“毋，莫也”。但是根据上下文，此“毋”不但不能取其常用义项，且要取其反义。《墨子·尚贤》“唯毋得贤人而使之”，孙诒让《墨子间诂》引清代学者苏时学注云“疑‘毋’为‘务’字之假借”。① “毋命为典、老者以不更以下”中的“毋”若作为“务”的通假字在文意上可通，但在古书中没有二字通假的例证，且出土秦简牍所见之“毋”也没有一例是作“务”之通假字解者。又二字古音声母虽相同，但是韵部相距甚远，无通假之可能。综上可判定此“毋”应为误衍之字，“毋命为典、老者以不更以下”实是“命为典、老者以不更以下”之误。任命爵位在不更以下的人充当典、老，此与1235号简“自不更以下无复不复，更为典、老”的规定是一致的。爵位在不更以上者不能充当典、老，这样的规定与当时的爵位制度有关。“不更”为秦军功爵第四级，《汉书·百官公卿表上》“爵：一级公士……四不更……”，颜师古注：“不豫更卒之事也。”②依照颜注，爵位在不更以上者不需服更役。服更役即践更，秦代践更必须亲自前往，与如淳注《汉书·昭帝纪》所言践更为花钱雇人代服更不同。③《奏谳书》案例十七发生在秦王政二年，“讲曰：践更咸阳，以十一月行，不与毛盗牛”。④ 又据里耶秦简，不更以上爵位者似不需服徭役，“卅五年九月丁亥朔乙卯，贰春乡守辨敢言之：上不更以下繇（徭）计二牒。敢言之”。⑤ 如此看来，通常情况下，秦代爵位在不更以上者，既不需服更役，也不需服徭役。之所以不让爵位在不更以上者充任典、老，是因为任典、老期间亦可免服更役和徭役。爵位在不更以上者，原本就不当服役，故无需再任典、老以抵消各种役事，故典、老须由无爵者或爵位较低者充当。

1373组律文对典、老的产生程序作了极其细致的规定，为研究秦代基层行政提供了宝贵的资料。这些规定不仅仅是停留在条文里，而且已被运用到了行政实践之中。里耶秦简8-157“卅二年正月戊寅朔甲午，启陵乡夫敢言之：成里典、启陵邮人缺。除士五（伍）成里匄、成，成为典，匄为邮人，谒令尉以从事。敢言之。（正）正月戊寅朔丁酉，迁陵丞昌却之启陵：廿七户已有一典，今有（又）除成为典，何律令𪽈（应）？尉已除成、匄为启陵邮人，其以律令。气手。正月戊戌日中，守府快行。正月丁酉旦食时，隶妾冉以来。欣发。　壬手。（背）”。⑥ 启陵乡请求迁陵县，想通过尉为成里设置一里典，结果被迁陵县丞昌否决了，理由是只有二十七户人的成里，现已有一里典，若再任命一典，与律令不符。核以《尉卒律》“里

① 孙怡让：《墨子间诂》，北京：中华书局，2001年，第52—53页。
② 《汉书》卷19《百官公卿表上》，第739—740页。
③ 《汉书》卷7《昭帝纪》，第230页。
④ 张家山二四七号汉墓竹简整理小组编：《张家山汉墓竹简（二四七号墓）》（释文修订本），第100页。
⑤ 陈伟主编：《里耶秦简牍校释（第一卷）》，第353页。
⑥ 陈伟主编：《里耶秦简牍校释（第一卷）》，第94页。

自卅户以上置典老各一人，不盈卅户以下，便利，令与其旁里共典老，其不便者，予之典而勿予老”之规定，二者若合符契。

总之，《岳麓书院藏秦简（肆）》所收竹简总数虽然只有391枚，但其内容丰富，具有重要的学术价值，可以预见，该书正式刊布后，必将掀起秦制研究的新高潮。

（此文原载《文物》2015年第9期）

# 再论三辨券

## ——读岳麓书院藏秦简札记之四

◎　邢义田(台北“中研院”历史语言研究所)

在《校读史语所藏居延汉简的新收获(2013 年 6 月—2014 年 7 月)》一文中,我曾推测秦汉三国常见的三辨券,分剖为三,由官府保留中辨之制始自秦:[1]

> 一式分成左、中、右三份的三(参)辨券为秦汉别券形式之一,见于睡虎地、里耶、龙岗秦简和居延汉简(简 7.31 图 1)。整理小组旧释“券”为“界”,误。胡平生指出迄今未见参辨券实物,其形式尚不明。本简(202.22“辨券中辨在破胡□/□□”图 2)提到“中辨”,则其制有左、右辨而成三,似可推知。居延、敦煌边塞简中有左右对剖的符或券,然未曾见三辨券之左或右辨。三辨券“中辨”实物在走马楼三国吴简中有迹可寻。田家莂大木牍如胡平生指出是一种别券,其上时而可见剖分后,或在左行或在右行或在左右两侧的残笔,可知目前所见之简很可能是三辨券的中辨,其左右辨于剖分后,应各在其他持券者手中。相关例证很多,这里仅举左、右和左右皆有残笔的各一件为例。里耶

图 1　简 7.31

图 2　简 202.11+202.15+202.22 及局部

① 简牍整理小组:《校读史语所藏居延汉简的新收获(2013 年 6 月—2014 年 7 月)》,台北“中研院”历史语言研究所编:《古今论衡》第 28 期,2015 年,第 86—87 页。

秦简提到“不智器及左券在所未”（8－435），其措辞“左券在所”云云与“辨券中辨在破胡”相类，可参。又由岳麓书院藏秦简“上券中辨其县廷”，亦即上交券之中辨于县廷，从而可以推知三辨券之中辨藏于官府之制，应自秦以来，已然如此。

当时仅根据《里耶秦简牍校释（第一卷）》页 331 校释 4 所引的几条岳麓简和“中研院”历史语言研究所简牍整理小组的新释文，本文所附为最新经缀合后的图版（图 2，见史语所 2015 年出版的《居延汉简（贰）》第 238 页）。又根据《岳麓书院藏秦简（肆）》的《田律》和《金布律》，可以很清楚确认这是秦制：

1. ●《田律》曰：吏归休，有县官吏乘乘马及县官乘马过县，欲贷刍藁、禾、粟、米及买菽者，县以朔日 （1284 正－111 正，第 104 页）
2. 平贾（价）受钱，先为钱及券缿，以令、丞印封，令令史、赋〈钱〉主各挟一辨，月尽发缿令、丞前，以中辨券案雠（雠）钱，钱辄输入少内，皆相与靡（磨）除封印，中辨臧（藏）县廷。 （1285 正－112 正，第 105 页）
3. ●《金布律》曰：官府为作务，市受钱，及受赍、租、质、它稍入钱，皆官为缿，谨为缿空（孔），媭（须）毋令钱 （1411 正－121 正，第 108 页）
4. 能出，以令若丞印封缿而入，与入钱者参辨券之，辄入钱缿中，令入钱者见其入。月壹输 （1399 正－122 正，第 108 页）
5. 缿钱，及上券中辨其县廷。月未尽而缿盈者，辄输之。不如律，赀一甲 （1403 正－123 正，第 108 页）

这 5 枚简分属《田律》和《金布律》。以上《田律》第二简的句读，从陈伟先生的意见。① 陈伟另疑“赋”字为“钱”字之误。岳麓简钱和赋两字都很多，这里的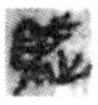字清晰可辨，但确实是抄错了，原应作“钱”。因为这一条律的内容只涉及借刍稾、禾、粟、米和买菽，与租税或赋应无关。

本文要指出的是《田律》和《金布律》“中辨臧（藏）县廷”“上券中辨其县廷”之语，证实了我过去对中辨藏在官府的猜想。此外，里耶简 8－1452 也可证明写有“出入”字样的三辨券，其“中辨”原本是在经手之吏的手中，每月底前才上交，最后由县廷收存：

［廿六］年十二月癸丑朔己卯，仓守敬敢言之：出西廥稻五十□石六斗少半斗；输粢粟二石，以禀乘城卒夷陵士五（伍）阳□□□□。今上出中辨券廿九。敢言之。□手。

（《里耶秦简牍校释（第一卷）》第 330 页）

① 陈伟：《岳麓秦简肆校商（壹）》，简帛网，2016 年 3 月 27 日。入钱缿中之制请参陈伟：《关于秦与汉初“入钱缿中”律的几个问题》，《考古》2012 年第 8 期。

这是仓守敬将写有“出”字廿九件出粮中辨券上呈的文书。可见仓库出粮的中辨券原本在仓守敬手中。他出粮后，须按一定的时限，将“出中辨券”上呈。这个时限就是岳麓简 1285 正-112 正中所谓的“月尽”，即月底。官府作务等收入的钱，如简 1399 正-122 正所说“月壹输甀钱”，也是一个月上缴一次。里耶简 8-1452 的“[廿六]年十二月癸丑朔己卯”是始皇二十六年，朔日与张培瑜《中国先秦史历表》合，十二月己卯正是廿九日，月底前一日。“今上出中辨券”的“今”是如今，也就是在月底前一天的廿九日上呈。由此不难推知，如果是入粮或入钱财，同样应在每月月底前将“入中辨券”上呈县廷。

三辨券的中辨既然最后藏于县廷，左、右辨又由谁收执呢？十余年前我写《张家山汉简〈二年律令〉读记》时，据《二年律令·户律》和汉世先令券书，曾推想应由（1）当事人、（2）乡啬夫和（3）县廷各执一份：①

《户律》简 334-336“民欲先令相分田宅、奴婢、财物，乡部啬夫身听其令，皆参辨券书之，辄上如户籍。有争者，以券书从事；毋券书，勿听。所分田宅，不为户，得有之，至八月书户。留难先令，弗为券书，罚金一两。”

（《户律》）

这一条简 334 上半截保存情形欠佳，扭曲变形，字迹模糊，近年新出刊红外线图版的《二年律令与奏谳书》，原简残缺更甚，字迹并不比较理想。尤其关键的“先令”二字，依旧图版看，尚隐约可见，新图版反难以辨识。如果原释文可从，最少表明两点：

第一，自汉初（可能相沿自秦）以生前所立遗嘱（先令）处分财产受到法律承认，而且是法律上解决遗产争讼的主要甚至是唯一的依据（“毋券书，勿听”，这是说没有券书，即不听告，不受理争讼之案）；

第二，民立遗嘱，须由乡部啬夫“身听其令”，即亲自听当事人述说遗嘱，并以“三辨券”写下券书，并像户籍一样上报。

“三辨券”或“参辨券”之制已见于秦《金布律》（《秦律十八种》第 39 页），秦律注释者谓“三辨券，可以分成三份的木券”（第 39 页），由当事者分别保存。以先令来说，当事人之一当然是立遗嘱的人，其次是作为见证“身听其令”的乡部啬夫。还有一份不知由谁保存。如果是“辄上如户籍”，像户籍一样地上报，则应是保存在县廷。因为处理争讼的基层单位是县。如距县廷太远，百姓也可就近请乡啬夫听取案件（简 101.148）。如此，县和乡都须要有

① 邢义田：《张家山汉简〈二年律令〉读记》，《地不爱宝》，北京：中华书局，2011 年，第 144—199 页。王素先生研究走马楼三国吴简田家莂，引关尾史郎之说后指出参辨券可能是分执于乡、县（侯国）和纳税者之手，但未作结论，表示须要“继续探讨”。参见王素：《长沙走马楼三国吴简研究的回顾与展望》，北京吴简研讨班编：《吴简研究》第 1 辑，北京：崇文书局，2004 年，第 19 页。

先令资料。这一条似乎也透露出这样的信息：户籍像先令一样，也是一式三份，可能即由户长、乡和县分别保存。

这一推想和前引第二条岳麓简“令令史、钱主各挟一辨”大致相符。现在如果细读岳麓简，似乎又可以多知道一点细节。陈伟先生推想“因为县令不会亲临交易，而三辨券中之中辨需要上呈县廷，此外只有上、下两辨由令史与买者分别持有”。首先，辨券有上下对剖的（即一简正背之间中剖而成上下或前后两片），也有左右剖分的。以三辨券而言，不论竹或木券，在剖制上似乎以使用同一面分成左、中、右三辨最为简便可行。迄今似不曾见三辨券有一方竹或木牍前中后剖分为三的例子。

其次，稍一细想，即可推知在秦代左辨应由入钱的当事人收执，中和右辨原都在经办之吏的手上。每月月底之前，经办的吏才须将累积一个月，分别封存在鯃或罐子一类容器中的中辨券和钱呈送县廷，自己保留右辨，以备上级核查。如果是两辨券，右券应在官府，左券交当事人。如果不到一个月，鯃中积存的钱和券已太多，可不必等到月底，随时上呈。因事不同，收执的单位和吏不必相同，但各单位处理别券的模式应十分相似。

为什么说秦代借贷或纳钱粮的当事人执左券？陈伟先生注释里耶简 8－435“不智（知）器及左券在所未”一句时说：“左券，古代契约多分左右二片，左片称左券，由债权人收执，用为索偿的凭证。《史记·田敬仲完世家》：‘公常执左券以责于秦、韩。此其善于公而恶张子多资矣。’”（《里耶秦简牍校释（第一卷）》第 148 页）这一注释虽是针对两辨券而说，似不妨设想秦三辨券的左券也由当事人收执。

中国古代尚左或尚右，因为尚左和尚右的例子都能找到，曾引起不少辩论。[1] 其实尚左尚右可因国，因事，因时代而有不同，恐难一概而论。[2] 如今可知最少秦、汉两代既有差别，也有相同。

高震寰和我在另一篇读岳麓书院藏秦简札记中，曾注意到秦汉两代烙马印之制有异，秦烙“当乘”马之右肩，而汉边塞传马、驿马却皆左剽，牛皆左斩，遂疑心两代左右之制有异，寓有深一层的意义。[3] 现在参以前述符、券之制，则知两代在某些方面所尚，确实有所不同。

单以目前新出牛马灸识和符券材料看，在这些方面秦尊右，汉尚左应该算是已有若干证据。由此而推，秦代地方郡县三辨券的左券即应在当事人之手，右和中券应分别在乡啬夫、令史或其他主管其事的官吏手上，最后由主管吏将中辨券上呈，藏于县廷。汉代则相反，右

---

① 彭美玲：《古代礼俗左右之辨——以三礼为中心》，台北：台湾大学出版委员会，1997 年。

② 胡平生引高亨的意见并说：“左右尊卑的问题十分复杂，不同的时代，不同的地域，不同的族群，的确有着不同的左右尊卑观。”十分赞同他们的说法。参胡平生：《走马楼吴简“嘉禾吏民田家莂”合同符号研究》，《胡平生简牍文物论稿》，上海：中西书局，2012 年，第 85 页。

③ 邢义田、高震寰：《“当乘”与“丈齿”——读岳麓书院藏秦简札记之三》，简帛网，2016 年 4 月 8 日。

图 3　J63 兔子山三辨券

券在当事人，中和左券则在官府之手；如果是两辨券，左在官，右券交当事人。居延简中有不少由居延都尉发交金关的符券，全部都是“左居官，右移金关”（简 65.7、65.9、274.10、274.11、73EJT9：10、73EJT22：84、73EJT22：99、73EJT24：19、73EJT26：16、73EJF1：31）。

接着要稍提一件出土的三辨券。2015 夏游湖南长沙，承张春龙先生告知益阳兔子山六号井出土一件东汉献帝建安十九年（214 年）“出入米”券牍（图 3），这件券牍的红外线图版已刊布在湖南省文物考古研究所网站。它是一式三份，内容除牍首一字有“出”和“入”之别，其余文字全同的三辨券，其中左侧两辨之间已完全剖开，中右二辨之间只剖到一半，要断而未全断。此券牍长 24.7 厘米、单支宽 1.1 厘米、厚 0.5 厘米，重 47.6 克。文字分上中下三栏，湖南考古所网站名之为“三联单”。释文如下：

入掾胡盛平斛品米三斛五十升六合　　建安十九年二月二日□仓啬夫文　　□□

入掾胡盛平斛品米三斛五十升六合　　建安十九年二月二日□仓啬夫文　　□□

出掾胡盛平斛品米三斛五十升六合　　建安十九年二月二日□仓啬夫文　　□□

据图版，“五十升”无疑应作“五斗”，“二日”后一字无疑应作“付”字。可惜末尾二字不清，疑为人名。去年六月卅日承张春龙先生惠赐较好照片，末二字应如张先生所说，为“熊受”二字。兹重录释文如下：

入掾胡盛平斛品米三斛五斗二升六合　　建安十九年二月二日付仓啬夫文　　熊受

入掾胡盛平斛品米三斛五斗二升六合　　建安十九年二月二日付仓啬夫文　　熊受

出掾胡盛平斛品米三斛五斗二升六合　　建安十九年二月二日付仓啬夫文　　熊受

出入券末的“某人受”，和三国吴简别券末尾用语完全相同。① 这种粮食出入券，有两辨和三辨的。两辨的写在一简正背面，中剖为二，悬泉简

① 邢义田：《汉至三国公文书中的签署》，中华书局主编：《文史》第 3 辑，北京：中华书局，2012 年，第 163—198 页。

IT0114：26AB 可说是目前最好的例证。① 也有在同一面，一式三份写好，再纵剖分为三者，益阳兔子山牍无疑是目前最好的例证。此外，有些在侧面有刻齿，有些没刻齿，却有大大的“同”字或墨线画的“米”形供剖分后，勘合的字或符号，胡平生、籾山明、大川俊隆、张春龙和张俊民等都已论之甚详。② 益阳兔子山券牍没有田家莂那样跨越三辨的“同”字或“米”形符号，也不见刻齿，可见券别形式多种多样，不能看死。③

再者，这一券牍的右侧二辨，天头书“入”字，最左侧一辨，书“出”字。结合前文所说，这三辨无疑是准备交给不同的人收执。但因剖制尚未完成，尚未分送出去。将会分给谁呢？我的猜想是右券给当事人仓啬夫文，中券和左券有一“入”一“出”字样者，原本都在出入粮食的掾胡盛手中，胡盛在规定期限内须将“入”字中辨券呈交益阳县廷，自己保留“出”字左券，以备县廷日后核查出账和入账是否相符。这仅仅是据汉符券尚左而作的推想。益阳兔子山出土简以千计，正待刊布；刊布后参照其他简，或许有机会较明确地知道这样的三辨券会分别落入什么人的手中。

券书在秦汉两代运用的很广。遗嘱也用券。在《张家山汉简〈二年律令〉读记》小文中，我曾指出先令券书是秦及汉初法律上解决遗产争讼的主要甚至是唯一的依据。现在据《岳麓（肆）》可知不仅是遗产争讼须以券书为凭，其他财产借贷、嫁娶等争讼也须以券书为凭：

1. ●十三年六月辛丑以来，明告黔首：相贷资缗者，必券书吏，其不券书而讼，乃勿听，如廷律。前此　（0630 正－301 正，第 194 页）

2. 令不券书讼者，为治其缗，毋治其息，如内史律。　（0609 正－302 正，第 195 页）

3. ●十三年三月辛丑以来，取妇、嫁女必叁辨券∟，不券而讼，乃勿听，如廷律∟。前此令不券讼者，治之如内史　（1099 正）

律。　●谨布令，令黔首明智。　●廷卒□　（1087 正）

以前我提到户籍可能采三辨券形式，现在可再补充一条材料。《二年律令·户律》简305：“自五大夫以下，比地为伍，以辨□为信，居处相察，出入相司。”辨下一字极模糊，无以

---

① 张俊民：《悬泉汉简刻齿文书概说》，《敦煌悬泉置出土文书研究》，上海：中西书局，2015 年，第 384—409 页。

② 券书相关研究参胡平生：《木简出入取予券书制度考》《木简券书破别形式述略》，《胡平生简牍文物论稿》，第 52—64、65—73 页；张俊民：《悬泉汉简刻齿文书概说》，第 384—409 页；张春龙、大川俊隆、籾山明：《里耶秦简刻齿简研究——兼论岳麓秦简〈数〉中的未解读简》，《文物》2015 年第 3 期，第 53—69 页；籾山明：「刻齒簡牘初探—漢簡形態論のために」、原刊『木簡研究』第 17 號、1995 年，收入氏著：『秦漢出土文字史料の研究』、東京：創文社、2015 年、第 17—61 頁。

③ 邢义田：《一种前所未见的别券——读〈额济纳汉简〉札记之一》，《地不爱宝》，第 200—204 页。按里耶秦简中的祠先农简中也有三辨券，简边有刻齿表数字。参张春龙：《里耶秦简祠先农、祠窨和祠堤校券》，武汉大学简帛研究中心主办：《简帛》第 2 辑，上海：上海古籍出版社，2007 年，第 393—396 页。

辨识，据前引岳麓简中频频出现的"辨券"，这里很可能也是券字。李均明认为"以辨□为信"之"辨□"当为身份凭证，一式多份，类今身份证。[①] 其说当是。唯不知辨券形式的身份证是以户为单位，还是以个人为单位。个人或户有此辨券凭证在手，即可据以明确知道"比地为伍"者，哪些人或户彼此间有"居处相察，出入相司"的义务和责任。

文字写成的券书在黔首百姓生活中既然如此重要，券书由谁来写呢？由相关的吏？[②] 或由当事人自己，或其他代笔者？这是值得我们今后继续追问和思考的一个问题。

（原文载《简帛》第 14 辑，上海古籍出版社，2017 年）

---

① 见彭浩、陈伟、工藤元男主编：《二年律令与奏谳书》，上海：上海古籍出版社，2007 年，第 215 页，校释三。

② 简 6"必券书吏"是指必须将写妥的券书上呈于吏，或必由吏来写或立券书，如何解读才妥？一时还不能定。陈伟在 2016 年 5 月 16 日电邮中指出里耶所见分产券书 8－1443+8－1455"典私占"，8－1554"典弘占"，似表明吏占的可能性更大或机会更多。谨谢指教。

# 岳麓书院藏秦简先王之令解读

◎ 陈　伟(武汉大学简帛研究中心)

最近,陈松长教授及其主持的整理团队先后刊布岳麓书院购藏秦简中的两条先王之令,①对于了解战国晚期秦国的相关制度以及秦令的制定、沿用等问题,具有重要价值。本文拟在整理者的工作基础上,②尝试对两条先王之令的文本及其反映的相关制度,作出进一步探讨或提出新的思考方向。

## 一、泰上皇之令的释读

这条简文,整理团队刊布的释文在陈松长的释文基础上有所改进,③释作:

泰上皇时内史言:西工室司寇、隐官、践更多贫不能自给糧(粮)。议:令县遣司寇入禾,其县毋(无)禾 329/0587 当資者,告作所县偿及贷。西工室伐干沮、南郑山,令沮、南郑听西工室致。其入禾者及吏移西 330/0638 工室。• 二年曰:复用。331/0681

按我们的理解,恐当改读作:

泰上皇时内史言:西工室司寇、隐官践更多贫不能自给糧(粮)。议令县遣司寇入禾,其县毋(无)禾 329/0587 当資者,告作所县偿及贷。西工室伐干沮、南郑山,令沮、南郑听西工室,致其入禾者及事移西 330/0638 工室。• 二年曰:复用。331/0681

整理者释文在"隐官"后着顿号,将司寇、隐官、践更看作"县遣至西工室劳作的三类人"。④ 湖南龙山里耶古城 1 号井出土秦简 16－5 记洞庭守礼颁发文书云:"今洞庭兵输

① 陈松长:《岳麓秦简中的两条秦二世时期令文》,《文物》2015 年第 9 期;陈松长主编:《岳麓书院藏秦简(肆)》,上海:上海辞书出版社,2015 年,第 20—21(彩色图版)、204、209(红外图像及释文)、326—328(注释)页。

② 本文行文中,引述陈松长或整理团队意见时,分别指称;而在不需区分时,统称"整理者"。

③ 陈松长以"令县遣司寇入禾其县"作一句读。

④ 陈松长:《岳麓秦简中的两条秦二世时期令文》,《文物》2015 年第 9 期;陈松长主编:《岳麓书院藏秦简(肆)》,第 227 页。

内史，及巴、南郡、苍梧输甲兵当传者多。节（即）传之，必先悉行乘城卒、隶臣妾、城旦舂、鬼薪、白粲、居赀赎责（债）、司寇、隐官、践更县者。田时殹（也），不欲兴黔首。嘉、谷、尉各谨案所部县卒、徒隶、居赀赎责（债）、司寇、隐官、践更县者簿，有可令传甲兵县弗令传之而兴黔首，兴黔首可省少弗省少而多兴者，辄劾移县，县亟以律令具论当坐者言名夬（决）泰守府，嘉、谷、尉在所县上书嘉、谷、尉。”“司寇隐官践更县者”的断读，里耶秦简整理者最早刊布的释文即是如此。[①] 其后学者虽然对这篇文书其他几处断读有不同意见，但于“隐官”“践更”之间加顿号则未见异辞。[②] 岳麓秦简先王之令刊布时的断读盖受其影响。[③]

不过，里耶秦简 16－5 与岳麓秦简泰上皇之令中的“践更”更可能是指司寇、隐官而言。里耶秦简有司寇立户的记载。如 8－1027 记：“成里户人司寇宜，下妻㛆。”[④] 8－1873+8－1946 记：“阳里户人司寇寄，妻曰备，以户迁庐江。”[⑤]尤其是 8－19 记云：“▨□二户，大夫一户，大夫寡三户，不更一户，小上造三户，小公士一户，士五（伍）七户，司寇一户，小男子□□，大女子□□。•凡廿五□。”[⑥]这大概是某里户数的统计数据。其中“司寇”叙于大夫、不更、上造、公士、士伍之后，显示其应在编户齐民之列。[⑦] 湖北江陵张家山 247 号汉墓出土竹简《二年律令・户律》有从关内侯以下直到司寇、隐官，按爵位、身分授予田宅的条文。[⑧] 秦代以至战国晚期秦国的情形盖相类似。相应地，司寇、隐官也应与不更以下低爵者以及士伍一样，

---

① 张春龙、龙京沙：《湘西里耶秦代简牍选释》，《中国历史文物》2003 年第 1 期。两处“居赀赎责（债）”，原均作“居赀、赎责（债）”。《里耶发掘报告》亦然，见湖南省文物考古研究所：《里耶发掘报告》，长沙：岳麓书社，2007 年，第 192 页。

② 如马怡：《里耶秦简选校》，中国社会科学院历史研究所学刊编委会：《中国社会科学院历史研究所学刊》第 4 集，北京：商务印书馆，2007 年，第 143 页；杨振红、单印飞：《里耶秦简 J1（16）5、J1（16）6 的释读与文书的制作、传递》，《浙江学刊》2014 年第 3 期。

③ 《岳麓书院藏秦简（肆）》简 290 整理团队注释“践更”即援引里耶秦简 16－5。见陈松长主编：《岳麓书院藏秦简（肆）》，第 225 页。

④ 湖南省文物考古研究所：《里耶秦简（壹）》，北京：文物出版社，2012 年，“图版”第 139 页；陈伟主编：《里耶秦简牍校释（第一卷）》，武汉：武汉大学出版社，2012 年，第 264 页。

⑤ 8－1873 与 8－1946 缀合，参看何有祖：《里耶秦简牍缀合（八则）》，简帛网，2013 年 5 月 17 日。

⑥ 湖南省文物考古研究所：《里耶秦简（壹）》，“图版”第 16 页；陈伟主编：《里耶秦简牍校释（第一卷）》，第 32—33 页。

⑦ 隐官不住在里中，应是因为残疾而不欲视人的缘故。《秦律十八种・军爵律》简 156：“工隶臣斩首及人为斩首以免者，皆令为工。其不完者，以为隐官工。”《法律答问》简 125：“将司人而亡，能自捕及亲所智（知）为捕，除毋（无）辠（罪）；已刑者处隐官。”（睡虎地秦墓竹简整理小组编：《睡虎地秦墓竹简》，北京：文物出版社，1990 年，“释文注释”第 55、123 页）《二年律令》简 162－163：“奴婢为善而主欲免者，许之，奴命曰私属，婢为庶人，皆复使及筭（算）事之如奴婢。主死若有罪，以私属为庶人，刑者以为隐官。”（张家山二四七号汉墓竹简整理小组：《张家山汉墓竹简（二四七号墓）》，北京：文物出版社，2001 年，第 155 页）可参看。

⑧ 张家山二四七号汉墓竹简整理小组：《张家山汉墓竹简（二四七号墓）》，北京：文物出版社，2001 年，第 175—176 页。

承担包括践更在内的各种劳役。《岳麓书院藏秦简(肆)》简 017－018 记云:“及诸当隶臣妾者亡,以日六钱计之;及司寇冗作及当践更者亡,皆以其当冗作及当践更日日六钱计之,皆与盗同灋。”“冗”指较长时间内连续供役,与“更”指轮番供役属于相对的两种情形。律令中或同时用于同一类对象的表述。[①] 如湖北云梦睡虎地 11 号秦墓出土竹简《秦律十八种·仓律》简 54:“更隶妾节(即)有急事,总冗,以律禀食;不急勿总。”《秦律十八种·工人程》简 109:“冗隶妾二人当工一人,更隶妾四人当工〖一〗人,小隶臣妾可使者五人当工一人。”[②]《岳麓书院藏秦简(肆)》简 017－018 中的“践更”很可能是与“冗作”对举,指称司寇的两种供役状态。如然,这是司寇践更更为直接的例证。如果司寇、隐官也参与践更的推测不误,令文便不至于将这两类人与“践更”者并列叙述,亦即我们不应将“践更”与司寇、隐官平行看待,以为指另一类人。

《续汉志·百官志五》注引刘劭《爵制》云:“自一爵以上至不更四等,皆士也。……四爵曰不更。不更者,为车右,不复与凡更卒同也。”[③]《汉书·百官公卿表》“四不更”颜注:“言不豫更卒之事也。”[④]里耶秦简 8－1539 记云:“卅五年九月丁亥朔乙卯,贰春乡守辨敢言之:上不更以下繇计二牒。敢言之。”[⑤]岳麓书院藏秦简《尉卒律》简 142－145 记云:“置典、老,必里相谁(推),以其里公卒、士五年长而毋害者为典、老,毋长者令它里年长者为它里典、老。毋以公士,及毋敢以丁者。丁者为典、老,赀尉、尉史、士吏主者各一甲,丞、令、令史各一盾。毋爵者不足,以公士。县毋(无)命为典、老者,以不更以下,先以下爵。其或复未当事、或不复而不能自给者,令不更以下无复不复,更为典、老。”[⑥]依刘劭《爵制》、《汉书》颜注,更役由低于不更的低爵和无爵者承担。看里耶秦简、岳麓秦简,不更可能亦与于其事。如果令

---

① 杨振红:《秦汉简中的“冗”、“更”与供役方式》,《简帛研究二〇〇六》,桂林:广西师范大学出版社,2008 年,第 81—89 页。

② 睡虎地秦墓竹简整理小组编:《睡虎地秦墓竹简》,北京:文物出版社,1990 年,“释文注释”第 33、45 页。

③ 《后汉书》卷 128《百官志五》,北京:中华书局点校本,1965 年,第 3631 页。

④ 《汉书》卷 19《百官公卿表》,北京:中华书局点校本,1962 年,第 739—740 页。

⑤ 湖南省文物考古研究所编著:《里耶秦简(壹)》,“图版”第 198 页;陈伟主编:《里耶秦简牍校释(第一卷)》,第 353 页。

⑥ 周海锋:《〈岳麓书院藏秦简(肆)〉的内容与价值》,《文物》2015 年第 9 期;陈松长主编:《岳麓书院藏秦简(肆)》,第 115—116(释文)、165—166(注释)页。本文引述时断读有改动。其中“复未当事”的“复”指复除,“事”指徭赋。《汉书·高帝纪下》记诏书:“非七大夫以下,皆复其身及户,勿事。”颜注引应劭曰:“不输户赋也。”引如淳曰:“事谓役使也。”师古曰:“复其身及一户之内皆不徭赋也。”张家山汉简《二年律令》简 278 云:“□□工事县官者复其户而各其工。大数衛(率)取上手什(十)三人为复,丁女子各二人,它各一人,勿筭(算)繇(徭)赋。”(张家山二四七号汉墓竹简整理小组:《张家山汉墓竹简(二四七号墓)》,第 171 页)可参看。

文只是说“司寇、隐官践更”者这些最底层民众，“多贫不能自给粮”比较好理解。但若以为在司寇、隐官之外，还包括不更或簪袅以下低爵者与公卒、士伍，则“多贫不能自给粮”较为费解。因为倘若秦国民众生活普遍如此困窘，其国力、军力恐难想象。① 上揭岳麓秦简《尉卒律》简 142 – 145 针对不更以下低爵者（或许也包括公卒、士伍）所说“或不复而不能自给者”一语，与令文所说“多贫不能自给粮”明显有别，也可看作佐证。

基于上述分析，泰上皇令与里耶秦简 16 – 5 中的“践更”均应与上文连读，看作司寇、隐官的行为。②

对于简文的主体部分即泰上皇之令的正文，陈松长作有以下说明：（一）第二处“司寇”承上省略了“隐官”“践更”两类人。“令县遣司寇入禾其县”意思是，请令县所派遣去西工室居作的司寇、隐官、践更都在其所属县缴纳“禾”一类的实物田租。（二）“令沮、南郑听西工室致”，是要沮县和南郑两县根据西工室的致书办理相关的采伐事宜。（三）“移”指移书。“其入禾者及吏移西工室”，是说在沮、南郑伐干的司寇、隐官、践更等的毋禾者用居作偿抵的入禾数及参与的吏员数都要移书给西工室。③

除了上文业已讨论的“司寇、隐官践更”之外，这里还有一些不好理解的地方。比如前文说“西工室司寇、隐官践更多贫不能自给粮”，作为因应之道何以还要求司寇等在其所属县缴纳“禾”一类实物田租？“毋（无）禾当貣者”与“告作所县偿及贷”具体何指，如何与“居作偿抵”相关联？④ 前文未曾出现的“吏”来自何方？

基于此令是针对“西工室司寇、隐官践更多贫不能自给粮”的对策这一基本认知，我们对简文释读作有一些修订，修订后简文包含三层意思：第一，“县遣司寇入禾”，即司寇、隐官践更者所属县（秦汉简牍中通常称“居县”）如果有粮食就派司寇向作所县运送粮食。⑤ 第

---

① 《史记·商君列传》：“行之十年，秦民大说，道不拾遗，山无盗贼，家给人足。”同书《李斯列传》：“孝公用商鞅之法，移风易俗，民以殷盛，国以富强，百姓乐用，诸侯亲服，获楚、魏之师，举地千里，至今治强。”（北京：中华书局点校本，1959 年，第 2231、2542 页）可参看。

② 里耶秦简 16 – 5 所列“隶臣妾、城旦舂、鬼薪、白粲”等徒隶和“居赀赎责（债）”者，在需要时应是连续劳役，“践更”可能并不涉及他们。《岳麓书院藏秦简（肆）》简 290：“（前缺）责（债）及司寇践更者不足，乃遣城旦、鬼薪有□不疑亡者。”“责（债）”应为“居赀赎责（债）”之残（整理团队注释已指出）。简文在其与“司寇”之间加一个“及”字，也是这一理解的辅证。整理者释文在“司寇”后着顿号，今按本文所论连读。

③ 整理团队注释亦云“入禾”指向官府缴纳称为“禾”的实物地租，“移”指移书。

④ 秦汉学界说“居作”，通常是指为国家提供劳役以抵偿赀赎债。参看刘海年：《关于中国岁刑的起源——兼谈秦刑徒的刑期和隶臣妾的身分（上）》，《法学研究》1985 年第 5 期。

⑤ 这里所说的“司寇”很可能就是前往践更的司寇。隐官于此未涉及，大概也是因为残疾而不便负重行走。秦汉简牍中的“居县”，或以为指“现在到的县”，如睡虎地秦简《秦律十八种·仓律》简 44 整理小组注释。（睡虎地秦墓竹简整理小组：《睡虎地秦墓竹简》，“释文注释”第 31 页）实当指名数所在的县。里耶秦简 12 – 2301：“钱三百六十。卅二年九月甲戌朔丁酉，少内段、佐处出稟家为占入（转下页）

二，如果所属县缺粮而需要借粮，则通知作所县，由作所县“偿（偿还已貣的部分）及贷（向践更者借出粮食）”。①第三，沮与南郑听命于西工室，把居县入禾者与“事”移交给西工室。

秦简中，“事”往往写作“吏”。如睡虎地秦简《秦律十八种·内史杂》简192“毋敢从史之事”，《封诊式·黥妾》简44“定名事里”，《为吏之道》简28贰“兴事不当”，②放马滩秦简日书乙种《建除》简16壹“作事吉殹”，③这些“事”字都是如此。令文中的这个“吏”恐怕也当释为“事”，所指大概是前文所说的“作所县偿及贷”。

如然，这条令是在司寇、隐官践更者“不能自给粮”的情形下，规定由居县与作所县协调提供食粮，以得践更得以持续，西工室的“伐干”能够顺利进行。

## 二、昭襄王之令的释读

有关昭襄王之令的简文比较短，但也不太好理解。陈松长释文为：

昭襄王命曰：置酒节（即）征钱金及它物以赐人，令献（谳），丞请（情）出；丞献（谳），令请（情）出。以为恒。● 三年诏曰：344/0519 复用。345/0352

整理团队释文虽然在“请”后未用括号加注“情”字。若看注释，实际上也是读为“情”。按我们理解，恐当改读作：

昭襄王命曰：置酒节（即）征钱金及它物以赐人，令献，丞请出；丞献，令请出。以为恒。● 三年制曰：0519 复用。0352

陈松长认为：献，“读为谳，即谳报。”并在对“请（情）出”的解释中提到“上奏文书”。④“谳”在秦汉简牍中，通常写作“讞”，大多是指呈报疑狱请求上级裁决。例如岳麓书院藏秦简奏谳类文献案例六简105（0039）-106（0088）写道：“鞫之：暨坐八劾：小犯令二，

（接上页）钱居县受偿署所均佐临邛公卒奇里吕吾卅二年冬夏衣。”（郑曙斌、张春龙、宋少华、黄朴华：《湖南出土简牍选编》，岳麓书社2013年，第129页；里耶秦简博物馆、出土文献与中国古代文明研究协同创新中心中国人民大学中心：《里耶秦简博物馆藏秦简》，上海：中西书局，2016年，第204页。吕，从《里耶秦简博物馆藏秦简》释。段，今据字形改释）迁陵少内为均佐临邛公卒奇里吕吾提供冬夏衣钱款，是因为“家为占入钱居县”而“受偿署所”。“居县”，即其家所在的县，也就是临邛。

① 据秦简所载，借贷与偿还通常在当事人实际所在县与居县之间发生。如睡虎地秦简《秦律十八种·仓律》简44：“宦者、都官吏、都官人有事上为将，令县貣（贷）之，辄移其禀县，禀县以减其禀。已禀者，移居县责之。”《秦律十八种·金布律》简76：“有责（债）于公及赀、赎者居它县，辄移居县责之。公有责（债）百姓未赏（偿），亦移其县，县赏（偿）。”“告作所县偿及贷”，其中“偿”可能是针对在此令未颁布之前发生的借贷，“贷”则是指令颁布之后的做法。

② 陈伟主编：《秦简牍合集（壹）》（中册），武汉：武汉大学出版社，2014年，第680、748、766页。

③ 陈伟主编：《秦简牍合集（肆）》，武汉：武汉大学出版社，2014年，第267页。

④ 整理团队释文将“献”括注为“谳”，无注；对“请出”的注释与陈松长文相同。

大误一，坐官、小误五。已论一甲，余未论，皆相遝。审。疑暨不当赢（累）论。它县论。敢灋（谳）之。”①张家山汉简《奏谳书》案例一简 6－7 写道：“疑毋忧罪，它县论，敢灋（谳）之。谒报。”②《汉书・刑法志》：“自今以来，县道官狱疑者，各谳所属二千石官，二千石官以其罪名当报之。所不能决者，皆移廷尉，廷尉亦当报之。廷尉所不能决，谨具为奏，傅所当比律令以闻。”③秦汉奏谳文书中的“谳”，即与这一制度相关。“灋”也有单纯奏请的用法。睡虎地秦简《秦律十八种・徭律》简 121－123 记云：“县毋敢擅坏更公舍官府及廷，其有欲坏更殹（也），必灋之。欲以城旦舂益为公舍官府及补缮之，为之，勿灋。县为恒事及灋有为殹（也），吏程攻（功），赢员及减员自二日以上，为不察。”整理小组注云：“灋，即谳字，《后汉书・申屠蟠传》注：‘请也。’”④令文“献”如果读为“谳”，当与疑狱无关，而应与《秦律十八种・徭律》简 121－123 中的“灋”相当，为奏请之意。⑤ 不过，令、丞的行为是对王室“征钱金及它物”的响应，恐怕不必再作奏请。

献，疑当如字读，进送义。《战国策・秦策二》“臣请使秦王献商於之地”高诱注：“献，贡也。”⑥《吕氏春秋・异宝》“愿献之丈人”高诱注：“献，上也。”⑦《仪礼・乡射礼》：“主人坐取爵，实之宾席之前，西北面献宾。”郑玄注：“进酒于宾也。凡进物曰献。”⑧里耶秦简有“献”方物的记载。如简 8－769 云：“廷下令书曰取鲛鱼与山今卢（鲈）鱼献之。”⑨简 8－1751+8－2207 云：“锦缯一丈五尺八寸。卅五年九月丁亥朔朔日，少内守绕出以为献。”⑩睡虎地秦简有“工献”。如《秦律十八种・金布律》简 71：“工献输官者，皆深以其年计之。”整理小组语译为“上缴产品”。⑪ 令文中的“献”，或即属于这类用法，指提交置酒所征的物品。

---

① 朱汉民、陈松长主编：《岳麓书院藏秦简（叁）》，上海辞书出版社，2013 年，第 148—149 页。

② 张家山二四七号汉墓竹简整理小组编著：《张家山汉墓竹简（二四七号墓）》（释文修订本），第 213 页。

③ 《汉书・刑法志》，第 1106 页。

④ 睡虎地秦墓竹简整理小组编：《睡虎地秦墓竹简》，“释文注释”第 47—48 页。

⑤ 整理者用“谳报”一语，易致歧义。岳麓书院秦简奏谳类文献案例 14 简 236（0861）云：“灋（谳）报：毋择已为卿，赀某、某各一盾。谨穷以法论之。”（《岳麓书院藏秦简（叁）》，第 231 页）所说“谳报”是指对于“谳”的批复。

⑥ 《战国策》，上海：上海古籍出版社，1985 年，第 135 页。

⑦ 王利器：《吕氏春秋注疏》，成都：巴蜀书社，2002 年，第 1026 页。

⑧ 《仪礼注疏》，北京：北京大学出版社，2000 年，第 206—207 页。

⑨ 湖南省文物考古研究所编著：《里耶秦简（壹）》“图版”第 113 页；《里耶秦简牍校释（第一卷）》第 222 页。

⑩ 湖南省文物考古研究所编著：《里耶秦简（壹）》“图版”第 223、262 页；《里耶秦简牍校释（第一卷）》第 386 页。

⑪ 睡虎地秦墓竹简整理小组编：《睡虎地秦墓竹简》，“释文注释”第 37 页。

请，陈松长读为“情”，认为“情出”是“根据上奏文书的实际数额出纳财物，不能肆意为之”。将“情”理解为“实情”。秦简中，目前确知这一意义上的“情”，皆用于罪行，在句中作宾语。如睡虎地秦简《法律答问》简 167 云：“女子甲去夫亡，男子乙亦阑亡，相夫妻，甲弗告请（情），居二岁，生子，乃告请（情），乙即弗弃。”[①]《封诊式·治狱》简 1 云：“治狱能以书从迹其言，毋治（笞）谅（掠）而得人请（情）为上；治（笞）谅（掠）为下。”[②]岳麓秦简 1990 云：“男女去阑亡、将阳，来入之中县、道，无少长，舍人室，室主舍者，智其请（情），以律罨（迁）之。”[③]岳麓秦简奏谳类文献案例十简 160（0516）云：“今吏智（知）之，未可奈可（何），请言请（情）。”[④]案例 11 简 184（0628）：“得之曰：幸吏不得得之请（情）。”[⑤]案例十四简 213：“即狱治求请（情）。”[⑥]这个意义上的“情”能否用作状语，描述官员的行政作为，不能无疑。[⑦]“请”很可能如字读，指请求。

出，可以指财物支出。里耶秦简 8－151 记：“迁陵已计：卅四年余见弩臂百六十九。•凡百六十九。出弩臂四输益阳。出弩臂三输临沅。•凡出七。今八月见弩臂百六十二。”[⑧]是输出兵器到外县的记录。前揭里耶秦简 8－1751+8－2207 记少内守绕以“锦缯一丈五尺八寸”“出以为献”，则是拨出丝织品作为贡献的实例。秦汉简牍中，“出”还有注销财物的含义。睡虎地秦简《秦律十八种·苑厩律》简 18－19：“其乘服公马牛亡马者而死县，县诊而杂买（卖）其肉，即入其筋、革、角，及索（索）入其贾钱。钱少律者，令其人备之而告官，官告马牛县出之。”整理小组注云：“出，据简文意为销账。”[⑨]《秦律十八种·司空》简 125：“及大车辕不胜任，折轱上，皆为用而出之。”整理小组注云：“出，罢，此处意为注销。”[⑩]令文

---

① 睡虎地秦墓竹简整理小组编：《睡虎地秦墓竹简》，“释文注释”第 132 页。

② 睡虎地秦墓竹简整理小组编：《睡虎地秦墓竹简》，“释文注释”第 147 页。

③ 陈松长：《睡虎地秦简中的“将阳”小考》，《湖南大学学报（社会科学版）》2012 年第 5 期；陈松长主编：《岳麓书院藏秦简（肆）》，第 56 页。

④ 朱汉民、陈松长主编：《岳麓书院藏秦简（叁）》，第 188 页。

⑤ 朱汉民、陈松长主编：《岳麓书院藏秦简（叁）》，第 200 页。

⑥ 朱汉民、陈松长主编：《岳麓书院藏秦简（叁）》，第 224 页。

⑦ 张家山汉简《二年律令·效律》简 352 云：“出实多于律程，及不宜出而出，皆负之。”整理者在解释“情出”时引以为据。今按，张家山汉简整理小组注云：“出实，超出实有数，参看《睡虎地秦墓竹简·效律》之‘计脱实及出实多于律程’条。”（张家山汉墓竹简整理小组编著：《张家山汉墓竹简（二四七号墓）》（释文修订本），第 180 页）从所在律篇以及秦律开头有“计脱实”之语，可知“出实”是指统计数据与实况不符，与昭襄王之令所述事类无关。

⑧ 湖南省文物考古研究所编著：《里耶秦简（壹）》“图版”第 35 页；陈伟主编：《里耶秦简牍校释（第一卷）》，第 91—92 页。

⑨ 睡虎地秦墓竹简整理小组编：《睡虎地秦墓竹简》，“释文注释”第 24 页。“贾”，整理小组读为“价”。恐当如字读，指交易。

⑩ 睡虎地秦墓竹简整理小组编：《睡虎地秦墓竹简》，“释文注释”第 49 页。

之“出”究竟是指支出还是指注销，目前似尚难论定。

秦汉时，在县和一些中央官署，丞为令的副贰。在较多场合，令或丞一人即可对辖内事务负责。里耶秦简有较多这样的事例。但也有一些场合规定令、丞共同负责。如《秦律十八种・金布律》简 64－65：“官府受钱者，千钱一畚，以丞、令印印。不盈千者，亦封印之。钱善不善，杂实之。出钱，献封丞、令，乃发用之。”①《岳麓书院藏秦简（肆）》简 111－113：“• 田律曰：吏归休、有县官事乘乘马及县官乘马过县，欲貣刍稾、禾、粟米及买叔（菽）者，县以朔日平贾（价）受钱，先为钱及券𦉜，以令、丞印封，令令史、赋主各挟一辨，月尽发𦉜令、丞前，以中辨券案雠（雠）钱，钱辄输少内，皆相与靡除封印，中辨臧（藏）县廷。”②这大概因为事关大额金钱的出纳，才需要令、丞一同办理。昭襄王此令所示的情形或相类似。陈松长指出：它使令与丞之间有一种明显的互相制约的关系。其说盖是。

整理者释为“诏”的字，右上部确为“刀”形，但右下部显然并非“口”形，而像是“巾”形的中右部（笔画向左倾斜）。其左旁也不像“言”，其中上部与秦简“制”字类似（参看下表）。③ 因而这个字与秦简“诏”有明显区别，而很可能是“制”。

| | | | | |
|---|---|---|---|---|
|  |  |  |  | 制 |
| | 岳麓 1043 | 岳麓肆 308（1918） | 岳麓肆 369（J59） | |
| |  |  |  | 诏 |
| 岳麓肆 344（0519） | 岳麓叁 219（0477） | 岳麓肆 308（1918） | 里耶 8－174 | |

“制曰”在《史记・秦始皇本纪》出现四次，④在业已刊布的秦简牍中另外有三次出现，⑤而“诏曰”则均未之见。这也可看作简文改释的佐证。

① 睡虎地秦墓竹简整理小组编：《睡虎地秦墓竹简》，“释文注释”第 35 页。

② 陈松长主编：《岳麓书院藏秦简（肆）》，第 104—105 页。引述时断读有调整。

③ 秦汉“制”字的演变，参看李学勤主编：《字源》，天津：天津古籍出版社，2012 年，第 379—380 页。表中岳麓秦简 1043 的“制”字，引自陶安：《〈岳麓书院藏秦简（叁）〉校勘记（续）》，复旦大学出土文献与古文字研究中心网站，2014 年 7 月 24 日。

④ 《史记》卷 6《秦始皇本纪》，北京：中华书局，1959 年，第 236（二见）、255、267 页。

⑤ 里耶秦简 8－1668 一见，见《里耶秦简（壹）》“图版”第 217 页；《里耶秦简牍校释（第一卷）》，第 376 页。岳麓秦简 0319、1043 各一见，见《岳麓书院藏秦简（叁）》第 22（彩色图版）、214（释文）页；陶安：《〈岳麓书院藏秦简（叁）〉校勘记（续）》，复旦大学出土文献与古文字研究中心网站，2014 年 7 月 24 日。

## 三、先王之令“复用”的年代

两条先王之令“复用”的时间，整理者定为秦二世二年和三年。因为一条有“泰上皇”之称，一条有“诏曰”，而《史记·秦始皇本纪》记始皇二十六年令大臣议定尊号，“命为‘制’，令为‘诏’”，并“追尊庄襄王为太上皇”。① 由于“命为‘制’”与“令为‘诏’”同时施行，在将简文原释“诏”字改释为“制”之后，整理者之说的基本理据并未因而受到影响。

把两条先王之令的“复用”定在秦二世二年、三年，存在四方面的问题。

首先，从天下大势看。陈胜于秦二世元年七月起事，“山东郡县少年苦秦吏，皆杀其守尉令丞反，以应陈涉，相立为侯王，合从西乡，名为伐秦，不可胜数也”。② 二年冬，周章等将西至戏，兵数十万。“二世大惊”，发郦山徒，使章邯将，击破周章军，战事进入相持阶段。后九月，楚怀王遣宋义、项羽北救赵，令刘邦西入关。三年十二月，项羽破王离军，六月破章邯军，七月章邯降，引兵西进。三年二月，刘邦攻昌邑，三月攻开封，四月屠颍阳，六月破南阳守齮于犨东，七月南阳守齮降，八月攻破武关，赵高杀二世，十月子婴降，秦灭。③ 二世二、三年，秦王朝处在风雨飘摇之中，是否有精力、有必要“复用”包括针对“置酒节（即）征钱金及它物以赐人”一类的先王之令，不能无疑。

其次，从岳麓秦简《二十七年质日》《三十四年质日》《三十五年私质日》所记地名看，墓主应是生活在南郡的一个小吏，墓葬及竹简大概出土于秦南郡（治所在今湖北荆州）一带。④ 南郡之北的南阳郡，在二世三年七月时大体为刘邦控制，已如前述。另，《史记·陈涉世家》记云：“初，陈王至陈，令铚人宋留将兵定南阳，入武关。留已徇南阳，闻陈王死，南阳复为秦。宋留不能入武关，乃东至新蔡，遇秦军，宋留以军降秦。秦传留至咸阳，车裂留以徇。”⑤此

---

① 陈松长：《岳麓秦简中的两条秦二世时期令文》，《文物》2015年第9期；陈松长主编：《岳麓书院藏秦简（肆）》，第226、228页。

② 《史记》卷6《秦始皇本纪》，北京：中华书局，1959年，第269页。

③ 据《史记》之《秦始皇本纪》《项羽本纪》《高祖本纪》及《秦楚之际月表》。

④ 朱汉民、陈松长主编：《岳麓书院藏秦简（壹）》，上海辞书出版社，2010年，第47—106页。参看陈伟：《岳麓书院秦简〈质日〉初步研究》，《中国出土资料研究》第16号，（日本）中国出土资料学会2012年，第71—85页。秦南郡地理参看谭其骧主编：《中国历史地图集》第二册，中国地图出版社，1982年，第11—12页“淮汉以南诸郡”。陈松长对竹简是否出自同一座墓葬存疑（《岳麓书院所藏秦简综述》，《文物》2009年第3期）。综合上海博物馆藏楚简、清华大学藏楚简与北京大学藏秦简、汉简看，这些流散简册，每批的时代大致相同，出自同一墓葬的可能性比较大。岳麓书院秦简奏谳类文献案件发生、审理的地点亦多在南郡，也显示这些简册与质日更可能出于同一单位。

⑤ 《史记》卷48《陈涉世家》，第1959页。

前,《陈涉世家》记陈胜至陈之后形势说:“乃以吴叔为假王,监诸将以西击荥阳。令陈人武臣、张耳、陈余徇赵地,令汝阴人邓宗徇九江郡。”[①]宋留西指武关大概是同时的事。陈胜至陈称王就在起事的二世元年七月,[②]死在二世二年十二月。这样,南阳大约在二世元年八月至二年十二月曾为宋留控制。南阳郡为南郡北通秦都咸阳所经。[③] 在宋留控制南阳期间和刘邦控制南阳之后,即使秦二世“复用”先王之令,其文书也难以传达到南郡。

第三,《史记·项羽本纪》记汉高祖元年元月,项羽“尊怀王为义帝”;“义帝柱国共敖将兵击南郡,功多,因立敖为临江王,都江陵”。[④] 怀王之立,在二世二年六月。[⑤] 这是共敖击南郡的时间上限。荆州沙市周家台30号秦墓出土有秦二世元年历日,[⑥]是秦南郡境内迄今所见时间最晚的秦纪年材料。南郡北面的南阳郡在秦二世三年七月为刘邦控制,已于上述。在南郡之南,湖南龙山里耶古城出土秦简的最晚纪年为秦二世二年;[⑦]湖南益阳兔子山9号井出土简牍有秦二世元年即位诏书,和以楚文字书写的记有“张楚之岁”的木牍,[⑧]其地为反秦武装控制应不晚于秦二世二年。在南郡之东,秦番阳令吴芮在陈胜起事后举兵响应,刘邦攻南阳时,吴芮别将梅鋗与之会合。[⑨] 项羽分封时,吴芮为衡山王,都邾(今湖北黄冈市西北)。[⑩] 吴芮应在较早时即已控制这一地区。综合这些资料看,秦南郡为共敖攻击而失去控制的时间应偏早,大概不会迟至二世三年。如然,即使秦二世三年“复用”先王之令,并且能传递到南阳郡,也不可能传至南郡。

第四,陈松长指出:关于岳麓秦简的时代下限,我曾在《岳麓书院所藏秦简综述》一文中,根据当时研读“卅五年私质日”简的分析排序,初步断定这批秦简的时代下限可能是秦

---

① 《史记》卷48《陈涉世家》,第1953页。

② 《汉书》卷1《高帝纪上》,第9页。

③ 参看陈伟:《岳麓书院秦简〈质日〉初步研究》,《中国出土资料研究》第16号,(日本)中国出土资料学会2012年,第71—85页。

④ 项羽主持分封的月份,见《史记》卷16《秦楚之际月表》,第775页。

⑤ 项梁立怀王月份,见《史记》卷16《秦楚之际月表》,第767页。

⑥ 湖北省荆州市周梁玉桥遗址博物馆编:《关沮秦汉墓简牍》,北京:中华书局,2001年,第103—104页;陈伟主编:《秦简牍合集(叁)》,武汉大学出版社,2014年,第80—82页。

⑦ 湖南省文物考古研究所编著:《里耶发掘报告》,长沙:岳麓书社,2007年,第179页;湖南省文物考古研究所编著:《里耶秦简(壹)》,“前言”第4页。

⑧ 湖南省文物考古研究所:《二十年风云激荡 两千年沉寂后显真容》,《中国文物报》2013年12月6日,第6版;湖南省文物考古研究所、益阳市文物处:《湖南益阳兔子山遗址九号井发掘简报》,《文物》2016年第5期。

⑨ 《汉书》卷34《吴芮传》,第1894页。叙事比较集中。

⑩ 《史记》卷7《项羽本纪》,第316页。邾的地望参看《中国历史地图集》第二册第11—12页“淮汉以南诸郡”。

始皇三十五年(前212年)。但因为秦二世令文的发现,这个认识必须修订了。[①] 我们曾经对岳麓书院秦简二十七年、三十四年、三十五年的三篇《质日》作过分析,说明其中的记事部分很可能是同一人所书。此人三十五年四月己未从南郡启程,丙子抵达咸阳;乙酉开始返回,五月壬寅"宿环望"。"宿环望"是这次旅行、也是这年《质日》的最后一条记载。他很可能就死于五月壬寅之后不久。[②] 如果岳麓秦简出自同一墓葬的推测不误,即使秦二世二年、三年"复用"先王之令并传至南郡,也不可能随葬在这座墓中。

秦统一时对一些称谓予以更改。这些新的称述不仅用于新撰制的文献,也出现在重新抄录的故旧文献中。大约抄写于秦统一之前的睡虎地秦简《秦律十八种·田律》简12说"百姓居田舍者毋敢醢(酤)酉(酒)",[③]岳麓书院秦简0993写作"田律曰:黔首居田舍者毋敢醢酒";[④]睡虎地秦简《为吏之道》简19贰说"一曰见民杲(倨)敖(傲)",[⑤]岳麓秦简35(1497)写作"一曰视黔首渠(倨)骜(傲)"。[⑥] 这意味着,某些具有时代特征的用字、用语对所在文献的断代意义,不宜作过于机械的理解。先王之令中的"泰上皇"和"制"这两个用语,完全可以在秦统一之后的任何一次抄录中写入。其"复用"年代,在秦王政二年、三年的可能性最大。

## 四、秦令的制定与时效

汉代制诏的程序,大庭脩先生归纳为三种:第一形式是皇帝以自己的意志下达命令。施政方针的宣布,恩典的赐与,官僚的任免等多使用这种形式,行使立法权时则使用"著令""著为令"等语。第二形式是官僚在被委任的权限内提出的献策得到认可,作为皇帝的命令而公布。原则上有官僚的奏请,附有皇帝的"制可"。这种诏书大多是行政事务范围内可以处理的事项。第三形式是皇帝向一部分官僚指示政策的大纲或自己的意向,委托他们进行详细的立法时使用的,由第一形式和第二形式复合而成。官僚覆奏文中新的律、令等文,如得到制可,即列入法典。[⑦]

---

① 陈松长:《岳麓秦简中的两条秦二世时期令文》,《文物》2015年第9期。

② 参看陈伟:《岳麓书院秦简〈质日〉初步研究》,《中国出土资料研究》第16号,(日本)中国出土资料学会2012年,第71—85页。

③ 睡虎地秦墓竹简整理小组编:《睡虎地秦墓竹简》,"释文注释"第22页。

④ 陈松长:《岳麓书院所藏秦简综述》,《文物》2009年第3期。

⑤ 睡虎地秦墓竹简整理小组编:《睡虎地秦墓竹简》,"释文注释"第169页。

⑥ 朱汉民、陈松长主编:《岳麓书院藏秦简(壹)》,上海:上海辞书出版社,2010年,第124页。

⑦ 大庭脩:《秦汉法制史研究》,上海:上海人民出版社,1991年,第165—192页。

对于秦令的制定，广濑薰雄先生踵武大庭脩先生的研究指出：《史记·秦始皇本纪》所记秦王政二十六年定帝号一事，是第三形式的令。岳麓书院藏秦简0556云："•丞相上庐江假守书言：庐江庄道时败绝不补，节庄道败绝不补而行水道，水道异远。庄道者……"张家山汉简《二年律令·津关令》中格式与此相同的令文不少，可见这是第二形式的令。目前还没有看到第一形式的令。但既然有第二、第三形式的秦令，不可能没有第一形式的秦令。因此我们认为这些例子已经足够说明秦令的制定程序与汉令基本相同。①

岳麓秦简昭襄王之令，径称"昭襄王命曰"，应即属于采用第一种形式制定的令。此令的出现，证实了广濑氏的推测。

泰上皇之令由"内史言"引出，通过"议"达成，大概属于通过第二种形式制定的令。在张家山汉简《二年律令·津关令》中，有两条令明言是通过"议"而形成的。如编号"十二"的令记云："相国议，关外郡买计献马者，守各以匹数告买所内史、郡守，内史、郡守谨籍马职(识)物、齿、高，移其守，及为致告津关，津关案阅出，它如律令。御史以闻，请许，及诸乘私马出，马当复入而死亡，自言在县官，县官诊及狱讯审死亡，皆津关。制曰：可。"②值得注意的是，《史记·平准书》记"武功爵令"的制定也用到"议令"二字，其云："有司言：天子曰'朕闻五帝之教不相复而治，禹汤之法不同道而王，所由殊路，而建德一也。北边未安，朕甚悼之。日者，大将军攻匈奴，斩首虏万九千级，留蹛无所食。议令民得买爵及赎禁锢免减罪。'请置赏官，命曰武功爵。……"③《汉书·武帝纪》于此事记云："六月，诏曰：'朕闻五帝不相复礼，三代不同法，所繇殊路而建德一也。……今大将军仍复克获，斩首虏万九千级，受爵赏而欲移卖者，无所流貤。其议为令。'有司奏请置武功赏官，以宠战士。"④大庭脩先生认为《汉书·武帝纪》"议为令"的文句是最初的原文，《史记·平准书》将有司奏请的一部分加以节略，而"议为令"一句则消失了，认为属于制令的第三种形式。⑤ 泰上皇之令中的"议令"如果有类似背景，则当归为第三种形式，而"议令"以下皆为令文。

对于泰上皇之令，陈松长提出：简文到"移西工室"都是引述"泰上皇时内史言"的具体事项内容，从律令文本的角度来看，这并不是具体的律令条文，而是秦汉时期作为"决事比"

---

① 广濑薰雄：《秦汉律令辨》，中国政法大学法律古籍整理研究所编：《中国古代法律文献研究》第7辑，北京：社会科学文献出版社，2013年，第111—126页。参看氏著《秦汉律令研究》，东京：汲古书院，2010年，第89—95页。

② 这条令文的简号是509、508。另一条令文的简号是506、507、510、511。释文及编联调整，参看彭浩、陈伟、工藤元男主编：《二年律令与奏谳书》，上海：上海古籍出版社，2007年，第316—319页。

③ 《史记》卷30《平准书》，第1422页。

④ 《汉书》卷6《武帝纪》，第173页。

⑤ 大庭脩：《秦汉法制史研究》，第179—180页。

依据的所谓“故事”，这类可供“决事比”的“故事”，在即将出版的《岳麓书院藏秦简（肆）》中简称为“比”。① 其说值得商榷。

在出土资料中，类似泰上皇之令正文的令书已不鲜见。汉简牍中，如大庭脩先生早先复原的元康五年诏书，②张家山汉简《二年律令·津关令》中的多件令书，③荆州松柏1号汉墓木牍“令丙第（第）九”，④皆属其类。秦令中，广濑薰雄先生所举的一例（0556）尚欠完整，《岳麓书院藏秦简（肆）》简360/0319则首尾俱全，其云：⑤

●东郡守言：东郡多食食贱，徒隶老、癃病毋赖县官当就食者，请止勿遣就食。它有等比。制曰：可。

泰上皇之令的正文与这些秦汉令书略同，都有关于制令过程的交代，其令书性质应无可疑。⑥

在岳麓书院秦简中，还有一些比较单纯的令条。如业已披露的有关行书的几条令文写作：⑦

●恒署书皆以邮行。　　●卒令丙二 1173

●令曰：书当以邮行，为检，令高可以旁见印章，坚约之，书检上应署，令□负以疾走。不从令，赀一甲。●卒 1162 令丙三 1169

●令曰：邮人行书留半日，赀一盾；一日，赀一甲；二日，赀二甲；三日，赎耐；过三日以上，耐。●卒令丙五 1805

陈松长所说“具体的律令条文”或即指这类令条。这些无制令过程表述的令条与带有制令过程的令书，是否存在来源、用途或其他方面的差异，有待进一步探讨。两者都是当时记载

---

① 陈松长：《岳麓秦简中的两条秦二世时期令文》，《文物》2015年第9期。

② 大庭脩：《秦汉法制史研究》，第193—201页。

③ 彭浩、陈伟、工藤元男主编：《二年律令与奏谳书》，第305—325页。

④ 荆州博物馆编著：《荆州重要考古发现》，北京：文物出版社，2009年，第209—212页。参看李松儒：《孝文十年献枇杷令释文》，复旦大学古文字与出土文献研究中心网站，2009年3月27日；彭浩：《读松柏出土的西汉木牍（一）》，简帛网，2009年3月31日；胡平生：《松柏汉简“令丙九”释解》，简帛网，2009年4月4日。

⑤ 欧扬：《岳麓秦简所见秦比行事初探》，中国文化遗产研究院编：《出土文献研究》第14辑，上海：中西书局，2015年，第70页；陈松长主编：《岳麓书院藏秦简（肆）》，第214页。引述简文断读有改动。欧扬把简0319与简0640、0635、0526关联，看作“比行事”即“比”的典型例证。无论如何，简0319所记作为一件相对独立的令书应无问题。

⑥ 泰上皇之令缺少“制曰可”一句。这有可能是当时尚无此格式，也可能是抄录时省略。上揭《史记·平准书》《汉书·武帝纪》记武功爵令制订亦无此句，可参考。

⑦ 陈松长：《岳麓书院藏秦简中的行书律令初论》，《中国史研究》2009年第3期。参看陈伟：《岳麓书院秦简校读》，武汉大学简帛研究中心主编：《简帛》第5辑，上海：上海古籍出版社，2010年，第14—15页。“恒署”二字原释文在其间断读。看里耶秦简8-159、8-1073，应连读，为一种文书。

令文的形式，则应无疑义。

秦汉时期的“比”，较多用于司法，有时也用于行政。① 一般认为，“比”是比附之意，用于法律、法令无明文规定的场合。②《汉书·文帝纪》记文帝遗诏云：“其令天下吏民，令到出临三日，皆释服。无禁取妇嫁女祠祀饮酒食肉。自当给丧事服临者，皆无践。绖带无过三寸。无布车及兵器。无发民哭临宫殿中。殿中当临者，皆以旦夕各十五举音，礼毕罢。非旦夕临时，禁无得擅哭。以下，服大红十五日，小红十四日，纤七日，释服。它不在令中者，皆以此令比类从事。布告天下，使明知朕意。”颜注云：“言此诏中无文者，皆以模拟而行事。”③这条诏书比较好地显示，“比”是对于律令未曾明文规定的事项，比照已有律令的原则办理。岳麓秦简两条先王之令，只是在新王即位后继续沿用，涉及事项和处理方式当一如先王之时。这显然不属于“比”的范畴。④

当然，对于秦汉令而言，这种“复用”先前未曾得见，值得重视。中田熏先生认为：汉天子之令，有临时性的诏令与在将来应长期遵行的具有永久性效力的重要诏令。若考虑此类诏令有两种形式之别，那么应该理解为：皇帝死后，应当编入到令典的诏令只是止于其生前所著的著令诏。⑤ 冨谷至先生则认为：汉代皇帝的诏可分为两种：其一为暂时性或一时性的命令，因此没必要履行废止等程序；其二为作为命令发出的行政或司法规定，它具有长远的持续性，其效果在再次采取改废措施之前是一直存在的。⑥ 岳麓书院秦简两条先王之令，看内容都不像是临时性诏令。其中昭襄王之令明确说到“以为恒”，显然是作为长期性规定而颁布。⑦ 那么，先王之令在新王执政时需要重新认可始得以“复用”，可能意味着在秦王政（我们推定的两条先王之令复用的王世）即位时，全部或者至少一部分先王之令并非无保

① 参看杨一凡、刘笃才：《历代例考》，北京：社会科学文献出版社，2009 年，第 16—34 页。

② 参看杨一凡、刘笃才：《历代例考》，第 19 页。

③ 《汉书》卷 4《文帝纪》，第 132、134 页。

④ 陈松长所说《岳麓书院藏秦简（肆）》中的“比”，应该就是上揭简 360 所记的“它有等比”。这一用语在《岳麓书院藏秦简（肆）》所载令文中尚有数见。欧扬解释说：“它有等比”的意思是其他官署遇到等同情况时须比照此事行事。（欧扬：《岳麓秦简所见秦比行事初探》，中国文化遗产研究院编：《出土文献研究》第 14 辑，第 71 页）这一解释是否准确有待讨论。但这与后王复用先王之令迥然有别，不应看作同一种法律形式。

⑤ 中田熏：《汉律令》，中国政法大学法律古籍整理研究所编：《中国古代法律文献研究》第 3 辑，北京：中国社会科学文献出版社，2007 年，第 107 页。译自氏著《法制史论集》第 4 卷，东京：岩波书店，1964 年。

⑥ 冨谷至：《通往晋泰始律令之路（Ⅰ）：秦汉的律与令》，中国政法大学法律史学研究院编：《日本学者中国法论著选译（上）》，北京：中国政法大学出版社，2012 年，第 148 页。原载《东方学报》第 72 册，2000 年。

⑦ 张家山汉简《二年律令·津关令》“十六”亦云：“请得买马十，给置传，以为恒。”（张家山二四七号汉墓竹简整理小组：《张家山汉墓竹简》［二四七号墓］），第 209 页。

留地继续行用。而二年"复用"泰上皇之令、三年"复用"昭襄王之令这一现象,又或许可以理解为这种认定是在新君即位之后,由近往远追溯。这是秦国的固有制度,还是秦王政即位之初的特别举措,目前还无从稽考。①

与此相关,还有令文的编集问题。前文所揭有关行书的"卒令",均标有令名、编号。这类情形在岳麓秦简中还有不少,陈松长曾分四种类别加以介绍。② 这显示秦令与汉令一样,也曾大量地整理编纂。③ 两条先王之令目前刊布的文本,未带令名、编号,似乎属于学者所说的"单行令"。④ 在同一批出土简册中,先王制订、后王确认"复用"的单行令与令集并存,可以有多种理解。比如,或许令的编集在秦王政之前即已存在,我们所讨论的两件先王之令因为某种原因未编入令集,因而需要后王确认;或许令的编集始于秦王政,而编纂对象限于新颁行的令,因而先王之令需要经过重新确认才能继续行用。需要注意的是,岳麓秦简的令名、编号有的不与令文连书,而是单独写在一支简上。⑤ 在这种情形下,两条先王之令究竟是否原本就不具有令名、编号,恐怕很难确认。围绕这个问题所作的推测,前提本身是不确定的。

## 五、结　　语

本文从两条先王之令的文本解读着手,修订了泰上皇之令的断读,改释了昭襄王之令的

① 审阅人之一提示说:《汉书·景帝纪》的记载或许值得纳入思考:"四年春,复置诸关,用传出入。"应劭曰:"文帝十二年除关,无用传,至此复用传。以七国新反,备非常。"不论除关,无用传或复置关,复用传出入,都必各曾有令。由此可以推知先王之令是否继续行用,或以新令取代旧令,似乎常随局势需要而变化,并不一定发生在新君即位的当下,似也不一定由近往远追溯。另一点须考虑的是不论秦或汉讲究尊先王之制(最少即位新君表面形式上会如此,秦二世即位后似没有不尊奉或中止先帝行事的举动,反而处处继续始皇过去的作为,如继续巡行郡县,复作阿房宫等等)。又秦汉中央和地方官员有年年雠校行用律令的制度,除非刻意废除某律或某令(如汉惠帝除挟书律),旧律令一般应会继续沿用,时或补充修订而已,似未见有全部或一部分先王之令,在新君即位后,须经重新认可,才得以复用。但如果继续沿用,又为何说"复用"呢?这似乎另有一个可能:为因应时势须要,重申旧令,加重语气而说是"复用"。例如秦始皇修阿房宫,因崩殂,未就;二世以为"今释阿房宫弗就,则是章先帝举事过也。"史迁谓二世"复作阿房宫,外抚四夷,如始皇计。"阿房宫工程其实并未停止,史迁谓其"复作",行文有刻意强调二世行事一如始皇的意味。

② 陈松长:《岳麓书院所藏秦简综述》,《文物》2009 年第 3 期。

③ 参看凡国栋:《秦汉出土法律文献所见"令"的编序问题——由松柏 1 号墓〈令〉丙第九木牍引发的思考》,中国文化遗产研究院编:《出土文献研究》第 10 辑,北京:中华书局,2011 年,第 160—168 页。

④ 单行令的表述,参看徐世虹:《出土法律文献与秦汉令研究》,王沛主编:《出土文献与法律史研究》第 1 辑,上海:上海人民出版社,2012 年,第 66—70 页;张忠炜:《秦汉律令法系研究初编》,北京:社会科学文献出版社,2012 年,第 108—118 页。

⑤ 陈松长:《岳麓书院所藏秦简综述》,《文物》2009 年第 3 期。

“制”（原释“诏”）字，对令文涉及的践更、给食、置酒“征钱金”等制度作出新的解释，认为司寇、隐官参与践更；这两类人践更时“贫不能自给粮”者，由居县或作所县贷食。通过对天下大势与南阳郡、南郡归属的分析，以及可能出于同一座墓葬的其他简册年代，推断先王之令“复用”的时间很可能是在秦王政二年、三年，而非如整理者所说的秦二世二年、三年。这两条秦令大致属于大庭脩先生所说的通过第一、第二种方式制订的令。秦王政即位时，可能存在对先王之令加以认定以决定“复用”与否的过程。

（原文载《“中央”研究院历史语言研究所集刊》第88本第1分，2017年）

# 岳麓书院藏秦简中的行书律令初论

◎ 陈松长(湖南大学岳麓书院)

经初步整理,岳麓书院藏秦简中有关行书律令的简至少有 11 枚,共九条律令。其中以“行书律”三字起首的秦律条文有五条共七枚简,而以“卒令”的形式出现的秦令有三条共四枚简。为讨论的方便,我们先录之如下:

1377:●行书律曰:毋敢令年未盈十四岁者行县官恒书,不从令者,赀一甲。

1384:●行书律曰:有令女子、小童行制书者,赀二甲。能捕犯令者,为除半岁繇,其不当繇者,得以除四

1388:□繇。

1250:●行书律曰:传行书,署急辄行,不辄行,赀二甲。不急者,日觱(毕)。留三日,赀一盾;四日上,赀一甲,二千石官书

0792:留弗行,盈五日,赀一盾,五日到十日,赀一甲,过十日到廿日,赀二甲,后有盈十日,辄驾(加)一甲。

1271:行书律曰:传书受及行之,必书其起及到日月夙暮,以相报。宜到不来者,追之。书有亡者,亟告其县。

1417:行书律曰:县请□,唯故徼外盗以邮行之,其它毋敢□邮行书。

1173:●恒、署书皆以邮行。　　●卒令丙二

1162:●令曰:书当以邮行,为检令高,可以旁见印章,坚约之,书检上应署令□,负以疾走。不从令,赀一甲。●卒

1169:令丙三

1805:●令曰:邮一行书留半日,赀一盾;一日,赀一甲;二日,赀二甲;三日,赎耐;三日以上,耐。　　●卒令丙五

这些律令条文,都属于摘抄的形式,虽并不足以反映秦代律令中有关“行书律”的全部内容,但相对于 1975 年出土的睡虎地秦墓竹简来说,又无疑是一种极大的补充。我们知道,

秦代的文书传递制度，所见资料非常有限，在《睡虎地秦简·秦律十八种》中，仅有三枚简，共两条《行书律》的律文：

行命书及书署急者，辄行之；不急者，日觱（毕），毋敢留。留者以律论之。 行书

（秦律十八种·183简）

行传书、受书，必书其起及到日月夙暮，以辄相报也。书有亡者，亟告官。隶臣妾老弱及不可诚仁者勿令。书廷辟有日报，宜到不来者，追之。 行书 （秦律十八种·184、185简）①

两相比勘，我们发现，《睡虎地秦墓竹简》（以下简称"睡虎地秦简"）中的这两条律文，与岳麓书院藏秦简（以下简称"书院秦简"）中的1250、0792和1271简文内容基本相同，但又有些出入，可校、可补者颇多。

如《睡虎地秦简·秦律十八种》中的183号简文就与"书院秦简"的1250和0792号简文内容基本相同，但文字和表述又多有差异，如"睡虎地秦简"开头所说是"行命书及书署急者，辄行之"，意即凡"命书"和"书署急者"，就要立即传递。这里特别点出了"命书"。我们知道，所谓"命书"，也就是"制书"，《史记·秦始皇本纪》："命为制，令为诏。"蔡邕认为："制书，帝者制度之命也，其文曰制。"《汉书》颜师古注："天子之言，一曰制书，二曰诏书。制书者，谓为制度之命也。"可见这里特别强调的是，凡"命书"之类的"天子之言"必须迅速传递下达。而"书院秦简"中，却没有"命书"这一项，而只是强调"署急"者而已。而且，从行文的语气来分析，两者也略有不同，前者针对"命书"和"书署急者"两种文书而言，而后者则是就一般的"传行书"而言，所强调的只是"署急辄行"罢了。关于"命书"，已有学者指出：秦统一六国后已将"命书"改称"制书"与"诏书"两种，故"命书"之称谓至秦统一时即已废止。② 准此，那"书院秦简"中的"行书律"当是摘抄自秦始皇统一六国之后的法律文本，其抄写时代当略晚于"睡虎地秦简"。

再如"睡虎地秦简"中所强调的是"行命书及书署急者，辄行之"，但"不辄行"该怎么处置？没有说。而"书院简"中就有很明确的处罚措施："不辄行，赀二甲。"不止如此，"睡虎地简"中强调："不急者，日觱（毕），毋敢留。留者以律论之。"只是注明"留者以律论之"，但到底该怎么论处，并不清楚。而"书院秦简"则有详细的规定："不急者，日觱（毕）。留三日，赀一盾；四日上，赀一甲，二千石官书留弗行，盈五日，赀一盾，五日到十日，赀一甲，过十日到廿日，赀二甲，后有盈十日，辄驾（加）一甲。"由此可知，"书院秦简"所摘录的行书律条文要细密很多，这也许间接地说明秦始皇统一六国后，在秦代法律的制定方面经历了一个细密修订的过程。

---

① 睡虎地秦墓竹简整理小组编：《睡虎地秦墓竹简》，北京：文物出版社，1978年，第103—104页。

② 李均明：《秦汉简牍文书分类辑解》，北京：文物出版社，2009年，第24页。

《睡虎地秦简·秦律十八种》第184、185简的内容与“书院秦简”的1272号简文基本相同，但从律文的行文来看，后者似乎更加简洁了，因为律文中的“传书受及行之，必书其起及到日月夙暮，以相报”本身就是行书“日报”的内容，所以后者省去了“书适辟有日报”一句，而将“宜到不来者，追之”置于“书有亡者，亟告其县”之前，显得更有层次和条理。此外，“睡虎地秦简”中的“隶臣妾老弱及不可诚仁者勿令”一句放在简文中显得比较突兀，因前面是说“书有亡者，亟告官”，突然来一句“隶臣妾老弱及不可诚仁者勿令”，而后面又接着是“宜到不来者，追之”，语义上显得很不连贯。从简文内容来解读，“隶臣妾老弱及不可诚仁者勿令”乃是规定不能令这三类人传送官府文书，与简文中的“日报”和“书有亡者”和“宜到不来者”的处置办法显然不是同一码事。也许正是基于这些考虑，所以“书院秦简”中就将这类律令条文另外摘抄：

1377：行书律曰：毋敢令年未盈十四岁者行县官恒书，不从令者，赀一甲。

1384：●行书律曰：有令女子、小童行制书者，赀二甲。

这里虽然没有“隶臣妾”及“不可诚仁者”的规定，但对于“女子”“未盈十四岁”的“小童”都明确规定不能令其传递文书，特别是“制书”，有违令者，还是“赀二甲”的重罚。由此我们可以看出，秦统一六国后，一定对沿袭已久的秦国法律作过很详密的修订。

除了这几条与“睡虎地秦简”可资比勘的“行书律”之外，在“书院秦简”中还第一次发现了以“卒令”的形式出现的有关秦代官府文书传递的法令条文：

1173：●恒、署书皆以邮行。　　●卒令丙二

1162：●令曰：书当以邮行，为检令高，可以旁见印章，坚约之，书检上应署令□，负以疾走。不从令，赀一甲。●卒

1169：令丙三

1805：●令曰：邮一行书留半日，赀一盾；一日，赀一甲；二日，赀二甲；三日，赎耐；三日以上，耐。　　●卒令丙五

这是我们初步整理中所发现的三条“卒令”简，简末有当时的编号，分别是“丙二”“丙三”“丙五”，可见这三条“卒令”都是同一性质的，都是关于“行书”、而且都是关于“邮行”的具体规定。关于“邮行”，在已出土的秦代简牍中并不少见，但对“邮行”的内容、方式等都缺少明确的规定，以致常常出现不同的解读。如《睡虎地秦简·语书》中有这么一句：“以次传，别书江陵布，以邮行。”对此，就曾出现过不同的解释。首先是在句读方面，就有学者将“布”字属后读，认为“布以邮行”就是“按邮传制度来宣布。”①而台湾马先醒先生主持的《睡

① 熊铁基：《秦代的邮传制度》，《学术研究》1979年第3期。

虎地秦简校注》则将“布”字属上读，认为“别书江陵布”是“本文书另录一份，在江陵公布”。① 两相比较，我们觉得后者更有道理，这主要是简文中的“以次行”和“以邮行”是秦简中常见的两种文书的传递方式。“以次传”也就是“以县次传”，如《睡虎地秦简·法律答问》：“今咸阳发伪传，弗智（知），即复封传它县，它县亦传其县次，到关而得……”《睡虎地秦简·封诊式》：“令吏徒将传及恒书一封诣令史，可受代吏徒，以县次传诣成都。”对此，有学者曾指出：简文中所说的“传其县次”“以县次传”，都和“以次传”同义。可见秦时邮驿的行程，有一定的次序。②

《语书》中首先强调的是这份南郡守腾文书必须“以县次传”，即依次传至各县公布。而也许是因为江陵曾是楚国的都城，是旧势力比较集中的地方，因而也是南郡守特别关注的地方，所以要专门另录一份到江陵去公布，而另录的这份文书，特别注明“以邮行”的方式传递。也就是说，“以邮行”的对象是“别书江陵布”，而不是前面“以次传”的文书。有学者曾认为，这里的“以次传”和“以邮行”是“两种传递方式传送同一种文书”，并认为“传递方式的不同，不是由于文书本身的重要程度的差别”。③ 这至少是对“别书江陵布”没有充分的认识。试想，如果是同一种文书，简文中有必要分别注明“以次传”和“以邮行”吗？只有将“以邮行”理解为比“以次行”的规格要求更高的一种传递方式，才可解释《语书》中之所以单独注明“别书江陵布，以邮行”的必要性。也许正因为其规格高而重要，所以才常常特别注明“以邮行”。如“湘西里耶秦简”中 J1⑥2 号签牌中就专门注明：

迁陵以邮行洞庭。④

这说明这块签牌所标注的文书都是由迁陵县“以邮行”的方式发往洞庭郡的重要文书，而不是“以县次传”的一般文书。

那么，秦代的“邮行”究竟是一种什么规格的文书传递方式呢？在“书院秦简”发现以前，我们只能从睡虎地秦简中看到一些零星的记载，如《田律》中说：“近县令轻足行其书，远县令邮行之”，这就是说，“邮行”的地方必须是“远县”，而“近县”是不用“邮行”的，这也就告诉我们，秦代的“邮行”并不是随便使用的，而“邮行”本身也不是文书传递的代名词，而只是当时文书传递的一种重要方式。这次新发现的“书院秦简”中的三条“卒令”和一条“行书律”，对我们深入准确地理解秦代的“邮行”特征具有重要的价值和意义。

首先，它注明了“邮行”所传递的文书内容是“恒、署书”。简 1173：“恒、署书皆以邮

---

① 马先醒：《睡虎地秦简校注》，（台湾）简牍学会编：《简牍学报》第十期，1981 年，“释文之部”第 10 页。
② 吴福助：《〈语书〉论考》，《睡虎地秦简论考》，台北：文津出版社，1994 年，第 92—95 页。
③ 高敏：《秦汉邮传制度考略》，《历史研究》1985 年第 3 期。
④ 参见张春龙、龙京沙：《湘西里耶秦代简牍选释》，《中国历史文物》2003 年第 1 期。

行”。意即凡“恒、署书”都以“邮行”的方式传递。这显然是对“邮行”文书的一种特殊规定,这也说明“邮行”和“以次传”的文书是有区别和限定的。那么,什么是“恒书”和“署书”呢?

“恒书”之名,曾见于《睡虎地秦简·封诊式》:“令吏徒将传及恒书一封诣令史,可受代吏徒,以县次传诣成都,成都上恒书太守处,以律食。”整理者对什么是“恒书”,没有解释。有关专门论述秦汉官文书的著作和论文中,①也找不到有关这种文书的解释。高敏先生曾在一篇文章中指出:“恒书是讲述犯人情况及处理办法的。”②如果此说成立的话,那“恒书”就类似一种案例的处理意见书,是某种重要的官府文书,所以才以“邮行”的方式传递。我们在“书院秦简”中也看到,在“行书律”中也特别强调:“毋敢令年未盈十四岁者行县官恒书,不从令者,赀一甲。”可见“恒书”或就是指县官所要传递的重要文书之一,所以未盈十四岁者禁止传递这种文书。

再说“署书”,这是一个不常见的特殊文书名。署者,签署也。“署书”当是“书署急者”的省称。《睡虎地秦简·行书律》:“行命书及书署急者,辄行之。”“书院秦简”中,也有相类似的律文条款,简1250:“行书律曰:传行书,署急辄行,不辄行,赀二甲。”这里的“署急”正是睡虎地秦简中的“书署急者”。因此,我们很怀疑所谓“署书”,也就这种签署加急的官府文书,而这类“署书”在秦律中是与“命书”并列的,肯定是需要以特别方式传递者,故简文中特别注明要“以邮行”。

其次,这几枚“卒令”简第一次详细记载了“以邮行”文书的封检方式和要求:

> 1162:●令曰:书当以邮行,为检令高,可以旁见印章,坚约之,书检上应署令□,负以疾走。不从令,赀一甲。●卒
>
> 1169:令丙三

简文中非常明确的注明:凡当以邮行之文书,在封检时,必令封检之木或封泥高出所封文书之上,并且可以看见封签的印章,然后用麻绳将其牢牢地捆束好,封检上还应签署令文,就像前揭秦律中所说的“署急者”一样。在签署之后,要“负以疾走”,而“不从令”者,将处以“赀一甲”的处罚。这也就告诉我们,秦代的邮行有着很严密的操作程序。我们知道,检是书函之盖,《急就篇》颜师古注:“检之言禁也,削木施于物上所以禁闭也,使不得辄开露也。”简文中的“为检令高”,就是用于封函的检盖要高,高到可以从旁边看到封泥上所加盖的印

① 参看李均明、刘军:《简牍文书学》,广西教育出版社,2001年,第179页;薛英群:《汉代官文书考略》,甘肃省文物工作队、甘肃省博物馆编:《汉简研究文集》,甘肃人民出版社,1984年,第258—297页。

② 高敏:《从〈睡虎地秦简〉看秦代若干制度》,《睡虎地秦简初探》,台北:万卷楼图书有限公司,2000年,第149—188页。

章。同时函与盖的捆束要牢靠，检盖上还应签署令文等，这样细密的规定，无疑说明当时“以邮行”的要求之严格和规范。这种封检形制，我们还可在长沙东牌楼出土的东汉简牍中看到许多具体形象的实物。①

第三，“卒令”中还对邮行的延误有很明确的处罚规定：

1805：●令曰：邮一行书留半日，赀一盾；一日，赀一甲；二日，赀二甲；三日，赎耐；三日以上，耐。　●卒令丙五

这里对邮行过程中延误半日、一日、二日、三日以及三日以上，都有详细的可操作的具体惩罚规定，这说明秦代法律对邮行的文书是严格限时的，凡延迟者，都有相应的惩罚措施。而这些处罚法令正好与前引编号为1250和0792的“行书律”可以互补。该律曰：“不急者，日觱（毕）。留三日，赀一盾；四日上，赀一甲，二千石官书留弗行，盈五日，赀一盾，五日到十日，赀一甲，过十日到廿日，赀二甲，后有盈十日，辄驾（加）一甲。”律文所针对的是“不急”的文书，只要求当日传递而已，而处罚措施也是从“留三日”开始计算，与“卒令”中规定的“留半日，赀一盾”来说，显然要宽松得多，而这也间接地说明，秦代对“以邮行”的速度要求严格得多。

除了这三条“卒令”之外，“书院秦简”编号为1417的《行书律》中，还专门记载了不得擅自“以邮行”的法律条文：“行书律曰：县请□，唯故徼外盗以邮行之，其他毋敢□邮行书。”尽管律文中有个别文字不能识读，但大致意思是县一级发送文书，“唯故徼外盗”可“以邮行”，即只有边塞之地有外盗出现，才可“以邮行”的方式传递，其他则“毋敢□邮行书”。这说明，当时是不能随便使用邮行这种传递方式的。这一点，我们在《睡虎地秦简·田律》只看到过：“近县令轻足行其书，远县令邮行之”的法律规定，但尚没看到不能擅自以邮行的规定。其实，对“以邮行”的严格规定，在《张家山汉简·行书律》中也有很明确的界定：“书不当以邮行者，为送告县道，以次传行之。”“书不急，擅以邮行，罚金二两。”“诸狱辟书五百里以上，及郡县官相受付受财物当校计者书，皆以邮行。”这虽然是汉初的法律规定，但其对“以邮行”的明确规定，显然是秦代法律制度的一种传承，我们完全可以借助它来解读秦代邮行制度的一些具体规定。

根据上面所引述的秦汉简文我们大致可以知道，作为一种官文书传递的重要方式，它必须具备以下一些条件才行：

一是必须是“远县”，且在“五百里以上”才用“邮行”；

二是县一级发送文书，只有边塞之地有外盗出现，才可用邮行传递信息；

---

① 详见长沙市文物考古研究所：《长沙东牌楼东汉简牍》，北京：文物出版社，2006年，图版1－8。

三是必须是重要文书、加急文书或"郡县官相受付财物当校计者书"等才用"邮行"；四是如果"擅以邮行，罚金二两"。也就是说，"邮行"是不可擅自乱用的。

那么，作为一种官府文书的传递方式，"以邮行"到底与"以次传"有什么区别呢？高敏先生曾指出，"以次传"，也就是《睡虎地秦简·封诊式》中"以县次传诣成都"中的"以县次传"的意思，而"邮行"则是由驿马于驿道传递。① 按，这种解释，也许并不准确。因为在《张家山汉简·行书律》中明确规定："书不当以邮行者，为送告县道，以次传行之。"接着又有："书以县次传，及以邮行……"注释曰："传，驿传。"如果注释不误的话，所谓由驿马于驿道传递乃是指"以县次传"，而不是"邮行"。根据现在已知的秦汉简牍文献记载，"邮行"应该是专人"疾走"传送的。如"书院秦简"中注明是要"负以疾走"，而《张家山·汉简》中更规定："邮人"要"一日一夜行二百里"，按常理推断，只有步行，这才是一个强度比较大的里程规定，如果是用驿马或驿车传递，那显然不是什么难事。因此，我们理解，"以邮行"应该是由专人限时送达的，中间不可延迟和开启文书。这类似于我们今天所说的机要快件。而"以次传"则应是不限时间，可依次开启、发布文书内容的一种普通的传递方式。

为更进一步了解秦至汉初的"邮行"制度，我们无妨借助《张家山汉简·行书律》的记载来看看当时对"邮行"的具体记录和法律规定。

首先，是关于邮的设置。《张家山汉简·行书律》："十里置一邮。南郡江水以南至索南水，廿里一邮。""北地、上、陇西，卅里一邮。"这说明，汉代初年，邮的设置一般是"十里置一邮"，而并不是《史记·留侯世家》索隐引《汉官旧仪》的"五里一邮，邮人居间，相去二里半"。有学者曾根据《汉官旧仪》的记载推断：这"五里一邮"是和"十里一亭"连在一起的，"十里一亭"是秦制，"五里一邮"当然也是秦制。② 现在据张家山汉简所记，"五里一邮"显然不是秦制，而且简文中还明确记载，地理情况比较特殊的郡，还可"廿里一邮"或"卅里一邮"。尽管这是汉初的法律，但在汉承秦制这一点上，作为吕后二年的法律文书，自然比《汉官旧仪》所载要可信得多。

其次，是有关邮置的规模。《张家山汉简·行书律》："一邮十二室。长安广邮廿四室，敬（警）事邮十八室。"注释云："室，家。"准此，那"十二室"也就是十二家，这也就是说：一邮的规模至少是十二家，还有十八家、二十四家的。可见当时的"邮"，并不是简单的邮舍或邮亭，它是至少由十二家以上组成的一个邮站。

第三，是有关邮人的职责和待遇。《张家山汉简·行书律》"令邮人行制书、急书，复，勿

---

① 高敏：《从〈睡虎地秦简〉看秦代若干制度》，《睡虎地秦简初探》，台北：万卷楼图书有限公司，2000 年，第 149—188 页。

② 熊铁基：《秦代的邮传制度——读云梦秦简札记》，《学术研究》1979 年第 3 期。

令为它事”“邮人勿令繇戍，毋事其户，毋租其田一顷，勿令出租、刍稾”。这说明，当时的“邮人”是专职的，他们主要负责传递“制书、急书”，并规定“勿令为它事”。他们作为专职的官府文书传递人员，还有着特殊的待遇，即“毋令徭戍”“毋令出租、刍稾”等。也许正因为如此，故“书院秦简”中特别强调：

1377：●行书律曰：毋敢令年未盈十四岁者行县官恒书，不从令者，赀一甲。

1384：●行书律曰：有令女子、小童行制书者，赀二甲。

第四，是对邮人传递文书的速度规定。《张家山汉简·行书律》：“邮人行书，一日一夜行二百里，不中程半日，笞五十；过半日至盈一日，笞百；过一日，罚金二两。”不仅如此，对邮人过界而羁留者，也给予处罚的明确规定：“邮吏居界过书，弗过而留之，半日以上，罚金一两。”这里值得注意的是“邮吏”二字，简文前面是说“邮人”，这里说“邮吏”，如果是同一所指的话，他就告诉我们，当时的邮人并不是随便什么人都可以作的，因为他本身已是一种公职，是经过挑选，有着特定待遇的基层小吏。

第五，是有关“邮”的功能。《张家山汉简·行书律》：“邮各具席，设井磨。吏有县官事而无仆者，邮为炊；有仆者，假器，皆给水浆。”这就意味着，邮还兼有客舍和接待过往官吏的功能。

通过对《张家山汉简·行书律》的律文分析，我们看到，至少在汉初，邮行都是一种特置的文书传递体系，特别是“邮人勿令繇戍，毋事其户，毋租其田一顷，勿令出租、刍稾”等规定，多少说明当时的汉王朝为保证邮行的畅通是付出了代价的，同时，由于对邮人的要求和制约不一般，如“邮人行书，一日一夜行二百里，不中程半日，笞五十；过半日至盈一日，笞百；过一日，罚金二两”。这“一日一夜行二百里”，可不是一般人所能做得到的，可见当时对邮人和“以邮行”的规定是何等的严酷。由此，我们反观秦代有关行书律令和官府文书中之所以对“邮行”的特别强调，其原因也就不难理解了。

以上是对“书院秦简”中有关行书律令内容的初步探讨，应该说，现在所知的秦汉简牍中，有关行书律的材料还是比较零散的，这对全面了解秦代的邮传制度和法律规定都多少有些“文献不足征”的遗憾。但我们感到些许欣慰的是，“书院秦简”中所发现的这些有关秦代文书传递的律令条文，已给我们深入分析解读秦代的文书传递和邮传制度提供了虽然不多但亦颇有价值的新材料。

（原文载《中国史研究》2009 年第 3 期）

# 岳麓秦简中的两条秦二世令文探析

◎ 陈松长(湖南大学岳麓书院)

关于岳麓秦简的时代下限问题,我曾在《岳麓书院所藏秦简综述》一文中,根据当时研读“卅五年私质日”简的分析排序,初步断定这批秦简的时代下限可能是秦始皇三十五年(前 212 年)。① 这个认识,曾多次被人引述,但现在看来这个认识必须修订了。因为我们在研读即将出版的《岳麓书院藏秦简(肆)》中的律令条文时,至少已发现两条可以确定为秦二世时期的令文。下面,我们且以令文一、令文二的顺序分别做些解读和探析,不是之处,请各位方家指正。

为讨论方便,我们先将令文一的释文录之如下:

0587:泰上皇时内史言:西工室司寇、隐官、践更多贫不能自给粮。议:令县遣司寇入禾其县,毋禾

0638:当貣者,告作所县偿及贷。西工室伐干沮、南郑山,令沮、南郑听西工室致。其入禾者及吏移西

0681:工室。●二年曰:复用。

这三枚简从形制、背划线、书体、内容等诸方面考察,前后编联是没什么问题的。下面我们且就其令文内容做些解析:

“泰上皇时内史言”:这是令文的起首语。大家知道,“……言”是秦汉时期就专门事项颁发令文的一种常见格式用语。这在岳麓秦简中多次出现,如简 0346“御史丞相言”、简 1114“泰山守言”等。这种格式用语不只岳麓秦简如此,汉初的张家山汉简《二年律令·津关令》中也多次出现这种令文的格式用语,如“御史言”“相国上内史书言”“相国上南郡守书言”“丞相上鲁御史书言”②等,这多少说明,这种专门事项类的令文格式,是秦汉律令文献中

① 陈松长:《岳麓书院所藏秦简综述》,《文物》2009 年第 3 期。

② 张家山二四七号汉墓竹简整理小组编著:《张家山汉墓竹简(二四七号墓)》(释文修订本),北京:文物出版社,2006 年,第 83—88 页。

常用的格式用语，岳麓秦简中出现这类格式用语，足以说明在秦代，它已是常见的令文格是用语之一。

"泰上皇时"：即秦庄襄王时。庄襄王在位三年，即公元前250—247年。庄襄王被尊称为"泰上皇"是秦始皇二十六年的事，《史记·秦始皇本纪》记载："二十六年，……追尊庄襄王为泰上皇。"据此可知，这条令文所记的事是庄襄王时的事，而这条令文的书写则是秦始皇二十六年以后的事。因此，这既说明这条令文是泰上皇时针对内史所言的事项所制定的，同时又说明这条令的抄写是在秦始皇二十六年之后。

"内史"：官名。《汉书·百官公卿表》序："内史，周官，秦因之，掌治京师。"史书上有记载的秦内史就有内史肆、内史腾、内史蒙恬等，尤其是内史腾其人，有学者曾指出，他与《睡虎地秦简·语书》中的"南郡守腾"当是同一个人。据他的考证，此人在秦始皇十六年为南阳假守，十七年为内史，二十年为南郡太守。① 如果其说可以成立的话，那么，秦代的内史至少是比"假守"更高一级的官，或者说是与郡守相类似的郡一级的官员。至于其执掌的范围，可能并不全是《汉书·百官公卿表》中所说的"掌治京师"，也许还有专门负责监管手工业的制作等事宜者，如《睡虎地秦简·秦律十八种·均工》："新工初工事……盈期不成学者，籍书而上内史。"②这里所说的内史，就可能是指负责监管诸工的官称或机构。

"西工室"：曾见于1978年发现于宝鸡凤阁岭公社建河大队的二十六年戈，其铭文是：

廿六年丞相□(守?)□之造西工室阉工□(内正)•武库(内背)。③

王辉在考证"西盐"官印时曾指出："西为陇西郡西县，即今日甘肃省礼县。民国初年天水出土的秦公簋盖外刻'西一斗七升大半升'，1978年宝鸡凤阁岭出土的二十六年戈有'西工室'，'西'与此印同。"此外，他在考证"咸阳工室丞"工官印时还指出："咸阳是首都，制作器物甚多，故设工室。工室亦见太原拣选的五年相邦吕不韦戈，该戈铭有'少府工室昤'，宝鸡出土的二十六年戈铭有'西工室阉'，西为秦之旧都，亦有工室。"④

我们知道，工室为主作器械之机构，这在秦代的兵器铭文和官印中多有反映，如上引的"少府工室"就是秦朝廷直管的专用工室，而官印中的"咸阳工室丞""栎阳右工室丞"等则都是秦都城的专营工室，西县与栎阳一样，都是秦之旧都，故其工室的职能当与"栎阳右工室"完全相同。

---

① 吴福助：《〈语书〉论考》，《睡虎地秦简论考》，台北：文津出版社，1994年，第74—75页。

② 睡虎地秦墓竹简整理小组编：《睡虎地秦墓竹简》，北京：文物出版社，1990年，第75页。

③ 王红武、吴大焱：《陕西宝鸡凤阁岭公社出土一批秦代文物》，《文物》1980年第9期；又李仲操：《二十六年秦戈考》附另一摹本，《文博》1989年第1期。1978年宝鸡凤阁岭公社建河大队出土。

④ 王辉、程华学：《秦文字集证》，台北：艺文印书馆，1999年，第153页。

戈铭所说的二十六年曾有两种意见，一种认为是秦昭襄王二十六年，一种认为是秦始皇二十六年。现据简文所知，这里所说的“西工室”肯定是秦始皇二十六年之前的西工室，这也许可旁证该戈所载的二十六年应该是指秦昭襄王二十六年。

“司寇、隐官、践更”：是县遣至西工室劳作的三类人，因为他们可授田宅，张家山汉简《二年律令·户律》第312简“……公卒、士五、庶人各一顷，司寇、隐官各五十亩”，[①]故有田者须“入禾”。而做工的刑徒如“工城旦”“工鬼薪”“工隶臣”等无田，所以此令不提及。

“令县遣司寇入禾其县”：遣，遣送。司寇，这里承上省略了“隐官、践更”。入禾，即向官府缴纳“禾”一类的实物田租，见睡虎地秦简《秦律十八种》第28简：“入禾稼、刍稾，辄为廥籍，上内史。”[②]此句的意思是，请令县所派遣去西工室居作的司寇、隐官、践更都在其所属县缴纳“禾”一类的实物田租。

“榦”：《说文·木部》中有“榦，筑墙耑木也。”段注：“假令版长丈，则墙长丈，其两头所置木曰榦。”可知榦乃是古代筑墙时作挡板的材料。由此而引申为制器原材料的总称，且多用于指代制作弓箭的木材。《礼记·月令》：“是月也，命工师令百工审五库之量，金铁、皮革、筋角、齿羽、箭榦、脂胶、丹漆，毋或不良。”郑玄注：“榦，器之木也。”孔颖达正义：“《周礼·弓人》掌作弓，云‘凡折榦’，故知榦，弓干。此则总论材榦，不独指弓，但器之材朴，总谓之榦。”西工室既然是手工业制作的机构，自然需要制器的原材料，故需组织人员去特定的地方采伐这些原材料。

“沮、南郑”：西工室采伐原材料的地方。“沮”与“南郑”并列，应该是沮县之省称，秦封泥有“沮丞之印”，也可证“沮”是县名。张家山汉简《二年律令·秩律》“菹”注：“菹，亦名‘沮’，汉初疑属汉中郡，《地理志》记属武都郡。”按，张家山汉简的注释之所以称“疑属”，也许是因为觉得尚无确定的文献依据，因为尽管《说文·水部》有：“沮，水，出汉中房陵，东入江。”但那毕竟是指沮水而非沮县，而沮县之建置，史书记载是西汉元鼎六年才置沮县。故址在今陕西省勉县茶楼镇。故整理者很谨慎地称为“汉初疑属汉中郡”。今据岳麓秦简可知，沮县应在秦时已置县，只是单称为“沮”而已。简文中“沮”与“南郑”并列，显然是两个相邻的县区。其中“南郑”是战国时秦所置的县名，秦时为汉中郡的郡治所在地。《汉书·地理志》记载汉中郡有南郑县，王先谦《汉书补注》：“秦躁公时，南郑反，盖其地入蜀，故惠公伐蜀取南郑，见《秦纪》。《沔水注》：‘汉水自褒中来，东经汉庙堆下，东过南郑县南，县故褒之附庸也。’”今陕西省仍有南郑县，正与勉县接壤。从地理上看，沮和南郑虽都是汉中郡所管

---

① 张家山二四七号汉墓竹简整理小组编著：《张家山汉墓竹简（二四七号墓）》（释文修订本），第52页。

② 睡虎地秦墓竹简整理小组编：《睡虎地秦墓竹简》，第38页。

辖的范围,但"西工室"是秦国都城制作机械的机构,故它可以派员到汉中郡所管辖的沮、南郑两县去"伐榦"。而且还要内史"令沮、南郑听西工室致",也就是说,要沮县和南郑两县根据西工室的致书办理相关的采伐事宜。

"移":指移书。睡虎地秦简《语书》"移书曹"注:"移书,致送文书,战国末至秦汉时习语,如《韩非子·存韩》:'二国事毕,则韩可以移书定也。'"①简文"其入禾者及吏移西工室"的意思是,那些在沮、南郑伐榦的司寇、隐官、践更等的毋禾者用居作偿抵的入禾数及参与的吏员数都要移书给西工室。由此可想见,当时的西工室一定是负责着很重要的机械(包括弓箭之类的兵器)制作任务,故出产原材料的沮、南郑都要以西工室的致书为准,尽管他们是在居作地用劳作来抵偿其应交的入禾数,但其具体数目仍需报知西工室。

简文到此都是引述"泰上皇时内史言"的具体事项内容,从律令文本的角度来看,这并不是具体的律令条文,而是秦汉时期作为"决事比"依据的所谓"故事",这类可供"决事比"的"故事",我们在即将出版的《岳麓书院藏秦简(肆)》中简称为"比"。

"二年曰:复用":这是律令条文中皇上对丞相或御史议请的回复。在此之前,我们所看到的一般都是"制曰:可"之类的回复。如《里耶秦简(壹)》:

> 臣昧死请·制曰:可。(8-1668)②

这种格式在《张家山汉简·二年律令·津关令》中很常见,如:

> 相国上内史书言,诸以传出入津关而行□子□未盈一岁,与其母偕者,津关谨案实籍书出入。●御史以闻,制曰:可。
>
> 议,禁民毋得私买马以出扜(扞)关、郧关、函谷【关】、武关及诸河塞津关。其买骑、轻车马、吏乘、置传马者,县各以所买名匹数告买所内史、郡守,内史、郡守各以马所补名为久久马,为致告津关,津关谨以藉(籍)、久案阅,出。诸乘私马入而复以出,若出而当复入者,出,它如律令。御史以闻,请许,及诸乘私马出,马当复入而死亡,自言在县官,县官诊及狱讯审死亡,皆津关,制曰:可。③

由是可见,秦即汉初的这类令文中,"制曰:可"是很常见的皇帝制书格式,但这条令文的议请结果却不一样,用的是"二年曰,复用"。这种差异该怎么理解呢?我们认为,这是由这类令文的特殊性所决定的,因为它不是秦二世所颁布的新令,而是引述前朝所颁布的具体事项条文,故他不能用"制曰:可"来确定行不行,而是要诏准这条前朝的比是不是还有法律效用。故只能诏准为"复用"。

---

① 睡虎地秦墓竹简整理小组编:《睡虎地秦墓竹简》,第20—21页。

② 湖南省文物考古研究所编著:《里耶秦简(壹)》,北京:文物出版社,2012年,"释文"第81页。

③ 《张家山汉墓竹简·二年律令(二四七号墓)》(释文修订本),第85—86页。

这里的二年，当即秦二世二年，因为前面我们已指出，泰上皇之称是秦始皇统一六国后为其父庄襄王专设的尊号，既然简文中直称其为"泰上皇时"，那此令文的抄写肯定在秦始皇二十六年之后，因此，所谓"二年"，就只能是秦二世二年。而所谓"曰"，应是"制曰""诏曰"的漏抄或省称。

无独有偶，这种令文的行文格式，在岳麓秦简的另一条令文中也有很清楚的展示。

0519：昭襄王命曰：置酒①节（即）征钱金及它物以赐人，令献（谳）②，丞请（情）出③；丞献（谳），令请（情）出，以讯为恒。● 三年诏曰：

0352：复用。

这就是我们所要讨论的令文二。这条令文的模式与令文一基本相同，都是从秦国前朝的律令文本中摘录出一条比之类的具体事项条文，然后奏请秦二世诏准。两相比较，所不同者有三：一是其所选取的前朝不一样，令文一是选取泰上皇时的具体事项条文，而令文二则是选取昭襄王时的条文。二是议请的内容不同，前者是丞相或御史"议"，后者是"昭襄王命"。三是所诏准的时间不一样，前者是"二年"而后者是"三年"，而且前者是"曰"，后者是"诏曰"等。这些不同，给我们提供了许多值得注意的细节和信息。

首先，我们知道，泰上皇还是秦二世的祖父，"复用"泰上皇时的令文，还可以说是秉承祖训，可昭襄王是秦惠文王之子，虽然他是秦国历史上的中兴之主，在位时间长达 46 年（前 306—前 251），但他在位的时间据秦二世已有半个世纪之久，秦二世三年还将其所颁布的令文重新"复用"，这就不是一般的秉承祖训了。我们推想，秦二世之所以要将昭襄王时的令文找出来"复用"，很可能是面对令文中所述及的事项，一时没有具体的法律条文来规范，故从前朝明主所颁布的令文中寻找现成的令文来颁布，这可能也是一种便捷的方式。但另一方面，这多少也说明，秦二世在位的二三年间，他既要安抚民心，又要大兴土木，平定叛乱，且大权为赵高所独控，故已根本没有可能来具体制定新的律令，所以就从前朝颁布的律令文本中去照搬套用。

其次，这条令文中引述昭襄王令文时，称为"昭襄王命曰"，这"命"字就充分说明这条令文确是昭襄王时所颁布的。众所周知，秦始皇二十六年统一六国，改命为制，改令曰诏。是知皇帝的旨令在秦始皇二十六年后才称为"制"，此前都称为"命"，此处抄为"命曰"，正说明

---

① 置酒：办酒席。《史记》卷 7《高祖本纪》："西入关，至栎阳，存问父老，置酒。"

② 献，读为谳，即谳报。

③ 请（情）出：根据上奏文书中的实际数额出纳财物，不能肆意为之。如《二年律令・效律》："出实多于律程，及不宜出而出，皆负之。"简文中的"令献（谳），丞请（情）出，丞献（谳），令请（情）出"是朝廷对县令、县丞在管理钱财物方面的具体规定，它使令与丞之间有一种明显的互相制约的关系。

它确是昭襄王时所颁布的令文。

第三是简文的最后称为“三年诏曰”，我们知道，“诏”也是秦始皇二十六年改制之后的事，此处称为“诏”，就明确告诉我们，这里所说的“三年”就是秦始皇二十六年后的“三年”，也就是秦二世三年。与令文一比对，除了纪年不同之外，这里多出了一个“诏”字，据此，令文一中也许是抄漏这个重要的“诏”字。

这里值得注意的是，为什么在“诏曰”前面要加上具体的年份呢？我们认为，这大概是秦二世作为袭位之君在刊布本朝律令时的一种谨慎姿态的表现，因为其刚刚袭位，对执掌国政肯定没有头绪，故只好在祖辈所制定的律令比中去寻找适合处理当朝事务的律令文本，并在重新审定诏准前加上其确认的具体年份。也许正是这个年份的出现，更加真实地反映了秦二世二年和三年重新复用前朝律令条文的一些实际情况。

通过以上的讨论，我们可以确定，这是两条秦二世期间诏准“复用”的令文，其抄写的时代下限最早是在秦二世三年，由此也可初步判断，岳麓秦简的时代下限显然不是秦始皇三十五年，而应该是秦二世三年，即公元前 207 年左右。

（原文载《文物》2015 年第 9 期）

# 岳麓书院藏秦简《亡律》研究

◎ 周海锋(湖南大学岳麓书院)

《岳麓书院藏秦简》第四卷收录的第一组律文简计105枚,这些简内容多与逃亡相关,且形制、字体颇为一致,故归为一组。在1991号简背有"亡律"篇名,因此这类简当归入《亡律》之中。

参之第四卷所收录其他律文,如《尉卒律》《田律》《金布律》《戍律》等,易知亡律简的数量要远多于其他律类。虽然哪些文献得以重见天日乃诸多因素所致,但面对同一批出土文献中各类文献数量多寡问题,仅仅用偶然性来解释似乎不能让人信服。岳麓秦简所见律令名称数十种,而名称之下的律令内容多寡不一,这可能与律令持有者生前所担任的职务有关,此亦可与睡虎地秦简的保存情况类比。律令持有者是如此在意与逃亡相关的法律,一则说明在秦代逃亡现象十分频繁,再则表明秦代十分重视这一现象。

秦虽然通过武力一统六国,政令畅行于九州(这一点从里耶行政文书可以得到极好的证明),但各种危害帝国稳定的因素若暗流涌动,从未止息。首先是东方贵族的反抗活动从来没有停止过,如史书载秦始皇巡幸屡遭刺客袭击,江东项氏网罗党羽蠢蠢欲动等。其次,亡命、群盗呼啸山林湖泽,对抗朝廷,如张耳、黥布、彭越之流。后一种情况与《亡律》极有关联。

岳麓秦简《亡律》条文中所见逃亡者称谓不一,据其身份,大致可分刑徒、黔首、奴婢和官吏逃亡四类。下面分别谈谈秦律对各类逃亡者之处罚及相关问题。

首先,对刑徒逃亡的惩处。岳麓秦简《亡律》所见条文,大部分是针对各类刑徒的,少数是对普通百姓,这似乎可以证明秦代刑徒逃亡现象更为普遍。传世典籍相关记载也足以说明之,《史记·黥布列传》载黥布"及壮,坐法黥","布已论输丽山,丽山之徒数十万人,布皆与其徒长豪桀交通,乃率其曹偶,亡之江中为群盗"。[①] 黥布犯法被处以黥刑,以刑徒身份输

① 《史记》卷91《黥布列传》,北京:中华书局,2014年,第3151页。

送至骊山劳作，然其不安本分，私交徒长，伺机率领部分刑徒逃亡到长江中为群盗。

役使数量众多的刑徒劳作是秦政的一大特色，也是某些学者认定秦亡的一大原因。以里耶秦简所见官府各部门的“作徒簿”观之，刑徒之数量的确可观。为了迫使刑徒断绝逃亡念头，一心劳作，秦针对刑徒逃亡制定了一系列惩罚性条文。兹录岳麓秦简《亡律》数则如下：

城旦舂亡而得，黥，复为城旦舂；不得，命之，自出殹（也），笞百。其怀子者（2009）大枸椟及杕之，勿笞。（1983）①

泰厩城旦不将司从马，亡而得者，斩其左止，复为城旦。后复亡，勿斩，如它城旦然。（1997）②

城旦舂司寇亡而得，黥为城旦舂；不得，命之，其狱未鞫而自出殹（也），治（笞）五十，复为司寇。（1976）③

【舂】司寇。【舂】司寇、白粲、奴婢以亡，黥为城旦舂，黥奴婢䫉（颜）頯，畀其主。（2062）④

上述律文共涉及四种刑徒逃亡，分别为城旦舂、泰厩城旦、城旦司寇和白粲，其中城旦舂和泰厩城旦又可勉强归为一类。城旦舂、白粲和城旦司寇身份依次升高，然他们逃亡所面临的处罚却是一样的，都是黥为城旦舂。而对秦律有明显承继的《二年律令》针对不同等级的刑徒逃亡，给予不同的惩处。例如《二年律令 · 亡律》规定：“城旦舂亡，黥，复城旦舂。鬼薪、白粲也，皆笞百。”⑤鬼薪、白粲逃亡只要笞一百，比城旦舂逃亡处以黥刑要轻得多。秦汉律中诸如此类之细微差别，既可以看作是法律日趋严密合理的表现，也可视为是汉律相对宽和的表征。

囿于史料与史观，先贤们过分强调秦代行政刚硬严酷的一面，实则为了保障帝国机器之稳健运行，秦政有其极为灵便的一面。如上文所引 2009 和 1976 简，都提及自出减刑，前者还规定对怀孕刑徒给予特别照顾。逃亡的刑徒自首无疑可以有效地降低行政成本，对孕妇给予特殊关照亦有助于人口增殖。

需要指出的是，所谓“自出”，有一定的时间限制，只有在“狱未鞫”时自首才会获得减刑。接下来的问题是如何理解“鞫”的含义，《汉书 · 刑法志》如淳注曰：“以囚辞决狱事为

---

① 陈松长主编：《岳麓书院藏秦简》（肆），上海：上海辞书出版社，2015 年，第 54 页。
② 陈松长主编：《岳麓书院藏秦简》（肆），第 55 页。
③ 陈松长主编：《岳麓书院藏秦简》（肆），第 55 页。
④ 陈松长主编：《岳麓书院藏秦简》（肆），第 71 页。
⑤ 张家山汉墓竹简整理小组：《张家山汉墓竹简（二四七号墓）》（释文修订本），北京：文物出版社，2006 年，第 30 页。

鞫。”律文中鞫显然不可如此解释，“囚”尚在逃亡，何以得“辞”。许慎《说文解字》云“鞫，穷治罪人也”，“狱未鞫”解释为案件尚未完结是比较合理的。

上引简文中所见的“命之”，鲜见于传世典籍，其含义值得探究一番。细审律文，“命之”是发生在抓捕逃亡刑徒而不得之后的一个举措。“命之”一词又见于《二年律令·具律》：

有罪当完城旦舂、鬼薪白粲以上而亡，以其罪命之；耐隶臣妾罪以下，论令出会之。其以亡为罪，当完城旦舂、鬼薪白粲以上不得者，亦以其罪论命之。①

据上引《具律》条文，汉初“命之”只施用于“罪当完城旦舂、鬼薪白粲以上”的逃亡者，至于犯耐隶臣妾以下罪者逃亡则不“命之”，只要“论令出会之”。尤其值得注意的是接下来的律文“其以亡为罪，当完城旦舂、鬼薪白粲以上不得者，亦以其罪论命之”，讲的是与前面律文相对的情形。后文特意强调“不得”，则前半部分显然应当是对捕得逃亡者之后的处置，只是律文有部分省略而已。又一“亦”字表明，即使逃亡者没有捕获，也要“论命之”。故知道律文中“命之”为“论命之”的省略，所谓命之即论罪。有学者认为“命”当“出告示缉拿”讲，恐未达一间。② 验之上引《具律》前半部分，逃亡者已被抓获，何必再出告示缉拿。又，岳麓秦简 2087 号载：“有罪去亡，弗会，已狱及已核未论而自出者，为会，鞫，罪不得减。”简文中的“论”与“论之”之“论”用法一样，表示论罪。日人保科季子在《亡命小考——兼论秦汉的确定罪名手续“命”》一文中指出“命”为确定罪名的司法手续，③甚确。

在逃而被论罪者有一个专门称谓——“命者”，“命者”数见于秦汉简牍：

盗贼旞(遂)者及诸亡坐所去亡与盗同灋者当黥城旦舂以上及命者、亡城旦舂、鬼薪、白粲舍人(2011)室、人舍、官舍，主舍者不智(知)其亡，赎耐。其室人、舍人存而年十八岁者及典、田典不告，赀一甲。(1984)④

群盗、命者，及有罪当命未命，能捕群盗、命者，若斩之一人，免以为庶人。所捕过此数者，购如律。⑤

《二年律令》以“命者”与“当命未命”相对，则“命者”指已论命者无疑。又“命者”能够“捕群盗、命者，若斩之一人，免以为庶人”一句至少向我们传达了以下两点信息：斩杀群盗、命者，不仅无罪，且可受到奖赏；“命者”均为刑徒，故有“免为庶人”一说。综合以上可知“命者”指

---

① 张家山汉墓竹简整理小组：《张家山汉墓竹简》(释文修订本)，第 25 页。

② 业师陈松长先生告知笔者，2014 年暑假其在汉堡大学与德国学者讨论《亡律》简时，劳武利、史达等持此观点。

③ 保科季子：《亡命小考——兼论秦汉的确定罪名手续“命”》，武汉大学简帛研究中心主办：《简帛》第 3 辑，上海：上海古籍出版社，2008 年，第 349 页。

④ 陈松长主编：《岳麓书院藏秦简(肆)》，第 58—59 页。

⑤ 张家山汉墓竹简整理小组：《张家山汉墓竹简(二四七号墓)》(释文修订本)，第 29 页。

已经论罪的刑徒(包括在逃者)。

“命者”与“亡命者”并非一回事。两汉史书中多载“亡命”者,如《史记·张耳列传》载:“张耳尝亡命游外黄。”《索隐》引晋灼曰:“命者,名也。谓脱名籍而逃。”崔浩曰:“亡,无也。命,名也。逃匿则削除名籍,故以逃为亡命。”《汉书·张耳传》颜师古注:“命者,名也。凡言亡命,谓脱其名籍而逃亡。”晋灼、颜师古均将命释为名,谓亡命为脱名籍而亡命,实则是对“亡命”本义的误解。前代学者已指出此误,如《汉书补注》王先谦引刘奉世云:“颜(师古)解太迂,直避祸自逃其命也。”刘氏所言有一定道理,然仍未达一间。“亡命”的正确解释当为已经论罪的逃犯。“亡命”有时的确可释为逃命,《说文》正以“逃”释“亡”。以下两则材料能更加直观地证明“亡命”即“逃命”,而非“脱名籍而逃”:

《汉书·王嘉传》:“张敞为京兆尹,有罪当免,黠吏知而犯敞,敞收杀之,其家自冤,使者覆狱,劾敞贼杀人,上逮捕不下,会免,亡命数十日,宣帝征敞拜为冀州刺史,卒获其用。”

《汉书·严延年传》:“于是复核延年阑内罪人,法至死。延年亡命。会赦出,丞相、御史府征书同日到,延年以御史书先至,诣御史府,复为掾。”

虽然在典籍中“命”可通“名”,如《史记·天官书》“以所犯命之”,在《汉书·天文志》中作“以所犯名之”。然逃亡在先,被削掉名籍在后,晋灼的注释给人造成张耳主动脱民籍而亡的错觉。其实,名籍由官府保管,是征发徭役赋税的主要凭据;而在逃者不能继续服役纳税,故销除其名籍。相对而言,崔浩的注释虽然也没有将“亡命”的本义揭示出来,但不失为一说,“逃匿则削除名籍”则更符合历史事实。然“亡命”又不能简单地与逃命划等号,“亡命”乃倒叙词,应理解为“命亡”,指已论罪而逃亡者。其实,李善在给《文选·谢平原内史表》作注释时已揭示“亡命”的正确含义,其文曰“命,名也。谓所犯罪名已定而逃亡避之,谓之亡命”。

其次,对奴婢逃亡的处罚。岳麓秦简《亡律》中与奴婢逃亡相关的律文有数条,通过律文内容可知秦律对奴婢逃亡的惩处有其独特之处,这是由其自身属性决定的。奴婢在睡虎地秦简中又称“人臣妾”,附属于主人,不具备独立的法人地位;若从经济上而论,其与其他物品无异,甚至是可以明码标价的。《里耶秦简》所载关于遗产继承的爰书,奴婢常与牛马等物什列在一起,过继给财产继承人。如:

卅二年六月乙巳朔壬申,都乡守武爰书:高里士五(伍)武自言以大奴幸、甘多,大婢言、言子益Ⅰ等,牝马一匹予子小男子产。 典私占。 初手。Ⅱ(8-1443+8-1455)[1]

[1] 陈伟主编:《里耶秦简牍校释(第一卷)》,武汉:武汉大学出版社,2012年,第326页。

卅五年七月戊子朔己酉,都乡守沈爰书:高里士五(伍)广自言:谒以大奴良、完,小奴嚋、饶,大婢阑、愿、多、□,Ⅰ禾稼、衣器、钱六万,尽以予子大女子阳里胡,凡十一物,同券齿。Ⅱ典弘占。Ⅲ(8-1554)①

这两份爰书显示,奴、婢与马、禾稼、衣物、钱等列在一起作为个人财产转让,值得注意的是奴、婢都排列在其他私产的前面,这应当不是巧合。奴婢虽然可以像其他物品一样转让、出售,但其作为自然人之价值,又是其他物品不能匹敌的。

由于奴婢"半物半人"的属性,故其犯逃亡罪后,一方面要对其处以刑罚,另一方面施刑后又要将其遣还给主人。也就是说奴婢逃亡,官府可对其进行惩处,但不可将其纳为刑徒,这是与处置其他类型的逃亡罪最大的不同。如岳麓秦简《亡律》载:

☑【舂】司寇。【舂】司寇、白粲、奴婢以亡,黥为城旦舂,黥奴婢顏(颜)頯,畀其主。(2062)②

奴婢亡而得,黥顏(颜)頯,畀其主。•其自出吏及自归□☑(2117)③

☑□主,不自出而得,黥顏(颜)頯,畀其主。之亡徼中蛮夷而未盈(0161)岁,完为城旦舂。奴婢从诱,其得徼中,黥顏(颜)頯;其得故徼外,城旦黥之;皆畀主。(0186)④

从2062、2177两支简文可知,奴婢逃亡被捕获后先黥颜頯,然后送还主人。秦律对于奴婢逃亡的处罚规定,仍被汉律沿用,如《奏谳书》所载汉高祖十一年的案例,椽之婢媚逃亡后被吏当:"黥媚顏(颜)頯,畀椽。"⑤又如《二年律令·亡律》载:"☑□頯畀主。其自出殹(也),若自归主,主亲所智(知),皆笞百。"⑥"頯"前面的内容由于竹简残泐而不得而知,但是根据后文"自归主"可以判定律文与奴婢逃亡相关。"黥颜頯,畀其主"是秦汉处置奴婢逃亡的惯用手段,故"頯"至少可以增补"黥颜"二字。

0161与0186号简文是对逃亡或被诱引至蛮夷地区的奴婢的处罚条例,这其中又分多种情况。一种是奴婢逃亡到徼中蛮夷地区时间未达一年的,完为城旦舂;惜前文缺失,只能推测其内容可能是有关奴婢逃亡至徼中蛮夷地区而时间超过一年的要"黥颜頯,畀其主"的规定。"黥颜頯"比"完为城旦舂"的处罚要更重些。另一种情况是奴婢被引诱到缴中蛮夷地区的,亦要"黥颜頯,畀其主"。第三种情况是奴婢被引诱到缴外蛮夷地区的,将"城旦黥之"。"徼中蛮夷""徼外蛮夷"与"县道"一样,可作为行政区划名使用,如岳麓简2065+0780

---

① 陈伟主编:《里耶秦简牍校释(第一卷)》,第356—357页。
② 陈松长主编:《岳麓书院藏秦简(肆)》,第71页。
③ 陈松长主编:《岳麓书院藏秦简(肆)》,第71页。
④ 陈松长主编:《岳麓书院藏秦简(肆)》,第71—72页。
⑤ 张家山汉墓竹简整理小组:《张家山汉墓竹简(二四七号墓)》(释文修订本),第92页。
⑥ 张家山汉墓竹简整理小组:《张家山汉墓竹简(二四七号墓)》(释文修订本),第30页。

号"诱隶臣、隶臣从诱以亡故塞徼外蛮夷,皆黥为城旦舂;亡徼中蛮夷,黥其诱者,以为城旦舂;亡县道,耐其诱者,以为隶臣"。① 所谓徼中蛮夷是指服从秦统治的少数民族政权管辖区,与睡虎地秦简中出现的"属邦"性质相近;"徼中蛮夷"所在依旧由蛮夷实际控制,秦朝政府并不能委派官员前去管辖,这也是与"道"最为显著的差别。徼外蛮夷与徼中蛮夷相对,指不接受秦统治的少数民族政权管辖区。故"徼"不能单纯地解释为"塞","徼中""徼外"与地理上的远近或无关系,较之"徼外蛮夷","徼中蛮夷"或离秦之核心统治区域更远。"徼中"与"徼外"可能亦不以是否设置关塞、离秦国距离远近为主要区别特征,而以是否臣服于秦国为标志。

奴婢被引诱到徼外所受"城旦黥之"的刑罚比"黥颜頯"要重,所谓"城旦黥之"即施刑的方式如黥城旦一样。奴婢逃至徼外将受"城旦黥之"之刑亦见于睡虎地秦简,《法律答问》:"人臣甲谋遣人妾乙盗主牛,买(卖),把钱偕邦亡,出徼,得,论各可(何)殹(也)? 当城旦黥之,各畀主。"②"出徼"即逃亡到徼外,面对的惩罚是"城旦黥之,各畀主",按照秦律规定,同时犯有数罪,只论其情节最为严重的,而不累加它罪。故虽然人臣甲和乙还犯有偷盗罪,由于其情节不如逃亡到徼外严重,所以只论其后者。如《法律答问》:"把其叚(假)以亡,得及自出,当为盗不当? 自出,以亡论,其得,坐臧(赃)为盗;盗罪轻于亡,以亡论。"③

奴婢长期逃亡,其间可能组建新的家庭,对其家眷的处置岳麓秦律亦有相关条文,如:

奴亡,以庶人以上为妻,卑(婢)亡,为司寇以上妻,黥奴婢颜頯,畀其主。以其子为隶臣妾ㄥ,奴(0168)妻欲去,许之。(0167)④

奴逃亡娶庶人以上身份者为妻,婢在逃以司寇以上身份者为夫,被抓获后,仍旧是黥其颜頯,遣送主人处,其所生之子为隶臣妾,允许奴妻离夫而去。从以上简文还可以得知,奴婢的配偶若不知对方为亡人,当不会受到惩处;在逃奴婢的事实婚姻是不受法律保护的。如果知道对方为亡人而与其结为夫妻,定会受到法律处罚,这一点可以从《二年律令·亡律》和《奏谳书》中找到佐证:

取(娶)人妻及亡人以为妻,及为亡人妻,取(娶)及所取(娶),为谋(媒)者智(知)其请(情),皆黥以为城旦舂。其真罪重,以匿罪人律论。弗智(知)者不☐⑤

律:取(娶)亡人为妻,黥为城旦,弗智(知),非有减也。

---

① 陈松长主编:《岳麓书院藏秦简(肆)》,第72页。

② 睡虎地秦墓竹简整理小组:《睡虎地秦墓竹简》,北京:文物出版社,1990年,第94页。

③ 睡虎地秦墓竹简整理小组:《睡虎地秦墓竹简》,第124页。

④ 陈松长主编:《岳麓书院藏秦简(肆)》,第68页。

⑤ 张家山汉墓竹简整理小组:《张家山汉墓竹简(二四七号墓)》(释文修订本),第31页。

依汉初律条，与亡人结为夫妻者，不论是否知晓对方亡人身份，均要黥以为城旦舂。以理揣之，秦律亦应有相关律文，惜未见。

奴婢或可被免为私属或庶人，这一点从《为狱等状四种》"识劫婉案"可以证实；私属或庶人逃亡将如何处置，秦律亦有相应条文：

免奴为主私属而将阳阑亡者，以将阳阑亡律论之，复为主私属。（1945）①

将阳即不经批准擅自出走，其逃亡时间在一年以内者②。阑亡指无符传而私越关卡、且逃亡时间在一年以上者，邦亡指逃离秦故地③。岳麓秦简《亡律》对将阳、阑亡者该如何惩罚，有相关规定：

阑亡盈十二月而得，耐。不盈十二月为将阳，毄（系）城旦舂。（0185）④

从185号律文可知，阑亡者会处以耐刑，将阳者会系城旦舂，然无法得知其所针对的是所有人，还是特定身份者。

再次，对黔首逃亡的惩处。据《史记·秦始皇本纪》秦统一六国后改民为黔首，以睡虎地秦简见百姓未见黔首和里耶秦简见黔首未见百姓验之，史书所载不诬。黔首是秦帝国统治之基石，人数最多，是徭役的主要承担者，也是最重要的租赋缴纳者。鉴于黔首之重要性，统治者采取了一系列措施对其进行控制，其中之一就是制定相关法律防止人口的随意流动并对逃亡者加以惩处，兹录岳麓秦简《亡律》相关律文如下：

郡及襄武∟、上雒∟、商∟、函谷关外人及郡（迁）郡、襄武、上雒、商、函谷关外（2106）男女去，阑亡、将阳，来入之中县、道，无少长，舍人室，室主舍者，智其请（情），以律郡（迁）之。典、伍不告，赀典一甲，伍一盾。不智（知）其（1990）请（情），主舍，赀二甲，典、伍不告，赀一盾。舍之过旬乃论之∟，舍，其乡部课之，卒岁，乡部吏弗能得，它人捕之，男（1940）女无少长，伍人，谇乡部啬夫；廿人，赀乡部啬夫一盾；卅人以上，赀乡部啬夫一甲，令、丞谇，乡部吏主者，与乡部（2057）啬夫同罪。其亡居日都官、执法属官∟、禁苑∟、园∟、邑∟、作务∟、官道畍（界）中，其啬夫吏、典伍及舍者坐之，如此律。（2111）免老∟、小未傅∟、女子未有夫而皆不居偿日者，不用此律。（1941+2031）⑤

诸郡（迁）者、郡（迁）者所包去郡（迁）所，亡□□得，郡（迁）处所，去亡而得者，皆耐以为隶臣妾，不得者，论令出（1931）会之，复付郡（迁）所县。郡（迁）者、郡（迁）者所

① 陈松长主编：《岳麓书院藏秦简（肆）》，第64页。
② 陈松长：《睡虎地秦简中的"将阳"小考》，《湖南大学学报（社会科学版）》2012年第5期。
③ 周海锋：《〈为狱等状四种〉中的"吏议"与"邦亡"》，《湖南大学学报（社会科学版）》2014年第4期。
④ 陈松长主编：《岳麓书院藏秦简（肆）》，第69页。
⑤ 陈松长主编：《岳麓书院藏秦简（肆）》，第56—58页。

包其有罪它(2123)县道官者,罪自刑城旦舂以下。已论报之,复付罨(迁)所县道官∟。罨(迁)者、罨(迁)者所包有罪已论,当(1962)复诣罨(迁)所;及罪人、收人当论而弗诣弗输者,皆罨(迁)之。有能捕若诇告,当复诣罨(迁)所。(2045)①

为了巩固边防和加强统治,秦在统一六国后曾实行大规模的移民政策,将秦故地之人迁到新占领的地区,仅向岭南一地就迁徙民众50万人。安土重迁乃人之常情,如何防止被迁徙者重返故园是决策者们不可回避的难题。上面所引二组简文使得我们知晓秦代是如何有效解决这一问题的,下面将分别讨论之。

先弄清楚第一组律文首简所涉及的地名及其相互关系是正确理解简文意思的前提。"郡"与的襄武、上雒、商、函谷关外等地名并列,颇令人疑惑。秦实行郡县制,郡县等级分明,襄武、上雒、商等为县邑名,如何能与郡相提并论呢?尤其是函谷作为关卡名,不属于任何一级行政单位,怎么能并列与后呢?又据《汉书·地理志》襄武属于陇西郡,上雒、商属于三辅之地(即秦内史郡所辖)。将秦内史郡所辖上雒、商与郡并列或许可以接受,毕竟其地位与一般的县不同。然属于陇西郡的襄武到底有什么特别之处呢?或许我们应该考虑抄写出现讹误的可能性,然终归是下策。仔细揣摩几个地名之间的关系,我们发现换一种思路理解,简文意思便显得极为畅通。

"郡及襄武、上雒、商、函谷关外人"一句所涉及地名,位置最没有歧义且战略地位最为重要的是函谷关。函谷关位于今河南省灵宝县,古关遗址尚存,是秦人东出、东方六国西进的必经之地,战略地位十分重要。史书上所载的"函谷关外"均指函谷关以东区域,则与函谷关外并列的"郡"或可理解为设置在函谷关以西的郡。然襄武所在的陇西郡及上雒、商所在的内史郡均在函谷关以西,与"郡"所称的区域重合了,显然是说不通的。看来只有进一步改变简文的读法,试着将襄武、上雒、商、函谷关四个地名并列,而将"外人"单独作为一个语群,如此就会出现襄武外人、上雒外人、商外人、函谷关外人的组合。顺着秦汉人以函谷关外指函谷关以东区域的思路,四个地名中位于最西面为襄武,则襄武外人指襄武以西的区域,以此类推,商外指商邑以南的区域。上雒位于秦内史郡之腹地,区域内无重要关隘,但是处雒水上游,是秦人东出的重要水上通道,故"上雒外"似可理解为上雒以东区域,与函谷关外所指区域重合,但是不会影响到整则简文的理解。再来看襄武、上雒、商、函谷关这四个地名所围成的区域,恰好是秦内史郡和陇西郡的一部分,也是秦的核心统治区域,也即是后边简文中所说的"中县道"。秦疆域除去函谷关以西、商邑以南、陇西以西,剩下的郡只有北地、上郡、九原、云中等郡,故与"襄武、上雒、商、函谷关外人"并列的"郡"似指秦内史郡正北

① 陈松长主编:《岳麓书院藏秦简(肆)》,第62—63页。

方的北地、上郡、九原、云中等四郡所辖区域。

在明晓相关地名后，后文所说的“迁郡、襄武、上雒、商、函谷关外男女去，阑亡、将阳，来入之中县、道”一句才好理解，中县道所指区域也明晰起来。“迁郡、襄武、上雒、商、函谷关外男女去”，指迁往内史郡以北诸郡、襄武以西、商邑以南、上雒和函谷关以东的人逃亡，验之史料，秦每征占一片新的区域，必从关中地区移民实边。最为著名的例子就是秦始皇将大批中县之人迁往桂林、南海、象郡三郡的史实。

“中县”虽然多次见于传世典籍和出土文献之中，但是以往的解释颇为含糊，其究竟代指哪些区域谁也没有说清，岳麓秦简《亡律》材料的出现使得千年谜题得以解答。

另一个值得注意的问题是简文中所出现的“人”，秦律中指称人时一般不用模糊概念，而是根据等级身份将人划分为官吏、黔首、奴婢、徒隶、蛮夷等等。那么律文中所出现的“人”应该包括所有的自然人，在此是一个中性概念，不带任何政治色彩。因为被迁徙人有官吏、有刑徒、有黔首、有商贾、有赘婿等等，故只有用“人”这一概念才可以涵括之。

此外，官吏逃亡的现象在秦代也时有发生，如《史记·张丞相列传》载张苍“秦时为御史，主柱下方书。有罪，亡归”。又“避为吏”的记载数见于岳麓秦简，然岳麓秦简《亡律》中没有发现专门针对官吏逃亡而制定的法律条款，但这并不代表秦律原本没有这方面的规定，只是相关的文献没有保存下来或尚待发掘出来而已。

（原文载《简帛研究二〇一六·春夏卷》，广西师范大学出版社，2016年）

# 《岳麓肆·亡律》编联刍议

◎ 纪婷婷　张　驰(武汉大学历史学院;清华大学出土文献研究与保护中心)

《岳麓书院藏秦简(肆)》(以下简称《岳麓肆》)于2015年12月出版,共公布了三大组法律条文。整理者根据第一组简005背的“亡律”二字认为第一组律文为《亡律》类简,并根据背划线和反印文对这组简文进行了系统的编联。在研读《岳麓肆》时,我们发现了一些新的反印文,并尝试对简文按照笔迹特征进行分组,进而发现整理者对《亡律》的编联存在调整空间。因而写作此文,以就正于方家。

## 一、对反印文的补充

《岳麓书院藏秦简(肆)》附录四“正背反印文对照图”中漏收第一组部分反印文,现补充11组:001背和003正、002背和016正、005背和054正、014背和008正、018背和027正、038背和012正、043背和022正、045背和015正、054背和043正、064背和013正、069背和077正。

我们在简001背上找到2处反印墨迹,其与简003正的对应关系如图1。① 降低简003

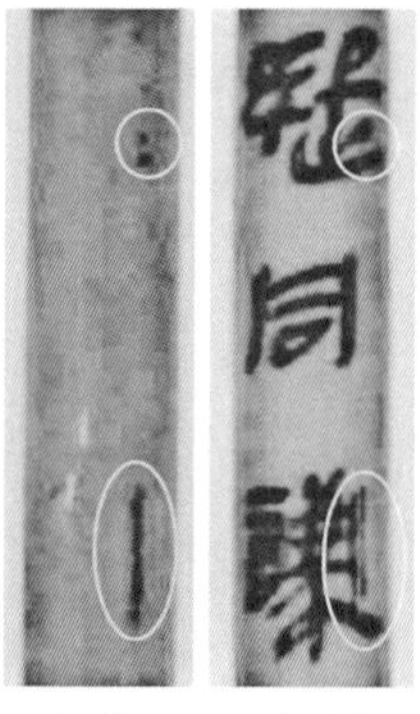

001背　003正

图1

图2

① 所列简背均进行水平翻转处理,下同。

正透明度，将其与对应反印墨迹进行拼合，墨迹拼合如图 2。①

在简 002 背上找到 7 处反印墨迹，其与简 016 正的对应关系如图 3，墨迹拼合如图 4。

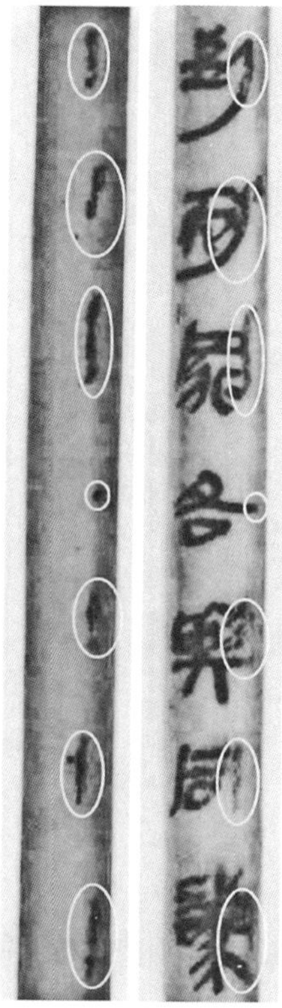

002 背　016 正

图 3

图 4

在简 005 背上找到 3 处反印墨迹，其与简 054 正的对应关系如图 5，墨迹拼合如图 6。

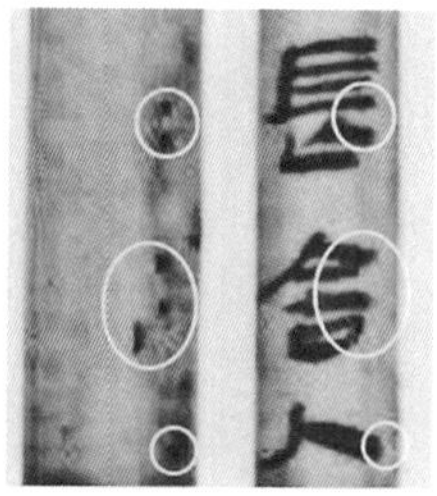

005背　054正

图 5

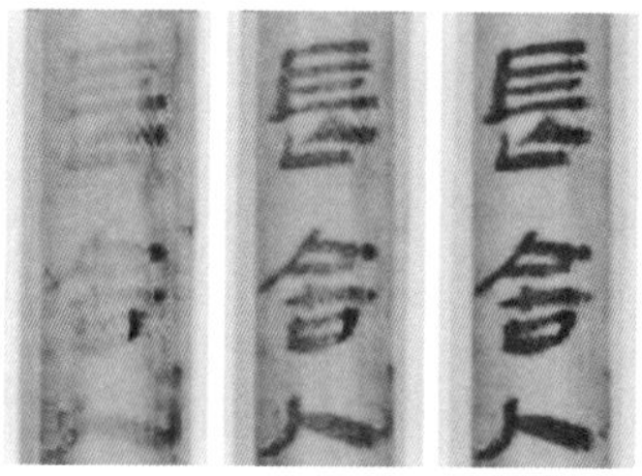

图 6

① 透明度依次为 20%、40%、60%，下同。

在简 014 背上找到 5 处反印墨迹，其与简 008 正的对应关系如图 7，墨迹拼合如图 8。

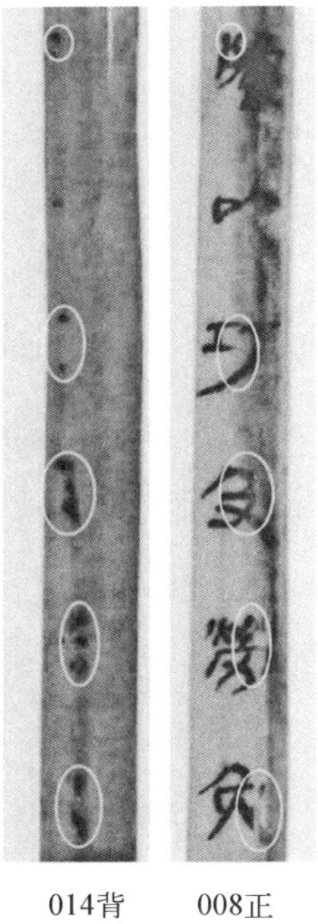


图 7

图 8

在简 018 背上找到 4 处反印墨迹，其与简 027 正的对应关系如图 9，墨迹拼合如图 10。

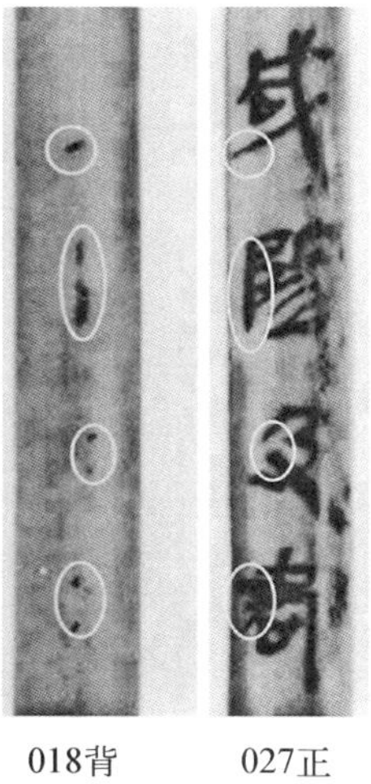


图 9

图 10

在简 038 背上找到 4 处反印墨迹，其与简 012 正的对应关系如图 11，墨迹拼合如图 12。

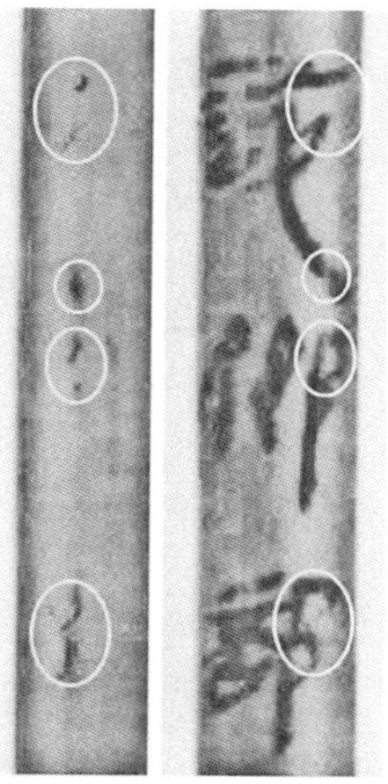

038背　　012正

图 11

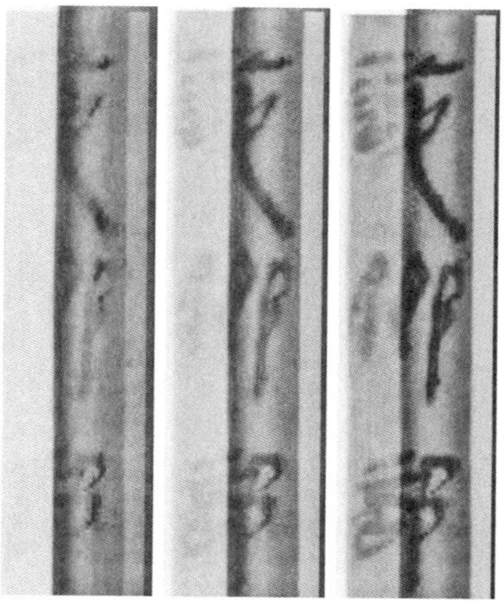

图 12

在简 043 背上找到 13 处反印墨迹，其与简 022 正的对应关系如图 13、15、17，墨迹拼合如图 14、16、18。

在简 045 背上找到 12 处反印墨迹，其与简 015 正的对应关系如图 19、21，墨迹拼合如图 20、22。

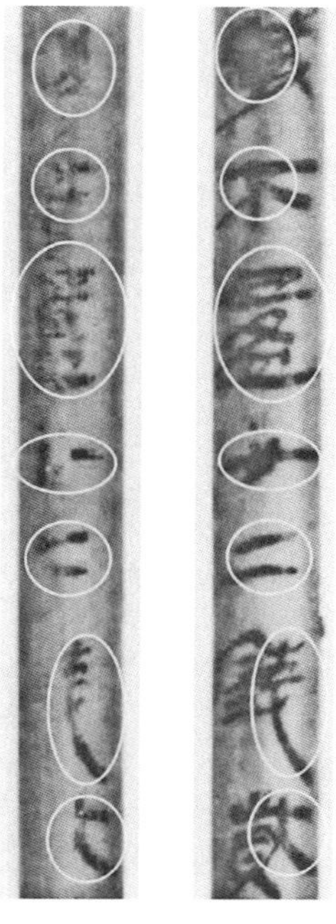

043背/1989背　022正/1988正

图 13

图 14

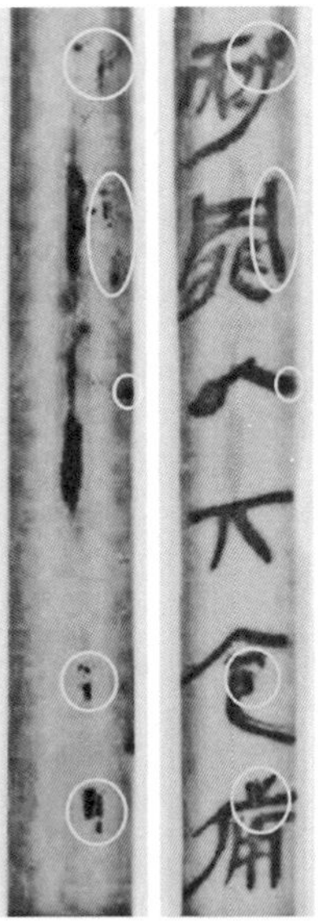

043背　022正

图 15

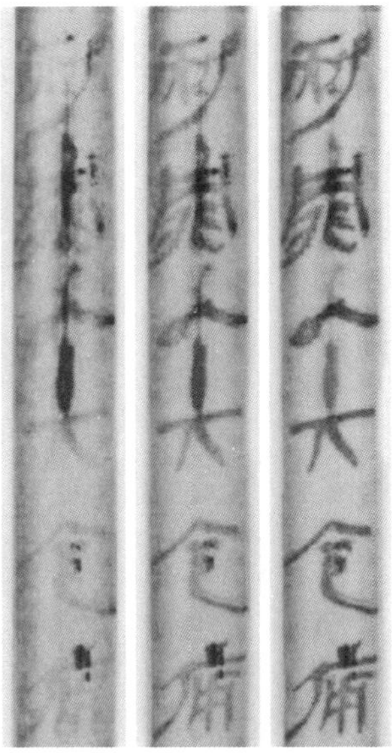

图 16

043背　022正

图 17

图 18

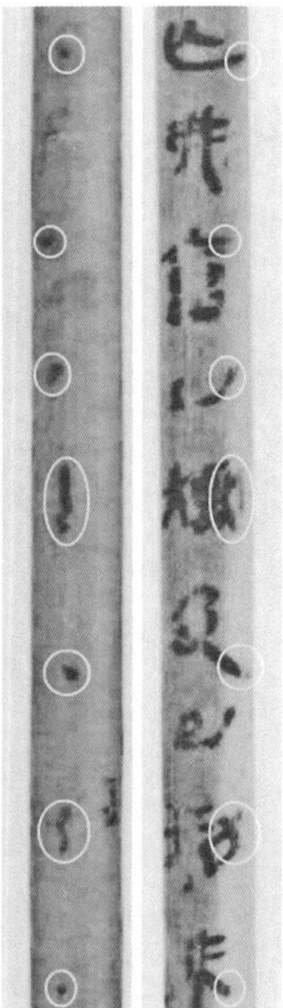

045背　015正

图 19

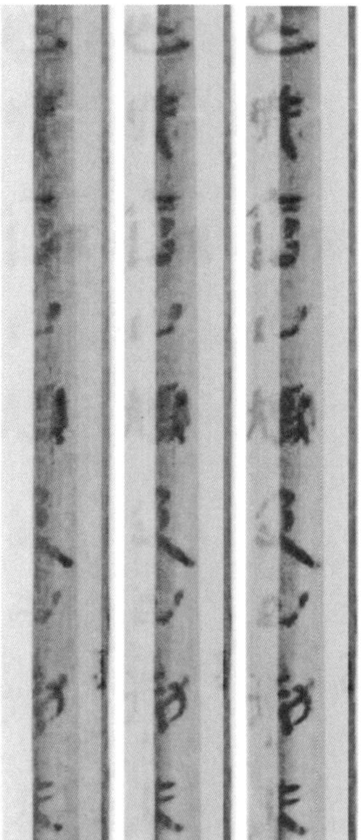

图 20

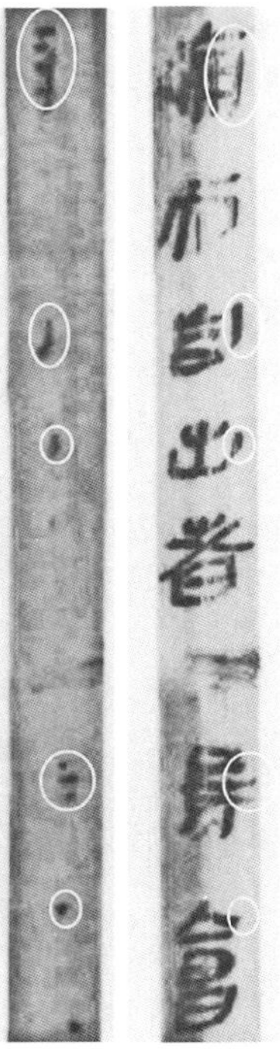

045背　015正

图 21

图 22

在简 054 背上找到 14 处反印墨迹，其与简 043 正的对应关系如图 23、25，墨迹拼合如图 24、26。

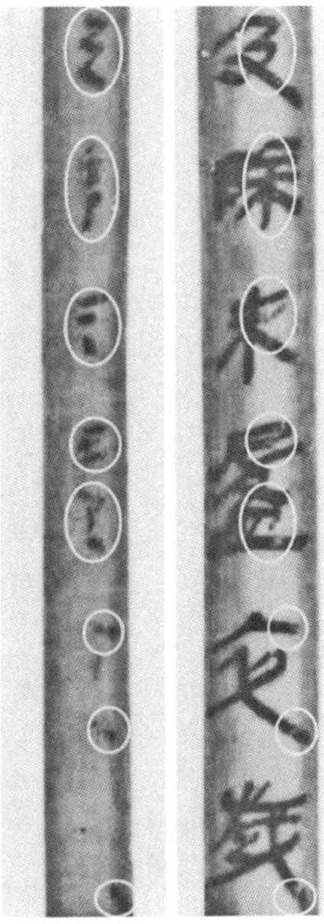

054背　043正

图 23

图 24

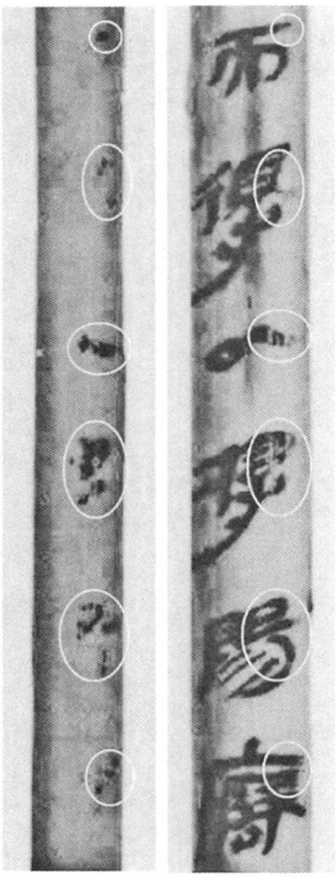

054背　043正

图 25

图 26

在简 064 背上找到 8 处反印墨迹，其与简 013 正的对应关系如图 27、29、31，墨迹拼合如图 28、30、32。

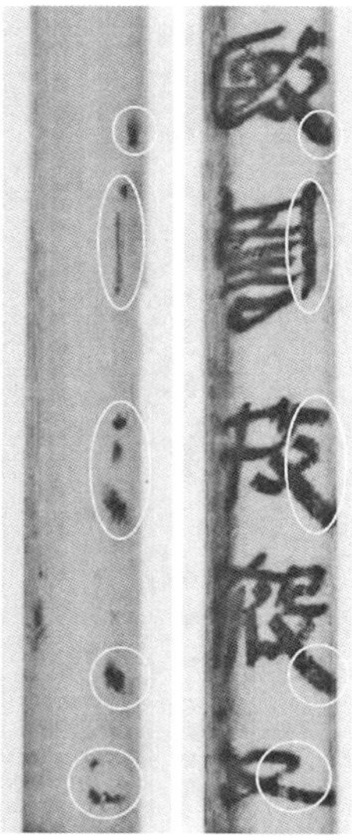

064背　013正

图 27

图 28

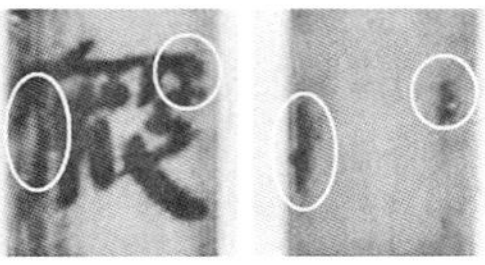

064背　　013正

图 29

图 30

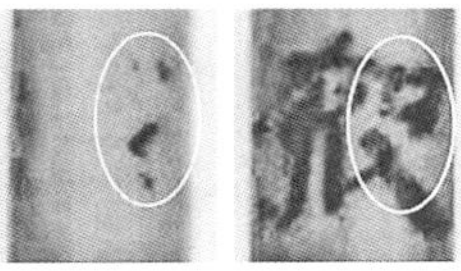

064背　　013正

图 31

图 32

在简 069 背上找到 4 处反印墨迹，其与简 077 正的对应关系如图 33，墨迹拼合如图 34。

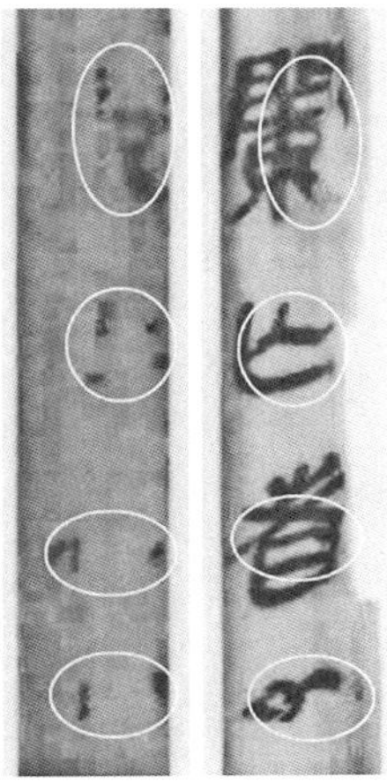

069背　　077正

图 33

图 34

## 二、笔迹的分组与补、改字问题

《亡律》存在多种书写笔迹，现根据笔迹对有字简进行分组：[1]

① 《岳麓肆·亡律》简 059 应纳入《为吏治官及黔首》的编联，详见张驰：《〈为吏治官及黔首〉编联补证与关于〈岳麓肆〉059 号简归属问题的讨论》，简帛网，2016 年 4 月 7 日。

A 组：简 001、002、003、004、005、006、010、011、012、013、014、015、016、017、018、019、020、021、022、023、024、025、026、027、028、029、030、031、032、037、038、039、040、041、042、043、044、045、046、050、051、052、058、060、061、062、063、064、065、066、067、068、069、070、071、072、073、074、075、076、077、078、079、083、088、089、090、091、092、093、094、096、098，共 73 枚。

B 组：简 007、008、033、034、035、036、049、103，共 8 枚。

C 组：简 047、048、084、085、086，共 5 枚。

D 组：简 053、054、055、056、057、081、097、099、100、101、102，共 11 枚。

未分组：简 009、080、082、087、104，共 5 枚。其中简 009 笔迹特殊且不属于上述各组；简 080、087、104 字迹残损严重，可用来进行笔迹对比的字较少，因此未对这四枚简进行笔迹分组。

简 082 笔迹特殊，不属于上述各组笔迹。而且与《亡律》其他简有三道编绳不同，简 082 只有两道编绳，两道编绳间距约为 9.3 厘米，正是只有两道编绳的第二组简的绳间距。而且简 082 与第二组部分简笔迹相同（参表 1），因此简 82 应从第一组剔除。①

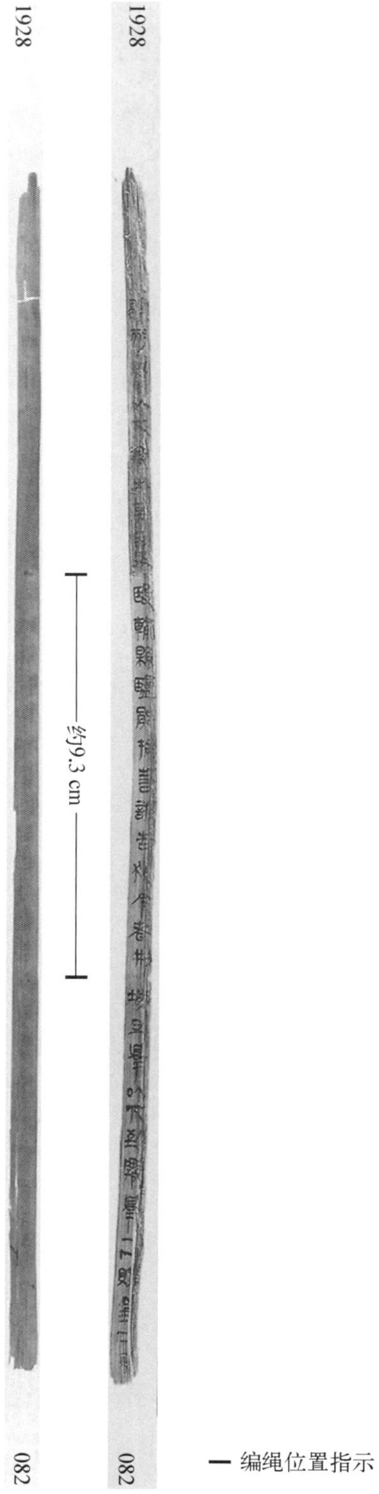


图 35　简 082 编绳位置及距离

① 整理者将其调整至《岳麓书院藏秦简（伍）》第三组。参看陈松长主编：《岳麓书院藏秦简（伍）》，上海：上海辞书出版社，2017 年，第 203、214 页。

表 1　简 082 与第二组部分简笔迹对比

| | 082 | 171 | 212 | 221 | 232 |
|---|---|---|---|---|---|
| 皋 |  | |  | |  |
| 迁 |  | |  | |  |
| 之 | 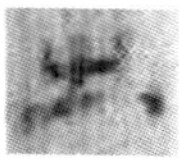 | 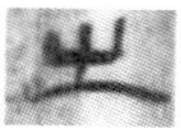 | |  |  |
| 县 |  |  | | | |
| 以 |  | | 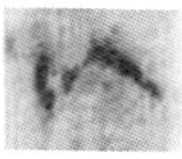 |  | |

兹以常见字“以”“为”的写法为例，来说明对《亡律》笔迹的分组。

表 2　“以”字笔迹分组

| | A 组 | B 组 | C 组 | D 组 |
|---|---|---|---|---|
| 以 | 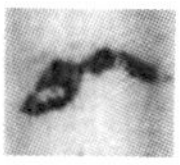 017<br> 040<br>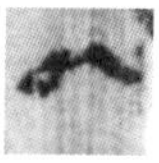 076 |  008<br> 035<br>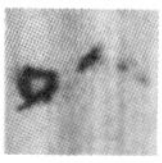 036 |  085<br> 086 |  056<br>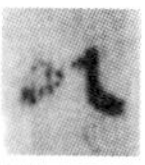 081<br>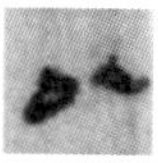 097 |

通过表 2，可知各组中“以”字的主要特征。

A 组“以”字主要特征：① 笔画 a 呈右上-左下倾斜，b 呈左上-右下倾斜，c 与 d 之间形成一个夹角 e。（图 36）

B 组“以”字主要特征：① 笔画较细；② 笔画 a 为水平方向，b 为垂直方向，c 与 d 前一笔平直。（图 37）

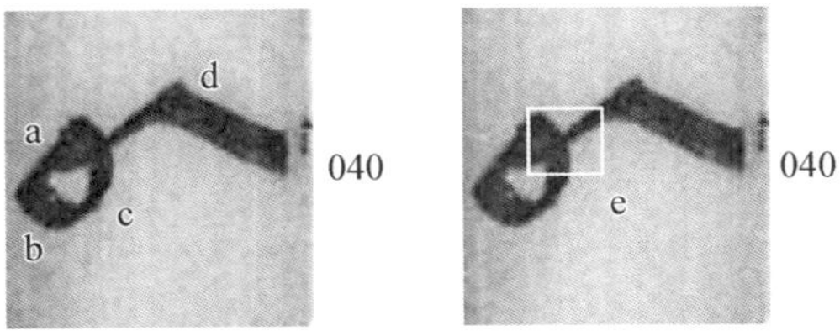


图 36

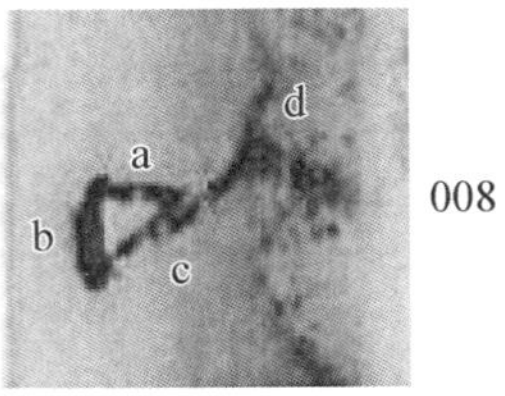


图 37

C 组“以”字主要特征：① 笔画 a 呈圆形且在整个字中所占比例较小；② 夹角 b 较小；③ 最后一笔 c 倾斜角度小，接近垂直。（图 38）

D 组“以”字主要特征：① 笔画 a 呈右下-左上倾斜；② b 呈右上-左下倾斜；③ c 与 d 连成一笔。（图 39）

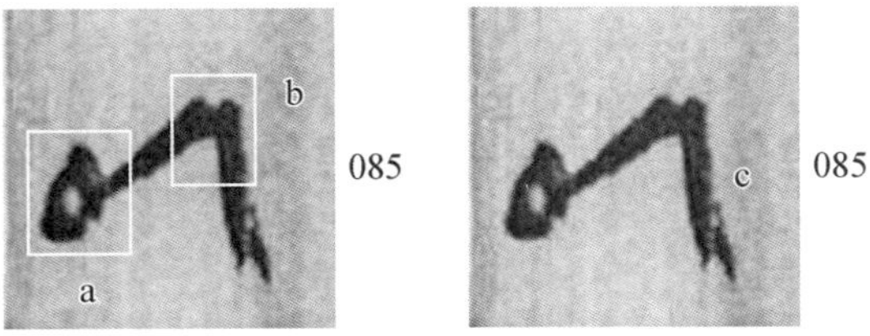


图 38

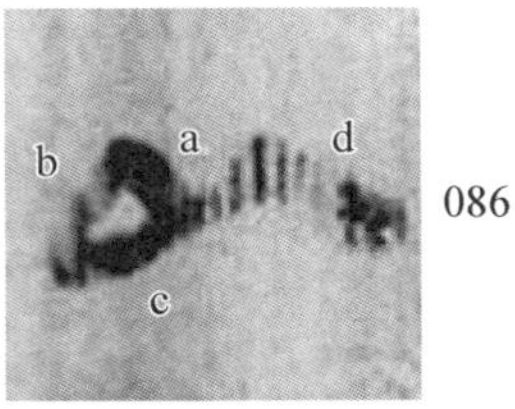


图 39

表 3　“为”字笔迹分组

| | A 组 | B 组 | C 组 | D 组 |
|---|---|---|---|---|
| 为 |  006<br> 031<br> 068 |  008<br> 033<br> 049 |  047<br> 085<br> 085<br> 086 |  100<br> 101<br> 102 |

通过表 3，可知不同笔迹分组中“为”字的主要特征。

A 组“为”字主要特征：三笔 a 为横笔。（图 40）

B 组“为”字主要特征：① a 为横折笔；② 点笔 b 较长。（图 41）

C 组出现的四个“为”字笔迹均有差别。即使是同属于简 085 的两个“为”，直观看来也有较大差别。但通过仔细观察，还是可以发现 C 组“为”字笔迹上的共同特征：① a 为横折

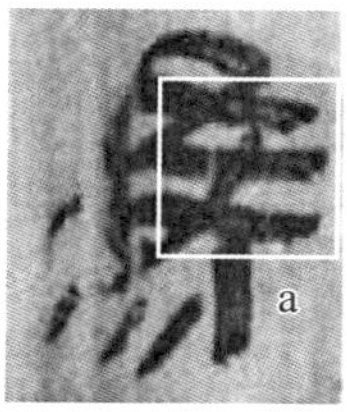

006

图 40

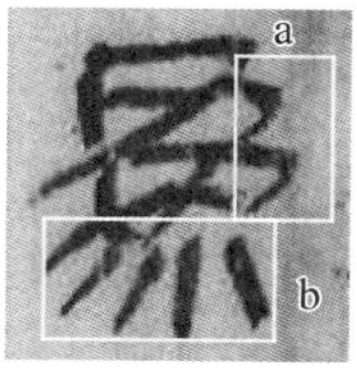

008

图 41

笔;② b 为横撇、横折、竖折勾三笔下笔处,这三处之间有一定空隙;③ c 为横撇、横折下笔处,此处出现点状形态,说明书手在写横笔时下笔比较重。

简 085 第二个“为”写法怪异,应该写成连笔的 d 被分开写,可能是书手对“为”字不熟悉导致的,这也解释了为什么 C 组“为”字笔迹会有差别。(图 42)

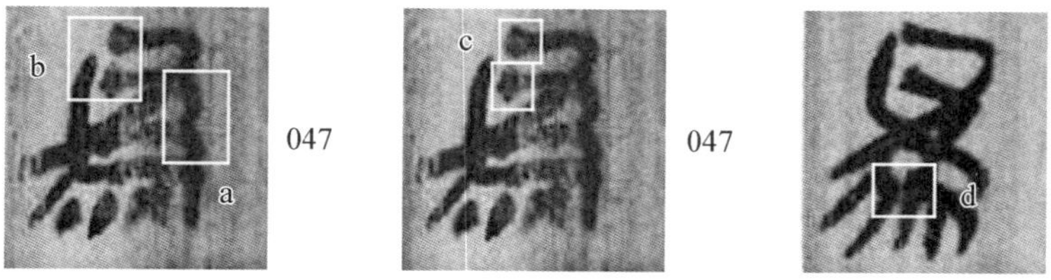

图 42

D 组“为”字主要特征:横折笔的折 a 和点笔 b 都有一定弧度。

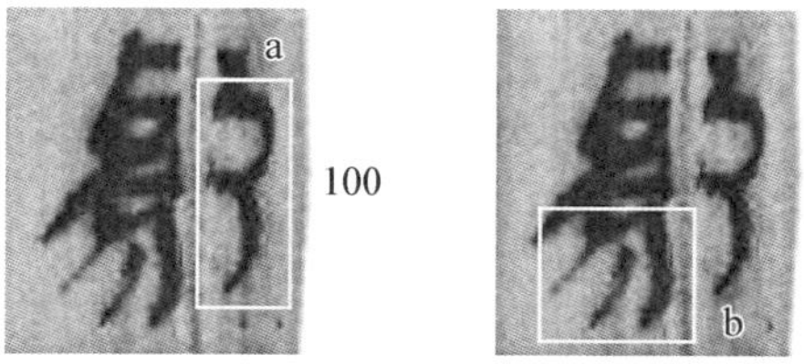

图 43

表 4 “之”“岁”等字笔迹分组

| | A 组 | B 组 | C 组 | D 组 | 009 |
|---|---|---|---|---|---|
| 之 |  018  040  077 |  007  103 |  047 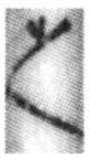 048 |  054  055  099 |  009 |

| | A 组 | B 组 | C 组 | D 组 | 009 |
|---|---|---|---|---|---|
| 岁 |  025<br> 038 | | |  055<br> 081<br> 100 | |
| 而 |  050<br> 061 |  008<br> 049 |  047<br> 085 | 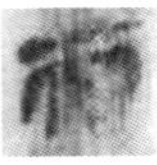 99 | |
| 得 |  015<br> 072 |  049<br> 103 |  047<br>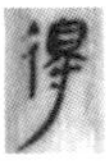 085 |  055<br> 102 | |
| 罯 |  073<br> 074 | |  053<br> 054 | | |

通过整简对比,还可以发现在字的大小、书写风格、字距等方面,各组笔迹有明显差别,如图 44。

A 组字较大,笔画较粗,字距适中;B 组字与 A 组相比稍小,笔画较细、字体隽秀、字距略大;C 组字大小介于 A 组与 B 组之间,笔画粗细不均、下笔较重、字距较大;D 组字最小,书写规整、字距适中。

《亡律》多枚简中存在对简文进行补写、改写的现象,这些简为:简 001、003、004、006、007、013、024、027、028、030、032、057、058、061、063、072、073、093、100。

值得注意的是,在改写简中存在改写笔迹与原笔迹不同的现象,其中简 024、027、032、057、073、093 改字中均有"道官"二字,根据"官"字笔迹对比(参表 5),我们认为上述简中改写笔迹为 B 组。

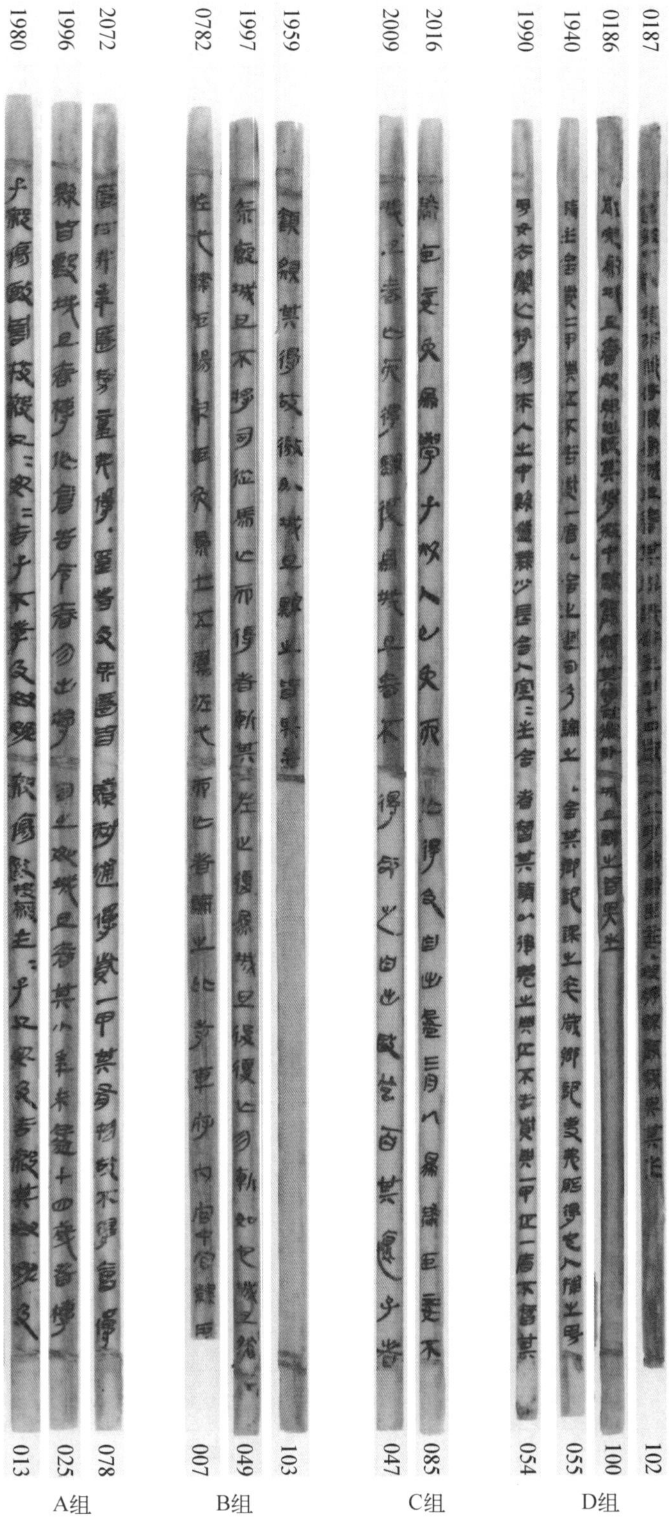


A组 B组 C组 D组

图 44

表 5　简 024、027 等改写“官”字与 A、B 组笔迹对比

| | 024 | 027 | 032 | 057 | 073 | 093 | 008（B 组） | 033（B 组） | 068（A 组） |
|---|---|---|---|---|---|---|---|---|---|
| 官 |  |  |  | <br> |  |  |  |  |  |

根据简 028 改写内容中“之”“以”“者”笔迹对比，简 028 改写笔迹属于 D 组。

表 6　简 028 改写“之”“以”“者”与 D 组笔迹对比

| | 028 | 054（D 组） | 055（D 组） | 056（D 组） |
|---|---|---|---|---|
| 之 | 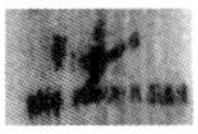 |  |  | |
| 以 | 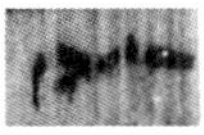 | 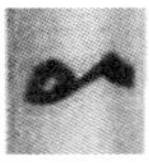 | | 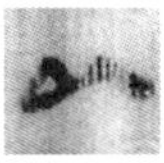 |
| 者 |  |  | |  |

各简补、改写情况统计如下：

表 7　各简补、改写情况统计

| 简号 | 补、改内容 | 原笔迹 | 改写笔迹 |
|---|---|---|---|
| 001 | 田典 | A 组 | A 组 |
| 003 | 田 | A 组 | A 组 |
| 004 | 典<br>田典 | A 组 | A 组 |
| 006 | 而舍 | A 组 | A 组 |
| 007 | 中 | B 组 | B 组 |
| 013 | 牧杀 | A 组 | A 组 |

续　表

| 简号 | 补、改内容 | 原笔迹 | 改写笔迹 |
| --- | --- | --- | --- |
| 024 | 道官 | A 组 | B 组 |
| 027 | 道官 | A 组 | B 组 |
| 028 | 时覆治之以论失者覆治之 | A 组 | D 组 |
| 030 | 右司空 | A 组 | 未知 |
| 032 | 道官亦 | A 组 | B 组 |
| 057 | 都官执法属官ㄴ禁苑ㄴ园ㄴ邑ㄴ作 | D 组 | B 组 |
| 058 | 偿 | A 组 | 未知 |
| 061 | 田典 | A 组 | A 组 |
| 063 | 田典 | A 组 | A 组 |
| 072 | □(迁)=者=所包其有罪它 | A 组 | 未知 |
| 073 | 道官ㄴ | A 组 | B 组 |
| 093 | 道及告子<br>道<br>道者<br>之中县道官 | A 组 | B 组 |
| 100 | 之皆其主 | D 组 | 未知 |

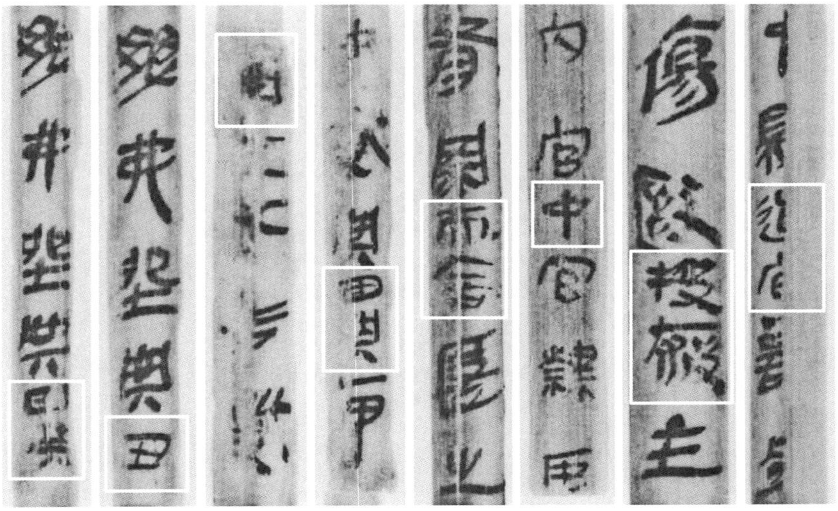

001　003　004　006　007　013　024

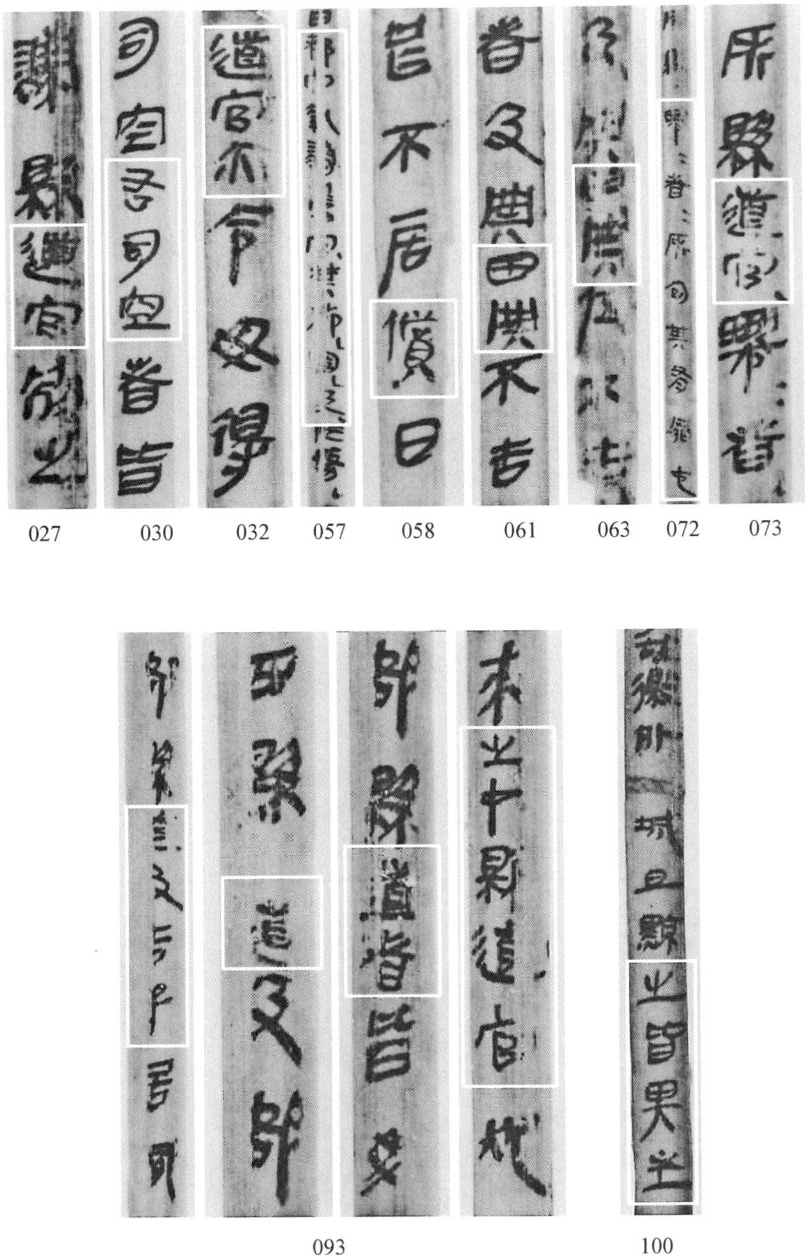


图 45　各简补、改字图版

## 三、根据反印文和笔迹分组进行的编联调整

根据新发现的反印文和对笔迹的分组，整理者对《亡律》的编联有调整空间。

### 1. 047+048+050+051+052+013+014+015+016 与 060+061+062+063+064+044+045+…+002

简 060 到简 064 内容相贯，背划线相连，这几枚简的编联应当是确定无疑的，它们可以作为我们编联的一个基点。

简 060、简 061、简 062、简 063 的简背皆有反印文，反印文对应的简文分别是简 047、简 048、简 050、简 052。可见，整理者对简 047 到简 052 的编联应当是利用了这四组反印文。但是，通过对简 061 与简 048、简 062 与简 050 的叠压复原可知，简 048 与 050 两简紧密相连，中间并无空隙容纳简 049，简 048 之后应当与简 050 编联（见图 50）。简 048 与简 050 背划线并不相连，而简 047、简 048 与简 050、简 051、简 052 笔迹分别属于 C 组和 A 组，书手不同，这应当是简 048 与简 050 间背划线断裂的原因（见图 51）。

简 064 背的反印文是新发现的，它对应的是简 013。而且 013 与 052 背划线相连，因此简 013 应当是编联于简 052 后的。

简 013 与简 014 内容相贯，背划线相连，因此这两枚简的编联也应当是确定无疑的。

整理者将简 015 编联于简 014 后，应当是根据两者背划线相连而得出的结论。简 015 的内容印于简 045 背，而简 045 的背划线又与简 044 相连，简 044 又与简 064 背划线连贯。因此，整理者将简 015 编于简 014 后，将简 045 编于简 044 后应当是正确的。

简 016 的背划线方向与《亡律》中大多数竹简的背划线方向相反，这其实是将简 016 的背面图作水平翻转处理造成的错误，简 016 的背划线方向其实是与其他大多数竹简背划线方向一致的（见图 46、47、48）。①

---

① 正确的正背图版应当是左右对称。这里之所以弄错图版，应当是整理者根据简牍上端的形状进行了水平翻转。但是根据简牍底端的形状我们可以判断出出版的图版是错误的，简 016 上端形状在两次拍摄时应发生了变形。

图 46　正确图版正面图与背面图

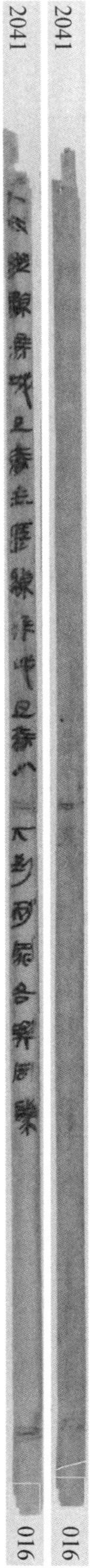

图 47　016 正面图与原背面图

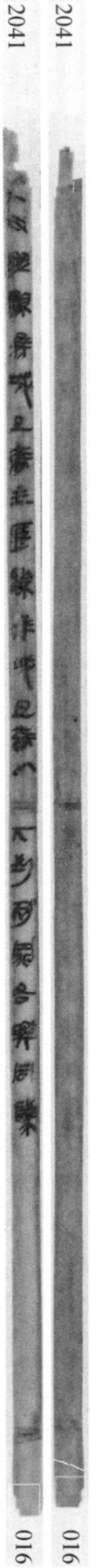

图 48　016 正面图与016 正确背面图

整理者将简 016 编于简 015 后，可能也是根据背划线相连得出的结论。简 016 的内容印于简 002 背，而简 002 背划线又与简 045 的背划线应有一枚简的差距。复原简 015 与简 045、简 016 与简 002 的叠压关系后可知，简 045 与简 002 间确实有一枚竹简的空隙。据此推定，整理者将简 016 编于简 015 后是正确的；简 002 应当编联于简 045 后，两简相隔一枚竹简。如此可以复原出卷册结构的一部分，这里称之为结构甲，示意图如下：

047=048-050=051=052=013=014=015=016

IS IS IS IS IS IS IS

060=061=062=063=064=044=045 002

I 表示叠压关系

S 表示存在反印文

= 表示可编联且背划线相连

- 表示可编联但背划线断裂

图 49 结构甲示意图

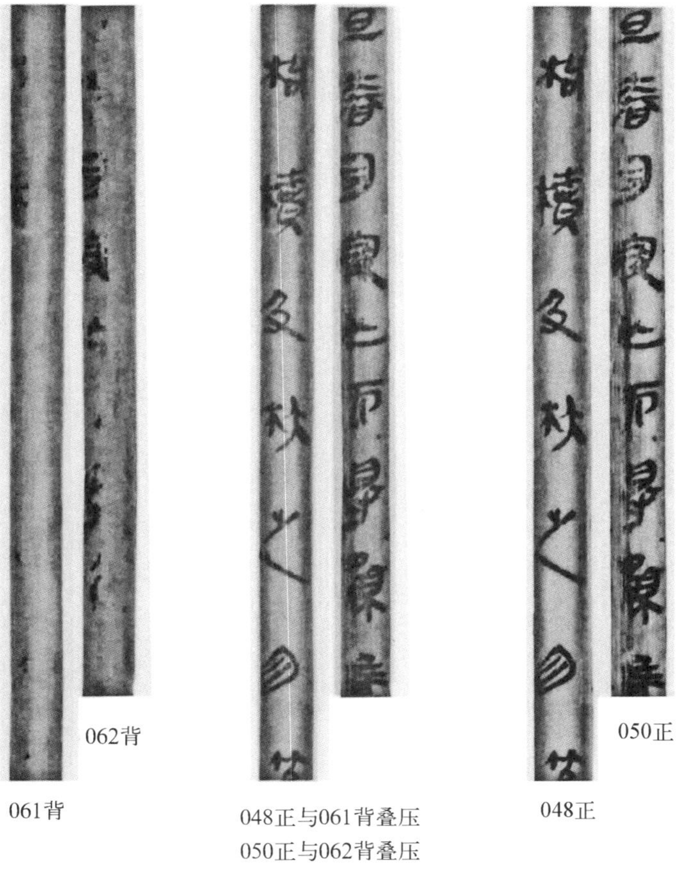


图 50 048、050 与 061、062 叠压复原

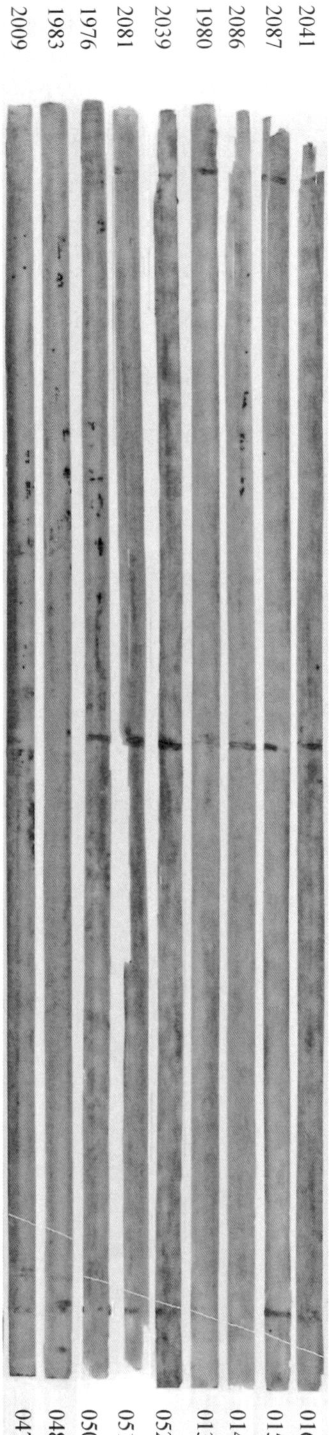


图 51　047、048+050－052+013－016 背划线

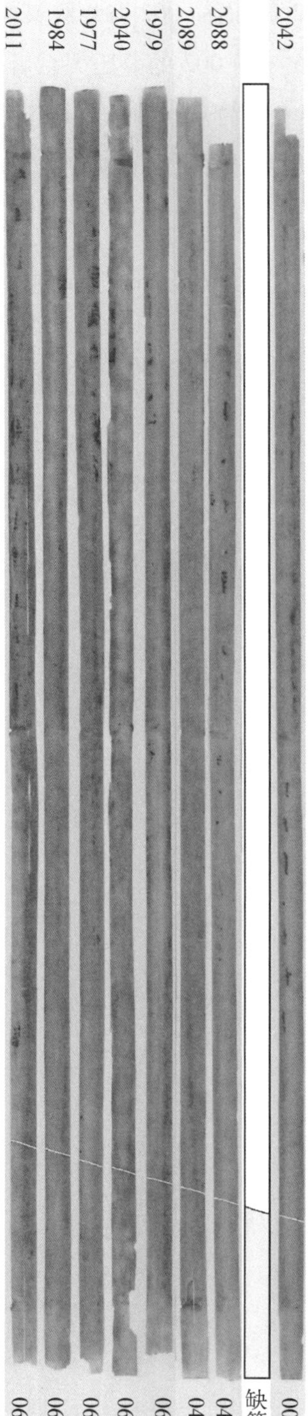


图 52　060－064+044、045+…+002 背划线

结构甲的简文如下：

城旦舂亡而得，黥，复为城旦舂；不得，命之，自出殹（也），笞百。其怀子者【047/2009】大枸椟及杕之，勿笞。【048/1983】城旦舂司寇亡而得，黥为城旦舂，不得，命之，其狱未鞫而自出殹（也），治（笞）五十，复为司寇。【050/1976】佐弋之罪，命而得，以其罪罪之。自出殹（也），黥为城旦舂。它罪，命而得，黥为城旦舂，其有大辟罪【051/2081】罪之。自出殹（也），完为城旦舂。【052/2039】子杀伤、殴詈、牧杀父母，父母告子不孝及奴婢杀伤、殴、牧杀主、主子父母，及告杀，其奴婢及【013/1980】子亡已命而自出者，不得为自出。【014/2086】有罪去亡，弗会，已狱及已劾未论而自出者，为会，鞫，罪不得减。【015/2087】人奴婢，黥为城旦舂，主匿黥为城旦舂以下到耐罪，各与同法。【016/2041】

盗贼旞（遂）者及诸亡坐所去亡与盗同灋者当黥城旦舂以上及命者、亡城旦舂、鬼薪、白粲舍人【060/2011】室、人舍、官舍，主舍者不智（知）其亡，赎耐。其室人、舍人存而年十八岁者及典、田典不告，赀一甲。伍【061/1984】不告，赀一盾∟。当完城旦舂以下到耐罪同罪及亡收、司寇、隶臣妾、奴婢阑亡者舍【062/1977】人室、人舍、官舍，主舍者不智（知）其亡，赀二甲。其室人、舍人存而年十八岁以上者及典、田典、伍不告【063/2040】赀一盾。【064/1979】廿年后九月戊戌以来，其前死及去乃后沓者，尽论之如律。卿，其家啬夫是坐之。【044/2089】廿五年五月戊戌以来，匿亡人及将阳者，其室主匿赎死罪以下，皆与同罪。亡人罪轻于【045/2088】……【缺简】而舍之，皆赀一甲。【002/2042】

## 2. 032+033+034+035+036+007+008、084+085+086+047 与 070+060

简 048 和简 050 简背反印文分别对应着简 032 和简 033，经过叠压复原后可以看到，简 032 与简 033 两简紧密相连，因此虽然这两枚简背划线断裂，笔迹分属 A、B 两组，但是它们确实应当是相连的（见图 54）。而简 033、简 034、简 035 和简 036 内容相关，背划线相连，且笔迹都属于 B 组，整理者将它们编联在一起无疑是正确的。

鲁家亮老师曾指出“仅从内容上考察，则 007－009 号简至少当列于 033－036 之后，才更为合适”。① 我们发现简 007、简 008 笔迹与简 033 等同属 B 组，简 007 与简 036 背划线相连，因此简 007 与简 008 确实应编联于简 036 后。此外，简 008 的内容印于简 014 背，也从侧面印证了这一编联意见的有效性。如此调整之后的简文为：

道官亦令毋得从亲它县道官。【032/1982】寺车府∟、少府、中府、中车府、泰官、御府、特库、私官隶臣，免为士五（伍）、隐官，及隶妾【033/1975】以巧及劳免为庶人，复属

① 鲁家亮：《岳麓书院藏秦简〈亡律〉零拾之一》，简帛网，2016 年 3 月 28 日。

其官者，其或亡盈三月以上而得及自出，耐以为隶【034/0170】臣妾，亡不盈三月以下而得及自出，笞五十，籍亡不盈三月者日数，后复亡，軵【035/2035】数盈三月以上得及自出，亦耐以为隶臣妾，皆复付其官。【036/2033】佐弋隶臣、阳家臣，免为士五(伍)，属佐弋而亡者，论之，比寺车府。内官、中官隶臣【007/0782】妾、白粲以巧及劳免为士五(伍)、庶人、工、工隶隐官而复属内官、中官者，其或亡【008/2085】

简 084、简 085、简 086 内容相贯，背划线相连，而且笔迹都同属 C 组，整理者将它们编联在一起是正确的。而简 086 与简 047 笔迹同属 C 组，背划线连贯，简 047 当编联于简 086 后。如此调整后的简文为：

房学炊(吹)樛(枸)邑、坏德、杜阳、阴密、沂阳及在左乐、左乐府者，及左乐、左乐府讴【084/2149】隶臣妾，免为学子、炊(吹)人，已免而亡，得及自出，盈三月以为隶臣妾，不【085/2016】盈三月，笞五十，籍亡日，后复亡，軵盈三月，亦复以为隶臣妾，皆复炊(吹)讴。【086/2008】城旦舂亡而得，黥，复为城旦舂，不得，命之，自出殹，笞百。其怀子者【047/2009】

简 086 的内容印于简 070 背，简 070 则与简 047 下的简 060 背划线连贯。因此简 060 当编联于简 070 后，这也证明了简 047 编联于简 086 后的意见是正确的。简 070 与简 060 简文如下：

廿年后九月戊戌以来，其前死及去而后沓者，尽论之如律。【070/2010】盗贼旞(遂)者及诸亡坐所去亡与盗同灋者当黥城旦舂以上及命者、亡城旦舂、鬼薪、白粲舍人【060/2011】

如此，结构甲扩展示意图如下：

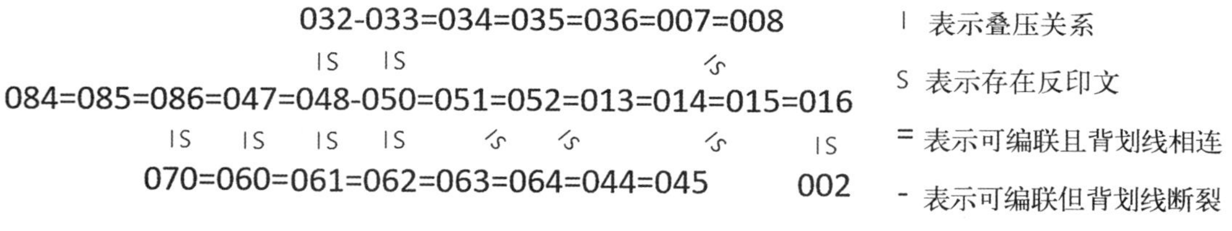


图 53　第一次扩展后的结构甲示意图

### 3. 017+018+019+020+021+067+…+068+069 与 024+025+026+027+028+089+090+091+092+…+077

简 017 到简 021 背划线连贯，内容相关，这组编联应当是正确的。

简 021 背划线位置已到底部，其后接竹简背划线位置应该较高。A 组笔迹简中背划线位置较高的有简 022、简 003 和简 067。其中简 022、简 003 由于反印文的限制，不可能排列于此，故而可能性最大竹简为简 067。从内容上来看，简 067 的“与盗同灋”与简 018 内容呼应，因此将简 067 编联于简 021 后是合适的。简 068 与 069 的内容也是“与盗同灋”，这两枚

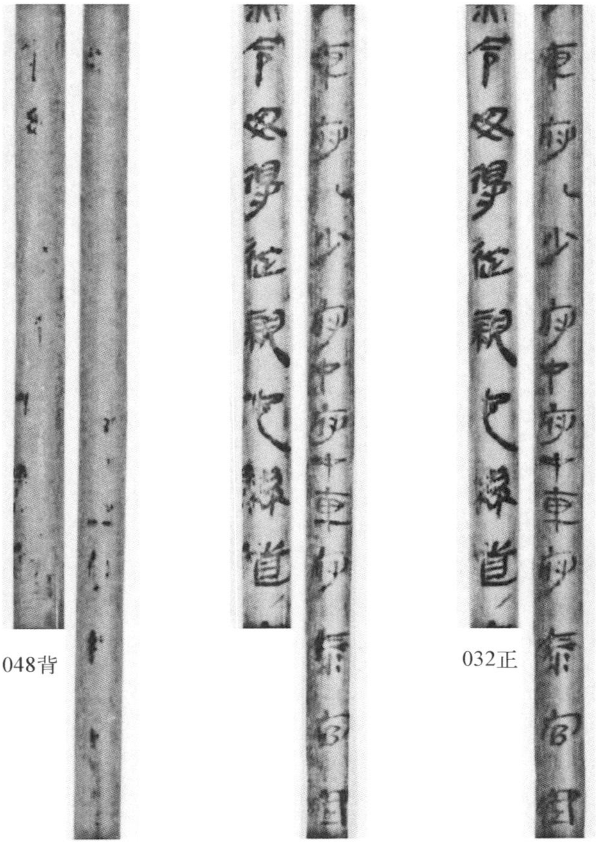


图 54　032、033 与 048、050 叠压复原

简也应编联于这里。简 067 与简 068 的背划线断裂,背划线约有一枚简的差距,简 067 与简 068 间可能有一枚缺简。

调整后的简文如下:

及诸当隶臣妾者亡,以日六钱计之,及司寇冗作及当践更者亡,皆以其当冗作及当践【017/1981】更日,日六钱计之,皆与盗同灋。【018/1974】不盈廿二钱者,赀一甲。其自出殹(也),减罪一等∟。亡日钱数过六百六十而能以钱数物告【019/0169】者,购金二两,其不审,如告不审律。六百六十钱以下及不能审钱数而告以为亡,购【020/0180】金一两,其不审,完为城旦舂到耐罪,赀二甲;赀罪,赀一甲。【021/2036】其隶臣妾殹(也),有(又)以亡日臧数,与盗同灋。【067/1947】……【缺简】隶臣妾及诸当作县【道】官者、仆、庸,为它作务,其钱财当入县道官而逋未入去亡者,【068/1992】有(又)坐逋钱财臧,与盗同灋。【069/1946】

简 024 到简 028 内容相贯,背划线相连,整理者将它们编联在一起无疑也是正确的。

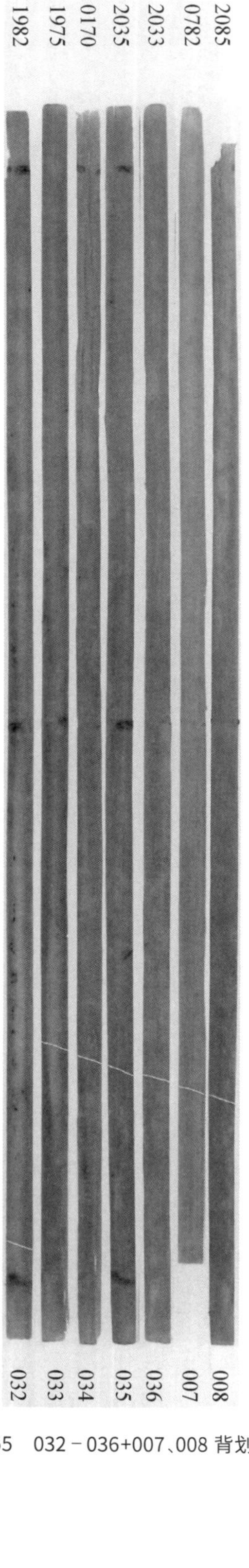


图 55　032－036+007、008 背划线

图 56　084－086+047 背划线

图 57　070+060 背划线

简 024 到简 028 在简背中下段有明显的、相连贯的特殊痕迹。此外,简 089 在相同的位置也有相似的痕迹,并且简 089 与简 028 背划线连贯;揭取示意图中简 089 位于简 019 上,而简 027 则在简 018 上。据此推定,简 089 当编联于简 028 后。而简 090 与简 089 内容相贯,背划线相连,简 090 确实如整理者意见当编于 089 后。根据背划线,简 090 后可编联的竹简仅有简 091、简 092,这里遵从整理者的意见将简 091、简 092 编联于简 090 后。

简 077 与简 092 背划线约有一简差距,故而我们尝试将简 077 排列于简 092 后第二简简位。根据简 077 与简 069 的反印文关系可以确定简 077 的下层竹简为简 069。简 027 与简 018 存在反印文关系;而简 077 与简 027 在同一层,简 069 与简 018 也在同一层。这两组反印文可以印证我们提出的简 077 接于简 092 后的编联意见应当是有效的。故此将简 077 排列于简 092 后第二简简位。如此调整后简 024 到简 077 的简文如下:

者已刑,令备赀责(债)。▬亡不仁邑里、官,毋以智(知)何人殹(也),中县道官诣咸阳,郡〖县〗道诣其郡都【024/1978】县,皆毄(系)城旦舂,槫作仓,苦,令舂勿出,将司之如城旦舂。其小年未盈十四岁者,槫【025/1996】作事之,如隶臣妾然。令人智(知)其所,为人识,而以律论之。其奴婢之毋(无)罪者殹(也),黥其雚(颜)【026/2027】頯,畀其主。咸阳及郡都县恒以计时上不仁邑里及官者数狱属所执法,县道官别之,【027/1973】且令都吏时覆治之,以论失者,覆治之而即言请(情)者,以自出律论之。【028/2060】奴亡,以庶人以上为妻,婢亡,为司寇以上妻,黥奴婢雚(颜)頯,畀其主。以其子为隶臣妾∟,奴【089/0168】妻欲去,许之。【090/0167】阑亡盈十二月而得,耐。不盈十二月为将阳,毄(系)城旦舂。【091/0185】▨□其逋殹,事;其毋逋殹(也),笞五十。其工殹(也),笞五十,有(又)毄(系)城旦舂,拾逋事∟。人属【092/2080】……【缺简】免奴为主私属而将阳阑亡者,以将阳阑亡律论之,复为主私属。【077/1945】

结合简 018 与简 027、简 069 与简 077、简 032 和简 017、简 038 与简 012、简 076 与简 061 这几组反印文,可以确定各组编联简的相对位置,进而可以将结构甲进一步扩展,示意图如下:

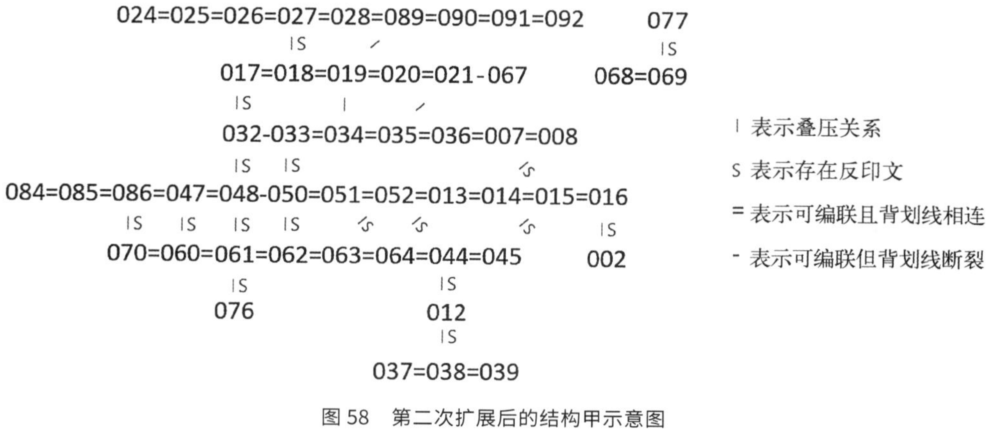


图 58　第二次扩展后的结构甲示意图

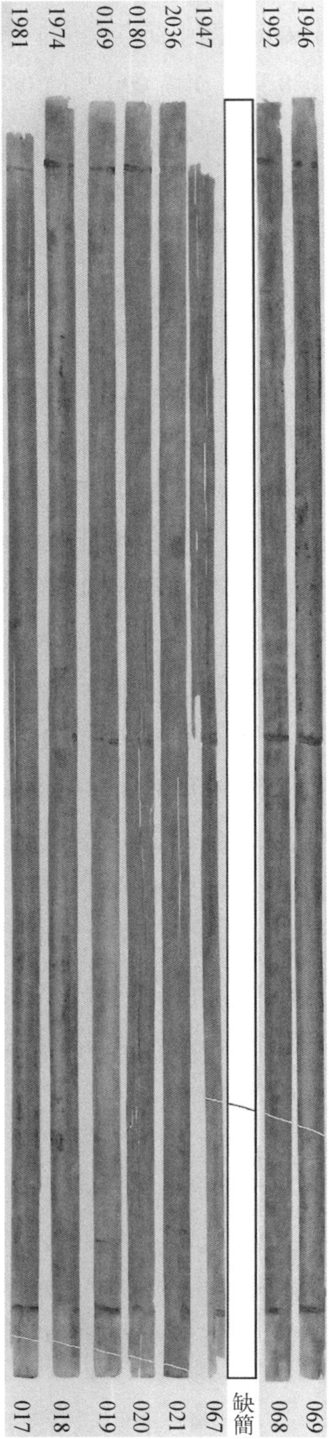


图 59　017－021+067+…+068、069 背划线

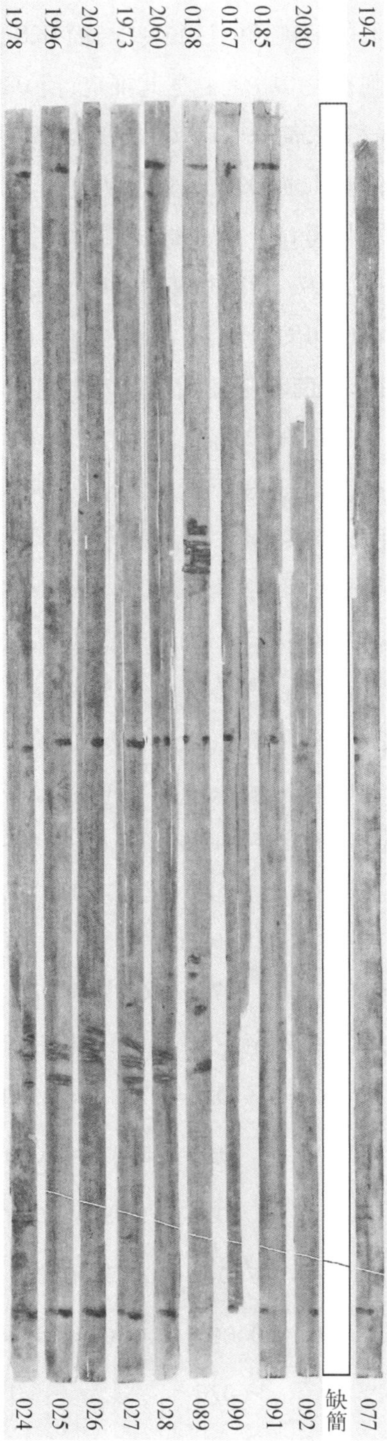


图 60　024－028+089－092+…+077 背划线

### 4. 053+054+055+056+057+081

简053到简057、简081笔迹都属于D组。如果按照简081、简057、简056、简055、简054、简053的顺序排列，这几枚简的背划线是连贯的。但是从内容上来看，编联顺序与背划线顺序相反，也就是编联顺序并未按照背划线走向排列，而是与之相逆。这可能是抄写者以错误的方向取简抄写的而造成的，因而形成了编联顺序与背划线相反这一现象。编联调整后的简文如下：

郡及襄武∟、上雒∟、商∟、函谷关外人及䙴（迁）郡、襄武、上雒、商、函谷关外【053/2106】男女去，阑亡、将阳，来入之中县道，无少长，舍人室，室主舍者，智（知）其请（情），以律䙴（迁）之。典、伍不告，赀典一甲，伍一盾。不智（知）其【054/1990】请（情），主舍，赀二甲，典、伍不告，赀一盾∟。舍之过旬乃论之∟，舍，其乡部课之，卒岁，乡部吏弗能得，它人捕之，男【055/1940】女无少长，伍（五）人，谇乡部啬夫；廿人，赀乡部啬夫一盾；卅人以上，赀乡部啬夫一甲，令丞谇，乡部吏主者，与乡部【056/2057】啬夫同罪。其亡居日都官、执法属官∟、禁苑∟、园∟、邑∟、作务∟、官道畍（界）中，其啬夫吏、典、伍及舍者坐之，如此律。【057/2111】⧄其□……岁以上，购金一两，其捕一□□□□□□ □□□□禁其故徼【081/1960】

如果结合反印文，可以构拟出这几枚简所在的卷册位置。需要指出的是，简005在简054下，而简005又是该简册的标题简，这说明简005应当处于简册末尾的位置，而并非如整理者构拟的篇首位置。我们将这一新构拟的卷册结构称之为结构乙，其示意图如下：

022
IS
043
IS
053=054=055=056=057=081
IS
005

I 表示叠压关系
S 表示存在反印文
= 表示可编联且背划线相连
- 表示可编联但背划线断裂

图61 结构乙示意图

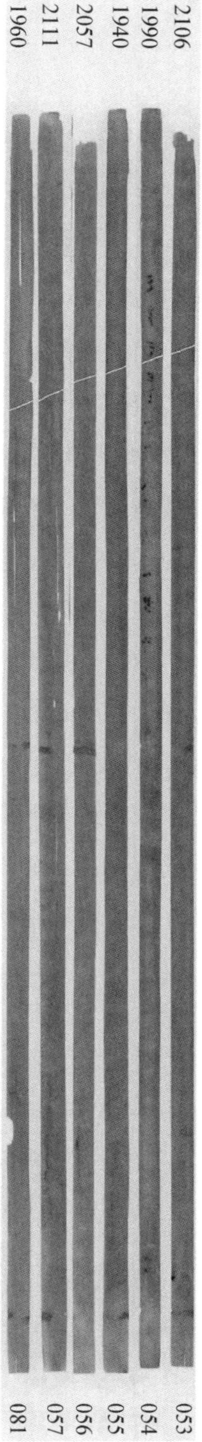


图62 053－057+081 背划线图

# 四、根据文本结构进行的编联调整

在讨论简册的文本结构前,有必要讨论一下各组笔迹的书写顺序。

在讨论笔迹分组时我们曾指出,A 组简中出现了 D 组书手改写的内容;A 组、D 组简中都出现了 B 组笔迹书手改写的内容,这可能反映了 D 组简晚于 A 组简书写,B 组简晚于 D 组简书写的可能。

如果观察 B 组、C 组简内容及其所处位置可以发现:B 组简、C 组简都是与“亡”相关的律文,它们处于前后两组 A 组简中间。① 前一组 A 组简的末简 032 与后一组 A 组简首简 050 背划线连贯,可见它们本来是连续书写的(见图 68)。也就是说 B 组简与 C 组简都是后来被插入于 A 组简中的内容。我们据此猜测 D 组简与 B 组、C 组简一样,都是在 A 组简的结构基础上,根据其内容插入相应位置的补充内容;A 组简是岳麓简《亡律》的最初文本。

在此基础之上,再来考察《亡律》的文本结构。

前文中提到,简 024 到简 089 在简背中下段有明显的、相连贯的特殊痕迹,这种痕迹也出现于《为吏治官及黔首》卷册结构最外层的简背,刚好围绕最外层卷册一周(见图 74)。② 我们推测,这种痕迹应当是简册收卷好后用来收束卷册的绳子所留下痕迹。如此,有类似痕迹的简 024 到简 089 应当是《亡律》卷册的最外一层;而简 090 应当是从外数第二层的起始简。而简 005 应当处于篇末位置,如此可以大体确定简册的始末简号。

先来考察结构甲。将结构甲每简的笔迹分组以及内容分类信息附加后可得图 63:

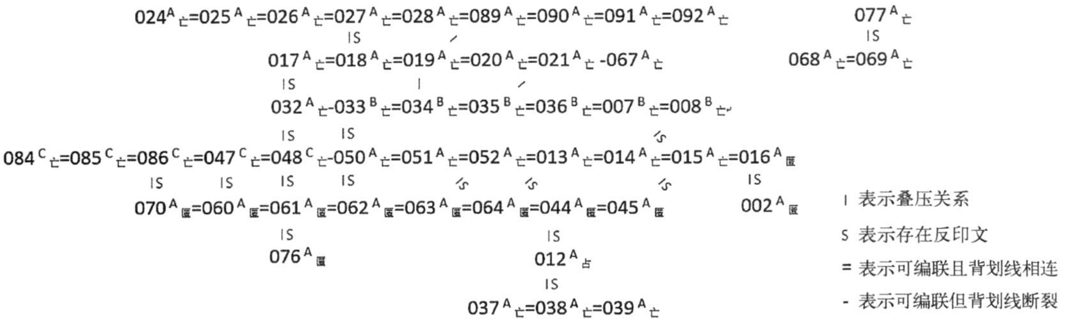


图 63　第二次扩展后结构甲笔迹分组与内容分类示意图

---

① 下文中《亡律》内部各结构我们都以双引号标识,如与“亡”相关的律文我们称之为“亡”相关律文,与惩罚、包庇、隐匿罪犯、罪行的律文我们称之为“匿”相关律文。

② 《为吏治官及黔首》最外一层编联顺序,请参看史达《〈岳麓书院藏秦简·为吏治官及黔首〉的编联修订——以简背划线与反印字迹为依据》,黄海译,王沛主编:《出土文献与法律史研究》第 3 辑,上海:上海人民出版社,2014 年,第 73—99 页。

A 组简应当是《亡律》的最初文本，A 组简的结构应当是岳麓简《亡律》最基本的结构。就现在确定的编联来看，A 组的结构是“亡”相关律文-“匿”相关律文-“占”相关律文-“亡”相关律文。“亡”相关律文有前后两组，为方便引述可以称之为前组“亡”相关律文和后组“亡”相关律文。“匿”相关律文与“占”相关律文夹于前后两组“亡”相关律文之间。

首先来看“匿”相关律文。“匿”相关律文指关于惩罚藏匿包庇逃亡者、罪人行为的律文。除图 63 中的竹简外，可以归入“匿”相关律文的还有简 001、简 003、简 004、简 006、简 075、简 076、简 079。

归属“匿”相关律文的简背划线大抵可以连为一条连贯的曲线（见图 69）。

其中简 004 与简 079 间、简 045 与简 002 间、简 001 与简 075 间背划线断裂，这些断裂可能是由于缺简造成的。

简 003 背划线位置最高，若将它与位置较低简 016 相连，则背面印有简 003 内容的简 001 应与简 002 相接。简 002 与简 001 背划线正好相连。由此，也可以验证这一编联的有效性。

如此，“匿”相关律文编联卷册结构如图 64：

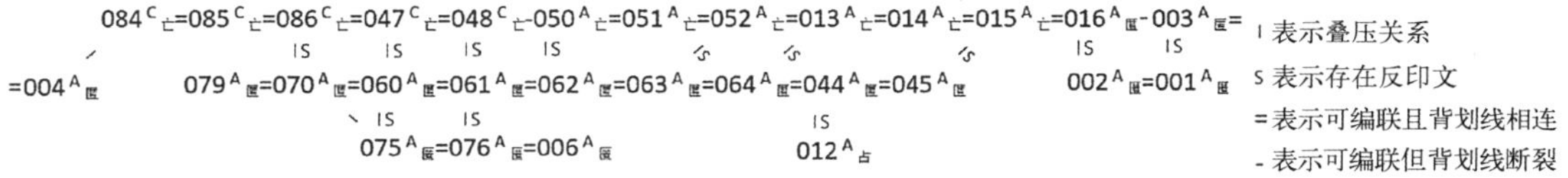


图 64 “匿”相关律文编联卷册结构示意图

如此，“匿”相关律文部分的简文编联可以调整如下：

人奴婢，黥为城旦舂，主匿黥为城旦舂以下到耐罪。各与同灋。【016/2041】主匿亡收∟、隶臣妾，耐为隶臣妾，其室人存而年十八岁者，各与其疑同灋，其奴婢弗坐，典、田【003/1965】典、伍不告，赀一盾，其匿□□归里中，赀典、田典一甲，伍一盾，匿罪人虽弗敝（蔽）貍（埋），智（知）其请（情），舍其室【004/2150】……【缺简】为匿之。【079/2017】廿年后九月戊戌以来，其前死及去而后沓者，尽论之如律。【070/2010】盗贼旞（遂）者及诸亡坐所去亡与盗同灋者当黥城旦舂以上及命者、亡城旦舂、鬼薪、白粲舍人【060/2011】室、人舍、官舍，主舍者不智（知）其亡，赎耐。其室人、舍人存而年十八岁者及典、田典不告，赀一甲。伍【061/1984】不告，赀一盾∟。当完城旦舂以下到耐罪同罪及亡收、司寇、隶臣妾、奴婢阑亡者舍【062/1977】人室、人舍、官舍，主舍者不智（知）其亡，赀二甲。其室人、舍人存而年十八岁以上者及典、田典、伍不告

【063/2040】赀一盾。【064/1979】廿年后九月戊戌以来,其前死及去乃后沓者,尽论之如律。卿,其家啬夫是坐之。【044/2089】廿五年五月戊戌以来,匿亡人及将阳者,其室主匿赎死罪以下,皆与同罪。亡人罪轻于【045/2088】……【缺简】而舍之,皆赀一甲。【002/2042】匿罪人当赀二甲以上到赎死,室人存而年十八岁以上者,赀各一甲,其奴婢弗坐,典、田典【001/1966】……【缺简】取罪人、群亡人以为庸,智(知)其请(情),为匿之;不智(知)其请(情),取过五日以上,以舍罪人律论之。【075/2012】廿年后九月戊戌以来,取罪人、群亡人以为庸,虽前死及去而后沓者,论之如律。【076/1985】父母、子、同产、夫妻或有罪而匿之其室及敝(蔽)匿之于外,皆以舍匿罪人律论之。【006/1930】

再来看“占”相关律文。“占”相关律文指对未按规定登记户口行为进行处罚的律文,除简 012 外,还有简 011 与简 078。简 011 背划线与简 012 相连,内容相贯,应当排于简 012 前(见图 70)。

☒□,乡部吏赀一甲,占者赎耐,莫占吏数者,赎耐。典、老占数小男子年未盈十八岁及【011/2037】女子,县、道啬夫谇,乡部吏赀一盾,占者赀二甲,莫占吏数者,赀二甲。【012/2090】匿户弗事、匿敖童弗傅∟,匿者及所匿,皆赎耐。逋傅,赀一甲。其有物故,不得会傅,【078/2072】

简 078 无明显的背划线,今根据揭取示意图的位置,将其置于简 039 上,即简 012 后。根据简文可知,简 078 后应当还有一枚竹简,下文中我们将再对这枚竹简进行讨论。

根据简 011 的内容可以推断,其前应当还有一枚简。而简 011 与简 006 的背划线也显示两简间应有一简(见图 70)。如此,结构甲可扩展如图 65:

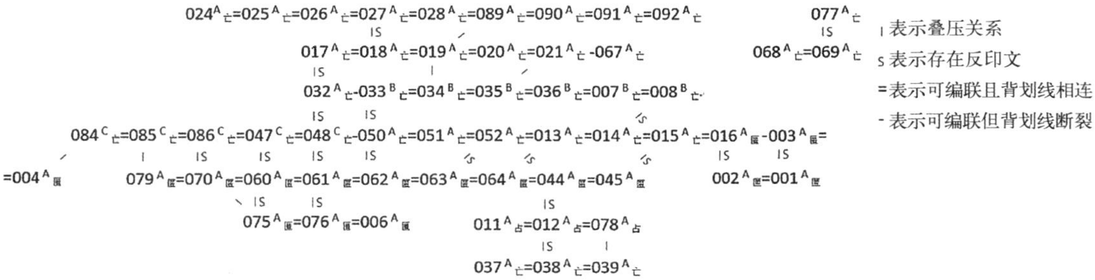


图 65　第三次扩展后结构甲笔迹分组与内容分类示意图

通过“匿”相关律文、“占”相关律文与前组“亡”相关律文的背划线连贯这一现象可知,“匿”相关律文是紧接于前组“亡”相关律文抄写的,“占”相关律文是紧接于“匿”相关律文抄写的。

再来看后组“亡”相关律文。我们曾论述过，简 005 位置应当在篇末，如此与它相隔一层和两层的“亡”相关律文简 043 与简 022 自然当属于后组“亡”相关律文。而简 022 与简 043 的背划线分别高于和低于简 038，如此，简 038 当在简 002 与简 043 间。这样根据背划线和内容，可以复原简 022 到简 043 的编联，其编联应当为简 022+简 023+简 037+简 038+简 039+简 040+简 041+简 042+简 043，内容如下（背划线见图 71）：

不会毄（系）城旦舂者，以亡律谕《论》之。【040/2044】

不会收及隶臣妾之耐，皆以亡律论之。【041/2048】

不会司寇之耐者，以其【狱鞫已】论，其审当此【耐而不会，耐为鬼薪】。【042/2010】

不会笞及除，未盈卒岁而得，以将阳癖（瘕），卒岁而得，以阑癖，有（又）行其笞。【043/1989】

根据揭取示意图，简 016 叠压于简 002 上，简 002 叠压于简 065 上，简 065 叠压于简 040 上。而简 016、简 002 与简 040 叠压的相对位置与构拟的卷册结构完全符合，因此简 065 所处的位置应当不是巧合。如此，我们依据揭取示意图的信息将简 065 排于简 078 后。而简 066 在揭取示意图中处于简 041 上，且背划线与简 065 相接，因此将它排于简 065 后。

这样排列后再来考察简 065 与简 066 的性质。

简 065 背划线与简 012 应有一简的差距，而这一简位正好由简 078 填补。简 078 之所以没有显示出明显的背划线，可能是由于其背划线为下编绳遮挡所导致的。如此，简 012、简 078、简 065 背划线应是贯通的，它们也是被顺序抄写的（见图 70）。从内容上看，简 065 与简 078 内容相贯，简 065 也应属于“占”相关律文。

匿户弗事、匿敖童弗傅∟，匿者及所匿，皆赎耐。逋傅，赀一甲。其有物故，不得会傅，【078/2072】以故捕，除。【065/2043】

简 066 背划线与简 065 相连，它们也应是被顺序抄写的。但从内容上可以看到，简 066 是典型的“亡”相关律文，它应是简册后组“亡”相关律文的起始简。

简 066 与简 022 背划线并不连贯。简 022 背划线位置较高，无法判断简 066 与简 022 间是否有一枚缺简。

如此，结构甲、乙可合并如图 66。

在这里还需要讨论一下简 017 与简 066 的关系。简 017 与简 066 内容相近，背划线相连（见图 72），但是它们并没有被编联在一起。

十四年七月辛丑以来，诸居赀赎责（债）未备而去亡者，坐其未备钱数，与盗同灋。【066/2047】

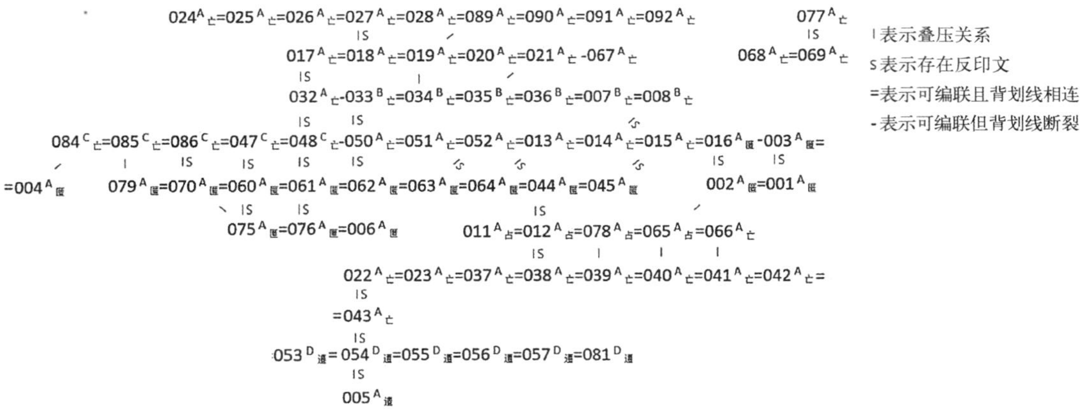


图 66　甲乙结构合并后笔迹分组与内容分类示意图

及诸当隶臣妾者亡，以日六钱计之，及司寇冗作及当践更者亡，皆以其当冗作及当践【017/1981】更日，日六钱计之，皆与盗同灋。【018/1974】

我们认为，简 017 到简 069 的内容是接续于简 066 后抄写的，后被移置于现在的位置；简 022、简 023 是对简 066 的补充，书手并继续抄写了亡律的补充内容，故而这些简被编联于简 066 后，成为了简册的后组“亡”相关律文结构。

再来看“迁”相关律文。“迁”相关律文指对逃亡迁者审讯的相关规定以及对“中县道官”的地域保护律文。除简 053 - 081 外，“迁”相关律文有简 071、简 072、简 073、简 074、简 083、简 088、简 093、简 094，这几枚简与性质不明的简 005 的背划线连贯成一条完整的无断裂的曲线，这几枚简应当是编联在一起的（见图 73）。简 071 还与简 043 背划线连贯（见图 73），因此应当是书手补抄完后组“亡”相关律文后，又抄写了“迁”相关律文部分，因此简 071 应排列于简 043 后。

那么如何处理 A 组“迁”相关律文简与 D 组“迁”相关律文简的关系呢？显然 D 组“迁”相关律文简将 A 组“迁”相关律文简割裂为前后两个部分，而 A 组“迁”相关律文简的内容在简 083 处正好可分为前后两组。因此，A 组“迁”相关律文简应是书写好后编联于简 043 后的，之后 D 组“迁”相关律文简作为补充内容添加于简 083 后的。如此，“迁”相关律文的简文应当调整如下：

诸罨（迁）者、罨（迁）者所包去罨（迁）所，亡□□得，罨（迁）处所，去亡而得者，皆耐以为隶臣妾，不得者，论令出【071/1931】会之，复付罨（迁）所县。罨（迁）者、罨（迁）者所包其有罪它【072/2123】县道官者，罪自刑城旦舂以下。已论报之，复付罨（迁）所县道官∟。罨（迁）者、罨（迁）者所包有罪已论，当【073/1962】复诣罨（迁）所；及罪人、收人当论而弗诣弗输者，皆罨（迁）之。有能捕若詷告，当复诣罨（迁）所【074/2045】及当输不输者一人，购金二两。　【083/2094】

郡及襄武∟、上雒∟、商∟、函谷关外人及罨（迁）郡、襄武、上雒、商、函谷关外【053/2106】男女去，阑亡、将阳，来入之中县道，无少长，舍人室，室主舍者，智（知）其请（情），以律罨（迁）之。典、伍不告，赀典一甲，伍一盾。不智（知）其【054/1990】请（情），主舍，赀二甲，典、伍不告，赀一盾∟。舍之过旬乃论之∟，舍，其乡部课之，卒岁，乡部吏弗能得，它人捕之，男【055/1940】女无少长，伍（五）人，谇乡部啬夫；廿人，赀乡部啬夫一盾；卅人以上，赀乡部啬夫一甲，令丞谇，乡部吏主者，与乡部【056/2057】啬夫同罪。其亡居日都官、执法属官∟、禁苑∟、园∟、邑∟、作务∟、官道畍（界）中，其啬夫吏、典、伍及舍者坐之，如此律。【057/2111】

☐其□……岁以上，购金一两，其捕一□□□□□□□□□□禁其故徼【081/1960】

□□□罪而与郡县道及告子居陇西县道及郡县道者，皆毋得来之中县道官。犯律者，皆【093/2107】作其数，及命者旞（遂），盗贼亡，司寇、隶臣妾、奴婢阑亡者，吏弗能审而数，其县道啬夫【094/2122】□□□吏遣，及典、伍弗告，赀二甲。【005/1991 正】

罨（迁），赀二甲。不盈卒岁，赀一盾，皆毋籍亡日。　【088/2158+1958】

亡律【005 背/1991 背】

这样，简册结构最终构拟如图 67。

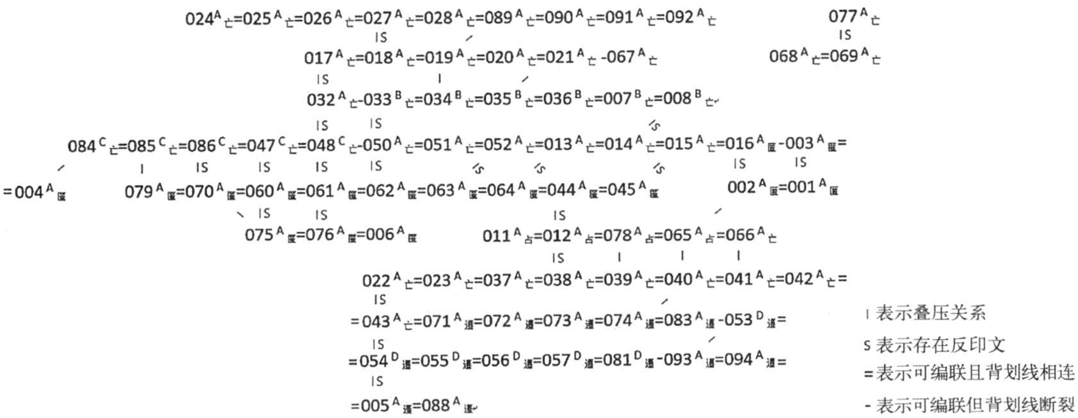


图 67　《岳麓肆·亡律》卷册结构示意图

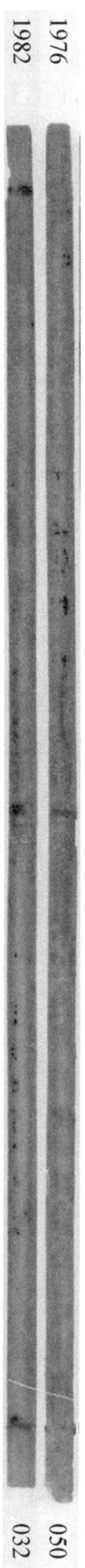


图 68　032 与 050 背划线

图 69　匿律背划线图

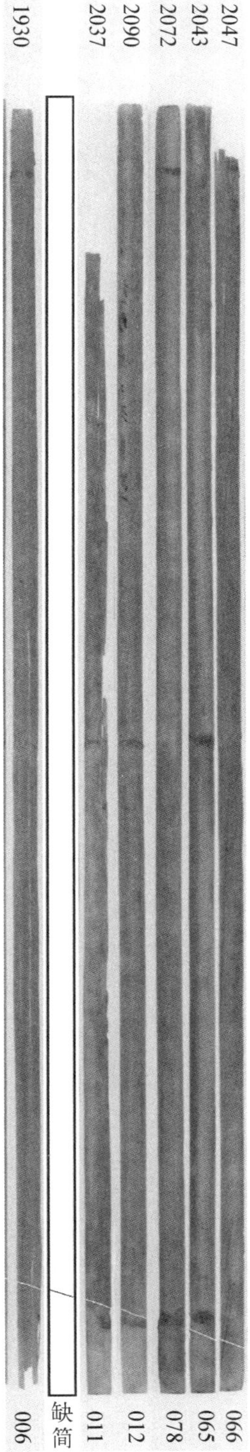


图 70　006、011+012+078+065+066 背划线

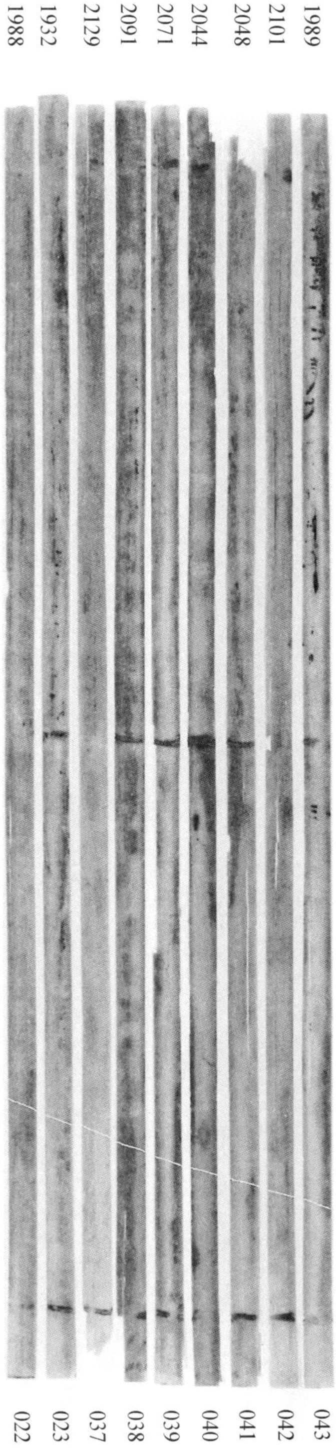


图 71　022+023+037－043 背划线

图 72　066 与 017 背划线

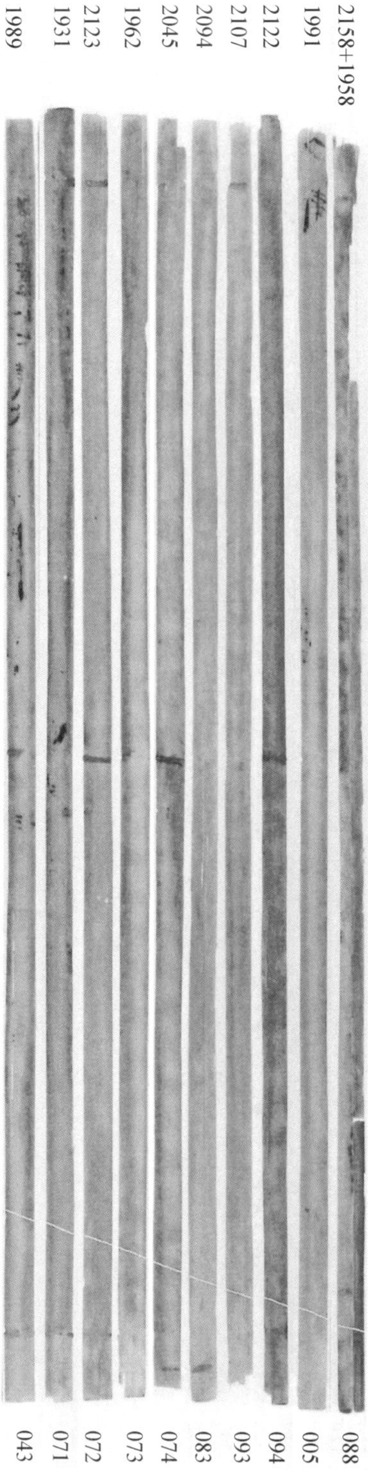


图 73　043+071－074+083+093、094+005+088 背划线

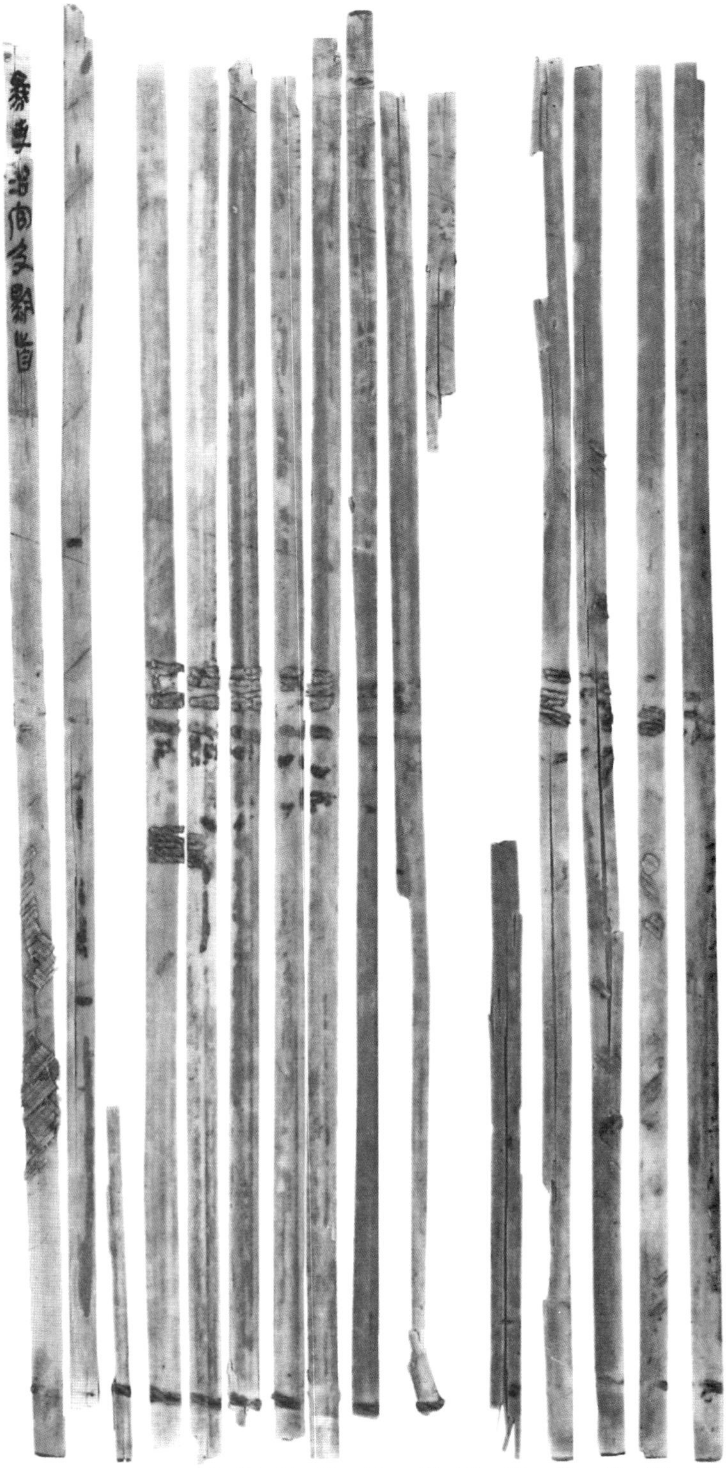

87 85 73 75 76 77 74 78 59 60 07b 08 61 62 72 71

图 74 《为吏治官及黔首》最外层简背

# 五、结　　论

本文共补充了《岳麓肆·亡律》11 组反印文，并尝试对笔迹进行了分组。

A 组结构是《岳麓肆·亡律》的基本结构，其结构是“亡”相关律文——“匿”相关律文——“占”相关律文——“亡”相关律文——“迁”相关律文。其他各组笔迹简都是在这一结构之上的补充内容。

根据反印文、背划线、笔迹以及文本结构，我们认为《岳麓肆·亡律》的编联应该调整如下：

$024^{A}_{\text{亡}}$+$025^{A}_{\text{亡}}$+$026^{A}_{\text{亡}}$+$027^{A}_{\text{亡}}$+$028^{A}_{\text{亡}}$+$089^{A}_{\text{亡}}$+$090^{A}_{\text{亡}}$+$091^{A}_{\text{亡}}$+$092^{A}_{\text{亡}}$+【缺简 1】+$077^{A}_{\text{亡}}$+……+$017^{A}_{\text{亡}}$+$018^{A}_{\text{亡}}$+$019^{A}_{\text{亡}}$+$020^{A}_{\text{亡}}$+$021^{A}_{\text{亡}}$+$067^{A}_{\text{亡}}$+【缺简 2】+$068^{A}_{\text{亡}}$+$069^{A}_{\text{亡}}$+……+$032^{A}_{\text{亡}}$+$033^{B}_{\text{亡}}$+$034^{B}_{\text{亡}}$+$035^{B}_{\text{亡}}$+$036^{B}_{\text{亡}}$+$007^{B}_{\text{亡}}$+$008^{B}_{\text{亡}}$+……+$084^{C}_{\text{亡}}$+$085^{C}_{\text{亡}}$+$086^{C}_{\text{亡}}$+$047^{C}_{\text{亡}}$+$048^{C}_{\text{亡}}$+$050^{A}_{\text{亡}}$+$051^{A}_{\text{亡}}$+$052^{A}_{\text{亡}}$+$013^{A}_{\text{亡}}$+$014^{A}_{\text{亡}}$+$015^{A}_{\text{亡}}$+$016^{A}_{\text{匿}}$+$003^{A}_{\text{匿}}$+$004^{A}_{\text{匿}}$+【缺简 3】+$079^{A}_{\text{匿}}$+$070^{A}_{\text{匿}}$+$060^{A}_{\text{匿}}$+$061^{A}_{\text{匿}}$+$062^{A}_{\text{匿}}$+$063^{A}_{\text{匿}}$+$064^{A}_{\text{匿}}$+$044^{A}_{\text{匿}}$+$045^{A}_{\text{匿}}$+【缺简 4】+$002^{A}_{\text{匿}}$+$001^{A}_{\text{匿}}$+【缺简 5】+$075^{A}_{\text{匿}}$+$076^{A}_{\text{匿}}$+$006^{A}_{\text{匿}}$+【缺简 6】+$011^{A}_{\text{占}}$+$012^{A}_{\text{占}}$+$078^{A}_{\text{占}}$+$065^{A}_{\text{占}}$+$066^{A}_{\text{亡}}$+……（？）+$022^{A}_{\text{亡}}$+$023^{A}_{\text{亡}}$+$037^{A}_{\text{亡}}$+$038^{A}_{\text{亡}}$+$039^{A}_{\text{亡}}$+$040^{A}_{\text{亡}}$+$041^{A}_{\text{亡}}$+$042^{A}_{\text{亡}}$+$043^{A}_{\text{亡}}$+$071^{A}_{\text{迁}}$+$072^{A}_{\text{迁}}$+$073^{A}_{\text{迁}}$+$074^{A}_{\text{迁}}$+$083^{A}_{\text{迁}}$+$053^{D}_{\text{迁}}$+$054^{D}_{\text{迁}}$+$055^{D}_{\text{迁}}$+$056^{D}_{\text{迁}}$+$057^{D}_{\text{迁}}$+$081^{D}_{\text{迁}}$+$093^{A}_{\text{迁}}$+$094^{A}_{\text{迁}}$+$005^{A}_{\text{迁}}$+$088^{A}_{\text{迁}}$

根据编绳痕迹、笔迹判断，简 082 不应编入《亡律》。

简 024 到简 089 背的特殊痕迹与《为吏治官及黔首》卷册最外层痕迹类似，是用来捆束卷册的绳子留下的痕迹。

整理者原公布《亡律》简共 105 枚。经考察，《亡律》简共 103 枚，其中有字简 101 枚。我们尝试重新编联了其中的 82 枚有字简，剩余 19 枚有字简的编联暂存疑，并未对它们编联。如尚未确定编联的 D 组简根据揭取示意图，似可编入简 077 与简 017 之间，其间或有若干缺简；简 103、简 049 与简 033 背划线相连，笔迹同属 B 组，但根据揭取示意图所示叠压关系，简 049 和简 103 当编于简 017 前；根据背划线高度，简 046、简 010、简 096、简 030、简 031 似可依次编入简 069 与简 032 之间，其间有若干缺简，而简 031 的揭取位置则在简 049 下；简 009 的揭取位置在简 010 下，根据背划线，简 009 似可编在简 008 之后，紧接于 084 前，其间约有三枚缺简。① 以上的编联由于缺乏其他坚实可靠的依据，我们并没有将它们纳入最终的编联之中。

---

① 简 009 笔迹与简 008、简 084 不同，但根据内容来看似可编于简 008 后。根据背划线，简 009 与 B 组、C 组属于同筒竹简，也就是说 B 组、009、C 组简的形成是一次前后紧密相接的抄写过程。岳麓简《亡律》在完成后可能经过了多次补充，而这一次对 A 组《亡律》的补充内容应当是由三个抄手相继抄写后完成的。

附记：本文草成后，呈请彭浩、李天虹、刘国胜等老师审看、修订，后投递至《出土文献》集刊蒙匿名审稿专家提出宝贵修改意见，在此一并致谢。本文发表后，学界针对《亡律》的编联，又形成了诸多有价值的新成果，可弥补我们疏失之处，特记于此：(1) 本文原将简94置于简093与简005之间，王伟认为简094后当与简011、012连读，且简094前有缺简，①此意见可从。(2) 本文原认为简017与简066内容相关，背划线相连，由此推测简017－069内容是接续简066抄写，后被移置卷册较外层位置。现在看来，这种看法有不妥之处。《岳麓柒》公布后，周海锋将2002号简编于简017之前，②如此一来，简017与066之间的背划线关系被打破。此外，从文意上看，简017与066律文所规范的对象也有所不同，因此简017及其之后的律文应是按顺序书写，并未被移动过位置。(3)另有几处竹简不当直接编联，如简015与简016、简021与简067、简005与简088，学者也已指出。③ 另外，我们认为简004与简079间或可直接连读，相关简文作"匿罪人虽弗敝(蔽)貍(埋)，智(知)其请(情)，舍其室，为匿之"，也一并在此记下。

(原文载《出土文献》第13辑，中西书局，2018年)

---

① 王伟：《岳麓书院藏秦简札记(四则)》，简帛网，2020年4月27日。

② 周海锋：《〈岳麓书院藏秦简(柒)〉初读》，简帛网，2022年7月8日。

③ 简015与简016不当直接编联的意见参看华东政法大学出土法律文献研读班：《岳麓简秦律令释读(一)》，王沛主编：《出土文献与法律史研究》第8辑，北京：法律出版社，2020年，第172页；日本"秦代出土文字史料研究班"：《岳麓书院所藏简〈秦律令(壹)〉译注一(上)》，张奇玮译，《简牍学研究》第9辑，兰州：甘肃人民出版社，2020年，第118页；刘自稳：《岳麓秦简〈亡律〉所见舍匿诸条律文解析》，邹芙都、赵国壮主编：《西部史学》第8辑，重庆：西南大学出版社，2022年，第43页。简021与简067，简005与简088不当直接编联的意见参看华东政法大学出土法律文献研读班：《岳麓简秦律令释读(一)》，第233、254页。

# 岳麓秦简《亡律》日期起首律条初探

◎ 欧　扬（湖南大学法学院）

岳麓书院藏秦简①《亡律》有5简之文以日期起首，从形制、书体、简文等方面判断，此5简属《亡律》卷册。这些简文是否为律文，其内容来源为何，下文试析之。

## 一、编联简述

以下分3组简述这5枚简的编联。

廿年后九月戊戌以来，其前死及去乃后遝者，尽论之如律。卿，其家啬夫是坐之。（4·044/2089）廿五年五月戊戌以来，匿亡人及将阳者，其室主匿赎死罪以下，皆与同罪。亡人罪轻于（4·045/2088）☐有（又）以亡律论之。（4·046/2054）②

简2089、简2088处于一个背划线连续不断的13枚简序列，是序列最末2枚。简2054与简2088的背划线不连，而简2088的划线与律令起首的简2009的划线可能同组，中间就差1枚简的划线。简2054划线错位原因待考，它应是简2088与简2009之间的那枚。

因此简2089的内容是以日期起首律条，简2088、简2054的内容是另一日期起首的律条。

十四年七月辛丑以来，诸居赀赎责（债）未备而去亡者，坐其未备钱数，与盗同灋。（4·066/2047）其隶臣妾殹（也），有（又）以亡日臧数，与盗同灋。（4·067/1947）隶臣妾及诸当作县道官者、仆、庸，为它作务，其钱财当入县道官而逋未入去亡者，（4·068/1992）有（又）坐逋钱财臧，与盗同灋。（4·069/1946）廿年后九月戊戌以来，其前死及去而后遝者，尽论之如律。（4·070/2010）③

---

① 下文简称“岳麓秦简”。

② 陈松长主编：《岳麓书院藏秦简（肆）》，上海：上海辞书出版社，2016年，第53、54页。简末（4·046/2054）指《岳麓书院藏秦简（肆）》卷内号046，整理号2054。下同。

③ 陈松长主编：《岳麓书院藏秦简（肆）》，第60—62页。

简 2047 划线靠近简下端，与之前的简 2043 划线相连。简 1947、简 1992、简 1946、简 2010 这 4 简划线相连。

简 2047 末尾还有可容纳一到两个字的空白区域，而简 1947 末有大片空白。划线紧接在简 1946 之后的简 2010 标明“廿年后九月戊戌以来”。

由此可知，简 2010 的内容是以日期起首的律条，简 2047 则是以日期起首律条之首简。

取罪人、群亡人以为庸，智（知）其请（情），为匿之。不智（知）其请（情），取过五日以上，以舍罪人律论之。（4・075/2012）廿年后九月戊戌以来，取罪人、群亡人以为庸，虽前死及去而后還者，论之如律。（4・076/1985）免奴为主私属而将阳阑亡者，以将阳阑亡律论之，复为主私属。（4・077/1945）①

简 2012、简 1985、简 1945 背面的划线相连。因此，简 1985、简 1945 的内容是一条日期起首律条，该律文编在简 2012 之后。

我们认为，这 3 组简的划线分别与其前文简连续，整理小组的编联方案建立在背划线分析的基础上，是合理的。5 枚带日期简中的 3 枚日期是“廿年后九月戊戌”，然而整理小组并未合编这 3 枚日期相同的简。这 3 条律文同日颁行，编联时却不邻接，值得探讨。

## 二、日期起首条文的结构与源流

### （一）日期起首条文的结构

龙岗秦简也见日期起首律文，并且纪年与岳麓秦简《亡律》接近，如下引：

廿五年四月乙亥【以来】，□【犬彘】牛羊□□□▨（98/79/78/237）②

廿四年正月甲寅以来，吏行田赢【律】詐（诈）▨（116/102/102/180）③

田及为詐（诈）伪【写田】籍，皆坐臧（赃），与盗□▨（151/104/104/182）④

简 116、简 151 当连读为一条律文，简 151 末残断处当按文例补为“与盗同灋”。此律大意：吏“行田”超过律的规定以及在编写田籍时弄虚作假，这两种行为的案值都作为赃值，以盗律处罚。

---

① 陈松长主编：《岳麓书院藏秦简（肆）》，第 63、64 页。

② 释文及简号根据陈伟主编：《秦简牍合集・释文注释修订本（叁）》，武汉：武汉大学出版社，2016 年版，第 54 页。

③ 陈伟主编：《秦简牍合集・释文注释修订本（叁）》，第 60 页。

④ 陈伟主编：《秦简牍合集・释文注释修订本（叁）》，第 80 页。

龙岗秦简可能属一简册，也有可能分属两简册。① 然而龙岗秦简中当不含令，所以无论是一册还是两册，这两条日期起首条文是作为律条而与其他律条一同合编。龙岗秦简再整理者注第98简："这可能是某一律令颁布的日期，而此时需要做修改、补充或检查。"②这一观点很有启发意义，起首日期的确是颁布日，这类条文之功能的确是修改及补充，其修改、补充的对象下文分析。

日期起首律文来源于设定法律规则的王命、王令或制诏。岳麓秦简《亡律》与龙岗秦简所见7条日期起首律文都是"年月日以来"格式。参见睡虎地秦简《为吏之道》附抄的两条魏律：

> 廿五年闰再十二月丙午朔辛亥，〇告相邦：民或弃邑居壄（野），入人孤寡，徼人妇女，非邦之故也。自今以来，叚（假）门逆吕（旅），赘婿后父，勿令为户，勿鼠（予）田宇。三枼（世）之后，欲士士之，乃署其籍曰：故某虑赘婿某叟之乃（仍）孙。《魏（魏）户律》
>
> 廿五年闰再十二月丙午朔辛亥，〇告将军：叚（假）门逆闟（旅），赘婿后父，或衛（率）民不作，不治室屋，寡人弗欲。且杀之，不忍其宗族昆弟。今遣从军，将军勿恤视。享（烹）牛食士，赐之参饭而勿鼠（予）殽。攻城用其不足，将军以堙豪（壕）。《魏（魏）奔命律》③

第一，两条魏律以同一日期起首，且分别被称为魏户律、魏奔命律。《为吏之道》抄录这两条魏律，说明秦人认为其有参考价值。我们也可参考之。

第二，魏户律的内容是魏王告相邦的王命，以"自今以来"为界分为两部分，前一部分内容是立法理由，包括对某些社会现象的描绘及其评价，点明特定事务需要法律规范。后一部分是王命设立的法律规范。魏奔命律中所见的王命同样可分为两部分，其分界是"今"字，即"自今以来"的省略。"自今以来"意为从今以后，这个"今"是指文书起首标识的日期。

第三，可知岳麓秦简《亡律》所见"年月日以来"之"以来"是"自今以来"之省略。公文书中的立法理由部分位于日期与"自今以来"之间，删除立法理由部分以后，日期与"自今以来"合为"年月日以来"格式。

第四，日期相同而且内容都涉及"叚（假）门逆吕（旅）""赘婿后父"的两条魏律都是源于魏王的一条命令，两条被分别编入魏之户律与奔命律。这两条律依旧还可见君王命令格式语与日期等标识，但其被编入不同律篇的现象揭示魏国有将君王命令编入律文的常例。

综上可知"年月日以来"是省略形式，其来源是对公文书的编删，删除了"自今以来"之

① 参见陈伟主编：《秦简牍合集·释文注释修订本（叁）》，第7页。
② 陈伟主编：《秦简牍合集·释文注释修订本（叁）》，第55页。
③ 释文据陈伟主编：《秦简牍合集·释文注释修订本（壹）》，第321—323页。

前的立法理由，仅保留了法律规范。

含"自今以来"格式可大致分为两类，一类是官吏议请设定法律规范，其标识是"请自今以来"，另一类是君主发布的命令或制诏设定法律规范，其标识有"闻"等。"请自今以来"辞例如下引。

廿年二月辛酉内史言：里人及少吏有治里中，数昼闭门不出入。请：自今以来敢有□来□□□(4·297/0443)①

●鱼(渔)阳外厩□赁□簿，故□以其故坏，疑它县官有等。请：自今以来，有赁为簿，□□☒(4·305/0530)②

两条引文来自《岳麓书院藏秦简(肆)》，都是秦令。以"请自今以来"为界，之前内容包括日期与立法理由，之后则是请求设立法律规范的具体内容。"请自今以来"有时省略为"请自今"或"请"。

(左)雄又上言："郡国孝廉，古之贡士，出则宰民，宣协风教。若其面墙，则无所施用。孔子曰'四十不惑'，《礼》称'强仕'。请自今孝廉年不满四十，不得察举，皆先诣公府，诸生试家法，文吏课笺奏，副之端门，练其虚实，以观异能，以美风俗。有不承科令者，正其罪法。若有茂才异行，自可不拘年齿。"帝从之，于是班下郡国。(《后汉书》卷六十一《左雄传》)③

请求设立法律规范的具体内容前冠以"请"字，文献多见，不必赘述。

君主以发布命令或制诏的形式颁布新律令条文，辞例如下：

制曰："朕闻太古有号毋谥，中古有号，死而以行为谥。如此，则子议父，臣议君也，甚无谓，朕弗取焉。自今已来，除谥法。朕为始皇帝。后世以计数，二世三世至于万世，传之无穷。"(《史记》卷六《秦始皇本纪》)④

于是下令国中曰："吾闻两雄不俱立，两贤不并世。汉皇帝贤天子。自今以来，去帝制黄屋左纛。"(《汉书》卷九十五《西南夷两粤朝鲜传》)⑤

两则引文各以"(君主)闻"与"自今以来"起首，"闻"是君主命令中具有特定功能的格式语。"闻"之后是君主听闻的某些现象，然后对此现象进行评价，进而指出需要颁行律令等予以规制。值得注意的是，"闻"字本不限定为君主听闻，然而官吏请示文书中有避免使

---

① 陈松长主编：《岳麓书院藏秦简(肆)》，第193页。
② 陈松长主编：《岳麓书院藏秦简(肆)》，第196页。
③ 《后汉书》卷61《左周黄列传》，北京：中华书局，1965年，第2020页。
④ 《史记》卷6《秦始皇本纪》，北京：中华书局，1959年，第236页。
⑤ 《汉书》卷95《西南夷两粤朝鲜传》，北京：中华书局，1962年，第3851页。

用“闻”字的现象。由此可对某些材料有新的认识：

闻新地城多空不实者，且令故民有为不如令者实☐(睡虎地4号秦墓6号木牍)①

“闻”字之后的牍文是对秦王政颁布的一道命令的抄录。②

□□御史：闻代人多坐从以毄，其御史往行，□其名□所坐以毄。

(J1－8－528+8－532+8－674)③

引文是秦君发布的命令或制诏。

## (二) 相关条文的源流

下文从格式语“自今以来”的视角分析相关条文的来源与传承。

第一，“自今”类格式语见于东周时期的盟誓文书与执行戮刑时发布的言辞，秦汉时期也有这两类用法的辞例。这当是秦汉律令格式语“自今以来”的源头。

宁武子与卫人盟于宛濮，曰：“天祸卫国，君臣不协，以及此忧也。今天诱其衷，使皆降心以相从也。不有居者，谁守社稷？不有行者，谁扞牧圉？不协之故，用昭乞盟于尔大神以诱天衷。自今日以往，既盟之后，行者无保其力，居者无惧其罪。有渝此盟，以相及也。明神先君，是纠是殛。”(《左传·僖公二十八年》)④

“自今日以往”前是盟誓背景及原因，其后是盟誓的规范内容。

将盟，郑六卿公子騑、公子发、公子嘉、公孙辄、公孙虿、公孙舍之，及其大夫、门子皆从郑伯。晋士庄子为载书，曰：“自今日既盟之后，郑国而不唯晋命是听，而或有异志者，有如此盟。”公子騑趋进曰：“天祸郑国，使介居二大国之间，大国不加德音而乱以要之，使其鬼神不获歆其禋祀，其民人不获享其土利，夫妇辛苦垫隘，无所底告。自今日既盟之后，郑国而不惟有礼与强可以庇民者是从，而敢有异志者，亦如之。”(《左传·襄公九年》)⑤

引文见晋、郑两国对载书的争议，两处“自今日既盟之后”后是各自的载书草案，郑公子騑草案在“自今日既盟之后”之前介绍盟誓理由和背景。

侯马载书亦见“自今”类格式语，如下引。

---

① 陈伟主编：《秦简牍合集·释文注释修订本(贰)》，武汉：武汉大学出版社，2016年，第599页。

② 对这条材料君主命令性质的探讨，参见欧扬：《岳麓秦简“毋夺田时令”再探》，载《出土文献综合研究集刊》第4辑，成都：巴蜀书社，2016年，第159—171页。

③ 陈伟主编：《里耶秦简牍校释(第一卷)》，武汉：武汉大学出版社，2012年，第173、174页。

④ 左丘明撰、杜预集解：《左传(春秋经传集解)》，上海：上海古籍出版社，1997年，第376、377页。

⑤ 左丘明撰、杜预集解：《左传(春秋经传集解)》，第854页。

自今以往，敢不率从此盟质之言，而倘敢纳室者；而或闻宗人兄弟或纳室者，而弗执弗献，丕显出公大冢，明亟覞之，麻夷非是。①

秦汉时期盟誓文书亦然：

昌、猛即与为盟约曰："自今以来，汉与匈奴合为一家，世世毋得相诈相攻。有窃盗者，相报，行其诛，偿其物；有寇，发兵相助。汉与匈奴敢先背约者，受天不祥。令其世世子孙尽如盟。"（《汉书》卷九十四《匈奴传》）②

此例不见盟约起源部分，当是删节所致。无法直接得出该结论，或可引其他文献中此事例以相互验证。

被瞻入晋军，文公将烹之。被瞻据镬而呼曰："三军之士皆听瞻也，自今以来，无有忠于其君，忠于其君者将烹。"文公谢焉，罢师，归之于郑。（《吕氏春秋·离俗览》）③

韩厥献丑父，郤献子将戮之。呼曰："自今无有代其君任患者，有一于此，将为戮乎！"郤子曰："人不难以死免其君，我戮之不祥，赦之以劝事君者。"乃免之。（《左传·成公二年》）④

执齐庆封而尽灭其族。将戮庆封。椒举曰："臣闻无瑕者可以戮人。庆封惟逆命，是以在此，其肯从于戮乎？播于诸侯，焉用之？"王弗听，负之斧钺，以徇于诸侯，使言曰："无或如齐庆封，弑其君，弱其孤，以盟其大夫。"庆封曰："无或如楚共王之庶子围，弑其君兄之子麇而代之，以盟诸侯。"王使速杀之。（《左传·昭公四年》）⑤

以上3条春秋时期辞例揭示了当时戮刑执行含有一步骤，即受刑者当众宣告特定文辞，其内容下文称之为"戮首辞"。然而戮刑的受刑者有可能说出对行刑者不利的话，此即椒举劝谏楚灵王的理由。《左传·成公二年》明言执行戮刑，然而受刑者通过模仿戮首辞进行辩解。引文前两个辞例有"自今以来""自今"等格式语。可见戮首辞的固定格式是："自今以来，禁止如本受刑者那样为某行为，否则将受同样的惩罚。"

以上所举盟誓文书与戮首辞都有"自今"类格式语，而两者的关系如何，参考下引辞例：

臧纥致防而奔齐。其人曰："其盟我乎？"臧孙曰："无辞。"将盟臧氏，季孙召外史掌恶臣，而问盟首焉，对曰："盟东门氏也，曰：'毋或如东门遂，不听公命，杀适立庶。'盟叔孙氏也，曰：'毋或如叔孙侨如，欲废国常，荡覆公室。'"季孙曰："臧孙之罪，皆不及此。"

---

① 高明：《侯马载书盟主考》，转引自高明：《高明学术论集》，上海：上海古籍出版社，2013年，第383页。
② 《汉书》卷94下《匈奴传下》，北京：中华书局1962年，第3801页。
③ 吕不韦著：《吕氏春秋新校释》，陈奇猷校注，上海：上海古籍出版社，2002年，第1265页。
④ 左丘明撰、杜预集解：《左传（春秋经传集解）》，第642页。
⑤ 左丘明撰、杜预集解：《左传（春秋经传集解）》，第1245、1246页。

孟椒曰："盍以其犯门斩关？"季孙用之，乃盟臧氏曰："毋或如臧孙纥，干国之纪，犯门斩关！"（《左传·襄公二十三年》）①

引文所见这类特殊的盟誓起刑罚的功能。② 其辞称"盟首"。此例揭示了盟誓文书与戮首辞的紧密关系，上古的戮刑执行就是一种特殊的盟誓，通过一定的仪式将罪人排除出共同体之外，并通过盟誓文辞的方式颁行一条新的规则。

格式语"自今"早在西周就出现在一起司法功能的盟誓文书中，𠑇匜铭文有："伯扬父迺或使牧牛誓曰：'自今余敢扰乃小大事。'……牧牛则誓。"③"自今"之后是誓辞设立的具体义务，牧牛即受此约束。

战国秦国以及秦代的戮刑，见睡虎地秦简：

"誉适（敌）以恐众心者，翏（戮）。""翏（戮）"者可（何）如？生翏（戮），翏（戮）之已乃斩之之谓殹（也）。（《法律答问》简 51）④

刘海年认为："《法律答问》的解释是，活着让他受到耻辱，此后再斩，这与《左传》昭公四年记载的楚王戮齐庆封的过程是一致的。"⑤徐富昌认为："秦律中的戮刑，事实上是由周的刑罚中继承下来的。"⑥这一继承性还体现在戮刑的一种类型是将领在军中执行戮刑，根据《法律答问》简 52："'广众心，声闻左右者，赏。'将军材以钱若金赏，毋（无）恒数。"⑦可见简 51 和简 52 内容都涉军营，军中由将军论赏，则也当是由将军执行戮刑。上引东周三辞例都是在军中由统帅军队的君主或将领行刑，可见在这一点上确实存在传承性。《法律答问》引军中执行戮刑的律文，以此引出对戮刑执行方式的解释，可见戮刑多见于军中。戮刑公开执行的方式以及受刑者念戮首辞的程序，展现了法律的教育作用，用当时的语词说是"教化作用"。然而，这一执行刑罚的程序也含有创设法律的功能，劝诫围观者今后有类似受刑者的行为会受到处罚，这就创设了一条有普遍效力的规则。这种规则创设的模式，也对秦汉时代以命令或制诏修改律令的模式产生了一定影响。

十二年，文信侯不韦死，窃葬。其舍人临者，晋人也逐出之；秦人六百石以上夺爵，迁；五百石以下不临，迁，勿夺爵。自今以来，操国事不道如嫪毐、不韦者籍其门，视此。

---

① 左丘明撰、杜预集解：《左传（春秋经传集解）》，第 1002 页。

② 参见滋贺秀三：《中国上古刑罚考——以盟誓为线索》，姚荣涛译，载于杨一凡、寺田浩明主编：《日本学者中国法制史论著选·先秦秦汉卷》，北京：中华书局，2016 年，第 163—186 页。

③ 参见刘海年：《𠑇匜铭文及其所反映的西周刑制》，《法学研究》1984 年第 1 期。

④ 陈伟主编：《秦简牍合集·释文注释修订本（壹）》，武汉：武汉大学出版社，2016 年，第 201 页。

⑤ 刘海年：《秦简刑罚考析》，载中华书编辑部：《云梦秦简研究》，北京：中华书局，1981 年。陈伟主编：《秦简牍合集·释文注释修订本（壹）》，第 201 页。

⑥ 徐富昌：《睡虎地秦简研究》，济南：文史哲出版社，1993 年，第 213 页。

⑦ 陈伟主编：《秦简牍合集·释文注释修订本（壹）》，第 201、202 页。

(《史记》卷六《秦始皇本纪》)①

引文是秦王政的命令,“自今以来”前是对涉及私自下葬吕不韦的相关人员的惩罚,属于对具体事件的处理,在“自今以来”之后,是将这一惩罚方式赋予普遍适用的效力,“视此”这一格式语的功能类似“比此”、“有等比”,②这一命令设定了当被编入律令的法律规范。此命令“自今以来”之后文风似戮首辞,其源头当是《左传·襄公二十三年》辞例所见的盟首辞。

盟约文书与律令条文之间有密切的关系,律令可以说是一种特殊的盟约,两者的共同点有同样具有强制力等,学界对这方面的讨论集中于对汉高祖“约法三章”的探讨。戮首辞有设定普遍性法律规范的功能,也就是将一个特殊案件的处理方式创设为普遍性规则,在性质相同的案件发生之后,也适用这一惩罚方式。春秋时期戮首辞的这种功能类似秦的比行事与汉的决事比。③

第二,律令格式语“自今”一直沿用至明清,并对社会其他领域产生了影响。

太祖闻之,谓浩曰:“卿此可为万世法。”乃著令,自今已后有持质者,皆当并击,勿顾质。由是劫质者遂绝。(《三国志》卷九《诸夏侯曹传》)④

引文见“自今已后”格式语,曹操明言此令为“万世法”,即普遍适用的法律规范。

寻谓侍臣曰:人命至重,一死不可再生。昔世充杀郑颋,既而悔之,追止不及。今春府史取财不多,朕怒杀之,后亦寻悔,皆由思不审也。比来决囚,虽三覆奏,须臾之间,三奏便讫,都未得思,三奏何益?自今已后,宜二日中五覆奏,下诸州三覆奏。

又古者行刑,君为彻乐减膳。朕今庭无常设之乐,莫知何彻,然对食即不啖酒肉。自今已后,令与尚食相知,刑人日勿进酒肉。内教坊及太常,并宜停教。

且曹司断狱,多据律文,虽情在可矜,而不敢违法,守文定罪,或恐有冤。自今门下覆理,有据法合死而情可宥者,宜录状奏。”

自是全活者甚众。其五覆奏,以决前一日、二日覆奏,决日又三覆奏。惟犯恶逆者,一覆奏而已,著之于令。(《旧唐书》卷五十《刑法志》)⑤

上文已分引文为四层,其中前三层是《旧唐书》直接引用的唐太宗言辞,这三层各自有

---

① 《史记》卷6《秦始皇本纪》,北京:中华书局,1959年,第231页。

② 对岳麓秦简律令所见格式语“有等比”的探讨,参见欧扬:《岳麓秦简所见秦比行事初探》,载《出土文献研究》第14辑,上海:中西书局,2016年。

③ 参见欧扬:《岳麓秦简所见秦比行事初探》,《出土文献研究》第14辑,上海:中西书局,2016年。

④ 《三国志》卷9《诸夏侯曹传》,北京:中华书局,1959年,第267页。

⑤ 《旧唐书》卷50《志第三十·刑法》,北京:中华书局,1975年,第2140页。

其立法理由和法律规范，皆以“自今已后”或“自今”为界。第四层是执行五覆奏的方式，其文末有术语“著之于令”。

> 至元十六年十二月二十四日，成吉思皇帝降生，日出至没，尽收诸国，各依风俗。这许多诸色民内，唯有回回人每为言：俺不吃蒙古之食。上曰：为天护助，俺收抚了您也。您是俺奴仆，却不吃俺茶饭，怎生中？么道，便教吃。若抹杀羊呵，有罪过者。么道，行条理来。如今，直北从八里灰田地里将海青来底回回每：别人宰杀来的，俺不吃。么道，骚扰贫困百姓来底上头。从今以后，木速忽蛮回回、木[术]忽回回每，不拣是何人杀来的肉交吃者，休抹杀羊者，休做速纳者。若奴仆告呵，从本使取出为良，家缘财物，不拣有的甚么，都与那人。若有他人首告呵，依这体例断与。钦此。(《元典章》)①

《元典章》此条文辞颇有特色，“从今以后”之前是对现象的批判性描述，而之后是“体例”规定的具体内容。

> 太祖洪武十年二月诏：食禄之家，与庶民贵贱有等。趋事执役以奉上者，庶民之事。若贤人君子，既责其身而复役其家，则君子野人无所分，非劝士待贤之道。自今日百司见任官员之家，有田土者输租税外，悉免其徭役。著为令。(《明实录》)②

明太祖此诏，“自今日”格式语类似秦汉律令所见“自今以来”的功能，而“著为令”同前引《三国志》辞例。

“自今”作为律令格式语在社会上存在一定影响。

> 延熹四年九月丙辰朔卅日乙酉，直闭，黄帝告丘丞墓伯、地下二千石、墓左墓右主墓狱史、墓门亭长，莫不/皆在：今平阴偃人乡苌富里钱仲游妻薄命蚤死，今来下葬。自买万世冢田，贾直九万九千，钱即日毕。四角/立封，中央明堂，皆有尺六桃卷、钱、布、铅人。时证知者，先□曾王父母□□氏知也。自今以后，不得干□主人。/有天帝教，如律令。/③

此买地券之文模仿实际的买地券书，其文末借用了术语“自今以后”。

> “自今以去，若有病人危厄、困笃之人不差者，大魔王断其家祆小鬼，令病人自差者，大魔王等上迁。不差者，汝等身作万分矣。”(《太上洞渊神咒经》卷二[敦煌本 P.2959])④

引文所见“自今以去”是此类文献对律令术语的模仿。

---

① 刘迎胜：《丝绸之路》，南京：江苏人民出版社，2014 年，第 198、199 页。

② 阎步克：《士大夫政治演生史稿》，北京：北京大学出版社，2015 年第 3 版，第 23 页。

③ 释文据鲁西奇：《中国古代买地券研究》，厦门：厦门大学出版社，2014 年，第 28 页。

④ 经文据牛尚鹏：《道法类经书疑难语词考释》，南开大学博士学位论文，2012 年 5 月，第 33 页。

## 三、日期起首律文的功能与价值

### (一) 简 2047 之条文分析

2047 组的若干条之间内容紧密联系而且可以连读,简背划线相连。

十四年七月辛丑以来,诸居赀赎责(债)未备而去亡者,坐其未备钱数,与盗同灋。(4·066/2047)其隶臣妾殹(也),有(又)以亡日臧数,与盗同灋。(4·067/1947)隶臣妾及诸当作县道官者、仆、庸,为它作务,其钱财当入县道官而逋未入去亡者,(4·068/1992)有(又)坐逋钱财臧,与盗同灋。(4·069/1946)①

简 2047、简 1947、简 1946 的结束语都是"与盗同灋"。我们认为,以简 2047 为起首简的律文可分为三层,简 2047 的内容是第一层,简 1947 的内容是第二层,简 1992、简 1946 的内容是第三层。这三层的内容互相关联,发布日期应该都是"十四年七月辛丑",第二层、第三层省略了日期。"十四年七月辛丑"颁行的令,有三层编入了《亡律》,由于 3 层的内容是针对同一律文的补充与修订,所以抄写者将其编在一起,也正因为合编,所以只在第一层标识了具体日期。抄写者有意分开这三层,所以简 1947 抄完第二层之后,尚有空白的情况下,抄写者还是另起一简(即简 1992)抄写第三层。

### (二)"廿年后九月"起首三条是从赦令编入《亡律》

《亡律》5 条日期起首律文中有 3 条的日期相同,试将其合编:

廿年后九月戊戌以来,其前死及去乃后遝者,尽论之如律。卿,其家啬夫是坐之。(4·044/2089)②

廿年后九月戊戌以来,其前死及去而后遝者,尽论之如律。(4·070/2010)③

廿年后九月戊戌以来,取罪人、群亡人以为庸,虽前死及去而后遝者,论之如律。(4·076/1985)免奴为主私属而将阳阑亡者,以将阳阑亡律论之,复为主私属。(4·077/1945)④

首先,合编之后上下文显得重复,还是分开更好,这 3 条分别是对 3 条律文的补充,因而

① 陈松长主编:《岳麓书院藏秦简(肆)》,第 60、61 页。

② 陈松长主编:《岳麓书院藏秦简(肆)》,第 53 页。

③ 陈松长主编:《岳麓书院藏秦简(肆)》,第 62 页。

④ 陈松长主编:《岳麓书院藏秦简(肆)》,第 64 页。

其行文都有承前省略。

其次，3条文皆有“前死及去而后遝”。可知“廿年后九月戊戌”颁下的是赦令，而这3条是赦令列举的必须“论之如律”之情形。“死及去”即是死与逃亡两种情况，可对应“死若亡”的用法，见《法律答问》第60简：“廷行事有皋当䙴（迁），已断已令，未行而死若亡，其所包当诣䙴（迁）所。”①“遝”赦令见于岳麓秦简《为狱等状四种》，其案例〇三见“遝戊午赦（赦）”②，即遝“戊午”日颁行的赦令。案例一二见“遝己巳赦（赦）”，即遝“己巳”日颁行的赦令。“虽前死及去而后遝者”之“前”“后遝”可参考《为狱等状四种》案例一二：“驩、路以赦（赦）前货毋智，以后遝。”③可见犯罪行为在赦令颁下前，即“前”，在赦令颁下后抓获的，称“后遝”。对这种赦令“前”所为而“后遝”的犯罪，官府一般不追究，见《法律答问》简37：“或以赦前盗千钱，赦后尽用之而得，论可（何）殹（也）？毋论。”④在这种情形下按律令论罪需要赦令明文列举。

再次，这3条的“尽论之如律”，在编入《亡律》之前很可能是“尽论之如亡律”。在编入《亡律》之时，3条各自附于相关律条后，改为“尽论之如律”，即以其所附的律文论罪。简2089之“尽论之如律”之“如”“律”之间空出一字之长，刘欣欣指出当本作“尽论之如亡律”，“亡”字后被刮削。⑤

综上，《亡律》所见“虽前死及去而后遝者，尽论之如律”，意即是赦令颁行之前死或逃亡，赦令颁行之后才抓获治罪的，依然要根据律文论罪。《亡律》所见这一“廿年后九月戊戌”颁行的赦令，按照《为狱等状四种》的相关辞例，可称之为“戊戌赦”。

## （三）简2089、简2088与前文“不会”四条的关系

不会笞及除，未盈卒岁而得，以将阳癖（癖），卒岁而得，以阑癖，有（又）行其笞。（4·043/1989）

廿年后九月戊戌以来，其前死及去乃后遝者，尽论之如律。卿，其家啬夫是坐之。（4·044/2089）廿五年五月戊戌以来，匿亡人及将阳者，其室主匿赎死罪以下，皆与同罪。亡人罪轻于（4·045/2088）☐有（又）以亡律论之。（4·046/2054）⑥

① 陈伟主编：《秦简牍合集·释文注释修订本（壹）》，武汉：武汉大学出版社，2016年，第205页。
② 朱汉民、陈松长主编：《岳麓书院藏秦简（叁）》，上海：上海辞书出版社，2013年，第119—124页。
③ 朱汉民、陈松长主编：《岳麓书院藏秦简（叁）》，第209页。
④ 陈伟主编：《秦简牍合集·释文注释修订本（壹）》，第196页。
⑤ 感谢岳麓书院刘欣欣硕士指点原简这一现象。
⑥ 陈松长主编：《岳麓书院藏秦简（肆）》，第53、54页。

如前所述，简 2089 与简 1989 的背划线相连，而且简 2089 与简 2088、简 2054 的编联方案可从，两条日期起首律文都是对之前律文的补充与修正。简 2088 提到“将阳者”，与简 1989“以将阳癖”存在前后联系。关于简 1989 的内容，参见睡虎地秦简《法律答问》简 163：

“不会，治（笞）；未盈卒岁得，以将阳有（又）行治（笞）。”今士五（伍）甲不会，治（笞）五十；未卒岁而得，治（笞）当驾（加）不当？当。①

对比岳麓秦简《亡律》简 1989 与《法律答问》简 163 所引律令内容，确定是同一条律文，那么可对这两条进行对读。

岳麓秦简《亡律》共有四条“不会”起首律文，另三条是简 2044、简 2048 及简 2101，起首分别是“不会毄（系）城旦舂者”“不会收及隶臣妾之耐”“不会司寇之耐者”，都是不前去接受惩罚的意思，整理小组将简 1989 起首的“不会笞及除”连读，该标点方案可读。

据此重新标点《法律答问》第 163 简如下：

“不会治（笞），未盈卒岁得，以将阳，有（又）行其治（笞）。”今士五（伍）甲不会治（笞）五十，未盈卒岁得，治（笞）当加不当？当。

律文规定不前去接受笞，未满一年时间而被官府捕到，以将阳来定性惩罚，又要执行他所逃避的笞。如今士伍甲不会笞五十的惩罚，未满一年而被官府捕到，请问笞刑是否应该执行？应当执行。本条引律即载于《亡律》简 1989，“以将阳”之后省略“癖”字。

## （四）日期起首律文起类似修正案的功能

日期起首律文的功能与作用，我们从格式语“论之如律”为切入点进行探讨。

取罪人、群亡人以为庸，智（知）其请（情），为匿之。不智（知）其请（情），取过五日以上，以舍罪人律论之。（4・075/2012）廿年后九月戊戌以来，取罪人、群亡人以为庸，虽前死及去而后遝者，论之如律。（4・076/1985）②

如前所述，简 1985 与简 2012 划线相连。简 2012 以“取罪人、群亡人以为庸”起首，而简 1985 在“年月日以来”之后同样是“取罪人、群亡人以为庸”，两简针对的是同类行为。简 1985 末的“论之如律”，意为按照简 2012 律文论罪。推而广之，此类条文所见“论之如律”之“律”就是指本条所附之律条。简 1985 是针对简 2012 的，没有简 2012 所载律文，简 1985 内容就毫无意义。与简 1985 的日期相同的简 2089、简 2010，同样是附于相关律文之后，起补

---

① 陈伟主编：《秦简牍合集・释文注释修订本（壹）》，第 244 页。

② 陈松长主编：《岳麓书院藏秦简（肆）》，第 63、64 页。

充或细化的作用，因为编联方式本身说明了其内容的依附性，这 2 枚简没有取罪人、群亡人以为庸”的对应部分，是编删所致。总之，《亡律》5 条日期起首律文，内容都具有依附性，是对所依附的律文的修订。

《亡律》5 条日期起首律文所见“以亡律论之”，说明此类律文发源于君主命令或制诏。这有助于我们更深入理解秦汉律中的“以某某律令”。

《亡律》5 条日期起首律文对所依附的律文的修改，体现的是以君主命令（制诏）修律的模式。这种模式起类似当代的刑法修正案的功能。以君主命令（制诏）修律的内容直接编入相关律篇，而刑法修正案的内容直接编入《刑法》。以君主命令修律，如“廿年后九月戊戌”发布三则分别针对《亡律》三处特定律文的条文，于是三条分别编在相关律文之下。

以上所言的所谓类似修正案的模式也可用于分析对“律令”之“令”的修改。如张家山汉简《二年律令·津关令》简 495 末尾是“皆以越塞令论之”，[①]其令文以“相国、御史请”起首，内容是针对“越塞令”的修改补充，而“越塞令”即《二年律令·津关令》的第一条。“以某某令论之”是含义与功能类似于“以某某律论之”的格式语。

涉及法律规范的命令（制诏）与律令的关系有以下几类：

第一类，命令（制诏）明确指定本规定编入某律篇，成为律文，例如青川“更修为《田律》”。[②] 岳麓秦简《亡律》5 条日期起首律文也属此类。张忠炜指出《二年律令》若干“律文是以王命或王命之诏颁布，稍加修饰或者根本不加修饰而直接入律”。[③] 张氏所举的那些律文属于此类。

第二类，命令（制诏）明确指定本规定编入某令篇，成为令文，例如张家山汉简《津关令》所见的诸多带有“制诏御史”等格式语的令。《史记》卷一百二十一《儒林列传》记载公孙弘请令文书末尾有“请著功令”，[④]就是请求皇帝将此令文编入《功令》。

第三类，命令（制诏）内容虽创设了法律规范，但尚未明确该条编入何律篇何令篇，成为一单行的令或比行事（或称决事比）。

上文对《亡律》5 条日期起首律文的探讨，并不直接涉及律令关系。律篇内容和令篇内容之前的关系，才可称为律令关系。令篇是经过编次而形成的，具有限定的范围，而并非律之外的法律规范都可以泛泛地称为令。在律文内容中发现了君主命令或制诏的格式语，或

---

① 张家山二四七号汉墓竹简整理小组：《张家山汉墓竹简（二四七号墓）》（释文修订本），北京：文物出版社，2006 年，第 84 页。

② 陈伟主编：《秦简牍合集·释文注释修订本（肆）》，武汉：武汉大学出版社，2016 年，第 227 页。

③ 张忠炜：《秦汉律令法系研究初编》，北京：社会科学文献出版社，2012 年，第 127、128 页。

④ 《史记》卷 121《儒林列传》，北京：中华书局，1959 年，第 3119 页。

者在律文内容中发现了可以确定年代的内容，这类发现的性质是发现律文中的君主命令或制诏的痕迹，相关的探讨，是探讨律篇与命令或制诏的关系，而不是律令关系。

日期起首律文是对原有律文的修改补充，《亡律》5条日期起首律文的纪年是秦王政十四年、二十年、二十五年，龙岗秦简的日期起首律文的纪年是二十四年、二十五年，如果日期起首律文这种修改原律的模式一直存在，何以较早年代的纪年不可见？我们认为，这是因为律篇进过了编次，较早年份的日期起首律文的标识已被删去，成为普通的律文。我们可以从岳麓秦简中找到一个例子，原属于日期起首律文，被删去了“以来”等标识。如下：

置吏律曰：有辠以畨（迁）者及赎耐以上居官有辠以废者，虏、收人、人奴、群耐子、免者、赎子，辄傅其（4·212/1389）计籍。其有除以为冗佐、佐吏、县匠、牢监、牡马、簪褭者，毋许，及不得为租。君子、虏、收人、人奴、群（群）耐子、免者、（4·213/1378）赎子，其前卅年五月除者勿免，免者勿复用。（4·214/1418）①

简1378、简1418的大意是：如果有除任相关人员为冗佐等职事的，不应准许该除任，以及不得收租。君子、虏等相关人员，在卅年五月之前除任的，就不要免去该除任，已经被免去除任的，则不要重新任用。简1418出现了“卅年五月”，“前卅年五月”即在此之前。此后的内容具有依附性，起补充细化的功能，可以与《亡律》相关条文进行比较。这组置吏律文收录了“卅年五月”起首的某命令或制诏，经过编删，其他痕迹如“以来”等格式语已删，但此年月揭示了该组律文收录了某令的事实。

●狱史、令史、有秩吏、及属、尉佐以上，二岁以来新为人赘壻（婿）者免之。其以二岁前为人赘壻（婿）而（4·334/0559）能去妻室者勿免，其弗能行者免之。ᒪ二岁以来家不居其所为吏之郡县，而为舍室即取妻焉☑（4·335/0359）官，免之。家不居咸阳而取（娶）妻咸阳及前取（娶）妻它县而后为吏焉，不用此令。（4·336/0353）②

引文“二岁以来”与“年月日以来”有关。将“二岁以来”理解为这两年以来是不妥的，因为律令中出现的时间当有确定性。“二岁”当指向一个精确的时间。本组令第二个“二岁以来”前的钩识符号起分层作用。两个“二岁以来”分别为同时颁行的两款规定之起首，内容针对一事，日期相同，所以本组令对两款进行连续抄写和编联。“年月日以来”格式经过再次编辑，删去月日，仅留纪年，就变为“某年（岁）以来”格式。里耶秦简8－1067“☑□五岁以来见船数具言岁☑”，③“五岁以来”似可与“二岁以来”联系。

---

① 陈松长主编：《岳麓书院藏秦简（肆）》，第138、139页。

② 陈松长主编：《岳麓书院藏秦简（肆）》，第205、206页。

③ 陈伟主编：《里耶秦简牍校释（第一卷）》，武汉：武汉大学出版社，2012年，第272页。此辞例感谢游逸飞博士指点。

套用顾颉刚的著名论断“古史是层累地造成的”,[1]可以说岳麓秦简《亡律》是层累地编成的,进而认定秦及汉初的特定律篇都是如此。各个时期的覆盖层的叠加,从若干特定律条开始,对其进行修改和补充的诸多条文附益其上,经过不同时代的若干次编次,逐渐形成了篇幅上可称为篇章而内容上形成一定体系的特定律篇。令篇亦然。对覆盖层的考察,应从具有一定客观性的标识开始,大致有两类覆盖层标识,一类是日期,《亡律》最新的覆盖层就是那 5 条以日期起首的律文,其覆盖层标识就是“年月日以来”格式。岳麓秦简所见《置吏律》的“卅年五月”也属日期标识。另一类标识是不带日期的格式语,如“论之如律”“以律论”“有等比”等。

(原文载《法律史译评》第 8 卷,中西书局,2021 年)

① 参见黄海烈:《顾颉刚“古史层累说”初探》,吉林大学博士学位论文,2007 年。

# 关于岳麓书院藏秦简《亡律》中“廿年后九月戊戌以来”条

◎ [日]宫宅潔 著 姚丽 译(日本京都大学人文科学研究所)

在《岳麓书院藏秦简(肆)》(以下简称为“岳麓肆”)的律令中含有一组以“廿年后九月戊戌以来”起首的三条简文。

廿年后九月戊戌以来,其前死及去乃后遻者,尽论之如律。卿,其家啬夫是坐之。(岳麓肆 简44)

【在(秦王政)二十年闰月九月十五日之后,即使以前死亡,或者逃离,但在此之后召唤命令才下发,皆按律裁决。若卿为犯罪主体,则由其家啬夫代为受罚。】

廿年后九月戊戌以来,其前死及去而后遻者,尽论之如律。(岳麓肆 简70)

【在(秦王政)二十年闰月九月十五日之后,即使以前死亡,或者逃离,但在此之后召唤命令才下发,皆按律裁决。】

廿年后九月戊戌以来,取罪人、群亡人以为庸,虽前死及去而后遻者,论之如律。(岳麓肆 简76)

【在(秦王政)二十年闰月九月十五日之后,若收留并雇佣犯罪者或各类逃亡者,即使(该罪人或逃亡者)死亡,或者,逃离后,召唤命令才下发,“取罪人、群亡人”者皆按律裁决。】

上述简文的内容虽略有出入,但都含有相同的内容,并都出自同一原始史料。只是,由于简44和简70的律文皆未明确指出以何种犯罪行为作为处罚前提,简文的法律意图难以明确。唯有简76相对准确地展示了原史料的内容。因此,在对简44、简70进行理解时,首先需要考虑的是二者含有重大脱误的可能性。

就此,欧扬先生指出了另外的可能性。[①] 除上述三枚简外,欧扬还将《亡律》中以“年月

① 参见欧扬:《岳麓秦简〈亡律〉日期起首律条文初探》,第六届“出土文献与法律史研究”暨庆祝华东政法大学法律古籍整理研究所成立三十周年学术研讨会论文集,上海,2016年11月。该论文由参加该会议的陈伟先生提供,特此感谢。

日”起首的另外两枚简也列为分析对象。就这五枚简而言,内容都是对君主所下的命令书进行节略后形成的。之所以如此推测,是因为原始的命令文书内容格式为“年+月+日,〈立法理由〉,自今以来,〈具体的规定内容〉”,而在将之整理为法律条文时,会把立法理由省略,以“年月日以来”起首进行书写。因此,比起没有纪年的条文,含有纪年的法律条文是相对较新的条文,因为该条文尚保存着原始文书的格式痕迹。这类条文以先行实施的律文为前提,为修订该先行实施的条文而重新发布,即,该类条文具有追加法的要素(原文为“具有依附性”)。这就是欧扬的观点,这一论述可谓发人深思。

按此观点思考,便可进一步理解简 76。该简的前提规定是简 75:

取罪人、群亡人以为庸,智(知)其请(情),为匿之。不智(知)其请(情),取过五日以上,以舍罪人律论之。(岳麓肆 简 75)

【收留并雇佣罪人或各类逃亡人者,若知其逃亡实情,则是藏匿罪。虽不知其逃亡实情,但若收留其 5 日以上,以“舍罪人”罪相关条款论处。】

此规定是对“取罪人、群亡人”者(即雇佣犯罪者或逃亡者为雇工的行为人)进行科罚的原则,以其为先行规定,便可一窥其与简 76 的联系。

关于简 75 和简 76 的具体关系,欧扬认为与“廿年后九月戊戌”所下发的赦令有关。即是说,简 76 中的“前”与“后”是以赦令下达之日为界区分,故而,即使被雇佣的犯罪者等人在此之前死亡或离去,但雇佣犯罪者的罪行案发,且召唤命令下发的事实在此日之后,则该“取罪人、群亡人”者不再是赦令适用的对象。因此,这两条简的关系是,简 75 是对“取罪人、群亡人”者进行科罚的一般原则,而简 76 则是针对该犯罪在适用赦令时做例外处理的追加说明。

欧扬为了支撑上述观点,列举下述《岳麓书院藏秦简(叁)》(以下简称为“岳麓叁”):

●问:驩、路以赦(赦)前货毋智,以后遝。它如辞。(岳麓叁 简 203)

【询问得:驩和路在赦前行贿毋智,在赦后被传唤。其他如同被告人供述。】

若按此简文中所见“前……以后还”的句式,则简 76 中的“前”当可推测为“赦前”。但是,岳麓叁的简 203 中并未明确罪发时间是否影响该贿赂罪成为赦令的适用对象。一般而言,赦令一旦下达,在此之前的犯罪,包括未发觉的犯罪,就不再处罚。这一点在秦代也是相同的,例如《睡虎地秦简 · 法律答问》规定:

或以赦前盗千钱,赦后尽用之而得,论可(何)殹(也)? 毋论。(法律答问 简 37)

【某人在赦令颁布之前盗一千钱,在赦令下发后,将钱财用尽并被捕获。问:此人该如何裁断? 答:不予论处。】

如果那样,为什么在赦后才罪发的雇佣犯罪者的行为人不能成为恩赦的对象? 此乃笔者的些许疑问。对此,笔者将对“前”“后”二字进行其他思考。

关于雇佣犯罪者和逃亡者的罪行，张家山汉简《二年律令》中也有类似规定：

取亡罪人为庸，不智（知）其亡，以舍亡人律论之。所舍取未去，若已去后，智（知）其请（情）而捕告，及詷（诇）告吏捕得之，皆除其罪，勿购。（二年律令 简172）

【在雇佣逃亡者或犯罪者时，若“取亡罪人”者不知被雇佣人逃亡的事实，则以“舍亡人律”裁断。所留宿雇佣的人未离开，或者已经离开，但在知道其逃亡事实后将其抓捕送官，或告知官吏并抓捕，则皆可免罪，但是不给与赏金。】

按照上述规定，即使“亡罪人”已经离开，雇佣者在得知犯罪者身份时，如果未及时告官，则以怠慢罪问罪。换言之，“亡罪人”的离开并未改变藏匿犯罪者的犯罪性质。仔细思考这个条文的话，“前”和“后”的区分在于犯罪者离开雇佣地的瞬间。即使在此之后罪发，雇佣者也按律处罚，这也是简76明确指出的内容。因此可以认为，由于简75并未提及被雇佣的犯罪者在罪发前离开的情形，故而需要对其进行补充规定，而这一补充规定便是在“廿年后九月戊戌”所制定，然后附加于简75。上述的整理方式正是《二年律令》中所展现的汉律的行文方式。

所以，虽然尚有些许问题待考，但欧扬基于“简76是先行实施的简75规定的附加内容”这一前提所做出的基本论述是可采的。不过，对余下的简44和简70内容的理解，笔者认为欧扬的观点尚欠说服力。首先，就简44而言，欧扬根据整理小组的排序方案，对包含简44的一条律文进行了分析。

不会笞及除，未盈卒岁而得，以将阳癖（癖），卒岁而得，以阑癖，有（又）行其笞。（岳麓肆 简43）

【有笞罪的嫌疑，或有委派通知，在规定的期限之前未报到，迟延未满一年而被抓捕者，以将阳罪治罪；若满一年被抓获，则以阑罪治罪，并且都还要执行原有笞刑。】

廿年后九月戊戌以来，其前死及去乃后遝者，尽论之如律。卿，其家啬夫是坐之。（岳麓肆 简44）

廿五年五月戊戌以来，匿亡人及将阳者，其室主匿赎死罪以下，皆与同罪。亡人罪轻于（岳麓肆 简45）

☐有（又）以亡律论之。（岳麓肆 简46）

【（秦王政）二十五年五月十二日以后，藏匿逃亡者或将阳者，作为首恶藏匿被判赎死罪以下罪名的逃犯的室人，皆与被藏匿者同罪。逃亡者其罪轻于……都按照《亡律》的相关规定进行论处。】

欧扬认为，由于简43和简45中都有“将阳”二字，故而二者“具有前后关系”（前引欧扬文，第147页）。但是，简43和简45之间的紧密性难及简75与简76，就是说，二者不存在

"无简 43 就无法理解简 45"这样的紧密关联。并且,"将阳"一词在亡律的其他条文中也屡见不鲜,仅仅因为该词为两条简文所共有而将两条简文合作一条律文,不免过于牵强。而关于简 44 在此所具有的重要意义,欧扬也没有做出任何说明。

如简的译文所示,简 44 之前的简 43 是对没有应官府征召服刑的罪人的处罚规定,而在简 40 到简 43 的简文中也有类似规定。如果说简 43 的规定是简 44 的前提的话,简 44 中"在此之前死亡,或者离开又被召回"的人即无视服刑命令的人,那么对早已死亡的人按律制裁,意义何在? 同样的问题也存在于简 70 中。

由于欧扬对此并未作任何说明,所以先按照整理小组的排序,将简 70 前面的条文摘录如下:

隶臣妾及诸当作县道官者、仆、庸,为它作务,其钱财当入县道官而逋未入去亡者,(岳麓肆 简 68)

有(又)坐逋钱财臧,与盗同灋。(岳麓肆 简 69)

【隶臣妾、应在县道官府中服劳役的人、车夫、庸人,若从事了其他的劳务,其劳役所获钱财应收归县道官府所有,若未交纳并逃跑亡佚者,又(因)其未缴纳钱财为非法财产,故按与盗罪相同的法律规定予以制裁。】

廿年后九月戊戌以来,其前死及去乃后還者,尽论之如律。(岳麓肆 简 70)

按此排序,法律所制裁的对象中,不仅包含了未缴纳财物的逃亡者,还包括了早已死亡的犯罪者,这对于简 70 的解释同样是无所帮助的。

其实,之所以会产生这样的疑问,是因为欧扬拘泥于整理小组的编联方案。若离开整理小组的编联方案,参考其他编联方案的话,上述的诸多疑问便可全部消解。而就其他编联方案而言,纪婷婷和张驰所做的配列案(以下简称为"纪·张案")即为其一①。根据他们的配列案,简 44 之前的简文排序如下:

盗贼旞(遂)者及诸亡坐所去亡与盗同灋者当黥城旦舂以上及命者、亡城旦舂、鬼薪、白粲舍人(岳麓肆 简 60)

室、人舍、官舍、主舍者不智(知)其亡,赎耐。其室人、舍人存而年十八岁者及典、田典不告,赀一甲。伍(岳麓肆 简 61)

不告,赀一盾∟。当完为城旦舂以下到耐罪及亡收、司寇、隶臣妾、奴婢阑亡者舍(岳麓肆 简 62)

人室、人舍、官舍,主舍者不智(知)其亡、赀二甲。其室人、舍人存而年十八岁以上

① 参见纪婷婷、张驰:《〈岳麓肆·亡律〉编联刍议》,简帛网,2016 年 9 月 12 日。关于这一复原编联方案的方针、妥当性和问题点将在宫宅潔:《岳麓简〈亡律〉解题》(待刊,2017 年刊行预定)一文中介绍(编者按:即宫宅潔:《岳麓书院所藏简〈亡律〉解题》,载《东方学报》第 92 册,2017 年。)

者及典、田典、伍不告(岳麓肆 简63)

赀一盾。(岳麓肆 简64)

廿年后九月戊戌以来,其前死及去乃后遝逮者,尽论之如律。卿,其家啬夫是坐之。(岳麓肆 简44)

就简牍的形制而言,简60到简64的简背划线与简44是相连的;就内容而言,如果以简60到简64的简文为前提来对简44的内容进行分析的话,即使简44的内容欠缺较多,其律文含义也可一目了然。要言之,简60到简64是对不知该逃亡者或犯罪者身份而予以留置的行为人的科罚规定,而简44则是以这一规定为前提,补充规定"即使犯罪者本人在身份曝光之前死亡或者离开,仍然要对留置者问罪"。在简60到简64中,主舍者藏匿的首谋者,大多都是一家之长,或是这一家中的其他家庭成员,而这两种情形之间的处罚是不同的。卿作为犯罪者时的特别规定,则在简44中追加补充,并且若卿本身是家长,是否该对其问罪处罚,简44也一并做出了规定。

就与简70有关的简排序,纪、张案做出如下安排:

主匿亡收、隶臣妾,耐为隶臣妾,其室人存而年十八岁者,各与其疑同灋,其奴婢弗坐,典、田(岳麓肆 简3)

典、伍不告,赀一盾,其匿□□归里中,赀典、田典一甲,伍一盾,匿罪人虽弗敝(蔽)貍(埋),智(知)其请(情),舍其室,(岳麓肆 简4)

(缺简)

为匿之。(岳麓肆 简79)

廿年后九月戊戌以来,其前死及去而后逮者,尽论之如律。(岳麓肆 简70)

在简70前的简79仅有"为匿之"三个字,加之简79前有缺简的情况,这使得简79的律意难以确定。可是,若缺简数仅有一枚,那么由于简3到简4的内容与简79的内容是连贯的,故可对简70的内容做出相关的推测,即简70的前提规定同样也是科罚隐匿逃亡者的行为人的相关规定。即使缺简数目不止一枚,简3、简4和简79组成两条不同律文,但简79中的"为匿之"也暗示该简为对"匿罪人"者的相关规定的末尾条文。因此,将简70作为这些简文的附加规定的目的也无须赘述。

要言之,欧扬认为,以年月日起首的条文是相对较新的规定,该类条文以先行施行的规定为前提,本质是一种追加规定,本文也同意欧扬的这一观点。但本文认为,这个指摘并非合适于整理小组的编联案,而合适于纪、张案,这是本研究班集体研讨所做出的结论。

(原文载《法律史译评》第6卷,中西书局,2018年)

# 岳麓秦简(肆)中的纪年问题

◎ 李洪财(湖南大学岳麓书院)

秦时历法向来难解,前贤作了诸多探索,解决了不少疑惑。随着出土材料日益增多,尤其是一些有明确朔日的出土文字材料,为我们研究秦时历法提供了新的契入点,但仍有诸多疑问未解。我们在整理《岳麓书院藏秦简(肆)》(以下简作"岳麓简肆")中的纪年简时,①对照目前的各种月朔推算表,也发现一些问题,提出来向各位专家请教。

岳麓简肆中出现了数枚记有"某年某月干支"的简(见后附图),这些简的内容基本属于律令类。其中"廿年后九月戊戌"共出现了三次,除了简 1985 出现外,还出现在 2010、2089 两简中,本文只选了简 1985 作讨论。

我们对所讨论的简,对照了张培瑜《三千五百年历日天象》②中"战国朔闰表"、李忠林根据秦简历谱等相关出土材料制定的"朔闰表(前 246—前 203)",③发现一些干支不合现象。比如简 0443 中"廿年二月辛酉",我们对照历谱后发现廿年的二月并无辛酉日。这支简右半残缺,或者"廿"当是"卅",但卅年二月也无辛酉日。所以这支简的月朔干支可能有问题。当然这支简的不合现象,文字残缺带来的不确定因素是主要原因,但历谱不合的现象并不是个例或偶然,岳麓秦简肆中还有一些不合历谱干支的情况。

表 1 岳麓秦简肆中所见的纪年内容

| 岳麓简号 | 0630 | 1985 | 1612 | 2088 | 1859 |
|---|---|---|---|---|---|
| 年、月、干支 | 十三年<br>六月辛丑 | 廿年<br>后九月戊戌 | 廿一年<br>十二月己丑 | 廿五年<br>五月戊戌 | 廿九年<br>四月甲戌 |

① 陈松长主编:《岳麓书院藏秦简(肆)》,上海:上海辞书出版社,2016 年。

② 张培瑜:《三千五百年历日天象》,郑州:大象出版社,1997 年。

③ 李忠林:《周家台历谱系年与秦时期历法》,《历史研究》2010 年第 6 期。

一般来说，当写明月大小，或直接标明"朔"时，才可以认定为朔干支，而"某月干支"的表述往往不全是朔干支，作为历日资料需要进一步讨论认定。之所以如此，归根结底是因为它并非历谱。① 比如表1简1859中"廿九年四月"下接"甲戌"，里耶秦简中记廿九年四月朔为甲子，②所以表1岳麓简中的干支肯定不是朔日干支。照常理而言，既然表1所记干支非朔日，那就应该是当月某一日的干支。于是我们将表1的干支与张培瑜《三千五百年历日天象》对照，推算表1干支所对应的日期，得到的结果如表2：

表2　岳麓秦简月下干支所在日期对照表

| | 十三年<br>六月辛丑 | 廿年<br>后九月戊戌 | 廿一年<br>十二月己丑 | 廿五年<br>五月戊戌 | 廿九年<br>四月甲戌 |
|---|---|---|---|---|---|
| 周 | 六月乙未朔，辛丑在六月初七 | 戊戌在九月十五 | 十二月辛巳朔，己丑在十二月初九 | 五月丙辰朔，当月无戊戌日 | |
| 殷 | 六月丙申朔，辛丑在六月初六 | 戊戌在九月十四 | 十二月壬午朔，己丑在十二月初八 | 五月丁巳朔，当月无戊戌日 | |
| 夏 | 六月乙未朔，辛丑在六月初七 | 戊戌在九月十五 | 十二月辛巳朔，己丑在十二月初九 | 五月丙辰朔，当月无戊戌日 | |
| 颛 | 六月丙申朔，辛丑在六月初六 | 戊戌在九月十五 | 十二月壬午朔，己丑在十二月初八 | 五月丁巳朔，当月无戊戌日 | 四月甲子朔，甲戌在四月十一 |
| | 合 | 合 | 合 | 不合 | 合 |

秦始"廿六年"统一六国，统一实行"颛顼历"。表2中"廿九年"已经不属于战国，张培瑜《三千五百年历日天象》中仅列了颛顼历。通过推算可以看出，"廿五年五月戊戌"不合目前推算的历表。这种现象与前面所说受文字残缺影响产生的误差不一样。这支简的文字完整，释读也没有问题。与"廿五年五月"最近的戊戌日，要么是六月的十二、十三日，要么就是四月的十七、十八日，相隔都很远。

张培瑜推演古六历的朔闰序列，主要是根据《开元占经》，在置闰上主要采取的是"无中置闰法"。这种方法和"固定冬至月闰法"，在颛顼历和夏历上推演的结果是有一定差距的。我们不能说张培瑜推测有误，可能是推测的历表与实际应用的历法还有一些差距。李忠林根据较新的出土秦简推测的朔闰表与张培瑜的推演结果大致相同，但在置闰、大小月、改历等问题

① 李忠林：《岳麓书院藏秦简〈质日〉历朔检讨——兼论竹简日志类记事簿册与历谱之区别》，《历史研究》2012年第1期。

② 参见张培瑜、张春龙：《秦代历法和颛顼历》，湖南省文物考古研究所《里耶发掘报告》，长沙：岳麓书社，2007年，第743页。

上还有不少难以确定的因素。而目前出土秦简中，尚未发现与表 1 中出现的年月朔干支相同的简，所以用出土材料也很难解释岳麓简的干支问题。我们认为导致秦历中诸多复杂问题的原因可能有如下几种，这些原因也是通过出土文献进行秦历排表时需要注意的关键点：

第一，多种历谱共用，或实行另一种目前尚不明确的特殊历法。秦时历法无论是从传世文献还是从出土文献推演，都存在一些问题。通过对出土材料历法研究的相关文章可知，不少出土材料中的历法排序也存在一些矛盾的地方，只能通过人为调整，才勉强得到顺应目前所见的某一种历谱排序。比如周家台秦简历谱，黄一农①与张培瑜②的排法就不一样，但各自又能对应某种历谱自圆其说。再如岳麓简《质日》历谱的排序，李忠林，③陈松长，④曲安京、肖灿⑤等意见皆不一致。虽然都能找到各自的解决办法，但毕竟没有一个统一的结果。有学者认为，目前可以肯定秦末行用的历法既非汉传古六历中之殷历，也不是颛顼历。⑥ 从我们上面的分析和推算来看，秦时可能是多种历法相混共用的。同时也不排除秦时还有除了古六历外的另一种历法，至少我们现在用已知的历谱排法在出土材料和传世材料中不能完全贯穿统一，始终有一些简的干支内容与现有历谱不合。

我们今天所使用的历法是农历与公历并行使用，应对不同需要使用不同的历法，例如农村生产仍以农历来确定农事的时间，而在学校机关一般都是使用公历，少数民族中还有苗族古历、藏历、傣历等。所以，料想在秦统一六国之前，各国历法可能就不完全一致，在使用历法时偶尔混用他国历法也不是没有可能。

第二，不确定秦时改历的时间。在推算历谱时，需要特别注意改历问题。因为改历涉及到如何对待新历与旧历转换的时间差问题。如果不清楚这个问题，推算的结果必然与实际相差甚远。秦时究竟改过几次历法，什么时间改历，改历后旧历法是否立刻停止使用，这些都是问题。而目前所见的史料对这些问题并没有非常清楚的记载。比如学界有认为嬴政九年四月（前 238 年）亲政有改历，秦始皇二十六年（前 221 年）统一六国也有历改。⑦ 但这两

---

① 参见黄一农：《周家台 30 号秦墓历谱新探》，《文物》2009 年第 10 期。黄一农《秦王政时期历法新考》，饶宗颐主编《华学》第 5 辑，广州：中山大学出版社，2001 年，第 143—149 页。

② 参见张培瑜、彭锦华：《周家台三〇号秦墓历谱竹简与秦、汉初的历法》，载湖北省荆州市周梁玉桥遗址博物馆编《关沮秦汉墓简牍》，北京：中华书局，2001 年，第 231—244 页。

③ 参见李忠林：《岳麓书院藏秦简〈质日〉历朔检讨——兼论竹简日志类记事簿册与历谱之区别》。

④ 参见陈松长：《岳麓书院所藏秦简综述》，《文物》2009 年第 3 期。

⑤ 曲安京、肖灿：《岳麓书院藏秦简〈质日〉历谱考订》，复旦大学出土文献与古文字研究中心网站，2012 年 2 月 25 日。

⑥ 张培瑜、彭锦华：《周家台三〇号秦墓历谱竹简与秦、汉初的历法》，第 237 页。

⑦ 这个问题在李忠林《周家台历谱系年与秦时期历法》一文中有讨论。李忠林只是从所列材料间接推测，认为这两年有历改。

个改历时间只是推测，以往并没有明确史料证明这两年有改历。岳麓简所记“廿五年五月戊戌”与秦统一时间非常近，这支简的干支不合，可能与秦统一改历有一定关系，或许可为秦统一时的改历情况提供一些佐证。

第三，置闰年月不准确导致推算误差。秦时的置闰又是十分复杂的问题。表1中的“后九月”是闰九月记法，这是学界早已明确的，但何时是闰年，几年一闰，如果没有可靠记载，只有通过推算才能知道。李忠林在《试论秦汉初历法的置闰规则》一文解析了秦时置闰的各种因素，得出了3－3－3－2－3－3－2的闰年规律。我们觉得这个规律是基本可信的，但闰月放在哪一个月却很难准确定位。即使通过这个规律确定闰年，仍然无法确定闰月置于何月。如果是置闰于岁末，确定秦时以九月为岁末，那么就可用“后九月”为闰，但我们不能确定秦时是否还有其他置闰方法，因为从出土材料研究可知，有些朔闰是符合颛顼历，有些是符合殷历。

历法研究本身就是比较繁难的领域，加之我们对历法的研究并不在行，所以很多问题考虑得不够周全，一定会导致不少疏漏。希望以上所揭示的几支纪年内容的岳麓秦简，能对学界研究秦历有一定帮助。

**附图：**

0443 简首局部

0443 2047 0630 1985 1612 2088 1859

（原文载《出土文献研究》第14辑，中西书局，2015年）

# 谈《岳麓书院藏秦简(肆)》的"执法"

◎ 彭　浩(荆州博物馆)

《岳麓书院藏秦简(肆)》有"执法"一词。① 整理者云:"执法,官名或官署名,或为朝廷法官。《战国策·魏策四》:'秦自四境之内,执法以下,至于长挽者,故曰:'与嫪氏乎?与吕氏乎?'虽至于门闾之下,廊庙之上,犹之如是也。'可见'执法'在'廊庙之上',故此处的'执法'当为朝廷法官。故常与丞相、御史并列。如岳麓简1872:'•御史、丞相、执法以下'。或为郡县法官,郡执法有断狱、奏谳、上计、调发刑徒等职责。此处与都官等并列,故应为郡县法官之名。"②

通过对《岳麓书院藏秦简(肆)》中多条与"执法"相关律令的分析,得以了解其职掌与机构设置,或可补充整理者的看法。

执法的职掌主要有:

1. 监督、协调法律、法令的执行及各地司法文书的汇集。例如:

(1) 郡及襄武、上雒、商、函谷关外人及䙴(迁)郡、襄武、上雒、商、函谷关外053男女去,阑亡、将阳,来入之中县、道,无少长,舍人室,室主舍者,智(知)其请(情),以律䙴(迁)之。……其亡居日都官、执法属官、禁苑、园、邑、作务、官道畍(界)中,其啬夫吏、典、伍及舍者坐之,如此律。057

上引律文的前一部分是对舍匿亡人关中者的处罚规定。亡入("阑亡、将阳")者包括从关中迁出又私自返回和关外亡入"中县道"者。对此类亡人是按"阑亡盈十二月而得,耐。不盈十二月为将阳,系城旦舂"处罪。③ 对照《岳麓书院藏秦简(肆)》中有关逃亡的处罪律

① 以下引文见于陈松长主编:《岳麓书院藏秦简(肆)》,上海:上海辞书出版社,2015年。(1)第56—58页,(2)第46—48页,(3)第197—198页,(4)第119—120页,(5)第209页,(6)第212页,(7)第212页,(8)第210—211页,(9)第145页。为方便称引,本文采用竹简整理号。

② 陈松长主编:《岳麓书院藏秦简(肆)》,第78页。

③ 陈松长主编:《岳麓书院藏秦简(肆)》,第69页。

条可知，这些人原来的身份是在司寇之上，被判系城旦舂后的服刑方式是“作官府，偿亡日”。[①] 他们分散在关中的禁苑、园、邑、作务、官道等处服刑，而不是像处迁刑者那样遣返回原地。[②] 从睡虎地和里耶秦简可知，系城旦舂由司空管理。上述系城旦舂者由上述都官司空管理，执法并不参与其中。系城旦舂者如逃亡，都官、执法属官连坐，或与监督、协调不力有关。

（2）亡不仁邑里、官，[③]毋以智（知）何人殹（也），中县道官诣咸阳，郡【县】道诣其郡都 024 县，皆毄（系）城旦舂，槫作仓，苦，令舂勿出，将司之如城旦舂。……咸阳及郡都县恒以计时上不仁邑里及官者数、狱属所执法，县道官别之，027 且令都吏时复治之，以论失者，复治之而即言请（情）者，以自出律论之。028

中县道，指关中（内史）所辖诸县道。郡县道，指关外诸郡及县道。[④] 郡都县，即郡所驻之县。数，“不仁邑里及官者”之数量。狱，案件。[⑤] 律文规定，此类案件由“县道官别之，且令都吏时复治之”。这意味着地方政府的刑狱，由郡守、县道令长主导。“咸阳及郡都县恒以计时上不仁邑里及官者数、狱属所执法”表明，执法仅限于接收各地上报的刑狱文件，不参与案件的审理。

（3）●制诏丞相御史：兵事毕矣，诸当得购赏贳责（债）者，令县皆亟予之。令到县，县各尽以见（现）钱不禁 308 者，[⑥]勿令巨（歫）罪。令县皆亟予之。丞相御史请：令到县，县各尽以见（现）钱不禁者亟予之，不足，各请其属 309 所执法，执法调均；不足，乃请御史，请以禁钱贷之，以所贷多少为偿，久易（易）期，有钱弗予，过一月，[⑦]310 赀二甲。311

贳，抵押。不禁，准许。令文云：“兵事毕矣，诸当得购赏贳责（债）者，令县皆亟予之。”如县存钱不足，“各请其属所执法”调均。禁钱，即政府少内之钱，亦见于里耶秦简 8－13“皆

① 张家山二四七号汉墓竹简整理小组：《张家山汉墓竹简（二四七号墓）》（释文修订本），北京：文物出版社，2006 年，第 30 页。

② 陈松长主编：《岳麓书院藏秦简（肆）》，上海：上海辞书出版社，2015 年，第 62—63 页。“诸䙴（迁）者、䙴（迁）者所包去䙴（迁）所，亡□□得，䙴（迁）处所，去亡而得者，皆耐以为隶臣妾，不得者，论令出 071 会之，复付䙴（迁）所县。䙴（迁）者、䙴（迁）者所包其有罪它 072 县道官者，罪自刑城旦舂以下。已论报之，复付䙴（迁）所县道官。䙴（迁）者、䙴（迁）者所包有罪已论，当 073 复诣䙴（迁）所；及罪人、收人当论而弗诣弗输者，皆䙴（迁）之。有能捕若诇告，当复诣䙴（迁）所。074。”

③ 仁，整理者读作“认”。参见陈松长主编：《岳麓书院藏秦简（肆）》，第 75 页注 22。

④ 陈松长主编：《岳麓书院藏秦简（肆）》，第 78 页注 77、77 页注 66。

⑤ 整理者读“数狱”为一词，指名数与卷宗，参见陈松长主编：《岳麓书院藏秦简（肆）》，第 75 页注 33。“不仁邑里及官者”是流民，失去户籍，无名数，故“数”只能解释为数量、数字。

⑥ 整理者原标点为“各尽以见（现）钱，不禁者”，参考简 309 改为连读。“见（现）钱不禁者”指符合法律规定的钱。

⑦ “月”，整理者释“金”，雷海龙改释。参见雷海龙：《岳麓（肆）释文与集释》（未刊稿）。

当为禁钱"。[①] 睡虎地秦简和里耶秦简牍有少内,如睡虎地秦简 80－81:"县、都官坐效、计以负赏(偿)者,已论,啬夫即以其直(值)钱分负其官长及冗吏,而人与参辨券,以效少内,少内以收责之。其入赢者,亦官与辨券,入之。其责(债)毋敢隃(逾)岁,隃(逾)岁而弗入及不如令者,皆以律论之。金布。"[②]里耶秦简牍记载:"十二月戊寅,都府守胥敢言之:迁陵丞膻曰:少内配言冗佐公士僰道西里亭赀三甲,为钱四千卌二。自言家能入。……"[③]上引睡虎地简的"少内"兼指县与都官的少内,[④]里耶简则指迁陵县少内,主要职能都是出纳货币。《岳麓书院藏秦简(肆)》有"少府",整理者引《史记·秦始皇本纪》应劭注,以为少府掌"禁钱"。[⑤] 此前有学者指出,秦少府属中央政府的工室,与"禁钱"的管理无关。中央政府的少内归内史管理。[⑥] 因为少内"禁钱"专供皇室使用,内史、执法皆不能改变其用途。故执法须向御史"请以禁钱贷之",获皇帝许可后方能借贷。执法介入"诸当得购赏贳责(债)"事,一方面,是政府对得购赏者偿债的重视;另一方面,当与秦的货币制度有关。秦惠文王二年(公元前 336 年)"初行钱",开始由政府铸造货币。秦统一中国后,在全国范围内推行圆形方孔的半两钱,仍由官铸,但私铸之风未能禁绝。睡虎地秦简《封诊式》简 19－20 有盗铸钱案件,[⑦]可为官铸钱之佐证。官铸之钱有轻重、成色不同,市场流通之钱有完、缺之分。该条令文规定,县用于发放购赏之钱,必须是"现钱不禁者",即准许流通的官铸钱。执法作为法令施行的监督者,自然要了解实发之钱是否合规,如地方库存不足导致发放困难,也有协调之责,以确保令文的执行。

2. 对政府相关施政作合规审查。如:

(4) ●繇(徭)律曰:发繇(徭),兴有爵以下到人弟子、复子,必先请属所执法,郡各请其守,皆言所为及用积 156 徒数,勿敢擅兴,及毋敢𢘟(擅)傳(使)敖童、私属、奴及不从车牛,[⑧]凡免老及𢾔(敖)童未傅者,[⑨]县勿敢傳(使),节 157 载粟乃发敖童年

① 陈伟主编:《里耶秦简牍校释(第一卷)》,武汉:武汉大学出版社,2012 年,第 31 页。

② 睡虎地秦墓竹简整理小组:《睡虎地秦墓竹简》,北京:文物出版社,1990 年,第 39 页。

③ 陈伟主编:《里耶秦简牍校释(第一卷)》,第 43—46 页。

④ 裘锡圭:《啬夫初探》,载中华书局编辑部编:《云梦秦简研究》,北京:中华书局,1981 年,第 280 页。

⑤ 陈松长主编:《岳麓书院藏秦简(肆)》,第 49—50 页,简 033。《史记·秦始皇本纪》:"少府章邯。"应劭注:"掌山泽陂池之税,名曰禁钱,以给私养,自别为藏。少者小也,故称少府。"

⑥ 刘庆柱、李毓芳:《西安相家巷遗址秦封泥考略》,《考古学报》2001 年第 4 期;朱德贵、夏海兰:《秦汉"少府"问题质疑》,《边疆经济与文化》2013 年第 12 期。

⑦ 睡虎地秦墓竹简整理小组:《睡虎地秦墓竹简》,北京:文物出版社,1990 年,第 151 页。"【爰】书:某里士五(伍)甲、乙缚诣男子丙、丁及新钱百一十钱、容(镕)二合,告曰:'丙盗铸此钱,丁佐铸。甲、乙捕索(索)其室而得此钱、容(镕),来诣之。'"

⑧ 𢘟(擅),雷海龙释,参见雷海龙:《岳麓(肆)释文与集释》(未刊稿)。

⑨ 𢾔(敖),雷海龙释,参见雷海龙:《岳麓(肆)释文与集释》(未刊稿)。

十五岁以上，史子未傅先觉（学）觉（学）室，令与粟事……158

人弟子、复子，也称“人属弟子、人复复子”。[①] 睡虎地秦简：“当除弟子籍不得，置任不审，皆耐为侯（候）。使其弟子赢律，及治（笞）之，赀一甲；决革，二甲。除弟子律。”整理者注：除弟子律是“关于任用弟子的法律。按秦以吏为师，本条是关于吏的弟子的规定”。[②] 秦设有“弟子籍”，学吏期间，可免除大部劳役。

复子，政府免除某些特定人员子、孙的徭赋，如《汉书·武帝纪》：“……奉高年，古之道也。今天下孝子顺孙愿自竭尽以承其亲，外迫公事，内乏资财，是以孝心阙焉。朕甚哀之。民年九十以上，有受鬻法，为复子若孙，令得身帅妻妾遂其供养之事。”颜师古曰：“若者，豫及之辞也。有子即复子，无子即复孙也。”《史记·秦始皇本纪》：“因徙三万家丽邑，五万家云阳，皆复不事十岁。”《二年律令》简 278－279 有“工事县官者复其户而各其工”的规定。[③] “复不事”“复其户”皆指全户免除徭役，当包含子女。秦简的“复子”是否包含以上两类，还是另有所指，不得而知，但“复子”可以免除大部分徭役则是没有疑问的。他们仅承担少量的徭役，如“城塞陛鄣多陕（决）坏不修，[④]徒隶少不足治，以闲时岁一兴大夫以下至弟子、复子，无复不复，各旬以缮之”。[⑤] 据睡虎地秦简《徭律》记载，县级政府征发的徭役分“恒事”和“谳有为”两种，[⑥]前者是法律明文规定的事项，无需申报。后者不见于法律，需向管辖的执法申报，获得批准后方可发徭。由于“人弟子、复子”不是免除全部徭役，故规定“兴有爵以下到人弟子、复子，必先请属所执法”。不论法律有无明文规定，凡涉征发“人弟子、复子”的徭役一律须事前报告，由所属执法从法律和实际需要等方面审查、权衡。执法对政府相关法律、法令的解释，正是其职责所在，对“兴徭”者而言也是一种制约力。

3. 接受各地呈送的上计文书，并将“计最”送达皇帝。如：

（5）●县官上计执法，执法上计冣（最）皇帝所，[⑦]皆用筭橐□……346

---

① 陈松长主编：《岳麓书院藏秦简（肆）》，第 116 页。

② 睡虎地秦墓竹简整理小组：《睡虎地秦墓竹简》，北京：文物出版社，1990 年，第 80—81 页。

③ “□□工事县官者复其户而各其工。大数衛（率）取上手什（十）三人为复，丁女子各二人，它各一人，勿筭（算）繇（徭）赋。家毋当繇（徭）者，得复县中它人。县复而毋复者，得复官在所县人。新学盈一岁，乃为复，各如其手次。盈二岁而巧不成者，勿为复。”参见张家山二四七号汉墓竹简整理小组：《张家山汉墓竹简（二四七号墓）》，北京：文物出版社，2006 年，第 47 页。

④ 郭，整理者释鄣，雷海龙改释，参见雷海龙：《岳麓（肆）释文与集释》（未刊稿）。

⑤ 陈松长主编：《岳麓书院藏秦简（肆）》，第 130 页。简文“狱校”与“校狱”在此同义。

⑥ 睡虎地秦墓竹简整理小组：《睡虎地秦墓竹简》，第 47 页。

⑦ 《汉书·严助传》：“臣事君，犹子事父母也，臣助当伏诛。陛下不忍加诛，愿奉三年计最。”如淳曰：“旧法，当使丞奉岁计，今躬自欲入奉也。”晋灼曰：“最，凡要也。”

4. 接受、审核各地上计的司法案件文书。如：

（6）上其校狱属所执法，执法各以案临计，乃相与校之，其计所同执法者，各别上之其曹，曹主者☐ 354

（7）治（？）狱□校者各上其校属所执法，其治（？）狱者□☐ 355 计其敝者，补缮以上计。356

校，计数，查核。“上其校狱属所执法”，是各地向中央执法呈送司法案件统计数，经其查核无误后，再“各别上之其曹”。例（7）似指县（“治（？）狱□校者”）向郡上报司法案件统计文书。里耶秦简有秦迁陵县上报“狱校”的公文，如：

□□年后九月辛酉朔丁亥，少内武敢言之：上计☐

□□而后论者狱校廿一牒，谒告迁陵将计丞☐上校。敢言之。☐

☐九月丁亥水十一刻刻下三，佐欣行廷。欣手。①

县上报的“狱校”由郡执法校审，“计其敝者，补缮以上计”。这是以往不了解的细节。

整理者把《狱校律》之“校”解释为：“以刑具拘系。《说文》：‘校，木囚也。’或以为校核。”②前一种解释似误。简 237 记：“狱校律曰：黥舂、完城旦舂、鬼薪、白粲以下到耐罪皆校。”如果《狱校律》之“校”解释为“木囚”，意味着从城旦舂、鬼薪白粲以下到耐罪者都要加刑具，这是不可思议的事。睡虎地秦简《秦律十八种》简 147 云“城旦舂衣赤衣，冒赤幝（毡），拘椟欙杕之”，其他罪犯皆不加刑具，就是明证。简 237 是指“黥舂、完城旦舂、鬼薪、白粲以下到耐罪”的判罚皆需报告案件和数量。狱校律是案件、数量的统计报告之律，非拘系刑具的统计、报告之律。对此，另有小文讨论。

5. 接受上功劳文书，批准免除低级吏员。如：

（8）……攻（功）劳皆令自占，自占不☐ 347 ☐实，完为城旦。以尺牒牒书，当免者人一牒，署当免状，各上，上攻（功）所执法，执法上其日，史以上牒丞 348【相】、御史，御史免之，属、尉佐、有秩吏，执法免之，而上牒御史、丞相，后上之恒与上攻（功）皆（偕），狱史、令史、县 349 官，恒令令史官吏各一人上攻（功）劳吏员，会八月五日。350

简文所记是官吏免职文书的递送次序。先送至“上攻（功）所执法”，如县上功劳文书的接收者就是郡执法。“执法上其日”，即郡执法核实免职官吏的“积劳”。“史以上”的免职文

① 陈伟主编：《里耶秦简牍校释（第一卷）》，第 100 页，简 8－164+8－1475。

② 陈松长主编：《岳麓书院藏秦简（肆）》，第 172 页。

书“牒丞相、御史”，由御史免；“属、尉佐、有秩吏”由执法免，并报御史、丞相。

《岳麓书院藏秦简（肆）》所载《置吏律》还规定，“县、都官、郡免除吏及佐、群官属，以十二月朔日免除，尽三月而止之。其有死亡及故有缺者，220为补之，毋须时。郡免除书到中尉，虽后时，尉听之……221”，①各郡免除官吏的文书是送往中尉，似与以上律文不尽吻合。《二年律令》简215云“受（授）爵及除人关于尉”。② 李均明认为，简文的“尉”指县尉，授人爵位须申报县尉；③于振波进一步认为，县道属吏的任用，县尉是有决定权的。④ 对照秦律“郡免除书到中尉”可推知，从秦至西汉初期，由县到中央，官吏免除文书呈报要经过县尉—郡尉—中尉。结合（8）所列秦律，或可复原完整的递送次序：县尉—郡执法、郡尉—中尉、中央执法、御史、丞相。

综上，执法在法律、法令执行过程中实施监管、协调，汇集各地司法、官吏免职等文书，接受各地上计文书并摘要呈皇帝，是下情上达的枢纽。同时，执法拥有的施政合规审查权对郡县有相当的影响力，这也是不同于御史、廷尉的重要职能。

执法机构的设置。据整理者注引岳麓简1872“●御史、丞相、执法以下”，可知执法在中央政府中是与御史、丞相并列的官署。中央执法官署内设若干“曹”。例（6）“上其校狱属所执法……各别上之其曹，曹主者☑”，这里的“曹”似乎专管刑狱文书。由此推测，例（8）的执法专管官吏功劳上计、任免，或属于“功曹”。执法的吏员有丞、卒史。⑤ 就现有资料看，中央执法偏重对司法和对涉及法律实施的监督、协调；汇集各地司法、上计文书；御史则多会同丞相管理国家日常行政，负责部分疑难案件复审的管理。

郡设有执法。从例（3）“令到县，县各尽以见（现）钱不禁者亟予之，不足，各请其属所执法，执法调均；不足，乃请御史，请以禁钱贷之”似可判断，“其属所执法”是中央执法下派至郡的机构，“执法调均”的范围是该县所在之郡。再不足，乃请御史“以禁钱贷之”。迁陵县上计“校狱”也应是送往洞庭郡。押送文书的送达，似也能支持以上看法。如：

（9）【●】狱校律曰……䙴（迁）者、䙴（迁）者包及诸罪232当输□及会狱治它县官而当传者，县官皆言狱断及行年日月及会狱治者行年日月，其䙴（迁）、输233□会狱治，

① 陈松长主编：《岳麓书院藏秦简（肆）》，第141页。

② 张家山二四七号汉墓竹简整理小组：《张家山汉墓竹简（二四七号墓）》（释文修订本），北京：文物出版社，2006年，第37页。

③ 李均明：《张家山汉简所反映的二十等爵制》，《中国史研究》2002年第2期。

④ 于振波：《汉代的都官与离官》，载李学勤、谢桂华主编：《简帛研究二〇〇二、二〇〇三》，桂林：广西师范大学出版社，2005年，第221—227页。

⑤ 简287“毋病，黔首为故不从令者，赀丞、令史、执法、执法丞、卒史各二甲。”陈松长主编：《岳麓书院藏秦简（肆）》，第46—48页。

诣所县官属所执法,即亟遣,为质日,署行日,日行六十里……234

律文是为押送“输”“迁”和“会狱治它县官”者发“传”及行程的规定。内容包括“狱断及行年日月及会狱治者行年日月”等。据睡虎地秦简《封诊式》“迁子”可知,[①]随行文书有沿途更换的通行证“传”和介绍案情的“恒书”。前者沿途更换,后者直送目的地。《狱校律》的“传”包含通行证书和狱断文书。“迁子”规定传和恒书的传递次序:“以县次传诣成都,成都上恒书太守处”。与之对应,简 234“诣所县官属所执法”文书中的“狱断”,最终接受者是“县官属所执法”,即郡执法。上述各例证明,郡级执法官署独立于郡府。作为御史机构的延伸,监郡御史独立于郡府,负责御史交办案件的复审。据张家山汉简《奏谳书》“南郡卒史盖庐、挚、朔,叚(假)卒史瞗复攸庳等狱簿”,南郡监御史是以卒史领署。[②] 郡级执法官署推测或与监郡御史类似。执法的机构似未再向下延伸到县级,从里耶秦简牍所记各种文书看,未见县级执法一职。

执法或与《商君书》所记“法官”有渊源。《定分》云:“天子置三法官,殿中置一法官,御史置一法官及吏,丞相置一法官。诸侯郡县皆各为置一法官及吏,皆比秦一法官。”对比岳麓简 1872“御史、丞相、执法以下”,中央政府的执法最接近“殿中”法官。他们精通法律,依法监督各级政府的施政,通过文书汇集全国政情,成为皇帝的有力助手。西汉时期,废除执法,转由御史中丞(也称御史中执法)接替其主要职能,见于《汉书 · 百官公卿表》:“御史大夫,秦官……有两丞,秩千石。一曰中丞,在殿中兰台,掌图籍秘书,外督部刺史,内领侍御史员十五人,受公卿奏事,举劾按章。”

(原文载《出土文献与法律史研究》第 6 辑,法律出版社,2017 年)

① “爰书:某里士五(伍)甲告曰:‘谒鋈亲子同里士五(伍)丙足,䙴(迁)蜀边县,令终身毋得去䙴(迁)所,敢告。’告法(废)丘主:士五(伍)咸阳才(在)某里曰丙,坐父甲谒鋈其足,䙴(迁)蜀边县,令终身毋得去䙴(迁)所。论之,䙴(迁)丙如甲告,以律包。今鋈丙足,令吏徒将传及恒书一封诣令史,可受代吏徒,以县次传诣成都,成都上恒书太守处,以律食。法(废)丘已传,为报,敢告主。”睡虎地秦墓竹简整理小组:《睡虎地秦墓竹简》,北京:文物出版社,1990 年,第 155 页。

② 籾山明:《卒史覆狱试探——以里耶秦简 J1⑧134 为线索》,载中国社会科学院考研研究所:《里耶古城 · 秦简与秦文化研究》,北京:科学出版社,2009 年,第 122—126 页。

# 岳麓秦简“毋夺田时令”文本复原和相关问题探讨

◎ 陈 伟(武汉大学简帛研究中心)

“毋夺田时令”作为一个令名,是由欧扬先生所提出,用来指称《岳麓书院藏秦简》第四卷366－371号这6枚简组成的一篇文字。2015年5月,他发表《岳麓秦简“毋夺田时令”探析》(下文简称“《探析》”)一文,指出这6枚简为一条令文,“我们称之为‘毋夺田时令’”,在引述简文、解释大意后,探讨了编联、“中县道”、“春秋试射”等问题。① 当年年底,《岳麓书院藏秦简(肆)》(下文简称“整理本”)出版,这6枚简前后相连,被作为首尾完整的一篇令文,释文与欧扬先前披露的一致。② 2016年6月,欧扬发表《岳麓秦简“毋夺田时令”再探》(下文简称“《再探》”)一文,重申这组简文编联无误,并探讨“故徼”与“新地”之间诸郡、材官、“澍”等问题。③ 2019年,陈松长教授等著《岳麓秦简与秦代法律制度研究》出版,内有欧扬执笔的《岳麓秦简“毋夺田时令”探论》(下文简称“《探论》”)一节分为三个部分: 1.“郡”“关外”和“中县道”,2.“澍种时”,3.“春秋试射”,内容大致是先前两篇文章的整合、修订。④

用“毋夺田时令”指称这篇令文,虽然不能说精确,但点明了令文的主旨,应可沿用。按我们理解,这条令文可能还包括《岳麓书院藏秦简》第四卷中372、374两枚残简,其中释字、断读或有待推敲,有些用语及整篇令文的含义也有再作探讨的余地。在进一步疏释之后,这篇重要文献的文本内涵与历史意义,可望得到更清晰的认识。

---

① 欧扬:《岳麓秦简“毋夺田时令”探析》,《湖南大学学报(社会科学版)》2015年第3期。

② 陈松长主编:《岳麓书院藏秦简(肆)》,上海: 上海辞书出版社,2015年,第216—218页。

③ 欧扬:《岳麓秦简“毋夺田时令”再探》,西南大学出土文献综合研究中心、西南大学汉语言文献研究所主办:《出土文献综合研究集刊》第4辑,成都: 巴蜀书社,2016年,第159—171页。

④ 陈松长等:《岳麓秦简与秦代法律制度研究》,北京: 经济科学出版社,2019年,第271—279页。

# 一、文本复原

这里先抄录整理本释文和我们修订的文本，再作一些说明。

整理者释文（简号，斜杠前的是《岳麓书院藏秦简（肆）》中的整理号，其后的是原始编号）：

●郡及关外黔首有欲入见亲、市中县【道，毋】禁锢者殹（也），许之。入之，十二月复，到其县，毋后田。田时，县毋☐（366/0325）入殹（也）∟。而澍不同∟，是吏不以田为事殹（也）。或者以澍穜时繇（徭）黔首而不顾其时∟，及令所谓春秋（367/0317）试射者，皆必以春秋闲时殹（也）。今县或以黔首急耕∟、穜、治苗时已乃试之∟，而亦曰春秋试射之（368/0318）令殹（也），此非明吏所以用黔首殹（也）。丞相其以制明告郡县∟，及毋令吏（369/J59）以苛繇（徭）夺黔首春夏时。令皆明焉。以为恒，不从令者，赀丞、令、令史、尉、尉史、士☐（370/J58）吏、发弩各二甲。（371/0717）

☐□□而八月或穜或稚∟，相去歞。今兹非有军殹（也），黔首之急春□☐（372/0015）

□□□□□战围如故。☐（374/0752）

以下是修订后的释文（未保留钩形符号）：

●郡及关外黔首有欲入见亲、市中县【道毋□】禁锢者殹（也），许之，【□止】十二月。复到其县，毋后田。田时县毋（366/0325）□□。【今非复】□□战□如故（374/0752）□【然，而苗】或穜或稚，相去歞（甚）。今兹非有军殹（也），黔首之急春【农】（372/0015）一殹（也）而澍（树）不同，是吏不以田为事殹（也）。或者以澍（树）穜时繇（徭）黔首而不顾其时。及令所谓春秋（367/0317）试射者，皆必以春秋闲时殹（也）。今县或以黔首急耕、穜、治苗时已乃试之，而亦曰春秋试射之（368/0318）令殹（也）。此非明吏所以用黔首殹（也）。丞相其以制明告郡县，及毋令吏（369/J59）以苛繇（徭）夺黔首春夏时。令皆明焉，以为恒。不从令者，赀丞、令、令史、尉、尉史、士（370/J58）吏、发弩各二甲。（371/0717）

## （一）简文释读

简366"道毋"二字，在图版上只存有部分笔迹，不容易看出来。从文意看，大致当是。在可能是"毋"的字与"禁"字之间，还有一个或者两个字的位置，并有墨迹残存。或许还有一“有”字。

“许之”下二字，原释为“入之”。二字均仅剩残画，难以确认。从文意看，原释“之”的字也许是“止”字。“十二月复”原作一句读，理解为十二月启程返回。① 黔首因探亲或经商而进入中县道，统一规定返程的时间，似不合情理。如果“入”后一字实为“止”，将“十二月”连上读，看作允许进入中县道的时间下限，则避免了这一问题。“止”字之上的墨迹，或许如整理本所释为“入”字残画，或许只是断读符号。

原释文在“复到”之间断读，以为分别指启程返回和回到本县。里耶秦简 9－1861 记洞庭叚（假）守高谓县丞云：“干藿及菅茅善用殹（也）。且烧草矣，以书到时，令乘城卒及徒隶、居赀赎责（债）勉多取、积之，必各足给县用复到干草。唯毋乏。”②用“复到”表示时间上回转到下一个“干草”时节。本条令文中“复到”连读，理解为空间上重新返回到原住地，与里耶 9－1861 中的用法有类似之处。

“毋”字之下，整理本加有表示残断的符号，欧扬《探析》已去除，当是。

简 374 第三字，似是“今”。其下二字，或是“非复”。“战”下一字欠清晰，整理本疑是“围”。有待进一步考察。

简 372“然”字仅存“犬”旁右半，以秦简中的一些“然”字对照，应是“然”字残笔。

“而”下一字仅存右半，整理本释为“八月”。以彩色图版与简 368“苗”字对照，上部残画应是“艸”旁的右半。把这处残字改释“苗”，应该比较有把握。整理本注释：“《诗·鲁颂·閟宫》：‘黍稷重穋，稙稚叔麦。’《毛传》：‘先种曰稙，后种曰稚。’”苗或稙或稚，是说禾苗有的种得早，有的种得晚。

歁，整理本注释：“《说文·欠部》‘歁，食不满也。’相去歁，或指早种与后种之间，粮食不够，故‘食不满’也。”疑当读为“甚”，表示时间差距之大。③

简 272 下部的“急春”二字，彩色图版比较清楚。最下一字，与简 275“农”字上部类似，疑是“农”字残画。《后汉书·段颎传》：“颎以春农，百姓布野，羌虽暂降，而县官无廪，必当复为盗贼，不如乘虚放兵，埶必殄灭。”这是传世文献中所见“春农”的最早辞例。

简 367 首字，笔迹大致清楚。原释文作“入”。简 366“欲”下之“入”由两道斜画构成，二者交接处有明显的角度。而简 367 首字只是略带弧形的一道横笔，是秦简“一”字的常见写法，当改释为“一”。

---

① 欧扬：《岳麓秦简“毋夺田时令”探析》。

② 陈伟主编：《里耶秦简牍校释（第二卷）》，武汉：武汉大学出版社，2018 年，第 374 页。

③ 《太平御览》卷 805 引桓谭《新论》：“故知之与不知，相去甚远。”《论衡·案书》：“理之与乱，相去甚远”是类似说法。但未能查询到只说“相去甚”的文例。

令文中两处“澍”字，当如欧扬先生和整理者注释所指出，读为“树”，指种植。① 然而简367“澍(树)不同”，欧扬理解为“使百姓不能参与播种”，整理本注释以为“不参与种植”，恐不可从。“澍(树)不同”，当与简372“苗或稙或穉”呼应，指种植的时间不一。

简370末尾整理本加有表示残断的符号，欧扬《探析》已删去，当是。

## (二) 编联和缀合

简372与简367－371相关，由整理者释文即可看出。整理本将它列在简371之后，大概就是出于这一考虑。简372改释之后，它与简367－371联系更加显著，有必要尝试编入这篇令文中。

这枚简缺失约三分之一。它的段位，即残存部分相对于完整竹简所处的上下位置，整理本包含两种不同的处理。在红外图像正面编联图版中，其上端低出其他简约三四字的位置。而在彩色照片正面编联图版与红外图像单简正背面图版、放大本图版中，其上端则与其他简平齐。② 按整理者分析，《岳麓书院藏秦简(肆)》简284－391都属于同一组简(该册第三组)，完整长度27.5厘米，两道编痕。据对书中原大图版的测量，两道编绳大致将竹简平分为三段，每段平均长度在9厘米。简372保存有一道编痕，位于“令”“兹”二字之间，大约正当残简中央，上下各约8.8厘米。就此而言，整理本的前一种方案当可排除。如果这是上一道编痕，应如整理本后一种方案，竹简上部接近原简简首。但若是下一道编痕，则竹简下部接近原简简尾，应下移使下端与其他简下端大致平齐。

应该同时纳入考虑的，还有简374。这枚简残长约8厘米。在彩色照片和红外影像的正面编联图版中，这枚残简的下端高出其他简底部约2.5厘米。③ 而在放大图版中，这枚残简的下端约与其他简的第二道编痕平齐。④ 在彩色图版和红外影像中，这枚简靠近底部处有比较明显的编痕，并且留有比较多的空白没有写字，与简366－372诸简多数编痕所在部

---

① 欧扬：《岳麓秦简“毋夺田时令”再探》；欧扬：《岳麓秦简“毋夺田时令”探析》；陈松长主编：《岳麓书院藏秦简(肆)》，第230页。

② 依次见陈松长主编：《岳麓书院藏秦简(肆)》，第180、22、218页；《岳麓书院藏秦简(肆)》，放大本第96页。

③ 陈松长主编：《岳麓书院藏秦简(肆)》，第22、180页。这枚残简的下端高出其他简底部的距离，在红外影像背面编联图版中约3厘米(陈松长主编：《岳麓书院藏秦简(肆)》，第186页)，在红外图像单简正背面图版中3.5厘米(陈松长主编：《岳麓书院藏秦简(肆)》，第219页)。大概属于操作误差，并不具有特别的含义。

④ 陈松长主编：《岳麓书院藏秦简(肆)》，放大本第96页。

位的情形类似。因而这枚残简的段位或者如放大图版所示,位于完整简第一、二道编绳之间;或者是在第一道编绳之上。

我们注意到: 第一,简 374"战"与简 372 的"军"辞义相关。第二,简 374"如故"可能与简 372"□然"呼应,构成秦简中习见的"如……然"的句式。① 基于段位的分析,这两枚残简很可能本来属于一支简,简 374 为其上段,简 372 为其中下段,可相缀合。

在整理者看作一篇完整令文的简 366－371 中,367－371 五简彼此衔接,文句顺畅,没有插入其他简的余地。整理本以 366、367 二简相次,相关文字释读作"县毋入殹(也)",其实是有问题的。因为这里的"县"当如上文"到其县"的"县"一样,都是指"郡及关外黔首"所属的县。对这些县而言,批准民众前往中县道,应如简文已述的那样,用"许"字表示而不是"入"。而在把"入"改释为"一"之后,二简连读的可能性被进一步排除。如果 374+372 属于这篇令文,当然只能插在 366、367 号简之间。

简 374 首字残泐不识,其上应还有一字缺失。在这种情形下,366 与 374 的连读不能得到证实,但也无从否定。而 372 与 367 的连读则大体通顺。综合而言,在目前条件下,这一编联的修订显得比较合理。

## 二、词 语 考 释

### (一) 禁锢

整理者注释说:"禁锢,一种剥夺人身自由的刑罚执行方式。《汉书·刑法志三》:'前令之刑城旦舂岁而非禁锢者,如完为城旦舂岁数以免。'禁锢,似可简称'锢'。《张家山汉简·二年律令·贼律》第 38 简:'父母告子不孝,其妻子为收者,皆锢,令毋得以爵偿、免除及赎。'整理者注:'锢,禁锢。'"王博凯先生认为整理者注释不妥,他说:"简文语境中'禁锢'的对象为'郡及关外黔首',从身份上看是平民,并非罪犯。……引用《刑法志》中'禁锢'的用例亦不妥,因其对象为'刑城旦舂',与简文中'郡及关外黔首'的身份不同。因此,'禁锢'在秦代似不能作为刑罚的一种,将其理解一种限制人身自由的强制性管理措施似更妥当。"②

整理者注释引述的《二年律令》简 38 完整条文,张家山二四七号墓整理小组释文

---

① 岳麓秦简肆 025－026"榑作事之如隶臣妾然";049"如它城旦然";睡虎地秦简《秦律十八种》101"如从兴戍然";170"如入禾然"。

② 王博凯:《秦汉"禁锢"问题补论》,李学勤主编:《出土文献》第 14 辑,上海: 中西书局,2019 年。

如下：

赋杀伤父母，牧杀父母，欧(殴)詈父母，父母告子不孝，其妻子为收者，皆锢，令毋得以爵偿、免除及赎。

与《二年律令》同时从张家山247号墓出土的《奏谳书》案卷一四简65－67也有两处用到“锢”，整理小组释文作：

当：平当耐为隶臣，锢，毋得以爵、当赏免。•令曰：诸无名数者，皆令自占书名数。令到县道官盈卅日，不自占书名数，皆耐为隶臣妾，锢，勿令以爵、偿免，舍匿者所与同。以此当平。

张伯元先生引《二年律令》简38将最后一句读作“令毋得以爵偿、免、除及赎”，引《奏谳书》案卷一四将前一处“锢”字之后的文句读作“毋得以爵当、赏免”。[①] 蔡万进先生则认为“当”字衍，读作“毋得以爵赏(偿)、免”。[②] 在岳麓书院藏秦简律令和《二年律令》中，有以赏免除罪人的规定，例如：

诸当以赏免除罪人，狱已断盈六月而弗以免除人者，止毋行其赏。　　•廷甲(岳麓秦简伍190)

五年十一月戊寅，令耐罪以下狱已断而未过六包〈旬〉者，得以赏除。过六旬不得除。……[③](岳麓秦简伍191)

有罪当收，狱未决而以赏除罪者，收之。[④] (二年律令178)

由此可得两点认识：第一，《奏谳书》案卷一四中的“赏”当如字读，而《二年律令》简38中的“偿”很可能应该读为“赏”。第二，《二年律令》简38应读作“令毋得以爵、偿(赏)免除及赎”，《奏谳书》案卷一四中的“当”字如果不衍，整理小组的断读应该更好，“当赏”与其下“赏”相当。

《二年律令》《奏谳书》中的“锢”，学者有不同理解。张伯元先生认为是一种“受禁”的惩罚，具体内容应该就是指“令毋得以……”；冨谷至先生等认为是固定身份，不允许改变状态。[⑤] 这两种见解实际所指略同，大致当是，即“锢”指固化身分，被“锢”者不得像一般罪犯那样，用爵、赏免除或用钱赎免。

与毋夺田时令“禁锢”类似的秦简文献，还可以举出两条：

---

① 张伯元：《出土法律文献研究》，北京：商务印书馆，2005年，第228—230页。

② 蔡万进：《张家山汉简〈奏谳书〉研究》，桂林：广西师范大学出版社，2006年，第19页。

③ 陈松长主编：《岳麓书院藏秦简(伍)》，上海：上海辞书出版社，2017年，第131页。

④ 张家山二四七号汉墓竹简整理小组：《张家山汉墓竹简(二四七号墓)》，北京：文物出版社，2001年，第157页。

⑤ 冨谷至编：《江陵张家山二四七号墓出土汉律令研究(译注篇)》，京都：朋友书店，2006年，第28页。

迁子　爰书：某里士五（伍）甲告曰："谒鋈亲子同里士五（伍）丙足，罨（迁）蜀边县，令终身毋得去罨（迁）所。敢告。"告法（废）丘主：士五（伍）咸阳才（在）某里曰丙，坐父甲谒鋈其足，罨（迁）蜀边县，令终身毋得去罨（迁）所论之。罨（迁）丙如甲告，以律包。……①（睡虎地秦简封诊式46－49）

□□□罪而与郡县道及告子居陇西县道及郡县道者，皆毋得来之中县道。……②（岳麓秦简肆093）

岳麓秦简肆093中的"与"，整理者注释疑是"迁"字之误，③应是。将某些罪犯迁往他地，多见于秦律令。如睡虎地秦简《秦律杂抄》简10－11："吏自佐、史以上负从马、守书私卒，令市取钱焉，皆䙴（迁）。"岳麓秦简肆115："黔首居田舍者毋敢醢〈𨣧（酤）〉酒。不从令者䙴（迁）之。"岳麓秦简伍291："诸从者有卖买而绐（诒）人，与盗同灋，有（又）驾（加）其罪一等，耐罪以下有（又）䙴（迁）之。"因而岳麓秦简肆093开始一段文字当是指将某种犯罪迁至郡县道者。

岳麓秦简肆093中的"告子"，大概就是指《封诊式·迁子》那样为父母所告而遭到迁徙的人。《封诊式·告子》："某里士五（伍）甲告曰：'甲亲子同里士五（伍）丙不孝，谒杀，敢告。'即令令史己往执。"岳麓秦简伍208："黔首有子而更取（娶）妻，其子非不孝殹（也），以其后妻故，告杀、䙴（迁）其子。"可见"告子"有杀、迁之别，大致分别对应于《封诊式》"告子""迁子"二章。岳麓秦简肆093中的"告子"作为被迁徙者，与同条"□□□罪而与郡县道"具有类似的属性，所以并列叙述。

与毋夺田时令中"郡及关外黔首"有禁锢者相比，"□□□罪而与郡县道及告子居陇西县道及郡县道者"同样是不得进入中县道。《封诊式》迁子"令终身毋得去迁所"，空间限制更为狭小，其中自然也包含不得进入中县道。由于空间限制上的相同，尤其是岳麓秦简肆093与毋夺田时令相关表述的关联，岳麓秦简肆093与《封诊式·迁子》所述或许也属于"禁锢"。

大庭脩先生曾针对汉代的情形指出："那些被徙者伴随着移居也受到了损害，因此又对他们实施了代偿措施。……一般庶民享有或赐爵，或给与田宅，或贷与农具、耕牛等优惠，罪人则有减免刑罚的优惠。"④王战阔先生则认为："终秦一朝，但凡是'迁'民，普通老百姓会

① 睡虎地秦墓竹简整理小组：《睡虎地秦墓竹简·封诊式》，北京：文物出版社，1990年，"释文"第155页。
② 陈松长主编：《岳麓书院藏秦简（肆）》，第69页。
③ 陈松长主编：《岳麓书院藏秦简（肆）》，第80页。
④ 大庭脩：《秦汉法制史研究》，徐世虹译，上海：中西书局，2017年，第143—145页。

被赐爵或者是免除徭役，犯人则会被赦免为庶人。”①王氏之说，有嫌绝对化。在他揭举的秦国、秦代史料中，实际上只有《史记·秦本纪》所记昭襄王世的4次迁徙是说赦罪人而为之，即：二十一年，“魏献安邑，秦出其人，募徙河东赐爵，赦罪人迁之”；“二十六年，赦罪人迁之穰”；“二十七年，错攻楚，赦罪人迁之南阳”；“二十八年，大良造白起攻楚，取鄢、邓，赦罪人迁之”。应该说，秦国、秦代迁徙者中，有一部分人是得到赦免的。毋夺田时令中因禁锢而不得进入中县道的黔首，可能就是指那些因迁徙而得到赦免或未被定罪的罪犯，比如岳麓秦简肆093和《封诊式·迁子》中的有罪而迁者和告子。他们虽然不属于徒隶而是黔首，但活动空间受到限制，又与普通民众有一定区别。

如同王博凯先生业已指出那样，毋夺田时令所说的“禁锢”者属于黔首，而不像《二年律令》《奏谳书》中的“锢”是针对罪犯。同时，毋夺田时令中的“禁锢”是指限制活动地域，而《二年律令》《奏谳书》中的“锢”是指固化罪犯身份。由于这两点重要区别，并且考虑到目前所见秦至汉初文献并没有看到“锢”与“禁锢”换用的例证，岳麓秦简毋夺田时令中的“禁锢”是否等同于汉初《二年律令》《奏谳书》中的“锢”，还难以断言。

## （二）田时

岳麓秦简肆简244－247徭律“田时先行富有贤人”，整理者注释：“田时，此处指农忙时。”②前几年，李强先生曾对“田时”作过讨论。③ 这里结合新刊布资料，再作一点探讨。

居赀赎责（债）者归田农，種（种）时、治苗时各二旬。　（司空秦律十八种144）

居赀赎责（债）拾（给）日、坐罪入以作官府及当戍故徼有故而作居县者归田农，種时、治苗时、穫（获）时各二旬。（岳麓秦简肆274－275）

以上两条律文大致类似，但后者多出“获时”，这是秦律十八种脱漏，还是后来增加的内容，暂难断定。由这两条律文可知，秦律田时主要包括种时、治苗时、获时这三个时段，长度各约20天。

（1）种时

里耶秦简9－2283和16－5、16－6是大致相同的文书，开头一段记云：④

廿七年二月丙子朔庚寅，洞庭守礼谓县啬夫、卒史嘉、段（假）卒史谷、属尉：令曰：

---

① 王战阔：《秦代“迁”刑考辨》，《安阳师范学院学报》2013年第3期。

② 陈松长主编：《岳麓书院藏秦简（肆）》，第149、174页。

③ 李强：《秦简“归田农”考》，《史学集刊》2014年第4期；李强：《秦简“归田农”与战国时期的农业生产管理制度》，《中国农史》2015年第6期。

④ 陈伟主编：《里耶秦简牍校释（第二卷）》，第447—448页。

“传送委输，必先行城旦舂、隶臣妾、居赀赎责(债)。急事不可留，乃兴繇(徭)。”今洞庭兵输内史，及巴、南郡、苍梧输甲兵，当传者多。节(即)传之，必先悉行乘城卒、隶臣妾、城旦舂、鬼薪白粲、居赀赎责(债)、司寇、隐官践更县者。田时殹(也)，不欲兴黔首。

庚寅为2月15日，考虑到文书传达的时间，这里所说的田时大概是在二月下旬到三月上旬，具体所指应该是种时。又里耶秦简9-1861：①

【廿】六年二月癸丑朔庚申，洞庭叚(假)守高谓县丞：“干藿及菅茅善用殹(也)。且烧草矣，以书到时，令乘城卒及徒隶、居赀赎责(债)勉多取、积之，必各足给县用复到干草。唯毋乏。它如律令。”

这里说的烧草，可能与耕种有关。庚申为2月8日。考虑到文书传达的时间，烧草可能是在2月中旬，正好与耕种衔接。

李强先生根据《吕氏春秋》等文献，认为《司空律》中的“种时二旬”应该是在冬至后七十日到一百日这三十日中的二十五日之内，也就是仲春之月，即夏历的春二月。里耶秦简这两件文书，均出自洞庭郡。由此推定的时间是否有地域因素，有待进一步考察。

(2)治苗

《秦律十八种·司空》简144“治苗”，整理小组语译为“管理禾苗”。② 于琨奇先生指出即夏耘、中耕。③《周礼·夏官·大司马》：“中夏，……遂以苗田，如搜之法。”郑玄注：“夏田为苗。择取不孕任者，若治苗去不秀实者云。”朱熹《孟子精义·公孙丑章句上》记杨时说：“养气之道，如治苗然，舍之而不耘，则有莨莠之伤，助之长，则揠之而槁矣，其说是也。”④看来，汉宋学者对治苗还比较了解，就是除去杂草和发育不良的禾苗。

李强先生根据《吕氏春秋》等文献指出中耕除草大致在孟夏之月的月末到仲夏之月的夏至这个时间段内。也就是孟夏之月的第二十日到仲夏之月的第二十日这三十天之间。《周礼》称夏田曰“苗”，郑玄注以治苗比况，也有助于说明治苗是在夏季。令文说“毋令吏以苛繇(徭)夺黔首春夏时”，其中“夏时”可看作这一推测的直接证据。

(3)获时

岳麓秦简陆228-229号：“廿【七】年十二月己丑以来，县官田田徒有论毄(系)及诸它缺不备获时，其县官求助徒获者，各言属所执法，执法□为调发。”⑤12月己丑为13日。这条

① 陈伟主编：《里耶秦简牍校释(第二卷)》，第374页。
② 睡虎地墓竹简整理小组：《睡虎地秦墓竹简》，“释文”第53页。
③ 于琨奇：《战国秦汉小农经济研究》，北京：商务印书馆，2012年，第52页。
④ 《朱子全书》第7册，上海：上海古籍出版社、合肥：安徽教育出版社，2002年，第684页。
⑤ 陈松长主编：《岳麓书院藏秦简(陆)》，上海：上海辞书出版社，2020年，第171—172页。

令文可能发布于收获季前夕,然则获时可能是在12月下旬至正月上旬。

里耶秦简10－1170为“卅四年十二月仓徒薄(簿)最”,其中第4栏第1列记云“女卌四人助田官获”。[①] 也显示12月收获,田官需要徒隶参与。

里耶秦简10－1170属于洞庭郡迁陵县的档案,岳麓秦简陆228－229号则应是全国性的令条。二者的契合,说明12月应是秦朝重要的收获时节。

### (三)以制明告

令文中说“丞相其以制明告郡县”,这种表述似未见于秦汉简牍和传世文献。

大庭脩先生归纳汉令制定的三种形式:第一种是皇帝依据自己的意志下达命令。第二种是官僚在被授予的权限内,为履行自己的职责而建言献策,其建议经皇帝认可后作为皇帝的命令颁布。第三种是皇帝出于自身意志而下达命令,但命令的对象是部分特定的官僚,这些特定的官僚需要就此作出回答。从内容上看,一种是皇帝就政策向官僚征询意见,在采纳了某种意见后,或再度下令,或就此同意这一意见而作为命令,其结果可当为第一种或第二种形式。还有一种,就是目标指向政策大纲或皇帝的意志,但实现这一目标的具体立法则委托给官吏实施,这就是需要特别指出的第三种形式。[②]

“丞相其以制明告郡县”似可有两种理解。其一,是诏令常见的“制诏丞相”的类似表述,或者可以说是比较原始的表述。即要求丞相根据(“以”)制诏(应指令条中的前面部分)议定法令。岳麓秦简伍056－058号:“廿六年四月己卯,丞相臣状、臣绾受制相(湘)山上:……”属于类似情形。其二,“以”相当于用、拿、把,是要丞相把制书内容明白地告知郡县。如果是前一种情形,属于大庭脩先生所说的第三种制令形式。若是后一种情形,则属于大庭脩先生所说的第一种制令形式。无论如何,“丞相其以制明告郡县”大概都不会构成大庭脩先生所归纳三种形式之外的秦代制令的另一种形式。

## 三、令文颁布年代及意义

令文说“今兹非有军殹(也)”,显然是大规模战争结束之后的形势。《史记·秦始皇本纪》记始皇二十六年在与群臣讨论是否置诸侯时说:“天下共苦战斗不休,以有侯王。赖宗

---

① 里耶秦简博物馆、出土文献与中国古代文明研究协同创新中心中国人民大学中心:《里耶秦简博物馆藏秦简》,上海:中西书局,2016年,第130页。

② 大庭脩:《秦汉法制史研究》,徐世虹译,第143—148页。

庙，天下初定，又复立国，是树兵也，而求其宁息，岂不难哉。”岳麓秦简肆308号记：“制诏丞相、御史：兵事毕矣。”同样都具有结束六国时长期战乱的和平意境。因而毋夺田时令很可能颁布于始皇二十六年。

对于农业生产的重视，在秦统一之前抄写的睡虎地秦律中已有多条资料显示。“毋夺田时令”明确要求外地进入中县道的民众必须在农忙季节回乡务农，各县官署不得以春秋试射和徭役影响农时。这反映出秦王朝在大规模的统一战争结束、地域空前辽阔的帝国建立之后，因应重大变局而及时调整政策。

前文引述的里耶秦简9－2283，记二十七年二月洞庭太守礼文告引令曰：“传送委输，必先行城旦舂、隶臣妾、居赀赎责（债）。急事不可留，乃兴繇（徭）。”这条令文可能是继“毋夺田时令”之后颁布的又一相关法令。洞庭太守礼文告宣称：“田时殹（也），不欲兴黔首。”似乎是在引述毋夺田时令。岳麓秦简肆简244－247《徭律》称：“田时先行富有贤人，以闲时行贫者。”也很像受到毋夺田时令的影响。如果这些推测大致不误，毋夺田时令在秦代应该是实际发挥着重要影响和作用。

附记：本文曾于2020年11月29日在吉林大学“古文字与出土文献青年学者论坛”系列名家讲座发表。陈剑先生亦指出简372原释“八月”实系“苗”字，见氏撰《〈岳麓简（肆）校字拾遗〉》第13条，《出土文献研究》第19辑，中西书局2020年12月。

（原文载《江汉考古》2021年第6期）

# 岳麓秦简《尉卒律》中的“比其牒”与“案比”制度

◎ 王 萍(中国社会科学院研究生院)

《岳麓书院藏秦简(肆)》有一条《尉卒律》,其内容如下:

尉卒律曰:为计,乡啬夫及典、老月辟其乡里之入、㲉、徙、除及死、亡者,[①]谒于尉,尉月牒部之,到十月乃(1397)比其牒,里相就殹(也)以会计。黔【首】之阑亡者卒岁而不归,結其计,籍书其初亡之年月于結,善臧(藏)以戒其得。(1372)[②]

学界对此律已有一些讨论,[③]主要集中在“入㲉徙除及死亡”和“結其计”等字义的理解上,但对其他内容及整个律文的理解涉及较少。

正如邢义田所指出,“开头‘为计’二字,清楚说明本条规定针对地方乡里等单位如何为上计之‘计’”,[④]这是一条关于人口统计簿制作流程的法律规定。“为”为动词,制作之义。

---

① 原释文作“乡啬夫及典、老月辟其乡里之入㲉(谷)、徙除及死亡者”。(陈松长主编:《岳麓书院藏秦简(肆)》,上海:上海辞书出版社,2015年,第114页)“入㲉”,整理者认为即传世文献所见纳(内)粟。(陈松长主编:《岳麓书院藏秦简(肆)》,第165页)何有祖认为“㲉”可读如本字,“入㲉”之“入”为它处黔首迁来,而“㲉”为黔首处于幼儿待哺乳的状态,二者都意味着乡里人口的增加。(何有祖:《读岳麓秦简肆札记(一)》,简帛网,2016年3月24日)陈伟认为简文中的“入”当为“人”,“㲉”于此恐有生育义,与“死”对应。(陈伟:《岳麓秦简肆校商(壹)》,简帛网,2016年3月27日)“徙除”,整理者认为即徙至其他官署获得任用或服役。(陈松长主编:《岳麓书院藏秦简(肆)》,第165页)邢义田认为“徙”指人口迁徙,“除”指复除之除,即免除徭役。(邢义田:《“結其计”臆解——读岳麓书院藏秦简札记之二》,简帛网,2016年3月29日)关于“死亡”,整理者未作解释。邢义田将“死亡”断读,认为“死”指死亡,“亡”指逃亡。(邢义田:《“結其计”臆解——读岳麓书院藏秦简札记之二》)综合各家意见,再结合简文主旨,这里的“入”“㲉”“徙”“除”“死”“亡”之间当断读,分别指迁入、出生、迁出、复除、死亡、逃亡等六种与人口变动有关的事项。

② 陈松长主编:《岳麓书院藏秦简(肆)》,第114页。

③ 如上注所引何有祖、陈伟、邢义田等先生的研究,及周海锋:《岳麓秦简〈尉卒律〉研究》,中国文化遗产研究院编:《出土文献研究》第14辑,上海:中西书局,2015年;曹旅宁:《岳麓秦简(肆)中所见秦郡尉与秦县尉》,简帛网,2015年1月26日等。

④ 邢义田:《“結其计”臆解——读岳麓书院藏秦简札记之二》。

"为计"的程序当包括：第一，乡里每月将其乡迁入、出生、迁走、复除及死亡、逃亡的人口进行统计，上报尉。律文规定，这一程序必须由乡啬夫和里典、老共同完成。由于乡里的上级机构是县，因此，这里的"尉"当指县尉。由此可知，当时人口的统计、管理由县尉负责。第二，县尉每月将各乡里上报的内容，分门别类登记在牒上。这里的"牒"亦为动词，即登记在牒上。徐锴《说文解字系传》曰："部，属也；部之言簿也，分簿之也。"①即分门别类进行登记，其所分部为迁入、出生、迁走、复除、死亡、逃亡共六项。第三，到十月时，"比其牒"，以里为单位进行合计，称作"会计"。第四，"阑亡"满一年而未归的黔首，将其从计簿中抽出，别集为一簿籍。②

关于"比其牒"的"比"，整理者注释："编次。"③邢义田则认为，应即案比之"比"，为核实之意。④ 结合律文前后文义及其他传世文献资料，当从整理者意见，为编次、排列之义。《说文·比部》："比，密也。二人为从，反从为比。"⑤段玉裁注：

> 其本义谓相亲密也。余义俌也、及也、次也、校也、例也、类也、频也、择善而从之也、阿党也。皆其所引伸。⑥

据此，"比"的本义为相亲密，但其引申义较多，其中确有"校""择善而从之"等含义。但传世文献中有"比"与"牒"二字连用作"比牒"的文例。如：

> 《后汉书·郑玄传》："公车再召，比牒并名，早为宰相。"李贤注："比牒犹连牒也，并名谓齐名也，言连牒齐名被召者并为宰相也。"⑦

即征召两人的两个牒前后相连，两个人的名字前后并列。这一说法为后世所沿用。如《景文集·外制》：

---

① 徐锴：《说文解字系传》，北京：中华书局，1987 年影印本，第 129 页。

② 关于"結其计"，陈剑指出，《二年律令·户律》简 328 所载"年籍爵细"及简 331 所载"年细籍"中的"细"都作"結"形，应释为"紬"。"紬"是一个跟"籍"意义相类的词，"爵紬""田紬"及"年紬"分别是跟登记爵、田及年有关的簿籍。（陈剑：《读秦汉简札记三篇》，复旦大学出土文献与古文字研究中心编：《出土文献与古文字研究》第 4 辑，上海：上海古籍出版社，2011 年，第 359—366 页）邢义田认为"結"通"紬"，"紬"的含义是抽、缀集、细次，"紬其计"是指自计簿中特别抽出那些逃亡满一年未归者的名字，别集为一名籍或簿册，标明其初亡的年、月。（邢义田：《"結其计"臆解——读岳麓书院藏秦简札记之二》）结合上下文义，在此采纳两位先生的解释。

③ 陈松长主编：《岳麓书院藏秦简（肆）》，第 165 页。

④ 邢义田：《"結其计"臆解——读岳麓书院藏秦简札记之二》。以往学者多持此看法，如钱剑夫：《汉代"案比"制度的渊源及其流演》，《历史研究》1988 年第 3 期；臧知非：《说"自占年"》，《史林》2011 年第 1 期。张荣强则认为"比"指"比地"。参张荣强：《读岳麓秦简论秦汉户籍制度》，《晋阳学刊》2013 年第 4 期。

⑤ 许慎撰，徐铉校定：《说文解字》，北京：中华书局，1963 年，第 169 页。

⑥ 许慎撰，段玉裁注：《说文解字注》，上海：上海古籍出版社，1981 年，第 386 页。

⑦ 《后汉书》卷 35，北京：中华书局，1965 年标点本，第 1209、1210 页。

惟尔上课，比牒荐名，皆将曹之计臣、纠狱之专使，洎于郡将，济之朝绅，保任一辞，钩校胥协，宜畴幕画之最，俾预卿僚之选。①

意思是向朝廷上课时，要“比牒”推荐官吏，将写着官吏名字的牒一个一个编联在一起。事实上，古时“比”取“次”义的用法并不罕见。例如，《周礼·春官宗伯·世妇》：“掌女宫之宿戒，及祭祀，比其具。”郑玄注：“比，次也。”②《汉书·食货志上》：“孟春之月，群居者将散，行人振木铎徇于路，以采诗，献之大师，比其音律，以闻于天子。”颜师古注：“比谓次之也。”③

此外，从紧接后面的一句“里相就殹（也）以会计”来看，“比”也当作按次序排列的意思解。“就”，《广韵》曰：“就，成也，迎也，即也。”④“就”有“即”义。《周易·乾·文言》：“子曰：同声相应，同气相求。水流湿，火就燥，云从龙，风从虎。圣人作而万物睹，本乎天者亲上，本乎地者亲下，则各从其类也。”⑤《孟子·告子上》：“人性之善也，犹水之就下也。”⑥即为此义。“里相就也”，意思是按里归类，将同一里放在一起。由于乡里是每月向县报告“入、縠、徙、除及死、亡者”情况，县分类登记在牒上，因此，到十月进行“会计”即年终结算时，县要以里为单位，把每个里的“入、縠、徙、除及死、亡者”牒按月排列，这样对一个里的情况可一目了然，并方便计算每个里的总数。“比其牒”形象、具体地展现了县尉官年终“会计”一县人口情况的工作程序。

据此，我们有必要重新检讨以往学者对“案比”一词的含义和“案比”制度渊源的理解。汉代已有案比制度。张家山汉简《二年律令·户律》：“恒以八月令乡部啬夫、吏、令史相杂案户，户籍副臧（藏）其廷。”⑦《后汉书·安帝纪》载元初四年秋七月，安帝诏曰：“又《月令》‘仲秋养衰老，授几杖，行糜粥’。方今案比之时，郡县多不奉行。”李贤注：“《东观记》曰：‘方今八月案比之时。’谓案验户口，次比之也。”⑧《后汉书·江革传》：“（建武末年）每至岁时，县当案比，革以母老，不欲摇动，自在辕中挽车，不用牛马，由是乡里称之曰‘江巨孝’。”

---

① 宋祁：《景文集》卷31《外制》，武英殿聚珍版丛书本。

② 《周礼注疏》卷21《十三经注疏》，上海：上海古籍出版社，1997年影印本，第784页。

③ 《汉书》卷24上，北京：中华书局，1962年标点本，第1123页。

④ 《宋本广韵》卷4，北京：北京市中国书店，1982年影印本，第416页。

⑤ 《周易正义》卷1《十三经注疏》，第16页。

⑥ 焦循撰：《孟子正义》卷22，沈文倬点校，北京：中华书局，1987年，第790页。

⑦ 原释文为：“恒以八月令乡部啬夫、吏、令史相杂案户籍，副臧（藏）其廷。”（张家山二四七号汉墓竹简整理小组：《张家山汉墓竹简（二四七号墓）》（释文修订本），北京：文物出版社，2006年，第54页）邬文玲先生指出，“户”字下有重文号，全句当读作“恒以八月令乡部啬夫、吏、令史相杂案户，户籍副臧（藏）其廷”。（邬文玲：《张家山汉简〈二年律令〉释文补遗》，卜宪群、杨振红主编：《简帛研究二〇〇四》，桂林：广西师范大学出版社，2006年，第166页）今从。

⑧ 《后汉书》卷5，第227页。

李贤注："案验以比之，犹今貌阅也。"①《续汉书·礼仪志》"案户"条："仲秋之月，县道皆案户比民。"②这一制度可溯至《周礼》邦国大比之制。《周礼·地官司徒·小司徒》："及三年，则大比，大比则受邦国之比要。"郑玄注："大比，谓使天下更简阅民数及其财物也。受邦国之比要，则亦受乡遂矣。郑司农云：'五家为比，故以比为名，今时八月案比是也。要谓其簿。'"贾公彦疏："郑司农云'五家为比，故以比为名'者，凡言'比'者，是校比之言。"③

郑众认为大比、案比的名称来源于"五家为比"的制度。郑玄只说大比指"简阅民数及其财物"，未具体解释"比"的含义。其在《周礼·夏官司马·大司马》"简稽乡民，以用邦国"下注："简谓比数之。稽犹计也。"④仍不得其详。李贤认为"案比"是案验户口，"次比之"，相当于唐代的貌阅，亦不得其详。贾公彦虽未对郑众说提出质疑，但认为"比"是校比之义。孙诒让则明确认为郑众的说法不合于井田制，《周礼》的比"皆取校比之义"，并说郑玄之所以将郑众的说法放在后面，"盖亦不从其义也"。⑤ 然而，《周礼·地官司徒·党正》"以岁时涖校比"下郑玄注："涖，临也。郑司农云：'校比，《族师职》所谓'以时属民，而校登其族之夫家众寡，辨其贵贱老幼废疾可任者，及其六畜车辇'。如今小案比。"⑥则郑玄对郑众的解释并不持异议。

从岳麓秦简肆《尉卒律》1397+1372 简或可以推测，"案比"的"比"来源于"为计"制度的"比其牒"。乡里每月将人口变动情况写于牒上，上报给县尉，到年初十月时，县为了上计，将乡里上报的一年的牒按里、逐月依次排列，即"比其牒"，进行核实(案)、统计。并因此将这一人口统计、上报制度称之为"比""案比"。"案"意为案验，即对载于"牒"上的人口变动信息进行核实；"比"意为编次、排列，即将牒按里、逐月排列，以便于统计。这些经过编次的牒，通常不会整体呈送至郡府，而是作为一县最原始的人口统计资料留存下来。"比""案比"的名称很可能直接渊源于简牍时代这种上计文书的制作方式。

附记：本文的写作得到杨振红先生的指导，匿名审稿专家亦提出宝贵意见，谨此一并致谢！

(原文载《中国史研究》2020 年第 2 期)

---

① 《后汉书》卷 39，第 1302 页。
② 《后汉书》卷 25，第 3124 页。
③ 《周礼注疏》卷 11《十三经注疏》，第 711 页。
④ 《周礼注疏》卷 29《十三经注疏》，第 834 页。
⑤ 孙诒让撰：《周礼正义》卷 20，王文锦、陈玉霞点校，北京：中华书局，1987 年，第 775 页。
⑥ 《周礼注疏》卷 12《十三经注疏》，第 718 页。

# 从岳麓书院藏《司空律》看秦律文本的编纂与流变情况

◎　周海锋(湖南大学岳麓书院)

岳麓书院藏秦简中有2则律文以“司空律”起首,另有4组简文据其内容与编联位置可判定亦当归为《司空律》。①　此批《司空律》最大的特点是与《秦律十八种·司空律》内容大多能够相互对照,这就为研究秦律之编纂及其流变提供了绝佳材料。

岳麓书院藏秦简中目前可以确定为《司空律》的共有6组律文,计22支简。虽然这些简文大都与《秦律十八种·司空律》相同,但同中有异,如先后顺序、所用词汇以及个别内容均有出入,仔细比较这些差异,探究其缘由,将有助于更好地把握秦律文本的流变过程。

岳麓秦简《司空律》位于一个大的简册中间,②此卷简册内容均为秦律,由三名书手抄录完成。篇名相同的律文或分别编联在同一简册的不同位置,以《司空律》为例,1375组2枚简编联在《仓律》与《内史杂律》之间,其他5组20枚简则集中位于《徭律》与《索律》之间,二者字体风格也不一样,当出自不同抄手。下面我们将逐组讨论这批律文,希望能够总结出一些带有规律性的东西。

1375组2枚简是一组带篇名的律,且可与《秦律十八种·司空律》中的一则律文对读:

●司空律曰:城旦舂衣赤衣,冒赤氊,枸椟欙杕之ㄴ。诸当衣赤衣者,其衣物毋(无)小大及表里尽赤之,其衣(1375)裘者,赤其里,□仗,衣之。仗城旦勿将司,舂城旦出繇(徭)者,毋敢之市及留舍阓外;当行市中者,回,[勿行]③(1412+C5-1-1)。④

① 此22枚简内容大多与《睡虎地秦墓竹简·秦律十八种·司空律》相同或相近,详见正文。

② 史达博士根据反印文、字体和内容对此简册进行复原,指出此卷册至少有185枚简,现在确定下来的是175枚。

③ “勿行”二字由于竹简残泐而模糊难辨,据《秦律十八种·司空律》相关律条补充。

④ 陈松长主编:《岳麓书院藏秦简(肆)》,第123页。陈松长主编:《岳麓书院藏秦简(柒)》,第199页。

《秦律十八种·司空律》：城旦舂衣赤衣，冒赤𢄼(毡)，枸椟欙杕之。仗城旦勿将司；其名将司者，将司之。舂城旦出繇(徭)者，毋敢之市及留舍阓外；当行市147中者，回，勿行。城旦舂毁折瓦器、铁器、木器，为大车折䡅(鞣)，辄治(笞)之。直(值)一钱，治(笞)十；直(值)廿钱以上，孰(熟)治(笞)之，出其器。弗辄148治(笞)，吏主者负其半。　司空(149)①

显而易见，以上两则律文同中有异，②通过比较可以得出以下几点信息：首先，《秦律十八种·司空律》149号简尾所标注"司空"二字当为"司空律"的简称，之前有学者怀疑秦代是否存在司空律，张建国先生曾认为："关市、工人程、均工、司空、行书、内史杂、尉杂、属邦等名称，也许根本不是律名，而是其他形式的名称。"③现在看来秦存在《司空律》是毫无悬念了。其次，秦律有些律条有一定稳固性，一经制定，可能沿用数十年，甚至更久。睡虎地秦律的下限是秦始皇三十年，这个时间是根据《编年纪》断定的；其上限则无法确定，但从律文内容来看，④有些律条产生于秦王政之前是没有疑问的。岳麓书院藏秦律均抄纂于秦统一天下后，⑤1375组律文与《秦律十八种·司空律》大体相同，也证明了秦律效力有一定持续性。再次，秦律某些条文主体稳固的同时，局部会有所修订。以上引《司空律》为例，睡虎地简中多次出现的"枸椟欙杕"词组在岳麓简中两次出现时均作"枸椟杕"，⑥这显然不能用书手不小心抄漏了来解释，而是二者所依据的法律文本有差异。当然有些差异是由于书手用字习惯不同而产生，如"𢄼"与"毡"、"䌛"与"繇"，不应该视作法律条文修订的结果。最后，二者的抄本性质均十分明显。"诸当衣赤衣者，其衣物毋小大及表里尽赤之，其衣裘者，赤其里，□仗，衣之"一段文字不见于睡虎地秦简《司空律》，而"其名将司者，将司之"一段不见于岳麓秦简。以上互见文字的共同特点是均带有补充说明的味道，或是抄录者根据自己理解，将某些认为没有必要摘录的文字加以省略。

0350组共有5枚简，其中0350号简以"司空律曰"开头，其部分内容与《秦律十八种·司空律》相同。J30组律文共4枚简，其内容绝大部分与《秦律十八种·司空律》相同，由于其不是以"司空律曰"起首，故不能判定其前面原本是否还有简。能与0350组、J30组对读

① 陈伟主编：《秦简牍合集·释文注释修订本(壹)》，第121页。
② 内容相同部分已用黑横线标注，不同部分以波浪线标记，后文仿此。
③ 张建国：《秦令与睡虎地秦墓竹简相关问题略析》，《中外法学》1998年第6期。后收入氏著《帝制时代的中国法》，北京：法律出版社，1999年，第32页。
④ 律文不避嬴政名讳，《秦律十八种·置吏律》157号简所载律文制定时秦国只有"十二郡"。
⑤ 详细论证见拙稿《岳麓书院藏秦简〈田律〉研究》，武汉大学简帛研究中心主办《简帛》第11辑，上海：上海古籍出版社，2015年，第101—110页。
⑥ "枸椟杕"词组又见于岳麓书院藏秦简1922号。

的《秦律十八种·司空律》内容恰好位于同一组律文中，为了便于比较，将这三组律文放在一起讨论，兹誊录简文于下：

司空律曰：有罪以赀赎及有责（债）于县官，以其令日问之，其弗能入及偿，以令日居之，日居八（0350）【钱】，食县官者日居六钱，居官府食县官者，男子参〈叁〉，女子驷（四）。当居弗居者，赀官啬夫、吏各一甲，丞、令、令（0993）【史】各一盾。黔首及司寇、隐官、榦官人居赀赎责（债）或病及雨不作，不能自食者，贷食，以平贾（价）贾，令（0793）食（？）居作（？）为它县吏及冗募群戍卒有赀赎责（债）为吏县及署所者，以令及责（债）券日问其入，能入者（0795），令日入之若移居县入，弗能入者，以令及责（债）券日居之，如律。移居县，家弗能入而环（还）者，赀一甲。（J57）①

［凡］不能自衣者，县官衣之，令居其衣，如律然。其日未备而被入钱者，许之。以日当刑而不能自衣食（J30）者，亦衣食而令居之。官作居赀赎责（债）∟而远其计所官者，尽八月各以其作日及衣数告其计所官，毋过（1240）【九月】而觱（毕）到其官，官相近者，尽九月而告其计所官，计之其作年。黔首为隶臣、城旦、城旦司寇、鬼新（薪），妻而内〈冗〉作（1362）者，皆勿禀食。黔首有赀赎责（债）而有一奴若一婢，有一马若一牛，而欲居者，许之。（J28）②

《秦律十八种·司空律》：有辠以赀赎及有责（债）于公，以其令日问之，其弗能入赏（偿），以令日居之，日居八钱；公食者，日居六钱。居官府公食者，男子参（133），女子驷（四）。公士以下居赎刑辠、死辠者，居于城旦舂，毋赤其衣，勿枸椟欙杕。鬼薪白粲，群下吏毋耐者，人奴妾居赎赀（134）责（债）于城旦，皆赤其衣，枸椟欙杕，将司之；其或亡之，有辠。葆子以上居赎刑以上到赎死，居于官府，皆勿将司。所弗问（135）而久毄（系）之，大啬夫、丞及官啬夫有辠。居赀赎责（债）欲代者，耆弱相当，许之。作务及贾而负责（债）者，不得代。一室二人以上居（136）赀赎责（债）而莫见其室者，出其一人，令相为兼居之。居赀赎责（债）者，或欲籍（藉）人与并居之，许之，毋除繇（徭）戍。•凡（137）不能自衣者，公衣之，令居其衣如律然。其日未备而被入钱者，许之。以日当刑而不能自衣食者，亦衣食而（138）令居之。官作居赀赎责（债）而远其计所官者，尽八月各以其作日及衣数告其计所官，毋过九月而觱（毕）到（139）其官；官相紤（近）者，尽九月而告其计所官，计之其作年。百姓有赀赎责（债）而有一臣若一妾，有一马若一牛，而欲居者，许。　司（140）③

---

① 陈松长主编：《岳麓书院藏秦简（肆）》，第153—154页。

② 陈松长主编：《岳麓书院藏秦简（肆）》，第155—156页。

③ 陈伟主编：《秦简牍合集·释文注释修订本（壹）》，第112—113页。

从上引材料可知,0350组前2枚简的内容与《秦律十八种·司空律》133简及134简的一部分几乎一样,只是个别称谓有所不同。这些细微的差别既可以证明岳麓秦简的抄纂年代,又能佐证秦律文本随着时代变迁而被不断修订。如《秦律十八种·司空律》“有责于公”“公食者”,在岳麓简中称作“有责于县官”“食县官者”。据里耶秦简8－461简,秦统一后改“公室”为“县官”,又里耶秦简行政文书称官府为“县官”而不再称“公”,如5－1简“狱佐辨、平、士吏贺具狱,县官食尽甲寅”,①8－793+8－1547简“卌一年四月甲申,洞庭县官受巫司空渠良”。② 通过以上分析可知秦统一后对袭用的律条进行过修订,以符合时代之需要。

J30组4枚简的内容与《秦律十八种·司空律》简138到140相当重合,只有“黔首为隶臣、城旦、城旦司寇、鬼新(薪)妻而内〈冗〉作者,皆勿稟食”一段内容不见于后者。一般来讲,这种差异可能有以下两种解释:一是此种规定是后来才成为律条,在抄录《秦律十八种·司空律》时并没有这样的条文;二是抄录者有意不抄录或无意遗落了这部分内容。又个别称谓发生了变化,岳麓秦简《司空律》改“百姓”为“黔首”,改“臣”为“奴”,改“妾”为“婢”,这些差异极好的证明了秦统一后对法律条文进行过彻底的修订。据《史记·秦始皇本纪》,秦始皇二十六年(前221年)改称“民”为“黔首”,又在里耶秦代行政文书简中只见“黔首”而不见“百姓”和“民”,这足以证明史书记载不诬。由此可以判定岳麓秦简《司空律》所在卷册的抄录编联的时间上限为秦始皇二十六年。

从以上两批材料我们还可以得知:虽然某一特定时间内秦律文本是独一无二的,但是节录者往往根据个人需要或喜好进行摘抄,故不同抄本所呈现出来的形态有很大差异。而这种差异不仅仅表现在内容上,还表现在抄录顺序和律文篇章上。以上引《司空律》为例,《秦律十八种·司空律》133至140号简被抄在一起,于140号简尾端标明一“司”字指明其当归属何律。如果没有岳麓书院秦简《司空律》作参照,我们很可能认为这7枚简的内容是来自一则完整的律文。不少内容独立完整在尾端标明律篇名的简之存在,更加佐证了这一判断。而实际情况是,抄录者将几则律文抄在一处,先抄录同一篇名律条中的哪一条,均具有极大的偶然性。参之岳麓秦简相关内容,我们推测《秦律十八种·司空律》133至140号这7枚简上的内容是摘录了至少4则律条而成。

虽然抄录者先摘录哪一条后摘录哪一条律文具有一定的偶然性,但是有一点是可以肯定的,即所依据律条之蓝本本身的顺序必然会影响摘录顺序,而抄录所据的蓝本之中律篇律条必是按照一定顺序编排的。两批《司空律》中“不能自衣者”至“计之其作年”一段内容均

① 陈伟主编:《里耶秦简牍校释(第一卷)》,第1页。
② 陈伟主编:《里耶秦简牍校释(第一卷)》,第228页。

出现在"有一马若一牛"一段之前,当不是偶然,要么这些内容原本就来自一则完整律文,若来自两则律文,它们一定是紧挨者编联在一起的,而这种状态应该持续了相当长的一段时间。

0118 组《司空律》目前只发现 3 枚简,前后当有简与之系连,惜未能寻获,故具体枚数不得而知。简文内容散布在《秦律十八种·司空律》三组简之中,此情况与上文讨论的《秦律十八种·司空律》简 138 到 140 相类似。为了便于对照,兹录简文如下:

勿令居隐除。一室二人以上居赀赎责(债)莫视室者,出其一人,令更居之。隶臣妾、城旦舂之司寇、居赀赎责(债)(0118)毄(系)城旦舂者勿责衣食。其与城旦舂作者,衣食之如城旦舂。人奴婢毄(系)城旦舂,貣衣服县官,日未[备](0173)而死者,出其衣食。毄(系)城旦舂食县官当责者,石卅钱。泰匠有赀赎责(债)弗能入,辄移宫司空,除都曆(0060)①

居赀赎责(债)欲代者,耆弱相当,许之。作务及贾而负责(债)者,不得代。一室二人以上居(136)赀赎责(债)而莫见其室者,出其一人,令相为兼居之。居赀赎责(债)者,或欲籍(藉)人与并居之,许之,毋除繇(徭)戍。•凡(137)【不】能自衣者,公衣之,令居其衣如律然。其日未备而被入钱者,许之。(138)②

隶臣妾、城旦舂之司寇、居赀赎责(债)毄(系)城旦舂者,勿责衣食;其与城旦舂作者,衣食之如城旦舂。隶臣有妻,妻更(141)及有外妻者,责衣。人奴妾毄(系)城旦舂,貣(贷)衣食公,日未备而死者,出其衣食。 司空(142)③

毄(系)城旦舂,公食当责者,石卅钱。 司空(143)④

通过上面所摘录数则《司空律》内容可知,岳麓秦简 0118 组内容基本上在《秦律十八种·司空律》中出现过,这种现象当然是秦统一后继续沿用了前代律条的结果。需要解释的是为何原本见于三则以上律条的内容会集中出现在同一组律文中。一种解释是抄录者凭自己意志而为之,另外一种可能是后来秦官府对前代律条统一进行了整合。然若经过官府调整,其必遵循一定的准则,最为实用的原则就是以类相从。试观 0118 组律文内容,均与居赀赎债者、刑徒禀衣食有关,很有可能被整合成一则律文。后文要讨论的一组律文也是此类情况。

1434 组律文由 6 枚简系连而成,其中 1434 简简首残缺,虽然找到一段小残片可与之缀合,但 1434 简本身尚不完整,正因为此故,所以我们无从知晓 1434 简之前是否还有竹简可

① 陈松长主编:《岳麓书院藏秦简(肆)》,第 157 页。
② 陈伟主编:《秦简牍合集·释文注释修订本(壹)》,第 112—113 页。
③ 陈伟主编:《秦简牍合集·释文注释修订本(壹)》,第 117 页。
④ 陈伟主编:《秦简牍合集·释文注释修订本(壹)》,第 119 页。

系连到该组律文。此组律文约有一半内容与《秦律十八种·司空律》相同或类似，然律条之先后顺序却有极大不同，是颇值得研究的，兹录相关律条如下：

☐☐☐☐☐☐☐城旦ㄴ。司寇勿以为仆、养，守官府及除有为殹（也）。有上令除之，必复请之。徒隶（残5+1434）毄（系）城旦舂、居赀赎责（债）而敢为人仆、养、守官府及视臣史事若居隐除者，坐日六钱为（1430）盗ㄴ。吏令者，耐。城旦舂当将司者，廿人，城旦司寇一人将，毋令居赀赎责（债）将城旦舂。城旦司寇（1421）不足以将，令隶臣妾将。居赀赎责（债）拾（给）日坐辠人（入）以作官府及当戍故徼，有故而作居（1423）县者归田农，穜（種）时、治苗时、穫（获）时各二旬。（1306）①

司寇勿以为仆、养、守官府及除有为殹（也）。有上令除之，必复请之。　司空（150）②

毋令居赀赎责（债）将城旦舂。城旦司寇不足以将，令隶臣妾将。居赀赎责（债）当与城旦舂作者，及城旦傅坚、（145）城旦舂当将司者，廿人，城旦司寇一人将。司寇不踐（足），免城旦劳三岁以上者，以为城旦司寇。　司空③（146）

居赀赎责（债）者归田农，穜（种）时、治苗时各二旬。　司空④（144）

1434组的抄纂情况与0118组有共同之处，均是摘录数则律条而成，不同之处是1434组的尾简1307号末端留白，当是此组律条的结尾，不像0118组不见首尾部分。另外尚有两个值得注意的地方，一个是两批材料内容相同部分而排序不同问题，“城旦舂当将司者，廿人，城旦司寇一人将，毋令居赀赎责（债）将城旦舂。城旦司寇不足以将，令隶臣妾将”一段律文在《秦律十八种·司空律》作“毋令居赀赎责（债）将城旦舂。城旦司寇不足以将，令隶臣妾将。居赀赎责当与城旦舂作者，及城旦傅坚、城旦舂当将司者，廿人，城旦司寇一人将”。比较可知，岳麓简《司空律》不仅少了“居赀赎责（债）当与城旦舂作者，及城旦傅坚”这一截内容，且将其前后内容之顺序彻底颠倒过来了。我们认为岳麓简中的抄录顺序更为合理，比较而言睡虎地秦简中的律文排列顺序显得有些混乱。《秦律十八种·司空律》首先抄录了“毋令居赀赎责（债）将城旦舂。城旦司寇不足以将，令隶臣妾将”，若没有相应的后文，我们很自然把“将”理解为率领，而实际上此“将”是“将司”的省称。“将司”一词在睡虎地秦简中出现多次，其更多地带有一种监视意味，与“将”有一定区别。岳麓简《司空律》首先抄录的“城旦舂当将司者”一句，就不会引起理解上的歧义，由于前文出现“将司”一词，我们很自然地想

① 陈松长主编：《岳麓书院藏秦简（肆）》，第158—159页。
② 陈伟主编：《秦简牍合集·释文注释修订本（壹）》，第121页。
③ 陈伟主编：《秦简牍合集·释文注释修订本（壹）》，第119页。
④ 陈伟主编：《秦简牍合集·释文注释修订本（壹）》，第119页。

到后面四个“将”都是“将司”的省略。

在《秦律十八种·司空律》中,“居赀赎责(债)者归田农,穜(种)时、治苗时各二旬”是独立的一则律文,无前后文,简尾标有“司空”二字。单从律文而言,我们无法知晓居赀赎债者服役的场所,离家远近,若离家距离甚远,耗费在路途上的时间恐怕也不止二十天,那么此类律文之制定又有多少实际作用呢?又,既然播种和治苗时都给予二十天假,为何在收获时不给?这么浅显的道理,法律制定者岂能不晓?故只有一种解释,抄录者节取不当而使得律条令人费解。岳麓秦简《司空律》相关律条的发现极好的佐证了上面的推测,相似的内容在岳麓秦简中抄作“居赀赎责(债)、拾(给)日、坐罪人(入)以作官府及当戍故徼,有故而作居县者归田农,穜(种)时、治苗时、获时各二旬”。岳麓秦简《司空律》明确了服役的地方在本县官府,同时又多了收获时归家二旬的规定,显然更为合理,当是秦律的本来面目。以上给予我们一个启示,面对出土法律条文时,要充分认识其作为节录本的性质。正因为是节选,就有一定的随意性;倘若是雇用一个不太明晓律法且责任心欠缺的书手,里面的错误就可能会更多些。

综上可知,在抄本时代,即使是像朝廷律令这样严肃的文本,在抄录、编纂后会在一定程度上与“元本”存在差距,随着社会变革,律令文本也会作出相应的修订。

(原载《出土文献》第10辑,中西书局,2017年)

# 从岳麓秦简看秦汉时期有关"奔命警备"的法律

◎ 杨振红(南开大学中国社会史研究中心暨历史学院)

2015年底公布的《岳麓书院藏秦简(肆)》中有一条《奔警律》,其内容如下:

● 奔敬(警)律曰:先粼[①]黔首当奔敬(警)者,为五寸符,人一,右在[县官],左在黔首,黔首佩之节(即)奔敬(警)ㄴ。诸挟符者皆奔敬(警)故(177/1252)徼外盗彻所,合符焉,以譔(选)伍之。黔首老弱及瘩(癃)病,不可令奔敬(警)者,牒书署其故,勿予符。其故徼县道(178/1253)各令,令守城邑害所,豫先分善署之,财(裁)为置将吏而皆令先智(知)所主。[②] 节(即)奔敬(警),各亟走,所主将吏善办治(179/1369)之。老弱瘩(癃)病不足以守ㄴ,豫遗重卒期足以益守,令先智(知)所主。(180/1383)【缺11】有兴而用之,毋更置。其有死、[③]亡者,时补之,从兴有缺,县补之。有卒者毋置。有不胜任者,赀尉史、士(181/1376)【缺12】[④]

关于《奔警律》的内涵和性质,学界已有讨论,意见不甚一致。讨论中涉及到睡虎地秦简中的《魏奔命律》以及同出岳麓秦简《尉卒律》中的"奔书"问题。[⑤] 那么,该如何透彻解读上述《奔警律》?《奔警律》和"奔书""奔命""奔命律"到底有没有关系?它们是秦汉时期哪方面的制度规定呢?笔者初步研读后认为,上述法律均是关于"奔命警备"的法律,其在秦汉律中分属《厩律》《兴律》等章之下。[⑥] 下面试加以论之,敬请方家指正。

---

① 陈伟认为,"粼"字应读为"遴",简选义。陈伟:《岳麓书院秦简考校》,《文物》2009年第10期。

② 此处原断为分号,笔者改为句号。

③ 此处顿号为笔者所加。

④ 陈松长主编:《岳麓书院藏秦简(肆)》,上海:上海辞书出版社,2015年,第126—128页。下文简称《岳麓秦简(肆)》。

⑤ 相关研究成果,如:陈伟:《岳麓书院秦简考校》;曹旅宁:《岳麓书院新藏秦简丛考》,《华东政法大学学报》2009年第6期;陈松长:《岳麓秦简〈奔警律〉及相关问题浅论》,《湖南大学学报(社会科学版)》2017年第5期等。

⑥ 笔者曾提出秦汉律存在二级分类的说法。杨振红:《秦汉律篇二级分类说——论〈二年律令〉二十七种律均属九章》,《历史研究》2005年第6期,收入其著《出土简牍与秦汉社会》,桂林:广西师范大学出版社,2009年,第1—35页。

## 一、“以警事告急”与“奔命书”

关于这一问题的研究，沈家本已开其绪端。《晋书·刑法志》载《魏律序》谈到魏新律所改汉律情况：“秦世旧有厩置、乘传、副车、食厨，汉初承秦不改，后以费广稍省，故后汉但设骑置而无车马，而律犹著其文，则为虚设，故除《厩律》，取其可用合科者，以为《邮驿令》。其告反逮验，别入《告劾律》。上言变事，以为《变事令》。[①] 以惊事告急，与《兴律》烽燧及科令者，以为《惊事律》。”[②]沈家本《历代刑法考》据此认为汉代《厩律》有九目，并在“上言变事”“以惊事告急”下按：

> “上言变事”魏既分出为《惊事律》，则与“告反”者不同。如何区别之处，今不能详。“以惊事告急”，《通典》引“惊”作“警”，下《惊事律》同。《通考》上作“惊”，下作“警”。按作“警”者是。《丙吉传》有边塞发犇命书警备事。犇命书，告急之书也。警备事，即警事也。魏氏既与烽燧同律，其为专属于军中告急之事可推而知，“与上言变事”非一事矣。[③]

他认为《晋书·刑法志》所载“惊事律”的“惊”应作“警”，“警事”就是“警备事”。奔命书是军中告急之书。“奔命警备事”在汉代隶属于《厩律》之下。三国魏制定新律时，废掉《厩律》，将其有关邮驿的内容改为《邮驿令》；将“上言变事”的内容改为《变事令》，而把“警事告急”的内容和原来隶属于《兴律》有关烽燧的内容及科令合在一起，新设了《警事律》。此外，沈家本在“军书急闻”条按：

> 军书急闻，即《丙吉传》之犇命书也。又《陈汤传》段会宗为乌孙所围，驿骑上书，愿发城郭敦煌以自救，此亦以警事告急者。[④]

他进一步论说奔命书是军书急闻，以警事告急。

沈家本提到的《丙吉传》即《汉书·丙吉传》。其文载，丞相丙吉有一驭吏嗜酒，“数逋荡”，一次随丙吉外出，醉吐在丞相车上，负责人事的主管官吏请求免了他的职，丙吉宽容地未予处理，驭吏因此非常感激丙吉。其后文说：

> 此驭吏边郡人，习知边塞发犇命警备事，尝出，适见驿骑持赤白囊，边郡发奔命书驰

---

① 中华书局标点本作逗号，今改。

② 《晋书》卷30《刑法志》，北京：中华书局，1974年，第925页。

③ 沈家本：《历代刑法考》三《汉律摭遗》卷1《目录》，邓经元、骈宇骞点校，北京：中华书局，1985年，第1376页。

④ 沈家本：《历代刑法考》三《汉律摭遗》卷13《厩律·以警事告急》，邓经元、骈宇骞点校，第1623—1624页。

来至。驭吏因随驿骑至公车刺取，知虏入云中、代郡，遽归府见吉白状，因曰："恐虏所入边郡，二千石长吏有老病不任兵马者，宜可豫视。"吉善其言，召东曹案边长吏，瑣科条其人。① 未已，诏召丞相、御史，问以虏所入郡吏，吉具对。御史大夫卒遽不能详知，以得谴让。而吉见谓忧边思职，驭吏力也。

颜师古注："犇，古奔字也。有命则奔赴之，言应速也。"②

丞相丙吉的驭吏因为是边郡人，所以非常了解边塞发奔命警备的制度。他一次出府门撞见驿骑拿着"赤白囊"，知道是边郡发"奔命书"骑驿马奔驰而来。于是跟随驿骑到公车府打探消息，窥知匈奴入寇云中、代郡，他马上回丞相府面见丙吉，报告这一情况，并建议：匈奴所入边郡的二千石官或许有老、病或不善领兵打仗的，丞相应预先了解他们的情况。丙吉接受其建议，命令东曹查明这些边郡长吏的出身、年龄等情况。果然昭帝接到奔命书后，就召丞相、御史大夫咨询匈奴所入郡的二千石情况，丙吉因事先有准备，所以回答详尽，受到昭帝的表扬。御史大夫则因猝不及防，无法详细回答，受到责让。

由此可知，汉代制度，边塞出现紧急军情即"奔命警备事"时，要发"奔命书"，命驿骑火速报告中央，文书先送到公车府，然后直接上呈皇帝。装奔命书的是"赤白囊"，因此，从驿骑所携囊的颜色就可一眼辨别其是奔命书。皇帝接到奔命书后，要马上部署如何应对，调兵遣将，故召集丞相、御史大夫进行商议。

沈家本所举《汉书 · 陈汤段会宗传》原文载：

后数岁，西域都护段会宗为乌孙兵所围，<u>驿骑</u>上书，愿发城郭敦煌兵以自救。丞相王商、大将军王凤及百僚议数日不决。③

此段记载中并没有写"奔命警备事"以及"奔命书"，沈家本推测其所发为奔命书的依据，首先是发生了西域都护为乌孙兵所围的紧急军情，其次是由驿骑上书。

关于驿骑，《汉书 · 高帝纪下》"乘传"下颜师古注引如淳曰："律，四马高足为置传，四马中足为驰传，四马下足为乘传，一马二马为轺传。急者乘一乘传。"其后，颜师古注曰：

传者，若今之驿，古者以车，谓之传车，<u>其后又单置马，谓之驿骑</u>。④

《汉官旧仪》卷上：

皇帝六玺，皆白玉螭虎纽，文曰"皇帝行玺""皇帝之玺""皇帝信玺""天子行玺"

---

① 颜师古注引张晏曰："瑣，录也。欲科条其人老少及所经历，知其本以文武进也。"（白话文：瑣，记录。要逐条记录每个人的年龄老少及其经历，了解他是因为文治还是武功晋升的）《汉书》卷 74《丙吉传》，北京：中华书局，1962 年，第 3147 页。

② 《汉书》卷 74《丙吉传》，第 3146 页。

③ 《汉书》卷 70《陈汤段会宗传》，第 3022 页。

④ 《汉书》卷 1 下《高帝纪下》，第 57—58 页。

"天子之玺""天子信玺",凡六玺。皇帝行玺,凡封之玺,赐诸侯王书;信玺,发兵;其征大臣,以天子行玺;策拜外国事,以天子之玺;事天地鬼神,以天子信玺。皆以武都紫泥封,青布囊,白素里,两端无缝,尺一板中约署。皇帝带绶,黄地六采,不佩玺。以金银縢组,侍中组负以从。秦以前民皆佩绶,以金、玉、银、铜、犀、象为方寸玺,各服所好。奉玺书使者乘驰传。其驿骑也,三骑行,昼夜行千里为程。①

根据上述记载,可知驿骑是单置马的单骑。奉皇帝玺书的使者一般乘驰传,但也有用驿骑的,则是三骑并行,昼夜兼程,以行千里为程即标准。那么,使用驿骑传玺书的一定是皇帝的紧急命令。"发奔命警备事"的"奔命书"特允使用驿骑,可想其一定是紧急军情,必须火速上报。可以推想,正是因为"警事告急"是由驿骑传递的,涉及驿骑的管理问题,所以汉代将有关方面的法律归入了《厩律》。

此外,从文字的角度,《说文》夭部"奔"字,段玉裁注:"引申之,凡赴急曰奔。凡出亡曰奔。其字古或假贲、或假本。"②奔命则取第一义,即赴急。《说文》口部:"命,使也。从口令。"段玉裁注:"令者,发号也。君事也,非君而口使之,是亦令也。故曰命者,天之令也。"③《释名·释姿容》:"奔变也,有急变奔赴之也。"王先谦引毕沅曰:"军事有奔命,礼有奔丧,是闻急变而奔赴之也。"④奔的本义是赴急,即火速奔赴发生紧急危险军情的地方以救之。奔命即闻听军命后奔赴前线。

从上述材料看,沈家本的理解无疑是正确的。汉代规定,当出现"奔命警备事"要派驿骑向皇帝传送"奔命书"。奔命书就是以警事告急的军书,即上报紧急军情以警备的军事文书,装在赤白囊中。关于这一制度的法律就是《魏律序》所说的汉律"以惊事告急"之法,在汉代属九章律的《厩律》,三国魏时将其改为《警事律》。

事实上,"奔命书"的称呼一直延续到后代。宋人胡宿《赠太尉文肃郑公墓志铭》:"边将争遣人觇敌,被遣者贪利财物,实不能得其要领,还即绐言以报敌欲为冦。边郡承谬,至发奔命书,以疑误上听,已而卒无纤介,了不按问。公惧习玩启慢,备豫不逮,因下令诸觇虏不实者论如军法,自是不敢绐报,多得实而还。"⑤清人李邺嗣《三楚旧劳记序》:"夫楚省至京师三千二百里,郧阳西北至省一千二百里。异时州郡有盗贼,猝发所上奔命书,由省驰至京师可十日,京师戒严。"⑥

---

① 孙星衍等辑:《汉官六种》,周天游点校,北京:中华书局,1990年,第30—31页。

② 段玉裁:《说文解字注》,北京:中华书局,2013年,第499页上栏。

③ 段玉裁:《说文解字注》,第57页下栏。

④ 王先谦:《释名疏证补》卷3,上海:上海古籍出版社,1984年,第129页。

⑤ 胡宿:《文恭集》卷36《志铭·赠太尉文肃郑公墓志铭》,"中国基本古籍库"电子版。笔者标点。

⑥ 李邺嗣:《杲堂诗文钞》卷1《三楚旧劳记序》,"中国基本古籍库"电子版。笔者标点。

由上述材料可以推断，因是“发犇命警备事”，所以称作“奔命书”，也就是要征发“奔命”的文书。

## 二、“奔命”的人员构成与秦汉赋役结构

关于发奔命之事，屡见于传世文献记载。例如，《汉书·昭帝纪》载：始元元年夏，“益州廉头、姑缯、牂柯谈指、同并二十四邑皆反。遣水衡都尉吕破胡募吏民及发犍为、蜀郡犇命击益州，大破之”。① 《汉书·王莽传上》：居摄二年“九月，东郡太守翟义都试，勒车骑，因发犇命，立严乡侯刘信为天子，移檄郡国，言莽‘毒杀平帝，摄天子位，欲绝汉室，今共行天罚诛莽。’郡国疑惑，众十余万”。② 《后汉书·光武帝纪上》：“于是北降下曲阳，众稍合，乐附者至有数万人。复北击中山，拔卢奴。所过发奔命兵，移檄边部，共击邯郸。”③关于“奔命”的含义，《昭帝纪》“奔命”下：

颜师古注引应劭曰：“旧时郡国皆有材官骑士以赴急难，今夷反，常兵不足以讨之，故权选取精勇。闻命奔走，故谓之奔命。”

引李斐曰：“平居发者二十以上至五十为甲卒，今者五十以上六十以下为奔命。奔命，言急也。”

师古曰：“应说是也。犇，古奔字耳。”

颜师古认为应劭说是对的，李斐的说法不可取。应劭认为，奔命是不同于材官骑士之类的常兵，而是临时选取的精勇，“闻命”即接到命令后火速奔赴前线，故称之奔命。《丙吉传》颜师古注仍持这一解释：“有命则奔赴之，言应速也。”《光武帝纪》李贤注也引《前书音义》，认同应劭的说法。睡虎地秦简整理小组注释《魏奔命律》的奔命时亦引用应劭说，注释说：“一种军队的名称。”④

---

① 《汉书》卷7《昭帝纪》，第219页。此事也见于《汉书》卷95《西南夷传》：“孝昭始元元年，益州廉头、姑缯民反，杀长吏。牂柯、谈指、同并等二十四邑，凡三万余人皆反。遣水衡都尉发蜀郡、犍为犇命万余人击牂柯，大破之。”第3843页。（白话文：昭帝始元元年，益州廉头、姑缯百姓反叛，杀死郡县长吏。牂柯、谈指、同并等二十四邑，共有三万余人一起反叛。派遣水衡都尉征发蜀郡、犍为的犇命一万余人攻打牂柯，大败叛军。）

② 《汉书》卷99上《王莽传上》，第4087页。

③ 《后汉书》卷1上《光武帝纪上》，北京：中华书局，1965年，第12—14页。李贤注：《前书音义》曰：“旧时郡国皆有材官、骑士，若有急难，权取骁勇者闻命奔赴，故谓之‘奔命’。”（白话文：以前郡国都设有材官、骑士，如果有急难的事情发生，就临时选取骁勇的人接到命令后奔赴前线，所以称之为“奔命”）

④ 睡虎地秦墓竹简整理小组：《睡虎地秦墓竹简·释文注释·为吏之道》，北京：文物出版社，1990年，第175页。

那么,“奔命”到底由什么人构成?应劭和李斐的理解到底谁是正确的呢?笔者也认同应劭的说法。笔者曾撰文提出:

> 秦汉时期的徭役兵役制度以丁中制为基础,国家为此制定了两种起役年龄标准——十五岁和“傅”年……十五岁以上未傅者和睆老,只须服“更”的劳役和部分正役——“徭”,不需服“屯戍”兵役。“傅”指著籍成为国家正式兵役和徭役的负担者,时称为“正”“正卒”,相当于后代的“丁”。正卒除每年服一个月的更的劳役外,还有两项基本义务:一岁屯戍兵役(无论是戍边、戍卫京师或戍卫郡县),一岁“徭”的力役。秦及汉初两者均是以每年一个月、在丁期间(傅籍期间)完成一年的方式服役,高后五年始规定戍卒实行岁更之制……材官骑士是从正卒中选拔出来的职业军人,平时居家,每年集中训练一个月,战时随时听候征调,每年集中一个月的“春秋射”或“都试”可以冲抵“徭”。①

该文中引用了大量传世文献和出土材料,但未及有关奔命的史料。通过对奔命的考察,可以进一步证明材官骑士是职业军人,是常兵,岁时演兵讲肄,一般的战事征发他们应战。但如果出现重大紧急军情,仅仅依靠这些材官骑士是远远不够的,这时就要征发奔命。奔命的主体应当从傅籍的正卒中征发,因为他们正直丁壮,堪当奔命的使命。由此也可以理解傅籍的意义正在于此。

根据“发奔命警备”与“奔命书”的关系,可以推断睡虎地秦简《魏奔命律》就是与此有关的法律。《魏奔命律》:

> 廿五年闰再十二月丙午朔辛亥,○告(22伍)将军:叚(假)门逆闒(旅),赘壻后父,或衛(率)(23伍)民不作,不治室屋,寡人弗欲。且杀之,不(24伍)忍其宗族昆弟。今遣从军,将军(25伍)勿卹(恤)视。享(烹)牛食士,赐之参饭而(26伍)勿鼠(予)殽。攻城用其不足,将军以堙豪(壕)。(27伍)
>
> 䰰(魏)奔命律(28伍)②

此律中涉及的是“假门逆旅赘壻后父”,他们是秦七科谪中的四科。从此律可知,战国时魏国对这类人比秦统一前后更为严厉,魏王本想杀了他们,但恤其宗族,故把他们发配到军队,并命令将军不要善待他们。这些人应当也是奔命的构成之一。此律的背景便是战国兼并、烽烟四起之时。由此也可以知道关于奔命的制度源流甚早。

这让我们不由得想到里耶秦简的J1(16)5A简(6A简文大致相同)。该简是记载秦始

---

① 杨振红:《徭、戍为秦汉正卒基本义务说——更卒之役不是“徭”》,《中华文史论丛》2010年第1期,收入其著《出土简牍与秦汉社会(续编)》,桂林:广西师范大学出版社,2015年,第181—209页。

② 陈伟主编:《秦简牍合集:释文注释修订本(壹、贰)》,武汉:武汉大学出版社,2016年,第322—323页。

皇二十七年(前220)洞庭郡守向属县下达关于派发传送委输、兴徭令的简,简文如下:

廿七年二月丙子朔庚寅,洞庭守礼谓县啬夫、卒史嘉、叚(假)卒史谷、属尉:"令曰:'传送委输,必先悉行城旦舂、隶臣妾、居赀、赎责(债),急事不可留,乃兴繇(徭)。'今洞庭兵输内史及巴、南郡、苍梧,输甲兵当传者多。节(即)传之,必先悉行乘城卒、隶臣妾、城旦舂、鬼薪白粲、居赀、赎责(债)、司寇、隐官、践更县者。田时殹(也),不欲兴黔首。嘉、谷、尉各谨案所部县卒、徒隶、居赀、赎责(债)、司寇、隐官、践更县者簿,有可令传甲兵,县弗令传之而兴黔首,【兴黔首】可省少弗少而多兴者,辄劾移县,县亟以律令具论当坐者,言名史泰守府嘉、谷、尉在所。县上书嘉、谷、尉,令人日夜牒行。它如律令。"[①]

传送委输的原则是先发乘城卒、隶臣妾、城旦舂、鬼薪白粲、居赀、赎责(债)、司寇、隐官、践更县者,人数不够时才征发黔首。从《魏奔命律》来看,这个原则当也适用于"发奔命"。黔首指庶民,即不享有复除特权的平民。约在战国秦时,已经形成秩六百石、爵五大夫、位大夫的界标,以上(含)者为贵族,享有免除赋役的特权,所以不必服正卒之役;以下者为庶民(平民),秦时称"黔首",有"算事"义务,即要服赋役,因此也要服正卒之役。[②]

从"发奔命警备""奔命书"以及"以警事告急",可以推测《奔警律》的"奔警"或是"奔命警备"的省称,或奔警是低于奔命级别的警事。该律规定:黔首被命奔警者,制作五寸符,每人一个,一剖两半,右半存放在官府手中,左半由黔首佩带,然后马上奔警。到了出警处,进行合符,然后进行编队(选伍之)。黔首中老弱及癃病者不能奔警,要在牒上进行记录,并注明不能奔警的原因,不要给他符。"其故徼县道各令"后是关于县道官如何部署防守、警备的规定。

至此,我们就比较容易理解《岳麓秦简(肆)》尉卒律第二条律中"奔书"的含义了。

尉卒律曰:黔首将阳[③]及诸亡者,已有奔书及亡毋(无)奔书盈三月者,辄筋〈削〉爵以为士五(伍);(135/1234)有爵寡,以为毋(无)爵寡;其小爵及公士以上子年盈十八岁以上,亦筋〈削〉小爵爵而傅及公(136/1259)士以上子皆籍以为士五(伍)。乡官辄上奔书县廷,廷转臧(藏)狱。狱史月案计日,盈三月即辟问乡(137/1258)官,不出者,辄以令论削其爵,皆校计之。(138/1270)[④]

---

① 本文以李学勤《初读里耶秦简》(《文物》2003年第1期)为底本,在标点方面多有改动。参见杨振红:《徭、戍为秦汉正卒基本义务说——更卒之役不是"徭"》。

② 参见杨振红:《秦汉官僚体系中的公卿大夫士爵位系统及其意义——中国古代官僚政治社会构造研究之一》,《文史哲》2008年第5期,收入其著《出土简牍与秦汉社会(续编)》,第31—72页;杨振红:《从出土"算""事"简看两汉三国吴时期的赋役结构——"算赋"非单一税目辨》,《中华文史论丛》2011年第1期,收入其著《出土简牍与秦汉社会(续编)》,第159—180页。

③ 《岳麓秦简(肆)》简0185:"阑亡盈十二月而得,耐。不盈十二月为将阳,毄(系)城旦舂。"陈松长主编:《岳麓书院藏秦简(肆)》,第69页。

④ 此条参照陈伟句读。陈伟:《岳麓秦简"尉卒律"校读(二)》,简帛网,2016年3月21日。

此律是关于黔首犯将阳和亡罪后，如何削爵、傅籍的规定。“黔首将阳及诸亡者”，共分三种情形进行处置，第一种即：“已有奔书及亡毋（无）奔书盈三月者，辄筋〈削〉爵以为士五（伍）”，有奔书和没有奔书但亡超过三个月者，削去爵位，为士伍。同时规定，有奔书后，乡官要立即将奔书上报县廷，县廷将其转给县狱收藏。结合上文的考察和本律的内容，“奔书”就应是“奔命书”（或“奔警书”）的省称，即上级下达的令黔首奔命或奔警的文书。

张家山汉简也有关于“奔命”的法律。《二年律令》简 398－406：

当戍，已受令而逋不行盈七日，若戍盗去署及亡过一日到七日，赎耐；过七日，耐为隶臣；过三月，完为城旦。398

当奔命而逋不行，完为城旦。399……

乏徭及车牛当徭而乏之，皆赀日廿二钱，有（又）赏（偿）乏徭日，车▨ 401

……

乘徼，亡人道其署出入，弗觉，罚金□▨ 404

守燧（燧）乏之，及见寇失不燔燧（燧），燔燧（燧）而次燧（燧）弗私〈和〉，皆罚金四两。405

兴律 406①

简 398 规定，戍亡一日到七日赎耐，超过七日的耐为隶臣，过了三月的完为城旦。而简 299 规定，当奔命的即受令要奔命奔赴前线的，如果逋亡不行，要处以完为城旦刑，处罚远远重于普通的戍亡。

简 406 为“兴律”二字，整理者把上述简都归入“兴律”。《魏律序》说关于烽燧等规定属于兴律，从简 404 文中有“徼”和“燧（燧）”以及内容来看，将这些简归入兴律是正确的。如此，则汉代关于奔命的法律规定有些见于《兴律》，也正因为如此，魏制定新律时才将《厩律》中有关“警事告急”的内容和《兴律》中有关“烽燧”的内容合并在一起，新设立了《警事律》。

## 三、结　　语

秦汉时期，当边境等地区出现外敌入侵等紧急军情时，王朝是如何应对的呢？当时是否已经建立健全、完善的制度和法律来保证及时发兵应战、救援，解除威胁，维护边境地区的安全呢？由于史料阙如，以往我们对此知之不详。现在随着睡虎地秦简、张家山汉简、里耶秦

① 彭浩等主编：《二年律令与奏谳书——张家山二四七号汉墓出土法律文献释读》，上海：上海古籍出版社，2007 年，第 243—245 页。

简特别是岳麓秦简的发现,我们已经可以将支离破碎的史料拼接起来,复原其历史概貌。

秦汉制度规定,边塞出现紧急军情,需要征发士卒前往警备、救援时,边塞主管官吏要立即将这一情况写成文书——“奔命书”(简称“奔书”),将其装在“赤白囊”中,命驿骑火速传送到中央。驿骑是单置马的单骑,传送文书时需昼夜兼程。文书先送到公车府,然后直接上呈皇帝。皇帝接到奔命书后,马上调兵遣将,进行军事部署。由于常兵不足,需要临时征发百姓为士卒,称作“奔命”,取闻听命令火速奔赴前线之义,“奔命书”即得名于此。“奔命”主要从傅籍的正卒中选取年轻武勇之士。至于向上级汇报和征发奔命这两种奔命书谁先发出,具体程序是什么,紧急情况下是否可以无需等待上级的指示,先权宜征发奔命等,则因材料太少,无法详知,期待有新的材料出土。

由于边防关系到国家的安危存亡,所以秦汉王朝为此制定了多项法律。岳麓秦简《奔警律》就是关于如何征发“奔命”以警备边境的法律。此律规定:县从黔首中选择年轻勇武者为奔命,给他们制作五寸符,每人一个,一剖两半,右半存放在官府,左半佩戴在黔首身上。奔命佩戴好五寸符后,立即奔警。到了出警处,进行合符,然后进行组织编队。黔首中老弱及癃病者不能奔警,要在牒上进行记录,并注明不能奔警的原因,不要给他们符。该律还对县道官如何部署防守、警备作了详细规定。《尉卒律》简 135－138 是关于如何处理百姓逃亡的法律,其中有无奔书是量刑的一个重要标准,有奔书而逃亡者,满三个月就要削其爵位。秦汉有关奔命警备的法律制度当源于战国时期魏律,睡虎地秦简《魏奔命律》即是魏国制定的专门关于奔命的法律。

征发奔命属于兴发徭役、戍役范畴,“奔命书”则由驿骑传递,涉及驿骑的管理问题,因此,秦汉时期有关奔命警备的法律或归入《兴律》,或归入《厩律》。三国魏修订汉律时,将《厩律》中与奔命、奔警有关的律条和《兴律》中有关烽燧的律条、科令抽取出来,合在一起,新创设了《警事律》篇。

至于《尉卒律》中“尉卒”的含义及其在秦汉律体系中的归属问题,笔者拟另文论考。

附记:感谢邬文玲、邹水杰先生对本文提出宝贵意见,及王萍博士在核查资料方面所做的工作。

本文韩文版「嶽麓秦簡을 통해 본 秦漢시기“奔命警備”관련 법률」,刊于韩国『東洋史學研究』第 142 輯,首爾:韩國東洋史學研究會,2018 年。

(中文版原载《出土文献与法律史研究》第 7 辑,法律出版社,2018 年)

# ·第五卷·

# 岳麓书院藏秦简始皇禁伐树木诏考异

◎ 于振波(湖南大学岳麓书院)

岳麓书院藏秦简中保存有这样一条诏令:

• 廿六年四月己卯丞相臣状、臣绾受制相(湘)山上:自吾以天下已并,亲抚晦(海)内,南至苍梧,凌涉洞庭之(1001－1+1020)水ㄴ,登相(湘)山、屏山,其树木野美,望骆翠山以南树木□见亦美,其皆禁勿伐。臣状、臣绾请:其(1001－2)禁树木尽如禁苑树木,而令苍梧谨明为骆翠山以南所封刊。臣敢请。制曰:可。 • 廿七(1104)①

这条诏令(以下简称“禁伐树木诏”)大意是说,秦吞并六国之后,秦始皇南巡来到洞庭湖,登湘山、屏山,欣赏林木美景,又看到骆翠山以南林木茂盛,景色优美,于是下令禁伐这一带的树木。这一诏令在内容上与《史记》的记载有较大差异,而诏令发布的年份,由于相关简文残损,释文亦值得商榷。本文拟根据史书记载,尝试对这些问题加以讨论。

## 一、关于年份的释文

简1001－1右半残缺,所有字迹只存左半,给准确释读带来一定困扰。好在此简绝大多数文字的释读,从字形到上下文意的贯通,都无争议,只有被整理者释为“廿六年”的“六”,却存在疑点。整理者认为此字残存字迹与简0964等简中的“六”非常相似,因此释为“六”。

从字形上看,释为“六”虽有字例可资参证,但是也存在相左的字例。简0970中“直钱千九百廿”的“九”也是一个残字,仅仅根据字形,很难判断此字应该读为“六”还是“九”。简0970与简0957一起规定了甲、盾的价格及黄金与铜钱的比价:

赀一甲,直钱千三百卌四,直金二两一垂。一盾直金二垂。赎耐,马甲四,钱七千六

① 陈松长主编:《岳麓书院藏秦简(伍)》,上海:上海辞书出版社,2017年,第57—58页。

百八十。(0957)

马甲一,金三两一垂,直钱千九百廿。金一朱,直钱廿四。赎死,马甲十二,钱二万三千卌。(0970)

根据上下文的数值进行推算,可以肯定此字读“九”。①

我们从岳麓书院藏秦简中选取若干“六”和“九”的字例进行比对,就会发现,在通常情况下,这两个字不难区分。然而,在简牍因断裂、变形并导致字迹残损的情况下,对两字左半残存加以区分并不容易。

| | | | | |
|---|---|---|---|---|
|  |  |  |  |  |
| 1001-1? | 0964 六 | 1974 六 | 1981 六 | 0169 六 |
|  |  |  |  |  |
| 0970 九 | 1215 九 | 1718 九 | 0966 九 | 1920 九 |

图 1　岳麓书院藏秦简所见“六”和“九”

图 2　简 1001-1(局部)

值得注意的是,在岳麓书院藏秦简中,所有“六”的部首“亠”都被写成“人”字形,“人”字形的一撇从起笔到收笔,笔划逐渐变细并形成笔锋。相比较而言,我们在简 1001-1 中看到,如果此字为“六”,则“人”字形并不明显,尤其是作为“人”字形的一撇,上部起笔处似乎有残缺,而且也完全看不到笔画逐渐变细并笔锋形成的迹象。另外,简 1001-1 中“廿□年四月”几字右边残缺都很少,如果“□”是“六”字,那么下面已残缺的一捺只能写在比较偏右的位置。

秦简中“九”字上面的一横,有的比较平直,有的明显倾斜,还有的带有一定的弧度,书写较为灵活,在字迹不完整的情况下,比较容易造成误读。简 1001-1 与简 0970 两字均存左半而且左半笔划亦不完整,残留的笔迹形状比较相似。简 1001-1 由于纵向撕裂,字迹难免存在某种程度的变形。在简 0970 已经确定为“九”的情况下,简 1001-1 释读为“六”,证据并不充分。

质言之,目前仅仅根据字形,很难判断简 1001-1“廿□年四月”中的“□”到底是“六”还是“九”。下面笔者尝试结合相关史事对此加以讨论。

① 于振波:《秦律中的甲盾比价及相关问题》,《史学集刊》2010 年第 5 期。

## 二、与《史记》记载的时间差异

据《史记》记载，秦王政称帝后先后五次出巡，其出巡时间及行进路线如下：①

（1）二十七年（前 220 年），西巡陇西（治今甘肃临洮）、北地（治今甘肃庆阳西南）。

（2）二十八年（前 219 年），东巡，封泰山，禅梁父（今山东泰安东南），缘山东半岛由北而南，登琅邪台（今山东胶南南），过彭城（今江苏徐州），西南渡淮水，到衡山（今安徽霍山县南），浮江到湘山，过南郡（治今湖北荆州），经武关回咸阳。

（3）二十九年（前 218 年），东巡，沿上一年的路线，到琅邪，转向西北，经上党（治今山西长子西南）回咸阳。

（4）三十二年（前 215 年），到碣石（今河北昌黎北），巡北边，从上郡（治今陕西榆林东南）回咸阳。

（5）三十七年（前 210 年），出武关东南行，至云梦，浮江而下，经丹阳（治今安徽当涂东北）、钱唐（治今浙江杭州西），上会稽山（今浙江绍兴东南会稽山），从吴（治今江苏苏州）浮江入海，北上到琅邪，缘山东半岛北至之罘，沿海岸西行，至平原津（今山东平原西南）病，至沙丘平台（今河北广宗西北）崩，西北经井陉（今河北井陉县西北）至九原（治今内蒙古包头西北），从直道回咸阳。

秦始皇多次出巡的原因，学界一般认为是“出于炫耀威德，慑服四方的需要”；②也有学者注意到其中礼仪和军事的原因，以及“生在西面内陆的人对中国东部沿海的明显的喜爱”和“找到长生不老的灵药”等动机。③ 总体而言，这些说法都很有道理。问题是，秦始皇为什么在巡游新占领关东六国故地之前，先安排西巡？而东巡的第一目的地又为什么是泰山？出巡的顺序是随意的吗？

陇西、北地属秦国故地，皇帝若要炫耀威德，理应先去新被吞并的六国故地；如果出于军事考虑，则更应该北巡上郡、九原一带，以震慑占据河南地的匈奴。如果出巡的顺序并非随意，就需要给出合理的解释。对此，李开元先生的看法颇有见地：④

秦始皇第一次巡游，是在公元前 220 年，也就是统一天下后的第二年。他这次巡

---

① 《史记》卷 6《秦始皇本纪》，北京：中华书局，1982 页，第 241—265 页。

② 白寿彝主编，白寿彝等分卷主编：《中国通史》（修订本）第 4 卷《中古时代 · 秦汉时期》，上海：上海人民出版社，2004 年，第 216 页。

③ 崔瑞德、鲁惟一编：《剑桥中国秦汉史》，杨品泉等译，北京：中国社会科学出版社，1992 年，第 82—83 页。

④ 李开元：《秦崩——从秦始皇到刘邦》，北京：生活 · 读书 · 新知三联书店，2015 年，第 62—63 页。

游，走的是西北方向，目的是祭祖和告庙。他要追寻秦人先祖发达的足迹，向列祖列宗报告统一天下的大业已经完成。

古代中国，泰山是天下的圣山，登泰山封禅，是人世间伟业完成、告祭于天的大礼。秦始皇将统一天下的伟业，告祭了西方的列祖列宗后，登泰山封禅就成了他第二次出行的目的。

秦灭六国，建立起一个空前统一的帝国，这一功业至今为人称道。当时的秦始皇，志得意满，兴奋与自负之情溢于言表。他不想衣锦夜行，他太渴望让普天之下都知晓他的这一伟业了，不仅仅是让世间所有的人，更应该让他的列祖列宗和皇天后土也知晓。他的巡游，当然是炫耀，但炫耀也是有次序的，首先是向列祖列宗告祭，然后是去泰山封禅，接下来才是向天下臣民——尤其是关东六国的臣民炫耀。

第二次出巡，秦始皇在泰山封禅之后，又转向南方。正如林剑鸣先生所说："这一年也正是秦王朝派兵向南越进攻的时间，秦始皇远渡湘水与此也应不无关系。"①

第三次出巡在第二次出巡的次年，行走的路线也与上次基本相同。此次出巡的目的，容下文具体讨论。

第四次出巡，主要是"巡北边"。林剑鸣先生认为"此行的目的乃是为伐匈奴作准备的"，"此次巡行归来后，秦始皇立即派蒙恬率三十万军队向匈奴进攻"。②

第五次出巡的原因，《史记》记载比较明确，是秦始皇为躲避死神的威胁而采取的行动（"卦得游徙吉"）。③

如果秦始皇二十六年曾经出巡，这次出巡有什么特别意义呢？

楚国是一个大国，秦国几乎倾举国之力才将其吞并。在灭楚之战中，秦王政曾"游至郢陈"。④ 秦始皇二十五年（前 222 年），王翦已平定楚国江南地区，秦始皇于二十六年（前 221 年）来到湘山，是为了庆祝灭楚之战的最后胜利吗？然而，楚国的最后都城在淮水之滨的寿春（今安徽寿县西南），离江水之南的湘山还有很长一段距离。

需要指出的是，这一年还有更加值得庆祝的事，那就是与楚国实力和地位不相上下的齐国的归降。秦昭襄王十九年（前 288 年），曾自尊为"西帝"，而尊齐湣王为"东帝"。⑤ 由于

---

① 林剑鸣：《秦汉史》，上海：上海人民出版社，2003 年，第 158—159 页。

② 林剑鸣：《秦汉史》，第 160 页。

③ 《史记》卷 6《秦始皇本纪》，第 259 页。

④ 《史记》卷 6《秦始皇本纪》，第 234 页。

⑤ 《史记》卷 5《秦本纪》，第 212 页，秦昭襄王十九年，"王为西帝，齐为东帝，比复去之"；卷 46《田敬仲完世家》，第 1898—1899 页，齐湣王三十六年，"王为东帝，秦昭王为西帝。（经苏代游说）于是齐去帝复为王，秦亦去帝位"。

齐国的归降，秦国的统一事业才得以完成，秦王政才能成为秦始皇。称帝后的嬴政马上东巡齐国故地，岂非更加顺理成章？

从咸阳出武关，到湘山，然后原路返回，大约需要两三个月时间。如果继续从湘山北上，到达齐国故地，再沿黄河西进，经函谷关返回，恐怕至少要半年时间。① 事实上，在秦始皇二十六年这一特殊年份，有很多比出巡更重要的工作需要帝国的君臣来做。虽说随着统一大业的完成，秦帝国主要是把秦制向六国故地推广，然而从王国到帝国，还是会面临诸多复杂的问题，各项政策，各种制度，需要群臣讨论，皇帝定夺。皇帝此时出巡，朝臣势必分为两部分，一部分跟随皇帝，一部分留守京城，彼此之间如何协商讨论，密切配合，恐怕存在很大问题。

秦始皇二十六年既没有灭楚之战那样的重大事件，又没有比祭告祖先和封禅更重要的事由，而且称帝之后的第一次出巡，甚至连一块歌功颂德的石碑都不曾树立，难免令人生疑。

## 三、与《史记》记载的史实差异

上一节的讨论，旨在说明秦始皇二十六年的出巡没有必要，下面我们将讨论这一年的出巡是否有可能。

据《史记》记载，秦王政称帝后先后五次出巡，其中两次浮江，分别在秦始皇二十八年(前219年)和三十七年(前210年)。

秦始皇二十八年浮江，除了《史记》的记载而外，睡虎地秦简也有“[廿八年]，今过安陆”一语，足资印证。安陆(治今湖北安陆西北)是南郡属县，秦始皇从湘山“自南郡由武关归”，安陆是必经之地。“今”指“今上”，即秦始皇。②

据《史记》记载，秦始皇这次浮江，行程并不愉快：

> 浮江，至湘山祠。逢大风，几不得渡。上问博士曰：“湘君何神？”博士对曰：“闻之，

① 如此估计往返所需时间，是以秦始皇三十七年的出巡为参照的。秦始皇三十七年的出巡，于十月癸丑出发，十一月到达云梦。这一年十月朔日为庚戌，十月癸丑即十月四日。秦始皇十一月到达云梦，虽具体日期不详，估计这段行程至少需一个月时间。在云梦游玩几天，再到湘山从事相关活动，估计也要花去十天左右的时间。假如湘山是这次行程的终点，那么，往返大概需要两个半月甚至三个月的时间。秦始皇并未就此止步，而是继续向东到达会稽，由海路北上到山东半岛，在西归途中，于七月丙寅(按，七月朔日为丙子，不可能有丙寅日，丙寅为八月廿一日，恐《史记》记载有误)崩于沙丘平台。始皇丧归咸阳时，应该已是八月。也就是说，这一年秦始皇出巡，往返历时逾十个月。如果把前往会稽及海上迂回的时间扣除，所花时间应不少于半年。历日推算参见张培瑜：《三千五百年历日天象》，郑州：大象出版社，1997年，第60页。

② 陈伟主编：《秦简牍合集(壹)》，武汉：武汉大学出版社，2014年，第11、27—28页。

尧女，舜之妻，而葬此。”于是始皇大怒，使刑徒三千人皆伐湘山树，赭其山。[1]

就在几个月前，秦始皇曾在泰山遭遇“风雨暴至”，他不但没有“大怒”，还封为他挡风遮雨的大树为五大夫。[2] 看来这位不可一世的天子对代表天的泰山还是有敬畏之心的，而对地方神祇则可恩威并施。如前所述，秦始皇这一年南巡，与征伐南越有关。“依法”惩罚敢于兴风作浪的湘山之神，或许也想借此震慑楚地的反叛势力，包括南方的百越。

《史记》中的这则记载与秦简中的禁伐树木诏之间存在明显的歧义，一则因眼前美景而禁伐树木，一则在盛怒之下大肆砍伐，喜怒不同，行为更完全相反。从史料价值上说，禁伐树木诏是当时人抄录当时的诏令条文，绝非虚言，而以信史著称的《史记》，所载伐树赭山之事应该也有所本。对于喜怒无常的秦始皇而言，无论做出哪一种行为，都符合他的性格。只要两件事发生在不同时间，这种表面上看似互相矛盾的记载，也未必不能相容，关键在两件事发生时间的先后需要明辨。

在君主专制时代，一个大臣，不管曾经有过多大的功劳，也不管他曾经获得过君主多大的褒奖，一旦引起君主的“雷霆之怒”，功劳便全部化为乌有。号称“仲父”的吕不韦尚且不能自保，更何况其他。在君主的命令就是法律的时代，这是再正常不过的事了。不论是湘山的美景，还是湘君的神性，在不可一世的秦始皇面前，亦当如此观。假如按整理者的释文，禁伐树木诏发布时间为秦始皇二十六年，那么，随着秦始皇二十八年盛怒之下伐树赭山的实施，此前诏令的效力便不复存在。问题是，作为秦末的基层小吏，抄录律令是为了平时准确记诵和使用方便，是否有必要将已经作废的诏令抄录下来？即便是专门为了带入地下，在“事死如事生”的观念下，抄录已经作废的律令条文，也是说不通的。因此，禁伐树木诏只能发布于秦始皇伐树赭山之后，不可能早于秦始皇二十八年，很可能就在二十九年。

根据《史记》记载，秦始皇二十九年又一次出巡，而且基本上是重复上一年的路线，所不同者，是到达琅邪之后，便折返北上，经上党回到咸阳。也就是说，这次出巡并没有到达长江，甚至没有到达淮河。

然而，如果禁伐树木诏发布于秦始皇二十九年，那么，根据诏令内容可知，这次出巡，秦始皇到达琅邪之后并未北返，而是继续沿着上一年出巡的路线前进，只是由南郡到达南阳（治今河南南阳）后才改变路线，没有进入武关，而是继续北上至上党。也就是说，这一年几乎重复了上一年所走的全程，只是最后阶段才改变了路线。《史记》的记载稍有疏漏。

或许，上一年的出巡，沿途的美景令秦始皇意犹未尽，于是紧接着重温一遍。上一年在

---

① 《史记》卷6《秦始皇本纪》，第248页。
② 《史记》卷6《秦始皇本纪》，第242页。

泰山举行封禅典礼时曾遭遇风雨，表明天气已开始转暖，因此其时间应该不早于正月中下旬，很可能已是二月。此后在琅邪台逗留三个月；经过彭城时，又企图从泗水捞取周鼎。一路走走停停，到达湘山时，恐怕已是六七月份。六七月份的江南，酷暑难耐，始皇又在江中遭遇风浪，怒气难平，于是重重惩罚了湘君。二十九年这次出巡，二月份到达之罘山（今山东烟台北芝罘岛上），[①]在琅邪也没逗留太久，因此四月即到达湘山。此时的江南，正值初夏，气候宜人，风景如画。秦始皇为眼前的美景所陶醉，上一年在此地的怒气早已烟消云散，于是下令对他最喜欢的几个景点重点保护。至于镇抚楚地、威慑南越，也是此行应有的目的之一吧。

## 四、结　　语

秦始皇禁伐树木诏发布于出巡途中。

秦始皇二十六年随着齐国的归降，统一事业刚刚完成，有很多重要的政务需要君臣协同处理，皇帝出巡，既无充足的时间，也乏充分的理由。而且作为始皇称帝之后的第一次出巡，既无石碑树立，也只字不见史书记载，这是不合理的。

更重要的是，秦始皇二十八年出巡时，曾下令伐木赭山以惩罚敢于兴风作浪的湘山之神湘君，如果禁伐树木诏发布于二十六年，二十八年以后将失去法律效力。岳麓书院藏秦简中的秦律令抄录于秦末，说明这条诏令直到此时仍然具有法律效力，也证明其发布时间应该在秦始皇二十九年的出巡期间。相关释文应该修正为“廿九年”，而不是“廿六年”。

这条诏令也可补正《史记》对秦始皇二十九年第三次出巡路线记载的疏漏。

（原文载《湖南大学学报（社会科学版）》2018 年第 3 期）

① 之罘石刻有“维二十九年，时在中春，阳和方起”之语，见《史记》卷 6《秦始皇本纪》，第 249 页。

# 禁山与赭山：秦始皇的多重面相

◎ 晏昌贵（武汉大学历史地理研究所）

近年来，出土文献尤其是简牍材料不断增多，改变了人们对传统历史文化的认识。对于这些新出土的简牍文献，研究者通常有两种态度，要么用传世文献解释出土文献，将出土文献置入传统历史编纂学模式中；要么利用出土文献解释传世文献，将传出文献纳入出土文献的解释范围内。这两种态度，一以传世文献为主，一以出土文献为主，都是力求"趋同"、较少"立异"，而对于传世文献与出土文献的相异点，大多一笔带过、存而不论，缺少深入细致的分析。

《岳麓书院藏秦简（伍）》刊布了一条"秦始皇禁湘山"诏书，其中说到秦始皇因喜爱湘山树木的"野美"而禁伐湘山树事，与传世文献《史记》所载秦始皇伐湘山树"赭其山"迥然不同。如何看待二者之间的差别，不仅涉及对秦始皇及秦帝国历史的认识，也关乎对《史记》文本记事性质的理解。本文第一部分详细解释"秦始皇禁湘山诏"，尤其是其中关于历史地理的内容；第二部分在新出土文献的关照下，重新分析《史记》的相关记载，指出其合理性；最后比较二者的异同，指出各自所具有的历史意涵。不当之处，敬希方家指正。

## 一、"秦始皇禁湘山诏"通解

《岳麓书院藏秦简（伍）》"秦始皇禁湘山诏"，全文如下：

> ●廿六年四月己卯，丞相臣状、臣绾受制相（湘）山上："自吾以天下已并，亲抚晦（海）内，南至苍梧，凌涉洞庭之水∟，登相（湘）山、屏山，其树木野美，望骆翠山以南，树木□见亦美，其皆禁勿伐。"臣状、臣绾请："其禁树木尽如禁苑树木，而令苍梧谨明为骆翠山以南所封刊。臣敢请。"制曰："可"。 ●廿七。①

① 陈松长主编：《岳麓书院藏秦简（伍）》，上海：上海辞书出版社，2017年，第57—58、76—77页。

诏书涉及秦始皇南游江湘，登湘山，观其树木"野美"，而令禁伐湘山树之事。此事与传世文献（主要是《史记》）所记大相径庭（详下文），意义重大，值得特别关注。以下先疏理简文大意，然后考证简文涉及的几个地名。

## （一）句意疏解

廿六年四月己卯。

整理者注释说："此简左右拼合后，'六'字稍残笔画，但所见笔画与'六'形完全相合，或疑此形为'九'，但形体不如'六'形吻合。《史记·秦始皇本纪》秦始皇二十八年东巡泰山，经渤海，登琅琊。之后，西南渡淮水，到衡山、南郡，浮江至湘山祠。据此'六'也可能是'八'之误。此纪年的简文内容未见文献记载，秦始皇二十六年《史记》载此年王贲攻齐得齐王建。未提该简下文所说的相山受制之事。"①

今按：秦始皇廿六年四月壬子朔，己卯为二十八日；廿八年四月庚午朔，己卯为十日；廿九年四月甲子朔，己卯为十六日。并可通。关于秦始皇南游江湘事，除整理者所引《秦始皇本纪》外，湖北云梦睡虎地秦简《叶书》亦有记载，②并在廿八年，其事不可轻易否定。而二十六年为始皇统一天下不久，此年当无始皇南巡事。然对竹书所记秦始皇二十六年登湘山又当如何解释呢？今查《史记·秦始皇本纪》，二十八年琅邪刻石曰："维二十八年，皇帝作始。""二十八年"一作"廿六年"，是指秦始皇始建帝国的年代，"皇帝作始"可为证明。③ 据柯马丁研究，秦刻石是帝秦宫廷官方任命的博士在皇帝巡狩期间利用其礼仪、文本知识方面的专长撰写而成的，具有模块化构思（modular design）的倾向，其原文藏于秦宫廷，《史记》所录只有二级文本，甚至更次级文本。④ 因此，我猜测简文中的"廿六年"很可能是误将秦统一之年当作秦始皇南巡江湘之年，其误如今本《史记》琅邪刻石。

关于秦始皇出游的时间，据二十九年之罘刻石是在中春二月。如此，则二十八年二月秦始皇从都城咸阳出发，先到邹峄山，封禅泰山，"乃并勃海以东，过黄、腄，穷成山，登之罘"，又"南登琅邪，大乐之，留三月"，然后才过彭城，西南渡淮水，之衡山、南郡，浮江，至湘山祠。从时间上看，秦始皇无论如何是不能于四月十日到达湘山的。另一个时间见三十七年巡游，

① 陈松长主编：《岳麓书院藏秦简（伍）》，第76页。

② 陈伟主编：《秦简牍合集：释文注释修订本（壹）》，武汉：武汉大学出版社，2016年，第12、27页。

③ 容庚：《秦始皇刻石考》，《燕京学报》1935年总第17期。

④ 柯马丁（Martin Kern）：《秦始皇刻石：早期中国的文本与仪式》，刘倩译，上海：上海古籍出版社，2015年，第103—108页。

十月出发，十一月到云梦。若二十八年十月出发，则四月到湘山是不成问题的。

丞相臣状、臣绾受制相（湘）山上。

今按《秦始皇本纪》，琅邪刻石有丞相隗状、丞相王绾，可证此二人确曾与始皇同游湘山。又，《本纪》记载，始皇巡游琅邪，曾与诸大臣“议于海上”。巡狩泰山曾与儒生议封禅事。所以，丞相状、绾等“受制相（湘）山上”，是完全有可能的。

自吾以天下已并，亲抚晦（海）内，南至苍梧。

秦桦林说：简文中秦始皇自称“吾”，而不称“朕”，与制度不合，恐为传抄之误。① 今按《秦始皇本纪》，“三十五年，除道，道九原抵云阳，堑山堙谷直通之。于是始皇以为咸阳人多，先王之宫廷小，吾闻周文王都丰，武王都镐，丰、镐之间，帝王之都也，乃营作朝宫渭南上林苑中”。② 则秦始皇二十六年后仍称“吾”，秦桦林说似是而非。

“晦内”即海内，“海”，出土文献多写作“晦”。“天下已并，亲抚海内，南至苍梧”，三字为句，此句式多见于秦始皇刻石，其语意相似者有如下列：

既献泰成，乃降尃惠，亲巡远方。

登于峄山，群臣从者，咸思攸长。

乃今皇帝，壹家天下，兵不复起。（峄山）

廿有六年，初并天下，罔不宾服。

亲巡远黎，登兹泰山，周揽东极。

皇帝躬圣，既平天下，不懈于治。（泰山）

皇帝东游，巡登之罘，临照于海。

普施明法，经纬天下，永为仪则。（之罘）

维廿九年，皇帝春游，览省远方。

逮于海隅，遂登之罘，昭临朝阳。

阐并天下，甾害绝息，永偃戎兵。（之罘东观）

地势既定，黎庶无繇，天下咸抚。（碣石）

卅有七年，亲巡天下，周览远方。

遂登会稽，宣省习俗，黔首齐庄。

大治濯俗，天下承风，蒙被休经。（会稽）

观上述刻石，可知简文“南至苍梧”的主语应是“吾”，而不能理解为疆土。如此，则苍梧

---

① 秦桦林：《〈岳麓书院藏秦简（伍）〉第56—58号简札记》，简帛网，2018年3月11日。

② 泷川资言：《史记会注考证》，上海：上海古籍出版社，2016年，第358页。

应是此次南巡的最南边地。

凌涉洞庭之水，登相(湘)山、屏山，其树木野美。

凌，通陵，逾越、超越。《吕氏春秋·论威》:“虽有江河之险，则凌之。”高诱注:“凌，越也。”或作“淩”。《楚辞·九章·哀郢》:“淩阳侯之氾滥兮，忽翱翔之焉薄。”王逸注:“淩，乘也。”简文“凌涉”大约是横渡之义。

望骆翠山以南，树木□见亦美，其皆禁勿伐。

缺字存右半，写作“页”。齐继伟补作“顾”，回头望见。[①] 陈伟补“俯”，远望义。[②] 但若补作“顾见”“俯见”，主语应为秦始皇，前有“望骆翠山以南”，又说秦始皇“顾见”或“俯见”，语意重复。且“顾见”“俯见”古书均罕见。颇疑其字当是“显”，“显见”古书多见，如《大戴礼记·千乘》:“立子设如宗社，宗社先示威，威明显见。”《管子·明法解》:“明主之道，卑贱不待尊贵而见，大臣不因左右而进，百官条通，群臣显见。”《史记·司马相如列传》:“正阳显见，觉寤黎烝。”《汉书·项籍列传》:“宋义所遇齐使者高陵君显见楚怀王。”

臣状、臣绾请：其禁树木尽如禁苑树木，而令苍梧谨明为骆翠山以南所封刊。

关于“禁苑”，龙岗秦简云:“诸叚(假)两云梦池鱼(籞)及有【事】云梦禁中者，得取灌、苇、茅……”“诸取禁中柞、棫、橎、楢产业及皮……”“禁中”即禁苑之中。由简文前后文可以推知，秦禁苑禁伐树木，若犯禁者，各有不同的处罚措施。[③]

秦禁苑内有山，睡虎地秦简《秦律十八种·徭律》:“县所葆禁苑之傅山、远山，其土恶不能雨，夏有坏者，勿稍补缮，至秋毋(无)雨时而以徭为之。”“傅山”即近山。[④]

关于“封刊”，张家山汉简《津关令》494号简:“□、相国、御史请缘关塞县道群盗、盗贼及亡人越关垣、离(篱)格(落)、堑、封、刊，出入塞界，吏卒追逐者得随出入服迹穷追捕。”《二年律令与奏谳书》引整理者说:“封刊，作为边界标志的树木。”又引杨建说，将“封”“刊”分读，“刊”即随山刊木。然后加按语:“‘封刊’古无成语辞，疑亦当断读。封，指积土为界。刊，是斫木为界。汉初的‘塞’就是由关墙、篱落、濠沟、土堆、被砍斫的树木等因素构成或标志的。”[⑤]而秦禁苑确有作为界标的封和刊，《秦律十八种·徭律》:“县葆禁苑、公马牛苑，兴徒以斩(堑)垣离(篱)散及补缮之，辄以效苑吏，苑吏循之。”其中的“散”，整理者疑读为藩。刘钊读为栅，以为篱栅即栅栏。陈伟武亦

---

① 齐继伟:《读〈岳麓书院藏秦简(伍)〉札记(一)》，简帛网，2018年3月9日。

② 陈伟:《读〈岳麓书院藏秦简(伍)〉校读(续三)》，简帛网，2018年3月21日。

③ 陈伟主编:《秦简牍合集·释文注释修订本(叁)》，武汉：武汉大学出版社，2016年，第9、35页。

④ 陈伟主编:《秦简牍合集·释文注释修订本(壹)》，第108页。

⑤ 彭浩等主编:《二年律令与奏谳书：张家山二四七号汉墓出土法律文献释读》，上海：上海古籍出版社，2010年，第310—311页。

以为“篱散”即是“篱栅”，为同意连词。[①] 综此，丞相隗状、王绾所“请”之事为：禁止伐湘山及其周边树木，如同禁苑一般，并明令“苍梧”为骆翠山以南之禁苑划定确切的界线范围。

## （二）地名考证

### 1. 洞庭三山

简文称秦始皇“凌涉洞庭之水，登湘山、屏山”，并“望骆翠山以南”，可见湘山、屏山、骆翠山相距皆不甚远，其中湘山、屏山在南，骆翠山在北，三山皆当在今洞庭湖及其附近。《战国策·魏策一》“魏武侯与诸大夫浮于西河”章载吴起曰：“昔者三苗之居，左有彭蠡之波，右有洞庭之水，文山在其南，而衡山在其北。”这是传世文献中明确提到“洞庭之水”。但吴起的这句话，在《韩诗外传》引作：“左洞庭之波，右彭泽之水。”《说苑》卷一亦作：“左洞庭之波，右彭蠡之川。”洞庭之波的说法，又见屈原《楚辞·九歌·湘夫人》：“袅袅兮秋风，洞庭波兮木叶下。”《楚辞》中还多次提到洞庭水，乃是沟通长江和沅、湘，为“上洞庭而下江”之要道。出土楚《鄂君启节·舟节》铭文述南方水道，称：“上江。入湘，就䢵，就洮阳。入耒，就郴。入资、沅、澧、油。”湘、资、沅、澧四水连同油，皆单独入长江，而不及洞庭。[②]《庄子·外篇·天运》有“帝张咸池之乐于洞庭之野”之记载。综合这些历史记载，历史地理学者认为：先秦汉晋时期，洞庭平原和华容隆起均有明显的沉降趋势，形成华容地区的埋葬阶地和平原上的一些局部性小湖泊；但整个河网交错的洞庭平原景观仍较显著，大范围的浩渺水面却尚未形成。[③]

洞庭三山，只有湘山见于传世文献记载，唐以后地志载其地望约有三说：一说为今湖南岳阳市西30里洞庭君山。[④] 二说即洞庭湖南边青草山，在今湖南汨罗市西北

---

① 陈伟主编：《秦简牍合集·释文注释修订本（壹）》，第108页。

② 关于《鄂君启节》铭文及地理，参看殷涤非、罗长铭：《寿县出土的鄂君启金节》，《文物参考资料》1958年第4期；谭其骧：《鄂君启节铭文释地》，《中华文史论丛》第2辑，1962年，第169—190页，收入氏著《长水集》下，北京：人民出版社，1987年，第193—211页；何琳仪：《鄂君启舟节释地三则》，《古文字研究》第22辑，北京：中华书局，2000年，第141—145页；晏昌贵、郭涛：《〈鄂君启节〉铭文地理研究二题》，《华北水利水电学院学报（社会科学版）》2012年第5期。

③ 张修桂：《中国历史地貌与古地图研究》，北京：社会科学文献出版社，2006年，第141、144页。

④ 李吉甫：《元和郡县图志》卷27，江南道三·岳州巴陵县“君山”条；欧阳忞：《舆地广记》卷28，荆湖北路下·岳州巴陵县“君山”条；王象之：《舆地纪胜》卷69，荆湖北路下·岳州景物上，“君山”条；天顺《大明一统志》卷62，湖广岳州府山川“君山”条；顾祖禹：《读史方舆纪要》卷770，湖广岳州府山川“君山”条；乾隆《岳州府志》卷4《山川志》“君山”条；谭其骧主编：《中国历史地图集》第2册，北京：中国地图出版社，1982年，图幅11－12、22－23。戴均良主编：《中国古今地名大词典》，上海：上海辞书出版社，2005年，第2935页。整理者注释说：“洞庭湖以北有湘山。”大约也是从流行说法。

磊石乡。[①] 三说即今湖南湘阴县北45里黄陵山。[②] 按《水经注·湘水》篇经文说："（湘水）又北过下儁县西，微水从东来流注。"其注文则云：

> 湘水左会清水口，资水也，世谓之益阳江。……湘水左则沅水注之，谓之横房口，东对微湖，世或谓之麋湖也。右属微水，即《经》所谓微水经下儁者也。西流注于江，谓之麋湖口。……湘水左则澧水注之，世谓之武陵江。凡此四水，同注洞庭，北会大江，名之五渚。《战国策》曰："秦与荆战，大破之，取洞庭五渚者也。"湖水广圆五百余里，日月若出没于其中。《山海经》云："洞庭之山，帝之二女居焉。沅、澧之风，交潇、湘之浦，出入多飘风暴雨。"湖中有君山、编山。……是山，湘君之所游处，故曰君山矣。昔秦始皇遭风于此，而问其故。博士曰：湘君入则多风。秦王乃赭其山。……东北对编山，山多篾竹。两山相次去数十里，回峙相望，孤影若浮。[③]

《水经注》经文反映的是汉末地理状况，微水先入湘水，后入长江。注文反映魏晋南北朝时期的地理状况，湘、资、微、澧四水乃同会洞庭，北入大江。洞庭"湖水广圆五百余里，日月若出没于其中"，形成浩渺水面的大湖景观，与先秦秦汉时期大为不同。湖中的君山即今洞庭君山，编山又作艑山，今地名扁山，在今湖南岳阳市南。据《水经注》所引《山海经》《史记·秦始皇本纪》，可知郦道元是将君山当作湘山，东北对编山，"两山相次去数十里，回峙相望，孤影若浮"。但今扁山在君山的东南而不在东北，所以熊会贞乃引《史记正义》为说，以为湘山乃青草山，即上举第二种说法，如此方合于"东北对编山"。[④] 但《水经注·湘水》篇另有青草山，在巴陵县南79里，与此非一处，是郦道元并没有将青草山指认为湘山。且青草山"地貌形态完全不合战国秦汉时期传说中君山之地物"，所以张修桂以为注文中的"东北"乃"东南"之误。[⑤] 今存最古之地理书《山海经·中次十二经》说"洞庭山之首，曰篇遇之山"，然后依次列举诸山，以至洞庭之山，其间的里距不一定可靠，但方位要么作"东南"，要么作"东"，可见这一带的山脉没有东北走向的。[⑥]

君山既为湘山，编山当即屏山。扁或编为帮母真部字，屏为帮母耕部字，双声通转，或可

---

① 《史记·秦始皇本纪》"浮江至湘山祠"下《正义》引《括地志》；参看贺次君：《括地志辑校》，北京：中华书局，1980年，第234页。

② 王存：《元丰九域志》卷6《荆湖路南路·潭州湘阴县》"湘山"；《嘉庆重修一统志》卷358《湖南统部长沙府·山川》"黄陵山"条。

③ 杨守敬、熊会贞：《水经注疏》，南京：江苏古籍出版社，1989年，第3157—3161页。

④ 杨守敬、熊会贞：《水经注疏》，第3159—3160页。

⑤ 张修桂：《〈水经注〉洞庭湖水系校注与复原（上篇）》，中国地理学会历史地理专业委员会《历史地理》编辑委员会编：《历史地理》第28辑，上海：上海人民出版社，2013年，第1—32页。后收入氏著《龚江集》，上海：上海人民出版社，2014年，第150页。

⑥ 袁珂：《山海经校注》，北京：北京联合出版公司，2014年，第164—166页。

通假。秦始皇巡游，是先到南郡江陵，然后顺长江而下至湘山祠，在今岳阳西北“凌涉洞庭之水”，先登湘山（君山），再上屏山（扁山），在地理方位和行进次序完全讲得通。简文说秦始皇“望骆翠山以南，树木□见亦美”，“望”的地点也应该是在屏山。“望骆翠山以南”应该是向北方眺望，否则是看不到骆翠山以南的。而能够望见树木“□见亦美”，可见骆翠山距屏山亦不甚远，符合这些条件的，只有巴岳山足以当之。《水经注·湘水》篇［经］：“（湘水）又北至巴丘山入于江。”［注］：“山在湘水右岸。山有巴陵故城，本吴之巴丘邸阁城也。……巴陵西对长洲，其洲南分湘浦，北届大江，故曰三江也。三水所会，亦或谓之三江口矣。夹山列关，谓之射猎，又北对养口，咸湘浦也。水色青异，东北入于大江：有清浊之别，谓之江会也。”杨守敬疏：“今巴邱山在岳州府城内西南隅，亦名天岳山。”①

《禹贡》“导江”：“（大江）又东至于澧，过九江，至于东陵。”澧，《史记》《汉书》并作醴。孔颖达疏引郑玄曰：“此经自导弱水以下，过言‘会’者皆是水名，言‘至于’者，或山或泽，皆非水名。故以合黎为山名，澧为陵名。”清代地理名家胡渭《禹贡锥指》引易氏云：“澧州在江南，无非山泽，澧陵是小山，因水而得名者。”胡氏以为此说近是，并将经文之“澧”定在岳阳巴丘一带。②

### 2. 苍梧郡北境

先秦古书多将苍梧与舜之葬地联系在一起，在长沙马王堆古地图中有九疑（嶷）山，旁注“舜葬”，可见汉初传说即如此。从“令苍梧谨明为骆翠山以南所封刊”一句看，苍梧应为郡名而非一般地名。从简文看，秦始皇“凌涉洞庭之水，登相（湘）山、屏山”“望骆翠山以南”“而令苍梧谨明为骆翠山以南所封刊”，则湘山、屏山、骆翠山，乃至洞庭之水，皆应在秦苍梧郡辖域之内。

关于秦苍梧郡，最早由陈伟据秦汉简牍揭示出来，其郡域范围“包含今湖南沅江、澧水流域，湖北清江流域以及四川黔江流域；其东境则可能更为突出，进至洞庭湖沿岸”。又说：“在地理分布上，……洞庭、苍梧大致是一北一南。”③但从他实际所考的地理范围看，秦洞庭郡在西北，苍梧郡则在东南，两者并非完全的南北格局。其后周振鹤在陈文的基础上更进一步从自然地理形势分析，指出今湖南地区主要由四条长江支流，即湘、资、沅、澧四水的流域所组成。而在湘、资二水与沅、澧二水之间有天然的屏障——雪峰山相隔离。因而，从汉代开始直

---

① 杨守敬、熊会贞：《水经注疏》，第 3163 页。

② 胡渭：《禹贡锥指》，邹逸麟整理，上海：上海古籍出版社，1996 年，第 570—571 页。又，宋人以为巴丘山即《禹贡》“导江”之东陵，参蔡沈：《书经集传》，上海：上海古籍出版社，1987 年，第 35 页。

③ 陈伟：《秦苍梧、洞庭二郡刍论》，《历史研究》2003 年第 5 期。

到南宋，湘、资二水流域与沅、澧二水流域始终分处不同的郡级政区，而且往往也不在同一个高层政区中。由这个自然地理背景推测，在楚国时与秦代，苍梧郡与洞庭郡亦应东西分处湘资与沅澧两个流域。但他为了照顾洞庭郡得名于洞庭，而将洞庭湖移属洞庭郡。① 现据岳麓简《秦始皇禁湘山诏》，秦苍梧郡当据有洞庭湖大部地区。

秦洞庭郡以“洞庭”为名却不包括洞庭水域的主体地区，可能是因为秦洞庭郡沿袭楚洞庭郡而来。楚国原有洞庭、苍梧二郡，洞庭郡当掩有洞庭大部或全部，在秦人占领该地区后继续沿用楚郡名，而郡域却有所调整，将原属楚洞庭郡的洞庭湖一带划归苍梧郡，而保留洞庭郡名如故。（见示意图）

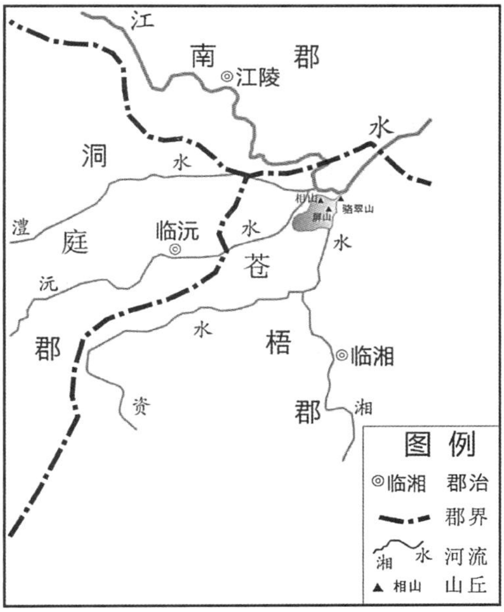

洞庭三山与苍梧郡北界示意图

## 二、《秦始皇本纪》“伐赭湘山”分析

《史记·秦始皇本纪》所记始皇帝南游江湘，却有与上述“禁湘山诏”所见完全不同的面相，其文曰：

> （秦始皇）乃西南渡淮水，之衡山、南郡，浮江，至湘山祠。逢大风，几不得渡。上问博士曰：“湘君何神？”博士对曰：“闻之：尧女，舜之妻，而葬此。”于是始皇大怒，使刑徒三千人皆伐湘山树，赭其山。②

秦始皇在湘山遭遇大风，几乎不能渡过湘江，以为当地神灵作怪，问随行博士得知湘君为尧之女、舜之妻，死后葬在此地。《史记正义》引《列女传》云：“舜陟方，死于苍梧。二妃死于江湘之间，因葬焉。”《索隐》则以为《楚辞·九歌》有湘君、湘夫人，夫人是尧女，湘君当是舜。博士以湘君为尧女，“是总而言之”。③《山海经·中次十二经》洞庭之山，“帝之二女居之，是常游于江渊。澧、沅之风，交潇、湘之渊，是在九江之间，出入必飘风暴雨。”明人汪绂曰：“帝之二女，谓尧之二女以妻舜者娥皇、女英也。相传谓舜南巡狩，崩于苍梧，二妃奔赴

① 周振鹤：《秦代洞庭、苍梧两郡悬想》，《复旦学报（社会科学版）》2005 年第 5 期。

② 泷川资言：《史记会注考证》，第 347 页。

③ 泷川资言：《史记会注考证》，第 348 页。

哭之,陨于湘江,遂为湘水之神,屈原《九歌》所称湘君、湘夫人是也。”[①]楚卜筮祷祠简屡见楚人祭祷“二天子”,当即“帝之二女”湘君、湘夫人,是楚人信奉的地方神。[②] 始皇将所遇大风归罪于楚地神灵,暴怒之下,“使刑徒三千人皆伐湘山树,赭其山”。关于“赭其山”,《史记正义》仅注明“音者”,对于其义则未置一辞。现当代学者对“赭其山”说法不一,顾颉刚说:“他派了三千个刑徒,把湘山的树全都砍伐了,放火把山烧红了,他的气才平了。”[③]但《本纪》中并没有放火烧山事,顾先生有增字解经之嫌。《剑桥中国秦汉史》将“赭其山”翻译为“把山涂以红色”,怀疑此事“不但在历史上似乎不可能发生,而且这个行动尤其难以用人力来完成”。[④] 柯马丁亦有类似说法,并且怀疑“这些漆料从何而来”?[⑤] 中国学者于琨奇也说:“秦始皇听后不禁大发雷霆之怒,命令三千名囚徒将湘山上的树木统统砍倒,并将山体涂上囚服的赭色,以示湘君也成了秦王朝的囚徒。”[⑥]用漆料将湘山涂成赤红色存在技术上的难题,显得不是很可信。王子今大约意识到了有关困难,只是简单地说“使山色为赭”。[⑦] 可是如何“使山色为赭”,王先生没有深说。其实,“赭”除了有红色义项之外,还有裸露之义,柳宗元《晋问》:“群饮源槁,回食野赭。”顾炎武《天下郡国利病书·广东二·从化县》:“每炭一出,沿溪接艇,不数年中,群山尽赭。”这些文例虽然年代较晚,但词义当有较早的渊源。美国学者陆威仪(Mark Edward Lewis)就将“赭其山”理解为“砍伐湘山树使山裸露”。[⑧] 盖因湖南君山(湘山)一带为红壤地貌,土壤呈红色。当伐光地表树木之后,山体自然呈现出一派红色来。

总而言之,《秦始皇本纪》与《秦始皇禁湘山诏》表现出两个不同的秦始皇面相,前者表现秦始皇征服自然、与神搏斗的狂妄自大,后者表现秦始皇喜爱自然、欣赏美景的怡然自得。前者是对秦始皇丑化和否定,后者是对秦始皇褒扬和肯定。前者是负面的、消极的,后者是正面的、积极的。

---

① 袁珂:《山海经校注》,第166页。

② 参看晏昌贵:《巫鬼与淫祀——楚简所见方术宗教考》,武汉:武汉大学出版社,2010年,第150—151页。

③ 顾颉刚:《秦始皇帝》,胜利出版社,民国33年渝初版、民国35年沪一版,第77页。张分田:《秦始皇传》,北京:人民出版社,2008年,第557页有类似的说法。

④ 崔瑞德、鲁惟一主编:《剑桥中国秦汉史:公元前221—公元220年》,杨品泉等译,北京:中国社会科学出版社,1992年,第116页。

⑤ 柯马丁(Martin Kern):《秦始皇刻石:早期中国的文本与仪式》,刘倩译,第144页。

⑥ 于琨奇:《秦始皇评传》,南京:南京大学出版社,2002年,第96页。

⑦ 王子今:《秦汉史:帝国的成立》,北京:中信出版集团股份有限公司,2017年,第60—61页。

⑧ Mark Edward Lewis, *The Construction of Space in Early China*. Albany: State University of New York Press, 2006, p. 174.

如何看待这两种迥然不同的秦始皇面相？简牍研究者通常是认为简牍材料新出，是可信的；《史记》纪事则不可信。① 或者说，简牍所载为真“史实”，《史记》所记则为伪“传说”。但这样的处理方式未免过于简单了，不仅将复杂的历史面相简单化，还可能丧失了进一步解读传世文献的机会。在本节的剩余部分，我们将把秦始皇伐湘山树赭其山的纪事置于《秦始皇本纪》有关秦始皇巡游叙事的语境和背景下，探讨其中的意涵以及司马迁眼中的秦始皇形象。

《秦始皇本纪》记载了秦始皇五次巡游的全过程，除第一次巡游帝国的西北部陇西、北地外，其余四次都集中在帝国的东部或东南部。② 其写法遵从固定的模式，除交代巡游地点外，主要由刻石和“故事”组成，略如下表所示：

表 1　秦始皇东行郡县表

| 年　代 | 巡游地点及路线 | 故　事 | 刻　石 | 备　　注 |
|---|---|---|---|---|
| 二十八年（前 219 年） | 东行郡县，上邹峄山 | 罢黜儒生 | 峄山刻石 | 峄山刻石曾见存于 14 世纪以来的各种碑铭，见容庚《秦始皇刻石考》<br>绌儒生事见《封禅书》 |
| | 上泰山 | 封五大夫 | 泰山刻石 | |
| | 并勃海以东，过黄、腄，穷成山，登之罘<br>南登琅邪，作琅邪台 | 入海求仙 | 琅邪刻石 | |
| | 始皇还，过彭城。乃西南渡淮水，之衡山、南郡，浮江，至湘山祠。自南郡由武关归 | 泗水升鼎<br>伐赭湘山 | | |
| 二十九年（前 218 年） | 东游阳武。登之罘。之琅邪。道上党入 | 博狼遇盗 | 之罘刻石。之罘东观刻石 | 博狼沙遇盗见《留侯世家》<br>柯马丁以为之罘刻石应置于二十八年登之罘时 |
| 三十二年（前 215 年） | 之碣石。从上郡入 | 奏录图书 | 碣石刻石 | |
| 三十七年（前 210 年） | 始皇出游，行至云梦。浮江下，过丹阳，至钱唐，临浙江，上会稽祭大禹。还过吴，并海上，北至琅邪。至之罘。遂并海西。至平原而病 | 海上巨鱼 | 会稽刻石 | |

观察上表，可以发现，司马迁对秦始皇东巡郡县的叙事是由两个部分组成，故事的叙述和石刻文字交替出现。石刻录自碑铭，材质坚硬，具有永久的纪念碑性；故事多来自口传，流

① 秦桦林：《〈岳麓书院藏秦简（伍）〉第 56－58 号简札记》，简帛网，2018 年 3 月 11 日。

② 参看王京阳：《关于秦始皇几次出巡路线的探讨》，《人文杂志》1980 年第 3 期；李瑞、吴宏岐：《秦始皇巡游的时空特征及其原因分析》，《中国历史地理论丛》2003 年第 3 期。

动性较强，具有民间色彩。石刻碑铭是“硬”材料，口传故事具“软”性质；石刻碑铭叙述严谨，是“冷”的一面；口传故事热情奔放，是“热”的一面。“冷”“热”交替，“软”“硬”兼施，使得整个叙事的效果生动有趣，变动不居，波澜起伏，而又不失其稳定性。石刻的稳定严谨，起到界标的作用，故事的流动多变，形成丰富多彩的历史画卷，推动着叙述的层层深入，直至终点（秦始皇的死亡）。事实上，“秦始皇泗水捞鼎图”、“张良椎秦皇”（博狼沙遇盗）亦曾见于汉代画像石。[①] 如果我们把司马迁对秦始皇东巡看作一幅绘画长卷的话，其中的若干历史故事就可以构成单幅图像，而石刻碑铭就如同界栏，起着分隔画面的作用。随着“故事（story）”画面的层层展开，“历史（history）”亦逐步向前推进。这其中，“伐赭湘山”的那次旅行，似乎又起着关键性的作用。司马迁在《秦始皇本纪》中写道：

> （三十六年）秋，使者从关东，夜过华阴平舒道，有人持璧遮使者曰：“为吾遗滈池君。”因言曰：“今年祖龙死。”使者问其故，因忽不见，置其璧去。使者奉璧具以闻。始皇默然良久，曰：“山鬼固不过知一岁事也。”退言曰：“祖龙者，人之先也。”使御府视璧，乃二十八年行渡江所沈璧也。于是始皇卜之，卦得游徙吉。[②]

司马迁这段文字写得虚虚实实，云遮雾罩。“使者”“有人”，全然不知何许人也，其事亦似有无之间。“始皇默然良久”以下，描写生动传神：秦始皇也是一平常人。这里的关键，是点出次年出游的动机：“有人”所持之璧乃“乃二十八年行渡江所沈璧也”，而渡江所行之事，据司马迁所记乃是“伐赭湘山”。所以，三十七年出游一反常态，是先到云梦，“望祀虞舜于九疑山”，这表明，秦始皇出游似有后悔“伐赭湘山”之意，因而“伐赭湘山”事不可更改或抛弃，它是司马迁《秦始皇本纪》叙事的关键。

秦始皇东巡，是在用脚步亲自丈量新征服的东部疆界。在秦征服东方六国的过程中，有两个国家比较特殊，一是东方大国齐，距离西方的秦国遥远，战国之世的直接正面冲突既少，最后和平投降，没有经过战争的洗礼，很多方面仍然保持着齐国固有的宗教习俗、文化传统；另一个是南方大国楚，秦国虽然经过三次大的战役攻灭楚国，但楚人势力仍很强悍，所谓“楚虽三户，亡秦必楚”，秦末起事的陈胜，直接覆灭秦王朝的项羽，和取得最终胜利建立汉

---

① “秦始皇泗水捞鼎图”由俞伟超命名，相关图像见王思礼等：《山东微山县汉代画像石调查报告》，《考古》1989年第8期，中国画像石全集编辑委员会编：《中国画像石全集》第3册《山东汉画像石》，济南：山东美术出版社，2000年，第196页。据辛旭龙（辛旭龙《汉画中的“泗水捞鼎”图像》，南京艺术学院硕士学位论文，2012年）统计，山东、江苏的泗水捞鼎图像有29幅，河南南阳4幅，四川8幅。最新研究成果见邢义田：《汉画解读方法试探——以“捞鼎图”为例》，收入氏著《画为心声：画像石、画像砖与壁画》，北京：中华书局，2011年，第398—439页。“张良椎秦皇”图像见中国画像石全集编辑委员会编：《中国画像石全集》第7册《四川汉画像石》，郑州：河南美术出版社，2000年，第68页。

② 泷川资言：《史记会注考证》，第363页。

王朝的刘邦,都是楚人。[1] 所以秦始皇要东巡郡县,并在所到之地的高山之巅立碑刻石,乃是向被征服地区的民众及其神灵宣示征服,带有威慑恐吓的意图。[2] 通过将这些石刻置于新征服的东方各国的山巅,秦始皇用新统一的帝国文字,把他在现实中取得的权力,融刻进新臣属的圣地景观之中,从而完成了他的征服伟业。[3] 从这个角度观察"伐赭湘山",可能会有意想不到的发现。按上表所示,"故事"与石刻往往存在对应关系,如"罢黜儒生"对应峄山刻石,"封五大夫"对泰山刻石,"入海求仙"对应琅邪刻石,等等。按此规律,与"泗水升鼎"对应的是"伐赭湘山",在这种对应关系中,"伐赭湘山"就相当于石刻碑文,起到对地方神灵的恐吓和威慑作用。

秦始皇的东巡,实际上也是向公众展示皇帝和帝国的威仪。如同司马迁向读者展示始皇巡游的画卷一样,东方的民众也在观看秦始皇的巡游。《史记》记录了其中两个人的观感。《项羽本纪》说:"秦始皇帝游会稽,渡浙江,梁与籍俱观。籍曰:'彼可取而代也。'"项羽(籍)是故楚国的没落贵族,有此观感一方面显示其英雄不凡的抱负,另一方面也可表明东方民众对始皇观感颇为不善。《高祖本纪》所记刘邦则是另一种情形:"高祖常繇咸阳,纵观,观秦皇帝,喟然太息曰:'嗟乎,大丈夫当如此也!'"虽然英雄气概不及项羽,但取代之心时或有之。死后埋葬在今湖北云梦睡虎地秦安陆县的小吏"喜",在随葬竹简《叶书》中对秦始皇南游江湘曾写过一笔"今过安陆","今"即始皇帝。日本秦汉史名家鹤间和幸据此推论说:"当时四十四岁的喜也许不再是地方官吏了。作为生活于秦王时代的喜,我们可以从他见到秦始皇的记述中见到感激的味道。""传递出一种为秦朝供职的欣慰。"[4]台湾史语所的邢义田教授亦加推演:"(喜)将个人的生命与帝国的命运交织成篇,似乎反映了他对有幸参与帝国的建设的骄傲。"[5]二位当代史家的想法未免太过现代化了。我们从刘、项观看秦始皇的反应,以及当时东方六国普遍对秦帝国的敌对情绪看,"喜"的反应恐怕是不会有"感激""欣慰"和"骄傲"之情的。司马迁在《秦始皇本纪》所记录的诸多民间故事,应该是当时东方六国民众对秦始皇的集体记忆,而不是汉朝人对秦始皇帝的丑化。

石刻碑文来自秦宫廷礼仪专家之手,是秦官方的国家记忆,它镂于金石,可以传之久远。

---

① 关于秦灭楚的过程,参看晏昌贵:《秦简牍地理研究》,武汉:武汉大学出版社,2017 年,第 78—113 页。

② 柯马丁(Martin Kern):《秦始皇刻石:早期中国的文本与仪式》,刘倩译,第 95 页。

③ Mark Edward Lewis, *Writing and Authority in Early China*, Albany: State University of New York Press, 1999, p. 339.

④ 鹤间和幸:《始皇帝的遗产:秦汉帝国》,马彪译,桂林:广西师范大学出版社,2014 年,第 29 页。

⑤ 邢义田:《中国皇帝制度的建立与发展》,收入氏著《天下一家:皇帝、官僚与社会》,北京:中华书局,2011 年,第 9 页。

司马迁将金石文字转录于竹帛，历经千年转抄移写，虽有个别文句存在讹误，但仍不失为秦人自我想象和对外宣传的真文献。分析石刻铭文的主题，大致表现在三个方面：（1）皇帝临察、巡历与群臣诵功；（2）武力征服，文德开始；（3）统治与福禄绵延永恒。① 刻石塑造了秦始皇的“真君”形象，他是宇宙之王，有超凡的品质和道德、智识方面的优势，能使政治统一和社会安宁。②

始皇巡游所遭遇的“故事”，则多采自民间口传，是东方被征服地区的集体记忆。司马迁曾“适齐，自泰山属之琅邪，北被于海”（《齐太公世家》）；又“南登庐山，观禹疏九江，遂至于会稽”（《河渠书》）；还“适长沙，观屈原所自沉渊”（《屈原贾生列传》）。大凡始皇巡游之场，太史公无不一一亲历。而每到一地，则“观其行事，问其长老”（《龟策列传》）。对于采集的众多的民间口传故事，司马迁自有录用的标准，《五帝本纪》太史公曰：

> 学者多称五帝，尚矣。然《尚书》独载尧以来，而百家言黄帝，其文不雅驯，荐绅先生难言之。孔子所传宰予问《五帝德》及《帝系（世）姓》，儒者或不传。余尝西到空桐，北过涿鹿，东渐于海，南浮江淮矣，至，长老皆各往往称黄帝、尧、舜之处，风教固殊焉，总之不离古文者近是。予观《春秋》《国语》，其发明《五帝德》《帝系（世）姓》章矣，顾弟弗深考，其所表见皆不虚。书缺有间矣，其轶乃时时见于他说。非好学深思，心知其意，固难为浅见寡闻道也。余并论次，择其言尤雅者，故著为本纪书首。③

可见太史公在对待时间久远的“历史”时，他所采择标准是民间口传服从文本文献，而文本文献又“择其言尤雅者”。在《大宛列传》中，对于黄河出昆仑之说，曾谓“今自张骞使大夏之后也，穷河源，恶睹乎本纪所谓昆仑乎？”最终宁愿相信《尚书》（禹贡）之说，“至《禹本纪》《山海经》所有怪物，余不敢言之也。”④表现出相当理性的态度。

对于距离自己并不太遥远的秦朝“历史”，也许是文献不足征，太史公更多采择民间传说。我们不知道司马迁是否看到过“秦始皇禁湘山诏”，但当时应存在与“始皇伐赭湘山”不同的民间传闻。《论衡·书虚篇》称：“秦始皇渡湘水遭风，问湘山何祠。左右对曰：‘尧之女，舜之妻也。’始皇大怒，使刑徒三千人，斩湘山之树而履之。”文中并无“赭湘山”的记述。刘盼遂以为“履”当为“覆”之误字，“覆”读礼“覆亡国之社”之“覆”。⑤ 所谓“覆亡国之社”是指覆盖亡国屋社，不使通阳气。湘山上有树，即是“覆之”，何凡先伐再“覆”，其说不可通。

① 柯马丁（Martin Kern）：《秦始皇刻石：早期中国的文本与仪式》，刘倩译，第 118—126 页。

② Yuri Pines, Gideon Shelach, Lother von Falkenhousen, and Robin D. S. Yates eds., *Birth of an Empire: The State of Qin Revisited*, Oakland: University of California Press, 2014, p. 265.

③ 泷川资言：《史记会注考证》，第 61—62 页。

④ 泷川资言：《史记会注考证》，第 41、59 页。

⑤ 黄晖：《论衡校释（附刘盼遂集解）》，北京：中华书局，1990 年，第 187 页。

“履之”当读为本字,指秦始皇斩伐树木而亲履践之。在较晚期的传世文献中,亦存有秦始皇游湘山的民间传说,《太平寰宇记》引庾穆之《湘中记》云:“昔秦皇欲入湘观衡山,而遇风浪溺败,至此山而免,因号为君山。”①如果当时果真存在不同的民间传闻,司马迁的选择标准又是如何呢? 作为精心构撰的一部史学名著,司马迁选择的民间传说除了强调“雅”的一面外,还要符合他所描写的人物性格形象和他所表现的主题。

《秦始皇本纪》中的始皇巡游“故事”亦有主题,这就是“且战且学仙”。求仙学仙的主题贯穿始皇巡游后半部分故事情节,先是二十八年巡游琅邪,“既已,齐人徐市等上书,言海中有三神山,名曰蓬莱、方丈、瀛洲,仙人居之”“于是遣徐市发童男女数千人,入海求仙人”。继之以三十二年巡游碣石,“使燕人卢生求羡门高誓”“使韩生、侯公、石生求仙人不死之药”,因卢生奏录图书“亡秦者胡也”,而“使将军蒙恬发兵三十万人北击胡”。三十七年最后一次巡游,至琅邪,被方士徐市所骗,海上射大鱼。长途奔波,积劳成疾,终至不治。求仙由徐市始,亦由徐市终。

至于“战”,主要与大自然的搏战,所谓与天斗、与地斗,秦始皇是乐此不疲的。上泰山立石,下山遇风雨暴至,休于树下,“因封其树为五大夫”。秦始皇俨然为大自然的主人,有封赏赐予之权。伐湘山树并“赭其山”,对大自然行使惩罚刑杀之权,依然表现秦始皇征服自然的主题。至于海上射杀巨鱼,更与大自然搏斗,并取得胜利的“杰作”。而像罢黜儒生,博狼沙遇盗这样与自然搏斗无关的主题,则分别移至《封禅书》和《留侯世家》,另行处理,以保持叙事主题的一致性。在此背景下,司马迁即便看到“秦始皇禁湘山诏”,他将如何处置,也就不言自明了。

## 三、结　　语

《史记·秦始皇本纪》有关始皇帝东方巡游的叙事由多重二元对立项组成:石刻碑铭与口头传说,西方与东方,征服与被征服,国家与民间,“硬”与“软”,稳定与流动。在石刻碑铭中,秦始皇是结束战乱带来和平的创始人,是允文允武的道德典范,是囊括六合的宇宙之王。这是来自西方秦国官方的记述,以征服者的形象向东方世界宣告其权威和统治,并由坚硬厚重的石刻耸立东方圣山之巅,具有永久的纪念碑性。

秦始皇伐赭湘山,与其他民间口头传说一起,塑造了秦始皇的另一副面孔和形象:他是严刑酷法的实施者,是道德水平低下的伪君子,是征服自然亵渎神灵的半神(a semidivine

① 乐史:《太平寰宇记》,王文楚点校,北京:中华书局,2008年,第2299—2300页。

person)或超人(superhuman)。① 这是来自东方被征服地区民众的集体想象和记忆,是对征服者残暴统治的对抗式反应。司马迁运用高超的叙事技巧,将二者熔铸一体,形成一篇史学杰作。

新发现的《秦始皇禁湘诏》,描述始皇帝"凌涉洞庭之水,登湘山、屏山""望骆翠山以南",因其"树木野美",而下令"皆禁勿伐"。秦始皇帝成为大自然的赞美者和美丽景观的欣赏者。这是秦始皇前所未见的新形象、新面孔。

历史在于求得真相,而真相存在于文本。对于秦始皇不同的"历史面相",通常认为石刻出自秦官方记录,是可信的"真历史"。而出土文献(包括秦简牍)亦为当时的实录,所以是真文献,可以据此复原起"真秦史"。② 我们姑且不论秦石刻及秦简牍在秦人自我想象和自我宣传方面是否存在粉饰和夸大的成分,即以《史记·秦始皇本纪》而论,其中"故事传说"当来自秦帝国东方地区民间的集体记忆,经司马迁写定载于竹帛,读者在阅读《史记》的过程中,亦在塑造重构秦始皇的形象,而且读者的阅读往往忽略其中的石刻部分,喜爱并关注传说故事。千百年来,不同读者对秦始皇有着不同的想象和评议,形成秦始皇的另一种历史,亦即"文本的历史"。我们在探寻历史真相,寻找真实的秦始皇面相的同时,不要忘了《秦始皇本纪》所载故事中的秦始皇,也许《史记》文本中的秦始皇形象,比从地下挖出来的秦始皇面相,更有影响力,亦更具历史意义。

(原文载《华中师范大学学报(人文社会科学版)》2018 年第 4 期)

---

① Yuri Pines(尤锐), The Messianic Emperor: *A New Look at Qin's Place in China's History*, In Birth of an Empire: The State of Qin Revisited, University of California Press, 2014. p. 268.

② Yuri Pines(尤锐),"The question of interpretation: Qin history in Light of New Epigraphic Sources," *Early China*, 29, 2004, pp.1-44.

# 史籍失载的秦始皇荆楚故地的一次出巡及其诏书析证

## ——岳麓书院藏秦简《秦始皇禁伐湘山树木诏》新解

◎ 孙家洲（中国人民大学历史学院）

秦始皇在完成吞并六国、统一华夏的旷世大业之后，到他途中病逝于沙丘宫为止，共有五次“出巡”之举。《史记·秦始皇本纪》记载了这五次出巡的具体时间和行经之地及主要的举措。不管对秦始皇五次“出巡”的意义评估，有多少不尽一致的看法，认定它有重要的政治文化作用，是秦始皇力图巩固统一秩序的努力之一，应该是多数历史学人的共识。在《史记》所记载的五次“出巡”之外，秦始皇是否有过另外的出巡之举？在新材料问世之前，由于史料的限制，历史学界自然无从探讨。《岳麓书院藏秦简（伍）》公布了秦始皇的一道诏书，依据其主要内容，可称为《秦始皇禁伐湘山树木诏》。这道意外发现的诏书，为讨论秦始皇此次南巡荆楚故地之举，提供了令人兴奋的新材料。为便于其后的述论起见，先将这道珍贵的《秦始皇禁伐湘山树木诏》，依据释文录出如下：

> ●廿六年四月己卯，丞相臣状、臣绾受制相（湘）山上：“自吾以天下已并，亲抚晦（海）内，南至苍梧，凌涉洞庭之水∟，登相（湘）山、屏山，其树木野美，望骆翠山以南，树木□见亦美，其皆禁勿伐。”臣状、臣绾请：“其禁树木尽如禁苑树木，而令苍梧谨明为骆翠山以南所封刊。臣敢请。”制曰：“可。” ●廿七。[①]

这道新出秦始皇诏书，引起了学界关注和讨论，有4篇专论文章：秦桦林《〈岳麓书院藏秦简（伍）〉第56－58号简札记》，[②]于振波《岳麓书院藏秦简始皇禁伐树木诏考异》，[③]晏昌贵《禁山与赭山：秦始皇的多重面相》，[④]符奎《自然、家庭与帝国：人性视角下的秦始皇——

---

① 陈松长主编：《岳麓书院藏秦简（伍）》，上海：上海辞书出版社，2017年，第57—58页。

② 秦桦林：《〈岳麓书院藏秦简（伍）〉第56—58号简札记》，简帛网，2018年3月11日。

③ 于振波：《岳麓书院藏秦简始皇禁伐树木诏考异》，《湖南大学学报（社会科学版）》2018年第3期。

④ 晏昌贵：《禁山与赭山：秦始皇的多重面相》，《华中师范大学学报（人文社会科学版）》2018年第4期。

从岳麓秦简秦始皇“禁伐树木诏”谈起》;[①]其视角和侧重点各有不同,对诏书文本的解读旨趣也互有异同,对于深化这个课题的研究,各有贡献。在本文所讨论的几个问题之下,上述四篇文章的相关论断,我分别加以引用和讨论。

## 一、诏书颁布时间:秦始皇廿六年

依据上文引录的秦简释文,《秦始皇禁伐湘山树木诏》下达的时间很具体“廿六年四月己卯”。但是,很关键的第二字“六”是否释读准确,是有争议的一个问题。于振波在文章中从字形余笔的推测入手提出了不同的释读意见。谨将其说分段摘录如下:

> 简 1001－1 右半残缺,所有字迹只存左半,给准确释读带来一定困扰。好在此简绝大多数文字的释读,从字形到上下文意的贯通,都无争议,只有被整理者释为“廿六年”的“六”,却存在疑点。整理者认为此字残存字迹与简 0964 等简中的“六”非常相似,因此释为“六”。
>
> 从字形上看,释为“六”虽有字例可资参证,但是也存在相左的字例。简 0970 中“直钱千九百廿”的“九”也是一个残字,仅仅根据字形很难判断此字应该读为“六”还是“九”。
>
> ……
>
> 简 1001－1 确定为“六”,证据并不充分。
>
> 质言之,目前仅仅根据字形,很难判断简 1001－1“廿□年四月”中的“□”到底是“六”还是“九”。
>
> ……
>
> 相关释文应该修正为“廿九年”,而不是“廿六年”。
>
> 这条诏令也可补正《史记》对秦始皇二十九年第三次出巡路线记载的疏漏。[②]

于振波的考释,推测这道诏书的颁布时间不是“廿六年”,而应该是“廿九年”。对这道诏书意义的解读,自然也就会大不相同。

晏昌贵对诏书的年份提出了“廿八年”之说,他的考释意见关键在两句话:其一,“秦始皇廿六年四月壬子朔,己卯为 28 日;廿八年四月庚午朔,己卯为 10 日;廿九年四月甲子朔,

---

① 符奎:《自然、家庭与帝国:人性视角下的秦始皇——从岳麓秦简秦始皇“禁伐树木诏”谈起》,邬文玲、戴卫红主编:《简帛研究二〇一九·春夏卷》,桂林:广西师范大学出版社,2019 年,第 136—147 页。

② 于振波:《岳麓书院藏秦简始皇禁伐树木诏考异》。

己卯为 16 日。并可通。”是说从历法朔日推算，两个年份的“四月己卯”都在正常范围之内，不能根据历朔而直接排除其一。其二，“二十六年为始皇统一天下不久，此年当无始皇南巡事”。他认定为“廿八年”，推测的依据是“今查《史记·秦始皇本纪》，二十八年琅邪刻石曰：‘维二十八年，皇帝作始。’‘二十八年’一作‘廿六年’，是指秦始皇始建帝国的年代，‘皇帝作始’可为证明”。他的结论是“因此，我猜测，简文中的‘廿六年’很可能是误将秦统一之年当作秦始皇南巡江湘之年，其误如今本《史记》琅邪刻石”①。

符奎的文章，对于诏书的颁布年代，没有多加考订，只是简洁明了地认定为“二十八年”，似乎是接受晏昌贵的影响较多：“《岳麓书院藏秦简（伍）》有一条简文涉及秦始皇二十八年（前 219）巡行，它反映的史实与《史记》的记载全然不同，一定程度上反映了秦始皇热爱山水的自然情怀。”还有一句断语，是截取了整理者按语的一部分而把“六”认定为“八”②。这样截取“整理者”按语中的“或说”部分而不及此前的考释意见，似乎有所不妥。

秦桦林对简文中的关键字是“六”还是“八”，有对比和思考，表达迂回委婉，其结论似乎是认定为“六”。

上述四位学者对《秦始皇禁伐湘山树木诏》的考释，在诏书的颁布年代上形成了三种不同意见，但是他们在解读这道诏书时，都与《史记·秦始皇本纪》记载的秦始皇某年的出巡联系到一起。在这一点上他们的思路是一致的。

我对这道新出秦始皇诏书的解读，有两点看法：

其一，诏书颁布的年代，是否可以确认为“廿六年”，最基础的工作，还是对简文的准确释读，这是“简牍学与出土文献整理”的经典功夫；其次才是与《秦始皇本纪》所载内容的关联性“通解”，这是简牍学与历史学相结合的解释路径。其中在“廿”字之后的关键字，释读为“六”？还是“八”或“九”，在简文释读过程中，就有所讨论。《岳麓书院藏秦简（伍）》对此字有一段整理者按语：“廿六年四月己卯：此简左右拼合后，‘六’字稍残笔画，但所见笔画与‘六’形完全相合，或疑此形为‘九’，但形体不如‘六’形吻合。《史记·秦始皇本纪》，秦始皇二十八年东巡泰山，经渤海，登琅琊。之后，西南渡淮水，到衡山、南郡，浮江至湘山祠。据此‘六’也可能是‘八’之误。此纪年的简文内容未见文献记载。”③这段按语应该理解为整理者对简文字形做反复比对之后的审慎取舍：他们认定将关键字释读为“六”，相比较“九”或“八”更为妥当。整理者的这个断语，应该是在充分吸收不同的释读意见基础上斟酌拟定

① 晏昌贵：《禁山与赭山：秦始皇的多重面相》。

② 符奎：《自然、家庭与帝国：人性视角下的秦始皇——从岳麓秦简秦始皇“禁伐树木诏”谈起》。其中把“六”认定为“八”的一处断语是：整理者推测：“此‘六’也可能是‘八’之误。”甚是。

③ 陈松长主编：《岳麓书院藏秦简（伍）》，第 76—77 页。

的。我认为，在对简文释读出现令人信服的重大突破之前，应该尊重整理者的这个判断。除了前面所述它是“集思广益”“审慎取舍”的分析之外，我还有一个相对感性的理由：陈松长教授对这个关键字的释读，特别用心。他不仅是这一研究项目的主持人，还是书法家，尤其是精通秦简书法，由他主导而做出的这个“整理者”断语，有理由得到更多的尊重。

其实，陈松长教授在另外一篇文章中还专门就这个字的释读做了说明：“这条令文经反复研读，其内容大致明晓，但颇有歧义的是其起首的‘廿六年’的‘六’字的释文隶定问题，从内容看，它所记载的是秦始皇‘廿六年’‘南至苍梧’，‘登相山、屏山’时所颁布的令文，但这与史书记载明显不符，因为《史记·秦始皇本纪》记载：二十八年，东巡上泰山，经渤海，登琅琊。其后，他‘乃西南渡淮水，之衡山、南郡。浮江，至湘山祠’。据此，秦始皇到湘山应该是在二十八年，故简文中的‘廿六年’的‘六’可能有误。而正好这个字保存得并不完整，故有的学者认为可能应隶定为‘八’或‘九’字。其实，该字形虽有残损，但关键笔画还是很清楚的……通过字形比较，此字显然只能是‘六’字，肯定不能释为‘八’或‘九’字。我们认为，不仅从字形上判断此字应该是‘六’字，而且将简文所记事件与历日天象和史书记载去比对，也可证明此处不能随便改释为‘八’或‘九’字。”①有这个论断，这个关键字释读为“六”应该可以成为定论了。

其二，认定诏书颁布于“廿六年”，就历史研究的价值而言，最为重大。只有这个年份得以确认，本文标题所凝练的研究结论才可以成立。如果把“六”字改释为“九”或“八”，也就是把这道诏书归属于《史记·秦始皇本纪》记载的秦始皇某年的出巡之内了。如此看待其事，其意义仅仅在于丰富了秦始皇某年出巡的第一手资料而已。它只可以证明《史记》漏载了秦始皇某次出巡的一道诏书。不论这道诏书的内容如何出人意表，其史料价值必定受限。唯有认定这道诏书颁布的时间不见于《史记·秦始皇本纪》记载的秦始皇任何一年的出巡，才使得这道新出诏书的历史研究价值更为凸显——它可以证明：《史记》漏载的不仅仅是秦始皇出巡途中的一道诏书，而是漏载了秦始皇的一次特殊的出巡。那么，这道新出诏书的意义之重大，就不言而喻了。

秦始皇廿六年（前221），之所以在中国古代的历史框架中具有特殊的坐标意义，就在于它与秦始皇吞并六国而建立华夏一统的“纪念碑”式的历史巨变直接关联。确认《秦始皇禁伐湘山树木诏》颁布于“廿六年”，就可以认定秦始皇在统一六国之后的出巡，不是《史记》所记载的五次，而是六次。并且补充《史记》所漏载的这次秦始皇的出巡，居然发生在完成华

① 陈松长：《〈岳麓书院藏秦简（伍）〉的内容及分组略说》，中国文化遗产研究院编：《出土文献研究》第14辑，上海：中西书局，2015年。

夏统一的当年，出巡之地不是秦国旧境，而是荆楚故地——探索其中可能蕴涵的历史奥秘，对于有幸见到《秦始皇禁伐湘山树木诏》文本的研究者而言，无疑充满了蛊惑力和幸运感。

依据这个思路，我展开下面的进一步分析。

## 二、秦始皇廿六年出巡荆楚故地可能性分析

上引几位学者的文章，之所以认为《秦始皇禁伐湘山树木诏》颁布时间不应该是“廿六年”的理由，除了对“六”的简文稍残笔画，因而给异释提供了可能性之外，更重要的是以“通解”的方式，认为“廿六年”是刚刚完成统一之年，秦始皇大事缠身，不太可能安排出荆楚之行的时间。

于振波于此用力最多，他排列史事，尤其注重比较秦人吞并楚国与齐国可能产生的不同感受，从而推测廿六年秦始皇不太可能有出巡荆楚之举。原文较长，兹摘要如下：

> 需要指出的是，这一年，还有更加值得庆祝的事，那就是与楚国实力和地位不相上下的齐国的归降。……由于齐国的归降，秦国的统一事业才得以完成，秦王政才能成为秦始皇。称帝后的嬴政马上东巡齐国故地，岂非更加顺理成章？
>
> 从咸阳出武关，到湘山，然后原路返回，大约需要两三个月时间。如果继续从湘山北上，到达齐国故地，再沿黄河西进，经函谷关返回，恐怕至少要半年时间（注释略去）。事实上，在秦始皇二十六年这一特殊年份，有很多比出巡更重要的工作需要帝国的君臣来做。虽说随着统一大业的完成，秦帝国主要是把秦制向六国故地推广，然而从王国到帝国，还是会面临诸多复杂的问题，各项政策，各种制度，需要群臣讨论，皇帝定夺。皇帝此时出巡，朝臣势必分为两部分，一部分跟随皇帝，一部分留守京城，彼此之间如何协商讨论，密切配合，恐怕存在很大问题。
>
> 秦始皇二十六年既没有灭楚之战那样的重大事件，又没有比祭告祖先和封禅更重要的事由，而且称帝之后的第一次出巡，甚至连一块歌功颂德的石碑都不曾树立，难免令人生疑。①

上引文字中，“如果继续从湘山北上，到达齐国故地，再沿黄河西进，经函谷关返回，恐怕至少要半年时间”，这当然是推测之语。我理解作者的用意所在，是为了强化秦始皇二十六年不可能有出巡之事的说服力而极言其耗时之长，除了出巡荆楚之外又附带上远巡齐地的假设，属于“推测中的附带推测”。本文的讨论不再延续“附带推测”的话题，而集中讨论

---

① 于振波：《岳麓书院藏秦简始皇禁伐树木诏考异》。

二十六年春夏之交秦始皇是否有出巡荆楚故地的可能性。

其一，秦始皇二十六年，固然是他完成统一华夏的坐标式年份，但是，却不是他最为紧张忙碌的年头，不至于无暇分身。

在某种意义上说来，我甚至认为有理由相信：这一年是秦始皇统一战争过程中最为游刃有余的一年，甚至是他心态上最为轻松和惬意的一年。六国被秦国吞并的顺序，以东方的齐国最晚。战国中期的齐国曾经一度与秦国并列为东西二强，其中的一个标志性事件就是公元前288年秦昭王与齐闵王并称“东西二帝”。① 但是，在经历了“弱燕破强齐”的变局之后，战国后期的齐国早就一蹶不振。等到秦始皇依次吞并六国之时，齐国空有大国之名，却根本不是强秦的对手。特别是由于秦国实施“重金收买”的策略，成功地收买了执掌国政的齐国丞相后胜。面对着秦人的战略迂回的威逼，齐国却不修攻战之备，最后秦人对齐国发起进攻，齐军未经一战就束手归降，秦人不战而胜。对这个关系重大的问题，我曾经写过一篇文章，做过专题讨论。其中说到对齐亡国的分析：“它毕竟是东方的大国。假如齐相后胜不被秦人所收买，他只需要按照战国时代列国之间常见的‘互相掣肘’的常态，在秦国出兵攻伐其他五国时，齐国派出援军，共同抵御秦军，那么，秦军吞并诸国的行动也必定受到制约。在后胜的主导之下，偌大的齐国，坐视秦军对其他国家各个击破而袖手旁观，最后齐国的命运居然是不战而降。”②号称东方大国的齐国在面临亡国之祸时，居然束手降秦，这就使得秦国统一战争的最后一战未曾“发力”即告结束。读史者甚至有理由推知：率领雄师从燕国南下进逼的秦将王贲或许有“英雄无用武之地”的遗憾。齐国不战而降的结局，使得秦国将士得以避免了一场苦战，就获得了统一战争的完胜。

如果一味地考虑这是统一战争的“收官”之年，并据此判断秦始皇陷入军国要务而无暇分身南巡，似乎也可顺理成章。但是，我们仔细分析秦军灭齐的实际状态，是否可以推测出另外一种可能——对秦始皇而言，享受不战而胜的结局，他的心情也必定是轻松愉快的。享受胜利的快感，更借灭齐的余威，而迅速决策出巡荆楚故地，确实有其可能性。

其二，推测二十六年秦始皇有南巡的可能性，还有一个“心理分析”的视角也应该予以重视。秦始皇亲自指挥的吞并六国的攻坚战，耗时十年，最为艰苦的战争就是灭楚之战。曾经出现过由李信统领的秦国二十万远征军被楚人击溃的重大败绩，秦始皇不得不亲自到告老还乡的老将军王翦的老家，敦请王翦复出。秦始皇以非凡的魄力，把组建起来六十万大军完全托付给王翦统领，南征荆楚强敌。秦军两次出动大兵，先后耗时二年，才得以灭楚。回

---

① 参见：《史记》卷6《秦本纪》，北京：中华书局，1959年，第212页：“王为西帝，齐为东帝。”《史记》卷46《田敬仲完世家》，第1898页：“王为东帝，秦昭王为西帝。”

② 孙家洲：《“重金收买”与“离间计”在秦统一过程中的作用》，《光明日报》2017年7月19日，第14版。

想秦始皇亲自登门敦请老将军王翦复出到王翦统兵南下的全过程，当时，守御军队空虚的君王与雄兵在手的大将之间，关系极为微妙，王翦不得不以公开索要“美田宅”的方式，以自污志节的方式谋求自保。请看王翦对左右亲信的肺腑之语：“夫秦王怚而不信人。今空秦国甲士而专委于我，我不多请田宅为子孙业以自坚，顾令秦王坐而疑我邪？”①其君臣关系到了如何尔虞我诈的程度？这对秦始皇而言，是无法忘记的艰难时刻。这个反复曲折的君臣心斗，连同对楚作战的惨烈战况，在秦始皇心中留下了最深刻印记，是不言而喻的。秦付出了惨重的代价取得灭楚的最后胜利是在秦始皇二十五年（前 222），第二年就取得不战而灭齐的巨大胜利。此时，作为征服者的秦始皇，携统一天下之威而南下荆楚，纵情享受统一战争的成果，也向曾经拼死抵抗的荆楚遗民炫耀武力，在秦始皇的内心深处，应该有此必要。

其三，秦王政（秦始皇）在完成统一六国的过程中，曾经有过一次匪夷所思的东行，这就是在秦军灭赵之后，秦王政竟然亲自远行到达赵都邯郸。他此次东行邯郸的所作所为，根据司马迁在《秦始皇本纪》中的记载，极为简单：“十九年，王翦、羌瘣尽定取赵地东阳，得赵王。引兵欲攻燕，屯中山。秦王之邯郸，诸尝与王生赵时母家有仇怨，皆坑之。秦王还，从太原、上郡归。”②当时，天下战事方殷，秦王政的此次东行，安全并非完全无虞，但是他却一定要亲临邯郸，似乎只为做一件事：那就是当年他出生在邯郸以及后来的童年成长时期对其母子结下仇怨的人，秦王政一定要亲自在场实施报复，将这些三十多年前结下私怨的赵都邯郸人全部坑杀。这样的行为，表现出他极为强烈的“报复”心态。从其身份而言，此时的秦王政是强秦之君，赵国已经被秦军攻灭，他是胜利的征服者，是君临赵国故地之上的新的统治者。按照一般的历史和政治常规，作为征服者的新君，应该努力塑造胸怀宽大、普示德泽的仁君形象，尤其是对于“打天下”过程中的敌对阵营的人物，更要显示理解“各为其主”的通达潇洒，标榜“不咎既往”的恢宏大度，以此来笼络人心、稳定大局。但是，秦王政却不屑于这样做。他要向世人显示的不是仁君形象，而是“快意恩仇”的性格特点。不论谁“得罪”了我，一旦我有胜算在握，一定不计后果地予以报复。请注意他的行程记录“秦王还，从太原、上郡归”，往返途中没有任何其他事项记载，这说明至少在司马迁所了解的历史信息中，秦王政此番东行没有其他值得记载入史的安排。基本可以断定，秦王政是专程前往邯郸实施残酷的“坑杀”报复。秦王政坑杀邯郸有旧怨的若干人，是这种复仇心理的表达；同样的道理，在“荆轲刺秦”失败之后，秦王政不仅要把荆轲本人肢解以泄愤，他还要调整对敌国用兵的重点，精兵强将压向燕国，一定要把荆轲背后的主使者燕太子丹置于死地方才罢休，也是复

---

① 《史记》卷 73《王翦传》，第 2340 页。

② 《史记》卷 6《秦始皇本纪》，第 233 页。

仇心理的表达。我甚至有如下推测：秦王政在类似的举动中刻意显示的，不是他“鲁莽野蛮”性格，或许他有另外的一种逻辑——在统一之战的过程中，用这种极端手段，来推行一种“威慑”效应：谁敢违逆秦国、得罪秦君，都要被追责、被复仇，要为此付出惨重的代价。对赵国和燕国超过常规的严峻处置，应该是同一个思路。

秦王政十九年的东赴邯郸，甚至不妨理解为是他统一华夏之后多次出巡的前奏曲，或者称之为预演。因此也就带有“随意性”和“非制度化”的色彩。这对于我们理解二十六年可能有南巡荆楚故地之行，至少可以有两点启示：1. 在评估此类事件是否可能出现时，不能只是根据一般事理来推测，而必须把这位当事人的特殊心态估测在内。2. 目标预设相对单纯的出巡，与《秦始皇本纪》所记载的五次内涵繁复的出巡相比较，往返所用时间可以大为压缩。让我们再回看《秦始皇禁伐湘山树木诏》所涉及的奉诏官员的简文：“丞相臣状、臣绾”，隗状（《秦始皇本纪》作“隗林”），时任左丞相；王绾，时任右丞相。两位丞相同为湘山受诏官员，表明此次秦始皇的南巡，不论是否是“制度化”的出巡，因为有两位丞相同行，也就可以判定出巡的规格很高。

如果我们认定《秦始皇禁伐湘山树木诏》确实颁布于二十六年，并且与十九年的邯郸之行同为目标相对单纯的出行类型，那么，秦始皇一行由关中经武关而南下，到达湘水湘山附近一带再返回关中根本之地，其筹备的难度和实际耗时，都可以减少许多。

## 三、《秦始皇禁伐湘山树木诏》文风刍议

《岳麓书院藏秦简（伍）》所公布的这道诏书，除了可以补出《史记》漏载的秦始皇出巡荆楚旧地、盘桓于湘山一事之外，还有一个文献解读层面，意义同样重大——这道诏书的文风，与我们此前所知道的秦始皇的诏书，有很大的差异。保留在《史记·秦始皇本纪》中的诏书，由两部分构成：一是随事而发的各种“诏曰”“诏书”“制书”和“上曰”，二是刊录的五次出巡途中的刻石颂德之文。这一组刻石，被合称为“秦代七大刻石”。它们分别是位于山东烟台的“之罘刻石”和“东观刻石”、位于青岛胶南市的“琅琊刻石”、位于山东邹县的“峄山刻石”、位于山东泰安的“泰山刻石”、位于河北昌黎县的“碣石刻石”、位于浙江绍兴的“会稽刻石”。根据历代传说，这七大刻石歌功颂德之文及其书法，同出自秦相李斯之手。秦代刻石，在中国文化历史上具有特别重要的意义。司马迁全文收录刻石原文，也被认为是开启了以石刻文字入史的先例。从“史料学”的角度而言，它们是研究秦朝历史的第一手史料。这两种类型的秦始皇诏书，从基本的文风而言是一致的。它们都带有皇帝文书的鲜明特色：多见朝廷的恢宏、政治的庄重、法律的威严，很少见到文学意义上的润色，更少见到个人情感

的自然流露。如果勉强以战国诸子的文风来做附会,那么秦始皇诏书最接近法家著作的文风:严谨威势有余,文气灵性不足。

但是,《秦始皇禁伐湘山树木诏》的遣词造句,足以令读者大感意外。它打破了我们以往对秦始皇诏书刻板文风的印象!它居然是那样的“文质彬彬”,不似君王严旨,倒带有几分文人醉情于名山修竹时而抒情的色彩。请复睹其中的佳句:“亲抚晦(海)内,南至苍梧,凌涉洞庭之水,登相(湘)山、屏山,其树木野美,望骆翠山以南,树木□见亦美……”特别是其中几个动词的妙用“凌涉”“登”“望”,再加之与“苍梧”“洞庭”“湘山”“屏山”“骆翠山”等山水名胜之地浑然一体的搭配,更有气韵十足的“树木野美”做点睛之笔,假如暂且搁置开篇与结尾的君王之语,这分明就是一篇荆楚湖光山色的踏青咏春之作!如果从文风来加以赏析,说它出自文士之手,似乎没有不妥。一个出于直感的判断,也就油然而生:这道诏书与《史记·秦始皇本纪》中保留下来的秦始皇的所有诏书相比较,其文风明显不同。

由此就产生了一个值得讨论的问题:秦始皇的诏书两种文风的不同是如何形成的?

我认为,诏书的文风不同,很可能是由于起草人的不同而形成。尽管诏书经过核准和颁发下达的程序,就凝固为皇帝的意旨,但是,“草诏”者的文风不同,在他们分别草拟的诏书中依然保留着各自的本色。

清代以“考据”而著名的历史学家赵翼注意到汉代有“汉诏多惧词”的现象。① 如果循此思路延伸:汉代皇帝发布的诏书中不仅有充满戒惧之心,而且对皇帝常有直刺其短之语,有的竟然是涉及到对皇帝个人道德和能力的贬斥。按照后世的人之常情推测,如果是臣子代拟诏书,对皇帝不敢如此不假颜色。由此逆推,汉代皇帝在某些情况之下或有自拟诏书的事例存在,应该是比较合理的推断。至于秦始皇是否曾经自拟诏书,《史记》等史籍没有留下明确的记载。但是,有一点是肯定的,秦始皇的诏书,多见自得和自傲,从来不见有自责之语,更不必说会有戒惧之心。由此可以逆推:秦始皇的诏书,大概都由别人代为草拟,而不是出自他本人笔下。秦始皇在不同时期所任用的“草诏”官员不同,其传世的诏书呈现出不同的文风,也就不必太过惊奇了。

历代为皇帝起草诏书,都是很重要的政治行为,往往有专设机构负责,由精通政事的官员来具体执行,这就是“草诏”机构和活动于其中的政治干才负责的工作。有“草诏”之权的官员,除了日常理政的能力之外,更必须是得到皇帝高度信任的人,要有与皇帝灵犀相通的能力。在秦汉时期,御史大夫所负责的官僚系统,既是诏书的起草和下达机构,也是监察机构。就一般常态而言,御史大夫作为朝廷重臣,一定负有“草诏”职责。其下的御史,也会有

---

① 参见赵翼:《廿二史札记》卷2,南京:凤凰出版传媒集团、凤凰出版社,2008年,第28页。

参与草诏的机会。检索《史记》，秦始皇时代担任御史大夫之职的，似乎仅有冯劫一人见于记载。值得我们高度注意的是：恰好是在二十六年，秦始皇完成统一之后，下令群臣“议尊号”，领衔集议并答对的官员是“丞相绾、御史大夫劫、廷尉斯等”，可见在这个关键时刻担任御史大夫要职的，就是冯劫。他和丞相王绾、廷尉李斯共同构成了统一之初的秦廷高层官员。等到冯劫的姓名再次出现在史册上，已经是秦朝末年了。而且他的官职已经不是“御史大夫”而是“将军”了。冯劫离任御史大夫的具体时间，由于史书失载而无法确知。秦始皇死后，二世皇帝即位，反秦义军蜂起，天下大乱的形势已经很明显了。为了挽救这场迫在眉睫的统治危机，右丞相冯去疾、左丞相李斯、将军冯劫三位大臣联名向秦二世皇帝进谏，希望停止部分赋税和力役的征发，以收拾民心，维持社会秩序。三位重臣的直言进谏却被二世皇帝下诏驳回：“今朕即位二年之间，群盗并起，君不能禁，又欲罢先帝之所为，是上毋以报先帝，次不为朕尽忠力，何以在位？”二世皇帝随即下令将三位大臣逮捕下狱，实在不便以直言而逮治大臣，就巧立名目“案责他罪”。冯去疾、冯劫二人坚守“将相不辱”的传统伦理，选择自杀以保持自己的名节。与冯氏兄弟形成对照的是：左丞相李斯在暴政之下，不愿赴死，而接受了下狱受审的屈辱。李斯心存侥幸，以为自己可以保住生命，最后的结果却是“就五刑”，①并且惨遭灭族之祸。由此可见，冯劫尽管在历史上留下的记载有限，却代表着秦朝统治高层中和讲究志节的官员形象，尤其是与李斯贪恋权位不能慨然赴死相比较，不失为一位流芳青史的人物。

《秦始皇禁伐湘山树木诏》的“草诏”者，由于文本自身没有任何痕迹，这里的分析，就只能建立在“合理性推测”的基础之上。我们认定这道诏书是颁布于秦始皇二十六年，而此时担任御史大夫之职的冯劫，自然也就是最有可能的诏书起草人。以这个推测为起点，我对于冯劫的身世包括其家庭教育的背景，就有了加以探讨的想法。很可惜的是，史书中能够检索出来的有效信息太少。《汉书·冯奉世传》追溯其先世的开篇文字，尤其值得珍视。“冯奉世字子明，上党潞人也，徙杜陵。其先冯亭，为韩上党守。秦攻上党，绝太行道，韩不能守，冯亭乃入上党城守于赵。赵封冯亭为华阳君，与赵将括距秦，战死于长平。宗族繇是分散，或留潞，或在赵。在赵者为官帅将，官帅将子为代相。及秦灭六国，而冯亭之后冯毋择、冯去疾、冯劫皆为秦将相焉。”②战国后期引发了秦赵“长平之战”的关键人物冯亭，他的后代名流辈出，秦朝统一前后，身居将相要职的冯毋择、冯去疾、冯劫三位名臣，居然都是冯亭的后代。出现在《秦始皇本纪》中的记载有：“伦侯武信侯冯毋择”，“右丞相去疾”，冯劫的官职则有

① 《史记》卷6《秦始皇本纪》，第271—272页。

② 《汉书》卷79《冯奉世传》，北京：中华书局，1962年，第3293页。

“御史大夫”和“将军”。冯氏一门,可谓官宦世家。其地位显赫,自不待言。冯劫出身名门、历任文武要职,其文化修养水平应该偏高。由此推测《秦始皇禁伐湘山树木诏》的“草诏”者或许就是冯劫。

秦始皇二十六年南巡荆楚旧地,冯劫以御史大夫身份随同出行,并代拟了在湘山颁布的诏书,这个推论是合情合理的。随着冯劫离任御史大夫之职,从制度而言,他就不会再参与“草诏”之事。其他可能代秦始皇草拟诏书的人,至少我们会排列出李斯、蒙毅、赵高等人在内的名单。还有姓名不曾记载入史的其他御史系统的官员,都有参与“草诏”的机会。这些“代笔草诏”的人员,应该多是精通法律之学的人物,而缺乏文士式的学术修养,或者说也不曾刻意展示自己的个性文采。由这些熟谙法家理论又“循规蹈矩”的官场人物起草的诏书,就成为我们通过《秦始皇本纪》而熟知的秦始皇诏书的固定化的风格。

如果以上的推论可以成立(甚至不必认定《秦始皇禁伐湘山树木诏》的“草诏”者究竟是谁),我们就应该想到一个思考的角度:重视分析秦始皇的诏书文风呈现出不同的文风,固然是其意义,但是,也不必求之过深。出现“文士抒情”般的诏书文风,或许有某种偶然因素在发挥作用。不一定由诏书文风的不同,而推测对秦始皇的禀赋与性格有重新认识的必要,也不必由此而认为对秦始皇治国施政的特点应该重新分析。因为这道诏书的具体内容,只是规定禁止砍伐湘山树木,不涉及重大的政治制度和法律制度的变革,所以,不论它的文风有多大不同,都不能理解为由此而可以重新解读秦朝的历史与政治文化。

本文的简单结论:《秦始皇禁伐湘山树木诏》的颁布时间应该认定为是在秦始皇二十六年,也就是秦朝最终完成吞并山东六国、统一华夏之年。这道诏书的出现,可以增补《史记》漏载的秦始皇出巡荆楚故地的一个重要政治举措。秦始皇的这次出巡,不妨理解为此后五次大规模出巡的前奏和预演。即便这次出巡在“程式化”设计方面尚有不完善之处(如:不见有“刻石颂德”兼“纪盛”之事),但是,刚刚完成统一大业就出巡南方的行为,是值得历史研究者给予高度重视的。对这个年份的认定,除了尊重岳麓书院秦简整理者的简文释读意见之外,还有与其他历史事件的关联性思考可为佐证。秦始皇强烈的个性因素,是必须纳入的研究视角。对秦始皇而言,齐国不战而降带来的轻松和惬意、庆祝对楚作战从遭遇重大失败到如愿全胜的心理需求、灭赵之后东行邯郸只为坑杀早年“冤仇”的反常做法,都可以作为秦始皇出巡荆楚的决策因素。这道诏书的文风,带有文士抒情的色彩,与《秦始皇本纪》所见其他的诏书明显不同。由此而讨论秦始皇的诏书具有不同文风并进而探讨其形成的原因,是历史研究者应该致力探索的问题。本文力图从诏书草拟者的不同来解释诏书风格有异的原因,认定时任御史大夫冯劫或许是这道诏书的草拟者,这个具体结论固然是出于推测,但是这个研究思路,自有其意义。同时更要注意:《秦始皇禁伐湘山树木诏》文质彬彬的行文风格,仅仅是“文士情怀”的一种文字表达而已。草诏者的文风,可以为皇帝诏书提供润色之益,增加其文采美誉,却无法约束皇帝的心志,更无法改变其行为。所以,诏书文风迥异属实,却不敢轻易断言秦始皇由此而呈现出不同的历史面相。

(原文载《中国史研究》2021年第4期)

# 史迁不采《秦记》始皇诏书说

## ——也说岳麓秦简《秦始皇禁伐湘山树木诏》

◎ 胡平生(中国文化遗产研究院)

《岳麓书院藏秦简(伍)》所收《秦始皇禁伐湘山树木诏》是出土文献界近年来的热门话题。[①] 近有孙家洲教授大文《史籍失载的秦始皇荆楚故地的一次出巡及其诏书析证——岳麓书院藏秦简〈秦始皇禁伐湘山树木诏〉新解》刊出,[②]勾起我几年来一直萦绕脑际的这一问题的再思考,今不揣浅陋敷衍成文,还请方家指正。

2017年元月上旬,我有幸参加了岳麓书院陈松长教授主持组织的《岳麓书院藏秦简(伍)》(以下简称《岳麓(伍)》)的释文审定会,当时众多学者对竹简文字的研讨情形还历历在目。先将《岳麓(伍)》所刊这段简文移录于下:[③]

> •廿六年四月己卯,丞相臣状、臣绾受制相(湘)山上:"自吾以天下已并,亲抚晦(海)内,南至苍梧,凌涉洞庭之水∟,登相(湘)山、屏山,其树木野美,望骆翠山以南,树木□见亦美,其皆禁勿伐。"臣状、臣绾请:"其禁树木尽如禁苑树木,而令苍梧谨明为骆翠山以南所封刊。臣敢请。"制曰:"可。" •廿七。056-058

关于秦皇巡游洞庭的史实,参与研讨的学者都了若指掌,大家立即想到了《史记·秦始皇本纪》系于二十八年始皇南巡渡江事:[④]

> 始皇还,过彭城,斋戒祷祠,欲出周鼎泗水。使千人没水求之,弗得。乃西南渡淮水,之衡山、南郡。浮江,至湘山祠。逢大风,几不得渡。上问博士曰:"湘君何神?"博士对曰:"闻之,尧女,舜之妻,而葬此。"于是始皇大怒,使刑徒三千人皆伐湘山树,赭其

---

① 陈松长主编:《岳麓书院藏秦简(伍)》,上海:上海辞书出版社,2017年,第57—58页。

② 孙家洲:《史籍失载的秦始皇荆楚故地的一次出巡及其诏书析证——岳麓书院藏秦简〈秦始皇禁伐湘山树木诏〉新解》,《中国史研究》2021年第4期。

③ 陈松长主编:《岳麓书院藏秦简(伍)》,第57—58页。

④《史记》卷6《秦始皇本纪》,北京:中华书局,1959年,第248页。

山。上自南郡由武关归。

以这段文字"对应"简文,似乎是没有问题的。不过秦始皇的形象迥然不同,或者说根本就是两个人,一个是暴虐狂躁的暴君,一个是仁爱有加的明皇。参会的学者当时就展开热烈的讨论,焦点是两段文字究竟是不是说的同一时间的同一事件。由于竹简"廿"下一字恰残去右半,从残画看,就有"六""八""九"几种不同意见。我是赞成"六"字说的,最后会上也通过了先释为"六",如何解释可以各自为说的决定。

岳麓书院会后,当年就有于振波先生发文,力主"二十九年"说。于文先于10月在江西南昌举办的"中国秦汉史研究会第十五届年会暨海昏历史文化国际学术研讨会"宣读,再刊于《湖南大学学报(社会科学版)》。① 于文的结论是,秦始皇二十八年出巡时,曾下令伐木赭山以惩罚敢于兴风作浪的湘山之神湘君,……岳麓书院藏秦简中的秦律令抄录于秦末,说明这条诏令直到此时仍然具有法律效力,也证明其发布时间应该在秦始皇二十九年的出巡期间。相关释文应该修正为"廿九年",而不是"廿六年"。这条诏令也可补《史记》对秦始皇二十九年第三次出巡路线记载的疏漏。② 于文试图调和《史记》所记与简文诏书的内容,互不否定。

后来陆续发表的几篇相关文章,如秦桦林、晏昌贵、符奎等的文章,③各有千秋。从简文词语文意的释解而言,各家也已各尽所能,讲解得非常好、非常明白了。另一方面,如孙家洲教授所说,几位作者视角和侧重点各有不同,对诏书文本的解读旨趣互有异同。④ 尽管如此,我还是以为他们几篇文章的大体路数基本上是相同的,因为秦始皇南巡湘山、禁伐树木是肯定的,差别不过是排到哪一年。陈松长教授进一步从竹简文字字形入手论证为何要将此事系于二十六年,他说:"这条令文经反复研读,其内容大致明晓,但颇有歧义的是其起首的'廿六年'的'六'字的释文隶定问题,从内容看,它所记载的是秦始皇'廿六年''南至苍梧','登相山、屏山'时所颁布的令文,但这与史书记载明显不符,因为《史记·秦始皇本纪》记载:二十八年,东巡上泰山,经渤海,登琅琊。其后,他'乃西南渡淮水,之衡山、南郡。浮江,至湘山祠'。据此,秦始皇到湘山应该是在二十八年,故简文中的'廿六年'的'六'可能

---

① 于振波:《岳麓书院藏秦简始皇禁伐树木诏考异》,《湖南大学学报(社会科学版)》2018年第3期。

② 于振波:《岳麓书院藏秦简始皇禁伐树木诏考异》。

③ 秦桦林:《〈岳麓书院藏秦简(伍)〉第56-58号简札记》,简帛网2018年3月11日;晏昌贵:《禁山与赭山:秦始皇的多重面相》,《华中师范大学学报(人文社会科学版)》2018年第4期;符奎:《自然、家庭与帝国:人性视角下的秦始皇——从岳麓秦简秦始皇"禁伐树木诏"谈起》,邬文玲、戴卫红主编:《简帛研究二〇一九·春夏卷》,桂林:广西师范大学出版社,2019年,第136—147页。

④ 孙家洲:《史籍失载的秦始皇荆楚故地的一次出巡及其诏书析证——岳麓书院藏秦简〈秦始皇禁伐湘山树木诏〉新解》。

有误。而正好这个字保存得并不完整，故有的学者认为可能应隶定为‘八’或‘九’字。其实，该字形虽有残损，但关键笔画还是很清楚的……通过字形比较，此字显然只能是‘六’字，肯定不能释为‘八’或‘九’字。我们认为，不仅从字形上判断此字应该是‘六’字，而且将简文所记事件与历日天象和史书记载比对，也可证明此处不能随便改释为‘八’或‘九’字。”①

讨论此简的文字还有许多，在此就不一一引述和讨论了。新刊孙家洲教授的文章，似更加全面，更加深入，更具特色，更有文采，发表后影响也更大。他认为，秦始皇二十六年“是秦始皇统一战争过程中最为游刃有余的一年，甚至是他心态上最为轻松和惬意的一年”，“此时，作为征服者的秦始皇，携统一天下之威而南下荆楚，纵情享受统一战争的成果，也向曾经拼死抵抗的荆楚遗民炫耀武力，在秦始皇的内心深处，应该有此必要”。因此，秦始皇南巡湘山应该系于这一年。家洲教授的文章突出了将岳麓简秦皇禁伐树木诏书系于廿六年的历史背景和秦皇个人风格特征，结论是“《史记》漏载的不仅仅是秦始皇出巡途中的一道诏书，而是漏载了秦始皇的一次特殊的出巡”。② 窃以为，这样一来，不幸依然落入与前述各家相似逻辑之窠臼。

我的意见是颠覆性的。我认为，岳麓秦简所记秦皇南巡及诏书，原本是《秦记》所记内容，司马迁一定是看到过的，只不过他断定那些内容都是秦王朝政治宣传的伎俩，所以不是“史籍失载”，是《秦记》有载，但史迁不予采信！

从《史记》看，司马迁曾大量阅读《秦记》资料，文献中有明确记载。《六国年表》曾多次记到司马迁读《秦记》事，今不嫌繁琐征引如下：③

太史公读《秦记》，至犬戎败幽王，周东徙洛邑，秦襄公始封为诸侯，作西畤用事上帝，僭端见矣。《礼》曰：“天子祭天地，诸侯祭其域内名山大川。”今秦杂戎翟之俗，先暴戾，后仁义，位在藩臣而胪于郊祀，君子惧焉。及文公逾陇，攘夷狄，尊陈宝，营岐雍之间，而穆公修政，东竟至河，则与齐桓、晋文中国侯伯侔矣。是后陪臣执政，大夫世禄，六卿擅晋权，征伐会盟，威重于诸侯。及田常杀简公而相齐国，诸侯晏然弗讨，海内争于战功矣。三国终之卒分晋，田和亦灭齐而有之，六国之盛自此始。务在强兵并敌，谋诈用而从衡短长之说起。矫称蜂出，誓盟不信，虽置质剖符犹不能约束也。秦始小国僻远，

---

① 陈松长：《〈岳麓书院藏秦简（伍）〉的内容及分组略说》，中国文化遗产研究院编：《出土文献研究》第14辑，上海：中西书局，2015年，第93—99页。

② 孙家洲：《史籍失载的秦始皇荆楚故地的一次出巡及其诏书析证——岳麓书院藏秦简〈秦始皇禁伐湘山树木诏〉新解》。

③ 《史记》卷15《六国年表》，第685—686页。

诸夏宾之，比于戎翟，至献公之后常雄诸侯。论秦之德义不如鲁卫之暴戾者，量秦之兵不如三晋之强也，然卒并天下，非必险固便形势利也，盖若天所助焉。……秦既得意，烧天下诗书，诸侯史记尤甚，为其有所刺讥也。诗书所以复见者，多藏人家，而史记独藏周室，以故灭。惜哉，惜哉！独有《秦记》，又不载日月，其文略不具。然战国之权变亦有可颇采者，何必上古。秦取天下多暴，然世异变，成功大。传曰"法后王"，何也？以其近己而俗变相类，议卑而易行也。学者牵于所闻，见秦在帝位日浅，不察其终始，因举而笑之，不敢道，此与以耳食无异。悲夫！

余于是因《秦记》，踵春秋之后，起周元王，表六国时事，讫二世，凡二百七十年，著诸所闻兴坏之端。后有君子，以览观焉。

又，《史记·秦始皇本纪》赞曰：①

始皇既殁，胡亥极愚，郦山未毕，复作阿房，以遂前策。云"凡所为贵有天下者，肆意极欲，大臣至欲罢先君所为"。诛斯、去疾，任用赵高。痛哉言乎！人头畜鸣。不威不伐恶，不笃不虚亡，距之不得留，残虐以促期，虽居形便之国，犹不得存。

子婴度次得嗣，冠玉冠，佩华绂，车黄屋，从百司，谒七庙。小人乘非位，莫不怳忽失守，偷安日日，独能长念却虑，父子作权，近取于户牖之间，竟诛猾臣，为君讨贼。高死之后，宾婚未得尽相劳，餐未及下咽，酒未及濡唇，楚兵已屠关中，真人翔霸上，素车婴组，奉其符玺，以归帝者。郑伯茅旌鸾刀，严王退舍。河决不可复壅，鱼烂不可复全。贾谊、司马迁曰："向使婴有庸主之才，仅得中佐，山东虽乱，秦之地可全而有，宗庙之祀未当绝也。"秦之积衰，天下土崩瓦解，虽有周旦之材，无所复陈其巧，而以责一日之孤，误哉！俗传秦始皇起罪恶，胡亥极，得其理矣。复责小子，云秦地可全，所谓不通时变者也。纪季以酅，《春秋》不名。吾读《秦纪》，至于子婴车裂赵高，未尝不健其决，怜其志。婴死生之义备矣。

从道理上说，《秦记》是一定会收录我们今天所见到的始皇禁伐树木诏书的。我曾多次说过一个看法，即秦始皇称帝之后，不断加强以行政力量制造舆论、控制舆论。秦王朝在王绾、冯劫、李斯、赵高等主持下，非常注重大树特树秦皇权威、秦皇功业。秦始皇四海巡游，到处刻石立碑，歌功颂德，诸如"峄山刻石""泰山刻石""琅琊刻石""之罘刻石""东观刻石""会稽刻石""碣石刻石"等等。这些刻石当然都是制造舆论、控制舆论、树立权威的方法。臭名昭著的"焚书坑儒"事件也发生在那个时候。二世时又有"指鹿为马"之事。《秦始皇本纪》记廷议周青臣、淳于越之辩，丞相李斯说："今皇帝并有天下，别黑白而定一尊。私学而

① 《史记》卷6《秦始皇本纪》，第292—293页。

相与非法教，人闻令下，则各以其学议之，入则心非，出则巷议，夸主以为名，异取以为高，率群下以造谤。如此弗禁，则主势降乎上，党与成乎下。禁之便。臣请史官非《秦记》皆烧之。非博士官所职，天下敢有藏《诗》、《书》、百家语者，悉诣守、尉杂烧之。有敢偶语《诗》《书》者弃市，以古非今者族。吏见知不举者与同罪。令下三十日不烧，黥为城旦，所不去者，医药卜筮种树之书。若欲有学法令，以吏为师。"①《秦记》是秦官方的史籍，按照一般的史官传统，《秦记》当然必须记录秦始皇巡游事项的。惟撰写《秦记》的史官，也必依凭官方的立场观点方法，不可能有任何贬抑秦皇的记录。想来当时《秦记》所书应该就是我们今天所见到的岳麓简的内容。司马迁不采《秦记》所记秦皇"禁伐湘山树木"诏书，但他对所记录此事似有十分的把握。

据《太史公自序》，我们知道司马迁年轻时就曾游历过秦皇南巡、北巡之地。他说："迁生龙门，耕牧河山之阳。年十岁则诵古文。二十而南游江、淮，上会稽，探禹穴，窥九疑，浮于沅、湘；北涉汶、泗，讲业齐、鲁之都惟，观孔子之遗风，乡射邹、峄；厄困鄱、薛、彭城，过梁、楚以归。"②因此，他对秦皇南巡的路途乃至沿途风土人情，皆熟知。有学者认为，他可能访乡老，问耆宿，采撷旧闻逸闻，作为写作的素材。明人马存《子长游赠盖邦式》赞司马迁云：③

> 子长生平喜游，方少年自负之时，足迹不肯一日休，非真为景物役也，将以尽天下之大观以助吾气，然后吐而为书。今于其书观之，则其生平所尝游者皆在焉。南浮长淮，溯大江，见狂澜惊波，阴风怒号，逆走而横击，故其文奔放而浩漫；望云梦洞庭之陂，彭蠡之潴，涵混太虚，呼吸万壑而不见介量，故其文停滀而渊深；见九疑之绝绵，巫山之嵯峨，阳台朝云，苍梧暮烟，态度无定，靡曼绰约，春装如浓，秋饰如薄，故其文妍媚而蔚纡；泛沅渡湘，吊大夫之魂，悼妃子之恨，竹上犹有斑斑，而不知鱼腹之骨尚无恙者乎？故其文感愤而伤激，北过大梁之墟，观楚汉之战场，想见项羽之喑呜，高帝之慢骂。龙跳虎跃，千兵万马，大弓长戟，俱游而齐呼，故其文雄勇猛健，使人心悸而胆栗；世家龙门，念神禹之鬼功，西使巴蜀，跨剑阁之鸟道，上有摩云之崖，不见斧凿之痕，故其文斩绝峻拔而不可攀跻；讲业齐鲁之都，睹夫子遗风，乡射邹峄，彷徨乎汶阳洙泗之上，故其文典重温雅，有似乎正人君子之容貌。凡天地之间万物之变，可惊可愕，可以娱心，使人忧使人悲者，子长尽取而为文章，是以变化出没，如万象供四时而无穷，今于其书而观之，岂不信矣，予谓欲学子长之为文，先学其游可也。

所以，司马迁不采《秦记》之"禁伐湘山树木诏"，但他所写的"使刑徒三千人皆伐湘山树，赭

① 《史记》卷6《秦始皇本纪》，第255页。

② 《史记》卷130《太史公自序》，第3293页。

③ 《古文集成》卷2，《四库全书》。

其山”的故事，必有所本。有人认为，太史公在记载秦始皇五次出巡时，取材来自两个层面，一个层面是官府藏的资料，另一个层面则是司马迁游历所记录的石碑，以及各地人民的口述故事。① 也有人认为，司马迁是受到汉代楚地反秦宣传的影响，政治宣传中秦始皇就是暴君形象，秦皇伐光湘山树木，正是其暴虐的表现。② 现在，《史记》的资料出自何处，今已不得而知，关键是司马迁不信《秦记》的鬼话，不采用《秦记》之说。

除岳麓秦简所记“秦皇禁伐湘山树木诏”之外，近些年与秦皇有关的颇有影响力的简牍资料还有北大藏汉简《赵正书》、湖南益阳兔子山遗址出土《秦二世胡亥文告》两种资料，也是与传世文献材料记载迥然不同的史料。《秦二世胡亥文告》，最早由发掘者湖南省文物考古研究所张春龙研究员发布，③经陈伟、陈侃理、何有祖、李锐、杨先云、邬文玲等考订文字，④释解简牍文字，通读内容，研究亦不断深化。《赵正书》经许多学者考证，文意也已无窒碍。这两件是研讨秦史绕不开的材料，近些年来参与讨论的学者很多。

《赵正书》，文字较长，不具引。其记秦皇出游，至柏人病重，死前留下遗言，丞相李斯等劝说始皇立胡亥继位。“丞相斯、御史臣去疾昧死顿首言曰：‘今道远而诏期窘（群）臣，恐大臣之有谋，请立子胡亥为代后。’王曰：‘可。’”胡亥即位后，即杀扶苏、蒙恬。三年后，又杀李斯，而重用赵高，使行丞相、御史事。“曰：胡亥，所谓不听閒（谏）者也，立四年而身死国亡。”要害是立胡亥为代后，乃始皇认可。⑤

《秦二世胡亥文告》，其文曰：

> 天下失始皇帝，皆遽恐悲哀甚，朕奉遗诏，今宗庙吏及箸，以明至治大功德者具矣，律令当除、定者毕矣。元年与黔首更始，尽为解除故罪，今皆已下矣，朕将自抚天下【正面】吏、黔首，其具行事已，分繇赋援黔首，毋以细物苛劾县吏。亟布。

---

① 《简牍新发现：一纸环保诏书，揭示秦始皇人性化的一面》，历史新知网，2019 年 6 月 11 日。

② 秦东兴：《史记冤枉了秦始皇》，腾讯网 2020 年 7 月 30 日；另参李开元：《解构〈史记·秦始皇本纪〉——兼论 3+N 的历史学知识构成》，《史学集刊》2012 年第 4 期；苏俊林：《真假之间——秦始皇史迹的“二重”文献考察》，《古代文明》2021 年第 2 期。

③ 湖南益阳兔子山遗址出土简牍（一）：《秦二世胡亥文告》（J9③1），湖南文物考古研究所网站 2014 年 12 月10 日。

④ 释文参陈伟：《〈秦二世元年十月甲午诏书〉通释》，《江汉考古》2017 年第 1 期；陈侃理：《〈史记〉与〈赵正书〉——历史记忆的战争》，《中国史学》第 26 卷，朋友书店，2016 年，第 25—37 页；何有祖：《秦二世元年诏书解读》，《文献》2020 年第 1 期；李锐：《〈赵正书〉研究》，《史学集刊》，2020 年第 5 期。杨先云：《秦二世继位之谜——“秦二世元年十月甲午诏书”简解读》，2020 年 4 月 13 日；邬文玲：《秦汉简牍中两则简文的读法》，中国文化遗产研究院编：《出土文献研究》第 15 辑，上海：中西书局，2016 年，第 217—227 页。承陈伟、陈侃理、何有祖、李锐、杨先云诸位先生赐下大作，谨致谢忱。

⑤ 北京大学出土文献研究所编：《北京大学藏西汉竹书（叁）》，上海：上海古籍出版社，2015 年，第 187—194 页。

以元年十月甲午下，十一月戊午到守府。【背面】

“文告”是秦二世胡亥上台后发布的诏书。最可注意的是三点：一是讲他的继位乃“奉遗诏”；二是去除苛律，“解除流罪”；三是宽松赋敛，“毋以细物苛劾”。

这两份资料的互证，发挥了叠加的作用，一些学者看到后颇受感动，扭转了对秦二世的不良印象，相信胡亥确实是奉始皇遗命继位的。有学者对《秦二世元年文告》和《赵正书》从不同角度加以肯定，如雷依群先生即从继承制度、政治理念等方面论证扶苏本不得立，而立胡亥为太子才是秦始皇的真正心愿。[①]

但是，更多的学者是不认同此说的。许多学者对这两种资料抱着不相信的态度，认为是“小说家言”。吴方基、吴昊两位先生指出所谓“遗诏”，“乃是赵高、胡亥、李斯三人所伪造”，“胡亥是通过赵高、李斯矫诏得以继位一事以及继承皇位的不合法性是毋庸置疑的”。[②] 也有人认为，司马迁撰写《史记》时搜集史料，与《赵正书》有相似的资料，《赵正书》及相关文本，司马迁撰著《史记》时应当看到。[③] 也有人说，如果司马谈、司马迁父子明知秦皇临终前已指定胡亥为继承人，他们在汉初也应能见到同于兔子山秦牍的二世诏书，为何却并未采用这一说法，可能有难言之隐。[④] 孙家洲教授也不相信兔子山遗址出土《秦二世元年文书》和《赵正书》为信史。他先后两次发文考证胡亥继位不合法。2015 年，孙教授写《兔子山遗址出土〈秦二世元年文书〉与〈史记〉纪事抵牾释解》一文，维护《史记》传统记述的正确性，指出《秦二世元年文书》靠不住，《赵政书》的史料价值不宜估计太高。如此，直到现在，我们还不能断言：《赵政书》与“秦二世元年文告”已经构成了共同质疑《史记》纪事真实性的“证据链”。[⑤] 赵高串通李斯，篡改秦皇遗诏，拥立胡亥继位，“是政治阴谋的产物、不具备‘合法性’，是读史者耳熟能详的历史定论”。[⑥] 在 2022 年发表的第一篇论文《秦二世继位“迷案”新考》中，孙教授更指出，《秦二世元年文书》文本尽管是真实的，但是所述历史内容却不足以凭信。《史记》关于秦二世“继位”出于阴谋篡夺之说，应该是符合史实的。[⑦] 辛德勇教授也不相信《秦二世元年文书》和《赵正书》，他的几篇论文后来结集为《生死秦始皇》。[⑧] 他是全然不信秦二世奉遗诏继位的“小说家”的记述，其所考各项固然也有不少问题，但基本观

---

① 雷依群：《论扶苏不得立为太子》，《咸阳师范学院学报》2014 年第 5 期。

② 吴方基、吴昊：《释秦二世胡亥“奉召登基”的官府文告》，简帛网 2014 年 5 月 24 日。

③ 《秦二世到底有没有篡位？赵正书和史记看法不一，北大教授独辟蹊径》，百度网 2022 年 2 月 25 日。

④ 《民间捐赠北大 3300 多枚竹简，却打脸司马迁，揭开秦始皇传位之谜》，百度网 2020 年 2 月 20 日。

⑤ 孙家洲：《兔子山遗址出土〈秦二世元年文书〉与〈史记〉纪事抵牾释解》，《湖南大学学报（社会科学版）》2015 年第 3 期。

⑥ 孙家洲：《兔子山遗址出土〈秦二世元年文书〉与〈史记〉纪事抵牾释解》。

⑦ 孙家洲：《秦二世继位“迷案”新考》，《史学集刊》2022 年第 1 期。

⑧ 辛德勇：《生死秦始皇》，北京：中华书局，2019 年。

点我是赞同的。他与孙教授的不同是，孙教授对于《秦二世文书》和《赵正书》的语言文字是基本肯定的，而辛教授是基本否定的。我其实主要赞同的是辛教授在《生死秦始皇》中的批秦言论，但感到遗憾的是，孙、辛二位都没有提到，诸如《秦二世元年文告》的内容，《秦记》都是会记述在册的，惟未被史迁采用。孙文说道："这道偶然被发现的秦二世即位诏书，在当时一定是面向秦朝统治疆域内广为散发的，是对广大吏民'广而告之'的，希望天下人周知。如果在其他地方再出土同样内容的秦二世诏书，都毋庸置疑，因为秦二世的继位过程不论是否有不可告人的密计运作，他都会希望天下人听到来自诏书的'权威宣示'。"①《史记·秦始皇本纪》赞语云："吾读《秦记》，至于子婴车裂赵高，未尝不健其决，怜其志。婴死生之义备矣。"②可知《秦记》是一直记到子婴史实的。我深信，《秦二世元年文告》和《赵正书》中的"诏书"，当时一定是被《秦记》记录在册的。

再回过头来说前面说过的《秦记》所记始皇禁伐湘山树木诏书和秦二世元年文告。度过了秦末的胡亥、赵高所施加的高强度的政治恐怖压迫，经历了喧嚣一时的胡亥、赵高的政治正确气氛，在弥漫充塞着的胡亥、赵高鼓吹的令人窒息的政治宣传后，在汉初那样的依然充斥着秦代遗留宣传品的环境中，司马迁不采信《秦二世元年文告》，不采信《赵正书》所记"二世继位诏书"，却在《陈涉世家》记下了"二世不当立"的舆情：③

> 陈胜曰："天下苦秦久矣。吾闻二世少子也，不当立，当立者乃公子扶苏。扶苏以数谏故，上使外将兵。今或闻无罪，二世杀之。百姓多闻其贤，未知其死也。项燕为楚将，数有功，爱士卒，楚人怜之。或以为死，或以为亡。今诚以吾众诈自称公子扶苏、项燕，为天下唱，宜多应者。"吴广以为然。

诚如《汉书·司马迁传》之赞语云："然自刘向、扬雄博极群书，皆称迁有良史之材，服其善序事理，辨而不华，质而不俚，其文直、其事核，不虚美、不隐恶，故谓之实录。"④

史迁，良史也。

（原文载《简帛》第 25 辑，上海古籍出版社，2022 年）

---

① 孙家洲：《秦二世继位"迷案"新考》。

② 《史记》卷 6《秦始皇本纪》，第 293 页。

③ 《史记》卷 48《陈涉世家》，第 1950 页。

④ 《汉书》卷 62《司马迁传》，北京：中华书局，1962 年，第 2738 页。

# 《岳麓书院藏秦简(伍)》有关女子重组家庭的法令与嫪毐之乱

◎　杨振红(南开大学中国社会史研究中心暨历史学院)

2017年刊布的《岳麓书院藏秦简(伍)》[①]中,第一组001－008号简是秦始皇二十六年十二月戊寅(二十六日)颁布的一组内容联系紧密的法令,从目前的编联来看,简文的内容基本连贯、完整。为了讨论方便,先将简文移录于下:

001/1025:●廿六年十二月戊寅以来,禁毋敢谓母之后夫叚(假)父,不同父者毋敢相仁[②]为兄、姊、弟∟,犯令者耐隶臣妾。而

(缺简)[③]

002/1107:毋得相为夫妻,相为夫妻及相与奸者皆黥为城旦舂。有子者毋得以其前夫、前夫子之财嫁及入婗夫及予

003/1108:后夫、后夫子及予所与奸者,犯令及受者皆与盗同灋。母更嫁,子敢以

① 陈松长主编:《岳麓书院藏秦简(伍)》,上海:上海辞书出版社,2017年。后文略称《岳麓秦简(伍)》。

② 整理者认为"仁"通"认"。按:当读作本字。《说文》人部:"仁,亲也。从人二。"段玉裁注:"见部曰:'亲者,密至也。'会意。《中庸》曰:'仁者,人也。'注:'人也读如相人偶之人,以人意相存问之言。'《大射仪》:'揖以耦。'注:'言以者,耦之事成于此意相人耦也。'《聘礼》:'每曲揖。'注:'以相人耦为敬也。''公食大夫礼,宾入三揖。'注:'相人耦。'《诗·匪风》笺云:'人偶能烹鱼者。''人偶能辅周道治民者。'《正义》曰:'人偶者,谓以人意尊偶之也。'《论语》注:'人偶同位人偶之辞。'《礼》注云:'人偶相与为礼仪皆同也。'按:人耦犹言尔我亲密之词。独则无耦,耦则相亲。故其字从人二。《孟子》曰:'仁也者,人也。'谓能行仁恩者人也。又曰:'仁,人心也。'谓仁乃是人之所以为心也,与《中庸》语意皆不同。"(许慎撰,段玉裁注:《说文解字注》,北京:中华书局,2013年,第369页上下栏)因此,仁本意指人相见后互致问候,引申为亲密、亲近。

③ 睡虎地秦简《法律答问》:"同母异父相与奸,可(何)论?弃市。(172简)"(睡虎地秦墓竹简整理小组:《睡虎地秦墓竹简·法律答问》,北京:文物出版社,1990年,第134页)由于此答问中仍将不同母者称作"父",而且,同母异父的兄弟姊妹通奸要处以弃市刑,重于戊寅令"相与奸者"处以黥城旦舂刑,因此可推断此律当是秦始皇二十六年十二月戊寅令颁布前制定的法律。所以,001与002简不能连读,其间当缺简。另,这一组简背的背划线似乎并无规律,无法依此判定之间的编联关系。

其财予母之后夫、后夫子者弃

004/1023：市，其受者与盗同灋。前令予及以嫁、入姨夫而令有见(现)存者，环(还)之；及相与同居共作务钱财者，亟相

005/1024：与会计，分异相去。令到盈六月而弗环(还)及不分异相去者，皆与盗同灋∟。虽不身相予而以它巧詐(诈)

006/1027：相予者，以相受、予论之。有后夫者不得告辠其前夫子∟。能捕耐辠一人购钱二千，完城旦舂辠

007/1026：一人购钱三千∟，刑城旦舂以上之辠一人购钱四千。女子寡，有子及毋子而欲毋稼(嫁)者，许之。谨布令，令黔首尽

008/0916：☐【智(知)之，毋】巨(歫)辠。有□□除，毋用此令者，黥为城旦。●二①

上述法令的内容大致如下：

●自廿六年十二月戊寅以后，禁止称呼母亲的后夫为假父，不同父者不得彼此称呼兄、姊、弟，违犯此令者判为耐隶臣妾。而(缺简)不得互相结为夫妻，结为夫妻和互相通奸者，都要判黥城旦舂刑。有子的女子不得以其前夫、前夫子的财产作嫁妆改嫁，及交给姊妹的丈夫，及赠予后夫、后夫的子女，及赠予通奸的人。违犯此令以及接受财产者，都按照盗罪判罪。母亲改嫁，子女敢以自己的财产赠予母的后夫、后夫子者判弃市刑，接受赠予的人按照盗罪判罪。因前令赠予及以财产陪嫁、交给姨夫家而现在仍在对方家中者，退还回去；及和同居一起共同经营产业钱财者，立即进行财产统计，分家离开。自令到达之日起满六个月而不退还及不分家离开者，要按照盗罪判罪。即使没有亲自明确赠予，但以其他欺诈手段赠予者，也要按照接受、赠予的法律论处。有后夫的人不能告发其前夫子的罪。能抓捕耐罪一人赏钱二千，抓捕完城旦舂罪一人赏钱三千，抓捕刑城旦舂以上罪一人赏钱四千。女子成了寡妇，有子或没有子而不想改嫁者，必须允许。要认真传达令，让百姓都知道这道法令，不要触犯此罪。有□□除，不用此令者，判为黥城旦。●二

这是秦始皇二十六年十二月戊寅颁布的专门针对女子重组家庭的系列法令规定，大致包括10个方面的内容。本文将这道法令简称为“戊寅令”。从中可以看到法令虽然不禁止女子再嫁，但对再嫁女子及后夫的权利都做了严格限制。那么，这一法令颁布的背景是什么？秦始皇为什么会出台这样一条法令呢？其中的“假父”是一个重要线索。

① 此简释文和标点有所改动。参见笔者《〈岳麓秦简(伍)〉001－008简补释》，待刊稿。

## 一、“假父”的称谓

“假父”一词曾出现在睡虎地秦简《法律答问》中：

“父盗子，不为盗。”•今叚（假）父盗叚（假）子，可（何）论？当为盗。（简19）①

在这一问答中，“假父”“假子”显然是一对概念，与“父”“子”概念相对。关于“假父”“假子”的含义，睡虎地秦简整理小组注释：“假父、假子，义父、义子。”②《岳麓秦简（伍）》公布后，王博凯据简001/1025对睡虎地秦简整理小组的注释提出质疑，认为：“令文明确显示了‘假父’为秦统一前后对母亲后夫的称谓，同于现在所说的‘继父’。可见，‘假父’称谓的前提是已与其改嫁母亲具有事实上的夫妻关系。”③其说可从。从字义上说，《说文》人部：“假，非真也。从人。叚声。《虞书》曰：‘假于上下。’”④“假父”即非真（亲生）父亲，先秦秦汉时期“假大母”“假母”“假子”称呼的含义可以作为旁证。

关于“假大母”“假母”“假子”的含义，历来有异说。例如，《史记·衡山王刘赐传》：“元朔四年中，人有贼伤王后假母者，王疑太子使人伤之，笞太子。”裴骃《集解》：“《汉书音义》曰：‘傅母属。’”⑤《汉书·衡山王刘赐传》颜师古注：“继母也。一曰父之旁妻。”⑥武梁祠石室画像孝子图闵子骞，车前题：“子骞后母弟，子骞父。”车后题：“闵子骞与假母居，爱有偏移，子骞衣寒御车失棰。”毕沅曰：“假母即后母也。”⑦《汉书·王尊传》：“初元中举直言，迁虢令，转守槐里，兼行美阳令事。春正月，美阳女子告假子不孝，曰：‘儿常以我为妻，妒笞我。’尊闻之，遣吏收捕验问，辞服。尊曰：‘律无妻母之法，圣人所不忍书，此经所谓造狱者

---

① 睡虎地秦墓竹简整理小组：《睡虎地秦墓竹简·法律答问》，第98页。

② 睡虎地秦墓竹简整理小组：《睡虎地秦墓竹简·法律答问》，第98页。整理小组或受谢肇淛、陈直等影响。《魏书·尉古真传》：“庆宾别驾姚和内应，荣遂害庆宾僚属，拘庆宾还秀容，呼为假父。”（《魏书》卷26《尉古真传》，北京：中华书局，1974年，第658页）《魏书·阉官列传·成轨》：“肃宗所幸潘嫔，以轨为假父，颇为中官之所敬惮。”（《魏书》卷94《阉官列传·成轨》，第2030页）上述两书中的“假父”显然相当于今天所称的“义父”。故明代谢肇淛《文海披沙·义》：“今人谓假父曰义父，假子曰义男、义女。故项羽尊怀王为义帝，犹假帝也。”（谢肇淛：《文海披沙》卷8，明万历三十七年沈儆炌刻本，“中国基本古籍库”电子版。笔者标点）陈直在《汉书新证·衡山王传》中虽赞同颜师古和沈钦韩对“假母”“假子”的解释，但却认为“假父”为“义父”：“又《说苑》记茅焦谏始皇云：‘陛下车裂假父，有嫉妒之心。’似假父为义父之称，与假母有所不同。”（陈直：《汉书新证·淮南衡山济北王传第十四》，北京：中华书局，2008年，第269页）

③ 王博凯：《读〈岳麓书院藏秦简（伍）〉札记》，简帛网，2018年3月12日。

④ 许慎撰，段玉裁注：《说文解字注》，第378页上栏。

⑤ 《史记》卷118《淮南衡山列传》，北京：中华书局，1982年，第3096页。

⑥ 《汉书》卷44《淮南衡山济北王传》，北京：中华书局，1962年，第2154、2155页。

⑦ 毕沅辑：《山左金石志》卷24《武梁石室画像三石》，清嘉庆刻本，“中国基本古籍库”电子版。笔者标点。

也。'尊于是出坐廷上,取不孝子县磔著树,使骑吏五人张弓射杀之,吏民惊骇。"①王先谦《汉书补注》在"假子"后注:"沈钦韩曰:'前妻之子也。'《列女传》魏芒慈母曰:'于假子而不为,何以异于凡母?其父为其孤也,而使妾为其继母。'颂曰:'慈惠仁义,扶养假子。'《晋书·阎缵传》:'家门无佑,三世假亲。'案:缵自言继母也,武梁画像题云'闵子骞与假母居',与此假子对也。"②王先谦赞同沈钦韩、颜师古的说法,认为"假子"是前妻之子,"假母"即"继母"。张家山汉简《二年律令》简 35 – 37:"子牧杀父母,殴詈泰父母、父母、叚(假)大母、主母、后母,及父母告子不孝,皆弃市。其子有罪当城旦舂、鬼薪白粲以上,(简 35)及为人奴婢者,父母告不孝,勿听。年七十以上告子不孝,必三环之。三环之各不同日而尚告,乃听之。教人不孝,(简 36)黥为城旦舂。(简 37)"整理小组注释:"假大母,庶祖母或继祖母。《汉书·衡山王传》'元朔四年中,人有贼伤后③假母者'注:'继母也,一曰父之旁妻'。"④

综合上述材料,《汉书音义》说假母是"傅母属"以及张家山汉简整理小组说"假大母"是"庶祖母"的说法缺乏依据。"假大母""假母"应指没有血缘关系的"继祖母""继母",无论其出身如何。"假母"在汉代也称作"后母""继母"。"假子"为没有血缘的"继子"(丈夫前妻之子)。那么,与"假母""假子"相对的"假父"显然应指没有血缘关系的"继父",即母亲再婚的丈夫。

虽然没有见到确切的例子,但是正如"假母""继母"也称作"后母"一样,"假父""继父"也可以称作"后父"。睡虎地秦简《为吏之道》所附《魏户律》和《魏奔命律》中出现了"后父":

●廿五年闰再十二月丙午朔辛亥,○告(16 伍)相邦:民或弃邑居壄(野),入人孤寡,徼(17 伍)人妇女,非邦之故也。自今以来,叚(假)门逆(18 伍)吕(旅),赘婿后父,勿令为户,勿鼠(予)田宇。(19 伍)三枼(世)之后,欲士士之,仍署其籍曰:故(20 伍)某虑赘婿某叟之乃(仍)孙。 魏户律

●廿五年闰再十二月丙午朔辛亥,○告(22 伍)将军:叚(假)门逆(旅),赘婿后父,或衛(率)民(23 伍)不作,不治室屋,寡人弗欲。且杀之,不(24 伍)忍其宗族昆弟。今遣从军,将军(25 伍)勿卹(恤)视。享(烹)牛食士,赐之参饭而(26 伍)勿鼠(予)殽。

---

① 《汉书》卷 76《王尊传》,第 3227 页。

② 王先谦:《汉书补注》卷 76《王尊传》,北京:中华书局,1983 年影印本,第 1397 页上栏。

③ 整理小组作"後",误。中华书局标点本《史记》《汉书》均作"后",是。据改。《汉书》卷 44,第 2154、2155 页。《史记》卷 118《淮南衡山列传》,第 3096 页。

④ 张家山二四七号汉墓竹简整理小组:《张家山汉墓竹简(二四七号墓)》(释文修订本),北京:文物出版社,2006 年,第 13、14 页。

攻城用其不足，将军以堙豪（壕）。（27伍）　魏奔命律（28伍）

整理小组认为“廿五年应为魏安厘王二十五年（前252年）”。关于律文中的“后父”，整理者注释：

后父，应指招赘于有子寡妇的男子，实际是赘婿的一种。①

现在根据上引《岳麓秦简（伍）》简001－008和其他资料，可确定“后父”当不局限于入赘到有子寡妇家的男子，而是指所有与有子寡妇再婚的男子。两条魏律表明，在当时的魏国，赘婿、后父和叚门、逆旅一样，都属于“非邦之故也”，即不是国家故有的社会身份，魏王将他们视为瓦解原有国家和社会秩序的新力量，因此十分痛恨他们，甚至动了杀心，故对他们采取了严厉的惩罚措施：不允许其单独立户，不授给其田宅，并发配从军，令将军歧视对待他们，不给菜肴吃，攻城时让他们做最重、最危险的苦力——“堙豪”。

两条魏律的出土表明，对“后父”的歧视早已有之，并非秦始皇始创，在秦始皇二十六年十二月戊寅令颁布之前，秦应当也学习、借鉴了魏律，对“后父”采取歧视性政策。这可以从秦汉时期的“七科谪”得到佐证。② 但另一方面，两条魏律及上引《法律答问》反证，魏、秦两国虽然都对“后父”采取歧视政策，但仍允许子女称母亲的后夫为“后父”或“假父”。而秦始皇二十六年十二月戊寅令却明令加以禁止，明显将这一歧视政策推向了极端。那么，秦始皇为什么在统一以后会出台这样一项法令呢？是其伦理观念发生了重大转变，还是别有隐情？

## 二、嫪毐称“假父”与戊寅令

检索史料就会发现，“假父”一词在先秦秦汉传世文献中仅出现在有关嫪毐的记载中。《说苑·正谏》：

秦始皇帝太后不谨，幸郎嫪毐，封以为长信侯，为生两子。毐专国事，浸益骄奢，与侍中左右贵臣俱博饮酒醉，争言而斗，瞋目大叱曰：“吾乃皇帝之假父也，窭人子何敢乃与我亢！”所与斗者走行白皇帝，皇帝大怒，毐惧诛，因作乱，战咸阳宫，毐败，始皇乃取毐四支车裂之，取其两弟囊扑杀之，取皇太后迁之于萯阳宫，下令曰：“敢以太后事谏

① 睡虎地秦墓竹简整理小组：《睡虎地秦墓竹简·法律答问》，第174—175页。

② 《史记》卷123《大宛列传》，载：汉武帝时派贰师将军伐大宛，“益发戍甲卒十八万酒泉、张掖北，置居延、休屠以卫酒泉，而发天下七科谪，及载糒给贰师”。关于“七科谪”，张守节《正义》引张晏云：“吏有罪一，亡命二，赘婿三，贾人四，故有市籍五，父母有市籍六，大父母有籍七：凡七科。武帝天汉四年，发天下七科谪出朔方也。”（第3176页）七科谪中虽没有“后父”，但有“赘婿”，联系睡虎地秦简《为吏之道》所附《魏户律》《魏奔命律》以及《岳麓秦简（伍）》简001－008秦始皇二十六年十二月戊寅令，可以推测在战国中后期至秦末，“后父”都应是“谪”的主要对象。

者，戮而杀之，从蒺藜其脊肉干四支，而积之阙下。”①谏而死者二十七人矣。齐客茅焦乃往上谒曰：“齐客茅焦愿上谏皇帝。”……茅焦至前，再拜，谒起称曰：“臣闻之，夫有生者不讳死，有国者不讳亡。讳死者不可以得生，讳亡者不可以得存。死生存亡，圣主所欲急闻也，不审陛下欲闻之？”皇帝曰：“何谓也？”茅焦对曰：“陛下有狂悖之行，陛下不自知邪？”皇帝曰：“何等也？愿闻之！”茅焦对曰：“陛下车裂假父，有嫉妒之心；囊扑两弟，有不慈之名；迁母萯阳宫，有不孝之行；从蒺藜于谏士，有桀纣之治。今天下闻之，尽瓦解无向秦者，臣窃恐秦亡，为陛下危之。所言已毕，乞行就质。”乃解衣伏质。皇帝下殿，左手接之，右手麾左右曰：“赦之！先生就衣，今愿受事。”乃立焦为仲父，爵之为上卿。皇帝立驾千乘万骑，空左方，自行迎太后萯阳宫，归于咸阳。太后大喜，乃大置酒待茅焦，及饮，太后曰：“抗枉令直，使败更成，安秦之社稷，使妾母子复得相会者，尽茅君之力也。”②

《史记·秦始皇本纪》张守节《正义》：

《说苑》云：“秦始皇太后不谨，幸郎嫪毐，始皇取毒四支车裂之，取两弟扑杀之，取太后迁之咸阳宫。下令曰：‘以太后事谏者，戮而杀之，蒺藜其脊。’谏而死者二十七人。茅焦乃上说曰：‘齐客茅焦，愿以太后事谏。’皇帝曰：‘走告若，不见阙下积死人耶？’使者问焦。焦曰：‘陛下车裂假父，有嫉妒之心；囊扑两弟，有不慈之名；迁母咸阳，有不孝之行；蒺藜谏士，有桀纣之治。天下闻之，尽瓦解，无向秦者。’王乃自迎太后归咸阳，立茅焦为傅，又爵之上卿。”③

《史记·吕不韦列传》裴骃《集解》：

《说苑》曰：“毐与侍中左右贵臣博弈饮酒，醉，争言而斗，瞋目大叱曰：‘吾乃皇帝假父也，窭人子何敢乃与我亢！’所与斗者走，行白始皇。”④

《汉书·邹阳传》颜师古注：

---

① 今本《法言》“肉干”作“井干”。《法言·重黎》：“或问：‘茅焦历井干之死，使始皇奉虚左之乘……’”汪荣宝注：“《说文》作‘韩’，井垣也。古书通作‘干’。《庄子·秋水》：‘跳梁于井干之上。’释文引司马彪云：‘井干，井栏也。’‘历井干之死’者，司马云：‘光谓井干谓始皇杀谏者二十七人，积尸阙下，如井干之状。’按：温公义是也。《说苑》：‘从蒺藜其脊，肉干四肢，而积之阙下。’‘肉干’义不可通，即‘井干’之误。隶体‘井’或作‘丼’，‘肉’或作‘月’，二形相近，传写误‘井’为‘月’，遂误为‘肉’。从蒺藜其脊，谓以蒺藜纵贯其脊。井干四肢，谓断割四肢，驾积作井干形也。‘死’当为‘尸’，渊骞‘力不足而死有余’，宋、吴本作‘力不足而尸有余’，明二字亦形近易误。历井干之尸，谓经过积骸之旁，‘井干’字正用秦令文也。”汪荣宝：《法言义疏》卷14，陈仲夫点校，北京：中华书局，1987年，第373页。

② 刘向：《说苑校证》卷9《正谏》，向宗鲁校证，北京：中华书局，1987年，第215—217页。

③ 《史记》卷6《秦始皇本纪》，第229页。

④ 《史记》卷85《吕不韦列传》，第2512页。

应劭曰:“茅焦谏云:‘陛下车裂假父,有嫉妒之心;囊扑两弟,有不慈之名;迁母咸阳,有不孝之行。臣窃为陛下危之。臣所言毕。’乃解衣趋镬。始皇下殿,左手接之曰:‘先生起矣!’即迎太后,遂为母子如初。”①

根据上述文献:嫪毐和秦始皇的母亲太后私通,与人相争时,自称是秦始皇“假父”。秦始皇听说后勃然大怒,嫪毐恐惧,发兵作乱,秦始皇平乱后,车裂嫪毐,杀死嫪毐和母亲所生的两个弟弟,迁太后。茅焦冒死劝谏秦始皇,说他“车裂假父”是出于嫉妒之心,囊扑两弟有“不慈”之名,迁母是“不孝”的行为,天下人都会因他的这些举动而背离秦。秦始皇听从了茅焦的建议,将母亲迎回咸阳。

除《汉书·邹阳传》颜师古注引应劭说没有记载出处外,张守节《正义》和裴骃《集解》均明确说引自《说苑》。三个《说苑》本详略、用词等存在明显差异,应当是传抄、择取时有意或无意为之,也不排除所据本不同。应劭说也当出自《说苑》。《史记》正文记载秦始皇、嫪毐等事迹时,没有提及嫪毐为“假父”之事,但也明确记载秦始皇母亲与嫪毐有私情,并育有二子。因此,《说苑》关于嫪毐自称“假父”以及秦人认为秦始皇车裂“假父”的记载当不是凿空之言,而有事实为依据。而且,由于嫪毐与秦始皇的母亲并没有缔结婚姻,只是婚外同居关系,因此,秦汉时对“假父”的称谓,至少在民间层面即非法律层面,并不严格以婚姻为前提,而是以事实同居关系为前提。

那么,秦始皇二十六年十二月戊寅令的颁布是否直接导因于嫪毐之乱呢?

从逻辑上来说,这一推测极有可能。从史籍记载来看,秦始皇对世人眼中自己的“假父”嫪毐极为痛恨,杀之犹不足以泄其愤。秦始皇对嫪毐之乱的处置充分反映了这一点。秦王政九年平定嫪毐之乱时,公开悬赏:斩首者皆拜爵,“有生得毐,赐钱百万;杀之,五十万”。平乱成功后,嫪毐本人被车裂,家人被夷三族,党人卫尉竭、内史肆、佐弋竭、中大夫令齐等二千石②高官二十人被枭首,舍人轻者为鬼薪,被“夺爵迁蜀四千余家”。十年,相国吕不韦因嫪毐被免官。十二年,赐死吕不韦,并下令“自今以来,操国事不道如嫪毐、不韦者籍其门,视此”。直到这年秋天,才赦免迁到蜀的嫪毐舍人。③ 秦始皇对母亲也极度失望和怨

---

① 《汉书》卷51《邹阳传》,第2354页。

② 张家山汉简《二年律令·秩律》:“●御史大夫,廷尉,内史,典客,中尉,车骑尉,大仆,长信詹事,少府令,备塞都尉,郡守、尉,衛(卫)将军,衛(卫)尉,汉(简440)中大夫令,汉郎中、奉常,秩各二千石……秩各千石。(简441)”[张家山二四七号汉墓竹简整理小组:《张家山汉墓竹简(二四七号墓)》(释文修订本),第69页]其时卫尉、内史、中大夫令尚是二千石官,可推秦时亦为二千石官。参见杨振红:《秦汉官僚体系中的公卿大夫士爵位系统及其意义》,《文史哲》2008年第5期。

③ 参见《史记》卷6《秦始皇本纪》、卷15《六国年表》、卷78《春申君列传》、卷85《吕不韦列传》,第227、231、752、753、2398、2512—2513页。

恨，不顾当时人极为重视的孝道，将母亲迁出咸阳宫，发誓永不相见。秦始皇对两个同母异父的弟弟也丝毫不念手足同胞之情，残忍地将他们活活打死。而戊寅令恰恰针对的就是母亲的后夫和姘夫——"假父"，针对的就是同母异父的兄弟姊妹，针对的就是有子母亲的再嫁和通奸问题，这很难用历史的巧合来解释。

秦始皇刻石的内容和秦始皇封巴寡妇清为贞妇也可以佐证这一点。

## 三、秦始皇刻石、女怀清台与戊寅令

秦始皇统一天下后，为了宣扬自己的丰功伟业，巡游天下时七次在名山上勒石纪功。其中，二十八年泰山刻石有文曰：

> 皇帝临位，作制明法，臣下修饬。二十有六年，初并天下，罔不宾服。亲巡远方黎民，登兹泰山，周览东极。从臣思迹，本原事业，祗诵功德。治道运行，诸产得宜，皆有法式。大义休明，垂于后世，顺承勿革。皇帝躬圣，既平天下，不懈于治。夙兴夜寐，建设长利，专隆教诲。训经宣达，远近毕理，咸承圣志。贵贱分明，男女礼顺，慎遵职事。昭隔内外，靡不清净，施于后嗣。[1] 化及无穷，遵奉遗诏，永承重戒。[2]

三十七年会稽山刻石铭文曰：

> 皇帝休烈，平一宇内，德惠修长。三十有七年，亲巡天下，周览远方。遂登会稽，宣省习俗，黔首斋庄。群臣诵功，本原事迹，追首高明。秦圣临国，始定刑名，显陈旧章。初平法式，审别职任，以立恒常。六王专倍，贪戾慠猛，率众自强。暴虐恣行，负力而骄，数动甲兵。阴通间使，以事合从，行为辟方。内饰诈谋，外来侵边，遂起祸殃。义威诛之，殄熄暴悖，乱贼灭亡。圣德广密，六合之中，被泽无疆。皇帝并宇，兼听万事，远近毕清。运理群物，考验事实，各载其名。贵贱并通，善否陈前，靡有隐情。饰省宣义，有子而嫁，[3]倍死不贞。防隔内外，禁止淫泆，男女絜诚。夫为寄豭，[4]杀之无罪，男秉义程。妻为逃嫁，子不得母，[5]咸化廉清。大治濯俗，天下承风，蒙被休经。皆遵度轨，和安敦勉，莫不顺令。黔首修絜，人乐同则，嘉保太平。后敬奉法，常治无极，舆舟不倾。从臣

---

① 《金石录》卷13《跋尾三・秦汉・秦泰山刻石》："《史》云'男女礼顺'，而《碑》作'体顺'；《史》云'施于后嗣'，而《碑》作'昆嗣'。"（赵明诚：《金石录》，刘晓东、崔燕南点校，济南：齐鲁书社，2009年，第111页）

② 《史记》卷6《秦始皇本纪》，第243页。

③ 张守节《正义》："谓夫死有子，弃之而嫁。"

④ 司马贞《索隐》："豭，牡猪也。言夫淫他室，若寄豭之猪也。"

⑤ 张守节《正义》："言妻弃夫逃嫁，子乃失母。"

诵烈，请刻此石，光垂休铭。①

以上是两块刻石的全文。泰山刻石是秦始皇所立七石的第二块，内容比较简约，其中一项重要内容就是宣扬秦始皇在教诲男女忠贞、禁止淫泆方面的贡献。三十七年会稽刻石中更明确把“有子而嫁”的行为看成是背叛死者的不贞行为；认为男人应当秉持“义”的原则，把男人的通奸行为斥为“寄豭”，主张杀之无罪；反对妻子逃嫁，疼惜子女失去母亲。这些主张与戊寅令的精神完全一致，因此，可以确定二十七年泰山刻石中所谓“遵奉遗诏”的“诏”、三十七年会稽山刻石中“莫不顺令”的“令”指的应当就是秦始皇二十六年十二月戊寅令，或者以此令为主的系列法令。刻石中所谓“专隆教诲”“训经宣达”“饰省宣义”，就是指秦始皇通过颁布有关女子重组家庭的一系列法令，以达到“大治濯俗”的目的。

此外，《史记·货殖列传》载：

> 而巴(蜀)寡妇清，其先得丹穴，而擅其利数世，家亦不訾。清，寡妇也，能守其业，用财自卫，不见侵犯。秦皇帝以为贞妇而客之，为筑女怀清台……清穷乡寡妇，礼抗万乘，名显天下，岂非以富邪？

张守节《正义》引《括地志》云：

> 寡妇清台山俗名贞女山，在涪州永安县东北七十里也。②

寡妇清远在“穷乡”巴郡，因为能守住丈夫的家业，用财产自卫，不受人侵犯，就得到秦始皇的赞许和表彰，被封为“贞妇”。从文中所谓“客之”，以及司马迁感慨其“礼抗万乘，名显天下”，可推当时秦始皇曾征召巴寡妇清入朝廷，以客礼待之，并举行了隆重的封贞妇礼。只有将此事放在戊寅令的背景下，秦始皇的这一行为才能得到更好的理解。

## 四、汉代假父之称为“继父”所取代

值得注意的是，检索汉代文献可以发现，汉代依然存在“假大母”“假母”③“假子”等称呼，却完全见不到“假父”的影子，取而代之的是“继父”的称呼。如 1959 年甘肃武威磨嘴子出土的武威汉简《仪礼》甲、乙两种《服传》和丙本《丧服》中均提到“继父”。甲本《服传》：“●继父同居者，何以基(期)也？《传》曰：‘夫死，妻稚子幼，子无大功之亲，与之适人，所适

---

① 《史记》卷 6《秦始皇本纪》，第 262—263 页。

② 《史记》卷 129《货殖列传》，第 3260 页。此事也见于《汉书》卷 91《货殖传》，第 3886 页。

③ 张家山汉简《二年律令》简 340 中有“假母”的法律规定：“诸(?)后欲分父母、子、同产、主母、叚(假)母，及主母、叚(假)母欲分孽子、叚(假)子田以为户者，皆许之。(简 340)”[张家山二四七号汉墓竹简整理小组：《张家山汉墓竹简(二四七号墓)》(释文修订本)，第 55 页]

者亦无大功之亲。所适者以其货财为之筑宫庙,岁时使之祀焉,妻不敢与焉,若是则继父之道也。同居则资衰基(期),异居则资衰三月。必尝同居,然后为异居。未尝同居不为异居。'"①乙本《服传》只是有些缺字,内容完全相同。② 丙本《丧服》:"•不杖,麻(屦)者:祖父母。世[父]母。叔父母。(大夫之适子为)妻。昆弟为众子、昆弟之子。大夫之庶子为适昆弟。适孙。[为人后者,为其父母报。女子子适人者,为其]父(母。昆弟)之[为父后者。继]父同居者。为夫之君……""•疏衰常齐,牡麻绖,无缨者:寄公为所禺……大夫在外,其妻、长子为旧国君。继父不同居。曾祖父母……"③传本《仪礼·丧服》的记载与武威汉简《仪礼》相同。此外,传本《礼记·丧服小记》:"继父不同居也者,必尝同居。"郑玄注:"录恩服深浅也。见同财则期。同居异财,故同居今异居,及继父有子,亦为异居,则三月。未尝同居,则不服。"孔颖达疏:"继父者,谓母后嫁之夫也。"④《孔子家语》也称"继父":"郕人以同母异父之昆弟死,将为之服,因颜克而问礼于孔子。子曰:'继父同居者,则异父昆弟从为之服;不同居,继父且犹不服,况其子乎?'"⑤

汉代传世文献中的"继父"是否是后代所改不可知,但武威汉简《仪礼》简的发现可以明证汉代确实不称"假父",而称"继父",这个称呼一直沿用至今。《仪礼》《礼记》等经书在汉武帝时被奉为官学。而且,郑玄注中并未提及秦始皇二十六年十二月戊寅令,从其论述可以看出,当时人以称母亲后夫为"继父"为理所当然之事。由此可推测,戊寅令并没有被汉王朝继承下来,而是随秦王朝的灭亡而被废止了。废止的原因大概就是这条法令有悖人情和社会现实,而《仪礼》《礼记》等儒家经典所倡导的继父子关系在汉王朝法律中得到贯彻,并深入人心。另一方面,"假父"的称呼因为嫪毐和秦始皇二十六年十二月戊寅令的缘故,也为人们所唾弃。

## 五、结　　语

由于时隔两千二百余年,即便是像秦始皇这样对中国历史产生巨大影响的人物,传世文

① 甘肃省博物馆、中国科学院考古研究所编著:《武威汉简·甲本服传》简 23－24,北京:文物出版社,1964 年,"释文"第 92 页。笔者标点,下同。

② 甘肃省博物馆、中国科学院考古研究所编著:《武威汉简·乙本服传》简 14－15,"释文"第 130 页。

③ 甘肃省博物馆、中国科学院考古研究所编著:《武威汉简·丙本丧服》简 5－6、简 9－10,"释文"第 133 页。

④ 郑玄注,孔颖达疏:《礼记正义》卷 33《丧服小记》,阮元校刻《十三经注疏》本,上海:上海古籍出版社,1997 年,第 1500 页中栏。

⑤ 杨朝明、宋立林主编:《孔子家语通解》卷 10,济南:齐鲁书社,2013 年,第 524 页。

献遗留下来的记载也甚为有限。而且，这些记载大多是作为推翻秦王朝统治的王朝——汉王朝人书写的，难免带有一定的倾向性和片面性。因此，对于传世文献所记载的秦始皇，今天的我们有太多的疑问和困惑。而新发现的秦时代的简牍材料，则为我们释疑解惑提供了宝贵资料，新近公布的岳麓书院藏秦简就是和睡虎地秦简、里耶秦简等一样珍贵的第一手档案资料。

秦自秦孝公以来，便实行商鞅变法，推行法家政治。秦始皇统一天下后，更"推终始五德之传，以为周得火德，秦代周德"，故为水德，因此，"刚毅戾深，事皆决于法，刻削毋仁恩和义，然后合五德之数"。① 因此，秦政带有深刻的法家政治色彩。以往学界普遍认为法家与儒家的最大不同，在于对等级秩序和家庭伦理秩序的主张不同，认为"儒家着重于贵贱、尊卑、长幼、亲疏之'异'，故不能不以富于差异性、内容繁杂的、因人而异的、个别的行为为规范——礼为维持社会秩序的工具，而反对归于一的法。法家欲以同一的，单纯的法律，约束全国人民，着重于'同'，故主张法治，反对因贵贱、尊卑、长幼、亲疏而异其施的礼"。② 在这样的观念下，人们对于秦始皇刻石中一再强调"贵贱分明，男女礼顺，慎遵职事""防隔内外，禁止淫泆，男女絜诚"，以及表彰巴寡妇清的行为深感不解。现在《岳麓书院藏秦简(伍)》001－008简的出土不仅佐证了秦始皇刻石内容的真实性，而且，通过对简文内容进行深入解析，可以对秦始皇的个人经历、伦理观念以及与现实政治、法律的关系等有了更为深入的了解和认识。秦始皇二十六年十二月之所以颁布001－008简的戊寅令，既基于其母亲与嫪毐淫乱并最终导致嫪毐之乱的个人经历，也基于先秦以来重视孝道和父家长制下的婚姻关系的传统，并因秦始皇的个人经历，而将对女子重组家庭的限制达到登峰造极的程度，比儒家更为严酷。由此，我们也可以进一步反思和深化对儒、法两家思想的认识。③

深挖秦始皇出台戊寅令的原因，还会发现这是秦始皇构建大一统"理想国"举措的一部分，笔者对此有专文讨论。④

附记：本文为杨振红主持"南开大学《岳麓书院藏秦简(伍)》读简班"成果。韩文版《〈嶽麓秦簡(伍)〉에 보이는 여성의 가족 재구성 관련법령과 嫪毐의 난》，刊于《中國古中世史研究》第51輯，2019年2月；中文版刊于《简牍学研究》第8辑，2019年7月。

---

① 《史记》卷6《秦始皇本纪》，第237—238页。

② 瞿同祖：《中国法律与中国社会》，北京：中华书局，1981年，第285—286页。1947年初版。

③ 参见杨振红：《从出土秦汉律看中国古代的"礼""法"观念及其法律体现——中国古代法律之儒家化说商兑》，《中国史研究》2010年第4期。

④ 杨振红、尚宇昌：《"乘舆""舆地图""舆田"与战国秦汉时期的天下国家观》，*Bamboo and Silk* 待刊。

# 秦代妇女再嫁及相关问题研究

## ——以岳麓秦简为中心的考察

◎ 程博丽(湖南大学法学院)

秦汉之际,频见妇女改嫁之例,上至皇室宗亲,下及普通民众。过去围绕这一主题进行的研究多集中于对离婚、改嫁现象的普遍以及原因进行探讨,且以汉代为主要的关注点。① 传世文献中有关秦的社会记录较为匮乏,秦楚联姻过程中,秦缪公先以宗女嫁与晋太子圉,后又将其更嫁给公子重耳,是为一例。② 妇女的再嫁是相当重要的家庭事件,牵涉甚广,特别是改嫁过程中有关财产的规定以及随着妇女改嫁而带来的母子关系的转变便是相当重要的一个方面。③ 近年来,随着新材料的不断公布,我们有可能对于以往关注较少的秦代妇女再嫁及其相关问题进行比较深入的探索。岳麓书院所藏秦简的主体部分为秦的法律文献,其中有相当的内容涉及秦政府在婚姻、家庭方面不断下达和调整的律令规范。以下,

---

① 有关秦汉妇女的婚姻状况,学者讨论颇多,就专著来看,杨树达先生《汉代婚丧礼俗考》、彭卫先生《汉代婚姻形态》、刘增贵先生《汉代婚姻制度》、贾丽英先生《秦汉家庭法研究:以出土简牍为中心》等都有专章对于妇女的离婚、再嫁现象进行深入讨论,包括从传世文献的角度和结合新出简牍材料进行的探讨。此外,彭卫、杨振红《中国妇女通史(秦汉卷)》与王子今、张经《中国妇女通史(先秦卷)》也在其书中对于这一社会现象给予了关注。

② 《史记》卷5《秦本纪》,北京:中华书局,2014年,第241—242页有"(缪公十四年)十一月,归晋君夷吾,夷吾献其河西地,使太子圉为质于秦。秦妻子圉以宗女……(二十三年)秦怨圉亡去,乃迎晋公子重耳于楚,而妻以故子圉妻。重耳初谢,后乃受"。

③ 以往出土的秦简牍资料,对于男子再娶现象给予了较多的关注,比如,睡虎地秦简日书中就有不少占卜男子结婚的记录"毕……取妻,必二妻"(简86正壹),"戊申、己酉,牵牛以取织女,不果,三弃"(简155)等(参见睡虎地秦墓竹简整理小组编:《睡虎地秦墓竹简》,北京:文物出版社,1990年,第192页、206页)。岳麓秦简中,由于男子再娶所引发的继母与继子之间的家庭冲突,要求调查核实。如"黔首有子而更取(娶)妻,其子非不孝殹(也),以其后妻故,告杀、迁其子。有如此者,尽传其所以告"(简1179)(参见陈松长主编:《岳麓书院藏秦简(伍)》,上海:上海辞书出版社,2017年,第137页)。此外,孔家坡汉简日书简381贰"女四日、七月、十月不死,三夫。六十七年以庚午死"(参见湖北省文物考古研究所、随州市考古队编:《随州孔家坡汉墓简牍》,北京:文物出版社,2006年,第177页)则是汉代简牍材料中有关女子再嫁的资料。

笔者将以岳麓秦简第五卷中的一组简文为例展开论述。该组律文是秦始皇二十六年十二月戊寅颁布的律令,内容主要涉及女子改嫁所引起的家庭身份变更和财产处理以及相关犯罪行为的定罪量刑等方面。杨振红先生根据律文中禁止称呼母之后夫为假父等内容,指出“戊寅令”的出台与秦始皇母与嫪毐淫乱事件相关。① 为方便讨论,将具体简文抄录如下:

·廿六年十二月戊寅以来,禁毋敢谓母之后夫叚(假)父,不同父者,毋敢相仁(认)为兄、姊、弟∟。犯令者耐隶臣妾而(简 1025)毋得相为夫妻,相为夫妻及相与奸者,皆黥为城旦舂。有子者,毋得以其前夫、前夫子之财嫁及入姨夫及予(简 1107)后夫、后夫子及予所与奸者,犯令及受者,皆与盗同灋。母更嫁,子敢以其财予母之后夫、后夫子者,弃(简 1108)市,其受者,与盗同灋。前令予及以嫁入姨夫而今有见存者环(还)之,及相与同居共作务钱财者亟相(简 1023)与会计分异相去。令到盈六月而弗环(还)及不分异相去者,皆与盗同灋。∟虽不身相予而以它巧詐(诈)(简 1024)相予者,以相受予论之。有后夫者不得告辠其前夫子∟。能捕耐辠一人购钱二千,完城旦舂辠(简 1027)一人购钱三千∟,刑城旦舂以上之辠一人购钱四千。女子寡,有子及毋子而欲毋稼(嫁)者,许之。谨布令,令黔首尽(简 1026)。② ▨【智(知)之,毋】巨(歫)辠。有□□除,毋用此令者,黥为城旦。·二(简 0916)

## 一、妇女更嫁的缘由

基于何种情况妇女选择再嫁,是值得关注的问题。从现有的出土材料来看,秦汉时期妇女再嫁主要涉及两种情形。

第一种为夫妻双方婚姻关系终结之后的再嫁行为。《汉书·孔光传》就有“夫妇之道,有义则合,无义则去”。③ 现有的秦简牍资料有不少内容涉及婚姻关系的终结,比如,睡虎地秦简《法律答问》中所见到的男子弃妻,要上报官府登记,否则处以“赀二甲”之惩罚,“弃妻不书,赀二甲。其弃妻亦当论不当?赀二甲”(简 169)。④ 岳麓秦简奏谳书案例中的《得之强与弃

---

① 杨振红:《岳麓书院藏秦简(伍)有关女子重组家庭的法令与嫪毐之乱》,《简牍学研究》第 8 辑,兰州:甘肃人民出版社,2019 年,第 175—186 页。

② 陈松长主编:《岳麓书院藏秦简(伍)》,上海:上海辞书出版社,2017 年,第 39—41 页。

③ 《汉书》卷 81《孔光传》(北京:中华书局,1962 年,第 3355 页)有定陵侯淳于长坐大逆诛,在是否株连已经“弃”的小妻的问题上,孔光认为“大逆无道,父母妻子同产无少长皆弃市,欲惩后犯法者也。夫妇之道,有义则合,无义则离。长未自知当坐大逆之法,而弃去乃始等,或更嫁,义已绝,而欲以为长妻论杀之,名不正,不当坐”。由是观之,婚姻关系解除之后,弃妻、更嫁之妻不受前夫家庭的牵连。

④ 睡虎地秦墓竹简整理小组编:《睡虎地秦墓竹简》,北京:文物出版社,1990 年,第 133 页。

妻奸案》有“为得之妻而弃”（简0442），[①]《同、显盗杀人案》“弃妇毋忧缚死其田舍”（简0320）都是相关的记录。[②] 此外，法律简牍中还有关于对“去夫亡”的女子得及自出，以及娶人亡妻的论罪。根据贾丽英的研究，“弃”是经过官府认可的离婚关系，“去夫亡”简牍则是有关逃婚的记录。[③] 此说可从。婚姻关系终结之后，妇女可再行婚配。与此同时，“弃妻”与前夫以及前夫子女之间的关系是值得深入探讨的问题之一，关于这部分，将在下面章节中论述。

第二种即为寡妇的再嫁。张家山汉简奏谳书“和奸”案例中引故律“夫生而自嫁，及取（娶）者，皆黥为城旦舂。夫死而妻自嫁，取（娶）者毋罪”（简192），指出了丈夫死亡埋葬之后，寡妇可自行婚嫁。[④] 寡妇在家内拥有较大的权威，《二年律令·置后律》中有一组关于寡妇代户的简文：

> 寡为户后，予田宅，比子为后者爵。其不当为户后，而欲为户以受杀田宅，许以庶人予田宅。毋子，其夫；夫（简386）毋子，其夫而代为户。[⑤] 夫同产及子有与同居数者，令毋贸卖田宅及入赘。其出为人妻若死，令以次代户。（简387）[⑥]

寡妇可以代户继承田宅或者以“庶人”标准分割田宅单独立户。寡妇成为户主，继承了夫家的财产，不得再嫁，但法律允许其招赘婿。不过，在有夫之同产或者同产子共同居住的情况下，寡妇不可以买卖田宅或者招收赘婿。如若改嫁或者死亡，其继承的夫家财产不得带走，而要由前夫的其他直系亲属依次继承。因此岳麓简1026中所言“女子寡，有子及毋子而欲毋稼〈嫁〉者，许之”的规定，除了是对于妇女“守贞”的认可外，也是为了保障田宅财产不外流，反映了财不出户的法律准则。诚如学者所言，“秦汉政府一方面强制将大家庭拆分为个体核心家庭，并通过立法鼓励分户析产，另一方面以法律手段谨防‘户’的残破以期稳定在籍户数”。[⑦]

---

① 朱汉民、陈松长主编：《岳麓书院藏秦简（叁）》，上海：上海辞书出版社，2013年，第196页。

② 朱汉民、陈松长主编：《岳麓书院藏秦简（叁）》，第179页。

③ 贾丽英：《秦汉家庭法研究：以出土简牍为中心》，北京：中国社会科学出版社，2015年，第42—49页。

④ 有关该案例的具体分析，可参见邢义田《秦或西汉初和奸案中所见的亲属伦理关系（订补本）：江陵张家山247号墓〈奏谳书〉简180—196考论》，简帛网，2008年6月28日。

⑤ 关于“毋子，其夫；夫毋子，其夫而代为户”，李解民认为“其夫”后可能脱一字“子”，寡妇去世后的财产继承顺序为与前夫所生之子、与后夫所生之子、后夫。详见李解民：《汉代婚姻家庭另类形态的法律依据》，卜宪群、杨振红主编《简帛研究二〇〇四》，桂林：广西师范大学出版社，2006年，第230页。薛洪波则认为第一个“子”为前夫的女儿，“夫毋子”中的子，是指寡与赘婿所生子女，继承的顺序是前夫女儿、与赘婿所生子女、赘婿。详见薛洪波：《战国秦汉时代女性财产权问题再考察》，《中国经济史研究》2018年第1期。

⑥ 张家山二四七号汉墓竹简整理小组：《张家山汉墓竹简（二四七号墓）》（释文修订本），北京：文物出版社，2006年，第61页。

⑦ 王彦辉、薛洪波：《从户的相关立法谈秦汉政府对人口的控制》，《东北师大学报（哲学社会科学版）》2013年第1期。

囿于资料的局限，传世文献中有关于秦代妇女再嫁的历史记载相当匮乏。单就这组岳麓简文来看，我们认为其所针对的当同时包含上述两种情形。简1026是说当丈夫去世后，寡妇无论有子与否，都可以不嫁。再进一步推测，“许之”说明当时社会中存在着不少寡妇不管是否有子，都会改嫁的事例，且被视为合理。相较而言，第一种情形中的夫妻双方离婚之后，妇女如若不嫁，则恐怕为当时社会所不能容忍。

## 二、再嫁所引起的家庭身份变更

在前文论述的基础上，接下来需要具体分析有关再嫁的法律条文，包括身份和财产两方面的规定。前者主要关注由于再嫁而形成的两个家庭之间的关系问题，特别是有关亲属范围的划定以及相关的伦理问题；后者主要讨论妇女再嫁之后，在财产方面的权利和受到的限制。就身份来看，涉及如何处理与后父、前夫子、后夫子等的关系。

### （一）与后父的法律关系

根据岳麓秦简中的记载，自始皇二十六年后，法律对于妇女改嫁之后所形成的家庭与原有家庭之间的关系进行了界定，并划定了亲属的范围。其中母亲后嫁之夫，不得称为假父，同母异父之子女不得相互称为兄弟姐妹。即法律条文中界定亲缘关系的范围，也就是“同产”的概念，仍是以同父作为主要的依据。而犯令者将受到耐为隶臣妾的处罚。另一方面，法律也明确规定，即使是同母异父，子女之间也不得结为夫妻或者发生通奸的行为，否则被黥为城旦舂：

> 廿六年十二月戊寅以来，禁毋敢谓母之后夫叚（假）父，不同父者，毋敢相仁（认）为兄、姊、弟㇄。犯令者耐隶臣妾而（简1025）毋得相为夫妻，相为夫妻及相与奸者，皆黥为城旦舂……（简1107）

这两条简文是对妇女改嫁所带来的亲属称谓变更的规定。秦始皇统一后，对各类名称作了统一规定，《里耶秦简》中的更名木方（8—461）便记录了诸多称谓的变动。①

其中，“叚父”的涵义值得深思。《说文·又部》“叚，借也”，段玉裁注“《人部》假云非真也。此叚云借也。然则凡云假借当作此字”。②“假父”见于睡虎地秦简《法律答问》：“父

① 陈伟主编：《里耶秦简牍校释（第一卷）》，武汉：武汉大学出版社，2012年，第155—160页。

② 许慎撰、段玉裁注：《说文解字注》，上海：上海古籍出版社，1988年，第116页。

盗子，不为盗。今叚(假)父盗叚(假)子，可(何)论？当为盗”(简19)，根据整理小组意见，假父，被视作义父，[1]假父盗窃假子的物品与父盗子之性质截然不同；彭卫等则认为这条律令反映了继、养父并不具有完整意义上的家父权。[2]《吕不韦列传》裴骃《集解》引《说苑》曰“毐与侍中左右贵臣博饮酒，醉，争言而斗，瞋目大叱曰：吾乃皇帝假父也，窭人子何敢乃与我亢！所与斗者走，行白始皇”。[3] 由是观之，“假父”有不同的指称含义，在秦统一之后，“假父”不再用作对母亲再嫁的丈夫的称呼。从相关的记载来看，母之后夫多称为“后父”，而“后父”一词在秦统一之前业已出现，并延续至后世。比如，睡虎地秦简《为吏之道》引魏《户律》记载了地位卑贱之人不得立户的规定，“自今以来，叚(假)门逆吕(旅)、赘婿后父，勿令为户，勿鼠(予)田宅”；[4]又如，《史记·惠景间侯者年表》记载侯“起”在孝文时“坐后父故夺爵级，关内侯”等都是有关“后父”的事例。[5]

后父的法律地位不同于亲父母，[6]在秦律中，父家长权的发生的唯一的根源是基于血统的关系。[7] 也就是说，法律所赋予的父之权威，乃是基于父系家庭，并且，血缘的、生育的因素在父名认定方面起着相当重要的作用，不同于秦汉历史语境中母名的认定与母子关系的确立。

又，针对和奸行为，睡虎地秦简《法律答问》有“同母异父相与奸，可(何)论？弃市”(简172)，[8]本文中岳麓秦简1107规定同母异父的兄、姊、弟通奸，判处黥城旦舂之刑罚。而《二年律令》则是“同产相与奸，若取(娶)以为妻，及所取(娶)皆弃市。其强与奸，除所强”(简191)。[9] 则岳麓秦简的犯罪惩罚较之睡虎地秦简轻缓，而张家山汉简仅就同产的通奸行为判定弃市，非同产则未必如此。三者相较，睡虎地秦简与二年律令的相关规定趋于一致，岳

① 睡虎地秦墓竹简整理小组编：《睡虎地秦墓竹简》，第98页。

② 彭卫、杨振红：《中国妇女通史(秦汉卷)》，杭州：杭州出版社，2010年，第171—175页。此外，王博凯认为“假父”和“假子”的关系并不等同于“义父”和“义子”，“假父”称谓的前提是已与其改嫁母亲具有事实上的夫妻关系，而“义父”则不然。详见王博凯：《读〈岳麓书院藏秦简(伍)〉札记》，简帛网，2018年3月12日。

③ 《史记》卷85《吕不韦列传》，第3049页。

④ 睡虎地秦墓竹简整理小组编：《睡虎地秦墓竹简》，第174页。

⑤ 《史记》卷19《惠景间侯者年表》，第1194页。

⑥ 孙玉荣认为，前夫子与改嫁母之“后夫”的关系存在两种情况，一种是“不同居”，即母改嫁后，前夫子留在父家，与母之后夫不同居。另一种是“同居”，即前夫子随改嫁之母到后夫家生活。详见孙玉荣《秦简所见“叚父”“叚子”身份考辨》，邬文玲、戴卫红主编《简帛研究二〇二二·春夏卷》，桂林：广西师范大学出版社，2022年，第137页。

⑦ 黄金山：《汉代家庭成员的地位和义务》，《历史研究》1988年第2期。

⑧ 睡虎地秦墓竹简整理小组编：《睡虎地秦墓竹简》，第134页。

⑨ 张家山二四七号汉墓竹简整理小组：《张家山汉墓竹简(二四七号墓)》(释文修订本)，第34页。

麓简条文似乎矛盾。[①] 但是,如果仔细辨别,就会发现岳麓简这组律文正是从法律上规定了亲缘关系的界限,即同产所指代的是同父异母之兄弟姐妹,同母异父不具有兄弟姊妹关系,也就不能适用于亲属相奸的法律条文,而与普通常人之间通奸的定罪量刑近似。比如,《二年律令》简192就规定了"诸与人妻和奸,及其所与皆完为城旦舂",[②]明确说明与已婚妇女通奸,判处完城旦舂之刑。

## (二)与前夫子的法律关系

母子关系是家庭内部的基本的关系组合之一。相关研究显示父母在家庭中拥有较大的权威,或者更确切地说是家长的权威。睡虎地秦简《爰书》中明文规定如若父母以"不孝"等事由起诉子女,官府立即受理,并且基本上按照父母一方的要求执行对子女的惩处。尹在硕先生指出,"秦朝政府十分重视家族的功能,制定了掌握基层家族的具体方案,以便于顺畅地征发税役和巩固保持以家庭为基础建立的社会秩序,其具体方案之一就是保护家长权力"。[③] 但是,学者们也注意到家长权在秦汉时期的差异问题,不同于汉代以"孝"治国和对家长权威的推崇,秦律反映了家长权在一定程度上受约束的情形。比如,针对秦简条文中有关于"非公室告""家罪"的记录,于振波先生认为这些规定源自于法家的政治理念,体现了限制父家长权的意图,与先秦儒家的家国观和忠孝观并不符合。[④]

就中国传统的一妻多妾制家庭来说,除了亲母以外,还有嫡母、继母、慈母的区分。[⑤] 不同名目的母亲身份挑战了基于血缘而形成的母子关系。根据《仪礼·丧服》的记载,子女为不同名分的母亲服丧的差异轻重颇为明显,而最重要的依据当是与父系家庭的关系认定。要之,"配父"与"父命"是决定母子关系的关键。母子关系并非一成不变,家庭内部的变故、冲突乃至暴力,都会对既存的关系模式构成挑战。而相关的处理结果显示出当时社会所侧重的价值观念。其中,父母婚姻关系的终止是影响母子关系的重要因素

① 杨振红先生认为《法律答问》简172的"弃市"之刑重于岳麓简1107的"黥以为城旦舂",所以岳麓简1025和简1107之间存在缺简,不能连读。参见杨振红《岳麓书院藏秦简(伍)有关女子重组家庭的法令与嫪毐之乱》,第176页。

② 张家山二四七号汉墓竹简整理小组编著:《张家山汉墓竹简(二四七号墓)》(释文修订本),第34页。

③ 尹在硕:《秦汉律所反映的后子制和继承法》,中国秦汉史研究会编《秦汉史论丛》第9辑,西安:三秦出版社,2004年,第247—270页。

④ 于振波:《从"公室告"与"家罪"看秦律的立法精神》,2005年第5期。

⑤ 郑雅如:《中古时期的母子关系:性别与汉唐之间的家庭史研究》,李贞德主编《中国史新论(性别史分册)》,联经出版事业股份有限公司,2009年,第135—190页。

之一。这包括两个方面，一是“弃妻”的法律处境及其与子女的关系；二是，母亲改嫁之后，与前夫子女之间相互的法律关系。根据岳麓秦简1027号简文“有后夫者不得告辠其前夫子”，我们看到妇女改嫁之后，其与前夫子之间的母子关系旋即解除，对于起诉前夫子女这样的行为，法律在一定程度上并不保护。不过，这里强调的改嫁之妇不得告罪前夫的子女，这里的“告罪”，应该限于特定的种类，即妇女再嫁所引起的通奸以及财产不当处理等方面的犯罪。

## （三）与后夫子的法律关系

家庭内部的继母子关系是颇值得关注的问题。汉代的传世文献、出土的汉画材料、简牍材料都给予了相当的说明。秦简的记载则比较贫乏，岳麓简1604有“殴主母，黥为城旦舂”，①而简1598又有“殴兄、姊、叚（假）母，耐为隶臣妾”，②有关主母的理解，原指奴婢对女主人的称呼，在这里当是婢妾所生子女对父之正妻的称呼；《二年律令·户律》“诸（？）后欲分父母、子、同产、主母、叚（假）母，及主母、叚（假）母欲分孽子、叚（假）子田以为户者，皆许之（简340）”，③这里“孽子”可左证“主母”之义。至于“假母”一词，《史记·淮南衡山列传》有“元朔四年中，人有贼伤王后假母者，王疑太子使人伤之，笞太子”，裴骃集解引《汉书音义》曰“傅母属”，④而《汉书·衡山王刘赐传》“人有贼伤后假母者”，颜师古注曰“继母也。一曰父之旁妻”，⑤则“假母”的涵义也比较丰富。不过根据王子今先生的研究，传世文献中，更多的事例是将“假母”释作“继母”。⑥ 两条秦简文所记录的不同的处理结果，与“子”的身份关系密切；至张家山汉简，则对“主母、后母”的暴力行为，皆统一判定为“弃市”。

另一方面，继母对于继子的暴力行为，秦简中也给出了相应的处理办法。岳麓简1179有“黔首有子而更取（娶）妻，其子非不孝殹（也），以其后妻故，告杀、䙴（迁）其子。有如此者，尽传其所以告”。⑦ 也就是说，黔首因为后妻的缘故，而告杀、迁其子。在这样的情况下，法律要对“父母告子”的缘由，进行详细的调查，再做判定。而这也是从法律的层面保障继子在家庭中的权益。

---

① 陈松长主编：《岳麓书院藏秦简（伍）》，第135页。
② 陈松长主编：《岳麓书院藏秦简（伍）》，第136页。
③ 张家山二四七号汉墓竹简整理小组：《张家山汉墓竹简（二四七号墓）》（释文修订本），第55页。
④ 《史记》卷118《衡山列传》，第3761页。
⑤ 《汉书》卷44《衡山王传》，第2154—2155页。
⑥ 王子今、范培松：《张家山汉简〈贼律〉“叚大母”释义》，《考古与文物》2003年第5期。
⑦ 陈松长主编：《岳麓书院藏秦简（伍）》，第137页。

# 三、妇女再嫁与财产处理

## （一）禁止财产的转移

除了对于身份关系的重新划定，岳麓秦简中还详细地对于妇女更嫁过程中的财产转移行为进行严厉地限制，其主要的针对对象为母亲和前夫子。对于有子的妇女而言，如果将前夫或者前夫儿子的财产以嫁妆转移到新的家庭，或者转入同产姐妹的家庭，或者给予后夫、后夫之子以及相与通奸之人，那么犯令的妇女以及接受财产的一方都将受到“与盗同灋”的处罚。母亲改嫁，儿子将财产给予母亲的后夫或者后夫之子，那么将被弃市，接受财产者将面临“与盗同灋”的惩处。针对相同的行为，这里的“子”所受到的刑罚重于再嫁的妇女：

> ……有子者，毋得以其前夫、前夫子之财嫁及入姨夫[1]及予（简 1107）后夫、后夫子及予所与奸者，犯令及受者，皆与盗同灋。母更嫁，子敢以其财予母之后夫、后夫子者，弃（简 1108）市，其受者，与盗同灋……（简 1023）

命令的下达以秦王政二十六年为准，在此之前所发生的妇女再嫁过程中的财产转移，有现存者，当在命令下达六个月内归还，否则面临“与盗同灋”的惩处：

> ……前令予及以嫁入姨夫而今有见存者环（还）之，及相与同居共作务钱财者亟相（简 1023）与会计分异相去。令到盈六月而弗环（还）及不分异相去者，皆与盗同灋……（简 1014）

有关“同居”的讨论颇多，根据贾丽英先生的研究，同居涵盖范围比较广泛，既包括同居数，也包括同居不同数；同居多为父系亲属聚集，也有妻系的亲属。[2]“作务”，又见于睡虎地

① 根据整理小组，“入”即“交、交纳”，“姨夫”即妻之姐妹的丈夫。见陈松长主编《岳麓书院藏秦简（伍）》，第 73 页。何有祖先生推测此处的“入”与张家山汉简《二年律令》简 387“夫同产及子有与同居数者，令毋贸卖田宅及入赘”之“入”意义相同（见何有祖《〈岳麓书院藏秦简（伍）〉读记（一）》，简帛网 2018 年 3 月 10 日）。王博凯对简文所载“入姨夫”进行了考释，认为“姨夫”的身份为赘婿，该组律令的出台，目的在于限制有子寡母坐产招夫的行为，以免造成前夫家庭财产的流失。见王博凯《〈岳麓书院藏秦简（伍）〉研究二题》，李学勤主编《出土文献》第 15 辑，上海：中西书局，2019 年，第 264—269 页。张以静对再婚家庭的财产权进行了分析，指出秦及汉初，有无子嗣是寡妇携财再嫁和招婿入赘的首要前提。见张以静《秦汉再婚家庭的财产权：以简牍材料为中心》，《河北学刊》2019 年第 4 期。目前不少学者对于“姨夫”的理解，倾向认为是寡妇在家招赘的一种特殊婚姻模式，但是考虑到该组简文起首部分是对同母异父的社会成员之间结婚的禁止性规定，那么对于“姨夫”的判定似乎也应该基于这样的前提，是以整理小组将其释为“妻之姐妹的丈夫”也并非没有道理。

② 贾丽英：《秦汉家庭法研究：以出土简牍为中心》，第 208—229 页。

秦简《秦律十八种·关市律》“为作务及官府市，受钱必辄入其钱缿中，令市者见其入，不从令者赀一甲”（简97）。[1] 岳麓秦简的这条记载，应该描述的是由于妇女改嫁而形成的两个家庭之间或者是与妻同产的家庭之间同居共财的情形，按照律令条文，属于不合法行为，应当尽快地分异相去。律令下达六个月之内，仍未分异者，将会受到相应的惩罚。这也与商鞅变法时期所提倡的“民有二男以上不分异者，倍其赋”法律精神相一致。[2]

## （二）再嫁妇的财产权

在讨论了限制更嫁过程中的财产转移之后，我们需要分析的是，相对于前夫家庭，再嫁的妇女可以获得的财产权益。事实而言，秦汉女性获得财产与管理财产的权利，与其具有户主的身份存在密切的关联。薛洪波指出，日常社会里的家庭财产多附着于户，寡妻代户、女儿代户等现象的存在，使得女性获得了相应的财产权。[3] 除此之外，女性还可以通过娘家的赠与、嫁妆等方式获得一定的私财。[4] 由秦至汉，特别是东汉末期，女性的财产权逐步缩小。贾丽英先生通过对东牌楼汉简中的个案分析，指出户绝家庭里已经出嫁的女儿的继承权，特别是田产的继承权受到了娘家近亲的分割。[5]

基于现有的材料，里耶秦简8－1554是“高里士五广”将大量的资产赠予其女的记录，“谒以大奴良、完，小奴嚋、饶，大婢阑、愿、多、□，禾稼、衣器、钱六万，尽以予子大女子阳里胡，凡十一物”。[6] 王彦辉先生指出，所赠资财，可能是陪嫁的奁产。[7]《睡虎地秦简·法律答问》“夫有罪，妻先告，不收。妻媵臣妾、衣器当收不当？不当收”（简170）。[8] 这就说明随妻子陪嫁的仆婢、衣物、用品等始终属于妻子所有和支配。也暗含了当婚姻关系终结之际，也会归于妻子所有。进一步的证明可以从《二年律令·置后律》中获得，“女子为户毋后而出嫁者，令夫以妻田宅盈其田宅。宅不比，弗得。其弃妻，及夫死，妻得复取以为户。弃妻，畀之其财”（简384）。[9] 妇女从父母处继承而来的田宅财产，可以在婚后共同经营使用，但在离异或者夫亡故之后，妇女可取得田宅重新立户。夫妻关系终结之后，可以取回陪嫁之

① 睡虎地秦墓竹简整理小组编：《睡虎地秦墓竹简》，第42页。
② 《史记》卷68《商君列传》，第2710页。
③ 薛洪波：《战国秦汉时代女性财产权问题再考察》，第5—12页。
④ 翟麦玲：《论汉代女子的财产继承权》，《鲁东大学学报》2009年第5期。
⑤ 贾丽英：《从长沙东牌楼简牍看汉代出嫁女的财产继承》，《光明日报》2007年7月13日。
⑥ 陈伟主编：《里耶秦简牍校释（第一卷）》，第356—357页。
⑦ 王彦辉、薛洪波：《从户的相关立法谈秦汉政府对人口的控制》，第52—58页。
⑧ 睡虎地秦墓竹简整理小组编：《睡虎地秦墓竹简》，第133页。
⑨ 张家山二四七号汉墓竹简整理小组：《张家山汉墓竹简（二四七号墓）》（释文修订本），第61页。

财产。

总体而言,岳麓秦简中有关于妇女再嫁过程中的财产限制,显示出了国家对于个体家庭的既有财产的保护。也从侧面反映了妇女在家内的权力。就妇女本身而言,改嫁之时,已从与前夫组成的家庭里获得了属于自己的财产权益,除这部分之外,不得动用其他的财产。

## (三)对捕亡者的购赏

如上文所示,岳麓秦简中规定了在妇女改嫁过程中所涉及的违法行为及定罪量刑。与此同时,我们也需要看到,在秦汉社会,存在着罪犯大量逃亡的现象。故而相关的法律明确规定了捕获逃亡者的购赏规定:

……能捕耐辠一人购钱二千,完城旦舂辠(简 1027)一人购钱三千,刑城旦舂以上之辠一人购钱四千……(简 1026)

根据陈松长先生的研究,"购"在秦汉时期是一种很有针对性的奖赏,与一般的赏赐还有一定的区别。[①] 简 1027、简 1026 所针对的犯罪者当是前文所说的在妇女更嫁过程中所产生的伦理的或者财产方面的犯罪行为。捕获此类逃亡犯罪者的购赏,分为三个等级,以耐罪、完城旦舂罪和刑城旦罪作为求购的标准。但是我们也从其他的简文中看到,即使捕得同一等级刑罚的犯罪者,所得购赏也有可能不同。比如陈松长先生在其有关"购赏"的文章中所公布的几条岳麓简,简 1012"不为舍人。有能捕犯令者,城旦辠一人,购金四两。捕耐辠一人,购金一两。新黔首已遗予之而能";简 1738"捕犯令者黥城旦舂辠一人,购金四两,悉(迁)辠一人,购金二两,免其婢以为妻,有子其主所而不为訾(赀)者勿"。按照"金一两"为五百七十六钱计算,这两条简文的购赏规定与简 1027、简 1026 并不一致。差异的存在,陈松长先生指出"大概都是因购赏的对象不同而决定的"。而进一步的解释,我们认为是由于秦汉律令中有关"购赏"的规定都附于某一类特定的律令条文中。就目前看到的秦汉简牍材料来看,《捕律》《盗律》《亡律》《金布律》以及数量众多的秦令文中都有关于购赏的规定,且其赏格、范围随着不同性质的律令条文而做具体的调整。

# 四、国家对于妇女再嫁的基本态度

本文以岳麓秦简一组简文为中心,就妇女的再嫁问题进行了探索,重点关注了妇女再嫁

---

① 陈松长:《岳麓简(三)"癸、琐相移谋购案"相关问题琐议》,《华东政法大学学报》2014 年第 2 期。

过程中所涉及到的身份、财产方面的法律处理。在此基础上，结合相关材料进一步归纳总结秦代统治者对于妇女改嫁的态度，特别是就文献中所透露出来的或默许或批判的“矛盾观念”进行思考。

秦汉时期，传世文献中有关妇女改嫁的事例屡见不鲜。而国家对于妇女守贞和再嫁的态度，也有着微妙的转变过程。通常认为，妇女再嫁行为的发生与其是否有子存在着很大的关联。一般情况下，无子而嫁被视为自然之理，董仲舒《春秋决狱》“《春秋》之义，言夫人归于齐，言夫死无男有更嫁之道”。[①] 文献中所记录的陈平之妻曾“五嫁而夫辄死”，[②]卓文君也曾“新寡”，都没有显示其再嫁之前有子。[③] 如果有子，则国家并不鼓励妇女再嫁，强调妇女的“守贞”。始皇会稽刻石就有“饰省宣义，有子而嫁，倍死不贞。防隔内外，禁止淫泆，男女絜诚。夫为寄豭，杀之无罪，男秉义程。妻为逃嫁，子不得母，咸化廉清”等。[④]

不过，如若从律令条文的记载来看，我们又获得了一些新的思考。诚如上文，岳麓秦简中记载了秦始皇二十六年之后对于婚姻、家庭的规范和整饬，其中有妇女在更嫁过程中所涉及到的前夫与后夫两个家庭的夫妻、子女等成员之间的财产关系和社会伦理等等，这其实说明在当时社会中，妇女有子而嫁的现象也是较为普遍。《商君列传》中“民有二男以上不分异者，倍其赋”，国家发布政令，鼓励家庭的分户、促进人口的增长也暗示了对于更嫁的认可。[⑤] 而简 1026“女子寡，有子及毋子而欲毋稼（嫁）者，许之”显示出在伦理的导向方面，对于妇女守贞的认可和逐渐强化。

其中看似矛盾之处，既与秦代政府根据社会发展变化不断调整有关家庭的规范有关，也缘于国家对于“户”的稳定性的重视。文献中所见秦的户口登记制度始见于献公十年“为户籍相伍”，后孝公时期，推行商君之法，户籍制度得到进一步的贯彻执行，鼓励分户，增加口数，并且人口的增长和死亡都要有详细记录，“举民众口数，生者著，死者削”。[⑥]《法律答问》“何（可）谓匿户及敖童弗傅？匿户弗繇（徭）、使，弗令出户赋之谓殹（也）”（简 165）。[⑦] 里耶古

---

① 李昉等撰：《太平御览》卷 640《刑法部六》，石家庄：河北教育出版社，1994 年，第 42 页。

② 《史记》卷 56《陈丞相世家》，第 2494 页

③ 《史记》卷 117《司马相如列传》，第 3638 页。

④ 《史记》卷 6《秦始皇本纪》，第 332—333 页。由此可见，除了将王令、制诏法律化，秦代统治者还通过立碑刻石的方式宣示教化，除会稽刻石以外，始皇本纪中还记载了其在巡行中为宣示两性规范所立的其他刻石，如二十八年梁父刻石“贵贱分明，男女礼顺，慎遵职事”（第 312 页）；琅邪刻石“尊卑贵贱，不逾次行。奸邪不容，皆务贞良”（第 314—315 页）；三十二年碣石记录“男乐其畴，女修其业”（第 322 页）。总体而言，无论是律令的规范，亦或刻石的形式，都显示出了政府对于核心家庭单位的重视

⑤ 《史记》卷 68《商君列传》，第 2230 页。

⑥ 章诗同注：《商君书》，上海：上海人民出版社，1974 年，第 19 页。

⑦ 睡虎地秦墓竹简整理小组编：《睡虎地秦墓竹简》，第 132 页。

城出土的户籍简牍便是与户籍和人口管理相关的简牍记录。①《二年律令·户律》中规定立户时间“民欲别为户者,皆以八月户时”(简345),②而在岳麓秦简中亦有在“户时”政府官员在基层社会申明律令的记载。诸种材料均反映了随着社会的变革,而产生的相应的治理政策。

另外,政府期望能够增加户数、征收赋税、巩固家庭的考虑之外,恐怕也有世俗人情的因素。比如王符《潜夫论·断讼》中便提到了妇女再嫁现象背后的经济利益。

> 又贞絜寡妇,或男女备具,财货富饶,欲守一醮之礼,成同穴之义,执节坚固,齐怀必死,终无更许之虑,遭值不仁世叔,无义兄弟,或利其聘币,或贪其财贿,或私其儿子,则强中欺嫁……③

即再嫁行为的发生,不仅关系妇女自身,同时也受到本生家庭中的父辈、同产等家庭成员的影响。

## 五、结　　语

以上,我们以一组简文为例,具体探讨了秦代有关妇女再嫁的法律处理。除却这组简文之外,岳麓秦简中还有关于秦代婚姻、家庭的诸多面向的丰富记录,对于这些丰富记录的探索,有助于我们从宏观的视角理解秦代政府不断演进的律令规范和国家教化政策,也有助于反观本文所讨论的妇女再嫁问题。而这将是笔者未来的研究方向。

概括来说,岳麓简中的相关律令主要分为两个层面,就家庭关系而言,涵盖了对于家庭内部冲突的法律处理、吏卒归宁制度、产子的身份归属以及政府对于维系家庭和谐的人子的表彰等等。其次,就婚姻层面的制度来看,岳麓秦简主要涵盖了有关婚姻关系的确立、变更等方面的法律规定。比如,简文中规定了娶妻嫁女所需要的法律程序,并特别地对官员的入赘、娶妻做了说明。而对男子再娶、女子再嫁所涉及的亲属关系、财产方面的变更,也有详细记载。此外,秦谳书《识劫娓案》对于“娓”的不同量刑意见也促使我们思考有关“妻”的法律认定程序。

由秦律到汉律,既有继承又有变革。即使秦律律令本身,也存在着缓慢的变化。而这种变化所反映的便是秦代政府关于家庭治理规范的不断整合。比如,睡虎地秦简《法律答问》

---

① 张春龙:《里耶秦简所见的户籍和人口管理》,中国社会科学院考古研究所等编《里耶故城、秦简与秦文化研究》,北京:科学出版社,2009年,第188—195页。

② 张家山二四七号汉墓竹简整理小组:《张家山汉墓竹简(二四七号墓)》(释文修订本),第56页。

③ 王符撰、汪继培笺,彭铎校正:《潜夫论笺校正》,北京:中华书局,1985年,233—238页。

有“殴大父母，黥为城旦舂。今殴高大父母，可（何）论？比大父母”（简 78），[①]岳麓秦简则是“殴泰父母，弃市”（简 1604）。[②] 根据陈伟先生的研究，“睡虎地秦简大约抄录于秦王政时期，其中法律文献底本形成的年代大概更早，岳麓秦简的主要年代则在秦统一之后”。[③] 这可以看出针对家庭的社会规范，在秦代便有着逐步的整合。因此，秦律和汉律的二分化，是一种简单的取向。

关于这点，还可从律文的日期来看。秦代政府颁布的这类律令条文，多以某某日期起首，日期起首律文来源于设定法律规则的王命、王令或者制诏。[④] 具体到有关家庭规范的令文日期则包括了“十三年三月辛丑以来”“二岁以来”“廿六年十二月戊寅以来”“自令以来”等等。这也说明秦代社会伦理的不断发展变化，并非全然在秦统一之后。透过不断整合的这一过程，我们便能够理解具体在本文中所呈现的再嫁制度的“矛盾”之处，也能够从宏观上把握秦令背后的国家意志。

（原文载《简帛研究二〇一八·春夏卷》，广西师范大学出版社，2018 年。部分内容有修订）

① 睡虎地秦墓竹简整理小组编：《睡虎地秦墓竹简》，第 111 页。

② 陈松长主编：《岳麓书院藏秦简（伍）》，第 135 页。

③ 陈伟：《“奴妾”、“臣妾”与“奴婢”》，华东政法大学法律古籍整理研究所编《第六届“出土文献与法律史研究”暨庆祝华东政法大学法律古籍整理研究所成立三十周年学术研讨会论文集》，2016 年 11 月，第 200 页。

④ 欧扬：《岳麓秦简〈亡律〉日期起首律条初探》，周东平、朱腾主编《法律史译评》第 8 卷，上海：中西书局，2021 年，第 55—71 页。

# 《岳麓书院藏秦简(伍)》中《尉郡卒令》的郡尉初探

◎ 曹旅宁(华南师范大学法学院)

## 一、岳麓秦简中的《尉郡卒令》条文

《岳麓书院藏秦简(伍)》有《尉郡卒令》两条:

138/1168+1192:●令曰:吏及黔首有赀赎万钱以下而谒解爵一级以除,【及】当为疾死、死事者为后,谒毋受爵∟,以除赀赎,

139/1140:皆许之。其所除赀赎,[皆许之其所除赀赎]过万钱而谒益【解】爵、【毋受爵者,亦许之。一级除赀赎毋过万】

140/C8-1-12+2130:钱,其皆谒以除亲及它人及并自为除,毋过三人。赀赎不盈万钱以下,亦皆【许之。其年过卌五以上者,不得解】

141/1692:爵、毋受爵,毋免以除它人。年睆老以上及罢癃(癃)不事从睆老事及有令终身不事、畴吏解爵而当复

142/1862:爵者,皆不得解爵以自除、除它人。鼎者劳盗〈盈〉及诸当搾(拜)爵而即其故爵如鼎及搾(拜)后爵者,皆不

143/1863:得解其故爵之当即者以除赀赎。为人除赀赎者,内史及郡各得为其畍(界)中人除,毋得为它郡人除。∟【中】县、

144/1789+1804:它郡人为吏它郡者,得令所为吏郡黔首为除赀赎。属邦与内史通相为除。为解爵者,独得除赀

145/1878:赎。令七牒。●尉郡卒令第乙七十六

146/1880:●令曰:吏从军治粟将漕长挽者,自敦长以上到二千石吏,居军治粟漕长挽所∟,得卖(买)所猷(饮)食衣服物及所以猷(饮)

147/1879:食居处及给事器兵∟,买此物而弗猷(饮)食衣服用给事者,皆为私利。毋重车者,得买以给事,舍,毋过☐

148/1171：□□人。丞相御史言：前军军吏治粟将曹（漕）长挽，吏或不给吏事而务为私利，侵苦卒ㄥ。吏已请行其罚。为

149/1906：牛车ㄥ若一轺车，数者皆为私利。与卒、官属同舍，同舍者菌（卤）、所歓（饮）食物ㄥ、得与歓（饮）食之及得俥（使）为所以给舍事

150/1769：者物ㄥ，非此物，皆为私利。诸不在此令中而买为之，及虽在令中买为而□□（齐释舆之），皆为私【利】。□□□（齐释百一十）钱以上，皆毋

151/1669：行其劳论ㄥ、赐。其毋劳论而有赐及毋劳论、赐者，皆罚戍故徼四岁，有（又）毋行其赐而皆没入其所为私利

152/1666：县官。为私利，私利者与同辠ㄥ。军初到，车军治粟曹（漕）长挽到官治粟，皆用此令ㄥ。军罢去，车军治粟曹（漕）长

缺简

153/1163：□军□（齐释具）为令。奏。制曰：可。布以为恒令。•尉郡卒令乙①

按：《尉郡卒令》之令名在现已公布的岳麓秦简中凡两见，“乙七十六”“乙……”。已公布的《郡卒令》己十二、己十三，由此可知《郡卒令》有甲、乙、丙、丁、戊、己编，己编至少13条，是否尚有庚以下别编则不得而知。

第一条令文主体为吏以及黔首，被判罚金及赎金万钱以下者，可申请解除爵位一级以除罪。因公病死及战死牺牲者的爵位继承者也可如此行事。免除对象包括亲人、它人及自己，不得超过三人。但年纪超过四十五、超过六十二或残疾终身免除徭役者，或世代相传手艺者解除爵位而又恢复者不得如此行事。按律令应拜爵而因不欲受爵等原因未受爵的故爵者不得如此行事。最后是免除赀赎者的地域限制。内史及郡只能在各自行政区划内免除赀赎。为吏者在自己籍贯以外的郡服务，可为本地黔首免除赀赎。属邦与内史可以相互免除。

第二条令文条主体为从事军粮运输者，包括屯长到二千石吏。令文严禁在军务期间做谋取私利的生意，禁止盘剥士卒。至于购买生活饮食必需的如盐卤食物等则在许可范围内。购买轺车则为谋私利，□□□钱以上者，不计劳论功、赏赐，罚戍故徼四岁，不赏赐并没收非法私利所得。县官为私利，同罪。②

① 陈松长主编：《岳麓书院藏秦简（伍）》，第56页。注106盐卤。注107此物：指前句列举的盐卤、食物等物。为私利。注104轺车：此处令文将购买轺车定性为牟取私利，因为轺车不是运粮车。注101漕长挽者：漕卒、长挽粟徒的总称。此前张金光先生《秦制研究》论述军爵制度主要以《商君书·境内》及睡虎地秦简为依据。

② 睡虎地秦简《秦律杂抄》：“吏自佐、史以上负从马、守书私卒，令市取钱焉，皆迁。”自佐、史以上的官吏有驮运行李的马和看守文书的私卒，用以贸易牟利，均加以流放。睡虎地77号汉墓汉简有《五年将漕属临沮初殿状》。

由此推论,《尉郡卒令》可能与郡尉这一职掌有关。根据已发现的秦汉法律简牍,郡尉负责军事征发以及爵位及除人。此外,《岳麓书院藏秦简(伍)》有两条《郡卒令》,都明确涉及到郡守一职。

136/1674:令曰:守以下行县,县以传马、吏乘给不足,毋赁黔首马。犯令及乘者,赀二甲,废。•郡卒令己十二

137/1680:•令曰:郡守有覆治及县官事当案行及尉事不□(齐释给)者,□□□□□及给(?)。•郡卒令己十三

## 二、岳麓秦简0370简与秦郡尉

陈松长《岳麓书院藏秦简中的郡名考略》载岳麓秦简0370号:"郡尉不存,以守行尉事,泰守不存,以尉为假守,泰守、尉皆不存,令吏六百石以上及守吏风莫(模)官……"①朱锦程又据未刊布的简文加以补订为:

0370:郡尉不存,以守行尉事,泰守不存,以尉为叚守,泰守、尉皆不存,令吏六百石以上及守吏风(讽)真官

0484:者为叚守。尉丞、守丞不存,令吏六百石以上为叚尉丞、叚守丞。尉丞、守叚被不存尉丞为叚尉丞

1046:尉丞。守不与尉同处者。尉节(即)不存,令吏六百石以上为叚尉丞。御史请。三②

从内容来看,当属律令条文无疑,规定了郡太守、郡尉、尉丞、守丞继任及代行职权的顺位,这是一条探讨秦郡太守、郡尉职掌的重要资料。

《汉书·百官公卿表序》:

郡守,秦官,掌治其郡,秩二千石。有丞,边郡又有长史,掌兵马,秩皆六百石。景帝中二年更名太守。

郡尉,秦官,掌佐守典武职甲卒,秩比二千石。有丞,秩皆六百石。景帝中二年更名都尉。

关于秦汉郡守、郡尉的职掌,有学者认为,两者的分工在于郡守治民、郡尉治兵;也有的

① 陈松长:《岳麓书院藏秦简中的郡名考略》,《湖南大学学报(社会科学版)》2009年第2期。

② 陈松长主编:《岳麓书院藏秦简(柒)》,上海:上海辞书出版社,2022年。此据朱锦程:《秦制新探》,湖南大学博士学位论文,2017年,第43页。

学者认为郡守掌政,并兼掌军,郡尉只是郡守掌军方面的助手。[①] 从岳麓秦简 0370 号的内容来看,守、尉的职权分工应是相当明确的。这从张家山汉简《二年律令》相关律文也可看出。

张家山 247 号汉墓《二年律令·置吏律》:

郡守二千石官、县道官言边变事急者,及吏迁徙、新为官、属尉、佐以上毋乘马者,皆得为 213 驾传。县道官之计,各关属所二千石官。其受恒秩气禀,及求财用年输,郡关其守,中关 214 内史。受(授)爵及除人关于尉。都官自尉、内史以下毋治狱。狱无轻重关于正;郡关其守。215

官各有辨,非其官事勿敢为,非所听勿敢听。诸使而传不名取卒、甲兵、禾稼志者,毋敢擅予。216

第一条,整理小组:"关,报告。"此条规定了郡守、尉、内史、廷尉正的职掌。郡守掌管属县道的上计、秩禄支给、财用委输、司法事务。郡尉掌管"爵及除人",即爵位及官职的授予,也就是今天所说的人事权(此点承彭浩先生教示),可见郡尉地位之崇高,而且由中央直接委派,故有"都官"之称。而且明确郡尉不过问司法事务。至于郡的军事职掌由谁管理,此条律文未有明文。张家山汉简《奏谳书》案例一是汉高祖十一年(前 196)八月的案子,南郡夷道蛮夷大男子毋忧接到南郡都尉征发为屯卒后逃亡。由此可看出郡尉景帝中二年(前 148)改名都尉不确,汉初即改名都尉;又可看出,秦汉郡尉确实掌管一郡军事事务。里耶秦简还出现郡尉府的爵曹:"☐【郡】尉府爵曹卒史文(8-247)"。[②]

第二条,整理小组:"辨,分别。"这条律文的意思是官员各有职掌,不是其职权范围内的事务不能做。当上级官府的使者在其身份证明文件中未写明所需要的簿册名称时,如要索取卒簿(士兵名册)、甲兵簿(武器登记簿)、禾稼簿(粮食账簿),不得随便给与。[③] "卒、甲兵、禾。稼志者",根据岳麓秦简中的秦令,这里的"卒"应理解为官吏的名单,这在当时应算是政府机密,不能轻易泄露。

我们注意到前引《尉郡卒令》以爵除赀赎这一令文与《秦律十八种·军爵律》有相当的

---

① 施丁:《秦汉郡守兼掌军事略说》,中华书局编辑部编:《文史》第 13 辑,北京:中华书局,1982 年,第 61—71 页。

② 陈伟主编:《里耶秦简牍校释(第一卷)》,武汉:武汉大学出版社,2012 年,第 122 页。孙闻博:《秦县的列曹与诸官》,简帛网,2014 年 9 月 17 日。

③ 斯坦因第三次探险时出土于酒泉,马伯乐编号为 3 的简册上有此律佚文,大庭脩:《简牍中的汉律令佚文》有考释,但认为可能是汉《兴律》,参见氏著:《秦汉法制史研究》,上海:上海人民出版社,1991 年版,第 71 页;高恒:《汉简牍中所见汉律论考》根据张家山汉简《二年律令》有订正,参见氏著:《秦汉简牍中的法制文书辑考》,北京:社会科学文献出版社,2008 年,第 162 页。

关联：

从军当以劳论及赐，未拜而死，有罪法耐(迁)其后；及法耐罨(迁)者，皆不得受其爵及赐。其已拜，赐未受而死及法耐罨(迁)者，鼠(予)赐。军爵律。

欲归爵二级以免亲父母为隶臣妾者一人，及隶臣斩首为公士，谒归公士而免故妻隶妾一人者，许之，免以为庶人。工隶臣斩首及人为斩首以免者，皆令为工。其不完者，以为隐官工。军爵。①

律文规定：从军有功应授爵和赏赐的，如还没有拜爵本人已死，而其后嗣有罪依法从应耐迁的；以及本人依法应耐迁的，都不能得到爵和赏赐。如已经拜爵，但还没有得到赏赐，免现为隶妾的妻一人，可以允许，所赎的都免为庶人。工隶臣斩获首和有人斩首来赎免他(但本人已死)及依法应耐迁的，仍给予赏赐。

要求退还爵两级，用来赎免现为隶臣妾的亲生父母一人，以及隶臣斩获首应授爵为公士，而请求退还公士的爵，用来赎，都令作工匠。如果形体已有残缺，用作隐官工。

根据张家山汉简《二年律令・置后律》387简"令以次代户，不审，尉、尉史主者罚金各四两"；389简"当置后，留弗为置后过旬，尉、尉史主者罚金各二两"。②

由上述讨论可知，郡尉不一定只是郡守的助手，其职掌明确而崇高，并掌管一郡的人事权，这是我们以前所不知道的。如果再加上掌管一郡的军事事务，显然能够起到在中央集权体制下地方的分权与制衡作用。

## 三、秦《尉卒律》与秦县尉

秦郡尉职掌"授爵除人"既然明了，秦县尉职掌又是如何呢？按行政制度常理推，县尉所掌应与郡尉相同，所不同的只是职掌范围不同而已。这一点得到新公布的岳麓秦简(四)中《尉卒律》的证明。县尉掌人事权、户籍管理权、上计权及其行政要依照法定治事程序。③

1373 尉卒律曰：县自卅户以上置典、老各一人，不盈卅户者以下，便利，令与其旁里共典、老，其不便者，予之典 1405 而勿予老。官大夫以上擅启门者，附其旁里，旁里典、老坐之。置典、老，必里相谁(推)，以其里公卒、士五(伍)年长而毋害 1291 者为典、老，

① 睡虎地秦墓竹简整理小组：《睡虎地秦墓竹简》，第55页。

② 张家山二四七号汉墓竹简整理小组：《张家山汉墓竹简(二四七号墓)》(释文修订本)，北京：文物出版社，2006年，第61页。

③ 周海锋：《岳麓秦简〈尉卒律〉研究》，中国文化遗产研究所编：《出土文献研究》第14辑，上海：中西书局，2015年，第79—86页。

毋长者令它里年长者。为它里典、老，毋以公士及毋敢以丁者，丁者为典、老，赀尉、尉史、士吏主1293者各一甲，丞令、令史各以一盾。毋爵者不足，以公士、县毋命为典、老以不更以下，先以下爵。其或复，未当事。

由此条可看出县尉掌管基层行政中里典及老的产生，属于"除人"范围。秦代社会制度以二十等爵制为基本架构，法律对里典及老产生的规定也以此为出发点。

1397尉卒律曰：为计，乡啬夫及典老月辟其乡里之入谷，徙除及死亡者，谒于尉，尉月牒部之，到十月乃1372比其牒，里相就殹（也）以会计。黔首之阑亡者卒岁之而不归，结其计簿，书其初亡之岁月于结，善藏以戒其得。

由此条可看出，秦代上计的基层数据统计工作由县尉掌握。特别提及基层"黔首阑亡"计簿由县尉掌握。这是基层户籍管理制度的重要内容。

1404尉卒律曰：缘故徼县及郡县黔齿〈首〉、县属而有所之，必谒于尉，尉听，可许者为期日。所之1290它县，不谒，自五日以上，缘故徼县，赀一甲；典、老弗1292告，治（笞）定（臀）。尉令不谨，黔首失令，尉、尉史、士吏主1293者赀各一甲，丞令、令史各以一盾。

此条规定了在户籍管制下，黔首外必须报县尉批准。黔首外出五日，不报告县尉，里典及老不报者要打屁股。法律执行中县尉及其下属失职，要赀甲盾；违法黔首要依照法律处分。

1409尉卒律曰：县尉治事，毋敢令史独治，必尉及士吏与，身临之，不从令者，赀一甲。

此条规定县尉行政，不能由属吏独行，而要由县尉亲自督责。这显然是基层行政中的程度规定。

1234尉卒律曰：黔首将阳及诸亡者，已有奔书及亡毋奔书盈三月者，辄筋〈削〉爵以为士五（伍），1259有爵寡，以为毋爵寡，其小爵以及公士年盈十八岁以上，亦葥小爵。爵而傅及公1258士以上子皆书籍以为士五（伍）。乡官皆上奔书县廷，廷转臧狱，狱史月案计日，盈三月即辟问，1270官不出者，辄以令论，削其爵，皆校计之。

此条反映县尉在基层户籍管理中针对黔首阑亡三月以上者可削除其爵位。前述秦及汉初郡尉掌爵之授予权，现在从岳麓秦简《尉卒律》中可看出县尉掌握有爵位削除权。由于二十等爵制是当时社会秩序的基本架构，削除爵位对民众社会生活影响之大可以想象，由此也可看出秦县尉的位高权重。

此外，岳麓秦简中有两条新近公布的秦《徭律》条文，其中有"都发"及"县请"两词，陈松长、陈伟先生先后有解释。① 现在从秦《尉卒律》看来，县尉对阑亡者及黔首外出申请者拥有监管权、处罚权，外出请示获批后“可许者为期日”。岳麓秦简《徭律》中有“皆月券书其行月及所为日数，而署其都发及县请”。陈松长先生认为“其发徭的都官或县要有签署的情况”，陈伟先生认为“县请”大概是指在一些特别情形下，县在向上级请示后之后而兴发的徭役；“都发”大概是指整体性或者大规模的征发。我们认为秦代发徭时县尉的职权不容忽视。

## 四、里耶秦简中的秦郡尉

里耶秦简 8－657：

□亥朔辛丑，琅邪叚（假）守□敢告内史、属邦、郡守主：琅邪尉徙治即默〼Ⅰ

琅邪守四百卅十里，卒可令县官有辟、吏卒衣用及卒有物故当辟征还〼 Ⅱ

告琅邪尉，毋告琅邪守。告琅邪守固留费，且辄却论吏当坐者。它如律令。敢□〼Ⅲ

□一书。●以苍梧尉令行事。六月乙未，洞庭守守礼告县啬夫听书从事□Ⅳ

□军吏在县中者各告之。新武陵别四道，分次传。别书写上洞庭 V8－657 尉。皆勿留。／葆手。骄手。Ⅰ／八月甲戌，迁陵守丞膻之敢告尉官主：以律令从事。传别书Ⅱ贰春，下卒长奢官。／□手。／丙子旦食走印行。〼Ⅲ

Ⅰ〼月庚午水下五刻，士伍宕渠道平邑疵以来。朝半。洞〼ⅠⅣ8－657 背

据此可知，琅邪守、尉治不在同一地方，且政务有分工范围。且洞庭守礼以此为据，以洞庭属县啬夫以军吏事告于苍梧尉。② 在律令体系下，“琅邪”尉治理事务必定有相应的律令为依归，《尉郡卒令》一定是这些律令中的重要组成部分。里耶秦简“卒可令县官有辟、吏卒衣用及卒有物故当辟征还〼Ⅰ告琅邪尉”，有可能即为秦《尉郡卒令》的重要内容之一。

里耶秦简 2456：秦始皇卅四年洞庭假尉御。里耶秦简 J⑨1－12 是一组秦始皇三十三年三月、三十四年八月阳陵司空发至洞庭郡尉向戍卒追讨债务的文书，统统在三十五年四月以主管军务的洞庭假尉觿的名义下发迁陵县。

我们注意到《岳麓书院藏秦简（肆）》中有几条令文可能与郡尉有关。

0355：内史郡二千石官共令第甲

1918：●制诏丞相御史：兵事毕矣，诸当得购赏貰责（债）者，令县皆亟予之，令到

---

① 陈松长：《岳麓秦简中〈徭律〉例说》，中国文化遗产研究所编：《出土文献研究》第 11 辑，上海：中西书局，2012 年，第 162—166 页。陈伟：《岳麓书院秦简〈徭律〉的几个问题》，《文物》2014 年第 9 期。

② 陈伟主编：《里耶秦简牍校释（第一卷）》，武汉：武汉大学出版社，2012 年，第 193 页。陈伟据此判断琅邪守、尉异地治事的史实。并得到前引秦令 1046：“尉丞。守不与尉同处者”的证实。

县，县各尽以见（现）钱，不禁

0558：者，匆令巨皋，令县皆亟予之。丞相御史请：令到县，县各尽以见（现）钱不禁者亟予之，不足，各请其属

0358：所执法，执法调均；不足，乃请御史，请以禁钱貣之，从所貣多少为偿，久易（易）期，有钱弗予，过一金

0357：赀二甲①

0634：里人令军人得爵受赐者出钱酒肉歓（饮）食之，及予钱酒肉者，皆赀戍各一岁。其先自告，赀典、老

0663：各一甲，弗智（知），赀各一盾，有不从令而亟、令、令史弗得，赀各一盾，以为恒

0525：材官、趨发、发弩、善士敢有擅相责（债）入舍钱酉（酒）肉及予者，捕者尽如此令，士、吏坐之，如乡啬夫，赀下丞、令

0529：令史、尉、尉史各一甲。丞相下，尉布，御史议：吏敢令后入官者入钱财酒肉，入时共分歓（饮）食及出者，皆赀二甲，责费

0749：内史官：蘩卒从破赵军，长挽粟徒壹夫身贫毋（无）糧（粮），貣县官者，死军，为长

最近，林少平先生对秦郡守、郡尉、监御史之间的关系进行了辨析，同笔者以前的考证颇为接近，笔者认为，秦令的出现与秦郡的推行有很大的关联。这对我们理解《岳麓书院藏秦简（伍）》的相关令文提供了参照。林先生指出：游逸飞先生提出秦郡“三府分立”的说法不可信，以人事、财政、司法、军事等职权来分析郡守、郡尉、监御史的权力分配与运行，更是无法理清三者或三府的关系。

一、郡守与郡尉的关系，如同县令与县尉的关系。实际上，郡尉是参照县尉来设置的。因为秦代的县制要比郡制更加成熟。这样就可以理解秦始皇改“郡邦尉（与汉初屯兵驻守各郡的都尉相同）”为“郡尉”的逻辑。郡守与郡尉的职权划分大体上是郡守主全郡、理官民（包括各类徒隶），郡尉主理军务及发动和安排徭戍、屯戍（即屯田）、屯卒（属于常备军，如二世“征发五万人为屯，卫咸阳”）和追捕盗贼等事务。里耶秦简“琅琊假守”告内史、属邦、各

---

① 云梦睡虎地4号秦墓秦简家书中有：“书到皆为报，报必言相家爵来未来，告黑夫未来状。”“辞相家爵也。”两次询问立功受爵通知到家否？当与战事结束后的购赏相关，李均明、何双全：《散见简牍合辑》，北京：文物出版社，1990年，第83页。此条令文已改编入陈松长主编：《岳麓书院藏秦简（陆）》（上海：上海辞书出版社，2020年，第70—72页）第一组，同组又有一条有关购赏的将军禁令与律令实施孰先孰后。

郡的文书所列要告琅琊尉而不要告琅琊守的事项可为证。由于秦代的普通小吏(各类佐史)、各官府机构(群官)的官属都是由服徭役者、各类戍卒来充当的,因而郡尉需与郡守共参并受其节制。这一点可以从里耶秦简启陵乡除"邮人、里典"和张家山汉简《奏谳书》南郡卒史等复攸狱簿案苍梧守、苍梧尉共同参与处理叛乱上去理解。

二、监御史虽在各郡开府治事,但并不能认为是郡一级的机构。实际上,秦代在各个领域(包括都官、各郡、军队)都有派驻监御史。监御史并不直接插手所在郡的具体事务,其主要职责是确保中央(皇帝)的各类政令能够在郡县得到执行和完成皇帝要求御史府交办的各类工作任务。①

因此,《岳麓书院藏秦简(伍)》中的《卒令》《郡卒令》《尉郡卒令》之间的关系,岳麓秦简整理小组认为《卒令》包括《郡卒令》《尉郡卒令》,从这些令文中反映出郡尉的职掌来看确有一定关联。至于其间的真实关系,值得我们进一步深入研究。

(原文载《秦汉研究 2020》,西北大学出版社,2020 年)

① 林少平:《谈秦郡三府的关系问题》,简帛网,2018 年 5 月 4 日。

# ·第六卷·

# 新见秦代吏治律令探论

## ——基于《岳麓书院藏秦简(陆)》的秦令考察

◎ 陈松长(湖南大学岳麓书院)

岳麓书院藏秦简(以下简称"岳麓秦简")中有上千枚简的内容有关秦代律令条文、秦代的司法案例,是秦代法律制度研究的崭新资料。在已陆续出版的《岳麓书院藏秦简(叁)(肆)(伍)》①三卷中,我们已经披露了许多秦代法律文献内容,可以说,每一卷的公布,都迅速引起法学界,特别是法律史学界的高度关注,即将出版的《岳麓书院藏秦简(陆)》的主要内容仍是秦律令条文,其中大部分是令文,诸如祠令(0129)、卜祝酎及它祠令(2154)、安台居室、居室共令(2161)、四谒者令(2000)、食官共令(2018)、四司空卒令(0153)、四司空共令(2005)等,大都是新见的秦令专名。比较遗憾的是,由于简文残缺,这些令名之下的令文多不完整,但这批简文中,包含多条秦代吏治的令文,很值得关注和讨论,这里,我们仅择其要者试作讨论。

有关秦代的吏治管控,在1975年出土的《睡虎地秦墓竹简·为吏之道》中就有反映,而已出版的《岳麓书院藏秦简(壹)》中也有一篇内容近似的《为吏治官及黔首》,对怎样为吏,怎样治理官署和黔首都有很具体翔实的规定,如其中有名的"吏有五善""吏有五失""吏有五过"等高度概括的描述,都足以说明有秦一代对吏治管控的高度重视,故这一类的宦学教材都有不同的抄本留存至今。不仅如此,有关吏治的管控,还不断地出现在秦代不同的律令文本中,这些以法令的形式记录下来的吏治规定,至今仍有借鉴意义。

## 一、惩治狱吏贪腐的令文

惩治官员贪腐,一直是执政的重要手段之一。大到治国,小到治县,历代的执政者都对

---

① 《岳麓书院藏秦简(叁)(肆)(伍)》已分别于2013年、2015年、2017年由上海辞书出版社出版。

此高度重视，在以吏为师的秦代，对此更是有非常细密翔实的律令规定。已刊布的秦代简牍文献中，这方面的律令条文已不断发现，在即将刊布的《岳麓书院藏秦简(陆)》中，更有一条有关惩治狱吏贪腐的详细令文。

所谓狱吏，也就是掌管处理狱案的司法官吏。这条令文现有18个编号，其中或有残缺，但经整理编联，其内容大致可读，故我们将其统称为“惩处受财枉法”令。其以18枚简以上的篇幅来记录一条令文，可见其令文规定是何等缜密，而且还是一条很具有可操作性的法律条文。下面我们且选录其中的两段释文来作一下简单讨论：

0177：•自今以来，治狱以所治之故，受人财及有卖买焉而故少及多其贾(价)，虽毋枉殹(也)，以所受财及其

0181：贵赋〈贱〉贾(价)，与盗同灋。叚(假)、貣钱金它物其所治、所【治】之亲所智(知)以□□以所叚(假)赁费貣钱金它物其息之数

2105：与盗同灋。叚(假)、貣钱金它物其所治之室人、所治之室人父母、妻子、同产，虽毋枉殹(也)，以所叚(假)赁费貣钱金它物

0771：其息之数，与盗同灋

这是令文的起首4枚简，我们且先就简文的形式和内容作点说明：

前面的数字是简的原始编号，黑圆点是秦汉简牍文献中常见的章节的起首符号，这里是一条令文的起首标志。“自今以来”是秦令中很常见的起首用语，即自本令文发布的今日以来的意思。当然，有关“今”的解释也有不同的认识，有的说“今”是指“今皇帝”，如马王堆帛书《刑德》甲篇中就有“今皇帝十一”的记载。但我们觉得，如果这样理解的话，作为令文的发布将会没有时效性，故且以令文发布的当日来理解这“今”字。

“治狱”即处理狱案，这在秦代是最繁忙的日常行政之一，东汉时的许慎就在《说文解字叙》中指出：秦代“官狱职务繁”，不仅如此，许多的狱案治理，还要以“狱奏”文书的方式上奏朝廷或皇帝去亲自处理，故秦法令中有关狱治的条文多而且细密。这里的“治狱”当指治狱者而言，即负责狱治的官吏。

令文的主要内容是凡狱治者以治狱之故而受人钱财者，将与盗一样按法论处。值得注意的是，这条令文中竟出现了三个“与盗同灋”，也就是说，治狱者之受人钱财有三种不同的情况。第一种是直接向当事人收取钱财，且在钱财交易的过程中随意压低或哄抬价格者，其治狱虽不枉法，也以其所受钱财和随意其价的多少来按盗论处。第二种是向“所治之亲”，即当事人的父母借贷“钱金它物”者，就按其所借“钱金它物”的息钱多少来按盗论处。第三种是向“所治之室人”(同室之人)以及“所治之室人父母、妻子、同产(兄弟姊妹)”借贷“钱金它物”者，也按其所借“钱金它物”的息钱多少来按盗论处。

这条令文对因治狱而受人钱财者的情况剖析得非常细密，先将受人钱财者分为当事人、当事人的父母、当事人的同室及其父母、妻子、兄弟等。但尽管收受钱财的对象和借贷钱物的对象不同，其处罚的标准却是一样的，即都是“与盗同灋”。由此可见，秦代对贪腐惩治的力度是很大的，凡狱治者，因治狱之故而收受钱财和借贷“钱金它物”者，无论其接受或借贷的对象是谁，一律都要按盗从重处罚。

不止如此，就在同一条令文中，还有怎么论罪和怎样判断有罪无罪的详细规定，如：

2100+2159：治狱受人财酒肉食，叚(假)、貣人钱金它物及有卖买焉【而故】少及多其贾(价)，以其故论狱不直，不直罪

0123：重，以不直律论之。不直罪轻，以臧(赃)论之。有狱论者，有狱论者亲所智(知)以狱事故以财酒肉食

0156：遗及以钱金它物叚(假)、贷治狱者，治狱者亲所智(知)及有卖买焉而故少及多其贾(价)，已受之而得，予者毋罪。

2100+2159、0123两简中，对受财之后以故“论狱不直”者，要从重处罚，如果受贿罪轻，就按“论狱不直”罪论处，如果“不直罪轻”，就按受赃的多少论处。简单地说就是从重罚处，而不是简单的“与盗同灋”。

接下来的0123、0156简文则规定：有狱论者的父母在知其情的情况下，“以狱事故”而馈送“财酒肉食”或贷借“钱金它物”给治狱者，而治狱者的父母知其情而参与买卖并故意哄抬其价者，如果治狱者已接受，当抓起来，而送钱金它物者无罪。

很显然，这3条简文的法律规定与前面所列的4条简文所指的对象和处罚都有所不同，尽管都是惩处受财枉法，但其法令条文的规定却非常具体细密，具有很强的操作性。

有意思的是，内容基本相同的法令条文，在已发表的《岳麓书院藏秦简(伍)》中也有，两者的内容多可互校互补，但因为两者抄写的书手不同，形制有别，故我们将其分开刊布。

## 二、限制吏员陪同人数的令文

官员外出公干的接待，是日常行政运转的常态，各级行政机构都有接待上级或平级行政官员的义务和任务，但一旦接待超规定、超标准运作，就会给各级财政增加压力和负担，故凡执政者多很关注如何遏制铺张浪费。当今社会大力提倡的勤政奉公、反腐倡廉，反复重申各级官员的接待标准和所有行政事业单位人员的出差报销标准等，应该说都是秉着为民减负、为国节源精神所采取的必要举措。这种对各级官员接待标准的控制，实际上也是历代执政

者进行吏治的重要组成部分。这方面，早在 2 000 多年的秦代，秦王朝就曾以律令的形式，对县道官吏如何接待皇帝节使的具体问题专门颁布了诏令，细读这条令文，我们完全可以从中感受秦代吏治的细密和深广。

0176：●皇帝节斿(游)过县，县令与一尉共，行反(返)，丞亦与一尉共，毋并去官。●关内县吏共者，乘车以下毋过五十人。

2131：●关外县行所宿，吏共者乘车以下毋过八十人。●属车置、置食所，乘车以下吏毋过廿人，更驾所，毋

2024：过十人。●节车乘传置、中食所，乘车以下吏毋过廿人，更驾所，毋过十人。●关外一县而共数处

2032：□吏佐共。●行所宿令若丞、尉共者，凡毋过四人。●属车置、置食所，令若丞、尉毋过二人，更驾

2049：所，毋过一人。●节车乘传置、中食所，令若丞、尉毋过二人，更驾所，毋过一人。令、丞、尉将卫卒

(缺简)

2099：之，毋过县二人，不从令者，赀二甲。　　●廿一

这条令没有令名，但结尾有"廿一"编号，我们曾在《岳麓秦简中的令文格式初论》①一文中详细讨论过这种编号的意义，可以肯定地说，凡简文最后的数字编号，都是岳麓秦简令文的编号。这"廿一"至少也说明有关这方面的令文至少有 21 条之多，由此也可见这类令文当远不止这一条而已。

这条令大致由 7 枚简所组成，简文前有墨点标志。尽管简 2049 与 2099 之间至少有一枚缺简，但令文的内容大致完整而清楚，就是对"皇帝节斿(游)过县"时县尉和有关陪同人员的人数规定。其中特别强调的是，县、丞、尉不能同时离开官署去全部陪同，而必须分别安排，如："皇帝节斿(游)过县，县令与一尉共，行反(返)，丞亦与一尉共，毋并去官。"意思就是，皇帝的节车过县时，县令只能与一尉去陪同，而返程时，则县丞与一尉去陪同。之所以这样规定，是要求"毋并去官"，即这些县的主要官吏县令和县丞不能同时离开官府去陪同接待，也就是不能影响日常政务的开展。这种细密到以令文的形式来具体规范县级官吏的陪同人数，这大概也是后世法律文献中所罕见的条文了。

这条令文中所出现的"节斿(游)"和"节车"，是秦简中第一次出现的特殊语汇，传世文献中尚没有完全与此语义相同的语词，以"节斿(游)"为例，或以为当与《汉书》中的"慎节

① 陈松长：《岳麓秦简中的令文格式初论》，《上海师范大学学报(哲学社会科学版)》2017 年第 6 期。

游田之虞”和《后汉书》中的“节游观之宴”中的“节游”相同，可能是指皇帝节省、节俭出游之举措。按，这种解释其实不能成立，文献中的“节”确是“节制、节省”之义，因其宾语是“游田之虞”与“游观之宴”，而不是“游”本身。简文中的“节斿（游）”乃是“过县”的主语，其文义与传世文献中“节游观之宴”显然不同。而且，简文后面的“节车”的“节”就更不可能作为节制或节俭用车来解释，它只能是与“乘传”并列的一种专车而已。

大家知道，“节”与“符”一样，都是先秦就有的凭证和信物，著名的“鄂君启舟节”“鄂君启车节”就是战国时期楚地的代表性符节之一。这多少也证明简文的“节车”也就应该是有“车节”的车。由此反观简文中的“节斿（游）”，其语义就应该是“节车出行”的意思，所谓“皇帝节斿（游）过县”，就应该是皇帝所派遣的节车出行经过各县的意思。

或以为这是指皇帝本人出游，其简文是指皇帝乘节车出游过县，这可能也有些不好解释，史书记载的秦始皇几次东巡，都是文武百官前呼后拥浩浩荡荡出行，所经关内关外之县岂止令文中所规定的区区数人可以接待搞定的？不仅如此，皇帝出行，还需专乘“节车”吗？因此，这里的“节斿（游）”只能是指皇帝指派的节车出行，或者说是秉着皇帝所赐的车节出行。也只有这种秉节出行者，过县时，各县官吏才有可能在令文规定的范围内履行好陪同接待的职责。

值得注意的是，令文中对节使过县时陪同人数的规定，是根据不同的地域、不同的地点所制定的，从地域上来说，有关内和关外的不同，从地点来说，有“行所宿”和“属车置、中食所”以及“更驾”地的不同。各种不同的处所都有陪同吏员多少的限定，如关内“行所宿”时是“乘车以下毋过五十人”，关外则“乘车以下毋过八十人”，所谓“行所宿”也就是行宿之所，“乘车”，是指吏员的一种级别待遇，《二年律令·秩律》：“□都官之稗官及马苑有乘车者，秩各百六十石，有秩毋乘车者，各百廿石。”[①]也就是说，简文中的“乘车以下”即有乘车待遇，秩禄在百六十石以下的吏员，这当然也包括毋乘车待遇的基层小吏。这里所说的“关内”当是指函谷关以内的秦故地，关外则可能是指函谷关以外的新地，也就是秦所征服的新的县道，之所以关内与关外的陪同人员多少有别，也许是因为关内比较安全的缘故。这是对住宿安全保障的要求，而在其节车、属车停放的地方和准备餐饮的地方，其配备的人员就毋过 20 人，而更换车马的地方，所配置的人员就毋过 10 人而已。这么细密的详细规定，如果谁没有对照执行，将赀罚二甲。这样，既严格限制了各县的陪同人数，也让各县有章可循，不至于在接待标准和人员配比上超标而违法挨罚。

① 张家山汉墓竹简整理小组：《张家山汉墓竹简（二四七号墓）》（释文修订本），北京：文物出版社，2006 年，第 80 页。

## 三、禁止吏员与民争利的令文

吏治的目的之一是要惩治不称职的官吏，在岳麓秦简《为吏治官及黔首》中，曾将这些不称职官吏的特征概括为“五失”：“一曰视黔首渠骜，二曰不安其朝，三曰居官善取，四曰受令不偻，五曰安家室忘官府。”①这五种官员的过失表现，古今一样，特别是第一条的“视黔首渠骜”就是那种在百姓面前居官自傲，作威作福的官吏的形象描写。而“居官善取”更是那种贪官的基本特征，正因为居官自傲而贪腐，自然在各种场合都会表现出与民争利，中饱私囊的不良品性，故历代的执政者都会以不同的方式来加强对这种不称职吏员的整治，以防止他们与民争利而殃祸国家。尤其是在以农为本的秦代，更是以法令的形式，就县官田和黔首田的耕作管理，对吏员制定了明确具体的法令条文，如岳麓秦简中的“县官田令”就较具体生动地揭示了这方面的吏治内容。

即将出版的《岳麓书院藏秦简（陆）》中有一组自名为“县官田令”的简，共由 21 枚简组成，其中有 6 枚简上分别在简文之后，用墨点标识后注明：

- 县官田令甲（1870）
- 县官田□□令甲九（1115）
- 县官田令甲十六（1705）
- 县官田令甲十八（1803）
- 县官田令甲廿二（1811）
- 县官田令丙一（1860）

这种用墨点标注后的文字多是律令的名称，这种格式在《睡虎地秦简·秦律十八种》很常见，故“县官田令”作为一种令名是清楚的。需要指出的是，从其令名后所录的干支和数目编序来看，秦代的“县官田令”显然不止这六条，如简 1800 起首就注明：“县官田有令”，这也就是说，有关县官田的管理是已颁布了成套令文的，而岳麓秦简中残存的令条仅仅是保存了其中为数很少的几条而已。

大家知道，所谓“县官田”即官府所有的田，或者说就是公田，那有关县官田的令，就应该是有关县官田管理方面的令文，但就从这几条令文的内容来看，它并不是县官田的田地开垦和农作管理等方面的令文，而主要是关于县官田管理者，也就是“田官守”“田佐”之类基层吏员管理的法律条文。其中既有因管理县官田不善，考课最差的官吏该怎么处罚的规定，

① 朱汉民、陈松长编：《岳麓书院藏秦简（壹）》，上海：上海辞书出版社，2010 年，第 124—125 页。

也有约束“县官田者”不能与民争利的法令条文，尤其是后者，更是秦代吏治细密的一个有力的证据。其简文曰：

1870：●田不急时欲令田徒及车牛给它事，而以田急时以他徒赏(偿)，许之；其欲以车牛赏(偿)，有(又)许之。●县官田令甲

1800：●县官田有令，县官徒隶固故有所给为，今闻或不给其故事而言毋徒以田为辞及发

1788：徒隶，或择(释)其官急事而移佐田，及以官威征令小官以自便其田者，皆非善吏殹(也)，有如此者，以大犯

1803：令律论之。　　　　　●县官田令甲十八

1721：●县官田者或夺黔首水以自溉其田，恶吏不事田，有为此以害黔首稼。黔首引水以溉田者，以水多少

1808：为均，及有先后次。县官田者亦当以其均，而不殹(也)，直以威多夺黔首水，不须其次，甚非殹(也)。有如此者，

1811：皆当以大犯令律论之。　　　　　●县官田令甲廿二

在讨论这几条令文怎样限制吏员与民争利的内容之前，我们先来讨论一下几个关键语词的理解问题：

## (一) 关于“县官田”的解释

一般认为：县官田即是公田，县官也就是一般官府的代称，但实际上可能并不这么简单。我们稍加检索就发现，“县官”一词在《睡虎地秦墓竹简》中仅出现了一次，即“有(又)且课县官，独多犯令而令、丞弗得者，以令、丞闻”。[①] 而时代稍晚的《里耶秦简(壹)》中则出现了13次，特别是有名的“更名方”中，曾两次出现了“县官”一词，即：“王室曰县官，公室曰县官”。[②] 即在秦始皇二十六年改制之时，将秦王朝的“王室”和“公室”改称为“县官”。这倒是与司马贞《史记索隐》里所说的有点相同，他在《史记·绛侯周勃世家》曰：“庸知其盗买县官器，怒而上变告子，事连污绛侯。”作注曰：“县官谓天子也。所以谓国家为县官者，《夏官》王畿内县即国都也。王者官天下，故曰县官也。”[③]这多少说明，他是比较理解秦以降“县官”名义之来源的。但我们在岳麓秦简和里耶秦简中发现，“县官”一词使用得很频繁，衡之

① 睡虎地秦墓竹简整理小组：《睡虎地秦墓竹简》，北京：文物出版社，1990年，第13页。
② 陈伟主编：《里耶秦简牍校释(第一卷)》，武汉：武汉大学出版社，2012年，第156页。
③ 《史记》卷57《绛侯周勃世家》，北京：中华书局，2014年，第2511页。

文义，又多不能简单地以“王室”“公室”来解释其名义，如：①

里耶秦简8－705：“已上后死亡输它县官、输□□□。”

里耶秦简5－1：“元年七月庚子朔丁未，仓守阳敢言之：狱佐辨、平、士吏贺具狱，县官食尽甲寅，谒告过所县乡以次续食。雨留不能决宿赍，来复传。零阳田能自食，当腾期卅日，敢言之。”

很显然，简文中的“县官”不能简单地解释为“王室”或“公室”，并且也不是泛指官府，而应该是与县级官府机构有关的一个专指名词。我们在睡虎地秦简中可以检索到111个“县”字，其中除了在《语书》中有“课县官”之词外，其他都是单列的，但我们注意到，其中的“县”与“都官”并列者共出现了5次，如：②

今课县、都官公服牛各一课，卒岁，十牛以上而三分一死；不【盈】十牛以下，及受服牛者卒岁死牛三以上，吏主者、徒食牛者及令、丞皆有罪。内史课县，大(太)仓课都官及受服者。(厩苑律)

县、都官坐效、计以负赏者，已论，啬夫即以其直(值)钱分负其官长及冗吏，而人与参辨券，以效少内，少内以收责之。(金布)

县、都官以七月粪公器不可缮者，有久识者靡蚩之。(金布)

县、都官用贞(桢)、栽为傰(棚)牏，及载县(悬)钟虡(虡)用輻(膈)，皆不胜任而折；及大车辕不胜任，折轱上，皆为用而出之。(司空律)

县、都官、十二郡免除吏及佐、群官属，以十二月朔日免除，尽三月而止之。(置吏律)

这5条律文中，“县”与“都官”都是并列出现，大家知道，“都官”是朝廷派驻郡县且与县廷一样具有职权的管理机构，故简文中多次反复地将“县”与“都官”并列。因此，我们认为，《语书》中的“课县官”的“县官”就是县和都官的省称。《置吏律》中的那条律文，很多学者曾根据其“十二郡”的记载来说明此律是秦始皇统一六国之前的律文，而这也正好说明：“县”与“都官”并称是秦始皇二十六年之前，也就是里耶秦简“更名方”之前的称法。而有意思的是，《里耶秦简(壹)》和岳麓秦简中出现了大量的“县官”，竟基本没有“县、都官”并称者，由此我们也许可以推断，很可能这“县官”就是从“县、都官”省称而来，至于作为“王室”“公室”意思的“县官”语义，后来也可能就被“县、都官”并称的语义所取代而泛指一般官府了。

关于都官与县的关系，已有很多学者撰文讨论，这里想强调的是，秦始皇统一六国之后的“县官”一词，很可能是“县、都官”的省称。由于县、都官都是秦汉时期县一级的行政机构，后来就演变为一般的官府机构了。如《史记·孝景本纪》：“令内史郡不得食马粟，

① 陈伟主编：《里耶秦简牍校释(第一卷)》，第1页。

② 睡虎地秦墓竹简整理小组：《睡虎地秦墓竹简》，第24、39、40、49、56页。

没入县官。”①《汉书·食货志上》载:“贵粟之道,在于使民以粟为赏罚。今募天下入粟县官,得以拜爵,得以除罪。”②很显然,文中所说的“县官”也就是官府的代称。

如果这推论并不是很离谱的话,那么,简文中的“县官田”的本义就应该是县和都官所管控的田,后来才泛指官府所管控的所谓公田,而这也是与黔首所耕作的所谓私田是有本质差别的。

## (二) 关于“田徒”的解释

“田徒”一词在“县官田令”中出现了2次:

1870:田不急时欲令田徒及车牛给它事,而以田急时以他徒赏(偿),许之。

1612:廿七年十二月己丑以来,县官田田徒有论系及诸它缺不备获时,其县官求助徒获者,各言其属所执法……

这两条简文中,一条是“田徒”作为一个专名使用的,一条则注明是“县官田田徒”。这种细微的差别,似乎并不是很随便的表述,很可能第一条中的“田徒”就是第二条简文中“县官田田徒”之省,也就是说,简文中的“田徒”很可能就是指专门居作县官田的,而不是一般耕作田地的徒役之人。我们知道,“徒”是一个语义很宽泛的词,在秦汉简牍文献中,多表居作徭役之人的意思。但研究发现,秦汉简牍文献中“徒”字常见,而“田徒”则出现的频率有限,如睡虎地秦简中出现了25次“徒”,但没出现过一次“田徒”。而《里耶秦简(壹)》中,“徒”字出现了81次,里面有不同性质的“徒”,如“司空徒”“田官徒”“吏徒”“作徒”“作务徒”等,也仅出现了一次“田徒”,即:“急事不可令田六人予田徒”(8-756)。有意思的是,这里的“急事不可令”与岳麓秦简中的“或择(释)其官急事而移佐田,及以官威征令小官以自便其田者,皆非善吏殹(也)”和“田不急时欲令田徒及车牛给它事,而以田急时以他徒赏(偿),许之”的语境何其相似,这是否也说明,这里所说的“田徒”也可能并不是指从事农田耕作的一般徒役,而是专指“县官田田徒”。因为“县官”的概念本是秦始皇改制之后才出现的,故作为县官田的田徒这个语词没有出现在睡虎地秦简中,那也就不奇怪了。

## (三) 关于“县官田者”的解释

我们认为,1808简上的“县官田者”并不是在县官田居作的田徒,也不是代指某种状态,

---

① 《史记》卷57《绛侯周勃世家》,第563页。

② 《汉书》卷24《食货志》,第1133页。

而是作为“以威多夺黔首水”的主语。因此，他只能是负责县官田耕作的基层官吏而已，也正因为他们是官吏，故才可能有“以威多夺黔首水”，才可能以“恶吏”称之。

令文中将“以威多夺黔首水”的“县官田者”称之为“恶吏”，《睡虎地秦简·语书》中曾对“恶吏”有过具体描写：“恶吏不明法律令，不智（知）事，不廉絜（洁），毋（无）以佐上，緰（偷）随（惰）疾事，易口舌，不羞辱，轻恶言而易病人，毋（无）公端之心，而有冒柢（抵）之治，是以善斥（诉）事，喜争书。”①这条令文就是约束这类恶吏，不要“害黔首稼”，不要不讲先后顺序强行“引水溉田”，不能“以威多夺黔首水”。如果这样的话，将以“大犯令律论之”。现在看来，这样的令文还真是为百姓着想，为鼓励黔首从事私田耕种的法律条文，它多少反映了秦王朝重视黔首耕作，以农为本、以民为本的思想。

在相关语词疏通之后，令文中那两条不准“县官田者”与民争利的意思也就相当清楚了。为方便理解，我们先录原文，再略说其令文大意如下：

令文一：

1800：●县官田有令，县官徒隶固故有所给为，今闻或不给其故事而言毋徒以田为辞及发

1788：徒隶，或择（释）其官急事而移佐田，及以官威征令小官以自便其田者，皆非善吏殹（也），有如此者，以大犯

1803：令律论之。　　　　●县官田令甲十八

令文的大意是，关于县官田的管理有规定：县官徒隶都是各有分工的，今听说不按规定行事，以没有田徒来田作为由而征发徒隶，或者令他们放下官府的急事去佐助田作，以及以官威征调小官吏去给其田作者，都不是善吏。凡出现这些情况，都以严重违反律令论处。令文中特别强调，县官田的管理者不能巧立名目来抽调其他徒隶或下属小吏去“自便其田”，也就是明令禁止“县官田者”与民争利。

令文二：

1721：●县官田者或夺黔首水以自溉其田，恶吏不事田，有为此以害黔首稼。黔首引水以溉田者，以水多少

1808：为均，及有先后次。县官田者亦当以其均，而不殹（也），直以威多夺黔首水，不须其次，甚非殹（也）。有如此者，皆当以大犯令律论之。　　●县官田令甲廿二

令文的主旨就是禁止“县官田者”与民争利。简文明确要求，“县官田者”不要作“恶吏”，不要与民争利，不要以官威抢夺黔首的水资源，要按所需水的多少和先后与黔首共享

① 睡虎地秦墓竹简整理小组：《睡虎地秦墓竹简》，北京：文物出版社，1990 年，第 15 页。

水资源。如果以其威权去强夺黔首的水资源,且不按顺序用水者,皆以严重违反律令论处。

值得注意的是,两条令文中都是"有如此者,以大犯令律论之"。所谓"大犯令",就是严重违反本诏令,"律论之"就是要按律论处。合起来的意思就是要按律从重处罚。由此可见,秦王朝警诫惩处与民争利者是何等严厉,同时亦可窥见秦王朝严明吏治的决心和力度。

(原文载《政法论坛》2020 年第 1 期)

# 岳麓秦简中的“为符官”与“致所官”考论

◎ 陈松长（湖南大学岳麓书院）

“为符官”与“致所官”是岳麓秦简中第一次出现的两个官署名，其名义和职能究竟如何？传世文献中都没有直接的相关资料，这里我们且根据出土的秦汉简牍文献资料和相关的传世文献略加考论，以就教于大家。

岳麓秦简中有两条关于“为符官”与“致所官”的令文，①其中“为符官”出现了6次，而“致所官”也出现了4次（其中有2次是根据上下文义补足者），由于其文字形体非常清晰，故隶定和释文完全没有问题，关键是对这两个新见官署名的认知和解读问题，下面我们且分别作些分析和讨论。

岳麓秦简的两条令文中都有“为符官”，我们且先录一条如下：

1447：●诸为符官各悉案符，令初下以来，官报左符到而留者，尽劾，移其狱属所[执][法]，狱属所[执][法]

J40+J73－5：具论当坐者∟。后有留者，为符官辄劾论之。●廿——

从字面理解，“为”者，作也、管理也。“符”者，符节也。“官”者，官署的简称。所谓“为符官”的字面意义就是一个与“符”的制作管理有关的官署，这种官署也许可以与《周礼》中的“掌节”相对应。

《周礼·地官·掌节》记载：“掌节，掌守邦节而辨其用，以辅王命。守邦国者用玉节，守都鄙者用角节，凡邦国之使节：山国用虎节，土国用人节，泽国用龙节，皆金也，以英荡辅之。门关用符节，道路用旌节，皆有期以反节。”②

可见至少在汉代都认为周代就有“掌节”之官，他是“掌守邦节”“以辅王命”的，而节的种类很多，大到邦国所用之玉节，小到门关所用之符节，可见“节”作为信物、凭证的功能相

① 参见陈松长主编：《岳麓书院藏秦简（陆）》，上海：上海辞书出版社，2020年，第72页。

② 孙诒让：《周礼正义》，汪少华整理，北京：中华书局，2015年，第1336页。

当巨大，其形式也肯定多种多样，楚地出土的“鄂君启舟节”“鄂君启车节”就是现今所知的战国实物之一，这种节为青铜铸造，呈竹节形，正面是满版的嵌金铭文。而《汉书》中所记苏武“杖汉节牧羊，卧起操持，节旄尽落”①中的节就应该是可以撑在杖上，且有“旄”作为饰物的节，这与“鄂君启舟节”的形制显然不同，可见节作为邦国信物的功能比“符”也许可能更讲究、更重要。而符除了我们所熟知的可以调动军队的虎符之外，似乎有更多实用性的功能，因此，简文中的“为符官”与《周礼》中“掌节”性质和职责范围可能并不相同。

《汉书·百官公卿表》：“少府，秦官，掌山海地泽之税，以给共养，有六丞。属官有尚书、符节、太医、太官、汤官、导管、乐府、若庐、考工室、左弋、居室、甘泉居室、左右司空、东织、西织、东园匠十二(六)官令丞……”②《汉书》所记的“符节”既是官名，也是官署名，据此，这“符节”应该就是一个隶属于少府、负责制作和管理“符节”的官署。这里将“符节”并称，说明该官署可能还兼有《周礼》中所谓“掌节”的功能，而且肯定与本令文中的“为符官”有关，但《汉书》中所记载的“符节”还仅仅是这个官署令丞的一个官名或官署名而已，至于这个官署是怎样去制作或管理符节的，《汉书》中并没有交代。现在，我们可以借助岳麓秦简的令文来加以补充和说明。

简文开始就说“诸为符官各悉案符”。“诸”作为秦汉律令文的起首语词，其义类似于“凡”，即凡是、所有的意思，故所谓“诸为符官”，也就意味着所有的“为符官”，也许在有秦一代，不只是朝廷的少府有“为符官”，各郡县也都有这类专设的官署。而“各悉案符”也就是要各个“为符官”尽数案劾“符”的使用情况，即所有“符”在使用传递过程中是否有淹留延迟的问题。如果有，那为符官都要进行举劾，并移交给“狱属所执法”去论处其延误者，如果狱属所执法论处后还有淹留迟误者，那为符官就要直接举劾和论处延误者。由此可知，秦令规定，“为符官”这个官署不仅掌管“符”的制作和保存，而且还负责管理、发放并监管“符”的传递情况，并且还有举劾和“劾论”违法者的权限。

我们知道，《汉书·百官公卿表》中所记的“符节”是“符”与“节”的合称，而岳麓秦简中所记的只是“符”而已，因此，两者所指是明显不同的，这里我们不妨先来讨论一下“符”的名义与内涵。

《说文》曰：“符，信也，汉制以竹长六寸，分而相合。”③可知符是一种身份、信用的象征，在汉制中是以“竹长六寸”为之，且竹简剖开，分为左右两符，合符才生效。这种解释，应该

---

① 《汉书》卷54《苏武列传》，北京：中华书局，1962年，第2463页。

② 《汉书》卷19上《百官公卿表上》，北京：中华书局，1962年，第731页。

③ 段玉裁《说文解字注》云：“按许云六寸，《汉书》注作五寸未知孰是。”见《说文解字注》，上海：上海书店，1992年，第191页。

反映了汉代人对“符”的认知。《释名·释书契》曰：“符，付也，书所敕命于上，付使传行之也。亦言赴也，执以赴君命也。”①

《释名》虽以音读训之，但其所释“付”“赴”二义，却也很到位地解释了“符”的两个义项：一则是“书所敕命于上，付使传行之也”，即符有“付史传行”的功用；二是“符”即“赴”也，它是“执以赴君命”的凭证和信物。这种义项，在先秦文献中多有所见，如《韩非子·主道第五》所述：

> 人主之道，静退以为宝。不自操事而知拙与巧，不自计虑而知福与咎。是以不言而善应，不约而善增。言已应则执其契，事已增则操其符。符契之所合，赏罚之所生也。故群臣陈其言，君以其言授其事，事以责其功。②

文中将“契”与“符”对言，并将“符契”并列，说明“符”在当时就与“契”一样，是一种普通的契约或合同，这与所谓邦国之节的信誉度来说，显然是有所差别的。这一点，秦汉简牍文献中所出现的符大多可以证明这一点，如《睡虎地秦简·秦律杂抄》记载：

> 游士在，亡符，居县赀一甲；卒岁，责之。（游士律）
>
> 亡久书、符券、公玺、衡羸（累），已坐以论，后自得所亡，论当除不当？不当。（法律答问）
>
> “客未布吏而与贾，赀一甲。”可（何）谓“布吏”？诣符传于吏是谓“布吏”。（法律答问）③

这三条记载中出现了三个“符”字，一个是单用，一个是与“券”合称为“符券”，一个则与“传”合称为“符传”，可见“符”就是一种凭证或券书。

再如《里耶秦简（壹）》中“符”出现了6次，其具体简文如下：

> 丞主移补罪人及徒故囚符左四。符到为报，署主符，令若丞发。（8－685）
>
> 廿八年六月丙戌，司空长、佐符发弩守攀探，迁陵拔前以为洞庭☐（8－985）
>
> 充狱史不更受嘉平赐信符（8－987）
>
> 卅一年后九月庚辰朔辛巳，迁陵丞昌谓仓啬夫：令史言以辛巳视事，以律令假养，袭令史朝走启启。定其符。它如律令（正）
>
> 后九月辛巳旦，守府快行。言手（背）（8－1560）④

简8－685中的三个“符”是“补罪人及徒故囚”的一种符券，简8－985中的“佐符”中的

---

① 刘熙著、毕沅疏证、王先谦补：《释名疏证补·释书契》，北京：中华书局，1998年，第204—205页。

② 韩非著、王先慎撰：《韩非子集解》，北京：中华书局，1998年，第29—30页。

③ 睡虎地秦墓竹简整理小组：《睡虎地秦墓竹简》，北京：文物出版社，1990年，第80、127、137页。

④ 陈伟：《里耶秦简牍校释（第一卷）》，武汉：武汉大学出版社，2012年，第160、256、257、359页。

“符”当是人名，后面的“信符”当是“狱史不更受”所被赐的一种符券，而简 8－1560 中的“符”应该是为令史言提供给养等需要的符券。总的来说，都是一种凭证或券书。

秦代的简牍记录如此，汉简中的记载也大致相同，如《张家山汉简·二年律令》中出现了 3 个“符”字：

盗出财物于边关徼、及吏部主智（知）而出者、皆与盗同灋。弗智（知）、罚金四两、使者所以出、必有符致、毋符致、吏智（知）而出之、亦与盗同灋。（盗律 74－75）

门亭行书者得以符出入。制曰可。（津关令 491）①

前面的两个“符”与“致”并称，这里的“致”即致书，所谓“符致”也就是一种凭证和致书组成的通关文书，后面的“得以符出入”就是一种通关的凭证而已。

作为一种通关的凭证，汉以后一直通用着，这在敦煌汉简中随处可见：

诸恶子受符即欲夜出皆诣近所抑官亭吏言欲夜出报乃得夜出　敦煌汉简释文：417：释 MC.386

平望青堆隧惊候符左券齿百　　敦煌汉简释文：1621：释 SY.1393

正月乙卯候长持第十五符东　　敦煌汉简释文：2033：释 TH.1763

九月辛亥步昌候长持第七符过田　　敦煌汉简释文：1825：释 TH.1579

合符取茭六十束　　敦煌汉简释文：1340：释 MC.1152A②

这几条简文中的“符”，第一条是夜出的凭证；第二条是“警候符”；第三条是候长外出或“过田”的符；第四条则是“取茭”的凭证，且必须“合符”才能取。

从上引的秦汉简文中我们看到，“符”或称为“符券”，或与“致”合称为“符致”，这与传世文献中的“符契”是一个意思，即“符”就是秦汉时期基层官吏和普通百姓常用于出行、过关、取物或报警的信物和凭证。由此可知，秦汉简文中的“符”与《汉书·百官公卿表》中所记载的“符节”应有区别，而岳麓秦简中的“为符官”中的“符”也就是秦汉简文中所说的“符券”类的凭证而已。

既然秦汉简牍文献中“符”或“符券”“符契”大量出现，那这么多符在使用过程中，到底是怎样传行，怎样合符检查管理呢？这方面，岳麓秦简的另一则令文则告诉我们，这些都是由“为符官”来管理操作的。

缺简

1476：所官，【致】所官以书告为符官曰：某致某物符已到。即令它人行之∟。毋令

---

① 张家山二四七号汉墓竹简整理小组：《张家山汉墓竹简（二四七号墓）》（释文修订本），北京：文物出版社，2006 年，第 19、83 页。

② 吴礽骧等：《敦煌汉简释文》，兰州：甘肃人民出版社，1991 年，第 40、119、145、185、163 页。

行左符者行报书。报书到。

J67－2+J66－2+J72－4+J65－1+J66－4+J76－1+J66－1+J64－2：为符官，为符官乃果当禀受者其右符以往禀受之。致所官未报左符到及虽报而报书未。

1450：到为符官，为符官而敢予当禀受者右符，坐其所致物臧（赃），与盗同灋∟。致所官当报左符到而。

1436－1+1436－2：【未】报，人操其右符·詐（诈）禀及当报未报者盈□日□敢予者，亦坐所予物，与盗同灋。

这条令文的起首尚有缺简，1476简的第一个“致”字是根据文义补的。令文中与“为符官”相对应的是“致所官”，这也是一个未曾见过的官署名。这里，我们先讨论一下“致所官”的名义和职能。

“致”的义项很多，但在“致所官”中的“致”就是发放、给予的意思。这种义项，可以从睡虎地秦简中得到很多佐证。

《睡虎地秦简·田律》：乘马服牛禀，过二月弗禀、弗致者，皆止，勿禀、致。禀大田而毋（无）恒籍者，以其致到日禀之，勿深致。　田律。

《睡虎地秦简·仓律》：月食者已致禀而公使有传食，及告归尽月不来者，止其后朔食，而以其来日致其食；有秩吏不止。　仓

《睡虎地秦简·金布律》：在咸阳者致其衣大内，在它县者致衣从事之县。县、大内皆听其官致，以律禀衣。　金布

上引这几条律文中的“致”都与“禀”有关，都是发放、给予的意思，岳麓秦简这条令文中的“致所官”也与“禀受者”有关，故所谓“致所”也就是发放、给予物资的地方，而“致所官”就应该是负责发放“禀受”物资的官署。

通过上面的简略考论，我们知道简文中的“为符官”是负责发放监管符券的官署，而“致所官”是负责按符券的要求分发物资的官署。前者当隶属于少府，而后者当是县属的机构，两个官署之间的文书传送以及物资发放有着非常细密甚至繁琐的程序规定，即“为符官”要先发放左符给“致所官”，致所官在收到左符后，要及时派人去向“为符官”报告左符已收到（且不能派送左符来的人去回报），“为符官”在收到“致所官”的回复后才能发放右符给“当禀受者”，而“当禀受者”必须从“为符官”那取得右符后才能前往“致所官”处领取所应禀受的物资。其中“为符官”如果在“致所官”的报书未到之前就发放右符，那“与盗同灋”。同样，如果致所官“当报左符到而未报”，或当报未报盈多少日而导致有人持右券诈廪者，也“与盗同灋”。这种繁复细密的令文规定涉及到秦代的物资禀受制度和符券的传行和管理制度等，是非常珍贵的新见史料。

令文中明确规定，符有“左符”和“右符”之分，左符是受禀者领取物资的通知，简文中或称之为“某致某物符”，即某一个致所应发放的某种物质的通知，这种通知就以“左券”的形式先由“为符官”发给“致所官”的，“右符”则是“为符官”在收到“致所官”的回复文书之后再发给“当禀受者”去领取物资的凭证。应该说，有关左符、右符的发放传递过程在简文中已说得很清楚了，但这符的形制到底如何？简文并没有交代。

我们知道，符既有“左符”“右符”之分，那它们都是需要合符才能生效的，这符也应该是有各种形制和功效的。《汉书·高帝纪》曰：

初，高祖不修文学，而性明达，好谋，能听，自监门戍卒，见之如旧。初顺民心作三章之约。天下既定，命萧何次律令，韩信申军法，张苍定章程，叔孙通制礼仪，陆贾造新语。又与功臣剖符作誓，丹书铁契，金匮石室，藏之宗庙。虽日不暇给，规摹弘远矣。①

这里所说的“剖符作誓”的符，当即功臣或将领们作为皇帝授权可以指挥军队或处理军政大事的信物，而《汉书·文帝纪》记载：

九月，初与郡守为铜虎符、竹使符。颜师古注：应劭曰：铜虎符，第一至第五，国家当发兵，遣使者至郡合符，符合乃听受之。竹使符，皆以竹箭，五枚，长五寸，镌刻篆书第一至第五。②

颜师古所说的虎符，在出土文物中时有所见，如著名的“新郪虎符”就是很有代表性的战国时代秦国的虎符，这种符传世和出土不多，后来发现的“杜虎符”和“东郡虎符”都因其不是考古出土物而一直受到质疑。从形制和性质等方面分析，这种虎符应该与本令文中所讲的“左符”“右符”并不相同，令文中所讲的符，很可能是当时常见而普遍使用的所谓“信符”，即《墨子·旗帜》所记中的“信符”：

巷术周道者，必为之门，门二人守之，非有信符，勿行，不从令者斩。③

这种“信符”的形制可能就是《说文》中所说的“汉制以竹长六寸，分而合之”的竹符，也就是颜师古所说的“竹使符”。这种符，在已刊的《岳麓书院藏秦简（肆）》中也有记载：

当奔敬（警）者，为五寸符，人一，右在【县官】，左在黔首，黔首佩之节（即）奔敬（警）。诸挟符者皆奔敬（警）故徼外盗彻所，合符焉，以撰（选）伍之。④

简文交代得很清楚：即凡“奔警”的人都要挟带“五寸符”，且人各一符，每个符的右边存在官府，左边由黔首佩带，黔首拿到符后就要及时“奔警”。其“奔警”地方都是“故徼外盗

① 《汉书》卷1《高帝纪》，北京：中华书局，1962年，第80—81页。
② 《汉书》卷4《文帝纪》，第118页。
③ 吴毓江：《墨子校注》，孙启治点校，北京：中华书局，1993年，第904页。
④ 陈松长主编：《岳麓书院藏秦简（肆）》，上海：上海辞书出版社，2015年，第126—127页。

御所”，到那以后即核验其符，合符者即选编入五人为伍的建制以备警事之需。

简文虽并没特别说明“五寸符”是木的还是竹的，但我们根据《说文》和《汉书》的记载可以大致判断，秦简中所说的“五寸符”也应该就是这类竹质的“竹使符”。

简文说得很明白：“为五寸符，人一，右在【县官】，左在黔首”，这说明其也有左符、右符之分，黔首带着左符奔警后，其右符在县官保存，那黔首怎么在其奔警的“故徼外盗彻所合符”呢？通过对这条有关“为符官”令文的研究和解读，我们大致可以推断，这“合符”并不是那么简单，其间可能还要经过许多程序，即“为符官”在发放了左符给黔首之后，黔首持左符奔警，而“为符官”要派人将存放在“县官”的右符送往黔首将要去奔警的“故徼外盗彻所”，该所在收到右符后，才能与黔首所带的“左符”合符，合符后才能将奔警者编选入伍。

这条律文中有关左符、右符的传递与本令文中的记载有所不同。一个是黔首自带左符奔警，右符由为符官派人送往奔警地，然后由奔警地的官员去合符。一个则是先将“某致某物符”发送给“致所官”，由“致所官”及时回复后，再由“为符官”发放右符给“当受禀者”去“致所官”处合符后领取物资。由此可见秦汉时期的合符方式并不确定，它应该是不同的事项有不同的合符方式，而怎么合符，怎样传送，这当都由“为符官”来确定，而“致所官”则只是一个具体按符执行的一个县属机构而已。

（原文载《湖南大学学报（社会科学版）》2020 年第 1 期）

# 岳麓秦简《县官田令》初探

◎ 王 勇(湖南大学岳麓书院)

岳麓书院藏秦简中的《县官田令》共有7组令文,是秦代关于“县官田”的管理规定,对于研究秦代农田管理、土地制度和律令制度有很高的价值。本文拟对此《县官田令》做些初步探讨,抛砖引玉,企盼学界充分发掘其价值。

## 一、“县官田”的含义

“县官田”作为一个专有名词,在此前所见的传世与出土文献中没有明确出现,但汉初的张家山汉简中其实有关于县官田的线索。张家山汉简《二年律令·户律》记载:“未受田宅者,乡部以其为户先后次次编之,久为右,久等,以爵先后。有籍县官田宅,上其廷,令辄以次行之。”对于律文中的“有籍县官田宅”,彭浩先生等主编的《二年律令与奏谳书》中罗列了多种学者的不同解释。如高敏先生认为:“意即凡属于依上述条件立户,并获得了田宅的人户,都要造籍册上于廷并按立户先后编次保存之。”三国时代出土文字资料研究班认为:“是指田地、宅地登录于国家簿册。”朱红林先生认为:“只是说具备了受田条件而被登记造册,并非已经受田。”而编者认为:“意为将拟授田宅者的户籍、田宅数量、受领田宅的先后次序等登入政府的簿册。”①这些解释似乎都未将“县官田宅”视为一种田宅类型,而主要将简文中的县官与政府簿籍联系在一起理解。此后,王彦辉先生等提出“有籍县官田宅”的“有”应释为“又”,全句指“又登记国家所有的田宅,并上报所在县廷”。② 根据岳麓秦简有“县官田”的记载,《二年律令》中的“县官田宅”很可能是县官田、县官宅的合称,那么王彦辉先生对于“有籍县官田宅”的解释应该最接近简文原意。

① 彭浩、陈伟、[日]工藤元男主编:《二年律令与奏谳书》,上海:上海古籍出版社,2007年,第219页。

② 王彦辉、薛洪波、刘举:《对〈二年律令〉有关土地、田赋、继承制度中几则释文的思考》,《东北师大学报(哲学社会科学版)》2008年第4期。

《二年律令·户律》规定还没有受田宅的人户，乡部根据其立户的先后次序编定名籍，先立户的在前。如果立户时间相同，则爵位高的在前。同时又要登记各乡的“县官田宅”上报县廷，由县令依次授予田宅。这里的“县官田宅”是拟授予“未受田宅者”的田地与宅地，但授予过程尚未实施，这些田地与宅地显然仍属官方所有。官方所有的田地在以往所见秦代文献中一般称官田或公田。如里耶秦简8－63记载：“廿六年三月壬午朔癸卯，左公田丁敢言之：佐州里烦故为公田吏，徙属，事荅不备，分负各十五石少半斗，直钱三百一十四。”8－672记载：“卅年二月己丑朔壬寅，田官守敬敢言之……官田自食薄，谒言泰守府□□。”[①]传世秦印有“官田臣印”“右公田印”，[②]就是当时管理公田经营的机构所用之印。

县官田与公田、官田之间是怎样的关系，县官田是官田的代称，还是特指部分公田，从岳麓秦简《县官田令》令文不能看得非常清楚。《史记·平准书》记载：汉武帝实行“告缗”没收大量土地，“水衡、少府、大农、太仆各置农官，往往即郡县比没入田田之”。《汉书·元帝纪》载：元帝初元二年“诏罢黄门乘舆狗马，水衡禁囿、宜春下苑、少府佽飞外池、严籞池田假与贫民”。秦代没有中央官署在郡国设机构经营公田的直接记载，陈伟先生也指出里耶秦简所见负责公田经营的迁陵田官是隶属于迁陵县廷的官署，没有任何直属于中央官署的迹象，[③]但当时的皇家禁苑中却很可能存在由禁苑官吏经营的公田。云梦龙岗秦简的内容是围绕着禁苑事务的有关法律，其161简载“黔首钱假其田已□□□者或者□□”，168简载“诸以钱财它物假田□□□□□”。裘锡圭先生指出这就是汉代盛行的假民公田的办法。他还根据秦至汉初的“厩仓田印”“小厩南田”两印，推断当时的厩有自己的田，并特意指出包括官府和宫苑的厩。[④] 既然公田所属机构并不一致，那么将县官田理解成由县廷经营的那部分公田并非没有根据。

但是县官田更可能是当时对官田、公田的代称。在汉初的《二年律令》中，“县官”是标识官方所有权的常用法律用语。如《贼律》“贼燔城、官府及县官积聚，弃市”，“其县官脯肉也，亦燔之”；《田律》“县官马、牛、羊，罚吏徒主者”；《徭律》“发传送，县官车牛不足”；《金布律》“亡、杀、伤县官畜产”，“亡、毁、伤县官器财物”，“县官器敝不可缮者，卖之”。《津关律》“县官马勿职（识）物者，与出同罪”。而没有用“公”冠在某物之前来标识其属官方的情况，用“官”某物来标识官方所有的情况也很少见。这与睡虎地秦律形成了鲜明对照。睡虎地

---

① 陈伟主编：《里耶秦简牍校释（第一卷）》，武汉：武汉大学出版社，2012年，第48页。下引里耶秦简简文，如未特别注明，均出自该书。

② 罗福颐主编：《秦汉南北朝官印征存》卷1《秦官印》，北京：文物出版社，1987年，第3页。

③ 陈伟：《里耶秦简所见的“田”与“田官”》，《中国典籍与文化》2013年第4期。

④ 裘锡圭：《从出土文字资料看秦和西汉时代官有农田的经营》，臧振华编：《中国考古学与历史学之整合研究》（上），台北：“中研院”历史语言研究所，1997年，第430页。

秦律一般都是用“公”来标识官方所有权，如《厩苑律》“其乘服公马牛亡马者而死县”，“课县、都官公服牛各一课”；《金布律》“隶臣妾有亡公器、畜生者”“牧将公畜生而杀”“县、都官以七月粪公器不可缮者”；《工律》“公甲兵各以其官名刻久之”“毋擅叚（假）公器，者（诸）擅叚（假）公器者有罪，毁伤公器及口者令赏（偿）”；《徭律》“公马牛苑”；《司空律》“官长及吏以公车牛禀其月食及公牛乘马之禀”“为铁攻（工），以攻公大车”；《效律》“效公器赢、不备，以赀律论及赏（偿）”。相反“县官”在睡虎地秦简中，仅《语书》内出现过一次，还是指县中官吏。两相对照，《二年律令》中的“县官”某物显然相当于睡虎地秦律中的“公”某物。

季立刚先生提到：“‘县官’一语替代了睡虎地秦简中‘公’‘官’等词所代表的官有之意，这便是两代（按：指秦代与汉代）律法中在所有权标识上所呈现出来的明确区分。”①事实上，“县官”在所有权标识上对“公”的替代在秦代就开始了。云梦龙岗秦简简 270 有“故县官马牛羊盗□之弗□□☑”，简 127 有“☑□入县官☑”，可见秦统一后的秦律已经用“县官”来标识官方所有权。西汉涉及官方财产时，在财物前冠以“县官”或“官”都是可以的，表明其含义相同。《史记·平准书》记汉武帝实行官营盐铁时，孔仅、咸阳上言“愿募民自给费，因官器，作煮盐”，这段话在《盐铁论·刺权篇》记载为咸阳、孔仅上请“愿募民自给费，因县官器，煮盐予用”。《史记·绛侯周勃世家》载：“条侯子为父买工官尚方甲楯五百被可以葬者。取庸苦之，不予钱。庸知其盗买县官器，怒而上变告子，事连污条侯。”尚方是负责制办和掌管宫廷饮食器物的宫署，条侯子盗买的县官器显然不归地方郡县。以此类推，“县官田”也不能理解为县属官田，它应该就是指官有田地。岳麓秦简“县官田令甲廿二”提到：“县官田者或夺黔首水以自溉其田，恶吏不事田，有（又）为此以害黔首稼（1721）。”令文中“县官田”与“黔首水”“黔首稼”的对举，类似于后世封建律条中常出现的对官、私对立的应用。

## 二、田徒与徒隶

虽然龙岗秦简的内容反映秦代公田经营有采用假民耕种的形式，但在实行普遍授田制的秦与汉初，官方经营的公田应该是按照固定标准给百姓授田后的剩余田地。一般而言，这种情况下普通百姓并没有租种公田的需要。按照张家山汉简《二年律令·户律》的规定，没有爵位的公卒、士伍、庶人也能授田“各一顷”，已经达到“五口之家，百亩之田”的小农模式

① 季立刚、张燕：《论汉代官方的所有权形态——以汉简为考察对象》，《湖南师范大学社会科学学报》2013 年第 3 期。

标准。只有犯轻罪的司寇、隐官只能拥有田地 50 亩,可能存在田地不足耕种的情况。因此,秦代假民公田的情况不可能普遍,县官田基本是由官府直接组织生产。岳麓秦简《县官田令》有两组令文与县官田的直接生产者有关。分别为“田不急时欲令田徒及车牛给它事,而以田急时以它徒赏(偿),许之,其欲以车牛赏(偿),有(又)许之。• 县官田令甲(1870-1+1870-2)”;“廿一年十二月己丑以来,县官田田徒有论系及诸它缺不备获时,其县官求助徒获者,各言属所执法,执法乃(1612)为调发……(1611)”。岳麓秦简《县官田令》中称县官田的直接生产者为田徒,由官府统一管理。令文规定县官田田徒不足时,县官可向执行或执掌法令的官吏申请,由执法官员负责调发。田徒既然由执法官员调发,反映其主要来源是违法罪犯。

岳麓秦简《县官田令》关于田徒来源的规定,可由里耶秦简得到印证。里耶秦简 8-755 至 8-759 是一组与公田经营有关的文书,其中记载有:“(迁陵)丞言徒隶不田,奏曰:司空厌等当坐,皆有它罪,耐为司寇……令曰:吏仆、养、走、工、组织、守府门、削匠及它急事不可令田,六人予田徒四人。徒少及毋徒,薄(簿)移治虏御史,御史以均予。今迁陵廿五年为县,廿九年田。廿六年尽廿八年当田,司空厌等失弗令田。弗令田即有徒而弗令田且徒少不傅于奏。及苍梧为郡九岁乃往岁田,厌失,当坐论。”

李学勤先生通过对比里耶秦简 J1(16)5 洞庭郡文书中“节(即)传之,必先悉行乘城卒、隶臣妾、城旦舂、鬼薪白粲、居赀赎责(债)、司寇、隐官、践更县者。田时殹(也),不欲兴黔首。嘉、谷、尉各谨案所部县卒、徒隶、居赀赎责(债)、司寇、隐官、践更县者簿”的上下文,指出“‘徒隶’就是隶臣妾、城旦舂和鬼薪白粲。这些,从汉代观念看,都是刑徒,其罪名由政府判加,人身为政府拘管”。① 宋杰先生指出:“秦汉县道的‘司空’监管刑徒劳作,负责境内土木工程、水利及交通设施的修建维护,安排士卒徭役及‘居赀赎责(债)者’的征发……”②迁陵丞因“徒隶不田”而上告监管刑徒劳作的司空厌,司空厌因为没有安排刑徒农作或者安排从事农作的刑徒过少而以“失弗令田”被论罪,反映出秦代田徒的主力就是由隶臣妾、城旦舂和鬼薪白粲构成的徒隶。

文书中“徒少及毋徒,薄(簿)移治虏御史,御史以均予”,大意是田徒数量不足,由治虏御史在各县间进行均衡。注释者认为:“治虏御史,盖为管理奴仆的官署。”③徒隶没有自身支配权,《二年律令·贼律》规定“其子有罪当城旦舂、鬼薪白粲以上,及为人奴婢者,父母告不孝,勿听”,韩树峰先生指出这表明城旦舂与鬼薪白粲及其父母对其人身都没有支配权,

---

① 李学勤:《初读里耶秦简》,《文物》2003 年第 1 期。

② 宋杰:《秦汉国家统治机构中的“司空”》,《历史研究》2011 年第 4 期。

③ 陈伟主编:《里耶秦简牍校释(第一卷)》,第 217 页。

"其人身权属于国家"。[①] "县官田令甲十八"中有"县官徒隶固故有所给为(1800)",既然"县官"在当时用来标识官方对财产的所有权,"县官徒隶"表明徒隶的所有权属于官方,由治虏御史管理是合理的。秦代隶臣妾的身份相对复杂,除刑徒外,"可以是被籍没的犯罪人的家属;也可以是战争中投降的敌人;还可以是封建国家掌握的官奴隶隶臣妾的后代"。[②] 因此李学勤先生特意强调,隶臣妾、城旦舂和鬼薪白粲"从汉代观念看"都是刑徒。但不管是犯罪家属,还是犯罪家属的后代,归根结底还是与犯罪有关,与《县官田令》中田徒由执法官吏管理没有冲突。

让徒隶成为县官田上劳作的主力与其自身没有农田有关。秦代对于百姓的农业生产非常重视。睡虎地秦简《司空律》规定:"居赀赎债者归田农,种时、治苗时各二旬。"即便是居赀赎债者,也允许在播种和中耕季节各自回家二十天从事农作。前引里耶秦简有"田时殹(也),不欲兴黔首",岳麓秦简《徭律》也规定"节(即)发繇(徭)……田时先行富有贤人,以闲时行贫者",[③]都强调在农忙时间尽量不征发百姓。由于农时没法错开,因此公田上的劳作只能使用没有农田者承担。汉初《二年律令·收律》规定:"罪人完城旦舂、鬼薪以上及坐奸腐者,皆收其妻、子、财、田宅。"可见完城旦舂、鬼薪以上的刑徒都没有私有财产,田宅已经全部充公。徒隶中只有隶臣妾不用"收其妻、子、财、田宅",但按照《二年律令·户律》,司寇、隐官已是能够立户名田的最底层,隶臣妾显然没有名田宅的资格,《收律》应该只是表明他们不连及家人。秦代的情况与汉初应该一致,隶臣妾、城旦舂和鬼薪白粲都没有自己的农田。

睡虎地秦简《仓律》规定:"隶臣田者,以二月月禀二石半石,到九月尽而止其半石。舂,月一石半石。"可见隶臣、舂都要从事田间劳作。里耶秦简有"廿九年尽岁田官徒薄(簿)"(8－16)签牌,似是整个年度田官对刑徒使用情况的统计。在保存有具体内容的里耶秦简作徒簿中,有大量田官使用徒隶的记载。如8－145:隶妾系舂、隶妾居赀、仓隶妾八十七人,"廿四人付田官",小城旦九人,"六人付田官",小舂五人,"其三人付田官";8－162:"小城旦十人,其八人付田官";8－444:"[付]小隶妾八人。六人付田官"。里耶秦简8－1566是田官提交的作徒日食簿:"卅年六月丁亥朔甲辰,田官守敬敢言之:疏书日食牍北(背)上。敢言之。城旦、鬼薪十八人。小城旦十人。舂廿二人。小舂三人。隶妾居赀三人。戊申,水下五刻,佐壬以来。"这份田官申请廪给口粮的文书,清楚表明田徒主要来自隶臣妾、城旦舂和

---

① 韩树峰:《秦汉徒刑散论》,《历史研究》2005年第3期。

② 刘海年:《秦代刑罚考析》,中华书局编辑部编:《云梦秦简研究》,北京:中华书局,1981年,第184页。

③ 陈松长:《岳麓秦简中的〈徭律〉例说》,中国文化遗产研究院编:《出土文献研究》第11辑,上海:中西书局,2012年,第162页。

鬼薪白粲。

容易产生疑问的是岳麓秦简“县官田令甲”的规定,即在农闲时允许“田徒”承担其他劳作,而在农忙时以“它徒”偿还。这似乎表明田徒是一批相对固定的人群,他们无论是在农忙还是农闲时期都拥有田徒的身份。而里耶秦简反映出徒隶主要由司空、仓等执法部门根据需要以行政调动的方式具体管理。里耶秦简 8－1515:“卅年十月辛卯朔乙未,贰春乡守绰敢告司空主,主令鬼薪轸、小城旦乾人为贰春捕鸟及羽。羽皆已备,今已以甲午属司空佐田,可定薄(簿)。敢告主。”可见司空派出的刑徒在完成任务后,使用单位要归还司空重新安排。关于这个问题,可能的解释在于前引里耶秦简 8－755～8－759 文书中的“令曰:吏仆、养、走、工、组织、守府门、勆匠及它急事不可令田,六人予田徒四人”。田徒虽然没有固定到人,但法令对徒隶需分配到公田上劳作者的比例却有明文要求,这是保证公田劳动力的措施,但也因此会出现农闲时田徒过多,而农忙时田徒不足的情况,故而县官田令需要就此做补充规定。里耶秦简 10－1107 迁陵县“卌四年十二月仓徒薄”记载“女五百一十人付田官”“女四人助田官获”。① 这里分别用了“付”与“助”,表明前者是按规定应交付田官使用的徒隶,而后者是农忙时临时支援田官的徒隶,这说明田官能够申请调用的徒隶是有限定的,并不完全根据需求,很可能后者需要从田官在农闲时能够占用的劳动力中预支或者偿还。

秦代县官田上的劳作者以徒隶为主,但并不限于徒隶。里耶秦简 8－482“尉课志”包括有“司寇田课”“卒田课”,表明当时司寇、士卒有从事公田农作的情况。里耶秦简中田官主持的廪谷物记录,出廪的对象有“赀貣士五(伍)巫中陵免将”(8－764)、“居赀士五(伍)江陵东就娎☑”(8－1328)、“屯戍簪裊襄完里黑、士五(伍)朐忍松涂增”(8－1574+8－1787)、“罚戍公卒襄城武宜都胠、长利士五(伍)甗”(8－2246),廪食的原因估计就是他们在公田劳作。里耶秦简 8－1027 载“成里户人司寇宜”,8－1946 载“阳里户人司寇寄”,可见秦代司寇与在汉初一样是能立户的。但如果《二年律令・户律》是继承的秦代制度,那么司寇只能名田 50 亩,低于其实际耕种能力,而戍卒远离自己的户籍所在地,他们都有条件承担公田上的劳作任务。因此,在徒隶不足时,征发司寇、戍卒耕种公田是合理的选择。

## 三、县官田官吏的违法行为

岳麓秦简《县官田令》有两组令文是关于县官田经营过程中官吏违法行为的规定。其

① 里耶秦简牍校释小组:《新见里耶秦简牍资料选校(一)》,简帛网,2014 年 9 月 1 日。

中“县官田令甲十八”针对的是县官田官吏在劳动力使用方面的违法行为,令文规定:“县官徒隶固故有所给为,今闻或不给其故事而言‘毋徒以田’为辞及发(1800)徒隶,或择其官急事而移作田及以官威征令小官以自便其田者,皆非善吏殹,有如此者,以大犯(1788)令律论之(1803)。”徒隶是县官田上的主要劳动力,但对于徒隶的管理,国家有统一的法律规范与专门机构,不是县官田官吏能够随意调发的。里耶秦简8-986:“迁陵隶臣员不备十五人”,说明每个县能够占有的徒隶会有固定的员额。前面也提到田徒的调发需要由治虏御史、司空、仓等执法官员根据法律规定进行。如果县官田官吏谎报徒隶不足以耕种或者私自调发徒隶,自然属于违法行为。“择其官急事而移作田”中的“官急事”,根据前引里耶秦简“令曰:吏仆、养、走、工、组织、守府门、削匠及它急事不可令田”,可知其大致是指服务官吏个人或官府的劳役。这些劳役与田间农作的劳动强度不同。睡虎地秦简《金布律》载:“都官有秩吏及离官啬夫,养各一人,其佐、史与共养……都官之佐、史冗者,十人,养一人……不盈十人者,各与其官长共养、车牛。”里耶秦简8-130+8-190+8-193载:“诸徒隶当为吏仆养者皆属仓。”“择其官急事而移作田”,应该是指县官田官吏让分配给自己的仆、养及分配到本部门官署负责守门、做工等的徒隶去田间劳作,这种情况也是不允许的。小官在秦简中出现过一次,睡虎地秦简《金布律》有“小官毋(无)啬夫者”,是指不设啬夫的小机构中的官吏。“以官威征令小官以自便其田”,大致是指县官田官吏利用自己的权势,驱使地位低于自己的佐、史、士吏及其他小官在自己负责的田地农作。县官田官吏如果有这样的行为,与前两种情况一样都要“以大犯令律论之”。

“县官田令甲廿二”针对的是县官田官吏在灌溉用水方面的违法行为。令文规定:“县官田者或夺黔首水以自溉其田,恶吏不事田,有(又)为此以害黔首稼。黔首引水以溉田者,以水多少(1721)为均,及有先后次。县官田者亦当以其均,而不殹,直以威多夺黔首水,不须其次,甚非殹。有如此者(1808)□□以大犯令律论之(1811)。”灌溉是农田丰收的基本保证条件,在水资源相对或绝对短缺时很容易产生纠纷。例如上游大量引水,就可能造成下游无水可用。因此必须合理确定用水权限,达到农田间用水的相对均平,同时最大限度地发挥水资源的灌溉效益。《汉书·儿宽传》载其任左内史时,“表奏开六辅渠,定水令以广溉田”,师古注:“为用水之次具立法,令皆得其所也。”同书《循吏传》载:召信臣任南阳太守,“为民作均水约束,刻石立于田畔,以防分争”。这是见于记载最早的专门灌溉法规。但是睡虎地秦简《田律》规定“春二月,毋敢伐木山林及雍(壅)堤水”,可见当时国家政权已经介入农田灌溉的监督。“黔首引水以溉田者,以水多少为均,及有先后次”,更表明秦代对于农田灌溉用水的水量与先后次序已经有约定俗成或法令规定的基本原则。县官田官吏如果凭借权势破坏这些基本原则,突破水权限额大量引水,或者不遵照次序提前引水,从而侵犯百姓的用水权限,都要"以大犯令律论之"。

《县官田令》中称有上述违令行为的官吏为"恶吏","皆非善吏也",他们的做法损害了他人权利,自然应该受到惩罚。但从县官田官吏与百姓争夺灌溉用水,胁迫其他小官去自己负责的农田劳作,让在自己身边服侍与供差遣的徒隶去田间劳作,却也反映出县官田官吏似乎承受着较大的压力,因此对于县官田的经营特别在意。睡虎地秦简《牛羊课》规定:"牛大牝十,其六毋(无)子,赀啬夫、佐各一盾。羊牝十,其四毋(无)子,赀啬夫、佐各一盾。"这是说牛羊繁殖达不到规定比率,母牛十头有六头不生育小牛,母羊十头有四头不生育小羊,负责的官吏要受到惩处。里耶秦简 8-479 记载有"田官课志",参照睡虎地秦简《牛羊课》的内容,《田官课》很可能就规定有县官田在垦辟数量与亩产量方面的要求与达不到要求的处置措施。

里耶秦简 8-63:"廿六年三月壬午朔癸卯,左公田丁敢言之:佐州里烦故为公田吏,徙属,事荅不备,分负各十五石少半斗,直钱三百一十四。烦冗佐署迁陵。今上责校券二,谒告迁陵令官计者定,以钱三百一十四受旬阳左公田钱计,问何计付,署计年为报。敢言之。三月辛亥,旬阳丞滂敢告迁陵丞主:写,移,移券,何为报。敢告主。/兼手。廿七年十月庚子,迁陵守丞敬告司空主,以律令从事,言。/虑手。即走申行司空。"荅,即小豆。文书中的"烦"在旬阳任公田吏时,因为工作未到位,致使小豆歉收,应该分摊赔偿三百一十四钱。当时烦已经调到迁陵任冗作,旬阳方面发文要迁陵方面向烦追缴款项,迁陵守丞批示司空依律处理。

秦代对农业生产实行标准化定额管理。睡虎地秦简《仓律》规定:"种:稻、麻亩用二斗大半斗,禾、麦亩一斗,黍、荅亩大半斗,叔(菽)亩半斗。利田畴,其有不尽此数者,可(也)。其有本者,称议种之。"这是官方规定的公田播种量。《九章算术·均输》有一题:"今有程耕,一人一日发七亩,一人一日耕三亩,一人一日耰种五亩。今令一人一日自发、耕、耰种之,问治田几何?"所谓"程耕",是指法定的农业劳动定额。龙岗秦简有多枚记载"程田""程租"的简,涉及应缴纳田租的具体额度。从"烦"的事例看,秦代对于县官田的产量也有定额标准,如果出现不足,县官田官吏要共同赔偿差额。

秦代对于官吏会有定期的考核,并且会依据最(头等)殿(末等)对官吏进行赏罚。睡虎地秦简《厩苑律》记载:"以四月、七月、十月、正月肤田牛。卒岁,以正月大课之,最,赐田啬夫壶酉(酒)束脯,为旱(皂)者除一更,赐牛长日三旬;殿者,谇田啬夫,罚冗皂者二月。其以牛田,牛减絜,治(笞)主者寸十。有(又)里课之,最者,赐田典日旬;典,治(笞)卅。"这是在考核中依据优劣对"牛长""皂者"等饲牛者实行奖惩的规定,被评为殿等,相关官员会根据责任大小分别处以谇、罚役、笞等不同处罚。县官田官吏同样要接受定期的考核与奖惩。

岳麓秦简 1858："•延陵言：佐角坐县官田殿，赀二甲，贫不能入，角择除为别离内佐，谒移角赀署所，署所令先居之延陵。"佐"角"可能即延陵县田官佐，由于"坐县官田殿"，而被处以"赀二甲"的处罚。赀二甲是秦代赀罚制度中的最高等级。于振波先生根据岳麓秦简的发现，指出一甲相当于 1 344 钱。他又根据睡虎地秦简《司空律》"有罪以赀赎及有责于公，以其令日问之，其弗能入赏（偿），以令日居之，日居八钱；公食者，日居六钱"的规定，推算出"赀二甲"者如果无力缴纳款项而采用劳役抵偿，需要提供劳役 336 天，如果由官府提供伙食，则需要提供劳役 448 天。① 因此赀二甲已经是数量很大的罚款，角即因家贫而无力缴纳款项。赀罚的同时，角应该还受到去职处理，被择除为别离内佐。但由于尚未缴清赀罚款项，赀署令其先在延陵居作抵偿。由此可见，县官田官吏如果在考核中被评为殿，需承担的代价是相当高的。里耶秦简 8－149+8－489 有"田官佐贺二甲"，是田官佐"贺"接受迁陵县廷赀罚的记录。简中与贺同时受到处罚的还有其他很多县乡官吏与更戍，可能是岁末集中考核后统一处理的结果。角与贺可能都是县田官佐，而受到的处罚都是赀二甲，估计秦代对于县官田官吏考核不合格的处理已经有法定的标准。

县官田产量达不到法定额度，县官田官吏要负责赔偿；在考核中被评为殿等，县官田官吏要受到严厉的赀罚和去职处理，这是秦代重视县官田经营的表现。但可能也正是因此而给县官田官吏带来了比较大的压力，促使他们中的部分人采用非法手段来发展县官田上的生产。

（原文载《中国社会经济史研究》2015 年第 4 期）

① 于振波：《秦律中的甲盾比价及相关问题》，《史学集刊》2010 年第 5 期。

# 再论秦始皇“收天下之兵”

## ——基于出土法律文书的考察

◎ 周海锋(湘潭大学文学与新闻学院)

秦始皇在逐一剪灭东方六国政权后,又采取了不少措施以防止当地残存势力作乱,其中之一就是将各地的兵器收拢至咸阳,熔化后铸成十二金人。始皇这一举措,传世史料多有记载,本是铁板钉钉的事实,然仍有学者质疑之。此外,“收天下之兵”,究竟是不是一场宣告偃武修文的政治秀,也应加以细细剖析。最后,经过长期战乱,兵器大量散落民间,新王朝如何有效收缴?出土秦简牍中相关记载或有助于消解以上疑惑。

## 一、传世典籍关于秦始皇“收天下之兵”的记载

关于秦始皇“收天下之兵”这一历史事件,传世文献中当属《史记·秦始皇本纪》的记载最早、最权威。《史记·秦始皇本纪》之中有两处提及此事,一处是秦始皇廿六年(前221年)一统天下以后,进行了一系列的整顿运动:“分天下以为三十六郡,郡置守、尉、监。更名民曰‘黔首’。大酺。收天下兵,聚之咸阳,销以为钟鐻,金人十二,重各千石,置廷宫中。”①另一处在《秦始皇本纪》篇尾所附贾谊《过秦论》之中:“堕名城,杀豪俊,收天下之兵聚之咸阳,销锋铸鐻,以为金人十二,以弱黔首之民。”②

此外,《淮南子·氾论训》载:“秦之时,高为台榭,大为苑囿,远为驰道,铸金人。”③《史记·秦楚之际月表》:“堕坏名城,销锋镝。”④《史记·平津侯主父列传》载主父偃建议汉武

① 《史记》卷6《秦始皇本纪》,北京:中华书局,2014年,第307页。案:“置廷宫中”,王念孙《读书杂志》指出当作“置宫廷中”。

② 《史记》卷6《秦始皇本纪》,第353—354页。

③ 刘文典撰:《淮南鸿烈集解》,北京:中华书局,1989,第437页。

④ 《史记》卷16《秦楚之际月表》,第922页。

帝讨伐匈奴时曰："及至秦王，蚕食天下，并吞战国，称号曰皇帝，主海内之政，坏诸侯之城，销其兵，铸以为钟虡。"[①]此处"销其兵"与"收天下之兵"略有不同，"销其兵"是承"坏诸侯之城"而言，此举也可以理解为仅针对东方诸国。《史记·李斯列传》："夷郡县城，销其兵刃，示不复用。"[②]《汉书·叔孙通传》："二世怒，作色。通前曰：'诸生言皆非。夫天下为一家，毁郡县城，铄其兵，视天下弗复用。'"[③]以上两则史料均揭示了秦始皇坏郡县城墙，收天下之兵是为了昭示世人，天下已太平，这些东西将不再使用。

泷川龟太郎在给《史记》做注时提出一个观点云："始皇销兵，学周武王放牛马也；铸十二金人，效夏禹铸九鼎也。"[④]"归马放牛"出自伪古文《尚书·周书·武成》："乃偃武修文，归马于华山之阳，放牛于桃林之野，示天下弗服"。[⑤] 大意是：周武王姬发以武力推翻殷纣王的统治以后，表示不再用兵，要致力于文治，并宣布将作战的用的马归于华山之阳，放牛于桃林之野，不再乘用。不难发现，泷川此言只是对叔孙通所言"铄其兵，视天下弗复用"进行了发挥，然并未提出新解。

叔孙通的言语颇值得玩味，作为秦待诏博士，为了免遭杀戮，他不得不在秦二世面前正话反说。既然叔孙通所言"视天下弗复用"是糊弄二世之语，那么始皇收天下之兵的真实意图则并非宣示太平；退一步讲，就算有也是附带的，并非主要目的。贾谊所言"以弱黔首之民"，应为始皇收天下之兵的主要目的。东汉学者应劭也持此观点，颜师古在注释《汉书·异姓诸侯王表》时引用其说曰："坏其坚城，恐复阻以害己也。聚天下之兵，铸以为铜人十二，不欲令民复逆命也。古者以铜为兵。"[⑥]出土秦简牍材料也有力支持了此说，下文将论述之。

各地收缴上来的兵器，或用来铸造钟鐻等乐器，或用以制造金人十二，贾谊在《过秦论》中已言明，司马迁《史记·秦始皇本纪》中也采用了此记叙。不过，后代学者津津乐道金人十二的遭遇，却极少提及铸造钟鐻之事。《史记·秦始皇本纪》"金人十二"下，司马贞《索隐》曰：

> 二十六年，有长人见于临洮，故销兵器，铸而象之。谢承《后汉书》"铜人，翁仲，翁仲其名也"。《三辅旧事》："铜人十二，各重二十四万斤。汉代在长乐宫门前。"董卓坏

---

① 《史记》卷112《平津侯主父列传》，第3582页。

② 《史记》卷87《李斯列传》，第3090页。

③ 《汉书》卷43《叔孙通传》，第2124页。

④ 泷川龟太郎：《史记会注考证》卷6《秦始皇本纪》，台北：唐山出版社，2007年，第112页。

⑤ 杜泽逊主编：《尚书注疏汇校》，北京：中华书局，2018年，第1560页。

⑥ 《汉书》卷13《异姓诸侯王年表》，第364页。

其十为钱，余二犹在。石季龙徙之邺，苻坚又徙长安而销之也。①

《后汉书·董卓传》："时人以为秦始皇见长人于临洮，乃铸铜人。卓，临洮人也，而今毁之。虽成毁不同，凶暴相类焉。"②唐人李贤等在注释此段文字时同样引用了《三辅旧事》，文字却与司马贞所引略有差异，其文曰："秦王立二十六年，初定天下，称皇帝。大人见临洮，身长五丈，迹长六尺，作铜人以厌之，立在阿房殿前。汉徙长乐宫中大夏殿前。"③如此，又将秦始皇收天下之兵与临洮出现的奇异现象联系起来了，铸造铜人是为了行厌胜之术，与贾谊所言"以弱黔首之民"相去甚远。然《三辅旧事》所载颇不足信。阿房宫于秦始皇三十五年（前212年）动工修建，直到被项羽焚毁时仍在修建中，现代考古也进一步证实这一点，或认为它只是一纸蓝图。那么，将铜人立于阿房宫之前显然是无稽之谈，所谓长人见临洮，恐怕亦为后人附会之说，不能当真。当然，我们并不否认临洮在历史上出现过此类现象，特殊的地理环境和大气条件下的确能产生海市蜃楼。已有学者从此角度解读。④

## 二、秦始皇收天下之兵的真实性问题

从上文可知，《新书》《淮南子》《史记》《汉书》和《后汉书》都明确记载了秦始皇收天下之兵铸金人十二，这原本是毋庸置疑的历史事实，但仍有学者认为它不可靠。

沈海波先生《秦始皇"收天下之兵"质疑》⑤一文，从可行性、危害性、彻底性、秦始皇经济思想、风俗、兵器成分等方面进行论证，认为收兵之举无从谈起。熊永先生认为秦"收天下之兵"实则在关东"毁郡县城，铄其兵"，旨在堕毁山东诸侯依恃名城要地构筑的御秦防线，且一并收毁或整顿其中的武库储兵。⑥

从史料来源上而言，《史记·秦始皇本纪》是据秦国的官方档案《秦记》编纂而成，其真实性不容置疑。秦始皇焚毁书籍时，东方各国的历史档案都被摧毁，只保留了《秦记》。秦国的史书和户籍档案，萧何在项羽火烧咸阳宫殿之前就抢救出去了，故得以保存。司马迁作为太史令，在撰写《史记》时有条件也有必要参考它。⑦

---

① 《史记》卷6《秦始皇本纪》，第308页。

② 《后汉书》卷72《董卓传》，中华书局，1965年，第2325—2326页。

③ 《后汉书》卷72《董卓传》，第2326页。

④ 辛玉璞：《〈汉书·五行志〉所记十二大人为何物》，《西北史地》1998年第1期。

⑤ 沈海波：《秦始皇"收天下之兵"质疑》，《上海大学学报》1992年第4期。

⑥ 熊永：《秦收天下之兵"新解"》，《古代文明》2018年第2期。

⑦ 《秦记》的可信性可以从睡虎地秦简《编年记》中得到验证，《编年记》所记秦重大历史事件几乎与《秦本纪》《秦始皇本纪》一致，而此以上两本纪都是根据《秦记》编纂而成。

又活跃于汉文帝时期的贾谊，秦代历史对他而言就是近代史甚至是当代史，汉帝国的缔造者和许多普通民众都是历经战国秦汉三代，贾谊可多方验证重大历史事件的真实性。其所撰《过秦论》文学性较强，但在描述基本的历史事实时不存在虚构的可能性。因为其撰写《过秦论》是希望汉文帝汲取秦亡的教训，行仁义，惜民力。此文预设的阅读者是当时的最高统治者，贾谊不太可能以子虚乌有之事来佐证自己的观点。汉文帝乃一代明君，识见深远，不可能不知晓数十年前秦代的重大历史。

质疑秦始皇收天下之兵者往往引用以下史料作为佐证：

> 淮阴屠中少年有侮信者，曰："若虽长大，好带刀剑，中情怯耳。"众辱之曰："信能死，刺我；不能死，出我袴下。"……及项梁渡淮，信杖剑从之，居戏下，无所知名。①
>
> 项籍少时，学书不成，去；学剑，又不成。项梁怒之。……项梁杀人，与籍避仇于吴中。吴中贤士大夫皆出项梁下。②
>
> 秦二世元年七月，陈涉等起大泽中。……梁乃出，诫籍持剑居外待。……须臾，梁眴籍曰："可行矣！"于是籍遂拔剑斩守头。③

以上提及韩信（？前231—前196）和项羽（前232—前202）佩剑的时间段都可以确定在秦代。韩信和项羽都是楚人，秦杀项燕（项羽之祖父），而后楚被秦吞并，时在公元前223年。项羽和韩信都是十岁左右的小孩，其学剑、持剑当在此年以后。

虽都是带剑，但项氏与韩信不同。前文已经提及，项氏家族世代为楚将，志在亡秦复楚，一直在秘密积蓄力量，从事反秦活动，他们藏有武器并不意外。另一种可能情况是，秦代或有优待部分六国贵族的政策，承认其固有爵位，允许其佩剑。而韩信是一位贫穷落魄的公子，他加入反秦行列的时间相对较晚，动因很可能不是复仇，而是随大流，为了实现宿有之抱负。韩信得不到项羽重用而改投刘邦就是明证。

在秦代，佩剑定是被允许的行为。尤其是食不果腹的韩信整天带着剑在大街上晃悠，目标太明显，如果是非法行为，早就被人告发。根据秦法："令民为什伍，而相牧司连坐。不告奸者腰斩，告奸者与斩敌首同赏，匿奸者与降敌同罚。"④秦实行连坐制，一人犯罪，邻里都要连坐，而揭发犯罪者可以免除处罚。韩信不怕被人举报，可知其佩剑是合法行为。

接下来的问题是，剑也是兵器之一，为了维护治安的需要，理应收缴，为何却任由百姓佩带。我们认为可从以下几个方面来考虑。首先，剑的确是砍杀的利器，但佩剑在当时还是身

---

① 《史记》卷92《淮阴侯列传》，第3166—3167页。

② 《史记》卷7《项羽本纪》，第380页。

③ 《史记》卷7《项羽本纪》，第381页。

④ 《史记》卷68《商君列传》，第2710页。

份的重要标志。《史记·秦本纪》:“简公六年,令吏初带剑。”[①]《史记·秦始皇本纪》:“简公从晋来,享国十五年。……其七年,百姓初带剑。”[②]秦逐渐确立了“佩玉带剑”礼俗,佩剑占据着礼仪与等级制度的主导地位。剑成为身份的象征,朝议、宴会、祭祀的参与者常常配剑。如妇孺皆知的“荆轲刺秦王”一案,大殿之中,能佩剑者只有秦始皇一人,秦制规定“群臣侍殿上者不得持尺寸之兵”。[③] 这固然是出于安全防卫的需要,但更主要的原因在于彰显帝王独一无二的权威。后代臣子被赐“剑履上殿”则是一份极高的荣宠,西汉开国功臣,只有萧何一人有此殊荣。[④] “剑舞”还是贵族宴会时一种娱乐形式,如鸿门宴上“项庄舞剑”。

其次,秦允许百姓佩剑,但应该是有条件的,并非所有人均可以佩剑。项羽是贵族之后自不待言,韩信也应出自一没落的贵族之家,从他能够识字读兵书可略见一斑。看来只有具有一定身份者才被允许佩剑。又翻阅《史记》《汉书》,汉初功臣的传记之中,樊哙、卢绾、周勃、陈平等在从事反秦活动之前,均没有提及其佩剑、用剑之事,这应当不是偶然,而是他们身份低下,没有佩剑的资格。

通过以上分析,我们只能得出秦代允许具有一定身份者佩剑的结论,而并没有坚实的证据去推翻《史记》《汉书》关于秦始皇“收天下之兵”的记载。因为秦代流行的武器,除了剑之外,还有刀、戈、戟、矛、铍、弓箭、弩机等,而典籍中丝毫找不到这些兵器在民间大量流通和被使用的证据。这似乎也可以佐证秦始皇“收天下之兵”的政策是得以坚决贯彻的。又《过秦论》提及陈涉反秦队伍所使用的兵器是“鉏櫌棘矜”,又曰“斩木为兵,揭竿为旗”。吕思勉先生在谈及汉代兵器时顺便提到贾生谓秦末起事者,“斩木为兵,揭竿为旗”,非尽形容之语。[⑤] 吕思勉先生的看法是值得肯定的。

秦代收缴民间兵器的最为直接的证据,来自里耶秦简:“廿七年三月丙午朔己酉,库后敢言之:兵当输内史,在贰春□□□□Ⅰ五石一钧七斤,度用船六丈以上者四樓(艘)。谒令司空遣吏、船徒取。敢言Ⅱ之。☐Ⅲ”(8－1510)[⑥]文中的“内史”可理解为“内史郡”,乃秦首都咸阳所在地。“兵当输内史”之“兵”当包括战争期间遗留在民间的兵器,需要上缴到咸阳统一处理。当然,也有另外一种解释,迁陵县有冶炼兵器的作坊,可以大量生产兵器以供其他地方使用,但是在里耶秦简中找不到迁陵县有铁官的记载。退一步讲,即使迁陵能生产

---

① 《史记》卷5《秦本纪》,第253页。
② 《史记》卷6《秦始皇本纪》,第361页。
③ 《史记》卷86《刺客列传》,第3075页。
④ 《史记》卷53《萧相国世家》,第2449页。刘邦赐萧何“带剑履上殿,入朝不趋”。
⑤ 吕思勉:《秦汉史》,上海:上海古籍出版社,2005年,第617页。
⑥ 陈伟主编:《里耶秦简牍校释(第一卷)》,第341页。

兵器，将这些兵器从今天的湖南湘西龙山县里耶镇运输到咸阳，路程太过遥远，劳民伤财，还不如就近购买。更何况，在秦故地，官方掌控着规模巨大的冶炼场所，如西工室，又故韩国境内，上郡、蜀郡、南阳郡均有著名的兵器冶炼处所，实在没有必要舍近求远。而且，在统一战争过程中，秦兵器尚能自给，而到了天下刚刚统一不久的秦始皇廿七年（前 220 年），内史却需要大量兵器，以至于要从边陲郡县调配过去，这实在是说不过去。故只有一种可能性，迁陵县此举是为了贯彻秦始皇廿六年“收天下兵，聚之咸阳”这一政策。命令虽然是廿六年颁布的，但是从咸阳到迁陵，路途遥远，文书传递加上收缴兵器尚需时日，故在廿七年三月才能够将兵器运往内史。根据秦汉诏书传布的一般途径，先从都城通过邮传的方式送至各个郡府，然后通过以次传的方式送至各县，县再传至各乡和诸曹。上文引用里耶秦简 8－1510 文书往返于迁陵县诸官府之间，当是收到洞庭郡相关指令后作出的行动。我们认为以下简文与之关联密切：

> 廿七年二月丙子朔庚寅，洞庭守礼谓县啬夫、卒史嘉、叚（假）卒史谷、属尉：令曰：“传送委输，必先悉行城旦舂、隶臣妾、居赀责（债），急事不可留，乃兴繇（徭）。”今洞庭兵输内史及巴、南郡、苍梧输甲兵当传者多，节（即）传之。必先悉行乘城卒、隶臣妾、城旦舂、鬼薪、白粲、居赀赎责（债）、司寇、隐官、践更县者。田时殹（也），不欲兴黔首。嘉、谷、尉各谨案所部县卒、徒隶、居赀赎责（债）、司寇、隐官、践更县者簿，有可令传甲兵，县弗令传之而兴黔首，[兴黔首]可省少弗省少而多兴者，辄劾移县，[县]亟以律令具论当坐者，言名夬（决）泰守府。嘉、谷、尉在所县上书。嘉、谷、尉令人日夜端行。它如律令。（16－5）①

关于 16－5 可从多方面进行研究。这里只讨论文书中所引秦令起止以及洞庭兵输入何处两个问题，其实这二者又息息相关。一般认为引用令文为“传送委输，必先悉行城旦舂、隶臣妾、居赀赎责（债），急事不可留，乃兴繇（徭）”。但也有学者认为还应包括“今洞庭兵输内史及巴、南郡、苍梧，输甲兵当传者多，节（即）传之。必先悉行乘城卒、隶臣妾、城旦舂、鬼薪、白粲、居赀赎责（债）、司寇、隐官、践更县者。田时殹（也），不欲兴黔首”。② 虽然在律令条文中有时也会出现具体的郡县名称，但一般而言，作为一种面向统治区域内的规则性通用文书，规定应带有普遍适用性。而“收天下之兵”当然也是针对全国的，为某一个郡单独制定一条令，规定兵器如何传送，显然太过繁琐，且浪费资源。故我们也认为令文到“乃兴繇

① 湖南省文物考古研究所编著：《里耶发掘报告》，长沙：岳麓书社，2007 年，第 192 页。按：里耶秦简 16－6、9－2283 内容与 16－5 相同。引用文书据己意句读。“省少”原释为“省小”，“名夬”原释为“名史”。

② 欧扬：《秦律令革新机制探析》，未刊稿。

（徭）”为止。后面一段只是规定洞庭郡内武器当如何传输，可以看作地方性临时法规，但必须秉承朝廷所下律令的精神，绝对不能与之相左。

其实整份文书的核心思想就是官府不能随便征发黔首服徭役，就算不得不征发，也不能耽误其耕作。“今洞庭兵输内史及巴、南郡、苍梧输甲兵当传者多，节（即）传之”，我们亦有不同的理解。无论是洞庭郡还是巴郡、南郡和苍梧，均有兵器要输送到内史，巴、南郡和苍梧都与洞庭郡接壤，都要借道洞庭，官府需要提供一定帮助。这样解释，才不至于和 8－1510 所言“兵当输内史”相冲突，才与史书所载秦始皇“收天下之兵聚之咸阳”相符。如果断句为“今洞庭兵输内史及巴、南郡、苍梧，输甲兵当传者多，节（即）传之”，①就变成将洞庭郡的兵器分别输送到内史、巴、南郡和苍梧四个地方。秦始皇廿七年，平定六国的战事早已结束，巴、南郡更是早入秦之版图，苍梧境内也无大战，距平定南越还有数年之久，此时在苍梧囤积武器似嫌过早。故我们认为此种读法不可取。

通过以上论证，可知秦始皇收天下之兵确为不可否定的历史事实，又从里耶秦简可知，此决策在各地得到切实地执行。

## 三、秦兵器之日常管理

秦始皇的确在全国范围内征缴过兵器，但并非禁止民间藏有兵器，实则具有一定身份者均可携剑，这在上文已经论及。但究竟哪些人才能拥有兵器，官府又采取哪些举措来管理兵器以防止其非法流通，我们凭传世文献不能得知。所幸秦简材料提供了这方面的信息。先来看岳麓秦简所载几则秦令：

1. ●十四年四月己丑以来，黔首有私挟县官戟、刃没〈及〉弓、弩者，亟诣吏。吏以平贾（价）买，辄予钱。令到盈二月弗（1357）诣吏及已闻令后敢有私挟县官戟、刃、弓、弩及卖买者，皆与盗同灋。挟弓、弩殊折，折伤不□（1433）☒戟、弓、弩殹（也），勿买，令削去其久刻∟。赐于县官者得私挟。●臣欣与丞相启、执法议曰：县（1464）官兵多与黔首兵相类者，有或赐于县官而传（转）卖之，买者不智（知）其赐及不能智（知）其县官（1454）兵殹（也）而挟之，即与盗同灋。诣吏有为自告，减辠一等。黔首以其故泰抵削去其久刻，（1307+C5－3－2+C9－3－1）折毁以为铜若弃之。不便，被更之。诸挟县官戟、刃、弓、弩诣吏者，皆除其辠，有（又）以平贾

---

① 不少学者采用此种断读法，比如陈伟主编：《里耶秦简牍校释（第一卷）》；杨振红、单印飞：《里耶秦简J1（16）5、J1（16）6 的释读与文书的制作、传递》，《浙江学刊》2014 年第 3 期；吴雪飞：《从岳麓秦简看里耶秦简的一条秦令》，简帛网 2016 年 12 月 9 日。

（价）予钱。（0198+2189）[1]

2. ●新黔首禁不得挟兵∟。今其能……剑以自卫殹（也），令得带剑，其□□（0056）若告罪人，死罪二人若城旦罪四人，令得带剑，其为人□盗伤殹（也）而自捕，若告人死罪四人若城旦（0348）罪八人以上，亦令得带剑。前令捕若告罪人，应此数者，以此令从事，它如律令　　●七（0677）[2]

3. ●新黔首或不勉田作、缮室屋而带剑挟兵曹耦（偶）出入，非善谷（俗）殹（也），其谨禁御之。公大夫以上乃得带剑，（0562）而不得挟它兵及大刀长尺五寸以上者，官大夫以下不得带剑挟兵长刀。县令、令史、乡啬夫里〈吏〉即赘（0654）新黔首，以此令告，有挟剑兵长刀者，亟诣吏，辄入县官∟。已布令，丞、令、令史、有秩吏分曹索（索）之，有挟剑（0644）兵长刀弗诣吏者，辄捕署（迁）其郡恒署（迁）所，皆辄行之。署（迁）未行，其人及亲、所智（知）能为捕坐此物当署（迁）者二人，（0585）除其家署（迁）。其毋（无）署（迁）除殹（也），而能捕坐此物当署（迁）者二人，购钱五千，其典、田典、伍人见，若虽弗见人或告之【而弗】（0599）捕告，赎署（迁），其弗见、莫告，赀一甲。前此令断，传已入关及阴密□环，诣江胡而未出关及其留在咸（0480+C10.4－5－4）阳司空者皆传诣阴密，阴密处如等。传未入关者，皆环，各诣其郡恒署（迁）所。丞相令遣丞相史若卒史一人往。（0463）[3]

4. ●新黔首公乘以上挟毋过各三剑∟；公大夫、官大夫得带剑者，挟毋过各二剑∟；大夫以下得带（0347）剑者，毋过各一剑；皆毋得挟它兵。过令者，以新黔首挟兵令论之。

●十一（0676）[4]

从以上令条可知，兵所指代的范围可大可小，或表示一切兵器，或指特定某几种兵器。第1则令文中的“兵”指“戟、刃、弓、弩”四种特定兵器。0644简“有挟剑、兵、长刀者”，将“兵”与“剑”“长刀”并列，此处之“兵”指除去剑、长刀以外的武器；0056简先言“新黔首禁不得挟兵”，后文又言“得带剑”，此处之兵当指所有兵器。

不难发现以上所录四则令文，虽均与兵器管理有关，但第一则与后三则规范的对象不同，第一则是针对黔首，后三则针对新黔首。“十四年”为秦王嬴政十四年，公元前233年，此年四月辛酉朔，[5]己丑为廿九日。既然此令是秦王政十四年颁布的，本不应该出现黔首这

① 陈松长主编：《岳麓书院藏秦简（陆）》，第48—50页。
② 陈松长主编：《岳麓书院藏秦简（柒）》，第79—80页。
③ 陈松长主编：《岳麓书院藏秦简（柒）》，第77—79页。
④ 陈松长主编：《岳麓书院藏秦简（柒）》，第80页。
⑤ 张培瑜：《根据新出历日简牍试论秦和汉初的历法》，《中原文物》2007年第5期。

一称谓,将民改称为黔首是秦统一后的举措,看来此则令文在秦统一后被修订过。又睡虎地秦简中表示官府器物时一般在器物前加“公”,如“公马牛”“公甲兵”“公食”,或统称为“公器”;秦统一后将“公”改为“县官”。此令文中只见“县官”而不见“公”,亦是后来修订所致。

“黔首”并非与“新黔首”相对应的称谓,而是指天下所有百姓;“故黔首”才是与“新黔首”相对的称谓。岳麓秦简令文:“新黔首已遗予之而能(1012)捕若告之,勿皋,有(又)以令购之。故黔首见犯此令者,及虽弗见或告之而弗捕告者,以纵皋人(1013)论之。(1004)。”[①]故黔首指秦故地的百姓,新黔首指新占领地区的百姓。当然,新旧也是相对的,秦代简牍中所见的新黔首大多指东方六国的百姓。

第一则令文蕴含信息比较丰富,也可从中窥见秦令条文的产生过程。“•臣欣与丞相启、执法议曰”之前为旧令,从“县官兵多与黔首兵相[类]者”到“不便,柀更之”一段是陈述客观事实,指出旧令的不合理之处,并为修订律令提供依据。修订后的新令内容为:“诸挟县官戟、刃、弓、弩诣吏者,皆除其皋,有(又)以平贾(价)予钱。……受买者亦得私挟之,它如其令。”仅从整条令文来看,只知新令的制定时间在秦王政十四年之后,然简文中出现丞相启,或可为断定此令产生的确切时间带来契机。

“丞相启、状”出现在“十七年丞相启状戈”铭文中。[②] 状即隗状,又见于二十六年始皇诏铜方升、[③]廿六年铜诏版、[④]《史记·秦本纪》和《史记·秦始皇本纪》。启之身份,田凤岭、秦雍、李开元等学者考证出为楚人昌平君。[⑤] 昌平君于秦王政廿一年被罢相,睡虎地秦简《叶书》:“廿一年,韩王死。昌平君居其处,有死□属。”[⑥]《史记·秦始皇本纪》秦王政廿一年“新郑反。昌平君徙于郢”。[⑦] 据李开元先生考证,昌平君被免去丞相之位,是因为在攻楚策略上与秦王不合,同时被免职的还有王翦。[⑧]

丞相启接替吕不韦为相是毫无疑问的,“十二年丞相启颠戈”铭文也能证实这一点。彭

---

① 陈松长主编:《岳麓书院藏秦简(伍)》,第52—53页。
② 田凤岭、秦雍:《新发现的“丞相启状”戈》,《文物》1986年第3期。
③ 王辉、王伟编著:《秦出土文献编年订补》,西安:三秦出版社,2014年,第175页。
④ 史树青、许青松:《秦始皇二十六年诏书及其大字诏版》,《文物》1973年第12期。王博文:《甘肃镇原县富坪秦二十六年秦诏版》,《考古》2005年第12期。
⑤ 李开元:《“十七年丞相启状”戈之“启”为昌平君熊启说》,载梁安和、徐为民主编《秦汉研究》第4辑,西安:陕西人民出版社,2010年,第13—17页;田凤岭、秦雍:《新发现的“丞相启状”戈》,《文物》1986年第3期。
⑥ 陈伟主编:《秦简牍合集·释文注释修订本(壹)》,第12页。
⑦ 《史记》卷6《秦始皇本纪》(点校本二十四史修订本),第301页。
⑧ 李开元:《“十七年丞相启状”戈之“启”为昌平君熊启说》,第13—17页。

适凡先生在解说铭文时也认为启为昌平君,并推测颠为昌文君。[①] 然据里耶秦简资料来看,丞相启定非昌平君。昌平君于秦王政二十三年(前224年)被项燕立为荆王,反秦于淮南,次年王翦、蒙武破荆,"昌平君死,项燕遂自杀"。[②] 而今所见里耶秦简中两次出现"丞相启":

> 廿五年二月戊午朔辛未,洞庭叚(假)守灶敢言之:洞庭县食皆少。……二月癸丑,**丞相启**移南郡军叚(假)守主:略地固当辄输,令足灶岁,唯勿乏。传书洞庭守。/显手(7-1)[③]
>
> ☑□子傅**丞相启**上少府守嘉书言:北宫榦官偕为军治粟,少府属、卒史不足(9-897+9-939)[④]

从上引里耶秦简7-1可知启在秦始皇廿五年(前222年)二月时尚在丞相任上,而据《秦始皇本纪》和李开元先生推断,昌平君熊启已死于秦王政廿四年(前223年)。9-897+9-939虽然残缺,但依然可以推断文书发布的时间为秦王政廿五年左右。里耶秦简所见行政文书纪年始于秦王政廿五年,又据岳麓秦简可知秦始皇廿六年四月时的丞相为状和绾。

综上可知,启担任秦丞相的时间大约在秦王政十一年到廿五年。丞相启并非昌平君。又据此可知岳麓秦简1464组有关县官兵器管理令文的修订时间当在秦王政十四年四月至秦始皇廿六年四月之间。此令很可能修订于秦统一之前,之所以重视收缴民间兵器,固然有维护治安方面的考虑,更重要的原因恐怕是因为战国末年,兵器消耗严重,故鼓励民间上缴,以平价征收之。此令在秦统一后又一次修订时,只是将"百姓"修改为"黔首",将"公"修改为"县官",主体内容并未改动,因其仍有适用性,故被抄录下来。

第一则令的规范对象是黔首,制定和修订时间均是秦统一前,规范内容是县官戟、刃、弓、弩的买卖。据令文,在市场上流通的县官兵多是受赐者转卖。受赐之兵器,本人可以挟带,但不能出售。这当是出于维护社会治安的考虑。秦官府制造的兵器,常刻有铭文,督造者、工师名、制作地有时也出现在铭文中,部分出土兵器上还有编号。出售者为了逃避法律责任,常私下将兵器上的铭文削除掉再转卖。如此,买者并不知晓兵器是来自官府还是私人铸造。这种情况下,以盗赃论处显然不合理,故不得不对法律条文做出修订。

修改之后的令文规定,私人收藏县官铸造的戟、刃、弓、弩,主动上交到官府的,官府不追究其罪责,且按照兵器的市场价予钱。

官府急于征收散落在民间的县官兵,既有维护社会治安的考虑;可能也与战国末期战争

---

① 彭适凡:《秦始皇十二年铜戈铭文考》,《文物》2008年第5期。

② 《史记》卷6《秦始皇本纪》,第302页。

③ 首都师范大学历史学院等主编:《首届中日韩出土简牍研究国际论坛暨第四届简帛学的理论与实践学术研讨会》,2019年8月,第415—416页。

④ 陈伟主编:《里耶秦简牍校释(第二卷)》,第221页。

不断，兵器消耗量大有关。

与第一则令文不同，后三则令文均是针对新黔首的兵器管控。值得注意的是：三则令文的规定或有抵牾之处，当非同时之物。那么，孰先孰后和令文隐藏的史实均值得仔细考辨。

一般而言，统治地位刚确定之时，对武器的控制更严厉些，因为旧有残余势力会殊死抗争。秦人在东方诸国民众眼中，与异族入侵者无异；新地的民众，确也不时从事反秦斗争，如《奏谳书》载秦始皇廿七年（前 220 年）“苍梧利乡反”，又出现与稳定新地局势相关的令文“所取荆新地多群盗，吏所兴与群盗遇，去北，以儋乏不斗律论”。① 令文中所谓“群盗”，大多并非以劫取货财为目的，而是以反秦为宗旨。

故我们认为“新黔首禁不得挟兵”这样令文应当产生在秦统一之初，随着局势逐渐稳定，慢慢放松某些特殊武器（剑）的管制。从“公大夫以上乃得带剑”到“大夫以下得带剑者，毋过各一剑”，就是武器掌控政策调整的体现。剑作为武器的特殊性，前文已有交代，服剑是战国以来流行的社会习俗，亦为身份的象征。从楚墓发掘报告可知楚国男子几乎人人佩剑，而楚地发掘的秦墓，也有不少以剑戈等兵器随葬者。

秦墓出土兵器情况一览表

| 墓葬发掘编号 | 埋藏年代 | 出土兵器 | 墓主身份 | 相关补充信息 |
|---|---|---|---|---|
| 溆浦马田坪 24 号墓 | 战国晚期 | 剑、戈、矛 | | 矛上有“少府”铭文② |
| 长沙左家塘皮件厂 1 号墓 | 战国末或秦代初 | 矛、戈 | | 铜戈铭文：四年相邦吕不韦，寺工龙，丞□③ |
| 汨罗永清村 36 号墓 | 战国末或秦代 | 短剑、矛、戈 | | 随葬物中有半两钱、蒜头扁壶④ |
| 长沙烈士公园 18 号墓 | 秦代 | 戈 | | 洞室墓、秦式宽弦纹铜镜⑤ |
| 荆州沙市区肖家山 1 号秦墓 | 秦代 | 铜剑 2 件⑥ | 中小地主或下级官吏 | 铜蒜头壶⑦ |

① 彭浩、陈伟、［日］工藤元男主编《二年律令与奏谳书》，第 364—365 页。

② 湖南省博物馆等：《湖南溆浦马田坪战国西汉墓发掘报告》，《湖南考古辑刊》第 2 集，长沙：岳麓书社，1984 年，第 49—52 页。

③ 湖南省文物管理委员会：《长沙左家塘秦代木椁墓清理简报》，《考古》1959 年第 9 期。

④ 湖南省博物馆：《汨罗县东周、秦、西汉、南朝发掘报告》，《湖南考古辑刊》第 3 集，长沙：岳麓书社，1986 年，第 93—66 页。

⑤ 罗敦静：《湖南长沙发现战国和六朝的洞室墓》，《考古通讯》1958 年第 2 期。

⑥ 一件残长 47.6 厘米、宽 4.8 厘米，另一件残长 44.8 厘米、宽 4.2 厘米。

⑦ 荆州博物馆：《湖北荆州市沙市区肖家山一号秦墓》，《考古》2005 年第 9 期。

续 表

| 墓葬发掘编号 | 埋藏年代 | 出土兵器 | 墓主身份 | 相关补充信息 |
|---|---|---|---|---|
| 成都新都秦墓(2002CXQM1) | 秦代 | 铜剑①、戈、钺 | | 半两钱② |
| 广州罗岗4号秦墓 | 秦代 | 戈 | | 铭文:十四年属邦工□□蕺丞□□□③ |
| 南阳市拆迁办秦墓(M208) | 秦代 | 铜剑 | | "杨喜"私印(玉质,有界格)④ |

从上表可以得知,无论是战国还是秦代,剑戈都是稍有身份者较为钟爱的陪葬物,这也可佐证剑作为身份标志物,能够被私人合法拥有。此外还可证明官府兵器大多有铭刻。

简而言之,秦统一后在兵器管理上由紧而松。这也可以很好地解释,为什么韩信可以仗剑在闹市中行走。需要指出的是秦虽然一度禁止新黔首私藏兵器,但绝无彻底清除民间武器以绝后患的打算,否则就不会以"赐剑"作为黔首举报非法的奖赏。"若告罪人,死罪二人若城旦罪四人,令得带剑,其为人□盗伤殴(也)而自捕,若告人死罪四人若城旦罪八人以上,亦令得带剑。前令捕若告罪人,应此数者,以此令从事,它如律令。"⑤带剑被视作一种"特权",剑成为朝廷用来赏赐的物品。

## 四、小　结

史书所载秦统一后"收天下之兵"这一史实不容轻易否定。从近年刊布的里耶秦简材料可知,秦统一后,新地的兵器的确要收缴至内史。然秦"收天下之兵",并非禁止兵器在民间流通。据岳麓秦简令文可知,百姓能否持有兵器、能挟藏多少兵器,与其爵等有直接关系。秦统一前就对官府制造的兵器实行严格管理。秦始皇"收天下之兵"是出于维护政权稳固的现实需要,且切实得到执行,并非宣扬寰宇太平的政治秀。

(原载《古代文明》2022年第1期)

① 完整,剑通长63.5、茎长9、剑身宽4厘米。
② 成都市新都区文物管理所:《成都新都秦墓发掘简报》,《文物》2014年第10期。
③ 广州市文物管理委员会:《广州东郊罗冈秦墓发掘简报》,《考古》1962年第8期。
④ 南阳市文物考古研究所:《河南南阳市拆迁办秦墓发掘简报》,《华夏考古》2005年第3期。
⑤ 陈松长主编:《岳麓书院藏秦简(柒)》,第79—80页。

# ·第七卷·

# 《岳麓书院藏秦简(柒)》的内容与价值

◎ 陈松长 唐 强(湖南大学岳麓书院)

《岳麓书院藏秦简(柒)》是岳麓秦简的最后一卷,将刊布前六卷整理报告之外剩余的所有岳麓秦简材料,包括新的秦律令、前六卷漏收的竹简和其他暂时无法归类的残片。由于本卷收录的内容比较复杂,因此我们将形制基本相同、内容基本可读而相对成组的简归为第一、二组;能与前六卷已刊布的竹简进行缀合或编联的整简、残简归为第三组;其他暂不能归类、不能缀合的残片则统一归为第四组。

第一组共有编号156个,拼合后有竹简145枚,完简长度约29.5厘米,两道编绳,简背多有背划线及少量反印文。内容均为秦令,令文结尾标识数字序号,数字前有圆形墨点。所见令名有"郡卒令甲""郡卒令乙""郡卒令丙""郡卒令丁""郡卒令戊""郡卒令庚""郡卒令壬""尉郡卒令甲""尉郡卒令乙""尉郡卒令丙""尉郡卒令丁""尉郡卒令戊"和"辞式令",凡13个。令名均分别单独书写在一枚竹简上,简首涂黑。其中,"郡卒令"和"尉郡卒令"令文之后还有墨点和天干序号,"辞式令"则无。

第二组共有编号133个,拼合后有竹简120枚,完简长度约23厘米,两道编绳,简背几乎不可见背划线,有极少量反印文。内容均为秦令,令文结尾或书写数字序号,数字前有圆形墨点;或有用于校雠的竖线;或二者皆有,数字在前、竖线在后;或二者均无。

第三组收录前六卷漏收的整简和未缀合的残简。共有编号187个,大致可分为三类:

1. 前六卷漏收的整简,共有编号37个,拼合后有竹简32枚。

2. 前六卷漏收但可缀入的残片,共有编号55个,可缀合到前六卷的44枚简中。

3. 暂时未能缀入前六卷,但根据内容、书体、形制等信息基本可以确定其属于前六卷某篇的残片。共有编号95个,可缀合为85块。

第四组是暂不能归类、未能缀合的竹简残片,共有编号434个,可缀合为424块。

下面仅就我们研读所及,选择几处有代表性的令文对本卷所收竹简的内容作一些介绍和分析,借此展现《岳麓书院藏秦简(柒)》重要的史料价值和研究价值。

# 一、“传囚”与羁押设施“庑”

“传囚”一词史籍并不鲜见，但语焉不详，只表达出了传送囚徒的基本含义。如：《汉书·王嘉传》：“置驿马传囚，势不得逾冬月。”[①]里耶秦简亦可见“传囚”，简 8－1756+8－1054 载“守府书曰：令县举传囚、断”。[②] 本卷竹简收录了一条郡县道传囚的令文，十分新鲜，对所传囚犯的安置管理及羁押设施“庑”的设置有详细的记录。（图 1）

郡县道传囚，议：诸传囚及县道内在乡邑典、亭郭部能容〈容〉0877 郡县道所传囚，所传囚间能投宿焉者，令各如其故。其间不能投宿，故未 0399

☑……毋下廿五里为一庑，庑钥属乡吏，城邑典、田典、亭 0875

☑郭士吏□入□☑ 0896

各为两槛，别男女，各自财（裁）容所传囚而为庑。笼、门、关钥之相去远 0396

阑散者毋得过一囚若一庑，庑内大毋过环堵∟。有犯令者及令、丞官 1635

其守门关、阑散者，亦毋得与居，其□守者∟，毋……1641－1

令文中提到的“庑”，岳麓秦简《为吏治官及黔首》亦见之，分别是“船隧毋庑”和“谢（榭）室毋庑”。我们曾将这两个“庑”读为“芜”，训为荒废，[③]现在看来应当修正。因为简文中的“船隧毋庑”“谢室毋庑”分别与“城门不闭”“桥陷弗为”“深楫不具”和“郭道不治”“卒士不肃”“用兵不湿”“进遏（退）不毂”等并列，显然也是一种失职行为，若读为“芜”则与前后文义相牾。结合《岳麓（柒）》中的这条新令，现在我们知道“船隧毋庑”和“谢室毋庑”中的“庑”当是用于羁押囚犯的建筑设施。

其实，传世文献中并不乏“庑”的记载。《说文·广部》：“庑，堂下屋也。”[④]《释名·释宫室》：“大屋曰庑。”[⑤]《史记·苏秦列传》：“地名虽小，然而田舍庐庑之数，曾无所刍牧。”[⑥]《史记·李斯列传》：“斯入仓，观仓中鼠，食积粟，居大庑之下，不见人犬之忧。”[⑦]但仅限于

---

① 《汉书》卷 9《何武王嘉师丹传》，北京：中华书局，2013 年，第 3502 页。

② 何有祖：《里耶秦简牍缀合（八）》，简帛网，2014 年 2 月 12 日。“断”下或还有“狱”等字，参见邬勖《秦地方司法诸问题研究——以新出土文献为中心》，华东政法大学博士学位论文，2014 年，第 91 页。

③ 陈松长主编：《岳麓书院藏秦简（壹—叁）释文修订本》，上海：上海辞书出版社，2018 年，第 38 页、42 页。

④ 《说文解字》卷 9《广部》，北京：中华书局，2013 年，第 190 页。

⑤ 《释名》卷 5《释宫室》，北京：中华书局，2016 年，第 83 页。

⑥ 《史记》卷 69《苏秦列传》，北京：中华书局，2014 年，第 2738 页。

⑦ 《史记》卷 87《李斯列传》，第 3083 页。

泛指某种房屋,没有更具体的信息。岳麓秦简的这条新材料可以丰富我们对“庑”的形制和功能的认识。

据令文可知,郡县道本来应当有安置囚犯的场所,但若无法收容它郡县道所传之囚,就要“各自裁容所传囚而为庑”。可见,“庑”在各地的设置并不一致,而是根据实际需求来建造。令文又说“毋下廿五里为一庑”,可知实际上“庑”的设置应该比较密集。里耶秦简 9－1732 载“☐缮庑:谢、☐、媛☐”,说明“庑”建成之后会长期、频繁地使用,因此才需要经常修缮。“县道内在乡邑典、亭鄣部能容郡县道所传囚”云云,说明“庑”是修建在各乡里、城邑、亭鄣内,而非设置在县廷中。保管“庑钥”的乡吏包括城邑典、田典、亭鄣士吏,亦可为证。除了在城乡邑、亭鄣等处设置“庑”,各水路渡口上也有设置。前引《为吏治官及黔首》“船隧毋庑”之“隧”,《诗》毛传“隧,道也”,①“船隧”可理解为水道,即行船之水路。“船隧毋庑”意即行船的水路上没有设置“庑”,而这被认为是官吏失职的表现,说明秦代“庑”曾普遍设置于水路之上。② 但考虑到水路复杂,难以真正做到“毋下廿五里为一庑”,因此船隧之“庑”修建在渡口附近当是比较现实的。

关于“庑”的形制,令文也透露了丰富的信息。该令规定“庑”的大小“毋过环堵”。“堵”,睡虎地秦简《徭律》:“卒岁而或陕(决)坏,过三堵以上,县葆者补缮之;三堵以下,及虽未盈卒岁而或盗陕(决)道出入,令苑辄自补缮之。”整理者引《孔子家语·相鲁》注曰“墙面一方丈为一堵”。③《礼记·儒行》:“儒有一亩之宫,环堵之室,筚门圭窬,蓬户瓮牖。”郑注:“环堵,面一堵也。”④可见,“庑”的空间并不太大。“庑”四面封闭,设置门关,并配备守卫,守卫负责看守门关、阑散。《说文·门部》:“阑,门遮也。”⑤《广雅·释诂》:“阑,遮也。”⑥马王堆帛书《战国纵横家书·朱己谓魏王章》:“晋国去梁千里,有河山以阑之。”⑦“散(𢿱)”与“戋”声之字可以通假,郭店《老子》甲本“亓几(微)也,易後也”,⑧“後”字帛书本、今本均作“散”,是其例。“阑散”之“散”或可读为“栈”,《说文·木部》:“栈,棚也。”⑨《汉书·王莽传上》:“四墙其社,覆上栈下,示不得通。”⑩可见“阑”“散”都有遮挡、阻拦之义。

---

① 《毛诗注疏》卷 18《大雅》,上海:上海古籍出版社,2013 年,第 1736 页。
② 参见王博凯:《秦简牍所见秦代地方治理研究》,湖南大学博士学位论文,2020 年,第 149—151 页。
③ 睡虎地秦墓竹简整理小组编著:《睡虎地秦墓竹简》,北京:文物出版社,2001 年,第 48 页。
④ 《礼记正义》卷 66《儒行》,上海:上海古籍出版社,2008 年,第 2223 页。
⑤ 《说文解字》卷 12《门部》,第 249 页。
⑥ 《广雅疏证》卷 2 下《释诂》,上海:上海古籍出版社,2016 年,第 302 页。
⑦ 裘锡圭主编:《长沙马王堆汉墓简帛集成(三)》,北京:中华书局,2014 年,第 231 页。
⑧ 荆州市博物馆编:《郭店楚墓竹简》,北京:文物出版社,1998 年,第 112 页。
⑨ 《说文解字》卷 6《木部》,第 118 页。
⑩ 《汉书》卷 99《王莽传上》,第 4084 页。

令文中“阑散”与“门关”并言，也可佐证“阑散”就是一种阻拦或拘禁设施。令文还提及“笼”，应该也是一种拘禁设施。《晋书·苻坚传》：“吾既笼中之人，必无还理。”①但笼在庑内究竟如何配置，令文中没有更详细的记载。

结合设置的目的和建筑形制，可知“庑”具有明显的治安功能，是秦代城乡、亭鄣及水陆交通线上的重要治安设施。以往我们对秦代交通线上的驿站、客舍等治安设施有较多关注，岳麓秦简关于“庑”的详细记载进一步刷新了我们的认识，有助于推进对秦代社会控制和地方治安管理的研究。

此外，令文还包含了其他重要的信息。例如：令文规定修建“庑”时要“各为两槛，以别男女”，《说文·木部》：“槛，栊也。一曰圈。”②《广雅·释宫》：“槛，牢也。”③“庑”分两槛而别男女，显然是为了防止男囚凌虐女囚或男女囚相奸。传世文献关于男女囚分押的最早记录在唐代，《唐六典》载“贵贱、男女异狱”，④宋《狱官令》“妇人在禁，皆与男夫别所”“分轻重、男女，别房禁系”等皆相沿袭。⑤ 岳麓秦简的这条令文将国家立法中“男女异狱”的记载时间提前了800多年，对于研究中国古代监狱制度有重要意义。

## 二、秦始皇陵与“丽邑材”

第二组简中有一条关于拯、运丽邑材竹的令文，以前从未见过：（图2）

> ☐□□水，节（即）多承（拯）县官材、它小物，赏有律令。今县官材2125及丽邑伐材固有久刻（刻），请明告黔首：勉承（拯）流材，有得县官材及丽邑伐1623材竹者皆出置水旁而言所近乡官，乡官亟载取，辄以令赏承（拯），勿敢留难∟。1632有得丽邑伐材竹久刻（刻）者，匿弗言，与盗同灋。有能捕若诇告吏，购之如律。1630谨布令，令黔首明智（知），毋巨（歫）罪。县官亟举所承（拯）得丽邑伐材竹数，移丽邑，0341其县官界中有弃丽邑材竹而弗举及不从令者，赀官啬夫、吏主者1081各一甲，丞、令、令史各一盾。 •十九0870

令文中的“丽邑”，传世典籍一般写作骊邑或郦邑。丽邑，地望在今陕西西安临潼区，位于骊山之北。《史记·六国年表》载秦王十六年（前231）“置骊邑”，⑥《秦始皇本纪》曰：“因徙三

① 《晋书》卷113《苻坚传下》，北京：中华书局，2012年，第2921页。

② 《说文解字》卷6《木部》，第121页。

③ 《广雅疏证》卷7上《释宫》，第1078页。

④ 李林甫等撰：《唐六典》，陈仲夫点校，北京：中华书局，2014年，第504页。

⑤ 徐松辑：《宋会要辑稿·刑法六·禁囚》，刘琳等校点，上海：上海古籍出版社，2014年，第8558页。

⑥ 《史记》卷15《六国年表》，第904页。

万家丽邑，五万家云阳，皆复不事十岁。”“始皇享国三十七年。葬郦邑。”①秦始皇即位之初便开始经营陵墓建设，历时数十年、劳民数十万，所耗甚巨。“始皇初即位，穿治郦山，及并天下，天下徒送诣七十余万……”“隐官徒刑者七十余万人，乃分作阿房宫，或作丽山。发北山石椁，乃写蜀、荆地材皆至。”②修建帝陵耗材数量巨大，袁仲一先生曾对秦始皇陵一、二、三号兵马坑的地下建筑所用砖、木、席的数量作过统计，推测3个兵马坑所用的木料达数万立方米。③ 可以想象，营建整座始皇陵所需的木材当数倍甚至数十倍于此。因此之故，必定需要调集天下物力，故有“写蜀、荆地材皆至”之辞。结合这个背景，我们推测令文规定将所拯之材运至丽邑可能就是用于修建秦始皇陵或相关宫室。

要将荆楚之材运送到内史丽邑，考虑到长江流域发达的水路交通，首选当是走水路。秦之沔水北起秦岭，南接长江，是连通东南诸郡与关中的水上交通要道。其支流丹水发源于秦岭东部南麓，既避秦岭之险，又邻近渭水的支流灞水，距骊山直线距离不足50千米，是水路中的最优之选。另外，先走水路迎沔水、丹水而上，尔后越过武关、峣关，沿武关道北上直达咸阳，水陆联运，也是可行的线路。④ 本条令文正是走水路运送丽邑材的一个剪影。

总之，这条新令佐证了《秦始皇本纪》所载“写蜀、荆地材皆至”确有其事，补充了传世文献未曾提及的秦廷通过水路从荆楚运输材竹的新知，为探究秦王朝大兴土木、广征物力的历史面貌及荆楚物资转运入关的线路问题，提供了有价值的新资料。

## 三、“新黔首挟兵令”与新地的治安管理

《岳麓书院藏秦简（陆）》有一条禁止黔首私挟县官兵的令文，在一定程度上呈现了秦统一前后黔首持兵的历史面貌。⑤ 本卷又新增几条令文，对新黔首带剑的资格及所持武器的数量、种类、长度等有详细的规定，可补《岳麓（陆）》“禁私挟县官兵令”之不足。（图3）

> ●新黔首或不勉田作、缮室屋而带剑挟兵曹耦（偶）出入，非善谷（俗）殹（也），其谨禁御之。公大夫以上乃得带剑0562而不得挟它兵及大刀长尺五寸以上者，官大夫以下不得带剑、挟兵、长刀。县令、令史、乡啬夫、里即赘0654新黔首以此令告，有挟剑、

① 《史记》卷6《秦始皇本纪》，第327、364页。

② 《史记》卷6《秦始皇本纪》，第337、327页。

③ 参见袁仲一：《从秦始皇陵的考古资料看秦王朝的徭役》，中国农民战争史研究会编《中国农民战争史研究集刊》第3辑，上海：上海人民出版社，1983年，第49—50页。

④ 除了“荆地材”的运输线路，武丽娜还对“蜀地材”的运输路线作过推测。参见武丽娜《秦陵陪葬坑出土木材试论》，吴永琪主编《秦文化论丛》第10辑，西安：三秦出版社，2003年，第464—465页。

⑤ 陈松长主编：《岳麓书院藏秦简（陆）》，上海：上海辞书出版社，2020年，第48—50页。

兵、长刀者亟诣吏，辄入县官∟。……（后略）0644

●新黔首公乘以上挟毋过各三剑∟，公大夫、官大夫得带剑者，挟毋过各二剑∟，大夫以下得带0347剑者，毋过各一剑，皆毋得挟它兵。过令者，以新黔首挟兵令论之。●十一0676

●新黔首禁不得挟兵∟，今其能……剑以自卫殴（也），令得带剑；□□▨0056若告罪人，死罪二人若城旦罪四人，令得带剑；其为人□盗伤殴（也）而自捕，若告人死罪四人若城旦0348罪八人以上，亦令得带剑。……（后略）0677

第一条令文开头“带剑挟兵”并言，说明“剑”不属于狭义范畴的“兵”。睡虎地秦简《法律答问》“捕赀罪，即端以剑及兵刃刺杀之，可（何）论”，亦将剑排除在一般的兵器之外。《岳麓（柒）》这几条新令文也对新黔首带持剑、兵采取了不同的管控措施。

首先，对“兵”采取完全禁止的严格管控措施。令文曰“皆毋得挟它兵”“毋得挟兵、长刀”“新黔首禁不得挟兵”，这里的“兵”“它兵”指《岳麓（陆）》“禁私挟县官兵令”中提及的戟、刃、弓、弩等战斗型武器，但不包括剑和长度在一尺五寸以下的短刀。其次，对“剑”采取有序的分级管控。第一条令文规定公大夫以上乃得带剑，可见对带剑的爵级要求较高。第二条令文分为三阶，规定大夫以下“毋过一剑”，公大夫、官大夫“毋过二剑”，公乘以上“毋过三剑”，对持剑的资格及持剑的数量有更详细的规定。二者有所不同，应该是不同时期颁布的令文。最后，在常规的带剑秩序外，新黔首若有捕告罪人等立功表现，也可以获得带剑的资格。以“为人□盗伤”为例，告死罪四人以上或告城旦罪八人以上，才能获得带剑的资格，可见门坎较高，难度较大。总之，秦王朝对新黔首带持武器的管控十分严格，同时对带持“剑”或“兵”的管控又有所分别。

为什么对“剑”的管控比“它兵”要松弛呢？究其原因，主要是因为秦时剑作为战斗武器的功能已经下降，更多的是作为彰显身份和地位的配饰。《秦始皇本纪》：“（九年）己酉，王冠，带剑。”①睡虎地秦简《日书甲种·十二支忌》：“毋以酉台〈始〉寇〈冠〉、带剑。”②可知秦之冠礼已有“带剑”这一环节。《岳麓书院藏秦简（肆）》载：“啬夫擅桎杵（忤）吏，若夺衣寇〈冠〉、剑、履以辱之，皆赀二甲。”③说明秦吏可能是日常带剑的，且被夺去佩剑是一种具有侮辱性的行为。汉世，贵族甚至普通吏民带剑已经蔚然成风。《晋书·舆服志》载“汉制，自天子至于百官，无不佩剑，其后惟朝带剑”，韦昭注：“自天子至于庶人，咸皆带剑。”④但“兵”

---

① 《史记》卷6《秦始皇本纪》，第293页。

② 睡虎地秦墓竹简整理小组编著：《睡虎地秦墓竹简》，第197页。

③ 陈松长主编：《岳麓书院藏秦简（肆）》，上海：上海辞书出版社，2015年，第148页。

④ 《晋书》卷25《舆服志》，第771页。

(战斗型武器)杀伤力大,若被新黔首掌握,对刚刚征服新地的秦王朝来说是一个潜在的威胁,因此采取了更为严格的管控措施。

总之,针对新地较为严峻的治安形势,秦对新黔首带剑持兵的管控十分严格,与《岳麓(陆)》“禁私挟县官兵令”中相对松弛的管控明显不同。另一方面,在新地范围内对新黔首所能带持器械的种类和数量的管控也不相同,揭示出秦代地方治安管理策略中的地域性、灵活性特征,进一步完善了我们对秦代地方治安管理特别是黔首持兵秩序的认识。

## 四、“榦官”新知

出土材料所见“榦官”,①传世典籍一般写作“斡官”。《汉书·百官公卿表上》:

> “治粟内史,秦官,掌谷货,有两丞。景帝后元年更名大农令,武帝太初元年更名大司农。属官有太仓、均输、平准、都内、籍田五令丞,斡官、铁市两长丞。”如淳注:“斡音筦,或作榦。斡,主也,主均输之事,所谓斡盐铁而榷酒酤也。”……“初,斡官属少府,中属主爵,后属大司农。”②

按《汉书》所记,“斡官”属于中央职官序列,故在秦汉郡级职官中未见“斡官”的记载。但据“江胡榦官”“颍川榦丞”等出土秦官印可知,在江胡、颍川等郡设置有榦官,且郡之榦官设丞。另外,“榦官”不仅明确郡置,还在郡之属县设置次级官署。里耶秦简 8－1831 载:

> 一榦官居宜阳、新城(成),名曰“右榦官”。为其丞劾(刻)印章曰“右榦官丞”,次“榦都廥丞”。③

“宜阳”“新城”二县地理位置邻近,均属秦三川郡。“右榦官”应当是三川郡榦官设置在宜阳、新城附近的次级官署。简文说“一榦官”居某地,说明这种次级榦官不止“右榦官”一个,当还有其他。我们知道,秦汉职官常以左(中)右区分曹署,④既然存在“右榦官”,那么至少应该还有“左榦官”。本卷收录了一条新见令文,可以为证。(图 4)

> 右榦官、中榦官、左榦官人有赀弗能入及给日者及□□畴右榦官、

① 福建崇安城村汉城遗址出土陶片有“榦官”字样,可能也是“榦官”。参见张其海《崇安城村汉城探掘简报》,《文物》1985 年第 11 期。

② 《汉书》卷 7《百官公卿表上》,第 731 页。

③ 陈伟主编:《里耶秦简牍校释(第一卷)》,武汉:武汉大学出版社,2012 年,第 397 页。

④ 出土资料所见如《岳麓(肆)》2132“左司空、右司空”,睡虎地秦简《秦律杂抄》23“右府、左府”“右采铁、左采铁”,里耶秦简 9－470“左田”“右田”,秦封泥有“左、右织”,陶文有“左宫司空”“右宫司空”等;传世典籍如《百官公卿表》所载的左右丞相、廷尉属官左右监、少府属官左右司空、将作少府属官左右中候等。

中斡官、左斡官居赀赎责者 1349

由此可见,郡之斡官在辖县设置的次级官署确实分为左、中、右,这是岳麓秦简新材料为我们提供的重要新知。此外,据前引里耶简文中的“右斡官”居“宜阳、新城”二县,可知郡置斡官的次级官署虽然设在县中,但并不隶属于县,而是独立的中官机构。① 斡官无独立执法权,所管理的徒隶有逃亡或其他案狱,均需移交所在县进行处理。

• 诸斡官徒有亡者,作所官移其告阑谍(牒)作所县,县听其官印论之。节(即)吏徒有论县,县 1687

☑问其作所,作所官遣识者及具事以报县,县已论,亟传诣作所官告斡官 1080

简文中的“诸斡官”暗示了斡官在各郡县的设置相当普遍。“斡官徒”即在郡县斡官劳作服役的徒隶,也就是 1349 简中“居赀赎债”“有赀弗能入”的“斡官人”。斡官管理徒隶,在《岳麓(肆)》中也有记载:②

黔首及司寇、隐官、斡官人居赀赎责(债)或病及雨不作,不能自食者,贷食,以平贾(价)贾,令 0793/259

简文中的“斡官人”与“司寇、隐官”并列,并且排在其后,可见其地位十分低下,大致就相当于服役的徒隶。

关于“斡官”的设置及其演变问题,学者在《汉志》的基础上结合出土材料已经作过许多讨论。③ 利用岳麓秦简中的新见资料,现在又知道秦代的“斡官”是一个从中央到地方都普遍设置的重要官署,郡之斡官在辖县设置的次级官署分设左、中、右三个官署,各级斡官均设丞。此外,“斡官”兼管徒隶,其中包括大量“居赀赎债”“有赀弗能入”者。《岳麓(柒)》透露的新知补充了过往对秦代“斡官”认识的不足,将我们对秦斡官的研究向前推进了一步。

## 五、“罚戍署楚”的战略部署

本卷有一条令文对中县、属邦、道及诸郡罚戍当署何地作出了明确的规定(图 5)。其简

① 参见王伟:《秦玺印封泥职官地理研究》,北京:中国社会科学出版社,2014 年,第 215 页。

② 陈松长主编:《岳麓书院藏秦简(肆)》,第 154 页。

③ 参见陈直:《汉书新证》,天津:天津人民出版社,1979 年,第 94—95 页;符奎:《〈岳麓书院藏秦简(肆)〉札记一则》,《秦史青年学者论坛(2020)论文集》,第 106—116 页;陈松长等著:《秦代官制考论》,上海:中西书局,2018 年,第 260—262 页;李超:《秦封泥与官制研究》,西安:陕西师范大学出版总社,2021 年,第 205—209 页;徐承泰:《秦汉国币若干问题研究》,武汉大学博士学位论文,2013 年,第 123—124 页;孔令通:《出土文献所见西汉时期职官材料整理与研究》,吉林大学博士学位论文,2021 年,第 226、348 页。

文曰：

●尉议：中县有罪罚当戍者及阳平吏卒当戍者，皆署琅邪郡；属邦、道当戍东故徼者，署衡山郡。0689 ☐ 它 如令。绾请，许。而令中县署东晦（海）郡，泰原署四川郡，东郡、参（叁）川、颖（颍）川署江胡郡，∟南阳、0194－1 河内署九江郡，南郡、上党、属 邦、道当戍东故徼者，署衡山 郡 。☐ 0383

罚戍所署之郡中，东海、四川（即泗川）、九江、衡山诸郡，文献可征，均在故楚。江胡郡，传世典籍未载，但出土简牍、玺印、封泥多见之，其具体地望尚有争议，[①]但为楚国旧地应无疑义。可见，令文规定罚戍所署之地均是楚国故地。楚国地广人众，是秦统一过程中最强劲的敌人。李信曾以二十万大军征楚，荆人“大破李信军，入两壁，杀七都尉，秦军走”，最终不得不由老将王翦“空秦国甲士六十万”，出奇计方才大破楚军。秦灭楚之战历时数年，且遭遇了李信之败，可谓颇多艰辛。因此，秦在灭楚后重点部署楚地戍守，显然是为了加强楚地控制，防御强楚残余的反秦势力。0863 简也可以提供佐证：

☐能入而当戍请（清）河、河间、恒山者，尽遣戍荆新地；清河、河间当戍者，各戍

“荆新地”当即破楚之后所占领之地。0863 简规定将本当戍于清河、河间、恒山诸郡的吏卒调往荆新地戍守，前引令文也由尉议时的“中县有罪罚戍，皆署琅邪郡”改为“署东海郡”，足见秦对故楚旧地的战略倾斜。

总之，秦遣诸郡吏卒戍楚的相关令文，透露出秦对荆新地的部署带有明显的军事战略意图，为探讨秦统一之际的天下形势和秦在六国故地的战略部署、战略中心的转移等问题提供了值得研究的新材料。

除以上外，本卷还收录了很多其他重要的令文，包括进献物品应当遵循的程序规定，泰守、郡尉及其丞不存时具体的假守制度的规定，上书保密制度的规定，徒隶逃亡上报所在县官的具体规定，考查畴官及畴官子的规定等，为我们提供了许多可供研究探讨的全新信息和资料，值得期待。

岳麓秦简自 2007 年入藏至今，整理工作前后已经持续了 15 年，其间受到了学术界的广

---

① 参见陈松长：《岳麓书院藏秦简中的郡名考略》，《湖南大学学报（社会科学版）》2009 年第 2 期；陈伟：《“江胡”与“州陵”——岳麓书院藏秦简中的两个地名初考》，《中国历史地理论丛》2010 年第 1 期；于薇：《浅谈岳麓秦简中的“江胡郡”与“衡山郡”》，中国古文字研究会、中山大学古文字研究所编《古文字研究》第 30 辑，北京：中华书局，2014 年，第 345—349 页；何慕：《秦代政区研究》，复旦大学博士学位论文，2009 年，62—67 页；凡国栋：《秦郡新探——以出土文献爲主要切入点》，武汉大学博士学位论文，2010 年，第 74—75 页；晏昌贵：《秦简牍地理研究》，武汉：武汉大学出版社，2017 年，第 111—113 页。

泛关注。随着本卷整理报告的刊布，岳麓书院藏秦简的所有内容就全部呈现在读者面前了，这对于推进岳麓秦简的整体性、综合性研究无疑是十分有帮助的。更重要的是，作为继睡虎地秦简之后最重要的大宗出土秦律令文献，岳麓秦简极大地丰富了秦律令的细节性认知，开启了秦令研究的新局面，有助于推进秦汉律令体系的复原，具有十分重要的史料价值。我们相信，《岳麓书院藏秦简(柒)》的公布必将再一次掀起秦汉法律制度和秦汉史研究的高潮。

(原文载《简帛研究二〇二二·春夏卷》，广西师范大学出版社，2022 年)

1641-1 1635 0396 0896 0875 0399 0877

图 1 “传囚”简

0870 1081 0341 1630 1632 1623 2125

图 2 “丽邑材”简

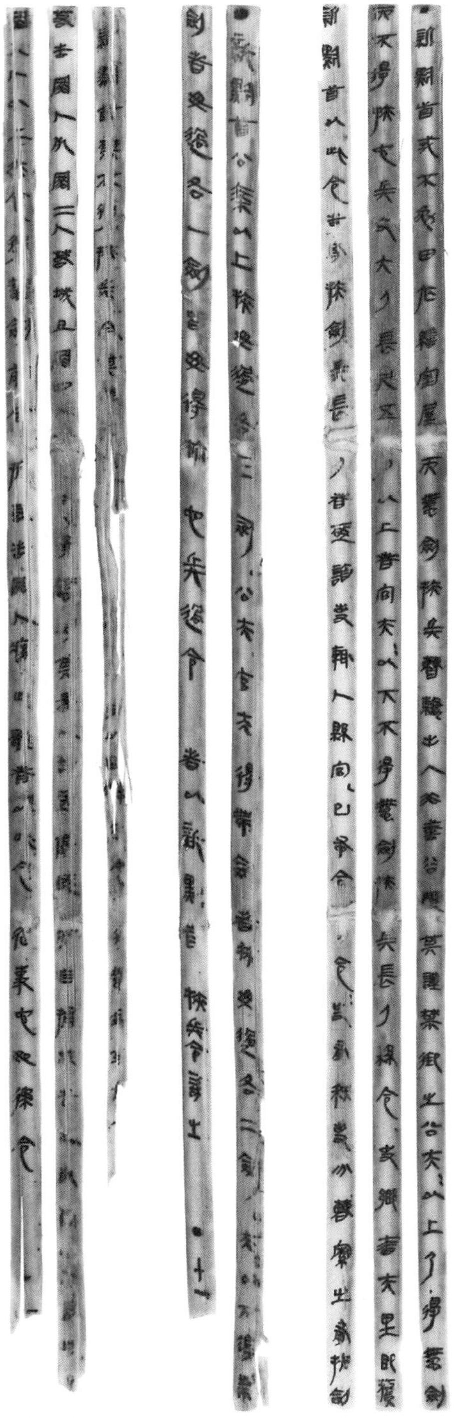

0677 0348 0056 0676 0347 0644 0654 0562

图 3 “新黔首挟兵令”简

1080 1687 1349

图 4 “榦官”简

0863 0383 0194−1 0689

图 5 “罚戍署楚”简

# 岳麓秦简所见秦代“冗爵”制度考论

◎　罗昭善（湖南大学岳麓书院）

秦代爵位的高低与政治、社会地位休戚相关，君主在授予爵位时注重赏罚得当。《商君书·错法》说：“明主之所贵，惟爵其实，爵其实而荣显之。”[1]即指出君主对于百姓爵位的授予需要有其适当性。关于秦代的爵制，西嶋定生与朱绍侯先生对爵制的产生、演变、授予、管理，在秦人政治生活中的作用，以及爵制与社会秩序等作了系统考察。[2] 但在新刊《岳麓书院藏秦简（柒）》中，发现了以往未曾出现的“冗爵”，这对于进一步探讨秦代爵位制度提供了新材料。故此，本文试先梳理岳麓秦简“冗爵”相关简文，用以考察秦代“冗爵”的内涵，同时对秦代“冗爵”制度的适用时间、“冗爵”与军功爵关系及“冗爵”的授予做一考察。不当之处，尚祈方家指正。

## 一、岳麓秦简“冗爵”相关释文考释

“冗爵”之称不见于传世文献，已刊秦简中仅《岳麓书院藏秦简》（后文简称《岳麓秦简》）第七卷出现3次，为考察之便，先将关于“冗爵”的材料移录于下：

（1）116/0580：缭（撩）前冗日，冗日备，解冗爵一级以除戍，许之，便，有等比。　•四□[3]

（2）117/0598：□冗爵及日，日备而欲复书冗者，许之。它如律令。　•十一[4]

（3）104/0401：冗不署新地、署它郡及群戍卒署新地及它郡者，贷食署所，为居除盈千钱以上

① 蒋礼鸿：《商君书锥指》卷3《错法》，北京：中华书局，1986年，第65页。

② 西嶋定生：《中国古代帝国的形成与结构：二十等爵制研究》，武尚清译，北京：中华书局，2004年；朱绍侯：《军功爵制考论》，北京：商务印书馆，2008年。

③ 陈松长主编：《岳麓书院藏秦简（柒）》，上海：上海辞书出版社，2022年，第99页。

④ 陈松长主编：《岳麓书院藏秦简（柒）》，第100页。

105/0733：☐发冗募、冗佐，及为新地发吏拜爵者，约毋过先拜二级，已前拜过二级者，以此令

106/C10.3－2－3：☐佐史∟、冗募居☐

107/0501：县官盈六岁以上，其冗佐史约，佐居署半其约，谒弃冗日归冗爵【佐】史者，有（又）许之。　　● 廿一①

上引3组简文多有残缺，篇目归属无法确定，但3组简文尾端皆有编号，且文末以"许之"结尾，性质上应属秦令。为考察之便，先对简文进行一番梳理。

材料（1）中有"缭前冗日，冗日备"之语。"缭"，《说文》曰："缭，缠也。"②释"缭"为缠绕无法使得文义通达，故笔者窃以为"缭"应假借为"撩"。《说文》："撩，理之也。"段注："撩捋整理也，《通俗文》曰，'理乱谓之撩理。'"③《庄子·盗跖篇》："缭意体而争此，不众惑乎！"唐陆德明《经典释文》："缭，理也。"④可见"缭""撩"皆以尞为声符，声韵相同，可通。故"缭（撩）前冗日"即是梳理此前冗作的日数，"冗日备"则是"缭（撩）前冗日"的结果。《岳麓秦简（陆）》253/1810记载："● 臣请：令泰史遣以为潦〈辽〉东县官佐四岁，日备免之。"⑤吏民在官府从事一定期限的职役，任职期满即是日备。故材料（1）所载令文大致用以说明秦代"冗爵"的效力，即吏民因约期获得的"冗爵"需在冗日期满后才能生效。

材料（2）前文残缺，关于"复书"，应即回信，亦可引申为回复之意。如《左传·昭公六年》郑人铸刑书，子产"复书曰：若吾子之言，侨不才，不能及子孙"。⑥ 冗者在与官府制定的冗日期满后，可以提出与官府重新约定日期再次冗作。因此，冗者是否冗作并非由官府强迫进行，秦简所见冗以及冗募应是征召性质。

材料（3）有四支简，简文内容虽存在关联，但因简牍之间残断严重无法直接编联，故分述之：

其一，简0401是官府对所冗不同群体以及群戍卒在新地与它郡"贷食署所"的规定，其中涉及四类情况：1. 冗不署新地；2. 冗不署它郡；3. 群戍卒署新地；4. 群戍卒署它郡。"贷食署所"是指由官府提供饮食并按日计算钱数，其间通过供役来抵偿债务。睡虎地秦

---

① 上引简文已据笔者文中考察进行部分调整，与整理者释文略异，特此说明。参见陈松长主编：《岳麓书院藏秦简（柒）》，第96页。

② 段玉裁：《说文解字注》，上海：上海古籍出版社，1981年，第647页。

③ 段玉裁：《说文解字注》，第599页。

④ 郭庆藩：《庄子集释》，王孝鱼点校，北京：中华书局，1961年，第1015页。

⑤ 潦东，即辽东。陈松长主编：《岳麓书院藏秦简（陆）》，上海：上海辞书出版社，2020年，第180页。

⑥ 杨伯峻：《春秋左传注》，北京：中华书局，1981年，第1276—1277页。

简《司空律》简 133：“有辠以赀赎及有责(债)于公……公食者，日居六钱。”[①]里耶秦简 9－630+9－815：“司空色爰书：吏以卒戍上造涪陵高桥难有赀钱千三百卌四，贫不能入，以约居，积二百廿四日，食县官，日除六钱。”《校注》认为“以约居”即约定以居的方式偿还赀钱，即居赀。[②] 可从。“赀戍”与“冗戍”在戍役征发方式上虽有差别，但在“贷食署所”的方式上一致。简 0401 的大意是说：冗不署新地、冗不署它郡的群体以及群戍卒署秦新地和它郡的，需由所在的官署提供饮食，并以居作的方式来抵除债务，超过千钱以上……(后文缺简)。

其二，简 0733 首部残缺，内容上为征发冗募、冗佐，以及为新地发吏并约定授爵的相关规定。在授爵规定中，“毋过先拜二级”当与后文“前拜过二级者”形成对照，新的规定下，秦代征发冗佐、冗募等约定拜爵不能超过二级，以前拜爵若超过二级的，现在应根据新规重新调整。可见秦代征发冗者约定授爵存在等级限制。简 0733 大意是说：征发冗募、冗佐或是为秦新地征发官吏，当授爵者应进行约定，爵位授予不能超过二级，此前授爵已超过二级的，现在以此令……(后文缺)。另外，简 C10.3－2－3 仅有“佐史”“冗募”可辨，不赘言。

其三，简 0501 起首“县官盈六岁以上”所指不明，或是指秦新地设立的官府超过六年。[③] 后文“其冗佐史约，佐居署半其约”颇费解。所谓“居署”是指所居作的官署。里耶秦简 8－60 有“谒令亭居署所”。[④] 西北汉简亦有“居署”，日人冨谷至认为“居署”是指在规定的工作场所工作。[⑤] 大致可从。简文中的“约”与“半其约”，应与秦简它处所见约日有关。里耶秦简 8－1563“廿八年七月戊戌朔癸卯，尉守窃敢【言】之：洞庭尉遣巫居贷公卒安成徐署迁陵。今徐以壬寅事，谒令仓貣食。移尉以展约日。敢言之”。[⑥]《校注》认为：展，记录，校录。“约日”，疑指署迁陵的日期。[⑦] 伊强、齐继伟先生认为“展”是延缓、延

---

① 陈伟主编：《秦简牍合集(壹)》，武汉：武汉大学出版社，2014 年，第 121 页。

② 陈伟主编：《里耶秦简牍校释(第二卷)》，武汉：武汉大学出版社，2018 年，第 166—167 页。

③ 《岳麓秦简(伍)》030/1018+031/1014：“廿六年正月丙申以来，新地为官未盈六岁节(即)有反盗，若有敬(警)，其吏自佐史以上去……皆以彼(被)陈(阵)去敌律论之。吏遣许者，与同辠。”“新地为官未盈六岁”指的是官府设立未超过六年。据此可见秦人社会治理中“数以六为纪”的观念流行广泛，于此问题的探讨可参见安子毓：《秦“数以六为纪”渊源考》，《中国史研究》2018 年第 4 期。陈松长主编：《岳麓书院藏秦简(伍)》，上海：上海辞书出版社，2017 年，第 48—49 页。

④ “亭”，人名。陈伟主编：《里耶秦简牍校释(第一卷)》，武汉：武汉大学出版社，2012 年，第 43 页。

⑤ 冨谷至编：《汉简语汇考证》，张西艳译，上海：中西书局，2018 年，第 108 页。

⑥ 依句式，应漏一“言”字。

⑦ 陈伟主编：《里耶秦简牍校释(第一卷)》，第 361 页。亦可参见何有祖：《里耶秦简牍缀合(七)》，简帛网，2012 年 6 月 15 日。

长之意。[1] 吴方基先生则认为“展”当是同“报”“言”等的意思一致,大致是陈述或者报告的意思。[2]《岳麓秦简(伍)》225/2013+226/1964:“史各一甲,有(又)令狱佐史均故徼一岁,其故徼县狱佐史,均地远故徼,其新地县狱佐史有约日者,夺日一岁而勿均。”[3]对于已在秦新地担任县狱佐史的犯罪者,此前已有“约日”,不必前往故徼,“夺日一岁”即可。“夺日一岁”是指在原本约定的供役期限上增加一年,处罚方式类似于秦汉时期的夺劳,是指通过延长供役期限来惩罚罪犯。故秦简中的“约日”并非某一时间节点,“约日”即与官府约定的日期,“展约日”应理解为延长约定的期限。

此外,所谓“弃冗日归冗爵史”,似漏抄一“佐”字,或可据前文增补为“弃冗日归冗爵【佐】史”,否则此令颇为费解。睡虎地秦简《军爵律》简 155－156“欲归爵二级以免亲父母为隶臣妾者一人……许之,免以为庶人”。[4] 所谓归爵即是由官府收回爵位并提供免除亲属刑徒身份的权利,因而“弃冗日归冗爵【佐】史”应即放弃冗日与“冗爵”并放弃佐史职务之意。简 0501 大意为:官府设立超过六年以上,冗佐、冗史有约日,为规定的官署工作且供役期限完成了约日的一半,请求放弃此前冗作的日数,并放弃约定的“冗爵”以及佐史职务的,可以听从。

综上可知,秦代的“冗爵”与冗日密不可分,“冗爵”是指官府征发冗者时约定冗作期限,冗日期满后授予的爵位。秦代“冗爵”制度有别于军功爵,是传世文献未见的特殊授爵方式。冗爵以冗为修饰,故下文需对秦汉时期的冗再作一点说明。

## 二、秦简“冗日”与“冗爵”

### (一)“冗”与“冗日”

前已述及,秦简所见“冗爵”与冗日关系密切,因而有必要对冗以及冗日作一说明。关于“冗”,《说文》曰:“宂,人在屋下。无田事也。”[5]故冗常引申出闲、散之意。颜师古于《汉

---

① 伊强:《里耶秦简“展……日”的释读》,载杨振红、邬文玲主编:《简帛研究二〇一六·秋冬卷》,桂林:广西师范大学出版社,2017 年,第 143 页;齐继伟:《秦汉赋役制度丛考》,湖南大学博士学位论文,2019 年,第 128 页。

② 吴方基:《新出秦简所见“薄留”考》,《出土文献》2020 年第 2 期。

③ 陈松长主编:《岳麓书院藏秦简(伍)》,第 143 页。

④ 陈伟主编:《秦简牍合集(壹)》,第 133 页。

⑤ 笔者按:“宂”“冗”为异体,实一字,除典籍征引从原字外,行文中统一作“冗”。段玉裁:《说文解字注》,第 340 页。

书》中常注冗为散，①睡虎地秦简和张家山汉简整理者亦常注冗为散。② 但释冗为散并不能解释目前秦简所见冗。孙言诚先生认为睡虎地秦简中的冗均指某种劳役。③ 日人学者山田勝芳、广瀬薫雄、宮宅潔均则将睡虎地秦简与张家山汉简中的冗与更对应起来考察。④ 杨振红先生综前人之说认为冗与更应是一组相对的概念，冗是指不更代，长期居于官府供役，更指轮更供役。⑤ 与此不同的是，王彦辉先生提出二年律令《史律》中的"若干更"不能与徭役性质的更混同视之。《史律》所见"若干更"属于职役的"当值"。按此逻辑，这类"更"则与冗无有关联。⑥ 董祯华先生亦认为冗不与更相对，冗是供役者临时承担某些职役。⑦ 可见，冗是长期供役还是临时性供役，冗与更是否能完全对应，是解决冗的矛盾点所在。

秦汉简牍中存在不同群体的冗者，以及与之相关且类型不同的职役，据秦及汉初相关简牍可整理如表 1：

表 1　睡虎地秦简、里耶秦简、岳麓秦简、张家山汉简所见"冗"⑧

| 冗的主体 | 身份类型 | 冗的职役 | 事务类型 |
| --- | --- | --- | --- |
| 佐、史冗者（冗佐史） | 吏 | 冗官者、冗吏 | 佐事于官府 |
| 冗祝 | 畴人 | 冗宦者 | |
| 冗募群戍卒 | 民 | 冗作（冗居公者） | 居作于官府 |

① 如《汉书·成帝纪》："避水它郡国，在所冗食之。"文颖曰："冗，散也。"师古曰："文说是也。"又《汉书·食货志下》"宂作，县官衣食之。"师古曰："宂，散也。"参见《汉书》卷 10《成帝纪》，北京：中华书局，1962 年，第 311 页；《汉书》卷 24 下《食货志下》，第 1180—1181 页。

② 另睡虎地秦简亦注冗为"多""众""群"，冗的相关释义杨振红先生文已有详细考述。杨振红：《秦汉简中的"冗""更"与供役方式》，《出土简牍与秦汉社会（续编）》，桂林：广西师范大学出版社，2015 年，第 210—213 页；睡虎地秦墓竹简整理小组：《睡虎地秦墓竹简》，北京：文物出版社，1990 年，第 23 页；张家山二四七号汉墓竹简整理小组：《张家山汉墓竹简（二四七号墓）》（释文修订本），北京：文物出版社，2006 年，第 81 页。

③ 孙言诚：《简牍中所见秦之边防》，中国社会科学院研究生院硕士学位论文，1981 年。

④ 山田勝芳：《秦汉财政收入の研究》，东京：汲古书院，1993 年，第 374 页；广瀬薫雄：《读〈二年律令·史律〉札记》，载丁四新主编：《楚地简帛文献思想研究（二）》，武汉：湖北教育出版社，2005 年，第 426 页；宮宅潔：「有期劳役刑体系の形成——"二年律令"に见える汉代の劳役刑を手がかりにして〉」，『東方学报』第 78 册，2006 年，第 32 頁。

⑤ 杨振红：《秦汉简中的"冗""更"与供役方式》，《简帛研究》2006 年第 1 期。

⑥ 王彦辉：《秦汉时期的"更"与"徭"》，《中国社会科学文摘》2022 年第 7 期。

⑦ 董祯华：《论秦及汉初的临时性供役方式"冗"》，《古代文明》2022 年第 3 期。

⑧ 资料来源于陈伟主编：《秦简牍合集（壹）》；陈伟主编：《里耶秦简牍校释（第一卷）》《里耶秦简牍校释（第二卷）》；陈松长主编：《岳麓书院藏秦简（肆）、（伍）》；张家山二四七号汉墓竹简整理小组：《张家山汉墓竹简（二四七号墓）》（释文修订本）。

| 冗的主体 | 身份类型 | 冗的职役 | 事务类型 |
| --- | --- | --- | --- |
| 冗隶妾 | 刑徒 | 冗募 | 戍边 |
| 司寇冗作者 | | 冗边(冗戍) | |

据表可见,秦及汉初的冗者主要包括吏宦、有专门技艺者、黔首以及部分刑徒;而冗者涉及的事务中,包括佐事于官府,官府居作,戍边以及祝祷等事务。

据汉代考古出土材料,西汉中期"冗工"与秦及汉初简牍所见冗仍具有相同内涵。西汉未央宫出土的骨签载:

元凤元年河南工官守令若秦、丞千秋、护工卒史安世、作府啬夫相、佐直、冗工充昌棣、工守造。(3:02632)

甘露三年,颍川工官工定造,冗工横意□嘉,守卒史信,令横,左丞免,掾□□(3:00850)①

《居延汉简补编》西汉箭杆刻词亦载:

五年,河内工官令僵、丞辰武、作府啬夫从、佐望、冗工疑、工子造。(164.7)②

西汉骨签与箭杆刻词中"冗工"与"工"从事的职役应相同。宫宅潔先生认为,优秀的工匠被当作"冗工"而持续从事弓弩制作,所以在地位上要比"工"居上一等。③ 实际上,据笔者上引两例签文,官吏与工匠的名称排列大体按照尊卑顺序,但并不统一,故有工位于冗工后,亦有工在前冗工在后的记录。吴荣曾先生推测"冗工"在作府中的地位和重要性都在"工"之下,估计"冗"和"工"的差别决定于技艺水平,"冗工"或许是零杂工。④ 笔者认为,冗工是它手工作坊或官署征调至工官所属"作府"从事工的人,其原本身份不一定是工匠,可能是黔首,甚至是刑徒,在从事工时,熟练程度并不绝对。《汉书·食货志》记载王莽改革时曾下令,"民浮游无事,出夫布一匹。其不能出布者,冗作,县官衣食之"。⑤ 百

① 原整理者未见标点,又部分字词引用《发掘报告》有异。参见于淼:《汉长安城未央宫骨签释文订补——以人物系联方式为中心》,载武汉大学简帛研究中心主办《简帛》第10辑,武汉:武汉大学出版社,2015年,第253—256页;中国社会科学院考古研究所编:《汉长安城未央宫(1980—1989年考古发掘报告)》,北京:中国大百科全书出版社,1996年,第109、115页。

② 原无标点,今加。简牍整理小组编:《居延汉简补编》,台北:"中研院"历史语言研究所,1998年,第174页。

③ 宫宅潔、顾其莎:《汉代官僚组织的最下层——"官"与"民"之间》,中国政法大学法律古籍整理研究所:《中国古代法律文献研究》第8辑,北京:社会科学文献出版社,2014年,第145页。

④ 吴荣曾:《西汉骨签中所见的工官》,《考古》2000年第9期。

⑤ 《汉书》卷24下《食货志下》,第1180页。

姓到官府冗作时由官府提供衣食，这种冗作在时限上不应是长期的。按照正常的规定，浮游无事者一夫当出一匹布，而无法缴纳的以冗作来抵偿本应缴纳的物品，若需在官府长期供役，于理不合。

此外，应需征调到官府供役的冗者，供役时间上并不固定。查考秦及汉初简牍所见冗者的冗日时限，常见者多达数年之久。王勇先生曾指出秦简所见冗募戍卒的服役年限有四年、五年。[①] 里耶秦简 8－1450 亦有："冗佐八岁。"[②]然除上述群体供役年限较长外，《二年律令》所见冗祝的冗日相对较短。《史记·封禅书》："今天子所兴祠，太一、后土，三年亲郊祠，建汉家封禅，五年一修封。薄忌太一及三一、冥羊、马行、赤星，五，宽舒之祠官以岁时致礼。凡六祠，皆太祝领之。"[③]汉代中央太祝需一年六祠，除去地方祝人辗转至中央的时间，推测祝人每次冗祝的时限应不会超过两个月。这里若以冗祝的供役时间对比冗佐、冗戍，这里的冗则不便称为长期供役。从冗者从事事务的熟练程度上来讲，部分冗者在一定情形下熟练程度可能会高于定期轮更者，但是，冗者的技巧熟练度除了受冗作期限与冗作事务的影响，更主要的是受到冗者原本身份的影响。

附带提及的是，秦及汉初的冗是一定时期内从事冗作事务，涉及的情况较为复杂，并非全部都能与更相对。《二年律令》规定：

> 以祝十四章试祝学童，能诵七千言以上者，乃得为祝，五更。大祝试祝，善祝、明祠事者，以为冗祝，冗之。（简 480）[④]

汉初部分祝人除了需要定期践更完成本职工作外，还有可能被临时征调去到中央太祝处冗祝。这里的冗祝并不仅仅是宫宅潔先生所言因表现优秀，主要还是中央人员不足所致。就此而言，更为定期践更，冗为不定期供役，冗的时间确实可能较更更长。但秦汉时期冗的原因多样且复杂，例如上文所述冗佐、冗募以及为亲人冗边五岁用来免除刑徒身份的情形下，此类冗与更关系不大，也就无法将其与更对言。

总而言之，简牍所见秦及汉初的冗是指将某人从本职或本岗位调离去官府从事职役，而冗日就是这些冗者在官府从事冗作职役的期限。冗在供役时间上从数月至数年并不固定，而冗与更实际上并无严格的对应关系。

---

① 王勇：《里耶秦简所见迁陵戍卒》，载姚远主编：《出土文献与法律史研究》第 7 辑，北京：法律出版社，2018 年，第 113 页。

② 陈伟主编：《里耶秦简牍校释（第一卷）》，第 329 页。

③ 《史记》卷 28《封禅书》，北京：中华书局，1959 年，第 1403 页。

④ 张家山二四七号汉墓竹简整理小组：《张家山汉墓竹简（二四七号墓）》（释文修订本），北京：文物出版社，2006 年，第 81 页。

## (二)“约日”与“冗日”

秦简中除冗日外,岳麓秦简与里耶秦简中又见与之相关的约日。前文已述,所谓约日即同官府约定的期限。为明确秦代“冗爵”的授予时间,有必要探讨下秦简中约日与冗日之间的区别与联系。

首先,秦简所见冗者的约日不完全等同于冗日。前引里耶秦简 8－1450“冗佐八岁”的案例最能说明此问题,先完整录于下:

冗佐八岁上造阳陵西就曰駋,廿五年二月辛巳初视事上衍。病署所二日。●凡尽九月不视事二日,●定视事二百一十一日。

廿九年后九月辛未行计,即有论上衍。卅年

□不视事,未来。①

“冗佐八岁”无法说明阳陵人“駋”到达洞庭后已经完成担任冗佐八年的期限,从简文中二十九年“駋”有罪当论来看,其担任冗佐实际不过四年八个月,所以“冗佐八岁”应是“駋”同官府的约日。如此,秦简中冗者的约日与冗日原本应该是相同的,然冗的过程中,冗者由于私人原因没有从事本职工作,相关日期会被扣除,又或是在冗期间受到处罚,则会导致冗日长于约日。相反,这类冗者本人若立功或获得官府奖赏,冗日自然也会比约日短。睡虎地秦简《厩苑律》简 13－14 规定:

以四月、七月、十月、正月肤田牛。卒岁,以正月大课之,最,赐田啬夫壶酉(酒)束脯,为旱〈皂〉者除一更,赐牛长日三旬;殿者,谇田啬夫,罚冗皂者二月。②

“冗皂者”属于官府征调至官府为皂的人,“冗皂者”若在官府年末考课中为殿,需受到“罚二月”的处罚,即延长“冗皂者”冗作期限两个月。相反,冗者若在工作期间表现优异获得奖赏,缩短冗日亦无可厚非。

其次,秦简所见冗是指官府将某人从本职或本岗位调离,“约”则不限于此。《岳麓秦简(柒)》规定:

●有赀赎责(债)貣当戍者,皆以其钱数雇戍日,为书约。如赀首、罚戍[当]戍者,其贫毋(无)食,令居县贷,足[以](021/0570)③

“赀首”之意不明,又或者需断读为“赀、首、罚戍”。里耶秦简所见赀戍表示因无力偿还赀罚

① 陈伟主编:《里耶秦简牍校释(第一卷)》,第 329 页。

② 陈伟主编:《秦简牍合集(壹)》,第 52 页。

③ 陈松长主编:《岳麓书院藏秦简(柒)》,第 68 页。

故以戍边抵偿,罚戍则是因罪直接处罚戍边。[①] 上引简文规定"赀赎债責当戍者"需要通过钱数、雇佣戍边的日数以文书形式进行约定,可见"赀赎债責当戍者"与冗募群戍卒在戍边期限的处理方式上应一致。秦简所见公债偿还方式中,"赀赎债者"可在本地官府居作以抵偿债务,除此之外,亦可选择到它郡县戍边,或到它郡县担任冗佐等。[②] 然不管吏民选择何种方式,最初皆需与官府制定约日,即"为书约",因此,秦简所见冗者涉及的"约"只是秦代"约"的一种形式。质言之,秦代"冗爵"的授予是以约日进行计算,但最终的生效则是以冗日的结束来评判。

## 三、秦代的"冗爵"与军功爵

### 1. "冗爵"制度的适用时间

前已述及,秦政府征发冗募、冗佐时可以约定冗作期限,期满后授予"冗爵",今以里耶秦简及岳麓秦简所见冗佐、冗募任职时限为对象,可大体勾勒出"冗爵"之制在秦代的适用时间。先将里耶秦简所见冗佐任职年代进行整理统计如下:

表 2 里耶秦简所见冗佐爵位、籍贯、任职时间表[③]

| 人名 | 职务 | 爵称 | 籍贯(县里) | 所属郡(西汉/秦) | 纪 年 | 简 号 |
|---|---|---|---|---|---|---|
| 亭 | 冗佐 | 公士 | 僰道西里 | 犍为/蜀 | 廿八年 | 8-60 等 |
| 烦 | 冗佐 | 不详 | 旬阳州里 | 汉中/汉中 | 廿六年 | 8-63 |
| 敬 | 冗佐 | 上造 | 武陵当利 | 武陵/长沙 | 无 | 8-1089 |
| 操 | 冗佐 | 上造 | 旬阳平阳 | 汉中/汉中 | 无 | 8-1306 |
| 貂 | 冗佐 | 上造 | 阳陵西就 | ? /?[④] | 廿五年至廿九年 | 8-1450 |

① 可参王勇先生所制表格:里耶秦简所见迁陵戍卒类别与籍贯表。王勇:《里耶秦简所见迁陵戍卒》,第104页。

② 《岳麓秦简(陆)》:"• 延 陵 言:佐角坐县官田殿,赀二甲,贫不能入ㄴ,角择除为符离冗佐。"可见角本来的官职是佐,因无力偿赀,才选择离开本籍(延陵)去往符离担任冗佐。陈松长主编:《岳麓书院藏秦简(陆)》,第177页。

③ 本表所列资料来源于陈伟主编:《里耶秦简牍校释(第一卷)》《里耶秦简牍校释(第二卷)》。

④ 对于阳陵所属郡,张春龙、龙京纱认为属洞庭。阎昌贵、钟炜认为是楚阳陵,今属于河南许昌。王伟认为是芷阳。可见多数学者认为此阳陵属外郡。相关综述参见陈伟主编:《里耶秦简牍校释(第一卷)》,第329页。

续　表

| 人名 | 职务 | 爵称 | 籍贯（县里） | 所属郡（西汉/秦） | 纪　年 | 简　号 |
|---|---|---|---|---|---|---|
| 援 | 冗佐 | 上造 | 临汉都里 | 不详① | 无 | 8－1555 |
| 不详 | 冗佐 | 上造 | 临□② | 不详 | 卅二年 | 9－590 |
| □ | 冗佐 | 上造 | 旬阳辨阳 | 汉中/汉中 | 无 | 9－1396 |
| 中都 | 冗佐 | 上造 | 夏阳南垣 | 左冯翊/内史 | 无 | 9－1557 |
| 赿 | 冗佐 | 上造 | 旬阳乘田 | 汉中/汉中 | 无 | 9－2230 |

秦王政二十五年（前222）至秦始皇三十二年（前215）之间，洞庭迁陵县多见外郡人在本地担任冗佐。③ 而据里耶秦简 8－1450“冗佐八岁”案例，阳陵上造“駋”担任冗佐自秦王政二十五年二月始，预定期满时间应在秦始皇三十三年（前 214 年），因而“駋”最有可能是迁陵设县后从外郡招募来的冗佐。王勇先生据里耶秦简 9－1 至 9－12 追讨阳陵卒债务的文书，推测他们很可能就是招募的冗戍。④ 若此不误，秦始皇三十三年至秦始皇三十五年（前 212 年）间，洞庭自外郡招募冗戍卒的制度仍使用。

另外，由《岳麓秦简（叁）》“猩、敞知盗分赃案”所见“冗募”，或可将秦代征发“冗募”的时间提前至秦王政二十一年（前 226 年）。相关简文记载：

• 今视故狱：廿（二十）一年五月丁未，狱史窣诣士五（伍）去疾、号曰：载铜。• 去疾、号曰：号乘轺之醴阳，与去疾买铜钖冗募乐一男子所，载欲买（卖）。得。它如窣。（047/1217+048/1218）（《岳麓秦简（叁）》）⑤

“猩、敞知盗分赃案”发生在秦王政二十三年（前 224 年），由江陵丞上谳提出，此案发生地“醴阳”属故楚地，案发背景当在秦楚战争之际。此案中涉及的“冗募”，其实际身份最有可能属于秦官府征发到新征服地区的冗戍卒。

秦始皇统一六国前后，秦代征发冗佐与冗募实为常态。从里耶秦简来看，无论是秦朝统一前期，还是秦朝建立后的秦始皇三十三年，迁陵县所见冗佐与冗募戍卒人数众多。里耶秦

① 临汉，疑属南郡。
② 疑“临汉”。
③ 已有学者据里耶秦简（壹）考察过此现象。参见沈刚：《〈里耶秦简（壹）〉中的冗吏》，载陈建明主编：《湖南省博物馆馆刊》第 9 辑，长沙：岳麓书社，2013 年，第 149—153 页。
④ 王勇：《里耶秦简所见迁陵戍卒》，第 113 页。
⑤ 朱汉民、陈松长主编：《岳麓书院藏秦简（叁）》，上海：上海辞书出版社，2013 年，第 120 页。

简 9－127 记载"廿五年八月甲子，贰春乡□……冗佐百九十"。[①] 洞庭迁陵设县当年，似贰春乡就有冗佐一百九十人，远超迁陵吏志所记吏员一百零三人之数，着实令人震惊。[②] 9－1247 还记载："卅三年迁陵冗募戍卒当田者二百……衛（率）之，人四亩。"[③]秦统一后，迁陵县在田时还将招募的冗募戍卒用于县官公田劳作，人数达二百以上。

需要指出的是，受限于材料，我们虽不能说明以上所论冗佐与冗募皆符合"冗爵"的授予机制，但亦不可否认迁陵县中确存在部分冗者因"冗爵"制度自外郡到洞庭冗作与戍边。《岳麓秦简（肆）》278/0914 规定："冗募群戍卒及居赀赎责（债）戍者及冗佐史、均人史，皆二岁一归，取衣用，居家卅日。"[④]王勇先生认为募戍卒返家的规定以"二岁"为一单位，其服役期限应该在四年以上。[⑤] 秦代迁陵这种边县有如此庞大的冗作群体，毫无疑问是累年形成。秦代"冗爵"的授予应与秦统一战争中边郡和新地的治理有关，以秦代冗佐与冗募的征发时间作为参考，秦代"冗爵"的适用时间始于统一战争中的秦王政时期，且一直延续到秦朝建立之后。

### 2. "冗爵"与军功爵的关系

爵位对秦人至关重要，睡虎地秦简《日书甲种》简 69 壹载："亢，祠、为门、行，吉。可入货。生子，必有爵。"[⑥]《日书》所谓"生子必有爵"观念凸显了秦人对爵位的向往。朱绍侯先生曾指出秦代爵位有四类作用：1. 有当官为吏、乞庶子的特权。2. 可以赎罪、减刑、免刑。3. 免除亲人的奴隶身份。4. 生活上的优待。[⑦] 汉初吕后时期《二年律令》规定爵位的高低与田宅的授予存在序列等级，亦同《商君书·境内》规定秦"能得甲首一者，赏爵一级，益田一顷，益宅九亩"的规定相袭。[⑧] 因此，秦代"冗爵"与军功爵的关系以及二者是否具有相同的效力，需作出一定说明。

前引 0580 规定，冗募戍卒等群体在冗日期满后，即可使用冗边完成后获得的"冗爵"抵除戍役，故从"以爵除戍"这一角度，对说明军功爵与冗爵关系具有实质意义。

---

① 陈伟主编：《里耶秦简牍校释（第二卷）》，第 72 页。
② 里耶秦简 9－633："迁陵吏志：吏员百三人……官佐五十三人……凡见吏五十一人。"陈伟主编：《里耶秦简牍校释（第二卷）》，第 167—168 页。
③ 陈伟主编：《里耶秦简牍校释（第二卷）》，第 281 页。
④ 陈松长主编：《岳麓书院藏秦简（肆）》，上海：上海辞书出版社，2015 年，第 160 页。
⑤ 王勇：《里耶秦简所见迁陵戍卒》，第 113 页。
⑥ 陈伟主编：《秦简牍合集（壹）》，第 388 页。
⑦ 朱绍侯：《军功爵制考论》，第 67—78 页。
⑧ 蒋礼鸿：《商君书锥指》卷 5《境内》，第 119 页。

从秦代赋役征发而言,成年男子有更戍的要求。秦代规定黔首除了可以“冗爵除戍”外,一般黔首若想用爵位来除戍,官府也是允许的。《岳麓秦简(柒)》130/J61 记载:“☐爵一级,除毋过二岁,什、伍、乘不用此令。”①上简规定秦代一级爵位“除毋过二岁”,推测此处所免除的应当是戍役。令文规定军事什伍不用此令,故此令中规定的应是与之相对应的民事主体吏或民。秦代规定不更及以上的高爵者拥有免除繇戍的特权,故吏民想要以爵位来免除戍役,似乎也无可厚非。汉初张家山汉简《具律》简 96 中有“爵戍四岁”,整理者疑“爵”字为衍文,戍指戍边。② 张伯元先生认为爵戍四岁,也就是用爵级来抵偿戍边四年的惩处。而汉初用爵级来抵偿戍边的惩处至少有爵戍四岁和爵戍二岁两种情况。③《岳麓秦简(陆)》16/1442+J69－1+J75－8+J69－2 对县的狱案覆论出错处罚时规定“百人到不盈千人,夺爵各一级;千人以上,夺各二级。其毋爵者,令以卒戍新地,级四……”④“级四”后缺简,但应可补充为“级四岁”。也就是说,秦代若被官府处罚夺取一级爵位,无爵者需以卒的身份戍新地四岁以抵偿,可见秦代爵位级数与戍边年限存在一定序列关系。再者,对照前引“冗爵除戍”的相关规定,秦代可用“冗爵”除戍,若规定普遍施行的军功爵不得如此,亦不符合秦代实际。

因此,秦代的黔首无论是以“冗爵”还是军功爵皆得用以除戍,当能说明秦代的“冗爵”与军功爵具有相同的效力。从里耶秦简所见冗佐大都有上造爵来看,若被征发的冗佐史此前已有爵位,则按照约定的冗作期限给予不超过二级的爵位即可。秦代冗日期满后授予的“冗爵”,可与此前既有爵位进行叠加,也可说明“冗爵”与一般军功爵并无差异。

需说明的是,岳麓秦简规定“冗爵”的授予不得超过二级,说明其存在级别限制。《岳麓秦简(伍)》173/1849 规定:“能捕以城邑反及智(知)而舍者一人,捧(拜)爵二级,赐钱五万,诇吏,吏捕得之,购钱五万。”174/1892:“受爵者毋过大夫。”⑤杨振红先生指出,秦及汉初的秦及汉初民爵的上限为第五级大夫爵,大夫爵是吏民不可逾越的界限。⑥ 秦简中规定“冗爵”的授予级数存在数量限制,当与此制有关。

① 陈松长主编:《岳麓书院藏秦简(柒)》,第 104 页。
② 张家山二四七号汉墓竹简整理小组:《张家山汉墓竹简(二四七号墓)》(释文修订本),第 22 页。
③ 张伯元:《“爵戍”考》,《华东政法学院学报》2004 年第 1 期。
④ 陈松长主编:《岳麓书院藏秦简(陆)》,第 52 页。
⑤ 简 173/1849 与 174/1892 间虽有缺简,但内容上应有关联。陈松长主编:《岳麓书院藏秦简(伍)》,第 125—126 页。
⑥ 杨振红:《从新出简牍看二十等爵制的起源、分层发展及其原理——中国古代官僚政治社会构造研究之三》,《史学月刊》2021 年第 1 期。

### 3. “冗爵”的授予及限制

秦代爵位的授予有着特定的程序，汉初《二年律令》规定：“受（授）爵及除人关于尉。”关于此处的“尉”，于振波、曹旅宁、孙闻博、游逸飞、齐继伟等先生多以为是县尉或郡尉。① 爵位的授予由尉来管辖，这种规定应是继秦而来。又睡虎地秦简《军爵律》153－154 规定：“从军当以劳论及赐。”②学界对于“劳论及赐”有不同看法，高敏先生、朱绍侯先生皆以为“劳论”当断读“劳、论及赐”，朱绍侯先生进一步指出“劳、论、赐”是军功爵位授予的三道程序。③ 齐继伟先生据新刊岳麓秦简认为军爵的授予分为“劳论”以及“劳赐”两道程序。④ 以上探讨关于“劳”与“赐”的程序有所区别，但总体上都认可秦代军功爵的授予主要以“劳”为依据。

但是，秦简所见冗佐史的冗日，与一般佐史的劳日分开记录，说明“冗爵”的授予并不以劳日为依凭。里耶秦简 8－1555 规定：

> 冗佐上造临汉都里曰援，库佐冗佐。为无阳众阳乡佐三月十二日，凡为官佐三月十二日。年卅七岁。族王氏。为县买工用，端月行。
>
> 库六人。⑤

王援仅担任乡佐的时限算作担任官佐的劳日，而为库佐冗佐的冗日并不记录于任职劳日记录中。里耶秦简 8－2106 有“迁陵有以令除冗佐日备者为【有秩】”，⑥或是秦官府为激励冗佐出台的新措施，目的是让任职年限较长的冗佐史在流转中可以获得与一般佐史一样的待遇。所论若不误，可见秦代的“冗爵”并不存在积劳为功的情况。

于振波、朱锦程先生曾据出土材料指出秦人获得爵位的途径有多种，主要依靠军功斩首、捕盗、置后继承、特定赐爵等。⑦ 前引《岳麓秦简（柒）》0733 规定：“☐发冗募、冗佐，及为新地发吏，拜爵者约，毋过先拜二级，已前拜过二级者，以此令。”所谓“先拜二级”就是事先约定，在冗作事务圆满完成后，可获得最多二级爵位。以前引里耶秦简 8－1450“冗佐八岁”的案例为例，担任冗佐“八岁”应是其“约日”，八年约期完成后，官府授予不超过二级的爵位即“冗爵”。以前引《岳麓秦简（陆）》对无爵者的处罚作为参照，一级爵位可对应戍新地四

---

① 相关综述参见齐继伟：《秦简“劳论及赐”探析》，见杨振红主编：《简牍学研究》第 8 辑，兰州：甘肃人民出版社，2019 年，第 46 页。

② 陈伟主编：《秦简牍合集（壹）》，第 132 页。

③ 高敏：《秦汉史论集》，郑州：中州书画社，1982 年，第 13—14 页；朱绍侯：《军功爵制考论》，第 53 页。

④ 齐继伟：《秦简“劳论及赐”探析》，第 38—50 页。

⑤ 陈伟主编：《里耶秦简牍校释（第一卷）》，第 357 页。

⑥ 据 8－2135 补【有秩】二字。参见陈伟主编：《里耶秦简牍校释（第二卷）》，第 431、435 页。

⑦ 于振波、朱锦程：《出土文献所见秦“新黔首”爵位问题》，《湖南社会科学》2017 年第 6 期。

年，推测冗佐史、冗募约定服役四年可授一级爵位，而八年当可授予二级爵位。秦代冗爵的授予以约定冗作期限为期，与其他方式的授爵原因皆不相同。

还需指出的是，秦代"冗爵"的授予需以冗日期满为限，而冗者若在冗日期限内犯罪，应视犯罪轻重程度决定期满是否授予"冗爵"。冗者在冗日内若是受到赀赎之类的轻微罪过，应不影响其"冗爵"的授予，若是在冗日期间因罪身份变为刑徒，则大概会取消其"冗爵"的授予资格。汉初《二年律令·爵律》简392规定："当捧(拜)爵及赐，未捧(拜)而有罪耐者，勿捧(拜)赐。"①以往如刘海年、栗劲、王森先生均认为耐刑有主刑和附加刑双重性质。② 韩树峰先生则认为徒刑必须和耐刑配合使用。③ 秦汉简牍中被施予耐刑者，必须与刑徒身份结合，如秦及汉初所见耐鬼薪白粲；耐隶臣妾；耐司寇；以及秦早期的耐为侯。④《二年律令·具律》简90："有罪当耐，其法不名耐者，庶人以上耐为司寇，司寇耐为隶臣妾。"⑤庶人当拜爵者若有罪当耐，按律会变成司寇身份，应当去服刑。因此，汉初因罪被处以耐者，大致因为身份发生了变化，进而不得拜爵与行赏赐，这种规定也当是继秦而来。

综上所述，秦代"冗爵"的授予方式不同于一般军功爵，是官府征发冗者时约定冗作期限事后授爵，冗者若圆满完成任期，可依据此前约定服役期限授予"冗爵"，"冗爵"的授予不得超过二级。据"无爵者戍新地四年"的处罚规定推测，冗者服役四年可得爵一级，八年可得爵两级。冗者若在冗日期限内犯罪，官府应视犯罪轻重程度决定期满后是否授予"冗爵"。一般而言，赀罚等轻微犯罪下并不影响事后"冗爵"的授予，但冗者若在冗日期间因罪变为刑徒，当会取消其"冗爵"的授予资格。秦代"冗爵"这种约定冗作期限，事后授爵的方式，区别于一般军功爵中的"斩首、捕盗、置后继承"，亦不属于特定赐爵行为中的募民或者迁民。岳麓秦简所见"冗爵"应是秦代为新地或者它郡募集人手而出台的特殊举措。

## 四、结　论

岳麓秦简所见"冗爵"不见于传世文献，为秦代爵制的研究补充了新的材料。秦代的

① 张家山二四七号汉墓竹简整理小组：《张家山汉墓竹简(二四七号墓)》(释文修订本)，第62页。

② 刘海年：《秦律刑罚考析》，见中华书局编辑部编：《云梦秦简研究》，北京：中华书局，1981年，第192—193页；栗劲：《秦律通论》，济南：山东人民出版社，1985年，第249页；王森：《秦汉律中的髡、耐、完》，《法学研究》1986年第1期。

③ 韩树峰：《耐刑、徒刑关系考》，《史学月刊》2007年第2期。

④ 除睡虎地秦简外，里耶秦简亦见"耐为侯"的规定，参9－2287"耐它为侯"。陈伟主编：《里耶秦简牍校释(第二卷)》，第453页。

⑤ 张家山二四七号汉墓竹简整理小组：《张家山汉墓竹简(二四七号墓)》(释文修订本)，第21页。

“冗爵”是指官府征发冗者时约定冗作期限,冗日期满后授予的爵位。秦代“冗爵”的授予以约日进行计算,但最终的生效是以冗日的结束来评判。秦及汉初的“冗”是指将某人从本职或本岗位调离去到官府从事职役,而冗日是指冗者在官府从事冗作职役的时限。冗在供役时间上从数月至数年并不固定,冗与更并不具有严格的对应关系。

以里耶秦简和岳麓秦简所见冗佐与冗募任职时间作为考察对象可知,秦代“冗爵”的适用时间始于秦王政时期,且一直延续到秦朝建立之后。秦代“冗爵”制度的出台应与秦统一战争中边郡和新地的治理需要有关。结合秦及汉初律令中以爵除戍的相关规定,可证秦代的“冗爵”与军功爵存在同样的效力,冗日期满后授予的“冗爵”在地位与特权上与一般军功爵并无区别。

秦代“冗爵”的授予不以劳日为依凭,“冗爵”的授予仅以服役期是否完成为限。据岳麓秦简“无爵戍新地四岁”的处罚规定,推测冗佐史、冗募等约定服役期限四年可授一级爵,八年可授二级爵位。冗者若在冗日期限内犯罪,应视犯罪轻重程度决定期满后是否授爵,若为赀赎之类的轻微罪过,并不影响吏民“冗爵”的授予,若是在冗日期内因罪身份变为刑徒,则会取消“冗爵”的授予资格。

最后,岳麓秦简所见“冗爵”制度当是秦代为新地或它郡募集人手而出台的特殊举措。《史记·秦本纪》记载昭襄王二十一年(前286)“错攻魏河内。魏献安邑,秦出其人,募徙河东赐爵”。[1]《秦始皇本纪》记载始皇二十七年(前220)“赐爵一级”,秦始皇三十六年(前211)“迁北河榆中三万家,拜爵一级”。[2] 以上皆是秦因特殊背景而出台的授爵政策,秦“冗爵”制度的出台应与边地的人员急缺紧密相关。秦代“冗爵”制度虽然一定程度上缓解了边郡和新地人员紧张问题,然限于秦朝短祚,边郡与新地政局始终不甚平稳,“冗爵”制度实际应未能发挥较大作用。里耶秦简所见“冗佐史名籍”详细记载“冗佐”死亡的记录。[3] 由此可见,吏民自外郡来到新地担任“冗佐史”实际上并不那么轻松顺畅。

(原文载《古代文明》2023年第1期)

① 《史记》卷5《秦本纪》,北京:中华书局,1959年,第212页。

② 《史记》卷6《秦始皇本纪》,第241、259页。

③ 里耶秦简9-2230载:“冗佐上造旬阳乘田赵。八月癸丑言死。”参见陈伟主编:《里耶秦简牍校释(第二卷)》,武汉:武汉大学出版社,2019年,第437页。

# 说《岳麓书院藏秦简(柒)》中的“阑散”

◎ 刘　钊(复旦大学出土文献与古文字研究中心)

《岳麓书院藏秦简(柒)》①中有如下一些简文:

(1) 0877:郡县道传囚,议:诸传囚及县道内在乡邑典、亭郭部能容

(2) 0399:郡县道所传囚,所传囚间能投宿焉者,令各如其故。其间不能投宿,故未

(3) 0875:☐……□下廿五里为一庑,庑钥属乡吏、城邑典、田典、亭

(4) 0896:☐郭士吏□入□☐

(5) 0396:各为两槛,别男女。各自财(裁)容所传囚而为庑。笼、门关钥之相去远

(6) C2-6-6:☐为取□两关钥□☐

(7) 1635:阑散者毋得过一囚若一庑。庑内大毋过环堵。有犯令者及令、丞官

(8) 1641-1:其守门关、阑散者,亦毋得与居,其□守者,毋……

内容是关于转运囚犯的一些法律规定,涉及到秦的监狱制度,极为重要。(1)—(6)的大意是说在郡县道内转运囚犯时,如果转运期间需要投宿时能够投宿,就按老办法;如果不能投宿,则可每隔二十五里建一个“庑”。“庑”的锁钥由乡吏、城邑典、田典等负责掌管。每一处庑都分男女两个囚牢(槛)。每一处庑都各自按所容纳囚犯的多少来建造。囚牢(笼)和庑门的锁钥不能放在一起。提取犯人必须同时具备囚牢和庑门两把锁钥。

秦汉时期转运囚犯正常情况下是入住亭、驿,从上引简文可知,如果没办法入住亭、驿,则可入住临时搭建的“庑”。二十五里设一“庑”,推想或与当时传送囚犯的日程有关。张家山汉简《二年律令·徭律》说:“委输、传送,重车、重负日行五十里,空车七十里,徒行八十里。”②类似记载亦见于《九章算术》。二十五里正当“重车、重负日行五十里”的一半,似可理解为因“重车、重负”需备中途休息之用。(5)提到“槛”和“笼”,陈剑先生在为《岳麓书院

① 陈松长主编:《岳麓书院藏秦简(柒)》,上海:上海辞书出版社,2022年。

② 彭浩、陈伟、工藤元男主编:《二年律令与奏谳书——张家山汉简二四七号汉墓出土法律文献释读》,上海:上海古籍出版社,2007年,第248页。

藏秦简(柒)》所作的释文审定稿中认为“槛”和“笼”是换用义近字的一物两名,都是指囚笼,很可能是正确的。不过还可以从另一个角度解释,即“槛”就是指“槛车”或槛车上的囚笼。秦汉时期有用槛车押运囚犯的制度,《吕氏春秋·慎大览·顺说》:“管子得于鲁,鲁束缚而槛之,使役人载而送之齐,其讴歌而引。”文中的“槛”字名词用为动词,就是指“槛车”或“槛车上的囚笼”而言。而(5)的“笼”是指“庑”中的“囚牢”。“槛”是转运时带来的,而“笼”是“庑”本身具备的。这样才能解释为何接下来说“笼、门关钥之相去远”却不再提“槛”。可能因为槛车到庑休息时,囚犯已从槛车上的囚笼押解进庑中的“笼”(囚笼),此时只需关注庑中的笼和庑门的锁钥就可以了,而槛车或槛车上的囚笼已空,自然不必再关注。

(5)的“笼、门、关钥之相去远”一段原释文断句有误,陈剑先生在为《岳麓书院藏秦简(柒)》所作的释文审定稿中指出“门”和“关”之间的顿号可删,应断成“笼、门关钥之相去远”,其说甚是。(5)的“门关钥”是指庑门的锁钥;“笼、门关钥”是指“囚牢”和“庑门”的锁钥;(6)的“两关钥”也是指“囚牢”和“庑门”的锁钥;(8)的“门关”是指庑门的门闩或就指庑门而言。(8)言“守门关”,“守”的是已经上了锁钥的门闩或门,所以不再提“钥”。由并存的“门关钥”“关钥”和“门关”几个名称,可知当时“门”有“门闩”,“门闩”上有锁钥。据研究,中国最早的锁是竹木锁,至迟从春秋时代开始,就已出现了金属锁。汉代已经有“全铜簧片锁”,又称“槽沟锁”,由此推测秦代的锁也应该比较先进。

(7)(8)两简各出现一次“阑散”一词,是本文要讨论的重点。这两简的文意将在下文中讨论。在考释“阑散”一词之前,先要对简文中的“庑”和“环堵”做些分析。

《岳麓书院藏秦简(柒)》注释[十八]解释“庑”字说:

庑:《说文·广部》:“庑,堂下周屋。”此处应指用于关押转运囚犯的大屋。

注释[二十]解释“环堵”说:

环堵:四面围堵。《礼记·儒行》:“儒有一亩之宫,环堵之室;荜门圭窬,蓬户瓮牖。”

按以上两个注释皆有不合适之处。

先说“庑”。“庑”既可以指“大屋”,如《释名·释宫室》:“大屋曰庑。庑,幠也。幠,覆也。并、冀人谓之庌。庌,正也,屋之正大者也。”也可以泛指不拘大小的一般的“屋”,甚至是比较简陋的屋,如《后汉书·张酺传》:“其无起祠堂,可作槀盖庑,施祭其下而已。”李贤注:“庑,屋也。”“槀盖庑”即用“禾杆”或“草”当盖的“庑”,自然比较简陋。《释名》说“庑”字“并、冀人谓之庌”,是以“庑”“庌”两字相通,王筠《说文解字句读》说:“庌、庑本是一字两读,庌直是庑之或体。”则是直接以“庑”“庌”为一字了。《周礼·夏官司马·圉师》:“圉师掌教圉人养马,春除蓐、衅厩、始牧,夏庌马,冬献马。”郑玄注“庌”字谓:“玄谓庌,庑也,庑所以庇马凉也。”“庇马凉”三字点出“庌”的作用是“遮庇马使其凉爽”，很显然，这里“夏庌马”的“庌”是名词用为动词。由此可知“庑”除了可指与人的活动场所有关的“大屋”和一般的“屋”甚至简陋的“屋”外，还可以指让马休息的场所，其性质类似于“厩”。

“庑”可指性质类似于“厩”的场所的用例见于秦汉简：

(9) 午，马殹。盗从南方入，有(又)从之出，冉才(在)厩庑刍稾中，为人长面、大目，喜疾行，外人，不远。（放马滩秦简《日书》甲种“十二支占盗”72）

(10) 案：传舍二千石舍西南向马庑屋败二所，并袤丈五尺，广八尺。杜(牡)朼(牝)瓦各十九枚，竹马仰(枊)四。井鹿车一具不见，马磨(磿-枥)坏败。

（《走马楼西汉简》1021①）

(9)的“厩庑刍稾”中“厩庑”与“刍稾”结构相同，都是同义并列，因此“庑”亦“厩”也。(10)的“马庑”就是上引《周礼·夏官司马·圉师》中“夏庌马”的“庌”。(10)的“马庑”李均明②认为“当指马棚，形制同庑，故称”。按认为马庑当指“马棚”不错，但说“形制同庑”却未必。

再说“环堵”。《岳麓书院藏秦简(柒)》注释“环堵”为“四面围堵”，没有结合简文文意进行解释，因此对理解简文文意帮助不大。这一点我于2020年在长春举行的《岳麓书院藏秦简(柒)》释文审定会上曾提出过，但未被采用。陈剑先生在为《岳麓书院藏秦简(柒)》所作的释文审定稿中解释“环堵”说：

> 按此系用其实义，《汉语大词典》“环堵”所谓“四周环着每面一方丈的土墙”，所谓版筑长一丈高五丈为“堵”，“庑内大毋过环堵”谓其面积不过一平方丈。

关于“环堵”长宽的尺寸以往说法不同，笔者赞同长宽各一丈的说法，则“环堵”即如陈剑先生所言“面积不过一平方丈”。汉代一尺约等于23厘米，秦代也应该相差无几，一平方丈也就是长宽各两米三的小空间。《岳麓书院藏秦简(柒)》注释引《礼记·儒行》“儒有一亩之宫，环堵之室，筚门圭窬，蓬户瓮牖”一文中“环堵之室”的“环堵”，正是对儒者居住之所极其逼仄狭窄的形容，由此也可见《岳麓书院藏秦简(柒)》注释将“庑”解释成“此处应指用于关押转运囚犯的大屋”中“大屋”一语的不妥。

“庑”既然能放置马，当然也可以放置人。从上引(3)(5)(7)三条简文的记载可知，当时转运囚犯时可以将囚犯临时关押在“庑”内。从(7)说“庑内大毋过环堵”可知，小的庑只

① 参看李均明：《走马楼西汉简〈长沙邸传舍劾文书〉解析》，《中州学刊》2021年第1期。“磨”字读为“枥”，见伊强：《汉简名物词考释二则》，武汉大学简帛研究中心主办《简帛》第8辑，上海：上海古籍出版社，2013年，第434—438页。

② 李均明：《走马楼西汉简〈长沙邸传舍劾文书〉解析》，《中州学刊》2021年第1期。

有 2.3×2.3 平方米。如果囚犯躺平的话，大约可以挤下 2—3 人。

下面进入正题，考释“阑散”一词。

笔者曾在《读秦简字词札记》一文的“离散”条，①对睡虎地秦简中的“离散”一词有过讨论，涉及“散”字的读法，为表述清楚，不避繁琐征引如下：

> “秦律十八种”简一一七说：
>
> 县葆禁苑、公马牛苑，兴徒以斩(堑)垣离(篱)散及补缮之，辄以效苑吏，苑吏循之。
>
> 《秦简》一书注释谓：“堑，动词，挖掘起保御作用的壕沟。散，疑读为藩。”按散、藩虽皆为元部字，但一为心纽，一为明纽，似无相通之可能。“散”字在此应读为“栅”。栅古有两音，一在清纽锡部，一在邪纽元部。栅读邪纽元部与散字心纽元部音很近。《说文·木部》：“栅，编树(《一切经音义》引作竖)木也。从木，从册，册亦声(小徐本径作“册”声)。”古从册得声的“珊”“姗”“删”等字皆为心纽元部字，与散字声韵皆同。字书“霜”字义同于“霰”。典籍散字与从册得声的字可以相通，如《史记·平原君虞卿列传》“盘散行汲”，《集解》谓：“散亦作跚。”可证“散”字确实可通作“栅”。《广韵》去声三十谏韵：“栅，篱栅。”按篱即栏也，篱栅即栏栅，今称栅栏。又《龙岗秦简》二五二简说：“亟散□□□毋令兽逃。”散为动词，疑此亦读为“栅”，意为栅栏苑囿以防野兽出逃。

由上引考释出发，我们认为《岳麓书院藏秦简(柒)》中“阑散”的“散”也应该读为“栅”，“阑散”即“阑栅”也即“栏栅”或“栅栏”。

《说文·门部》：“阑，门遮也。”段玉裁《说文解字注》：“谓门之遮蔽也。俗谓栊槛为阑。”段玉裁所谓的“栊槛”，是指关禽兽的樊笼。汉祢衡《鹦鹉赋》：“顺栊槛以俯仰，窥户牖以踟蹰。”《玉篇·门部》：“阑，牢也。”因为关禽兽的笼槛经常用竹木制成，故字又作“栏”。《广雅·释诂》：“栏，牢也。”《一切经音义》卷一：“栏，又作阑。《说文》‘阑，槛也。’”《说文·木部》：“槛，栊也。一曰圈。”段玉裁《说文解字注》：“李善注《长杨赋》引《释名》曰：‘槛车，上施阑槛以格猛兽，亦因禁罪人之车也。’按许云槛栊也者，谓罪人及虎豹所居。假借为凡阑槛字。”《说文·木部》：“栅，编树(竖)木也，从木，从册，册亦声。”《广韵·谏韵》：“栅，编竹木为落也。”“栅”的意义古今一致，都是指用竹木编扎成的阻拦物。“栅”作为阻拦物的性质，与“阑”和“拦”字皆有阻拦义正好相涵相因。

以上训释中“阑”和“栏”训为“牢”，“阑”又训为“槛”和“栊槛”，“栊”古又作“笼”。典籍中有“阑篱”指藩篱，有“阑槛”和“栏笼”指栏杆，有“阑圈”“阑牢”“栏牢”指关禁牲畜或野兽的圈。阑又训“槛”，“槛”又训“栊”“圈”“牢”，典籍中有“槛车”指用栅栏封闭来装载

① 刘钊：《读秦简字词札记》，李学勤主编：《简帛研究》第 2 辑，北京：法律出版社，1996 年，第 110 页。

囚犯或猛兽的车,有"樊槛"指囚笼,有"桎槛""械槛"指囚于车,有"槛舍"指木栅板房,有"槛屋"指围有栏杆的房子,有"圈槛"指圈禁野兽的栅栏,有"牢槛"指监狱,有"笼槛"指拘囚禽兽之处,有"笼樊""樊笼""籓笼""笼藩"指鸟笼,有"囚笼"指旧时拘禁或解送犯人用的木笼。

"阑""栏""槛"等字本指栏杆、栅栏,用于阻拦人或动物,引申出凡用栏杆、栅栏编扎成的用于阻拦人或动物的囚笼(牢、圈)等也可以称为"阑""栏"或"槛"。

通过以上的义训分析明确可知,《岳麓书院藏秦简(柒)》中的"阑散(栅)"应该就是指用于围护监狱或囚禁犯人的栏栅,今语"栅栏"。可是既然"阑"既可以指栏杆、栏栅,又可以指囚笼,为何这里的"阑散(栅)"就一定该指"栏栅"而不是指囚笼呢?这是因为:一、上引睡虎地秦简《秦律十八种》说"县葆禁苑、公马牛苑,兴徒以斩(堑)垣离(篱)散及补缮之","斩(堑)垣离(篱)散"为四个名词或两个名词与一个同义并列复合名词用为动词,即指挖壕沟、建围墙、编札篱笆和栅栏。"离(篱)散(栅)"与"堑垣"并称,性质相近,当然指栏栅的可能性更大。二、"阑""栏"虽然可以指囚笼(牢、圈),但单独的"栅"字却没有这种用法。三、既然"阑散"与后世的"栏栅(栏栅)""篱栅"一词对应严密,词义也应有延续,当然也是直接理解为指"用竹木编扎成的阻拦物"更好。

宋杰在《汉代监狱制度研究》一书"汉代监狱建置设施丛考"部分第三节"丛棘的栽植"①下说:

> 汉代的监狱植有棘树,见《艺文类聚》卷92《鸟部下》引《陈留耆旧传》曰:"圉人魏尚,高帝时为太史。系诏有罪狱。有万头雀集狱棘树上,拊翼而鸣。尚占曰:'雀者,爵命之祥。其鸣即复也,我其复官也。'有倾,诏还故官。"其事又见《太平御览》卷922《羽族部九·雀》、卷959《木部·棘》。这里的"诏狱"是指奉诏关押囚犯的监狱,其栽植棘树的位置和原因,笔者依文献所言做以下判断。
>
> 第一,棘树可能栽种在牢房四周,且棵数较多,因此能落下繁众雀鸟。植棘的作用应是构置障碍,防止犯人越狱或与外界交通。"棘"即丛生的酸枣树,见洪迈《容斋随笔·五笔》卷四:"棘与枣同,棘之字两朿("朿"应为"朿"字之误——引者注)相并,枣之字两朿("朿"应为"朿"字之误——引者注)相承。此所言者今之枣。"棘枝多刺,难以接触,这一点很早即被人发现,所以用棘树来围困拘束犯人的起源甚久。《周易·坎卦·上六》曰:"系用徽纆,置于丛棘,三岁不得。凶。"即对囚犯缚以黑色的法绳,囚禁于棘丛围绕之牢狱。《左传·哀公八年》记载:"邾子又无道,吴子使大宰子余讨之,囚

① 宋杰:《汉代监狱制度研究》,北京:中华书局,2013年,第286页。

诸楼台，栫之以棘。”杨伯峻注：“栫音荐，《广韵》：‘围也。’《广雅·释宫》：‘篱也。’此谓以棘针为篱以围之也。”此外，还有将棘枝置于垣墙之上，借以阻止外人翻越的做法。参见《礼记·祭义》：“古者天子诸侯，必有公桑蚕室，近川而为之，筑宫仞有三尺，棘墙而外闭之。”汉代的监狱看来也采用了类似的防护设施，因此当时或用“严棘”来比喻关押大臣的牢狱，如《后汉书》卷16《寇恂附荣传》载其上奏曰：“尚书背绳墨，案空劾，不复质确其过，置于严棘之下，便奏正臣罪。”李贤注曰：“严棘谓狱。”

上引《左传·哀公八年》的“栫之以棘”中的“栫”，《说文解字》训为“以柴木壅”，《广雅·释宫》训为“杝也”，王念孙《广雅疏证》训“杝”为“今篱字也”。

由上引宋杰先生的论证，可知古代有在监狱外设置栏栅以防止犯人外逃的做法。在监狱外设置栏栅这一防范举措，古今中外都常见且普遍。

上引《岳麓书院藏秦简（柒）》两见的“阑散”一词所在的语境，是两个稍有不同的“者字结构”。“阑散者毋得过一囚若一庑”一段中“阑散者”的上一简应该有一个动词，譬如表示“构建、制作”类义的动词，“构建、制作类义动词”加“阑散”组成动宾词组，后缀“者”字构成“者字结构”，“者”在这里可以指代“构建、制作阑散”这件事。而“其守门关、阑散者”一段是一个完整的语段，自为起讫，动词“守”加“阑散”组成动宾词组，后缀“者”字构成“者字结构”，“者”在这里指代看守“门关”和“阑散”之人。（8）的“其守门关、阑散者，亦毋得与居，其□守者，毋……”中的“居”字义为“处”或通为“处”，为相处、交往的意思，“与”的对象在此省略，显然是指犯人。“与居”即“与处”，《诗·小雅·黄鸟》：“此邦之人，不可与处。”《庄子·德充符》：“久与贤人处则无过。”《韩诗外传》卷三：“思与乡人居，若朝衣朝冠坐于涂炭也。”文中的“与处”“与某处”“与某居”可以与简文的“与居”相比较。汉代法律禁止监狱看守将危险品给予囚犯，违者会被判以重刑，也规定监狱管理人员不得与囚犯私下交往或传递信息，否则将受到惩罚①。很显然简文的“与居”指的就是这一点。（7）的“阑散者毋得过一囚若一庑。庑内大毋过环堵。有犯令者及令、丞官”中的“阑散者毋得过一囚若一庑”一段简文很不好理解。因不是一句的起始，“过”字的释读是否正确也有疑问，故这段简文的理解尚待更深入的考释和新材料的证明和启示。

（原文载《出土文献综合研究集刊》第17辑，巴蜀书社，2023年）

① 宋杰：《汉代监狱制度研究》，北京：中华书局，2013年，第321页。